喻中 著

中国法理学史

第一卷

华东师范大学出版社
上海

华东师范大学出版社六点分社　策划

上海市促进文化创意产业发展财政扶持资金成果资助类项目

目 录

中国法理学史导论 /1
第一卷序 /1

第一章　中国法理学的起源 /1
第一节　皋陶 /1
　一、德的规范性 /6
　二、德性义务的履行 /10
　三、源于天的典礼德罪 /14
第二节　吕尚 /23
　一、功利主义 /26
　二、贤能政体 /34
　三、规范体系 /40
第三节　周公 /49
　一、作为高级法的天命 /52
　二、明德慎罚：君主的义务 /62
　三、制礼作乐：法理见之于行事 /76

第二章　先秦儒家的法理学 /94
第一节　孔子 /94

一、作为规范的仁 /95
　　二、作为规范的礼 /107
　　三、在仁与礼之间 /118
　第二节　孟子 /122
　　一、王政：华夏早期的政体 /123
　　二、王道：王政的思想依据 /130
　　三、王制：王政的制度表达 /136
　第三节　荀子 /146
　　一、礼论 /147
　　二、法论 /157
　　三、礼法论 /166

第三章　先秦道家的法理学 /177
　第一节　老子 /177
　　一、消极义务规范 /180
　　二、积极义务规范 /186
　　三、复合型义务规范 /191
　第二节　庄子 /199
　　一、建构性的法理学 /203
　　二、批判性的法理学 /211
　　三、超越性的法理学 /219

第四章　先秦墨家的法理学 /230
　第一节　墨子 /230
　　一、"有法所度"之"法"：高级规范 /232
　　二、"有法所度"之"法"：次级规范 /239
　　三、"有法所度"之"度"：法的实施 /246
　第二节　禽子 /257

一、质先于文:天理人欲理论之滥觞 /261
二、舍己济物:治理天下的一种方案 /264
三、扶弱御强:通过"守道"迈向正义 /268
四、器以载道:技术指向的法理学 /271

第五章 先秦法家的法理学 /280

第一节 商子 /280
一、法的起源论 /282
二、法的价值论 /287
三、法的运行论 /293

第二节 申子 /301
一、"言术"即"言法":"申不害言术"新解 /303
二、君臣关系的理性化、制度化、法律化 /310
三、法治三环节:明法,任法,行法 /318

第三节 慎子 /328
一、法的本体论 /331
二、法的价值论 /336
三、法的运行论 /341
四、法的社会论 /346

第四节 韩子 /352
一、两种道德 /355
二、道德使法律成为可能 /359
三、法律的概念 /367
四、法律的实体目标 /376

第一卷参考文献 /387
第一卷后记 /398

中国法理学史导论

一

清末以前,在天下体系的背景下,传统中国的知识体系主要是由《隋书·经籍志》所分列的经、史、子、集四个方面的文献来承载的。如果说,"中国的旧学问,大致可分经、史、子、集四门"①,那么,这个旧的知识体系或学问体系,也许可以不太严格地称为四部之学。② 19世纪中期以后,在万国体系的背景下,现代中国逐渐采纳了近现代西方生成的知识体系:自然科学与人文社会科学。在这里,自然科学暂且不论。在人文社会科学的框架下,文学、历史学、哲学、政治学、经济学、法学、社会学这样一些建制性的学科从西方传来之后,在华夏大地上生根发芽,渐次成长,在一百多年之后的今天,业已蔚为大观。

---

① 汪荣祖:《陈寅恪评传》,百花洲文艺出版社2014年,第36页。
② "四部"之名,见于《经籍一·经》开篇之总论部分:"大唐武德五年,克平伪郑,尽收其图书及古迹焉。命司农少卿宋遵贵载之以船,溯河西上,将致京师。行经底柱,多被漂没,其所存者,十不一二。其《目录》亦为所渐濡,时有残缺。今考见存,分为四部,合条为一万四千四百六十六部,有八万九千六百六十六卷。"[唐]魏徵撰:《隋书》,中华书局2000年,第616页。严格说来,《隋书·经籍志》所列举的"四部"主要是一种图书分类,但图书分类也隐含了那个时代所理解的知识分类。

在这个新的学科体系或知识体系中,也许只有历史学与四部之学中的史部之学可以形成比较直接的对应关系。① 历史学之外的其他学科、其他知识,在不同程度上,都面临着一个共同的问题:如何处理与传统中国的知识体系的关系。试想,如果完全割裂这种关系,如果确信传统中国只有四部之学,而没有现代学科体系、学问体系中的各个学科、各种学问,那就意味着,传统中国的知识体系基本上都得送到博物馆、关进贮藏室②,甚至"汉文"都得废除③。在百年之前,这一类极端的、偏颇的观点虽然也曾令人瞩目,但它显然是不能成立的,不论是在情感上,还是在理智上,都是不能接受的。更加重要的是,百年以来的中国历史并没有做出这样的选择,百年以来的中国学者也没有做出这样的选择。

以胡适为例,他在美国师从哲学家杜威完成了学业,回国之后,数十年间,念兹在兹的学问,却集中体现在《中国古代哲学史》《戴东原的哲学》《章实斋先生年谱》之类的论著中。除此之外,关于《水经注》的考证与研究也让胡适倾注了大量的精力。再看法学家吴经熊,他早年在密歇根法学院(Michigan Law School at Ann Arbor)接受了纯正的美式法学教育,在 1923 年 3 月出版的《密歇根法律评论》上发表了一篇题为《霍姆斯大法官的法律哲学》的论

---

① 在传统中国的知识体系中,史部文献固然相当丰富,不过,即使是素称发达的史学,同样面临着从"旧史"转向"新史"的压力。1922 年,梁启超在《中国历史研究法·自序》中写道:"是故新史之作,可谓我学界今日最迫切之要求也已。"详见,梁启超:《梁启超全集》,北京出版社 1999 年,第 4087 页。
② 譬如,在 1925 年 2 月 21 日发表于《京报副刊》上的《青年必读书——应〈京报副刊〉的征求》一文中,鲁迅就写道:"我以为要少——或者竟不——看中国书,多看外国书。"详见,鲁迅:《鲁迅全集》第三卷,人民文学出版社 2005 年,第 12 页。
③ 1918 年,钱玄同在致陈独秀的信《中国今后之文字问题》中写道:"我再大胆宣言道:欲使中国不亡,欲使中国民族为二十世纪文明之民族,必以废孔学,灭道教为根本之解决,而废记载孔门学说及道教妖言之汉文,尤为根本解决之根本解决。至废汉文之后,应代以何种文字,此固非一人所能论定;玄同之意,则以为当采用文法简赅,发言整齐,语根精良之人为的文字 ESPERANTO。"详见,钱玄同:《钱玄同文集》第一卷,中国人民大学出版社 1999 年,第 166—167 页。

文,学成归国之初,又试图把霍姆斯大法官的司法哲学全面复制过来,作为中国司法实践的指南。然而,晚年的吴经熊却在中国的大学里讲授中国传统哲学,撰写《禅学的黄金时代》。还有政治哲人萧公权,1926年,他在康乃尔大学获得博士学位之后回国任教,20世纪中期以后,具体地说,"从一九四九年秋天到一九六八年夏天",又在美国的"华盛顿大学做了十九年的教课和研究工作"。①但是,他的代表作却是《中国政治思想史》《康有为思想研究》《翁同龢与戊戌维新》《中国乡村》,等等。这样的事例所在多有,这里不再一一列举。在这些学者颇具代表性的学术选择、学术取向、学术轨迹背后,我们可以看到,传统中国知识体系中的某一些侧面、某一些维度,在胡适、吴经熊、萧公权及其他学者的著述中得到了创造性的转化、创新性的发展,进而获得了新的生命。

胡适、吴经熊、萧公权等人身体力行的知识旨趣、自然而然的学术实践可以表明,现代中国知识体系中的一些奠基者、担纲者、引领者,总是在对接传统中国的知识体系,总是在试图建立现代知识体系与传统中国知识体系的联系。冯友兰的《中国哲学史》、蔡元培的《中国伦理学史》、蒙文通的《中国史学史》、李泽厚与刘纲纪的《中国美学史》等等,无不体现了这些著者以现代知识体系、现代学问体系作为标准,重新裁剪、重新编织传统知识体系所作出的不懈努力。

二

众所周知,传统中国确实没有"哲学""伦理学""美学"这样的学科,甚至根本就没有这样的概念。但是,现代的"哲学""伦理学""美学"实际关注的问题,在传统中国同样存在。在传统中国的四部之书、四部之学中,已经有对现代人关心的"哲学问题""伦理学

---

① 萧公权:《问学谏往录》,中国人民大学出版社2014年,第144页。

问题""美学问题"做出的各种各样的回答,并在数千年间,形成了极其丰富、形态各异的文献。这就为现代学者写作《中国哲学史》之类的著作提供了足够的正当性依据:由于传统中国也有哲学,由于传统中国也有哲学家,因而,完全可以针对传统中国的哲学家及其创造的哲学,写成一部又一部的《中国哲学史》。

譬如,在20世纪30年代初期成稿的《中国哲学史》一书中,冯友兰就直接把"子学时代""经学时代"的经典人物称为"哲学家"。在冯友兰看来,在这个由"哲学家"构成的人物谱系中,孔子堪称开山祖师:"孔子本人虽亦未'以文字为一人之著述',然一生竟有未作官不作他事而专讲学之时;此在今虽为常见,而在古实为创例。就其门人所记录者观之,孔子实有有系统的思想。由斯而言,则在中国哲学史中,孔子实占开山之地位。"①在孔子身后漫长的中国历史上,哲学家在每个时代都曾涌现,每个时代的哲学家都创造了他们那个时代的哲学,中国哲学史就可以据此编织而成。

在为冯友兰的《中国哲学史》撰写的"审查报告"中,陈寅恪认为,"古代哲学家去今数千年,其时代之真相,极难推知"②。虽然,"古代哲学家"所置身于其中的时代真相"极难推知",但是,他们创造的哲学却可以探求。根据冯、陈提出的这些论断与概念,传统中国自孔子以降的那些往圣、那些先贤,都是"哲学家",他们创造的哲学都应当载入中国哲学史。既然这样的定位可以成立,且已经得到了普遍的承认,那么,从法理学的角度来看,尤其是从中国法理学史的角度来看,根据同样的逻辑,把那些往圣、那些先贤称为"法理学家",也是可以的。还是那些人,在中

---

① 冯友兰:《中国哲学史》上册,华东师范大学出版社2010年,第15页。在冯友兰看来,孔子在中国哲学史上占据了"开山之地位",但是,郑振铎认为,"在这些先秦哲学家中,最先出来的是老子"。详见,郑振铎:《插图本中国文学史:全二卷》,中华书局2016年,第67页。

② 冯友兰:《中国哲学史》下册,华东师范大学出版社2010年,第331页。

国哲学史上,他们是哲学家;在中国法理学史上,他们就是法理学家。

这还不仅仅是一个身份、角色、头衔的问题。从根本上说,法理学的创造者,本质上就是哲学家;更准确地说,就是思想家;把他们称为哲人,当然也是可以的。正如学者所见:"'法理思想'原本就不是专业法学家的思想产品。在古代的源头,这种思想就更非专业法学家所原创出来的。极端而言,专业法学家几乎从来没有、实质上也不可能贡献什么'法理思想'。所谓'法理思想',其实往往是哲学家、思想家创造(提出、阐明、证成)但专业法学家可以解读、述说或充其量加以发挥的法的哲学、理念与原理。中国古代的法理学说,即蕴蓄于中国古代的哲学或思想世界之中。"①

由此说来,法理学主要出自哲学家、思想家的创造。因而,所谓中国法理学史,本质上就是中国历代哲学家、思想家、哲人、圣贤所创造的法理学(亦可称为"法理学说"或"法理思想")的历史,因为他们在不同的时代创造了中国的法理学,所以他们成为了中国不同时代的法理学家;把他们创造的法理学编织成史,就可以成就一部《中国法理学史》。

以上回顾与辨析,旨在回答一个核心问题:为什么"可以"去写一部《中国法理学史》? 或者说,写一部《中国法理学史》为什么是"可能"的? 在此基础上,我还想从另一个角度略微解释一下:为什么"必须"去写一部《中国法理学史》? 写一部《中国法理学史》为什么是"必要"的? 更具体地说,为什么要去创作这部三卷本的《中国法理学史》? 触发我研究中国法理学史的动机到底是什么? 为什么要走上这样一条先从皋陶到韩非(第一卷)、再从贾谊到戴震(第二卷)、最后从龚自珍到熊十力(第三卷)的极其漫长的法理学之旅?

---

① 程燎原:《重新发现法家》,商务印书馆2018年,第322页。

三

简而言之，就是源远流长的中国法理学史确有必要给予专门、系统的叙述。为什么"必要"？如果说，在哲学上，"我们中国传统中也有可总结的东西，可以上升为哲学理论，而这又是当今世界所需要的"①，那么，按照同样的逻辑，在法理学上，我们中国传统中也有可以总结的东西，也可以上升为法理学说，而这也是当今世界所需要的。

在这里，不妨重温李泽厚在《答高更（Paul Gauguim）三问》（2015）中的一段话："20年前，我提出过希望有'第二次文艺复兴'。第一次文艺复兴是回归希腊，把人从神学、上帝的束缚下解放出来，然后引发了宗教改革、启蒙运动、工业革命等等，理性主义、个人主义盛行，也导致今日后现代的全面解构。我希望第二次文艺复兴将回归原典儒学，把人从机器（高科技机器和各种社会机器）的束缚下解放出来，重新确认和界定人是目的，发掘和发展个性才能。由'道始于情'而以国际和谐、人际和谐、宗教和谐、民族和谐、天人和谐、身心和谐为标的，使人类走向光明的未来。这就是'为生民立命，为往圣继绝学，为万世开太平'（张载），但这又仍然需要人类自身的努力奋斗。"②

根据这篇文章的标题以及这段话提到的时间节点大致推算一下，李泽厚表达自己对"第二次文艺复兴"的希望、期待、憧憬，应当是在1995年。在中国历史上，1995年固然不是一个标志性的历史刻度。但是，如果从1995年再回溯一百年，即为清政府签订《马关条约》将台湾割让给日本的1895年，那就是一个极具象征意义的历史拐点了；那一年，中华民族几乎可以说是跌到了有史以来的

---

① 李泽厚、刘绪源：《中国哲学如何登场？——李泽厚2011年谈话录》，上海译文出版社2012年，"序"，第1页。
② 李泽厚：《人类学历史本体论》，青岛出版社2016年，第13页。

最低点。葛兆光的两卷本《中国思想史》的最末一节,就题名为"1895年的中国:思想史上的象征意义"①。葛兆光的这部《中国思想史》,也就终结于那个颇具象征意义的1895年。

在中国思想史上,1895年确实是一个标志性的分水岭。正是在1895年,严复写下了具有象征意义的《论世变之亟》。随后,严复翻译的八部西学名著开始陆续出现在中国人的视野里,并在汉语世界中产生了持久、全面、深远的影响,同时也奠定了汉语世界中的法理学的底色,以至于在严复之后的汉语学术界,只要说到法理学,除了个别例外(详后),基本上就是"严译名著"所代表的法理学,当然,也包括那些比"严译名著"更早诞生的西学经典所承载的法理学,以及在"严译名著"之后不断问世的西学经典所承载的法理学。然而,由"严译名著"及其前后的西学经典所承载的法理学,能否等同于法理学的全部? 面对这样的追问,我无法做出肯定的回答。就像人世间的哲学有西方哲学、中国哲学及其他哲学一样,人世间的法理学也有西方法理学、中国法理学及其他法理学。

在这样的语境下,阮元的一句话恰好可以借用于此。他说:"学术盛衰,当于百年前后论升降矣。"②如果从1895年开始算起,到李泽厚表达"第二次文艺复兴"这个愿望的1995年,恰好就是一百年。1895年的中国学术或汉语学术,开始出现的一个基本趋势是"西升东降"。但是,在百年之后的1995年,至少透过李泽厚的愿望,我们却可以隐约看到学术盛衰、学术升降的另一种趋势。从1895年到1995年,在这一百年里,中华民族经历了各种各样的选择、试错,得到了许多经验、教训。也是在这一百年里,中国人对各种各样的文明形态及其演进规律获得了更多的、更深的理解。正是在这样的基础上,李泽厚在1995年提出了"第二次文艺复兴",

---

① 葛兆光:《中国思想史》第二卷,复旦大学出版社2001年,第530页。
② [清]钱大昕:《十驾斋养新录》,杨勇军整理,上海书店出版社2011年,阮元"十驾斋养新录序",第1页。

并在二十年后的 2015 年再一次正式地表达了这样的愿望。在李泽厚看来,只有"回归儒家原典",只有"为往圣继绝学",才能"使人类走向光明的未来"。

四

这部三卷本的《中国法理学史》,其主体部分几乎就是"回归儒家原典"的产物。尤其是第二卷的内容,叙述从汉至清的中国法理学史,基本上就是以不同时代的儒家原典作为主线串起来的,可以说是始于儒、终于儒。在第一卷中,虽然有三章分述道家、墨家与法家的法理学,但在相关叙述中,也蕴含了对儒家原典的直接或间接的"回归"或观照。更不必说,道、墨、法三家,本身就与儒家原典、儒家人物、儒家思想具有千丝万缕的关系。虽然第三卷是在西学东渐的背景下展开的,虽然渐进的改良或激烈的革命是第三卷渐次展开的基本底色与总体基调,但第三卷的最后一章,同时也是这部三卷本《中国法理学史》的终端,却刻意描绘了现代新儒家熊十力的法理肖像。从这个角度来看,这部三卷本的《中国法理学史》,似乎恰好可以呼应李泽厚表达的希望。

然而,置身于 21 世纪 20 年代,我们能不能说,只有儒家原典及其承载的法理学,才能解释、安顿中国及人类的文明秩序,才能"让人类走向光明的未来"? 要得出这样的结论,也很困难。从全面走向"西方原典"来一个"猛回头",来一个 180 度的大转弯,从先前的"全盘西化"转向"全盘儒化",无论如何都是不太可能的,也是不必要的。原因很简单,即使就在我的这部有意"回归儒家原典"的《中国法理学史》中,也对"西方原典"多有引证。反过来说则是,若干"西方原典"已经汇入这部《中国法理学史》。自清末以来,经过一百多年的交融,早已进入华夏的"西方原典",就像汉唐时代进入华夏的"西天佛典"一样,已经成为华夏文明机体内的一种要素。而且,从汉代的儒法合流到魏晋的儒道合流,再到唐宋的儒释道合流,可以看到,"两教合流""三教合流"或者是"多教合流"所蕴含的兼容并包、兼收并蓄、广采博纳的精神,既是华夏文明的一个传统,同时也是华夏文明始终保持强劲生命力的一个奥秘。

不过,李泽厚关于"第二次文艺复兴"的希望,还是可以表明,"回归儒家原典",重新理解"儒家原典"以及"道家原典""墨家原典""法家原典",理解这些华夏原典所承载的法理学,是极其必要的。当代中国的"法"及其背后的"理",虽然在某些形式、某些层面、某些维度上,受到了"西方原典"的影响,甚至是较大的影响;但是,当代中国的"法",尤其是"法后之理"或"法外之理",归根到底,还是华夏文明生生不息、绵绵不绝、延伸至今的产物。当代中国的"法",尤其是"法后之理"或"法外之理",与"儒家原典"以及"道家原典""墨家原典""法家原典"之间的血肉联系,无论如何都是割不断的。因而,要理解当代中国及未来中国的法理,必须重温中国固有的法理学的历史。

回顾过往,在中国近现代学术史上,特别是在梁启超之前,关于中国法理学史的写作其实并无太多新意,基本上只是旧事重提。正如学者所指出的:"在中国近代,法理学(法哲学)作为一个法学科目,尚处于草创阶段。同样,'中国法理学史'亦属初生。"就在"中国法理学史"初生之际,梁启超、胡适、王振先分别写成的《中国法理学发达史论》《中国古代哲学史》(主要是其中的"所谓法家"部分)和《中国古代法理学》颇具典范意义,进而言之,"梁、胡、王各有不同但相互之间又能够互证互补的创辟,开出了中国法理学和法学史的新方向、新论域。尤其是梁启超在思想上的博大精深,胡适在哲学上的追根究底,王振先在法学上的谨严缜密,都堪称'中国法理学史'研究的'典范',足为后人取法"[①]。

由此看来,关于"中国法理学史"的研究,早在20世纪初期就

---

① 程燎原:《重新发现法家》,商务印书馆2018年,第334页。

已经开其端绪,并在二十年左右的时间里,形成了"足为后人取法"的学术"典范"。在百年之后的今天,正是考虑到中国法理学史写作对当下及未来的必要性,也正是在"取法"梁启超、胡适、王振先等人开创的学术"典范"的基础上,我写成了这部三卷本的《中国法理学史》。其中,我既追溯了从传说时代到商末周初的中国法理学史①,又重述了从春秋到战国的中国法理学史,还续写了从汉至清的中国法理学史,以及从近代到当代的中国法理学史。我希望通过这部三卷本的《中国法理学史》,致敬"中国法理学史"研究的先行者,同时也加入到他们开创的事业中。

---

① 所谓"传说时代",是指"中国古史的传说时代"。详见,徐旭生:《中国古史的传说时代》,广西师范大学出版社2003年。

第一卷序

《中国法理学史》第一卷始于皋陶,终于韩非,实为从皋陶到韩非的中国法理学史。至于韩非之后的中国法理学史,则纳入《中国法理学史》第二卷与第三卷。

理所当然,势所必然,《中国法理学史》第一卷叙述的重心是先秦诸子的法理学,亦即春秋战国时代的法理学。虽然先秦诸子被虚指为"百家",但是,能够载入中国法理学史的,主要还是儒、道、墨、法四家。我按照既有的儒、道、墨、法四家之格局予以分述,庶几可以勾画出先秦法理学的整体面貌。希望通过这番叙述,可以在法理学的学科平台上,同时也在中国法理学史的叙事框架下,为先秦时代的诸子重新树立一座思想群像。

正如我在"中国法理学史导论"中已经提到的,在中国近代以来的学术史上,讲先秦诸子的法理学,并不是一个新颖的题目。早在1904年,梁启超著成的名篇《中国法理学发达史论》,就已经对儒、道、墨、法四家的法理学有所揭示。在四家之间,梁启超还辨析了它们的新与旧:"命法家为新学派,命法家以前诸家为旧学派,而旧学派中,复分为三:一曰儒家,二曰道家,三曰墨家。"[1]1918年,

---

[1] 梁启超:《梁启超全集》,北京出版社1999年,第1260页。

胡适写成了《中国古代哲学史》。他在此书中指出："孔子的正名论,老子的天道论,墨家的法的观念,都是中国法理学的基本观念。故我以为中国古代只有法理学,只有法治的学说,并无所谓'法家'。中国法理学在西历前三世纪,最为发达。"① 1924 年冬天,亦即"甲子仲冬"②,在厦门大学执教的王振先又完成了一部篇幅不大的《中国古代法理学》。我所见到的此书 1925 年版,当为初版,正文仅四十二页。其中的第一章是"绪论",第二章论"法在我国文字学上之意义",第三章题为"法在我国思想史上之地位",分别叙述了"道家之法律观""儒家之法律观"与"墨家之法律观",第四章讨论"法家对于法之观念及其诠释"。这样的结构表明,"法家对于法之观念"在"中国古代法理学"中占据了一个更加重要的地位。

在研习前贤论著的基础上,在重述先秦诸子法理学的过程中,我做了一点略微大胆的尝试:不仅逐一描绘先秦诸子的法理肖像,而且在整体框架上,有一些个性化的处理。譬如,对禽子(禽滑釐)的思想地位就有所张扬。因为《庄子·天下》及其他多种文献都在提示我们,在先秦诸子中,尤其是在墨家学派中,禽子与墨子,是可以相提并论的。③ 但是,在当代,关于禽子的专题研究却较为薄弱,这种状况可能有多个方面的原因:一方面,反映禽子思想的文献严重碎片化,且数量稀少,不成体系。另一方面,禽子自身似乎也不善言辞,不仅不"作",而且"述"也很少,几乎就是一个"因行成义"式的人物。在先秦诸子中,禽子确实是一个值得关注的异数。有鉴于此,为了更好地展示先秦法理学的多元性、多样化,我刻意在"先秦墨家的法理学"这个题目下,在墨子之后,专列一节论

---

① 欧阳哲生主编:《胡适文集》第六册,北京大学出版社 2013 年,第 352 页。
② 王振先:《中国古代法理学》,商务印书馆 1925 年,"自序",第 2 页。
③ 据《庄子·天下》篇:"不侈于后世,不靡于万物,不晖于数度,以绳墨自矫,而备世之急。古之道术有在于是者,墨翟、禽滑釐闻其风而说之。"详见,方勇译注:《庄子》,中华书局 2015 年,第 571 页。

述禽子,试图对这个被忽略的人物及其法理学,有所展示,有所凸显,进而让先秦墨家的法理学自此摆脱由墨子一个人来代表的格局。

先秦诸子的法理学虽然丰富多彩,但并不是一座座突然降临的"飞来峰"。先秦诸子的法理学由来有自,且根植深厚。具体地说,先秦诸子的法理学都源于一个更加古老的传统,那就是商末周初的法理传统。因此,在先秦诸子之前,本卷还专门设置了一个单元,以"中国法理学的起源"为题,专述中国法理学在初生之际的学术思想身影。在这个单元中,我主要描述了皋陶、吕尚、周公的法理学。其中,吕尚与周公大致可以说是同一个时代的人。因为,《史记·周本纪》已经载明:"武王即位,太公望为师,周公旦为辅,召公、毕公之徒左右王,师修文王绪业。"①这里的太公望就是吕尚。吕尚亦称姜尚、姜子牙、齐太公,他辅佐的对象主要是周文王与周武王。相比之下,周公,亦即周公旦、姬旦,他辅佐的对象主要是周武王与周成王。虽然难以具体确定他们两人的生卒时间,但是,根据当时的历史场景推断,吕尚应当年长于周公,两人之间应当有直接的交往。更加重要的是,吕尚与周公还可以分别代表齐学与鲁学的源头,他们也可以分别跟法家与儒家这两种学说遥相呼应。从这个角度来看,吕尚与周公,可以说是法家法理学与儒家法理学这两大法理传统的早期渊源。

尽管吕尚与周公作为三千多年前商周之际的人物,已经很遥远了,但是,中国法理学的起源还可以追溯至更早的时代,那就是皋陶的时代。因此,在本卷正文的开篇,我首先叙述的法理人物是皋陶,我试图把皋陶的法理学作为中国法理学的起点。如此安排的理由,我在第一章第一节的开端,会有专门的交待。简而言之,作为与尧、舜、禹并称的"上古四圣"之一,皋陶既是"上古四圣"中

---

① [汉]司马迁:《史记》,中华书局2006年,第18页。

最具代表性的思想型人物,同时也是中国法律职业最早的符号性、象征性人物。此外,皋陶对德及其规范意义的强调,从源头上设定了中国法理学的底色,同时也奠定了中国法理学的基础,在中国法理学史上所具有的开创性意义,实在不容忽略。虽然皋陶的时代属于徐旭生所说的"中国古史的传说时代",或者说,皋陶就是"中国古史的传说时代"中的人物,但是,这并不妨碍我们把他的法理学作为中国法理学的源头。

概括地说,历史地看,中国法理学萌生于皋陶,在商末周初之际一分为二,分别是齐太公的法理学与鲁周公的法理学。及至东周时代,从商末周初流传下来的法理学进一步分化,主要呈现为儒、道、墨、法四家。虽然四家框架下的一些人物,譬如慎子,到底属于哪一家,一直都有不同的看法,但是,把先秦诸子的法理学分为四家来叙述,却是必要的。毕竟,有一个大致的划分,有一个类型化的处理,可以抑制《墨子·尚同上》中所说的"一人则一义,二人则二义,十人则十义"①这种过于零散的趋势。当然,换个角度,反过来看,我们也可以发现,即使是同属某一家的人物,譬如,同属道家的老子与庄子,他们每个人的法理学也是相对独立的。各家内部的"家族相似性",并不能抹杀每个人的学术思想个性。按照《庄子·天下》中的悲观说法,那可真是一个"道术将为天下裂"的时代。对于这个时代的由来,《庄子·天下》已经提供了经典性的阐述。

《庄子·天下》描绘的令人神往的"古之人",虽有虚拟的成份或传说的色彩,但似乎也可以包括皋陶时代的人,或者就相当于皋陶时代的人,甚至就是皋陶这样的人,当然也包括"上古四圣"中的其他三人。因而,从语境上推断,《庄子·天下》叙述的历史阶段,与本卷叙述的历史阶段,大体上是重叠的:都是从"古之人"开始,

---

① 方勇译注:《墨子》,中华书局2011年,第84页。

一直讲到先秦诸子。只不过,《庄子·天下》的主题是"古之道术",且只有三千言;本卷的主题则是"古之法理",且长达三十余万言。能否把"古之法理"作为"古之道术"的一个侧面?能否以本卷作为《庄子·天下》的一个注脚?这个问题的答案尚待斟酌,暂且存疑。现在,我们不妨搁置这样的疑虑,径直走向从皋陶到韩非的中国法理学史。

第一章　中国法理学的起源

第一节　皋　　陶

在中国法理学史上,最先出场的人物是皋陶。这就是说,中国法理学始于皋陶。为什么是皋陶?关于中国法理学史的叙述,为什么要从皋陶开始说起?显然,这是一个需要先行回答的问题。

回望中华文明的演进历程,可以看到一个扑朔迷离的初始时代,徐旭生称之为"中国古史的传说时代"。他说:"只有到殷墟时代(盘庚迁殷约当公元前1300年的开始时),才能算作进入狭义的历史时代。此前约一千余年,文献中还保存一些传说,年代不很可考,我们只能把它叫作传说时代。"①在这个"中国古史的传说时代",出现了一系列具有超凡魅力的人物形象,譬如虚无飘渺的盘古,以及天皇、地皇、人皇,还有伏羲、女娲、神农,更有黄帝、颛顼、尧、舜、禹,等等。这些"传说时代"的人物形象,虚实程度不同,其中的一些人物形象显然是虚构的,在事实层面上不一定具有真实性。但是,哪怕是传说中的人物形象,在意义层面上也是不能否弃

---

① 徐旭生:《中国古史的传说时代》,广西师范大学出版社2003年,第23页。

的,在信仰的层面上,其意义尤其重大。① 因为,在这些人物形象中,特别是相对晚出的尧、舜、禹,已经支配了中国人的意义世界。在所谓"历史时代"的中国,一些基本的行为规范,譬如,人们可以做什么、不能做什么、应当做什么,诸如此类的规范及其理据,归根到底,都会追溯至这些人物。这些人物已经成为了正当性与合法性的终极根源,甚至充当了一切"大是大非"的判断标准,因而,这些人物尽管是传说中的人物,但这些人物的存在,可以看作"是一个文化的或心理的事实"。②

近人刘师培对这种"文化的或心理的事实",显然是认同的。他说:"近世巨儒,推六艺之起源,以为皆周公旧典(章氏实斋之说)。吾谓六艺之学,实始于唐虞。"③由此说来,尧舜才是六艺之学的源头,当然也是中国学术思想的源头。按照"历史时代"的叙事方式,只有尧舜之道,才是应当遵循、值得遵循的正道、大道。这就意味着,尧舜创制、确立、代表、身体力行的行为规范,已经成为评判各种行为正当与否、合法与否的终极依据。所谓"圣王莫过尧、舜,尧、舜之治,最为平矣"④,就是基于这种思想逻辑做出的评判。在这样的历史背景下,倘若要厘清中国法理学的由来与中国

---

① 尼采在《敌基督者》第23节,以批判的立场,论及"信仰"对历史的影响。他说:"从根本上讲,基督教也有某些原本属于东方的精致性。基督教首先认识到,某种东西是否为真完全无关紧要,但只要它被相信为真,就具有最重要的意义。真理(Wahrheit)和认为某种东西为真的信仰(Glaube):这是两个风马牛不相及的兴趣世界,几乎完全对立的世界——通向这两个世界的道路完全不同。知道这一点——在东方,几乎使人成为智者:这个道理,婆罗门(Brahman)能够理解,柏拉图能够理解,每一个秘传智慧(esoterische Weiseheit)的研习者都能够理解。"详见,[德]尼采:《敌基督者——对基督教的诅咒》,吴增定、李猛译,载吴增定:《〈敌基督者〉讲稿》,生活·读书·新知三联书店2012年,第164—165页。
② 杨联陞:《国史探微:宏观视野下的微观考察》,中信出版社2015年,第3页。
③ 刘师培:《国学发微(外五种)》,万仕国点校,广陵书社2015年,第2页。
④ [汉]王充原著,袁华忠、方家常译注:《论衡全译》,贵州人民出版社1993年,第1075页。

法理学史的开端,就不能避开"中国古史的传说时代",尤其不能避开"传说时代"中相对晚近的尧舜时代。

进一步看,依据历史传说编织起来的文明演进逻辑,在尧舜时代的代表性人物中,能够承载法理学的人物形象,主要就是皋陶。在《尚书》这样的典籍中,皋陶阐述的法理学堪称中国法理学的起点。因此,要理解中国法理学的源头,特别是,要理解中国法理学史的逻辑起点,要对中国法理学史进行追根溯源式的探究,就必须认真对待皋陶开创的法理学,就必须对皋陶的法理学做出专门的叙述。我们做出这样的判断与选择,除了上文的铺垫之外,主要基于以下几个方面的理由。

首先,在华夏文明初生时期的圣人群像中,具有思想家形象的人物,应当首推皋陶。与皋陶差不多同时代的尧、舜、禹,都是典型的政治领袖,只有皋陶享有思想导师的声誉。东汉时期,王充提出的一个论断值得注意。他说:"五帝、三王、皋陶、孔子,人之圣也。"①这个名单中的"人之圣",大致可以分为两组,"五帝"与"三王"是标准的、典型的政治家,相比之下,皋陶与孔子则可以归属于思想家的行列。如果我们把孔子视为先秦时代诞生的思想导师,那么,皋陶则是尧舜时代的思想导师。因此,在逻辑链条中,在意义世界里,皋陶可以被视为上古中国的第一个思想家,或者是第一个堪称思想家的人物形象。这种思想家式的人物,正好可以充当那个时代中国法理学的代言人与承载者,因为法理学家与思想家具有更多的"家族相似性"。人类历史上先后诞生的那些影响较大的法理学家,通常都可以归属于思想家或哲学家的行列;无论是东方还是西方,一部法理学史其实都是由各个时代的思想家串连起来的。

---

① [汉]王充原著,袁华忠、方家常译注:《论衡全译》,贵州人民出版社 1993 年,第 1014 页。

其次,皋陶既是尧舜时代最主要的思想家,同时也是那个时代最主要的法律家,因而是兼具法律家身份的思想家。《后汉书》记载了东汉时期的一个论断:"孔子垂经典,皋陶造法律。"①这种对举式的比较,再次把皋陶与孔子相提并论,意味着皋陶占据了某种与孔子同等重要的地位。虽然汉代人把皋陶的主要功绩概括为"造法律",强调了皋陶所拥有的"立法者"身份,但是,皋陶的形象与地位却不能理解为狭义的"立法官员"。据《尚书·尧典》记载,帝舜向皋陶下达的命令是:"皋陶,蛮夷猾夏,寇贼奸宄。汝作士,五刑有服,五服三就。五流有宅,五宅三居。惟明克允。"②这句话可以看作帝舜对皋陶的"任职决定"。皋陶据此担任的"士",其实就是"大理"。因为《史记·五帝本纪》已经做出了解释:"皋陶为大理,平,民各伏得其实。"③"士"或"大理"的基本职责是"治狱",这是一种司法职能,相当于现在的法官。正如王充对皋陶身份的解释:"皋陶治狱,其罪疑者,令羊触之,有罪则触,无罪则不触。斯盖天生一角圣兽,助狱为验,故皋陶敬羊,起坐事之。"④由此可见,皋陶是帝舜时代的职业法律家,既是立法者,也是司法者。这种具有职业法律家形象的思想家,具有创造、开辟法理学的天然优势。在近代以来的西方国家,像霍姆斯、卡多佐这样的人物,大体上也可以归属于这样的类型,虽然他们的思想地位远不如皋陶那样显著。

最后,皋陶不仅是一个职业化的法律家,同时也是一个全局性的政治家。早在帝尧主政的时代,皋陶已经是最高执政团队的成员。《史记·五帝本纪》记载:"尧老,使舜摄行天子政,巡狩。

---

① [南朝]范晔:《后汉书》,中华书局 2000 年,第 1014 页。
② 王世舜、王翠叶译注:《尚书》,中华书局 2012 年,第 25 页。
③ [汉]司马迁:《史记》,中华书局 2006 年,第 5 页。
④ [汉]王充原著,袁华忠、方家常译注:《论衡全译》,贵州人民出版社 1993 年,第 1078 页。

舜得举用事二十年,而尧使摄政。摄政八年而尧崩。三年丧毕,让丹朱,天下归舜。而禹、皋陶、契、后稷、伯夷、夔、龙、倕、益、彭祖自尧时而皆举用,未有分职。"①这段文字表明,在帝尧举用的重臣名单中,皋陶排名第二,紧接大禹之后,这其实已经昭示了皋陶的政治地位。所谓"未有分职",是指禹、皋陶等人的政治职责与政治角色尚未得到官方的正式界定。这种没有政治分工的状况,是文明初创时期政治制度不够发达、不够成熟、不够绵密的产物。但是,这种状况也可以说明,早在帝尧时代,皋陶已经成为重要的政治人物。到了帝舜时代,皋陶依然是朝廷重臣,政治影响力与思想影响力处于持续上升的过程中(详后)。大禹主政以后,"帝禹立而举皋陶荐之,且授政焉,而皋陶卒"②。按照这种说法,皋陶已是帝禹选定的政治接班人,只是因为皋陶过早辞世,才失去了担任最高政治领袖的机会。正如徐旭生所见:"照着较古的传说,如果皋陶不死,他就有与夏禹代兴的可能性。"③在后世的一些文献中,皋陶作为政治家的形象也得到了确认。譬如,孔子的学生子夏有一个评论:"舜有天下,选于众,举皋陶,不仁者远矣。"④在子夏眼里,只是由于皋陶的被"选"或被"举",那些"不仁者"只好远遁他乡;因为,皋陶的被"选"、被"举",已经让那些"不仁者"感觉自己不再有任何出路、空间或机会。"不仁者"的这种行为选择,从反面衬托出皋陶堪称尧舜时代影响巨大的完美政治家的典范。

以上分述的三个方面,大致可以概括皋陶的多重角色:在文化逻辑与意义世界中,他是中国尧舜时代的第一个思想家,也是尧舜时代的第一个法律家,同时,还是尧舜时代的政治家。当代中国流

---

① [汉]司马迁:《史记》,中华书局2006年,第4页。
② [汉]司马迁:《史记》,中华书局2006年,第10页。
③ 徐旭生:《中国古史的传说时代》,广西师范大学出版社2003年,第62页。
④ 杨伯峻译注:《论语译注》,中华书局2012年,第182页。

行的"政法"一词,在皋陶的人生经历与法理学说中,可以得到直观的体现。皋陶从政治、法律的角度阐述的思想学说,足以支撑起一种具有学理深度、思想厚度的"皋陶法理学"。

环顾尧舜禹时代的圣人群像,我们可以看到,那个时代的皋陶堪称中国最早出现的具有法理学素养的人物,而且是有政治智慧与法律经验的法理学阐述者。正是在这个意义上,我们可以认为,皋陶阐述的法理学实为中国法理学的源头、起点、开篇,足以代表尧舜时代的法理学。至于皋陶法理学的主要内容,则可以概括为以下几个方面。

一、德的规范性

典籍中关于尧、舜、禹的记载,通常以帝尧、帝舜、帝禹相称。譬如《尚书·尧典》开篇就称:"曰若稽古,帝尧曰放勋"①,云云。这样的记载表明,"帝"与此前的"三皇",以及后来的"王""皇帝""天子"相比,虽然称谓不同,内涵也有明显而微妙的差异,毕竟都可以统称为君主,都是君主政治的象征。在君主政治这个整体背景下,君主既是政治学的中心议题,当然也是法理学的中心议题。皋陶的法理学,同样是以君主为中心展开的。

皋陶的法理学,主要见于《尚书·皋陶谟》。② 这篇文献包含的很多信息,都在《史记·夏本纪》中得到了重述。譬如《夏本纪》称:"皋陶作士以理民。帝舜朝,禹、伯夷、皋陶相与语帝前。"③这就是说,皋陶是帝舜的理民之官,正式的官名是士。至于"禹、伯夷、皋陶相与语帝前"一事,同样出于《皋陶谟》的记载:在帝舜的主持下,禹、伯夷与皋陶展开了一场大讨论。这也许是中国历史上最

---

① 王世舜、王翠叶译注:《尚书》,中华书局2012年,第5页。
② 王世舜、王翠叶译注:《尚书》,中华书局2012年,第32—52页。为了引文简洁,以下凡引自《皋陶谟》的文字,不再一一注明出处。
③ [汉]司马迁:《史记》,中华书局2006年,第9页。

"简雅"、层次最高、圣人最密集的一场讨论。① 这场大讨论从皋陶的发言开始,主要在皋陶与禹之间展开。彼时的禹还没有继承帝舜的大位,还只是帝位的备选者。在对话展开的过程中,禹充当了比较虔诚的倾听者,皋陶则占据了比较明显的思想优势。皋陶的谈话既是一篇法理学文献,也可以理解为一个思想导师面向一个政治新秀的训诫与教诲。

从文体上说,《皋陶谟》是一篇"谟文"。"谟"的基本含义是提出对策与谋略,如曾运乾所言:"谟,谋也。"②在《皋陶谟》所记载的特定语境中,这篇"谟文"是皋陶在最高政治会议上提出的政治对策或政治谋略,更具体地说,皋陶的谈话从形式上看,是在阐述政治策略;从实质上看,是在教导大禹。

在"谟文"的开篇,皋陶首先提出一个思想命题:"允迪厥德,谟明弼谐。"关于这个命题,《夏本纪》中的记载是"信其道德,谋明辅和"③。《夏本纪》记载的这八个字,可以视为关于"允迪厥德,谟明弼谐"的译文,或者说,是司马迁对"允迪厥德,谟明弼谐"的解释。"允迪厥德,谟明弼谐"是皋陶阐述其法理学的起点,值得仔细辨析。对于这八个字,孙星衍的解释是:"允者,《释诂》云:'信也。'迪者,《释诂》云:'迪、繇,道也。'《释名》云:'道,导也。''繇'即'由','道'即'导'。德者,《淮南齐俗训》云:'得其天性谓之德。'天性,谓五常之性。明者,《释诂》云:'成也。'言信由其德,则谋成而辅和矣。"④

---

① 魏晋时期,蜀人李密以"简雅"形容这场讨论,并认为这场讨论的格调超过了周公的《大诰》,更高于诸葛亮的谈话。他说:"昔舜、禹、皋陶相与语,故得简雅;《大诰》与凡人言,宜碎。孔明与言者无己敌,言教是以碎耳。"详见,[唐]房玄龄等:《晋书》,中华书局2000年,第1519页。同时代的陈寿亦有大致相似的评价,他以"咎繇"指称皋陶,说:"咎繇大贤也,周公圣人也,考之《尚书》,咎繇之谟略而雅,周公之诰烦而悉。何则? 咎繇与舜、禹共谈,周公与群下矢誓故也。"[晋]陈寿撰,[宋]裴松之注,《三国志》,中华书局2000年,第692页。
② 曾运乾注:《尚书》,黄曙辉校点,上海古籍出版社2015年,第25页。
③ [汉]司马迁:《史记》,中华书局2006年,第9页。
④ [清]孙星衍:《尚书今古文注疏》,陈抗、盛冬铃点校,中华书局1986年,第77页。

用现代汉语来重述,皋陶旨在表达的意思是:"诚信地遵循尧的圣德,君主就会决策英明,群臣同心勉力辅佐。"①在皋陶看来,君主必须遵循德的要求,德是君主必须遵循的最高规范与根本规范,甚至可以说是第一规范。当然,无论是《皋陶谟》的原文,还是《夏本纪》的用语,都没有出现君主或帝王的字样,都是以动词"允"或"信"开头的。但是,在动词"允"或"信"的前面,隐藏着一个不言而喻的主体,那就是君主。这是理解皋陶法理学的一把钥匙。运用这把钥匙打开皋陶法理学的大门,可以看到,皋陶法理学是以君主为中心的法理学,或者说,是君主本位的法理学。这种法理学虽然以君主作为本位,但是,它并不是张扬君主权力的法理学,更不是为君主权力或君主特权提供辩护的法理学,相反,它特别强调的,是君主的义务。

具体地说,"允迪厥德"是一条标准的义务性规范,它为居于当政地位的君主设定了一条必须履行的义务:按照德的要求,养成德性,推行德政。进一步看,君主具有养成德性、推行德政的义务,大臣则负有辅助君主推行德政的义务。在《皋陶谟》的语境下,皋陶针对禹以及在场的帝舜、伯夷提出的这条义务性规范具有双重指向:在帝舜执政的当下,禹是帝舜的大臣,辅助帝舜推行德政是禹的义务;在禹继承了帝位之后,禹就成为了推行德政的第一义务主体,亦即第一责任人。当然,考虑到帝舜也是在场者,皋陶的这句话也可以理解为:在当下,帝舜是推行德政的第一义务主体。

皋陶的正式身份是"理民"之"士",如前所述,这是一个掌管刑狱与司法的职位。但是,皋陶并没有现代人比较自觉的"专业意识",也没有强调刑狱或司法职能的重要性。相反,他主要强调了当政者的德性,以及由德性所奠基、所支撑、所滋养的德政,而且强调了德对于君臣的规范性:遵循德的要求,就是成德;成德就是成

---

① 李民、王健:《尚书译注》,上海古籍出版社2004年,第41页。

就、实现德的要求。皋陶提出这个命题,既是对禹的教诲,其实也是对当时帝舜主持的执政团队的教诲。因为,皋陶设定的这一条义务性规范既针对禹,也针对当时在场的虞舜、伯夷。在这三个人中,禹直接表达了赞同之意,他进一步追问:"那到底应该怎么办呢?"他的问题其实是:君主养成德性、推行德政之路,到底应该怎么走?

针对这个程序性、方法论的问题,皋陶的回答是:"慎厥身,修思永。惇叙九族,庶明励翼,迩可远在兹。"孙星衍解释说,这句话是"皋陶为禹言谨身睦族,贵近附助,则道德可以自近及远也"①。曾运乾的解释是,这句话"言先修其身,次叙九族,又次以众贤明作辅翼,则可大可久之业也"②。据此,皋陶提供的方法论可以概括为:当政者要谨慎地自我修身,要深谋远虑、持之以恒地修身,在此基础上,处理好九族之间的伦常关系,众人就可以勤勉地遵守各种规则。皋陶还强调,"迩可远在兹",显然,这是一个由近及远的过程。

这几句关于德政的方法论,揭示了皋陶法理学的思想旨趣与现实指向:当政的君主必须通过有效的治理,以建构文明秩序。这是君主不可推卸的义务。君主要履行这样的义务,就必须持之以恒地修身、成德,让自己充满德性,进而成为德性的象征与化身。只有象征德性的君主才可能推行德政。至于德政的实现方式,则是通过睦和邻近的九族,进而协和远方的庶众。在这个过程中,君主就相当于一个政治共同体的发动机,他源源不断地输出的德性,首先润泽了他的九族,然后由近及远地泽被、遍及远方的庶众。这个过程,就仿佛一块石头投在水面上溅起的波澜,一圈又一圈地向外推延。只要波澜中心点输出的动力足够强大,足够持久,那么,

---

① [清]孙星衍:《尚书今古文注疏》,陈抗、盛冬铃点校,中华书局1986年,第78页。
② 曾运乾注:《尚书》,黄曙辉校点,上海古籍出版社2015年,第27页。

它激起的波澜就会延伸至整个水面——整个水面就相当于整个天下。因此,关键的问题,就取决于处在发动机地位的君主,是否能够输出足够强大的、持续不断的德性。由此可见,君主在德性修养、德性输出方面承担的义务,是建构文明秩序的第一个环节。

对于皋陶阐述的"德政方法论",《皋陶谟》的记载是:"禹拜昌言曰:'俞!'"这就是说,禹恭敬地接受了出自皋陶的至理之言。禹的这个态度,再次说明了皋陶相对于禹所占据的思想优势。

二、德性义务的履行

按照德的规范性要求养成德性、推行德政,是君主必须履行的义务,但是,履行这个义务的具体路径又是什么呢?皋陶对此提出了两个要点:"在知人,在安民。"孙星衍对这两个要点的解释是:"民,谓众民;人,谓官人也。《诗假乐》云:'宜民宜人。'传云:'宜安民,宜安人也。'疏云:'民、人,散虽义通,对宜有别。'引此经文。《汉书·薛宣传》谷永上疏曰:'帝王之德莫大于知人。知人则百僚任职,天工不旷,众职修理。奸轨绝息。'引此文而说之也。皋陶既以修身睦族告禹,又云此者,宗族贵戚人才不一,务在知而器使之。民众在下,在偏安之,其政乃可及远也。"[1]曾运乾认为:"言知人则能器使,安民则众人思归之也。"[2]据此,皋陶提出的"知人"义务与"安民"义务包含了以下几个方面的意涵。

第一,"人"与"民"具有实质性的差异,不可混为一谈。君主的"知人"义务所说的"人",是指官人,特指治民之官或治民之臣,简而言之,是指大臣群体或官员群体。君主的"安民"义务所说的"民",才是众民或庶众的意思。因此,"人"与"民"之异,实为官与民之别。因此,君主履行的两个具体义务,一是知人善用,二是安顿众民。

---

[1] [清]孙星衍:《尚书今古文注疏》,陈抗、盛冬铃点校,中华书局1986年,第78页。
[2] 曾运乾注:《尚书》,黄曙辉校点,上海古籍出版社2015年,第27页。

第二,在"知人"与"安民"之间,知人只是手段,安民才是目的。但是,"知人"却是君主的核心职责,是君主应当掌握的核心技术,是君主之德的集中体现,是区分"好君主"与"坏君主"的关键性指标。因此,君主的核心职责,就是把合适的人安放到合适的岗位上,以造就"天工不旷,众职修理"的良好局面,以保证国家机器的各个部分都能得到有效的运转。反过来说,倘若君主所用非人,就属于严重的"不德"行为或"败德"行为。就皋陶时代的政治背景来看,知人就是要善于分辨、甄别贵族阶层内部的各种人才,让他们各尽所能,让不同的人才在不同的岗位上发挥各自的作用。君主只要能够尽到这样的"知人"义务,那么,普天之下的庶众,哪怕是偏远地区的庶众,都可以得到很好的治理与安顿。

第三,"知人"义务与君主之德的关系。严格说来,君主之德,并不限于今日所说的道德意义上的"德",譬如善良、诚实、守信之类。因为君主之德或帝王之德,莫过于知人或识人。这种知人或识人之德,其实是知人或识人之智,君主之德既是一种政治德性,同时也是一种政治智性、政治能力。当然,我们也可以反过来说,这种知人之智,就是君主应当具备的政治之德。知人既是君主之德的体现,也是君主应当具备的一种执政能力。

对于以上三个方面的关系,禹做出了积极的呼应,说:"吁!咸若时,惟帝其难之。知人则哲,能官人。安民则惠,黎民怀之。能哲而惠,何忧乎欢兜,何迁乎有苗,何畏乎巧言令色孔壬?"这不是对皋陶观点的反驳,而是对皋陶观点的论证与深化:知人是智慧的体现,知人有助于找到合适的官员;通过这些合适的官员,能够让众民安居乐业,这是惠及众民的德政,能够得到众民的感佩。然而,历史经验表明,知人并不是一件轻而易举之事,因为,即使是像唐尧那样的圣君,也面临着知人的难题。

在皋陶与禹的时代,唐尧可能还没有被神化,因为唐尧在知人方面,就存在着明显的缺陷和重大的过失。禹提到的欢兜、有苗,还有巧言令色的共工,以及此处尚未提及的禹的父亲鲧,都是当时已经被确认为"坏人"的"四凶"。在这里,只是因为如郑康成所言,"禹为父隐,故言不及鲧"①,禹才没有提到鲧的名字,因而,"四凶"在这里被提及的只有"三凶"。这些臭名昭著的"凶人"或"坏人",不仅造成了严重的政治危机与政治分裂,同时也给公共秩序、民众生活造成了极大的伤害。然而,倘若要追究这些政治乱象的原因,那么,唐尧没有很好地履行知人的义务,显然难辞其咎。正是由于唐尧的知人无力,才导致了唐尧的安民无着。唐尧留下的教训,更加说明了知人是君主必须履行的核心职责。

既然知人是君主的核心义务与核心责任,那么,如何履行这个具体的义务?对此,皋陶进一步阐述了知人的实体要件与程序要件。根据《皋陶谟》的记载,皋陶告诉禹:"行有九德。亦言其人有德,乃言曰,载采采。"那么,"九德"的内容到底是什么?皋陶的解释是:"宽而栗,柔而立,愿而恭,乱而敬,扰而毅,直而温,简而廉,刚而塞,强而义。彰厥有常吉哉!日宣三德,夙夜浚明有家。日严祇敬六德,亮采有邦。翕受敷施,九德咸事,俊乂在官,百僚师师,百工惟时。抚于五辰,庶绩其凝。"

皋陶的这几句话,设定了知人的程序规则:倘若要举荐一个人,被举荐者必须具备"九德",而且,被举荐者还要能够举证,说出他所做的一些实事,以证明他符合"九德"的要求,然后就可以确认他是合适的任职人选,这就是知人的基本程序。至于"九德"的内容,则是举荐、选拔官员的实体要件。皋陶列举的"九德",可以理解为官员应当具备的基本要求或基本条件。如何理解"九德"的具体含义?孙星衍的解释是:"宽绰近缓而能坚栗,柔顺近弱而能对立,愿悫无文而能谦恭,治事多能而能敬慎,驯扰可狎而能果毅,梗直不挠而能温克,简大似放而能廉约,则者内荏而能充实,发强有

---

① [清]孙星衍:《尚书今古文注疏》,陈抗、盛冬铃点校,中华书局1986年,第79页。

为而能良善,此似相反而相成,五行生克之用,圣人法阴阳以治性情之学也。"①

孙星衍关于"九德"的解释是一家之言。在经学史上,留下了很多关于"九德"的讨论。譬如,根据曾运乾的研究,"晚出孔《传》云:'九德之中有其三,可以为卿大夫。卿大夫称家。'"倘若九德之中有其六,则"可以为诸侯也"。又,"晚出孔《传》云:'能合受三与六之德而用之以布施政教,使九德之人皆用事,谓天子也。'按本文于天子言九德,于有邦言六德,于有家言三德,非谓等杀以三,乃言德称其位,大凡如此也"。② 由这些才德出众的人士担任相应的职位,并让他们相互效仿,就能够把各种事务办妥。"官人既得,则在位者皆如五纬之经天,罔有错乱也。"③

由此可见,"九德"既是九种"品德",也是九种"才能"。在"九德"之中,拥有才德越多的人,越应当居于高位,一个人担任职位的高低应当与他拥有才德的多少成正比。天子居于最高位,应当拥有九德之全部。诸侯至少应当拥有六德。至于卿大夫,则至少应当拥有三德。叙述至此,我们可以发现,皋陶强调的"知人",就是要知人之才与德,要考察一个人有哪几种才德;根据他拥有才德的数量、性质,把他安置到合适的职位上,这就叫知人。

皋陶把"九德"作为选人用人的实体要件。与此同时,皋陶还提出了选人用人的负面清单,说:"无教逸欲,有邦兢兢业业,一日二日万几。无旷庶官,天工,人其代之。"这句话是说,"有国者无教以佚游,当戒其危,日日事有万端也"。而且,"天生民而立之君,使司牧之,故事曰天工。人其代之者,天不自下治之,使人代治之,故人居其官,不可旷厥职也,言安民之为要"。④ 可见,这是皋陶为君

---

① [清]孙星衍:《尚书今古文注疏》,陈抗、盛冬铃点校,中华书局1986年,第80页。
② 曾运乾注:《尚书》,黄曙辉校点,上海古籍出版社2015年,第28页。
③ 曾运乾注:《尚书》,黄曙辉校点,上海古籍出版社2015年,第29页。
④ 曾运乾注:《尚书》,黄曙辉校点,上海古籍出版社2015年,第29页。

主选人用人专门设置的禁止性规范:不得选用佚游者,不得选用失职者。只有遵循这些禁止性规范,君主才能履行"知人"的义务,君主才能履行"安民"的义务。这两种具体义务的履行,标志着德性义务的有效履行。

三、源于天的典礼德罪

君主的德性义务,以及知人与安民的义务,可以说是皋陶法理学的"点"。相比之下,建构一个整体性的文明秩序,则是皋陶法理学的"面"。按照皋陶在《皋陶谟》中的阐述,这个基本的文明秩序框架是:"天叙有典,敕我五典五惇哉!天秩有礼,自我五礼有庸哉!同寅协恭和衷哉!天命有德,五服五章哉!天讨有罪,五刑五用哉!政事懋哉!懋哉!天聪明,自我民聪明。天明畏,自我民明威,达于上下,敬哉有土。"这几句话,可以视为皋陶建构的文明秩序原理。

第一,这个文明秩序原理的起点是天,天是文明秩序的源头,也是典礼德罪的源头。在这段"皋陶语录"中,几乎每一个句子的首字都是天:天叙与天秩,天命与天讨,天聪明与天明畏,等等。这里的天,一方面,可以理解为一种人格化、主体性的存在,因为天有明确的意思表示,有价值选择,也有实际行动。譬如,天讨就是天在实施讨罚行为,天命就是天在实施授权行为,它们分别寄寓了天所表达的反对或赞同之意。另一方面,天还可以理解为自然形成的天,天源于自然,而不是出于人的创造。当然,这种意义上的天也可以理解为天意,依然可以指向一个人格化的主体。在天与人之间,天人各异,但天人相通。具体地说,天的视听源于民的视听,天的赏罚意志依据民的赏罚意愿。所谓"天矜于民,民之所欲,天必从之"①,就是这个意思。因此,执政者的执政效果当然应该由

---

① 王世舜、王翠叶译注:《尚书》,中华书局 2012 年,第 431 页。

天来检验，但是，更直接的方式是验之于民。

第二，源于天的典与礼是文明秩序的建构性规范。在这里，典与礼具有不同的含义。其中，典的含义是基本纲常，相当于现在所说的基本规范。至于"天叙有典"之"叙"，其含义是伦叙、伦理，更具体地说，是君臣、父子、兄弟、夫妇、朋友之间的伦理关系。因此，"天叙有典"是指上天为各种人伦关系确立了基本的规范，这些基本规范包括五项具体的内容。根据孟子的解释，皋陶时代的这些人伦规范包括："父子有亲，君臣有义，夫妇有别，长幼有序，朋友有信。"①这就是五典。较之于典，礼是指相对具体的行为规范。至于"天秩有礼"之"秩"，其含义是品秩，更具体地说，是尊卑贵贱等级隆杀之间的差异。因此，"天秩有礼"是指上天通过五种行为规范确立了尊卑关系，具体地说，是通过天子之礼、诸侯之礼、大夫之礼、士之礼、庶人之礼，确立了天子、诸侯、大夫、士、庶人之间的尊卑关系与交往规则，礼的核心在于强化等级化的交往秩序。② 在典与礼之间，并非各自独立的关系。相反，典与礼必须相互协调，共同发挥规范作用。

第三，源于天的德与罪是文明秩序的保障性规范。上天根据人的不同德性，分别设置天子、上公、侯伯、子男、卿大夫五种等级的爵位，是为"五服五章"。因此，"五服"是德的表现形式，同时也是对德的丰沛程度的差异化表达。天子之德高于上公之德，上公

---

① 杨伯峻译注：《孟子译注》，中华书局2012年，第132页。
② 关于五礼的内容，经学史上有不同的解释。《尚书》中有"舜修五礼"的记载，孔安国对"五礼"的解释是："吉、凶、宾、军、嘉"。详见，[汉]孔安国撰，[唐]孔颖达等正义：《尚书正义》（附校勘记），上海古籍出版社1990年，第36页。这五种礼的含义分别是："以吉礼祀邦国之鬼神示"，"以凶礼哀邦国之忧"，"以宾礼亲邦国"，"以军礼同邦国"，"以嘉礼亲万民"。详见，[清]孙诒让撰：《周礼正义》，王文锦、陈玉霞点校，中华书局1987年，第1297—1359页。刘师培也认同这样的观点，说："虞舜修五礼，即后世吉、凶、军、宾、嘉之礼也。"详见，刘师培：《国学发微（外五种）》，万仕国点校，广陵书社2015年，第2页。

之德高于侯伯之德，以此类推。德的价值是肯定与正向激励，具体的激励措施则是五服。"五服"是确认德性的制度化安排，是促进德性的保障性规范。没有五服的设置，德就不能受到彰显，五服是以激励的方式保障德的实现。同时，上天根据人的不同罪行，分别设置了墨、劓、剕、宫、大辟五种不同的刑罚，是为"五刑五用"。不同的刑罚代表了程度不同的罪。同样，"五刑"也是罪的制度化表达，五刑以惩罚的方式保障罪的实现。值得注意的是，根据《国语·鲁语》所载臧文仲的分辨："大刑用甲兵，其次用斧钺，中刑用刀锯，其次用钻笮，薄刑用鞭扑，以威民也。"①这里列举的"甲兵""斧钺""刀锯""钻笮""鞭扑"，似乎也可以归纳为"五刑"。不论五刑的具体内容如何界定，五刑都是罪的制度化安排、规则化表达。归结起来，这里的德与罪，主要在于激励与惩罚。其实，惩罚也是激励，只不过是反向激励而已。因此，德主要是以爵赏的方式进行正向激励，罪主要是以刑罚的方式进行反向激励。所谓"政事懋哉懋哉"，是指德与罪都是君主主持的政事，无论是君主还是大臣，都应当勤勉地践行。

第四，在典礼与德罪之间，从相互关联的角度来看，德罪就是赏罚，但赏罚的依据则是典礼，倘若没有典礼，德罪就失去了依据。从辨异的角度来说，典礼与德罪各自承担了不同的功能。其中，典与礼，主要设定了人应当遵循的行为规范，其功能是正面建构文明秩序。典是表达原则的规范，同时也是表达价值的规范，譬如，君臣之间的关系，应当遵循"义"的要求；父子之间的关系，应当遵循"亲"的要求，等等。礼是技术性的规范，譬如，君对待臣的礼，臣对待君的礼，各有不同。各种不同的礼，其实是为了贯彻"义""亲""别""序""信"的原则要求与价值准则。因此，典与礼的结合，其实是原则性规范与技术性规范的结合。典与礼之间的相互协调、彼

---

① 上海师范大学古籍整理组校点：《国语》，上海古籍出版社1978年，第162页。

此配合,以纲举目张的方式,规定了文明秩序的不同层次,文明秩序因此得到了建构。至于德与罪,就相当于现代意义上的奖励性规范与惩罚性规范。这两种规范的功能与作用在于:如果人们的行为符合典与礼的要求,能够把典与礼的规范性要求、典与礼强调的价值发挥出来,那就是"德"的表现,那就以不同等级的爵位来予以正面激励。如果人们的行为背离了典与礼的要求,那就是"罪"的表现,那就根据背离典礼的程度,施以不同的刑罚。更全面地看,这既是皋陶的法理学说,同时也是他的法政实践,正如《史记·夏本纪》所载:"皋陶于是敬禹之德,令民皆则禹。不如言,刑从之。"①

第五,以"典礼德罪"为骨架的文明秩序有赖于君臣守宪。在《皋陶谟》的末尾,记载了皋陶的一段话:"念哉,率作兴事,慎乃宪,钦哉。屡省乃成,钦哉。"随后,皋陶又比较了两种不同的政治前景:其一,"元首明哉,股肱良哉,庶事康哉";其二,"元首丛脞哉,股肱惰哉,万事堕哉"。这几句话的关键词是元首、股肱与"宪"的关系。一方面,"宪"作为法度或"宪"法,构成了元首与股肱共同遵循的规则。"慎乃宪"之"宪",孙星衍释为"法","此言百工之事,信守常法,而数察之,乃不败坏也"。② 据此,"慎乃宪"就是谨慎对待、严格遵循基本规范。在中国政治法律的历史上,把国家的基本规范或常法称为"宪",也许就是由此开始的。考虑到皋陶对信守"宪"法的强调,我们或许可以称其为中国法治或"宪治"的开创者。皋陶的"宪治"观念,与他作为"理民"之"士"的身份是相互关联的。另一方面,在元首(君主)与股肱(重臣)之间,作为先导的元首居于主动、主导、领航的地位,元首相当于实现国家治理、建构文明秩序的引路人。皋陶所说的"率作兴事",旨在强调,元首应当引领股

---

① [汉]司马迁:《史记》,中华书局 2006 年,第 10 页。
② [清]孙星衍:《尚书今古文注疏》,陈抗、盛冬铃点校,中华书局 1986 年,第 79 页。

肱,股肱应当追随元首。倘若元首圣明,能够时时省视自己的言行,作为股肱的重臣就可以随之走向良善,在这种情况下,万事俱可兴旺。反过来说,如果元首卑陋,烦碎不堪,失去了政治方向,因小事而乱大政,股肱之臣就会懈怠。那将会败坏任何事业,一切都没有希望,文明无从生成,秩序无从建构。

第六,以"典礼德罪"为骨架的文明秩序有赖于德与罪的正确实施。在《尚书·大禹谟》中,禹在帝舜面前称赞皋陶:"朕德罔克,民不依。皋陶迈种德,德乃降,黎民怀之。帝念哉!念兹在兹,释兹在兹。名言兹在兹,允出兹在兹,惟帝念功。"帝舜的回答是:"皋陶,惟兹臣庶,罔或干予正。汝作士,明于五刑,以弼五教,期于予治。刑期于无刑,民协于中。时乃功,懋哉!"帝舜的大意是,皋陶对五刑的把握非常准确,对五教的贯彻实施起到了很大的辅助作用,使国家形成了有效治理的良好局面;而且,刑罚的正确适用最终促成了无刑的效果,民众在皋陶的治理下,和谐有序。皋陶不敢独受此赞,他说:"帝德罔愆,临下以简,御众以宽;罚弗及嗣,赏延于世。宥过无大,刑故无小;罪疑惟轻,功疑惟重;与其杀不辜,宁失不经;好生之德,洽于民心。兹用不犯于有司。"[1]最后这几句话,可以视为皋陶关于实施德与罪的基本思想,其核心要义可以概括为:针对需要奖赏的事项,如果事实不清,就从重奖赏;针对需要惩罚的事项,如果事实不清,如果受惩罚者没有主观恶性,就从轻惩罚。简而言之,疑罪从轻惩罚或从无惩罚,疑德从重奖赏或从有奖赏。

小　　结

在中国思想史这个领域,皋陶受到了研究者一定程度的关注。但是,在法学界,特别是在法理学界,关于皋陶的研究还是很少的。

---

[1] 王世舜、王翠叶译注:《尚书》,中华书局2012年,第357—359页。

第一章 中国法理学的起源

有人可能会问:有皋陶这个人吗?我的回答是,在"中国古史的传说时代",有皋陶这样一个人。皋陶见于《尚书》《史记》等传世典籍,唐尧、虞舜、大禹、文王、武王、周公也见于这些典籍。当然,如果认同以顾颉刚为代表的"古史辨派"的立场,那么,皋陶的真实性与唐尧、虞舜、大禹、文王、武王、周公的真实性都是有疑问的。但是,倘若能够"走出'疑古'时代","真正进入'释古'时代"①,那么,皋陶这个人的真实性,就没有问题,可以相信确有其人。张祥龙在关于《尚书·尧典》的一部专书中认为,"按照现当代一些学者,比如王国维、胡厚宣、金景芳等人的研究,《尧典》中的一些内容不是后人可编造的。还有就是从古天文学角度的研究,前有外籍人士的工作,后有竺可桢为端的中国学人的研究"②。因而,"《尚书》是记述和追忆尧舜时代华夏民族的开创性、建基性历史经验的珍贵文献,是理解中华文明和儒家原本精神的首要典籍。也就是说,此篇源自尧舜时代及其后人的记述,在口头流传了许多世代,至迟在西周时写成文本,经孔子编定,历秦火而不绝,起起伏伏,一直流传至今。现在的考古很厉害,是破疑古主义的利器"③。按照张祥龙的这个观点,《尧典》是可以相信的文献,尧舜确有其人,同理,与尧舜禹同一时代、一起被列为"上古四圣"的皋陶也就确有其人。现在,让我们后退一步,即使持相对保守的"半信半疑"的观点,那么,至少在意义世界中,皋陶这个人是无可置疑的,因为,他已经参与塑造了古代中国的意义世界。那么,皋陶有法理学吗?回答同样是肯定的。作为一个尧舜时代的人物,皋陶关于法理的论述,可以为之贴上一张"皋陶法理学"的标签。

---

① 李学勤:《走出"疑古时代"》,《中国文化》1992年第2期。
② 张祥龙:《〈尚书·尧典〉解说:以时、孝为源的正治》,生活·读书·新知三联书店2015年,第9页。
③ 张祥龙:《〈尚书·尧典〉解说:以时、孝为源的正治》,生活·读书·新知三联书店2015年,第13页。

宋代王应麟有一个论断:"'若稽古'称尧、舜、禹三圣,而皋陶与焉。舜以天下逊禹,禹独推皋陶。孟子论道之正传,亦曰'若禹、皋陶则见而知之',又曰'舜以不得禹、皋陶为己忧',子夏亦曰'舜举皋陶',观于《谟》而见皋陶之学之粹也。"①王应麟的这个观点值得注意。因为,《皋陶谟》确实包含了一种堪称精粹、精微、精致的思想学说。王应麟对"皋陶之学"有所称道,但囿于他的时代,他所看重的"皋陶之学",主要是"打成一片"的国故之学;他只能看到"皋陶之学",但看不见皋陶之法理学。相比之下,清末的沈家本看到了皋陶的法学。沈家本在他的名篇《法学盛衰说》中称:"虞廷尚有皋陶,周室尚有苏公,此古之法家,并是专门之学,故法学重焉。"②在沈家本看来,中国固有的法学,是专门之学,也是法家之学,中国法学的源头,就是虞廷的皋陶。按照沈家本的观点,皋陶是中国的第一个法家,也是中国的第一个法学家,皋陶有法学。如果这个判断具有"格义"的性质③,具有一定的参考价值,那么,我们可以说,皋陶的法学,主要就是法理学。即使我们不能完全同意沈家本的判断,上文的论述也足以表明,中国最早的法理学确实可以追溯至皋陶。叙述至此,我们通观皋陶的法理学,可以发现,它有三个比较明显的特质。

第一,皋陶法理学既是政治家的法理学,又是法律家的法理学。一方面,皋陶是政治家。他在唐尧、虞舜、大禹先后主政的三个时代,一直置身于最高的执政团队,并享有很高的政治声望。他甚至已经被确定为禹的政治继承人。正是因为这样的政治身份与政治经验,他的法理学关注德政,关注选人用人的条件、规则、标准、程序。这样的法理学,主要体现了政治家的思维方式与思想旨

---

① [宋]王应麟:《困学纪闻》,[清]阎若璩、何焯、全祖望注,栾保群、田松青校点,上海古籍出版社2015年,第45页。
② [清]沈家本:《寄簃文存》,商务印书馆2015年,第114页。
③ 喻中:《法家的现代性》,法律出版社2018年,第71页。

趣。但在另一方面,皋陶又是一个典型的法律家,在中国历史上一直被视为法律职业的始祖。如果要讲中国的法律文化史,皋陶应当是第一个出场的人物。如前所述,他的神判法,他所依赖的那只"一角圣兽"(独角兽),已经成为中国法律史上的经典意象,甚至中国法律职业的图腾。从这个角度上说,皋陶又是一个职业的法律家,他的法理学确实也体现了他作为法律家的职业特点,譬如,他强调的"罚弗及嗣",意味着惩罚不能株连后代;他推行的"罪疑惟轻",正是现代刑法认同的疑罪从轻或疑罪从无。这样的思想观念,都体现了一个专业法律家的职业趣味。

第二,皋陶法理学既是君主本位的法理学,又是民众本位的法理学。皋陶法理学的重心,是对君主的规范与约束。他要求君主养成自己的德性,推行德政,并认为,这是建构良善政治秩序的关键;他要求君主善于知人、善于安民。这些针对君主的规范可以表明,皋陶的法理学立足于为君主想办法、出主意、提建议。事实上,记载皋陶法理学的基本文献《皋陶谟》,这种特定的"谟文体",就已经隐含了君主本位的理论指向。因为,"谟"就是向君主以及君主的朝廷提供谋略。由此,皋陶法理学的君主本位,是显而易见的。但是,皋陶法理学的民本倾向也是可以察觉的。皋陶要求君主知人善任,但"知人"的落脚点,则在于安民。安民就是让民有所安。他追求"刑期于无刑",追求"民协于中",主张"好生之德,洽于民心",诸如此类,都可以说明,皋陶的法理学具有浓厚的民众本位的倾向。当然,这里的君主本位与民众本位,虽然都用了"本位"这个概念,但两种"本位"的含义略有不同。君主本位之本位,主要是指,皋陶法理学立足于让君主成为一个完美的"好君主",从而提供了一系列的"君主行为规范"。民众本位之本位,主要是指,皋陶法理学强调让民众过上安宁有序的生活。所谓安民,代表了君主推行德政旨在追求的目标。两种本位之间的差异也许在于:君主本位具有主动性,代表了理论与行动的起点;民众本位具有被动性,代表了理论与行动的结果。

第三,皋陶法理学既是义务指向的法理学,又是秩序指向的法理学。前文已经表明,皋陶法理学的主体内容,都是在规定义务、强化义务。养成德性、推行德政是君主的义务,协助君主推行德政是大臣的义务,知人是君主的义务,选人用人当然也是君主的义务。至于"九德",则是整个执政集团的义务,其中,君主应当具备九德,诸侯或卿大夫则应当具备六德或三德。德的具体数量或种类可能并不要求特别精准,譬如,诸侯应当有六德或七德,但是,一个总体的原则是,职位的高低与德的多少应当保持正比例的关系,即:德须配位。因此,养成特定高度的德、拥有足够数量的德,是包括君主在内的执政团队成员的法定义务。这就是皋陶法理学的义务指向。皋陶法理学没有现代人所说的权利意识;现代人所熟悉的权利概念是从西方传过来的,传统中国的法理学没有这样的权利概念,中国固有的这种法理学传统正是从皋陶法理学开始的。与这种义务指向相适应,皋陶法理学具有强烈的秩序偏好。所谓秩序偏好,是指皋陶法理学旨在建构一种有序的政治秩序与社会生活秩序。义务指向与秩序指向之间的关系是:如果以君主为核心的执政集团能够很好地履行自己的义务,那么,良好的公共秩序就是可以期待的。由此,我们可以发现,对于良好的公共秩序,以君主为核心的执政集团实际上承担了无限的责任。无限的责任也就是无限的义务。至于庶众,则没有这方面的义务,他们是良好公共秩序的享受者。在皋陶法理学的理论视野中,庶众的义务没有被强调,庶民对公共秩序应当承担的责任也没有被强调。

综上所述,皋陶的法理学具有较强的包容性,具有实体性的内容,那就是,建构了一个比较完整的文明秩序原理,堪称中国法理学史的起点与源头。要理解中国法理学的由来,不能不回溯至"传说时代"的皋陶及其法理学。

第二节 吕 尚

吕尚是殷商末年、西周初年的人物,是周文王、周武王开创西周王朝所依赖的元勋,但其生卒之年已不可考。据《史记·齐太公世家》:"太公望吕尚者,东海上人。其先祖尝为四岳,佐禹平水土甚有功。虞夏之际封于吕,或封于申,姓姜氏。夏商之时,申、吕或封枝庶子孙,或为庶人,尚其后苗裔也。本姓姜氏,从其封姓,故曰吕尚。"①在皋陶的法理学之后,接着叙述吕尚的法理学,主要基于以下几个方面的原因。

一方面,吕尚的法理学是殷周之际中国法理学的两个主要标本之一。在殷周鼎革的过程中,中国出现了两位地位相埒的思想人物:吕尚与周公。正如当代学者所见:"周武王继文王之业灭了殷商而建立周王朝,有两位关键性的卓越军事家和政治家在起作用。一位是太公望吕尚,一位是周公旦。"②他们两人不仅是关键性的政治家与军事家,而且还分别创造了两种形态不同、风格各异的法理学。从时间上看,吕尚的法理学略早于周公的法理学。据《荀子》:"汤用伊尹,文王用吕尚,武王用召公,成王用周公旦。"③按照这里的记载,吕尚主要是文王的辅佐者,周公主要是成王的辅佐者。从空间上看,吕尚是齐文化的创始人,是齐国、齐学的始祖;周公是鲁文化的创始人,是鲁国、鲁学的始祖。齐学与鲁学之异,在相当程度上可以烛照吕尚法理学与周公法理学之异。④ 据此,

---

① [汉]司马迁:《史记》,中华书局2006年,第196页。
② 王明:《周初齐鲁两条文化路线的发展与影响》,《哲学研究》1988年第7期。
③ 方勇、李波译注:《荀子》,中华书局2015年,第180页。
④ 齐学与鲁学的差异,具有全局性的影响。刘师培说:"近代学者,知汉代经学有今文家、古文家之分(如惠氏学派大抵治古文家言,常州学派则治今文家言)。吾谓西汉学派,只有两端:一曰齐学,一曰鲁学。治齐学者,多今文家言;治鲁学者,多古文家言。"详见,刘师培:《国学发微(外五种)》,万仕国点校,广陵书 (转下页注)

倘若要全面理解殷周之际中国法理学的整体图景,既要理解周公的法理学,但应当先行理解稍早形成的吕尚法理学。理解吕尚法理学,可以为理解周公法理学提供某种铺垫与参照。

另一方面,对吕尚法理学的研究,同时也是对《六韬》及其蕴含的法理学的研究。《隋书·经籍志》称:"《太公六韬》五卷(梁六卷)。周文王师姜望撰。"①这个论断把《六韬》的著作权归属于吕尚。但是,这个出于正史的论断受到了普遍而广泛的质疑。很多人找出各种理由,譬如,称殷周之际尚无骑兵,但《六韬》中有关于骑兵的叙述,等等,否认《六韬》是吕尚的作品。② 其实,确认《六韬》是"周文王师姜望撰"是不确切的,否认《六韬》是"周文王师姜望撰"同样是不确切的。原因在于,在西周时期,尤其是在殷商之际,很可能没有私人性的写作或著述。就像章学诚在《文史通义·诗教上》篇中所言:"古未曾有著述之事也,官师守其典章,史臣录其职载。文字之道,百官以之治,而万民以之察,而其用已备矣。是故圣王书同文以平天下,未有不用之于政教典章,而以文字为一人之著述者。"③

从这个角度来看,吕尚不可能是《六韬》的严格意义上的作者,不太可能具有现代学者所习惯的创作意愿。但是,《六韬》与吕尚的思想、理论、学说紧密相关,《六韬》可以看作关于吕尚之思想、理论、学说的记载。宋代王应麟在《困学纪闻》中写道:"《齐世家》:'周西伯昌与吕尚阴谋修德,以倾商政,其事多兵权与奇计,故后世之言兵及周之阴权,皆宗太公为本谋。'石林叶氏曰:'其说盖出《六韬》。夫太公,贤者也。其所用,王术也;其所事,圣人也;则出处必

(接上页注)社2015年,第7页。从这个角度上看,吕尚是今文经学的源头,周公是古文经学的源头。

① [唐]魏徵:《隋书》,中华书局2000年,第680页。
② 孙金城、邵学清编著:《历代著名兵法注释》,甘肃人民出版社1988年,第139页。
③ [清]章学诚原著,严杰、武秀成译注:《文史通义全译》,贵州人民出版社1997年,第81—82页。

有义,而致君必有道。'"①这就是说,吕尚确有可以传承的思想、理论、学说。

当代学者认为:"《金版六弢》、《周史六弢》、《太公六韬》、《太公兵法》、《太公》、今本《六韬》都是同一本书在不同时期的不同称谓,其主要内容是周代史官著录在金版上的姜太公与周王有关军事的对话,虽然在流传过程中文字表述有所变异,但其主体内容没有多少变化。《六韬》虽非姜太公亲自所写,却源于周代史官对姜太公与周王对话的真实记录,因此,《六韬》是目前我们能见到的研究姜太公的最重要的一部书。"由此可见,"无论《六韬》由何人何时整理成书,其学说主旨都是姜太公学说的增益和发展,从《六韬》入手研究姜太公的思想,当无不妥"。② 另有学者认为:"《六韬》的真正作者并非姜尚本人,大致应成书于先秦战国之世,学界已成定论,笔者亦信其然。正如《论语》,虽非孔子所作,我们仍认其最为接近孔子的思想本源。对于《六韬》,我们亦不妨等量齐观,将之视为现今最为接近姜尚思想本源的文献资料。"③还有学者认为,"托名姜太公撰而又以文王、武王与太公以话写成的《六韬》","确实反映了姜太公的思想"。④ 因此,"《六韬》虽非太公手著,但以是书所言谋略思想内容特色来看,其与太公思想的联系是毋庸置疑的。可以说,《六韬》是对太公思想的记录、继承和发挥。研究太公思想,《六韬》是重要资料来源"⑤。这样的结论,大体上可以成立。《六韬》尽管文词比较浅近,且并非吕尚亲手著成,但却反映了流传下来的吕尚

---

① [宋]王应麟:《困学纪闻》,阎若璩、何焯、全祖望注,栾保群、田松青校点,上海古籍出版社 2015 年,第 365 页。
② 仝晰纲:《〈六韬〉的成书及其思想蕴涵》,《学术月刊》2000 年第 7 期。
③ 孙家红:《试论姜尚的政治法律思想——兼与周公比较》,《中国文化研究》2011 年夏之卷。
④ 宋玉顺:《〈六韬〉社会教育思想初探》,载徐树梓主编:《姜太公新论》,北京燕山出版社 1993 年,第 189 页。
⑤ 于孔宝:《姜太公的政治思想与政治谋略》,《河北学刊》1995 年第 1 期。

之思想。因此，研究吕尚的法理学，其实也是在研究《六韬》这部重要的经典。

此外，吕尚的法理学有待进一步凸显与彰明。在学术史上，由于吕尚在早期中国的重要地位，关于吕尚的研究一直倍受关注，已经产生了丰富的研究成果。但是，既有的研究主要是把吕尚作为一个兵家人物①，把《六韬》作为兵家著作来研究，《六韬》被看作吕尚与周文王、周武王之间有关军事问题的对话。这样的主流观点值得再思考。在一定程度上，它蕴含着尊周公而抑吕尚的价值选择，是儒家价值观强力牵引的结果。更公允地看，虽然吕尚是一个军事家，《六韬》在历史上也长期被归入《武经七书》，但是，吕尚更是一个政治家，同时也是一个政治思想家，甚至是法理学的一个重要阐述者。在《六韬》中，既有大量的军事思想，同时也包含了成熟的法理学。关于吕尚的法律思想，虽然也可以找到一些零星的研究文献，但是，关于吕尚的法理学，却一直鲜见深入而系统的研究。事实上，吕尚的法理学是中国法理学史上的重要一环。它上承更加古老的皋陶法理学，与周公法理学相互辉映，是殷末周初政治社会剧变之际萌生出来的法理学，体现了一个深刻的思想家、政治家对于变迁中的文明秩序的洞察、归纳与提炼。

基于以上几个方面的原因，为了勾画吕尚法理学的全貌，有必要把吕尚的法理学从理论基础、政治制度与运行技术这样三个不同的层面逐一加以论述。概言之，吕尚法理学所依赖的理论基础主要是功利主义，所选择的政治制度主要是贤能政体，所建构的规范体系旨在实现"法令必行"。

一、功利主义

全面审视吕尚的法理学，可以发现一个明显的特质，那就是功

---

① 譬如，徐勇：《兵家始祖，谋略化身——试论姜太公的军事思想和指挥才能》，《社会科学辑刊》1997年第3期。

利主义的精神与风格。《史记·齐太公世家》记载了吕尚初至齐国采取的措施:"太公至国,修政,因其俗,简其礼,通商工之业,便鱼盐之利,而人民多归齐,齐为大国。"①由此可以看到吕尚的建国方略与治国理念:第一,沿袭齐国当地固有的风俗习惯,不做根本性的改革,甚至不加改革。第二,简化礼仪,采用更加简单的礼仪规则作为齐国人的行为规范。第三,注重经济建设,大力发展以渔业、盐业为核心的商业与工业,努力追求经济利益。把"通商工之业,便鱼盐之利"作为基本国策,表明吕尚的法理学有一个基础性的理论底色,那就是经济功利主义。

据《六韬·虎韬》:"武王胜殷,召太公问曰:'今殷民不安其处,奈何使天下安乎?'太公曰:'夫民之所利,譬之如冬日之阳、夏日之阴。冬日之从阳,夏日之从阴,不召自来。故生民之道,先定其所利,而民自至。'"②此话可以看作吕尚对功利主义的简要说明。又据《六韬·文韬》,周文王初见吕尚,就提出了一个自己最关心的问题:"树敛何若而天下归之?"显然,周文王很想知道天下归心的办法,或者说,是收取天下人心的办法。吕尚为此给出的回答是:"天下非一人之天下,乃天下之天下也,同天下之利者,则得天下;擅天下之利者,则失天下。天有时,地有财,能与人共之者仁也。仁之所在,天下归之。免人之死,解人之难,救人之患,济人之急者,德也。德之所在,天下归之。与人同忧同乐,同好同恶者,义也。义之所在,天下赴之。凡人恶死而乐生,好德而归利,能生利者,道也。道之所在,天下归之。"③这段话提出了一个重要的命题:"天下非一人之天下,乃天下之天下。"

如何理解这个命题?当代学者认为:"《六韬》基本观点之一,

---

① [汉]司马迁:《史记》,中华书局2006年,第197页。
② [唐]魏徵等撰,沈锡麟整理:《群书治要》,中华书局2014年,第374页。
③ 陈曦译注:《六韬》,中华书局2016年,第12—13页。

便是'天下非一人之天下,乃天下之天下'这种社会观。这种论点在《文师》、《发启》、《顺启》等篇及《武韬》佚文中多处出现,然而这不是《六韬》作者的创见,它出于《吕氏春秋·贵公篇》。《贵公篇》云:'天下非一人之天下,天下之天下也。阴阳之和,不长一类;万民之主,不阿一人。'商诱为之注云:'《书》曰:皇天无亲,唯德是辅。故曰天下之天下也。'可见这种原始的民主思想是从儒家经典《尚书》里引申出来的。"①这样的解释值得商榷。认为《六韬》中的这个命题源于《尚书》,进而把《六韬》中的这段话与吕尚完全切割开来,是不妥的,原因已在前文中阐明。更重要的是,"天下非一人之天下,乃天下之天下"虽然强调了"天下乃天下之天下"这样的政治观,但是,这并不是吕尚旨在表达的核心观点,至少没有揭示出吕尚核心观点的全部。

因为,吕尚在提出"天下非一人之天下,乃天下之天下"这个论断之后,紧接着提出了一个新的论断:"同天下之利者,则得天下;擅天下之利者,则失天下。"必须把这两个论断结合起来,才能够抓住吕尚思想的核心,那就是利益。后面这句关于"天下之利"与"天下得失"相互关系的论断,即使不是吕尚本人的原话,也可以体现吕尚的观点:经济功利主义。指出"天下非一人之天下,乃天下之天下",是一个前提性的政治判断。这个判断可以归属于后来的儒家学说,也可以归属于吕尚。但是,强调"天下之利"的归属,则比较贴切地反映了吕尚的思想。立足于"天下之利"的归属,吕尚提出了君主收取天下人心的四个要点。

(一) 仁

仁的要义,是能够与天下人共同分享财货,共同分享具体的物质利益,它要求君主不能独占所有的物质利益。这是吕尚对仁的理解,这种理解迥异于儒家对仁的理解。汉代儒宗董仲舒

---

① 张烈:《〈六韬〉的成书及其内容》,《历史研究》1983年第3期。

关于"仁人"的界定是:"仁人者,正其道不谋其利,修其理不急其功。"①据此,仁与利是对立的,仁者不谋利。李泽厚的研究发现,"尽管'仁'字早有,但把它作为思想系统的中心,孔子确为第一人。那么'仁'又是什么?'仁'字在《论语》中出现百次以上,其含义宽泛而多变,每次讲解并不完全一致",孔子的仁学思想作为一个有机整体,是由四个因素构成的,"构成这个思想模式和仁学结构的四因素分别是(一)血缘因素,(二)心理因素,(三)人道主义,(四)个体人格"。②如果认同这种关于孔子仁学思想的解释,那就可以发现,它与吕尚所说的"仁"几乎没有什么关联。

吕尚的"仁"与血缘因素没有关联,心理因素也很稀薄,没有明显的人道主义,也不强调个体人格。吕尚的"仁"仅仅强调与他人共享物质利益。而且,"仁"作为一种规范性的要求,仅仅是对君主提出的要求。按照吕尚的观点,仁的规范意义主要在于:君主必须与天下人共享物质利益,如果能够做到这一点,就可以收获天下人心。仁与下文的德、义、道一样,都是君主收获天下人心的必备条件。

(二)德

德的要义在于,免除人的死难、解除人的困难、救济人的患难、化解人的急难,概而言之,解除人的痛苦或难处,让人从某种不利的状态下解脱出来。这种关于德的理解,也不同于儒家对德的理解。在《论语·为政》中,有"为政以德"的训诫。这就是说,"德"是为政的基本规范。那么,孔子所说的"德"是什么?李泽厚博考诸家之后认为:"就此章言,孔子不过是强调应以习惯法规的'德'来治理政事,因此并非道家所说'道德'之'德'(自然)。但究竟什么是'德'?就社会说,我以为,大概是指博施恩惠、团结群体的氏族

---

① 张世亮、钟肇鹏、周桂钿译注:《春秋繁露》,中华书局2012年,第338页。
② 李泽厚:《中国古代思想史论》,生活·读书·新知三联书店2008年,第10页。

体制规则；就个人说，我以为，本源大概是远古巫师首领所具有的超自然的神秘魔法力量。这两者以后都转换为儒家所解释提倡的首领、君主应具备的人格道德，并强调以此力量来引导、支配、制约、规范，即领导氏族成员们的行为和生活。"①

虽然儒家的"德"与道家的"德"都包含了"无为"的含义，但是，儒家的"德"的核心指向，还是在于君主的人格道德，更具体地说，"就是主张统治者之成己即是成其臣民"②。这种"德"的早期本源，则在于远古首领的神秘力量。这样的德，与吕尚强调的德，显然也有较大的差异。因为吕尚所说的德，是给人以世俗的好处。以现代人的经验来说，帮人解除病痛的医生，替人解除麻烦的律师，救济穷困的行善之人，都是这种"德"的象征。按照吕尚的观点，只有那些能够为世人减少现实痛苦的君主，才能够收获天下人心。

（三）义

义的要义在于与天下人享有共同的忧乐与好恶。在儒家学说中，义也是一个核心概念，而且是一个与利相对立的概念。孔子的名言是："君子喻于义，小人喻于利。"③孟子的学说，就是以义为中心展开的。《孟子》开篇就写道："孟子见梁惠王。王曰：'叟！不远千里而来，亦将有以利吾国乎？'孟子对曰：'王！何必曰利？亦有仁义而已矣。王曰：何以利吾国？大夫曰：何以利吾家？士庶人曰：何以利吾身？上下交征利而国危矣。万乘之国，弑其君者，必千乘之家；千乘之国，弑其君者，必百乘之家。万取千焉，千取百焉，不为不多矣。苟为后义而先利，不夺不餍。未有仁而遗其亲者也，未有义而后其君者也。王亦曰仁义而已矣，

---

① 李泽厚：《论语今读》，生活·读书·新知三联书店 2004 年，第 48 页。
② ［美］安乐哲：《中国古代的统治艺术：〈淮南子·主术〉研究》，滕复译，江苏凤凰文艺出版社 2018 年，第 58 页。
③ 陈晓芬、徐儒宗译注：《论语·大学·中庸》，中华书局 2015 年，第 44 页。

何必曰利?'"①孟子的要求是,君主不能言利,只能言义。在孔子看来,小人或庶人可以追求利,但是,倘若君子也像小人那样追求利,在正当性方面就是可疑的。孟子的观点更甚,即使是庶人或小人,也不应当追求利。孔孟崇尚义而贬斥利的立场,显然不同于吕尚对义的理解。

吕尚理解的义,是君主与天下人享有共同的价值观,天下人喜欢经济利益,君主也喜欢经济利益,正是因为这个缘故,君主能够成为天下人的代言人,天下人也愿意追随君主。因此,君主与天下人在价值观上保持一致,是君主收获天下人心的重要方式。但在孔子看来,这是把君主、君子拉低到小人、庶人的水平上。在孟子看来,这样的价值导向不具有正当性。比较而言,《墨子》提出的"义,利也"②,把义理解为利,似乎处在吕尚"义"的思想的延长线上。《淮南子》称:"义者,所以合君臣、父子、兄弟、夫妻、朋友之际也。"③这样的"义",基本上处在孔孟思想的延长线上。

（四）道

道的要义在于,能让天下人获得利益,能够满足天下人对利益的追求,因为,天下人都厌恶死亡而喜欢长寿,都希望获得各种各样的利益。这就是吕尚理解的道。把道与实际利益如此紧密地绑在一起,也是吕尚特有的思想观念。在先秦时代,关于道的主流理论既见于道家,也见于儒家。《淮南子·要略》篇总结《淮南子》其书,称:"著书二十篇,则天地之理究矣,人间之事接矣,帝王之道备矣。"④这里的"道"究竟是什么? 张舜徽认为,"无为之谓'道',道之名又通于'德'","然博综之周秦诸子,则又谓之'一'。道也者,

---

① 杨伯峻译注:《孟子译注》,中华书局2016年,第2页。
② 方勇译注:《墨子》,中华书局2011年,第326页。
③ 陈广忠译注:《淮南子》,中华书局2012年,第565页。
④ 陈广忠译注:《淮南子》,中华书局2012年,第1259页。

德也,一也,三名而实一物耳"。① 更明白地说,道就是帝王之术,"可知'道论'这一名词的含义,在西汉学术界早已明确了",那就是"以帝王之术为中心"的南面术。② 按照《荀子·大略篇》:"主道知人,臣道知事。故舜之治天下,不以事诏而万物成。"③荀子所说的主道,具有更具体的指向,那就是"知人"。这里的"知人",是指知人善用;所知之人,其实是官员或大臣。

比较而言,吕尚所谓的道,当然也是帝王之术,但吕尚理解的道,强调让天下人获得利益,既不同于道家的"无为"之道,也不同于荀子的"知人"之道。

以上四端,可以阐明吕尚偏好的经济功利主义。从字面上看,仁、德、义、道都可以安放在儒家学说的理论体系中,但是,吕尚赋予了仁、德、义、道独特的内涵:让天下人分享物质利益,为天下人减少实际痛苦,与天下人保持同样的价值观,尽可能促进天下人所期待的实际利益。这是一种典型的功利主义立场,与边沁阐述的功利主义具有很大的共通性。边沁说:"功利原理是指这样的原理:它按照看来势必增大或减小利益有关者之幸福的倾向,亦即促进或妨碍此种幸福的倾向,来赞成或非难任何一项行动。"所谓"功利是指任何客体的这么一种性质:由此,它倾向于给利益有关者带来实惠、好处、快乐、利益或幸福(所有这些在此含义相同),或者倾向于防止利益有关者遭受损害、痛苦、祸患或不幸(这些也含义相同);如果利益有关者是一般的共同体,那就是共同体的幸福,如果是一个具体的个人,那就是这个人的幸福"。④

在《道德与立法原理导论》一书中,边沁还对快乐和痛苦的类型、计算方式进行了详尽的阐述,其细密程度,是吕尚的"仁德义道

---

① 张舜徽:《周秦道论发微;史学三书平议》,华中师范大学出版社2005年,第33页。
② 张舜徽:《周秦道论发微;史学三书平议》,华中师范大学出版社2005年,第6页。
③ [唐]杨倞注:《荀子》,耿芸标校,上海古籍出版社2014年,第337页。
④ [英]边沁:《道德与立法原理导论》,时殷弘译,商务印书馆2002年,第58页。

论"远远比不上的。但是,就思维方式、价值目标而言,吕尚与边沁重叠度很高,两人都是功利主义的阐述者。根据《〈六韬〉佚文》,"天下攘攘,皆为利往;天下熙熙,皆为利来"①,这样的名言,就出自吕尚。看来,吕尚确实堪称中国固有的功利主义思想的鼻祖,与此相应,吕尚的法理学则可以视为中国功利主义法理学的起源。

如前所述,吕尚与同时代的周公,分别创建了齐国与鲁国两个邦国,分别孕育了法家与儒家两大学派。对此,杨向奎有一个比较:"太公和周公作风不同,太公重视经济方面的经营,使齐强大起来,而且这种重实利的作风,讲究实效的结果,也为后来的法家学说奠定了基础。后来的《管子》一书,正好是这种思想作风的发扬光大者。《管子》是出自齐国的作者,虽然不是管子手著,但它代表了管仲、齐桓公、姜太公等卓越人物的思想体系。"但是,"鲁国不同,它传播的是宗周的正统文化,或者说是宗周的礼乐文明。春秋时代的人还知道周礼尽在于鲁。这种文明形成中国传统的道德规范;而太公的思想作风却为后来中国法家尚实的思想奠定了基础。用我们现代的语言来说:鲁国在中国古代精神文明方面的建设立下了不朽功劳;而齐国在中国古代物质文明的建设方面奠定了牢固的基础。这两者是建国方略的双翅,缺一不可"。② 这个评论是很恰当的。鲁国不仅可以代表"宗周的正统文化",根据鲁国史编成的《春秋》还可以作为史学上"正统论"之起点。本来,"《春秋》,鲁史旧名,止有其事其文而无其义"③,但是,"治史之务,原本《春秋》,以事系年,主宾旷分,而正闰之论遂起。欧公谓'正统之说,始于春秋之作'是矣。正统之确定,为编年之先务,故正统之义,与编年之书,息息相关,其故即在此也"④。

---

① 徐勇主编:《先秦兵书佚文辑解》,天津人民出版社 2002 年,第 250 页。
② 徐树梓主编:《姜太公新论》,北京燕山出版社 1993 年,杨向奎"序",第 1—2 页。
③ [清]皮锡瑞:《经学历史》,周予同注释,中华书局 2008 年,第 19 页。
④ 饶宗颐:《中国史学上之正统论》,中华书局 2015 年,第 3 页。

二、贤能政体

如果把吕尚法理学的理论基础概括为功利主义,那么,吕尚法理学关于政治制度的构想可以概括为贤能政体论。所谓贤能政体,今人贝淡宁有一个解释:"贤能政治体制必须被明确设计来更有可能选出拥有高尚动机和能力推行可靠政策的领袖。"①由此选出的政治领袖通常具有三个关键性的品质:"智识能力、社交技能和美德"②。这种关于贤能政治体制的理解,大致符合吕尚关于贤能政体的构想。可见,贤能政体作为政治体制、政治制度的一种形态、一种类型,古今之间保持了一定的稳定性与连续性。

从字面上看,贤能政体有两个要点:一是贤,二是能。"贤"指向品质、本质、性质,"能"指向能力、效果、实绩。用中国固有的概念来解释,贤大致可以对应于内圣,能大致可以对应于外王。按照跟吕尚有关的典籍,贤能政体的特征可以概括为"尊贤智,赏有功",或者是"举贤而上功"。譬如,《汉书·地理志》称:"初太公治齐,修道术,尊贤智,赏有功,故至今其士多好经术,矜功名,舒缓阔达而足智。"又说:"昔太公始封,周公问'何以治齐?'太公曰:'举贤而上功。'"③《淮南子·齐俗训》也有相似的记载:"昔太公望、周公旦受封而相见,太公问周公曰:'何以治鲁?'周公曰:'尊尊亲亲。'太公曰:'鲁从此弱矣。'周公问太公曰:'何以治齐?'太公曰:'举贤而上功。'"④因此,"举贤而上功"可以作为贤能政体的关键词。当然,严格地说,"举贤而上功"并没有表达出吕尚偏好的贤能政体的全部内涵。根据《六韬》各篇,吕尚关于贤能政体的理论建构,主要

---

① [加]贝淡宁:《贤能政治》,吴万伟译,中信出版社 2016 年,第 92 页。
② [加]贝淡宁:《贤能政治》,吴万伟译,中信出版社 2016 年,第 55 页。
③ [汉]班固撰,[唐]颜师古注:《汉书》,中华书局 2000 年,第 1324 页。
④ 陈广忠译注:《淮南子》,中华书局 2012 年,第 568 页。

体现在以下几个方面。

（一）为政以贤

为政以贤的含义是，为政者必须是贤者，只有贤者才能拥有天下，天下是贤者的天下。吕尚从正反两个方面论证了这个命题。其正面论述见于《六韬·武韬》："文王在岐周，召太公曰：'争权于天下者，何先？'太公曰：'先人。人与地称，则万物备矣。今君之位尊矣，待天下之贤士，勿臣而友之，则君以得天下矣。'文王曰：'吾地小而民寡，将何以得之？'太公曰：'可。天下有地，贤者得之；天下有粟，贤者食之；天下有民，贤者收之。天下者非一人之天下也，莫常有之，唯贤者取之。'"①这是关于为政在贤的正面论述，其基本逻辑是：得天下的君主应当是贤君；倘若要得天下，只有贤君一个人还不够，还得有天下的贤士来辅佐他；贤君要善于把天下的贤士变成自己的朋友，而不要急于把贤士变成自己的臣子；君主自己是贤君，还有一群贤士朋友，这样的贤君足以取得天下。

吕尚关于为政在贤的反面论述见于《吕氏春秋·贵因》。根据这篇文献，吕尚针对殷纣王有一个观察与判断："谗慝胜良，命曰戮；贤者出走，命曰崩；百姓不敢诽怨，命曰刑胜。其乱至矣，不可以驾矣！"正是基于这样的判断，他协助武王"选车三百，虎贲三千，朝要甲子之期，而纣为禽"。② 在这里，如果要总结"纣为禽"的教训，那就是，邪恶之人压倒贤良之士，贤者被迫出走，留下来的君臣都不是贤者，天下自然就丢失了。如果以吕尚阐述的正反两个方面的逻辑来解释殷周鼎革，那么，是否为政以贤，是否由贤者当政，就构成了失天下与得天下的分水岭。从殷商到西周的过程，可以缩减为"贤君贤士"取代"不贤君臣"的过程，它背后的政治逻辑就

---

① ［唐］魏徵等撰，沈锡麟整理：《群书治要》，中华书局2014年，第371页。
② ［汉］高诱注：《吕氏春秋》，［清］毕沅校，徐小蛮标点，上海古籍出版社2014年，第337页。

是《六韬·武韬》所说的:"利天下者,天下启之;害天下者,天下闭之。"①

(二) 贤君的决定作用

贤能政体的关键在于君主贤能,贤君构成了贤能政体的主要标志与核心支撑,有贤君,才有贤能政体;没有贤君,贤能政体就难以为继。因此,在相当程度上,贤能政体可以缩减为贤君政体或贤君制政体。根据《六韬·文师·盈虚》,文王问:"天下熙熙,一盈一虚,一治一乱,所以然者,何也? 其君贤不肖不等乎? 其天时变化自然乎?"吕尚的回答是:"君不肖,则国危而民乱;君贤圣,则国安而民治。祸福在君,不在天时。"②换言之,天下治乱主要取决于君主是否贤能,君主贤能则国安而民治,君主不贤则国危而民乱。君主贤能与否,是国家安危、社会治乱的决定性因素。

吕尚还进一步告诉文王,远古的唐尧就是贤能君主的典型代表。这是一个什么样的贤君呢? 原来,"帝尧王天下之时,金银珠玉不饰,锦绣文绮不衣,奇怪珍异不视,玩好之器不宝,淫佚之乐不听,宫垣屋室不垩,甍桷椽楹不斫,茅茨偏庭不剪。鹿裘御寒,布衣掩形,粝粮之饭,藜藿之羹。不以役作之故,害民耕绩之时。削心约志,从事乎无为。吏忠正奉法者尊其位,廉洁爱人者厚其禄。民有孝慈者爱敬之,尽力农桑者慰勉之,旌别淑德,表其门闾,平心正节,以法度禁邪伪。所憎者,有功必赏;所爱者,有罪必罚。存养天下鳏寡孤独,振赡祸亡之家。其自奉也甚薄,其赋役也甚寡。故万民富乐而无饥寒之色,百姓戴其君如日月,亲其君如父母"③。这就是贤君的标准画像。

概括地说,贤君的主要特点在于,他在物质享受上能够自我克

---

① 陈曦译注:《六韬》,中华书局 2016 年,第 87 页。
② 陈曦译注:《六韬》,中华书局 2016 年,第 17 页。
③ 陈曦译注:《六韬》,中华书局 2016 年,第 20 页。

制,绝不与天下人争夺物质利益,最终达到的效果是"万民富乐而无饥寒之色"。在这种情况下,天下人对君主的拥戴就是顺理成章之事了。显然,这样的贤君是经济功利主义框架下的理想君主。

（三）贤君爱民之道

《六韬·文师·国务》专门讨论"国务"。所谓"国务",是指"国之大务"或"国之要务"。文王提出的问题是:"愿闻为国之大务。欲使主尊人安,为之奈何?"吕尚提供的答案是"爱民"。爱民作为国家治理的核心要务,主要体现为一切为了民众。君主面对民众,应当恪守的原则是:"利而勿害,成而勿败,生而勿杀,与而勿夺,乐而勿苦,喜而勿怒。"①这其实是六对相互对立的范畴。吕尚要求君主面对民众,倘若要在利与害、成与败、生与杀、给与夺、乐与苦、喜与怒之间做出选择,必须选择前者,必须放弃后者。

为了帮助周文王更好地实践这些原则与规则,吕尚还提供了更加具体的行动准则:"民不失务则利之,农不失时则成之,省刑罚则生之,薄赋敛则与之,俭宫室台榭则乐之,吏清不苛扰则喜之。民失其务则害之,农失其时则败之,无罪而罚则杀之,重赋敛则夺之,多营宫室台榭以疲民力则苦之,吏浊苛扰则怒之。故善为国者,驭民如父母之爱子,如兄之爱弟,见其饥寒则为之忧,见其劳苦则为之悲,赏罚如加于身,赋敛如取己物。此爱民之道也。"②这段话,堪称"贤君爱民规则",按照这些规则去爱民,是贤君的义务,也是贤能政体的制度性要求。

（四）贤君举贤之道

贤君还有一个义务,那就是,必须举荐贤士,以之作为自己的贤臣。"凡治国,主务举贤。"③但是,周文王在实践过程中面临的

---

① 陈曦译注:《六韬》,中华书局 2016 年,第 24 页。
② 陈曦译注:《六韬》,中华书局 2016 年,第 24—25 页。
③ 河北省文物研究所定州汉墓竹简整理小组(摹本:张守中):《定州西汉中山怀王墓竹简〈六韬〉释文及校注》,《文物》2001 年第 5 期,第 78 页。

一个问题是:"君务举贤而不获其功,世乱愈甚,以至危亡者,何也?"文王的困惑在于,即使已经把贤士推举出来了,依然没有解决国家治理的问题,甚至还导致了危亡,这是怎么回事?针对这个实践中出现的问题,吕尚在《六韬·文师·举贤》篇中进行了解释:"举贤而不用,是有举贤之名而无用贤之实也。"这就是说,君主已经把贤士选举出来了,但是,君主仅仅是把贤士搁置起来,并未对贤士委以重任。在这种情况下,君主仅仅获得了举贤之名,但并无用贤之实。而且,更大的问题还在于:"君好用世俗之所誉,而不得真贤也。"因此,更值得注意的,是"真贤"与"世俗之所誉"之间的差异:"君以世俗之所誉者为贤,以世俗之所毁者为不肖,则多党者进,少党者退。若是则群邪比周而蔽贤,忠臣死于无罪,奸臣以虚誉取爵位,是以世乱愈甚,则国不免于危亡。"破解这个难题的关键是:"将相分职,而各以官名举人,按名督实,选才考能,令实当其名,名当其实,则得举贤之道矣。"①

由此看来,贤君要推举真正的贤士,也并不是一件容易的事,因为要甄别一个人是不是真正的贤士,是比较困难的。有些人享有贤士之名,只不过是因为他们党羽较多,为自己制造了贤士的光环。因此,如果只看呼声有无、名声大小,就可能鼓励那些善于制造虚名的奸臣。因此,君主必须掌握举贤的正确方法,那就是,根据不同的职位确定不同的标准,按照特定的标准和要求,去选择恰当的贤才,贤才必须是具体的、特定的,必须拥有与特定职位相符合的特定能力。

此外,吕尚还提供了一套挑选贤士的方法:"二人变争则知其曲直,二人议论则知其道德,二人举重则知其有力,二人忿斗则知其勇怯,二人俱行则知其先后,二人治官则知其贪廉。以此而论

---

① 陈曦译注:《六韬》,中华书局2016年,第65—66页。

人,别贤不肖之道已。"①概括地说,吕尚提供的举贤规则,有一个突出的特点,那就是,强调贤士不是整齐划一的,不是抽象的;贤士是多样化的,是具体的;贤士必须能够履行特定的职责。这些都是贤君举贤的规则。

(五) 贤君举贤的负面清单

在《六韬·文师·上贤》篇中,吕尚提出了贤君举贤可能面临的一些陷阱,那就是"六贼七害"。所谓"六贼",是指六种贼人,其表现形式包括:(1)"臣有大作宫室池榭,游观倡乐者,伤王之德";(2)"民有不事农桑,任气游侠,犯历法禁,不从吏教者,伤王之化";(3)"臣有结朋党,蔽贤智,障主明者,伤王之权";(4)"士有抗志高节,以为气势,外交诸侯,不重其主者,伤王之威";(5)"臣有轻爵位,贱有司,羞为上犯难者,伤功臣之劳";(6)"强宗侵夺,陵侮贫弱者,伤庶人之业"。②

所谓"七害",是指七种坏人,主要表现为:(1)"无智略权谋,而以重赏尊爵之故,强勇轻战,侥幸于外,王者慎勿使为将";(2)"有名无实,出入异言,掩善扬恶,进退为巧,王者慎勿与谋";(3)"朴其身躬,恶其衣服,语无为以求名,言无欲以求利,此伪人也,王者慎勿近";(4)"奇其冠带,伟其衣服,博闻辩辞,虚论高议,以为容美,穷居静处,而诽时俗,此奸人也,王者慎勿宠";(5)"谗佞苟得,以求官爵,果敢轻死,以贪禄秩,不图大事,得利而动,以高谈虚论说于人主,王者慎勿使";(6)"为雕文刻镂,技巧华饰,而伤农事,王者必禁之";(7)"伪方异伎,巫蛊左道,不祥之言,幻惑良民,王者必止之"。这些"贼人""害人",都是君主应当警惕、防范的对象。君主既要善于识别真正的贤士,又要善于识别这些真正的坏人。这些坏人,既包括民、士,也包括臣、吏。"故民不尽力,非吾民也;士不

---

① 徐勇主编:《先秦兵书佚文辑解》,天津人民出版社2002年,第262页。
② 陈曦译注:《六韬》,中华书局2016年,第57页。

诚信,非吾士也;臣不忠谏,非吾臣也;吏不平洁爱人,非吾吏也;相不能富国强兵,调和阴阳,以安万乘之主,正群臣,定名实,明赏罚,乐万民,非吾相也。夫王者之道如龙首,高居而远望,深视而审听,示其形,隐其情,若天之高不可极也,若渊之深不可测也。故可怒而不怒,奸臣乃作;可杀而不杀,大贼乃发;兵势不行,敌国乃强。"①

以上五端,从不同的角度回应了贤能政体的制度框架与制度要素,体现了吕尚关于贤能政体的一些思考,代表了吕尚法理学在政治制度层面上的内容。

三、规范体系

如果说,功利主义构成了吕尚法理学的思想底色与理论基础,贤能政体反映了吕尚法理学在政治制度层面上的设计与安排,那么,由一套规范体系支撑起来的"法令必行"就体现了吕尚法理学关于运行技术层面的构想。在《六韬·文韬》篇中,周文王提出了一个法理学问题:"愿闻治国之所贵。"吕尚回答说:"贵法令之必行,必行则治道通,通则民大利,大利则君德彰矣。君不法天地,而随世俗之所善以为法,故令出必乱,乱则复更为法。是以法令数变,则群邪成俗,而君沉于世,是以国不免危亡矣。"②这就是说,"法令之必行",对于国家治理来说,是最重要的。只有充分尊重、依赖法令,国家治理才有保障,由此可以产生利庶民、彰君德的效果。这就近似于当代所强调的有法可依、有法必依、执法必严、违法必究。

反之,倘若法令不行,则会导致国家治理的重大危机。《六韬·文韬》就提出了这个问题:"文王问太公曰:'愿闻为国之大

---

① 陈曦译注:《六韬》,中华书局 2016 年,第 59—61 页。
② [唐]魏徵等撰,沈锡麟整理:《群书治要》,中华书局 2014 年,第 369 页。

失。'太公曰:'为国之大失,作而不法法,国君不悟,是为大失。'文王曰:'愿闻不法法,国君不悟。'太公曰:'不法法,则令不行,令不行,则主威伤。不法法,则邪不止,邪不止,则祸乱起矣。不法法,则刑妄行,刑妄行,则赏无功。不法法,则国昏乱,国昏乱,则臣为变。'"①所谓"不法法",就是不依据法令,就是法令得不到推行,由此将导致一系列的严峻后果:君主权威受损,祸害四起,无功受赏,有罪不罚,国家昏乱,大臣作乱。简而言之,"法令不行,则任侵诛"②,后果是极其严重的。既然法令必行如此重要,那么,有哪些必行的法令呢?让我们进一步考察吕尚建构的法令体系或规范体系的实体内容。

(一) 天之经:实现国家治理的自然法

前文引用的《六韬·佚文》已经强调了"不法天地而随世俗之所善以为法"所导致的严重后果。与此同时,这个论断还分辨了法令或规则的两种形态:一是"法天地"之法,二是"随世俗"之法。这两种规则之间的差异,寄寓了强烈的价值判断。其中,只有依据天地的法,才是国家治理应当遵循的规则;依据世俗而成的法,则是需要警惕与防范的规则。

根据这样的二元划分,"天地"代表了法令应当遵循的高级法。按照西方传过来的法学概念,或可称之为实在法之上的自然法,用《六韬》中的语言来说,也可以称之为"天之经"。据《文师·守国》,文王提出的问题是:"守国奈何?"吕尚回答:"斋,将语君天之经,四时所生,仁圣之道,民机之情。"进而言之,"天生四时,地生万物,天下有民,仁圣牧之。故春道生,万物荣;夏道长,万物成;秋道敛,万物盈;冬道藏,万物静。盈则藏,藏则复起,莫知所终,莫知所始。圣人配之,以为天地经纪"。③ 这几句话讲"守国"的道理,但是,守

---

① [唐]魏徵等撰,沈锡麟整理:《群书治要》,中华书局2014年,第369页。
② 徐勇主编:《先秦兵书佚文辑解》,天津人民出版社2002年,第229页。
③ 陈曦译注:《六韬》,中华书局2016年,第52页。

国的根本法则,却在于遵循"天之经"。

这里的"天之经",其实就是自然法。根据"天之经",四时更替,万物生长,至于人,则分为仁圣与庶众,且仁圣治理庶众。这样的"天之经",其实也包括了"地之纪",亦即吕尚所说的"天地经纪"。在这里,"天地"可以视为"天地经纪"的简称,也可以用"天之经"来指代,也可以用现在的"天经地义"来解释。这样的天经地义,正是圣人遵循、模仿的更高级的规则,亦即国家治理的自然法。

从表面上看,"天之经"似乎具有超验的性质,其实不然,"天之经"主要是经验的产物。"天之经"主要强调要顺应天地变化的规律,它兼具经验主义与理性主义两个方面的特质。这种特质可以在《史记·齐太公世家》中得到验证:"武王将伐纣,卜,龟兆不吉,风雨暴至。群公尽惧,唯太公彊之劝武王,武王于是遂行。十一年正月甲子,誓于牧野,伐商纣。纣师败绩。纣反走,登鹿台,遂追斩纣。"①这个细节表明,吕尚并不迷信占卜与龟兆;他更相信现实的政治格局、军事格局。

《六韬·龙韬》还记载了一段对话:"武王问太公曰:'凡用兵之极,天道、地利、人事,三者孰先?'太公曰:'天道难见,地利、人事易得。天道在上,地道在下,人事以饥饱劳逸文武也。故顺天道不必有吉,违之不必有害。失地之利,则士卒迷惑;人事不和,则不可以战矣。故战不必任天道,饥饱劳逸文武最急,地利为宝。'"②这段话也表明,吕尚更相信地利与人事,并不迷信超验的天道。

(二)止与起:君主的"不得"与"应当"

在"天之经"的约束下,吕尚为君主设定了一套基本的行为规范。据《六韬·文师·明传》,文王提出的问题是:"先圣之道,其

---

① [汉]司马迁:《史记》,中华书局2006年,第196页。
② [唐]魏徵等撰,沈锡麟整理:《群书治要》,中华书局2014年,第374页。

所止,其所起,可得闻乎?"吕尚回答:"见善而怠,时至而疑,知非而处,此三者道之所止也。柔而静,恭而敬,强而弱,忍而刚,此四者道之所起也。故义胜欲则昌,欲胜义则亡;敬胜怠则吉,怠胜敬则灭。"① 这里的"止"与"起",可以理解为君主应当遵循的禁止性规则与义务性规则。所谓"三止",旨在为君主设定三项禁止性规则:不得"见善而怠",不得"时至而疑",不得"知非而处"。当然,也可以把"三止"解释为:见善不得怠,时至不得疑,知非不得处。相比之下,"四起"为君主设定了四项义务性规则:"柔而静,恭而敬,强而弱,忍而刚",这四个方面,都是君主应当履行的义务。

此外,在《六韬·文师·守土》篇中,文王提出的问题是:如何守卫国土?吕尚的对策是:"无疏其亲,无怠其众,抚其左右,御其四旁。无借人国柄,借人国柄,则失其权。无掘壑而附丘,无舍本而治末。"这也是君主应当遵循的禁止性规则。在更宽的层面上,吕尚还规定了君主的两项义务:一是富民的义务,"人君必从事于富,不富无以为仁,不施无以合亲"。二是仁义的义务,所谓仁义,是指"敬其众,合其亲。敬其众则和,合其亲则喜,是谓仁义之纪"。② 概括地说,君主应当履行"富民"与"仁义"这两项义务。

(三) 六守:选人用人的规则

从实践过程来看,君主的一个基本职责就是选人用人。君主作为贤君,就体现在善于选人用人。但是,选人用人是有规则的。在《六韬·文师·六守》篇中,吕尚为君主提供了选人用人的六条规则,他称之为"六守",即"一曰仁,二曰义,三曰忠,四曰信,五曰勇,六曰谋,是谓六守"。这六个字,指出了选人用人的六个观测点:"富之而观其无犯,贵之而观其无骄,付之而观其无转,使之而

---

① 陈曦译注:《六韬》,中华书局2016年,第34—35页。
② 陈曦译注:《六韬》,中华书局2016年,第45页。

观其无隐,危之而观其无恐,事之而观其无穷。"由此可以提出的六条判断标准是:(1)"富之而不犯者仁也";(2)"贵之而不骄者义也";(3)"付之而不转者忠也";(4)"使之而不隐者信也";(5)"危之而不恐者勇也";(6)"事之而不穷者谋也"。①

按照这六条规则,君主应当选用六种人:富裕起来但不触犯礼法的仁者,身居高位但不骄傲自大的义者,肩负重任但不存私念的忠实者,担任国事但无所隐瞒的诚信者,处境危险但不感到恐惧的勇敢者,处理突发事件而不惊慌失措的足智多谋者。"六守"既是君主选人用人应当遵循的实体性标准,也为君主指示了选人用人的程序性规则。

(四)君臣之礼:君臣之间的交往规则

在殷商时代,法律规则主要是贵族阶层内部的交往规则。其中,君臣之间的交往规则构成了规范体系中的重要部分。在《六韬·文师·大礼》中,周文王问:"君臣之礼如何?"文王想知道:君臣之间的交往规则是什么?对此,吕尚认为:"为上唯临,为下唯沉。临而无远,沉而无陷。为上唯周,为下唯定。周则天也,定则地也。或天或地,大礼乃成。"②据此,君待臣之礼,应当"则天":洞察下情,不疏远大臣,普施恩惠,覆盖万物。臣待君之礼,应当"则地":驯服恭敬,不隐藏私情,安分守己,厚实稳重。

与此同时,吕尚还告诉文王:(1)身处君主之位,应当"安徐而静,柔节先定,善与而不争,虚心平志,待物以正"。用现代汉语来说,就是要安详稳重,沉着冷静,柔和有节,胸有成竹,善于施惠,不与民众争利,虚心静气,公道无私,处理事务公平正直。(2)在听取大臣意见的时候,应当"勿妄而许,勿逆而拒。许之则失守,拒之则闭塞。高山仰之,不可极也;深渊度之,不可测也。神明之德,正静

---

① 陈曦译注:《六韬》,中华书局2016年,第38—40页。
② 陈曦译注:《六韬》,中华书局2016年,第28—29页。

其极"。用现代语言来说,那就是:不要轻率地接受,不要粗暴地拒绝;轻率接受就容易丧失主见,粗暴拒绝就会闭塞言路。君主要像高山那样使人仰慕;要像深渊那样使人莫测。神圣英明的君主之德,就是追求公正清静的极致。(3)君主如果要洞察一切,那就应当"目贵明,耳贵聪,心贵智。以天下之目视,则无不见也;以天下之耳听,则无不闻也;以天下之心虑,则无不知也。辐凑并进,则明不蔽矣"。① 用现代语言来说,那就是:眼睛明察,耳朵敏听,头脑思虑周详。依靠天下人的眼睛去观察,则无所不见;利用天下人的耳朵去倾听,则无所不闻;凭借天下人的头脑去思考,则无所不知。四面八方的情况都汇集到君主那里,君主就能洞察一切而不受蒙蔽了。

(五) 赏罚规则

任何有效的规范体系,都会包括一套赏罚规则,因为赏罚规则是其他行为规则的保障性规则。在吕尚编织的规范体系中,也包含了关于赏罚规则的观点,分而述之,主要包括以下四端。

其一,严格执行赏罚规则。在《六韬·文韬·赏罚》中,文王问:"赏所以存劝,罚所以示惩,吾欲赏一以劝百,罚一以惩众,为之奈何?"吕尚说:"凡用赏者贵信,用罚者贵必。赏信罚必于耳目之所闻见,则所不闻见者,莫不阴化矣。夫诚畅于天地,通于神明,而况于人乎?"②由此来看,赏罚规则的要旨在于:赏与罚都要严格执行,允诺的奖赏与预设的惩罚,必须不折不扣地执行。以当下的语言来说,就是执法必严。相比之下,当下的"执法必严"主要针对惩罚性的法律。对于奖励性的法律,是否得到了严格的执行,人们的关注较少。但是,按照吕尚的观点,"用赏者贵信"与"用罚者贵必",两者居于同等重要的地位。在早期中国,这是一个重要的法

---

① 陈曦译注:《六韬》,中华书局2016年,第31页。
② 陈曦译注:《六韬》,中华书局2016年,第69—70页。

律观念。

其二,客观执行赏罚规则。在《六韬·文韬》中,文王问:"贤君治国何如?"吕尚主张,"贤君之治国,其政平,吏不苛;其赋敛节,其自奉薄;不以私善害公法,赏赐不加于无功,刑罚不施于无罪;不因喜以赏,不因怒以诛;害民者有罪,进贤者有赏"。① 这个要求的实质,是赏罚规则的客观化,要让赏罚规则成为一个客观的标准、客观的尺度。

其三,正面理解赏罚的价值。《六韬·虎韬》称:"赏在于成民之生,罚在于使人无罪。是以赏罚施民,而天下化矣。"②这就是说,赏的规则在于促进民生,让民众更好地生活,由于受赏者的行为符合立法者的预期,应当让这样的行为得到必要的回报与正面的激励。另一方面,罚的规则并不在于单纯而片面的打击,而是在于警示民众不要犯罪,警示民众不要做出危害邦国的行为。因此,无论是赏的规则还是罚的规则,都可以产生教化天下的积极作用。

其四,注意赏罚的实际效果。在《六韬·阴谋》中,武王问:"吾欲轻罚而重威,少其赏而劝善多,简其令而众皆化,为之何如?"吕尚说:"杀一人千人惧者,杀之;杀二人而万人惧者,杀之;杀三人三军振者,杀之。赏一人而千人喜者,赏之;赏二人而万人喜者,赏之;赏三人而三军喜者,赏之。令一人千人得者,令之;禁二人而万人止者,禁之;教三人而三军正者,教之。杀一以惩万,赏一而劝众,此明君之威福也。"③这样的赏罚能够产生效果明显的激励作用。但是,倘若"杀一人而三军不闻,杀一人而民不知,杀一人而千万人不恐,虽多杀人,其将不动。封一人而三军不悦,爵一人而万人不动,赏一人而万人不欣,是为赏无功,责无能也。若此,则三军

---

① [唐]魏徵等撰,沈锡麟整理:《群书治要》,中华书局2014年,第368页。
② [唐]魏徵等撰,沈锡麟整理:《群书治要》,中华书局2014年,第374页。
③ [唐]魏徵等撰,沈锡麟整理:《群书治要》,中华书局2014年,第375—376页。

不为使,是失众之纪也"①。在这种情况下,赏罚没有实际效果,不能达到预期的目标,就是应当避免的。

小　　结

前文着眼于作为理论基础的功利主义、作为政治制度的贤能政体、支撑法令必行的规范体系这样三个不同的层次,描述了吕尚法理学的主体内容。在此基础之上,我们可以进一步分析吕尚法理学的影响及意义。

首先,对于齐国来说,吕尚的法理学堪称齐国赖以立国的法理学,称之为齐国的官方法理学,也是恰当的。吕尚是齐国的开创者。由于这个特殊的缘故,吕尚阐述的法理学可以视为齐国的文明秩序原理。吕尚的法理学作为中国最早的功利主义法理学,注重物质利益,既追求国富,也追求民富。在吕尚法理学的指导下,齐国很快走向富强。在春秋战国时代,齐国是最早发展起来的强国,齐桓公是最早崛起的天下霸主,正如司马迁所见:"以太公之圣,建国本,桓公之盛,修善政,以为诸侯会盟,称伯,不亦宜乎? 洋洋哉,固大国之风也!"②齐国呈现出一种"大国之风",这样的政治现象与历史现象绝不是偶然形成的。在这种现象的背后,可以找到一个根本性的思想理论根源,那就是吕尚的法理学。且看《盐铁论》叙述的历史过程:"昔太公封于营丘,辟草莱而居焉。地薄人少,于是通利末之道,极女工之巧。是以邻国交于齐,财畜货殖,世为强国。管仲相桓公,袭先君之业,行轻重之变,南服强楚而霸诸侯。今大夫君修太公、桓、管之术"③,云云。这样的历史论述,主要强调了吕尚与桓公、管仲之间一脉相承的延续性。吕尚的法理

---

① 徐勇主编:《先秦兵书佚文辑解》,天津人民出版社 2002 年,第 251 页。
② [汉]司马迁:《史记》,中华书局 2006 年,第 205 页。
③ 陈桐生译注:《盐铁论》,中华书局 2015 年,第 137 页。

学塑造了齐国的国家性格,是齐国文化精神的集中表达。从这个角度上看,即使《六韬》不是吕尚亲手所写,但是,《六韬》及其相关文献却是关于吕尚法理学精义的有效记录。

其次,对于周王朝来说,吕尚法理学的影响不甚突出。吕尚对于周王朝的建立,对于殷周之际的政治鼎革发挥了巨大的影响。进一步看,吕尚作为文王、武王的辅佐之臣,对于周王朝的创建,立下了最大的功勋,这些都是没有问题的。这就像司马迁所言:"迁九鼎,修周政,与天下更始。师尚父谋居多。"①吕尚既是武王的导师,其实也是文王的导师,这样的政治资历无人能及。但是,周王朝甫一建立,吕尚就离开了政治中枢,扎根于偏远的齐国,从此再也没有机会与闻全局性的政治事务。因此,吕尚的法理学虽然塑造了齐国的文明秩序,但对整体性的周王室及其主导的天下体系,却不再具有全局性的影响。我们可以把吕尚的法理学视为齐国的官方法理学,但却不能把它看作周王室的官方法理学。周王室的官方法理学,说到底还是周公的法理学,这是下一节将要叙述的内容。因此,就其对周王室的影响来说,吕尚在"立功"层面的作为,超过了他在"立言"与"立德"层面上的作为。背后的原因有很多,其中的一个重要方面在于,吕尚毕竟只是周王室的客卿与辅臣,文王、武王、周公、成王才是周王室的主导者。在周王室建立之后,吕尚可以在自己的封国范围内发挥决定性的影响,但却不能同样影响由周王室主导的天下。

最后,对于整体性的中国历史,特别是对中国思想史来说,吕尚法理学的影响又是潜在而深远的。一方面,吕尚法理学作为中国最早的功利主义法理学,构成了东周时期法家学说的思想先声。春秋时期形成的"法家"之所以在齐国率先浮出水面,显然与吕尚有关。因此,在某种程度上,吕尚可以视为法家正式产生之前的"法家",或

---

① [汉]司马迁:《史记》,中华书局2006年,第196—197页。

者说,关于法家思想史的研究,有必要回溯至吕尚。《汉书·地理志》称:"太公以齐地负海舄卤,少五谷而人民寡,乃劝以女工之业,通鱼盐之利,而人物辐凑。后十四世,桓公用管仲,设轻重以富国,合诸侯成伯功,身在陪臣而取三归。故其俗弥侈,织作冰纨绮绣纯丽之物,号为冠带衣履天下。"①这样的"地理志"其实是"历史志",甚至是"思想史志",因为它描述了法家思想从吕尚演进至管仲这样一条隐秘的线索。今人蒙文通的研究发现,"儒法为周秦新旧思想之主干","儒家之传本于周,而法家之术大行于战国而极于秦,则儒法之争者为新旧两时代思想之争,将二家为一世新旧思想之主流,而百家乃其余波也"。② 按照这个判断,自周秦以后,中国思想的主干是儒家与法家。在儒法两家之间,如果儒家的源头主要是周公,那么法家的源头则主要是吕尚。如果说孔子习惯于把周公作为理想中的圣人,那么吕尚则是法家人物在事实上的先行者,虽然法家人物并没有在本学派的著述中旗帜鲜明地称颂吕尚及其法理学。

概而言之,吕尚法理学的意义与影响在于:作为齐国的官方法理学,它塑造了齐国与齐学;作为法家学说以及中国功利主义法学的源头,它的精魂借助于法家学说这个体量庞大的理论学说,参与了对中国思想史以及整个中国历史的塑造。在传统中国的思想史上,儒家建构的叙述框架一直占据着主导地位。在这个叙述框架下,人们一直习惯于尊周公而抑吕尚,吕尚的思想地位长期被低估。上文的研究虽不足以匡正,但至少有助于反思这种由来已久的思想格局。

第三节 周 公

无论是在当代中国还是在当代世界,孔子都是中国传统文化

---

① [汉]班固撰,[唐]颜师古注:《汉书》,中华书局 2000 年,第 1323 页。
② 蒙文通:《法家流变考》,载蒙文通:《蒙文通全集》第二卷,巴蜀书社 2015 年,第 86 页。

的首席代表。但是,众所周知,孔子本人心仪的圣人却是殷末周初的周公,正如《论语·述而》所载:"子曰:'甚矣吾衰也!久矣吾不复梦见周公!'"①较长时间没有梦见周公,居然是一件让孔子感到沮丧的事情,足以见得周公在孔子心中的崇高地位。徐梵澄认为:"中国历史上有两位圣人,中华民族3000年的命运端赖于此二人的塑造,时至今日我们仍然受惠于此二人,也可称他们为文化领袖。首先是周公,其次是五百年后的孔子。"②陈来说:"周公是中国文明史上第一个克里斯玛式的人物,他的地位只有孔子可以相比。"③周公是不是中国历史上第一个克里斯玛式的人物,可能还有讨论的余地,但将周、孔并称,是比较中肯的。

在现代以来的中国学术界,关于周公的研究受到了普遍的重视。王国维的《殷周制度论》一直享有盛誉,其文虽以"殷周制度"为题,其实是关于周公思想及其制度表达的研究,因为,取代殷制的周制,实为周公思想的写照(详后)。王国维还在此篇文章的末尾指出:"周之君臣,于其嗣服之初反覆教戒也如是,则知所以驱草窃奸宄相为敌仇之民而跻之仁寿之域者,其经纶固大有在。欲知周公之圣与周之所以王,必于是乎观之矣。"④这就是说,"周公之圣",已经体现在周制之中。

钱穆的《周公与中国文化》,也是一篇关于周公思想的专论。此文认为,"在唐以前,每以周公与孔子并尊,而自宋以后,则以孟子与孔子并尊是也。而周公之为人与其为学,实当重为之深细阐发"。如何阐发周公之学?钱穆的回答是:"今论周公在中国史上

---

① 陈晓芬、徐儒宗译注:《论语·大学·中庸》,中华书局2011年,第76页。
② 徐梵澄:《孔学古微·序》,李文彬译,孙波校,华东师范大学出版社2015年,第10—11页。
③ 陈来:《古代宗教与伦理:儒家思想的根源》,生活·读书·新知三联书店2009年,第199页。
④ 王国维:《殷周制度论》,载彭林编:《中国近代思想家文库·王国维卷》,中国人民大学出版社2014年,第143页。

之主要活动,及其对于中国传统文化之主要贡献,则厥为其制礼作乐之一端。"①这就是说,周公之学主要见于周公之制礼作乐。晚近以来,陈来的《古代宗教与伦理》一书较多论及周公思想,特别是周公的天命思想(详后)。②

相对于哲学界、史学界在周公研究领域取得的丰硕成果,在法理学界,研究中国法理学史上的周公,尚未引起足够的重视。有鉴于此,为了更加全面地展示中国法理学的历史,有必要对周公直接或间接表达的法理学做出专门的叙述。一方面,这既有助于彰显周公的法理学,同时也有助于彰显周初以降数百年间的中国官方法理学。另一方面,周公直接或间接表达的法理学,其实是在论证一个自洽的文明秩序。在周公的时代,没有现代意义上的"国家"概念,也没有现代意义上的"法学""法律""法理"概念,周公也不是专业的法理学家。周公承担的历史使命,是在殷商王朝留下的政治废墟上,重新建构一种新的文明秩序;不仅要建构文明秩序的实体,还要为这种文明秩序提供理论上的说明。提供这样的理论说明,其实是在建构一种新的文明秩序原理。这样的文明秩序原理,其实就是一种法理学。周公的法理学,就是因此而滋生的。

那么,如何概括周公的法理学?根据相关的传世文献,周公的法理学主要是由三个理论环节组合而成的。这三个环节分别是天命论、德罚论与礼乐论,三者相互关联,构成了一种体系化的法理学说。因而,下文先从天命、德罚、礼乐这样三个彼此关联的环节,阐述周公法理学的理论体系。在此基础上,再概括周公法理学的精神实质。

---

① 钱穆:《周公与中国文化》,载钱穆:《中国学术思想史论丛》(一),生活·读书·新知三联书店 2009 年,第 92—94 页。
② 涉及周公的思想史论著甚多,这里不再一一列举。专题性的研究论文亦不少,譬如,郭伟川编:《周公摄政称王与周初史事论集》,北京图书馆出版社 1998 年,等等。

一、作为高级法的天命

天命这个概念,是周公法理学的基础与起点。所谓天命,简单地说,就是上天的命令,是上天意志的表达或体现。在周公发表的多篇诰辞中,都可以看到关于天、命或天命的论述。在周公创作的一些诗篇中,亦可以看到对天命的吟咏,譬如《周颂·维天之命》称,"维天之命,于穆不已"①。从法理学的立场上看,天命是一种具有约束力的规范。表面上,天命作为规范,有时候相当于自然法,相当于实在法之上的高级法;有时候也相当于人法之上的神法。但是,即使是自然法概念与神法概念的加总,也不能穷尽天命概念的全部内涵。那么,在周公的法理学中,作为高级法的天命,到底是什么意思?

立足于中国思想史,余英时追溯了周公天命观的起源,说:"在现代学者的主流意见中,'天命'观念起源于西周。依此现代理论,'天命'概念是由周王朝诸创建者(尤其是周公)所首创,他们灭商并取而代之都是奉'天'之'命'而为之。不过,就我看来,以'天之所令'(Heaven's Command)或'天所授命'(Mandate of Heaven)的意义而论,'天命'观念的起源仍有讨论的余地。"因为,"我们在'绝地天通'神话中,已可清楚看到稍后所谓'天命'观念之滥觞"。② 在余英时看来,周公虽然可以看作天命观念最主要的首创者,但是,天命观念的萌芽,还可以追溯至更古老的传说。

陈来把周公的天命观分成三个时期来考察。(1)在早期,"周公在重大问题决策时仍须用大宝龟进行占卜,以了解天命和天意"。这说明:"在周初,即使像周公这样英明的人也还受到传统宗教观念的束缚与影响,认为上帝是具有人格的最高的主宰,人应当

---
① 王秀梅译注:《诗经》,中华书局2015年,第744页。
② 余英时:《论天人之际:中国古代思想起源试探》,中华书局2014年,第70页。

通过占卜了解上帝的意志和命令,并敬畏服从上帝的命令。在他们的语言中,上帝与天的位格看不出有什么区别。在这样一种信仰中的'天命'不过是至上神的意志和命令,是至上神人格化的必然结果,尚未体现出任何积极的意义。"①(2)在摄政时期,周公"不再像殷人那样把天命不自觉地理解为永恒的赐予,而是认识到,人不能把世事的一切都归于天命的必然性,历史不是完全由天(上帝)决定的,人的行动的主动性实际参与着历史过程,人应从自己的行为中寻绎历史变动的因果性"。在这个时期,"周公的这些思想既是对殷商的神授王权思想的具有历史性的修正,也标志着宗教思想的一场改革"。②(3)还政成王之后,周公的天命观改为:"天意决定于民情,民情决定于王之敬德与否。在这种解释中,即天意—民情—政德的结构联系中,天意被理解为、被赋予了无可怀疑的伦理性格。这种理论强调统治者要以'德'为国家政治—行政运作的核心法则,并在具体形态上表现为一系列的善民措施。"③这种关于周公天命观的"三阶段论"虽然有助于从发展、变迁、演进的角度解释周公的天命观,但是,这种解释所蕴含的"进步"观却是值得反省的。按照这样的解释框架,周初时期,周公的天命观还不太成熟,还比较落后,越到后来,周公的天命观就越成熟,也越进步。

相对于这种"进步"视角下的解释方式,下文试图立足于当时的政治语境,从法理学的角度解释周公的天命概念。

周公理解的天,可以用现代意义上的主权者来解释,因为,在那个时代,人世间的一切,都是由天决定的。因此,天命就是主权

---

① 陈来:《古代宗教与伦理:儒家思想的根源》,生活·读书·新知三联书店2009年,第186页。
② 陈来:《古代宗教与伦理:儒家思想的根源》,生活·读书·新知三联书店2009年,第191页。
③ 陈来:《古代宗教与伦理:儒家思想的根源》,生活·读书·新知三联书店2009年,第191页。

者的命令。按照近现代流行的分析实证主义法理学的观点,如果把天理解为主权者,那么,天命就相当于出自主权者的命令,这种命令就是实证意义上的法律。但是,分析实证主义法学视野中的法律是一个体量极其庞大的规范体系,而且是世俗的。周公所说的天命显然不具备这样的特征。事实上,周公反复论述的天命主要体现为上天做出的一个总体性的政治决断:到底是让殷人主政还是让周人主政?或者说,天命是否要求改朝换代?如果需要,那就是革命,即革除殷人承担的天命,以及,谁又是天命的新的承担者?只有对这些问题的决断,才体现为天命。

由此看来,周公所说的天,相当于现代语境下的人民。如果说,现代法理学的原则之一是人民主权,那么,周公法理学的一项原则就是上天主权。天命就是天之所言、天之所命,相当于天的意志。如果说人民是现代法理学上的主权者,那么天或上天就是周公法理学上的主权者。正如《诗经·大雅·文王》所言:"穆穆文王,于缉熙敬止。假哉天命。有商孙子。商之孙子,其丽不亿。上帝既命,侯于周服。"据考证,"这是一首政治诗,为周公旦所作。《毛诗序》说:'《文王》,文王受命作周也。'《郑笺》:'受天命而王天下,制立周邦'"。① 所谓"受命作周",就是文王根据天命建立了周人的政权。依据天命,商的子孙成为了周的臣属。在这里,天命具有直接的法律效力,天命直接充当了文王建立周朝的法律依据。这就是天命在法理学上的基本意涵。进一步看,周公在不同语境下反复阐述的天命概念,还可以从多个方面来进行更深入、更细致的理解。

(一)天命的核心含义

如前所述,从字面上看,天命的含义是上天的命令。但是,天命的核心含义在于:世间的人依照上天的命令建立新政权。获得

---

① 王秀梅译注:《诗经》,中华书局2015年,第576页。

天命,意味着获得政权,同时还拥有执政的合法性,而且这个政权是不容挑战、不可颠覆的。这是周公时代流行的天命观,也是周公阐述的天命观。据《西伯戡黎》:"西伯既戡黎,祖伊恐,奔告于王。曰:'天子,天既讫我殷命。格人元龟,罔敢知吉。非先王不相我后人,惟王淫戏用自绝。故天弃我,不有康食。不虞天性,不迪率典。今我民罔不欲丧,曰:天曷不降威?大命不挚,今王其如台。'王曰:'呜呼,我生不有命在天。'"①面对周文王强劲崛起的势头,祖伊非常焦虑,但是,纣王并不在意,他的自信来自"有命在天"。纣王的意思是:我有天命作为依据,谁能把我怎么样?祖伊与纣王的对话表明,天命几乎就是政权的代名词,有天命就有政权,只要有天命,政权就不会丢失。

天命与政权不可分,天命与政权之间的同一性,正是周公所理解的天命。在《大诰》篇中,周公说:"敷贲。敷:前人受命,兹不忘大功。"②这里的"前人受命",是指周公的"前人"(主要是文王、武王)接受天命,建立了周王朝。这里的受命就是接受天命,它的核心含义就是建立新政权。虽然天命的核心含义是清楚的,但是,要知悉天命,却是一个需要面对的挑战。在《大诰》的开篇,周公说:"大诰尔多邦,越尔御事。弗吊,天降割于我家,不少延。洪惟我幼冲人,嗣无疆大历服。弗造哲,迪民康,矧曰其有能格知天命。"③这句话的背景是,周王室已经领受了天命,上天已经把执政的权柄交给了周王室。但是现在,上天又降下了严重的灾难,似乎又有收回天命的意思。那么,到底应当如何理解现在的天命?天的最新的意志是继续授予周人天命,还是要革除周人的天命?谁能"格知天命"?由此看来,周公有天命难知、天命难测的观念。因为上天既可以授予周人天命,也可以收回天命。无论哪种情况,都是上天

---

① 曾运乾注:《尚书》,黄曙辉校点,上海古籍出版社2015年,第100—101页。
② 曾运乾注:《尚书》,黄曙辉校点,上海古籍出版社2015年,第132—133页。
③ 曾运乾注:《尚书》,黄曙辉校点,上海古籍出版社2015年,第131—132页。

的决断,都相当于绝对主权者、最高主权者的终极决断,人世间的世俗政权是无从干预的。

(二) 奖励性的天命与惩罚性的天命

在周公发表的多篇诰辞中,天命作为一种意志、命令,有时用"命"来指称,有时用"天"来指称。无论是"命"还是"天",其所指"以天命为多",这"是由《周诰》乃建国之谟训"所决定的。① 在这些关于天命的论述中,既可以看到天命的核心含义,也可以看到天命的宽泛含义。从宽泛的角度来看,天命作为一种命令,既可以表达肯定或奖励的意思,也可以表达否定或惩罚的意思。

据《大诰》:"天休于宁王,兴我小邦周"②,这就是表达肯定或奖励的天命。它没有出现天命的字样,但是,上天奖励文王,让小小的周邦兴盛起来,也可以体现上天的意志。这样的意志,可以理解为宽泛意义上的天命。《大诰》又称:"天閟毖我成功所,予不敢不极卒宁王图事。"这就是说,"天秘敕我于成功所在,予不敢不亟卒文王所图之事"。③ 上天的这种态度同样可以归属于表达奖励的天命。《康诰》称:"天畏棐忱,民情大可见。"④这句话虽然有多种解释,但它大致是说,"天威之明,惟诚是辅,验之民情,大可见矣"⑤。"棐忱"就是上天辅助诚实之意,亦即表达奖励、肯定的天命。

与此同时,上天还可以表达惩罚、否定的意志。前述"天降割于我家",就是上天对"我家"的惩罚。《大诰》篇中所说的"予造天役",同样也是上天给予我们的惩罚。"天役"就是天罚,就是"上天

---

① 傅斯年:《性命古训辨正》,载傅斯年:《傅斯年史学论著》,上海书店出版社 2014 年,第 333 页。
② 曾运乾注:《尚书》,黄曙辉校点,上海古籍出版社 2015 年,第 135 页。
③ 曾运乾注:《尚书》,黄曙辉校点,上海古籍出版社 2015 年,第 136 页。
④ 曾运乾注:《尚书》,黄曙辉校点,上海古籍出版社 2015 年,第 144 页。
⑤ [清]孙星衍撰:《尚书今古文注疏》,陈抗、盛冬铃点校,中华书局 1986 年,第 362 页。

降下的灾难"①,紧接着的"遗大投艰于朕身越予冲人",则是指上天"以重大艰难之任,遗投于我身及我冲人"②。在《多士》篇,周公称:"昔朕来自奄,予大降尔四国民命。我乃明致天罚,移尔遐逖,比事臣我宗多逊。"③这里的天罚是上天给予的惩罚,只不过由周公来实际执行而已;周公成为了惩罚性天命(天罚)的执行人。周公还说:"尔不克敬,尔不啻不有尔土。予亦致天之罚于尔躬。"④这句话再次强调,"天之罚"需要周公来执行。在《立政》中,"天之罚"变成"帝钦罚"。周公说:"其在受德,暋为羞刑暴德之人,同于厥邦;乃惟庶习逸德之人,同于厥政。帝钦罚之,乃伻我有夏,式商受命,奄甸万姓。"这里的"帝钦罚之"是指"天兴罚纣罪,乃使我有中国之人,用受商之大命,大治万民"。⑤

在周公的叙述中,惩罚性的天命与奖励性的天命往往是交织在一起的。在《君奭》篇,周公告诉召公:"天降丧于殷,殷既坠厥命。我有周既受。"⑥这句话既强调周人接受天命,又指出上天终结殷命,上天授予周人大命是奖励,上天剥夺殷人大命则是惩罚。《多方》称:"有夏诞厥逸,不肯戚言于民,乃大淫昏,不克终日劝于帝之迪,乃尔攸闻。厥图帝之命,不克开于民之丽,乃大降罚,崇乱有夏,因甲于内乱,不克灵承于旅。罔丕惟进之恭,洪舒于民。亦惟有夏之民叨懫日钦,劓割夏邑。天惟时求民主,乃大降显休命于成汤,刑殄有夏。"⑦

这是周公面向"多方"编织的历史叙事:夏王朝作恶太多,上天

---

① 李民、王健撰:《尚书译注》,上海古籍出版社2004年,第247页。
② 曾运乾注:《尚书》,黄曙辉校点,上海古籍出版社2015年,第135页。
③ 曾运乾注:《尚书》,黄曙辉校点,上海古籍出版社2015年,第191页。
④ 曾运乾注:《尚书》,黄曙辉校点,上海古籍出版社2015年,第192页。
⑤ [清]孙星衍撰:《尚书今古文注疏》,陈抗、盛冬铃点校,中华书局1986年,第472页。
⑥ 曾运乾注:《尚书》,黄曙辉校点,上海古籍出版社2015年,第198页。
⑦ 曾运乾注:《尚书》,黄曙辉校点,上海古籍出版社2015年,第209页。

"大降罚","刑殄有夏",转而把天命授予成汤,这是对成汤的奖励,也是对夏桀的惩罚。《多方》还告诉我们:"非天庸释有夏,非天庸释有殷。乃惟尔辟以尔多方,大淫图天之命,屑有辞。乃惟有夏图厥政,不集于享。天降时丧,有邦间之。乃惟尔商后王逸厥逸,图厥政,不蠲烝,天惟降时丧。惟圣罔念作狂。惟狂克念作圣。天惟五年须暇之子孙,诞作民主,罔可念听。天惟求尔多方,大动以威,开厥顾天。惟尔多方罔堪顾之。惟我周王灵承于旅,克堪用德,惟典神天。天惟式教我用休,简畀殷命,尹尔多方。"①这里的"天降时丧"就是上天表达的针对有夏、有殷的惩罚性命令,针对周王的奖励性命令则是"简畀殷命"。"简畀,简择付与也。尹,正也。此言周代善承帝意,寅念于祀,故能尹尔多方,非由力迫势取也"②,相反,这是根据上天的奖励性天命。

根据上文的分析可以发现,周公总结的历史规律是以天命作为核心概念展开的。夏商两朝的建立与延续是上天的奖励与肯定,授予天命是奖励与肯定的基本方式。夏商两朝的终结则是上天的惩罚,剥夺天命是惩罚与否定的基本方式。至于周王朝的建立,当然也是获得天命的象征,是奖励性天命的结果。

(三) 天命的变易与不变

在各篇诰辞中,周公还分别表达了两种性质不同的天命:变易的天命与不变的天命。在有些篇章,周公强调天命的不可改变;但在另一些篇章,周公强调天命的易变性质。让我们先看不可变易的天命。

见于《大诰》的天命通常是不可变易的。譬如,周公宣称:"越天棐忱,尔时罔敢易法,矧今天降戾于周邦。惟大艰人,诞邻胥伐于厥室,尔亦不知天命不易。"③周公借此告诉众人,上天授予周王

---

① 曾运乾注:《尚书》,黄曙辉校点,上海古籍出版社2015年,第211—212页。
② 曾运乾注:《尚书》,黄曙辉校点,上海古籍出版社2015年,第212页。
③ 曾运乾注:《尚书》,黄曙辉校点,上海古籍出版社2015年,第138页。

室的天命是不会改变的,反问他们难道"不知天命不可改易?"①《大诰》最后指出:"天惟丧殷,若穑夫,予曷敢不终朕亩。天亦惟休于前宁人,予曷其极卜。敢弗于从,率宁人有指疆土,矧今卜并吉。肆朕诞以尔东征。天命不僭,卜陈惟若兹。"②这是再次强调,天命不会有任何差错,上天授予的天命是确定无疑的、不可变更的。"天命不僭"意即"命不僭差"③。《大诰》还称:"予惟小子,不敢替上帝命。"④这就是说,周公自己绝不敢废弃上帝的命令。

见于《多士》篇中的天命也具有不可违、不可变的性质。《多士》是一篇针对殷遗民的诰词。周公借此告诉亡国后的殷遗民:"尔殷遗多士,弗吊旻天,大降丧于殷。我有周佑命,将天明威,致王罚,敕殷命终于帝。肆尔多士,非我小国敢弋殷命。惟天不畀允罔固乱,弼我。我其敢求位,惟帝不畀。惟我下民秉为,惟天明畏。"⑤这是对天命之权威性、神圣性的强调:殷人曾经拥有的天命是上天给予的,周人绝不可能把殷人拥有的天命抢夺过来;现在,天命从殷人转移到周人,是上天的意志,只有上天才能决定天命的归属与转移。在《多士》中,周公还说:"尔殷多士,今惟我周王丕灵承帝事,有命曰:'割殷,告敕于帝。'"⑥这再次说明,终结殷人的天命,是上天的意志,周公只不过是执行了神圣的天命而已。《多士》篇最后还说:"告尔多士,予惟时其迁居西尔。非我一人奉德不康宁。时惟天命。无违。朕不敢有后,无我怨。"⑦这是说,让殷遗民西迁,同样不是周公自作主张,同样

---

① [清]孙星衍撰:《尚书今古文注疏》,陈抗、盛冬铃点校,中华书局1986年,第352页。
② 曾运乾注:《尚书》,黄曙辉校点,上海古籍出版社2015年,第139页。
③ [清]孙星衍撰:《尚书今古文注疏》,陈抗、盛冬铃点校,中华书局1986年,第353页。
④ 曾运乾注:《尚书》,黄曙辉校点,上海古籍出版社2015年,第135页。
⑤ 曾运乾注:《尚书》,黄曙辉校点,上海古籍出版社2015年,第188页。
⑥ 曾运乾注:《尚书》,黄曙辉校点,上海古籍出版社2015年,第190页。
⑦ 曾运乾注:《尚书》,黄曙辉校点,上海古籍出版社2015年,第190页。

是在执行天命,无论殷遗民是否高兴,是否心有所怨,都必须服从。这同样是在强调天命的权威性、稳定性、不可变易性。

但是,在另一些诰辞中,周公强调了天命的可变性。试看《康诰》篇。这是周公对弟弟康叔的训示,他告诉康叔:"肆汝小子封。惟命不于常,汝念哉。"这里的"命不于常",就是指天命绝不是恒常的、永久的。"《大学》引《康诰》'惟命不于常'说之云:'道善则得之,不善则失之矣。'"①天命的这个特点,是需要康叔牢记在心、特别注意的。在《召诰》篇中,周公又说:"相古先民有夏,天迪'从子保',面稽天若,今时既坠厥命。今相有殷,天迪格保,面稽天若,今时既坠厥命。"这句话是说:"夏、商二代,有深通天道之旅保格保,面承帝命,宜可长保。后王弃贤虐民,不敬厥德,卒坠厥命。"②看来,夏商两代已经获得了天命,本来也可以长期拥有天命,但是,由于夏商两代后王自身的种种过错,天命就失去了。天命既可得,也可失,可谓天命不于常。

见于《君奭》篇中的天命,同样是漂移的、变易的天命。在此篇中,周公告诉召公:"我不敢知曰:厥基永孚于休。若天棐忱,我亦不敢知曰:其终出于不祥。呜呼。君已曰时我。我亦不敢宁于上帝命,弗永远念天威越我民罔尤违,惟人。在我后嗣子孙,大弗克恭上下,遏佚前人光在家,不知天命不易。天难谌,乃其坠命,弗克经历,嗣前人恭明德。"③这里的"天命不易",按照颜师古的解释,当释为"不知受命之难",意思是,获得、保持天命都是很艰难的。孙星衍不同意颜师古的这个观点,说:"'天命不易'为不可改易,师古注'不易'为'难',非也。"④这里且从颜师古。理由是,周公强调

---

① 曾运乾注:《尚书》,黄曙辉校点,上海古籍出版社2015年,第152页。
② 曾运乾注:《尚书》,黄曙辉校点,上海古籍出版社2015年,第171—172页。
③ 曾运乾注:《尚书》,黄曙辉校点,上海古籍出版社2015年,第198—199页。
④ [清]孙星衍撰:《尚书今古文注疏》,陈抗、盛冬铃点校,中华书局1986年,第447—448页。

"天命不易"的前提是,我们周人虽然已经得到了天命,但能否始终保有这个天命,还真不敢说。"不敢宁于上帝命"是说,即使得到了上帝之命,亦不敢放心;倘若不能敬天安民,天命是很难保住的。曾运乾也持这样的观点,认为这里的"易,难易之易。'不知天命不易'作一句读,犹《大诰》言'尔亦不知天命不易'也。谌,信也。天难谌者,惟命不于常也"①。在《君奭》篇中,周公还明确提出:"天不可信";"我道惟宁王德延,天不庸释于文王受命"。② 这就是说,天命是靠不住的,"我惟道扬文王之德,使之延长,天不用舍其所受之命"③。《君奭》篇又称:"天寿平格,保乂有殷。有殷嗣天灭威。今汝永念,则有固命,厥乱明我新造邦。"这些话是说,"上天导使格人保乂有殷,宜可长享。卒后嗣易灭天威,故坠厥命","今汝永念天威,则国有固命"。④ 可见,要守住天命,是一个艰难的过程,天命的获得并不是一劳永逸的,天命是靠不住的。

那么,天命到底是变易的还是不变的?通过进一步的研究可以发现,周公是在不同的语境下,分别强调了天命的两种特点。一方面,在周王室内部,周公反复论证了天命的变易性。指出天命的变易性,旨在强化周王室成员的危机意识、忧患意识。周公希望以此提醒周王室成员:即使周人已经获得了天命,但是,如果执政集团做得不好,已经获得的天命是很容易失去的,因为天命是变易的、靠不住的。另一方面,在面对殷遗民群体以及其他"多方"或"多士"群体,特别是那些试图叛乱的群体,周公强调了天命的权威、稳定、不可违抗、至高无上,以及诸如此类的性质。这样的天命是不变的天命。这样的天命观旨在论证周王室的正当性与合法

---

① 曾运乾注:《尚书》,黄曙辉校点,上海古籍出版社 2015 年,第 199 页。
② 曾运乾注:《尚书》,黄曙辉校点,上海古籍出版社 2015 年,第 200 页。
③ [清]孙星衍撰:《尚书今古文注疏》,陈抗、盛冬铃点校,中华书局 1986 年,第 448 页。
④ 曾运乾注:《尚书》,黄曙辉校点,上海古籍出版社 2015 年,第 201—202 页。

性,旨在强化其他政治势力对于周王室的认同感,威慑那些图谋不轨的政治势力。

对于这样的差异,郭沫若已经有所发现,他在《青铜时代》一书中提出:"周人一面在怀疑天,一面又在仿效着殷人极端地尊崇天,这在表面上很象是一个矛盾,但在事实上一点也不矛盾的。请把周初的几篇文章拿来细细地读,凡是极端尊崇天的说话是对待着殷人或殷的旧时的属国说的,而有怀疑天的说话是周人对着自己说的。这是很重要的一个关键。这就表明着周人之继承殷人的天的思想只是政策上的继承,他们是把宗教思想视为了愚民政策。自己尽管知道那是不可信的东西,但拿来统治素来信仰它的民族,却是很大的一个方便。自然发生的原始宗教成为了有目的意识的一个骗局。所以《表记》上所说的'周人事鬼神敬而远之',是道破了这个实际的。周人根本在怀疑天,只是把天来利用着当成了一种工具,但是既已经怀疑它,那么这种工具也不是绝对可靠的。"① 郭沫若的这个分析有一定的合理性。两种天命观之间的差异表明,周公既是一个思想家,同时更是一个政治家。

以上论述表明,周公所说的天命体现上天的意志,具有最高的规范性,是超越一切世俗法律之上的高级法,是世俗政权的依据。就天命与世俗政权的关系来看,两者是融为一体的,世俗政权仿佛天命的道成肉身,天命仿佛世俗政权的灵魂。由这些方面来看,经过周公的反复论证,天命已经成为一个法理意蕴饱满的概念。

二、明德慎罚:君主的义务

在周公的法理学说中,如果说天命是出于上天的命令与意志,具有高级法的性质,那么,明德慎罚则是君主的义务,是君主应当

---

① 郭沫若:《青铜时代》,载郭沫若著作编辑出版委员会编:《郭沫若全集》(历史编第一卷),人民出版社1982年,第334—335页。

遵循的行为规范。从这个角度上说,明德慎罚是一个义务性规范,义务主体是特定的,甚至是单一的,那就是居于执政地位的君主。明德慎罚作为约束君主、规训君主的义务性规范,可以从以下几个方面来理解。

(一)明德与天命

先看明德与天命的关系。按照周公的历史叙事,明德与天命不可分。明德是获得天命、守护天命的前提条件与主要方法。正如余英时所见,"周公则可能是对'德'的思想加以系统化和普遍化的政治家,这在周初文献中有很清楚的呈现",特别是"在周初《诗》《书》文本的脉络中,'德'大致指统治阶层的良好行为或行动,最后导致一个为'天'所认可的秩序之出现"。[①] 简而言之,君主只有明德,才能得到上天的认可,才能成为天命的承担者。

早在武王时代,周公就论述过明德与天命的关系。据《逸周书·大开武》:"维王一祀二月,王在酆,密命。访于周公旦曰:'呜呼!余夙夜维商,密不显,谁和?告岁之有秋,今余不获,其落若何?'周公曰:'兹在德敬。在周其维天命,王其敬命!'"面对武王的焦虑与不安,周公提出了自己的对策与建议。按照清人唐大沛的解释,周公的建议可以理解为:"兹事在德,敬德在君。唯有德者能受天命也。"[②]换言之,获得天命只能依据明德,守护天命同样只能依靠明德,只有持续不断地提升执政集团特别是君主的德性,才能始终保有天命。

在《召诰》中,周公提出:"王其德之用,祈天永命。"[③]这句话是说,"应以明德为永命之基,后王不可徒恃先王之受天命而不小心翼翼以将守之也"[④]。因而,"一切固保天命之方案,皆明言在人事

---

① 余英时:《论天人之际:中国古代思想起源试探》,中华书局 2014 年,第 83 页。
② 黄怀信、张懋镕、田旭东撰:《逸周书汇校集注》,上海古籍出版社 2007 年,第 260 页。
③ 曾运乾注:《尚书》,黄曙辉校点,上海古籍出版社 2015 年,第 174 页。
④ 傅斯年:《性命古训辨正》,载傅斯年:《傅斯年史学论著》,上海书店出版社 2014 年,第 376 页。

之中。凡求固守天命者,在敬,在明明德,在保乂民,在慎刑,在勤治,在无亡前人艰难,在有贤辅,在远憸人,在秉遗训,在察有司,毋康逸,毋酣于酒"①。其实,这许许多多的义务,都可以概括为明德,都可以视为明德的具体表现。因此,谁能履行明德的义务,谁就能够获得、保持、守护天命。天命虽然是上天意志的体现,但体现上天意志的天命,只能授予明德者。一个人倘若希望获得天命,只有敬德、明德这条路。不过,在此值得注意的是,明德主要是君主的义务,庶民无与焉。普通的庶民百姓,与天命没有什么关系,只有君主才是天命的获得者,也只有君主才可能失去天命。对于庶民百姓来说,不可能获得天命,也不可能失去天命。这个道理,还可以用"绝地天通"这个神话来解释:"除'普世之王'外,世间无人有权与天之神圣力量交通。"②由此看来,只有"普世之王",才是明德的义务主体。

为了强化君主的明德义务,周公通过历史事实反复论证了君主明德义务的履行与天命得失之间的因果关系。在《召诰》中,周公称:"王先服殷御事,比介于我有周御事。节性,惟日其迈。王敬作所,不可不敬德。我不可不监于有夏,亦不可不监于有殷。我不敢知曰,有夏服天命,惟有历年。我不敢知曰,不其延。惟不敬厥德,乃早坠厥命。我不敢知曰,有殷受天命,惟有历年。我不敢知曰,不其延。惟不敬厥德,乃早坠厥命。"③这段话是说,"夏、商历年久暂,我不敢知。我所知者,惟不敬厥德,乃早坠厥命也"。周公以此提醒"今王继受其命,我王其亦思二国兴亡之故,监其失而嗣其功乎"④。

---

① 傅斯年:《性命古训辨正》,载傅斯年:《傅斯年史学论著》,上海书店出版社 2014 年,第 379 页。
② 余英时:《论天人之际:中国古代思想起源试探》,中华书局 2014 年,第 71 页。
③ 曾运乾注:《尚书》,黄曙辉校点,上海古籍出版社 2015 年,第 173 页。
④ 曾运乾注:《尚书》,黄曙辉校点,上海古籍出版社 2015 年,第 174 页。

如果说《召诰》篇主要讲前朝的教训，那么在《君奭》篇中，周公集中阐述了周人之明德与天命之间的关系："在昔上帝割申劝宁王之德，其集大命于厥躬。惟文王尚克修和我有夏。亦惟有若虢叔，有若闳夭，有若散宜生，有若泰颠，有若南宫括。"周公还说："无能往来，兹迪彝教，文王蔑德降于国人。亦惟纯佑秉德，迪知天威。乃惟时昭文王迪见冒，闻于上帝。惟时受有殷命。"①这段话阐述的因果关系可以概括为：首先，"文王有诚信之德，天盖申劝之，集大命于其身，谓使之王天下也"②，亦即上帝劝勉文王修明自己的德性；其次，还有一批贤臣，在宣扬传播文王的盛德；最后，由于文王履行了明德的义务，并取得了实际功效，上帝让文王接受了原来属于殷商的大命。从周人自己的历史经验来看，周人获得大命应当归因于文王对明德义务的履行。

此外，据《国语·周语上》记载："穆王将征犬戎，祭公谋父谏曰：'不可。先王耀德不观兵。夫兵戢而时动，动则威，观则玩，玩则无震。是故周文公之《颂》曰：载戢干戈，载櫜弓矢。我求懿德，肆于时夏，允王保之。'"③这里引用的诗篇出自《时迈》。据此，《诗经·周颂·时迈》篇为周公所作，特别是此诗的最后三句，可以译为"讲求美好的道德，遍施中国各地方，周王永保国兴旺"④。其论证逻辑同样是：通过明德，可以守护天命。所谓"先王耀德不观兵"，同样是指：只有依赖明德，而不是依赖武力，才符合先王（周公）的法理学。

（二）明德义务的履行方式

如果说君主明德是君主获得天命、守护天命的原因和条件，那

---

① 曾运乾注：《尚书》，黄曙辉校点，上海古籍出版社2015年，第203页。
② ［清］孙星衍撰：《尚书今古文注疏》，陈抗、盛冬铃点校，中华书局1986年，第452页。
③ 陈桐生译注：《国语》，中华书局2013年，第2页。
④ 王秀梅译注：《诗经》，中华书局2015年，第751—752页。

么君主应当如何履行明德的义务？明德作为一项义务性规范,到底为君主设定了哪些具体的义务？在周公发表的系列诰辞中,虽然没有对明德的概念做出理论性的解释,但是,在不同的语境下,可以看到明德的多种含义,亦可以看到君主履行明德义务的多种方式。

先看《康诰》篇,在此篇中,周公解释了明德的内在要求:"惟乃丕显考文王,克明德慎罚,不敢侮鳏寡、庸庸、祗祗、威威、显民。用肇造我区夏,越我一、二邦,以修我西土。惟是怙冒闻于上帝。帝休,天乃大命文王。"①在这里,周公虽然以"明德慎罚"描绘文王,但是,随后的解释主要针对明德。据此,明德可以理解为"不敢侮鳏寡、庸庸、祗祗、威威",这些都是文王向众民显示出来的德性。用现在的语言来说,那就是:(1)要善待那些鳏寡孤独之弱人;(2)要任用那些应当任用之能人;(3)要尊敬那些应当尊敬之贤人;(4)要惩罚那些应当惩罚之坏人。这四条规范,可以诠释明德义务的履行方式。践行这四条规范的文王,"始造区夏,渐及一二邦,以至三分天下有其二,修和我西土也"②。文王由此得到了上帝的认可,进而成为受命之君。进一步分析这四条规范,可以看到,明德作为君主的核心义务,主要体现为识人的义务,君主必须在共同体内,有效地分辨出弱势之人、有才之人、有德之人、邪恶之人,并对各种不同的人进行差异化的对待。君主必须履行的这种明德义务,不同于现代意义上的道德,当然更不是利他性质的私德,而是一种政治之德,它包含了政治上的智慧、能力、洞察力等多个方面的要素。

再看《无逸》篇。在此篇中,周公具体地描述了文王履行明德义务的方式:"文王卑服,即康功田功。徽柔懿恭,怀保小民,惠鲜

---

① 曾运乾注:《尚书》,黄曙辉校点,上海古籍出版社2015年,第142页。
② 曾运乾注:《尚书》,黄曙辉校点,上海古籍出版社2015年,第142—143页。

鳏寡。自朝至于日中昃,不遑暇食,用咸和万民。文王不敢盘于游田,以庶邦惟正之供。文王受命惟中身,厥享国五十年。"①这就是明德之君的典型与模范。根据这里的记载,文王对明德义务的履行方式体现在:(1)能够承担普通的工作,譬如修路、耕田。(2)内心仁慈,态度恭谨,关心那些鳏寡孤独的人。(3)为了造福于民众,辛勤工作,忙得没有时间吃饭。

还可以从实践效果来反向推导明德义务的履行方式。在《梓材》篇中,周公说:"先王既勤用明德,怀为夹,庶邦享。作兄弟方来,亦既用明德。后式典集,庶邦丕享。皇天既付中国民越厥疆土于先王。肆王惟德用,和怿先后为迷民。用怿先王受命。"②这是说,由于周室的历代先王有效地履行了明德的义务,从而形成了多个方面的积极效果:(1)贤臣主动来辅佐周王推行德政;(2)众多诸侯纳贡称臣;(3)兄弟之国表示臣服;以及(4)殷遗民心悦诚服地接受周王室的统治。在这四个方面中,前三项是已经取得的效果,第四项是有待实现的目标。无论是已经实现的目标,还是有待实现的目标,都有助于从实践效果反过来推定明德义务的履行方式,那就是:明德义务的履行要有助于提高政治中枢的感召力,要有助于强化政治中枢的道义征服力与道德感召力,要让以君主为核心的政治中枢产生强大的吸附力或向心力,进而成为政治共同体凝心聚力的核心。从本质上看,这样的政治是一种道德魅力型政治或德性政治。因此,强化德性政治是履行明德义务的基本旨趣。

除了从正面阐述明德的规范意义,周公还从反面阐述了明德的倒影或明德的对立面,那就是君主的"不德"或"败德"。"不德"的典型代表是殷纣王。根据《召诰》:"天既遐终大邦殷之命,兹殷多先哲王在天,越厥后王后民,兹服厥命。厥终,智藏瘝在。夫知

---

① 曾运乾注:《尚书》,黄曙辉校点,上海古籍出版社2015年,第196页。
② 曾运乾注:《尚书》,黄曙辉校点,上海古籍出版社2015年,第165页。

保抱携持厥妇子,以哀吁天,徂厥亡,出执。呜呼。天亦哀于四方民,其眷命用懋,王其疾敬德。"周公在此列举的纣王的不德问题主要体现在:(1)"智者知几而藏匿";(2)"在者则困于行役";(3)"人皆知携其妇子,呼吁上天,诅纣王之速亡"。① 除此之外,周公还在《酒诰》中指控纣王:"弗惟德馨香祀,登闻于天。诞惟民怨,庶群自酒,腥闻在上。故天降丧于殷,罔爱于殷,惟逸。天非虐,惟民自速辜。"这就是不德现象之四,即酒肉腥味恶臭冲天,正如《国语》云:'国之将兴,其德足以昭其馨香。国之将亡,其政腥臊。'韦注:'腥臊,恶息也'"。② 周公指控纣王的这些不德或败德表现,与文王的明德恰好形成了鲜明的对照。如果从相反的方向来界定君主履行明德义务的方式,那就是:让智者积极地为王室服务;让普通民众在家安居乐业;让成年男子能够照顾他的妻儿老小;让王室的物质享受得到严格的控制。如果能够履行这些义务,那就符合明德的要求。纣王不仅不履行这些义务,反而背道而驰,在不德的方向上越走越远。作为拒不履行明德义务的君主,纣王只能承担丢失天命的后果。

(三) 贤臣的辅佐与君主明德义务的履行

君主应当履行明德的义务,但这个义务的履行不能仅仅依靠君主一个人,因为,君主履行明德义务绝不是独善其身,不是单纯的个人修养或者私德的提升,而是一个兼济天下的政治活动,必须通过他人辅佐才能完成。正是有鉴于此,周公认为,只有在贤臣的辅佐下,君主才可能有效地履行明德的义务。

从历史经验来看,贤臣能够佐成明德之君。在《君奭》篇中,周公告诉君奭:"我闻在昔成汤既受命,时则有若伊尹,格于皇天。在太甲,时则有若保衡。在太戊,时则有若伊陟臣扈,格于上帝。巫

---

① 曾运乾注:《尚书》,黄曙辉校点,上海古籍出版社 2015 年,第 170 页。
② 曾运乾注:《尚书》,黄曙辉校点,上海古籍出版社 2015 年,第 158 页。

咸乂王家。在祖乙,时则有若巫贤。在武丁,时则有若甘盘。率惟兹有陈,保乂有殷。故殷礼陟配天,多历年所。天维纯佑命则,商实百姓王人,罔不秉德明恤。小臣屏侯甸,矧咸奔走。惟兹惟德称,用乂厥辟。故一人有事于四方,若卜筮,罔不是孚。"①这段话阐述的逻辑是:凡是明德的受命之君,都有一个或多个贤臣在辅佐他,譬如,成汤之有伊尹,太甲之有保衡,太戊之有伊陟、臣扈,祖乙之有巫贤,武丁之有甘盘,正是这些贤臣帮助君主很好地履行了明德的义务,他们的君主才得到了天命。"故一人有事于四方,若卜筮,罔不是孚"的意思是说:"惟此群臣,各称其德,用相其君,故天子有事于四方,如卜筮,无不见信于神人也。"②可见,是贤臣成就了明德之君。

正是由于这个缘故,周公强调,明德之君必须依赖贤臣。在《大诰》中,周公宣称,"爽邦由哲,亦惟十人迪知上帝命"③,意思是,"由明智之人,亦惟兹十人进用,则知天命所在也"④。暂且不论这里的"十人"究竟是指哪十人,但是,他们作为君主的贤臣,则是没有疑问的。周公相信,正是在这些贤臣的辅佐下,君主才可能知悉天命,获得天命。基于这样的原理,在《君奭》篇中,周公对召公提出了如下要求:"其汝克敬德,明我俊民,在让后人于丕时。"⑤周公的意思是,"汝能敬德,明扬才俊之民,则我亦可以巽让后来之人,于以奉是天休矣。周公谦言己不敢任太平瑞应,欲召公别举贤以相辅助"⑥。既然举贤如此重要,那么,什么样的人堪称贤臣?在《微子之命》中,周公描述的微子,就可以归属于贤臣的典型形

---

① 曾运乾注:《尚书》,黄曙辉校点,上海古籍出版社2015年,第200—201页。
② [清]孙星衍撰:《尚书今古文注疏》,陈抗、盛冬铃点校,中华书局1986年,第451页。
③ 曾运乾注:《尚书》,黄曙辉校点,上海古籍出版社2015年,第138页。
④ [清]孙星衍撰:《尚书今古文注疏》,陈抗、盛冬铃点校,中华书局1986年,第352页。
⑤ 曾运乾注:《尚书》,黄曙辉校点,上海古籍出版社2015年,第205页。
⑥ [清]孙星衍撰:《尚书今古文注疏》,陈抗、盛冬铃点校,中华书局1986年,第456页。

象:"尔惟践修厥猷,旧有令闻。恪慎克孝,肃恭神人。予嘉乃德,曰笃不忘。上帝时歆,下民祗协,庸建尔于上公,尹兹东夏。"① 正是因为微子是真正的贤臣,周公把他封为上公,并让他统治"东夏"地区。

贤臣既然如此重要,在《立政》篇中,周公提出了选用贤臣的多种方法。(1)"古之人迪惟有夏,乃有室大竞,吁俊,尊上帝迪,知忱恂于九德之行。乃敢告教厥后曰:拜手稽首后矣。曰:宅乃事,宅乃牧,宅乃准,兹惟后矣。谋面用丕训德,则乃宅人,兹乃三宅无义民。"② 这句话是说,要根据"九德"的要求选用贤人,不能以貌取人。(2)"文王惟克厥宅心,乃克立兹常事司牧人,以克俊有德。"③ 这句话是说,"文王惟能内度其心,乃能立此常事司牧人,以能得俊有德者"④。依此,君主要善于考察他人的内心世界,看他是不是贤臣。(3)"时则勿有间之,自一话一言。我则末惟成德之彦,以乂我受民。"⑤ 这句话提出的要求是:君主不要包办代替,要充分发挥贤臣的作用,这样才能吸引更多的贤臣。(4)"继自今立政,其勿以憸人,其惟吉士,用劢相我国家。"⑥ 这句话的意思是,"继自今立政,其勿用諛佞之人,其惟善士,用勉助我国家"⑦,亦即不能选用贪利奸佞之人,不要让劣币驱逐良币。(5)"桀德,惟乃弗作往任,是惟暴德,罔后。"⑧ 此话意指"桀之为德,惟乃弗为往昔先王任人之道,是惟暴虐为德,不顾其后"⑨。这是夏桀留下的教训:夏桀不

---

① 王世舜、王翠叶译注:《尚书》,中华书局2012年,第456页。
② 曾运乾注:《尚书》,黄曙辉校点,上海古籍出版社2015年,第217页。
③ 曾运乾注:《尚书》,黄曙辉校点,上海古籍出版社2015年,第221页。
④ [清]孙星衍撰:《尚书今古文注疏》,陈抗、盛冬铃点校,中华书局1986年,第475页。
⑤ 曾运乾注:《尚书》,黄曙辉校点,上海古籍出版社2015年,第222页。
⑥ 曾运乾注:《尚书》,黄曙辉校点,上海古籍出版社2015年,第223页。
⑦ [清]孙星衍撰:《尚书今古文注疏》,陈抗、盛冬铃点校,中华书局1986年,第477页。
⑧ 曾运乾注:《尚书》,黄曙辉校点,上海古籍出版社2015年,第218页。
⑨ [清]孙星衍撰:《尚书今古文注疏》,陈抗、盛冬铃点校,中华书局1986年,第471页。

能像先王那样选用贤臣,自己亦不能很好地履行明德的义务,所以丢失了天命。

以上数端,大致反映了周公所理解的君主明德与贤臣的关系。虽然周公反复强调了贤臣的重要性,但是,能够识别贤臣、吸引贤臣、充分使用贤臣,依然是君主的义务,甚至属于君主履行明德义务的重要内容。一个君主,倘若能够获得贤臣的辅佐,本身就是明德之君的表征。

(四)君主的慎罚义务

在现代法学视野中,慎罚似乎主要是一个刑事法律方面的原则。其实不然,在周公时代,并没有刑法、民法及其他部门法之间的划分。因此,在周公的思想中,慎罚是一个具有普遍意义的政治概念与法理概念,是一个与明德并列的概念。明德是君主的义务,慎罚也是君主的义务。明德不是庶民的义务,慎罚同样不是庶民的义务。慎罚与明德一样,主要是对君主的规范与约束。

周公关于慎罚的思想主要见于《康诰》《多方》《立政》诸篇。先看《康诰》。这是周公对康叔的训示,《史记·卫康叔世家》称:"成王长,用事,举康叔为周司寇。赐卫宝祭器,以章有德。"①大约此时的康叔已被安排出任周王室司寇之职,"今此告以司寇之事在摄政之时者,盖周公知康叔仁厚,故先教以慎刑,后乃命以官也"②。因此,《康诰》篇的言辞是周公针对康叔出任司寇的"任前谈话",集中反映了周公关于慎罚的思想。

第一,"敬明乃罚。人有小罪,非眚,乃惟终,自作不典,式尔,有厥罪小,乃不可不杀。乃有大罪,非终,乃惟眚灾,适尔,既道极厥辜,时乃不可杀"③。在这里,周公区分了两种情况:"人有罪虽小,然非以过差为之也,乃欲终身行之,故虽小,不可不杀也。何

---

① [汉]司马迁:《史记》,中华书局 2006 年,第 227 页。
② [清]孙星衍撰:《尚书今古文注疏》,陈抗、盛冬铃点校,中华书局 1986 年,第 363 页。
③ 曾运乾注:《尚书》,黄曙辉校点,上海古籍出版社 2015 年,第 145 页。

则？是本顽凶思恶而为之者也。"相反,"杀人虽有大罪,非欲以此终身为恶,乃过误耳,是不杀也,若此者,虽曰赦之可也。"① 因此,君主应当仔细分辨犯罪者的主观心态与恶性,犯罪者是故意犯罪还是过失犯罪,犯罪者有无悔改表现,是决定从轻惩罚还是从重惩罚的关键因素。

第二,"非汝封刑人杀人,无或刑人杀人,非汝封又曰,劓刵人,无或劓刵人"②。按照孙星衍的解释,这是说,"刑杀皆由天讨,非汝所得专,毋或擅刑杀人"③。周公以此提醒康叔,刑罚的最终决定者并不是君主,而是上天,不能用君主个人的名义实施刑罚,无论是判处死刑还是判处其他刑罚,都必须以上天的名义来做出。这个观点,与前文述及的天命观是相互联系的:只有上天才是主权者,只有上天才能充当最终的裁决者。

第三,"要囚,服念五六日,至于旬时,丕蔽要囚"④。这是一个程序性的规定。它要求对于犯罪者的供词,一定要进行非常慎重的审查,要考虑五六天,甚至要考虑十天,才能做出最后的决定。这个要求,"为求其生可以出之,且恐因虚承其罪,容其自反复也。死者不可复生,断者不可复续,三木之下,何求不得,故君子尽心焉"⑤。这番话,是周公对慎罚义务做出的最直观的说明。

第四,周公还专门区分了几种需要惩罚的犯罪分子,体现了周公关于犯罪与刑罚的类型化思想。(1)普通民众的盗窃、抢夺、杀

---

① [清]孙星衍撰:《尚书今古文注疏》,陈抗、盛冬铃点校,中华书局1986年,第363页。
② 曾运乾注:《尚书》,黄曙辉校点,上海古籍出版社2015年,第145页。
③ [清]孙星衍撰:《尚书今古文注疏》,陈抗、盛冬铃点校,中华书局1986年,第364页。顺便说明,对于孙星衍的这个解释,曾运乾提出了不同的看法。他认为,这句经文的旨意应该解释为:"为民上者不陷民于罪,民未有自离于罪者。民离于罪,皆父母纵其赤子匍匐入井也。"详见,曾运乾注:《尚书》,黄曙辉校点,上海古籍出版社2015年,第146页。曾运乾的这个解释可以归属于后世儒家偏好的法律父爱主义。比较孙、曾的不同解释,今从曾。
④ 曾运乾注:《尚书》,黄曙辉校点,上海古籍出版社2015年,第146页。
⑤ [清]孙星衍撰:《尚书今古文注疏》,陈抗、盛冬铃点校,中华书局1986年,第366页。

人:"凡民自得罪,寇攘奸宄,杀越人于货,暋不畏死,罔弗憝。"①这是所有人都痛恨的犯罪行为。"当顺民怨以行罚,则罪人亦自服其罪也。"②(2)犯大恶极的不友、不孝行为:"元恶大憝,矧惟不孝不友。子弗祗服厥父事,大伤厥考心。于父不能字厥子,乃疾厥子。于弟弗念天显,乃弗克恭厥兄。兄亦不念鞠子哀,大不友于弟。惟吊兹,不于我政人得罪,天惟与我民彝大泯乱,曰:乃其速由文王作罚,刑兹无赦。"③(3)官员违法犯罪:"不率大戛,矧惟外庶子训人惟厥正人越小臣诸节,乃别播敷。造民大誉,弗念弗庸,瘝厥君,时乃引恶,惟朕憝。已,汝乃其速由兹义率杀。"④(4)诸侯违法犯罪:"亦惟君惟长,不能厥家人,越厥小臣外正。惟威惟虐、大放王命。乃非德用乂。"⑤无论是哪种类型的犯罪,在处理的时候,都应当秉持这样的原则:"惟厥罪无在大,亦无在多,矧曰其尚显闻于天。"这就是说,不要在乎罪的大小,也不在乎罪的多少,"不可不责躬也,况曰其上能明达于天乎?"⑥因此,君主必须按照以上提出的各种要求,按照慎罚的原则要求妥善处理。

较之于《康诰》关于慎罚的直接规定,《多方》主要提供了慎罚的一些成功经验:"乃惟成汤克以尔多方简,代夏作民主。慎厥丽,乃劝,厥民刑,用劝。以至于帝乙,罔不明德慎罚,亦克用劝。要囚,殄戮多罪,亦克用劝。开释无辜,亦克用劝。"⑦分别来看,这些历史经验包括两点。其一,成汤作为民之主,他减免对犯罪者的惩

---

① 曾运乾注:《尚书》,黄曙辉校点,上海古籍出版社2015年,第148页。
② [清]孙星衍撰:《尚书今古文注疏》,陈抗、盛冬铃点校,中华书局1986年,第367页。
③ 曾运乾注:《尚书》,黄曙辉校点,上海古籍出版社2015年,第148页。
④ 曾运乾注:《尚书》,黄曙辉校点,上海古籍出版社2015年,第149页。
⑤ 曾运乾注:《尚书》,黄曙辉校点,上海古籍出版社2015年,第150页,
⑥ [清]孙星衍撰:《尚书今古文注疏》,陈抗、盛冬铃点校,中华书局1986年,第370页。
⑦ 曾运乾注:《尚书》,黄曙辉校点,上海古籍出版社2015年,第211页。

罚,是为了鼓励民众走向正道,他惩罚那些犯罪的人,同样是为鼓励民众走上正道。"无论减刑加刑,皆所以劝民为善也。"①其二,帝乙同样如此,他既明德又慎罚,同样是为了鼓励人们走上正道。在慎罚方面,帝乙同样做出了差异化的对待:杀掉那些作恶多端的人,释放那些无罪的人,都是为了加强对民众的劝勉与警诫。这两条经验有助于提醒君主,认真履行慎罚义务是成为"好君主"的必要条件,当然更是承担天命的必要条件。成汤是殷商王朝开创者,他获得天命的前提条件之一,就是履行慎罚义务;帝乙能够守护天命,同样是履行慎罚义务的结果。

但是,慎罚并非不罚。君主应当遵循慎罚的义务,但是,面对各种不法行为,在遵循慎罚义务的前提下,还是要给予必要的惩罚。譬如,针对以"殷顽民"为主、包括"多方"的各种叛乱分子,周公就在《多方》中提出了指控:"尔乃迪屡不静,尔心未爱。尔乃不大宅天命,尔乃屑播天命,尔乃自作不典,图忱于正。我惟时其教告之,我惟时其战要囚之。至于再,至于三。乃有不用我降尔命,我乃其大罚殛之。非我有周秉德不康宁,乃惟尔自速辜。"②概括起来,"多方"的错误主要包括:"汝数作不静,汝心无爱顺之意,乃不大图度天命,乃以狡狯播散天命,乃自为不法,谋取信于正长。"③对于这样的错误、违法行为,必须用武力予以镇压。这不是对慎罚的违反,而是叛乱分子罪有应得,自取其祸。《多方》还强调:"尔乃惟逸惟颇,大远王命,则惟尔多方探天之威,我则致天之罚,离逖尔土。"④这就是说,如果你们一味放荡颇邪,违反王命,试探上天的威严,就必须把上天的惩罚加在你们的头上。

---

① 曾运乾注:《尚书》,黄曙辉校点,上海古籍出版社2015年,第211页。
② 曾运乾注:《尚书》,黄曙辉校点,上海古籍出版社2015年,第213页。
③ [清]孙星衍撰:《尚书今古文注疏》,陈抗、盛冬铃点校,中华书局1986年,第466页。
④ 曾运乾注:《尚书》,黄曙辉校点,上海古籍出版社2015年,第215页。

在《立政》篇中，周公还为君主履行慎罚义务提出了另外一项技术性的具体要求：君主应当尊重主管官员的意见，因为文王已经做出这样的表率："文王罔攸兼于庶言。庶狱庶慎，惟有司之牧夫是训用违。庶狱庶慎，文王罔敢知于兹。"这就是说，文王并不代替他的官员做出决定，"庶狱庶慎，其或用或违，惟有司与牧夫是顺也。庶狱，准夫之事。庶慎，牧夫之事"。① 周公要求："继自今文子文孙，其勿误于庶狱庶慎，惟正是乂之。"周公还说："今文子文孙，孺子王矣。其勿误于庶狱，惟有司之牧夫。"② 这两句话的意思大致相同，都是要求君主依靠主管部门去处理司法事务，不要干预司法事务。在《立政》篇的末尾，周公还特别要求："太史，司寇苏公式敬尔由狱，以长我王国。兹式有慎，以列用中罚。"此处的苏公是武王时期的司寇苏忿生，周公要求"太史令出苏公折狱之道以告成王"，"苏公为司寇定刑详审，决狱持平，周公命太史出之，陈告成王，垂为定制"，"今兹效法苏公，又当益加详慎"，③ 以延伸周王室享有的国祚。而国祚延长的前提条件在于，慎罚的原则能够得到有效的贯彻落实，君主能够有效地履行慎罚的义务。

以上四端，大致可以反映周公关于明德慎罚的思想。值得注意的是，周公不是一般地强调明德慎罚。周公对明德慎罚的论述具有特定的指向，那就是君主。君主是明德慎罚的主语。君主应当明德慎罚。明德慎罚是君主的义务。就明德与慎罚的关系来说，明德是第一义务，慎罚是第二义务。君主对明德义务的积极履行、有效履行，是君主获得天命、守护天命的根本方法。慎罚也很重要，但慎罚义务的履行主要在于优化政治共同体内部的治理，以之守护天命，以之延伸国祚。

---

① 曾运乾注：《尚书》，黄曙辉校点，上海古籍出版社 2015 年，第 221 页。
② 曾运乾注：《尚书》，黄曙辉校点，上海古籍出版社 2015 年，第 223—224 页。
③ 曾运乾注：《尚书》，黄曙辉校点，上海古籍出版社 2015 年，第 224—225 页。

三、制礼作乐:法理见之于行事

孔子有言:"我欲载之空言,不如见之于行事之深切著明也。"①周公创造的法理,也可以见之于周公的行事。周公一生的"行事",长久而深远地影响后世的,莫过于"制礼作乐",正如《礼记·明堂位》所称:"武王崩,成王幼弱,周公践天子之位,以治天下。六年,朝诸侯于明堂,制礼作乐,颁度量,而天下大服。"②晚近学者杨向奎认为,"周公是宗周初制礼作乐者,是宗周礼乐文明的缔造者"③。由此可见,周公制礼作乐乃是从古迄今的一个共识。如果我们把西周的文明秩序称为礼乐文明秩序,那么,关于礼乐文明秩序的原理,不仅是周公法理学的一个重要的组成部分,甚至本身就是一种个性化的法理学说。那么,应当如何叙述周公建构的礼乐文明秩序原理?

见于《尚书》《逸周书》《诗经》中的周公言论,比较直观地反映了周公的礼乐观。在《洛诰》中,周公请成王前往洛邑会见诸侯,提及"殷礼"。周公说:"肇称殷礼。祀于新邑。咸秩,无文。"④根据曾运乾的辨析,这里的"殷礼"并非殷商之礼,而是"殷见诸侯之礼",原来,"周初王者即位,盖举行此礼"。⑤ 周公还告诉成王:"汝其敬识百辟享,亦识其有不享。享多仪,仪不及物,惟曰不享。惟不役志于享,凡民惟曰不享,惟事其爽侮。"这里的"百辟享",是"周初嗣王即位,盖有殷见诸侯受百辟朝享之礼","时周公欲成王亲受朝享,以瞻诸侯向北。故使之不观其物而观其仪"。⑥ 周公在此要

---

① [汉]司马迁:《史记》,中华书局 2006 年,第 760 页。
② 王文锦译解:《礼记译解》,中华书局 2016 年,第 391 页。
③ 杨向奎:《关于周公"制礼作乐"》,《文史知识》1986 年第 6 期。
④ 曾运乾注:《尚书》,黄曙辉校点,上海古籍出版社 2015 年,第 178 页。
⑤ 曾运乾注:《尚书》,黄曙辉校点,上海古籍出版社 2015 年,第 179 页。
⑥ 曾运乾注:《尚书》,黄曙辉校点,上海古籍出版社 2015 年,第 180—181 页。

求成王接受的"享礼",就是周公自己非常看重的一种礼,"以瞻诸侯向北",意即观察天下诸侯的态度向背,观察天下诸侯是否认同周王作为天下共主的地位。朝享之礼,实为诸侯群体在现场进行政治表态之礼。通过这样的礼,可以固化周王室与诸侯之间的政治认同关系,周天子相对于各路诸侯所占据的天下共主的地位,由此得以建立起来。

相对于载于《尚书》中的周公所作诰辞,《逸周书》更多地记载了周公关于礼乐的论述。譬如,在《逸周书·大聚解》中,周公主张:"立君子以修礼乐,立小人以教用兵。"对此潘振云解释说,"君子,乡老也","小人,乡男也";陈逢衡认为:"君子,文德之士,故立以修礼乐。小人,技勇之士,故立以教用兵。"①按照这样的划分,"修礼乐"是君子(乡老或文德之士)的责任。在《逸周书·本典解》中,周公还强调:"士乐其生而务其宜,是故奏鼓以章乐,奏舞以观礼,奏歌以观和。礼乐既和,其上乃不危。"②这就是说,礼乐和,乃是政治稳定、治理有效的保障与象征。那么,值得进一步索解的是,所谓周公制礼作乐,周公到底制了何种礼?作了何种乐?分而述之,制礼与作乐各有旨趣。

(一) 制礼

传世文献中关于周公制礼的记载很丰富。《左传·文公十八年》记载了鲁国季文子的一句话:"先君周公制《周礼》曰:'则以观德,德以处事,事以度功,功以食民。'"③季文子是周公的后代,根据季文子的说法,《周礼》就是周公所制之礼。《史记·鲁周公世家》称:"成王在丰,天下已安,周之官政未次序,于是周公作《周官》,官别其宜。作《立政》,以便百姓。百姓说。"④这里的《周官》

---

① 黄怀信、张懋镕、田旭东撰:《逸周书汇校集注》,上海古籍出版社2007年,第400—401页。
② 黄怀信、张懋镕、田旭东撰:《逸周书汇校集注》,上海古籍出版社2007年,第756页。
③ 郭丹、程小青、李彬源译注:《左传》,中华书局2012年,第713页。
④ [汉]司马迁:《史记》,中华书局2006年,第207页。

就是《周礼》。刘歆认定,《周礼》"为周公所制致官政之法"。"东汉末年,经学大师郑玄因袭其说,在《周礼·天官·叙官》'惟王建国'之下注曰:'周公居摄而作六典之职,谓之《周礼》。营邑于土中。七年,致政成王,以此礼授之,使居雒邑,治天下。'其后一大批学者,如唐代的孔颖达、贾公彦,宋代的王安石、张载、李觏、曾巩、司马光、朱熹,清代的魏源、汪中、惠士奇、江永、孙诒让等也都力主此说。"①清人孙诒让说:"粤昔周公,赞文武之志,光辅成王,宅中作洛,爰述官政,以垂成宪,有周一代之典,炳然大备。"②

按照这些说法,周公所制之礼,就是今天流行的《周礼》。那么,《周礼》是否就是周公的作品?今人蒙文通认为:"《周官》成书时代问题,疑信二千余年不得决。然一时代之制度,自有一时代之背景,以今日历史研究之方法衡之,似六国阴谋、刘歆作伪之说皆不可信。虽未必即周公之书,然必为西周主要制度,而非东周以下之治,有可断言者。"③这个判断大致是可信的。《周礼》一书不大可能是周公单独创作的作品,但是,《周礼》关于西周政制的规定,以及作为西周法律制度的总汇,大致反映了周公关于礼的思想,可以看作周公礼制思想的肉身。

《周礼》(包括《考工记》)主要记载了 376 种职官或职员的职能,非常详细和具体。譬如,"盐人掌盐之政令,以共百事之盐"④。随后还有关于"盐人"职能的具体规定。诸如此类,不再一一列举。倘若超越《周礼》记载的各项具体规定,概括性地描述周初的法律制度,近人王国维认为,有三项制度最为重要,可以归属于周公的创作:"一曰立子立嫡之制,由是而生宗法及丧服之制,并由是而有封建子弟之制、君天子臣诸侯之制;二曰庙数之制;三曰同姓不婚

---

① 徐正英、常佩雨译注:《周礼·前言》,中华书局 2014 年,第 3 页。
② [清]孙诒让:《周礼正义》(第一册·序),中华书局 1987 年,第 1 页。
③ 蒙默编:《蒙文通全集》(第三卷),巴蜀书社 2015 年,第 360 页。
④ 徐正英、常佩雨译注:《周礼》,中华书局 2014 年,第 128 页。

之制。此数者,皆周之所以纲纪天下。其旨则在纳上下于道德,而合天子、诸侯、卿、大夫、士、庶民以成一道德之团体,周公制作之本意,实在于此。"①据此,周公制礼的法理意蕴,就是把天下的所有人凝聚成为一个道德团体。

至于周公制礼的主要内容,则是上文列举的三项制度。其中,尤以"立子立嫡之制"最为重要。王国维还论及立子立嫡制的由来:"舍弟传子之法,实自周始。当武王之崩,天下未定,国赖长君,周公既相武王克殷胜纣,勋劳最高,以德以长,以历代之制,则继武王而自立,固其所矣,而周公乃立成王而己摄之,后又反政焉。摄政者,所以济变也。立成王者,所以居正也。自是以后,子继之法遂为百王不易之制矣。"②立子立嫡制"实自周公定之,是周人改制之最大者,可由殷制比较得之,有周一代礼制,大抵由是出也。是故,由嫡庶之制而宗法与服术二者生焉"③。

王国维还说:"是故有立子之制而君位定,有封建子弟之制而异姓之势弱、天子之位尊。有嫡庶之制,于是有宗法,有服术,而自国以至天下合为一家。有卿、大夫不世之制,而贤才得以进。有同姓不婚之制,而男女之别严。且异姓之国,非宗法之所能统者,以婚媾甥舅之谊通之。于是天下之国,大都王之兄弟、甥舅,而诸国之间亦皆有兄弟、甥舅之亲,周人一统之策实存于是。此种制度,固亦由时势之所趋,然手定此者,实惟周公。原周公所以能定此制者,以公于旧制本可以为天子之道,其时又握天下之权,而顾不嗣位而居摄,又由居摄而致政,其无利天下之心?昭昭然为天下所共见。故其所设施,人人知为安国家、定民人之大计,一切制度遂推

---

① 王国维:《殷周制度论》,载彭林编:《中国近代思想家文库·王国维卷》,中国人民大学出版社2014年,第133页。
② 王国维:《殷周制度论》,载彭林编:《中国近代思想家文库·王国维卷》,中国人民大学出版社2014年,第134页。
③ 王国维:《殷周制度论》,载彭林编:《中国近代思想家文库·王国维卷》,中国人民大学出版社2014年,第135页。

行而无所阻矣。由是制度,乃生典礼,则'经礼三百、曲礼三千'是也。"①根据这样的说法,立子立嫡制,乃是周公制礼的核心。

较之于王国维的归纳,钱穆对周公所制之礼另有解说。他认为,周公创设的新制同样是三项,但内容分别是封建制、宗法制与井田制。他说:"既有封建,有宗法,则不能无井田。此三制,实一体也。既曰封土建国,则必有田。既曰收宗恤族,则必有田。既曰礼重等杀,则田必井。井田既分配于一宗一族,则必不为农奴。封建偏属于政治,宗法偏属于伦理,井田偏属于经济。此三者,融凝一体,然后始成治道。治道即人道,亦即天道也。"②

王国维与钱穆关于周制的概括各有侧重,汇聚他们两人提供的六种制度,似乎嫡子继承制、封建制、宗法制更为重要。其中,嫡子继承制的功能,相当于西方近代以来的总统选举法,旨在解决最高权力的有序更迭,防止因最高权力的争夺而发生内乱。封建制相当于现代的央地关系法,旨在形成稳定的中央与地方关系,从源头上说,这种制度周武王已经开始重视:"武王克商后,在原来商的王畿内分封邶、鄘、卫而设置三监,同时分封给同姓亲属、身居要职的如召公、毕公、荣伯等人的封邑,也都在王畿之内。到周成王时,周公就进一步大规模推行分封制,分封亲属而扩展周的疆土和统治势力。"③至于宗法制,则是血缘关系群体内部的交往制度,"它由原始的父系家长制血缘组织,经过变质和扩大而成"。周初宗法制的主要内容包括:"周王自称天子,王位由嫡长子继承,称为天下的大宗,是同姓诸侯的最高族长,又是天下政治上的共主,掌有统治天下的权力。天子的众子或者分封为诸侯,君位也由嫡长子继

---

① 王国维:《殷周制度论》,载彭林编:《中国近代思想家文库·王国维卷》,中国人民大学出版社2014年,第141页。
② 钱穆:《周公与中国文化》,载钱穆:《中国学术思想史论丛》(一),生活·读书·新知三联书店2009年,第105页。
③ 杨宽:《西周史》,上海人民出版社2016年,第398页。

承,对天子为小宗,在本国为大宗,是国内同宗贵族的大族长,又是本国政治上的共主,掌有统治封国的权力。诸侯的众子或者分封为卿大夫,也由嫡长子继承,对诸侯为小宗,在本家为大宗,世袭官职,并掌有统治封邑的权力。卿大夫也还分出'侧室'或'贰宗'。在各级贵族组织中,这些世袭的嫡长子,称为'宗子'或'宗主',以贵族的族长身份,代表本族,掌握政权,成为各级政权的首长。"①为了维护这样的宗法制,西周还形成了宗庙制、族墓制、姓氏制、婚姻制、家臣制等等一系列具体的宗法制度。

周公创制的这些法律制度,其实是相互关联的,不能截然分开。譬如,嫡子继承制其实也是宗法制的一个要点,因为继承了君位的嫡子既是国家政权的首领,也是宗族的族长。由于嫡子尤其是嫡长子继承了君主的职位,其他子弟只好被分封到各个地区做大小诸侯,可见,嫡子继承制与封建制也是融为一体的。这些制度相互交错,可以视为周公所制之礼的核心内容。这些法律制度(礼制)的功能,就在于建立一个以封建宗法为核心的制度体系、治理体系。

(二) 作乐

如果说礼具有定型化、制度化的特征,那么乐具有更多的现场化、情感化的特征。周公所制之礼可以用嫡子继承制、封建制、宗法制来代表,相比之下,周公所制之乐也很丰富,这里以周公所作的《大武》作为代表,来透视周公作乐的精神与风格。

《礼记·乐记》记载了孔子与宾牟贾的一段对话:"宾牟贾起,免席而请曰:'夫《武》之备戒之已久,则既闻命矣。敢问迟之迟而又久,何也?'子曰:'居,吾语汝。夫乐者,象成者也。总干而山立,武王之事也。发扬蹈厉,大公之志也。《武》乱皆坐,周、召之治也。且夫《武》,始而北出,再成而灭商,三成而南,四成而南国是疆,五

---

① 杨宽:《西周史》,上海人民出版社2016年,第454页。

成而分,周公左,召公右,六成复缀,以崇天子。夹振之而驷伐,盛威于中国也。分夹而进,事早济也。久立于缀,以待诸侯之至也。'"①孔子在此描述的《武》,就是周公的作品,至少是在周公主导下制作的作品。因为,《吕氏春秋》告诉我们:"周公旦乃作诗曰:'文王在上,于昭于天。周虽旧邦,其命维新。'以绳文王之德。武王即位,以六师伐殷。六师未至,以锐兵克之于牧野。归,乃荐俘馘于京太室,乃命周公为作《大武》。"②按照这段记载,《大武》,亦即孔子所说的《武》,乃是周公受武王之命制作的乐歌。

关于《大武》的详情,今人高亨进行了专门的研究。他说:"大武歌辞六章就是周颂中我将、武、赉、般、酌、桓六篇",而且"六篇诗中我将赉酌三篇可能是武王作的,武桓两篇可能是周公作的,般篇看不出来。根据诗的内容说是武王周公合作,是相符合的"。这是《大武》的歌词,"至于大武音乐的曲调,舞蹈的容节,就一般情况来讲,应该是乐官乐工们的集体创作,然而这个戏剧性的歌舞,乃是象征周王朝的大事;武王周公也许懂得音乐和舞蹈,所以在音乐舞蹈的内容和形式上,必然也有武王周公的意见"。高亨还考证了《大武》的舞蹈编排:"大武在舞容方面,具有充分的一贯的象征意味。它的整体是象征武王统一中国的故事,场面很大,演员六十四人可能是六十六人。全体演员象征武士的队伍,又有演员象征武王太公周公召公,都戴着'冕',它是个武舞,舞具是战争的武器,朱干和玉戚。开舞以前,象征武王出兵前的准备工作;开舞以后,用六场象征故事进展的六个阶段,由出征而灭商,而去伐南国,而征服南国,而周召分治,而班师还朝,最后演员都坐在舞位上而结束。在表演中,有时象征夹击敌人,有时象征战争胜利,可以说这个歌舞具有一定程度的戏剧性。每场唱诗一章,唱来多咏叹的声音,音

---

① 王文锦译解:《礼记译解》,中华书局 2016 年,第 496—497 页。
② [汉]高诱:《吕氏春秋》,[清]毕沅校,徐小蛮标点,上海古籍出版社 2014 年,第 106—107 页。

调特别拉长。它的分场和故事的环节,歌辞的内容,都精密地彼此相配合,这是一个在文学与艺术两方面都有一定成就的歌舞。"①

我们还可以结合《诗经》记载的歌词,想象当时的场面。《武》的歌词是:"于皇武王,无竞维烈。允文文王,克开厥后。嗣武受之,胜殷遏刘,耆定尔功。"(译为:啊,我们伟大的武王,宏伟功业世无双,是那有德的文王,大周业绩首开创。武王继承其基业,战胜殷纣止屠杀,终成大功绩辉煌。)②《桓》的歌词是:"绥万邦,娄丰年,天命匪解。桓桓武王,保有厥土,于以四方,克定厥家。于昭于天,皇以间之。"(译为:安定天下诸侯国,连年丰收好景象,上天不懈怀周邦。威武显赫是武王,保有原来的国土,拥有天下遍四方,真正安定周家邦,功德辉煌耀上天,代替殷纣为君王。)③

高亨还认为,"大武的主题是表扬武王统一中国的武功,是周王朝领主阶级最高阶层的产物,定为周天子独占的御用歌舞,来表示天子的尊贵,体现等级制度的一个环节,周天子创作它,奏演它是为了娱神和自娱,同时也在于宣传武王太公周公召公的光荣,来教育自己的宗族和臣仆,传示自己的子孙"④。这是《大武》的功能和作用,也是周公主导下创作的其他乐歌的作用,虽然,在孔子看来,作为乐的《大武》,"尽美也,未尽善也"⑤。换言之,《大武》还有进一步提升与改进的空间。

从法理学的立场来看,制度化的礼是极其重要的,表演性的乐似乎只有娱乐的功能,显得不那么重要。但是,文明秩序的建构本质上是共同体内人与人之间交往关系的有序化和有效化。就像修建一所房子,既需要刚性的砖头,又需要柔性的水泥。如果说礼相

---

① 高亨:《周代"大武"乐的考释》,《山东大学学报》1955年第2期。
② 王秀梅译注:《诗经》,中华书局2015年,第769页。
③ 王秀梅译注:《诗经》,中华书局2015年,第784页。
④ 高亨:《周代"大武"乐的考释》,《山东大学学报》1955年第2期。
⑤ 陈晓芬、徐儒宗译注:《论语·大学·中庸》,中华书局2011年,第38页。

当于砖头,那么乐就相当于水泥。乐流淌于人际关系的缝隙中,进而填补了人际关系的缝隙,它对于人与人之间交往关系的稳固、定型、有序,具有至关重要的粘合作用。正是由于乐的这种作用,《吕氏春秋》称:"乐所由来者尚也,必不可废。有节有侈,有正有淫矣。贤者以昌,不肖者以亡。"①这是周公作乐的理论背景与思想动因。

(三) 礼乐一体

上文虽然就周公制礼与周公作乐进行了分别的叙述,但是,在传世文献中,制礼与作乐总是密不可分。在周公时代的政治实践中,礼与乐在很多场合都是融为一体的,礼不离乐,乐不离礼。

先看钱穆的一段考证:"《尚书大传》云:'周公摄政六年,制礼作乐。'(《洛诰传》)周公于一代治绩,发扬其前古未有之光辉者,实在于此。《大传》又述其作礼乐之次序,云:'周公将作礼乐,优游之三年不能作。君子耻其言而不见从,耻其行而不见随。将大作,恐天下莫我知。将小作,恐不能扬父祖功烈德泽。然后营洛以观天下之心。于是四方诸侯,率其群党,各攻位于其庭。周公曰:示之以力役,且犹至,况导之以礼乐乎?然后敢作礼乐。《书》曰:作新大邑于东国洛,四方民大和会。此之谓也。(《毛诗周颂谱正义》)'虽多属想像之言,或亦事实有如此者。至《周官》、《仪礼》之书,记周代之礼,于周公之礼乐虽不无演绎其意见者,固非周公之制作,亦必非悉行于当时。"②

由钱穆的考证可知,虽然周公制作之礼乐内容广泛,涉及国家政治生活之各个方面,但有关祭祀的礼乐,显然是礼乐的重要内容。《左传》称:"国之大事,在祀与戎。祀有执膰,戎有受脤。"③据此,祭祀与战争是最重要的国家大事。战争不是每天都有,即使是

---

① [汉]高诱:《吕氏春秋》,[清]毕沅校,徐小蛮标点,上海古籍出版社2014年,第101页。
② 钱穆:《周公》,九州出版社2011年,第70—71页。
③ 郭丹、程小青、李彬源译注:《左传》,中华书局2012年,第974页。

在战争过程中,依然有"受脤"之礼,亦即接受祭肉之礼。在没有战争的日常状态下,对于国家政权来说,最重要的事务就是祭祀。周公制礼作乐,亦是为了处理好祭祀这一"国之大事"。因此,立足于祭祀这个角度,我们可以体会周公制礼作乐对于国家治理的意义,特别是对于文明秩序建构的意义。

《孝经》称:"周公郊祀后稷以配天,宗祀文王于明堂以配上帝。是以四海之内,各以其职来祭。"①《史记·封禅书》亦有类似的记载:"周公既相成王,郊祀后稷以配天,宗祀文王于明堂以配上帝。"②据此,周公看重的祭祀主要包括两种类型:郊祀与宗祀。关于郊祀,杨宽的解释是:"'郊祭'是在都城之郊祭天的典礼,是西周王朝最重大的祭祀仪式。"③《逸周书·作雒解》称:周公"乃设丘兆于南郊,以祀上帝,配以后稷。日月星辰,先王皆与食"④。由此看来,郊祀主要是祭祀上天,顺便也祭祀后稷,在这里,后稷是上天的陪衬者。郊祭所用的祭品是两头牛,正如《召诰》所记载:"若翼日乙卯,周公朝至于洛,则达观于新邑营。越三日丁巳,用牲于郊,牛二。"在祭祀上天、后稷的过程中,必须伴以音乐与歌舞,譬如,《诗经·周颂·思文》就是在祭祀上天、后稷的过程中使用的乐歌。《思文》称:"思文后稷,克配彼天。立我烝民,莫菲尔极。贻我来牟,帝命率育,无此疆尔界。陈常于时夏。"用现代汉语来表达,那就是:"文德无比后稷王,功德可以配上苍。安定天下众百姓,无人不受你恩赏。你把麦种赐我们,帝命用它来供养。不分彼此和疆界,遍及中国都推广。"⑤所谓郊祀,大致如此。

---

① [唐]魏徵等撰,沈锡麟整理:《群书治要》,中华书局 2014 年,第 112 页。
② [汉]司马迁:《史记》,中华书局 2006 年,第 164 页。
③ 杨宽:《西周史》,上海人民出版社 2016 年,第 885 页。
④ 黄怀信、张懋镕、田旭东撰:《逸周书汇校集注》,上海古籍出版社 2007 年,第 533 页。
⑤ 王秀梅译注:《诗经》,中华书局 2015 年,第 754—755 页。

再看宗祀。《洛诰》记载了周公对成王说的一段话:"予齐百工,伻从王于周。予惟曰:'庶有事。'今王即命曰:'记功,宗以功作元祀。'惟命曰:'汝受命笃弼,丕视功载,乃汝其悉自教工。'"①这段话的大意是说:"周公欲成王创始举行盛礼,为祭礼于新邑,虽从来之礼文者,皆次第以行之。故整齐百官,使从王于成周洛邑,以迎王行国家之大典。然王谦谦不敢亲至于洛邑,命周公识宗祀之功,作为元祀。谓汝乃受命笃弼之元勋,大行宗祀之事示之天下,乃汝自教天下诸侯之功,此《洛诰》之文之大意也。于是周公自为主于洛邑明堂,行宗祀之大礼焉。"②对此,《逸周书·明堂解》还有相应的记载:"周公摄政君天下,弭乱六年而天下大治。乃会方国诸侯于宗周,大朝诸侯明堂之位。"③所谓"明堂,明诸侯之尊卑也,故周公建焉,而明诸侯于明堂之位。制礼作乐,颁度、量,而天下大服,万国各致其方贿。七年,致政于成王"④。这就是宗祀的由来。宗祀在洛邑的明堂举行,祭祀的对象主要是文王。宗祀过程中使用的乐歌,主要包括《清庙》《维清》等等,这些诗篇,都是周公的作品。

《清庙》称:"于穆清庙,肃雍显相。济济多士,秉文之德。对越在天,骏奔走在庙。不显不承,无射于人斯。"译成现代语言是:"美哉清静宗庙中,助祭高贵又雍容。众士祭祀排成行,文王美德记心中。遥对文王在天灵,在庙奔走步不停。光辉显耀后人承,仰慕之情永无穷。"⑤《维清》称:"维清缉熙,文王之典。肇禋,迄用有成,维周之祯。"译成现代语言是:"我周政教清又明,文王典章指路灯。

---

① 曾运乾注:《尚书》,黄曙辉校点,上海古籍出版社2015年,第178页。
② 钱穆:《周公》,九州出版社2011年,第72页。
③ 黄怀信、张懋镕、田旭东撰:《逸周书汇校集注》,上海古籍出版社2007年,第710页。
④ 黄怀信、张懋镕、田旭东撰:《逸周书汇校集注》,上海古籍出版社2007年,第715—716页。
⑤ 王秀梅译注:《诗经》,中华书局2015年,第743页。

伟功开始于西土,最终基业开创成。这是周家的祥祯。"①

对于礼乐一体的宗祀,伏胜的《尚书大传》还提供了比较细致的说明,不妨加以引证:"当其效功也,于卜洛邑,营成周,改正朔,立宗庙,序祭祀,易牺牲,制礼乐,一统天下,合和四海,而致诸侯。皆莫不依绅端冕,以奉祭祀者。(绅,大帶也。)其下莫不自悉以奉其上者。莫不自悉以奉其祭祀者,此之谓也。尽其天下诸侯之志,而效天下诸侯之功也。庙者,貌也,以其貌言之也。宫室中度,衣服中制,牺牲中辟,(辟,法也。)杀者中死,割者中理,摶弁者为文。(摶弁或为振非,当言拚帚。)爨灶者有容,椓杙者有数。(杙者,系牺牲也)。太庙之中,缤乎其犹模繡也。(言文章之可观也,模,所椓文章之范。)天下诸侯之悉来,进受命于周,而退见文武之尸者,千七百七十三诸侯(八州,州二百一十国,畿内九十三国,此周所因于殷九州诸侯之数。)皆莫不磬折玉音,金声玉色。(玉音金声,言宏杀之调也。)然后周公与升歌,而弦文武(与诸侯升歌文王、武王之德,又以琴瑟播之。)诸侯在庙中者,伋然渊其志,和其情(伋,读曰播,播然,变动貌。)愀然若复见文武之身,然后曰:'嗟子乎! 此盖吾先君文武之风也夫。'(子,成王也)及执俎抗鼎,执刀执匕者,负墙而歌,愤于其情,发于中,而乐节文。(卑贱者尚然,而况尊贵者乎。)故周人追祖文王而宗武王也。是故《周书》自《大誓》就《召诰》,而盛于《洛诰》也。故其书曰:'扬文武之德烈,奉对天命,和恒万邦四方民。'是以见之也。孔子曰:'吾于《洛诰》,见周公之德,光明于上下,勤施四方,旁作穆穆,至于海表,莫敢不来服,莫敢不来享,以勤文王之鲜光,以扬武王之大训,而天下大治。'故曰:圣之与圣也,犹规之相周,矩之相袭也。(圣,言太祖。)"②

---

① 王秀梅译注:《诗经》,中华书局 2015 年,第 745 页。
② [汉]伏胜撰,郑玄注,陈寿祺辑校:《尚书大传 附序录辨讹》,中华书局 1985 年,第 97—99 页。

这段关于《洛诰》的传文，比较全面地反映了宗祀的概况，特别是宗祀的价值与意义：以礼乐的方式祭祀文王，借以确立文王的政治继承人（周公、成王）对普天之下各方诸侯的支配地位。这种支配地位不是通过刀剑或其他暴力手段建立起来的。相反，这种支配地位是通过宗祀之礼、宗祀之乐，通过强化天下诸侯的心理认同、情感认同、思想认同建立起来的。文王，以及武王，不仅是周王室与天下诸侯共同祭祀的对象，同时也是一种完美政治人格的象征，礼乐化的宗祀把文王的完美人格进行了立体化的塑造与修饰，使之承载着饱满的价值与意义，使之对宗祀的所有参与者都形成了强大的精神感召力，让所有的参与者都无力排斥、无从抗拒，让所有的参与者除了追随，没有其他的选择。

因而，对周王室的官员特别是天下诸侯来说，追随文王的英灵，进而追随文王的政治继承人（周公、成王以及后世君主），就成为了一种现世的政治使命。这就是宗祀的功能。钱穆针对《洛诰》中记载的此次宗祀有一个评价，说："周公行其礼，奏其乐，举行宗祀之大礼，其效果良不虚，四海之内，各以其职来助祭者，皆与之以非常之感动。"[①] 其实，宗祀的意义不仅仅是让"助祭者"感动。从终极意义上说，宗祀有助于在"四海之内"建立起有效的文明秩序。宗祭、郊祭连同其他祭祀的意义皆如是，其他礼乐的意义亦如是。

概而言之，一体化的礼与乐共同造就了一种礼乐文明秩序。其中，"乐者，天地之和也。礼者，天地之序也。和，故百物皆化；序，故群物皆别。乐由天作，礼以地制，过制则乱，过作则暴。明于天地，然后能兴礼乐也"[②]。这种礼乐文明秩序的形成，既是天命的展示，也是君主获得天命的证明，更是君主履行明德义务之后获

---

① 钱穆：《周公》，九州出版社2011年，第77页。
② 王文锦译解：《礼记译解》，中华书局2016年，第478—479页。

得的硕果。正如《礼记》所说:"王者功成作乐,治定制礼。其功大者其乐备,其治辩者其礼具。"①礼乐文明秩序的生成,本身就是君主功成、治定的证明,类似于近现代革命者取得成功之后对新宪法的制定。

小　结

将以上分述的天命论、德罚论、礼乐论汇聚起来,大致可以反映周公法理学的全貌。审视周公法理学的理论体系,我们可以得出什么样的结论? 周公法理学到底是一种什么样的法理学? 在古今中外五花八门的法理学说中,周公法理学占据了一个什么样的独特地位? 周公法理学异于其他法理学的特质是什么? 对于这些问题,不能不有所交待。

要把握周公法理学的精神实质,有必要先看周公法理学的由来。孔子曾说:"殷因于夏礼,所损益,可知也;周因于殷礼,所损益,可知也。"②孔子又说:"周监于二代,郁郁乎文哉!"③当代学者亦认为,"代殷而起的周王朝继承了商王朝在政治、经济和文化等方面的全部遗产"④。按照这个说法,生活在殷末周初的周公,不仅在制作周礼的过程中比较全面地继承了殷礼,在阐述他的天命观、德罚观、礼乐观的过程中,对于殷代的遗产,同样有比较全面的继承。从这个角度来看,殷商时期流行的思想文化,构成了周公阐述其法理学的理论基础与学术资源。

不过,殷周之间,在政治、经济、文化上虽有延续,但从殷至周的政治与文化,毕竟存在着明显的断裂,正如王国维所见:"中国政治与文化之变革,莫剧于殷、周之际。"⑤如果以"新与旧"分别表征

---

① 王文锦译解:《礼记译解》,中华书局 2016 年,第 479 页。
② 陈晓芬、徐儒宗译注:《论语·大学·中庸》,中华书局 2011 年,第 24 页。
③ 陈晓芬、徐儒宗译注:《论语·大学·中庸》,中华书局 2011 年,第 32 页。
④ 王宇信:《西周甲骨探论》,中国社会科学出版社 1984 年,第 165 页。
⑤ 陈晓芬、徐儒宗译注:《论语·大学·中庸》,中华书局 2011 年,第 132 页。

"周与殷",那么,作为西周政治与文化开创者的周公,显然是新的政治与文化的象征。周公的法理学,既是从殷商政治与文化的旧土壤中生长起来的,但更是对殷商政治、殷商文化的推陈出新,这就提出了一个新的问题:周公法理学相对于殷商旧政治、旧文化的创新因子、创新动力,究竟从何而来?

根据钱穆的考证,周公之学有其特殊的渊源。"今于其学修上之详细,虽不可考,然就其师承,亦略有所传者。《韩诗外传》云:'武王学乎太公,周公学乎虢叔。'(卷五。《新序杂事》五:'武王学乎郭椒,周公学乎太公。'盖为其事之误传。)《白虎通》谓:'周公师虢叔。'(《辟雍》)《潜夫论》谓:'周公师庶秀。'(《赞学》)今考虢叔者,《左传》云:'虢仲、虢叔,王季之穆也。'(僖五年)是虢叔为文王之弟。《尚书·君奭》列举辅佐文王之诸臣,而首及虢叔,其次为闳夭、散宜生、泰颠、南宫括等。晋胥臣云:'文王孝友二虢。'(《晋语》四)蔡邕《郭有道碑》谓:'王季之穆,有虢叔者,实有懿德,文王咨焉。'(《文选》卷十二)则虢叔必当时优秀之贤材也。周公以叔父而师之,实为当然之事。至于庶秀其人,已无可考。意周公于虢叔、庶秀外,其赖于家庭父兄之薰陶者,亦当不少。"不过,"当时所谓学问,必不止于读书习文而已,多实地的为智德上之研修,以发挥其本质之美者。与后世之所谓学问,聊异其趣"。① 这就是说,周公的学术思想导师主要是虢叔,周公之学源出于虢叔。虢叔是周文王姬昌之弟,也是文王的重要辅助者。由此看来,周公之学主要出自姬周之家学,是在家学的熏陶中孕育生长而成的。周公是在追随虢叔、追随父兄的过程中超越了父兄,建立了自己的盖世勋业,并在立功中完成立言,阐述了自己的法理学说。

由周公的成学经历可以看到,周公的法理学是在政治实践过程中孕育、生长起来的法理学,周公法理学的实质,是主政者的法

---

① 钱穆:《周公》,九州出版社2011年,第95—96页。

理学。回顾周初政治格局,可以看到,周公久居摄政之位,在六七年的时间里,一直充当着事实上的君主——最高政治决断者,"致政成王"之后,又从摄政的位置上抽身出来。这就让周公既有实际主政的经验,同时也有从旁观察的便利条件与旁观者清的视角优势;在文王特别是武王时代成为重要的开国元勋,在成王时代又成为极具权威性的政治教父。这种多重身份集于一身的经历,让周公有机会从主政者、政治教父等多个角度理解君主的角色要求。以这样的经历、经验为基础,周公阐述了对于天命的理解,对德罚的理解,对礼乐的理解。这些理解,其实都是一个主政者的理解。主政者的需要,就是周公法理学的核心旨趣;主政者的逻辑,就是周公法理学的逻辑。从主政者的角度理解周公的法理学,乃是理解周公法理学的门径。进一步说,周公的法理学作为主政者的法理学,它的特质可以从两个方面来观察。

一方面,主政者的法理学不同于谋士的法理学。在后来的春秋战国时代,诸子百家阐述的法理学,几乎都是谋士的法理学。谋士的法理学试图为君主提供行为规范:君主应当追求仁义(儒家),应当一断于法(法家),应当强本节用(墨家),诸如此类,不一而足。谋士如果为君主所用,谋士的法理学也可以称为辅政者的法理学,譬如商鞅的法理学,就属于这种情况。谋士如果不能为君主所用,谋士的法理学就成为清流派的法理学,譬如孔孟的法理学,就属于这种情况。主政者的法理学则不然,主政者的法理学是纯粹的官方法理学,直接表达为官方意识形态。周公的法理学就是如此。

另一方面,主政者的法理学也不同于现代流行的法学家的法理学。法学家的法理学刻意区分学术与政治,自觉地以学术自任,有意识地与政治保持距离。法学家的法理学可能批判政治现实,也可能为现实辩护。不用说,批判现实的法理学与现实政治之间,总是存在着某种紧张关系。然而,即使是为现实政治辩护的法理学,也不会与现实政治融为一体。譬如霍布斯的法理学、黑格尔的法理学等等,就是为现实辩护的法理学,但它们只是抽象地为现实辩护,并不与政治现实融为一体,更不会直接成为官方文件。因而我们看到,无论是霍布斯的《利维坦》,还是黑格尔的《法哲学原理》,都不是官方文件。相比之下,周公的法理言论,本身就是标准的官方文件,这就是主政者的法理学。

廖平有言:"帝王之要,首在明德。"①此乃不刊之论。验之于周公法理学,可以看到,帝王之要,首在明德,次在慎罚。倘若只讲明德,不讲慎罚,帝王就失去了威慑性力量,成为一具既可尊之又可弃之的泥菩萨。因此,明德与慎罚不可分。至于明德的目的,则在于获得天命,这也是帝王之为帝王的前提条件,因而,不明德则无天命。但是,守护天命既要明德慎罚,同时也离不开制礼作乐,这是帝王建构文明秩序、形成有效治理的现实需要。关于礼,钱锺书称,"'礼'者非揖让节文(code of courtesy),乃因事制宜(decorum)之谓"②。依照这样的论断,我们也可以说,乐者非唱歌跳舞,乃强化认同之谓。周公的制礼作乐,作为因事制宜、因时制宜、强化认同、强化尊崇的产物,同样不是揖让节文、唱歌跳舞,绝不是做游戏,绝非"玉帛云乎哉"或"钟鼓云乎哉"③,而是帝王或主政者之要务,是获得天命的证明。这就是周公法理学的内在逻辑。

依照周公法理学的逻辑,君主必须敬畏天命。天命是君主必须遵循的第一规则与效力最高的高级法,对君主及其臣民而言,天(上天、上帝)相当于说一不二的最高主权者。明德与慎罚同样是对君主的要求。庶民倘若有志于明德,虽然值得鼓励,但是无关紧

---

① 廖平:《群经凡例》,载蒙默、蒙怀敬编:《中国近代思想家文库·廖平卷》,中国人民大学出版社2014年,第387页。
② 钱锺书:《左传正义·成公二年》,载钱锺书:《钱锺书集:管锥编》(一),生活·读书·新知三联书店2007年,第337页。
③ 陈晓芬、徐儒宗译注:《论语·大学·中庸》,中华书局2011年,第212页。

要,明德主要是对君主提出的义务性规范;慎罚更是君主的义务,庶民只是君主践行慎罚原则所指向的对象而已。至于制礼作乐,其实就是人世间的立法活动。在周公的时代,按照孔子的说法,应当属于"天下有道"的时代,在这样的时代,"礼乐征伐自天子出"。[①] 这就意味着,制礼作乐是君主的专属权力,普通官吏、芸芸庶众无与焉。这样的法理学说处处表明,周公法理学就是主政者的法理学,是满足主政者根本需要的法理学,是主政者实践经验的结晶,是一个主政者教导另一个主政者的产物,是面向君主、约束君主、为君主设定义务的法理学。

[①] 陈晓芬、徐儒宗译注:《论语·大学·中庸》,中华书局2011年,第199页。

第二章　先秦儒家的法理学

第一节　孔　子

两千多年来,关于孔子的言说实在太多,几乎已达"题无剩义"的程度。即便如此,孔子的法理学依然是一个有待进一步探索的主题。为了在孔子的思想体系中提炼出孔子的法理学,有必要特别注意《论语·八佾》中的一句话:"人而不仁,如礼何?人而不仁,如乐何?"①这句话主要涉及四个概念,它们分别是人、仁、礼、乐。由这四个概念出发,可以探寻孔子法理学的主要内容。

首先,孔子的法理学围绕着"人"而展开,是一种安顿人世、面对现世的法理学,它作为世俗的、以人为本的法理学,构成了今日所说的人文社会科学的一个组成部分。《述而》第二十节:"子不语怪、力、乱、神。"《雍也》第二十节:"务民之义,敬鬼神而远之,可谓知也。"这些论断表明,孔子远离神或上帝,因而,孔子的法理学是一种与神、与上帝殊少关联的法理学。

---

① 本节引自《论语》的文字甚多,为避免过于繁琐,以下仅注明篇名与节数。值得注意的是,《论语》各篇分列的节数,在不同的《论语》注疏文献中略有不同。本节为《论语》各篇分节的方法依据钱穆的《论语新解》,此书由九州出版社2011年出版。

其次,孔子将礼乐并称,这是对周公创制的礼乐文明秩序的继承,体现了周公及其礼乐文明秩序对孔子的影响,正如孔子在《八佾》第十四节所言:"周监于二代,郁郁乎文哉!吾从周。"尽管我们可以把礼乐文明秩序归属于周公的创造,然而,在孔子的学说中,乐并不能享有与礼对等的地位。孔子以礼学方面的权威著称,但并不以乐学方面的权威著称。特别是从法理学的层面上看,礼比乐的地位更加重要(详后)。如果以礼乐文明秩序原理来描述周公的法理学,那么,孔子的法理学则需要重新定义,这也是孔子法理学之异于周公法理学的地方。

再次,孔子强调仁的价值与意义,并认为,如果失去了仁这个根本,则礼与乐都失去了意义。这就表明,仁是孔子思想的核心概念,同时也是孔子法理学的核心概念。

通过以上三个方面,可以看到孔子法理学的特质,那就是,一种以仁与礼为核心的法理学。孔子法理学即为仁礼文明秩序原理。这个文明秩序原理主要依赖两个方面的支撑:一是作为规范的仁,二是作为规范的礼。以仁与礼为核心的二元规范论,堪称孔子法理学的实体内容。对于孔子建构的二元规范模式,可以分述如下。

一、作为规范的仁

在孔子学说中,仁的地位如此重要,以至于可以被视为孔子学说的标签。《吕氏春秋》的论断是:"老耽贵柔,孔子贵仁。"[①]今人李泽厚认为:"几乎为大多数孔子研究者所承认,孔子思想的主要范畴是'仁'而非'礼'。后者是因循,前者是创造,尽管'仁'字早有,但把它作为思想体系的中心,孔子确为第一人。"[②]再往前追

---

① 刘生良评注:《吕氏春秋》,商务印书馆2015年,第519页。
② 李泽厚:《中国古代思想史论》,生活·读书·新知三联书店2008年,第10页。

溯，郭沫若在《孔墨的批判》一文中论及孔子，称："一个'仁'字最被强调，这可以说是他的思想体系的核心。"郭沫若通过《论语》中的系列辞句，"看出仁的含义是克己而为人的一种利他的行为"①。梁启超则认为："儒家言道言政，皆植本于'仁'。不先将仁字意义说明，则儒家思想末由理解也。仁者何？以最粗浅之今语释之，则同情心而已。"②虽然，郭沫若强调了仁的利他性，梁启超强调仁的同情心，但他们都一致同意，在孔子的思想学说中，仁占据了一个核心的位置。同样，在孔子的法理学中，仁依然是居于首位的核心范畴，同时也是孔子法理学旨在凸显的一种规范。要理解作为规范的仁，有必要先理解仁的含义。

（一）仁的含义

孔子并没有针对仁给出一个普遍性的定义。孔子关于仁的解说是分散的。孔子总是在不同的语境下，根据不同的对象解释仁的含义，他有时强调仁的这一面相，有时又强调仁的另一面相。那么，到底应当如何理解仁的含义？冯友兰认为，"孔丘论仁的话很多；大概可以分为四类。一类是'仁'的基础，即'为仁'的人，所必须有的素质，二是'为仁'的方法，三是'仁'的内容，四是'为仁'的成就"③。李泽厚认为，孔子的仁学思想是一种整体模式，"构成这个思想模式和仁学结构的四因素分别是（一）血缘基础，（二）心理原则，（三）人道主义，（四）个体人格。其整体特征则是（五）实践理性"④。这是一种颇有创见的归纳，尤其是"血缘基础"与"实践理性"，确能描述孔子仁学思想的特征。但是，这种归纳也有值得商榷之处。譬如人道主义，它具有特定的含义，以之描述孔子仁学思想的特征，未必恰当。更重要的是，指出孔子仁学思想的结构，并

---

① 郭沫若：《十批判书》，人民出版社2012年，第66—67页。
② 梁启超：《梁启超全集》，北京出版社1999年，第3638页。
③ 冯友兰：《中国哲学史新编》（上卷），人民出版社2007年，第82页。
④ 李泽厚：《中国古代思想史论》，生活·读书·新知三联书店2008年，第11页。

不能以之取代孔子仁学思想的内容。那么,孔子所说的仁,到底是什么意思?梳理《论语》中的相关论述,孔子所说的仁,大致包括以下几种含义。

第一,仁是一种可以与他人无关的个人修养,是个体应当遵循的一种规范。《子路》第二十七节:"子曰:'刚、毅、木、讷近仁。'"据此,个人应当刚强、坚毅、质朴、讷言。孔子强调的讷,还见于《颜渊》第三节:"司马牛问仁,子曰:'仁者,其言也讱。'曰:'其言也讱,斯谓之仁已乎?'子曰:'为之难,言之得无讱乎?'"这里的"其言也讱"就是讷的近义词。《公冶长》第四节:"或曰:'雍也仁而不佞。'子曰:'焉用佞?御人以口给,屡憎于人。不知其仁,焉用佞?'"这同样是在强调,仁并不要求很好的口才。相反,口才不好反而更近于仁。

第二,在家族内部,仁的要义是个体孝敬父母、尊敬兄长。《学而》第二节载有子之言:"孝弟也者,其为仁之本与!"这句话指出了仁的根本在于孝弟。在家族范围之内,仁是处理父子关系、兄弟关系的规则。但它又不是父子之间、兄弟之间共同遵守的规则,它只是子对待父的规则,以及弟对待兄的规则。以孝弟作为仁之本的观念虽然出自有子,"所指浅近,而实为孔门教学之要义"①,因而完全可以代表孔子的思想,况且"孔子立教在仁,而行之先起孝弟"②。换言之,孝弟既是仁在家庭、家族内部的表现,也是孔子立教的根本。这样的仁,庶几可以体现上文提及的李泽厚所说的"血缘基础"。

第三,超越血缘关系以后,仁的要义是恭、宽、信、敏、惠,以及敬、恕、忠等规范性要求。《阳货》第六节:"子张问仁于孔子,孔子曰:'能行五者于天下为仁矣。'请问之,曰:'恭、宽、信、敏、惠。恭

---

① 钱穆:《论语新解》,九州出版社2011年,第6页。
② 康有为:《论语注》,楼宇烈整理,中华书局1984年,第3页。

则不侮,宽则得众,信则人任焉,敏则有功,惠则足以使人。"这是孔子立足于天下的范围,来讨论仁的规范意义,显然是针对天下体系的主导者而言的。如果说,孝、弟是血缘群体内部应当遵循的规范,那么,恭、宽、信、敏、惠的规范意义,则远远超越了血缘关系的范围,成为了一种公共空间范围内的规范。再看《子路》第十九节:"樊迟问仁,子曰:'居处恭,执事敬,与人忠。虽之夷狄,不可弃也。'"这里提出的恭、敬、忠,其适用范围已经延伸至夷狄地区,不仅超越了血缘的范围,甚至已经超越了华夏的范围。按照马一浮的华夷之辨,"分中国与夷狄,不可专从地域与种族上计较。须知有礼义即是中国,无礼义则为夷狄。夷狄尚知礼义,则夷狄可变为中国;中国人不知礼义,中国即变成夷狄。内中国而外夷狄者,乃重礼义而轻视非礼无义之谓"①。再进一步看《颜渊》第二节:"仲弓问仁,子曰:'出门如见大宾,使民如承大祭。己所不欲,勿施于人。'"孔子在此提出的规范性要求可以解释成为敬与恕,正如钱穆所说:"出门如见大宾,使民如承大祭,是敬。己所不欲,勿施于人,是恕。"②其实,"己所不欲,勿施于人"作为一条具体的规范,已经蕴含了平等、独立、相互尊重等方面的要求,因而具有极大的普适性、普世性、普遍性,甚至比《圣经》提倡的"己所欲,施于人"之教义③更具理性。

第四,仁是一种既容易又艰难的弹性规范。一方面,仁是人人伸手可及的规范。《颜渊》第二十二节:"樊迟问仁,子曰:'爱人。'"这是一个简单至极的要求,似乎人人都可以符合这个规范。《述而》第二十九节:"子曰:'仁远乎哉?我欲仁,斯仁至矣。'"据此,仁将随心而至,"仁道出于人心,故反诸己而即得。仁心仁道皆不远

---

① 马一浮:《马一浮全集》第一册,浙江古籍出版社 2012 年,第 683 页。
② 钱穆:《论语新解》,九州出版社 2011 年,第 346 页。
③ 《圣经》中的"己所欲,施于人",其原文见《马太福音》7:12:"所以,无论何事,你们愿意人怎样待你们,你们也要怎样待人,因为这就是律法和先知的道理。"

人,故我欲仁,斯仁至。惟求在己成德,在世成道,则难。故孔子极言仁之易求,又极言仁之难达"。① 确实,孔子一方面强调"我欲仁,斯仁至",但与此同时,孔子也反复强调仁之难至。《子路》第十二节:"子曰:'如有王者,必世而后仁。'"这是说,即使有王者兴起,也要经过三十年的时间,才可能把仁道扩散至普天之下。《述而》第三十三节:"子曰:'若圣与仁,则吾岂敢?抑为之不厌,诲人不倦,则可谓云尔已矣。'"不敢以圣与仁自居,一方面是孔子的自谦之辞,另一方面也说明,仁是一个很难企及的要求,孔子自己也是达不到的。

(二)仁者的特征

根据仁的要求行事之人,可以称为仁者或仁人。让我们根据仁者的特征,进一步理解仁的规范性要求。

第一,仁者能好人,能恶人。《里仁》第三节:"子曰:'唯仁者能好人,能恶人。'"钱穆认为,这句话"语更浅而意更深。好人恶人,人孰不能?但不仁之人,心多私欲,因多谋求顾虑,遂使心之所好,不能真好。心之所恶,亦不能真恶。人心陷此弱点,故使恶人亦得攘臂自在于人群中,而得人欣羡,为人趋奉。善人转受冷落疏远,隐藏埋没。人群种种苦痛罪恶,胥由此起。究其根源,则由人之先自包藏有不仁之心始。若人人能安仁利仁,使仁道明行于人群间,则善人尽得人好,而善道光昌;恶人尽得人恶,而恶行匿迹。人人能真有其好恶,而此人群亦成为一正义快乐之人群。主要关键,在人心之能有其好恶,则人心所好自然得势,人心所恶自不能留存"②。这是钱穆理解的"能好人,能恶人"。按照我的理解,只有仁者,才能喜好人、厌恶人。仁者喜好、厌恶的对象是人本身,仁者喜好、厌恶的标准是仁者自己的价值规范,譬如是否孝、弟、恭、敬、

---

① 钱穆:《论语新解》,九州出版社 2011 年,第 216 页。
② 钱穆:《论语新解》,九州出版社 2011 年,第 95—96 页。

忠、恕等等,而不是基于其他方面的利害关系。某个人,即使他很富有,或者功名显赫,但如果不符合仁者坚持恪守的价值准则,他也是仁者厌恶的对象。

第二,仁者不忧。《子罕》第二十八节:"子曰:'知者不惑,仁者不忧,勇者不惧。'"《宪问》第三十节再次重复了仁者的这个特质:"子曰:'君子道者三,我无能焉:仁者不忧,知者不惑,勇者不惧。'子贡曰:'夫子自道也。'"这里的智者、勇者暂且不论。何谓仁者不忧?钱穆的解释是:"仁者悲天悯人,其心浑然与物同体,常能先天下之忧而忧;然其为忧,恻怛广大,无私虑私忧。"[1]这就是说,仁者不忧,是指不为私利忧,但常为天下而忧。李泽厚认为,"'仁者不忧',即乐感文化也"。它描述的"是某种精神愉悦的胸怀心境"。[2]比较钱、李两家,虽然都有其理据,似以李说为优。虽然李说隐含着以"仁者不忧"去印证他自己的"乐感文化"的意图,[3]就像朱子所谓"理足以胜私,故不忧"[4]有"六经注我"的痕迹,但是,仁者确实应当乐天知命。

第三,仁者把仁作为最高的价值准则。《卫灵公》第八节:"子曰:'志士仁人无求生以害仁,有杀身以成仁。'"康有为的解释是:"仁者,近之为父母之难,远之为君国之急,大之为种族宗教文明之所系,小之为职守节义之所关,见危受命则仁成,隐忍偷生则仁丧。"[5]这就是说,对仁者来说,仁的价值超越了个人的生命。再看《里仁》第六节:"我未见好仁者,恶不仁者。好仁者,无以尚之;恶不仁者,其为仁矣,不使不仁者加乎其身。有能一日用其力于仁矣乎?我未见力不足者。盖有之矣,我未见也。"真正的仁者,总是把

---

[1] 钱穆:《论语新解》,九州出版社2011年,第278页。
[2] 李泽厚:《论语今读》,生活·读书·新知三联书店2004年,第270页。
[3] 李泽厚说:"情本体是乐感文化的核心。"详见,李泽厚:《实用理性与乐感文化》,生活·读书·新知三联书店2008年,第54页。
[4] [宋]朱熹撰:《四书章句集注》,中华书局2011年,第110页。
[5] 康有为:《论语注》,楼宇烈整理,中华书局1984年,第232页。

仁放置于最高的地位，"无以尚之"，就是没有超过仁的其他价值要素了。至于不仁的事物，那是要绝对远离的。但是，这种能够把仁作为最高价值，不惜以生命来捍卫的人，毕竟是难得一见的。仁的这种地位，在西方某些文献中，相当于自由。从文化比较的角度来看，孔子法理学中的仁，相当于西方自由主义法理学中的自由，因而，孔子的法理学也可以看作"仁的法理学"。

在以上数端之外，孔子还述及仁者的其他特征。试举其要者：(1)品质方面的特征，譬如"先难而后获"。《雍也》第二十节：樊迟问仁，孔子回答说："仁者先难而后获，可谓仁矣。"这是说，难事做在人先，收获退在人后，亦即辛苦在前，享受在后。这样的人，就是仁者。从这个角度来看，仁者是有奉献精神的人。(2)习惯方面的特征，譬如，仁者总是喜欢与仁者交朋友。《卫灵公》第九节："子贡问为仁，子曰：'工欲善其事，必先利其器。居是邦也，事其大夫之贤者，友其士之仁者。'"(3)能力方面的特征，譬如，仁者是不易受骗的。《雍也》第二十四节："宰我问曰：'仁者，虽告之曰：井有仁焉。其从之也？'子曰：'何为其然也？君子可逝也，不可陷也；可欺也，不可罔也。'"这是说，虽然有人会试图欺骗仁者，但仁者绝不会上当受骗，因此，仁者总是智者。仁者可以救济他人，但仁者通常不会成为救济的对象。

以上是仁者的若干特征。不仅如此，孔子还从相反的方向讨论了不仁者的特征。谁是不仁者？哪些行为方式属于不仁？孔子认为，(1)不仁者通常是小人。《宪问》第七节："君子而不仁者有矣夫，未有小人而仁者也。"小人很少是仁者，仁者多是君子，仁与不仁，是君子与小人之间的分界线。(2)不仁者通常花言巧语。《学而》第三节："巧言令色，鲜矣仁！"(3)不仁者无论是在顺境还是在逆境中，都不能长久。《里仁》第二节："不仁者不可以久处约，不可以长处乐。"这里的"约"是指穷困，"乐"是指安乐。"外境有约有乐，然使己心不能择仁而处，则约与乐皆不可安。久约则为非，长乐则必骄溢矣。"①

孔子不仅反复谈论仁的特征及不仁的表现,还列举了一系列仁者形象。从历史先后来看,孔子认可的仁者主要包括以下几位。

伯夷、叔齐。《述而》第十四节:"冉有曰:'夫子为卫君乎?'子贡曰:'诺,吾将问之。'入,曰:'伯夷、叔齐何人也?'曰:'古之贤人也。'曰:'怨乎?'曰:'求仁而得仁,又何怨?'出,曰:'夫子不为也。'"这是说,伯夷、叔齐都是求仁而得仁的贤人。钱穆解释说:"父命叔齐为君,若伯夷违父命而立,在伯夷将心感不安,此伯夷之能孝。但伯夷是兄,叔齐是弟,兄逃而己立,叔齐亦心感不安,遂与其兄偕逃,此叔齐之能弟。孝弟之心,即仁心。孝弟之道,即仁道"②,孝弟之人,即仁人。

殷末的微子、箕子与比干。《微子》第一节:"微子去之,箕子为之奴,比干谏而死。孔子曰:'殷有三仁焉。'"在这"三仁"之中,微子的仁,主要体现在"恶不仁"方面,因为纣王是不仁的典型。箕子的仁,特别是比干的仁,主要体现在"杀身以成仁"。殷末的"三仁",恰好可以照应上文中孔子对仁与仁者的阐述。

略早于孔子的管仲。《宪问》第十七节:"子路曰:'桓公杀公子纠,召忽死之,管仲不死,曰未仁乎?'子曰:'桓公九合诸侯不以兵车,管仲之力也。如其仁,如其仁!'"《宪问》第十八节:"子贡曰:'管仲非仁者与?桓公杀公子纠,不能死,又相之。'子曰:'管仲相桓公霸诸侯,一匡天下,民到于今受其赐。微管仲,吾其被发左衽矣。岂若匹夫匹妇之为谅也,自经于沟渎而莫之知也。'"孔子以管仲为仁者,是因为管仲有大功。康有为认为,正是由于管仲的业绩,"夷狄不得乱中国,诸侯不相寻兵伐,保华夏之族,存文明之化,功德至大,孔子自以为受其赐"③,因而许之为仁者。借助于管仲

---

① 钱穆:《论语新解》,九州出版社2011年,第94页。
② 钱穆:《论语新解》,九州出版社2011年,第200—201页。
③ 康有为:《论语注》,楼宇烈整理,中华书局1984年,第214页。

的出处,孔子阐述了一种能够容纳事功的仁学观。

还有孔子最认可的学生颜回。《雍也》第五节:"回也,其心三月不违仁,其余则日月至焉而已矣。"按照这个评价,颜回比当世的其他人都更符合仁者的要求。与颜回之仁形成对照的,是宰我的不仁。据《阳货》第二十一节,孔子批评宰我,称"予之不仁也!子生三年,然后免于父母之怀。夫三年之丧,天下之通丧也,予也有三年之爱于其父母乎!"看来,宰予被视为不仁,是因为他违反了"孝""爱人"等方面的要求。

(三)仁与相关概念辨析

孔子所说的仁虽然是一个含义宽泛、指涉甚广的概念,但仁的含义也是有边界的。为了进一步厘清仁的意义边界,有必要将仁与其他相关概念略作辨析。

第一,仁与圣。《雍也》第二十节:"子贡曰:'如有博施于民而能济众,何如?可谓仁乎?'子曰:'何事于仁,必也圣乎!尧、舜其犹病诸!夫仁者,己欲立而立人,己欲达而达人。能近取譬,可谓仁之方也已。'"这是孔子关于仁与圣的比较。据此,一个人如果能够博施于民,造福于民,就超越了仁的程度,甚至超过了尧与舜,达至圣的程度。相对于这样的圣人,仁人的境界是:"己欲立,思随分立人。己欲达,思随分达人。孔子好学不倦,是欲立欲达。诲人不倦,是立人达人。此心已是仁,行此亦即仁道,此则固是人人可行者。"①依此,像孔子那样好学不厌、诲人不倦,即是仁。孔子自己的境界,就是仁的境界。只有超过尧舜的境界与程度,才是圣。这就是说,圣高于仁。仁是常人可以做到的。圣是常人做不到的。打个比方来说,也许只有法力无边、普度众生的观音菩萨,才可以符合圣的标准与要求。

第二,仁与智。《雍也》第二十六节:"知者乐水,仁者乐山。知

---

① 钱穆:《论语新解》,九州出版社2011年,第185页。

者动,仁者静。知者乐,仁者寿。"这是讲仁与智的差异。孔子以山与水、静与动的差异比喻仁与智的差异,是自然的人化。以寿与乐的差异说明仁与智的差异,是表明两者的结果不同。但两者也有联系。《阳货》第八节:"好仁不好学,其蔽也愚。"这就是说,在追求仁的过程中,还要好学不倦,否则,就会陷于愚蠢,就会走向智的反面。那么,是否"好学"与"好仁"结合起来,就能符合智的要求?也不尽然,或者说,不能这样理解。因为,按照孔子的要求,好仁必须好学,由此,仁者总是智者。但是,智者却未必是仁者。因此,还是仁优于智。

第三,仁与勇。《宪问》第五节:"有德者必有言,有言者不必有德。仁者必有勇,勇者不必有仁。"这是关于仁与勇的辨析。仁者必然是勇者,因为仁者无忧,无忧近于无惧。但是,勇者却未必是仁者。结论依然是仁优于勇,这就仿佛德优于言。大致说来,勇与言都相当于硬实力,偏向于技术、技能;仁与德相当于软实力,偏向于修养、境界。按照孔子的排序,仁与德在价值上具有优先性。

第四,仁与忠、清。《公冶长》第十八节:"子张问曰:'令尹子文三仕为令尹,无喜色,三已之无愠色,旧令尹之政必以告新令尹,何如?'子曰:'忠矣。'曰:'仁矣乎?'曰:'未知,焉得仁?''崔子弑齐君,陈文子有马十乘,弃而违之。至于他邦,则曰:犹吾大夫崔子也。违之。之一邦,则又曰:犹吾大夫崔子也。违之,何如?'子曰:'清矣。'曰:'仁矣乎?'曰:'未知,焉得仁?'"孔子与子张的这段对话,辨析了仁与忠、清的关系。子文三次担任令尹,三次被免职,但他不喜不怒,并把旧的政情告诉新的令尹,这种品性叫做忠。陈文子三次离开乱邦,毫不贪恋官职禄位,这种品性叫做清。但是,他们两人都不够仁的标准。这就是说,忠、清只是仁的一个部分。仁是全德,代表圆满的修养与境界,但是,忠、清仅仅是全德的一个局部。

第五,仁与事功。仁与事功的关系如何?一个人有一些处理公务的能力,是否可以称为仁?《公冶长》第七节:"孟武伯问:'子路仁乎?'子曰:'不知也。'又问,子曰:'由也,千乘之国,可使治其赋也,不知其仁也。''求也何如?'子曰:'求也,千室之邑、百乘之家,可使为之宰也,不知其仁也。''赤也何如?'子曰:'赤也,束带立于朝,可使与宾客言也,不知其仁也。'"孔子的这三个学生,一个擅长治军,一个有行政能力,另外一个擅长外交。但是,孔子认为,他们在事务方面的能力,并不能让他们享有仁人的称号。显然,普通的事功还不足以称为仁。但是,这并不意味着孔子不看重事功。如前所述,如果完成的事功达到了管仲的程度,在孔子看来,那就是仁。至于普通的事功,那就仅仅是事功而已。

第六,仁与"克、伐、怨、欲不行"。《宪问》第二节:"'克、伐、怨、欲不行焉,可以为仁矣?'子曰:'可以为难矣,仁则吾不知也。'"这是孔子与原宪的对话。在这里,克是好胜,伐是自夸,怨是怨恨,欲是贪欲。四者都是坏习气。如果这四种恶习都没有发作,都被抑制住了,是不是仁?孔子认为,这诚然不容易,但还不是仁。钱穆解释说:"四者贼心,遏制不发,非能根绝,是犹贼藏在家,虽不发作,家终不安,故孔子谓之难。其心仁,则温、和、慈、良,其心不仁,乃有克、伐、怨、欲。学者若能以仁存心,如火始燃,如泉始达,仁德日显,自可不待遏制而四者绝。"① 由此可见,抑制恶习与仁具有本质的差异。被抑制的恶习依然是恶习,与仁德、仁心不可同日而语。值得注意的是,钱穆在此把"仁"与"德"合在一起,称为"仁德",那么,德是什么?仁与德的关系如何理解?针对《为政》第一节"为政以德,譬如北辰"一说,李泽厚认为,这里的"德",主要是"习惯法规"或"体制规则"。② 按照这个说法,德是实质性的行为规范。"仁"与"德"的关系,相当于高级法与实在法的关系。因此,

---

① 钱穆:《论语新解》,九州出版社2011年,第404页。
② 李泽厚:《论语今读》,生活·读书·新知三联书店2004年,第48页。

所谓"仁德",可以理解为"符合仁的要求的法规或规则"。

(四)仁的规范性

在以上辨析的基础上,我们再来看仁的规范性。为什么把仁作为一种规范来看待?我们的理由可以从两个方面来说。

一方面,仁是约束所有人的规范。任何人作为单独的个体,都要按照仁的要求说话做事。在血缘群体内部,乃至在从华夏到蛮夷的任何空间范围内,都要按照仁的要求说话做事。这就是说,仁是所有人都应当遵循的规范,因而是一种典型的公共规范。钱穆说:"仁者,人群相处之大道。"①钱穆所谓的大道,就是人群相处的基本规范。《卫灵公》第三十四节:"民之于仁也,甚于水火。水火,吾见蹈而死者矣,未见蹈仁而死者也。"这里的民,可以理解为所有人。对所有的人来说,对仁的依赖应当超过了对水与火的依赖,因为"水火在外,仁则在己。无水火不过害人之身,而不仁则失其心。盖人者仁也,不仁则非人矣,故尤甚于水火,而不可须臾离"②。如果一切人都离不开水、离不开火,那么,一切人就更离不开仁的指引与规范。因此,仁作为约束所有人的规范,是一切人首先必须遵循的基本规范。

另一方面,仁虽然是约束一切人的规范,但特别强调对君子的约束。《述而》第六节:"志于道,据于德,依于仁,游于艺。"这里的"依于仁"就是不违仁之意,就是接受仁的约束。只是,孔子在此分述的四个环节,并不包括普天之下的所有人,而是孔子念兹在兹、耳提面命、不倦教诲的君子。孔子虽有"有教无类"的美德,但并没有普天之下所有人一律平等的意识。他对君子与小人的划分,让他把一切希望寄托在君子身上。《里仁》第五节:"富与贵,是人之所欲也;不以其道得之,不处也。贫与贱,是人之所恶也;不以其道

---

① 钱穆:《论语新解》,九州出版社2011年,第5页。
② 康有为:《论语注》,楼宇烈整理,中华书局1984年,第243页。

得之,不去也。君子去仁,恶乎成名?君子无终食之间违仁,造次必于是,颠沛必于是。"据此,君子的言行必须符合仁的要求,君子如果偏离于仁,怎么称得上君子?君子必须时时刻刻符合仁的要求,君子在急促之时、困顿之际,依然要不打折扣地遵循仁的要求。

概括地说,仁是一切人都应当遵循的规范,但这种规范对于君子的约束是硬约束,对于小人的约束是软约束。这就是孔子对于仁及其规范性的基本观点。

二、作为规范的礼

仁是孔子思想与孔子法理学的核心范畴,礼也是。事实上,典籍中描绘的孔子形象,首先是一个礼学方面的专家。譬如,据《史记·孔子世家》,"孔子为儿嬉戏,常陈俎豆,设礼容",这是孔子给这个世界留下的最初印象。孔子十七岁那年,鲁国大夫孟釐子在病逝前夕,告诫他的儿子孟懿子:"今孔丘年少好礼,其达者欤?吾即没,若必师之。"孟釐子死后,"懿子与鲁人南宫敬叔往学礼焉"。这就是说,十七岁的孔子就已经开始充当礼学方面的老师。稍后,他又与南宫敬叔"适周问礼,盖见老子云"。① 这几则信息表明,青年时代的孔子以知礼而著称。

可以想象,关于礼的细节,孔子具备丰富的知识。对此,《论语》中略有记载。譬如,《子罕》第三节载孔子之言:"麻冕,礼也;今也纯,俭,吾从众。拜下,礼也;今拜乎上,泰也;虽违众,吾从下。"孔子在此区分了古礼与今礼:依古礼,应该戴麻制的冕;依今礼,应该戴黑丝制作的冕。丝冕比较节省,他愿意跟众人一样,遵循今礼。但是,根据古礼,臣对君都是在堂下敬拜;根据今礼,都改在堂上敬拜。他认为这样不合适,对君不尊重,因而不愿意跟随众人在堂上敬拜,还是坚持在堂下敬拜。冕的质地与拜的地点,是两项技

---

① 司马迁:《史记》,中华书局 2006 年,第 321 页。

术性的礼制知识。孔子阐述了古礼与今礼的差异,特别阐明了他的立场、选择及其理由,可以烛照出孔子在礼学方面的造诣。也许正是由于这个缘故,太史公司马谈亦以"礼"标注孔子与儒家:"其序君臣父子之礼,列夫妇长幼之别,不可易也。"①清人章学诚则认为:"孔子之大,'学周礼'一言,可以蔽其全体。"②不过,本节旨在讨论孔子的法理学,主要讨论孔子关于礼作为一般规范的思想、观念,暂不讨论孔子关于礼的技术性知识。

(一) 礼的历史

《八佾》第九节:"夏礼吾能言之,杞不足征也;殷礼吾能言之,宋不足征也。文献不足故也,足,则吾能征之矣。"杞国是夏代人之后,是夏礼的主要保存地,宋国是殷代人之后,是殷礼的主要保存地。在此,"孔子自言学夏、殷二代之礼,能心知其意,言其所以然,惜乎杞、宋两国之典籍贤人皆嫌不足,无以证成我说。然孔子生周室东迁之后,既是文献无征,又何从上明夏、殷两代已往之礼?盖夏、殷两代之典籍传述,当孔子时,非全无存。孔子所遇当世贤者,亦非全不能讲夏、殷之往事。孔子博学深思,好古敏求,据所见闻,以会通之于历史演变之全进程。上溯尧、舜,下穷周代。举一反三,推一合十,验之于当前之人事,证之以心理之同然。从变得通,从通知变。此仍孔子所独有的一套历史文化哲学,固非无据而来。虽然心知其意,而欲语之人人,使皆能明其意,则不能不有憾于文献之不足"③。

虽然杞、宋两国的文献不足,但孔子确能把握夏、殷以降之礼。《为政》第二十三节:"子张问:'十世可知也?'子曰:'殷因于夏礼,所损益可知也。周因于殷礼,所损益可知也。其或继周者,虽百世

---

① 司马迁:《史记》,中华书局2006年,第758页。
② [清]章学诚原著:《文史通义全译》,严杰、武秀成译注,贵州人民出版社1997年,第166页。
③ 钱穆:《论语新解》,九州出版社2011年,第68页。

可知也。'"子张的问题是,能否预知将来?孔子的回答以礼为中心:孔子生在周代,知道周礼自不用说。但是,周礼是从殷礼演变而来的。周礼因袭了殷礼,但又对殷礼做出了一定的加减。从殷礼演变到周礼的过程中,因袭了什么,增加了什么,减损了什么,改变了什么,孔子都是知道的。根据同样的道理与规律,从夏礼演变到殷礼的过程中,因袭了什么,增加了什么,减损了什么,改变了什么,孔子同样是知道的。孔子认为,根据夏礼到殷礼再到周礼之间的演进规律、因袭规律、损益规律,可以预测百世以后的礼,自然也可以预测百世以后的文明秩序。可见,关于礼的历史,孔子持一种演进、变化、与时俱进的观点。

(二)礼的本质

礼的本质其实也是礼的本原、礼的根本、礼之为礼的内在规范性。《八佾》第四节:"林放问礼之本,子曰:'大哉问!礼,与其奢也,宁俭;丧,与其易也,宁戚。'"孔子的要求,是在奢与俭之间把握好礼之"度"。从根本上说,"礼本于人心之仁,而求所以表达之,始有礼。奢者过于文饰,流为浮华。俭者不及于程节,嫌于质朴。然奢则外有余而内不足,俭则内有余而外不足,同嫌于非礼。外不足,其本尚在。内不足,其本将失,故与其奢宁俭"①。尤其是丧礼,哀情至为重要,也是因为礼之根本系于内在的仁心而不是外在的程节。当然,孔子理想中的礼,外在的表达同样不可或缺。《八佾》第十七节:"子贡欲去告朔之饩羊,子曰:'赐也!尔爱其羊,我爱其礼。'"这就是看重礼的外在程节。因为,倘若像子贡计划的那样省去了那只羊,人们就会忘了那种礼。

但是,相比之下,对礼的本质来说,内在的仁心更加重要。《阳货》第十一节:"礼云礼云,玉帛云乎哉?乐云乐云,钟鼓云乎哉!"这就是孔子对去本留末的贬斥:只有玉帛,不成其礼;只有钟鼓,也

---

① 钱穆:《论语新解》,九州出版社2011年,第61页。

不成其乐。《八佾》第二十六节:"居上不宽,为礼不敬,临丧不哀,吾何以观之哉?"这就是说,敬是礼之本。否则,就是对礼的背离。《八佾》第十五节:"子入太庙,每事问。或曰:'孰谓鄹人之子知礼乎?入太庙,每事问。'子闻之,曰:'是礼也。'"此处记载的孔子"每事问",有各种不同的解释。朱子的解释是:"孔子自少以知礼闻,故或人因此而讥之。孔子言是礼者,敬谨之至,乃所以为礼也。尹氏曰:'礼者,敬而已矣。虽知亦问,谨之至也,其为敬莫大于此。谓之不知礼者,岂足以知孔子哉?'"①按照朱子的解释,礼的本质就是敬,"每事问"是礼敬的体现。

还有一个细节,也可以说明孔子对礼的本质的看法。《先进》第二十五节记"子路、曾皙、冉有、公西华侍坐",孔子让诸弟子各言其志。等其他三人退下之后,"曾皙曰:'夫三子者之言何如?'子曰:'亦各言其志也已矣。'曰:'夫子何哂由也?'曰:'为国以礼,其言不让,是故哂之'"。据此,礼是治国的根本,但是,子路并不谦让,这让孔子觉得可笑。《里仁》第十三节更是把礼与让融为一体:"能以礼让为国乎?何有?不能以礼让为国,如礼何?"为国"以礼"在此变成了为国"以礼让","礼"与"礼让"几乎具有同样的含义。这就是说,礼的本质还包括让或谦让。《泰伯》第一节:"泰伯,其可谓至德也已矣。三以天下让,民无得而称焉。"泰伯就是这样的谦让者,而谦让的本质是至德,亦即仁。钱穆说:"礼必兼双方,又必外敬而内和。知敬能和,斯必有让。故让者礼之质。"②

可见,按照孔子的理解,礼包括外在的程节、仪式、物质载体,后者作为礼的躯壳,当然是不可缺少的——孔子也很讲究礼的这些外在表现。在《乡党》篇中,对孔子坚持礼的程节有大量的记载,

---

① [宋]朱熹撰:《四书章句集注》,中华书局2011年,第65页。
② 钱穆:《论语新解》,九州出版社2011年,第107页。

譬如,"孔子于乡党,恂恂如也,似不能言者;其在宗庙朝庭,便便言,唯谨尔。朝,与下大夫言,侃侃如也;与上大夫言,訚訚如也。君在,踧踖如也,与与如也"。但是,相对于礼的外在表现,孔子更看重礼的本质、内质,那就是仁心、德敬、谦让等等,它们以仁为核心,构成了礼的内在本质的规定性。倘若没有这些内在本质,只有那些外在表现,礼就异化了,就不成其为礼。概而言之,礼的本质就是仁。

(三)礼的价值

孔子对礼的价值的认知,主要包括两个方面:一是礼对于个体修养的价值,二是礼对于国家治理的价值。

对个体修养来说,礼是最主要的渠道。《为政》第五节:"孟懿子问孝,子曰:'无违。'樊迟御,子告之曰:'孟孙问孝于我,我对曰:无违。'樊迟曰:'何谓也?'子曰:'生,事之以礼;死,葬之以礼;祭之以礼。'"上文已经提到,孟懿子是孔子的早期学生,孔子以"无违"向他解释孝。孔子还向樊迟进一步解释了"无违"的含义:以礼对待自己的父母。从父母生前到父母死后,都以礼相待,那就做到了孝。因此,所谓无违,就是无违于礼。朱子解释说:"人之事亲,自始至终,一于礼而不苟,其尊亲也至矣。是时三家僭礼,故夫子以是警之,然语境浑然,又不若专为三家发者,所以为圣人之也。"① 这就是说,个体如果想养成孝的德性,那么,循礼而行,就能完美地实现这个目标。

在孝之外,还有其他方面的修养。《泰伯》第二节:"恭而无礼则劳;慎而无礼则葸;勇而无礼则乱;直而无礼则绞。君子笃于亲,则民兴于仁;故旧不遗,则民不偷。"此节所述的恭、慎、勇、直,都是积极而正面的品德,也是个人修养的目标。但是,这些品德的修养倘若不遵循礼的要求,就会走向消极。劳是劳扰不安,葸是畏劫多

---

① [宋]朱熹撰:《四书章句集注》,中华书局2011年,第56页。

惧,乱是犯上作乱,绞是急切刺人。所谓失之于礼,就会失之千里;离开了礼的约束,播下的龙种就会变成跳蚤。礼对于个人修养的意义,由此可见一斑。《季氏》第五节还提到"益者三乐",分别是"乐节礼乐、乐道人之善、乐多贤友"。其中,首要之乐是"节礼乐",意思是受到礼的节制,这样的乐才是对人有益的快乐。这也是因为礼的节制有助于提升个人修养。

个人修养的最高境界是成为人格完善的完人。那么,怎样才能成为这样的完人?《宪问》第十三节:"子路问成人,子曰:'若臧武仲之知、公绰之不欲、卞庄子之勇、冉求之艺,文之以礼乐,亦可以为成人矣。'曰:'今之成人者何必然?见利思义,见危授命,久要不忘平生之言,亦可以为成人矣。'"子路在此所说的成人,就是今日所说的完人。孔子所说的四个人,分别代表了智、廉、勇、艺。孔子认为,倘若"备有四者之长,又加以礼乐之文饰,或曰:即就其中一长而加以礼乐之文饰。就下文'亦可以'三字观之,似当从后说。然孔门之教,博文约礼,非仅就其才质所长而专以礼乐文饰之,即为尽教育之能事。就孔子本章所举,前三项似分近知、仁、勇三德,德、能必兼备,故学者必培其智,修其德,养其勇,而习于艺,而复加以礼乐之文,始可以为成人"①。由是观之,智、廉、勇、艺是打造完人的基础材料,礼(以及乐)才是把基础材料加工提炼成为完美人格的必由之路。对于这样的观点,孔子在《季氏》第十三节还有一个更简洁的表达,那就是,"不学诗,无以言"。这句六字格言,指出了礼对个人修养的根本意义:"礼教恭俭庄敬,此乃立身之本。有礼则安,无礼则危。故不学礼,无以立身。"②

孔子既强调礼对个人修养的意义,更强调礼对国家治理的意

---

① 钱穆:《论语新解》,九州出版社2011年,第414页。
② 钱穆:《论语新解》,九州出版社2011年,第507页。

义。《子路》第三节:"子路曰:'卫君待子而为政,子将奚先?'子曰:'必也正名乎!'子路曰:'有是哉,子之迂也!奚其正?'子曰:'野哉由也!君子于其所不知,盖阙如也。名不正,则言不顺;言不顺,则事不成;事不成,则礼乐不兴;礼乐不兴,则刑罚不中;刑罚不中,则民无所错手足。故君子名之必可言也,言之必可行也。君子于其言,无所苟而已矣。'"在这段对话中,孔子论及为政的诸环节,礼乐在诸环节中的意义在于:倘若礼乐不兴,单用刑罚,刑罚也必然不能中肯;刑罚不能中肯,民众就会手足无措;民众没有安顿好,国家治理也就无从谈起。就礼对国家治理的意义,《子路》第四节还有更加明确的观点:"樊迟请学稼,子曰:'吾不如老农。'请学为圃,曰:'吾不如老圃。'樊迟出,子曰:'小人哉樊须也!上好礼,则民莫敢不敬;上好义,则民莫敢不服;上好信,则民莫敢不用情。夫如是,则四方之民襁负其子而至矣,焉用稼?'"对于国家治理者来说,并无闲暇学稼、学圃。对于国家治理者来说,"好礼"才是第一要务。因为,"好礼"会引发"民敬",持仰慕之心的民众会成群结队主动赶来归附。由此可见,礼才是国家治理的首要依据。

再看《为政》第三节:"道之以政,齐之以刑,民免而无耻。道之以德,齐之以礼,有耻且格。"这是一句被反复引用的名言,也是孔子法理学的核心命题。在《礼记》中,孔子还有大致相同的表达:"夫民教之以德,齐之以礼,则民有格心。教之以政,齐之以刑,则民有遁心。"[①]《礼记》中的孔子之言,可以视为对《论语》中的孔子之言的解释,而且可能是较早、较权威的解释。按照《礼记》中的解释,应当从民众的反应来比较国家治理的两种模式:政刑之治与德礼之治。根据《礼记》的提示,政刑之治会让民众生出逃避之心,但德礼之治会让民众产生"格心",亦即归顺、亲近、向往之心。而且,

---

[①] 王文锦译解:《礼记译解》,中华书局2016年,第740页。

"'礼'作为一种规范,悄悄地除去了行恶的根源,其在根本上有转化之功,先行于法律之前"①,亦即先行于政刑之前。由此说来,政刑之治与德礼之治呈现出某种对立的态势:应当采用德礼之治而丢弃政刑之治。但是,朱子比较这两种治国模式各自的特点与优势,提出了稍微不同的看法:"政者,为治之具。刑者,辅治之法。德礼则所以出治之本,而德又礼之本也。此其相互为结终,虽不可以偏废,然政刑能使民远罪而已,德礼之效,则有使民日迁善而不自知。故治民者不可徒恃其末,又当深探其本也。"②这就是说,德礼之治是本,政刑之治是末,不可徒恃其末,但似乎也不可徒恃其本。较之于《礼记》中的解释,朱子并未完全排斥政刑之治。不过,无论是依据《礼记》还是依据朱子,孔子的观点都是显而易见的,德礼之治应当成为国家治理的主导模式。在这里,还应当注意朱子关于德与礼的理解,他所说的"德礼则所以出治之本,而德又礼之本也"一语意味着:相对于"政"与"刑","德"与"礼"属于性质相同或相似的规范,都是国家治理应当遵循的规范。但较之于"礼","德"是更加本源的规范。

进一步看,德与礼还具有不同的功能,"导之以德"是以德来引导,德对民众的引导方式是感召、示范,这是一种柔性的牵引。民众可以跟着去,但如果不跟着去,也不会招致严重的后果。但是,"齐之以礼"则蕴含了整齐、一律的含义,礼更多地呈现出行为规则、正式制度、强制约束的特征,因此,对于国家治理来说,礼的规范性强于德的规范性。如果把德看作较高的规范,那么礼就是基本的规范。因此,对于国家治理、公共治理来说,与其说是德礼之治,还不如说是礼治更为精准。这也正是孔子所说的"为国以礼"(《先进》第二十五节)的要义。

---

① 徐梵澄:《孔学古微》,李文彬译,孙波校,华东师范大学出版社2015年,第77页。
② [宋]朱熹撰:《四书章句集注》,中华书局2011年,第55页。

当然,换个角度来看,"导之以德"中的德,也可以解释为仁。由此,"导之以德"亦即"导之以仁",德礼之治亦即仁礼之治,这正是孔子法理学的内核观点。

(四)礼是如何被违反的

礼是个人修养与国家治理都应当遵循的规范,但在孔子的时代,礼崩乐坏,违礼的现象随处可见。孔子多次评析违礼的典型个案,由此可以体会,礼是如何被违反的。

先看季孙氏的违礼。《八佾》第一节:"孔子谓季氏八佾舞于庭:'是可忍也,孰不可忍也!'"这里的佾,是指舞列。按照礼的规定,天子八列,诸侯六列,大夫四列,士二列;每列人数,恰如列数。季孙氏以大夫的身份,却僭用天子之乐,是严重的违礼行为。因此,孔子严厉地谴责说,这样的事情都可以忍受,还有什么事情不能忍受!

再看管仲的违礼。《八佾》第二十二节:"子曰:'管仲之器小哉!'或曰:'管仲俭乎?'曰:'管氏有三归,官事不摄,焉得俭?''然则管仲知礼乎?'曰:'邦君树塞门,管氏亦树塞门;邦君为两君之好,有反坫。管氏亦有反坫,管氏而知礼,孰不知礼?'"据考,这里所说的塞门,是"用以间隔内外视线的一种东西,形式和作用可以用今天的照壁相比"①。依礼,只有天子诸侯才能用树塞门。"反坫"也是天子诸侯专用之物,用于天子诸侯的宴会。依礼,管仲也不能用。但是,这两个细节表明,管子确有违礼的行为。管子虽然功业不小,但却够不上知礼。

鲁昭公的违礼行为。《述而》第三十节:"陈司败问:'昭公知礼乎?'孔子曰:'知礼。'孔子退,揖巫马期而进之,曰:'吾闻君子不党,君子亦党乎?君取于吴,为同姓,谓之吴孟子。君而知礼,孰不知礼?'巫马期以告,子曰:'丘也幸,苟有过,人必知之。'"这段关于

---

① 杨伯峻译注:《论语译注》,中华书局2012年,第44页。

昭公知礼与否的对话,涉及好几个层次的关系。钱穆评论说:"召公习于威仪之节,有知礼称。陈司败先不显举其娶于吴之事,而仅问其知礼乎;鲁乃孔子父母之邦,昭公乃鲁之先君,孔子自无特援此事评昭公为不知礼之必要,故直对曰知礼;此本无所谓偏私。及巫马期以陈司败言告孔子,孔子不欲为昭公曲辨,亦不欲自白其为国君讳。且陈司败之问,其存心已无礼,故孔子不论鲁昭公而自承己过。然亦不正言,只说有人说他错,这是他幸运。此种对答,微婉而严正,陈司败闻之,亦当自愧其鲁莽无礼。而孔子之心地光明,涵容广大,亦可见。"①

从季孙氏、管仲、鲁昭公的违礼以及孔子的态度可以看出,违礼是一回事,对违礼的评价是一回事,怎么评价又是另一回事。其中,季孙氏的违礼就是单纯的违礼,"是可忍也,孰不可忍也"。但是,管仲的违礼就稍微复杂一些。一方面,孔子批评管仲的违礼行为,但另一方面,如前文所述,孔子又以仁者称许管仲,因为,管仲在事功方面做出了巨大的成绩。管仲的违礼只是被孔子称为"器小。孔子肯定管仲达至于仁的功业,但又以"器小"批评他的违礼。鲁昭公的情况就更复杂一些。昭公娶于吴,确实违背了同姓不婚之礼,因为,吴与鲁都属于姬氏宗族。但是,身在陈国的孔子,在面对陈司败的时候,并没有主动彰显昭公的违礼行为;面对陈司败的异议,孔子既没有为昭公辩护,也没有指责陈司败,而是归咎于己。对孔子来说,一方面,这确实是一种经与权相结合的妥善选择,确实可以从中看到孔子的"涵容广大"。另一方面,《史记》还记载了孔子做出选择的理由:"臣不可言君亲之恶,为讳者,礼也。"②可见,孔子的选择也可以被视为礼约束下的行为选择。

(五) 礼的规范性

再看礼的规范性。礼的规范性旨在彰显:礼是行为规范。其

---

① 钱穆:《论语新解》,九州出版社 2011 年,第 217 页。
② 司马迁:《史记》,中华书局 2006 年,第 416 页。

实,这是一个不太需要论证的问题。因为这能够得到普遍的承认。在这里,为了完整地展示孔子的法理学,还是有必要引证孔子的相关论述,以说明孔子对礼的规范性的认知。

首先,礼是约束个人的规范。在《尧曰》第三节,也是整部《论语》的最后一节,孔子说:"不知命,无以为君子也;不知礼,无以立也;不知言,无以知人也。"这里的"不知命""不知言"暂且不论。所谓"不知礼,无以立"是指,"人不知礼,则耳目无所加,手足无所措,故曰:'无以立'"。因此,"若不知礼,更何以自立为人?"①《泰伯》第八节也有类似的论断:"兴于诗,立于礼,成于乐。"这里的"立于礼",就是对"不知礼,无以立"的另一种表达方式。而且,"成于乐"也是对"立于礼"的补充,正如杨伯峻所言,"孔子所谓'乐'的内容和本质都离不开'礼'"②。

其次,礼是约束君子的规范。《卫灵公》第十七节:"君子义以为质,礼以行之,孙以出之,信以成之。君子哉!"这就是说,只有行之以礼,才算是君子。《雍也》第二十节:"君子博学于文,约之以礼,亦可以弗畔矣夫。"朱子给予的解释是:"君子学欲其博,故于文无不考;守欲其要,故其动必以礼。如此,则可以不背于道矣。"③《阳货》第二十四节:"子贡曰:'君子亦有恶乎?'子曰:'有恶。恶称人之恶者,恶居下流而讪上者,恶勇而无礼者,恶果敢而窒者。'"孔子在此强调,君子厌恶他人勇而无礼,因为勇而无礼就会趋于乱。这就是说,只有勇而有礼,才符合君子的标准,才能得到君子的认同。

再次,礼是约束君主的规范。《八佾》第十九节:"定公问:'君使臣,臣事君,如之何?'孔子对曰:'君使臣以礼,臣事君以忠。'"这是讲君臣之间的交往规则,而且是面向君主定公提出的建议。按

---

① 钱穆:《论语新解》,九州出版社2011年,第592页。
② 杨伯峻译注:《论语译注》,中华书局2012年,第115页。
③ [宋]朱熹撰:《四书章句集注》,中华书局2011年,第88页。

孔子之意,"礼虽有上下之分,然双方各有节限,同须遵守,君能以礼待臣,臣亦自能尽忠待君"①。换言之,在君与臣的交往过程中,君主首先要遵守礼的规定。此外,君主不仅要与大臣交往,君主作为临民之君,还要主动处理好君与民的关系。《宪问》第四十四节:"上好礼,则民易使也。"这里的上,主要是指君主,这里的民,即为不特定的臣民。朱子的解释是:"谢氏曰:'礼达而分定,故民易使。'"②由此可见,君主好礼,礼达于君臣之间、君民之间,所有人的身份、角色都可以缘礼而得到有效的界定,臣民自然在礼的规范下有序交往与生活。这正是临民之君的目标与任务。

以上三个层次表明,礼是约束不特定个体的规范,是约束君子的规范,是约束君主的规范,概而言之,礼是约束一切人的普遍规范。

三、在仁与礼之间

仁与礼,是孔子反复论述的两种规范。关于仁与礼的含义及其规范性,前文已经分别进行了阐述。那么,仁与礼的关系是什么?为什么要把仁与礼挑选出来,作为孔子建构的二元规范?

我们的理由,除了本节开篇提到的"人而不仁,如礼何?",还有更具体的,即《颜渊》第一节的阐释:"颜渊问仁,子曰:'克己复礼为仁。一日克己复礼,天下归仁焉。为仁由己,而由人乎哉?'颜渊曰:'请问其目?'子曰:'非礼勿视,非礼勿听,非礼勿言,非礼勿动。'颜渊曰:'回虽不敏,请事斯语矣。'"在这段对话中,颜渊问仁,孔子答以"克己复礼"。孔子的这个说法其实由来有自。据《左传》昭公十二年载:"仲尼曰;'古也有志,克己复礼,仁也。信善哉!'"③可见,即使对孔子来说,"克己复礼为仁"也是一个已

---

① 钱穆:《论语新解》,九州出版社 2011 年,第 81 页。
② [宋]朱熹撰:《四书章句集注》,中华书局 2011 年,第 149 页。
③ 王守谦、金秀珍、王凤春译注:《左传全译》,贵州人民出版社 1990 年,第 1223 页。

有的传统。"克"就是约束,"己"既指自己,其实也指所有人。克己复礼,就是以礼约束自己,以礼约束所有人,这样,普天之下即可归属于仁。如果不能克己复礼,天下归仁是无法实现的,正如《卫灵公》第三十二节:"知及之,仁不能守之,虽得之,必失之;知及之,仁能守之,不庄以莅之,则民不敬;知及之,仁能守之,庄以莅之,动之不以礼,未善也。"可见,"动之以礼"是实现仁道的关键环节。在此基础上,颜渊还要进一步追问克己复礼的方法,孔子则教以非礼勿视、听、言、动。由此,我们可以清晰地把握仁与礼的内在关联。

礼是普通规范,因为礼主要在于约束人的视、听、言、动。这几种行为,都是人的外在的社会行为,都与他人利益、国家利益或公共利益有关。这几种行为,也几乎概括了一切人的一切行为。任何人的任何行为,都可以归属于视、听、言、动。礼是约束一切人的一切行为的规范。这样的规范,即为普通规范,亦可以称之为一般规范。透过《周礼》《仪礼》可以看到,这种规范是具体的。从源头上说,它又是天下或国的主权者制定的,正如《季氏》第二节所言:"天下有道,则礼乐征伐自天子出;天下无道,则礼乐征伐自诸侯出。"在"天下有道"的情况下,礼是天子制定的;即使在"天下无道"的情况下,礼也是诸侯国君制定的。天下有道或无道,是一个价值判断。从实证意义上说,天子制礼与诸侯制礼,都意味着礼是主权者制定的。可见,礼作为主权者制定的旨在约束一切人的一切行为的具体规范,就相当于现代语境下的实在法。礼的体系,就相当于当代中国"建构性"的行为规范体系,亦即正面规定相关主体可以做什么、应当做什么、不得做什么的行为规范体系。这样的礼,作为一种规范,被称为普通规范,或者是一般规范,是恰当的。

较之于礼,仁是一种高级规范,因为仁是克己复礼的目标。所谓"克己复礼,即犹云'约我以礼'。礼者,仁道之节文,无仁即礼不兴，无礼则仁道亦不见，故仁道必以复礼为重"①。进一步看，"孔子重言仁，又重言礼。仁者，人群相处之道，礼即其道之迹，道之所于以显也"②。这就是说，礼是仁的外在表达，仁是礼的内质，代表了礼的方向，是礼应当遵循的价值准则、基本原则。用现代理论来说，仁相当于法律的基本原则。在现代的法律文本中，基本原则一般会写在文本的前端。因此，法律的基本原则常常可以在法律文本中找到。从这个角度上说，仁比法律的基本原则更高、更抽象，它相当于实在法之上的高级法。有学者注意到，在美国宪法之上，有一个清晰的"高级法"背景：必不可少的、不变的公正（essential and unchanging justice）③。公正（justice）作为一个具有约束力的概念与规范，就是美国宪法之上的高级法。同理，孔子所说的仁，也是在礼之上产生规范作用的"高级法"，称之为"自然法"也可以。正是在这个意义上，仁是相对于礼的高级规范。

一个时代、一个社会的高级规范就是那个时代、那个社会的核心价值。当代中国有一套核心价值。近代以来的美国也有一套核心价值。孔子也希望实现一种核心价值，他把这个核心价值命名为仁。这个核心价值是制定礼的原则，也是实施礼的原则。从这个角度来看，仁是相对于礼的高级规范。不过，仁既是礼的制定与实施过程中应当遵循的高级规范，但归根到底，还是人应当遵循的高级规范，每个人都应当约己以礼，因此从终极意义上看，每个人更应当约己以仁，礼最终是为了成就仁。按照这个逻辑，也许可以说，"'礼'观念为孔子学说之始点，但非孔子学说之理论中心"，只有"仁"观念，才"是孔子学说之中心，亦是其思想主脉之终点"。④

---

① 钱穆：《论语新解》，九州出版社2011年，第344页。
② 钱穆：《论语新解》，九州出版社2011年，第592页。
③ Edward S. Corwin. The "Higher Law" Background of American Constitutional Law, *Harvard Law Review*, Vol. XLII. December. 1928, p.152.
④ 劳思光：《新编中国哲学史》第一册，生活·读书·新知三联书店2015年，第84页、第89页。

但是,仁是抽象的,仁以礼作为可以触摸的载体。在通常情况下,人们约己以礼,是人们约己以仁的方便法门。因此,具体的礼应当跟抽象的仁保持一致。在两者一致的情况下,人们克己复礼,就是在实现仁的要求。但是,随着世易时移,具体的礼可能背离仁的要求,在这种情况下,人们就应当修改礼,使之符合仁的要求。上文已经讲到,孔子以变易的观点看待礼,其理论根据就在于此。

小　结

叙述至此,让我们重温萧公权所理解的孔子仁学与孔子礼学之关系。他说:"孔子仁学之可能来源,不外(1)姬周之今学,(2)殷商以前之古学,及(3)孔子之创说。据现存之文献测之,首例一端之成分较少,后二者之成分较多。今存比较可信之古籍记载周政者,鲜为仁义之言","然殷商政治崇尚宽简,则古人有此传说","孔子既为殷遗之后,且又好古敏求,于殷政宽厚之传说,亦必深晓。周政尚文,制度虽备,而究不能久远维持,至春秋而有瓦解之势,孔子或深睹徒法不能自行之理,又有取于周制之完密而思有以补救之。故于殷政宽简之中,发明一仁爱之原则,乃以合之周礼,而成一体用兼具之系统,于是从周之主张始得一深远之意义,而孔子全部政治思想之最后归宿与目的,亦于是成立。此最后目的之仁,既由孔子述其所自得于殷道者而创立,故仁言始盛于孔门"。①

这是一段颇具法理意蕴的论述,它通过追溯孔子仁学的渊源,告诉我们:在孔子的时代,周礼已呈瓦解之势,这叫徒礼不能自行,徒礼也不能久行。在这种情况下,孔子从殷政留下的传统中提炼出仁,以之与礼相合;经由此种结合,仁与礼成为一个体用兼具的系统。在这个系统中,如果礼趋于僵化、异化、过时,已经不堪用以齐民,那就必须按照仁的要求,对礼做出修改。在这个系统中,仁

---

① 萧公权:《中国政治思想史》,新星出版社 2005 年,第 42—43 页。

为礼提供了正当性基础、合法性依据、精神感召力以及不断推陈出新的动力,礼为仁提供了道成肉身的方式与途径。

"体用"是一个中国传统术语,按照这个术语,仁为体,礼为用。按照现代法学理论,我们可以说,仁为高级规范,礼为普通规范,两种规范相互协调,即为孔子建构的二元规范。由仁与礼组合而成的二元规范论,即为孔子安顿人世的法理构想。

第二节 孟 子

在中国思想史上,关于孟子的研究有一个重要的框架与观点:孔子以后的儒学主要朝着两个方向发展,分别是偏重政治的儒学与偏重心性的儒学。前者由子夏、荀子、董仲舒往下传承,主要体现为政治儒学;后者由子思、孟子往下传承,主要体现为心性儒学。特别是程朱理学,作为宋代的新儒学,可以说是孟子一脉结出来的学术思想硕果。正是因为程朱理学对孟子的特别推崇,此前"周孔"并称的格局才转换成后世所熟悉的"孔孟"并称的格局。按照这样的思想框架,孟子享有的"亚圣"身份,主要缘于他对心性儒学的开启。在这样的格局中,孟子的学术思想可以理解为内圣之学,正如梁启超所说:"儒家政治论,本有唯心主义的倾向,而孟子为尤甚。"[1]

然而,倘若回到先秦时期的政治现实,还原孟子身处的政治语境,可以发现,孟子是各国君主高度尊重的思想导师与政治顾问,孟子对现实政治拥有丰富的知识与深刻的理解,孟子的思想也具有浓厚而强烈的现实针对性。太史公司马谈在论述"六家要指"之际指出,儒家与其他各家一样,追求的目标都是"务为治者也"[2]。

---

[1] 梁启超:《梁启超全集》,北京出版社1999年,第3646页。
[2] [汉]司马迁:《史记》,中华书局2006年,第758页。

这就是说,孟子思想的出发点与根本归宿,就在于阐述针对那个现实世界的治道与治术。着眼于此,有必要在中国法理学史的框架下,在"内圣学"之外,在"心性儒学大师"这个定格已久的思想肖像之外,从"外王学"的角度,重新描绘孟子的法理学肖像。

关于孟子的法理学肖像,学术史上虽然有所涉及,但很少给予专门的、系统的论述。因此,有必要在吸收前人学术成果的基础上,推进关于孟子法理学的研究。下文的基本思路是立足于"外王"看孟子的法理学。透过"外王"可以发现,孟子的法理学就是关于王道、王政、王制的法理学。

其中,王政是一个中观的法理学概念。比王政更抽象、更形而上的概念是王道,比王政更具体、更形而下的概念是王制。有一种观点认为,"孟轲所说的'王道'也称'王政'。他认为'王政'的根源是统治者的'仁',所以'王政'也称为'仁政'"①。这一论断把王道、王政、仁政看作可以相互替换的同义词,是不妥的。三者之间的差异,应当得到清晰的界定。从法理学的角度来看,王政是孟子憧憬的政体,王道是王政的思想依据,王制是王政的制度表达,三者构成了孟子法理学的核心范畴,代表了孟子法理学的三个维度。下文首先讨论作为政体的王政,再上下求索,分述王道与王制,以展示孟子法理学的整体框架。

一、王政:华夏早期的政体

王政一词,在《孟子》全文中凡五见。举其要者,有《梁惠王下》:"夫明堂者,王者之堂也。王欲行王政,则勿毁之矣。"②还有《滕文公下》:"不行王政云尔,苟行王政,四海之内皆举首而望之,欲以为君。"③孟子反复论及的王政,应该如何理解?

---

① 冯友兰:《中国哲学史新编》(上卷),人民出版社2007年,第266页。
② [宋]朱熹撰:《四书章句集注》,中华书局2011年,第203页。
③ [宋]朱熹撰:《四书章句集注》,中华书局2011年,第251页。

从法理学的角度来说,孟子所说的王政,可以解读为华夏早期出现的一种政体。王政的概念可以通过西方的政体类型学得到初步的理解。在西方思想史上,亚里士多德曾经区分了"政体的三个正宗类型:君主政体、贵族政体和共和政体,以及相应的三个变态政体:僭主政体为君主政体的变态,寡头政体为贵族的变态,平民政体为共和的变态"①。这样的政体类型学,其实蕴含了两个标准:事实的标准与价值的标准。就事实而言,一个政治共同体如果由多数人主权,那就是共和政体;如果由少数人主权,那就是贵族政体;如果由个别人主权,那就是君主政体。就价值而言,这三种政体都是"正宗"的政体。这里的"正宗"一词,可以理解为"正当"。"正宗"的"正当"之义主要是由历史和传统赋予的:某种政体,只要它由来已久,已经得到了承认,就具有正当性。当然,君主政体、贵族政体、共和政体都可能发生变态。发生变态之后的三种政体,其实是正当性缺失的政体。

以亚里士多德的政体类型学作为参照,孟子憧憬的王政也是一种政体。仿照亚里士多德的分类,孟子的政体类型学也包括了一个事实的标准。从政治空间来看,王政是"王天下之政",王政的空间意义是普天之下。《尽心上》:"君子有三乐,而王天下不与存焉。父母俱存,兄弟无故,一乐也。仰不愧于天,俯不怍于人,二乐也。得天下英才而教育之,三乐也。君子有三乐,而王天下不与存焉。"②这句话的主旨是讨论君子三乐。而君子三乐的对照物,就是"王天下"。"王天下"的字面含义是成为天下之王,或者是促成"天下归往"——这里的"王",有"归往"的意思。在孟子时代的很多人看来,"王天下"似乎也是一种乐,而且可能还是乐的极致。但是,孟子并不认同这样的价值观。在孟子的价值体系中,"君子三

---

① [古希腊]亚里士多德:《政治学》,吴寿彭译,商务印书馆1997年,第178页。
② [宋]朱熹撰:《四书章句集注》,中华书局2011年,第332页。

乐"高于"王天下"。在这里,我们暂不纠缠孟子关于乐的价值观,我们只看"王天下"这个概念。王天下隐含的空间意义是:王对应于天下,至少,王应当对应于天下。"王"与"天下"这种空间,具有特定的对应关系。因而,与"王天下"相对应的政体,就是王政;王政就是王天下之政。

王政意味着王天下。一方面,这是一种现实的政体,譬如尧、舜、禹时代的政体,就是典型的王政。尧、舜、禹就是天下归往之王。另一方面,王政也可以是一种即将实现的政体,即使还没有王天下的现实,但只要隐藏着王天下的特质,那也是王政。譬如,商汤最初统制的政治空间只有七十里,文王最初统制的政治空间只有一百里。在一段相当长的时间内,商汤、文王并没有"王天下",即没有成为天下之王。但是,商汤、文王之政,也是王政,因为商汤、文王之政虽然没有王天下之现实,但是蕴含着王天下之内核、基因、种子。因而,商汤、文王之政必然会从应然的王政变成实然的王政。后来出现的历史事实,既可以证明这个规律,同时也可以说明这样一个道理:王政作为一种政体,既可以是王天下之实然,也可以是王天下之应然。只要蕴含着王天下之应然,那也是王政。

立足于不同的政治空间,与王天下意义上的王政相对应的政体,包括诸侯之政、大夫之政。诸侯的领地是国,因而,不妨将诸侯之政创造性地简称为国政。《公孙丑上》:"尔何曾比予于管仲?管仲得君,如彼其专也;行乎国政,如彼其久也;功烈,如彼其卑也。尔何曾比予于是?"①孟子在此提到的"国政",其实就有政治空间、地理空间的意义——管仲协助齐桓公处理的政务,仅限于一国,国就是诸侯控制的政治空间。可见,相对于王天下之王政,国政这个概念是可以论证的,因为"国"与"天下"确实是两个不同的空间概念,也是两个不同的政治概念。《尽心下》对此已有分辨:"不仁而

---

① [宋]朱熹撰:《四书章句集注》,中华书局2011年,第211页。

得国者,有之矣;不仁而得天下,未之有也。"不仁者可以得国,意思是,不仁者可以成为诸侯,正如朱子所见:"不仁之人,聘其私智,可以盗千乘之国。"①但是,不仁者不可能得天下,意思是,不仁者不可能王天下。不仁者可以造就国政,但是,不仁者不可能造就王政。

再说大夫。大夫的领地是家,家是大夫控制的政治空间,因而,大夫之政也可以创造性地简称为家政。孟子没有直接提出"家政"这个概念。但是,朱子有言:"阳虎,阳货,鲁季氏家臣也。"②这里的家臣就是大夫"家政"的实际处理者。应当看到,孟子时代的"家"具有特定的含义,孟子时代的公私观念亦不同于现代的公私观念。以孟子时代的实际情况来说,处理大夫之家的家政,并不是一种私人性质的活动,而是一种典型的公务活动。大夫之臣与诸侯之臣、天子之臣具有同样的政治性质与法律性质,三者之间的差异主要在于公务活动所覆盖的政治空间、地理空间不同。因此,王政、国政、家政之间的划分,主要基于主政者管辖的空间大小之差异。尽管孟子没有现代意义上的政体观念,但是,根据他关于"王政""国政"与"家臣"的论述,可以提炼出一种孟子风格的政体类型学:王政、国政与家政。因而,王政区别于国政与家政,可以作为华夏早期的一种政体来理解。

政治空间仅仅从一个维度指出了王政概念的事实层面,与此同时,还可以从价值层面来理解王政的含义。与亚里士多德关于正宗政体与变态政体的区分不同,孟子并没有描述王政的变态政体。孟子反复强调了王的对立面,那就是霸。孟子所闻所见之霸主要是春秋五霸。《告子下》:"虞不用百里奚而亡,秦穆公用之而霸。"③秦穆公就是典型的霸。孟子所论之霸,可以理解为霸主或

---

① [宋]朱熹撰:《四书章句集注》,中华书局2011年,第343页。
② [宋]朱熹撰:《四书章句集注》,中华书局2011年,第237页。
③ [宋]朱熹撰:《四书章句集注》,中华书局2011年,第320页。

霸者,但似乎不宜理解为"霸王"。因为,孟子思想中的霸与王,是两个相互对立的概念。所谓王霸之辨,乃是孟子思想的一个纽结。

《尽心上》:"霸者之民,欢虞如也;王者之民,皞皞如也。"同样的民,在王与霸的分别治理之下,居然呈现出截然不同的生命形态。区别何在?朱子解释说:"欢虞,与欢娱同。皞皞,广大自得之貌。程子曰:'欢虞,有所造为而然,岂能久也? 耕田凿井,帝力何有于我? 如天之自然,乃王者之政。'杨氏曰:'所以致力欢虞,必有违道干誉之事;若王者则如天,亦不令人喜,亦不令人怒。'"①按照朱子的这番"集注",在"欢虞如也"与"皞皞如也"之间,存在着生命形态上的差异。前者是有意寻求快乐,近似于今天的"找乐子"或"寻欢作乐",是刻意把自己搞得很快乐,而且,"找乐子"的方式、方法可能还有某些污点,找到的快乐也不可能成为一种持久的快乐。然而,后者却体现为不喜亦不怒,自有一种内在的充实与自信。这就是说,霸者之民只能获得外在的、肉体的、感官刺激层面上的快乐,但是,王者之民却能够收获内在的从容而自信的生命体验。这就是王者之民与霸者之民的不同之处。《告子下》还说:"五霸者,三王之罪人也。"②这就把王与霸完全对立起来。

那么,王与霸在政治层面上的本质区别是什么呢?《公孙丑上》:"以力假仁者霸,霸必有大国,以德行仁者王,王不待大。汤以七十里,文王以百里。以力服人者,非心服也,力不赡也;以德服人者,中心悦而诚服也,如七十子之服孔子也。"原来,霸的特质是以力假仁,王的特质是以德行仁。朱子解释说:"力,谓土地甲兵之力。假仁者,本无是心,而借其事以为功者也。霸,若齐桓、晋文是也。以德行仁,则自吾之得于心者推之,无适而非仁也。"因此,"王霸之心,诚伪不同。故人所以应之者,其不同亦如此。邹氏曰:'以

---

① [宋]朱熹撰:《四书章句集注》,中华书局2011年,第330页。
② [宋]朱熹撰:《四书章句集注》,中华书局2011年,第321页。

力服人者,有意于服人,而人不敢不服;以德服人者,无意于服人,而人不能不服。从古以来,论王霸者多矣,未有若此章之深切而著明也'"。① 依据朱子的这番解释,王是诚,霸是伪;王是以德行仁者,霸是以力假仁者;王的规定性是仁,霸的规定性是力;王凭借的是仁德感召,霸凭借的是武力征服。这就是王与霸在政治上的本质差异。

从价值无涉的层面上说,王者之政即为王政,霸者之政即为霸政。王政与霸政的差异,仿佛亚里士多德所说的君主政体与僭主政体之间的差异。不过,孟子只是指出了五霸及其特质,并未直接提出霸政这个概念。孟子似乎并不把霸政作为王政的并称概念。这背后的政治逻辑与法理意蕴是:在价值层面上,霸政并不是一种正当的政体,霸政的正当性是可疑的,霸者之政不足以成为与王政相互并列的一种政体:这是因为,"政者,正也"(《论语·颜渊》),霸者不正,霸者也就不能成就严格意义上的"霸政"。因此,我们可以说,王政是以德服人之政。相比之下,把以力服人之政称为霸政,在事实层面,在政治科学、法律科学的意义上是可以的,但在价值层面,在政治哲学、法律哲学的层面上是有疑问的,因为它的不仁、不德、不正将从逻辑上导致"无政"。

既然王政是以德行仁之政,那么,如何理解王政与仁政的关系?如前所述,有观点认为,王政就是仁政。表面上看,这样的论断似乎没有问题,但是,王政与仁政之间的差异还是值得辨析。根据上文的分析,王政的概念可以有两个指向。第一,王政是王天下之政,是天下人愿意归往的政体,这是一个具有空间意义的法理学概念。第二,王政是"王之政",这里的"王",并不是现代意义上的国王、君主、皇帝、总统、元首等价值中立的、事实性的概念。但是,孟子所说的王,却是一个具有特定价值指向的概念,它特指圣王,

---

① [宋]朱熹撰:《四书章句集注》,中华书局2011年,第219页。

圣王因内圣而外王,王是内圣的外在表现。从历史上看,王的典型形象是尧、舜、禹、汤、文、武,等等。孟子所说的楚庄王,虽然也称王,但其本质是霸,是霸主或"僭主"。僭主之政,亦即"僭政","本质上是一种有严重缺陷的政治秩序"。①

仁政的概念则另有所指。《梁惠王上》:"王如施仁政于民,省刑罚,薄税敛,深耕易耨。壮者以暇日修其孝悌忠信,入以事其父兄,出以事其长上,可使制梃以挞秦、楚之坚甲利兵矣。"②据此,仁政是指君主善待庶众,或者说,君主以仁爱之心对待庶众。《梁惠王下》:"凶年饥岁,君之民老弱转乎沟壑,壮者散而之四方者,几千人矣,而君之仓廪实,府库充,有司莫以告,是上慢而残下也。曾子曰:'戒之戒之!出乎尔者,反乎尔者也。'夫民今而后得反之也。君无尤焉。君行仁政,斯民亲其上、死其长矣。"③由此可见,所谓"君行仁政",是要求君主把民众从悲惨境地中解救出来。《公孙丑上》:"当今之时,万乘之国行仁政,民之悦之,犹解倒悬也。"④这就是说,"行仁政"主要是解民众于倒悬。归纳这些论述,可以发现,孟子关于仁政的理解,重心在于"仁",他要求君主以仁待民;仁政的实际效果,是救民于苦难。换言之,仁政的核心要义,是免除民众的苦难。如果我们想象一个政治坐标体系,仁政就相当于把政治从负值的水平提升到零值的水平。但是,数值是零的政治水平,能够称为理想的政治吗?显然不能。但是,从负值到零值,这就是孟子对诸侯们提出的希望。孟子所谓的行仁政,主要就是这个意思。至于王政,如果放在同一个政治坐标体系中看,那就是超过零值的正值。正是由于这样的正值,王政才承载了充盈的、正面的、

---

① [美]施特劳斯、[法]科耶夫:《论僭政——色诺芬〈希耶罗〉义疏》,何地译,华夏出版社2006年,第85页。
② [宋]朱熹撰:《四书章句集注》,中华书局2011年,第191—192页。
③ [宋]朱熹撰:《四书章句集注》,中华书局2011年,第208页。
④ [宋]朱熹撰:《四书章句集注》,中华书局2011年,第213页。

积极的政治价值,王政才代表了一种理想的政体。

虽然仁政不能等同于王政,但两者之间也有联系。王政可以吸纳仁政,"行仁政"可以成为王政的一个要素、一个部分,但并不是王政的全部。王者、王天下者、圣王必然是仁者。但是,仁者未必是王天下者,也未必是圣王。独善其身者也可以是仁者,但通常不是王者。《梁惠王上》:"仁者无敌。"①这里的无敌,是指无敌于天下,意思是,谁都打不过仁者。但是,王政根本就不用打,甚至都没有"敌"。王政与攻伐无关,王者因内圣而外王,王者何敌之有?

二、王道:王政的思想依据

王道一词,见于《孟子》,但首出于《尚书·洪范》:"无有作好,遵王之道。无有作恶,遵王之路。"孔安国《尚书正义》的解释是,"言无有乱为私好恶,动必循先王的道路"②。由此看来,"王之道"与"王之路"是同义词,"王之道"就是"王之路"。紧接着,《洪范》直接提出了王道这个概念:"无偏无党,王道荡荡;无偏无党,王道平平;无反无侧,王道正直。"可见,王道就是古代圣王恪守的大道或至道。所谓圣王,即"内圣外王"的简称。如果我们把王政解释为圣王之政,那么,王道就是圣王之道。如果王政代表了一种政体,那么王道就是一种政道。《周易·系辞上》称:"形而上者谓之道。"由此可以界定政道与政体的关系:政道是政体的形而上依据。

蒋庆赋予了"王道"一词实体性的内容:"所谓王道,即以仁义治天下之道。以仁义治天下即是为民,为民即能得民,得民始能天下归往,天下归往始能使人心悦诚服,天下人心悦诚服即王道成

---

① [宋]朱熹撰:《四书章句集注》,中华书局2011年,第192页。
② 李学勤主编:《十三经注疏·尚书正义》,北京大学出版社1999年,第311页。

矣。故依儒教,政治秩序欲合法,必须以民意(人心归向)为根本——人心归向为合法,人心背向为不合法。"①这样的王道,是否符合孟子对王道的理解?孟子如何理解王道?

先看《公孙丑下》:"域民不以封疆之界,固国不以山溪之险,威天下不以兵革之利。得道者多助,失道者寡助。寡助之至,亲戚畔之;多助之至,天下顺之。以天下之所顺,攻亲戚之所畔,故君子有不战,战必胜矣。"②这里所说的"道",其实就是王道。按照孟子之意,得道者,可得多助,可让天下顺之,就是指符合王道的君主能够得天下、王天下;失道者,因为背离了王道,所以众叛亲离,失天下是必然的。由此看来,孟子在此阐述的得道、失道论,其实就是王道论。

孟子关于王道的直接论述,见于《梁惠王上》:"不违农时,谷不可胜食也;数罟不入洿池,鱼鳖不可胜食也;斧斤以时入山林,材木不可胜用也。谷与鱼鳖不可胜食,材木不可胜用,是使民养生丧死无憾也。养生丧死无憾,王道之始也。"显然,这是一种物质主义的王道观。梁启超说:"政治目的,在提高国民人格,此儒家最上信条也。孟子却看定人格之提高,不能离却物质的条件,最少亦要人人对于一身及家族之生活得确实保障,然后有道德可言。"③由此可知,形而上的王道有抽象的一面,但是又有具体的、甚至是物质化的另一面。王道始于"养生丧死无憾",亦即民众的物质生活条件能够得到基本的保障。显然,王道的实体内容,既是精神性的,同时也是物质性的。形而上的王道可以从形而下的层面来理解。朱子解释说:"农时,谓春耕夏耘秋收之时。凡有兴作,不违此时,至冬乃役之也。"而且,"古者网罟必用四寸之目,鱼不满尺,市不得

---

① 蒋庆:《政治儒学:当代儒学的转向、特质与发展》,福建教育出版社2014年,第155页。
② [宋]朱熹撰:《四书章句集注》,中华书局2011年,第224页。
③ 梁启超:《梁启超全集》,北京出版社1999年,第3648页。

粥,人不得食。山林川泽,与民共之,而有厉禁。草木零落,然后斧斤入焉。此皆为治之初,法制为备,且因天地自然之利,而撙节爱养之事也。然饮食宫食所以养生,祭祀棺椁所以送死,皆民所急而不可无者。今皆有以资之,则人无所恨矣。王道以得民心为本,故以此为王道之始"。①

朱子提示我们,王道的要义清楚而明白,简而言之,王道就是得民心。得民心的含义,其至主要表现为"人无所恨",要做到"人无所恨",就是要满足民众的基本生活需求。《公孙丑下》:"天时不如地利,地利不如人和。"对于这句流行至今的名言,朱子的解释是:"天时,谓时日支干、孤虚、王相之属也。地利,险阻、城池之固也。人和,得民心之和也。"②因此,"人和"一词,并不能望文生义,不能简单地理解为人与人之间的亲善关系。"人和"具有特定的含义,那就是"得民心之和",亦即君主得到了广泛而普遍的民心支持。得民心不仅是王道之始,得民心还优于、先于、高于地利与天时。根据朱子的解释,可以发现,得民心堪称王道的核心、实质与根本。因此,所谓王道,就是得到民心的认同,包括心理认同、情感认同、思想认同。关于得民心的具体方法,或者说关于王道的方法论,孟子提供了多个方面的论述,有必要逐一梳理。

第一,得民心的最低要求,是"不嗜杀人"。据《梁惠王上》,孟子见梁襄王,出来之后告诉他人,梁襄王这个人,"望之不似人君,就之而不见所畏焉。卒然问曰:'天下恶乎定?'吾对曰:'定于一。''孰能一之?'对曰:'不嗜杀人者能一之。''孰能与之?'对曰:'天下莫不与也。王知夫苗乎?七八月之间旱,则苗槁矣。天油然作云,沛然下雨,则苗浡然兴之矣。其如是,孰能御之?今夫天下之人

---

① [宋]朱熹撰:《四书章句集注》,中华书局2011年,第189—190页。
② [宋]朱熹撰:《四书章句集注》,中华书局2011年,第224页。

牧,未有不嗜杀人者也,如有不嗜杀人者,则天下之民皆引领而望之矣。诚如是也,民归之,由水之就下,沛然谁能御之?'"①孟子在此提出的得民心的方法,可以说是一个最低限度的要求。如前所述,孟子一向被视为偏重心性的理想主义者,但是,孟子以"不嗜杀人"教导诸侯,却体现了一种严酷的现实主义。孟子的理路是,在天下诸侯普遍喜欢杀人(攻伐)的背景下,某个诸侯倘若能够反其道而行之,能够节制自己的杀人嗜好,就能够赢得天下人的广泛追随。因为,民众苦于嗜杀之君实在太久了,倘若有一个不嗜杀人的君主,民众就会闻风而至,簇拥到他的周围;在民众的拥戴下,他就能够定天下于一,亦即能够统一天下,能够王天下。这就是孟子的王道逻辑,其中,君主不嗜杀人堪称这个逻辑关系的起点。当然,后来的事实证明,反而是嗜杀的秦王嬴政,实现了定天下于一的目标。以此事实来验证,孟子关于不嗜杀人的训诫,其有效性是值得怀疑的。这就说明,孟子虽然能够看到天下诸侯普遍嗜杀的现实,但他毕竟还是一个十足的理想主义者。

第二,得民心的较高要求,是与民共忧乐。《梁惠王下》:"乐民之乐者,民亦乐其乐;忧民之忧者,民亦忧其忧。乐以天下,忧以天下,然而不王者,未之有也。"②按照这样的教导,君主如果能够与民忧乐与共,亦是圣王之道,亦可以实现王天下的目标。《梁惠王下》:"齐人伐燕,胜之。宣王问曰:'或谓寡人勿取,或谓寡人取之。以万乘之国伐万乘之国,五旬而举之,人力不至于此。不取,必有天殃。取之,何如?'孟子对曰:'取之而燕民悦,则取之。古之人有行之者,武王是也。取之而燕民不悦,则勿取。古之人有行之者,文王是也。以万乘之国伐万乘之国,箪食壶浆,以迎王师。'"③王师是圣王的军队,是符合王道的军队。如果王师所向,能够产生燕

---

① [宋]朱熹撰:《四书章句集注》,中华书局2011年,第192页。
② [宋]朱熹撰:《四书章句集注》,中华书局2011年,第201页。
③ [宋]朱熹撰:《四书章句集注》,中华书局2011年,第206—207页。

民大悦的效果,就可以证明王师的行动是与民共忧乐的行动,亦是得民心的行动。

第三,得民心的更高要求,是为民父母。《梁惠王上》:"齐宣王问曰:'齐桓、晋文之事可得闻乎?'孟子对曰:'仲尼之徒无道桓、文之事者,是以后世无传焉。臣未之闻也。无以,则王乎?'曰:'德何如,则可以王矣?'曰:'保民而王,莫之能御也。'"①这里的"保民",就是保育民众,君主要成为民众的保育者,这样的观念,可以用现在的法律父爱主义来解释。《梁惠王上》又说:"是故明君制民之产,必使仰足以事父母,俯足以畜妻子,乐岁终身饱,凶年免于死亡。"②这也是保民思想的另一种表达。《公孙丑上》提供了为民父母的五种具体方法:"尊贤使能,俊杰在位,则天下之士皆悦而愿立于其朝矣。市廛而不征,法而不廛,则天下之商皆悦而愿藏于其市矣。关讥而不征,则天下之旅皆悦而愿出于其路矣。耕者助而不税,则天下之农皆悦而愿耕于其野矣。廛无夫里之布,则天下之民皆悦而愿为之氓矣。信能行此五者,则邻国之民仰之若父母矣。率其子弟,攻其父母,自生民以来,未有能济者也。如此,则无敌于天下。无敌于天下者,天吏也。然而不王者,未之有也。"③据此,只要遵循五条准则,就能够为民父母,就能够得民心、王天下。

第四,得民心的终极目标,其实就是得天下、为天子。《离娄上》:"桀纣之失天下也,失其民也;失其民者,失其心也。得天下有道:得其民,斯得天下矣;得其民有道:得其心,斯得民矣;得其心有道:所欲与之聚之,所恶勿施尔也。"这就是说:"民之所欲,皆为致之,如聚敛然。民之所恶,则勿施于民。"④换言之,所谓得民心,其实就是得民,得民就是得到民的支持、服从、拥戴,就是得天下。按

---

① [宋]朱熹撰:《四书章句集注》,中华书局2011年,第193页。
② [宋]朱熹撰:《四书章句集注》,中华书局2011年,第197页。
③ [宋]朱熹撰:《四书章句集注》,中华书局2011年,第220页。
④ [宋]朱熹撰:《四书章句集注》,中华书局2011年,第262页。

照朱子之意,得民心、得天下的基本方法,就是顺应民众的心愿。民之所好,尽量满足;民之所恶,尽量撤离。此外,《尽心下》还有一段关于王道方法论的著名训示:"民为贵,社稷次之,君为轻。是故得乎丘民而为天子,得乎天子为诸侯,得乎诸侯为大夫。"①所谓"得乎丘民"就是得民,得民就能得天下,就能为天子、王天下。

对于这段著名的"民贵君轻论",金耀基称之为"民体国用之思想",并指出,因为这样的思想,孟子堪称"儒家民本思想之宗师"。②影响更大的康有为,则以之类比现代性的民主理论,说:"此孟子立民主之制,太平法也。盖国之为国,聚民而成之,天生民而利乐之。民聚则谋公共安全之事,故一切礼乐政法皆以为民也。但民事众多,不能人人自为公共之事,必公举人任之。所谓君者,代众民任此公共保全安乐之事。为众民之所公举,即为众民之所公用。民者如店肆之东人,君者乃聘雇之司理人耳。民为主而君为客,民为主而君为仆,故民贵而君贱易明也。众民所归,乃举为民主,如美、法之总统。然总统得任群官,群官得任庶僚,所谓'得乎丘民为天子,得乎天子为诸侯,得乎诸侯为大夫'也。今法、美、瑞士及南美各国皆行之,近于大同之世,天下为公,选贤与能也。孟子已早发明之。"③

以当下的"后见之明"来看,康有为的这段"孟子微",几乎是双重误读。一方面,是对孟子的误读。孟子时代的君主,绝非美、法诸国的总统。即使是遵循先王之道的圣王,也与康有为时代的美、法总统具有完全不同的政法逻辑。美、法总统由选举产生,总统与选民具有同质、平等的关系。孟子期待的君主因内圣而外王,因内圣而王天下,占据了远远高于民众的德性优势、智力优势。圣王与

---

① [宋]朱熹撰:《四书章句集注》,中华书局2011年,第344页。
② 金耀基:《中国民本思想史》,法律出版社2008年,第66页。
③ 康有为:《孟子微》《礼运注》《中庸注》,楼宇烈整理,中华书局1987年,第20—21页。

庶众绝非同质、平等的关系。所谓"人皆可以为尧舜"(《告子下》),也只是说人人都有成为尧舜的可能性,但绝无可能人人都在事实上成为尧舜,否则,人人都是圣王,根本没有办法形成稳定的文明秩序。另一方面,则是对民主的误读。美、法的总统,并非被"举为民主"。"举为民主"意味着,总统被推举为民众的主人或主宰者,但是,在美、法诸国,民主的正确含义是民众自己作主,民众自主决定一切。

当然,康有为对孟子的误读,也有其积极意义,那就是,以强烈对照的方式,折射出孟子王道概念的实质:从得民心开始,进而得民,最终实现得天下。得天下就是王天下,得天下之道就是王天下之道,就是王道。这就是孟子理解的王道。这是一种与西方近代以来的民主之道完全不同的政道。这种政道的实质是儒家的内圣外王之道,它的逻辑是:因内圣而外王。在中国思想史上,"孟子以'王道'为中心的政治思想是古代儒家外王学一大高潮"①。孟子关于王道的论述,可以视为儒家外王之学的经典表达。

三、王制:王政的制度表达

如果说王道构成了王政的形而上依据,那么王制则是王政的形而下表达,当然也是王政的制度表达、规范表达。《尽心下》:"说大人,则藐之,勿视其巍巍然。堂高数仞,榱题数尺,我得志弗为也;食前方丈,侍妾数百人,我得志弗为也;般乐饮酒,驱骋田猎,后车千乘,我得志弗为也。在彼者,皆我所不为也;在我者,皆古之制也,吾何畏彼哉?"②孟子以彼之巍巍然,衬托自己的特有立场,那就是,遵循"古之制"。这里的"古之制",就是王制,亦即先王之制。

---

① 黄俊杰:《孟子》,生活·读书·新知三联书店 2013 年,第 96 页。
② [宋]朱熹撰:《四书章句集注》,中华书局 2011 年,第 350 页。

在传世文献中,作为"古之制"的王制主要见于《礼记》之《王制》。那么,《王制》究竟出于谁手?廖平把《王制》的创作归属于孔子,他说:"盖《王制》孔子所作,以为《春秋》礼传。孟、荀著书,已全祖此立说。汉博士之言如《大传》,特以发明《王制》而已。岂可与《王制》相比?"①这就是说,汉代博士的贡献,仅止于对《王制》的阐发,孟子关于王制的思想,就是根据孔子的《王制》而来的。

章太炎反对这种观点,他说:"《王制》者,汉文帝使博士刺六经为之,见于《史记》。卢子干从其说,而郑君以为在赧王后,说已晻昧。或言博士所作,本制、兵制、服制诸篇。又有望祀射牛事。今皆无有,是本二书也。不悟经师传记,时有删取其文,即今《乐记》亦不即本数,则《王制》愈可知。先师俞君以为素王制法,盖率尔不考之言,皮锡瑞信是说,为《王制笺》,所不能通,即介恃素王以为容阅。案周尺东田之文,非孔子作甚明。其言制禄,又参半本孟子。孟子自言去籍以后,其详不闻。孟子王制说,略可信者曰:卿禄四大夫,大夫食七十二人,卿食二百八十八人。"②

金德建持有与章太炎相近的观点。金德建将《孟子》与《王制》所述制度进行比较之后发现,有"三十四条,皆《孟子》《王制》相通之处。二书既密合如此,则年代孰先孰后?今按《王制》多称'古者',如云'古者公田籍而不税''古者以周尺八尺为步'皆是。知所称述,原多稽考古说;以此为例,当系《王制》晚出,采据《孟子》无疑。郑康成《答临硕难礼》云:'孟子当赧王之际;《王制》之作,复在其后,'(《礼记·王制正义》引)郑氏殆因《孟子》与《王制》相通,故举以比拟;更谓《孟子》时代较早,《王制》之作在后,其说亦然。然

---

① 廖平:《今古学考》,载蒙默、蒙怀敬编:《中国近代思想家文库·廖平卷》,中国人民大学出版社2014年,第35页。
② 章太炎:《驳皮锡瑞三书》,载章太炎:《章太炎全集·太炎文录初编》,徐复点校,上海人民出版社2014年,第15—16页。

则旧说《王制》文帝时博士所作,于此益可征信矣。文帝时,申公、韩婴具以《诗》为博士,五经列于学官,唯《诗》而已。至诸子传记,则又广置博士。《汉书·刘歆传》谓:'孝文皇帝时,天下众书,往往颇出,皆诸子传记,犹广立学官,为置博士。'赵岐《孟子题辞》亦云:'孝文皇帝欲广游学之路,《论语》、《孝经》、《孟子》、《尔雅》,皆置博士。'可征文帝时《孟子》已置博士,而《王制》即作于文帝博士,是故《王制》所述制度,遂所采《孟子》矣"①。

章太炎、金德建比廖平相对晚出,但他们所代表的观点,在廖平看来,则是"经学不明"导致的谬误。廖平说:"《左》、《国》、《孟》、《荀》,以周人言周制,莫不同于《王制》,与《周礼》迕。北宫锜明问周制,孟子答与《王制》同,则何得以为夏、殷制?盖因畿内封国,二书各举一端,孟子所举上中卿、上中大夫、上中士,《王制》则专指下卿、下大夫、下士。互文相起,其义乃全,使二书同文,反失其精妙。说者乃谓《王制》误钞《孟子》,此等瞽说,流传已久,虽高明亦颇惑之。此经学所以不明也。且郑因《王制》异《周礼》而恶排之,不知二书不同,亦如《孟子》之异《王制》。《周礼》、《王制》,分主'大小'二统,互文相起,妙义环生。亦如《孟子》、《王制》,妙在不同,彼此缺文,以互见相起。"②

我们赞同廖平的观点与论证。而且,我们虽不赞同金德建的观点,但尊重他对《王制》与《孟子》相同或相近之处的考证。这些相同或相近之处,金德建以为是《王制》源出于《孟子》,但我们愿意倒过来看:并非《王制》出于《孟子》,而是《孟子》出于《王制》。比较而言,《孟子》与《王制》之相同处,体现了孟子对《王制》的因袭;至于两者之相近处,则体现了孟子对《王制》的修正。因而,《王制》中的内容见于《孟子》者,既可以反映孟子关于王制

---

① 金德建:《古籍丛考》,中华书局 1941 年,第 101 页。
② 廖平:《知圣篇》,载蒙默、蒙怀敬编:《中国近代思想家文库·廖平卷》,中国人民大学出版社 2014 年,第 108 页。

的观点,亦可以反映孟子对"古之制"或先王之制的继承与发展。在这里,请允许我参阅金德建的考证,把孟子的王制思想分述为以下几个方面。

一是关于爵禄制度的思想。王制的核心当属爵禄制度。根据制度化、规范化的爵禄,可以建构起等级化的政治秩序与社会生活秩序。据《万章下》,卫国人北宫锜提了一个问题:"周室班爵禄也,如之何?"针对这个问题,孟子集中阐述了他关于爵禄制度的观点:"其详不可得闻也。诸侯恶其害己也,而皆去其籍。然而轲也,尝闻其略也。天子一位,公一位,侯一位,伯一位,子、男同一位,凡五等也。君一位,卿一位,大夫一位,上士一位,中士一位,下士一位,凡六等。天子之制,地方千里,公侯皆方百里,伯七十里,子、男五十里,凡四等。不能五十里,不达于天子,附于诸侯,曰附庸。天子之卿受地视侯,大夫受地视伯,元士受地视子、男。大国地方百里,君十卿禄,卿禄四大夫,大夫倍上士,上士倍中士,中士倍下士,下士与庶人在官者同禄,禄足以代其耕也。次国地方七十里,君十卿禄,卿禄三大夫,大夫倍上士,上士倍中士,中士倍下士,下士与庶人在官者同禄,禄足以代其耕也。小国地方五十里,君十卿禄,卿禄二大夫,大夫倍上士,上士倍中士,中士倍下士,下士与庶人在官者同禄,禄足以代其耕也。耕者之所获,一夫百亩。百亩之粪,上农夫食九人,上次食八人,中食七人,中次食六人,下食五人。庶人在官者,其禄以是为差。"① 这些关于爵禄制度的具体说明,都可以在《王制》中找到对应的内容。② 再看《梁惠王上》:"海内之地方千里者九,齐集有其一。以一服八,何以异于邹敌楚哉?"③这个观点的制度依据见于《王制》:"凡四海之内九州,州方千里。"④再看《告

---

① [宋]朱熹撰:《四书章句集注》,中华书局2011年,第295—296页。
② 详见,金德建:《古籍丛考》,中华书局1941年,第94—96页。
③ [宋]朱熹撰:《四书章句集注》,中华书局2011年,第196页。
④ 以下引自《王制》篇的文字,均见,王文锦译解:《礼记译解》,中华书局2016年,第148—182页。

子下》:"夫子在三卿之中。"①这里提及的三卿制度见于《王制》关于"大国三卿"的规定。《公孙丑下》:"孟子致为臣而归。"②孟子离开齐国时,已经年过七十,恰好符合《王制》规定的"七十致政"之规则。这些具体制度,虽然孟子谦称"闻其略",其实就是孟子主张的爵禄制度——而且是关于爵禄的实体性规定。至于针对爵禄的程序性规定,则可见于《公孙丑下》:"有仕于此,而子悦之,不告于王而私与之吾子之禄爵;夫士也,亦无王命而私受之于子,则可乎?"③回答显然是否定的,因为《王制》开篇就规定:"王者之制禄爵",换言之,俸禄与爵位绝不可以私下相互授受。概括地说,孟子反复提到针对爵禄的制度体系,其实是对尊卑上下等级关系的规则化表达。

二是关于礼仪制度的思想。由于礼崩乐坏愈演愈烈,孟子时代的礼仪制度在重要性方面已经不及孔子时代。但是,孟子还是反复强调礼制与仪程,特别看重礼仪制度对王政的支撑作用。其中,(1)《滕文公下》述及祭礼:"惟士无田,则亦不祭。"④《王制》的相应规定是:"大夫、士宗庙之祭,有田则祭,无田则荐。"(2)《梁惠王上》:"王坐于堂上,有牵牛而过堂下者,王见之,曰:'牛何之?'对曰:'将以衅钟。'王曰:'舍之!吾不忍其觳觫,若无罪而就死地。'对曰:'然则废衅钟与?'曰:'何可废也?以羊易之!'不识有诸?"⑤这段话回应了《王制》的规定:"诸侯无故不杀牛,大夫无故不杀羊,士无故不杀犬豕,庶人无故不食珍。"(3)《公孙丑下》:"天下有达尊三:爵一,齿一,德一。朝廷莫如爵,乡党莫如齿,辅世长民莫如德。"⑥《王制》

---

① [宋]朱熹撰:《四书章句集注》,中华书局2011年,第320页。
② [宋]朱熹撰:《四书章句集注》,中华书局2011年,第230页。
③ [宋]朱熹撰:《四书章句集注》,中华书局2011年,第229页。
④ [宋]朱熹撰:《四书章句集注》,中华书局2011年,第248页。
⑤ [宋]朱熹撰:《四书章句集注》,中华书局2011年,第193页。
⑥ [宋]朱熹撰:《四书章句集注》,中华书局2011年,第225—226页。

中的相关规定是:"父之齿随行,兄之齿雁行。"(4)《离娄下》:"君子平其政,行辟人可也。"意思是,"能平其政,则出行之际,辟出行人,使之避己,亦不为过"。① 这个规矩在《王制》中的渊源是:"齐其政,不易其宜。"

三是关于赏罚制度的思想。关于奖励的制度是王制,关于惩罚的制度同样也是王制。(1)《梁惠王下》:"左右皆曰贤,未可也;诸大夫皆曰贤,未可也;国人皆曰贤,然后察之,见贤焉,然后用之。左右皆曰不可,勿听;诸大夫皆曰不可,勿听;国人皆曰不可,然后察之,见不可焉,然后去之。左右皆曰可杀,勿听;诸大夫皆曰可杀,勿听;国人皆曰可杀,然后察之,见可杀焉,然后杀之。"② 对此,《王制》的相关规定有:"司寇正刑明辟,以听狱讼,必三刺","疑狱,泛与众共之。众疑,赦之。必察小大之比以成之"。(2)《告子下》:"天子适诸侯曰巡狩,诸侯朝于天子曰述职。春省耕而补不足,秋省敛而助不给。入其疆,土地辟,田野治,养老尊贤,俊杰在位,则有庆,庆以地。入其疆,土地荒芜,遗老失贤,掊克在位,则有让。一不朝,则贬其爵;再不朝,则削其地;三不朝,则六师移之。是故天子讨而不伐,诸侯伐而不讨。"③ 这段话涉及多个方面的制度,关于其中的赏罚制度,《王制》也有规定:"有功德于民者,加地进律","诸侯之有功者,取于闲田以禄之。其有削地者归之闲田","畔者君讨",等等。

四是关于经济制度的思想。梁启超认为:"孟子政治论最重要之部分,则其经济制度也",而且,"孟子认经济问题为改良社会之根本,与后世之耻言经济而高谈道德者有异矣。孟子经济政策第一要件,在整理土地制度"。④ 依照梁启超的这个论断,经济制度,特别是其中的土地制度,是孟子政治论的"最重要之部分"。冯友兰在

---

① [宋]朱熹撰:《四书章句集注》,中华书局 2011 年,第 271 页。
② [宋]朱熹撰:《四书章句集注》,中华书局 2011 年,第 205 页。
③ [宋]朱熹撰:《四书章句集注》,中华书局 2011 年,第 321 页。
④ 梁启超:《梁启超全集》,北京出版社 1999 年,第 3324 页。

"王道的物质条件——井田制"这一标题下写道:"孟轲认为'王道'的经济制度是'井田制'。"①这就是说,孟子的王制思想主要集中于井田制。全面地看,虽然梁、冯的论断不够公允,但孟子对经济制度的重视是不言而喻的。譬如,(1)《滕文公上》:"方里而井,井九百亩,其中为公田。八家皆私百亩,同养公田。"②对此,《王制》的规定是:"方一里者为田九百亩。方十里者,为方一里者百,为田九万亩。方百里者,为方十里者百,为田九十亿亩。方千里者,为方百里者百,为田九万亿亩。"(2)《公孙丑上》:"市廛而不征,法而不廛,则天下之商皆悦而愿藏于其市矣。关讥而不征,则天下之旅皆悦而愿出于其路矣。耕者助而不税,则天下之农皆悦而愿耕于其野矣。"③《王制》的相关规定是:"古者,公田籍而不税,市廛而不税,关讥而不征。"(3)《滕文公上》:"百工之事,固不可耕且为也。"④《王制》中的相应规定是:"百工各以其器食之。"(4)《梁惠王上》:"斧斤以时入山林,材木不可胜用也。"⑤《王制》亦有相应的规定:"草木零落,然后入山林。"此外,《梁惠王下》:"文王之治岐也,耕者九一,仕者世禄,关市讥而不征,泽梁无禁,罪人不孥。"⑥《滕文公上》:"请野九一而助,国中什一使自赋。卿以下必有圭田,圭田五十亩。余夫二十五亩。"⑦"夏后氏五十而贡,殷人七十而助,周人百亩而彻,其实皆什一也。彻者,彻也;助者,藉也。"⑧"以粟易械器者,不为厉陶冶;陶冶亦以其械器易粟者,岂为厉农夫哉?"⑨孟子阐述的这些关于经济

---

① 冯友兰:《中国哲学史新编》(上卷),人民出版社2007年,第263页。
② [宋]朱熹撰:《四书章句集注》,中华书局2011年,第239页。
③ [宋]朱熹撰:《四书章句集注》,中华书局2011年,第220页。
④ [宋]朱熹撰:《四书章句集注》,中华书局2011年,第241页。
⑤ [宋]朱熹撰:《四书章句集注》,中华书局2011年,第189页。
⑥ [宋]朱熹撰:《四书章句集注》,中华书局2011年,第203页。
⑦ [宋]朱熹撰:《四书章句集注》,中华书局2011年,第239页。
⑧ [宋]朱熹撰:《四书章句集注》,中华书局2011年,第237页。
⑨ [宋]朱熹撰:《四书章句集注》,中华书局2011年,第241页。

的制度,都可以在《王制》中找到相应的规定,这里不再赘述。

五是关于社会保障、社会救助制度的思想。孟子在这个方面的论述主要集中于优抚安置。这个方面的王制是对王道及王政的直观体现,能够直接产生得民心、王天下的效果。(1)《梁惠王下》:"老而无妻曰鳏。老而无夫曰寡。老而无子曰独。幼而无父曰孤。此四者,天下之穷民而无告者。文王发政施仁,必先斯四者。"①见于《王制》的相应规定是:"少而无父谓之孤,老而无子谓之独,老而无妻谓之矜,老而无夫谓之寡,此四者,天民之穷而无告者,皆有常饩。"(2)《梁惠王上》:"五亩之宅,树之以桑,五十者可以衣帛矣;鸡豚狗彘之畜,无失其时,七十者可以食肉矣;百亩之田,勿夺其时,数口之家可以无饥矣;谨庠序之教,申之以孝悌之义,颁白者不负戴于道路矣。七十者衣帛食肉,黎民不饥不寒。"②《王制》的相应规定是:"五十始衰,六十非肉不饱,七十非帛不暖。"(3)《尽心上》:"所谓西伯善养老者,制其田里,教之树畜,导其妻子,使养其老。五十非帛不暖,七十非肉不饱。不暖不饱,谓之冻馁。文王之民,无冻馁之老者。"③《王制》对此做出的规定是:"五十养于乡,六十养于国,七十养于学,达于诸侯。"(4)《滕文公上》:"设为庠序学校以教之:庠者,养也;校者,教也;序者,射也。夏曰校,殷曰序,周曰庠,学则三代共之,皆所以明人伦也。"④《王制》的相应规定是:"有虞氏养国老于上庠,养庶老于下庠;夏后氏养国老于东序,养庶老于西序;殷人养国老于右学,养庶老于左学;周人养国老于东胶,养庶老于虞庠:虞庠在国之西郊。"这些对应于《王制》的制度,有助于实现孟子期待的王道与王政。

以上五个方面,旨在结合《王制》,梳理孟子关于王制的一些论

---

① [宋]朱熹撰:《四书章句集注》,中华书局2011年,第203页。
② [宋]朱熹撰:《四书章句集注》,中华书局2011年,第190页。
③ [宋]朱熹撰:《四书章句集注》,中华书局2011年,第333页。
④ [宋]朱熹撰:《四书章句集注》,中华书局2011年,第238页。

述。这些制度层面上的论述表明,孟子关于王政的制度、规范,已有系统而成熟的思想。从根源上说,这些思想因袭于更加古老的《王制》,可以视为孟子对于《王制》的重述。

小　　结

上文立足于王道、王政、王制三个不同的维度,勾画了孟子法理学的复式结构与整体框架。由此,可以体会孟子法理学的一个特质,那就是批判法学。

在儒家法理学的谱系中,孟子是批判法学的第一个重镇。虽然在孟子之前,孔子也有一定的批判意识与批判锋芒,正如后人所讲的"孔子成《春秋》而乱臣贼子惧"[①],但从总体上看,孔子法理学的主要旨趣还是在于,恢复、重建周公创制的礼乐文明秩序。相对而言,孔子的批判是温和的,见于《春秋》的批判甚至是隐晦的。在实践中,孔子对政治现实始终保持着相当程度的妥协,孔子甚至愿意与各种各样的政治势力合作——只要对方能够给他提供施展政治抱负的机会。但是,百年以后的孟子,已经出现了一个明显的变化:孟子有更强的理论自信;在各国君主面前,孟子占据了更加明显的道德优势、智力优势、思想理论优势;孟子在任何诸侯面前,几乎都可以摆出导师的架子;孟子有足够的底气教导君主;孟子有更加明显的帝王师的意识。从这些方面来讲,孟子堪称东方的柏拉图,柏拉图则是西方的孟子。

在孟子的法理学中,只有王道才是唯一正确的政道,只有王政才是唯一正确的政体,只有王制才是唯一正确的政制。孟子以王道、王政、王制作为标准,以之评判各国诸侯实行的政道、政体与政制,结果发现,各国诸侯都偏离了应然的王道、王政与王制。王道的核心是得民心,王政的要义是王天下,王制的精神是讲规矩。这

---

① [宋]朱熹撰:《四书章句集注》,中华书局 2011 年,第 254 页。

三个概念,既是孟子法理学的核心范畴,同时也展示了孟子法理学的精神与风格。然而,孟子面对的政治现实,"不外三种现象:(1)急功近利的社会风气;(2)王道政治的失落;(3)攻伐征战的频繁"①。在这样的政治背景下,孟子"游事齐宣王,宣王不能用。适梁,梁惠王不果所言,则见以为迂远而阔于事情。当是之时,秦用商君,富国强兵;楚魏用吴起,战胜弱敌;齐威王、宣王用孙子、田忌之徒,而诸侯东面朝齐。天下方务于合从连衡,以攻伐为贤,而孟轲乃述唐、虞、三代之德,是以所如者不合"②。按照这段太史公言,孟子时代的政治主流以攻伐为贤,以功利主义、物质主义为尚。这样的政治现实,恰好处于孟子理想的对立面。孟子站在王道、王政、王制的立场上,对拒绝王道、背离王政、抛弃王制的政治现实进行了全面、系统、深刻的批判,体现了批判法学的精神与风格。

孟子不能合于当世,只好退下来与万章等人阐释《诗经》《尚书》,演绎孔子思想,写作《孟子》七篇。就当时的情势来看,孟子似乎是一个失败之人,《孟子》似乎是一部失败之书。但是,立足于整个文明史,孟子其人、《孟子》其书的成功是显而易见、举世瞩目的。如果说孔子是儒家的源头,那么孟子可以看作儒家特别是宗教性儒家的大宗。康有为有言:"盖孔子为创教之发始,孟子为孔子后学之大宗也。"③钱穆在论及孟子时也认为,"儒家是一种人文宗教,'人性善'是他们最高的宗教信仰,'杀身成仁'与'舍生取义',是他们最高的宗教精神"④,诚哉斯言。依照今日的眼光来看,孟子作为心性儒学的主要开创者,数千年间,一直充当着历代士大夫的精神偶像。孟子比孔子更像一个时代的思想导师,孟子在政治权力、经济财富之外,确立了一种堪与孔子比肩,甚至超越孔子的

---

① 黄俊杰:《孟子》,生活·读书·新知三联书店2013年,第13页。
② [汉]司马迁:《史记》,中华书局2006年,第455页。
③ 康有为:《孟子微》《礼运注》《中庸注》,楼宇烈整理,中华书局1987年,第28页。
④ 钱穆:《中国思想史》,九州出版社2012年,第36页。

宗教性的精神资源。因为这种精神资源,孟子的批判法学一直闪耀着激荡人心的思想光芒。

第三节 荀　子

在先秦诸子中,荀子是一个广采博纳、善于综合的思想家。这样的思想人物通常会遇到两种不同的评价。评论者如果要表彰他,就说他是"集大成者";如果不愿表彰他,就称其为"杂家"。荀子就是这样的人物,《荀子》就是这样的著作。郭沫若说:"荀子是先秦诸子中最后一位大师,他不仅集了儒家的大成,而且可以说是集了百家的大成。"①这是一种比较正面的评价。杨向奎认为:"荀子是一个杂糅儒家,法家和老庄学派思想的思想家,是古代思想界中的集大成的人物,同时也是一个驳杂而不纯的人物。"②这是以"同时"一词,联接了两种态度、两种评价。

的确,生活在战国晚期的荀子,有机会批判地继承此前的诸子百家。我们在荀子的著作中,可以找到先秦时代各种各样的思想学说。儒家的"礼乐"、法家的"法术"自不必说,阴阳家的学说也很明显,譬如《礼论》写到的"天地合而万物生,阴阳接而变化起"③,以及《天论》中的"四时代御,阴阳大化,风雨博施,万物各得其和以生,各得其养以成"④。尤其是作为一篇学术综述的《非十二子》,它对"十二子"的批判表明,荀子对这些学说已有高度的关注——毕竟,批判也是一种关注,批判的前提首先是要研究,没有研究也就不可能有中肯的、精准的批判。立足于这样的学理背景来讨论荀子的法理学,我们可以发现,荀子的法理学具有兼收并蓄的特

---

① 郭沫若:《十批判书》,人民出版社2012年,第164页。
② 杨向奎:《荀子的思想》,《文史哲》1957年第10期。
③ [唐]杨倞注:《荀子》,耿芸标校,上海古籍出版社2014年,第238页。
④ [唐]杨倞注:《荀子》,耿芸标校,上海古籍出版社2014年,第199页。

点。不妨作一个"大胆的假设",称其为中国先秦晚期的"综合法学"。

如果以"综合法学"描述荀子的法理学,那么,荀子的法理学是如何"综合"的?荀子的法理学"综合"了哪些法理资源?经过"综合"之后形成的荀子法理学又呈现出什么样的理论形态?对于这些相互关联的问题,我们的回答是:荀子法理学主要综合了传统儒家与新兴法家的法理学,同时吸收了其他诸子的法理学,最终形成了一种新的礼法学说。礼法学说不仅可以概括荀子法理学的精神,而且还代表了中国战国晚期的"综合法学"。对于这个"大胆的假设",自然应当给予"小心的求证"。下文就从礼论、法论、礼法论三个方面分别予以论述。其中,礼论、法论是分论,礼法论则是合论。最后是一个总结,以概括荀子的礼法学说作为"综合法学"之旨趣。

一、礼论

自殷末周初开始,经过以周公为代表的先贤们的整理,礼成为国家治理的基本规范。孔子继承周公的传统,试图恢复和重建西周的礼乐文明秩序。至荀子时代,虽然礼的崩坏已经成为无可挽回的现实,但是,荀子依然坚持礼的规范性,依然是一个坚定的礼治论者。在《荀子》全书中,绝大多数篇章都论及礼,因此,关于礼的思想实为荀学的中心思想。荀子的"礼论",亦即荀子关于礼的思想,可以从不同的角度来理解和认知。

(一)礼的起源

有关某种事物起源的理论,通常都是关于某种事物的基础理论。礼的起源论也不例外。荀子关于礼的基础理论,就是礼的起源论。荀子从三个不同的角度论述了礼的起源。

第一个角度是欲望。《礼论》:"礼起于何也?曰:人生而有欲,欲而不得则不能无求,求而无度量分界则不能不争。争则乱,乱则穷。先王恶其乱也,故制礼义以分之,以养人之欲、给人之求。使欲必不穷于物,物必不屈于欲,两者相持而长,是礼之所起也。"①这段话把礼的起源归因于人的欲望。每个人生来就有各种各样的欲望。如果欲望没有得到满足,人就会为寻求欲望的满足而想方设法。只是,在寻求满足的过程中,如果没有限度、边界、规则,人与人之间就会发生争夺。这个世界就会因争夺而混乱,因混乱而穷困。为了防止混乱与穷困,先王制定了礼。先王制礼的目的,既在于保障人的欲望得到满足,又在于保障物质资源不因欲望的满足而枯竭,概括地说,"礼是满足和保持人类欲望的手段"②。

  荀子以欲望解释礼的起源,这种理论进路,可以用霍布斯的自然状态理论来解释。霍布斯认为,在自然状态中,人们因欲望而纷争。自然状态就是战争状态。霍布斯说:"这种战争是每一个人对每个人的战争。""在人人相互为敌的战争时期所产生的一切,也会在人们只能依靠自己的体力与创造能力来保障生活的时期中产生,在这种状况下,产业是无法存在的,因为其成果不稳定。这样一来,举凡土地的栽培、航海、外洋进口商品的运用、舒适的建筑、移动与卸除须费巨大力量的物体的工具、地貌的知识、时间的记载、文艺、文学、社会等等都将不存在。最糟糕的是人们不断处于暴力死亡的恐惧和危险中,人的生活孤独、贫困、卑污、残忍而短寿。"③社会契约与国家就是因应此种恐惧和危险而产生的。概而言之,霍布斯的社会契约论有一个前提性的假定:在社会契约形成之前,是一个人与人相互为敌的战争状态。荀子的"礼论"也有一个大致相似的假定:在礼产生之前,同样是一个因欲望而相互争夺,进而陷入混乱与贫困的自然社会。无论是霍布斯想象的自然

---

① [唐]杨倞注:《荀子》,耿芸标校,上海古籍出版社 2014 年,第 227 页。
② [美]狄百瑞:《东亚文明:五个阶段的对话》,何兆武、何冰译,江苏人民出版社 2011 年,第 12 页。
③ [英]霍布斯:《利维坦》,黎思复、黎廷弼译,商务印书馆 1985 年,第 95 页。

社会,还是荀子想象的自然社会,都是灰暗而糟糕的社会。无论是社会契约还是礼,都是为了让人们走出那样的自然社会。当然,荀子的"礼论"把礼的起源归于先王的创制,霍布斯把社会契约的创制归于众人,这是他们之间的差异。

荀子论礼的起源的第二个角度是人的群体性。《王制》:"故人生不能无群,群而无分则争。争则乱,乱则离,离则弱,弱则不能胜物,故宫室不可得而居也,不可少顷舍礼义之谓也。能以事亲谓之孝,能以事兄谓之弟,能以事上谓之顺,能以使下谓之君。"①在《荀子》全书中,"人能群"是荀子反复致意的一个主题,也是荀子反复强调的人的属性。"人生不能无群",旨在强调任何人都有社会属性或群体属性。人的这种属性让人更强大,让牛马能够为人所用。人的群体属性让人作为整体,让人作为类的存在,足以让人在与其他物种的竞争中处于优势地位。但是,人生来就有的群体性也是一柄双刃剑,它既成就了人,同时也让群体内部生出无限的纷争,因争而乱,因乱而离,因离而弱,这就可能让人走向毁灭。为了防止人走向毁灭,必须制定礼。这是荀子从"人能群"的角度论述礼的起源。

荀子论礼的起源的第三个角度是人的同质性与差异性。《王制》:"分均则不偏,势齐则不壹,众齐则不使。有天有地而上下有差,明王始立而处国有制。夫两贵之不能相事,两贱之不能相使,是天数也。势位齐而欲恶同,物不能澹则必争,争则必乱,乱则穷矣。先王恶其乱也,故制礼义以分之,使有贫富贵贱之等足以相兼临者,是养天下之本也。"②这是立足于人的差异性与同质性来看礼的起源。人的差异性与同质性的关系,已经受到了社会学家的注意。郑也夫写道:"怪诞的人、特异的人,甚至残疾的人,都因其

---

① [唐]杨倞注:《荀子》,耿芸标校,上海古籍出版社2014年,第98页。
② [唐]杨倞注:《荀子》,耿芸标校,上海古籍出版社2014年,第89页。

离异了'正常',而扩大了群体品性的外延,拓宽了群体认知的视野,伸长了人类探索的触角。相反,一个群体越是高度'自相似',其成员越是绝大多数都高度'正常',它就越是单一,单一不利于选择,单一将使文明毁灭。波兰哲学家克拉考斯基说:我们只有感谢不一致性(inconsistency),它使人类生存下来。"①荀子对差异性的理解与郑也夫略有不同。荀子理解的礼,就是为了突出人与人之间的不一致或差异。

按照荀子的逻辑,天与地有差异,上与下有差异,人与人也必须进行差异化处理。倘若两个人的贵贱完全相等,那是无法有序交往的,因为不知道谁服从谁。这是纷争、混乱、穷困的根源。礼的产生,就是为了在任何场合下,都能够对人的相对地位进行区分。譬如,如果甲与乙是君臣关系,那么甲贵于乙;如果乙与丙是父子关系,那么乙贵于丙;如果丙与丁是夫妻关系,那么丙贵于丁,等等。把这样的贵贱规则进行叠加、拼接、推演,几乎可以在任何场合下对任何两人之间的贵贱进行差异化处理。差异化或"不一致性"的实现,按照克拉考斯基的说法,是"人类生存下来"的前提;按照荀子的话说,则是"养天下之本",正是这样的需求,促成了礼的起源。

(二) 礼与分,礼与义

《王制》不仅论及礼的起源,还把礼与分紧密地结合在一起,把争、乱、穷、困的根源归咎于"无分"。因而,礼的制定,主要就在于解决"无分"的问题。所谓"制礼义以分之",就是说,礼(或礼义)的本质就在于定分。《礼记》亦称:"故礼达而分定。"②那么,何为"分"? 礼如何定分?

简而言之,"分"就是名分、职分。所谓定分,就是对生理上

---

① 郑也夫:《代价论:一个社会学的新视角》,生活·读书·新知三联书店1995年,第126页。
② 王文锦译解:《礼记译解》,中华书局2016年,第267页。

同质的人进行差异化、区别化处理。因而,定分的关键就是"别"。那么,"别"又是什么?《礼论》以自问自答的方式做出了阐释:"曷谓别?曰:贵贱有等,长幼有养,贫富、轻重皆有称者也。"①《礼论》举出的例子是:"故王者天太祖,诸侯不敢坏,大夫士有常宗,所以别贵始。贵始,得之本也。郊止乎天子而社止于诸侯,道及士大夫,所以别尊者事尊,卑者事卑,宜大者巨,宜小者小。故有天下者事十世,有一国者事五世,有五乘之地者事三世,有三乘之地者事二世,持手而食者不得立宗庙,所以别积厚。积厚者流泽广,积薄者流泽狭也。"②因为有这样的礼,天子、诸侯、大夫与士的差异得到了直观的显示,"贵贱有等"成为了可见的现实。

《礼论》还从"别"的角度阐释礼的实质:"礼者,以财物为用,以贵贱为文,以多少为异,以隆杀为要。文理繁,情用省,是礼之隆也;文理省,情用繁,是礼之杀也;文理、情用相为内外表里,并行而杂,是礼之中流也。故君子上致其隆,下尽其杀,而中处其中,步骤、驰骋、厉骛不外是矣,是君子之坛宇、宫廷也。人有是,士君子也;外是,民也;于是其中焉,方皇周挟,曲得其次序,是圣人也。故厚者礼之积也,大者礼之广也,高者礼之隆也,明者礼之尽也。"③这段话以更加详尽的方式说明了,礼的意义就在于实现人与人之间的差异化。所谓"贵贱""多少""隆杀",都在于强化差异、不同、区别。《富国》亦称:"礼者,贵贱有等,长幼有差,贫富轻重皆有称者也。"这里的"长幼""贫富""轻重"也在于强化区分度。没有区分度,就没有分,也就没有礼。

《富国》还称:"人之生不能无群,群而无分则争,争则乱,乱则穷矣。故无分者人之大害也,有分者天下之本利也;而人君者所以

---

① [唐]杨倞注:《荀子》,耿芸标校,上海古籍出版社2014年,第227页。
② [唐]杨倞注:《荀子》,耿芸标校,上海古籍出版社2014年,第229页。
③ [唐]杨倞注:《荀子》,耿芸标校,上海古籍出版社2014年,第230—231页。

管分之枢要也。"①这段话在重申了分的意义之外,还突出了君主是"管分之枢要"。换言之,对名分、职分的确定权、管理权,其实就是关于秩序的确定权、管理权,从这个角度来看,君主的权力在相当程度上就是定分的权力,君主治国就是君主定分,正如《王霸》所言:"治国者分已定,则主相臣下百吏各谨其所闻,不务听其所不闻;各谨其所见,不务视其所不见。所闻所见诚以齐矣,则虽幽闲隐辟,百姓莫敢不敬分安制以化其上,是治国之徵也。"②每个人都有"敬分"的意识,每个人都能够恪守本分,就是国家得到有效治理的表征。梁启超认为,"荀子之以分言礼",相当于"将权力之争夺变为权利之认定而已。认定权利以立度量分界,洵为法治根本精神"。③ 这样的解释大致不差,但也不够贴切。因为定分与认定权利还是有一些微妙的差异。权利通常是平等的、均质的,用荀子的术语来说,是同等贵贱的。在同等贵贱的前提下,倘若要和平地解决观点的分歧或利益的冲突,那就只能采用"一人一票"的方式表决。荀子的定分则是平等的逆向运动,刻意彰显人和人之间的不平等。当然,把定分称为"法治根本精神",也是可以的,只是这里的"法治",实为礼治。相比之下,钱穆对"定分"的解释似乎更精准。他说:"荀子欲本此而别造人伦,重定阶级。其与古异者,则古人本阶级而制礼,先有贵贱而为之分也。当荀子世,则阶级之制殆于全毁,乃欲本礼以制阶级,则为之分以别其贵贱也。荀子之分阶级之贵贱者,则一视其人之志行知能以为判。"④钱穆在此所说的阶级,是指客观存在的高低错落的贵贱等级,这样的阶级与善恶无关,不涉及正当与否、先进与否诸问题,这大致符合荀子的本意。

  礼不离分,与此同时,礼与义的关系也值得注意。义也是理解

---

① [唐]杨倞注:《荀子》,耿芸标校,上海古籍出版社2014年,第110页。
② [唐]杨倞注:《荀子》,耿芸标校,上海古籍出版社2014年,第142页。
③ 梁启超:《先秦政治思想史》,《梁启超全集》,北京出版社1999年,第3652页。
④ 钱穆:《国学概论》,九州出版社2011年,第57页。

礼的一个重要视角。荀子也经常使用"礼义"一词。那么,何谓礼义?如何理解礼与义的关系?先看《王制》篇的一个著名论断:"水火有气而无生,草木有生而无知,禽兽有知而无义,人有气、有生、有知亦且有义,故最为天下贵也。力不若牛,走不若马而牛马为用,何也?曰:人能群,彼不能群也。人何以能群?曰:分。分何以能行?曰:义。故义以分则和,和则一,一则多力,多力则强,强则胜物,故宫室可得而居也。故序四时,裁万物,兼利天下,无它故焉,得之分义也。"①这段话既谈分,也谈义。如果说建构公共秩序、实现国家治理的津渡是以礼定分,那么分产生作用的前提则在于义。在荀子之前,《论语·卫灵公》已经论及义与礼的关系:"义以为质,礼以行之,逊以出之,信以成子,君子哉。"这是说,义是本质、内核、实体、灵魂,礼主要是义的肉身或外在表达。《礼记》专门打了一个比方:"治国不以礼,犹耕而不耕也;为礼不本于义,犹耕而弗种也。"②以耕与种的关系解释礼与义的关系,同样是在强调:礼是手段,义才是目的。

  荀子关于义的理解,大致延续了《论语》和《礼记》对义的理解。按照荀子的界定,义其实是人类特有的一种属性,也是人区别于、超越于万事万物的一种品质。依照梁启超的解释,荀子"认为人类身分境遇年龄材质上万有不齐,各应于其不齐者以为物质上享用之差等,是谓'各得其宜',是谓义。将此义演为公认共循之制度,是谓礼"③。这同样是说,义是礼的灵魂,礼是义的躯壳。进一步看,如果以"各得其宜"解释义,那么,义的概念既具有客观性,也具有主观性。义总是语境化的,从而也是弹性的。能够实现"各得其宜",其实是人类将理智与情感结合起来的一种能力。"各得其宜"能够被有效地感知,但不太容易被精确地度量,大致相当于当下的

---

① [唐]杨倞注:《荀子》,耿芸标校,上海古籍出版社2014年,第98页。
② 王文锦译解:《礼记译解》,中华书局2016年,第274页。
③ 梁启超:《先秦政治思想史》,《梁启超全集》,北京出版社1999年,第3651页。

"正义"。其实,"义"本身就蕴含着"正","正"与其修饰的"义"组合而成的"正义",可以理解为"义"的增强版。这就是义,礼是实现义的直观可见的制度载体、规则载体。

(三)进一步考察礼的功能

礼以义为依据,以定分为归宿,定分其实就是礼的主要功能。但是,仅仅以定分解释礼的功能,毕竟失之空泛与笼统。进一步看,礼借助于定分这一环节,可以产生两个方面的实际效果。

一方面,礼是日常生活有序化的象征,为日常生活秩序提供了依据与保障。《修身》:"扁善之度,以治气养生则后彭祖,以修身自名则配尧、禹。宜于时通,利以处穷,礼信是也。凡用血气、志意、知虑,由礼则治通,不由礼则勃乱提僈;食饮、衣服、居处、动静,由礼则和节,不由礼则触陷生疾;容貌、态度、进退、趋行,由礼则雅,不由礼则夷固僻违,庸众而野。故人无礼则不生,事无礼则不成,国家无礼则不宁。"①这段话主要描述礼对于日常生活秩序的意义。礼不仅约束人外在的行为、表现,还约束人内在的情感、理智,以及决定了日常生活秩序具有文雅、文明的品质。

另一方面,礼为君主政治提供了技术指南与提升方向。《儒效》:"礼者,人主之所以为群臣寸尺寻丈检式也。"②这是说,君主要客观、精准地衡量群臣,礼是必备的准绳。礼为君主政治提供了行之有效的技术支撑,也可以理解为,向君主提供了驾驭群臣的技术指南。荀子的这个见解,让荀子与孔子,特别是与孟子,出现了明显的分野,因为,孟子一般不阐述所谓的"人君南面术"。现代史家认为,荀子的这个观点"与法家之见解极为接近,无疑乎韩非能以荀子弟子而为法家之大师!"③这个论断强调了荀子与法家学说的关联,但是,韩非之成为法家大师,却并不因

---

① [唐]杨倞注:《荀子》,耿芸标校,上海古籍出版社2014年,第10页。
② [唐]杨倞注:《荀子》,耿芸标校,上海古籍出版社2014年,第84页。
③ 陈顾远:《中国法制史概要》,商务印书馆2011年,第328页。

为他是荀子的弟子,这恐怕是需要辨析的两个问题。当然,荀子向君主提供的政策建议,与法家立场确有相通之处,这也是不可避讳的事实。但是,荀子对礼的实践效应的理解,自有其异于法家的地方,那就是向君主提供了向上提升的指南。《王制》:"成侯、嗣公,聚敛计数之君也,未及取民也;子产,取民者也,未及为政也;管仲,为政者也,未及修礼也。故修礼者王,为政者强,取民者安,聚敛者亡。故王者富民,霸者富士,仅存之国富大夫,亡国富筐箧、实府库。"①按照这样的政治曲线,君主可以分为四个不同的层次:以"聚敛"为追求的君主是危亡的;以"取民"为追求的君主是安全的;以"为政"为追求的君主是强大的;以"修礼"为追求的君主是符合王道的。可见,修礼是君主能够达致最高政治境界的必由之路,有助于君主成为天下的圣王,这恰如《议兵》所说:"礼者,治辨之极也,强国之本也,威行之道也,功名之总也。王公由之,所以得天下也;不由之,所以陨社稷也。"②这种关于礼的理解,在法家学说中是看不到的。

对于君主来说,如果能够遵循礼的指引,那就可以得天下。这种关于礼的理解方式,从总体上说,还是属于儒家谱系的。对于这个观点,《礼论》还进行了略显夸张的概括:"凡礼,始乎梲,成乎文,终乎悦校。故至备,情文俱尽;其次,情文代胜;其下,复情以归大一也。天地以合,日月以明,四时以序,星辰以行,江河以流,万物以昌,好恶以节,喜怒以当,以为下则顺,以为上则明,万物变而不乱,贰之则丧也。礼岂不至矣哉!立隆以为极,而天下莫之能损益也。本末相顺,终始相应,至文以有别,至察以有说。天下从之者治,不从者乱;从之者安,不从者危;从之者存,不从者亡,小人不能测也。"③这是把礼的实际效果进行了极致化的铺陈。

---

① [唐]杨倞注:《荀子》,耿芸标校,上海古籍出版社2014年,第90—91页。
② [唐]杨倞注:《荀子》,耿芸标校,上海古籍出版社2014年,第180页。
③ [唐]杨倞注:《荀子》,耿芸标校,上海古籍出版社2014年,第230页。

（四）礼的客观性及其限度

虽然修礼是提升君主政治的必由之路,但是,徒礼不足以自行,礼的作用与功能并不能自动实现。在荀子看来,礼其实是一个客观的、中立的标准,相当于工具性质的绳墨、衡、规矩。对于礼的这个特质,荀子反复进行了说明。《王霸》称:"国无礼则不正。礼之所以正国也,譬之犹衡之于轻重也,犹绳墨之于曲直也,犹规矩之于方圆也,既错之而人莫之能诬也。"①《大略》:"礼之于正国家也,如权衡之于轻重也,如绳墨之于曲直也。故人无礼不生,事无礼不成,国家无礼不宁。"②在这里,荀子既指出了礼对于国家治理的作用,同时也指出了礼的客观性犹如衡、绳墨、规矩。《礼论》:"故绳墨诚陈矣则不可欺以曲直,衡诚县矣则不可欺以轻重,规矩诚设矣则不可欺以方圆,君子审于礼则不可欺以诈伪。故绳者直之至,衡者平之至,规矩者方圆之至,礼者人道之极也。然而不法礼、不足礼,谓之无方之民;法礼、足礼,谓之有方之士。"③《法行》:"公输不能加于绳,圣人莫能加于礼。礼者,众人法而不知,圣人法而知之。"④这些说法尽管侧重点稍有不同,但都强调了礼的客观性。

客观的礼要发挥实际的效用,必须依赖于人的作用,特别是君子的作用。《王制》:"天地者,生之始也;礼义者,治之始也;君子者,礼义之始也;为之、贯之、积重之、致好之者,君子之始也。故天地生君子,君子理天地。君子者,天地之参也,万物之总也,民之父母也。无君子则天地不理,礼义无统,上无君师,下无父子,夫是之谓至乱。"⑤按照这样的逻辑,礼是实现有效治理的前提,但是,礼

---

① ［唐］杨倞注:《荀子》,耿芸标校,上海古籍出版社2014年,第132—133页。
② ［唐］杨倞注:《荀子》,耿芸标校,上海古籍出版社2014年,第329页。
③ ［唐］杨倞注:《荀子》,耿芸标校,上海古籍出版社2014年,第230页。
④ ［唐］杨倞注:《荀子》,耿芸标校,上海古籍出版社2014年,第363页。
⑤ ［唐］杨倞注:《荀子》,耿芸标校,上海古籍出版社2014年,第97页。

自身的前提是有君子,尤其是君子对于礼的遵循、运用。倘若没有君子,则礼义无统,礼的作用无从发挥。因此,归根到底,有高度道德修养的君子,才是礼有效运行、发挥作用的前提。

以上诸方面,是荀子关于礼的思想。把荀子的这些思想概括起来,可以得到几个要点:(1)礼是先王为了治理混乱与穷困而创制的。(2)礼以义为灵魂,以定分为目标。(3)通过定分,礼既为群体性的日常生活秩序提供了依据与保障,也为君主政治的提升提供了指南,确立了方向。(4)礼是客观的,礼的作用的发挥有赖于具有高度道德修养的君子。

二、法论

荀子的"礼论"表明,他的思想虽与法家有相通之处,但依然在儒家的谱系中。不过,相对于此前的孔孟,荀子明显重视法的价值与作用,这是荀子思想区别于孔孟思想的一个突出特征。劳思光曾经批评荀子的这个倾向,认为这是荀子思想走向歧途的一个表征。他说:"就荀子之学未能顺孟子之路以广大重德哲学而言,是为儒家之歧途。而尤应注意者是此一学说之归宿。荀子倡性恶而言师法,盘旋冲突,终堕入权威主义,遂生法家,大悖儒学之义。学者观见此处之大脉络,则益可知荀学之为歧途,固无可置疑者。"[①]劳思光的这个判断令人生疑。荀子没有"广大重德哲学",并非一定就是走向了歧途;称荀子"遂生法家",也未必恰当。商鞅作为典型的法家人物,就活跃于荀子之前,显然,商鞅并非荀子所"生"。从另一个角度来看,在思想史上影响巨大的荀子没有"广大重德哲学",恰好意味着,荀子在思想史上的贡献,很可能就在道德哲学之外的政治哲学、社会哲学、法理学。道德哲学侧重于面向人的内心

[①] 劳思光:《新编中国哲学史》第一册,生活·读书·新知三联书店 2015 年,第246 页。

世界,法理学侧重于面向人的外在世界。荀子的"礼论"与"法论",就是荀子对法理学做出的贡献。

在《王制》篇中,荀子直接论述了法。他说:"王者之法,等赋、政事,财万物,所以养万民也。田野什一,关市几而不征,山林泽梁以时禁发而不税,相地而衰政,理道之远近而致贡,通流财物粟米,无有滞留,使相归移也。四海之内若一家,故近者不隐其能,远者不疾其劳,无幽间隐僻之国莫不趋使而安乐之。夫是之为人师,是王者之法也。"①这些关于"王者之法"的论述,其实都可以在《礼记》中找到相应的原型,譬如,"古者,公田籍而不税,市廛而不税,关讥而不征"②;在《孟子》中也可以找到类似的论述,譬如《孟子·公孙丑上》,"关,讥而不征,则天下之旅皆悦,而愿出于其路矣"③,等等。这些与经济、社会有关的"王者之法"表明,荀子已经从"法"或"王法"的角度看待《礼记》记载的作为礼的"王制"。荀子在此所说的"王者之法",只是一些具体的法,只是对一些具体法律规范的列举,相当于今日所说的"经济法"或"社会法"。至于荀子关于法的一般理论,则可以从以下几个方面予以分述。

(一) 法的性质与历史

法的性质(nature)也是法的本质,体现法的应然状况,是法之为法的内在规范性。《君道》篇称:"不知法之义而正法之数者,虽博,临事必乱。"④这句话强调了"法之义"与"法之数"之间的差异。"法之义"就是法之理,"法之数"就是法之制或具体的法律规范。一个人倘若只知具体的法律规范、法律条文,即使所知甚多,也不具备解决复杂问题的能力。因此,必须知道法之

---

① [唐]杨倞注:《荀子》,耿芸标校,上海古籍出版社2014年,第95页。
② 王文锦译解:《礼记译解》,中华书局2016年,第162页。
③ 杨伯峻译注:《孟子译注》,中华书局2015年,第80页。
④ [唐]杨倞注:《荀子》,耿芸标校,上海古籍出版社2014年,第147页。

义,这就是说,必须把握法理,必须理解法的本质、性质,在此基础上"正法之数",才能临事不乱。可见,荀子非常看重基础性的法义、法理。

荀子如何理解法的本质?荀子理解法的本质的方法是什么?《大略》记载:"孔子观于东流之水。"孔子观水得出的结论是多个方面的,其中的一个观点是:"主量必平,似法。"所谓"主量",王先谦的解释是:"主,读为注。量,谓坑受水之处也。言所经坑坎,注必平之然后过,似有法度者均平也。"①因此,孔子这句话的原意可以概括为"水平似法"。立足于法理的角度,孔子的这句话其实也可以反过来理解,那就是,"法平似水"。法的本质就是均平,像水面一样均平,其寓意是,法应当是公平的,每个人在法的面前应当得到同等的对待。这样的"均平论",可以视为荀子关于法的本体论。而且,"法平似水"乃是一个对后世影响深远的法观念,"哲学家论水,他们从水之所作所为紬绎出某些原则,并将其作为指导人类行为的社会准则"②。

法不仅应当是均平的,还应当是历史的,法的性质应当在历史中得到理解。一方面,从源头上说,法出于圣王。《解蔽》:"故学者以圣王为师,案以圣王之制为法,法其法以求其统类,类以务象效其人。"③这就是说,学者应当学习圣王。进一步说,学习圣王的主要方式,就是学习圣王的法,圣王创制的法为后世的人提供了可以遵循的行为规范。另一方面,从历史上说,法由来已久。《王霸》:"故国者重任也,不以积持之则不立。故国者世所以新者也,是惮惮,非变也,改王改行也。故一朝之日也,一日之人也,然而厌焉有千岁之国,何也?曰:援夫千岁之信法以持之也,安与夫千岁之信

---

① [清]王先谦撰:《荀子集解》,沈啸寰、王星贤整理,中华书局2012年,第507页。
② [美]艾兰:《水之道与德之端:中国早期哲学思想的本喻》,张海晏译,商务印书馆2010年,第77页。
③ [唐]杨倞注:《荀子》,耿芸标校,上海古籍出版社2014年,第265页。

士为之也。人无百岁之寿而有千岁之信士,何也?曰:以夫千岁之法自持者,是乃千岁之信士矣。"①荀子在此提出"千岁之信法",旨在强调,法应当是有历史的,法本身就是千年历史积淀的产物。《荣辱》篇还告诉我们:"循法则、度量、刑辟、图籍,不知其义,谨守其数,慎不敢损益也,父子相传,以持王公,是故三代虽亡,治法犹存,是官人百吏之所以取禄秩也。"②这就是说,"三代"采用的"法则"及至荀子的时代,依然存在。透过这些论说,我们可以体会到,法是一种历史性的存在。

(二) 法的功能

如前所述,礼的功能是定分,进而维护日常生活秩序、提升君主政治境界。较之于礼,法的功能应当如何理解?透过荀子的论述,可以发现,法的功能确实异于礼的功能。大致说来,在荀子的思想中,法的功能主要包括以下几个方面。

首先是对君主的约束。《富国》提出的要求是:"上以法取焉,而下以礼节用之。"这里的"上以法取",是指君主按照法定的税率征收赋税,可以理解为今日所说的税收法定主义。这里的"以法取",是指依法征收,至于法的具体内容,则是指"什一"。③ 君主如果能够按十分之一的法定税率征税,那就是"足国之道",当然也是富国之道。《成相》还说:"君法明,论有常,表仪既设民知方。进退有律,莫得贵贱孰私王?君法仪,禁不为,莫不说教名不移。"这句话提出的要求是,"君法所以明,在言论有常,不二三也",而且,君主"进人、退人皆以法律","为君之法仪,在自禁不为恶"。④ 这就是说,君主的言论要符合法的规定,君主选人用人要符合法的规定,君主要按照法的规定约束自己的行为,君主不得有违法的恶

---

① [唐]杨倞注:《荀子》,耿芸标校,上海古籍出版社2014年,第128页。
② [唐]杨倞注:《荀子》,耿芸标校,上海古籍出版社2014年,第33页。
③ [唐]杨倞注:《荀子》,耿芸标校,上海古籍出版社2014年,第108页。
④ [唐]杨倞注:《荀子》,耿芸标校,上海古籍出版社2014年,第308—309页。

行。这些要求表明,法的功能首先在于约束君主,让君主的行为有所遵循。

法的功能还体现在对君子的约束。《儒效》:"行法至坚,好修正其所闻,以桥饰其情性,其言多当矣而未谕也,其行多当矣而未安也,其知虑多当矣而未周密也,上则能大其所隆,下则能开道不已若者,如是则可谓笃厚君子矣。"①这里的"行法"是指"行有法度"②,按照这样的要求,"行法至坚"应当是笃厚君子的特质。《非十二子》也有类似的观点:"多言而类,圣人也;少言而法,君子也;多少无法而流湎然,虽辩,小人也。"③在这里,君子与小人的差异主要体现在:言论是否符合法的要求。倘若不符合法的要求,即使言辞雄辩,那也是小人;倘若符合法的要求,即使言辞不多,那也是君子。倘若言辞既雄辩,又符合法的要求,那就是圣人了。《性恶》还有大致相同的说法:"少言则径而省、论而法,若佚之以绳,是士君子之知也。"④由此可见,法既约束君子的行,更约束君子的言。要求君子守法,希望通过法的约束养成君子,荀子的这个观点在先秦诸子中是独树一帜的。

法的功能更体现在对官吏的约束。《王霸》:"百吏畏法循绳,然后国常不乱。"⑤这是要求官吏敬畏法律、遵循法律,这是国家得到有效治理的前提与保障。《君道》称,"材人:愿悫拘录,计数纤啬而无敢遗丧,是官人使吏之材也;修饬端正,尊法敬分而无倾侧之心,守职循业,不敢损益,可传世也而不可使侵夺,是士大夫官师之材也"⑥。这是荀子向君主提出的政策建议:君主在选人用人之际,一定要考察对方有无法治意识。"尊法敬分"就是法治意识的

---

① [唐]杨倞注:《荀子》,耿芸标校,上海古籍出版社2014年,第74页。
② [清]王先谦撰:《荀子集解》,沈啸寰、王星贤整理,中华书局2012年,第129页。
③ [唐]杨倞注:《荀子》,耿芸标校,上海古籍出版社2014年,第54页。
④ [唐]杨倞注:《荀子》,耿芸标校,上海古籍出版社2014年,第293页。
⑤ [唐]杨倞注:《荀子》,耿芸标校,上海古籍出版社2014年,第145页。
⑥ [唐]杨倞注:《荀子》,耿芸标校,上海古籍出版社2014年,第154页。

表现。如果能够"尊法敬分",这样的人就可以作为"士大夫官师"的人选。这个选人用人的标准表明,官吏敬法、畏法、守法,是国家治理过程中非常关键的一个环节。

法的功能当然还体现在约束百姓庶众。《议兵》:"然后百姓晓然皆知循上之法,像上之志而安乐之。"①根据上下文的逻辑,这里的"百姓循法",显然是一个来之不易的成果。《君道》也有大致相似的表达:"百姓莫敢不顺上之法,象上之志,而劝上之事,而安乐之矣。"②可见,百姓守法是荀子的一个基本主张。《荣辱》:"人之生固小人,无师无法则唯利之见耳。"③这是荀子从人性本恶的立场做出的一个判断:如果没有师的教导,没有法的约束,人就只能唯利是图。《儒效》还勾画了"无法"与"有法"分别导致的两种结果:"人无师无法而知则必为盗,勇则必为贼,云能则必为乱,察则必为怪,辩则必为诞。人有师有法而知则速通,勇则速畏,云能则速成,察则速尽,辩则速论。故有师法者人之大宝也,无师法者人之大殃也。"④据此,如果没有师的教导,没有法的约束,人就会走向各种歧途;如果有师的教导,有法的约束,人就会走向正道。《荣辱》与《儒效》在此所假定的人,包括百姓庶众,但又不限于百姓庶众。由此得出的结论是,无论什么人,包括前文所说的君主、君子、官吏、百姓以及尚未提到的一切人,都应当接受法的约束。这就是荀子的普遍守法观。根据这样的普遍守法观,法的功能就在于约束所有的人。

(三)法对人的依赖

荀子虽然主张普遍守法,但又认为,法不能独立自主地发挥约束人、治国理家的作用。《君道》:"有乱君,无乱国;有治人,无治

---

① [唐]杨倞注:《荀子》,耿芸标校,上海古籍出版社2014年,第183页。
② [唐]杨倞注:《荀子》,耿芸标校,上海古籍出版社2014年,第148页。
③ [唐]杨倞注:《荀子》,耿芸标校,上海古籍出版社2014年,第35页。
④ [唐]杨倞注:《荀子》,耿芸标校,上海古籍出版社2014年,第82页。

法。羿之法非亡也,而羿不世中;禹之法犹存,而夏不世王。故法不能独立,类不能自行,得其人则存,失其人则亡。法者,治之端也;君子者,法之原也。故有君子,则法虽省,足以遍矣;无君子,则法虽具,失先后之施,不能应事之变,足以乱矣。"①《君道》又称:"故明主急得其人,而暗主急得其势。急得其人,则身佚而国治,功大而名美,上可以王,下可以霸;不急得其人而急得其势,则身劳而国乱,功废而名辱,社稷必危。故君人者劳于索之,而休于使之。"②

按照《君道》篇中的这几句话,一方面,仅仅依靠法律是不行的,法律本身不足为凭。在实践过程中,有善于治理国家的人,但没有自行、自动治理国家的法。羿与禹的法一直没有消亡,但是,他们的政权早已烟消云散。因此,法本身不能自动产生治理国家的效果,这叫"徒法不足以自行"。另一方面,对于国家治理来说,法很重要,但法的作用的发挥,又依赖于君子。只要有君子,即使法有缺陷,国家也能得到很好的治理。如果没有君子,那么即使有完备的法律,国家也不能得到有效的治理。因此,对于君主来说,或者说,对于君主的国家治理事业来说,关键在于得到君子的辅佐,这是君主的第一要务。按照王先谦的解释,荀子的这个观点可以概括为:"无治法者,法无定也,故贵有治人。"③所谓"治人",就是善于治理国家的人;所谓"治法",就是能够让国家得到有效治理的法。"治人"是可以期待的,"治法"是不可以期待的。

法依赖于人的观点还见于《王制》篇中的论断:"故法而不议,则法之所不至者必废;职而不通,则职之所不及者必队。故法而议,职而通,无隐谋,无遗善,而百事无过,非君子莫能。故公平者职之衡也,中和者听之绳也。其有法者以法行,无法者以类举,听

---

① [唐]杨倞注:《荀子》,耿芸标校,上海古籍出版社2014年,第147页。
② [唐]杨倞注:《荀子》,耿芸标校,上海古籍出版社2014年,第147页。
③ [清]王先谦撰:《荀子集解》,沈啸寰、王星贤整理,中华书局2012年,第226页。

之尽也;偏党而无经,听之辟也。故有良法而乱者有之矣,有君子而乱者,自古及今未尝闻也。"①这就是说,国家治乱,并不取决于有无"良法",而是取决于有无君子,且君子还得居于当政地位。《致士》亦称:"无土则人不安居,无人则土不守,无道法则人不至,无君子则道不举。故土之与人也,道之与法也者,国家之本作也;君子也者,道法之总要也,不可少顷旷也。得之则治,失之则乱;得之则安,失之则危;得之则存,失之则亡。故有良法而乱者有之矣,有君子而乱者,自古及今未尝闻也。"②据此,良法不足以为治,君子则足以为治。

把这几句话概括起来,我们可以得出这样的结论:荀子重视发挥法的功能,主张普遍守法,但并不把治理国家的希望全部寄托在法律身上。在荀子看来,法是治之端,但君子是法之原。有法未必能够保障国家治理;倘若没有君子,特别是,倘若君子没有掌握政权,国家肯定不能得到有效的治理。法既不是国家治理的充分条件,甚至也不是必要条件。君子才是国家治理的充分必要条件。因此,法的作用的发挥,完全依赖于人,当然,这里的人,主要是指君子。

(四) 法的有限性

荀子既然强调法对君子的依赖,则难免对法的价值有所保留。《非十二子》:"尚法而无法,下修而好作,上则取听于上,下则取从于俗,终日言成文典,反紃察之,则倜然无所归宿,不可以经国定分,然而其持之有故,其言之成理,足以欺惑愚众,是慎到、田骈也。"③这里的"尚法而无法",是指慎到、田骈等人,"所著书虽以法为上而自无法,以修立为下而好作为,言自相矛盾也"④。换言之,

---

① 〔唐〕杨倞注:《荀子》,耿芸标校,上海古籍出版社2014年,第88页。
② 〔唐〕杨倞注:《荀子》,耿芸标校,上海古籍出版社2014年,第164—165页。
③ 〔唐〕杨倞注:《荀子》,耿芸标校,上海古籍出版社2014年,第51页。
④ 〔唐〕杨倞注:《荀子》,耿芸标校,上海古籍出版社2014年,第53页。

慎到等人仅仅在学术理论上崇尚法律,那是没有用处的。对于这个观点,刘师培还作了进一步的阐释:这是"指法家未成学派时言也。然观'终日言成文典'一言,则已近于申韩任法为治者矣。吾观西人之学,以法律学为专门。奥斯丁之言曰:'法律者,主权命令之最有势力者也。'而德国政治家,亦多倡以法制国之说。殆慎到、田骈之流亚也"①。这就是说,慎到、田骈等人只是一些在学术著作中提倡法律、推崇法律的人,这样的人"不可以经国定分",因而没有积极意义,荀子不愿认同这样的人。在《解蔽》篇,荀子再次批评慎到,称"慎子蔽于法而不知贤","不知法待贤而后举也",看不到"徒法不足以自行"这个根本的规律。②

在荀子看来,法不仅待贤而后举,法自身也存在着两种可能性:"治法"与"乱法"。《王霸》:"无国而不有治法,无国而不有乱法;无国而不有贤士,无国而不有罢士;无国而不有愿民,无国而不有悍民;无国而不有美俗,无国而不有恶俗。两者并行而国,在上偏而国安,在下偏而国危;上一而王,下一而亡。故其法治,其佐贤,其民愿,其俗美,而四者齐,夫是之谓上一。如是则不战而胜,不攻而得,甲兵不劳而天下服。故汤以亳,文王以鄗,皆百里之地也,天下为一,诸侯为臣,通达之属莫不从服,无它故焉,四者齐也。桀、纣即序有天下之势,索为匹夫而不可得也,是无它故焉,四者并亡也。故百王之法不同,若是所归者一也。"③这段话以对比的方式,列举了四对彼此对立的要素:治法与乱法,贤士与罢士,愿民与悍民,美俗与恶俗。某种政治实践,如果同时具备治法、贤士、愿民、美俗诸要素,那就是善政的极致。如果同时具备另外四个要素,那就是恶政的极致。在这样的比较中,荀子提出了两种不同的法:"治法"与"乱法"。根据这样的二元划分,法既可能是有助于治

---

① 刘师培:《国学发微(外五种)》,万仕国点校,广陵书社 2015 年,第 6 页。
② [唐]杨倞注:《荀子》,耿芸标校,上海古籍出版社 2014 年,第 259 页。
③ [唐]杨倞注:《荀子》,耿芸标校,上海古籍出版社 2014 年,第 139 页。

理的"治法",但也可能是引起混乱的"乱法"。如果出现了"乱法",那么,法的作用无疑是消极的,因此,不仅要正视法的有限性,还要警惕消极的"乱法"。

三、礼法论

荀子既重视礼,也重视法。对于礼与法的关系,荀子进行了多方面的论述。在不同的语境下,荀子理解的礼法关系,存在着明显的差异。不过,礼与法既有相异的一面,也有互补的一面,正是礼与法的互补性,促成了礼法概念的形成。

(一) 礼与法的并置

荀子习惯于礼法并称,经常在同一个层面上论及礼与法。《君道》:"至道大形,隆礼至法则国有常,尚贤使能则民知方,纂论公察则民不疑,赏克罚偷则民不怠,兼听齐明则天下归之。然后明分职,序事业,材技官能,莫不治理,则公道达而私门塞矣,公义明而私事息矣。如是,则德厚者进而佞说者止,贪利者退而廉节者起。"①这是荀子面向君主提供的治国之道。如果我们把"隆礼至法"与"尚贤使能"对照起来看,可以发现,"隆礼"与"至法"应当是相互对应的关系:礼与法都应被推崇,只有礼与法并用,国家才能得到良好的治理,才能形成稳定的秩序。《王制》:"修仁义,伉隆高,正法则,选贤良,养百姓,为是之日而声勩天下之美矣。"②这里的"伉隆高,正法则"就是"推崇礼义,修正法则"③,主张礼与法应当并用。

再看《性恶》:"今人之性恶,必将待师法然后正,得礼义然后治。今人无师法则偏险而不正,无礼义则悖乱而不治。古者圣王以人之性恶,以为偏险而不正,悖乱而不治,是以为之起礼义、制法

---

① [唐]杨倞注:《荀子》,耿芸标校,上海古籍出版社2014年,第150—151页。
② [唐]杨倞注:《荀子》,耿芸标校,上海古籍出版社2014年,第103页。
③ 方勇、李波译注:《荀子》,中华书局2011年,第134页。

度,以矫饰人之情性而正之,以扰化人之情性而导之也,始皆出于治、合于道者也。今之人,化师法、积文学、道礼义者为君子,纵性情、安恣睢而违礼义者为小人。"①荀子以"性恶"为前提,主张"起礼义、制法度",认为只有并用礼义与法度,才能防止"不正""不治",进而实现"正"与"治"的目标。《性恶》还说:"凡古今天下之所谓善者,正理平治也;所谓恶者,偏险悖乱也。是善恶之分也已。今诚以人之性固正理平治邪?则有恶用圣王,恶用礼义哉?虽有圣王、礼义,将曷加于正理平治也哉?今不然,人之性恶。故古者圣人以人之性恶,以为偏险而不正,悖乱而不治,故为之立君上之势以临之,明礼义以化之,起法正以治之,重刑罚以禁之,使天下皆出于治、合于善也。是圣王之治,而礼义之化也。今当试去君上之势,无礼义之化,去法正之治,无刑罚之禁,倚而观天下民人之相与也。"②据此,"礼义"的功能在于化,"法正"的功能在于治,"刑罚"的功能在于禁。不仅"礼义"与"法正"应当并用,还应当加上"刑罚"。荀子的这种"三分法",包含了一个值得进一步拓展的思想观点:那就是"法正"与"刑罚"分野明确,至少,"法正"与"刑罚"不是一回事,不能完全等同。这从另一个角度表明,在荀子的思想中,在法与礼之间,两者具有并立、并置的关系。

(二) 礼与法的分野

从综合的、实践的角度来看,特别是从君主的立场来看,礼与法应当并用。但是,礼与法的作用范围、适用对象毕竟还是各有侧重。《富国》称:"礼者,贵贱有等,长幼有差,贫富轻重皆有称者也。故天子袾裷衣冕,诸侯玄裷衣冕。大夫裨冕,士皮弁服。德必称位,位必称禄,禄必称用,由士以上则必以礼乐节之,众庶百姓则必以法数制之。"③荀子在此严格区分了"士以上"阶层与"众庶百

---

① [唐]杨倞注:《荀子》,耿芸标校,上海古籍出版社2014年,第285页。
② [唐]杨倞注:《荀子》,耿芸标校,上海古籍出版社2014年,第289页。
③ [唐]杨倞注:《荀子》,耿芸标校,上海古籍出版社2014年,第109页。

姓"：礼的适用范围主要是"士以上"的阶层与群体，法的适用对象主要是"众庶百姓"。这应当是荀子对于传统的某种追溯。按照古制，礼与法（刑）有严格的区分，但是，到了荀子的时代，这样的区分已经不再严格了。

就在《富国》篇中，荀子已经指出："必将修礼以齐朝，正法以齐官，平政以齐民，然后节奏齐于朝，百事齐于官，众庶齐于下。"①《富国》还提出："其耕者乐田，其战士安难，其百吏好法，其朝廷隆礼，其卿相调议，是治国已。"②《儒效》篇中也有大致相同的论断："其为人上也广大矣。志意定乎内，礼节修乎朝，法则、度量正乎官，忠、信、爱、利形乎下，行一不义、杀一无罪而得天下，不为也。此君义信乎人矣，通于四海则天下应之如讙。"③按照这样的划分，礼是在朝廷上适用的，法是在官吏中适用的，官与吏都受法的调整。

礼与法之间的这种分野，可以从两个方面来理解。一方面，这是一个大致的划分，礼主要适用于朝廷，朝廷是礼发挥作用的主要场所。但是，在朝廷之外，礼也会产生一定的规范作用。而且，朝廷上也有官，朝廷上甚至还有吏，因此，主要作用于官与吏的法，当然也会在朝廷上发挥作用。因此，礼与法在作用范围、调整对象方面的划分不是绝对的，只是相对的。另一方面，荀子所处的时代，已经是战国末期，其间，世卿制逐渐式微，战国末期的官吏，很多都起于微末，都源出于"众庶百姓"，正如荀子的弟子李斯在辞别荀子时所言："此布衣驰骛之时而游说者之秋也。"④在这样的时代背景下，相对于西周时期或春秋早期而言，作为布衣的"众庶百姓"反而与"官吏"具有更多的同质性。因此，礼的作用范围主要集中于朝廷，朝廷内外的官吏

---

① ［唐］杨倞注：《荀子》，耿芸标校，上海古籍出版社2014年，第124页。
② ［唐］杨倞注：《荀子》，耿芸标校，上海古籍出版社2014年，第119页。
③ ［唐］杨倞注：《荀子》，耿芸标校，上海古籍出版社2014年，第69页。
④ ［汉］司马迁：《史记》，中华书局2006年，第521页。

更多地被纳入法调整的范围,也许就是一个顺理成章的结果了。

(三) 礼与法的相互依赖

就发挥作用的范围来看,礼与法虽然各有侧重,但是,两者并非完全独立于对方。依照荀子的论述,在礼与法之间,存在着相互依赖的关系。当然,这种相互依赖并不完全等值,从总体上说,法对礼的依赖更多、更明显。一方面,从产生的先后顺序来看,法随礼的产生而产生,没有礼就没有法。《修身》称:"故非礼是无法也。"①《性恶》称:"圣人积思虑习伪,故以生礼义而起法度,然则礼义法度者,是生于圣人之伪,非故生于人之性也。"②《性恶》又称:"故圣人化性而起伪,伪起于性而生礼义,礼义生而制法度。然则礼义法度者,是圣人之所生也。"③按照这些论断,圣人是起点,是发动机,是第一推动力,圣人通过自己的所思所虑,自觉地、创造性地制定了礼义;至于法度,则因礼义而生。从源头上看,礼与法都出于圣人之创制,但圣人先创制礼义,法度是在礼义的基础上生成的。这说明,法的产生依赖于礼。

法对礼的依赖还表现在:法借助于礼而得以传承。《大略》:"三王既以定法度、制礼乐而传之,有不用而改自作,何以异于变易牙之和、更师旷之律?无三王之治,天下不待亡,国不待死。"④这就是说,"三王"已经制定了法,但"三王"还需要制定"礼乐"让"法度"流传下来。在这里,礼乐成为了传承法度的工具,这同样反映了法对礼的依赖。

除此之外,法对礼的依赖还体现在法对义的依赖。《王霸》:"今亦以天下之显诸侯诚义乎志意,加义乎法则度量,箸之以政事,案申重之以贵贱杀生,使袭然终始犹一也。"⑤这就是说,"法则度

---

① [唐]杨倞注:《荀子》,耿芸标校,上海古籍出版社2014年,第16页。
② [唐]杨倞注:《荀子》,耿芸标校,上海古籍出版社2014年,第287页。
③ [唐]杨倞注:《荀子》,耿芸标校,上海古籍出版社2014年,第288页。
④ [唐]杨倞注:《荀子》,耿芸标校,上海古籍出版社2014年,第349页。
⑤ [唐]杨倞注:《荀子》,耿芸标校,上海古籍出版社2014年,第126页。

量"应当符合义的规定。这里的义,当为礼义之义。按照"加义乎法则度量"的要求,法依赖于义提供的价值准则。

更值得注意的是,《王霸》还直接提出了"义法"的概念:"挈国以呼礼义而无以害之,行一不义、杀一无罪而得天下,仁者不为也。擽然扶持心、国,且若是其固也。之所与为之者之人,则举义士也;之所以为布陈于国家刑法者,则举义法也;主之所极然帅群臣而首乡之者,则举义志也。"①这里的"义法"概念,可以理解为"义"对"法"的修饰。"义法"就是符合义的要求的法。上文提到,礼以义为灵魂,义对法的修饰就相当于礼对法的修饰,"义法"就相当于符合义、符合礼的法。符合义、符合礼的法,就相当于荀子所说的"良法"。由于义对法形成了某种价值上的引导,这种引导可以看作法对义、礼的依赖。正如佐藤将之所见,"'礼'为让'法'和'政'得顺利运作之依据"②。

当然,从另一方面来看,礼对法也有一定的依赖性,主要体现在:法保障礼确立的名分得以实现。《大略》称:"国法禁拾遗,恶民之串以无分得也。有夫分义则容天下而治,无分义则一妻一妾而乱。"③这里的分,就是因礼而确立的名分、职分。礼达而分定,法保障分的实现,就是在保障礼的实现。

(四)隆礼优于重法

虽然荀子对礼与法都比较看重,而且习惯于将礼与法相提并论,但是,就礼与法的关系来看,荀子总体上还是把隆礼置于更优先的地位。《大略》:"君人者,隆礼尊贤而王,重法爱民而霸,好利多诈而危。"④荀子借此区分了君主的三个层次。着眼于第一个层次与

---

① [唐]杨倞注:《荀子》,耿芸标校,上海古籍出版社2014年,第126页。
② [日]佐藤将之:《〈荀子〉"礼治论"的思想特质暨历史地位》,《邯郸学院学报》2012年第4期。
③ [唐]杨倞注:《荀子》,耿芸标校,上海古籍出版社2014年,第349页。
④ [唐]杨倞注:《荀子》,耿芸标校,上海古籍出版社2014年,第318页。

第二个层次之间的差异,可以看出,隆礼的君主可以成为天下之圣王,重法的君主则只能成为霸主。圣王的层次,明显高于霸主的层次。可见,隆礼比重法更重要,隆礼的君主高于、优于重法的君主。

这样的观点在《强国》篇中得到了重述:"故人之命在天,国之命在礼。人君者,隆礼尊贤而王,重法爱民而霸,好利多诈而危,权谋、倾覆、幽险而亡。"①这句话还完整地见于《天论》篇。也许应当倒过来说,《大略》篇中关于隆礼优于重法的观点,来自《强国》及《天论》。不论《荀子》各篇之间的先后顺序如何②,在《荀子》各篇中重复出现的这个观点表明,在荀子的价值体系中,国命首先系于礼,然后才系于法。对于君主来说,首先应当选择"隆礼尊贤"之方略,"重法爱民"次之;至于"好利多诈",当属等而下之的选项,而且是一个危险的选项,可以置而不论。

(五) 礼法概念的形成

在《荀子》多数篇章中,荀子习惯于礼与法并称。不仅如此,荀子还把礼与法结合起来,称之为"礼法"。对礼法概念的阐释,也许是荀子相异于其他先秦诸子的一个思想标志。

先看《劝学》篇的一个论断:"礼者,法之大分,群类之纲纪也。"③这是把礼与法典、统类联系起来,指出了礼与法典、统类的

---

① [唐]杨倞注:《荀子》,耿芸标校,上海古籍出版社2014年,第186页。
② 这是一个值得专门索解的问题,有学者"将荀子的著作大致分为三个时期:一是前286年游学于齐前的作品,可考定的只有《不苟》篇;二是前279年以后至前255年以前荀子在稷下的作品,它们是《王霸》《王制》《正论》《天论》《劝学》《修身》,还可加上《解蔽》《荣辱》《正名》《性恶》《礼论》《乐论》;三是荀子前255年以后居于兰陵时的作品,它们是《非相》《臣道》《君道》《非十二子》《成相》《赋》,还可加上《富国》《致士》《君子》。《议兵》《强国》《儒效》反映的都是荀子前255年以前之事;《大略》反映的则各个时期都有;《仲尼》篇的前半段反映的可能是其在稷下的思想,后半段反映的可能是其在兰陵时的思想。由于证据有限,这样的分期免不了存在许多问题,但循着这一线索,就可大致考察出荀子一生思想发展演变的进程"。详见,廖名春:《〈荀子〉各篇写作年代考》,《吉林大学社会科学学报》1994年第6期。
③ [唐]杨倞注:《荀子》,耿芸标校,上海古籍出版社2014年,第5页。

关系:礼是法的核心、原则,甚至可以说,礼就是原则性的法,或今日所说的法律原则。《劝学》篇还说:"不道礼宪,以《诗》、《书》为之,譬之犹以指测河也,以戈舂黍也,以锥飡壶也,不可以得之矣。故隆礼,虽未明,法士也;不隆礼,虽察辩,散儒也。"①这里的"宪",是指"标表"②,亦即客观而稳定的规范、准则,可以理解为法的另一种表达方式。因而,这里的"礼宪",其实就是"礼法"的意思。在荀子看来,相对于《诗》《书》,"礼宪"才是应当遵循的规范、准则。

在《修身》篇中,荀子着眼于礼与法的关系,直接提出了"礼法"这个概念:"好法而行,士也;笃志而体,君子也;齐明而不竭,圣人也。人无法,则伥伥然;有法而无志其义,则渠渠然;依乎法而又深其类,然后温温然。礼者所以正身也,师者所以正礼也。无礼何以正身?无师,吾安知礼之为是也?礼然而然,则是情安礼也;师云而云,则是知若师也。情安礼、知若师,则是圣人也。故非礼是无法也,非师是无师也。不是师法而好自用,譬之是犹以盲辨色、以聋辨声也,舍乱妄无为也。故学也者,礼法也。夫师以身为正仪,而贵自安者也。"这里的最后一句话的意思是指,"效师之礼法以为正仪,如性之所安,斯为贵也"③。按照这个论断,礼是法的前提,但是,礼与法其实又是融为一体的,礼与法融合之后的产物,即为"礼法"。倘若一个人有志于学,那么,"礼法"是他学习的主要内容。

在《王霸》中,荀子对"礼法"概念再三致意:"传曰:'农分田而耕,贾分货而贩,百工分事而劝,士大夫分职而听,建国诸侯之君分土而守,三公总方而议,则天子共己而已矣。'出若入若,天下莫不平均,莫不治辨,是百王之所同也,而礼法之大分也。"这里的"礼法

---

① [唐]杨倞注:《荀子》,耿芸标校,上海古籍出版社2014年,第5页。
② [唐]杨倞注:《荀子》,耿芸标校,上海古籍出版社2014年,第7页。
③ [唐]杨倞注:《荀子》,耿芸标校,上海古籍出版社2014年,第15—17页。

之大分",是指"在任人各使当其职分"①。据此,所有人的"职分",从农人、贾人到诸侯、三公乃至天子,都需要由"礼法"来确定,都同样地受制于"礼法"。显然,这是一个比较深刻而显著的变化:在荀子之前,至少在正式文献或正式制度中,天子、三公、诸侯等人的名分、职分,通常都是由礼来确定的,但在《王霸》篇中,已经转而由"礼法"来确定了。这就表明,礼、法的概念已经发生了一个根本性的变化,这为"礼法"概念的萌生提供了前提性条件。

《王霸》还从另一个角度指出:"上莫不致爱其下而制之以礼,上之于下如保赤子。政令制度,所以接下之人百姓,有不理者如豪末,则虽孤独鳏寡必不加焉。故下之亲上欢如父母,可杀而不可使不顺。君臣上下、贵贱长幼,至于庶人,莫不以是为隆正。然后皆内自省以谨于分,是百王之所以同也,而礼法之枢要也。然后农分田而耕,贾分货而贩,百工分事而劝,士大夫分职而听,建国诸侯之君分土而守,三公总方而议,则天子共己而止矣。出若入若,天下莫不平均,莫不治辨。是百王之所同,而礼法之大分也。"这段话既重复了"礼法之大分",又提出了"礼法之枢要"。虽然,"礼法之枢要"的实体内容与核心指向,是"百王之同用爱民之道而得民"②,但就"礼法"而言,却具有统一的目标与追求,那就是服务于君主的"爱民"与"得民"。"礼法"确立所有人的职分,又共同服务于君主之"得民",则礼与法的一体化态势,已经昭然若揭矣。

小　结

以上我们讨论了荀子的礼论、法论及礼法论。经过这样的辨析,可以发现,荀子阐述的礼与法具有显著的客观性,荀子所说的礼是近似于法的礼,荀子所说的法是与礼紧密相关的法;荀子直接

---

① [唐]杨倞注:《荀子》,耿芸标校,上海古籍出版社2014年,第134—135页。
② [唐]杨倞注:《荀子》,耿芸标校,上海古籍出版社2014年,第140—141页。

提出的礼法概念,在相当程度上,表明礼与法之间的界限已经趋于泯灭,礼与法在相当程度上已经融为一体。在先秦儒家的谱系中,甚至在先秦诸子中,荀子可以说是礼法一体、礼法融合理论的主要阐述者,而礼法一体、礼法融合本身就意味着"综合",这是荀子法理学可以被称为"综合法学"的主要依据。荀子能够提出这样的"综合法学",有客观与主观两个方面的原因。

从客观上说,荀子的时代已经迥异于孔子的时代。荀子置身于战国末期,"原教旨"意义上的周礼趋于崩塌,世卿世禄制逐渐转向新式的官僚制;在秦国这样的新式国家,封建制逐渐被郡县制取代,周公式的礼治逐渐被商鞅式的法治取代。在这样的政治背景下,传统的礼本身就在转向新式的法,新产生的法也在尽可能靠近传统的礼。再加上"礼法间之界限本微细而难于骤定。法有广狭二义,与礼相似。狭义为听讼断狱之律文,广义为治政整民之制度。就其狭义言之,礼法之区别显然。若就其广义言之,则二者易于相混。按封建宗法社会之中,关系从人,故制度尚礼。冠婚丧祭、乡射饮酒、朝会聘享之种种仪文,已足以维秩序而致治安。及宗法既衰,从人之关系渐变为从地,执政者势不得不别立'贵贵'之制度以代'亲亲'。然礼之旧名,习用已久,未必遽废。于是新起制度亦或称礼,而礼之内容遂较广泛,其义亦遂与广义之法相混。荀子之礼治思想殆即表现此过渡时期之趋势,故言礼而不为纯儒,近法而终不入申商之堂室也"①。荀子这种既"言礼"又"近法"的思想特质,实为战国晚期时代精神的折射。

从主观上说,荀子具有兼收并蓄的学术思想能力。在荀子之前,孟子代表了极端的理想主义,商鞅代表了极端的功利主义或现实主义。用现在的话来说,孟子是极端的"理想化",商鞅是极端的"物质化";孟子总是在"仰望天空",商鞅几乎从不"仰望天空"。相

---

① 萧公权:《中国政治思想史》,新星出版社2005年,第74—75页。

对于这样的极端主义,"比孟子和商鞅都要晚一些的荀子却兼采了两面意见又拒绝了两面的极端主义,过分强调了人性发掘的孟子一路必然走向理想的文化主义,显然不切实用;而过分依赖法律制约的商鞅一路则必然趋向于现世的功利主义,容易漠视人的情感。作为儒者,荀子一面坚持礼乐的象征意味对社会的催介示警意义和理性的自我调节对人类行为的控制功能,但另一方面也重视了现世治理中的实用功利"①。能够"叩其两端"②,能够在两种极端主义之间保持中道的品性,恰好符合儒家提倡的中庸之道。从荀子的这种品性来看,荀子可以说是一个兼具"人文学者"与"社会科学家"两种素养的思想家。荀子对法的看重,以及对性恶的理解,表明荀子具有"社会科学家"面对现实政治、现实社会的秉性。荀子对君子的看重,以及对王道的期待,又表明荀子具有"人文学者"追求人格修养、精神境界的特质。但是,朱子颇不喜欢荀子,他说:"荀卿则全是申韩,观《成相》一篇可见。他见当时庸君暗主战斗不息,愤闷恻怛,深欲提耳而诲之,故作此篇。然其要,卒归于明法制,执赏罚而已。"③朱子以"全是申韩"定位荀子、描述荀子,显然对荀子有偏见。公允地说,倘若以"半是孔孟、半是申韩"描述荀子,庶几近之。

荀子善于综合、善于兼顾的思想品质,让他成为了战国晚期时代精神的一面镜子。在荀子的时代,旧的礼在蜕变,新的法在兴起,礼与法在相互靠拢、相互浸染、相互融合。荀子的礼法学说,就是礼与法的相互融合在学术思想层面上的结晶,荀子法理学作为先秦晚期的"综合法学",也由此而形成。荀子以综合性质的礼法学说,记载了一个时代的法理精神。也许正是因为这个缘故,"荀

---

① 葛兆光:《中国思想史》第一卷,复旦大学出版社1999年,第165页。
② 《论语·子罕》:"吾有知乎哉?无知也。有鄙夫问于我,空空如也。我叩其两端而竭焉。"
③ [宋]黎靖德编:《朱子语类》,王星贤点校,中华书局2007年,第3255页。

子可说上承孔孟,下接易庸,旁收诸子,开启汉儒,是中国思想史从先秦到汉代的一个关键"①。荀子的礼法学说,也以"综合法学"的形态,成为了中国法理学从先秦演进至汉代的一个关键性的转折点。

---

① 李泽厚:《中国古代思想论史》,生活·读书·新知三联书店 2008 年,第 107 页。

第三章　先秦道家的法理学

第一节　老　　子

关于老子其人，《史记·老子韩非列传》中的说法是：老子乃"周守藏室之史"。这是一个守护并研究文献与档案的职位，或可视为现代的国家档案馆馆长、国家图书馆馆长的雏形。《老子韩非列传》还记载，"孔子适周，将问礼于老子"，老子对前来问礼的孔子说了一段很有名的话："子所言者，其人与骨皆已朽矣，独其言在耳。且君子得其时则驾，不得其时则蓬累而行。吾闻之，良贾深藏若虚，君子盛德，容貌若愚。去子之骄气与多欲，态色与淫志，是皆无益于子之身。吾所以告子，若是而已。"①这段记载表明，老子与孔子在学术思想上可能有一些交往，但两人风格迥异。很多学者都比较过老子与孔子之间的不同，②这里不再详述。大致说来，老子是一个偏好"深藏""若愚""蓬累而行"的思

---

① ［汉］司马迁：《史记》，中华书局2006年，第394页。
② 譬如，陈鼓应：《老子与孔子思想比较研究》，《哲学研究》1989年第8期；刘笑敢：《孔子之仁与老子之自然——关于儒道关系的一个新考察》，《中国哲学史》2000年第1期，等等。

想家。这样一个曾经身在庙堂、后来又不知所终的"隐君子",表述了一种什么样的法理学?或者说,我们应当如何理解老子的法理学?

早在1904年的《中国法理学发达史论》一文中,梁启超就把老子当作道家法理学的主要代表,把《老子》当作道家法理学的主要文献,并以"自然法"与"人定法"作为主要范畴,描述老子的法理学。梁启超说,"儒家极崇信自然法,凡一切学说,靡不根于此观念",相比之下,老子所代表的"道家亦认有自然法者也,虽然,其言自然法之渊源,与自然法之应用,皆与儒家异","其意盖谓一切具体的万有,皆被支配于自然法之下,而天亦万有之一也。故天亦自然法所支配,而非能支配自然法者也。而自然法不过抽象的认识,而非具体的独立存在也"。①梁启超还说,"夫自然法之本质既已若是,是故不许应用之以为人定法。苟应用之以为人定法,则已反于自然法之本性也"。梁启超最后得出的结论是,老子代表的道家法理学"绝对的取放任主义,而谓制裁力一无所用,非惟无所用,实不可用也","故道家对于法之观念,实以无法为观念者也。既以无法为观念,则亦无观念之可言"。②

现在看来,梁启超的这些论断很难成立。首先,老子确实提到了"道法自然"(详后),但是,其中包含的"法自然"一词,并不就是与"人定法"相对应的"自然法"。我们可以说,老子有"法自然"的观念,但并不能简单地认为,这就是"自然法"的观念;老子是否有"自然法"的观念,是一个有待于进一步论证的问题。其次,老子是否"以无法为观念",同样需要论证,这取决于如何理解"法",取决于判断有法无法的标准是什么。我们的研究表明,老子为君主设定了一系列需要遵循的规范,他不仅不是"以无法

---

① 梁启超:《梁启超全集》,北京出版社1999年,第1261页。
② 梁启超:《梁启超全集》,北京出版社1999年,第1267页。

为观念",反而是一个面向君主的立法者。最后,即使承认老子有"无法"之观念,也不能说老子没有关于法的观念,毕竟主张"无法"也是一种关于法的观念。而且,梁启超已经指出了老子的自然法观念,这样的观念足以成为一种关于法的观念。虽然梁启超关于道家或老子的法理学论述,存在着诸多可以商议之处,但是,他从中国法理学的立场上研究老子,却是一个开创性的贡献。他提示我们,应当认真对待老子的法理学,应当从"中国法理学发达史"的角度,把"老子法理学"作为"中国法理学发达史"的一个环节,并给予专门的研究。如果再考虑到老子在中国思想史乃至世界思想史上的巨大影响①,那么,如何理解"中国法理学发达史"及"世界法理学发达史"上的"老子法理学",就更成为一个颇有诱惑力的法理学问题。

那么,理解老子法理学的切入点是什么?在这个问题上,今人高亨的一个观点颇有启发性,他说:"老子之言皆为侯王而发,其书曰'圣人'者凡三十许处,皆有位之圣人,而非无位之圣人也。'我'言者凡十许处,皆侯王之自称,而非平民之别称也。所谓'为天下谿''为天下谷''为天下贞'等等,皆侯王之口吻,而非平民之口吻也。故《老子》书皆侯王之宝典,《老子》哲学实侯王之哲学也。"②高亨的这个判断可能有些绝对,因为《老子》中的有些内容与侯王并没有必然的联系。但是,《老子》一书确实可以解读为一部针对侯王的教科书,老子的法理学也确实可以解读为面向侯王的法理学。侯王应当做什么、应当怎么做,构成了《老子》与老子法理学的实体内容、主体内容、核心内容。我们可

---

① 据陈鼓应介绍,"近代以来,西方学人迻译外国典籍,最多是《圣经》,其次就是《老子》"。详见,陈鼓应:《老子注译及评介》,中华书局 2015 年,"北京商务重排版序",第 1 页。这个信息,可以从一个侧面反映出老子与《老子》在世界思想史上的影响。

② 高亨:《老子正诂》,中国书店 1988 年,第 62 页。

以把老子法理学的内容概括为"二十二条君规",亦即老子为君主(侯王)创设的二十二条行为规范,①这些行为规范不是主权者正式发布的,但却是君主应当遵循的行为规范。事实上,君主应当遵循的行为规范,通常也不大可能由君主代表主权者来正式发布。这样的行为规范,只能是"学术建议稿",其效力不是由实际的政治权力或国家机器来保障的"硬效力",而是由智慧与德性来支撑的"软效力"。

在法理上,法律规范有权利规则,也有义务规范。对君主或侯王来说,权利规范不必特别强调。因此,老子为君主创设的行为规范都是义务规范。这些义务规范又可以划分为三种更具体的类型,它们分别是:消极的义务规范(七条),积极的义务规范(八条),以及"消极—积极"复合型义务规范(七条)。

一、消极义务规范

老子为君主设定的义务规范,首先是以否定的方式设定的消极的义务规范。通常认为,义务都是必须履行的,消极的义务是指不做什么的义务。规定不做什么的义务规范,从另一个角度来看,似乎也可以称为禁止性规范。但是,就老子法理学来说,把这些包含了否定、摒弃意味的规范理解为消极的义务规范更为妥当,毕竟这些规范主要还是在规定君主应当履行的义务。这些义务包括:无为,不仁,不为大,不伤人,去甚、去奢、去泰,国之利器不可以示人,民至老死不相往来,等等。

---

① 在这里,应当区分君主或君主政治与侯王或侯王政治。两者之间存在着细微的、同时也是值得注意的区别。现在,我们论及君主或君主政治,有一个未曾说明的前提是:只有一个君主,譬如唐太宗、宋太祖。所谓君主专制,主要是居于共同体政治顶端的那个君主在"专制"。但是,老子所见的君主,主要不是那个徒具其名的周天子,而是一个掌握实权的数量较大的侯王群体,因为众多的大小诸侯国,都有自己的侯王或君主。因此,老子所见的君主政治,严格说来,其实是诸侯政治;因此,本节所谓的君主行为规范,主要是指诸侯国君(侯王)的行为规范。

第三章 先秦道家的法理学

(一) 无为

无为作为一条针对君主的义务规范,几乎可以视为老子思想及老子法理学的主要标签。老子从不同的方面反复论证君主应当无为,从这个角度来说,无为是老子为君主设定的第一义务。《老子》第三章:"不尚贤,使民不争;不贵难得之货,使民不为盗;不见可欲,使民心不乱。是以圣人之治,虚其心,实其腹,弱其志,强其骨,常使民无知无欲。使夫知者不敢为也。为无为,则无不治。"①这段话的大部分内容其实都是铺垫,最后一句才是重心,它告诫君主,只有坚持"无为",才能形成"无不治"的局面。第三十七章作为"道经"部分的最后一章,以"结论"的语气告诫侯王:"道常无为,而无不为。侯王若能守之,万物将自化。化而欲作,吾将镇之以无名之朴。无名之朴,夫亦将无欲。不欲以静,天下将自定。"②这就是说,侯王应当守道,而道的训诫与指示就是无为,侯王如果能够坚持无为之道,世间万物就会自然形成。"天下将自定"就是天下自动形成了良好的秩序,显然,这是一种自然生发的秩序。无为的义务既见于"道经",亦见于"德经"。第五十七章:"以正治国,以奇用兵,以无事取天下。吾何以知其然哉? 天下多忌讳,而民弥叛;民多利器,国家滋昏;人多智而奇物滋起;法令滋彰,盗贼多有。是以圣人之言曰:'我无为,而民自化;我好静,而民自正;我无事,而民自富;我无欲,而民自朴。'"③这里的"我无事",就是"君主无为"的意思。只有无为无事的君主,才能取得天下。第六十四章:"为者败之,执者失之,是以圣人无为故无败,无执故无失。民之从事,常于几成而败之。慎终如始,则无败事。是以圣人欲不欲,不贵难得之货;学不学,复众人之所过,以辅万物之自然而不敢为。"④这是

---

① 汤漳平、王朝华译注:《老子》,中华书局2014年,第12页。
② 汤漳平、王朝华译注:《老子》,中华书局2014年,第138页。
③ 汤漳平、王朝华译注:《老子》,中华书局2014年,第231页。
④ 汤漳平、王朝华译注:《老子》,中华书局2014年,第253页。

说,君主只有坚持无为,才不会失败。此外,第七十五章还从相反的方向论证了无为的必要性:"民之饥,以其上食税之多,是以饥;民之难治,以其上之有为,是以难治;民之轻死,以其求生之厚,是以轻死。夫唯无以生为者,是贤于贵生。"①民众难以治理吗?那是因为君主有为,所以难以治理;如果君主坚持无为的义务规范,民众是很好治理的。

(二) 不仁

君主应当"不仁"。像无为一样,不仁也是一种否定性的、消极的义务规范。第五章:"天地不仁,以万物为刍狗。圣人不仁,以百姓为刍狗。"如何理解这里的"不仁"?顾名思义,这里的"仁"可以理解为儒家所说的"仁义"之"仁"。其实,不仁作为君主应当遵循的一种义务,主要体现为一种反应迟钝的状态。譬如,在"麻木不仁"一语中,麻木就是对不仁的解释。钱钟书认为:"'不仁'有两,不可不辨。一如《论语·阳货》之'予之不仁也'或《孟子·离娄》之'不仁暴其民',凉薄或凶残也。二如《素问·痹论》第四三之'不痛不仁'或《广韵·三十五祸》之"傻俅、不仁也',麻木或痴顽也。前者忍心,后者无知。'天地不仁'盖属后义。"②据此,不仁就是麻木、无知。天地以麻木不仁的态度对待万物,君主也应当以同样的态度对待他的百姓。第十九章:"绝圣弃智,民利百倍;绝仁弃义,民复孝慈;绝巧弃利,盗贼无有。此三者以为文不足,故令有所属:见素抱朴,少私寡欲。绝学无忧。"③在这里,老子要求君主的"三绝弃",其实都可以归结为不仁,因为绝弃圣智、仁义、巧利,就是回到麻木、无知的状态。第二十章也可以看作对"不仁"的解释:"唯之与阿,相去几何?善之与恶,相去若何?人之所畏,不可不畏。

---

① 汤漳平、王朝华译注:《老子》,中华书局2014年,第286页。
② 钱钟书:《钱钟书集:管锥编(二)》,生活·读书·新知三联书店2007年,第651—652页。
③ 汤漳平、王朝华译注:《老子》,中华书局2014年,第73页。

荒兮,其未央哉!众人熙熙,如享太牢,如春登台。我独泊兮,其未兆,如婴儿之未孩;儽儽兮,若无所归!众人皆有余,而我独若遗。我愚人之心也哉,沌沌兮!俗人昭昭,我独昏昏。俗人察察,我独闷闷。"①这段话描述了一个"不仁"的君主形象:昏昏、闷闷,应诺与训斥不分,美与恶不分,宛若愚人。第六十五章:"古之为道者,非以明民,将以愚之。民之难治,以其智多。故以智治国,国之贼;不以智治国,国之福。知此两者亦稽式。常知稽式,是谓玄德。玄德深矣远矣,与物反矣,然后乃至大顺。"②在这里,"民之难智,以其智多"之"其",应当理解为君主,因为这是对君主的训诫,它要求君主的"不以智治国",就是以不仁治国,不智就是不仁。

(三) 不为大

君主应当"不为大",这条义务规范也是从"无为"中延伸出来的。第六十三章:"为无为,事无事,味无味。大小多少,报怨以德。图难于其易,为大于其细。天下难事,必作于易;天下大事,必作于细。是以圣人终不为大,故能成其大。夫轻诺必寡信,多易必多难。是以圣人犹难之,故终无难矣。"③这里提出的"圣人终不为大",可以有两种理解:其一,"不自以为大",君主不自高自大,反而可以成就他的伟大。④ 其二,君主不为大事,不要立志做大事,反而能够成就天下大事,因为"天下大事,必作于细",都是从细小之事做起。从这个角度来看,"不为大"应当作为君主的一个义务。第六十一章:"故大邦以下小邦,则取小邦;小邦以下大邦,则取于大邦。"⑤这也是关于大与小的辩证法:大国能够居于小国之下,就能取得小国的拥护;小国能够居于大国之下,就能受到大国的接

---

① 汤漳平、王朝华译注:《老子》,中华书局2014年,第77页。
② 汤漳平、王朝华译注:《老子》,中华书局2014年,第256页。
③ 汤漳平、王朝华译注:《老子》,中华书局2014年,第251页。
④ 陈鼓应:《老子注译及评介》,中华书局2015年,第283页。
⑤ 汤漳平、王朝华译注:《老子》,中华书局2014年,第243页。

纳。它提出的规训是：不仅是小国的君主，就是大国的君主也不能为大，否则就得自食其果。

（四）不伤人

君主应当"不伤人"。第六十章："治大国，若烹小鲜。以道莅天下，其鬼不神；非其鬼不神，其神不伤人；非其神不伤人，圣人亦不伤人。夫两不相伤，故德交归焉。"①老子强调的"若烹小鲜"的治国方式，可以理解为不折腾，因为折腾就是对"小鲜"的伤害。如果仅止于此，"若烹小鲜"实为"无为"的释义。但是，老子还进一步提出，"圣人亦不伤人"。王弼解释说："圣人不伤人，则亦不知圣人之为圣也。犹云非独不知神之为神，亦不知圣人之为圣也。夫恃威网以使物者，治之衰也。使不知神圣之为神圣，道之极也。"②圣人不伤人，是指君主不能伤害民众，甚至要让民众感觉不到君主的存在。王弼所说的"威网"，就是国家机器，国家机器不能成为伤害民众的暴力机器。君主要履行不伤人的义务，要恪守不伤人的规则，那就必须"以道莅天下"。可见，"圣人不伤人"的规则，是君主"以道莅天下"的产物。

（五）去甚、去奢、去泰

君主应当"去甚、去奢、去泰"。第二十九章："将欲取天下而为之，吾见其不得已。天下神器，不可为也。为者败之，执者失之。故物或行或随，或嘘或吹，或强或羸，或挫或隳。是以圣人去甚，去奢，去泰。"③依此，"去甚、去奢、去泰"也是君主应当遵循的一条义务规范。这项义务的核心是"除其所以迷，去其所以惑，故心不乱而物性自得之也"④。其中，"甚"是过度，"奢"是奢靡，"泰"是过分，三者其实是同义反复。由于这三者都是让君主"迷""惑""乱"

---

① 汤漳平、王朝华译注：《老子》，中华书局2014年，第240页。
② ［魏］王弼注：《老子道德经注》，楼宇烈校释，中华书局2011年，第162页。
③ 汤漳平、王朝华译注：《老子》，中华书局2014年，第112—113页。
④ ［魏］王弼注：《老子道德经注》，楼宇烈校释，中华书局2011年，第78页。

的诱因,因此君主应当"去"之。

（六）国之利器不可以示人

国之利器,君主不可以示人。第三十六章:"将欲歙之,必固张之;将欲弱之,必固强之;将欲废之,必固举之;将欲取之,必固与之。是谓微明。柔弱胜刚强。鱼不可脱于渊,国之利器不可以示人。"①老子在此要求君主掌握"微明"的艺术,亦即能够看到起于青萍之末的即将到来的狂风。但本章对君主的直接训示还在于,要求君主,"国之利器不可以示人"。这是一条相对独立的"君规"。王弼称:"利器,利国之器也。唯因物之性,不假刑以理物。器不可睹,而物各其所,则国之利器也。示人者,任刑也。刑以利,则失矣。鱼脱于渊,则必见失矣。利国之器而立刑以示人,亦必失也。"②根据王弼的这番解释,国之利器是利国之器,主要体现为"因物之性",而且是看不见的——看得见的是使用刑罚。不过,如果君主依靠看得见的刑罚治国,那就坏了。这条义务规范的实际指向是:君主不能把看不见的道变成看得见的刑。

（七）民至老死不相往来

相对于积极追求广土众民而言,坚持"小国寡民"也是一个消极的义务性规范。第八十章:"小国寡民。使有什伯人之器而不用;使民重死而不远徙;虽有舟舆,无所乘之;虽有甲兵,无所陈之;使民复结绳而用之。甘其食,美其服,安其居,乐其俗。邻国相望,鸡犬之声相闻,民至老死,不相往来。"③这段话反复运用了"使"字。这种表达方式的含义是,坚持小国寡民的各项规定,是对君主提出的要求,是君主应当履行的一种消极义务;君主在制定国家政策的时候,应当"使""民至老死不相往来"。

以上七个方面,为君主设定了七项义务。这些义务在表述上

---

① 汤漳平、王朝华译注:《老子》,中华书局2014年,第135页。
② [魏]王弼注:《老子道德经注》,楼宇烈校释,中华书局2011年,第93页。
③ 汤漳平、王朝华译注:《老子》,中华书局2014年,第299页。

具有共同的特征:以"无""不""去"这样一些否定性、否弃性的用语作为指向,表明这些义务都是消极的义务。虽然可以分别列出七项否定性的消极义务,但是,这些义务的核心都可以归结为"无为"。因此,严格说来,这些消极义务都是由"无为"这个核心义务派生出来的。由此可见,上述七个方面的消极义务并不是完全平行或完全并列的关系。在这些义务之中,"无为"具有本源的地位,其他义务可以视为"无为"义务的具体化。

二、积极义务规范

消极义务规范是否弃或否定的义务规范,相比之下,积极义务规范是要坚持或恪守的义务规范。君主既要承担消极的义务,还要承担积极的义务。

(一)法自然

君主应当"法自然"。在法学理论中,老子的"法自然"受到了较多关注,因为调换"法自然"三个字的排列顺序,就是"自然法"。正是由于这样的外在相似性,关于"自然法"与"法自然"的比较研究,构成了比较法学者偏爱的主题。譬如有学者写道:"'自然法'的观念在西方文化史上具有重要意义,而对中国古代法以至古代文化产生深刻影响的则是'法自然'。"①但是,老子提出的法自然与西方的自然法其实只有非常微弱的关联。《老子》第十七章:"太上,下知有之;其次,亲而誉之;其次,畏之;其下,侮之。信不足焉,安有不信。悠兮其贵言,功成事遂,百姓皆谓我自然。"②按照王弼的解释,这里的"自然,其端兆不可得而见也,其意趣不可得而睹也。无物可以易其言,言必有信,故曰'悠兮其贵言'也。居无为之事,行不言之教,不以形立物,故功成事遂,而百姓不知其所以然也"③。据此,"自

---

① 梁治平:《"法自然"与"自然法"》,《中国社会科学》1989年第2期。
② 汤漳平、王朝华译注:《老子》,中华书局2014年,第67页。
③ [魏]王弼注:《老子道德经注》,楼宇烈校释,中华书局2011年,第43页。

然"的要义是"百姓不知其所以然"。第二十五章:"有物混成,先天地生。寂兮寥兮!独立而不改,周行而不殆,可以为天下母。吾不知其名,字之曰道,强为之名曰大。大曰逝,逝曰远,远曰反。故道大,天大,地大,王亦大。域中有四大,而王居其一焉。人法地,地法天,天法道,道法自然。"①王弼注称:"法,谓法则也。人不违地,乃得全安,法地也。地不违天,乃得全载,法天也。天不违道,乃得全覆,法道也。道不违自然,乃得其性,法自然也。法自然者,在方而法方,在圆而法圆,于自然无所违也。自然者,无称之言、穷极之辞也。有智不及无知,而形魄不及精象,精象不及无形,有仪无及无仪,故转相法也。道法自然,天故资焉。天法于道,地故则焉。地法于天,人故象焉。"②概而言之,自然是君主间接效法的对象,君主对自然的效法,应当通过地、天、道三个中间环节。不过,归根到底,君主还是应当效法万物的自然,这是"法自然"为君主规定的义务。③

(二) 得一

君主应当得一。第三十九章:"昔之得一者:天得一以清,地得一以宁,神得一以灵,谷得一以盈,侯王得一以为天下正。"④在这里,老子直接提出了侯王应当履行"得一"的义务。"得一"的关键是"一"。"一"是什么? 王弼说,"一,数之始而物之极也。各是一物之生,所以为主也。物皆各得此一以成,既成而舍一以居成,居成则失其母"⑤。"得一"也可以理解为"抱一"。第二十二章:"曲

---

① 汤漳平、王朝华译注:《老子》,中华书局2014年,第95页。
② [魏]王弼注:《老子道德经注》,楼宇烈校释,中华书局2011年,第66页。
③ 关于"法自然"以及"道法自然"的含义,学界众说纷纭,莫衷一是。有学者梳理各家观点,进而认为:"'道法自然'的确切意思是道遵循或顺应万物的自己如此。"详见,王中江:《道与事物的自然:老子"道法自然"实义考论》,《哲学研究》2010年第8期,第42页。
④ 汤漳平、王朝华译注:《老子》,中华书局2014年,第145—146页。
⑤ [魏]王弼注:《老子道德经注》,楼宇烈校释,中华书局2011年,第109页。

则全,枉则直;洼则盈,敝则新;少则得,多则惑。是以圣人抱一为天下式。"①这里的"圣人抱一"就是"侯王得一"。此外,"一"还可以解释为"朴"。第三十二章:"道常无名,朴虽小,天下莫能臣也。侯王若能守之,万物将自宾。天地相合,以降甘露,民莫之令而自均。始制有名。名亦既有,夫亦将知止。知止可以不殆。譬道之在天下,犹川谷之于江海。"②在这里,"侯王"应当守护的"朴",就是"一"。王弼说:"朴之为物,以无为心也,亦无名。故将得道,莫若守朴。夫智者,可以能臣也;勇者,可以武使也;巧者,可以事役也;力者,可以重任也。朴之为物,愦然不偏,近于无有,故曰'莫能臣'也。抱朴无为,不以物累其真,不以欲害其神,则物自宾而道自得也。"③概括地说,在老子的思想体系中,"一""道""朴"具有同样的含义,可以相互解释。"得一"的义务就是"守道""守朴"的义务。

(三) 以天下观天下

君主应当以天下观天下。第五十四章:"善建者不拔,善抱者不脱,子孙以其祭祀不辍。修之身,其德乃真;修之家,其德有余;修之乡,其德乃长;修之邦,其德乃丰;修之天下,其德乃普。以身观身,以家观家,以乡观乡,以邦观邦,以天下观天下。吾何以知天下之然哉?以此。"④在这段话中,王弼专门挑出"以天下观天下"一语,并做出了进一步的解释:"以天下百姓心,观天下之道也。天下之道,逆顺吉凶,亦皆如人之道也。"⑤据此,以"天下观天下"作为一项义务,主要是要求君主应当体会天下人心,从中寻找治理天下之道。

(四) 被褐怀玉

君主应当兼有纯朴的外表与高贵的内心。第七十章:"吾言甚

---

① 汤漳平、王朝华译注:《老子》,中华书局2014年,第86页。
② 汤漳平、王朝华译注:《老子》,中华书局2014年,第122页。
③ [魏]王弼注:《老子道德经注》,楼宇烈校释,中华书局2011年,第84页。
④ 汤漳平、王朝华译注:《老子》,中华书局2014年,第216—217页。
⑤ [魏]王弼注:《老子道德经注》,楼宇烈校释,中华书局2011年,第147页。

易知,甚易行;天下莫能知,莫能行。言有宗,事有君。夫唯无知,是以不我知。知我者希,则我贵矣。是以圣人被褐而怀玉。"①这里的圣人就是君主。"被褐"是指穿着粗布衣服,"怀玉"是指怀抱珍贵的宝玉。这项义务的具体内容是:君主应当外表纯朴、内心高贵。纯朴的外表,包括言与行,能够得到众人的接受、认同。高贵的内心,则是君主意识的体现,这种君主意识可以理解为责任意识、精英意识,甚至也是君主角色在精神层面上的要求。没有"怀玉"的意识与自觉,没有藏于内心的责任感,君主就跟众人完全一样。跟众人完全同质的君主,不可能成为一个合格的君主。因此,君主必须既"被褐"又"怀玉",这是君主的义务。

(五) 重、静

君主应当持重、冷静。第二十六章:"重为轻根,静为躁君。是以君子终日行,不离辎重。虽有荣观,燕处超然。奈何万乘之主,而以身轻天下？轻则失本,躁则失君。"②这就是说,君主应当恪守"重""静"的要求。何为重？何为静？王弼称:"凡物,轻不能载重,小不能镇大。不行者使行,不动者制动。是以重必为轻根,静必为躁君也。"③钱钟书解释说:"此章盖言轻与重、躁与静孰先;先乃优先之先,非先前之先,较量作用,非溯列程序","静如处女,以逸待劳,静可以制躁也;末大必折,根朽叶危,根不重而失也"。④按照这些解释,重、静作为义务,要求万乘之主应当追求持重、冷静的行为方式,否则,不仅会失去君位,甚至会丧失性命。

(六) 啬

君主应当节俭。第五十九章:"治人事天,莫若啬。夫唯啬,是以早服;早服谓之重积德;重积德则无不克;无不克则莫知其极;莫

---

① 汤漳平、王朝华译注:《老子》,中华书局2014年,第271页。
② 汤漳平、王朝华译注:《老子》,中华书局2014年,第101页。
③ [魏]王弼注:《老子道德经注》,楼宇烈校释,中华书局2011年,第71页。
④ 钱钟书:《钱钟书集·管锥编(二)》,生活·读书·新知三联书店2007年,第679页。

知其极,可以有国;有国之母,可以长久。是谓深根固柢、长生久视之道。"①由此可知,"啬"是君主应当遵循的一项义务,无论是治人还是事天,都应当按照"啬"的要求行事。那么,"啬"提出了一个什么样的行为指向呢?王弼解释说:"啬,农夫。农人之治田,务去其殊类、归于齐一也。全其自然,不急其荒病,除其所以荒病。上承天命,下绥百姓,莫过于此。"②这是把"啬"解释为农夫治田之道。相比之下,把"啬"解释为"俭",也许是一个更合理的选择。第六十七章:"我恒有三宝,持而宝之:一曰慈,二曰俭,三曰不敢为天下先。夫慈故能勇,俭故能广,不敢为天下先,故能为成器长。"③这里作为"三宝"之一的"俭",可以看作对"啬"的解释。因此,"啬"作为一种行为规范,就是节俭。陈鼓应亦认为:"'俭'之德,凡是'啬'知足,少私,见素抱朴,都属于同类德性。"④可见,以"俭"释"啬",是一个可以接受的方向。

(七)后

君主应当站在后面。第七章:"天长地久。天地所以能长且久者,以其不自生,故能长生。是以圣人后其身而身先,外其身而身存。非以其无私邪?故能成其私。"⑤这里的"后其身"是从站位的角度,为君主提出了一项要求,可以概括为"后"的义务。为什么要"后其身"?《淮南子·原道训》提供了较为具体的解释:"先者难为知,而后者易为攻也。先者上高,则后者攀之;先者谕下,则后者蹑之;先者踬陷,则后者以谋;先者败绩,则后者违之。由此观之,先者则后者之弓矢质的也。"⑥由此可知,只有站在后面,才是安全

---

① 汤漳平、王朝华译注:《老子》,中华书局2014年,第237页。
② [魏]王弼注:《老子道德经注》,楼宇烈校释,中华书局2011年,第160页。
③ 汤漳平、王朝华译注:《老子》,中华书局2014年,第263页。
④ 陈鼓应:《中国哲学创始者:老子新论》,中华书局2015年,第44页。
⑤ 汤漳平、王朝华译注:《老子》,中华书局2014年,第27页。
⑥ 陈广忠译注:《淮南子》,中华书局2012年,第26页。

的,才能获得最后的成功。第六十七章提到的"不敢为天下先",也可以看作对"后其身"的解释。

(八) 下

君主应当站在下方。第六十八章:"善为士者不武,善战者不怒,善胜敌者弗与,善用人者为之下。是谓不争之德,是谓用人,是谓配天,古之极也。"①第六十六章也提出了大致相同的要求:"江海所以能为百谷王者,以其善下之,故能为百谷王。是以欲上民,必以言下之;欲先民,必以身后之。是以圣人处上而民不重,处前而民不害。是以天下乐推而不厌。"②这些关于"为之下""以言下之"的论述,都是强调君主应当恪守"下"的义务。"下"是一种方位,也是一种立场、姿态、行为。清代魏源认为:"老子主柔实刚,而取牝、取雌、取母、取水之善下,其体用皆出于阴。阴之道虽柔,而其机则杀,故学之而善者则清静慈祥,不善者则深刻坚忍,而兵谋权术宗之,虽非其本真,而亦势所必至也。"③因此,"下"作为一种义务性规范,其实隐藏着两种可能性:清静慈祥与兵谋权术。如果从法理学的角度来看,"下"作为一项君主义务,主要还是侧重于政治性的兵谋权术。客观地说,军事行动离不开谋略,政权运行需要讲求技术,因此,"兵谋权术"并不是一个贬义词,而是一个中性的社会科学概念。

以上八条,主要是向君主提出了应当积极作为的八项义务,因而可以称为积极义务规范。在这些义务中,"法自然""得一"具有根本性,相比之下,其他几项义务则比较具体地分别规定了君主行为的某个方面。

三、复合型义务规范

在消极义务规范与积极义务规范之外,还有一类义务规范,它

---

① 汤漳平、王朝华译注:《老子》,中华书局2014年,第266页。
② 汤漳平、王朝华译注:《老子》,中华书局2014年,第259页。
③ [清]魏源:《魏源集》,中华书局2009年,第261页。

们既有积极的指向,也有消极的指向。我们可以尝试着把这类义务规范称为"积极—消极"复合型义务规范,简称复合型义务规范。

(一) 为而不恃

"为"是积极的义务,"不恃"是消极的义务。第二章:"天下皆知美之为美,斯恶矣;皆知善之为善,斯不善已。故有无相生,难易相成,长短相形,高下相倾,音声相和,前后相随。是以圣人处无为之事,行不言之教,万物作焉而不辞,生而不有,为而不恃,功成而弗居。夫唯弗居,是以不去。"①通过对立双方之间的关联性,老子要求君主:处无为之事,行不言之教。这项要求既有积极的指向,即处事与行教,但同时也包含了消极的指向:所处之事是无为之事,所行之教是无言之教。君主应当积极地作为(处事与行教),但是,君主应当"为而不恃"——有所作为但不自恃其能,成就功业但不居功自傲。君主应当遵循的这项义务还见于第七十七章:"天之道,其犹张弓与?高者抑之,下者举之;有余者损之,不足者补之。天之道,损有余而补不足;人之道则不然,损不足以奉有余。孰能有余以奉天下?唯有道者。是以圣人为而不恃,功成而不处,其不欲见贤邪?"②由此可见,"为而不恃"是老子反复强调的一条"积极—消极"复合型义务规范。

(二) 为而不争

这是一条见于《老子》末句的复合型义务规范。第八十一章:"信言不美,美言不信。善者不辩,辩者不善。知者不博,博者不知。圣人不积:既以为人,己愈有;既以与人,己愈多。故天之道,利而不害;人之道,为而弗争。"③这里的所谓"人之道",其实就是圣人之道或君主之道。按照王弼的解释,君主之道应当"顺天之道,不相伤也"④。不相伤就是不争。君主应当有所作为,但绝不

---

① 汤漳平、王朝华译注:《老子》,中华书局2014年,第8页。
② 汤漳平、王朝华译注:《老子》,中华书局2014年,第292页。
③ 汤漳平、王朝华译注:《老子》,中华书局2014年,第302页。
④ [魏]王弼注:《老子道德经注》,楼宇烈校释,中华书局2011年,第200页。

与人争夺。因此,君主应当"不积"。"不积"就是不积蓄、不积藏。君主越是能够施利于他人、给予他人,自身就越富有、越强盛。君主应当"为",且"为而不争"。这样的义务还见于第二十二章:"不自见,故明;不自是,故彰;不自伐,故有功;不自矜,故长。夫唯不争,故天下莫能与之争。"①这里的"不自见""不自是""不自伐""不自矜""不争",都是消极义务,但是,"明""彰""有功""长""天下莫能与之争",都指示了积极义务。君主"为而不争",最终还是为了"天下莫能与之争"。

（三）方而不割

君主要方正,但不能伤害他人。君主要坚持一个积极的方向,但也要注意防止因此而导致的负面效果。第五十八章:"其政闷闷,其民淳淳;其政察察,其民缺缺。祸兮,福之所倚;福兮,祸之所伏。孰知其极?其无正也?正复为奇,善复为妖。人之迷也,其日固久矣。是以圣人方而不割,廉而不刿,直而不肆,光而不耀。"②这段话是说,祸福相依,在产生一种收益的同时,一种损失也在潜滋暗长。君主具有某种积极的品质,这是好事情,但积极的品质完全可能潜伏着某种消极的指向。君主的一项义务因此而生:既要坚持积极的"方""廉""直""光",同时也要注意"不割""不刿""不肆""不耀"。在这里,且以"方而不割"为例略加说明:"方"或"方正"是一种积极的、正面的品质,但是,如果"方"或"方正"展示出来的棱角过于分明、过于尖锐,就可能割伤他人,造成消极的结果。这就是君主应当注意的"方而不割"之义务。

（四）为腹不为目

君主治国,应当解决民众的温饱问题,不能追求超越于温饱的感观刺激。第十二章:"五色令人目盲,五音令人耳聋,五味令人口

---

① 汤漳平、王朝华译注:《老子》,中华书局2014年,第86页。
② 汤漳平、王朝华译注:《老子》,中华书局2014年,第235页。

爽,驰骋畋猎令人心发狂,难得之货令人行妨。是以圣人为腹不为目,故去彼取此。"①这段话分述的"五色""五音""五味""驰骋畋猎""难得之货",都是过度的感观刺激,都是应当避免的"为目"。君主为什么要恪守"为腹不为目"的要求?王弼的解释是:"为腹者以物养己,为目者以物役己,故圣人不为目也。"②这是从个人修身的角度来说的:所谓"为腹",是让外物为自身服务,让外物滋养自身,自身居于主体地位;所谓"为目",是让自身为外物服务,自身围绕外物旋转,自身为外物所牵引,自身居于客体地位。王弼的这种解释具有"人文"意义。不过,从社会科学特别是从法理学的角度来看,"为腹不为目"作为一项义务,是要求君主注重满足基本的温饱需求,不能纵容、扩张过度的欲望。作为个人,君主应当履行这项义务,自己首先为腹不为目;作为国家治理的责任主体,君主应当以这样的理念治理国家:关心众人的温饱,不刺激众人的过度的欲望。

(五)处其厚,不居其薄

这里的厚与薄具有特定的含义。第三十八章:"上德不德,是以有德;下德不失德,是以无德。上德无为而无以为,上仁为之而无以为,上义为之而有以为,上礼为之而莫之应,则攘臂而扔之。故失道而后德,失德而后仁,失仁而后义,失义而后礼。夫礼者,忠信之薄而乱之首。前识者,道之华而愚之始。是以大丈夫处其厚,不居其薄,处其实,不居其华。故去彼取此。"③按照这段论述,"厚"代表高层级的规范,"薄"代表低层级的规范。在老子看来,规范是有层级的,是有高低之分的。最高的规范是道,其后依次是德、仁、义,最低的规范是礼。君主如果依道而行,那就是"处其厚",如果依礼而行,那就是"居其薄"。君主应当积极地"处其厚",

---

① 汤漳平、王朝华译注:《老子》,中华书局 2014 年,第 45 页。
② [魏]王弼注:《老子道德经注》,楼宇烈校释,中华书局 2011 年,第 31 页。
③ 汤漳平、王朝华译注:《老子》,中华书局 2014 年,第 142 页。

还应当消极地"不居其薄"。当然,"处其厚"亦即"处其实","不居其薄"亦即"不居其华"。简而言之,君主应当"去彼取此"。这里的"此",是指道,或靠近道的德;这里的"彼"是指礼,或靠近礼的义。至于道的核心内容,则可以用"无为"来概括。至于礼,可以理解为已经趋于疲惫的"周文"或"周礼"。从这个义务规范来看,主张"处其厚,不居其薄"的老子,实为周礼的批判者,是"周文疲惫"背景下的革新者。

(六)执左契,而不以责于人

君主应当居于债权人的地位,但并不凭借债权人的地位向债务人讨债。第七十九章:"和大怨,必有余怨,安可以为善?是以圣人执左契,而不以责于人。故有德司契,无德司彻。夫天道无亲,常与善人。"①这条义务规范包含了一种值得注意的政治哲学,那就是,君主应当不断地夯实自己的道义基础。所谓"左契",就是债权人持有的契约。"圣人执左契"就是要求君主处于债权人的地位。王弼说,"左契,防怨之所由生也"②。这是从消极的方面去解释君主的义务:君主要防范可能滋生的民怨。但是,手持左契的君主,并不凭借左契向民众索债,这就不是在消极地防范民怨,而是在积极地收买民心,更直白地说,是在培植民众对君主的亏欠感。民众对君主的亏欠感越强烈,君主的统治地位就越稳固,这就是"执左契,而不以责于人"的要义。

(七)无恒心,以百姓之心为心

君主治理天下,不能自以为是,不能固持己见,也不能有过于强烈的价值偏好。君主应当摒弃自己的主观意志,应当以百姓的意志作为自己的意志。第四十九章:"圣人无恒心,以百姓之心为心。善者善之,不善者亦善之,德善也。信者信之,不信者亦信之,

---

① 汤漳平、王朝华译注:《老子》,中华书局2014年,第297页。
② [魏]王弼注:《老子道德经注》,楼宇烈校释,中华书局2011年,第196页。

德信也。圣人之在天下也,歙歙焉,为天下浑心。百姓皆注其耳目焉,圣人皆咳之。"①君主应当看到,在百姓当中,有善者,也有不善者;有信者,也有不信者。但是,君主应当对他们一视同仁。君主如果将他们进行区别对待,就不再是全体百姓的君主,就将自动缩减成为一部分人的君主,这就是君主的自我缩减。要防止这种情况,君主就应当"无恒心,以百姓之心为心"。这项义务的具体要求是:君主不能特别偏爱某些人,因为"百姓"就意味着"百心",由于百姓之心是多样化的,各种心性的百姓都能够得到君主的理解、承认、接纳。极端地看,君主如果以很高的标准要求百姓,那么,就只有很少的百姓能够让君主满意;大多数的百姓都会成为君主不满意的百姓,在这种情况下,君主视多数百姓为草芥,多数百姓则视君主为寇仇。这样的君主,就岌岌可危了。为什么要求君主恪守"无恒心,以百姓之心为心"这一义务,道理就在这里。

以上七条规范,可以归属于"积极—消极"复合型义务规范。这些义务规范向君主(侯王、圣人)同时提出了两种指向的要求:既要积极地作为,也要消极地不作为。只有同时兼顾这两种指向的君主,才是老子所期待的君主。

小　　结

上文从三个方面,分述了老子为君主设定的二十二条义务规范。必须承认,这"二十二条君规"是本书著者研读《老子》的产物,这样的划分是大致的,当然也是开放的,存在着较大的讨论空间。不同的研究者根据自己对《老子》的阅读与理解,完全可以得出不同的结论。譬如,从"君规"的数量上说,如果有人认为,只有二十一条或二十条,或者多至二十三条、二十四条,只要能够言之成理,那就应该受到尊重。从"君规"的具体内容上说,我把"无为"与"法

---

① 汤漳平、王朝华译注:《老子》,中华书局2014年,第193页。

自然"作为两条义务规范来处理,但是,已有学者认为:"'自然',常是对天地的运行状态而说的;'无为',常是对人的活动状况而说的。'无为'的观念,可说是'自然'一语的写状。'自然'和'无为'这两个名词,可说是合二而一的。"①如果尊重这样的观点,那么"法自然"与"无为"就是一回事。这种情况表明,经典阐释存在着不可避免的开放性,因此,上文概括的"二十二条君规",不是一个法律上的明文规定,而是一个学术层面上的解读。此外,把义务规范分为消极义务规范、积极义务规范以及"积极—消极"复合型义务规范,也是我们的一个尝试。尽管如此,我们还是试图以"二十二条君规"概括老子的法理学。通过这样的概括与阐释,可以发现,老子创设的"二十二条君规"具有规训君主、引导君主的价值与意义。

为什么要规训、引导君主?在老子生活的春秋晚期,华夏文明共同体内众多君主并存。君主们层级不同、强弱不等,而且各行其是,但大都面临着巨大的风险。众多的君主面临着严峻的不确定性,有一个根本的原因:君主们找不到方向,没有可以遵循的行为规范。在西周时期,周天子统领天下,无论是在名义上还是在实质上,周天子都是天下的共主,因为"天下有道",整个文明共同体都习惯于"礼乐征伐自天子出"②。在西周的政治格局中,众多的大小诸侯国君,相当于今天的地方政府首脑,他们只需要遵循周天子的礼乐规范就可以有效地安顿生活,并形成稳定的政治预期。但是,历史演进至春秋时代以后,周天子只是名义上的天下共主,诸侯们完全可以自由选择。然而,在原有的礼乐规范失效以后,诸侯们实际上处于某种失范的状态。这就是说,当时已经出现了规范君主行为的现实需求。这样的需求是急迫的。面对这样的需求,

---

① 陈鼓应:《中国哲学创始者:老子新论》,中华书局 2015 年,第 152 页。
② 陈晓芬、徐儒宗译注:《论语·大学·中庸》,中华书局 2015 年,第 199 页。

孔子的观点是重新回到盛行于西周的礼乐秩序，但事实证明，这是不可能的，盛行于西周的礼乐规范已经不足以有效地调整春秋以降的政治关系。相比之下，老子对诸侯林立的政治现实有着更深的理解，他的主张是重新为众多的诸侯国君制定一套他们可以遵循的规范，以实现对君主的规训与引导，这就是"二十二条君规"的由来。

老子作为"周守藏室之史"，形式上居于政治的中枢，实质上又处在政治的边缘。这样一种职位，虽不享有任何实际的政治权力，却能够近距离地观察政治的实际运作，还可以吸取由历史档案记载的政治经验，因而可以综合地、立体地把握政治的变化与走向。这就是老子独享的信息优势。正如萧公权所见："老子为周守藏室史，其所得之古学或视仲尼为更古旧。老子既得纵览载籍，深察史实，则于世传溢美饰病善之言，必洞悉诬枉，别有灼见。"①老子充分地发挥了自己的信息优势，在春秋晚期的政治格局中，为君主们设定了"二十二条君规"，以政治立法的方式，实现了规训君主、引导君主的目标。

后世学者习惯于把老子的理论称为"人君南面术"，譬如张舜徽说："这里提出的'此君人南面之术'，一语道破了道家学说的全体大用。给予后世研究道家学说的人以莫大的启发和指示，应该算得是一句探本穷源的话。"②张舜徽是从批判的角度解读老子的"道论"的。这样的解读是有价值的，也是有启发意义的。但是，如果我们从法理学的角度解读老子的理论，那么，"人君南面术"其实就是君主在治理国家、治理社会的过程中应当遵循的规范。这些规范旨在告诉君主应当做什么，因而主要体现为义务规范。按照老子的理论逻辑，严格遵循这些义务规范的君主，就能够获得较好

---

① 萧公权：《中国政治思想史》，新星出版社2005年，第110页。
② 张舜徽：《周秦道论发微；史学三书平议》，华中师范大学出版社2005年，第11页。

的治理绩效;背离这些义务规范的君主,则可能面临灭顶之灾。正是由于老子阐述的"二十二条君规"比较及时地满足了春秋战国时期的政治需要,因而才在春秋战国以降的政治理论和政治实践中产生了巨大的影响。

从法理学的立场来看,老子创设"二十二条君规",意味着老子是君主行为规范的制定者。如果把"二十二条君规"理解为君主应当遵循的法,那么,老子就是一个立法者。老子通过"为君主立法",通过对君主行为的规范与引导,潜在而深刻地塑造了春秋战国时代的政治秩序。

第二节 庄 子

在法理学领域的学术文献中,可以找到一些以"道家法理学"为主题的论文,但是,很少见到以"庄子法理学"为主题的论文。这种状况意味着,庄子创造的法理学还没有引起法学界的广泛注意。这样的学术格局事出有因。一方面,庄子毕竟是一个飘逸的、诗性的哲学家或思想家。夸张一点说,庄子的每一句话,都可以在哲学、美学、文学的层面上予以抽丝剥茧般的研究。但是,这种偏重于审美的诗性人物,不大可能关心现代意义上的法学专业问题。由于历史语境的限制等主客观因素,庄子对法学专业问题殊少论述,现代的法学家对庄子也不大感兴趣。但是,从另一方面来看,当代关于道家法理学的研究文献,一般都会提到庄子,这是因为,研究者一般认为,庄子和老子都属于道家,应当有共同的法理学。目前学界关于庄子法理学的理解,大致如此。这种状况传递出来的学术信息是:可以在道家法理学的研究中提到庄子,但是,庄子的法理学似乎又没有独立的研究价值。这就是当前的法理学视野下的庄子肖像。

但是,以上两个方面的状况值得进一步反思。首先,庄子是一个影响巨大的思想人物,极具创造性,深刻塑造了后世中国的精神、思想与文化。不仅是中国的人文科学,甚至是中国的社会科学,都很难完全避开庄子的影响。陈鼓应认为,"庄子的境界哲学不仅是先秦诸子思想的最高峰,他所展现的精神境界,也深远地启迪了后代有高远见地的诗人、文学家与哲学家"①。这个评论是中肯的。前文已经提到,既有的关于道家法理学的研究文献经常提到庄子其人,更经常地引证《庄子》其书,这就说明,庄子已经创造了他自己的法理学。因此,在中国法理学史上,庄子应当占据一席之地。

其次,虽然庄子与老子都被视为道家代表人物,"老庄"并列已是一个通说或常识,但是,庄子的法理学并不同于老子的法理学。两者虽有相通之处,但其实相互并立,各具独立的价值。把庄子和老子都放在道家法理学的主题之下进行论证,虽然有助于阐释一个学派,但也掩盖了庄子法理学与老子法理学之间的差异。

最后,在先秦诸子中,庄子还有一个特别之处:他与现实政治的心理距离是最远的。与其他诸子的被动的、被迫的、无可奈何的政治失意不同,庄子是主动选择了政治的边缘,甚至是主动选择站在现实政治之外,按照他自己的说法,是"宁游戏污渎之中自快,无为有国者所羁,终身不仕,以快吾志"②。由此看来,以学者的标准来衡量,庄子真是今人钱钟书所说的"荒江野老屋中"的"素心人"。③ 由这样的"素心人""商量培养"出来的法理学,作为纯粹而本真的学术、思想、理论,应当得到认真的对待。

鉴于以上诸端,有必要在道家法理学的框架下,将老子法理学与庄子法理学分别处理;这就是说,有必要在老子法理学之外,对庄子法理学进行专门的研究,以凸显这个"终身不仕"的思想家对

---

① 陈鼓应:《道家的人文精神》,中华书局2015年,第148页。
② [汉]司马迁:《史记》,中华书局2006年,第395页。
③ 郑朝宗:《钱学二题》,《厦门大学学报》1988年第3期。

中国法理学做出的特殊贡献。

那么,应当如何勾画与阐释,才能让庄子的法理智慧充分地显示出来?将今日的学科划分与诸子之学联系起来看,庄子的法理学主要见于他的外王之学。今人熟知的"内圣外王之道",就出自《庄子》中的《天下》篇:"内圣外王之道,暗而不明,郁而不发,天下之人各为其所欲焉以自为方。"①根据庄子创立的"内圣外王之道"这个概念,庄子之学②本身也可以分为两大部分:内圣之学与外王之学。其中,内圣之学主要阐述人的精神世界、心灵世界、情感世界,大致相当于今日的人文科学,它们构成了庄学的主体部分。但是,庄学也包含了丰富的外王之学,大致相当于今日的社会科学。外王之学的主要关切是:如何治理这个世界。按照现在的学科划分,庄子的法理学主要归属于外王之学。当然,庄子的法理学也并非仅仅见于他的外王之学,因为涉及价值判断、价值重估,以及学术论证的终极根源,外王之学必然会跟内圣之学发生联系。必须看到,内圣与外王的划分是中国固有的学术传统,法理学与其他学科之间的划分是域外传来的学科体系使然。两种划分方式之间不可能一一对应。研究庄子的法理学,必须对承载庄子之学的《庄子》进行创造性的阐释与转化,这是理解庄子法理学的一个理论前提。

还有一个需要交待的理论前提是,庄子毕竟不是当代学术语境下的法学家,也不可能有创造法理学的专业意识,因此,要研究庄子的法理学,只能在《庄子》一书中挖掘那些具有法理意义的内容,以之建构成为"庄子法理学"。在《庄子》一书中,多个概

---

① 方勇译注:《庄子》,中华书局2015年,第568页。
② 本节均以庄子代表庄子学派,不再区分庄子之言与《庄子》之言。因为,众所周知,先秦时代的子书,严格说来都不可能是"某子"一个人独立创作的"齐、清、定"之书稿。先秦子书都是"某子"个人作品及其后学作品的汇编,不能以今日的著作权法中的作者或著作权人的概念来看待先秦子书。

念都可以理解成为现代的法。譬如"礼义法度""经式义度""礼法度数"等等,其实都相当于今天的法律规范——正如王念孙在论及《应帝王》之际所言:"经式义度,皆谓法度也。"①不仅如此,庄子还直接运用过法的概念,譬如《胠箧》:"彼曾、史、杨、墨、师旷、工倕、离朱,皆外立其德,而以爚乱天下者也,法之所无用也。"②这里的"法",就可以理解为今日的法。因此,为简洁起见,下文以"法度"或"现代的法"来表述《庄子》中的"礼义法度""经式义度""礼法度数"等等,用现代流行的法治概念来理解"礼义法度""经式义度""礼法度数"之治,因为它们都是规则之治,可以说是最低限度的法治。

在外王学的框架下研究庄子的法理学,可以在三个不同的向度上展开。第一,作为现实政治与现实社会中的人,庄子与侯王、大夫阶层都有一定的接触与交往,他立足于现实的政治秩序与规范体系,正面提出了建构性的法理学,阐述了法律建构理论。第二,正如前文已经略微提到的,庄子与其他先秦诸子的一个显著差异在于,庄子关心现实政治的方式与姿态主要是批判,类似于西方近现代两党政治格局中的在野党,而且还是自愿选择、终身坚守的在野党。从这样的角色出发,庄子对他所看到的政治秩序与规范体系提出了深刻的批判,由此形成了批判性的法理学。第三,"终身不仕"的"在野党"还不足以描述庄子的核心角色,因为执政党与在野党经常处于同一境界。但是,庄子还有远远超越于"执政党""在野党"的更高的格局与境界,这就是他自己所说的"神人""真人""至人"的境界。从这样的境界看现实性的政治秩序与规范体系,可以形成超越性的法理学,可以通达法律美学。对于庄子法理学的这三个向度,可以分述如下。

---

① [清]王念孙:《读书杂志》,江苏古籍出版社1985年,第1012页。
② 方勇译注:《庄子》,中华书局2015年,第151页。

一、建构性的法理学

据《史记·老子韩非列传》,庄子"其学无所不窥,然其要本归于老子之言"①。据此,老子之学与庄子之学具有一定的源流关系,当然也有一定的共性。两者之间的共性见之于法理学,那就是,他们都提出了建构性的法理学。如果把老子正面建构的法理学概括为"二十二条君规",那么,庄子在这个方面同样有所作为;庄子也创设了一套君主行为规范,虽然不够系统,但是,经过梳理与整合,可以将这套行为规范概括为道或大道。与此相对应,臣民需要遵循的行为规范,则是法或法度。当然,庄子较少直接论述法,他一般是以"礼义法度""经式义度""礼法度数"等相关概念作为法的替代性表达。由此,我们可以看到庄子正面阐述的建构性的法理学。

(一)大道与法度:二元规范论的建构

庄子对建构性法理学的贡献首先体现在他的二元规范论上。二元规范的内容就是大道与法度。《天道》:"本在于上,末在于下;要在于主,详在于臣。三军五兵之运,德之末也;赏罚利害,五刑之辟,教之末也;礼法度数,刑名比详,治之末也;钟鼓之音,羽旄之容,乐之末也;哭泣衰绖,隆杀之服,哀之末也。此五末者,须精神之运,心术之动,然后从之者也。末学者,古人有之,而非所以先也。君先而臣从,父先而子从,兄先而弟从,长先而少从,男先而女从,夫先而妇从。夫尊卑先后,天地之行也,故圣人取象焉。天尊地卑,神明之位也;春夏先,秋冬后,四时之序也;万物化作,萌区有状,盛衰之杀,变化之流也。夫天地至神,而有尊卑先后之序,而况人道乎!宗庙尚亲,朝廷尚尊,乡党尚齿,行事尚贤,大道之序也。语道而非其序者,非其道也。语道而非其道者,安取道!"②

---

① [汉]司马迁:《史记》,中华书局2006年,第394页。
② 方勇译注:《庄子》,中华书局2015年,第208页。

这段话主要论述了本与末之间的关系。但是,这里的本与末都有特定的内涵,不能完全通过字面意思来理解。这里的本,主要是君主遵循的规范,它的特点是在上、简要,实体内容是大道。"大道之序"就是根据大道所形成的政治秩序与社会秩序。这里的末,主要是臣民应当遵循的规范,它的实体内容就是"赏罚利害""五刑之辟""礼法度数""刑名比详"等等。这些名称不同的规范,都可以归属于现在所说的法律规范。由此可见,庄子看到的规范是由两大部分组合而成,那就是大道与法度。

(二)大道:君主的行为规范

大道是约束君主的行为规范。遵循大道是君主的义务。《天道》称:"是故古之明大道者,先明天而道德次之,道德已明而仁义次之,仁义已明而分守次之,分守已明而形名次之,形名已明而因任次之,因任已明而原省次之,原省已明而是非次之,是非已明而赏罚次之,赏罚已明而愚知处宜,贵贱履位;仁贤不肖袭情,必分其能,必由其名。以此事上,以此畜下,以此治物,以此修身,知谋不用,必归其天,此之谓大平,治之至也。"① 这段话是标准的"君规",当然也是庄子版的"君规"。②

这里所谓"古之明大道者",并非古代的专业学者,也不可能是古代的平民阶层。庄子能够想象的"古之明大道者",只能是那些承担了治理天下责任的君主。这些"明大道者",按照庄子规定的"明大道"的程序,从弄清"天"这个根本或源头开始,进而

---

① 方勇译注:《庄子》,中华书局 2015 年,第 208 页。
② 关于这段文字,古代的欧阳修、王夫之,现代的钱穆、冯友兰等等,都认为不像是出自庄子本人。陈鼓应汇集诸家之说,进而认为,"以上各家所论极是。然庄周众多后学中个别人染有黄老之学观点,亦不无可能"。详见,陈鼓应注译:《庄子今注今译:全 2 册》,商务印书馆 2016 年,第 400 页。我们对此存疑,一方面,正如下文讨论的"两行"观念所示,庄子的思想是复杂的,不宜以单一向度视之。另一方面,前文已经提到,先秦子学文献,都不是标示其姓名的"某子"独著的作品,都是历史过程中,多人编纂而成的,这段话以及《庄子》中的其他段落也应当作如是观。

依次弄清了"道德""仁义""分守""形名""因任""原省""是非""赏罚"等各个环节。依此行事,可以达到治理天下的极致。虽然庄子在此指出了"明大道"的基本程序,但是,这些程序性的规定是服务于一个实体性的义务的:君主必须在弄清大道的基础上,遵循大道的要求,依大道治理天下。君主遵循大道,就相当于现代的国家元首或执政团队遵守宪法。进一步看,君主需要遵循的大道,到底是一个什么样的行为规范?《应帝王》提供了一个简明扼要的答案:"游心于淡,合气于漠,顺物自然而无容私焉,而天下治矣。"①由此看来,大道指示的君主行为模式,就是"淡"与"漠","顺物自然",以及"无容私"。君主如果能够遵守这样的规范,那就是对大道的遵循。

　　简而言之,君主需要遵循的大道,作为一种行为规范,其实就是"无为"与"不作"。《知北游》称:"天地有大美而不言,四时有明法而不议,万物有成理而不说。圣人者,原天地之美而达万物之理。是故至人无为,大圣不作,观于天地之谓也。"②《知北游》还称:"夫知者不言,言者不知,故圣人行不言之教。道不可致,德不可至。仁可为也,义可亏也,礼相伪也。故曰:'失道而后德,失德而后仁,失仁而后义,失义而后礼。'"③这里的至人或大圣,就是君主的代称,他们应当恪守无为、不作、不言、不知的准则。《天道》:"夫虚静、恬淡、寂漠、无为者,天地之平而道德之至也,故帝王,圣人休焉。休则虚,虚则实,实则伦矣。虚则静,静则动,动则得矣。静则无为,无为也则任事者责矣。无为则俞俞,俞俞者忧患不能处,年寿长矣。"④这里将"帝王"与"圣人"连用,其实是同义反复,"帝王"与"圣人"可以相互解释。

---

① 方勇译注:《庄子》,中华书局 2015 年,第 125 页。
② 方勇译注:《庄子》,中华书局 2015 年,第 362 页。
③ 方勇译注:《庄子》,中华书局 2015 年,第 359 页。
④ 方勇译注:《庄子》,中华书局 2015 年,第 206—207 页。

《徐无鬼》:"夫为天下者,亦奚以异乎牧马者哉!亦去其害马者而已矣!"①君主身为"为天下者",就要向牧马人学习:牧马人不去损害马的本性,马就会长势良好;君主经营天下,也不能损害天下人的本性。

无为与不作的对立面就是有为,有为就是"伪"。《则阳》:"古之君人者,以得为在民,以失为在己;以正为在民,以枉为在己;故一形有失其形者,退而自责。今则不然,匿为物而愚不识,大为难而罪不敢,重为任而罚不胜,远其涂而诛不至。民知力竭,则以伪继之。日出多伪,士民安取不伪!夫力不足则伪,知不足则欺,财不足则盗。盗窃之行,于谁责而可乎?"②庄子称道古代君主,以之与庄子时代的君主进行比较,两者之间的差异正好可以表明,庄子时代的君主需要履行一项义务:"不伪"。概而言之,庄子从不同的角度反复强调了君主的无为义务与不作义务。从源头上说,庄子的这个观点明显是对老子无为思想的继承。进一步看,庄子要求君主履行的无为义务、不作义务,还具体地体现在多个不同的方面。

首先,不能以仁爱的方式待民,因为仁爱就是有为,就是"伪"。这样的观点其实是对儒家的批判,因为儒家强调仁政,强调"君仁,莫不仁;君义,莫不义"③。庄子则直接批判"君仁",在庄子看来,"仁"绝不是君主应当遵循的规范。《徐无鬼》:"爱民,害民之始也;为义偃兵,造兵之本也。君自此为之,则殆不成。凡成美,恶器也。君虽为仁义,几且伪哉!"④君主爱好仁义、推行仁政,在儒家看来是天经地义的,但在庄子看来,其实是"伪",即人为。爱民的仁君、仁政伤害了民的本性,因此是害民之始。

---

① 方勇译注:《庄子》,中华书局2015年,第408页。
② 方勇译注:《庄子》,中华书局2015年,第445页。
③ 杨伯峻译注:《孟子译注》,中华书局2012年,第203页。
④ 方勇译注:《庄子》,中华书局2015年,第405页。

其次,不能推崇贤能,因为贤能者就是有为者。现在流行一种观点,认为中国的政治传统是贤能政治。"贤能政治的基本观点是,人人都有平等的机会接受教育并为社会和政治做贡献,但不是每个人都拥有同样的能力做出知情的道德和政治判断,成为出类拔萃的人才。因此,政治的任务就是辨认出具有超常能力的人,让他们为公众服务。如果领导人表现良好,人们就会支持他。"[1]这种贤能政治可以在《礼记·礼运》这样的经典文本中找到权威的表达:"大道之行也,天下为公,选贤与能,讲信修睦。"[2]庄子反对这样的贤能政治,庄子彰显的"大道"绝不同于《礼记》推崇的"大道"。《庚桑楚》甚至把儒家圣人尧舜称为"二子",并予以贬斥:"且夫二子者,又何足以称扬哉!是其于辩也,将妄凿垣墙而殖蓬蒿也;简发而栉,数米而炊,窃窃乎又何足以济世哉!举贤则民相轧,任知则民相盗。之数物者,不足以厚民。民之于利甚勤,子有杀父,臣有杀君,正昼为盗,日中穴阫。吾语女:大乱之本,必生于尧、舜之间,其末存乎千世之后。千世之后,其必有人与人相食者也。"[3]按照这样的逻辑,君主倘若举贤任智,将导致民众之间相互倾轧、彼此侵害,甚至会导致人相食的严重后果。天下大乱即产生于此。

最后,不能好智,特别是不能好智而无道。按照庄子的观点,"好智"就是"无道"或枉道,正如《胠箧》所称:"上诚好知而无道,则天下大乱矣。何以知其然邪? 夫弓弩、毕弋、机变之知多,则鸟乱于上矣;钩饵、罔罟、罾笱之知多,则鱼乱于水矣;削格、罗落、罝罘之知多,则兽乱于泽矣;知诈渐毒、颉滑坚白、解垢同异之变多,则俗惑于辩矣。故天下每每大乱,罪在于好知。故天下皆知求其所不知,而莫知求其所已知者;皆知非其所不善,而莫知非其所已善者,是以大乱。故上悖日月之明,下烁山川之精,中堕四时之施;惴

---

[1] [加]贝淡宁:《贤能政治》,吴万伟译,中信出版社2016年,第21页。
[2] 王文锦译解:《礼记集解》,中华书局2016年,第258页。
[3] 方勇译注:《庄子》,中华书局2015年,第381页。

奭之虫,肖翘之物,莫不失其性。甚矣,夫好知之乱天下也!自三代以下者是已。舍夫种种之民而悦夫役役之佞,释夫恬淡无为而悦夫啍啍之意,啍啍已乱天下矣。"①无论是鸟乱于上还是鱼乱于下,都是由"知多"导致的。对君主来说,不能好智的实质,就是不要变着花样折腾民众。

以上三个方面表明,君主应当遵循大道,其实是君主的义务。大道的实体内容主要就是无为,但也不能仅限于无为,君主需要遵循的大道还有更丰富的指向。《说剑》关于天子之剑与诸侯之剑的描述,其实也是关于君主需要遵循的大道的阐释。庄子先论天子之剑:"天子之剑,以燕谿石城为锋,齐岱为锷,晋卫为脊,周宋为镡,韩魏为夹,包以四夷,裹以四时,绕以渤海,带以常山,制以五行,论以刑德,开以阴阳,持以春夏,行以秋冬。此剑,直之无前,举之无上,案之无下,运之无旁,上决浮云,下绝地纪。此剑一用,匡诸侯,天下服矣。此天子之剑也。"接下来再论诸侯之剑:"诸侯之剑,以知勇士为锋,以清廉士为锷,以贤良士为脊,以忠圣士为镡,以豪桀士为夹。此剑,直之亦无前,举之亦无上,案之亦无下,运之亦无旁;上法圆天,以顺三光;下法方地,以顺四时;中和民意,以安四乡。此剑一用,如雷霆之震也,四封之内,无不宾服而听从君命者矣。此诸侯之剑也。"②

庄子对天子之剑与诸侯之剑的解释,其实是拓展了"大道"的含义:君主应当同时运用"五行""刑德""阴阳"等多种"国之利器",充分发挥"知勇士""清廉士""贤良士""忠圣士""豪桀士"等各种人才的作用,这样就能够达到"匡诸侯、天下服"的政治效果;对诸侯来说,则可以实现"四封之内,无不宾服"的政治目标。用当代的概念来说,这就是实现了对天下或国家的有效治理。这样的治理在

---

① 方勇译注:《庄子》,中华书局2015年,第155页。
② 方勇译注:《庄子》,中华书局2015年,第530页。

《天地》篇中被概括为"圣治"："圣治乎？官施而不失其宜，拔举而不失其能，毕见其情事而行其所为，行言自为而天下化，手挠顾指，四方之民莫不俱至，此之谓圣治。"①根据庄子的理解，圣治的内容包括设官施教、选用贤能、明察事物等等。圣治就是庄子期待的治理形态，这样的治理形态只能出现在大道运用于政治实践之后。

（三）法度：臣民的行为规范

在本末关系中，本是君主，以及君主遵循的大道；末是臣民，以及臣民遵循的法度。大道的重要性毋庸置疑，但是，法度的重要性也不能抹杀。法度作为臣民需要遵循的行为规范，虽然被庄子贴上了"末"的标签，但依然是庄子二元规范论之"一元"。

庄子认为，礼义法度始终处于运动与变化之中。这样的观点主要体现在《天运》中："故夫三皇五帝之礼义法度，不矜于同，而矜于治。故譬三皇五帝之礼义法度，其犹柤梨橘柚邪！其味相反而皆可于口。故礼义法度者，应时而变者也。今取猿狙而衣以周公之服，彼必龁啮挽裂，尽去而后慊。观古今之异，犹猿狙之异乎周公也。故西施病心而矉其里，其里之丑人见之而美之，归亦捧心而矉其里。其里之富人见之，坚闭门而不出；贫人见之，挈妻子而去之走。彼知矉美，而不知矉之所以美。惜乎，而夫子其穷哉！"②这里的"夫子"是指孔子，虽然庄子在此批判的对象是孔子，但他正面阐述的却是关于礼义法度的运动与变化的理论。庄子认为，礼义法度必然应时而变，这种观念确实与儒家偏好的复古观念形成了明显的反差。

《天运》又在批判孔子的名义下写道："夫刍狗之未陈也，盛以箧衍，巾以文绣，尸祝齐戒以将之。及其已陈也，行者践其首脊，苏者取而爨之而已。将复取而盛以箧衍，巾以文绣，游居寝

---

① 方勇译注：《庄子》，中华书局2015年，第196页。
② 方勇译注：《庄子》，中华书局2015年，第233页。

卧其下,彼不得梦,必且数眯焉。今而夫子亦取先王已陈刍狗,聚弟子游居寝卧其下。故伐树于宋,削迹于卫,穷于商周,是非其梦邪?围于陈蔡之间,七日不火食,死生相与邻,是非其眯邪?夫水行莫如用舟,而陆行莫如用车。以舟之可行于水也,而求推之于陆,则没世不行寻常。古今非水陆与?周鲁非舟车与?今蕲行周于鲁,是犹推舟于陆也。"①这段话同样是说,古今之变就像水陆之异,水行必须用舟,陆行必须用车。按照这个道理,世易时移,必须抛弃古代先王用过的旧法,因为旧法就像祭祀之际用过就必须丢弃的"刍狗"②。如果看不到旧法度不能适用于新时代,那就必然造成消极的结果。反过来说,就是必须正视礼义法度的一个根本属性:它是变化的。在不同的时代、不同的环境,应当有不同的法度,只有与时俱进的法度,才能发挥治理的功能。

如何理解法度的作用?要形成有效的治理,要建构政治秩序,礼义法度的地位和作用是什么?对此,《天道》还有进一步的阐释:"故书曰:'有形有名。'形名者,古人有之,而非所以先也。古之语大道者,五变而形名可举,九变而赏罚可言也。骤而语形名,不知其本也;骤而语赏罚,不知其始也。倒道而言,迕道而说者,人之所治也,安能治人!骤而语形名赏罚,此有知治之具,非知治之道;可用于天下,不足以用天下。此之谓辩士,一曲之人也。礼法数度,形名比详,古人有之,此下之所以事上,非上之所以畜下也。"③由此可见,礼法数度并非不重要。礼法数度作为"末"的实际含义是,礼义法度是大臣们处理的事务,是臣民应当遵守的规范,换言之,礼义法度方面的事务是臣民的事务。

---

① 方勇译注:《庄子》,中华书局 2015 年,第 232—233 页。
② 所谓"刍狗",是"用草扎成的狗,作为祭祀时使用"。陈鼓应注译:《庄子今注今译:全 2 册》,商务印书馆 2016 年,第 400 页。
③ 方勇译注:《庄子》,中华书局 2015 年,第 208—209 页。

在《应帝王》中，可以看到印证性的论述："阳子居见老聃，曰：'有人于此，向疾强梁，物彻疏明，学道不倦。如是者，可比明王乎？'老聃曰：'是于圣人也，胥易技系，劳形怵心者也。且也虎豹之文来田，猿狙之便、执斄之狗来藉。如是者，可比明王乎？'阳子居蹵然曰：'敢问明王之治。'老聃曰：'明王之治：功盖天下而似不自己，化贷万物而民弗恃；有莫举名，使物自喜；立乎不测，而游于无有者也。'"①这就是说，好的君主不能"劳形怵心"，也不必自己掌管礼义法度，毕竟礼义法度属于大臣与小吏处理的事务；好的君主只需"游于无有"，以及遵循大道。本与末之分，既是君与臣之分，其实也是大道与法度之分，它是庄子规范二元论的简略化表达。

二、批判性的法理学

在庄子之学中，法度是臣民遵循的规范，大道是君主遵循的规范。这些理论可以称为建构性的法理学。在这种法理学之外，庄子还提出了批判性的法理学。如果论及庄子的法理学，人们最容易想到的，可能就是庄子法理学中的批判向度。如果要讲中国的批判法学，庄子的批判法学可谓滥觞。确实，庄子对礼义法度的批判很精彩，也很尖锐。他立足于礼义法度之外，在相当程度上体现了一个"旁观者"或"在野党"的立场。大致说来，庄子的批判法学主要体现在以下几个方面。

（一）礼义法度之治是不可能的

庄子认为，礼义法度之治在总体上是不可能的。《应帝王》称："肩吾见狂接舆，狂接舆曰：'日中始何以语女？'肩吾曰：'告我：君人者以己出经式义度，人孰敢不听而化诸！'狂接舆曰：'是欺德也。其于治天下也，犹涉海凿河，而使蚊负山也。夫圣人之治也，治外

---

① 方勇译注：《庄子》，中华书局2015年，第126页。

乎？正而后行，确乎能其事者而已矣。且鸟高飞以避矰弋之害，鼷鼠深穴乎神丘之下以避熏凿之患，而曾二虫之无知！'"①在狂接舆看来，君主是无法通过"经式义度"去治理天下的；君主若能先端正自己的本性，进而让所有人各尽所能，就足够了。这就是说，礼义法度之治是不可能的。

礼义法度之治不可能的根本原因在于，没有共同认可的规则，也无法判断谁对谁错。从法理上说，即使有一套成文的礼义法度，对它的理解也是"一人则一义，二人则二义，十人则十义"②，任何人对礼义法度的理解都可能遭到他人的质疑，这就是礼义法度之治的困境。《齐物论》："夫随其成心而师之，谁独且无师乎？奚必知代而心自取者有之？愚者与有焉。"③这就是说，任何人，无论贤愚，都有自己评判事物的标准。《齐物论》还称："夫言非吹也。言者有言，其所言者特未定也。果有言邪？其未尝有言邪？其以为异于鷇音，亦有辩乎，其无辩乎？道恶乎隐而有真伪？言恶乎隐而有是非？道恶乎往而不存？言恶乎存而不可？道隐于小成，言隐于荣华。故有儒墨之是非，以是其所非而非其所是。"④庄子既指出了儒墨两家秉持的是非观不足为凭，同时也揭示了一个基本的事实：找不到能够得到普遍认同的评判事物的标准。这是对"经式义度"及其价值的通盘否定。

《齐物论》还提出了相对主义的正义观念，这其实抹杀了"正义"的可能性，复又抹杀了法度之治的可能性："民湿寝则腰疾偏死，鳅然乎哉？木处则惴栗恂惧，猿猴然乎哉？三者孰知正处？民食刍豢，麋鹿食荐，蝍蛆甘带，鸱鸦耆鼠，四者孰知正味？猿猵狙以为雌，麋与鹿交，鳅与鱼游。毛嫱丽姬，人之所美也；鱼见之深入，

---

① 方勇译注：《庄子》，中华书局2015年，第123页。
② 方勇译注：《墨子》，中华书局2011年，第84页。
③ 方勇译注：《庄子》，中华书局2015年，第23页。
④ 方勇译注：《庄子》，中华书局2015年，第24页。

鸟见之高飞,麋鹿见之决骤。四者孰知天下之正色哉?自我观之,仁义之端,是非之涂,樊然淆乱,吾恶能知其辩!"①在"正处""正味""正色"都不可知的情况下,"仁义"与"是非"也都不可能辨析清楚,法与非法、罪与非罪的界限当然也就不得而知了。《齐物论》还注意到:"既使我与若辩矣,若胜我,我不若胜,若果是也,我果非也邪?我胜若,若不吾胜,我果是也,而果非也邪? 其或是也,其或非也邪? 其俱是也,其俱非也邪? 我与若不能相知也,则人固受其黮暗,吾谁使正之? 使同乎若者正之,既与若同矣,恶能正之? 使同乎我者正之,既同乎我矣,恶能正之? 使异乎我与若者正之,既异乎我与若矣,恶能正之? 使同乎我与若者正之,既同乎我与若矣,恶能正之? 然则我与若与人俱不能相知也,而待彼也邪?"②这是从逻辑上论证了对与错的不可知,关于是非的评判标准不可能找到。

庄子对法度之治不可能的论证主要见于《齐物论》,在此之外,《秋水》还提供了更加一般化的依据,那就是彻底的相对主义:"以道观之,物无贵贱;以物观之,自贵而相贱;以俗观之,贵贱不在己。以差观之,因其所大而大之,则万物莫不大;因其所小而小之,则万物莫不小。知天地之为稊米也,知毫末之为丘山也,则差数睹矣。以功观之,因其所有而有之,则万物莫不有;因其所无而无之,则万物莫不无。知东西之相反而不可以相无,则功分定矣。以趣观之,因其所然而然之,则万物莫不然;因其所非而非之,则万物莫不非。知尧、桀之自然而相非,则趣操睹矣。昔者尧、舜让而帝,之、哙让而绝;汤、武争而王,白公争而灭。由此观之,争让之礼,尧、桀之行,贵贱有时,未可以为常也。"③在庄子看来,没有贵贱,没有大小,也无所谓有无、是非或者好坏,当然更不可能有现代人理想中

---

① 方勇译注:《庄子》,中华书局2015年,第35页。
② 方勇译注:《庄子》,中华书局2015年,第40页。
③ 方勇译注:《庄子》,中华书局2015年,第261页。

的法治,哪怕是尧舜遵循的规则,也是靠不住的。对于这种相对主义立场,有汉学家认为:"虽然在《庄子》中确实为相对主义保留了一个位置,但是,我将会争辩说,这只不过是一个暂时性的位置;相对主义是特别用来打破其他观点的一种策略,而不是提出一个自身的最后观点。"①确实,相对主义是庄子的一个策略,通过这个策略,庄子旨在表达的一个观点是:礼义法度之治是不可能的。

(二) 法度之治是不必要的

礼义法度之治是不可能的,也是不必要的。庄子认为,无论什么样的礼义法度,即使是很好的礼义法度,都有可能成为罪恶的间接帮凶。《胠箧》:"故尝试论之,世俗之所谓知者,有不为大盗积者乎?所谓圣者,有不为大盗守者乎?何以知其然邪?昔者齐国,邻邑相望,鸡狗之音相闻,罔罟之所布,耒耨之所刺,方二千余里。阖四竟之内,所以立宗庙社稷,治邑屋州闾乡曲者,曷尝不法圣人哉?然而田成子一旦杀齐君而盗其国。所盗者,岂独其国邪?并与其圣知之法而盗之。故田成子有乎盗贼之名,而身处尧舜之安,小国不敢非,大国不敢诛,十二世有齐国。则是不乃窃齐国并与其圣知之法,以守其盗贼之身乎?"②田成子既杀齐君,又盗齐国,还把圣智之法一并盗走。由儒家圣贤创制的礼义法度,以及依此形成的治理成果,都成为了大盗的凶器。可见,礼义法度即使能够产生一定的治理成效,也无法避免在不知不觉中成就大盗。这样的礼义法度,显然是不必要的。

田成子窃国只是一起个案,以之为基础,《胠箧》还揭示了一个具有普遍意义的规律:"夫川竭而谷虚,丘夷而渊实;圣人已死,则大盗不起,天下平而无故矣!圣人不死,大盗不止。虽重圣人而治天下,则是重利盗跖也。为之斗斛以量之,则并与斗斛而窃之;为

---

① [美]爱莲心:《向往心灵转化的庄子:内篇分析》,周炽成译,江苏人民出版社 2004 年,第 11 页。
② 方勇译注:《庄子》,中华书局 2015 年,第 149 页。

之权衡以称之,则并与权衡而窃之;为之符玺以信之,则并与符玺而窃之;为之仁义以矫之,则并与仁义而窃之。何以知其然邪?彼窃钩者诛,窃国者为诸侯,诸侯之门而仁义存焉。则是非窃仁义圣知邪?故逐于大盗,揭诸侯,窃仁义并斗斛权衡符玺之利者,虽有轩冕之赏弗能劝,斧钺之威弗能禁。此重利盗跖而使不可禁者,是乃圣人之过也。"①"由是观之,善人不得圣人之道不立,跖不得圣人之道不行;天下之善人少而不善人多,则圣人之利天下也少而害天下也多。故曰:唇竭则齿寒,鲁酒薄而邯郸围,圣人生而大盗起。掊击圣人,纵舍盗贼,而天下始治矣!"②按照这种论证,礼义法度不仅是不必要的,反而是有害的,是应该祛除的有毒之瘤。

在这个逻辑之下,只有绝弃礼义法度才是正确的选择。《胠箧》:"故绝圣弃知,大盗乃止;擿玉毁珠,小盗不起;焚符破玺,而民朴鄙;掊斗折衡,而民不争;殚残天下之圣法,而民始可与论议;擢乱六律,铄绝竽瑟,塞瞽旷之耳,而天下始人含其聪矣;灭文章,散五采,胶离朱之目,而天下始人含其明矣;毁绝钩绳,而弃规矩,攦工倕之指,而天下始人有其巧矣。故曰:'大巧若拙。'削曾、史之行,钳杨、墨之口,攘弃仁义,而天下之德始玄同矣。彼人含其明,则天下不铄矣;人含其聪,则天下不累矣;人含其知,则天下不惑矣;人含其德,则天下不僻矣。"③

这段话当然是极端之论,体现了庄子汪洋恣意的叙事风格。但是,如果我们忽略其中的夸张等修辞,还是可以看到隐藏在礼义法度背后的某些负面因素,至少是跟随礼义法度一起出现的消极因素,或者说是礼义法度运行过程中的某些异化现象。譬如,大盗

---

① 方勇译注:《庄子》,中华书局 2015 年,第 150 页。类似的说法,还有《盗跖》:"小盗者拘,大盗者为诸侯,诸侯之门,义士存焉。"详见,方勇译注:《庄子》,中华书局 2015 年,第 517 页。
② 方勇译注:《庄子》,中华书局 2015 年,第 150 页。
③ 方勇译注:《庄子》,中华书局 2015 年,第 150—151 页。

不仅成为诸侯,还拥有了话语权,占据了道义的制高点——"诸侯之门而仁义存焉"。在这种情况下,礼义法度异化为大盗的工具。礼义法度只为掌握政权的人或集团服务,至于掌握政权的人到底是像田成子这样的大盗,还是真正的君主,礼义法度在所不问,而且也无从过问,更无法选择。按照庄子的逻辑,这就是礼义法度既不可能也不必要的根本原因。

(三)对仁义之治的批判

按照儒家思想,仁义具有规范意义。在这里,如果把仁义看作一种具有约束力的行为规范,那么,仁义之治也可归属于礼义法度之治。如果对礼义法度进行更宽泛的解释,那么,仁义也可以纳入到礼义法度之内。事实上,儒家治理世界的规范,其实就是像仁义这样的规范。但是,在庄子看来,仁义也是多余的,毫无必要的。《骈拇》:"骈拇枝指出乎性哉,而侈于德;附赘县疣出乎形哉,而侈于性;多方乎仁义而用之者,列于五藏哉,而非道德之正也。是故骈于足者,连无用之肉也;枝于手者,树无用之指也;多方骈枝于五藏之情者,淫僻于仁义之行,而多方于聪明之用也。"①造作仁义、矫饰仁义的行为,不过是多生枝节罢了。《骈拇》还称:"是故骈于明者,乱五色,淫文章,青黄黼黻之煌煌非乎?而离朱是已。多于聪者,乱五声,淫六律,金石丝竹黄钟大吕之声非乎?而师旷是已。枝于仁者,擢德塞性以收名声,使天下簧鼓以奉不及之法非乎?而曾史是已","此皆多骈旁枝之道,非天下之至正也"。② 庄子在此所说的"不及之法",就是指不可能实现、不可能遵守的仁义法度。因为它们完全是多余的,就像并生的足趾、岐生的手指、附生的肉瘤一样。

以仁义之名出现的礼义法度不仅是多余的,而且还是有害的,

---

① 方勇译注:《庄子》,中华书局 2015 年,第 133 页。
② 方勇译注:《庄子》,中华书局 2015 年,第 133—134 页。

因为它伤害了人的本性与本然。《骈拇》:"且夫待钩绳规矩而正者,是削其性者也;待绳约胶漆而固者,是侵其德者也;屈折礼乐,呴俞仁义,以慰天下之心者,此失其常然也。天下有常然。常然者,曲者不以钩,直者不以绳,圆者不以规,方者不以矩,附离不以胶漆,约束不以纆索。故天下诱然皆生而不知其所以生,同焉皆得而不知其所以得。故古今不二,不可亏也。则仁义又奚连连如胶漆纆索而游乎道德之间为哉,使天下惑也!"①这就是说,仁义作为一种要求或约束,对人的本性来说,只是一种残生伤性的消极因素。《骈拇》:"夫小惑易方,大惑易性。何以知其然邪?自有虞氏招仁义以挠天下也,天下莫不奔命于仁义,是非以仁义易其性与?故尝试论之,自三代以下者,天下莫不以物易其性矣。小人则以身殉利,士则以身殉名,大夫则以身殉家,圣人则以身殉天下。故此数子者,事业不同,名声异号,其于伤性以身为殉,一也。臧与谷,二人相与牧羊而俱亡其羊。问臧奚事,则挟策读书;问谷奚事,则博塞以游。二人者,事业不同,其于亡羊均也。伯夷死名于首阳之下,盗跖死利于东陵之上。二人者,所死不同,其于残生伤性均也。奚必伯夷之是而盗跖之非乎?天下尽殉也,彼其所殉仁义也,则俗谓之君子;其所殉货财也,则俗谓之小人。其殉一也,则有君子焉,有小人焉。若其残生损性,则盗跖亦伯夷已,又恶取君子小人于其间哉!"②世人遵循仁义的要求,就是在"殉"仁义,这就是说,尧舜以降,仁义一直在残生伤性,堪称祸害之源。

  仁义是儒家坚守的价值准则与行为规范,庄子对仁义之恶的揭示,同样是在批判儒家学说。庄子的批判仁义的主要依据是仁义残生伤性。追求仁义、依据仁义行事,就跟追求物质利益、名声一样,会引诱人们为之殉身。如果说殉货财的所谓小人是可笑的,那么,

---

① 方勇译注:《庄子》,中华书局2015年,第136页。
② 方勇译注:《庄子》,中华书局2015年,第136—137页。

殉仁义的所谓君子同样是可笑的。正如《盗跖》所称:"小人殉财,君子殉名,其所以变其情,易其性,则异矣;乃至于弃其所为而殉其所不为,则一也。"①这就是由庄子所代表的道家立场:不能为任何东西殉身。无论是善还是恶,都不必为之"殉"。《养生主》:"为善无近名,为恶无近刑;缘督以为经,可以保身,可以全生,可以养亲,可以尽年。"②这就是道家价值观的集中展现。为了追求这样的价值目标,其他所有的价值目标,特别是像仁义这样的价值目标,以及支撑这些价值目标的规范体系,都应当摒弃,正如梁启超对庄子政治思想的解释:"吾侪所谓文明或文化者,道家一切悉认为罪恶之源泉。故文字,罪恶也;智识,罪恶也;艺术,罪恶也;礼俗,罪恶也;法律,罪恶也;政府,罪恶也;乃至道德条件,皆罪恶也。"③

(四) 礼义法度与"至德之世"的终结

在《应帝王》的最后一节,庄子还讲述了一个关于"儵与忽"的寓言:"南海之帝为儵,北海之帝为忽,中央之帝为浑沌。儵与忽时相与遇于浑沌之地,浑沌待之甚善。儵与忽谋报浑沌之德,曰:'人皆有七窍以视听食息,此独无有,尝试凿之。'日凿一窍,七日而浑沌死。"④我们可以从不同的角度来解读这个寓言。瑞士汉学家毕来德认为,浑沌"是中央之帝,他是待在了中央,但却没有警觉外面的人,没有防备他们那些无事忙的举动。他的两位客人为他开凿七窍,要把他变得跟他们一样,而他的生命材质却通过这些窍穴流散了。他生存所需的内心的浑沌状态流失以后,他就死了。这个故意的主旨是,我们的主体赖以生存的虚空或是浑沌如何遗失的故事,没有这种浑沌,主体性就必然凋敝,或是说,必然干涸"⑤。

---

① 方勇译注:《庄子》,中华书局 2015 年,第 518 页。
② 方勇译注:《庄子》,中华书局 2015 年,第 44 页。
③ 梁启超:《先秦政治思想史》,载梁启超:《梁启超全集》,北京出版社 1999 年,第 3655 页。
④ 方勇译注:《庄子》,中华书局 2015 年,第 132 页。
⑤ [瑞士]毕来德:《庄子四讲》,宋刚译,中华书局 2009 年,第 95 页。

这是从人文科学的角度所作的解释。但是,这个寓言的法理意涵,也许更加值得注意。

对此,明末清初的宣颖提出了一个解释,说:"天下一浑沌之天下也,古今一浑沌之古今也。今日立一法,明日设一政,机智豁尽,元气消亡矣。从来帝王,除去几人,其余皆儵也忽也,皆凿浑沌之窍,而致死者也。何以取名儵忽? 而言其窍凿,帝王相禅,一事儵造而有,一事忽废而无,数番因革之后淳朴琢尽矣。解此方知帝儵帝忽取义之妙。中央之帝为浑沌者,守中则自然之道全也,七日而浑沌死,庄子于此不胜大悲。"①据此,这个寓言可以解读为一个法理学寓言,它所传递的寓意是:不断出台的法律制度,不仅是枉费心机、损耗机智,还将持续不断地消蚀一个国家、一个社会的元气;只有遵循自然之道,才是保持元气的基本方法,才可能维护庄子所期待的"至德之世"。

三、超越性的法理学

如前所述,庄子之学既包含了正面的建构性的法理学,也包含了反面的批判性的法理学。但是,这两个方面并未涵括庄子法理学的全部内容。应当看到,庄子毕竟不是今天的专业化学术分工体系中的法理学家。庄子的核心身份是超越性的思想家,庄子意在追求精神自由、心灵自由,而不是建构政治秩序,当然更不在于完善法治细节。因此,从终极意义上说,庄子的法理学是超越性的法理学。这个法理学的逻辑起点是道,超越性的法理学是在道的框架下呈现出来的。虽然,前文已经把庄子的道解释为君主应当遵循的规范,但是,庄子的道还包含了值得进一步挖掘的更加深厚的内涵。从哲学的立场来看,庄子所说的道不仅仅承载了规范意义,更是一个终极性的哲学范畴。庄子的超越性的法理学,应当立

---

① [清]宣颖:《庄子南华经解》,王辉吉校,台北宏业书局1977年,第80页。

足于这个终极性的哲学范畴来理解。

(一) 道:一个终极性的哲学范畴

庄子属于道家,整个道家学说的第一范畴是道。因此,庄子的法理学不可能与道完全割裂开来。那么,道是什么?在哲学层面上,这是一个内涵丰富的概念。在不同的语境下,庄子对道作了不同的解释,其中,很多都是以寓言的方式表达出来的。陈鼓应认为:"在《庄子》书中,道具有多重的意义,有的地方指宇宙的根源,有的地方指万物发展的规律,有的地方道即整体性的意思。"① 相比之下,《大宗师》里的一段话尤为精粹,也更为严谨:"夫道,有情有信,无为无形;可传而不可受,可得而不可见;自本自根,未有天地,自古以固存;神鬼神帝,生天生地;在太极之先而不为高,在六极之下而不为深,先天地生而不为久,长于上古而不为老。"② 这是庄子关于道的本体论,或者是关于道的存在论。这个论断表明,道才是应当遵循的最高准则。从法理学的角度来说,道可以说是宇宙中的最高规范,同时也是最基础的规范,相当于西方学界所讲的实在法之上的高级法,而且是最高级的法。

由于道发挥作用的范围远超人类,因此,从道的角度来看,人间之事是渺小的。《秋水》:"计中国之在海内,不似稊米之在大仓乎?号物之数谓之万,人处一焉;人卒九州,谷食之所生,舟车之所通,人处一焉,此其比万物也,不似豪末之在于马体乎?五帝之所连,三王之所争,仁人之所忧,任士之所劳,尽此矣。"③ 三王五帝的胜业,看似已经伟大至极,但在茫茫宇宙中,完全可以忽略不计。礼义法度作为人间之胜业,而且是"本末"关系中的"末",自然就等而下之了,甚至可谓最末。《逍遥游》:"故夫知效一官,行比一乡,德合一君,而征一国者,其自视也,亦若此矣。而宋荣子犹然笑之。

---

① 陈鼓应:《庄子的开放心灵与价值重估:庄子新论》,中华书局 2015 年,第 209 页。
② 方勇译注:《庄子》,中华书局 2015 年,第 102 页。
③ 方勇译注:《庄子》,中华书局 2015 年,第 259 页。

且举世而誉之而不加劝,举世而非之而不加沮,定乎内外之分,辩乎荣辱之境,斯已矣。彼其于世,未数数然也。虽然,犹有未树也。夫列子御风而行,泠然善也,旬有五日而后反;彼于致福者,未数数然也。此虽免乎行,犹有所待者也。若夫乘天地之正,而御六气之辩,以游无穷者,彼且恶乎待哉!故曰:至人无己,神人无功,圣人无名。"①这里的至人、神人、圣人,超越于有所待的列子,与那些"知效一官、行比一乡、德合一君、而征一国者"更是形成了鲜明的对照。在这样的价值体系中,一个人应当做出的选择是"坐忘",正如《大宗师》虚构的孔颜对话:"颜回曰:'堕肢体,黜聪明,离形去知,同于大通,此谓坐忘。'仲尼曰:'同则无好也,化则无常也。而果其贤乎!丘也请从而后也。'"②

由于道的广阔无垠,在道的框架下,礼义法度就像真空中的物体,突然失重。而且,即使不讨论礼义法度的重量,礼义法度的意义也丧失殆尽。《齐物论》:"物固有所然,物固有所可。无物不然,无物不可。故为是举莛与楹,厉与西施,恢诡谲怪,道通为一。其分也,成也;其成也,毁也。凡物无成与毁,复通为一。唯达者知通为一,为是不用,而寓诸庸。庸也者,用也;用也者,通也;通也者,得也;适得而几矣。因是已。已而不知其然,谓之道。劳神明为一,而不知其同也,谓之'朝三'。何谓'朝三'?狙公赋芧,曰:'朝三而暮四。'众狙皆怒。曰:'然则朝四而暮三。'众狙皆悦。名实未亏,而喜怒为用,亦因是也。是以圣人和之以是非,而休乎天钧,是之谓两行。"③礼义法度旨在分辨的是非、对错、彼此、利害,就像"朝三暮四"与"朝四暮三"之间的差异,不值一提,徒留笑柄而已。任何事物,分了就是成了,成了就是毁了,推而广之,治了就是乱了。礼义法度,云乎哉?

---

① 方勇译注:《庄子》,中华书局 2015 年,第 3 页。
② 方勇译注:《庄子》,中华书局 2015 年,第 119 页。
③ 方勇译注:《庄子》,中华书局 2015 年,第 26—27 页。

因此,任何辩论,包括与礼义法度有关的任何辩论,其实都在道的对立面。礼义、法度、辩论越多,就越远离"至德之世"。《齐物论》:"夫道未始有封,言未始有常,为是而有畛也。请言其畛:有左有右,有伦有义,有分有辩,有竞有争,此之谓八德。六合之外,圣人存而不论;六合之内,圣人论而不议;《春秋》经世先王之志,圣人议而不辩。故分也者,有不分也;辩也者,有不辩也。曰:何也?圣人怀之,众人辩之以相示也。故曰:辩也者,有不见也。"①这里的八德,"是指儒墨等派所执持争论的八种"②。所谓"八德",其实就是八种是非。这就是道家圣人与儒家圣人的差异:儒家圣人以及墨家圣人关注的主题是八种是非,但是,道家圣人对于各种是非均存而不论、论而不议、议而不辩。这就是一种超越性的立场。《齐物论》还说:"古之人,其知有所至矣。恶乎至?有以为未始有物者,至矣,尽矣,不可以加矣。其次以为有物矣,而未始有封也。其次以为有封焉,而未始有是非也。是非之彰也,道之所以亏也。道之所以亏,爱之所以成。"③越是彰显是非,越是有所偏好,就越是远离大道,就是在歧途上越走越远。

(二)治天下是圣人之余事

从道的角度来看,即使是在人世,即使是在外王之学中,礼义法度也是一宗相对次要的事业。《让王》:"道之真以治身,其绪余以为国家,其土苴以治天下。由此观之,帝王之功,圣人之余事也,非所以完身养生也。"④所谓帝王之功,就是君主治理天下的功绩,即使是依照礼义法度治理天下取得了很大的成功,也仅仅是道家"圣人之余事"。《逍遥游》还进一步矮化了儒家"圣人

---

① 方勇译注:《庄子》,中华书局2015年,第31页。
② 陈鼓应注译:《庄子今注今译:全2册》,商务印书馆2016年,第92页。
③ 方勇译注:《庄子》,中华书局2015年,第29页。
④ 方勇译注:《庄子》,中华书局2015年,第488页。

之功"的地位:"瞽者无以与乎文章之观,聋者无以与乎钟鼓之声。岂唯形骸有聋盲哉!夫知亦有之。是其言也,犹时女也。之人也,之德也,将旁礴万物以为一,世蕲乎乱,孰弊弊焉以天下为事!之人也,物莫之伤,大浸稽天而不溺,大旱金石流、土山焦而不热。是其尘垢粃糠,将犹陶铸尧舜者也,孰肯以物为事!"①由此可见,"真人"遗留下来的尘垢粃糠,都足以陶铸出尧舜这样的人。

正是因为礼义法度无足轻重,作为道家圣人的"真人"才不屑于礼义法度之事。《逍遥游》:"子治天下,天下既已治也,而我犹代子,吾将为名乎?名者,实之宾也,吾将为宾乎?鹪鹩巢于深林,不过一枝;偃鼠饮河,不过满腹。归休乎君!予无所用天下为。庖人虽不治庖,尸祝不越樽俎而代之矣。"②这就是拒绝的姿态。在拒绝的背后,其实是一个价值问题:以礼义法度治理天下,是一项没有价值的事业。一个人试图以礼义法度治理天下,是为天下用,也是在"殉"天下。道家的"真人"已经超越了这样的境界。《齐物论》中的至人就是这样的真人:"至人神矣!大泽焚而不能热,河汉冱而不能寒,疾雷破山、风振海而不能惊。若然者,乘云气,骑日月,而游乎四海之外,死生无变于己,而况利害之端乎!"③这就是说,"至人"完全超越了各种利害,这种超越就是对礼法的超越。

《齐物论》中的圣人也是至人:"圣人不从事于务,不就利,不违害,不喜求,不缘道,无谓有谓,有谓无谓,而游乎尘垢之外。"④与《逍遥游》中的真人相似的,除了《齐物论》中的至人、圣人,还有《天地》中的德人——"德人者,居无思,行无虑,不藏是非美恶;四海之

---

① 方勇译注:《庄子》,中华书局 2015 年,第 10 页。
② 方勇译注:《庄子》,中华书局 2015 年,第 8 页。
③ 方勇译注:《庄子》,中华书局 2015 年,第 35 页。
④ 方勇译注:《庄子》,中华书局 2015 年,第 37 页。

内共利之之谓悦,共给之之谓安;怊乎若婴儿之失其母也,傥乎若行而失其道也;财用有余而不知其所自来,饮食取足而不知其所从,此谓德人之容"①,以及《天地》中的"神人"——"上神乘光,与形灭亡,此谓照旷;致命尽情,天地乐而万事销亡,万物复情,此之谓混溟"②。这些名称不同的超越性主体,其实都是"道成"的"肉身"。在道家推崇的真人、至人、圣人、德人、神人的视野中,礼义法度是可有可无的极其微小的一种存在。

(三) 对三皇五帝的批判

从真人、至人、圣人的境界来看,三皇五帝的功过就应当重新评价。《天运》:"三皇五帝之治天下,名曰治之,而乱莫甚焉。三皇之知,上悖日月之明,下睽山川之精,中堕四时之施。其知憯于蛎虿之尾,鲜规之兽,莫得安其性命之情者,而犹自以为圣人,不可耻乎,其无耻也?"③从根本上说,三皇五帝并未使天下治,反而扰乱了天下。他们不是真正的圣人,或者说,他们仅仅是儒家推崇的圣人,而不是道家推崇的圣人。

庄子通过重构早期历史上曾经出现的"至德之世",描述了三皇五帝扰乱天下的过程。《马蹄》:"吾意善治天下者不然。彼民有常性,织而衣,耕而食,是谓同德;一而不党,命曰天放。故至德之世,其行填填,其视颠颠。当是时也,山无蹊隧,泽无舟梁;万物群生,连属其乡;禽兽成群,草木遂长。是故禽兽可系羁而游,鸟鹊之巢可攀援而窥。夫至德之世,同与禽兽居,族与万物并,恶乎知君子小人哉!同乎无知,其德不离;同乎无欲,是谓素朴;素朴而民性得矣;及至圣人,蹩躠为仁,踶跂为义,而天下始疑矣;澶漫为乐,摘僻为礼,而天下始分矣。故纯朴不残,孰为牺尊?白玉不毁,孰为珪璋?道德不废,安取仁义?性情不离,安用礼乐?五色不乱,孰

---

① 方勇译注:《庄子》,中华书局 2015 年,第 196 页。
② 方勇译注:《庄子》,中华书局 2015 年,第 196—197 页。
③ 方勇译注:《庄子》,中华书局 2015 年,第 240 页。

为文采? 五声不乱,孰应六律? 夫残朴以为器,工匠之罪也;毁道德以为仁义,圣人之过也。"①

由此,庄子之前的人类历史被分为两段。三皇五帝之前是"至德之世",那是一个理想的素朴世界,没有君子与小人的差异,人们无知无欲。但是,三皇五帝提倡仁义,素朴的世界由此变成了一个坏的世界。《马蹄》还打了一个比方:"夫马,陆居则食草饮水,喜则交颈相靡,怒则分背相踶。马知已此矣。夫加之以衡扼,齐之以月题,而马知介倪、闉扼、鸷曼、诡衔、窃辔。故马之知而态至盗者,伯乐之罪也。夫赫胥氏之时,民居不知所为,行不知所之,含哺而熙,鼓腹而游,民能以此矣。及至圣人,屈折礼乐以匡天下之形,县跂仁义以慰天下之心,而民乃始踶跂好知,争归于利,不可止也。此亦圣人之过也。"②这里的圣人,就是三皇五帝所代表的儒家理想中的圣人,而不是庄子所认可的道家圣人。

(四) 大道无治

从道的层面、境界来看,没有所谓的礼法之治,因为大道无治,"至德之世"的前提是无治,这就必须祛除礼义法度。《在宥》:"闻在宥天下,不闻治天下也。在之也者,恐天下之淫其性也;宥之也者,恐天下之迁其德也。天下不淫其性,不迁其德,有治天下者哉? 昔尧之治天下也,使天下欣欣焉人乐其性,是不恬也;桀之治天下也,使天下瘁瘁焉人苦其性,是不愉也。夫不恬不愉。非德也。非德也而可长久者,天下无之。"③尧让天下人不得安静,桀让天下人不得欢愉,无论是不安静还是不欢愉,都是应当避免的消极情绪,因为,这两种情绪都扰乱了天下人心。由于尧与桀都不能让天下长久,唯一的办法是:将桀与尧一并罢黜。这就是无治,或曰:罢黜

---

① 方勇译注:《庄子》,中华书局2015年,第143页。
② 方勇译注:《庄子》,中华书局2015年,第143页。
③ 方勇译注:《庄子》,中华书局2015年,第158—159页。

桀尧,独尊无治。梁启超曾以"无法"一语概括道家的法理学,认为:"道家对于法之观念,实以无法为观念者也。既以无法为观念,则亦无观念之可言。"①梁启超的这个判断,盖源于此——虽然这样的判断未必恰当。

"无治"作为一种法理选项与政治选项,到底行不行?特别是,如果什么都不做,到底如何安顿人心?《在宥》为此命题提供了进一步的论证:"崔瞿问于老聃曰:'不治天下,安藏人心?'老聃曰:'女慎无撄人心。人心排下而进上,上下囚杀,淖约柔乎刚强,廉刿雕琢,其热焦火,其寒凝冰,其疾俯仰之间而再抚四海之外。其居也渊而静,其动也县而天。偾骄而不可系者,其唯人心乎!昔者黄帝始以仁义撄人之心,尧、舜于是乎股无胈,胫无毛,以养天下之形,愁其五藏以为仁义,矜其血气以规法度。然犹有不胜也,尧于是放讙兜于崇山,投三苗于三峗,流共工于幽都,此不胜天下也。夫施及三王而天下大骇矣。下有桀、跖,上有曾、史,而儒、墨毕起。于是乎喜怒相疑,愚知相欺,善否相非,诞信相讥,而天下衰矣;大德不同,而性命烂漫矣;天下好知,而百姓求竭矣。于是乎釿锯制焉,绳墨杀焉,椎凿决焉。天下脊脊大乱,罪在撄人心。故贤者伏处大山嵁岩之下,而万乘之君忧栗乎庙堂之上。今世殊死者相枕也,桁杨者相推也,形戮者相望也,而儒、墨乃始离跂攘臂乎桎梏之间。意,甚矣哉!其无愧而不知耻也甚矣!吾未知圣知之不为桁杨椄槢也,仁义之不为桎梏凿枘也,焉知曾、史之不为桀、跖嚆矢也!故曰:绝圣弃知,而天下大治。"②

这段话为"无治"提供了理据:"无治"有一个重要的好处,即"无撄人心",亦即不要去搅动人心。早些时候,鲁莽而冒失的黄帝以仁义搅动人心,就相当于打开了"潘多拉盒子",其结果是,各种

---

① 梁启超:《梁启超全集》,北京出版社1999年,第1267页。
② 方勇译注:《庄子》,中华书局2015年,第162—163页。

妖魔鬼怪都从盒子里跑出来了，从此再也收不回去了。黄帝撒向人世间的仁义，就相当于潘多拉从盒里子放出来的妖魔鬼怪，由此，"天下衰矣"。如果以旧约全书来比拟，那么，黄帝以仁义摇动人心的行为，就相当于亚当与夏娃偷吃了伊甸园里的智慧果，原罪由此产生，人类的一切罪恶、灾难、混乱也由此滋生。由此可见，庄子叙述的"黄帝始以仁义撄人之心"，与古希腊的"潘多拉盒子"、古希伯来的"偷食禁果"具有很大的可比性——三者都解释了"恶""罪"以及"坏世界"的发生机理。因此，只有通过无治，才能保持理想中的"至德之世"。

小　　结

分析至此，让我们重新回到本节的主题：应当如何理解、描绘庄子法理学的结构或谱系。涂又光把庄子之学归入楚学。在《楚国哲学史》一书中，涂又光以较大的篇幅论述庄学。他列举了《秋水》《列御寇》《外物》《山木》《说剑》诸篇中的庄子事迹，进而写道："这些事迹，清末王先谦在其《庄子集解》序中精练地串在一起了，他说：'余观庄生甘曳尾之辱，却为牺之聘，可谓尘埃富贵者也。然而贷粟有请，内交于监河；系履而行，通谒于梁魏；说剑赵王之殿，意犹存乎救世；遭惠施三日大索，其心迹不能见谅于同声之友，况余子乎？吾以是知庄生非果能回避以全其道者也。'这最后一句不对，宜改为'吾以是知庄生果能独与天地精神往来而又与世俗处者也'，须知这些事迹正好说明庄子全其'两行'之道。"①

涂又光在此提到的"两行"见于《齐物论》，即"是以圣人和之以是非而休乎天钧，是之谓两行"。何谓"两行"？按照《齐物论》，"两行"是指不能纠缠于"朝三暮四"或"朝四暮三"。按照陈

---

① 涂又光：《楚国哲学史》，华中科技大学出版社2016年，第301页。

鼓应的解释,"两行"是指"两端都可以,即两端都能观照到"。这就是说,"圣人不执着于是非的争论而依顺自然均衡之理,这就叫做'两行'"①。涂又光把"两行"解释为既与天地精神往来又与世俗相交往,其实是对"两行"的扩大化解释,虽然未必符合《齐物论》文本的原意,但却是一个创造性的解释。根据涂又光解释的"两行",庄子思想具有两个向度:与天地精神往来的思想是超越性的,与世俗相交往的思想是现实性的。这是关于庄子思想的二元划分。

但是,立足于近现代以来形成的学科体系中的法理学,通过对庄子思想学说的重新阐释,却可以发现庄子法理学的三个向度:既有建构性的法理学,也有批判性的法理学,更有超越性的法理学;前两个向度是现实性的,第三个向度是超越性的。由此看来,法理学视野下的庄子就不是"两行"者,而是"三行"者了。把三个不同的向度整合起来,有助于实现对法度、法理的多维透视。这种不断挪动观察视角的方法,可以展示法度与法理的不同侧面,可以创造出多维度的法律理论。首先,礼义法度需要建构,这是毫无疑义的,因为维护基本的政治秩序、社会生活秩序必须通过礼义法度。但是,真理往前再走一步,可能就是谬论。礼义法度也不是万能的,礼义法度都可能异化,庄子对礼义法度的尖锐批判,虽然语言上不免夸张,但还是有助于凸显礼义法度的边界或局限。特别是齐国的礼义法度服务于窃国者田成子这一事实,这样的问题,显然是礼义法度不能解决的难题。除此之外,庄子还站在礼义法度之上来观察礼义法度,由此可以看到,礼义法度的意义、作用、功能都发生了显著的变化。这种超越性的法理学,其实是从审美或美学的视角看法律,可以归属于法律美学的范畴。

---

① 陈鼓应注译:《庄子今注今译:全2册》,商务印书馆2016年,第80—81页。

总之，庄子法理学涵盖了法律建构理论、批判法学理论、法律美学理论三个向度；由三种异质性较强的法律理论汇聚起来的庄子法理学，在中外法理学史上，是颇为罕见的。

第四章　先秦墨家的法理学

第一节　墨　子

针对墨子及其时代的思想格局①,孟子有一个著名的评论:"圣王不作,诸侯放恣,处士横议,杨朱、墨翟之言盈天下。天下之言不归杨,则归墨。"②这是把墨与杨并称,指出墨与杨各自占据了当时言论界的半壁河山。言外之意,墨与杨乃是儒家学说的主要竞争者。战国晚期的韩非还有一个著名的评论:"世之显学,儒、墨也。儒之所至,孔丘也。墨之所至,墨翟也。"③这是从法家的角度考察当时的学术思想得出的结论。在韩非看来,孔子、墨子才是那个时代最重要的学术思想权威,乃是法家学说的主要竞争者。韩非勾画的这个格局,在倾向于道家立场的《淮南子》一书中得到了

---

① 关于墨子的个人信息,见于《史记》的记载极为简略,仅24字:"盖墨翟,宋之大夫,善守御,为节用。或曰并孔子时,或曰在其后。"详见,[汉]司马迁:《史记》,中华书局2006年,第457页。据现代学者考证,"墨子姓墨,名翟,约生于公元前480年,约死于公元前420年,活了约60岁。他出生的年代,约当孔子70岁的时候"。任继愈:《墨子与墨家》,北京出版社2016年,第9页。
② 杨伯峻:《孟子译注》,中华书局2012年,第165页。
③ 高华平、王齐洲、张三夕译注:《韩非子》,中华书局2015年,第724页。

重述:"孔丘、墨翟,修先圣之术,通六艺之论,口道其实,身行其志,慕以从风,而为之服役者不过数十人。使之天子之位,则天下遍为儒、墨矣。"①此外,孔、墨并称,还见于《吕氏春秋》:"孔、墨,布衣之士也。万乘之主、千乘之君不能与之争士也。"②儒家、法家以及汉代持道家立场的代表性人物与著作都如此看重墨子,他的法治理想是什么?他的法理肖像应当如何描绘?

要回答这样的问题,有必要首先提到《墨子·法仪》。这是一篇法理学专论,它开篇即指出:"天下从事者不可以无法仪。无法仪而其事能成者,无有也。虽至士之为将相者,皆有法;虽至百工从事者,亦皆有法。百工为方以矩,为圆以规,直以绳,正以县。无巧工不巧工,皆以此五者为法。巧者能中之,不巧者虽不能中,放依以从事,犹逾己。故百工从事,皆有法所度。今大者治天下,其次治大国,而无法所度,此不若百工辩也。"③

墨子在此所说的"法仪",就是今天所说的法或法律。这段话主要阐述了法的重要性。这段话旨在强调,如果没有法,任何事情都办不成。对于"治天下""治大国"的人来说,法就跟"百工"依据的"矩、规、绳、县"一样,乃是治理天下、治理国家应当遵循的准绳。既然"百工从事"必须"有法所度",那么,"治天下""治大国"的人同样需要"有所法度";倘若"无法所度"而欲"治天下""治大国",那简直是不可思议的。这就是说,"治天下""治大国"的人必须从"无法所度"转向"有法所度"。正是在这里,我们可以看到墨子思想中的一个核心命题,那就是"有法可度"。

如果仅仅从字面上看,"有法可度"的含义大致相当于当代中国的"有法可依",跟"依法治国"的含义也很接近。虽然,在古今

---

① 陈广忠译注:《淮南子》,中华书局2012年,第478页。
② [汉]高诱:《吕氏春秋》,[清]毕沅校,徐小蛮标点,上海古籍出版社2014年,第238页。
③ 方勇译注:《墨子》,中华书局2011年,第20—21页。

之间,由于时间距离太过遥远,法治的语境与内容都发生了根本性的变化,但是,就像依法治国是当代中国法治理论及实践的关键环节一样,墨子所说的"有法可度"同样是墨子法治理论的关键环节,也是墨子法理学的核心命题。因此,要阐明墨子的法理学及法治理论,有必要围绕墨子所说的"有法可度"这一命题来展开。那么,如何通过"有法可度"命题,来展示墨子的法治憧憬与法理图景?

作为一个命题,"有法可度"包含了两个要点:一个是"法",一个是"度"。有什么样的"法"?如何"度"?回答这两个问题,大致可以描绘墨子对法治的期待,亦可以看到墨子法理学的神髓。

一、"有法所度"之"法":高级规范

墨子明确提出了"有法可度"这个命题。但是,"有法可度"之"法"是什么?在哪里?对于这个问题,墨子并没有像现代的法学家那样,给出一个明确而清晰的回答。在这里,我们只能把墨子所说的"法"理解为规范,具体地说,法是相关主体应当做什么或不得做什么的行为规范。墨子提出的兼爱、非攻、非乐、节用之类,都具有行为规范的性质。兼爱是"应当兼爱",是一个义务性规范;非攻是不得发动侵略战争,是一个禁止性规范。顺着这样的思路,我们可以发现,按照墨子的法治构想,存在着一个实实在在的规范体系。这个规范体系就是墨子提出的"有法可度"这个命题中的"法"。

为了有效地揭示墨子建构的规范体系,我们可以把它分为两个层次:高级规范与次级规范。其中,高级规范具有基础性的地位和作用,近似于今天的宪法;次级规范更加明确,是对高级规范的具体化,近似于今天所说的一般法律。通过这样的划分,墨子所说的法,具体表现为一个立体的规范体系。要描绘这个立体的规范体系,有必要先行考察其中的高级规范。

在墨子的法治憧憬中,高级规范是什么呢?人们最容易想到的答案是"天志"。《天志》上、中、下三篇都在强调"天志"的地位。《天志下》称:"子墨子置立天志,以为法仪,若轮人之有规,匠人之有矩也。"①这句话以第三人称表明:"天志"就是法仪,就是法,相当于轮人的规、匠人的矩。此外,《天志上》以第一人称指出:"我有天志,譬若轮人之有规,匠人之有矩。轮匠执其规矩,以度天下之方园,曰:'中者是也,不中者非也。'今天下士君子之书,不可胜载,言语不可尽计,上说诸侯,下说列士,其于仁义则大相远也。何以知之?曰:我得天下之明法以度之。"②这就是说,"天志"是裁决一切是非的最高标准。由于上天享有至高无上的地位,"天志"作为天的意志,应当是最高的规范、最高的法。

我们可以把"天志"作为高级规范来理解。但是,一个问题就会随之而来:"天志"的确切内容是什么?从字面上看,"天志"就是天的意志。就像"神意"这个概念一样,"天志"一词只是指出或解释了法或规范的渊源。宣称法是天的意志的体现,就像宣称法是神的意志的体现,是人民意志的体现,或者是主权者的命令那样。我们可以说,天的意志是最高的法;但是,天的意志的确切内容是什么,还有待于进一步回答。如果不回答这个问题,"有法所度"的法治憧憬还是无法完全解读。因为,"天志"这个概念本身不是一个行为规范,并没有直接提供行为上的指引,关于行为主体必须做什么或不能做什么的问题,也没有一个说法。这就是说,关于"天志是什么"的问题,以及关于"法是什么"的问题,还是没有答案。

那么,"天志"的确切内容到底是什么?"天"提出了什么样的可以让人遵循的行为规范?墨子提出了这样的问题,同时也回答

---

① 方勇译注:《墨子》,中华书局 2011 年,第 244 页。
② 方勇译注:《墨子》,中华书局 2011 年,第 221 页。

了这样的问题。《天志上》:"然则天亦何欲何恶?天欲义而恶不义。然则率天下之百姓从事于义,则我乃为天之所欲也。"①这就是说,根据上天的意志,行为主体应当遵循的规范是"义"。任何行为主体都要遵循"义"的要求,都不能"不义"。由此看来,"义"是墨子想象的高级规范。那么,接下来的问题是:"义"又是什么?什么样的行为才符合"义"的要求?墨子紧接着给出了答案:"且夫义者,政也。"②政者,正也,就是正道的意思。

义就是正,就是走正道。然而,这依然是一个不够明确的回答。无论是"义",还是"正",都很难给人提供明确的行为模式。什么样的行为是"义"或者"正"的行为?梁山好汉的"替天行道"是否属于正道?《庄子》记载的盗跖,何其雄辩,可谓"义正"辞严,那么,盗跖的言行是否符合"义"与"正"的要求?也许正是鉴于"义"与"正"的不确定性,《天志下》对"义"进行了进一步解释:"然则义果自天出也。今天下之士君子欲为义者,则不可不顺天之意矣。曰:顺天之意何若?曰:兼爱天下之人。"③原来,体现"天志"的"义"与"正",其可以遵循的行为规范,就是兼爱。这就是说,兼爱才是源于"天志"的第一规范、基本规范,亦即墨子规范体系中的高级规范。

如果我们说,墨子憧憬的高级规范就是兼爱,这个结论是否站得住呢?为了检验这个结论,有必要回到《法仪》这篇专门的法理学文献。

《法仪》专门论述了法或规范的来源,它为法的来源问题提供了三个选项:"奚以为治法而可?当皆法其父母奚若?天下之为父母者众,而仁者寡,若皆法其父母,此法不仁也。法不仁,不可以为法。当皆法其学奚若?天下之为学者众,而仁者寡,若皆法其学,

---

① 方勇译注:《墨子》,中华书局2011年,第215页。
② 方勇译注:《墨子》,中华书局2011年,第216页。
③ 方勇译注:《墨子》,中华书局2011年,第239页。

此法不仁也。法不仁,不可以为法。当皆法其君奚若?天下之为君者众,而仁者寡,若皆法其君,此法不仁也。法不仁,不可以为法。故父母、学、君三者,莫可以为治法。"①这三个选项,应当是墨子时代的流行观点:法源于父母,源于师长(或学者),源于君主。但是,在墨子看来,法的这三种渊源都是不可靠的,至少是不妥当的。原因在于:这三种法的渊源很少符合仁的要求,它们都不适合充当法的渊源。

由此可见,墨子的法治观念其实包含了一个价值准则:在源头上,法必须符合仁的要求。只有符合仁的要求的法,才可以作为"治大国""治天下"的依据。这就是说,仁是一个高踞于法之上的更高的标准。墨子关于法与仁的这种划分,其思想来源可以追溯至孔子关于"礼与仁"这两种规范的二元划分:"人而不仁,如礼何?"②根据《淮南子·要略》篇:"墨子学儒者之业,受孔子之术,以为其礼烦扰而不悦,厚葬靡财而贫民,服伤生而害事。故背周道而用夏政。"③这条资料表明,墨子的学术思想经历了一个先接受孔子、后背离孔子的过程。墨子后来反对儒家学说,主要反对礼的过度烦扰,浪费财物的厚葬,以及漫长的守丧时间等等。但是,墨子并没有反对孔子对仁的坚守;不仅不反对,反而更加明确地把"仁"当作法的价值准则。在孔子看来,背离仁的礼,并不是真正的礼;在墨子看来,背离仁的法,不可以为法。

那么,符合仁的要求的法到底源于何处?《法仪》的回答是:"莫若法天。天之行广而无私,其施厚而不德,其明久而不衰,故圣王法之。既以天为法,动作有为必度于天。天之所欲则为之,天所不欲则止。然而天何欲何恶者也?天必欲人之相爱相利,而不欲人之相恶相贼也。奚以知天之欲人之相爱相利,而不欲人之相恶

---

① 方勇译注:《墨子》,中华书局2011年,第21—22页。
② 杨伯峻译注:《论语译注》,中华书局2012年,第33页。
③ 陈广忠译注:《淮南子》,中华书局2012年,第1267页。

相贼也？以其兼而爱之、兼而利之也。奚以知天兼而爱之、兼而利之也？以其兼而有之，兼而食之也。"①这几句话，与上文提到的《天志》上、中、下三篇相互关联，具有丰富的意涵。

先看"莫若法天"。所谓"法天"，就是效法上天，把天作为法的渊源。上文说到，在墨子时代，人们习惯于把君主、师长（学者）、父母的意志作为法，这样的主流观念或流行观念其实主要出自儒家。在儒家学派正式形成之前，或者说在孔子之前，学在官府，"王官学"是主流。从孔子开始，才出现了严格意义上的且独立于官府的教师或学者。因此，在孔子或儒家的学说中，体现君主、师长（学者）、父母意志的规范具有法的意义，应当在不同层面上发挥行为规范的功能。在墨子之前，孔子当然也曾注意到"天"。譬如《论语·阳货》："子曰：'予欲无言。'子贡曰：'子如不言，则小子何述焉？'子曰：'天何言哉？四时行焉，百物生焉，天何言哉？'"②这番对话表明，孔子似乎已经注意到天的一个重要特点，就是不说话。在这里，孔子似乎也对天进行了某种拟人化的处理。但是，"子不语乱，力，怪，神"③。孔子对上天，这种超越性的源头，并没有太浓厚的兴趣。相比之下，墨子对天进行了更大程度的人格化处理。天之道，宽广而无私；天只给予不索取；天恒久地给予光明，且永不衰竭。在墨子看来，这样一个人格化的天，才是法的渊源。

既然天是法的渊源，那么，天意或天志，如何成为人世间的行为规范呢？墨子回答说：正是因为天有这些神圣的品质，"故圣王法之"。这里的"故圣王法之"，其实也隐含了"唯圣王法之"。墨子并没有说，世间的所有人都能够按照天的意志行事。在墨子看来，只有"圣王"才是天意或"天志"的领会者。圣王希望有所作为，那就必须以天的意志作为行动准则。符合天意或"天志"的事情就

---

① 方勇译注：《墨子》，中华书局2011年，第22—23页。
② 杨伯峻译注：《论语译注》，中华书局2012年，第261页。
③ 杨伯峻译注：《论语译注》，中华书局2012年，第101页。

做,不符合天意或"天志"的事情就不做。无论做还是不做,都是圣王的选择。墨子在此所说的圣王,近似于西方宗教里的先知。譬如,犹太教的摩西,作为传达上帝旨意的人,只有他才能直接跟上帝对话。墨子构想的"天与圣王的关系",较之于上帝与摩西的关系,具有一定的可比性,但同时也有一些差异。譬如,上帝与摩西的关系更紧密,上帝会主动召见摩西,当面发出具体而明确的指令。相比之下,墨子想象的天显得更加超脱,它不像摩西的上帝那样积极主动,而是需要圣王更加主动地去发现、领会、遵循它的意志。近世学者,譬如梁启超,把墨子称为宗教家,"宗教思想者,墨学之一大特色,而与时代潮流相反抗者也",就是因为墨子对天意(以及鬼神)的重视。① 梁启超的说法,揭示了墨子思想学说的宗教色彩。

那么,古代圣王领会的天意或"天志",到底是什么？如果天是法的终极渊源,那么,天昭示的法,应当怎样表述？如上所述,《法仪》篇的回答是:兼爱,以及兼利。这就是天的意志。根据《法仪》,上天就是这样做的:上天兼爱一切人,把食物给予普天之下的万民。所有人,无论长幼,无论贵贱,都是上天的臣民;所有国家,无论大小,无论强弱,都是上天的国家。上天表现出来的这种行为模式,就是法的直观表达。这就是说,兼爱以及兼利,就是上天制定的法。"应当兼爱"就是上天发布的义务性规范。换言之,兼爱是直接出自上天的法与规范,在墨子的规范体系中,具有高级规范的性质。

为了给作为高级规范的兼爱提供更多终极性理据,在《法仪》篇的最后,墨子还重新建构了历史:"昔之圣王禹汤文武,兼爱天下之百姓,率以尊天事鬼,其利人多,故天福之,使立为天子,天下诸侯皆宾事之。暴王桀纣幽厉,兼恶天下之百姓,率以诟天侮鬼,其

---

① 梁启超:《梁启超全集》,北京出版社1999年,第3160页。

贼人多,故天祸之,使遂失其国家,身死为僇于天下,后世子孙毁之,至今不息。故为不善以得祸者,桀纣幽厉是也;爱人利人以得福者,禹汤文武是也。爱人利人以得福者有矣,恶人贼人以得祸者亦有矣。"①通过这段话,可以看到两条是非分明、善恶对立的线索:一条是关于遵循兼爱规范的君主禹、汤、文、武的,他们遵循上天制定的高级规范,因而受到了上天的奖励。另一条是关于背离兼爱规范的君主桀、纣、幽、厉的,他们违背上天制定的高级规范,因而受到了上天的惩罚。

正是因为"兼爱"规范如此重要,墨子才把它定性为天意的直接体现,正如《兼爱下》得出的结论:"故兼者圣王之道也,王公大人之所以安也,万民衣食之所以足也。故君子莫若审兼而务行之,为人君必惠,为人臣必忠,为人父必慈,为人子必孝,为人兄必友,为人弟必悌。故君子莫若欲为惠君、忠臣、慈父、孝子、友兄、悌弟,当若兼之不可不行也。此圣王之道而万民之大利也。"②这就是说,"兼爱"既是圣王之道,同时也是各种角色(譬如君、臣、父、子、兄、弟)应当遵循的高级规范。

兼爱之"兼",就是同等对待,不加区别。"兼"的对立面是"别","别爱"就是爱有差等:对自己的父母的爱,比对别人的父母的爱,总是要多一些。这样的"别爱"正是墨子旨在批判的儒家学说。譬如,孔子就主张:"入则孝,出则悌,谨而信,泛爱众,而亲仁。"③孔子的意思是,既要泛爱众人,但也要亲近仁人,更要把对众人之爱放在孝敬父母、敬爱兄长之后,要对亲疏关系不同的人给予不同等级的爱,这就是"别爱"。在《兼爱下》篇,墨子明确提出了"兼以易别"的主张。④ 所谓"兼以易别",就是以兼爱代替有差等

---

① 方勇译注:《墨子》,中华书局 2011 年,第 24—25 页。
② 方勇译注:《墨子》,中华书局 2011 年,第 150 页。
③ 杨伯峻译注:《论语译注》,中华书局 2012 年,第 6 页。
④ 方勇译注:《墨子》,中华书局 2011 年,第 136 页。

的爱,更明确地说,就是要以墨子的"兼爱"取代儒家的"别爱"。

以上我们从不同的角度,对墨子的"法"思想进行了辨析,由此可以看出,在墨子的规范体系中,高级规范是出于天的规范,体现天意或"天志"的高级规范是兼爱。"有法所度"要求,首先应当依据兼爱来度量天下万事万物,尤其是处理如下问题:"治大国""治天下"的行为是否符合兼爱的要求?是否遵循了兼爱这一出于上天的高级规范?

二、"有法所度"之"法":次级规范

如果说,"兼爱"直接出自上天,是天意或"天志"的集中表达,是墨子创立的规范体系中的高级规范,那么,兼爱还可以衍生出一系列的规范。这些从属于兼爱的规范,可以称为次级规范。在墨子的规范体系中,次级规范主要包括三条,它们分别是非攻、非乐、节用。较之于兼爱,这三条规范具有更加明确、更加具体的指向。这三条规范为相关主体确立了更加明确的行为准则,相当于今天的宪法规范之下的一般法律规范。

(一)非攻:关于战争的禁止性规范

"非攻"旨在反对战争,维护和平,因而是一条针对战争的禁止性规范。众所周知,近代哲人康德的《永久和平论》是一篇著名的法哲学论文[①],墨子的三篇《非攻》也可以看作是一篇"先秦版"的"永久和平论"。较之于康德的"永久和平论",墨子提出"非攻",其正当性依据在哪里?为什么"非攻"应当成为一条具有普遍约束力

---

① 在《永久和平论》的篇末,康德写道:"不能期待着国王哲学化或者是哲学家成为国王,而且也不能这样希望,因为掌握权力就不可避免地会败坏理性的自由判断。但是无论国王们还是(按照平等法律在统治他们自身的)国王般的人民,都不应该使这类哲学家消失或者缄默,而是应该让他们公开讲话;这对于照亮他们双方的事业都是不可或缺的。"([德]康德:《历史理性批判文集》,何兆武译,商务印书馆1997年,第129页)康德的这几句话,或许预示了他的"永久和平论"以及墨子提出的"非攻"在现实生活中的命运。

的行为规范?

对于这样的问题,今人方授楚认为:"墨子之时,亲见荆、吴、齐、晋、楚、越相争,战事激烈。此于霸国或有利有害,但自平民之观点言之,无论胜负如何,有百害而无一利者也。故墨子于侵略之攻势战争,极为反对。"①这是一种解释,也有一定的说服力。相比之下,墨子自己的解释更加值得注意。《非攻上》篇一开始就把读者带进了一个法理学世界:"今有一人,入人园圃,窃其桃李,众闻则非之,上为政者得则罚之。此何也?以亏人自利也。至攘人犬豕鸡豚者,其不义又甚入人园圃窃桃李。是何故也?以亏人愈多,其不仁兹甚,罪益厚。至入人栏厩,取人马牛者,其不仁义又甚攘人犬豕鸡豚。此何故也?以其亏人愈多。苟亏人愈多,其不仁兹甚,罪益厚。至杀不辜人也,扡其衣裘,取戈剑者,其不义又甚入人栏厩取人马牛。此何故也?以其亏人愈多。苟亏人愈多,其不仁兹甚矣,罪益厚。当此,天下之君子皆知而非之,谓之不义。今至大为攻国,则弗知非,从而誉之,谓之义。此可谓知义与不义之别乎?"②

这段话较好地表达了墨子的法理思维方式:一个人进入别人的果园,盗窃了桃李,大家都指责他,主管官员捕获了他,并以盗窃罪处罚了他,众人都很认可,因为这个人损人利己,罪有应得。进一步,倘若有人盗窃了别人的猪、牛,那就更应当受到处罚,因为这种盗窃危害更大。更进一步,倘若有人杀害了无辜的人,他的过错就更大了,更应当受到法律的严厉惩罚。这种递进式的思维方式,符合罪与刑相适应的法治原则,可以归属于今日所说的法治思维。但是,墨子接下来的思维就迈进了法理思维的层面,他说:对攻打别国的战争行为予以称道或至少是正面评价,是一种需要警惕的思维方式。

---

① 方授楚:《墨学源流》,商务印书馆2015年,第86页。
② 方勇译注:《墨子》,中华书局2011年,第153页。

在此基础上,《非攻上》进一步突显了"义"与"不义"的矛盾:"杀一人谓之不义,必有一死罪矣。若以此说往,杀十人十重不义,必有十死罪矣;杀百人百重不义,必有百死罪矣。当此,天下之君子皆知而非之,谓之不义。今至大为不义攻国,则弗知非,从而誉之,谓之义,情不知其不义也,故书其言以遗后世。若知其不义也,夫奚说书其不义以遗后世哉?今有人于此,小见黑曰黑,多见黑曰白,则以此人为不知白黑之辩矣;少尝苦曰苦,多尝苦曰甘,则必以此人为不知甘苦之辩矣。今小为非,则知而非之;大为非攻国,则不知非,从而誉之,谓之义。此可谓知义与不义之辩乎?是以知天下之君子也,辩义与不义之乱也。"①

因此,应当重新厘定"义"与"不义"的关系,以及法与不法的关系:杀一人是不义,可以作为犯罪来处罚;按照同样的逻辑,发动战争,驱使很多人攻打别的国家,杀无数的人,则是更大的不义,更应当作为犯罪来处罚。这就是墨子的逻辑。这个逻辑具有丰富的法理意涵,至少,它提醒我们思考战争的法理依据。在墨子看来,战争没有法理依据。虽然战争对人的生命财产的严重损害,很难纳入一国法律的调整领域,很难通过常规的法治思维、法治方式来处理,但是,在法理层面上,战争的正当性问题,特别是战争的法理依据,却是一个不容回避的法理学问题。

果然,在《非攻下》篇,这个问题得到了专门的论述。人们提出的问题是:如果说战争与攻伐是"不义"的犯罪,那么,大禹攻打三苗,商汤攻打夏桀,武王攻打纣王,又该如何解释?这几场战争都是圣王发动的,难道也是"不义"的行为?对此,墨子的回答是:"子未察吾言之类,未明其故者也。彼非所谓攻,谓诛也。昔者三苗大乱,天命殛之,日妖宵出,雨血三朝,龙生于庙,犬哭乎市,夏冰,地坼及泉,五谷变化,民乃大振。高阳乃命玄宫,禹亲把天之瑞令,以征有

---

① 方勇译注:《墨子》,中华书局 2011 年,第 154—155 页。

苗。四电诱祗,有神人面鸟身,若瑾以侍,搤矢有苗之祥,苗师大乱,后乃遂几。禹既已克有三苗,焉磨为山川,别物上下,卿制大极,而神民不违,天下乃静,则此禹之所以征有苗也。"①至于后来的商汤伐夏桀,武王伐纣王,都属于同样的情况,都遵循了同样的逻辑。简而言之,圣王发动的这几场军事行动,都不是"攻",而是"诛"。墨子既宣扬"非攻",同时也宣扬"是诛"。"攻"与"诛"的本质区别在于:"诛"的行为有天命作为依据,而"攻"的行为没有天命作为依据。有没有天命作为依据,是区分"攻"与"诛"的分水岭。

当然,作为"诛"的依据的天命,也不是随意可以获得的。上天对禹、汤、武王发出"诛"灭三苗、夏桀、殷纣的命令,也是有依据的,这个更具终极性的依据就是三苗、夏桀、殷纣违反了兼爱的要求,损害了天下人的利益。因此,"诛"乃是兼爱这条高级规范的强制方式。试想,如果以后还有像三苗、夏桀、殷纣那样的犯罪分子及犯罪行为,即使无法根据国家的实在法予以惩罚,上天也可以根据"兼爱"这条规范,通过"诛"的方式予以惩罚。

(二)非乐:关于音乐以及享乐的禁止性规范

从兼爱的要求出发,还可以提出"非乐"这样一条行为规范。"非乐"就是关于音乐以及享乐的禁止性规范。在法律上,反对或禁止某种活动是一种常见的制度安排。譬如,经济领域内的反不正当竞争,政治领域内的反分裂国家。墨子提出的行为规范是禁止音乐。为什么要反对音乐?在《非乐上》篇,墨子开篇就提出的理由,还是兼爱。他说:"仁之事者,必务求兴天下之利,除天下之害,将以为法乎天下。利人乎,即为;不利人乎,即止。且夫仁者之为天下度也,非为其目之所美,耳之所乐,口之所甘,身体之所安,以此亏夺民衣食之财,仁者弗为也。"②这就是说,音乐虽然很让人

---

① 方勇译注:《墨子》,中华书局2011年,第173页。
② 方勇译注:《墨子》,中华书局2011年,第273—274页。

享受,但不符合天下万民的利益。

墨子认为,音乐作为一项活动,是有成本的。这个成本必然要取之于民,"将必厚措敛乎万民,以为大钟鸣鼓、琴瑟竽笙之声。古者圣王,亦尝厚措敛乎万民,以为舟车。既以成矣,曰:'吾将恶许用之?'曰:'舟用之水,车用之陆,君子息其足焉,小人休其肩背焉。'故万民出财赍而予之,不敢以为戚恨者,何也? 以其反中民之利也。然则乐器反中民之利,亦若此,即我弗敢非也。然则当用乐器,譬之若圣王之为舟车也,即我弗敢非也"①。在这里,墨子区分了音乐与车船的不同。国家为了制作车船,即使需要向万民征税,那也是值得的,因为车船可以满足一个社会共同体的基本生活需要。但是,如果为了从事音乐活动而向民众聚敛,那就是不必要的。

《非乐上》又称:"民有三患:饥者不得食,寒者不得衣,劳者不得息,三者民之巨患也。然即当为之撞巨钟、击鸣鼓、弹琴瑟、吹竽笙而扬干戚,民衣食之财将安可得乎? 即我以为未必然也。意舍此,今有大国即攻小国,有大家即伐小家,强劫弱,众暴寡,诈欺愚,贵傲贱,寇乱盗贼并兴,不可禁止也。然即当为之撞巨钟、击鸣鼓、弹琴瑟、吹竽笙而扬干戚,天下之乱也,将安可得而治与? 即我未必然也。是故子墨子曰:姑尝厚措敛乎万民,以为大钟、鸣鼓、琴瑟、竽笙之声,以求兴天下之利,除天下之害,而无补也。"②

这就是说,音乐作为一种奢侈的、形式化的活动,既不能增加天下万民的福利,满足天下万民在温饱方面的现实需求,也不能解决国家面临的战乱、盗贼等方面的现实问题,因而应当予以禁止。这种逻辑的前提,说到底还是兼爱。兼爱要求惠及天下万民,"大钟、鸣鼓、琴瑟、竽笙之声"虽然可以让少数人得到享受,但绝不可

---

① 方勇译注:《墨子》,中华书局 2011 年,第 275 页。
② 方勇译注:《墨子》,中华书局 2011 年,第 275—276 页。

能直接惠及天下万民,相反,它只能增加天下万民的负担。由此可见,墨子提出的"非乐"作为一种规范,还是着眼于天下万民的"普惠利益"。在这一点上,"非乐"作为一条禁止性规范,具有一定的正面意义。

但另一方面,墨子对"非乐"的强调,还有一些值得注意的背景。一方面,是对礼乐文明的批判。墨子背离的周道,其实就是礼乐文明之道。周道的制度表达主要是礼与乐,正如《礼记·明堂位》所载:"武王崩,成王幼弱,周公践天子之位,以治天下。六年,朝诸侯于明堂,制礼作乐,颁度量,而天下大服。"①据此,乐与礼是周代文明秩序得以建构的两大支柱。但是,到了孔、墨的时代,无论是"礼"还是"乐",都几近崩溃,所谓"礼崩乐坏",就是对西周建构的文明秩序走向终结的一种精准的描述。因此,墨子所见的"乐",对于文明秩序的支撑作用,已经比较微弱了。换言之,在西周初年的背景下,周王室能够较好地调整天下秩序,乐功不可没。但是,当历史进入春秋战国时代以后,随着周王室的式微,在残酷的兼并战争的背景下,乐的实际功能陡然下降。"乐"既不能平息国与国、家与家之间的战争问题,也不能解决各种各样的社会治理问题,徒增天下万民的负担。考虑到这一点,墨子提出了非乐的主张。另一方面,在墨子的时代,生产力水平相对低下,全社会剩余财富很有限。少数人能够享受的音乐,需要众多底层民众承受较大的代价。墨子站在社会底层或平民阶层的立场上提出"非乐"的主张,反映了特定历史时期平民阶层的愿望。当然,从人类文明整体的角度来看,从长时段、大历史的角度来看,音乐对于国家的治理、文明秩序的建构,还是具有正面功能。

(三)节用:厉行节约的义务性规范

与"非乐"相关联的还有"节用"。"非乐"是为了"节用","节

---

① 王文锦译解:《礼记译解》,中华书局 2016 年,第 391 页。

用"必然要求"非乐"。用现在的语言来说,"节用"就是要建立一个节约型社会。我国现行宪法第十四条规定:"国家厉行节约,反对浪费。"这条宪法规范,其实就是墨子所说的"节用"。

节用主要是向当政者提出的要求。《节用上》称:"圣人为政一国,一国可倍也;大之为政天下,天下可倍也。其倍之非外取地也,因其国家,去其无用之费,足以倍之。圣王为政,其发令兴事,使民用财也,无不加用而为者。是故用财不费,民德不劳,其兴利多矣。"①《节用中》称:"是故古者圣王,制为节用之法,曰:'凡天下群百工,轮、车、鞼、匏、陶冶、梓、匠,使各从事其所能。'曰:'凡足以奉给民用,则止。'诸加费不加于民利者,圣王弗为。"②由此可见,墨子所说的"节用"作为一条义务性规范,主要在于"节流"。通过节省支出的方式,相对地增加一个国家甚至整个天下的财富。

具体的节用之法很多。《节用中》列举了其中多种,譬如(1)饮食之法:"足以充虚继气,强股肱,耳目聪明,则止。不极五味之调、芬香之和,不致远国珍怪异物。"(2)衣服之法:"冬服绀緅之衣,轻且暖;夏服絺绤之衣,轻且清,则止。"(3)节葬之法:"衣三领,足以朽肉;棺三寸,足以朽骸。窟穴深不通于泉,流不发泄则止。"(4)宫室之法:"其旁可以圉风寒,上可以圉雪霜雨露,其中蠲洁,可以祭祀,宫墙足以为男女之别,则止。"在此之外,还有剑甲之法,以及舟车之法,等等。③ 概而言之,"节用"作为一条义务性规范,要求所有人的衣食住行,都以满足人的基本需要为原则。基本需要之外的一切增添因素、附加因素,一概予以舍弃——用墨子的语言来说,就是"则止"。"节用"作为一项基本的行为规范,从近处说,大致相当于今天所说的反对奢靡之风;往远处说,可以用宋儒所说的"天理人欲"理论来解释:"饮食

---

① 方勇译注:《墨子》,中华书局2011年,第180—181页。
② 方勇译注:《墨子》,中华书局2011年,第187页。
③ 方勇译注:《墨子》,中华书局2011年,第188—191页。

者,天理也;要求美味,人欲也。"①因此,按照"节用"这条规范,饥餐渴饮是应当尊重的天理,但是,追求"五味之调、芬香之和",追求"远国珍怪异物",则是应当灭掉的人欲。墨子提出的"节用",可以视为宋代"存天理、灭人欲"理论之滥觞。

就以上三条行为规范来看,"非攻"是兼爱的延伸,因为兼爱,所以"非攻"——打仗是会死人的,这是一个显而易见的道理。"非乐"也是兼爱的延伸,平民阶层的日子过得那么苦,王公大人们,就不要演奏你们的音乐了——因为兼爱,所以"非乐"。"节用"更是兼爱的延伸,王公大人们遵循"节用"的规范,平民阶层的负担就会减轻。由此可见,把"非攻""非乐""节用"作为兼爱的次级规范,把兼爱作为"非攻""非乐""节用"的高级规范,是可以成立的。

三、"有法所度"之"度":法的实施

前面两节,我们讨论了"有法所度"之"法",在此基础上,应当进一步讨论"有法可度"之"度"。按照墨子"有法可度"命题的语境,"有法可度"之"度",就是把法或规范用来调整、治理国家事务或天下事务。这里的"度",其字面含义是"测度"或"测量",实际上就是法或规范的实施。"度"的问题,就是如何实施法或规范的问题。

那么,怎样才能让以兼爱为核心的规范体系得到有效的实施呢?这就需要一个关于法治的保障体系。按照墨子的叙述,这个法治的保障体系由三个方面构成:第一,要有专业的法治人才队伍;第二,君主要率先垂范,以身作则;第三,要维护法制的统一。倘若用更加简洁的术语来表达,那就是尚贤、垂范、尚同。其中,"尚贤""尚同"都是《墨子》书中的篇名,只有"垂范"是新提炼的

---

① [宋]黄士毅编:《朱子语类汇校》第一册,徐时仪、杨艳汇校,上海古籍出版社2014年,第241页。

概念。

(一) 尚贤:人才队伍建设

法或规范的有效实施,离不开一支专业的人才队伍。因此,汇聚大批有专业能力的贤者,是保障规范有效实施的前提条件。在《尚贤上》的开篇,墨子就提出了这样的问题:"今者王公大人为政于国家者,皆欲国家之富,人民之众,刑政之治。然而不得富而得贫,不得众而得寡,不得治而得乱,则是本失其所欲,得其所恶。是其故何也?"当政者都希望国家富裕、人口众多、天下大治,这样的目标为什么没有实现?墨子自己提供的答案是:"是在王公大人为政于国家者,不能以尚贤事能为政也。是故国有贤良之士众,则国家之治厚;贤良之士寡,则国家之治薄。故大人之务,将在于众贤而已。"①这就是说,问题的主要原因在于:当政者不善于发现、汇聚、利用人才,没有尽可能发挥贤能之士对"有法可度"、进而提升国家治理能力的作用。因此,主政者的第一要务,就是"尚贤",为国家汇聚足够多的贤能之士。

如果说贤能之士是实现"有法可度"的人才保障,那么,如何才能汇聚更多贤能之士?墨子的建议是提高待遇。他说:"譬若欲众其国之善射御之士者,必将富之、贵之、敬之、誉之,然后国之善射御之士,将可得而众也。况又有贤良之士厚乎德行,辩乎言谈,博乎道术者乎!此固国家之珍,而社稷之佐也。亦必且富之、贵之、敬之、誉之,然后国之良士,亦将可得而众也。"②墨子在此指出了贤能之士的三个特征:道德淳厚,善于言辞,通晓国家治理的方法。这样的人德才兼备、知行合一、言行一致。按照墨子的设想,倘若在精神层面和物质层面都给予贤能之士足够的尊重,给他们施展才华提供充分而必要的条件,譬如足够的爵位、俸禄、权力,这样,

---

① 方勇译注:《墨子》,中华书局2011年,第49页。
② 方勇译注:《墨子》,中华书局2011年,第50页。

大量的贤能之士就会汇聚起来。由这些贤能之士来推行以兼爱为核心的规范体系,就能够保证"有法可度"的有效实施。

"尚贤"是墨子直接提出的主张,但是,在传统中国,这并非墨子一个人的主张,而是一个普遍的观念。有一部专门论述"贤能政治"的著作称:"关于政治贤能的辩论在中国有悠久的历史。选贤任能的观点在春秋时期(公元前770—前453年)世袭制陷入崩溃时出现,并在战国时期(公元前453—前221年)快速发展起来,逐渐得到几乎每个主要思想派别的支持。"后来,"皇权时代的中国对政治尚贤制的伟大贡献是实行科举制:在长达1300多年的历史中,政府官员的选拔主要是通过竞争性考试。而在这段时间里,政治思想家对什么是政治上的'贤'与'功'(考试是否是选拔贤能政治领袖的适当机制)也一直争论不休。但大家一致认为政治理论应该关心的是,如何挑选出拥有高超能力和美德的政治领袖"。① 关于中国传统政治的这些论述,虽然不够准确,但大体上反映了春秋战国以后,随着世卿制的瓦解,贤能者的政治空间越来越大这样一种整体趋势。尽管如此,墨子的尚贤主张还是具有鲜明的特色,那就是,既强调其道德水准,又强调其言辞能力,还强调其处理实际问题的能力,尤其是贤能者作为实现"有法可度"、从事国家治理的专业人士应当具备的专业能力。

《尚贤下》称:"今王公大人,有一牛羊之财不能杀,必索良宰;有一衣裳之财不能制,必索良工。当王公大人之于此也,虽有骨肉之亲、无故富贵、面目美好者,实知其不能也,不使之也。是何故?恐其败财也。当王公大人之于此也,则不失尚贤而使能。王公大人有一罢马不能治,必索良医;有一危弓不能张,必索良工。当王公大人之于此也,虽有骨肉之亲、无故富贵、面目美好者,实知其不能也,必不使。是何故?恐其败财也。当王公大人之于此也,则不

---

① [加]贝淡宁:《贤能政治》,吴万伟译,中信出版社2016年,第53页。

失尚贤而使能。逮至其国家则不然,王公大人骨肉之亲,无故富贵、面目美好者,则举之,则王公大人之亲其国家也,不若亲其一危弓、罢马、衣裳、牛羊之财与?我以此知天下之士君子皆明于小,而不明于大也。此譬犹瘖者而使为行人,聋者而使为乐师。"① 在这段话中,墨子在"尚贤"的主题下,提出了一个颇有意义的问题:贤能之士,应当是实施法律规范、提升国家治理能力的专业人士;国家的治理者、法律的实施者,应当像治病的专业医生、宰杀牛羊的专业技师、制作衣裳的专业工匠一样,作为一种专业人士来看待。

作为对照,我们可以发现,柏拉图一度也有相似的看法。在反映柏拉图早期思想的《理想国》一书中,柏拉图看重哲学家治国,或者是把国王培养成为哲学家,形成了"哲学王"理念;在晚期的《法律篇》一书中,柏拉图则看重法律对于国家治理的作用。然而,在中期的《政治家》一书中,柏拉图更看重国家治理的技艺,更多地强调国家治理者的专业技术或专业能力。他在《政治家》一书中写道:"有一门控制所有这些技艺的技艺。它与法律有关,与所有属于社团生活的事务有关。它用完善的技能把这些事务全都完善地织在一起。它是一种一般的技艺,所以我们用一个一般的名称来称呼它。这个名称我相信属于这种技艺,而且只有这种技艺才拥有这个名称,它就是'政治家的技艺'。"相对于军事、司法方面的技艺而言,"真正国王的技艺不是为它自身而运作,而是为了控制那些指导我们行为方式的技艺。国王的技艺依照自己的权力控制它们,使它们明白什么是采取行动的正确时机,以此推动国家的伟大事业向前发展"。② 这种强调"政治家技艺"的观点,与墨子对贤能者专业能力的强调有异曲同工之妙,至少有一定的相似性。当然,柏拉图在中年时期对"政治家技艺"的看重,自有其思想演进的逻

---

① 方勇译注:《墨子》,中华书局 2011 年,第 75—76 页。
② [古希腊]柏拉图:《柏拉图全集》,王晓朝译,人民出版社 2002 年,第 630 页。

辑;相比之下,墨子对贤能者专业技艺的强调,也许与他长期侧身于百工阶层有关。①

(二)垂范:君主以身作则

"尚贤"的主语是君主,只有君主尚贤,才能为国家广泛汇聚贤能之士,因此,"尚贤"需要君主以身作则,率先垂范。在历史上,君主尚贤的典范当然是尧、禹、汤、文王这样几个圣王。《尚贤上》:"尧举舜于服泽之阳,授之政,天下平;禹举益于阴方之中,授之政,九州成;汤举伊尹于庖厨之中,授之政,其谋得;文王举闳夭、泰颠于罝罔之中,授之政,西土服。"②然而,一个国家即使拥有贤能之士,也不能保证法律规范体系能够得到严格有效的实施,因为,在君主体制之下,君主才是"有法所度"、以法治国、以法治天下的关键人物。因此,君主以身作则、君主率先垂范是保障法律有效实施、把"有法可度"落到实处的重要条件。

为了说明君主以身作则的意义,《兼爱下》举出了荆灵王、越王句践、晋文公的事迹作为例证。先看荆灵王:"昔荆灵王好小要,当灵王之身,荆国之士饭不逾乎一,固据而后兴,扶垣而后行。"再看越王句践:"昔者越王句践好勇,教其士臣三年,以其知为未足以知之也,焚舟失火,鼓而进之,其士偃前列,伏水火而死有不可胜数也。"再看晋文公:"昔者晋文公好粗服。当文公之时,晋国之士,大布之衣,牂羊之裘,练帛之冠,且粗之屦,入见文公,出以践之朝。"这就是君主以身作则产生的社会效应。墨子就此评论说:"约食焚舟粗服,此天下之至难为也,然后为而上说之,未逾于世,而民可移

---

① 有学者写道:"然则墨子果为何等贱人?农耶?工耶?奴隶耶?曰,殆工人也",根据《鲁问》,"墨子实匠人中之车工也。然墨子究为工人出身之学者与社会改革家,其工艺之精,视公输子之专业者,固有逊色"。此外,"知墨子之为工人,则自《备城门》以下诸篇所载,不独深于战略,亦长于兵器,固无足异也"。方授楚:《墨学源流》,商务印书馆2015年,第22—23页。

② 方勇译注:《墨子》,中华书局2011年,第52页。

也。何故也？即求以乡其上也。今若夫兼相爱、交相利，此其有利，且易为也，不可胜计也，我以为则无有上说之者而已矣。苟有上说之者，劝之以赏誉，威之以刑罚，我以为人之于就兼相爱、交相利也，譬之犹火之就上、水之就下也，不可防止于天下。"①

这段话的关键词是"求以乡其上"。所谓"求以乡其上"，就是希望以此来迎合"上面"。所谓"上面"，就是"君主"。君主偏好什么，举国之人都会随之偏好什么。由于有君主的偏好，"约食、焚舟、粗服"，这些很难做到的事情，居然都成为了一种社会风气。由此可以说明，如果君主能够偏好"兼爱"，那就没有什么能够阻止兼爱之风的流行。以兼爱为核心的规范体系的有效实施，也就可以期待了。

（三）尚同：维护法制统一

"尚同"的字面含义就是崇尚同一，从实现"有法可度"的要求来说，就是严格执法，维护法制统一。在墨子的思想体系中，"尚同"旨在要求全国统一于君主、统一于中央，恰如近人陈柱所说："墨子尚同之义，简括言之，凡下民皆当上同乎君上。"②今人劳思光侧重于自由主义的立场，以权威主义解释"尚同"。他说："对于社会秩序之建立，墨子持权威主义观点，以为必须下同乎上。"③

从保障法律实施的角度来看，"尚同"的目标在于实现国家法律的统一执行与严格执行，这是实现"有法所度"的一个重要环节。在《尚同中》篇，有人提出了这样一个问题："方今之时，天下之正长犹未废乎天下也，而天下之所以乱者，何故之以也？"在墨子时代，各个国家、各个地方都有行政官员主政，然而，为什么天下还是那么乱？为什么还不能实现拨乱反正？墨子回答说："方今之时之以

---

① 方勇译注：《墨子》，中华书局2011年，第148—149页。
② 陈柱：《墨学十论》，华东师范大学出版社2015年，第106页。
③ 劳思光：《新编中国哲学史》第一册，生活·读书·新知三联书店2015年，第216页。

正长,则本与古者异矣,譬之若有苗之以五刑然。昔者圣王制为五刑,以治天下;逮至有苗之制五刑,以乱天下。则此岂刑不善哉?用刑则不善也!是以先王之书《吕刑》之道曰:'苗民否用练,折则刑,唯作五杀之刑,曰法。则此言善用刑者以治民,不善用刑者以为五杀,则此岂刑不善哉?用刑则不善,故遂以为五杀。"①

墨子在此讲述了一个典故:早期的圣王,譬如大禹,或者更早的尧或舜,主持制定了国家的法律,称为"五刑"。"五刑"作为圣王用来治理天下的法律,这里不妨暂且称其为"圣王五刑"。但是,作为地方官员的有苗也制定了一种称作"五刑"的法律——这可是一种旨在扰乱天下的法律,不妨称其为"有苗五刑"。墨子还从《尚书·吕刑》篇中找到了依据,证明完全是有苗不愿服从"圣王五刑",擅自制定出旨在杀人、旨在扰乱天下的"有苗五刑"。既然"圣王五刑"与"有苗五刑"都称为"五刑",现在我们可以推测,很可能是"有苗五刑"借用了"圣王五刑"的躯壳(名称甚至体系),但却废弃了"圣王五刑"的精华或实质内容,故意把"圣王五刑"替换成为了"杀人五刑"(亦即"有苗五刑")。正是通过实施"有苗五刑"或"杀人五刑",有苗搞乱了天下。这就是墨子讲的法治故事的大意。墨子讲这个故事旨在表明,应当以"尚同"的方法,保证国家的法律(譬如"圣王五刑")得到严格统一的执行。像有苗那样的地方官员或地方势力,拒不执行"圣王五刑",妨碍了国家法律的统一实施,是对国家法律规范体系与法治的严重破坏。

针对有苗严重破坏法治这一典型案例,墨子建议,一定要选拔那些与君主保持高度一致的人出任地方官员。正如《尚同中》所言:"故古者圣王唯而审以尚同,以为正长,是故上下情请为通。"为了保证众多的地方官员与君主保持一致,墨子建议设立一套"耳目制度",通过这套制度,"数千万里之外,有为善者,其室人未遍知,乡里

---

① 方勇译注:《墨子》,中华书局 2011 年,第 99 页。

未遍闻,天子得而赏之;数千万里之外,有为不善者,其室人未遍知,乡里未遍闻,天子得而罚之。是以举天下之人,皆恐惧振动惕栗,不敢为淫暴,曰:'天子之视听也神!'先王之言曰:'非神也。夫唯能使人之耳目助己视听,使人之吻助己言谈,使人之心助己思虑,使人之股肱助己动作。'助之视听者众,则其所闻见者远矣;助之言谈者众,则其德音之所抚循者博矣;助之思虑者众,则其谈谋度速得矣;助之动作者众,即其举事速成矣。故古者圣人之所以济事成功,垂名于后世者,无他故异物焉,曰:唯能以尚同为政者也"。①

这样的"耳目制度",郭沫若称之为"告密连坐"②。无论是"告密连坐"还是"耳目",现在听起来,似乎都是贬义。但是,在讲究实用的墨子看来,这样的"耳目制度",有助于实现"尚同"的目标,清除像有苗那样的严重破坏法治的坏人坏事。

以上三端,包括尚贤、垂范、尚同,都是墨子提出的要求。现在,我们根据当下的学术理论范式,把它们归属于法治的保障体系,把它们解释为墨子关于"有法可度"之"度"的构想,旨在表明,墨子关于"有法可度"之"度",已有体系化的思考。

小　结

以上我们针对"有法可度"这个命题,从"法"与"度"两个不同的着眼点,描述了墨子的法治憧憬,展示了墨子的法理世界。叙述至此,有必要就墨子的法治理论及法理学说,做一个小结。

要理解墨子的法理学,有一个要点或特性不可不注意,那就是墨子法理学的平民立场。在先秦时期,其他学派的法理学,几乎都是国家立场或主政者立场的法理学。法家的商子、申子都曾是一国政务的实际主持人;韩非作为韩国宗室公子,生长于韩国宫廷,

---

① 方勇译注:《墨子》,中华书局2011年,第103页。
② 郭沫若:《十批判书》,人民出版社2012年,第88页。

在先秦诸子中可以说是门第最高的人。儒家的孔子、孟子名动天下,是各国君主的座上宾,譬如孟子,在周游列国的过程中,"后车数十乘,从者数百人,以传食于诸侯"①,其地位之尊,可想而知。道家的老子是周王室的"守藏室之史";庄子也曾受到楚威王的高度礼遇,楚威王曾经"使使厚币迎之,许以为相"。② 与这些人相比,墨子是一个起于平民阶层的思想家,这在相当程度上决定了他的问题意识与法理形态。方授楚认为:"墨子以贱人出身而欲于政治、社会有所改造,且以贱人为标准而行之,则欲鼓动当时之贱人,于其传统之精神信仰不能不有所破坏,以别图建立,此势所必然也。"③这就是说,墨子属于当时的"贱人"。《贵义》篇中的一段记载,颇能说明墨子的这个身份:墨子南游于楚,希望见到楚献惠王④,向他陈述自己的政见。然而,楚献惠王以自己年老为借口,推辞不见,只委派臣子穆贺跟墨子见面。穆贺听了墨子的话,非常高兴,颇以为然,但他不无遗憾地告诉墨子:"子之言则成善矣!而君王天下之大王也,毋乃曰'贱人之所为',而不用乎?"这句话代表了楚国君臣对墨子身份的认定:贱人。这里的贱人,当然不包含道德上的评价,仅仅是对墨子身份或社会阶层的客观描述。所谓贱人,就是我们今天所说的"草根"。

墨子也承认自己的贱人身份,他对穆贺说:"唯其可行。譬若药然,草之本,天子食之以顺其疾,岂曰'一草之本'而不食哉? 今农夫入其税于大人,大人为酒醴粢盛,以祭上帝鬼神,岂曰'贱人之

---

① 杨伯峻:《孟子译注》,中华书局 2012 年,第 155 页。
② [汉]司马迁:《史记》,中华书局 2006 年,第 395 页。
③ 方授楚:《墨学源流》,商务印书馆 2015 年,第 104 页。
④ 在毕沅校注、吴旭民校点的《墨子》一书中,针对此处的"楚献惠王"有一个注释:"检《史记》,楚无献惠王也,《艺文类聚》引作惠王,是。又案:《文选注》引本书云'墨子献书惠王,王受而读之,曰良书也',恐是此间脱文。"详见,[清]毕沅校注:《墨子》,吴旭民校点,上海古籍出版社 2014 年,第 228 页。这个注释可从。但是,在毕沅校注本与方勇译注本中,均为"楚献惠王",这里也不再更正。

所为'而不享哉？故虽贱人也，上比之农，下比之药，曾不若一草之本乎？且主君亦尝闻汤之说乎？昔者，汤将往见伊尹，令彭氏之子御。彭氏之子半道而问曰：'君将何之？'汤曰：'将往见伊尹。'彭氏之子曰：'伊尹，天下之贱人也。若君欲见之，亦令召问焉，彼受赐矣。'汤曰：'非女所知也。今有药此，食之则耳加聪，目加明，则吾必说而强食之。今夫伊尹之于我国也，譬之良医善药也。而子不欲我见伊尹，是子不欲吾善也。'因下彭氏之子，不使御。彼苟然，然后可也。"①

墨子的这番话，直接提到了"一草之本"，似乎也有以"一草之本"自我定位的意思。所谓"一草之本"，就是草根，"本"就是"根"。草根虽然低贱，但可以作为治病之药。墨子告诉穆贺，只要能治病，即使是草根这样的"贱药"，还是应当服用的，不能因为草根很低贱，就不服用它。与此同时，墨子还把自己比作有名的贱人伊尹。虽然伊尹也是贱人，但是圣王商汤却特意亲自去会见他，以示尊重。墨子举这个例子，旨在启发穆贺以及他背后的楚献惠王：能够去会见伊尹，乃是商汤之为圣王的体现。墨子的这番话，同时也寄寓了他对楚献惠王的批评与建议：希望楚王多向圣王商汤学习，争取成为新时代的圣王。从墨子亲往楚国的实际行动来看，墨子对当时的楚王，有厚望焉。

其实，墨子对普天之下的君主都寄寓了厚望。墨子提出了"有法可度"的法治憧憬；又把兼爱作为高级规范，并在兼爱这条高级规范之下，提出了非攻、非乐、节用这样一些次级规范；为了保障这个规范体系能够得到切实有效的执行，墨子还提出了尚贤、垂范、尚同这样一些保障性的方法与措施，这几乎就是一个法治体系。墨子提出的这样一整套关于法治的体系性构想，其实都有一个预期的读者群体——那个时代的众多君主。无论是作为高级规范的

---

① 方勇译注：《墨子》，中华书局2011年，第413页。

兼爱，还是作为次级规范的非攻、非乐、节用，都需要君主带头执行。就保障措施来看，"尚贤"的主语，只能是君主自己；倘若君主不能尚贤，倘若君主任人唯亲、任人唯贵，甚至以貌取人，怎么可能广泛汇聚天下的贤能之士？"垂范"的主语，更只能是君主，因为只有君主才可能以身作则，有效地为天下人特别是为士大夫树立典范。"尚同"同样是对君主提出的建议。

推而广之，先秦诸子的法理学，大多数都是写给君主的，以君主作为主要的预期读者（当然也有例外，譬如庄子的法理学，其批判与超越的色彩更为明显），墨子也有同样的倾向。但是，从先秦法理学的视界中看，墨子法理学异于其他诸子法理学的地方在于：他更多地站在平民立场上建构规范、设计制度、阐述法理。他把兼爱确立为高级规范，把非攻、非乐、节用作为次级规范，如果严格实施这一套规范体系，主要的受惠者还是平民阶层。如果把墨子的法治理想付诸实践，其实是要把全国的所有资源，甚至是把华夏文明世界中的所有资源，更加均匀地分配给所有的人。墨子当然没有提出"平均主义"的主张，更没有提倡"干与不干一个样，干多干少一个样"的"大锅饭"。墨子只是希望以君主为代表的王公大人们，按照上天的意志，兼爱天下万民，不要打仗，不要享乐，厉行节约。只要恪守这几条规范，即使不能以增量的方式，给天下万民发放更多的福利，至少也可以少征兵、少征税，减轻天下万民在生命、财产方面的负担。从这个角度来看，墨子的法理学确实是立足于平民阶层的法理学，体现了平民阶层的愿望。

但是，要实现墨子的法治憧憬，又是很困难的。首先，要求君主及其带领的执政团队都像上天那样兼爱一切人，这是不大可能的，带有比较明显的乌托邦色彩；况且，宣称上天兼爱一切人，本身就是一种修辞手法，并不是一个客观的事实。其次，像"非乐""节用"这样的禁止性规范或义务性规范，在战争、洪灾等非常时期，或许可以得到比较严格的实施，但在一个常规社会、正常社会、文明社会中,"非乐"是很难实施的,不能得到学理上的支撑,甚至不能得到常情、常理的支持。在墨子的时代,虽然"礼崩乐坏"是一个普遍的现实,打击了墨子及社会公众对"乐"的信心,但是,"乐"以及一切与"乐"相关的熏陶与教化,并非一无是处或可有可无。"乐"也是社会治理、国家治理的一种方式,可以调节人的内心世界,对于文明秩序的建构具有积极的推动作用。墨子提倡"非乐",或许根源于墨子在诸多方面"乃代表贱人者,与统治阶级不易融洽,故墨子本人虽未仕,亦不能不见忌于权门"①。权门不大接受墨子的"贱人"身份,墨子也不大接受权门的生活方式。正是墨子及其法理学的这种平民性,从根本上决定了墨子法理学难以成为官方主导的思想学说。

尽管墨子法理学不大可能成为政治国家推崇的意识形态,且在汉代以后趋于沉寂,但墨子及其法理学的魅力是永恒的。恰如方授楚在1936年所言:"墨子之学说,固陈义圆满,而其人格之伟大崇高,及所以救世之急者,不独在二千年之中国史中,无其俦匹,即求之世界史中,亦不一二觏也!"②诚哉斯言!墨子及其法理学,确系中国法理学乃至世界法理学演进史上之异数。

第二节 禽 子

禽子,即禽滑釐(qín gǔ lí,亦写为禽滑厘;釐,亦读 xī),一个在学术思想史上被冷落、被忽略的人物。在"诸子研究"这个堪称纤毫毕现的学术领域,很少看到以禽子为主题的专论。关于禽子法理学的专门研究,更是难得一见。这样的状况虽然事出有因,譬如,相关文献资料确实相当匮乏。然而,禽子毕竟是先秦诸子中的

---

① 方授楚:《墨学源流》,商务印书馆 2015 年,第 31 页。
② 方授楚:《墨学源流》,商务印书馆 2015 年,第 7 页。

重要人物，其重要性足以让他在中国学术思想史或中国哲学史上占据一席之地，也足以让他进入中国法理学史。讲先秦时期的法理学，尤其是讲先秦墨家的法理学，倘若有禽子在场，将会显得更加饱满，更加丰富多彩。

如何理解禽子的思想地位？先看《庄子·天下篇》。这篇著名的"学术综述"分论各种学说，首先提到的学术思想人物就是墨子与禽子："不侈于后世，不靡于万物，不晖于数度，以绳墨自矫而备世之急，古之道术有在于是者。墨翟禽滑釐闻其风而悦之。"①依照司马谈的"六家之要指"，墨子、禽子所代表的这种"古之道术"就是墨家学说。②根据《天下篇》，墨家"道术"的代表人物是墨子与禽子。《天下篇》将墨子、禽子并称，代表了一种评价：禽子与墨子一样，都是先秦墨家的主要代表。这就昭示后来者，要理解墨家学派与墨家"道术"，既要看到墨子，还要看到禽子。

再看《吕氏春秋》中的记载："禽滑釐学于墨子，许犯学于禽滑釐，田系学于许犯。"③《吕氏春秋》还告诉我们："索卢参，东方之巨狡也，学于禽滑黎。"④按照这样的学术传承谱系，在墨子之后，禽子堪称墨家学派第二代的主要代表，在墨家学说的传承过程中，起到了一个承前启后的作用，其地位相当于墨家学派的"亚圣"。

清代的孙诒让也注意到禽子的思想地位。他说："禽子名滑釐，与田子方、段干木、吴起受业于子夏，后学于墨子，尽传其学，与墨子齐称。"⑤孙诒让在此提到了禽子的学术思想背景，指出禽子

---

① ［清］郭庆藩撰：《庄子集释》，王孝鱼点校，中华书局1961年，第1072页。
② ［汉］司马迁：《史记》，中华书局2006年，第758页。
③ ［汉］高诱注：《吕氏春秋》，［清］毕沅校，徐小蛮标点，上海古籍出版社2014年，第40页。
④ ［汉］高诱注：《吕氏春秋》，［清］毕沅校，徐小蛮标点，上海古籍出版社2014年，第76页。
⑤ ［清］孙诒让撰：《墨子闲诂》，孙启治点校，中华书局2017年，第709页。

先后受到儒家与墨家两大学派的陶冶与熏染,同时也确认禽子与墨子地位相当。接下来,梁启超又指出,禽子乃"墨门之祭酒"①。"墨门祭酒"就是墨家学派的掌门人,是一个很显赫的学术身份,大致相当于现在的学术带头人或学科负责人。此外,现代学者方授楚在他的墨学名著中还有一个更具体的评价。他说,禽子这个人,"其于墨家地位之高,颇似颜元门下之李塨,故《耕柱》篇亦称'子禽子',墨学之显于当世,禽子盖有大力焉"②。在中国学术史上,颜元、李塨已经被概括为"颜李学派"。③ 倘若禽子相当于"颜李学派"中的李塨,那么,在某种程度上,墨家学派也可以宽泛地称为"墨禽学派"。当然,"墨禽学派"这个说法,仅仅是一个比方,旨在强调禽子的学术思想地位。同时,我们也想借此再次指出,墨家既然是一个学派,对墨家的研究,就不能只谈墨子一个人。要全面地、立体地理解墨家及其法理学,既要研究墨子的法理学,也要研究禽子的法理学。着眼于此,有必要就禽子及其法理学,予以专门的论述。

前文已经提到,要论述禽子的思想及法理学,最大的难题在于:禽子没有留下自己的著作,研究资料比较匮乏。幸好,一些传世文献记载了禽子的一些言论或事迹,以及禽子对一些问题、事件的态度,这些态度也体现了禽子的思想立场。在一些传世文献中,可以看到禽子参与的一些对话。与禽子对话的主要人物是墨子,此外还有杨朱及其弟子孟孙阳,这几个人,大致构成了禽子的思想交流圈。在这些对话中,从总体上看,禽子较少直接阐述自己的思想。通常情况是:禽子提出问题,墨子、杨朱、孟孙阳进行回答。即使是这样的对话,也可以让我们看到禽子的思想世界。因为墨子、

---

① 梁启超:《梁启超全集》,北京出版社1999年,第3184页。
② 方授楚:《墨学源流》,商务印书馆2015年,第143页。
③ 劳思光:《新编中国哲学史》第三册,生活·读书·新知三联书店2015年,第580页。又见,梁启超:《中国近三百年学术史》,江苏人民出版社2015年,第110页。

杨朱、孟孙阳的回答,恰好可以反映出禽子在思想上的核心关切。与禽子对话的墨子、杨朱、孟孙阳,他们的言论就像一面镜子,可以映照出禽子的思想肖像。把这样的思想肖像进行适当的转化,就可以看到禽子的法理学,看到禽子的法理肖像。

在这里,还有一个需要解释的问题,那就是下文所依据的文献资料。我们的研究主要运用了《墨子》《庄子》《列子》等传世文献中有关禽子的一些资料。出于《庄子》的资料具有寓言的性质,是否可以用来说明禽子的法理学?《列子》相对晚出,是汉代或汉代以后才形成的著作,用汉代以后的著作说明禽子的法理学,是否合适?对于这样一些疑问,可以从两个方面来解释。

一方面,可以从科学与文化的不同来解释。研究禽子的法理学,主要是一种人文性质的文化研究、思想研究,而不是自然科学性质的科学研究。一些寓言性质的材料,一些汉代以后正式形成的材料,如果它们能够以某种特定的方式反映禽子的法理学,就可以适当地参考运用。这样一些材料是不是"真"的?能不能"真实"地反映禽子的法理学?对此我们可以说,在自然科学的意义上,它们是否为"真",恐怕难以证实。但是,在"义理""意义"的层面上,它们是"真"的。

另一方面,用后一个时代形成的著作,去阐明前一个时代的人物及其思想,是一个普遍现象。譬如,研究先秦时代的人物及其思想,历代学者大量地、习惯性地运用汉代人司马迁写成的《史记》,在通常情况下,这是没有问题的,也不会遭到质疑。同样,用汉代或汉代以后成书的《列子》,去阐明先秦人物禽子的法理学,也是可以的。

基于以上思考,并综合运用相关文献,我们发现,禽子的法理学主要是由四对范畴支撑起来的。这四对范畴分别是:文与质、己与物、强与弱、道与器。根据这四对范畴,可以勾画出禽子法理学的基本框架。

一、质先于文：天理人欲理论之滥觞

在古代中国，文与质是解释文明秩序的基本概念，文质之辨也是禽子理解文明秩序的一种方式。从根源上说，文与质作为一对重要的思想范畴，并不是禽子首创的。禽子之前的孔子，就曾论及文与质的关系，他说："质胜文则野，文胜质则史。文质彬彬，然后君子。"①这里的文与质，分别代表了人的两种品性：文采与朴实。孔子期待的君子，能够在文采与朴实之间保持某种平衡。到了汉代，董仲舒把"文与质"用于政治哲学的阐释，说："王者以制，一商一夏，一质一文。"②在不同的朝代，实行的政治制度具有不同的性质，有的选择"质朴"的政治，有的选择"文采"的政治。两者之间，"主天法质而王，其道佚阳，亲亲而多质爱"③。这是取法"质"或"质朴"的政治。相比之下，"主地法文而王，其道进阴，尊尊而多礼文"④。这是取法"文"或"文采"的政治。董仲舒还认为，在文与质之间，"俱不能备，而偏行之，宁有质而无文"⑤。这就是说，有质胜于有文，质的政治胜于文的政治。东汉末年，何休更具体地论述了文与质的关系："王者起，所以必改质文者，为承衰乱，救人之失也。天道本下，亲亲而质省；地道敬上，尊尊而文烦。故王者始起，先本天道以治天下，质而亲亲；及其衰敝，其失也亲亲而不尊；故后王起，法地道以治天下，文而尊尊；及其衰敝，其失也尊尊而不亲，故复反之于质也。"⑥按照这样的论证，文的政治与质的政治应当交互使用，两者可以相互纠

---

① 杨伯峻译注：《论语译注》，中华书局2012年，第85页。
② 张世亮、钟肇鹏、周桂钿译注：《春秋繁露》，中华书局2012年，第243页。
③ 张世亮、钟肇鹏、周桂钿译注：《春秋繁露》，中华书局2012年，第255页。
④ 张世亮、钟肇鹏、周桂钿译注：《春秋繁露》，中华书局2012年，第257页。
⑤ 张世亮、钟肇鹏、周桂钿译注：《春秋繁露》，中华书局2012年，第27页。
⑥ ［汉］何休解诂：《春秋公羊传注疏》，［唐］徐彦疏，刁小龙整理，上海古籍出版社2013年，第175页。

偏,这就仿佛近代以来的资本主义经济,总是轮番使用"看得见的手"与"看不见的手"。

在这个关于文与质的理论谱系中,应当包含禽子的观点与见解。据《说苑·反质》:"禽滑釐问于墨子曰:'锦绣絺纻,将安用之?'墨子曰:'恶!是非吾用务也!古有无文者,得之矣。夏禹是也。卑小宫室,损薄饮食,土阶三等,衣裳细布。当此之时,黼黻无所用,而务在于完坚。殷之盘庚,大其先王之室,而改迁于殷,茅茨不剪,采椽不斲,以变天下之视。当此之时,文采之帛,将安所施?夫品庶非有心也,以人主为心,苟上不为,下恶用之?二王者以化身先于天下,故化隆于其时,成名于今世也。且夫锦绣絺纻,乱君之所造也。其本皆兴于齐。景公喜奢而忘俭。幸有晏子,以俭镌之。然犹几不能胜。夫奢,安可穷哉!纣为鹿台、槽邱、酒池、肉林,宫墙文画,雕琢刻镂,锦绣被堂,金玉珍玮,妇女优倡,钟鼓管弦,流漫不禁,而天下愈竭,故卒身死国亡,为天下戮。非惟锦绣絺纻之用耶?今当凶年,有欲予子随侯之珠者,曰:不得卖也。珍宝而以为饰。又欲予子一钟粟者,得珠者不得粟,得粟者不得珠,子将何择?'禽滑釐曰:'吾取粟耳,可以救穷。'墨子曰:'诚然,则恶在事夫奢也。长无用,好末淫,非圣人之所急也。故食必常饱,然后求美;衣必常暖,然后求丽;居必常安,然后求乐。为可长,行可久,先质而后文,此圣人之务。'禽滑釐曰:'善。'"①

在这段文献中,虽然主要观点都是墨子阐述的,但是,随着对话的展开,禽子亦展示了自己的选择、判断和态度。他的基本观点是:取质不取文,至少也是"先质而后文",这才是圣人之要务。这里的"文",是指超过基本需要的装饰;这里的"质",是指满足基本需要的物质条件。对于禽子的这个观点,还可以参照《墨子佚文》中的一则资料来理解:"禽子问:'天与地孰仁?'墨子曰:'翟以地为

---

① 刘向撰:《说苑校证》,向宗鲁校证,北京:中华书局1987年,第515—516页。

仁。太山之上则封禅焉,培堘之侧则生松柏,下生黍苗莞蒲,水生鼋鼍龟鱼,民衣焉,食焉,死焉,地终不责德焉。故翟以地为仁。'"①这里关于"天与地孰仁"的辨析,可以作为文质之辨的进一步展开:"天"体现了"文"的要求,"地"体现了"质"的要求。"以地为仁"的实质就是"以质为仁";或者说,相对于"天"来说,"地"更好地体现了仁的要求。

《列子·杨朱》篇也提到了禽子:"卫端木叔者,子贡之世也。藉其先赀,家累万金。不治世故,放意所好。其生民之所欲为,人意之所欲玩者,无不为也,无不玩也。墙屋台榭,园囿池沼,饮食车服,声乐嫔御,拟齐楚之君焉。至其情所欲好,耳所欲听,目所欲视,口所欲尝,虽殊方偏国,非齐土之所产育者,无不必致之,犹藩墙之物也。及其游也,虽山川阻险,途径修远,无不必之,犹人之行咫步也。宾客在庭者日百住,庖厨之下不绝烟火,堂庑之上不绝声乐。奉养之余,先散之宗族;宗族之余,次散之邑里;邑里之余,乃散之一国。行年六十,气干将衰,弃其家事,都散其库藏、珍宝、车服、妾媵。一年之中尽焉,不为子孙留财。及其病也,无药石之储;及其死也;无瘗埋之资。一国之人受其施者,相与赋而藏之,反其子孙之财焉。禽骨厘闻之,曰:'端木叔,狂人也,辱其祖矣。'段干生闻之,曰:'端木叔,达人也,德过其祖矣。其所行也,其所为也,众意所惊,而诚理所取。卫之君子多以礼教自持,固未足以得此人之心也。'"②

这段话同样可以阐明禽子关于文与质的基本立场。禽子对端木叔的否定性评价,其实就表达了他对"文"的态度。端木叔的行为,夸张而乖戾,远离"质"的要求,几乎可以说是"文"的形象化表达或直观体现,因而受到了禽子的批评。在这段材料中,禽子说出

---

① [清]孙诒让撰:《墨子闲诂》,孙启治点校,中华书局2017年,第658页。
② [晋]张湛注、[唐]卢重玄解、[唐]殷敬顺、[宋]陈景元释文:《列子》,陈明校点,上海古籍出版社2014年,第201—202页。

来的话很少,但禽子的态度是明确的,观点是清晰的,那就是:质优于文。

在中国思想史上,禽子对文质关系的思考与宋代理学家的天理人欲之辨,具有明显的同构性。禽子褒扬的"质"就相当于朱子讲的"天理",禽子排斥的"文"就相当于朱子讲的"人欲"。质优于文,就是天理优于人欲。取质而舍文,相当于存天理、灭人欲。正如朱子所见:"天理人欲常相对","有个天理便有个人欲,盖缘这个天理须有个安顿处,才安顿得不恰好,便有人欲出来"。朱子还打比方说,"饮食者,天理也;要求美味,人欲也"。他又说,"人之一心,天理存则人欲亡,人欲胜则天理灭。未有天理人欲夹杂着者"。[①] 在这里,朱子强化了天理与人欲之间的对立。大体说来,天理是基本的需要,几近于质;人欲是过度的需要,几近于文。虽然在文与质之间,未必有像天理和人欲那样的对立关系,但是,取质而舍文,与崇尚天理、摒弃人欲原理相似。从这个角度来看,禽子的"文质观",在一定层面上可以视为后来的天理人欲理论之滥觞。

二、舍己济物:治理天下的一种方案

在传统中国,"己与物"事关自己与他人、个体与群体,因而也是一对重要的法理学范畴。在"己与物"的关系问题上,禽子也有自己的思考。在《列子·杨朱》篇中,杨朱首先表达了自己的立场:"伯成子高不以一毫利物,舍国而隐耕。大禹不以一身自利,一体偏枯。古之人损一毫利天下不与也,悉天下奉一身不取也。人人不损一毫,人人不利天下,天下治矣。"在这里,杨朱表面上在说伯成子高与大禹的事,其实是在表达自己的主张。接下来,就是禽

[①] [宋]黄士毅编:《朱子语类汇校》第一册,徐时仪、杨艳汇校,上海古籍出版社2014年,第241页。

子、杨朱、孟孙阳之间的一场讨论:"禽子问杨朱曰:'去子体之一毛以济一世,汝为之乎?'杨子曰:'世固非一毛之所济。'禽子曰:'假济,为之乎?'杨子弗应。禽子出语孟孙阳。孟孙阳曰:'子不达夫子之心,吾请言之。有侵若肌肤获万金者,若为之乎?'曰:'为之。'孟孙阳曰:'有断若一节得一国。子为之乎?'禽子默然有间。孟孙阳曰:'一毛微于肌肤,肌肤微于一节,省矣。然则积一毛以成肌肤,积肌肤以成一节。一毛固一体万分中之一物,奈何轻之乎?'禽子曰:'吾不能所以答子。然以子之言问老聃、关尹,则子言当矣;以吾言问大禹、墨翟,则吾言当矣。'孟孙阳因顾与其徒说他事。"[①]

在段话中,禽子两次使用了"吾言"二字,但在事实上,禽子并没有正式地、正面地阐明自己的观点。因而,禽子的"吾言"其实是"微言",甚至是"无言"。然而,禽子的"微言"背后自有其"大义"。禽子的"微言大义"可以概括为以下诸端。第一,一个人为了获取较大的私人利益(譬如"万金"),可以做出某些较小的牺牲(譬如,皮肤被划伤),这样的代价是值得的。第二,一个人即使能够获取巨大的私人利益,但如果要承担巨大的代价,那就不一定值得了。譬如,即使可以获得一国,但要承担肢体残缺的代价,那就需要再考虑了。因为,倘若要承担伤筋动骨、肢体残缺的代价,即使得到了一个国家,那也得不偿失。从个人利益的角度来说,生命权、身体健康权、身体完整权,是至关重要的,即使有一个很大的外在利益,也不能用身体完整权去置换。第三,如果为了天下人的利益,自己付出一定的代价,甚至做出一定的牺牲,那都是值得的。

禽子自称的"吾言"涉及三个因素:个人损失,个人利益,天下人利益。必须看到,要获得某种利益,无论这个利益归属于个人,还是归属于天下人,都是有成本的,这个成本可以看作个人损失。

[①] [晋]张湛注,[唐]卢重玄解,[唐]殷敬顺、[宋]陈景元释文:《列子》,陈明校点,上海古籍出版社2014年,第204页。

按照现代的学术语言,那就是:权利与义务不可分,有权利必有义务,反过来说,通过履行某种义务,可以获得某种权利。譬如,有人去承担开车的义务,就可以让某人享有坐车的权利。按照禽子的法理学,为了获得个人利益,个人可以承担一定的代价;如果代价太大,那就不必用此代价去置换某种哪怕是很大的个人利益。由此可见,在个人权利与个人义务的关系问题上,禽子表现了一种常规的、理性的思维。但与此同时,禽子还认为,为了天下人的利益,个人可以承担一定的损失,哪怕是承担一个较大的损失,也是值得的。在禽子看来,这样的立场就是大禹、墨翟的立场。相比之下,杨朱、孟孙阳所代表的老聃、关尹一派的观点认为:自己的生命权、健康权才是第一位的,生命权、健康权之外的个人利益,都是外物,天下及天下人的利益,更是外物。自己与外物永远是对立的关系。在己与物的关系问题上,己永外优于、先于、重于物。这就是道家学派的观点:贵己而轻物。

对于道家的"己物关系理论",《庄子·田子方》还有一个生动的说明:"田子方侍坐于魏文侯,数称谿工。文侯曰:'谿工,子之师邪?'子方曰:'非也,无择之里人也;称道数当,故无择称之。'文侯曰:'然则子无师邪?'子方曰:'有。'曰:'子之师谁邪?'子方曰:'东郭顺子。'文侯曰:'然则夫子何故未尝称之?'子方曰:'其为人也真,人貌而天,虚缘而葆真,清而容物。物无道,正容以悟之,使人之意也消。无择何足以称之!'子方出,文侯傥然终日不言,召前立臣而语之曰:'远矣,全德之君子!始吾以圣知之言仁义之行为至矣,吾闻子方之师,吾形解而不欲动,口钳而不欲言。吾所学者直土埂耳!夫魏真为我累耳!'"[①]

这当然是一个寓言。在这个寓言中,魏文侯领悟到的观念,就是杨朱一派的主张:不为一国所累;即使可以拥有一国,但要为此

---

① [清]郭庆藩撰:《庄子集释》,王孝鱼点校,中华书局1961年,第701—703页。

劳神费心,那也是不值得的。推而广之,割肌肤以为天下,那也是无益之举。正如郭象为《田子方》所作的"注"所言:"割肌肤以为天下者,彼我俱失也;使人人自得而已者,与人而不损于己也。其神明充满天地,故所在皆可,所在皆可,故不损己为物而放于自得之地也。"①这就是道家的核心价值观。由此可见,禽子秉持的禹墨思想与杨朱秉持的道家思想形成了明显的对立。简而言之,道家的主张是:人人不损一毫,人人不利天下。但是,禽子的态度是:尽可能克己济物,克己以济天下,可以为了天下人的利益而牺牲自己的利益。

在己与物的关系上,禽子的立场迥异于道家,也不同于儒家。在《论语·宪问》中,孔子有一个著名的对比:"古之学者为己,今之学者为人。"如何理解这里的"为己"与"为人"?对于这个问题,朱子先引用程子的说法:"为己,欲得之于己也。为人,欲见知于人也。"朱子就此评论说:"圣贤论学者用心得失之际,其说多矣,然未有如此言之切而要者。"②按照朱子之意,程子之言是很确切的。程子之言是说,"为己"主要是自己有所收获,是为了充实自己、滋养自己、提升自己;"为人"主要是让别人知道自己,或者说是扬名于天下。如果说,孔子、程子、朱子在此所说的"为己""为人",主要还是针对"学者",那么,归在子思名下的《中庸》篇还提供了更加一般性的论述:"诚者非自成己而已也。所以成物也。成己,仁也;成物,知也。性之德也,合内外之道也,故时措之宜也。"针对这几句话,朱子还做出了进一步的发挥:"诚虽所以成己,然既有以自成,则自然及物,而道亦行于彼矣。"③这就是朱子或宋儒所理解的"己与物":通过成就自己,进而成就他人、成就万物。"成己"是"成物"的前提,"成物"是"成己"的自然延伸。

---

① [清]郭庆藩撰:《庄子集释》,王孝鱼点校,中华书局1961年,第728页。
② [宋]朱熹撰:《四书章句集注》,中华书局2011年,第146页。
③ [宋]朱熹撰:《四书章句集注》,中华书局2011年,第35页。

按照司马谈的说法,"夫阴阳、儒、墨、名、法、道德,此务为治者也"①。这就是说,先秦诸子都在思考天下治理的道与术。如何才能实现对天下的有效治理?就己与物的关系来看,儒家的方案是:通过成己以成就万物。道家的方案是:人人不利天下,就可以成就天下万物。禽子的方案是:牺牲自己,让渡自己,可以成就天下万物,即舍己济物。

己与物,亦即自己与外物,也可以解释为自身与他人、自身与群体、自身与世界。用现代流行的思想概念来审视,也可以说是个体与群体的关系。对于这种关系的阐述,是现代政治哲学与法理学的重要任务。密尔的《论自由》一书,曾经被严复译为《群己权界论》。按照密尔自己的说法,他的这本著作"所要讨论的乃是公民自由或社会自由,也就是要探讨社会所能合法施用于个人的权力的性质和限度"②。群体如何对待个体,国家权力如何对待公民权利,这是一个法理学问题。同样,个体如何对待群体,公民权利如何对待国家权力,也是一个法理学问题。前者是密尔关注的问题,后者则是禽子关注的问题。因此,界定个体与群体的关系,亦即己与物的关系,就成为了禽子观察天下、理解人类文明秩序的一个重要途径。

三、扶弱御强:通过"守道"迈向正义

研读与禽子有关的文献,可以发现,即使在对话的过程中,禽子也总是少言寡语。但是,透过禽子少量的言辞,还是可以看到他对正义的理解,他的"正义论"的核心观点可以概括为:扶弱御强,通过"守道"迈向正义。这里的"守道",就是守御之道。

在禽子生活的时代,国与国之间的战争是一种常态,特别是大

---

① [汉]司马迁:《史记》,中华书局2006年,第758页。
② [英]密尔:《论自由》,许宝骙译,商务印书馆2011年,第1页。

国攻打小国、强国攻打弱国。在禽子看来,这种残酷的现实是"凤鸟没有出现,诸侯背叛王室"的恶果。据《备城门》:"禽滑釐问于子墨子曰:'由圣人之言,凰鸟之不出,诸侯畔殷周之国,甲兵方起于天下,大攻小,强执弱,吾欲守小国,为之奈何?'子墨子曰:'何攻之守?'禽滑釐对曰:'今之世常所以攻者:临、钩、冲、梯、堙、水、穴、突、空洞、蚁傅、輼韫、轩车,敢问守此十二者奈何?'子墨子曰:'我城池修,守器具,推粟足,上下相亲,又得四邻诸侯之救,此所以持也。且守者虽善,则犹若不可以守也。若君用之,守者又必能乎守者,不能而君用之,则犹若不可以守也。然则守者必善而君尊用之,然后可以守也。'"①这段话可以说是禽子正义观念的集中表达。对此,可以从两个侧面来分析。

(一)在强国与弱国之间,禽子坚定地站在弱国这一边

这种选择与立场,体现了扶助弱者的基本理念。在现代的政治理论、法律理论与社会理论中,通过扶助弱者实现正义,是一个得到广泛关注的议题。以法律理论为例,在既有的学术文献中,关于扶助弱者、保护弱者的研究,主要集中在民商法或社会法领域。在国际私法领域,也有一些关于弱者保护的研究。20世纪以来关于"实质法治"的理论,也可以作为扶助弱者、保护弱者的理论基础。在法学理论上,"这个维度可能粗略地归类在'社会福利权'这一标签之下。这一点的杰出例证仍然是国际法学家委员会1959年在该主题的大会之后就法治的含义所作出的认定:在《德里宣言》的表述中法治变成了一种'能动概念',它保证并促进个人在自由社会中的公民与政治权利;但是,它也关心国家所确立的个人合法愿望与尊严可能得以实现的社会、经济、教育和文化条件。表达自由对目不识丁者毫无意义;投票权可能被异化为蛊惑民心的政客对无知选民行使暴政的工具;免于政府干涉的自由不得意味着

---

① [清]毕沅校注,《墨子》,吴旭民校点,上海古籍出版社2014年,第261页。

导致贫穷和匮乏的自由"①。这样的"实质法治"理论,就体现了保护弱者的立场。此外,影响更大、辐射面更广的罗尔斯的正义理论也值得注意。他说:"所有的社会基本善——自由和机会、收入和财富及自尊的基础——都应当被平等地分配,除非对一些或所有社会基本善的一种不平等分配有利于最不利者。"②这就是说,为了扶助、保护、救济处于最不利地位的人,在各种社会利益的分配过程中,可以实行不平等的分配原则——只要不平等的分配原则是为了帮助、扶持、救济"最不利者",那就是正义的。这些广泛流行的现代性的正义理论,都可以作为禽子扶助弱国的理论依据。反过来说,禽子的正义观或"正义论",可以通过现代性的正义理论来理解。

(二) 在扶助弱国的同时,禽子还有防御强国的决心与行动

禽子的这个立场与态度,表明他试图以一己之力,矫正一个弱肉强食的丛林世界。尽管这是一个知其不可为而为之的选择,但其中也蕴含了禽子的思想观念,那就是反抗强权、抵御强权。这样的立场具有强烈的理想主义色彩,寄托了禽子对一个理想的文明秩序的想象与期待。根据《备梯》篇:"禽滑釐子事子墨子三年,手足胼胝,面目黧黑,役身给使,不敢问欲。子墨子其哀之,乃管酒块脯,寄于大山,昧葇坐之,以樵禽子。禽子再拜而叹。子墨子曰:'亦何欲乎?'禽子再拜再拜曰:'敢问守道?'子墨子曰:'姑亡,姑亡。古有兀术者,内不亲民,外不约治,以少间众,以弱轻强,身死国亡,为天下笑。子兀慎之,恐为身姜。'禽子再拜顿首,愿遂问守道,曰:'敢问客众而勇,烟资吾池,军卒并进,云梯既施,攻备已具,武士又多,争上吾城,为之奈何?'"③这段话生动地描述了禽子作为一个理想主义者的形象:他不辞辛苦地追随墨子,甚至为此不惜

---

① [美]塔玛纳哈:《论法治:历史、政治和理论》,李桂林译,武汉大学出版社2010年,第145页。
② [美]罗尔斯:《正义论》,何怀宏等译,中国社会科学出版社1988年,第303页。
③ [清]毕沅校注,《墨子》,吴旭民校点,上海古籍出版社2014年,第283—284页。

离开子夏,唯一想要知道的事情就是守御强敌之"守道"。墨子以自己的经验告诉禽子,一个熟知守御之道的人,很可能为自己招来麻烦。因为,一个人倘若自以为懂得守御之道,试图凭借已经掌握的守御之道去抵御强大的敌人,那将是一件很危险的事情。然而,即使面临墨子指出的危险,禽子最关心的事情,还是守御之道。因为这是防御强敌必须掌握的核心技术。没有掌握"守道",就不可能实现有效防御强敌的目标。

执着于"守道",以"守道"作为自己的立身之本与核心竞争力,对扶助弱国、防御强国抱有坚定的信念,试图以一己之力实现自己所希望的正义——禽子的这种精神,几乎可以概括为:苟利弱国生死以,岂因祸福趋避之。

四、器以载道:技术指向的法理学

我们还可以从"道与器"的角度,进一步考察禽子的法理学。前文讨论的"质先于文""舍己济物""扶弱御强"诸方面,主要体现了禽子对"道"的理解。进一步看,如何实现这些"道"或"道义"?更具体地说,在"文与质"之间如何追求"质"?"舍己济物"之"济"如何实现?特别是,"扶弱御强"到底应当如何"扶"、如何"御"?这都是一些技术性问题。这样的问题,恰好可以用与"道"相对应的"器"这个概念来表达。在《墨子》全书中,多篇文字都记载了禽子与墨子关于技术问题的讨论。

其一,《备高临》:"禽子再拜再拜曰:'敢问适人积土为高,以临吾城,薪土俱上,以为羊黔,蒙橹俱前,遂属之城,兵弩俱上,为之奈何?'子墨子曰:'子问羊黔之守邪?羊黔者,将之拙者也,足以劳卒,不足以害城。守为台城,以临羊黔,左右出巨各二十尺,行城三十尺,强弩之,技机藉之,奇器□□之,然则羊黔之攻败矣。'"[1]这

---

[1] [清]孙诒让撰:《墨子闲诂》,孙启治点校,中华书局2017年,第535—536页。

里讨论的是关于"羊黔之守"的技术问题。

其二,《备穴》:"禽子再拜再拜曰:'敢问古人有善攻者,穴土而入,缚柱施火,以坏吾城,城坏,或中人,为之奈何?'子墨子曰:'问穴土之守邪?备穴者,城内为高楼,以谨候望适人。适人为变,筑垣聚土非常者,若彭有水浊非常者,此穴土也,急堑城内,穴亓土直之。穿井城内,五步一井,傅城足。高地,丈五尺,下地,得泉三尺而止。令陶者为罂,容四十斗以上,固顺之以薄革,置井中,使聪耳者伏罂而听之,审知穴之所在,凿穴迎之。'"①这里讨论的是关于"穴土之守"的技术问题。

其三,《备蛾傅》:"禽子再拜再拜曰:'敢问适人强弱,遂以傅城,后上先断,以为法程;斩城为基,掘下为室。前上不止,后射既疾,为之奈何?'子墨子曰:'子问蛾傅之守邪?蛾傅者,将之忿者也。守为行临射之,校机藉之,擢之,太氾迫之,烧苔覆之,沙石雨之,然则蛾傅之攻败矣。'"②这里讨论的是关于"蛾傅之守"的技术问题。

其四,《杂守》:"禽子问曰:'客众而勇,轻意见威,以骇主人;薪土俱上,以为羊坽,积土为高,以临民,蒙櫓俱前,遂属之城,兵弩俱上,为之奈何?'子墨子曰:'子问羊坽之守邪?羊坽者,攻之拙者也,足以劳卒,不足以害城。羊坽之政,远攻则远害,近城则近害,不至城。矢石无休,左右趣射,兰为柱后,望以固。厉吾锐卒,慎无使顾,守者重下,攻者轻去。养勇高奋,民心百倍,多执数少,卒乃不殆。'"③这里讨论的是关于"羊坽之守"的技术问题。

禽子高度关注的"羊黔之守""穴土之守""蛾傅之守""羊坽之守",都是关于防御的技术问题。对这些问题,禽子先有自己的思考,然后再向墨子请教。墨子的回答,想必能够满足禽子在技术问

---

① [清]孙诒让撰:《墨子闲诂》,孙启治点校,中华书局2017年,第549—550页。
② [清]孙诒让撰:《墨子闲诂》,孙启治点校,中华书局2017年,第564—565页。
③ [清]孙诒让撰:《墨子闲诂》,孙启治点校,中华书局2017年,第621—622页。

题上的期待。禽子对墨子反反复复的"再拜再拜",可以说明禽子对这些防御技术的重视程度、执着程度。禽子高度关注的这些以防御为核心的技术问题,就是器的问题。

器是什么?器与道的关系应当如何理解?孔子的名言是:"君子不器。"①在这个著名的论断中,器的含义是狭隘,狭隘的对立面是博通,道就代表了博通,这是孔子理解的道与器。再看《左传》记载的一则史料:"楚子伐陆浑之戎,遂至于洛,观兵于周疆。定王使王孙满劳楚子。楚子问鼎之大小、轻重焉。对曰:'在德不在鼎。昔夏之方有德也,远方图物,贡金九牧,铸鼎象物,百物而为之备,使民知神、奸。故民入川泽、山林,不逢不若。螭魅罔两,莫能逢之。用能协于上下,以承天休。桀有昏德,鼎迁于商,载祀六百。商纣暴虐,鼎迁于周。德之休明,虽小,重也。其奸回昏乱,虽大,轻也。天祚明德,有所厎止。成王定鼎于郏鄏,卜世三十,卜年七百,天所命也。周德虽衰,天命未改。鼎之轻重,未可问也。'"②王孙满的这段话,通过夏、商、周三代的历史变迁,论述了一个重要的观点:"在德不在鼎。"德是道,鼎是器,对"在德不在鼎"进行重述与转换,那就是"在道不在器"。孔子说的是人格问题,王孙满说的是政治问题,但孔子与王孙满的观点还是有一个共同之处,那就是:重道不重器。这是传统中国关于道器关系的经典论述。

根据《易·系辞上》中的说法:"形而上者为之道,形而下者为之器。"唐代的孔颖达在《周易正义》中对此有一个解释:"正义曰:'是故形而上者谓之道,形而下者谓之器'者,道是无体之名,形是有质之称。凡有从无而生,形由道而立,是先道而后形,是道在形之上,形在道之下。故自形外已上者谓之道也,自形内而下者谓之

---

① 陈晓芬、徐儒宗译注:《论语·大学·中庸》,中华书局2015年,第20页。
② 《十三经注疏》整理委员会整理、李学勤主编:《十三经注疏·春秋左传正义(上、中、下)》,北京大学出版社1999年,第602—604页。

器也。形虽处道器两畔之际,形在器,不在道也。既有形质,可为器用,故云'形而下者谓之器'也。"①据此,道与器应当并重。相比之下,清代的章学诚更加看重器的价值。他说:"《易》曰:'形而上者谓之道,形而下者谓之器。'道不离器,犹影不离形。后世服夫子之教者自六经,以谓六经载道之书也,而不知六经皆器也",进一步看,"夫子述六经以训后世,亦谓先圣先王之道不可见,六经即其器之可见者也。后人不见先王,当据可守之器而思不可见之道。故表彰先王政教,与夫官司典守以示人,而不自著为说,以致离器言道也"。②依章学诚之意,六经就是器,道附丽于六经,离开了六经,先圣先王之道就失去了依托。

较之以上几种立场,禽子关于道与器的理解颇具个性:他看重器,他所理解的器主要是防御技术,并非章学诚所说的六经。但与此同时,禽子也并不轻视道,他试图把器作为实现道的手段,更具体地说,就是通过卓越的防御技术,有效地实现"济物""御强""扶弱"的目标。禽子无意于"文以载道"或"六经以载道"。禽子追求的是"器以载道"或"融道于器"。

小　结

上文通过"文与质""己与物""强与弱""道与器"这四对范畴,对禽子的法理学做出了比较系统的描绘。在此基础上可以发现,禽子的法理学具有以下四个方面的特质。

(一)禽子的法理学具有"兼容综合"的特点

一种法理学的特点,离不开这种法理学的由来。禽子的法理学有两个直接的思想渊源,那就是子夏与墨子。正如前引孙诒让所说,禽子先后受教于子夏与墨子。清代王应麟在《困学纪闻》中

---

① 《十三经注疏》整理委员会整理、李学勤主编:《十三经注疏·周易正义》,北京大学出版社1999年,第292页。
② 罗炳良译注:《文史通义》,中华书局2012年,第181—182页。

的概括是:"滑厘逃儒而入于墨。"①关于禽子的教育背景,《史记·儒林传》的记载是:"子夏居西河","如田子方、段干木、吴起、禽滑釐之属,皆受业于子夏之伦"。②据此,禽子是子夏主导的"西河学派"③的一个重要成员。至于禽子长期从学于墨子,则自不待言。这样的背景表明,禽子吸收了儒家与墨家这两大显学的思想成分,是当时的两大显学共同滋养的结果,因而,禽子的思想具有兼容综合的性质。一方面,禽子是子夏的弟子,也是孔子的再传弟子。这就是说,禽子对子夏这一脉的儒家学说,有过比较系统的学习。禽子关注的文质问题、成己成人成物问题、道器问题,等等,都是儒家学说中的重要议题。禽子对这些问题的重新思考,可以通过他的早期学习经历来理解。另一方面,禽子毕竟还是墨家第二代的主要代表,他对于文质关系的理解,特别是对道器关系的理解,主要还是传承墨子思想的结果。

在这里,还有一个值得索解的问题:禽子为什么会"逃儒而入于墨"? 子夏主导的西河学派既代表了儒家的一个分支,其实也是法家、兵家之滥觞。西河学派的主要人物,像李悝、吴起等人,都是早期法家的代表人物。这样一个具有法家偏好、功利偏好的团队,很可能并不符合禽子的旨趣与追求。从法家人物与禽子后来的发展方向来看,法家人物是趋于功利的现实主义者,就像孔子在世之时对子夏的告诫:"无欲速,无见小利。欲速则不达,见小利则大事不成。"④但是,禽子却是一个十足的理想主义者。为了实现自己的理想,禽子可以不计个人得失,以最大的"舍己"来

---

① [宋]王应麟:《困学纪闻》,[清]阎若璩、何焯、全祖望注,栾保群、田松青校点,上海古籍出版社2015年,第331页。
② [汉]司马迁:《史记》,中华书局2006年,第700页。
③ 参见,孔祥骅:《子夏氏"西河学派"初探》,《学术月刊》1985年第2期,第44—47页。
④ 陈晓芬、徐儒宗译注:《论语·大学·中庸》,中华书局2015年,第157页。

实现"济物"的目标。这样的价值追求,跟西河学派的整体风格并不吻合,这可能是禽子逃离西河学派,转向墨家的一个根本原因。另一方面,即使是子夏传授的"孔子之术",可能也不符合禽子的期待,正如《淮南子》所言:"墨子学儒者之业,受孔子之术,以为其礼烦扰而不悦,厚葬靡财而贫民,服伤生而害事。故背周道而用夏政。"①墨子"背周道而用夏政"的原因,其实就是禽子"逃儒而入于墨"的原因。无论从哪个方面来看,禽子的"转学经历"毕竟让他同时得到了儒墨两家的思想滋养,并在相当程度上塑造了他的法理学。

(二) 禽子的法理学具有"因行成义"的特点

"因行成义"本来是犹太教奉行的一个基本原则②,但这个原则恰好可以阐明禽子法理学的一个特质。禽子重视行动,不重视言语,与颜元推崇的"浮文是戒,实行是崇"③具有一定的共性。禽子的法理学主要是通过他的行为、行动来表达的。在先秦诸子中,禽子有一个突出的特点,那就是少言寡语。已有的关于禽子的文献都可以表明,禽子很少正面立论,更没有长篇大论。有一段关于禽子的佚文是这样的:"子禽问曰:'多言有益乎?'墨子曰:'虾蟆蛙蝇日夜而鸣,舌干擗,然而不听。今鹤鸡时夜而鸣,天下振动。多言何益?唯其言之时也。'"④虽然这段佚文还是呈现出"禽子提问、墨子回答"的基本模式,然而,"多言有益乎"这样的提问方式其实已经表明:禽子并不认同"多言有益"。然而,禽子的"少言"恰好可以衬托出他的另一面,那就是行动。他是行动者,他以实际行动表达了自己的法理学。

当然,我们强调禽子具有"因行成义"的特点,并不意味着禽子

---

① 陈广忠译注:《淮南子》,中华书局 2012 年,第 1267 页。
② 详见,傅有德:《论犹太教与基督教的信与行》,《文史哲》2005 年第 3 期,第 166 页。
③ [清]颜元撰:《习斋四存编》,陈居渊导读,上海古籍出版社 2000 年,第 149 页。
④ [清]孙诒让撰:《墨子闲诂》,孙启治点校,中华书局 2017 年,第 660 页。

只有行动,没有思想。事实上,禽子少言辞,但他善思考。他跟墨子、杨朱对话,向子夏学习,跟西河学派的诸人交往——他所交往的人都是先秦第一流的人物。正是这样的对话交流,让禽子也跻身那个时代的思想者行列。禽子具有突出的行动能力,同时也善于求知。而且,他还不是一个纯粹的技术主义者,他对技术的追求,以及行动能力,其实都服务于他所秉持的道义。墨子有言:"非独国有染也,士亦有染。其友皆好仁义,淳谨畏令,则家日益,身日安,名日荣,处官得其理矣,则段干木、禽子、傅说之徒是也。"①按照这个评价,禽子是一个谨守法令的"仁义"之人。爱好仁与义,乃是禽子的特质。因此,我们既可以用"因行成义"来描述禽子的法理学,也可以用"知行合一"来描述。他的法理学是行动者的法理学,同时也是思想者的法理学。

(三)禽子的法理学具有"实效主义"的特点

这里的"实效主义"与上文的"因行成义"具有一定的相关性,但刻意突出了禽子的思想、行动所产生的实际效果。《居延新简》中有一节文字:"丛轻折轴积薄中天不慎微小故多穷贫子……数□千羔羊万余蒭稾积如山粟米常陈家室富有家解忧哉故命为禽子。"②有学者认为,其中的"禽子"就是本节专论的禽子。按照该学者的解释,这句话应当断为:"丛轻折轴,积薄中天,不慎微小,故多穷贫子……数□千,羔羊万余,蒭稾积如山,粟米常陈,家室富有,家解忧哉,故命为禽子。"其大意是:"聚集轻微之物能将车轴折断,积聚稀薄之气可形成中天。不能谨慎对待细小的事物,因此多有穷困之人。小羊一万多,饲草堆积如山,粟米众多积陈久,家室解除了忧愁。"至于"故命为禽子"的"意思就不是说禽子得名之由,而是指在墨翟的考验和协助之下

---

① [清]毕沅校注,《墨子》,吴旭民校点,上海古籍出版社2014年,第11页。
② 甘肃省文物考古研究所、甘肃省博物馆、文化部古文献研究室、中国社会科学院历史研究所编:《居延新简:甲渠候官与第四燧》,文物出版社1990年,第552页。

使禽子具备了担任墨家首领的能力"。① 如果这番分析可以成立,那就有助于证明,禽子确实是一个追求实效的人。

还应当注意的是,《墨子》记载的那次"阻楚攻宋"的事例也很典型:楚惠王时,公输盘为楚国制造云梯,将以攻打宋国,墨子自齐至郢,试图劝阻这次战争,但是,楚王不听劝阻,"于是见公输盘。子墨子解带为城,以牒为械,公输盘九设攻城之机变,子墨子九距之。公输盘之攻械尽,子墨子之守圉有余,公输盘诎,而曰:'吾知所以距子矣,吾不言。'子墨子亦曰:'吾知子之所以距我,吾不言。'楚王问其故,子墨子曰:'公输子之意,不过欲杀臣,杀臣。宋莫能守,可攻也。然臣之弟子禽滑釐等三百人,已持臣守圉之器,在宋城上而侍楚寇矣。虽杀臣,不能绝也。'楚王曰:'善哉!吾请无攻宋矣'"。② 这段史料传递出来的直观信息与核心信息是:墨子成功地阻止了一场即将发生的侵略战争。然而,墨子取得成功的关键,是禽子在宋城上的有效守御。试想,倘若没有禽子的守御,也没有楚王对禽子及其守御能力的确信,墨子在沙盘上演练的战术,以及个人魅力与言辞,并不足以撼动楚王的战争意志。禽子的"硬实力",才是楚王"无攻宋"的决定性因素。因此,这个事件也可以从一个特定的角度,让我们理解禽子法理学所具有的实效主义的特质。

(四)禽子的法理学是对墨子法理学的发展

本节专论禽子的法理学,把禽子的法理学作为一个相对独立的思想主题来处理,是希望通过研究禽子的法理学,进而丰富先秦墨家的思想谱系。那么,禽子对先秦墨家的思想有什么贡献?我们的回答是,这种贡献主要体现为禽子对墨子法理学的发展。关

---

① 陈立正:《居延新简所见"禽子"即墨家弟子禽滑厘试说》,《兰州大学学报》(社会科学版)2014年第2期,第75—77页。
② [清]毕沅校注,《墨子》,吴旭民校点,上海古籍出版社2014年,第259页。

于墨子的思想,冯友兰认为,"尚俭节用,及兼爱非攻,虽为其时人原有之主张,但墨子则不但实行之,且予之以理论的根据,使成为一贯的系统。此墨子对于哲学之贡献也"。在此基础上,冯友兰认为:"墨子哲学为功利主义。"① 根据任继愈主编的《中国哲学史》,墨子的思想主要体现为政治上的"兼爱""非攻""尚贤""尚同",以及宗教上的"天志""明鬼"等等,"墨子的认识论观点是经验论","墨子重视功利,是小生产者狭隘的功利主义"。② 综合这些论述,墨子的法理学可以概括为功利主义法理学,其具体的思想观点则包括"兼爱""非攻""尚贤""尚同""节用""天志"等等。

较之于墨子的法理学,禽子既有继承,更有发展。就继承的方面来看,禽子的"舍己济物""扶弱御强"已经吸收了墨子的"兼爱""非攻"思想,禽子的"质先于文"也体现了墨子的"节用"倾向。但是,禽子对墨子的法理学更有实质性的发展。第一,从总体上看,如果墨子的法理学可以概括为功利主义,那么,如前所述,禽子的法理学则可以概括为实效主义。较之于墨子的功利主义,禽子的实效主义更加强调行为的实际效果。第二,从具体观点来看,禽子对文与质的关系进行了专门的思考,形成了比较深刻的思想,对文质关系理论做出了创造性的发展;禽子通过与杨朱、孟孙阳的讨论,阐明了"舍己济物"的观点,这既是对道家理论的批判,同时也发展了墨子的法理学;禽子关于"以器载道"的思考,体现了对墨子及墨家行为方式的思想升华。第三,从思想风格来看,跟墨子的雄辩相比,禽子不尚多言,他对文明秩序及其建构方式的思考与选择、言说与行动,体现了他知行合一的品质和鲜明的个性,有着独特的哲学意义、思想意义与法理意义。

---

① 冯友兰:《中国哲学史》(上),华东师范大学出版社2010年,第55页。
② 任继愈主编:《中国哲学史》(一),人民出版社2010年,第120页。

第五章 先秦法家的法理学

第一节 商　　子

要理解商鞅在中国法理学史上的贡献，不妨先看谭嗣同的一句名言："两千年来之政，秦政也。"①在近代中国，这是一个很流行的判断，曾经引起了广泛的思想共鸣。在现代中国，毛泽东认为："百代都行秦政法。"②这个相对晚近的说法影响更大。虽然谭嗣同的话主要是在表达批判，毛泽东的话主要是在陈述事实，但他们的观点都可以说明："秦政"或"秦政法"塑造了中国的"政法"传统。倘若我们不止步于此，进一步追问"秦政"的起源，弄清到底是谁缔造了"秦政"，则是对中国的"政法"传统进行追根溯源式的探究。

如果要寻找一个"秦政的塑造者"，人们最容易想到的人物是秦始皇。然而，贾谊的《过秦论》早就说过："及至始皇，奋六世之余烈，振长策而御宇内，吞二周而亡诸侯。"③这就是说，秦始皇是

---

① 谭嗣同：《仁学》，吴海兰评注，华夏出版社2002年，第96页。
② 中共中央文献研究室编：《毛泽东年谱（1949—1976）》，中央文献出版社2013年，第490页。
③ 方向东译注：《新书》，中华书局2012年，第4页。

"六世"秦王的继承者,在"六世"秦王持续奔跑之后踢出了"临门一脚"。事实上,贾谊的《过秦论》一开篇提到的人物是秦孝公与商鞅:"秦孝公据崤函之固,拥雍州之地,君臣固守,以窥周室,有席卷天下、包举宇内、囊括四海之意,并吞八荒之心。当是时也,商君佐之,内立法度,务耕织,修守战之具,外连衡而斗诸侯。于是秦人拱手而取西河之外。"①通观贾谊的《过秦论》,可以发现,"秦政"是历史的产物,其形成应当追溯至孝公时代,孝公是"秦政"的奠基人。至于孝公时代的"秦政",则主要是商鞅具体打造的。

对此,接连经历了秦国与秦朝的李斯有一个总结性的概括:"孝公用商鞅之法,移风易俗,民以殷盛,国以富强,百姓乐用,诸侯亲服,获楚、魏之师,举地千里,至今治强。"②李斯的话可以解释为:"商鞅之法"才是"秦政"的核心与灵魂。与李斯同时代的韩非子甚至把秦之商鞅与商之伊尹、齐之管仲比量齐观,称:"汤得伊尹,以百里之地立为天子;桓公得管仲,立为五霸主,九合诸侯,一匡天下;孝公得商君,地以广,兵以强。"③按照这样的叙述,商鞅的历史地位是很高的。因为,汤是与尧、舜、禹、文、武并立的圣王,至于伊尹,不仅是辅佐圣君商汤的贤相,而且还是贤相的楷模。虽然齐桓公不在后世流传的圣王名单中,管仲却是孔子称道的贤相,用孔子本人的话说:"微管仲,吾其被发左衽矣。"④这显然是对管仲的肯定与褒扬。如果把商鞅置于与伊尹、管仲同等的地位,那么,在中国思想史上,商鞅就应当占据一个更加重要的位置。

但是,自从秦王朝二世而亡之后,在中国思想史上,商鞅的形

---

① 方向东译注:《新书》,中华书局2012年,第1页。
② [汉]司马迁:《史记》,中华书局2006年,第522页。
③ 高华平、王齐洲、张三夕译注:《韩非子》,中华书局2015年,第141页。
④ 陈晓芬、徐儒宗译注:《论语·大学·中庸》,中华书局2015年,第170页。

象总体上是负面的。直至 19 世纪末期,以章太炎的《商鞅》一文①作为标志,思想界对商鞅的评价才发生了转变,背后的原因可以概括为"新战国"的浮现与"新法家"的兴起。②恰如马一浮在抗日战争时期所言:"今之中日,犹昔之吴越,今之俄德,犹昔之秦楚。"③大致说来,在一些注重实践、关注现实的思想者笔下,商鞅的形象开始趋于正面;但在一些关注心性的思想者眼里,商鞅的形象还是偏于负面。那么,在传统中国两千年之后,在现代中国百年之后,我们到底应当如何认识商鞅?应当如何描绘商鞅的思想肖像?

"全息"式地描绘商鞅的思想肖像是不太可能的,因此,有必要寻找一个特定的切入点。在这里,如果我们参照李斯之见,商鞅之于"秦政"的核心贡献就是"商鞅之法"。那么,"商鞅之法"是一种什么样的法?商鞅对于挂在他名下的"法",提供了一套什么样的理论阐释?简而言之,商鞅阐述的"法之理"是什么?立足于法理学的视角,在中国法理学史上,商鞅的思想肖像应当如何描绘?借助于通行的《商君书》,可以发现,商鞅的法理学主要由三个部分构成,它们分别是法的起源论、法的价值论、法的运行论。对于商鞅法理学的这三个部分,可以分述如下。

一、法的起源论

要从法理学的角度描绘商鞅的思想肖像,首先应当把握他的法律起源理论。萧公权有一个发现:"先秦尊君权任法术之思想至李、尸、慎诸子殆已约略具体。然严格之法治思想必俟商鞅而后成立。"④按照这个判断,较之于李悝、尸佼、慎子等人的法治思想,商

---

① 上海人民出版社编:《章太炎全集·〈訄书〉初刻本、〈訄书〉重订本、检论》,朱维铮点校,上海人民出版社 2014 年,第 80 页。
② 参见,喻中:《法家的现代性》,法律出版社 2018 年,第 6 页。
③ 马一浮:《马一浮全集》第一册,浙江古籍出版社 2012 年,第 678 页。
④ 萧公权:《中国政治思想史》,新星出版社 2005 年,第 147 页。

鞅的法治思想才称得上是严格的法治思想。所谓"严格",其实是指商鞅的法治思想,具有更强的理论性、系统性。商鞅法治思想的理论性、系统性有一个重要的表征,那就是对法的起源理论的建构。

在学术思想史上,自觉地探究事物的起源,乃是一种理论趋于完整、趋于彻底且自成体系的重要标志。譬如,马克思晚年致力于研究人类文明的起源,写成《摩尔根〈古代社会〉一书摘要》。在马克思辞世之后,恩格斯接续马克思的学思,参照马克思的人类学笔记写成的名篇《家庭、私有制和国家的起源》,就是一部研究人类起源的经典著作,在马克思主义经典文献中,甚至享有"创世记"的思想地位。正是这部相对后出的《家庭、私制有制和国家的起源》,为马克思主义提供了一个整体性的解释框架。① 商鞅的思想地位虽然远远不足以跟马克思主义经典作家相提并论,但是,商鞅在理论上也有超越于此前的李、尸、慎诸子的优长之处,那就是,他为自己的法治思想建构了一个起源论,从而把自己的法治思想建立在一个深厚的历史根基之上。从一定意义上说,较之于马克思主义经典作家关于国家与法的起源理论,商鞅也有自己关于国家与法的起源理论。

商鞅关于国家与法的起源理论集中体现在《开塞》篇中,此篇也可以视为《商君书》中的"创世记"。《开塞》篇开头即指出:"天地设而民生之。"这就把历史追溯至开天辟地、人类初生之际。"当此之时也,民知其母而不知其父,其道亲亲而爱私。亲亲则别,爱私则险。民众,而以别险为务,则民乱。"这就是最早的人类社会:每个人都偏爱自己的亲人,同时也偏好自己的私利。问题由此而产生:偏爱自己的亲人就会区分亲疏远近,偏爱自己的私利就可能心存邪念。随着人口数量越来越多,各种亲疏关系相互交错,每个人

---

① 参见,喻中:《法理四篇》,中国法制出版社 2020 年,第 3 页。

都在交错的人际关系中追求个人的私利,亲亲与爱私相互叠加,人类由此走向混乱。"当此时也,民务胜而力征。务胜则争,力征则讼,讼而无正,则莫得其性也。"①这里的"莫得其性"是指每个人都不顺心,因为找不到公正解决问题的办法。

如何走出"莫得其性"的制度性困境?《开塞》篇告诉我们:"贤者立中正,设无私,而民说仁。当此时也,亲亲废,上贤立矣。凡仁者以爱利为务,而贤者以相出为道。民众而无制,久而相出为道,则有乱。故圣人承之,作为土地、货财、男女之分。分定而无制,不可,故立禁;禁立而莫之司,不可,故立官;官设而莫之一,不可,故立君。既立君,则上贤废而贵贵立矣。然则上世亲亲而爱私,中世上贤而说仁,下世贵贵而尊官。上贤者以道相出也,而立君者使贤无用也。亲亲者以私为道也,而中正者使私无行也。此三者非事相反也,民道弊而所重易也,世事变而行道异也。"②这段话,反映了商鞅所理解的国家与法的起源。按照这个理论,人类文明的历史可以划分为三个阶段,它们分别是上世、中世与下世。

其中,(1)上世代表了贤者出现之前的时代。在那个时代,每个人各私其私,只爱亲人,只顾私利,人类社会混乱无序。(2)中世是指贤者主导的时代。在这个时代,贤者确立公正的标准,以无私的原则引导社会,贤者代表的仁爱成为主导性的价值观。在中世,社会秩序通过贤者与贤者之间的权力传递来维护——商鞅在此所说的贤者,大致是一种以尧、舜之类的帝王作为原型的魅力型领袖。尽管这个时代有贤者,有通过仁爱的社会治理,以及贤者的示范效应,但由于人口众多,社会很快也走向混乱。(3)下世就是商鞅所见的今世。下世是一个由圣人主导的时代。圣人首先确定了"土地、货财、男女"的名分、归属。名分确定之后,随之制定了法

---

① 石磊译注:《商君书》,中华书局2011年,第68页。
② 石磊译注:《商君书》,中华书局2011年,第68—69页。

律,设定了官职,设立了君主,君主是对贤者的取代,君主的产生意味着国家和法的起源。在下世,法与国家先后产生。

上世之人偏爱亲人,中世之人偏爱贤人,下世之人偏爱权力、尊重官位。由此我们发现,从上世经中世再演进至下世的过程,其实是一个从"自然情感主导"到"贤者德性主导"再到"制度理性主导"的过程。在上世,人与人的交往规则基于自然情感,某个人的亲人(譬如父母)是不可替代的。在中世,世人仰望的某个贤人(譬如尧、舜)也是不可替代的,只有尧、舜才是魅力型领袖。但是,在下世,君主、官员都是可以替代的;君主或官员都是一种去人格化的制度安排,都是制度理性的产物。按照商鞅的理解,流行于上世、中世与下世的交往规则、行为方式虽然不同,但并不是相互冲突的关系,因为"世事"发生了变化,社会治理方式只能随之发生转移。譬如,在中世,贤者的仁爱、公正驱逐了人们对亲人的偏爱;但是,在下世,客观的、制度化的君主、官员同样驱逐了主观的、道德化的贤者。因此,君主、官员与法律在"下世"的出现,其实是人类历史趋于理性化的产物。

从一个更加宽广的视野中看,商鞅关于人类历史发展的"三段论",作为一种理论模型,具有一定的普遍性。譬如,摩尔根在《古代社会》一书中,就把人类的历史分为蒙昧社会、野蛮社会、文明社会这样三个时代。他说:"人类有一部分生活在蒙昧状态中,有一部分生活在野蛮状态中,还有一部分生活在文明状态中,这是无可否认的;这三种不同的社会状态以必然而又自然的前进顺序彼此衔接起来,这同样也是无可否认的。"①在法学理论界,法社会学领域的庞德认为:"社会控制的主要手段是道德、宗教和法律。在开始有法律时,这些东西是没有什么区别的。"后来,"当伦理发展的结果产生了道德体系时,就出现一种法律发展的阶段,在这个阶段

---

① [美]摩尔根:《古代社会》,杨东莼、马雍、马巨译,商务印书馆2011年,第3—4页。

中,人们试图将法律和道德等同起来","在近代世界,法律成了社会控制的主要手段。在当前的社会中,我们主要依靠的是政治组织社会的强力。我们力图通过有秩序地和系统地适用强力,来调整关系和安排行为"。① 庞德关于社会控制的三种手段的论述,隐含了人类演进的规律:从道德主导到宗教主导再到法律主导。在这个过程中,法律作为社会控制的主要手段,其实是相对晚近的产物,是近代社会的特征。

把商鞅建构的历史过程与摩尔根、庞德建构的历史过程相比较,可以看到,尽管他们所处的时代、文化背景差异较大,他们对实体性历史过程的描述也各有理路,但是,他们具有一种大致相同的思维方式:都把人类历史划分成三个阶段。在每一个历史阶段,都有一种居于主导地位的社会控制手段,以及社会控制方式。按照庞德的描述,依次出现的主导性的社会控制手段分别是道德、宗教与法律。其中,人类发展到近代,才进入了法律主导的时代。按照商鞅的描述,第一阶段表现为"亲亲而爱私",第二阶段表现为"上贤而说仁",第三阶段表现为"贵贵而尊官"。在第一个阶段,人们偏爱私利,纯朴而原始的自然亲情主导了人的行为。在第二个阶段,贤者作为道德的化身,以公正仁爱引导着人的行为。商鞅所见的晚近的阶段,亦即第三个阶段,可以说是一个去道德化的阶段。其间,理性的公共权力、公共机构受到了尊重,法律与君主、官员有效地规范着人的行为。正是在第三个阶段,法律产生了;在法律产生的同时,还产生了君主、官员、公共机构。这就是商鞅关于法的起源理论。

商鞅关于法的起源理论较之于恩格斯的《家庭、私有制和国家的起源》,虽然显得很简略,甚至还有一些粗糙,论证也不够充分,然而这个理论的提出,表明商鞅不仅仅是一个实践型的政治家,而

---

① [美]庞德:《通过法律的社会控制》,沈宗灵译,商务印书馆2008年,第9—10页。

且还具有相当出色的理论建构能力。通过他的"三世说"①,特别是通过他的法的起源理论,商鞅旨在证明:法不是从来就有的,而是人类历史发展到一定阶段(下世)的产物,是在"中世"的"仁"不能解决现实矛盾、不能实现社会治理的背景下,作为"仁"的替代物而出现的。因此,法乃是客观历史规律的产物,是不以人的主观意志为转移的客观历史规律所决定的。这就为他提出的一整套新型的法,提供了一个基础性的论证,同时也确立了一个坚实的理论起点,此外还说明,这一套新型的法是不可抗拒的。正是在这样的理论基础上,《开塞》得出了一个值得注意的结论:"王道有绳。夫王道一端,而臣道亦一端,所道则异,而所绳则一也。"②君主坚守的"王道"不同于百官坚持的"臣道",但君主与百官遵循的准绳都是一样的。这个君臣共守的准绳是什么?商鞅没有直接回答,但是,我们认为,把这个准绳解释成为法,应当不会偏离商鞅的原意。

一种体系化的法理学,一位严格的法理学阐述者或法治思想家,应当交待法的起源,应当包括一个关于法的起源的理论版块。从表面上看,法的起源理论远离现实,似乎可有可无,其实是在为现实的法治实践确立一个逻辑上的起点。

二、法的价值论

按照商鞅建构的法的起源理论,在"三世"之"下世"阶段,法产

---

① 在《画策》的开篇,商鞅关于人类历史的划分另有一套理论:"昔者昊英之世,以代木杀兽,人民少而木兽多。黄帝之世,不麛不卵,官无供备之民,死不得用椁。事不同皆王者,时异也。神农之世,男耕而食,妇织而衣,刑政不用而治,甲兵不起而王。神农既没,以强胜弱,以众暴寡。故黄帝作为君臣上下之义、父子兄弟之礼、夫妇妃匹之合。内行刀锯,外用甲兵,故时变也。由此观之,神农非高于黄帝也,然其名尊者,以适于时也。"(石磊译注:《商君书》,中华书局 2011 年,第 130 页)这就是说,自古至商鞅所处年代的人类历史可以分为三段,它们分别是昊英之世、神农之世、黄帝之世。一直到黄帝之世,才产生了国家与法。
② 石磊译注:《商君书》,中华书局 2011 年,第 70 页。

生了。那么,在"下世"中新出现的法,满足了人类社会的何种需要?这就涉及法的价值理论。关于法的价值理论,商鞅做出的个性化的贡献是什么?

在一般意义上,商鞅的回答其实也是其他先秦诸子的回答,那就是"治"。正如后来的司马谈在《论六家之要旨》一篇中已经指出的,先秦诸子关注的焦点,其实都是"务为治者也"①。治是相对于乱而言的,因此,天下大治就是拨乱反正的结果。就法的价值来说,实现由乱到治的转化,满足人对治或秩序的需要,是一个基本的价值目标。但就是这个看似寻常的目标,对很多主政者来说,其实也是很难实现的。《修权》篇称:"世之为治者,多释法而任私议,此国之所以乱也。"这就是很多主政者的陷阱与误区:他们放弃了法律,他们把天下大治的希望寄托在各种各样的议论上,这是政治与社会走向混乱的根源。在商鞅看来,要实现对政治和社会的有效治理,必须远离各种"私议",只有通过法律才能实现有效的政治、社会治理。那么,较之于"私议",法为什么能够满足"治"的需要?背后的原理在于:"先王县权衡,立尺寸,而至今法之,其分明也。夫释权衡而断轻重,废尺寸而意长短,虽察,商贾不用,为其不必也。故法者,国之权衡也。夫倍法度而任私议,皆不知类者也。不以法论知、罢、贤、不肖者,惟尧,而世不尽为尧"②。

由此看来,法能够实现"治"的目标,有一个重要的原因是:法具有客观性,法的客观性就像衡器的客观性一样。在日常生活中,如果要度量物体的轻重、大小,离开了衡器是不可想象的。同样,在国家治理活动中,法就相当于日常生活中的衡器,或者说,法就是国家的衡器。人与人之间的交往关系,如果依据法来处理,就能够得到清晰的、合理的、稳定的界定——这是实现天下大治的一个

---

① [汉]司马迁:《史记》,中华书局 2006 年,第 758 页。
② 石磊译注:《商君书》,中华书局 2011 年,第 107 页。

根本性标志。因此,一个理性的、明白事理的君主,一定会运用法来治理天下。当然也有例外,譬如传说中的帝尧,不必依赖法,就可以判断一个人是否聪明、能干。但遗憾的是,千百年来,尧只有一个,尧的出现是一个小概率事件。世间的普通君主,如果盲目地模仿帝尧,就只能像东施效颦那样,成为天下讽笑的对象。在常态下,任何理性的君主,只有遵循法律,才能达到"治"的目标。由此可见,法的价值首先就是"治",这是商鞅的认识,也是先秦诸子的共识。

较之于先秦诸子共同认可的"治",商鞅对法的价值理论还有个性化的阐述:法不仅可以实现"治",而且还可以实现"治之至"。在商鞅的理论视野中,"治之至"又可以分为两个方面。

一方面,先看《慎法》篇对君主的告诫:"故有明主忠臣产于今世,而欲领其国者,不可以须臾忘于法。破胜党任,节去言谈,任法而治矣。使吏非法无以守,则虽巧不得为奸。使民非战无以效其能,则虽险不得为诈。夫以法相治,以数相举。誉者不能相益,訾者不能相损。民见相誉无益,习相爱不相阿;见訾言无损,习相憎不相害也。夫爱人者,不阿;憎人者,不害。爱恶各以其正,治之至也。"①这段话不仅强调君主必须"任法而治",而且还提出了"治之至"这个概念。

所谓"治之至",就是通过法律实现国家治理甚至是天下治理的最高境界,或曰"任法而治"所能达到的极致。商鞅给我们描述了"治之至"的政治状态、社会状态:在这样的公共生活中,我虽然不喜欢你,但并不损害你;即使我诋毁你,也不能给你带来任何损害;反之,即使我喜欢你,也不可能给你带来任何特别的机会或好处。在这种政治关系、社会关系中,无论是喜爱某人还是憎恶某人,都属于正当的表达,爱憎不会给任何人带来法律意义上的利益

---

① 石磊译注:《商君书》,中华书局2011年,第171页。

或损害;反过来说,则是"虽乘舆亦不得违法而任喜怒"①。这就是商鞅理解的"治之至",它作为法的价值目标,其实质是"法治之至",而且是侧重于私人领域内的"法治之至"。也许正是这样的"法治之至",成就了司马迁笔下的"秦民大说"②。

另一方面,在《君臣》篇中,商鞅对"法治之至"还有进一步的描述:"故明主慎法制。言不中法者不听也,行不中法者不高也,事不中法者不为也。言中法,则辩之;行中法,则高之;事中法,则为之。故国治而地广,兵强而主尊。此治之至也,人君者不可不察也。"③这就把"法治之至"从私人领域延伸至公共领域或政治领域。在私人领域中,每个人可以自由表达自己的爱憎,而不必担心由此引起的消极结果。在公共领域或政治领域中,应当强调:凡是不符合法律的言论、行为、事项,一律予以排斥、禁止。由此带来的结果,将是"国治而地广,兵强而主尊"。按照《壹言》,则是"故治国者,其抟力也,以富国强兵也"④,这才是人君不可不察的"法治之至"。

可见,法在政治领域内的最高价值目标是"富国强兵","兵强而主尊"。这个价值目标的实现,有赖于通过法律来实行"赏刑"。所谓"赏刑",其实就是当下所说的"奖惩",就是对法的奖励功能与惩罚功能的协同发挥。《禁使》:"人主之所以禁使者,赏罚也。赏随功,罚随罪。故论功察罪,不可不审也。夫赏高罚下,而上无必知其道也,与无道同也。"⑤据此,要实现富国强兵的目标,在法律上严格实施奖赏与惩罚同等重要。单就法律上的奖赏而论,应当针对什么而奖赏?应当用什么来奖赏?《农战》称:"凡人主之所以

---

① 章太炎:《章太炎全集·〈訄书〉初刻本、〈訄书〉重订本、检论》,朱维铮点校,上海人民出版社 2014 年,第 622 页。
② [汉]司马迁:《史记》,中华书局 2006 年,第 420 页。
③ 石磊译注:《商君书》,中华书局 2011 年,第 164 页。
④ 石磊译注:《商君书》,中华书局 2011 年,第 78 页。
⑤ 石磊译注:《商君书》,中华书局 2011 年,第 165 页。

劝民者,官爵也。国之所以兴者,农战也。今民求官爵,皆不以农战,而以巧言虚道,此谓劳民。劳民者,其国必无力。无力者,其国必削。善为国者,其教民也,皆作壹而得官爵。是故不作壹,不官无爵。国去言则民朴,民朴则不淫。民见上利之从壹空出也,则作壹。作壹,则民不偷营。民不偷营,则多力。多力,则国强。今境内之民皆曰:'农战可避,而官爵可得也。'是故豪杰皆可变业,务学《诗》、《书》,随从外权,上可以求显,下可以求官爵;要靡事商贾,为技艺,皆以避农战。具备,国之危也。民以此为教者,其国必削。"①

这就是商鞅在法的价值理论上的核心贡献:在奖励性法律制度的实行过程中,强调针对农战进行奖赏,用官爵作为奖品。这样的法律理论及其实践产生了深远的影响:"封建制度的君主小人分野取消了,万民同站在一条起跑线上,凭藉个人在战场上的表现缔造自己的身份地位。"②这是"兵强而主尊"这一逻辑的产物。"主尊"的前提是"兵强",因此,奖励主要针对战功,谁能在战场上取得法律规定的战功,谁就能获得爵位。一言以蔽之,"军爵塑造新社会"③。在此之外,还应当看到,军事上的成功离不开物质上的保障。古今中外,概莫例外。在商鞅的时代,最关键的物质财富就是粮食。因此,在农业生产方面做出的贡献,同样也是奖励的对象。因此,商鞅把奖励的对象概括为"农战"。"农"代表物质财富,无农不富;"战"代表军事实力,无战不强。"农战"就是富国强兵的同义词,通过法律奖励农战就是通过法律实现富强。至于奖品,主要就是官爵。一个人要想求得官爵,要想获得财富,只能通过在农战方

---

① 石磊译注:《商君书》,中华书局2011年,第24—25页。
② 杜正胜:《编户齐民:传统政治社会结构之形成》,联经出版事业股份有限公司1990年,第334页。
③ 杜正胜:《编户齐民:传统政治社会结构之形成》,联经出版事业股份有限公司1990年,第358页。

面取得成绩来实现。《赏刑》称:"富强之门必出于兵,是故民闻战而相贺也,起居饮食所歌谣者,战也。"①秦人听到有出兵打仗的消息,无不欢欣鼓舞,因为秦人知道,他们获得官爵、赢得富贵的机会来了。

在奖励性法律制度与惩罚性法律制度之间,应当坚持的一个基本原则是:奖励要轻,惩罚要重。这是一个什么样的逻辑呢?《说民》称:"罚重,爵尊;赏轻,刑威。爵尊,上爱民;刑威,民死上。故兴国行罚,则民利;用赏,则上重。"②这就是说,奖赏与惩罚处于一种相互对照的关系中:奖赏较轻,表明获得奖赏很难,即使取得了较大的成绩,也只能获得一个寻常的奖励;但是,惩罚又较重,即使是一个较轻的过错,也会受到较严厉的惩罚。这就像一匹拉车的马,跑完规定的里程之后,虽然获得的食物不够丰盛,但是,在后边抽打它的鞭子却很重。在赏轻罚重的机制下,即使花费的成本不多,马同样不敢慢跑、偷懒,因为,严厉的惩罚已经抬高了轻赏的相对分量:不受严厉的惩罚已经很好了,如果还有一些奖励,那必然是意外之喜。正是在这种逻辑的支配下,官爵变得更加尊贵,惩罚变得更加严酷。为了避免严酷的惩罚,同时也为了获得官爵以及相应的富贵,所有人都会遵循法律设定的价值目标。因为,避苦求乐、避辱求荣乃是人的天性。《算地》篇专门描述了"民之性:饥而求食,劳而求佚,苦则索乐,辱则求荣,此民之情也"③。人的这种本性决定了:人都是爱好名利的动物。关键的问题是,名利从哪里出?法律必须对此做出回答。依据《算地》篇:"利出于地,则民尽力;名出于战,则民致死。入使民尽力,则草不荒;出使民致死,则胜敌。胜敌而草不荒,富强之功可坐而致也。"④必须在法律上

---

① 石磊译注:《商君书》,中华书局2011年,第127页。
② 石磊译注:《商君书》,中华书局2011年,第50页。
③ 石磊译注:《商君书》,中华书局2011年,第59页。
④ 石磊译注:《商君书》,中华书局2011年,第61页。

做出规定：要想获得利益，必须通过农耕；要想获得名位、官爵，必须通过拼死作战。只要如此设定法律的价值目标，富强之功"可坐而致"。

后来的事实证明，商鞅的这些预期都得到了实现，正如学者所见，"秦国是由商鞅变法而富强的"①。这样的效果表明，一方面，商鞅关于法的价值理论，是一种求真务实的理论，因为符合当时的实际情况，而成为了改造世界的物质力量。另一方面，或者说从另一个角度来看，这样的效果也可以说明秦国的实际情况与商鞅的理论有较高的契合度。有学者发现，"经由军国主义道路的专制官僚制化，在秦国获得了重大成功，法制、军事、田制、税制等等之改革皆始于山东，而最终收成于秦，这自非偶然。秦国的相对独特的历史传统与社会风貌，诸如其早期君权的强大、其民风的驯朴勇悍、其礼乐传统之淡漠、其封建制和宗法制的薄弱，都为商、韩法治学说之贯彻，提供了沃土，由其所孕育出来的强大军事专制官僚政权，山东列国难以抗衡。最终，秦政告别了周政，并以'六王毕，四海一'划定了一个时代的结束"②。换言之，商鞅关于法的价值理论能够从思想化为实践，与秦国特定的国性、民情也有很大的关系。在一定程度上，我们可以说，商鞅的法律价值理论与秦国国情的结合，相互成就了对方，可谓相得益彰。我们可以设想，如果商鞅去鲁国实践他的法律价值理论，恐怕就不会取得同等的效果。

三、法的运行论

在法的价值理论之后，我们再看商鞅关于法的运行理论。商鞅作为"变法"的实践者，既是立法者，也是执法者。商鞅针对法的

---

① 杨宽：《战国史》，上海人民出版社 2016 年，第 549 页。
② 阎步克：《士大夫政治演生史稿》，北京大学出版社 1996 年，第 238 页。

实践过程，提出了法的运行理论。按照法的运行的几个关键环节，商鞅主要论及法的创制、执行等主题。

法的创制是法的运行的前提条件。所谓"变法"，就是要创制新的法，并以之取代旧的法。《商君书》的首篇《更法》，就提出了关于法的创制理论："君亟定变法之虑，殆无顾天下之议之也。且夫有高人之行者，固见负于世；有独知之虑者，必见骜于民。语曰：'愚者暗于成事，知者见于未萌。''民不可与虑始，而可与乐成。'郭偃之法曰：'论至德者不和于俗，成大功者不谋于众。'法者，所以爱民也；礼者，所以便事也。是以圣人苟可以强国，不法其故；苟可以利民，不循其礼。""夫常人安于故习，学者溺于所闻。此两者，所以居官而守法，非所与论于法之外也。三代不同礼而王，五霸不同法而霸。故知者作法，而愚者制焉；贤者更礼，而不肖者拘焉。拘礼之人不足与言事，制法之人不足与论变。"①

这段话是商鞅面对孝公提出的立法建议。这段话的核心观点是圣人立法。在这里，商鞅把所有的人一分为二：民与圣人。民指芸芸众生，它代表了俗与众，其中也包括"愚者""不肖者""拘礼之人"。圣人就是高人或知者，亦可以称为"论至德者""成大功者"，亦即"制法之人"，因为这样的圣人就是立法者。在现代社会，主流的观点是民主立法，亦即多数人立法或众人立法。但在商鞅看来，立法者必须是圣人、知者。圣人与民众的差异在于：民众只能看到已成之事，圣人则能够看到即将萌生的事物，更有远见。因此，只有圣人才有立法的资格。圣人制定了法，愚者只需要遵守圣人之法就够了。这就是商鞅的圣人立法观。如果要坐实，这里的圣人、知者，严格说来，其实就是商鞅自己。当然，在当时的实践过程中，即使是商鞅制定的法，也要以国家或孝公的名义颁布。因此，所谓圣人立法，其实就是商鞅作为"实际的圣人"与孝公作为"名义的圣

---

① 石磊译注：《商君书》，中华书局2011年，第3—5页。

人"结合起来的"协同立法"。当然,这样的"协同立法"也是那个时代的实际情况,商鞅的贡献在于从理论上对这种"协同立法"体制进行了正当化的论证。

在立法环节之后,就是执法环节。在这个环节,商鞅要求所有人的行为都要遵照法的要求,让法成为唯一的、排他性的行为规范。对于执法过程中的这种要求,商鞅称之为"壹"。《赏刑》:"圣人之为国也,壹赏,壹刑,壹教。壹赏,则兵无敌;壹刑,则令行;壹教,则下听上。夫明赏不费,明刑不戮,明教不变,而民知于民务,国无异俗。明赏之尤至于无赏也,明刑之尤至于无刑也,明教之尤至于无教也。"[1]这段话所讲的"壹赏、壹刑、壹教",是要求所有的赏刑及教化,都要执行同一个标准。这个标准就是圣人制定的法。只有按照统一的标准执法,才能实现"兵无敌""令行""下听上"的目标。法律一旦按照统一的标准得到了严格的执行,就能够给众人提供一个明确的行为指引。所谓"国无异俗",是指在法设定的行为规范之外,没有其他的行为规范。这样的社会效果如果变成了现实,就会走向"无赏、无刑、无教"的状态。这种状态的实质是,众人的行为完全符合法的要求,完全成为一个内在的自觉选择,即使没有赏刑、教化提供的驱动,众人的行为也不会逾矩。这就会极大地降低社会治理的成本。

当然,在法的执行过程中,也会出现一系列的问题。其中尤其突出的问题是有法不依。《画策》篇称:"国之乱也,非其法乱也,非法不用也。国皆有法,而无使法必行之法。国皆有禁奸邪刑盗贼之法,而无使奸邪盗贼必得之法,为奸邪盗贼者死刑,而奸邪盗贼不止者,不必得也。必得,而尚有奸邪盗贼者,刑轻也。刑轻者,不得诛也。必得者,刑者众也。"[2]这就是当代学者命名

---

[1] 石磊译注:《商君书》,中华书局2011年,第120页。
[2] 石磊译注:《商君书》,中华书局2011年,第133—134页。

的"商鞅难题"。①"商鞅难题"的难处在于：圣人以国家的名义制定了法，但却没有保障这种法一定会得到实施的法。不仅如此，还有一个相关的问题也很突出：法律的执行无法达到预期的效果。以偷盗行为为例，倘若处罚较轻，就不能制止偷盗行为的发生；如果对所有盗窃行为都给予严厉的处罚，那么受处罚的人就太多了。这确实是一个难题。因为，圣人制定的法与保证这种法必行之法，都是圣人制定的法，强制手段都是同一个国家机器。所谓"使法必行之法"，不大可能在效力上高于"国皆有"之"法"。让"使法必行之法"去监督"国皆有"之"法"，这就相当于让一个人的左手去打一个人的右手，在通常情况下，不大可能收到预期的效果。

为了保障法的执行，商鞅还提出了一个构想，那就是设置专门的法官，并制定相应的配套措施。《定分》篇规定："为法令，置官吏。朴足以知法令之谓者，以为天下正，则奏天子。天子若，则各主法令之。皆降，受命发官。各主法令之。民敢忘行法令之所谓之名，各以其所忘之法令名罪之。主法令之吏有迁徙物故，辄使学读法令所谓。为之程序，使日数而知法令之所谓，不中程，为法令以罪之。"②按照这样的要求，法官的任命需要经过君主的批准，法官必须具备法律专业知识，必须熟悉法律的内容。

---

① 详见，程燎原：《法治必以立宪政体盾其后——从"商鞅难题"到"梁启超方案"》，《南京工业大学学报》2014年第2期。其中的"商鞅难题"已见于前引之《画策》篇，至于"梁启超方案"，则主要见于梁启超的《晚岁读书录·使法必行之法》，其文曰："《商君书·画策篇》云：国之乱也，非其乱法也，非法无用也。国皆有法，而无使法必行之法。呜呼！何其一似为今日言之也，数年来新颁之法令，亦既如牛毛矣。其法之良否勿论，要之诸法皆有，惟使法必行之法则无之。夫法而可以不必行，是亦等于无法而已。是法治之根本已拨，而枝叶更安丽也。中国而长此不变，则法愈多愈速其乱而已，然则使法必行之法维何？则君民共守之宪法是也，而举其实必赖国会。然而专制国遂绝无使法必行之法乎？曰：亦有之，上戴英断之君主，而佐以公忠明察之宰相，则法亦可以使必行，君相苟非其人，而复无国会，则凡百之法，皆益乱者也。"梁启超：《梁启超全集》，北京出版社1999年，第402页。
② 石磊译注：《商君书》，中华书局2011年，第175页。

《定分》还要求,"诸官吏及民,有问法令之所谓也于主法令之吏,皆各以其故所欲问之法令,明告之"①。这就是说,法官应当回答所有官民提出的各种法律问题。《定分》还认为,通过法官群体的普法宣传,可以实现"天下之吏民,无不知法者。吏明知民知法令也,故吏不敢以非法遇民,民不敢犯法以干法官也。遇民不修法,则问法官,法官即以法之罪告之,民即以法官之言正告之吏。吏知其如此,故吏不敢以非法遇民,民又不敢犯法。如此,天下之吏民虽有贤良辩慧,不能开一言以枉法;虽有千金,不能以用一铢。故知、诈、贤能者皆作而为善,皆务自治奉公。民愚则易治也,此所生于法明白易知而必行"②。

这就是商鞅自己对"商鞅难题"的回答:第一,要让法律必行,就必须让法律明白晓畅、易知易懂。只有一切官吏、民众都知道法律的内容,法律才可能被遵守执行。其中,官吏知晓法律尤其重要,由此,"官吏对法律的明习,也就成了行政秩序与行政效能的必要条件"③。第二,让民众起来监督官吏。因为民众知法、懂法,再加上"法官复有备吏民法律顾问之义务,且兼有律师之意焉"④,民众遇到疑难的法律问题,可以向法官咨询。在这种背景下,官吏不敢超越法律的规定对待民众。倘若民众犯法,自然会受到法官的惩罚,因此民众也不敢犯法。在这样的格局中,法官监督民众,民众对官吏也有一定的监督权。这就是说,专门的法官不仅可以相对独立地制裁犯法的民众,还可以相对独立地监督地方官吏。第三,所有官吏与民众都学习法律,知者、诈者、贤者、能者,都只能按照法律的规定说话做事。法律是所有官吏、民众唯一的知识。所

---

① 石磊译注:《商君书》,中华书局2011年,第174页。
② 石磊译注:《商君书》,中华书局2011年,第177页。
③ 阎步克:《士大夫政治演生史稿》,北京大学出版社1996年,第234页。
④ 蒙文通:《秦之社会》,载蒙文通:《蒙文通全集》第一册,巴蜀书社2015年,第123页。

有官民除了遵循法律的规定,不可能有其他的选择。

因此,在《定分》篇的最后,同时也是在整部《商君书》的末尾,商鞅提出了这样的结论:"故圣人为法必使之明白易知,名正,愚知遍能知之。为置法官,置主法之吏,以为天下师,令万民无陷于险危。故圣人立,天下而无刑死者,非不刑杀也,行法令明白易知,为置法官吏为之师,以道之知。万民皆知所避就,避祸就福,而皆以自治也。故明主因治而终治之,故天下大治也。"①这几句话,集中地体现了商鞅关于法的运行的基本理论:要让法律明白易知,要有专职的法官,使之作为民众的老师,使之引导民众遵守法律,使之教导民众根据法律的要求主动趋避。这样,法的运行就很流畅,国家可以得到很好的治理。"任法而治"的秦政就是这样炼成的,这就是商鞅期待的"治之至"。甚至是一代儒家宗师荀子,也曾以"治之至也"来概括他所见到的秦政。②

小　　结

前文主要分述了商鞅法理学的三个组成部分:法的起源论、法的价值论与法的运行论。其实,针对其中的每一个部分,都可以做出更专门、更具体的研究。在前文中,我们把三个部分汇聚在一起,进行综合性、整体性的研究,旨在勾画出商鞅作为一个法理学阐述者的全貌。由此可以看到,商鞅不仅是一个有行动能力的政治家,同时也是一个严格的法理学阐述者。商鞅的法理学可以说是转型时代文明新秩序的理论表达。商鞅在世人之前,抢先一步看到了战国时代的新趋势及其对法律制度提出的新要求。商鞅结合秦国的实际情况,比别人更早地回应了这个新的要求。商鞅提出的法学理论,更有效地回应了那个特定的时代。在战国时代的

---

① 石磊译注:《商君书》,中华书局2011年,第180页。
② 方勇、李波译注:《荀子》,中华书局2015年,第261页。

格局下，国与国之间的兼并战争是一种常态。这样的战国背景是商鞅法理学赖以生长的土壤。

商鞅并不是一个天生的"农战爱好者"，更不是一个偏执的"战争狂人"。根据《商鞅列传》，商鞅初见秦孝公，说之以帝道，但是，孝公根本就听不进去；商鞅又见秦孝公，说之以王道，孝公还是听不进去；最后，商鞅三见秦孝公，说之以霸道，秦孝公听进去了。在商鞅说霸道之际，"公与语，不自知膝之前于席也。语数日不厌。景监曰：'子何以中吾君？吾君之欢甚也。'鞅曰：'吾说君以帝王之道比三代，而君曰：久远，吾不能待。且贤君者，各及其身显名天下，安能邑邑待数十百年以成帝王乎？故吾以强国之术说君，君大说之耳。然亦难以比德于殷周矣'"①。这段史料说明，商鞅三见孝公，试图宣扬的思想学说首先是帝道，其次是王道，只有在这两种学说都不被接受的情况下，商鞅才提出了孝公愿意接受的霸道。由此可以看出，在商鞅的价值体系中，帝道及王道处于优先地位，霸道处于次要地位。这样的价值观，与孔子、孟子阐述的儒家价值观，具有较大的相通之处。

钱穆在《商鞅考》一篇中认为："人尽夸道鞅政，顾不知皆受之于李吴。人尽谓法家原于道德，顾不知实渊源于儒者。其守法奉公，即孔子正名复礼之精神，随时势而一转移耳。"②钱穆的这个论断值得注意。一方面，商鞅对"守法"的强调，其实是由孔子重名、重礼的精神与传统转化而来。这就是说，商鞅对孔子的名与礼有深切的体会。商鞅虽然被列为法家代表人物，其实也是儒家传统的继承人。另一方面，商鞅受到了李悝、吴起的影响，可以说是李悝、吴起学术思想的继承人。然而，李悝、吴起之学正是出于儒家的子夏，乃是子夏在魏国的西河地区从事教育活动结出的硕果。

---

① ［汉］司马迁：《史记》，中华书局2006年，第419页。
② 钱穆：《先秦诸子系年》，九州出版社2011年，第238页。

孔子之道通过子夏这个桥梁以及通过李悝、吴起，较多地影响了商鞅的思想，这就表明，在商鞅的思想渊源中，儒家的思想学说占据了一个较大的比重。正如钱穆在《商鞅考》中所言："史称鞅先说孝公以比德殷周，是鞅受儒业之明证也。"①由此可以理解，为什么在商鞅向孝公提出的政策建议中，首先是帝道与王道，最后才是霸道。

帝道与王道作为儒家学说，商鞅很认同，在理论上完全可以成立，但为什么不能被孝公接受？孝公的解释其实已经很清楚："久远，吾不能待。"在孝公看来，帝道、王道描绘的目标是一个太长远的目标，自己根本等不及。为什么不能等待？原因在于：战国背景下，国与国之间残酷的生存竞争根本容不得悠闲自在地走向遥远的未来。据《秦本纪》："孝公元年，河山以东强国六，与齐威、楚宣、魏惠、燕悼、韩哀、赵成侯并。淮泗之间小国十余。楚、魏与秦接界。魏筑长城，自郑滨洛以北，有上郡。楚自汉中，南有巴、黔中。周室微，诸侯力政，争相并。秦僻在雍州，不与中国诸侯之会盟，夷翟遇之。孝公于是布惠，振孤寡，招战士，明功赏。下令国中曰：'昔我缪公自岐雍之间，修德行武，东平晋乱，以河为界，西霸戎翟，广地千里，天子致伯，诸侯毕贺，为后世开业，甚光美。会往者厉、躁、简公、出子之不宁，国家内忧，未遑外事，三晋攻夺我先君河西地，诸侯卑秦、丑莫大焉。献公即位，镇抚边境，徙治栎阳，且欲东伐，复缪公之故地，修缪公之政令。寡人思念先君之意，常痛于心。宾客群臣有能出奇计强秦者，吾且尊官，与之分土。'"正是在这个时候，"卫鞅闻是令下，西入秦，因景监求见孝公"。②

这段话比较直接地交待了商鞅法理学的语境。就整个天下的大背景而言，"周室微，诸侯力政，争相并"，诸侯们以军事实力、经

---

① 钱穆：《先秦诸子系年》，九州出版社2011年，第237页。
② ［汉］司马迁：《史记》，中华书局2006年，第36页。

济实力作为政治的第一追求,竞相驱使军队,相互兼并,攻伐不已。就秦国国内的小背景而言,虽然缪公打下了一个较好的基业,但在缪公之后,内忧外患不断。内忧且不论,外患更严重:强势的三晋夺去了河西之地,诸侯们都看不起秦国。对于执掌政权的孝公来说,第一要务就是要让秦国成为一个强大的国家。从孝公与商鞅最初的对话来看,孝公完全能够理解商鞅所说的帝道与王道,但是,远水解不了近渴。孝公希望解决的现实问题是:为了夺回失去的故地,必须快速提升秦国的军事实力、经济实力、国际地位。

让自己的国家成为一个有尊严的国家,是君主的道义责任,这就是孝公的逻辑。在这种逻辑的支配下,孝公只能认同"能出奇计强秦者",只能认同"强国之奇计"。偏离强国目标的思想、理论、学说,即使言之成理,即使是正确的,那也是迂阔的不切秦国实际的大道理。这就是商鞅法理学得以生长的背景。只有立足于这个背景,才能理解商鞅关于法的起源论、价值论、运行论。商鞅作为一个法理学阐述者的形象,就是由这个背景塑造而成的。

第二节 申 子

在思想史上,既有"申商"并称的说法,也有"申韩"并称的说法。这两种说法表明,申不害享有与商鞅、韩非同等的思想地位。虽然申不害的声名颇为显著,但关于申不害的专题研究却并不太多。很多论著仅仅是提到了申不害。譬如,郭沫若的名著《十批判书》在《前期法家的批判》一文中就述及申不害的思想。[1] 而且无论是论文还是专书,以申不害为主题者都远少于以商、韩为主题者。汉学家顾立雅的专书也许是一个难得的例外。[2]

---

[1] 郭沫若:《十批判书》,人民出版社 2012 年,第 254—262 页。
[2] Herrlee G. Creel, *Shen Pu-Hai*, *A Chinese Political Philosopher of the Fourth Century B. C.*, The University of Chicago Press, 1974.

关于申不害的专题研究不够丰富，有一个客观的原因：申不害的著作遗失太多，留存太少。根据《汉书·艺文志》，尚有"《申子》六篇"列入"法十家，二百一十七篇"，①然而，现在能够找到的申子著作，都是一些片断。《群书治要》收录的《大体》只有六百余字，却已经是残留的申不害著作的主体了。当然，在《韩非子》《战国策》《吕氏春秋》《艺文类聚》以及严可均辑录的《全上古三代秦汉三国六朝文》等文献中，还保留了申不害的片言只语。根据这些不多的文献，虽然也可以勾画出申不害的思想肖像，但毕竟还是难窥全豹。申不害传下来的文献太少，影响了学界研究申不害的积极性。除此之外，还有一个主观方面的原因也值得注意，那就是，研究者习惯于把申不害的学术思想概括为术。所谓术，主要是人君南面术。在一些学者看来，这样的术似乎不值得过分看重。譬如，张舜徽就认为："如果说'主运'的实质可用一个'骗'字来概括；那末，'主道'的实质，便不外一个'装'字。我们可以借用俗说'装糊涂'一语，来揭发南面术核心部分的神秘。"②既然"术"就是等而下之的"装"与"骗"，以"术"为标签的申不害，其思想地位也就可想而知了。

但是，如果以"装"与"骗"来描述申不害的学术思想，显然是过于脸谱化了。下文将表明，甚至以"术论"或"术治"来概括申不害的学术思想，也未必妥当。先秦诸子的思想，有一个最大公约数，那就是"治"，恰如司马谈所言："夫阴阳、儒、墨、名、法、道德，此务为治者也。"③申不害也不例外，申不害的理论也可以归结为关于"治"的一种理论。为了实现治的目标，申不害提出了自己的"治之道"。那么，应当如何归纳申不害的"治之道"？对于这个问题，不同的学科自然会有不同的进路与方法，不同的学者也会做出不同

---

① ［汉］班固：《汉书》，中华书局2007年版，第335页。
② 张舜徽：《周秦道论发微 史学三书平议》，华中师范大学出版社2005年，第15页。
③ ［汉］司马迁：《史记》，中华书局2006年，第758页。

的回答。倘若从法理学的立场上考察申不害的学术思想,能够获得什么样的结论?如何从法理学的角度,对申不害的思想身份给出一个精准的定位?这就是下文旨在回答的问题。

一、"言术"即"言法":"申不害言术"新解

术是申不害学术思想的标签,这几乎已经成为学术史上的通识。把这个标签贴在申不害身上,可谓由来已久。如果要追溯这个标签的由来,恐怕绕不开韩国的宗室公子韩非子。韩非子死于公元前233年,比申不害(约前400—前337)之死晚了大约一个世纪。收入《韩非子》的《定法》作为一篇影响深远的对话体文献,主要是关于申不害与商鞅的比较研究。

《定法》篇一共有三组对话。在第一组对话中,有人首先提问:"申不害、公孙鞅,此二家之言孰急于国?"对于当时的国家治理来说,就申、商两人来看,谁的言论最急需?谁提供了更加有效的国家治理学说?《定法》篇给出的回答是:"是不可程也。人不食,十日则死;大寒之隆,不衣亦死。谓之衣食孰急于人,则是不可一无也,皆养生之具也。今申不害言术而公孙鞅为法。术者,因任而授官,循名而责实,操杀生之柄,课群臣之能者也。此人主之所执也。法者,宪令著于官府,刑罚必于民心,赏存乎慎法,而罚加乎奸令者也。此臣之所师也。君无术则弊于上,臣无法则乱于下,此不可一无,皆帝王之具也。"①这就是我们所找到的"申不害言术"的起源。由此可见,"申不害言术"是韩非提出的一个论断,这个论断是与"公孙鞅为法"相并称的。

按照韩非子的界定,术有两个特点。第一,术是君主所执掌的。与此相对应,法是大臣所遵循的。第二,术的实际内容主要包括:君主根据大臣的才能、专长授予官职,按照名位、职位要求实

---

① 高华平、王齐洲、张三夕译注:《韩非子》,中华书局2015年,第620页。

绩，君主掌握生杀大权，君主考核大臣的才能。这几个方面表明，术主要是君主管理大臣的一套制度体系。韩非子所说的"因任而授官"相当于现在的选人用人制度，"循名而责实"相当于现在的岗位考核制度，"操杀生之柄，课群臣之能"相当于现在的干部奖惩制度。这些制度，并不是简单的"装"与"骗"，而是君主管理大臣的制度安排，是一套规范与制度。与术相对应的法，是由官府颁布的规范与制度，也是一套制度体系，主要涉及奖赏与惩罚。守法的人要给予奖励，违法的人要给予处罚。这些赏罚的制度要符合民众的心理预期。因此，所谓法，主要是大臣据以处理政务、对各种管理对象进行赏罚的依据。

按照韩非子关于术与法的二元划分，术是君主管理大臣的制度与规范，法是大臣管理民众的制度与规范。两者各有其调整范围，但都是国家治理的工具。按照韩非子的论述，在术与法之间，并无价值上的高低之分，强调术的申不害与强调法的公孙鞅也没有高低之分。

但是，术与法在功能上有差异。两者之间的差异在《定法》篇的第三组对话中得到了分辨。有人问："主用申子之术，而官行商君之法，可乎？"这样的提问方式恰好可以表明，术是君主（主）管理大臣的制度性安排，法是大臣（官）管理民众的制度性安排，两者各有各的用途。韩非子对此做出的回答是："申子未尽于法也。申子言：'治不逾官，虽知弗言'。治不逾官，谓之守职也可；知而弗言，是不谓过也。人主以一国目视，故视莫明焉；以一国耳听，故听莫聪焉。今知而弗言，则人主尚安假借矣？商君之法曰：'斩一首者爵一级，欲为官者为五十石之官；斩二首者爵二级，欲为官者为百石之官。'官爵之迁与斩首之功相称也。今有法曰：'斩首者令为医、匠。'则屋不成而病不已。夫匠者手巧也，而医者齐药也，而以斩首之功为之，则不当其能。今治官者，智能也；今斩首者，勇力之所加也。以勇力之所加而治者智能之官，是以斩首之功为医、匠也。故曰：二子之于法术，皆未尽善也。"①

　　这段话表明，韩非子赞同术与法在功能上的这种差异。韩非子旨在强调的是，申不害的术与商鞅的法都不够完善，都有进一步提升、完善的空间。那么，申不害的术有哪些不足之处？按照韩非子的引述，申不害的观点是：大臣处理政务不能超越职权，职权之外的事情，即使知道，也不必多说、不必多管。申不害的这个观点，恰恰符合今日流行的职权法定主义。按照今日的法理，对于公权力机构来说，如果法律没有做出相应的授权，就不得行使相应的权力。不得超越法定职权，正是现代法治的基本原则，也是申不害的主张。针对这一点，韩非子并没有提出批评。针对职权之外的事情，申不害的主张是：大臣们即使知道也不必多说、不必多管。然而，韩非子的主张是：即使是职权之外的事情，大臣们如果知道了，也必须向君主报告。这就是申不害与韩非子的差异：韩非子希望所有大臣在任何事务上都要充当君主的耳目，但是，申不害并未提出这样的要求。按照申不害之意，如果某个大臣承担了收集情报的职责，他就应当把他所知道的信息报告君主，但是，如果法律或他的职位并没有要求他履行这样的职责，他就不必承担信息员的义务。韩非子批评申不害"未尽于术"，其实恰好可以表明：申不害已经具备了职权法定的法治观念，但是，韩非子则要求所有大臣都要充当君主的耳目，这样的观念与申不害的观念存在着相当大的差异。

　　在《定法》篇中，还有一组对话。有人问："徒术而无法，徒法而无术，其不可何哉？"这个问题是，为什么术与法不能单独适用？为什么"只有术、没有法"行不通？为什么"只有法、没有术"也行不通？对此，韩非子做出的回答是："申不害，韩昭侯之佐也。韩者，晋之别国也。晋之故法未息，而韩之新法又生；先君之令未收，而

---

① 高华平、王齐洲、张三夕译注：《韩非子》，中华书局2015年，第624—625页。

后君之令又下。申不害不擅其法，不一其宪令，则奸多。故利在故法前令则道之，利在新法后令则道之，利在故新相反，前后相勃，则申不害虽十使昭侯用术，而奸臣犹有所谲其辞矣。故托万乘之劲韩，十七年而不至于霸王者，虽用术于上，法不勤饰于官之患也。公孙鞅之治秦也，设告坐而责其实，连什伍而同其罪，赏厚而信，刑重而必。是以其民用力劳而不休，逐敌危而不却，故其国富而兵强；然而无术以知奸，则以其富强也资人臣而已矣。及孝公、商君死，惠王即位，秦法未败也，而张仪以秦殉韩、魏。惠王死，武王即位，甘茂以秦殉周。武王死，昭襄王即位，穰侯越韩、魏而东攻齐，五年而秦不益尺土之地，乃城其陶邑之封。应侯攻韩八年，成其汝南之封。自是以来，诸用秦者，皆应、穰之类也。故战胜，则大臣尊；益地，则私封立；主无术以知奸也。商君虽十饰其法，人臣反用其资。故乘强秦之资数十年而不至于帝王者，法不勤饰于官，主无术于上之患也。"①

　　这段话分析了申不害没有成就霸业的原因。在韩非子看来，申不害作为韩昭侯的宰相，辅佐韩昭侯达十七年之久，居然没有让韩昭侯成为天下的霸主，主要原因就在于申不害只有术、没有法。这是什么意思呢？原来，韩国与魏国、赵国一样，都是三家分晋的产物。韩国与此前的晋国有先后继替的关系。这样的历史背景，给韩国带来了一个困境：晋国的旧法、旧令还在适用，韩国的新法、新令又颁布了。在新旧法令都在适用的情况下，申不害并没有全部废止旧法令，让新法令全面取代旧法令。新旧法令的并行，导致一些投机人士选择性地利用法令：在新法令与旧法令之间，只选择对自己有利的法令。这就让一些投机分子钻了法令的空子，最大限度地牟取自己的私利。对于这种情况，申不害并没有予以禁绝。这就是申不害主政过程中的欠缺之处，也就是申不害的"徒术而无

---

① 高华平、王齐洲、张三夕译注：《韩非子》，中华书局2015年，第621—622页。

法"。因此,"徒术而无法"的实际含义是:申不害没有全部废止旧法令,没有专一、强硬地推行新法令。韩非子把这样的法律选择称为"无法"。其实并不是无法,而是考虑到了法的继承性。

新法令与旧法令的并行给民众提供了选择空间,也给大臣处理政务造成了一定的困扰。新法令反映了新生的韩国政府的意志,是政府希望民众适用的法令。因此,民众选择适用新法令是没有问题的。问题在于,民众也可以选择适用旧法令,这就给新生的韩国政府带来了一定的困扰:民众的这种选择弱化了新法令对民众的控制,当然也是弱化了新生的韩国政府及其大臣对于民众的控制。在韩非子看来,这是由于申不害没有尽到对于昭侯或韩国的责任,是申不害的失职之处,既是"徒术而无法"的具体表现,也是"徒术而无法"造成的消极结果,因为这样的消极结果,韩非子对申不害表达了某种责备之意。对于韩非子的责备,我们可以从三个方面来分析。

首先,申不害是否应当履行让韩国占据霸主地位的法定义务?我的回答是否定的。赵、魏、韩三家分晋之后,晋国一分为三,相对于原来的晋国,三家的力量都不是太强。三家之中,韩国本来有较好的物质基础,有"地方千里,带甲数十万。天下之强弓劲弩,皆自韩出"[1]之说。但是,由于韩国的国家治理总是不上轨道,制度能力太弱,韩国的综合国力持续走低。在《韩世家》中,可以看到韩昭侯当政前后韩国国力的变化:"懿侯二年,魏败我马陵。五年,与魏惠王会宅阳。九年,魏败我浍。十二年,懿侯卒,子昭侯立。昭侯元年,秦败我西山。二年,宋取我黄池。魏取朱。六年,伐东周,取陵观、邢丘。八年,申不害相韩,修术行道,国内以治,诸侯不来侵伐。"[2]在昭侯之前的懿侯时代,韩国饱受魏国、秦国、宋国的欺凌。直到申不害相韩

---

[1] 缪文远、缪伟、罗永莲译注:《战国策》,中华书局2012年,第814页。
[2] [汉]司马迁:《史记》,中华书局2006年,第310页。

之后,这种落后挨打的局面才得到根本性的扭转。《老子韩非列传》也有大致相同的记载:申不害"内修政教,外应诸侯,十五年。终申子之身,国治兵强,无侵韩者"①。见于《史记》的这两条资料表明,因为有申不害的实际主政,韩国的综合国力出现了一个明显的上升势头,韩国在诸侯国中的地位出现了较大幅度的提升。韩非子责备申不害,说他没有让韩国成为霸主,但成为霸主这样的要求是不切实际的。申不害死后不过数十年,到了韩非子的时代,韩国的地位一落千丈。韩非子作为韩国的宗室公子,自己都没有回天之力,反而苛求百年之前的申不害,这对申不害来说,是不公平的。换言之,尽管韩非子希望韩国早早称霸的心情是可以理解的,但他以"托万乘之劲韩,十七年而不至于霸王者"责备申不害,并不恰当。他甚至都没有意识到,"万乘之劲韩"这种刚健的国家形象,主要就是申不害打造的。比较司马迁与韩非子对于申不害事功的不同评价,可以看到,韩非子作为韩国利益当事人的焦虑情绪,影响了他评价申不害时的公正性。相比之下,司马迁置身数百年之后,对申不害的事功已有较为公允的评价。

其次,虽然韩非子在事功方面对申不害有更高的期待,但他并未在申不害的思想学说与公孙鞅的思想学说之间,做出厚此薄彼的评价。相反,他认为,对于国家治理来说,对于政权建设来说,申不害之术与公孙鞅之法具有同等重要的地位。他认为,两者并不是对立的关系,而是相互依赖、相互补充的关系。国家治理既需要申不害之术,也需要公孙鞅之法。只是,在韩非子看来,无论是申不害之术还是公孙鞅之法,在制度层面上,都还有很大的改进与提升的空间。在这里,我们暂且不论,韩非子的改进思路是正确的还是错误的。

最后,虽然韩非子以"言术"与"为法"分别为申、商画像,但是,

---

① [汉]司马迁:《史记》,中华书局2006年,第395页。

根据韩非子的论述,术与法其实具有同质性,术与法都是法律、制度、规范。前文已经说到,术主要是君主面向大臣的选拔制度、考核制度、奖惩制度。在这些制度的背后,就是一套规范体系、法律体系。至于法,则是官府制定的在尊重民意的前提下实施的赏罚制度。作为制度体系与规范体系,术与法具有同质性。当然,术与法也有差异:术主要是君主管理大臣的规范,法主要是大臣管理民众的规范。这就是说,在调整的对象或具体事务上,术与法有差异,各有各的用途,各有各的调整范围。①

以上几个方面的分析表明,"申不害言术"的实质就是言法,因为,术与法都是法律、规范、制度,言术就是言法。对此,《盐铁论·申韩》有一个说法:"申、商以法强秦、韩。"②这个简明扼要的论断表明:申不害赖以强韩的利器就是法。只不过,申不害所言之术(法)主要是君主管理大臣的法,商鞅所为之法主要是大臣管理民众的法:民众在农耕、征战方面成绩突出,就依法给予奖励;反之,就依法给予惩罚。依据商鞅之法,"自卿相、将军以至大夫、庶人,有不从王令、犯国禁、乱上制者,罪死不赦"③。商鞅之法的调整对象,是抹去了身份、等级的一般人,这就是商鞅为法的核心内容。相比之下,申不害所言之术,旨在实现君主对大臣的有效管理、有效控制。

韩非子把君主管理、控制大臣的制度与规范称为术,其实彰显了韩非子时代的法律体系与法治体系:一方面,是调整君臣关系的法律与法治;另一方面,是调整官民关系的法律与法治。在那个时

---

① 此外,在外在特征上,韩非子有一个判断:"法莫如显,而术不欲见。"(高华平、王齐洲、张三夕译注:《韩非子》,中华书局2015年,第587页)这就是说,法是公开的,术就不要显露出来。这是韩非子关于法与术的区别。但是,在申不害留下的文献中,并没有这样的论述。这样的区分是韩非子的观点,并不能完全代表申不害的观点。
② 陈桐生译注:《盐铁论》,中华书局2015年,第526页。
③ 石磊译注:《商君书》,中华书局2011年,第124页。

代,法律关系的主体有三种类型:君主,官员,民众。法律与法治需要调整的法律关系主要包括:一、君主与大臣的关系,亦即君臣关系;二、大臣与民众的关系,亦即官民关系。至于君主与民众,则不必发生直接的关系,君主只需要通过官员或大臣治理民众即可。在君、臣、民三类主体组成的法律关系中,申不害的重心确实不同于公孙鞅的重心:申不害主要关注君臣关系应当遵循的法律规范及其制度安排,即韩非子所称的术。

在申不害流传至今的论著中,甚至都找不到"术"这个字。"申不害言术"之说出于韩非子。两千多年以来,韩非子以"言术"描述申不害的说法一直沿袭下来,成为了关于申不害思想学说的定论。事实上,申不害所言之术就是法。只是这里的法具有特定的意涵:它是调整君臣关系的法律、规范、制度。以此为基础,我们可以透过层层的学术迷雾,进一步阐述申不害的法理学说。

二、君臣关系的理性化、制度化、法律化

在现代法学特别是公法学的视野中,国家与公民的关系是一根主轴,如何处理国家权力与公民权利的关系,是法学特别是公法学的核心议题。在申不害的时代,没有现代意义上的公民概念,国家的含义是诸侯国家,迥异于当下的民族国家。在春秋战国的背景下,如前所述,申不害思想学说的重心,是君主与大臣的关系。在申不害看来,君臣关系乃是最重要、最关键的政治法律关系。三家分晋、晋国覆灭的过程,就是权臣坐大、君主弱化的过程。君臣关系的混乱、不稳定,构成了国家混乱乃至衰亡的主要原因,因此,君臣关系的合理界定,是提高国家治理能力的主要抓手。在这样的背景下,申不害思考的重心,在于促成君臣关系的理性化、规范化、法律化,或者说,是实现君臣法律关系的理性建构。通过流传至今的《大体》篇,同时也根据其他文献,可以勾画出申不害理性建构君臣法律关系之旨趣。

在申不害的时代，君臣关系面临的根本问题在于，君主的权力可能被大臣攫取。这是当时的君主不可回避的问题，韩国的诞生与晋国的灭亡就源于此。《太史公自序》称："春秋之中，弑君三十六，亡国五十二，诸侯奔走不得保其社稷者不可胜数。"①这就是那个时代的政治常态，也是那个时代的君主共同面临的政治难题。申不害的《大体》篇对此直言不讳："今人君之所以高为城郭，而谨门闾之闭者，为寇戎盗贼之至也。今夫弑君而取国者，非必逾城郭之险，而犯门闾之闭也。蔽君之明，塞君之听，夺之政而专其令，有其民而取其国矣。"②君主高筑城墙、关闭城门，旨在防范强盗。但是，对君主最大的威胁并不是城墙、城门可以防范的强盗，而是那些让君主失去了视听的大臣。他们切断了君主的信息来源，让君主听不见、看不见，成为了耳聋目盲之人。那些大臣发号施令，成为了国家权力的实际拥有者，进而成为了君主的取代者。

《大体》打了一个比方："今使乌获、彭祖负千钧之重，而怀琬琰之美；令孟贲、成荆带干将之剑卫之，行乎幽道，则盗犹偷之矣。今人君之力，非贤乎乌获、彭祖，而勇非贤乎孟贲、成荆也。其所守者，非特琬琰之美、千金之重也，而欲勿失，其可得耶？"③这仅仅是一个比方。政权本身的诱惑远远超过了"琬琰之美"。觊觎政权的人，远远多于、强于试图盗窃"琬琰"之人。守护政权的君主所面临的危险，远远大于乌获、彭祖所面临的危险。在这种情况下，如果不能处理好君臣关系，对于君主来说，那是相当危险的。这就是申不害立论的政治语境和时代背景。后世之人，习惯于以人君南面术批判申不害，以为他是在助长君主的专制统治。殊不知，那个时代的君主危机四伏，经常处于内外交困的境地。在诸侯国之间，兼并战争愈演愈烈；在诸侯国内，君主需要面对的大臣多为宗室贵

---

① ［汉］司马迁：《史记》，中华书局2006年，第760页。
② ［唐］魏徵等撰：《群书治要》，沈锡麟整理，中华书局2014年，第445页。
③ ［唐］魏徵等撰：《群书治要》，沈锡麟整理，中华书局2014年，第445页。

族,很多大臣,特别是权臣并不是君主的雇员。诸侯国君与大臣的关系,多为大宗与小宗的关系。君主并不能随意剥夺大臣的政治地位与经济利益。按照西周初年制定的礼制,君主与大臣的关系可以得到很好的调整,但是,春秋以降,礼崩乐坏,调整贵族阶层特别是君臣关系的礼乐失去了效用,权臣随时可能取代君主,君主的政治地位岌岌可危。怎么办?这就是申不害思考的起点。申不害的思想,必须放在那个时代的政治情势下来理解。

在这样的背景下,申不害对君臣之间的法律关系进行了重新建构,按照申不害的论述,君臣关系的核心是本末关系。《大体》称:"明君如身,臣如手;君若号,臣如响;君设其本,臣操其末;君治其要,臣行其详;君操其柄,臣事其常。为人臣者,操契以责其名。名者,天地之纲,圣人之符。张天地之纲,用圣人之符,则万物之情无所逃之矣。"① 这句话把君臣关系比作身与手的关系,以及号与响的关系。"身"指挥"手","号"产生"响",其实都旨在说明:君是本,臣是末。严格说来,本与末也是一种隐喻,本的原意是指树干,末的原意是指长在树干上的枝叶,所谓"细枝末节",就是关于"末"的形象化的说明。这就是说,没有本就没有末,本是末的前提,本对末具有决定作用。以本末关系界定君臣关系,旨在强调臣作为末的地位:对于作为本的君主来说,臣是细枝末节,在本末关系中,君与臣都要找到自己的位置。"君治其要"是说君主只需要抓住关键环节,"臣行其详"是说大臣需要把具体的细节问题处理好。

以本末关系定义君臣关系,放在后世君尊臣卑的时代来看,实属平淡无奇。但在申不害的时代,却体现了一种创造性的法理学重构:把诸侯与大夫的关系,从原有的血缘性的宗室关系转向科层化的官僚关系。诸侯国君治下的百官,以往的核心身份是大夫或

---

① [唐]魏徵等撰:《群书治要》,沈锡麟整理,中华书局2014年,第445—446页。

士。按照《礼记·王制》:"诸侯之上大夫卿、下大夫、上士、中士、下士,凡五等。"①这五个等级的人就是后世所通称的"士大夫"群体,他们是贵族,他们与君主的关系是同姓同族的宗室关系。诸侯的封地叫国,大夫的封地叫家,诸侯与大夫的差异主要体现为封地大小的差异,当然也有层级上的差异。诸侯与大夫具有同质性,都是某一块土地的所有者,都有相对独立的意志,这就是西周以来的分封制在宪制上的要义。

申不害有一个意味深长的评论:"智均不相使,力均不相胜。"②也许正是针对诸侯与大夫之间的同质性而得出的结论:诸侯与大夫既"智均"又"力均",诸侯相对于大夫并不享有绝对的优势,这就是春秋战国时代争战不休的重要根源。春秋以降,随着世卿制的松动,这些曾经的卿大夫、士大夫与君主的关系,就需要重新界定。在这种政治需要面前,在申不害看来,这些卿大夫或士大夫的核心身份是臣。君与臣具有本质的差异,只有君主才有独立的意志,大臣没有独立的意志,只能听从君主的命令,就像"手"听从"身"的命令。申不害特别强调,人臣之名是天地之纲,这就是说,士大夫们谨守人臣的名分、本分,乃是天经地义的。所谓"圣人之符",其实就是说,"人臣"乃是君主贴在大夫、贵族、百官身上的标签。如果这些人都安于人臣之名位,都按照人臣的名分说话、做事,国家治理就不会出问题。所谓"万物之情无所逃之矣",就是指:所有人都会各安其位,都不会越位。要做到这一点,让人臣形成自觉的"人臣意识",至关重要。

以本末关系界定君臣关系,既是对大臣的训诫,更是对君主的训诫。大臣要确立"人臣意识",至于君主应当确立的"人君意识",则包括三个要点:"使其臣并进辐凑""示天下无为""名正则

---

① 王文锦译解:《礼记译解》,中华书局2016年,第148页。
② [清]严可均:《全上古三代秦汉三国六朝文》,中华书局1958年,第32页。

天下治"。

(一)"使其臣并进辐凑"

先看《大体》:"夫一妇擅夫,众妇皆乱;一臣专君,群臣皆蔽。故妒妻不难破家也,而群臣不难破国也。是以明君使其臣并进辐凑,莫得专君。"①在妻妾制的背景下,如果妻妾中的某一位受到了丈夫的特别偏爱,其他几位就会心生忌妒,如果她们联合起来搞事,这个家就会很危险。同样的道理,如果有一个大臣得到了君主的特别信任,就相当于君主受到了这个大臣的支配。如果君主听不到、听不进群臣的意见,受到冷落的群臣就可能成为国家的破坏力量。所谓"一臣专君",就是出现了一个超越于群臣的权臣。这是君主必须要防范的局面。

申不害要求君主"使其臣并进辐凑",就是要求君主与群臣保持同等的距离,让群臣环绕君主。在实际的政治生活中,君主面对群臣,可能会有亲疏远近,这是人之常情。但是,申不害特别提醒君主,如果过分偏爱某个大臣,就可能导致"一臣专君"的危险后果。君主应当克制自己的情感偏好,让自己与群臣的关系走向理性化、规范化、制度化。君主与所有大臣的关系,不由君主的个人好恶来决定,而是由制度化的本末关系来决定。在君主面前或君主之下,任何大臣都是"末",只有这样,由君主驱动的国家机构才会有效、有序地运转。

(二)"示天下无为"

《大体》:"故善为主者,倚于愚,立于不盈,设于不敢,藏于无事,窜端匿疏,示天下无为。是以近者亲之,远者怀之。示人有余者,人夺之;示人不足者,人与之。刚者折,危者覆,动者摇,静者安,名自正也,事自定也。是以有道者,自名而正之,随事而定之也。鼓不与于五音,而为五音主;有道者,不为五官之事,而为治

---

① [唐]魏徵等撰:《群书治要》,沈锡麟整理,中华书局2014年,第445页。

主。君知其道也,官人知其事也。十言十当、百为百当者,人臣之事也,非君人之道。"①这段话包含了一些黄老道家的色彩。正是基于这样的色彩,有学者"发现申子之学远绍老子,近承稷下黄老之学,是道家策略思想的重要发展阶段"②。

把申子归属于道家,认为申子不属于法家,即使在文献中能够找到一定的依据,也未必恰当。一方面,在先秦诸子中,法家学说相对后起。法家学说的源头既可以追溯到儒家的子夏,更可以追溯至《老子》《庄子》这样的道家文献。譬如《庄子·天道》所宣扬的"本在于上,末在于下;要在于主,臣在于详"③之理念,实为申不害"本末关系"理论的一个渊源。司马迁的《老子韩非列传》把老子、庄子、申子、韩子置于一传,其实已经暗示了从老庄经申子到韩子的传承关系。《韩非子》中的《解老》《喻老》诸篇表明,韩非子也曾"远绍老子"。根据同样的逻辑,申子"远绍老子",并不令人意外。事实上,《老子韩非列传》已经对此有所揭示,即"申子之学本于黄老而主刑名"④。因此,即使申子吸收了道家的思想,但他依然是法家的代表人物。从根本上说,法家与道家有一个至为关键的分水岭:虽然道家思想可以转化成为实际的政法理论,但道家人物却是实际政治的旁观者,相比之下,法家人物则是积极的政治活动家。显然,申不害属于后者。

道家讲无为,申不害也讲无为。但是,申不害的无为却是"示天下无为"。这里的"示"字表明,君主应当把自己塑造成为"无为"的形象,正如《韩非子》所记:"申子曰:'上明见,人备之;其不明见,人惑之。其知见,人饰之;不知见,人匿之。其无欲见,人伺之;其有欲见,人饵之。故曰:吾无从知之,惟无为可以规之。'一曰:申子

---

① [唐]魏徵等撰:《群书治要》,沈锡麟整理,中华书局 2014 年,第 446 页。
② 蒋重跃:《申子非法家辨》,《文献》1988 年第 3 期。
③ 方勇译注:《庄子》,中华书局 2015 年,第 208 页。
④ [汉]司马迁:《史记》,中华书局 2006 年,第 395 页。

曰:'慎而言也,人且知女;慎而行也,人且随女。而有知见也,人且匿女;而无知见也,人且意女。女有知也,人且臧女;女无知也,人且行女。故曰:惟无为可以规之。'"① 由此可见,申子讲的无为,是君主自我形象塑造的目标。"不足"也是"示人不足",同样也是君主自我形象塑造的要求。申不害要求君主,要成为"静者",要有静的意识,因为,"地道不作,是以常静。地道常静,是以正方。举事为之,乃有恒常之静者,符信受令必行也"②。申不害还要求,君主要注意君臣之间的名分,要在各种乐器中,成为主导性的、定盘的鼓;君主需要特别注意区分人臣之事与君主之道。申子讲的这些为君之道,其实已经成为了韩非子的思想来源。

(三)"名正则天下治"

《大体》:"昔者尧之治天下也以名,其名正则天下治;桀之治天下也亦以名,其名倚而天下乱。是以圣人贵名之正也。主处其大,臣处其细,以其名听之,以其名视之,以其名命之。镜设精,无为而美恶自备;衡设平,无为而轻重自得。凡因之道,身与公无事,无事而天下自极也。"③ 申不害借此告诉君主,君主治理天下的历史经验既见于尧,也见于桀。这两位君主都注重以名治天下。但是,尧之名是"正名",桀之名是"倚名",即倾斜的名,这就是圣王与昏君走向分野的起点。

"名之正"如何体现?关键还是在于君臣各守其名分。有论者认为,"申不害所谓的'名',即'名分'","他讲的'名分'主要指新兴地主阶级内部君臣之别"。④ 如果忽略"新兴地主阶级"之说,这种解释基本上可以接受。当然,名既指名分,也指各种职位。在名的

---

① 高华平、王齐洲、张三夕译注:《韩非子》,中华书局2015年,第478—479页。
② [清]严可均:《全上古三代秦汉三国六朝文》,中华书局1958年,第33页。
③ [唐]魏徵等撰:《群书治要》,沈锡麟整理,中华书局2014年,第446页。
④ 李光灿、张国华总主编:《中国法律思想通史》(一),山西人民出版社1994年,第487页。

后面,是各种具体的、实际的职位。其中,君的名分就是君,居于本的地位;臣的名分就是臣,居于末的地位。君只有一个,但臣是一个群体。在臣子群体中,每个臣子有不同的职位,要履行不同的职责。臣是这个群体共同的"名",但每个臣子又有更具体的名分或职位。譬如在韩国,就设置了"司空""少府""史""廪史"等职位,每个职位代表了一个具体的名。① 君主应当根据特定职位的职责,对特定臣子进行考核,要求他取得相应的实绩。这就叫循名责实。

所谓"镜设精""衡设平"是指:君主要祛除人情关系,对所有臣子都按照特定职位的要求来考核,一把尺子量到底,实现制度安排的理性化。在明亮的镜子面前,美丑自见;在公平的衡器面前,轻重自明。这就是申不害在君臣关系建构上的理性主义、制度主义,因而也是法治主义。他的基本理念,就是尽可能弱化君臣之间的血缘关系、亲情关系,实现君臣关系的理性化、法律化。在血缘关系中,人与人的关系是伦理关系,人与人的交往不大可能在法治的轨道上进行。譬如,父亲给儿子一笔钱,通常不需要儿子归还;夫妻之间的交往,通常与法律无关,一旦夫妻关系需要法律介入,那就意味着夫妻关系的终结。在申不害时代的政权建设中,同样面临着这样的问题:如果君臣关系始终是一个伦理问题,那就表明,君主关系存在着很大的弹性、伸缩性、模糊性;如果君臣之间的交往总是需要讨价还价,总是充满了不确定性,那就意味着,这是一种高成本的政治交往关系,这种交往关系是不经济的。如果某个大臣既是君主的长辈,又有野心,也有行动能力,那么,君主就是危险的,以这样的君臣关系作为主轴的政权,在最低限度上,也是一个效率低下的政权,同时,也是一个危机四伏、动荡不安的政权。这样的政权无法提高内部治理能力,更无法应对残酷的国与国之间的兼并战争。针对这样的政权建设问题,申不害要求君主向尧

---

① 杨宽:《战国史》,上海人民出版社2016年,第243页。

学习,以"名之正"作为理念,实现君臣关系的理性化、制度化、法律化。只有这样,才能建立一个高效运行的国家机器。

申不害以"本末关系"作为模型,旨在实现君臣关系的理性化、制度化、法律化。这种理论,对后世产生了较大的影响。譬如,李斯就是这个理论的继承者与实践者,他在提交给秦二世的"决策咨询报告"中,就引用了申不害之言,要求秦二世行督责之术。他说:"夫贤主者,必且能全道而行督责之术者也。督责之,则臣不敢不竭能以徇其主矣。此臣主之分定,上下之义明,则天下贤不肖莫敢不尽力竭任以徇其君矣。是故主独制于天下而无所制也。能穷乐之极矣,贤明之主也,可不察焉!故申子曰'有天下而不恣睢,命之曰以天下为桎梏'者,无他焉,不能督责,而顾以其身劳于天下之民,若尧、禹然,故谓之'桎梏'也。"①这里的督责之术,就是在严格贯彻"君本臣末"原则的前提下,恪守"无为"之理念,由君主依据臣子之名位,督责臣子之实绩,促使臣子们根据各自的职位履行自己的职责,保证国家机器有效地运转起来。

三、法治三环节:明法,任法,行法

前文的分析表明,"申不害言术"其实就是"申不害言法"。如果说,商鞅所为之法主要针对官员与民众关系或大臣与民众关系的法,那么,申不害所言之法主要针对君主与大臣的关系,以现代的语言来说,主要是"君臣关系法"。申不害关注的核心问题,是实现君臣关系的制度化与法律化。在《大体》篇中,申不害以本与末为隐喻,以"名之正"为抓手,对君臣法律关系进行了理性化的建构。

在《大体》之外,《艺文类聚》第五十四卷收录了一段申不害语录:"申子曰,君必有明法正义,若悬权衡以正轻重,所以一群臣也。

---

① [汉]司马迁:《史记》,中华书局2006年,第526页。

又曰,尧之治也,善明法察令而已。圣君任法而不任智,任数而不任说。黄帝之治天下,置法而不变,使民而安不安,乐其法也。又曰,昔七十九代之君,法制不一,号令不同,然而俱王天下,何也,必当国富而粟多也。"①这段话与《大体》有相同的指向,那就是聚焦于君臣关系。不同的地方在于,它更为集中地表达了申不害的法理学说。下文以此为基础,同时结合其他文献,就申不害法理学说的三个环节进行分述。

（一）明法

申不害首先强调"明法正义"。这是申不害法治学说的第一个环节。如何理解明法正义？回答是:它就像悬挂出来的一把衡器,衡器可以计量物之轻重,明法正义则可以计量群臣之"轻重"。明法正义以一个客观的标准考核群臣,引导群臣的思想与行动,可以把群臣整合成为一个价值的、规则的共同体。试想,倘若所有的大臣都仰望着悬挂出来的那一把衡器,自己的分量、地位、功过、奖惩,都由那一把衡器来衡量,他就会尽职尽责地做好自己的本职工作。这是申不害关于明法正义的功能所打的一个比方。

从一般意义上说,所谓明法,可以从两个方面来理解。第一,从表面上看,明法是在强调法的公开性,要把法律、法令公布出来,让众人都可以看得见。在这个意义上,明法与不公开、不透明的法是相对立的。第二,关于"明法"之"明",申不害还有进一步的解释。他说:"独视者谓明,独听者为聪。能独断者,故可以为天下主。"②这就是说,能够独立自主地看到事物的真相,那就是明。所谓"明白人"就是这个意思。能够在独视、独听的基础上做出独立的判断,是君主应当具备的素养。因此,明法的含义,还不仅仅是把法律、法令公布出来。明法首先是指君主独自看到、独立发现的

---

① ［唐］欧阳询撰:《艺文类聚》,汪绍楹校,上海古籍出版社1982年,第967页。
② 高华平、王齐洲、张三夕译注:《韩非子》,中华书局2015年,第484页。

法。这样的法具有客观性,它不是君主根据个人的喜好创造的法,而是能够反映事物规律的法,君主经"独视"而发现了它,并把它公布出来。这就是明法。

如何理解与明法相关联的正义?关于"正义"之"正",申不害也有进一步的解释。他说:"明君治国,而晦晦,而行行,而止止。三寸之机运而天下定,方寸之基正而天下治,故一言正而天下定,一言倚而天下靡。"①这就是说,明君治国,该晦则晦,该行则行,该止则止,关键是心思("三寸之机")要端正。只有心思端正了,才能做到"言正"。"言正"是指言之不偏不倚。"言正"与"言倚"相对应。申不害还说:"天道无私,是以恒正。天道常正,是以清明。"②据此,正就是祛私。无私就是正,而且是符合天道的恒正,这是天下清明的决定性因素。可见,申不害所说的正义,应当理解为没有偏私,或者理解为当下的正义也不会偏离太远,与今日的正义理论至少是可以兼容的。

归结起来,申不害所说的明法正义,应当理解为客观、中立、公开、透明的法律,以及没有偏私的正义。它就像客观公正的衡器,为所有大臣提供了可以遵循的行为准则。尧之治天下,所凭借的工具就是这样的"法"与"令"。所谓"明法",就是"察令"。所谓尧"善明法察令",就是尧善于看到客观的法与客观的令。正是在这个意义上,"明法正义"乃是君主治理天下的依据。

(二)任法

在"明法正义"的基础上,申不害提出了"圣君任法而不任智,任数而不任说"的思想。这句话的关键词是"任法"。任法就是运用法律、依赖法律。在这里,申不害把任法与任智对立起来,要求君主依靠客观公正的法来治理天下,不要凭借君主个人的小聪明

---

① [清]严可均:《全上古三代秦汉三国六朝文》,中华书局1958年,第32页。
② [清]严可均:《全上古三代秦汉三国六朝文》,中华书局1958年,第33页。

来治理天下。

　　申不害在此所说的"任数而不任说",同样是要求君主依据法律治理天下,不要依靠众人的议论治理天下。《管子·任法》也主张,"圣君任法而不任智,任数而不任说",只有这样,君主才能"不思不虑,不忧不图,利身体,便形躯,养寿命,垂拱而天下治"。对于这句话,唐代房玄龄、明代刘绩解释说:"但任法数,故无所虑图也","但任法数,则事简,故身不劳,寿命长,而天下自理也"。① 据此,法与数可以互训,可以连用,法就是数,任数就是任法。此外,还值得注意的是,申不害要求君主依靠法律、法数,不要依靠人们的议论,还出自他自己的个人经验。据《内储说上七术》:"赵令人因申子于韩请兵,将以攻魏。申子欲言之君,而恐君之疑己外市也,不则恐恶于赵,乃令赵绍、韩沓尝试君之动貌而后言之。内则知昭侯之意,外则有得赵之功。"②这个典故是在解释"经四:一听":"一听则愚智不纷,责下则人臣不参。其说在'索郑'与'吹竽'。其患在申子之以赵绍、韩沓为尝试。"③《战国策》对此也有记载:"魏之围邯郸也,申不害始合于韩王,然未知王之所欲也,恐言而未必中于王也,王问申子曰:'吾谁与而可?'对曰:'此安危之要,国家之大事也。臣请深惟而苦思之。'乃微谓赵卓、韩晁曰:'子皆国之辩士也。夫为人臣者,言可必用,尽忠而已矣。'二人各进议于王以事,申子微视王之所说以言于王,王大说之。"④这个事例表明,君主一一听取臣下的议论,显然是有坏处的,它为大臣提供了察言观色、迎合上意的机会,让君主面临着巨大的决策风险。

　　《吕氏春秋·任数》篇所说的"数",也是指法律或法数:"且夫耳目知巧固不足恃,惟修其数、行其理为可。韩昭釐侯视所以祠庙

---

① 〔唐〕房玄龄注、〔明〕刘绩补注:《管子》,上海古籍出版社2015年,第312页。
② 高华平、王齐洲、张三夕译注:《韩非子》,中华书局2015年,第346页。
③ 高华平、王齐洲、张三夕译注:《韩非子》,中华书局2015年,第344页。
④ 缪文远、缪伟、罗永莲译注:《战国策》,中华书局2012年,第812页。

之牲,其豕小,昭釐侯令官更之。官以是豕来也,昭釐侯曰:'是非向者之豕邪?'官无以对。命吏罪之。从者曰:'君王何以知之?'君曰:'吾以其耳也。'申不害闻之,曰:'何以知其聋? 以其耳之聪也。何以知其盲? 以其目之明也。何以知其狂? 以其言之当也。故曰去听无以闻则聪,去视无以见则明,去智无以知则公。去三者不任则治,三者任则乱。'以此言耳目心智之不足恃也。耳目心智,其所以知识甚阙,其所以闻见甚浅。以浅阙博居天下,安殊俗,治万民,其说固不行。"①这里的昭釐侯就是《史记》中的韩昭侯,申不害是他的宰相。申不害并不赞同昭侯在这个事例中表现出来的治国方法。昭侯利用自己的一点小聪明,识破了官员的小伎俩,自以为得计。但是,申不害却对此提出了批评:仅仅依靠君主个人的耳目心智,毕竟是靠不住的。你能够看到那只小猪耳朵上的某个特点,但你在更多国家大事上无法做出同样的反应。君主个人的耳目心智只能在相当有限的空间里才能发挥作用。超过这样的空间范围,君主就无能为力。

《韩非子》还记载了一个小典故:"韩昭侯使骑于县。使者报,昭侯问曰:'何见也?'对曰:'无所见也。'昭侯曰:'虽然,何见?'曰:'南门之外,有黄犊食苗道左者。'昭侯谓使者:'毋敢泄吾所问于女。'乃下令曰:'当苗时,禁牛马入人田中固有令,而吏不以为事,牛马甚多入人田中。亟举其数上之;不得,将重其罪。'于是三乡举而上之。昭侯曰:'未尽也。'复往审之,乃得南门之外黄犊。吏以昭侯为明察,皆悚惧其所而不敢为非。"②这也是昭侯依靠个人耳目心智的个案。按照申不害的"任法"思想,这是不对的。君主只能依靠客观的法与数,才能有效地治理天下万民。

《韩非子·难三》还记载了一段对话:"秦昭王问于左右曰:'今

---

① [汉]高诱注:《吕氏春秋》,[清]毕沅校,徐小蛮标点,上海古籍出版社2014年,第387—388页。
② 高华平、王齐洲、张三夕译注:《韩非子》,中华书局2015年,第352页。

时韩、魏孰与始强?'右左对曰:'弱于始也。''今之如耳、魏齐孰与曩之孟常、芒卯?'对曰:'不及也。'王曰:'孟常、芒卯率强韩、魏,犹无奈寡人何也。'左右对曰:'甚然。'中期推琴而对曰:'王之料天下过矣。夫六晋之时,知氏最强,灭范、中行而从韩、魏之兵以伐赵,灌以晋水,城之未沈者三板。知伯出,魏宣子御,韩康子为骖乘。知伯曰:'始吾不知水可以灭人之国,吾乃今知之。汾水可以灌安邑,绛水可以灌平阳。'魏宣子肘韩康子,康子践宣子之足,肘足接乎车上,而知氏分于晋阳之下。今足下虽强,未若知氏;韩、魏虽弱,未至如其在晋阳之下也。此天下方用肘足之时,愿王勿易之也。'或曰:昭王之问也有失,左右中期之对也有过。凡明主之治国也,任其势。势不可害,则虽强天下无奈何也,而况孟常、芒卯、韩、魏能奈我何?其势可害也,则不肖如如耳、魏齐及韩、魏犹能害之。然则害与不侵,在自恃而已矣,奚问乎?自恃其不可侵,则强与弱奚其择焉?失在不自恃,而问其奈何也,其不侵也幸矣。申子曰:'失之数而求之信,则疑矣。'其昭王之谓也。"①这段对话较长,其中的背景、关系也比较复杂,其中最值得注意的信息是申不害的评论。申不害的意思是,像秦昭王这样的人,丢弃法数,却要求人们忠信,那就糊涂了。"失之数"就是失之法,这是君主的陷阱。只有糊涂的君主才会掉进这样的陷阱。

（三）行法

君主既要有"任法"的意识,还要有"行法"的意识。"任法"是依靠法律,与"任智"相对。"行法"是让法律得到执行,与法的形同虚设相对。从小处上说,只有法律、法令得到严格的执行,君主才有尊严。"君子之所以尊者,令。令不行,是无君也,故明君慎令。"②这句话是就君主的个人境遇而言的。对于国家治理来说,

---

① 高华平、王齐洲、张三夕译注:《韩非子》,中华书局2015年,第582页。
② ［唐］欧阳询撰:《艺文类聚》,汪绍楹校,上海古籍出版社1982年,第968页。

法令的严格执行更为重要。

据《韩非子·外储说左上》:"韩昭侯谓申子曰:'法度甚不易行也。'申子曰:'法者,见功而与赏,因能而受官。今君设法度而听左右之请,此所以难行也。'昭侯曰:'吾自今以来知行法矣,寡人奚听矣。'一日,申子请仕其从兄官。昭侯曰:'非所学于子也。听子之谒,败子之道乎,亡其用子之谒?'申子辟舍请罪。"①对于这个事件,《战国策》中也有记载:"申子请仕其从兄,昭侯不许也,申子有怨色。昭侯曰:'非所学于子者也。听子之谒而废子之道乎?又亡其行子之术而废子之谒乎?子尝教寡人,循功劳,视次第。今有所求,此我将奚听乎?'申子乃辟舍请罪曰:'君真其人也。'"②

这两则资料表明,昭侯与申不害确实讨论过"法度不易行"的问题。昭侯首先注意到这个问题:法度已经制定了,但在执行过程中,会遇到各种各样的障碍。申不害认为,法的功能,在于依据功劳给予奖赏,依据能力授予官职。法本来就是一个客观的标准,这样的法就是"明法"。法之难行,问题主要出在君主身上,君主法外施恩,是法之难行的根本原因。申不害认为,为了解决"法度不易行"的问题,君主应当坚决拒绝左右之请,必须严格依照法律的相关规定,这样就能保证法律得到不折不扣的执行。

至于申不害为其兄求官一事,郭沫若的解释是:"由这儿又可以看出,申子这个人是怎样的言不顾行。他嘴里尽可以讲些漂亮话,做起事来却是两样。"③在郭沫若看来,申不害为兄求官,似乎可以表明,申不害的人格很卑下。其实,申不害为兄求官,还可以做另外的解释:这是申不害对昭侯进一步的检验、试探与劝诫,希望昭侯严格行法,铁面拒绝左右之请,当然也包括"自己之请"。昭

---

① 高华平、王齐洲、张三夕译注:《韩非子》,中华书局 2015 年,第 427 页。
② 缪文远、缪伟、罗永莲译注:《战国策》,中华书局 2012 年,第 813 页。
③ 郭沫若:《十批判书》,人民出版社 2012 年,第 260 页。

侯的拒绝,也许正好符合申不害的期待。根据《韩非子》的记载,"申子辟舍请罪",表示自己错了。根据《战国策》,申不害还有赞许性的评论:"君真其人也。"这就是说,昭侯正是自己期待的明君,正在自己期待的方向上解决"法度甚不易行"的问题。

《韩非子》记载的另一则典故,也许可以证明,昭侯已经接受了申不害的劝诫:"韩昭侯使人藏弊裤,侍者曰:'君亦不仁矣,弊裤不以赐左右而藏之。'昭侯曰:'非子之所知也。吾闻明主之爱一颦一笑,颦有为颦,而笑有为笑。今夫裤,岂特颦笑哉!裤之与颦笑相去远矣。吾必待有功者,故收藏之未有予也。'"① 这个事例表明,昭侯完全符合申不害提出的"见功而与赏"的要求,哪怕只是一条旧裤子,也不能随意赏人。必须等到某个人做出了相应的功绩,才能把那条旧裤子作为奖品赏给他。这就是"行法"观念在细节上的体现。

概而言之,申不害的法治学说,大致可以从明法、任法、行法三个彼此关联的法治环节来理解。由此可以表明,申不害关于法律、法治及法理,已经形成了比较系统的思考。

小　结

根据申不害时代的政治环境,以及目前可见的申不害著作,我们发现,"申不害言术"的实质就是"申不害言法"。顾立雅说,"两千年来,申不害一直被称为法家的一个成员",但在"事实上,申不害不是一个法家。这并不意味着他不相信法律在政府管理中占有一定的位置"。② 顾立雅的这个论断不够公允。申不害相信法律的作用,他不仅是一个法家人物,而且是一个具有较高理论修养的法家人物。在申不害看来,君臣关系是法律关系的核心与关键。

---

① 高华平、王齐洲、张三夕译注:《韩非子》,中华书局2015年,第343页。
② Herrlee G. Creel, *Shen Pu-Hai, A Chinese Political Philosopher of the Fourth Century B. C.*, The University of Chicago Press, 1974. p. 135.

对于他那个时代的君臣关系,申不害进行了理性化、制度化、法律化的建构,有助于促成君臣关系的法治化。在此基础上,申不害从明法、任法、行法三个法治环节着手,阐述了一种比较系统、比较深刻的法治学说。

当然,很多人习惯于把申不害称为"术家"。譬如,梁启超就以"术治主义"定义"申子一派"。① 冯友兰说:"法家中有三派,一重势、一重术、一重法",其中,"重术者以申不害为宗"。② 萧公权认为:"'术'治成于申子。"③钱穆的观点是:"申子以贱臣进,其术在于微视上之所说以为言。而所以教其上者,则在使其下无以窥我之所喜悦,以为深而不可测。夫而后使群下得以各竭其诚,而在上者乃因材而器使,见功而定赏焉。"此外,"《韩非》书言昭侯申子遗事者尚多,要其归在于用术以驭下,与往者商鞅吴起变法图强之事绝不类。其所以然者,殆由游仕既渐盛,争以投上所好,而渔权钓势。在上者乃不得不明术以相应。而吴起商鞅以忠贞殉主之节已不可见"。④ 郭沫若也有大致相同的说法:"申子虽被汉以后人称为'法家',其实他和李悝、吴起、商鞅等的倾向完全不同,严密地说时是应该称为'术家'的。"因为,"'术'导源于黄老,故司马迁以老、庄、申、韩同传,而说申'学术以干韩昭侯',这是很有分寸的"。⑤ 这些关于"术家""术治"的论断,虽然有司马迁的"学术以干韩昭王"作为依据,其实未必恰当。从源头上看,如前所述,以"术"概括申不害的学术思想,主要出自韩非子,是韩非子的"申不害言术"为申不害贴上了"术论""术家"的标签。其实,上文的辨析已经表明,申不害所言之术,其实就是法。

---

① 梁启超:《梁启超全集》,北京出版社1999年,第3671页。
② 冯友兰:《中国哲学史》上册,华东师范大学出版社2010年,第183页。
③ 萧公权:《中国政治思想史》,新星出版社2005年,第150页。
④ 钱穆:《先秦诸子系年》,九州出版社2011年,第250页。
⑤ 郭沫若:《十批判书》,人民出版社2012年,第254页。

在申不害的现存文献中,并没有"术"这个字,虽然在内容上包含了一些与"术"有关的文字。但申不害论著的主体部分并不是术,而是法。根据申不害著述的内容,从法理学的立场来看,他其实是一个法理思想家。

钱穆的评论,突出了申不害曾经的"贱臣"身份。"贱臣"二字出自司马迁的《老子韩非列传》。此传分述老、庄、申、韩四位传主,其中,有关申不害的篇幅最少,还不到一百字。也许就是因为申不害是"故郑之贱臣。学术以干韩昭侯",虽然在"干韩昭侯"期间取得了很好的政治绩效,还是不愿给予一个较高的评价——不给篇幅就是一种无言的评价。此外,正如前文所述,《韩非子》在提到"赵令人因申子于韩请兵"一节时,也刻意描述了申不害瞻前顾后、谨小慎微、患得患失的心态,如果要解释这种心态的由来,恐怕也会追溯至他早期的"贱臣"身份。从韩非子、司马迁一直到钱穆,都在强调申不害曾经的"贱臣"身份,都习惯于从"贱臣"的角度解释申不害的学说。在这样的思维定式下,人们会发生这样的联想:因为他是曾经的贱臣,所以他会不择手段谋取高位,想方设法摆脱贱臣的身份,以及千方百计地"投上所好,而渔权钓势"——一个"贱臣"阐述的理论,只能是追求权势的"术"。

虽然,申不害早期的"贱臣"身份可以解释为,他的出身比较低微,但是,申不害并不因此而自我轻贱,理由见于两个片断。其一,他说过:"百世有圣人,犹随踵千里有贤者,是立足也。"①这句话,可以视为申不害的自我期许:希望在贤者甚至是圣人的行列里立足,占据一席之地。如果言为心声,那么,这显然不像是一个蝇营狗苟者之所言。其二,他还说:"四海之内,六合之间,曰奚贵?曰贵土。土,食之本也。"②论及"四海""六合"之贵,他并没有吹捧君

---

① [清]严可均:《全上古三代秦汉三国六朝文》,中华书局1958年,第33页。
② [清]严可均:《全上古三代秦汉三国六朝文》,中华书局1958年,第33页。

主,也没有宣扬"君为贵"之类的观念,反而认为,土地才是最贵的,这就很不简单。

更加值得注意的是,申不害以一个外来"贱臣"的身份来到韩国,反而为他提供了一个理解诸侯政治的独特视角,让他看到了韩国当时的宗室政治、贵族政治、血缘政治存在的严重弊端。对于当时的韩国来说,申不害的眼光可以说是一个外来的"他者"的眼光。正是这种独特的"贱臣"视角,让申不害发现,应当以"名之正"为抓手,促成君臣关系的理性化、制度化与法律化;应当以"明法"的理念表达法律,以"任法"的理念运用法律,以"行法"的理念实施法律,通过促成君主政治的法治化,全面提升国家治理能力。《战国策》中有言:"昭釐侯,一世之明君也;申不害,一世之贤士也。"①司马迁也承认,"终申子之身,国治兵强,无侵韩者"。这种明君贤相的格局,特别是韩国历史上少有的"国治兵强"的盛世,正是申不害的法理学说用于韩国实践、进而改造韩国实践的产物。在"国治兵强"的背后,有一个具有实践能力、善于审时度势、知行合一的法理学家,那就是申不害。

第三节　慎　　子

在战国早期,虽然慎到称得上是活跃的学术思想名家,但是,《史记》关于慎到的记载却甚为简略。根据《史记·孟子荀卿列传》,"慎到,赵人。田骈、接子,齐人。环渊,楚人。皆学黄老道德之术,因发明序其指意,故慎到著十二论","于是齐王嘉之,自如淳于髡以下,皆命曰列大夫,为开第康庄之衢,高门大屋,尊宠之。览天下诸侯宾客,言齐能致天下贤士也"②。《史记·田敬仲完世家》

---

① 缪文远、缪伟、罗永莲译注:《战国策》,中华书局2012年,第887页。
② [汉]司马迁:《史记》,中华书局2006年,第456页。

又称:齐国的"宣王喜文学游说之士,自如邹衍、淳于髡、田骈、接予、慎到、环渊之徒七十六人,皆赐列第,为上大夫,不治而议论。是以齐稷下学士复盛,且数百千人"①。透过这些零星的信息,可以发现,出生于赵国的慎到,曾充任齐国的稷下学士。其间,慎到与其他稷下学士一起,作为一个学术群体,受到齐宣王的优待,在著书立说的同时,还享有较高的政治地位。

《庄子》《荀子》《韩非子》都曾述及慎到的学术思想。《庄子·天下》把慎到与彭蒙、田骈归为一派,称他们"公而不当,易而无私,决然无主,趣物而不两,不顾于虑,不谋于知,于物无择,与之俱往"。在慎、彭、田三子中,"慎到弃知去己,而缘不得已。泠汰于物,以为道理"。②《荀子·非十二子》把慎到、田骈归为一派,称他们"尚法而无法,下修而好作,上则取听于上,下则取从于俗,终日言成文典,反紃察之,则倜然无所归宿,不可以经国定分;然而其持之有故,其言之成理,足以欺惑愚众,是慎到、田骈也"③。《荀子·解蔽》又批判慎到,说"慎子蔽于法而不知贤"④。《荀子·天论》还说,"慎子有见于后,无见于先"⑤。这些评论,与流传至今的《慎子》(包括《慎子逸文》)中表达的观点,大致是吻合的。《韩非子·难势》则直接讨论了慎到关于"势"的思想(详后)。先秦诸子普遍承认慎到的思想地位与学术贡献,说明慎到早在先秦时期已经享有很高的思想声望。

至于今人眼里的慎到,其学术思想地位,相对于先秦时期来说,已经明显降低了。但是,慎到毕竟还是一个不容忽视的重要思想家。近代以来的学术思想界,对慎到还是多有关注。譬如,梁启

---

① [汉]司马迁:《史记》,中华书局2006年,第318页。
② 方勇译注:《庄子》,中华书局2015年,第577页。
③ [清]王先谦撰:《荀子集解》,沈啸寰、王星贤整理,中华书局2012年,第92—93页。
④ [清]王先谦撰:《荀子集解》,沈啸寰、王星贤整理,中华书局2012年,第380页。
⑤ [清]王先谦撰:《荀子集解》,沈啸寰、王星贤整理,中华书局2012年,第312页。

超在《中国法理学发达史论》一文中,把慎到归入法家,把慎到的《君人》篇归入法治主义文献。① 在《先秦政治思想史》一书中,梁启超又把慎到看作从道家过渡到法家的关键人物:"道家认宇宙为现成的,宇宙之自然法,当然亦为现成的,人类则与万物等夷。同受治于此种一定的因果律之下,其结果必与法家所谓法治思想相契合而冶为一,有固然也。就其中有一人焉,其学说最可以显出两宗转捩关键者,曰慎到。"梁启超还说,慎到"为法家开宗之人,殆学者所同认也",倘若根据《庄子·天下》,那么,"慎到哲学根本观念全出道家甚明",由于慎到强调的"钧石权衡,皆'无知之物',而其效力能比圣智之禹尤强,此即'物治主义'之根本精神也。其应用于政治,自然是舍人取法"。② 梁启超所说的"物治主义",其实就是他所说的法治主义的另一个面相。"物治主义"之物,主要在于强调法的客观性。

对于这一点,胡适在《中国古代哲学史》一书中,做出了更加清晰的说明。他说:"慎子用钩策比'法',说法之客观性最明白。此可见中国法治主义第一个目的只要免去专制的人治'诛赏予夺从君心出'的种种祸害。此处慎到虽只为君主设想,其实是为臣民设想,不过他不敢明说罢了。"较之于儒家,"慎到的法治主义首先要去掉'建己之患,用知之累':这才是纯粹的法治主义"。③ 可见,纯粹的法治主义就是"物治主义"。严格地说,"物治主义"并不是一个贬义词,它只是揭示了法治主义的一个极端化的特性而已。

按照胡适的说法,"中国古代只有法理学,只有法治的学说,并无所谓'法家'"④。这种以法理学定性法家学说的观点,还可以在郭沫若的论著中找到支持。郭沫若的《十批判书》虽然没有专篇论

---

① 梁启超:《梁启超全集》,北京出版社1999年,第1273页。
② 梁启超:《梁启超全集》,北京出版社1999年,第3660页。
③ 欧阳哲生编:《胡适文集》第六册,北京大学出版社1998年,第385页。
④ 欧阳哲生编:《胡适文集》第六册,北京大学出版社1998年,第395页。

述慎到,但在《稷下黄老学派的批判》一文中,还是较多地评述了慎到的观点。郭沫若说:"慎到、田骈的一派是把道家的理论向法理一方面发展了的。严格地说,只有这一派或慎到一人才是真正的法家。韩非子的思想,虽然主要是由慎到学说的再发展,但它是发展向坏的方面,搀杂进了申子或关尹、老子的术,使慎到的法理完全变了质。"①提取胡适、郭沫若两家的共同点,那么,慎到在思想史上的主要贡献,就在法理学。如果暂且接受这个观点,那么,慎到就是一个"法理学家"。

由此,一个值得我们进一步索解的问题是,如何勾画慎到作为一个"法理学家"的思想肖像?如何评析慎到对中国法理学做出的贡献?让我们根据当代法理学的知识格局与理论框架,从法的本体论、法的价值论、法的运行论、法的社会论等几个方面,系统地述论慎到的法理学。

一、法的本体论

"本体"是一个外来的哲学概念。法的本体论,可以理解为法的本质论、本性论、本源论。法的本体论可以从不同的角度来论述,譬如神意论、正义论等等。慎到从本源的角度提出,法是社会的产物,这是一种具有法社会学色彩的法的本体论。

先看《慎子逸文》(以下简称《逸文》)中的一个论断:"礼从俗,政从上,使从君。国有贵贱之礼,无贤不肖之礼;有长幼之礼,无勇怯之礼;有亲疏之礼,无爱憎之礼也。"②这句话虽然说到"政从上,使从君",但它的重心是"礼从俗"。所谓"礼从俗",亦即近人刘师培在《古政原始论》一文中所说的:"上古之时,礼源于俗。典礼变迁,可以考民风之异同。"③根据《逸文》,礼关乎贵贱、长幼、亲疏,

---

① 郭沫若:《十批判书》,人民出版社 2012 年,第 128—129 页。
② 许富宏撰:《慎子集校集注》,中华书局 2013 年,第 63 页。
③ 刘师培:《刘申叔遗书》上册,江苏古籍出版社 1997 年,第 683 页。

礼无涉贤不肖、勇怯、爱憎。值得注意的是,贵贱之类是客观的标准,贤不肖之类是主观的标准。客观的标准可以由理性的规则来衡量,主观的标准只能诉诸感性的道德。礼作为理性的规则,相当于今日所说的法。因此,礼源于俗,就是法源于俗。这里的"俗"就是世俗社会与现实生活。

正是在这样的基础上,《逸文》提出:"法,非从天下,非从地出,发于人间,合乎人心而已。"[①]这就是说,法不是从天上掉下来的,也不是从地里长出来的。法"发于人间",是指法出于人间社会,法是社会生活的产物,也是现实生活的产物。在上文中,梁启超、胡适以法的客观性描述慎到的法理学,就与这种关于法的本体论密不可分。《逸文》称:"日月为天下眼目,人不知德;山川为天下衣食,人不能感。"[②]对于日月山川,人不知德,人不能感,正是因为它们是客观存在的事物,不以人心为转移。日月山川的这种客观性,也有助于理解法的客观性:法出于现实的人间社会,并不关乎贤不肖、勇怯、爱憎。

法是社会的产物,具有客观性,但在另一方面,法还必须"合乎人心",因而,出于人间社会的法与日月山川这种纯粹的自然之物,毕竟还是有所区别。正是"合乎人心"这个要素,包含了慎到关于法的本质的更加丰富的思想。因为,法需要"合乎"的"人心",乃是一个复杂而疑难的问题。那么,慎到所说的"人心"具有哪些特点或属性?法需要"合乎"什么样的"人心"?

法需要"合乎"的"人心",既是对法的限制,同时也是对法的本体的进一步的规定。在慎到看来,人心具有好利的特性,人心都是好利的人心,这是人心的基本属性。在法家人物中,从商鞅到韩非,都特别注意人心的这种属性。法家的很多理论预设,都

---

① 许富宏撰:《慎子集校集注》,中华书局2013年,第102页。
② 许富宏撰:《慎子集校集注》,中华书局2013年,第101页。

是以人心好利作为出发点和依据。① 表面上看,人心好利是人性恶的体现。然而,人心好利可能是人心的一个无涉善恶的客观属性。慎到强调人心好利这个客观的属性,从不同的角度反复进行了论证。譬如,针对一种特定职业,《逸文》称:"匠人成棺,不憎人死,利之所在,忘其丑也。"②这是说匠人的好利。针对一种家庭现象,《逸文》称:"家富则疏族聚,家贫则兄弟离,非不相爱,利不足相容也。"③《逸文》还称:"夏箴曰:小人无兼年之食,遇天饥,妻子非其有也;大夫无兼年之食,遇天饥,臣妾舆马非其有也。戒之哉!"④这是说贫富对家庭关系、家族成员亲疏关系的影响。针对一种政治现象,《逸文》称:"昔周室之衰也,厉王扰乱天下,诸侯力政,人欲独行以相兼。"⑤《逸文》还说:"能辞万钟之禄于朝陛,不能不拾一金于无人之地;能谨百节之礼于庙宇,不能不弛一容于独居之余,盖人情每狎于所私故也。"⑥这是说经济利益对国事的影响。

如果人心是好利的,那么,法应当如何去"合乎"这种好利的人心? 综合慎到的相关论述,要求法"合乎人心",并不是要求法消极地适应人心,而是要求:法应当积极地应对人心的这种属性。大致说来,慎到提出的应对思路主要包括以下四端。

---

① 譬如,《韩非子·五蠹》称:"尧之王天下也,茅茨不翦,采椽不斫;粝粢之食,藜藿之羹;冬日麑裘,夏日葛衣;虽监门之服养,不亏于此矣。禹之王天下也,身执耒臿以为民先,股无胈,胫不生毛,虽臣虏之劳,不苦于此矣。以是言之,夫古之让天子者,是去监门之养,而离臣虏之劳也,古传天下而不足多也。今之县令,一日身死,子孙累世絜驾,故人重之。是以人之于让也,轻辞古之天子,难去今之县令者,薄厚之实异也。"(高华平、王齐洲、张三夕译注:《韩非子》,中华书局2015年,第700页)这段话比较典型地体现了以好利之心分析历史的方法。
② 许富宏撰:《慎子集校集注》,中华书局2013年,第83页。
③ 许富宏撰:《慎子集校集注》,中华书局2013年,第88页。
④ 许富宏撰:《慎子集校集注》,中华书局2013年,第99页。
⑤ 许富宏撰:《慎子集校集注》,中华书局2013年,第86页。
⑥ 许富宏撰:《慎子集校集注》,中华书局2013年,第106页。

首先,法应当"任自然"。这种对"自然"的偏好,具有明显的道家色彩。《逸文》称:"鸟飞于空,鱼游于渊,非术也。故为鸟为鱼者,亦不自知其能飞能游。苟知之,立心以为之,则必堕必溺。犹人之足驰手捉耳听目视,当其驰捉听视之际,应机自至,又不待思而施之也。苟须思之而后可,施之,则疲矣。是以任自然者久,得其常者济。"①按照这个原理,只有"任自然"之法,才能长久。这个道理,就仿佛"人法地,地法天,天法道,道法自然"②,又像是"道之尊,德之贵,夫莫之命而常自然"③。《逸文》还称:"古之全大体者,望天地,观江海,因山谷,日月所照,四时所行,云布风动,不以智累心,不以私累己。寄治乱于法术,托是非于赏罚,属轻重于权衡,不逆天理,不伤情性,不吹毛而求小疵,不洗垢而察难知,不引绳之外,不推绳之内,不急法之外,不缓法之内,守成理,因自然。祸福生乎道法,而不出乎爱恶。荣辱之责在乎己,而不在乎人。故至安之世,法如朝露,纯朴不欺,心无结怨,口无烦言。故车马不弊于远路,旌旗不乱于大泽,万民不失命于寇戎,豪杰不著名于图书,不录功于盘盂,记年之牒空虚。故曰:利莫长于简,福莫久于安。"④这段话内容丰富,其要义也是"任自然"。所谓"利莫长于简",其法理意义就在于:好利的人心,只能凭借至简的大道,亦即通过"任自然"之道来回应。

其次,法应当符合道与德的要求。这同样是具有道家色彩的主张。在今存的《慎子》全书中,《德威》是首篇,也是《慎子》全书中篇幅最大的单篇文献。"德威"的字面含义,就是"威由德生"。这里的"德"首先是指天子之德。《德威》称:"古者,立天子而贵之者,非以利一人也。曰:天下无一贵,则理无由通,通理以为天下也。故立天

---

① 许富宏撰:《慎子集校集注》,中华书局2013年,第111—112页。
② [魏]王弼注:《老子道德经注》,楼宇烈校释,中华书局2011年,第66页。
③ [魏]王弼注:《老子道德经注》,楼宇烈校释,中华书局2011年,第141页。
④ 许富宏撰:《慎子集校集注》,中华书局2013年,第103—104页。

子以为天下,非立天下以为天子也;立国君以为国,非立国以为君也;立官长以为官,非立官以为长也。"①在天下与天子之间,天下为本,天子为末。天子如果有这样的"德",天子之威自然形成。《逸文》还称:"夫德精微而不见,聪明而不发,是故外物不累其内。"②这同样是对德的宣扬。此外,《逸文》还特别突出了道的地位:"夫道所以使贤,无奈不肖何也;所以使智,无奈愚何也。若此,则谓之道胜矣。"③对道的尊崇,应当直接转化为道对法的引领、规范。《逸文》:"故治国无其法则乱,守法而不变则衰,有法而行私谓之不法。以力役法者,百姓也;以死守法者,有司也;以道变法者,君长也。"④据此,治国应依法,法应当与时俱进,变法的准则就是道。

再次,法应当符合仁与义的要求。这体现了慎到对儒家思想的吸纳。《逸文》称:"始吾未生之时,焉知生之为乐也;今吾未死,又焉知死之为不乐也。故生不足以使之,利何足以动之;死不足以禁之,害何足以恐之。明于死生之分,达于利害之变。是以目观玉辂琬象之状,耳听白雪清角之声,不能以乱其神;登千仞之溪,临蝯眩之岸,不足以滑其知。夫如是,身可以杀,生可以无,仁可以成。"⑤这种杀身成仁的观念,显然与儒家强调的"志士仁人,无求生以害仁,有杀身以成仁"⑥遥相呼应。《逸文》比较了两种不同的刑罚实践:"有虞之诛,以幪巾当墨,以草缨当劓,以菲履当刖,以艾韠当宫,布衣无领当大辟,此有虞之诛也。斩人肢体,凿其肌肤,谓之刑;画衣冠,异章服,谓之戮。上世用戮而民不犯也,当世用刑而民不从。"⑦显而易见,"有虞之诛"是仁慈

---

① 许富宏撰:《慎子集校集注》,中华书局2013年,第16页。
② 许富宏撰:《慎子集校集注》,中华书局2013年,第84页。
③ 许富宏撰:《慎子集校集注》,中华书局2013年,第84—85页。
④ 许富宏撰:《慎子集校集注》,中华书局2013年,第78页。
⑤ 许富宏撰:《慎子集校集注》,中华书局2013年,第109—110页。
⑥ 杨伯峻译注:《论语译注》,中华书局2012年,第228页。
⑦ 许富宏撰:《慎子集校集注》,中华书局2013年,第68页。

的刑罚,至于"当世之诛",因为其不仁不义,以至于成为没有实际效果的刑罚。《逸文》又称:"与天下于人,大事也,煦煦者以为惠,而尧舜无德色。取天下于人,大嫌也,洁洁者以为污,而汤武无愧容。惟其义也。"①汤武"取天下于人",为什么没有愧容? 也是因为汤武的行为符合义的要求。可见,儒家偏好的仁与义也是法必须遵循的原则。

最后,法的着眼点"在乎定分"。这是一个偏重于实证主义的法理学主张。《逸文》:"今一兔走,百人逐之,非一兔足为百人分也,由未定。由未定,尧且屈力,而况众人乎? 积兔满市,行者不顾,非不欲兔也,分已定矣。分已定,人虽鄙不争。故治天下及国,在乎定分而已矣。"②这段话以微观论证开端,以宏大叙事结束,论证了只有以法定分,才能有效地治理国家、治理天下。反过来说似乎更准确:国家与天下的有效治理,就在乎定分之法。

就以上四端来看,自然与道德大致可以归属于道家,仁义大致可以归属于儒家,但是,定分却主要体现为法家的主张。这就是说,慎到立足于道家,兼及儒家,最后以法家的立场,对法的本体进行了界定。按照慎到的逻辑,所谓法,就是发于人间的规范;为了应对好利的人心,法应当任自然、讲道德、求仁义,通过定分止争,达到对国家与天下的有效治理。这就是慎到关于法的本体论。

二、法的价值论

在关于法的本体论中,其实已经涉及与法有关的某些价值要素,譬如仁义、道德、自然,等等,都是一些具有价值指向的概念。但是,这些价值指向主要体现了法应当符合的价值准则,或者可以理解为实在法之上的"高级法"。从宽泛的意义上说,实在法之上

---

① 许富宏撰:《慎子集校集注》,中华书局 2013 年,第 100 页。
② 许富宏撰:《慎子集校集注》,中华书局 2013 年,第 79 页。

的"高级法"也可以归属于法的价值论,由此看来,法的价值论与法的本体论其实并不能截然分开。但是,如果我们把法的价值理解为法对人的意义,特别是法对于"人间"的意义,那么,慎到关于法的价值的理论,可以归纳为以下几个方面。

(一)"一人心"

在上文述及的关于法的本体论中,"人心"就是与"人间"相并列的两大关键词之一。因而,要讨论慎到的法的价值论,"人心"同样不可避开。《德威》:"法虽不善,犹愈于无法,所以一人心也。夫投钩以分财,投策以分马,非钩策为均也。使得美者,不知所以德;使得恶者,不知所以怨,此所以塞愿望也。故蓍龟,所以立公识也;权衡,所以立公正也;书契,所以立公信也;度量,所以立公审也;法制礼籍,所以立公义也。凡立公,所以弃私也。"① 这段文字首先强调的法的价值,就在于"一人心"。慎到注意到,法有善法,也有不善之法,即使是不善之法,亦即有缺陷的法,也优于无法。因为,哪怕是不善的法,也有"一人心"的价值。所谓"一人心",就是让众人具有相同的价值准则,相同的价值准则就是由法来承载的。只要是法赞同的,众人都可以做;只要是法禁止的,众人都不能做。法作为引导人心的客观尺度,可以促成"立公"与"弃私"的效果。

慎到在这里专门说到,"法制礼籍"就是为了"立公义"。所谓"公义",是指公共舆论认可的"义"或"理"。"公义"不是任何个人的主张,不反映任何个人的偏好,即使是君主的偏好,也毋须反映出来,甚至还要刻意避开。由此形成的实际效果是,受到惩罚的人,没有任何人可以怨恨,因而不会生出怨恨之意;受到奖励的人,也没有任何人可以感激,因而不会生出感激之意。作为主政者的君主不会被感激,但也不会被怨恨。在慎到看来,这正是君主应当

---

① 许富宏撰:《慎子集校集注》,中华书局 2013 年,第 17—18 页。

追求的目标。一个君主,如果要努力追求被众人感激,那就难免被众人怨恨。比较而言,还是追求"不知所以德,不知所以怨"这样的结果,更能够维护君主的利益。要实现这个目标,那就应当把法作为一个纯粹的评价标准,使各种各样的人心都由法来引导、统一,完全随法而转动。

法是客观的规则,不跟任何个人意志相捆绑,或者说,可以与个人意志完全切割开来。这就意味着,法是公意的体现,天下人的一举一动,全部由法规定。正如《逸文》所说:"法者,所以齐天下之动,至公大定之制也。故智者不得越法而肆谋,辩者不得越法而肆议,士不得背法而有名,臣不得背法而有功。我喜可抑,我忿可窒,我法不可离也;骨肉可刑,亲戚可灭,至法不可阙也。"①据此,能够统一人心的法,亦即统一所有人行动的法。任何人都应当按照法的要求而行动。《逸文》:"折券契,属符节,贤不肖用之。"②在法的面前,所有的人都是同质的人,既没有贤与不肖之分,甚至也不必强调巧与不巧之别,正如《逸文》所称:"公输子巧用材也,不能以檀为瑟。"③这就是说,公输子即使再巧,其能力也是有限的。慎到抹杀或淡化这样的差异,旨在强调,任何人都应当按照法的规定各司其职。《逸文》:"昔者,天子手能衣而宰夫设服,足能行而相者导进,口能言而行人称辞,故无失言失礼也。"④这就是依照法律各司其职产生的积极效应。

(二) 定赏罚

"一人心"等于是一个原则性的价值指向,相比之下,更加具体的价值指向在于确定赏罚。《德威》侧重于强调以法定赏:"明君动事分功必由慧,定赏分财必由法,行德制中必由礼。故欲不得干

---

① 许富宏撰:《慎子集校集注》,中华书局 2013 年,第 108 页。
② 许富宏撰:《慎子集校集注》,中华书局 2013 年,第 73 页。
③ 许富宏撰:《慎子集校集注》,中华书局 2013 年,第 75 页。
④ 许富宏撰:《慎子集校集注》,中华书局 2013 年,第 70 页。

时,爱不得犯法,贵不得踰亲,禄不得踰位,士不得兼官,工不得兼事。以能受事,以事受利。若是者,上无羡赏,下无羡财。"①这样的依法定赏,主要突出了法在财富分配中的价值与作用。与此同时,慎到还注意到,赏与罚具有同等的重要性。《逸文》:"孔子云:有虞氏不赏不罚,夏后氏赏而不罚,殷人罚而不赏,周人赏且罚。罚,禁也;赏,使也。"②倘若不赏不罚,那就意味着没有发挥法的价值,意味着法的取消。无论是赏而不罚还是罚而不赏,都没有充分发挥法的价值。只有周人的赏罚结合,才能从正反两个方面,全面发挥法的导向作用。当然,赏与罚都必须由法来设定。

《君人》明确提出了赏罚由法的原则:"君人者,舍法而以身治,则诛赏予夺从君心出矣。然则受赏者虽当,望多无穷;受罚者虽当,望轻无已。君舍法而以心裁轻重,则同功殊赏,同罪殊罚矣。怨之所由生也。"③在这里,慎到提出了赏罚的两种选项:赏罚由法与赏罚由心。如果赏罚"从君心出",那就不能收到预期的效果,因为没有标准,即使君主给出的是重赏,但是,受赏之人还有更高的期待,而且这种期待是没有止境的;即使君主给出的是轻罚,但受罚之人还是期待惩罚更轻一些。如果出现"同功殊赏""同罪殊罚"的情况,还将引发更多的不满与怨恨。正是鉴于这种情况,《君人》要求君主:"是以分马者之用策,分田者之用钩,非以钩策为过于人智也,所以去私塞怨也。故曰:大君任法而弗躬,则事断于法矣。法之所加,各以其分,蒙其赏罚而无望于君也。是以怨不生而上下和矣。"④简而言之,就是要事断于法,赏罚由法。

(三) 防私伪

慎到的法理学包含了一对关键词,那就是公与私。在先秦时

---

① 许富宏撰:《慎子集校集注》,中华书局2013年,第21页。
② 许富宏撰:《慎子集校集注》,中华书局2013年,第76页。
③ 许富宏撰:《慎子集校集注》,中华书局2013年,第52页。
④ 许富宏撰:《慎子集校集注》,中华书局2013年,第54页。

期,公与私是一对广为人说的范畴。《尚书·周官》有言:"凡我有官君子,钦乃攸司,慎乃出令。令出惟行,弗惟反。以公灭私,民其允怀。"这里的公与私,大致是指公正与私欲。① 慎到也重视公与私的关系,而且突出了公与私之间的相互对立。在公与私之间,公是正面的,私是负面的;公是积极的,私是消极的。倘若公私不能相容,应当大公而无私。至于法,则是公的象征,因此,公与私的对立就是法与私的对立。法的价值,就在于压缩私的空间,杜绝私的生长。《逸文》:"法之功,莫大使私不行;君之功,莫大使民不争。今立法而行私,是私与法争,其乱甚于无法。立君而尊贤,是贤与君争,其乱甚于无君。故有道之国,法立则私议不行,君立则贤者不尊。民一于君,事断于法,是国之大道也。"②按照这段论述,有贤则无君,因为"贤"会损害"君"的权威;同样,有私则无法,因为私会挤压法的空间。只有事断于法,才符合国之大道。对于公与私之间的这种对立,后来的韩非子还从源头上进行了解释:"古者仓颉之作书也,自环者谓之私,背私谓之公,公私之相背也,乃苍颉固以知之矣。今以为同利者,不察之患也。"③国是公的象征,国家就是公家,为了公家的利益,必须以法去私。

与私相关联的是"诈伪",诈伪的目的就是行私,因此,私与诈伪具有相同的指向,防私之法亦即防诈伪之法。《逸文》:"有权衡者,不可欺以轻重;有尺寸者,不可差以长短;有法度者,不可巧以诈伪。"④换言之,法度是消除诈伪的利器。由于法度就是客观的度量,依靠这一利器,就可以有效地辨识一切,正如《逸文》所言:"弃道术,舍度量,以求一人之识识天下,谁子之识能足焉?"⑤《逸

---

① 王世舜、王翠叶译注:《尚书》,中华书局 2012 年,第 471 页。
② 许富宏撰:《慎子集校集注》,中华书局 2013 年,第 64 页。
③ 高华平、王齐洲、张三夕译注:《韩非子》,中华书局 2015 年,第 709—710 页。
④ 许富宏撰:《慎子集校集注》,中华书局 2013 年,第 67 页。
⑤ 许富宏撰:《慎子集校集注》,中华书局 2013 年,第 82 页。

文》还说:"厝钧石,使禹察锱铢之重,则不识也。悬于权衡,则牦发之微识也。及其识之于权衡,则不待禹之智,中人之知,莫不足以识之矣。"①法度就像钧石,是防止诈伪的有力武器。

无论是"一人心"、定赏罚,还是防私伪,其实都是为了实现对国家与天下的治理。因此,法的价值归结起来,其实就是"治之追求"。清代学者梁章钜有言,"慎子之学,近乎释氏,而《汉志》列之法家。今考其书,大旨欲因物理之当然,各定一法以守之,不求于法之外,亦不宽于法之中,则上下相安,可以清净为治"②。可见,慎子论法的价值,最终可以归结为一个字,那就是"治"。

三、法的运行论

在君主政治的背景下,法的运行的中心环节是君主。慎到关于法的运行的理论,同样是围绕着君主这个中心而展开的。要理解慎到关于法的运行论,有必要从慎到的"君主论"开始说起。

(一)君主的意义

慎到没有批判君主制,但也没有美化君主制。慎到对君主这种制度角色进行了社会科学意义上的解释。《逸文》提出了一个格言式的论断:"多贤不可以多君,无贤不可以无君。"③可以有多个贤人或贤臣,但不能有多个君主;可以没有贤人或贤臣,但不能没有君主。这就是说,无论是在哪种情况下,君主必须有一个,但也只能有一个。原因何在?因为独一无二的君主承担着重要的政治功能。《逸文》:"王者有易政而无易国,有易君而无易民。汤武非得伯夷之民以治,桀纣非得蹠蹻之民以乱也。民之治乱在于上,国之安危在于政。"④这就是说,君主是天下治乱的第一责任人,天下

---

① 许富宏撰:《慎子集校集注》,中华书局2013年,第61页。
② [战国]慎到:《慎子》,黄曙辉点校,华东师范大学出版社2010年,第92页。
③ 许富宏撰:《慎子集校集注》,中华书局2013年,第82页。
④ 许富宏撰:《慎子集校集注》,中华书局2013年,第98页。

治乱主要取决于君主。

在政治实践过程中,君主必须看到,"两贵不相事,两贱不相使"①。基于这种政治规律,《德立》提醒君主:"故臣有两位者,国必乱。臣两位而国不乱者,君在也,恃君而不乱矣。失君必乱。子有两位者,家必乱。子两位而家不乱者,父在也,恃父而不乱矣。失父必乱。臣疑其君,无不危之国;孽疑其宗,无不危之家。"②《德立》还说:"立天子者,不使诸侯疑焉。立诸侯者,不使大夫疑焉。立正妻者,不使嬖妾疑焉。立嫡子者,不使庶孽疑焉。疑则动,两则争,杂则相伤,害在有与,不在独也。"③通过慎到的这些解释,我们可以发现,君主作为一个权威性的制度角色,是消除政治疑惑、维护政治稳定的制度安排。

君主是一个制度角色,必然在由君臣组成的制度关系、制度体系中活动,并且依照正式制度享有特定的权威,但是,君主不可能主宰一切。《逸文》:"君臣之间犹权衡也,权左橛则右重,右重则左橛,轻重迭相橛,天地之理也。"④在君主政治的框架下,君臣之间的关系是政治运行的枢纽,促使君臣关系趋于协调是政治运行的关键环节。如何实现君臣关系的协调?在慎到看来,只有依靠法的有效运行,才能发挥君主作为一种制度角色的意义,才能有效地协调君臣关系。

(二)君主对法的依赖

要在政治过程中处理好君臣关系,只能依赖于法,因此,政治过程实为法的运行过程。《君臣》:"为人君者不多听。据法倚数,以观得失。无法之言,不听于耳;无法之劳,不图于功;无劳之亲,不任于官。官不私亲,法不遗爱,上下无事,唯法所在。"⑤这就是

---

① 许富宏撰:《慎子集校集注》,中华书局2013年,第88页。
② 许富宏撰:《慎子集校集注》,中华书局2013年,第50页。
③ 许富宏撰:《慎子集校集注》,中华书局2013年,第47—48页。
④ 许富宏撰:《慎子集校集注》,中华书局2013年,第77页。
⑤ 许富宏撰:《慎子集校集注》,中华书局2013年,第57页。

说,君主要处理好与大臣的关系,必须严格遵循法的规定。君主不能受亲疏关系的支配,甚至不宜刻意区分贤与不肖,甚至要做到"无法之言,不听于耳",法是君主言行的唯一准则。

《荀子·儒效》专门提到了慎到:"若夫谪德而定次,量能而授官,使贤不肖皆得其位,能不能皆得其官,万物得其宜,事变得其应,慎、墨不得进其谈。"①这句话表达了对慎到理论的肯定与褒扬,意思是,如果要说"使贤不肖皆得其位",慎到(以及墨子)应当是最擅长的行家里手了。虽然慎到阐述了这个道理,但是,慎到毕竟只是一个不治而议论的思想家,他阐述的这个道理,只有君主才可能付诸实践。不过,君主必须依赖于法,才可能实现"使贤不肖皆得其位"的目标。

(三)君主的义务

如果把"家国同构"或"朕即国家"的政治理念转化成为法理学话语,那就是:君主要把国家之事作为自己之事来谋划,国家的义务就是君主个人的义务,这是君主在法的运行过程中应当承担的核心义务。《逸文》论述了君主的这项义务:"善为国者,移谋身之心而谋国,移富国之术而富民,移保子孙之志而保治,移求爵禄之意而求义,则不劳而化理成矣。"②《逸文》还借鹖子之口,提醒君主应当履行义务:"夫圣王在上位,天下无军兵之事,故诸侯不私相攻,而民不私相斗也,则民得尽一生矣。圣王在上,则君积于德化,而民积于用力,故妇人为其所衣,丈夫为其所食,则民无冻饿,民得二生矣。圣人在上,则君积于仁,吏积于爱,民积于顺,则刑罚废而无夭遏之诛,民则得三生矣。圣王在上,则使人有时,而用之有节,则民无疠疾,民得四生矣。"③在段话把君主的义务分成了四个层次:让民活下去是君主的最低的义务,让民免于冻饿是君主的稍高

---

① [清]王先谦撰:《荀子集解》,沈啸寰、王星贤整理,中华书局 2012 年,第 123 页。
② 许富宏撰:《慎子集校集注》,中华书局 2013 年,第 109 页。
③ 许富宏撰:《慎子集校集注》,中华书局 2013 年,第 113 页。

的义务,让民免于刑罚是君主的再高一些的义务,让民免于疠疾是君主的更高的义务。这些不同层级的义务,为君主提供了努力的方向;这种对君主义务的层层加码,主要体现了鹖子或慎到对君主的期待。

相比之下,《威德》从另一个角度为君主设定了义务:"天有明,不忧人之暗也;地有财,不忧人之贫也;圣人有德,不忧人之危也。天虽不忧人之暗,辟户牖必取已明焉,则天无事也。地虽不忧人之贫,伐木刈草必取已富焉,则地无事也。圣人虽不忧人之危,百姓准上而比于下,其必取已安焉,则圣人无事也。故圣人处上,能无害人,不能使人无已害也,则百姓除其害矣。圣人之有天下也,受之也,非取之也。百姓之于圣人也,养之也,非使圣人养己也,则圣人无事矣。"①这种无事之圣人,体现了道家对君主的期待。

把《威德》与上文引证的《佚文》对照起来看,可以发现,慎到针对君主的义务提出了两种不同的理论:积极的作为义务与消极的不作为义务。两者可以分别对应于儒家与道家的理念。由此也可以看出,慎到在不同的语境下,对君主在法的运行过程中应当履行的义务,具有不同的论证。从当下来看,由于巨大的时空阻隔,更由于慎到文献的缺失,我们无法根据既有文献来解释,何以会出现这两种不同的论证;我们只能推定,慎到是在不同的语境下,分别强调了后来归属于儒家与道家的两大学派对君主义务的不同期待。

(四)君主履行义务的边界

君主应当履行自己的义务,但是,君主履行义务的方式还需要进一步明确:君主履行义务时应当有边界意识。君主不必无所不能,不能事必躬亲。君主必须有所为,有所不为。《民杂》提醒君主:"君之智,未必最贤于众也,以未最贤而欲以善尽被下,则不赡

---

① 许富宏撰:《慎子集校集注》,中华书局2013年,第3页。

矣。若使君之智最贤,以一君而尽赡下则劳,劳则有倦,倦则衰,衰则复反于不赡之道也。是以人君自任而躬事,则臣不事事,是君臣易位也,谓之倒逆,倒逆则乱矣。人君苟任臣而勿自躬,则臣皆事事矣。是君臣之顺,治乱之分,不可不察也。"①这就是说,如果君主超越边界,把大臣应当承担的义务一并承担,不仅无益,反而会导致君臣易位的危险,因为它销蚀了君主与大臣在制度角色、法定义务上的边界。

君主不能超越义务的边界,与此同时,君主必须注重充分发挥大臣的作用,让大臣履行其应有的义务,进而形成良好的君臣关系。按照《民杂》关于"君臣之道"的要求:"臣事事,而君无事;君逸乐,而臣任劳;臣尽智力以善其事,而君无与焉,仰成而已。故事无不治,治之正道然也。人君自任而务为善以先下,则是代下负任蒙劳也,臣反逸矣。故曰:君人者,好为善以先下,则下不敢与君争为善以先君矣,皆私其所知以自覆掩;有过则臣反责君,逆乱之道也。"②

在君主身处的执政团体里,每个人都有不同的才能,正如《民杂》所称:"民杂处而各有所能,所能者不同,此民之情也。大君者,太上也,兼畜下者也。下之所能不同,而皆上之用也。是以大君因民之能为资,尽包而畜之,无能去取焉。是故不设一方以求于人,故所求者无不足也。大君不择其下,故足;不择其下,则易为下矣。易为下,则莫不容。莫不容,故多下。多下之谓太上。"③因此,一个好的君主应当因人之情:"天道,因则大,化则细。因也者,因人之情也。人莫不自为也,化而使之为我,则莫可得而用矣。是故先王不受禄者不臣,禄不厚者不与入难。人不得其所以自为也,则上不取用焉。故用人之自为,不用人之为我,则莫不可得而用矣。此

---

① 许富宏撰:《慎子集校集注》,中华书局2013年,第35—36页。
② 许富宏撰:《慎子集校集注》,中华书局2013年,第32—33页。
③ 许富宏撰:《慎子集校集注》,中华书局2013年,第30页。

之谓因。”[1]这些都是君主在法的运行过程中应当注意、应当遵循的义务性规范。

四、法的社会论

法的社会论侧重于从社会的角度来理解法，或者说是侧重于阐释社会中的法。在这个法理主题上，慎到的贡献主要集中在两个方面：法治与忠臣孰轻孰重，以及如何理解法与势的关系。

（一）法治优于忠臣

在君主政治时代，特别是对君主来说，忠臣至关重要。儒家偏爱忠的价值，强调君仁臣忠。孔子的名言是，“君使臣以礼，臣事君以忠”[2]。按照曾子的概括，“夫子之道，忠恕而已矣”[3]。根据儒家的这些教义，忠臣是国家的重要支柱。但是，慎到并不看好儒家期待的忠臣。在《知忠》篇中，慎到从历史经验的角度，指出了忠臣的局限：“乱世之中，亡国之臣，非独无忠臣也；治国之中，显君之臣，非独能尽忠也。治国之人，忠不偏于其君；乱世之人，道不偏于其臣。然而治乱之世，同有忠道之人。臣之欲忠者，不绝世，而君未得宁其上。无遇比干子胥之忠，而毁瘁主君于闇墨之中，遂染溺灭名而死。”[4]在亡国之臣中，也有忠臣，但忠臣并不能阻止国家的衰亡。那些让君主显耀之臣，并非都是忠臣，有些不忠之臣为了自己的利益，同样能够为君主的事业做出贡献。事实上，也有很多忠臣其实并没有让君主得到安宁，并没有促进现实政治的良善化。

《知忠》由历史经验得出的结论是：“忠未足以救乱世，而适足以重非。何以识其然也？曰：父有良子，而舜放瞽叟；桀有忠臣，而过盈天下。然则孝子不生慈父之家，而忠臣不生圣君之下。故明

---

① 许富宏撰：《慎子集校集注》，中华书局 2013 年，第 24—25 页。
② 杨伯峻译注：《论语译注》，中华书局 2012 年，第 41 页。
③ 杨伯峻译注：《论语译注》，中华书局 2012 年，第 53 页。
④ 许富宏撰：《慎子集校集注》，中华书局 2013 年，第 40 页。

主之使其臣也,忠不得过职,而职不得过官。是以过修于身,而下不敢以善骄矜。守职之吏,人务其治,而莫敢淫偷其事。官正以敬其业,和顺以事其上,如此则至治已。"①这就是说,每个人都按照法的规定履行自己的职责,都不超越法定的职责,就可以实现"至治"的目标。《知忠》还提出:"亡国之君,非一人之罪也;治国之君,非一人之力也。将治乱,在乎贤使任职,而不在于忠也。故智盈天下,泽及其君;忠盈天下,害及其国。故桀之所以亡,尧不能以为存。然而尧有不胜之善,而桀有运非之名,则得人与失人也。故廊庙之材,盖非一木之枝也;粹白之裘,盖非一狐之皮也;治乱安危存亡荣辱之施,非一人之力也。"②

根据慎到的这些观点,可以认定,天下之治乱主要靠制度与法治,绝不能把天下的安危寄托在一两个忠臣的身上。有一两个忠臣不足以成事,有一两个不忠之臣亦不足以败事。如《逸文》所言:"桀、纣之有天下也,四海之内皆乱,关龙逢、王子比干不与焉,而谓之皆乱,其乱者众也;尧、舜之有天下也,四海之内皆治,而丹朱、商均不与焉,而谓之皆治,其治者众也。"③说到底,君主政治的关键还在于君主自己。《逸文》:"君明臣直,国之福也;父慈子孝,夫信妻贞,家之福也。故比干忠而不能存殷,申生孝而不能安晋,是皆有忠臣孝子而国家灭乱者。何也?无明君贤父以听之。"④换言之,忠臣固然很好,但没有明君,忠臣也是无济于事的。

在《知忠》之外,《威德》也批评了把国家治理、天下安危的希望寄托在一两个贤人身上的观点:"古者,工不兼事,士不兼官。工不兼事则事省,事省则易胜;士不兼官则职寡,职寡则易守。故士位可世,工事可常。百工之子,不学而能者,非生巧也,言有常事也。

---

① 许富宏撰:《慎子集校集注》,中华书局2013年,第42页。
② 许富宏撰:《慎子集校集注》,中华书局2013年,第44页。
③ 许富宏撰:《慎子集校集注》,中华书局2013年,第94页。
④ 许富宏撰:《慎子集校集注》,中华书局2013年,第97页。

今也国无常道,官无常法,是以国家日缪。教虽成,官不足;官不足,则道理匮;道理匮,则慕贤智;慕贤智,则国家之政要在一人之心矣。"①显然,一二贤智的忠心,不足以承载一个国家的安危。

(二) 精法以顺势

前文已经提到,慎到引人注目的理论是关于势的理论。那么,慎到如何理解势与法的关系?《慎子曰恭俭》篇认为:"恭俭以立身,坚强以立志,忠陜以反淳,逆友以载道,精法以顺势。"②按照李学勤等人的看法,这里的"精法以顺势"应理解为"专法顺势"。③用现代的语言来说,就是要根据势位来运用法律。这就是慎到关于"势法关系"的理论。

所谓势,其核心含义是权势、威势或势位,其实就是今天所说的权威。慎到对势多有解说。《逸文》:"河之下龙门,其流驶如竹箭,驷马追弗能及。"④这样的"水势"可以理解为一个关于势的本喻。《逸文》还说:"今之重锱铢,役千仞之水,穷泥于后止,势然也。吴舟之重,错之千钧,入水则浮,轻于锱铢,则势浮之也。"⑤《逸文》又说:"离朱之明,察秋毫之末于百步之外,下于水尺而不能见浅深,非目不明也,其势难睹也。"⑥《逸文》还说:"燕鼎之重乎千钧,乘于吴舟,则可以济。所托者,浮道也。"⑦《威德》认为:"毛嫱、西施,天下之至姣也。衣之以皮倛,则见者皆走;易之以玄緆,则行者皆止。由是观之,则玄緆,色之助也。姣者辞之,则色厌矣。走背跋躅穷谷,野走千里,药也。走背辞药,则足废。"⑧这些不同语境

---

① 许富宏撰:《慎子集校集注》,中华书局2013年,第13页。
② 许富宏撰:《慎子集校集注》,中华书局2013年,第119页。
③ 许富宏撰:《慎子集校集注》,中华书局2013年,第125页。
④ 许富宏撰:《慎子集校集注》,中华书局2013年,第67页。
⑤ 许富宏撰:《慎子集校集注》,中华书局2013年,第76页。
⑥ 许富宏撰:《慎子集校集注》,中华书局2013年,第71页。
⑦ 许富宏撰:《慎子集校集注》,中华书局2013年,第77页。
⑧ 许富宏撰:《慎子集校集注》,中华书局2013年,第7页。

中的势，都是自然之势。

但是，慎到"势论"的重心，却是政治之势。政治之势主要指君主、权臣的职位所产生的政治影响力和政治支配力。《威德》："故腾蛇游雾，飞龙乘云，云罢雾霁，与蚯蚓同，则失其所乘也。故贤而屈于不肖者，权轻也；不肖而服于贤者，位尊也。尧为匹夫，不能使其邻家。至南面而王，则令行禁止。由此观之，贤不足以服不肖，而势位足以屈贤矣。故无名而断者，权重也；弩弱而矰高者，乘于风也；身不肖而令行者，得助于众也。故举重越高者，不慢于药；爱赤子者，不慢于保；绝险历远者，不慢于御。此得助则成，释助则废矣。夫三王五伯之德，参于天地，通于鬼神，周于生物者，其得助博也。"①对于这段著名的势论，韩非子经过反复辨析，最后认为：各种批判慎到"势论"的观点都属于"积辩累辞，离理失术，两未之议也，奚可以难夫道理之言乎哉？客议未及此论也"②。这就是说，所有关于慎到"势论"的责难，都是站不住的。韩非子的结论是，"抱法处势则治，背法去势则乱"③。由此可见，韩非子完全支持慎到的"势论"，尤其是"势法结合"论。

慎到在《德威》篇中关于势的解释，大致可以归入实证主义的法理学。英国近代的奥斯丁是实证主义法理学的主要代表，他说："所有我们径直而且严格地使用'法'一词所指称的对象，要么是由主权者个人确立的，要么是由主权者群体确立的。"所谓的"主权者"，就是"一个特定的优势者"，它不会"服从一个相似的优势者，相反，倒是获得了一个特定社会中大多数人的习惯服从"。"在这个社会里，这个特定的优势者就是至高无上的，而且，这个社会（包括了这个优势者）是独立的政治社会。"④按照奥斯丁对主权者的

---

① 许富宏撰：《慎子集校集注》，中华书局2013年，第9—10页。
② 高华平、王齐洲、张三夕译注：《韩非子》，中华书局2015年，第608—609页。
③ 高华平、王齐洲、张三夕译注：《韩非子》，中华书局2015年，第608页。
④ [英]奥斯丁：《法理学的范围》，刘星译，中国法制出版社2011年，第218—219页。

刻画,主权者就是特定的至高无上的优势者,这里的"优势"之"势",正是慎到所说的"势"。

从慎到的角度来看,所谓主权者,就是势的拥有者。主权者的命令就是来自权势者的命令。这就是说,是权势产生法,或者说,在社会实证的意义上,法源于势。所谓"精法以顺势",就是根据权威、权势来制定、实施法。慎到确实注意到势的意义,但是,势并不是一个独立的存在,势与法是密切相关的,势是法的前提,是法应当依赖的物质基础或客观条件。不能离开势来讨论法的制定与运行。法在制定、运行过程中的决定性因素,就是势;在法的实施过程中,"抱法"必须与"处势"相结合。

小　　结

前文已经提到,从梁启超到胡适,再到郭沫若,都倾向于把慎到看作"法理学家"。我们按图索骥,也发现了一个作为"法理学家"的慎到。分而述之,慎到的法理学包括法的本体论、法的价值论、法的运行论与法的社会论,把几个方面的理论学说汇聚起来,可以勾画出一个"法理学家"的思想肖像。较之于其他的法理学阐述者,慎到的思想肖像具有三个方面的特点。

首先,这是一个洞明世事的智者。慎到铺陈法理、著书立说,在这个过程中,他既读有字之书,也读无字之书,这增加了慎到思想的现实感、通透感。他对于盈与亏的转换,也不乏深刻的体会。《逸文》:"鹰,善击也,然日击之,则疲而无全翼矣;骥,善驰也,然日驰之,则蹶而无全蹄矣。"[①]这就是说,即使是鹰的"善击"与骥的"善驰",也有穷竭之时,也不可过度依恃,遑论其他。《逸文》:"行海者,坐而至越,有舟也;行陆者,立而至秦,有车也。秦、越远途也,安坐而至者,械也。"[②]这与

---

① 许富宏撰:《慎子集校集注》,中华书局2013年,第106页。
② 许富宏撰:《慎子集校集注》,中华书局2013年,第60页。

荀子的名句,"登高而招,臂非加长也,而见者远;顺风而呼,声非加疾也,而闻者彰。假舆马者,非利足也,而致千里;假舟楫者,非能水也,而绝江河"①,几乎可以相互解释。《逸文》:"不肖者不自谓不肖也,而不肖见于行,虽自谓贤,人犹谓之不肖也;愚者不自谓愚也,而愚见于言,虽自谓智,人犹谓之愚。"②此言则是典型的知人论世之言。这种对于世事的洞察能力,都增加了慎到思想的感染力。

其次,这是一个高度自信的立言者。像其他先秦诸子一样,慎到并不以书斋学者或"专业学者"自许,慎到的自我期许是帝王与社会公众的导师,同时也是美好未来的设计者。在《逸文》中,慎到有这样一番夫子自道:"先王之训也。故常欲耕而食天下之人矣,然一身之耕,分诸天下,不能人得一升粟,其不能饱可知也;欲织而衣天下之人矣,然一身之织,分诸天下,不能人得尺布,其不能暖可知也。故以为不若诵先王之道而求其说,通圣人之言而究其旨,上说王公大人,次匹夫徒步之士。王公大人用吾言,国必治;匹夫徒步之士用吾言,行必修。虽不耕而食饥,不织而衣寒,功贤于耕而食之,织而衣之者也。"③这段话论及"先王之训",其中蕴含的意思是,他自己就是先王之训、圣人之言的化身,他的言论既是王公大人治理国家的秘笈,也是社会公众完善自我的良药。

最后,这是一个善于广采博纳的法理学阐述者。慎到是有名的"稷下学士",按照前引司马迁的说法,"黄老道德"之学是慎到思想的底色与基础,但与此同时,慎到又吸收了儒家的仁义学说,最终创造性地阐述了法家的学术思想。这就是说,慎到既是道家,又是儒家,最终成了法家。分别代表道家、儒家、法家的《庄子》《荀子》《韩非子》,都述及慎到的学术观点,这从一个侧面表明,道家、

---

① [清]王先谦撰:《荀子集解》,沈啸寰、王星贤整理,中华书局2012年,第4页。
② 许富宏撰:《慎子集校集注》,中华书局2013年,第107页。
③ 许富宏撰:《慎子集校集注》,中华书局2013年,第101—102页。

儒家、法家都承认慎到的理论贡献。慎到占据的这种学术思想地位，与慎到善于综合、善于创新的学术精神、学术能力是分不开的。实际上，在慎到的时代，还没有儒家、道家、法家这样的学术标签，慎到也不可能有这样的学术门户之见。慎到广泛吸纳当时学术土壤中的各种营养成分，经过融会贯通之后，培植了自己的具有实证主义倾向的法理学，这种法理学从总体上可以归属于法家的法理学。

第四节 韩　　子

在先秦法家诸子中，韩非晚于商鞅、申不害、慎到。韩非兼顾法、术、势，体现了对商鞅、申不害、慎到的传承与综合。韩非作为先秦法家学派的集大成者，是无庸置疑的。韩非死于公元前233年，恰好介于荀子辞世的公元前238年与秦王朝建立的公元前221年之间。在荀子之后，整个华夏大地上的思想巨人，就应当首推韩非了。从这个角度来看，在荀子身后那个特定的历史阶段中，韩非也可以看作先秦诸子的集大成者，而不仅仅是法家的集大成者。

做出这个判断的理由如下：一方面，就韩非与儒家的关系来说，韩非是荀子的弟子，通过荀子吸收了儒家学说中偏于礼法的部分。韩非虽然批判儒家及其仁义学说，但对孔子保持着高度的尊重。而且，从思想发展的内在理路来看，批判某一种学说，未尝不可以看作是受到了这种学说的影响。① 而且，从法家的起源来看，早期法家的代表人物，譬如李悝、吴起，作为子夏的学生，也可以说是孔子的再传弟子，正如《史记·儒林列传》所载："自孔子卒后"，

---

① 譬如，马克思早年写下了《黑格尔法哲学批判》一书，以之批判黑格尔的法哲学，但是，以黑格尔、康德代表的德国古典哲学，却构成了马克思主义的三大来源之一。

"子夏居西河","如田子方、段干木、吴起、禽滑釐之属,皆受业于子夏之伦,为王者师"。① 根据这样的授受关系,郭沫若提出了自己的观点:"前期法家,在我看来是渊源于子夏氏。子夏氏之儒在儒中是注重礼制的一派,礼制与法制只是时代演进上的新旧名词而已。"②据此,最早的法家其实源出于儒家,这就是说,韩非继承的法家学说,归根到底还是源于儒家。另一方面,韩非与道家的关系就更加密切了。《韩非子》中的《解老》《喻老》两篇足以表明,韩非创造性地阐释和发展了老子的学说。概括地说,从韩非与儒家、道家以及其他法家人物的关系来看,他实在是战国晚期的一个综合性的学术思想人物,他的学术思想是多家思想的结晶。这点足以说明,他也是中国法理学史上的一个标志性的人物。

那么,应当如何描绘这个标志性人物的法理学?这个标志性人物的法理学有何特异之处?在法理学与思想史的文献中,关于韩非的论述已经颇为丰富,在这样的学术背景下,是否还能对韩非的法理学做出新的揭示?怎样才能对韩非的法理学做出新的揭示?

通常说来,一个综合性的学术思想人物,其学术思想必然蕴含着丰富的解释空间,而且具备历久弥新的内在品质。考虑到这些因素,为了在一个更加广阔的视野中展示韩非的法理学,有必要寻找一个新的学术参照。在研究与比较的过程中,我所找到的这个学术参照,是美国法学家富勒(Lon L. Fuller,1902—1978)的代表作《法律的道德性》。众所周知,这是一部新自然法学的代表性作品。所谓新自然法学或自然法学,其核心指向是强调法律与道德的关联,强调法律必须符合一定的道德要求或价值准则。从书名即可看出,《法律的道德性》一书,主要论述法律的道德性。然而,

---

① [汉]司马迁:《史记》,中华书局2006年,第700页。
② 郭沫若:《十批判书》,人民出版社2012年,第262页。

在学术思想史上，韩非的基本角色是先秦法家的代表人物，他追求富国强兵，偏好现实功利，排斥儒家的仁义道德。按照常理，韩非的法理学可以归属于功利主义法理学或实证主义法理学，因而以英国法理学史上的边沁、奥斯丁、哈特、拉兹等人的理论来烛照韩非的法理学，也许才是一个顺理成章的选择。在这种情况下，为什么选择富勒及其《法律的道德性》，作为透视韩非法理学的学术参照？

我们当然可以从功利主义法理学或分析实证主义法理学的角度来理解韩非的法理学，但是，韩非的法理学也可以透过新自然法学的理论框架来考察。理由在于：一方面，固然自然法学和新自然法学是一种"价值论法学"，强调法律与道德之间的关联，以及关注法律的价值指向，但是，韩非的法理学其实也在张扬一种价值：富国强兵。在韩非看来，能够实现富国强兵的法律，才是值得期待的法律。"寻求富强"[①]，这样一个史华兹用来描述严复思想肖像的用语，就是韩非为法律设定的价值目标。这就是说，韩非的法理学，其实是以去道德化的外在形式，隐晦、曲折地表达了另一种形态的自然法学。另一方面，新自然法学与新分析实证主义法理学的关系，表面上看，是自然法学与分析实证主义法理学在各自学术理路上的分别延伸，其实，自20世纪以来，两者之间已有相互靠拢的趋势。新自然法学所说的"程序自然法"，其实已经吸纳了分析实证主义法理学的一些成分；新分析实证主义法学也在关心法律的社会效果问题，也在考虑法律的价值问题。可见，新自然法学与新分析实证主义法理学之间其实是相通的。着眼于此，我们以时空上距离韩非较远且相对异质的富勒及其《法律的道德性》作为观察视角，来透视韩非的法理学，或许能够借助某种强劲的学术张力，彰显韩非法理学的某些特质，从而也可以发掘出韩非法理学的

---

① [美]史华兹：《寻求富强：严复与西方》，叶凤美译，江苏人民出版社1996年。

另一种面相。

《法律的道德性》主体部分包括四章,它们分别是:"两种道德""道德使法律成为可能""法律的概念"以及"法律的实体目标"。下文将以这部颇具代表性的新自然法学论著作为参照,同时也作为观察的视角、分析的框架,来描述韩非法理学的一种面相。

一、两种道德

新自然法学与古典自然法学一样,有一个基本预设:法律必须符合一定的道德准则。因此,关于道德的论述,特别是关于两种道德的划分,构成了《法律的道德性》一书的起点。

按照富勒的论述,所谓两种道德,是指"愿望的道德"与"义务的道德"。两者之间的差异是:愿望的道德是人类所能达致的最高境界,相比之下,"义务的道德则是从最低点出发。它确立了使有序社会成为可能或者有序社会得以达致其特定目标的那些基本原则,它是旧约和十诫的道德。它的表达方式通常是'你不得',有些时候也可能是'你应当'。它不会因人们没有抓住充分实现其潜能的机会而责备他们。相反,它会因为人们未能遵从社会生活的基本要求而责备他们"。富勒还借用了亚当·斯密在《道德情操论》一书中的一个比喻,来说明两种道德之分:义务的道德可以比作语法规则,而愿望的道德相当于批评家"为卓越而优雅的写作确立的标准"[①]。

按照富勒的区分,义务的道德就是遵守法定义务,这是法律为所有主体设定的最低要求,也为所有主体划定了行为底线。相关主体如果没有达到最低要求,或者突破了行为底线,那就要受到法律的惩罚。愿望的道德是法律为所有主体设定的较高或更高的要求,如果没有达到较高或更高的要求,相关主体不会受到法律的惩

---

① [美]富勒:《法律的道德性》,郑戈译,商务印书馆2011年,第8页。

罚;但是,如果达到了法律设定的较高或更高的要求,那就会受到法律的奖励。打个比方:不符合语法规则的句子只能是病句,只能判为不合格,符合语法规则就是义务的道德;卓越而优雅的写作则体现了一种理想的标准,那是应当奖励、表彰的标准,那就是愿望的道德。

因此,换个视角来看,所谓"两种道德"的标准,其实就是法律惩罚与法律奖励的标准:没有履行"义务的道德",或者是在"义务的道德"之下的行为,法律给予惩罚。符合"愿望的道德",或者是达到了"愿望的道德"这一标准的行为,法律给予奖励。处于"两种道德"分别设定的标准之间的行为,法律既不惩罚也不奖励。以这样的"两种道德"来看韩非的法理学,可以发现,韩非也有自己的"两种道德"理论,那就是"二柄"理论。

"二柄"就是刑德。《二柄》:"明主之所导制其臣者,二柄而已矣。二柄者,刑德也。何谓刑德? 曰:杀戮之谓刑,庆赏之谓德。为人臣者畏诛罚而利庆赏,故人主自用其刑德,则群臣畏其威而归其利矣。"① 这就是说,"二柄"是君主应当掌握的两种工具、手段、机制:刑是惩罚,德是奖励。② 君主通过法律,确定刑与德的标准。刑的标准对应于义务的道德,人的行为如果低于这个标准,或者是违反了这个标准,就会面临各种各样的惩罚;德的标准对应于愿望的道德,人的行为如果达到了这个标准,就会受到各种各样的奖励。

在《定法》篇中,韩非写道:"商君之法曰:'斩一首者爵一级,欲为官者为五十石之官;斩二首者爵二级,欲为官者为百石之官。'官

---

① 高华平、王齐洲、张三夕译注:《韩非子》,中华书局2015年,第52页。
② 韩非所说的"德与刑",不同于儒家所说的"德与刑"。韩非所说的"德与刑"就是奖励与惩罚。儒家所说的"德与刑",是指教化与惩罚。瞿同祖的《中国法律与中国社会》第六章第二节专论"德与刑"。他说:"德化的功用如此宏远,所以儒家极端推崇德治,孔子以北辰譬拟为政以德。又说:'道之以政,齐之以刑,民免而无耻。道之以德,齐之以礼,有耻且格。'尊德礼而卑刑罚,是儒家一致的信仰。"瞿同祖:《中国法律与中国社会》,商务印书馆2010年,第331页。

爵之迁与斩首之功相称也。"①这就是商鞅设定的法律。虽然,在韩非看来,商鞅制定的这条法律还有待进一步完善,但是,它是典型的"愿望的道德"。某人参军打仗,在战场上尽力拼杀是他的本分。他如果能够尽到这个本分,即使没有斩获,那也符合"义务的道德",就可以免遭惩罚、免受责备。这就相当于一个作者写出了符合语法规则的句子。然而,如果一个战士能够有所斩获,无论是"斩一首"还是"斩二首",都符合"愿望的道德",那就给予相应的奖励。韩非反复强调的"刑德""诛赏""罪功",其实都是在不同的层面彰显"两种道德"。譬如,《外储说左下》:"以罪受诛,人不怨上","以功受赏,臣不德君"。②《难三》:"今有功者必赏,赏者不得君,力之所致也;有罪者必诛,诛者不怨上,罪之所生也。"③《守道》:"圣王之立法也,其赏足以劝善,其威足以胜暴,其备足以必完法。"④根据这些论述,我们可以得出结论:君主制定的法律,应当着眼于"两种道德":义务的道德与愿望的道德。

为了强化"两种道德"对社会公众的引领作用,为了通过"两种道德"更好地实现国家的目标,韩非还提出了一种个性化的法律理论:重赏与重罚。《五蠹》:"是以赏莫如厚而信,使民利之;罚莫如重而必,使民畏之。"⑤《六反》刻意批驳当时流行的"轻刑"理论:"学者之言皆曰'轻刑',此乱亡之术也。凡赏罚之必者,劝禁也。赏厚,则所欲之得也疾;罚重,则所恶之禁也急。夫欲利者必恶害,害者,利之反也。反于所欲,焉得无恶?欲治者必恶乱,乱者,治之反也。是故欲治甚者,其赏必厚矣;其恶乱甚者,其罚必重矣。今取于轻刑者,其恶乱不甚也,其欲治又不甚也。此非特无术也,又

---

① 高华平、王齐洲、张三夕译注:《韩非子》,中华书局2015年,第624—625页。
② 高华平、王齐洲、张三夕译注:《韩非子》,中华书局2015年,第434页。
③ 高华平、王齐洲、张三夕译注:《韩非子》,中华书局2015年,第575页。
④ 高华平、王齐洲、张三夕译注:《韩非子》,中华书局2015年,第295页。
⑤ 高华平、王齐洲、张三夕译注:《韩非子》,中华书局2015年,第707页。

乃无行。"一些人主张的轻刑理论看似仁义，其实是假仁假义，因为它将导致严重的后果，"是故轻罪者，民之垤也。是以轻罪之为民道也，非乱国也，则设民陷也，此则可谓伤民矣！"①这就是说，轻刑轻罪理论伤民、害民，是不仁的理论。

韩非通过批判轻刑轻罪理论，证明重罚的必要性。至于重赏，虽然这是《六反》篇中明确提出的主张，但在其他各篇中，又得到了一些来自不同角度的阐释。尽管如此，《六反》篇的旨趣，还是在于进一步彰显"两种道德"之间的差异，甚至希望把这种差异推向极致：既然"愿望的道德"是立法者特别提倡的一个较高的要求，达到了这种要求的人，那就要给予重赏；既然"义务的道德"是立法者设定的一个最低的底线，倘若有人突破了这个底线，那就要给予重罚。无论是重罚还是重赏，其实都在于给所有人发出一个信号：每个人的行为必须遵循法律的要求。同时，这也是在回应"两种道德"的区分。既然要区分"两种道德"，要以法律的方式规定赏的标准与罚的标准，那就不妨再进一步：以重赏与重罚进一步彰显"两种道德"的区分。通过这样的方式，可以更好地体现"两种道德"对社会的引导作用。

在20世纪60年代的背景下，富勒在关于"两种道德"的理论中，不可能提出重赏与重罚的观点。但在战国末期的韩非学说中，强调重赏与重罚，乃是一个基本观点。那么，韩非提出的重赏与重罚观点是否必要？是否像富勒那样，只要区分出"两种道德"就可以了？对于这样的问题，应当结合特定的语境来考虑。在一个相对和缓、平静、稳定的社会秩序里，立法者只需通过法律，区分"义务的道德"与"愿望的道德"，就可以对社会形成有效的牵引："义务的道德"可以为一个有秩序的社会提供一个基本的保障，它以设定义务的方式，为人们的行为划定了一个底线，只要社会公众不去突

---

① 高华平、王齐洲、张三夕译注：《韩非子》，中华书局2015年，第660—661页。

破这个底线,社会就不太可能失序;至于愿望的道德,则指示了一个较高或更高的标准,作为法律奖励的对象,它是一个锦上添花的标准。然而,韩非的生活世界并不是一个和缓、平静、稳定的世界,而是一个危机四伏、险象环生、紧张、焦虑的世界,几乎可以说是一种"战时"状态或"非常"状态。在那样的背景下,为了更快捷、更有效地实现富国强兵,为了保证国家还能生存下去,韩非提供了一个"加重版"的"两种道德"理论,是可以理解的。

"加重版"的"两种道德"理论,依然是"两种道德"理论。虽然在《韩非子》全书中,没有关于"两种道德"的直接论述,韩非对"德"的理解也迥异于富勒,甚至迥异于同时代的儒家;但是,他关于德与刑、赏与罚、功与罪以及重赏与重罚的论述,与富勒关于"两种道德"的划分,恰好可以相互解释,具有异曲同工之妙。

二、道德使法律成为可能

《法律的道德性》第二章题为"道德使法律成为可能"。这个标题下,富勒主要论述了"法律的内在道德的八项要求"。这八项要求的具体内容分别是:1. 法律的一般性,"必须有规则存在。我们可以将此表述为一般性要求"。2. 颁布法律,"法律必须被公布"。3. "溯及既往型法律真的是一种怪胎。"4. 法律的清晰性,"清晰性要求是合法性的一项最基本的要素"。5. 注意"法律中的矛盾","为了避免法律中的不经意的矛盾,立法者需要十分小心谨慎"。6. 法律不能"要求不可能之事"。7. 注意"法律在时间之流中的连续性",主要是指"法律不应当频繁改动"。8. "官方行动与公布的规则之间的一致性"。[①] 这八个方面的要求,被富勒称为"法律的内在道德"。由这些具体内容及实际指向来看,所谓"法律的内在道德",主要是良好法律应当具备的一些形式上或实质上的条件,

---

① [美]富勒:《法律的道德性》,郑戈译,商务印书馆2011年,第55—96页。

正是这些条件"使法律成为可能"。这些条件或要求被富勒称为"法律的内在道德",如果把符合这些条件的法律称为"良法",那么,"法律的内在道德"就是对"良法何以为良"的回答。这种关于"良法"的理论,既是富勒法理学的主要标志,其实也见于韩非的法理学。这就是说,韩非也提出了关于"法律的内在道德"的若干要求。以下试对照富勒分述的八项原则,逐一梳理韩非关于"使法律成为可能"的基本观点。

(一)"法律的一般性"或"有规则存在"

法治既然是韩非的基本主张,那么,制定相应的法律,就是韩非反复论证的一个基本观点。他在不同的语境下,从不同的角度反复强调了同一个观点:法律规则不可或缺。《用人》:"释法术而心治,尧不能正一国;去规矩而妄意度,奚仲不能成一轮;废尺寸而差短长,王尔不能半中。使中主守法术,拙匠守规矩尺寸,则万不失矣。"[1]这里的"法术""规矩""尺寸",都是指法律规则,言下之意,如果没有法律规则,任何事业都成不了。《外储说右下》:"治强生于法,弱乱生于阿,君明于此,则正赏罚而非仁下也。爵禄生于功,诛罚生于罪,臣明于此,则尽死力而非忠君也。君通于不仁,臣通于不忠,则可以王矣。"[2]这句话是说,要想实现富强,必须要有法律。要想实现富强,君主不需要仁,大臣不需要忠。君主只需要依据法律进行赏罚。大臣的升降得失也是依据功与罪,功与罪都是由法律来设定的。

韩非的这种主张,旨在把君臣之间的关系,由以往的伦理关系(仁与忠)转变成为法律关系(功与罪)。在以往的伦理关系中,或者按照儒家的学说,君待臣以仁,臣事君以忠。这就像父慈子孝,虽然可能造就一种和谐的父子关系,但并不足以造就一个兴旺发

---

[1] 高华平、王齐洲、张三夕译注:《韩非子》,中华书局2015年,第302页。
[2] 高华平、王齐洲、张三夕译注:《韩非子》,中华书局2015年,第504页。

达的家庭。一个国家也是这样。以仁和忠为准则的君臣关系,不可能让国家走向富强,因为没有客观的激励——包括正面激励的赏与负面激励的罚。相反,只有在去伦理化的法律关系中,君主根据法律,针对大臣的功罪依法给予赏罚,公事公办,形成明确的、足以激发各种潜力的激励机制,才能建设一个富强的国家。相反,倘若没有法律,即使有再多的关于仁和忠的论证,即使推行君仁臣忠的立国方向,那也是无济于事的,正如《亡征》所说:"辞辩而不法,心智而无术,主多能而不以法度从事者,可亡也。"①

(二)"法律必须被公布"

这也是韩非明确宣扬的观点。《难三》:"法者,编著之图籍,设之于官府,而布之于百姓者也。"所谓布之于百姓,就是向百姓公布。《难三》还说:"术者,藏之于胸中,以偶众端而潜御群臣者也。故法莫如显,而术不欲见。"这是针对法与术的性质所做的比较与阐释:法需要被公布,术需要被隐匿。法与术需要区别对待的原因在于:两者的功能不同。法既要约束官吏,也要约束民众。一方面,官吏以法律作为依据,对民众进行赏罚。这样的"依法赏罚"既是对民众的治理,同时也是对官吏的约束——官吏做出的赏罚决定必须符合法律的规定。另一方面,君主也要依据法律对官吏进行治理。秦国历史上有名的"商鞅作法自毙",在一定层面上,就体现了法律对商鞅本人的治理。无论是对民众的赏罚还是对官吏的赏罚,都是公开的。只有依据公开的法律进行公开的赏罚,才能对所有人形成有效的激励。因此,"法莫如显",法律必须被公布。

相比之下,术却是君主一个人掌握的用以治理群臣百官的技术。这种"人君南面术"越神秘,越有助于强化君主对群臣的控制。《吕氏春秋》:"有道之主,因而不为,责而不诏,去想去意,静虚以待,不伐之言,不夺之事,督名审实,官复自司,以不知为道,以奈何

---

① 高华平、王齐洲、张三夕译注:《韩非子》,中华书局2015年,第149页。

为实。"①这就是所谓的"人君南面术"。张舜徽认为,这段话"自然是'南面术'的核心内容"②。这样的"术"当然需要隐匿起来。与之相对照的法,则是必须公布出来的。

(三) 法律不溯及既往

法律不能溯及既往,可以说是现代法治的一个基本原则,也是富勒的一个基本观点。在《韩非子》一书中,关于这个问题也有一些相关的论述。《定法》:"申不害,韩昭侯之佐也。韩者,晋之别国也。晋之故法未息,而韩之新法又生;先君之令未收,而后君之令又下。申不害不擅其法,不一其宪令,则奸多。故利在故法前令则道之,利在新法后令则道之,利在故新相反,前后相勃,则申不害虽十使昭侯用术,而奸臣犹有所谲其辞矣。故托万乘之劲韩,十七年而不至于霸王者,虽用术于上,法不勤饰于官之患也。"③这几句话主要是韩非对申不害的批评。

依韩非之见,申不害的问题在于:没有处理好新法与旧法的关系,导致了新法与旧法并存的现象;针对同一个问题,新法与旧法都有规定,导致很多人选择性地运用和执行法律,以谋求个人私利的最大化。由此,也间接性地造成了一个后果:某个行为,有可能是在旧法颁布之后、新法颁布之前的时间段里发生的,出现了这种情况,如果适用新法对行为主体更有利,他就会选择适用新法。从结果来看,这就在客观上形成了法律溯及既往的现象。尽管这种形态的法律溯及既往,是被动形成的,是在新法旧法并存、并用的格局下形成的,但它在事实上导致了法律具有溯及既往的效力。即使是这种形态的法律溯及既往,也带来了严重的后果。韩非批评申不害"不擅其法",没有看到新法旧法并存导致的各种问题,其

---

① [汉]高诱注:《吕氏春秋》,[清]毕沅校,徐小蛮标点,上海古籍出版社2014年,第396页。
② 张舜徽:《周秦道论发微;史学三书平议》,华中师范大学出版社2005年,第17页。
③ 高华平、王齐洲、张三夕译注:《韩非子》,中华书局2015年,第621—622页。

中就包括可能形成的法律溯及既往的问题。大致说来,虽然法律不溯及既往作为一项原则,不是韩非专门论证的观点,但在韩非法理学中,可以推导出这样的观点,可以视其为韩非法理学的一个推论。

(四) 法律的清晰性

关于法律的清晰性,《饰邪》有一个形象而生动的比喻:"故镜执清而无事,美恶从而比焉;衡执正而无事,轻重从而载焉。夫摇镜则不得为明,摇衡则不得为正,法之谓也。"① 这是以镜子的清亮、清澈来比喻法律的清晰。只有清亮、清澈的镜子才能照出一个人的美丑,同样,只有清晰的法律才能体现出法律精准地衡量功罪的作用,含混不清的法律根本不能提供明确的行为指向。《八说》:"法明则内无变乱之患,计得则外无死虏之祸。"② 这也是强调了法律的明确、明晰、清晰。只有明确、明晰、清晰的法律才能保障国家的有效治理,才能防治各种祸与乱。

(五) 避免法律中的矛盾

富勒所说的"法律中的矛盾",主要是指在一个法律体系中,甚至是在同一个法律文件中,存在着逻辑意义上的矛盾。譬如,"在一部单一的制定法中存在两个条文:一条要求汽车的车主们在一月一日安装新的车牌;另一条规定在一月一日从事任何劳动都是犯罪。这似乎是一种违反同一律的情形;一种行为不能同时既被禁止又被要求"③。这就是法律中存在矛盾的一个极致。虽然如此极端矛盾的规定,在同一个法律文件中比较少见,但是,相似的情形在整个法律体系中确实存在。在现代社会,特别是在一些联邦制国家,不同立法者制定的法律对人提出的要求也不同。在这种情况下,避免法律中的矛盾,确实是一个需要认真对待的问题。

---

① 高华平、王齐洲、张三夕译注:《韩非子》,中华书局2015年,第180页。
② 高华平、王齐洲、张三夕译注:《韩非子》,中华书局2015年,第675页。
③ [美]富勒:《法律的道德性》,郑戈译,商务印书馆2011年,第78页。

韩非没有直接论述同一部法律内部条文之间的冲突,但他注意到一个相似的问题:法律的规定是一回事,在法律的执行过程中,与法律有关的一些政策、一些原则又指向了另外一个方向。这种情况,虽不是法律条文之间的矛盾,但可以解释成"纸面上的法律"与"行动中的法律"之间的矛盾。《五蠹》:"以其犯禁也罪之,而多其有勇也。毁誉、赏罚之所加者,相与悖缪也,故法禁坏而民愈乱。今兄弟被侵,必攻者,廉也;知友被辱,随仇者,贞也。廉贞之行成,而君上之法犯矣。人主尊贞廉之行,而忘犯禁之罪,故民程于勇,而吏不能胜也。不事力而衣食,则谓之能;不战功而尊,则谓之贤。贤能之行成,而兵弱而地荒矣。人主说贤能之行,而忘兵弱地荒之祸,则私行立而公利灭矣。"①这就是"行动中的法律"与"纸面上的法律"之间存在的冲突,或者是法律条文与法律政策之间的冲突。譬如,按照"纸面上的法律",一个人只有通过战功才能获得尊位;但是,按照"行动中的法律",一个人只要有贤人的名誉,就可以获得尊位。

韩非对这种冲突感受很深,否则,他不会反复突显这种严重损害法律权威的冲突。譬如,《诡使》称:"难致,谓之'正'。难予,谓之'廉'。难禁,谓之'齐'。有令不听从,谓之'勇'。"②诸如此类的情况,都体现出明显的矛盾。从实际效果来看,也可以归属于广义的"法律中的矛盾"。此类现象在《六反》篇中还有更多列举:"畏死远难,降北之民也,而世尊之曰'贵生之士'。学道立方,离法之民也,而世尊之曰'文学之士'。游居厚养,牟食之民也,而世尊之曰'有能之士'。语曲牟知,伪诈之民也,而世尊之曰'辩智之士'。"③诸如此类的矛盾,就是韩非所说的"六反"。所谓"六反",就是与法律有关的六种冲突、六种矛盾。这样的冲突与矛盾严重削弱了法

---

① 高华平、王齐洲、张三夕译注:《韩非子》,中华书局2015年,第707页。
② 高华平、王齐洲、张三夕译注:《韩非子》,中华书局2015年,第647页。
③ 高华平、王齐洲、张三夕译注:《韩非子》,中华书局2015年,第654页。

律对社会的引导作用,损害了法律的实际效果,应当切实采取措施,加以防范。

(六)法律不能要求不可能之事

韩非在这个方面也有相应的论述。据《八说》篇:"察士然后能知之,不可以为令,夫民不尽察。贤者然后能行之,不可以为法,夫民不尽贤。杨朱、墨翟,天下之所察也,干世乱而卒不决,虽察而不可以为官职之令。鲍焦、华角,天下之所贤也,鲍焦木枯,华角赴河,虽贤不可以为耕战之士。"①韩非的这段话,虽然主要在于说明:即便是像杨朱、墨翟那样的智者,像鲍焦、华角那样的贤才,都无助于国家的富强;但是,它同时还在于说明:法律的制定,不能以杨朱、墨翟那样的聪明才智作为标准,不能把法律调整的对象预设为像杨朱、墨翟那种智慧水准的人,否则要求就太高了,毕竟社会上的绝大多数人都没有杨、墨那样的洞察力。当然,法律的制定,也不能以鲍焦、华角所具有的贤能品质作为标准,因为社会上的绝大多数人都没有那样贤能。因此,制定法律的依据,只能是普通人的德智标准,法律不能提出过高的要求。必须承认,这样的理论指向,韩非并没有给予特别的彰显,但在他的相关论述中,已经包含了这样的观点:法律不能要求不可能之事。

(七)法律不应当频繁改动

法律不能频繁改动,就是要求法律相对稳定。从长时段、大历史的角度来看,韩非要求法律应当与时俱进,不能用先王之法治理当今之世。但是,针对现实,韩非又反复强调了法律的相对稳定性。《五蠹》:"法莫如一而固,使民知之。故主施赏不迁,行诛无赦,誉辅其赏,毁随其罚,则贤、不肖俱尽其力矣。"②这就是说,只有相对固定、相对稳定的法律,才能给人以确定的指引,才可能激

---

① 高华平、王齐洲、张三夕译注:《韩非子》,中华书局2015年,第670页。
② 高华平、王齐洲、张三夕译注:《韩非子》,中华书局2015年,第707页。

励"贤、不肖俱尽其力"。《解老》称:"治大国而数变法,则民苦之。是以有道之君贵静,不重变法。"①这是对《道德经》中所说的"治大国若烹小鲜"的解释,同时也是在强调法律的相对稳定性。在韩非看来,频繁改动的法律就意味着无休无止的折腾,既苦民,也害国。《饬令》:"法已定矣,不以善言害法。"②这句话是说,已经确定了的法律,不要用仁义道德之类的话来妨害它,尤其不要损害他的确定性。《亡征》:"好以智矫法,时以行杂公,法禁变易,号令数下者,可亡也。"③这是从相反的方向上,指出法律频繁变动将会导致的严重后果。

(八)官方行为与公布的规则之间的一致性

这项要求旨在强调,官方的行为与官方制定的法,应当保持一致。着眼于此,前面第六项关于"法律中的矛盾"的相关阐释,都可以用来说明:官方行为应当与公布的法律保持一致。在富勒的理论中,避免"法律中的矛盾"与"官方行为与公布的规则之间的一致性",是截然不同的两个要求,应当分别提出。但是,韩非不像富勒,韩非不是当代社会专业化的法理学家,他没有把这两个方面的要求截然分开。但是,韩非对于官方行为与法律规则的一致性问题,也有自己独到的理论贡献,那就是,在韩非的论述中,富勒所说的"官方行为"还可以进一步分成"君主行为"与"官吏行为",因为,这两种行为都可以称为"官方行为"。

一方面,就君主行为而言,韩非要求君主的行为一定要与法律保持一致,不要认同法律之外的其他规则、原则。《五蠹》:"故明主之道,一法而不求智,固术而不慕信,故法不败,而群官无奸诈矣。"④对于君主来说,"智"与"信"都不可依恃,只有专一地依据法律,才

---

① 高华平、王齐洲、张三夕译注:《韩非子》,中华书局2015年,第202页。
② 高华平、王齐洲、张三夕译注:《韩非子》,中华书局2015年,第754页。
③ 高华平、王齐洲、张三夕译注:《韩非子》,中华书局2015年,第148页。
④ 高华平、王齐洲、张三夕译注:《韩非子》,中华书局2015年,第712—713页。

能实现"群官无奸诈"。另一方面,官吏或群臣代表的官方行为与法律保持一致,则更加重要。《有度》:"官之失能者其国乱。以誉为赏,以毁为罚也,则好赏恶罚之人,释公行,行私术,比周以相为也。忘主外交,以进其与,则其下所以为上者薄也。交众、与多,外内朋党,虽有大过,其蔽多矣。故忠臣危死于非罪,奸邪之臣安利于无功。忠臣之所以危死而不以其罪,则良臣伏矣;奸邪之臣安利不以功,则奸臣进矣:此亡之本也。"①

以上表明,富勒所说的"法律的内在道德"要求的八个方面,基本上都可以在《韩非子》中找到相关的论述。虽然,由于时代背景、文化传统、角色身份的巨大差异,韩非与富勒的立场各有侧重,他们的论述不能一一对应,也不必一一对应,但是,就"法律的内在道德"或"程序自然法"来说,他们之间的共性还是值得注意的。

三、法律的概念

《法律的道德性》第三章论述"法律的概念",在这个标题下,富勒比较了关于"法律"概念的多种论述。在此基础上,富勒说:"我坚持认为法律应当被视为一项有目的的事业,其成功取决于那些从事这项事业的人们的能量、见识、智力和良知,也正是由于这种依赖性,它注定永远无法完全实现其目标。"②这种关于法律的理解,也可以在韩非对法律的阐述中得到印证。他们两人关于法律的理解,具有很大的共通性。

按照韩非的论述,法律乃是一项优化国家治理、实现国家富强的事业。《有度》:"国无常强,无常弱。奉法者强,则国强;奉法者弱,则国弱。"③正是由于这个规律、原理,先王"舍己能而因法数,审赏罚"。《六反》:"圣人之治也,审于法禁,法禁明著,则官治;必

---

① 高华平、王齐洲、张三夕译注:《韩非子》,中华书局2015年,第44页。
② [美]富勒:《法律的道德性》,郑戈译,商务印书馆2011年,第169页。
③ 高华平、王齐洲、张三夕译注:《韩非子》,中华书局2015年,第41页。

于赏罚,赏罚不阿,则民用。民用官治则国富,国富则兵强,而霸王之业成矣。"①这些论述表明,在韩非的视野中,法律的目的就是"官治""国富""兵强",进而成就"霸王之业"。简而言之,法律乃是一项有目的的强国事业。与富勒不同的是,韩非不仅在理论上阐明了这样一个法律概念,同时还身体力行地追求这项事业。

根据《问田》篇,韩国当时有一位老先生叫堂谿公,他曾经劝说韩非:"臣闻服礼辞让,全之术也;修行退智,遂之道也。今先生立法术,设度数,臣窃以为危于身而殆乎躯。何以效之?所闻先生术曰:'楚不用吴起而削乱,秦行商君而富强。二子之言已当矣,然而吴起支解而商君车裂者,不逢世遇主之患也。'逢遇不可必也,患祸不可斥也。夫舍乎全遂之道而肆乎危殆之行,窃为先生无取焉。"对于这番善意的提醒与劝告,韩非的回答很有责任感,很有担当。他说:"臣明先生之言矣。夫治天下之柄,齐民萌之度,甚未易处也。然所以废先王之教,而行贱臣之所取者,窃以为立法术,设度数,所以利民萌便众庶之道也。故不惮乱主暗上之患祸,而必思以齐民萌之资利者,仁智之行也。惮乱主暗上之患祸,而避乎死亡之害,知明夫身而不见民萌之资利者,贪鄙之为也。臣不忍向贪鄙之为,不敢伤仁智之行。先生有幸臣之意,然有大伤臣之实。"②据考证,这篇《问田》,大致反映了韩非在二十岁左右的思想状况。③ 这番对话可以表明,青年时代的韩非就已经把"立法术,设度数"当成了一项目的性很强的强国事业,甚至生死以之。

为了实现这项强国事业,韩非要求从事这项事业的人——核心是君主——必须具备多方面的"能量、见识、智力和良知"。关于这个方面的论述,其实构成了《韩非子》一书的重心与主轴。在法政思想史研究领域,很多论著都习惯于把《韩非子》与马基雅维里

---

① 高华平、王齐洲、张三夕译注:《韩非子》,中华书局 2015 年,第 657 页。
② 高华平、王齐洲、张三夕译注:《韩非子》,中华书局 2015 年,第 616—617 页。
③ 喻中:《法与术:喻中读韩非》,中国法制出版社 2018 年,第 214 页。

的《君主论》相提并论,①主要依据就在于:《韩非子》就是一部中国版的《君主论》。《韩非子》就像《君主论》一样,为君主提供了无数建议,也对君主提出了无数要求。从富勒的角度来说,这些要求都是对"从事这项事业"的人提出的要求。如果着眼于对君主的"能量、见识、智力和良知"提出的要求,夸张一点说,几乎可以把《韩非子》一书的大部分内容囊括在内。但是,如果这样来安排下文的内容,显然没有节制。因此,为了体现韩非对君主在"能量、见识、智力和良知"诸方面提出的要求、表达的期待,我们可以从以下几个方面概括与梳理。

(一) 能够克服困难

对君主来说,这既是一种能量,也是一种智慧。在韩非描绘的政治世界与法律世界中,君主绝非甩手掌柜,相反,君主承担了巨大的责任,同时也面临着巨大的风险。到了韩非生活的战国晚期,这样的政治风险有增无减。作为宗室公子的韩非,较之于其他先秦诸子,对生存危机有更加切身的体验。在这种社会背景下的君主,倘若要生存下来,倘若还想有所发展,倘若还要成就一番强国事业——至少是存国事业,就必须有克服困难的能力与勇气。

单从法律方面来说,有些法律在制定过程中就很困难,在执行过程中也很困难。但是,君主只有克服这些困难,才可能成就强国事业。正如《八说》所言:"法所以制事,事所以名功也。法有立而有难,权其难而事成,则立之;事成而有害,权其害而功多,则为之。无难之法,无害之功,天下无有也。是以拔千丈之都,败十万之众,死

---

① 有学者指出:"近百年以来,尤其是近 50 年以来,有关韩非和马基雅维利的比较研究取得了诸多成果,这些研究主要体现在对韩非和马基雅维利的法术势思想、外交思想、人性观、权力观、历史观、君主专制思想、非道德主义思想以及领导术的比较上。"详见,张昭:《韩非与马基雅维利比较研究综述》,《天中学刊》2015 年第 3 期,第 42—46 页。

伤者军之乘,甲兵折挫,士卒死伤,而贺战胜得地者,出其小害计其大利也。"①这就是说,像其他事业一样,法律的制定与实施也会面临各种困难,君主必须克服这些困难。倘若需要为法律的制定与实施付出一定的代价,君主必须承担这个代价,必须承担相应的压力,这就考验着君主的决断能力。《八经》已经述及君主可能面临的能力短缺问题:"官之重也,毋法也;法之息也,上暗也。上暗无度,则官擅为;官擅为,故奉重无前;奉重无前,则征多;征多故富。"②法律的暗弱是因为君主的暗弱,君主的暗弱就是君主在能力、智慧方面的严重短缺。对于暗弱的君主,我们也许可以称其为"暗主",与这种"暗主"形成反差的,就是韩非一直都在期待的"明主"。《六反》:"故明主之治国也,众其守而重其罪,使民以法禁而不以廉止。"③这就是说,明主有"众其守"的能力和智慧。所谓"众其守",就是"守者众,以防于未发"④。这是一种防患于未然的能力。

要求君主具备克服困难的勇气与能力,其实可以表明:韩非见过太多暗弱的君主,在韩非眼里,君主的能力亟待提升。韩非的这种立场,源于他的亲身经历:"非见韩之削弱,数以书谏韩王,韩王不能用。于是韩非疾治国不务修明其法制,执势以御其臣下,富国强兵而以求人任贤,反举浮淫之蠹而加之于功实之上。"⑤这样的君主,确实需要提高能力。如果说,提高克服困难的能力,是一个比较宽泛的要求,那么,关于君主的"能量、见识、智力和良知",韩非还提出了以下更具体、更有针对性的要求。

(二) 能够控制群臣

韩非反复提醒君主,一定要注意控制群臣。韩非设计的法治

---

① 高华平、王齐洲、张三夕译注:《韩非子》,中华书局2015年,第673页。
② 高华平、王齐洲、张三夕译注:《韩非子》,中华书局2015年,第693页。
③ 高华平、王齐洲、张三夕译注:《韩非子》,中华书局2015年,第658页。
④ [清]王先慎撰:《韩非子集解》,钟哲点校,中华书局2016年,第456页。
⑤ [汉]司马迁:《史记》,中华书局2006年,第395页。

模式是君主依法控制群臣,群臣依法实现对民众的控制,这就是所谓"圣人治吏不治民"。韩非的这个理论,涉及三类主体:君主、群臣和百姓。这就意味着,韩非眼里的法律关系与政治关系,主要就是君主、群臣、百姓之间的相互关系。站在君主的角度上看,百姓是"目",群臣就是百姓的"纲",纲举目张。从法律关系来看,君主要解决的根本问题,就是把群臣治理好。所谓治国、平天下,对君主而言,实际上就是要管理、约束、控制好群臣。这对君主的能力是一个很大的考验。

就韩非身处的政治背景来看,他所在的韩国,君主无法有效控制群臣、特别是权臣的问题更加突出。因为,韩国与赵国、魏国一样,本身就是"三家分晋"的产物。晋国的三个权臣逐渐坐大,最后瓜分、取代了晋国。韩国作为诸侯国的这种生成方式,本身就在提醒君主,一定要注意控制群臣,特别是权臣。但是,韩非所面对的韩国君主偏偏在这个方面难以有所作为,所以韩非特别提出,君主必须加强对群臣的法律控制。《有度》:"故明主使其群臣不游意于法之外,不为惠于法之内,动无非法。峻法,所以禁过外私也;严刑,所以遂令惩下也。威不贰错,制不共门。威、制共,则众邪彰矣;法不信,则君行危矣;刑不断,则邪不胜矣。故曰:巧匠目意中绳,然必先以规矩为度;上智捷举中事,必以先王之法为比。故绳直而枉木斫,准夷而高科削,权衡县而重益轻,斗石设而多益少。故以法治国,举措而已矣。法不阿贵,绳不挠曲。法之所加,智者弗能辞,勇者弗敢争。刑过不避大臣,赏善不遗匹夫。故矫上之失,诘下之邪,治乱决缪,绌羡齐非,一民之轨,莫如法。厉官威名,退淫殆,止诈伪,莫如刑。刑重,则不敢以贵易贱;法审,则上尊而不侵。上尊而不侵,则主强而守要,故先王贵之而传之。人主释法用私,则上下不别矣。"①这段话很有名,在学术思想文献中被反复

---

① 高华平、王齐洲、张三夕译注:《韩非子》,中华书局2015年,第49—50页。

引证,用来论证多个方面的观点,但是,它的核心指向,还在于强调君主对群臣的控制。

(三) 能够废除私道

在战国晚期,"私道"也是君主面临的一个大问题。所谓"私道",亦可称为"私学",是与"法"或"公法"相对应的一个概念。对于君主来说,能否废除"私道",可以考验君主的"能量、见识、智力、良知",对能否实现强国事业具有至关重要的影响。《有度》:"其国乱弱矣,又皆释国法而私其外,则是负薪而救火也,乱弱甚矣!"① 这就是说,一个国家的乱与弱,都是因为君主纵容官吏以私道、私事替代国法、公事。这里的"外","谓臣之事也"②。国法被放逐,私道盛行,就是一个国家趋于乱与弱的根本原因。

《诡使》进行了更加详细的论证:"夫立法令者,以废私也。法令行而私道废矣。私者,所以乱法也。而士有二心私学、岩居窞路、托伏深虑,大者非世,细者惑下;上不禁,又从而尊之以名,化之以实,是无功而显,无劳而富也。如此,则士之有二心私学者,焉得无深虑、勉知诈与诽谤法令,以求索与世相反者也?凡乱上反世者,常士有二心私学者也。故《本言》曰:'所以治者,法也;所以乱者,私也。法立,则莫得为私矣。'故曰:道私者乱,道法者治。上无其道,则智者有私词,贤者有私意。上有私惠,下有私欲,圣智成群,造言作辞,以非法措于上。上不禁塞,又从而尊之,是教下不听上、不从法也。是以贤者显名而居,奸人赖赏而富。贤者显名而居,奸人赖赏而富,是以上不胜下也。"③

这段话把法与私置于相互对立的地位。"法"代表君主的、国家的立场,"私"代表大臣的、个人的立场。法与私的对立,就是君与臣、国与家、公与私的对立。法律就其本性、本义来说,天然

---

① 高华平、王齐洲、张三夕译注:《韩非子》,中华书局2015年,第42页。
② [清]王先慎撰:《韩非子集解》,钟哲点校,中华书局2016年,第35页。
③ 高华平、王齐洲、张三夕译注:《韩非子》,中华书局2015年,第652页。

就是维护国家利益、君主利益的。在韩非的时代,君主与国家是一体的,所谓"诸侯国",就是"诸侯的国",这就是普遍认为的那个时代的主流意识形态。但是,"私"却构成了对法、君、国、公的损害。这里的私,既包括"臣之事"或"臣之利",同时还包括韩非特别提到的"私学"。私学就是各种各样的学说、主张、观点、理论。私学表达"私意",形成"私词",维护"私惠",助长"私欲",严重消蚀了君主执政的根基,破坏了法律的尊严。本来,君主希望通过法律维护国家利益,但是,代表大臣、官吏的私道、私学总是或明或暗地冲击法律,危害法律旨在保障的国家利益、公家利益。对于这样的"私道",君主必须予以废除。这对君主的能力也是一种考验。

(四)能够与时俱进

君主还需要推动法律与时俱进,不能墨守成规。《心度》:"法与时转则治,法与世宜则有功。故民朴而禁之以名则治,世知维之以刑则从。时移而治不易者乱,能众而禁不变者削。故圣人之治民也,法与时移而禁与能变。"①这就是说,法律要实现天下大治的目标,必须顺应时代的变化。《八说》:"处多事之时,用寡事之器,非智者之备也;当大争之世,而循揖让之轨,非圣人之治也。"②这里的"多事之时",就是韩非所处的战国时代,可以称为"大争之世"。应对这样的时代,倘若还要采取传说中的"揖让"方式,那就很不明智了。

《五蠹》有一段著名的史论:"上古之世,人民少而禽兽众,人民不胜禽兽虫蛇。有圣人作,构木为巢以避群害,而民悦之,使王天下,号曰有巢氏。民食果蓏蚌蛤,腥臊恶臭而伤害腹胃,民多疾病。有圣人作,钻燧取火以化腥臊,而民说之,使王天下,号之曰燧人

---

① 高华平、王齐洲、张三夕译注:《韩非子》,中华书局2015年,第759页。
② 高华平、王齐洲、张三夕译注:《韩非子》,中华书局2015年,第672页。

氏。中古之世,天下大水,而鲧、禹决渎。近古之世,桀、纣暴乱,而汤、武征伐。今有构木钻燧于夏后氏之世者,必为鲧、禹笑矣;有决渎于殷、周之世者,必为汤、武笑矣。然则今有美尧、舜、汤、武、禹之道于当今之世者,必为新圣笑矣。是以圣人不期修古,不法常可,论世之事,因为之备。"①这段关于"大历史"的简约叙述,把悠久的古代历史分为上古、中古、近古三世。每个历史阶段的圣王都有自己治理天下的主要抓手,绝不能简单地模仿以前圣王的方法,因为,时代、环境、条件已经发生了根本性的变化。由于这种变化,新圣绝不可复制往圣的治国方法。在这里,韩非通过对历史事实、历史过程的重新叙述,发现了一个历史规律,甚至阐述了一种历史哲学,那就是"不期修古""不法常可",一切都要与时俱进。

君主不仅要推动法律与时俱进,而且在政治的一切环节,都要与时俱进,都要根据新的条件,做出新的方案。在《韩非子》全书中,韩非对这样的原则一再申明。譬如,《外储说左上》记载了宋襄公与楚人之间的涿谷之战。宋人已经排好队列,但楚人还没有完成渡河、排队的准备工作,右司马向宋襄公提出建议:"楚人众而宋人寡,请使楚人半涉未成列而击之,必败。"宋襄公的回答掷地有声:"寡人闻君子曰:'不重伤,不擒二毛,不推人于险,不迫人于阸,不鼓不成列。'今楚未济而击之,害义。请使楚人毕涉成阵而后鼓士进之。"②后面的结果众所周知:宋人大败,宋襄公受伤,三日而死。在这个典故中,虽然韩非试图论述的核心观点是"仁义之祸"③,然而,宋襄公死守以前的"君子"之言,为此付出了惨重的代价,也可以说明,君主必须能够与时俱进。

---

① 高华平、王齐洲、张三夕译注:《韩非子》,中华书局2015年,第698页。
② 高华平、王齐洲、张三夕译注:《韩非子》,中华书局2015年,第424页。
③ 在《论持久战》一文中,毛泽东对宋襄公有一个著名的批判:"我们不是宋襄公,不要那种蠢猪式的仁义道德。"毛泽东:《毛泽东选集》第二卷,人民出版社1991年,第492页。

（五）能够法术兼用

在韩非的法律学说中，还有一个概念必须提及，那就是术。韩非也注意势，主张术与势两个因素，都要与法结合起来。但是，相比之下，韩非更看重法与术的结合。① 在《定法》篇中，韩非把法与术相提并论，置于同等的地位："今申不害言术而公孙鞅为法。术者，因任而授官，循名而责实，操杀生之柄，课群臣之能者也。此人主之所执也。法者，宪令著于官府，刑罚必于民心，赏存乎慎法，而罚加乎奸令者也。此臣之所师也。君无术则弊于上，臣无法则乱于下，此不可一无，皆帝王之具也。"②这就是说，法与术都是帝王的工具，两者缺一不可。

法是一个基础性的装置。没有法律，官吏、民众都失去了行为规范。但是，对于君主来说，术也是不可缺少的。官吏、民众可以没有术，甚至不能有术，但是，君主对官吏的控制，却离不开术。因此，对于法律作为一项目的性很明确的强国事业来说，君主必须对"术"有深刻的理解。《定法》："商君虽十饰其法，人臣反用其资。故乘强秦之资数十年而不至于帝王者，法虽勤饰于官，主无术于上之患也。"③《制分》："夫治法之至明者，任数不任人。是以有术之国，不用誉则毋适，境内必治，任数也。亡国使兵公行乎其地，而弗能圉禁者，任人而无数也。自攻者人也，攻人者数也。故有术之国，去言而任法。"④《亡征》："万乘之主，有能服术行法以为亡征之君风雨者，其兼天下不难矣！"⑤这些论述，都强调了法与术不可分。

术的内容到底是什么？《内储说上七术》提供了相对集中的回

---

① 按照熊十力在《韩非子评论》一文中的看法："《韩非》之书，千言万语壹归于任术而严法，虽法术兼持，而究以术为先。"萧萐父主编：《熊十力全集》第五卷，湖北教育出版社2001年，第311页。
② 高华平、王齐洲、张三夕译注：《韩非子》，中华书局2015年，第620页。
③ 高华平、王齐洲、张三夕译注：《韩非子》，中华书局2015年，第622页。
④ 高华平、王齐洲、张三夕译注：《韩非子》，中华书局2015年，第763页。
⑤ 高华平、王齐洲、张三夕译注：《韩非子》，中华书局2015年，第154页。

答。按照这篇文献,君主应当掌握七种术,譬如"众端参观""一听责下""必罚明威""信赏尽能""疑诏诡使""挟知而问""倒言反事",等等,都是韩非归纳出来的术。此外,韩非关于"术"的论述,还见于其他各篇,譬如,在《外储说右上》"经二""说二"中,韩非还举出了多种事例,具体地阐明了君主应当掌握的"术"。那么,韩非所说的术,到底是什么? 在这里,如果把"术"进行中性化的表达,那么它大约相当于今天的"管理学",或者是更加具体的"领导学"。只不过在韩非的时代,在君主与国家高度一体化的政治背景下,这种"领导科学"不需要广泛地普及,只需要君主一个人掌握就够了。普通的官吏不需要掌握君主专属的术或"人君南面术"。这从一个侧面说明,在实现法律这项强国事业中,君主是这项事业的主要承担者。

以上几个方面,都是韩非对君主在能量、智力、见识、良知诸方面提出的要求。正是因为君主在这些方面都不能达到理想的状态,所以法律作为强国事业之目标,永远不能完全实现。这个道理,富勒已经有所阐述。韩非的论述,特别是韩非的经验,也可以说明这一点。以韩国为例,正是因为韩非时代的几任韩国君主在能量、智力、见识、良知诸方面,都没有达到一个比较理想的状态,强国事业并不成功,韩国很快就被灭掉了。由此可见,法律作为一项强国事业的实现,确实有赖于从事这项事业的人,尤其是君主,必须具有足够的能量、智力、见识、良知。

四、法律的实体目标

前面已经提到,在西方法理学的谱系中,富勒有一个标志性的观点,那就是"法律的内在道德"。但是,富勒毕竟还是一个代表性的新自然法学家,如果仅仅标举前文引述的那八个方面的"内在道德",仅仅述及"程序自然法",那么,其理论作为"自然法学"的意味就显得比较薄弱。因此,在《法律的道德性》第四章,富勒专论"法律的实体目标",因为他自己也意识到:"法律的内在道德并不关心法律的实体目标,并且很愿意同等有效地服务于各种不同的实体目的。"①在大量引证其他学者相关论述的基础上,富勒得出了自己的结论:"如果有人要求我指出可以被称为实质性自然法的那种东西——大写的自然法——的无可争议的核心原则,我会说它存在于这样一项命令当中:开放、维持并保护交流渠道的完整性,借此人们可以彼此表达人们的所见、所感、所想。"②这就是富勒所理解的"法律的实体目标"。

富勒所说的"法律的实体目标",就是法律的外在道德或外在价值,相对于程序自然法,亦可以称之为实体自然法。在自然法学的历史上,关于法律的实体目标已有各种各样的论证,譬如,理性、正义、自由、平等之类的价值要素,都在不同的时代充当了"法律的实体目标"。富勒的自然法学被称为新自然法学,其新颖之处,一方面在于前面所说的内在道德或程序自然法,另一方面就在于把法律的实体目标定位在维护、保障"交流渠道的完整性"。显而易见,这个"实体目标"虽然号称实体,其实同样体现了相当程度的程序性。既然"法律的实体目标"是富勒法理学的一个重要支点,那么,透过富勒的视角,韩非如何理解法律的实体目标?在韩非子的法理学说中,是否也有关于法律的实体目标的论述?回答是肯定的。

(一)"唯治"

韩非关于"法律的实体目标"的理解,首先是"治"。这里的"治",既可以是过程,亦即治理官民、国家、天下的过程,也可以是状态,亦即官民、天下、国家得到治理的状态。"治"的反义词是"乱",所谓治乱循环,就表明了治是乱的对立面。因此,乱是理解

---

① [美]富勒:《法律的道德性》,郑戈译,商务印书馆2011年,第177页。
② [美]富勒:《法律的道德性》,郑戈译,商务印书馆2011年,第215页。

治的一面镜子。

在韩非看来,法律的实体目标首先就是治。分而述之,治的对象有四。其一,民众作为治的对象。《心度》:"故治民无常,唯法为治。"①这就是说,只有通过法律,才能把民众治理好。这里的"唯法"一词,尤为值得注意,因为它在法与治之间,建立了一种单向的逻辑联系:只有通过法律,才能实现有效的治理。其二,官吏作为治的对象。《说疑》:"法也者,官之所师也。"②《外储说左上》:"法者,见功而与赏,因能而授官。"③《有度》:"当今之世,能去私曲就公法者,民安而国治;能去私行行公法者,则兵强而敌弱。故审得失有法度之制者,加以群臣之上,则主不可欺以诈伪。"④《爱臣》:"故明君之蓄其臣也,尽之以法,质之以备。"⑤其三,国家作为治的对象。《安危》:"安国之法,若饥而食,寒而衣,不令而自然也。"⑥其四,天下作为治的对象。《奸劫弑臣》:"圣人者,审于是非之实,察于治乱之情也。故其治国也,正明法,陈严刑,将以救群生之乱,去天下之祸,使强不陵弱,众不暴寡,耆老得遂,幼孤得长,边境不侵,君臣相亲,父子相保,而无死亡系虏之患,此亦功之至厚者也!"⑦从民、官到国家、天下,都是法律治理的对象,实现对这四种对象的治理,是法的实体目标。

法律的实体目标是"治",但是,韩非关注的重心还是治官。在韩非看来,通过法律把官吏治理好了,民众自然可以得到很好的治理。官与民的治理都实现了,国家和天下的治理也就可以期待了。这就是说,治官是法律治理的核心环节。用现在流行的词语来说,

---

① 高华平、王齐洲、张三夕译注:《韩非子》,中华书局2015年,第759页。
② 高华平、王齐洲、张三夕译注:《韩非子》,中华书局2015年,第627页。
③ 高华平、王齐洲、张三夕译注:《韩非子》,中华书局2015年,第427页。
④ 高华平、王齐洲、张三夕译注:《韩非子》,中华书局2015年,第44页。
⑤ 高华平、王齐洲、张三夕译注:《韩非子》,中华书局2015年,第32页。
⑥ 高华平、王齐洲、张三夕译注:《韩非子》,中华书局2015年,第289页。
⑦ 高华平、王齐洲、张三夕译注:《韩非子》,中华书局2015年,第136页。

官是实现治理事业的"关键少数"。治民、治国、治天下,首先是要治官。正是因为这个缘故,韩非花费了大量的篇幅来论述治官的必要性、可能性。

韩非固然是以"治"来定位法律的实体目标,但是,对"治"这个实体目标的追求,其实并不是韩非一个人的见解。在先秦时期,诸子百家追求的实体目标,其实都是一个"治"。正如司马谈的归纳:"夫阴阳、儒、墨、名、法、道德,此务为治者也,直所从言之异路,有省不省耳。"①《淮南子·氾论训》也说:"百川异源,而皆归于海;百家殊业,而皆务于治。"②诸子百家都追求"治"这个目标,法家诸子自然也不例外,法家诸子异于其他各家之处在于:法家是把法律的实体目标定位为治。当然,在法家谱系中,就求治的方法来看,申不害偏重于"以术而治",商鞅偏重于"以法而治",慎到偏重于"以势而治"。在三者之间,韩非与商鞅具有更多相同点。但是,韩非并不满意商鞅的法治,《定法》称:"申子未尽于术,商君未尽于法也。"商鞅的缺陷在于:按照他制定的法律,斩获甲首者,可以授予官职,但是,"今治官者,智能也;今斩首者,勇力之所加也。以勇力之所加而治智能之官"③,那是很不妥当的。由此可见,在韩非之前的法家诸子中,即使是最接近于韩非的商鞅,与韩非关于法律的实体目标的理解,也有一些微妙的差异。这就是说,韩非把法律的实体目标定位于治,无论是在理论要旨上,还是在论证理路上,依然具有强烈的个性色彩。

(二)"多力"

韩非关于"法律的实体目标"的理解,还有一个关键词,那就是"多力"。在先秦时代,"务为治"是一个普遍性的观点。在"治"之外,韩非还以"力"作为法律的实体目标。治是有序,但是,一个有序的国家,未必是一个有力量的国家。因此,在"治"的目标之上,

---

① [汉]司马迁:《史记》,中华书局2006年,第758页。
② 陈广忠译注:《淮南子》,中华书局2012年,第723页。
③ 高华平、王齐洲、张三夕译注:《韩非子》,中华书局2015年,第624—625页。

还有一个"力"的目标。《饬令》:"故国多力,而天下莫之能侵也。"①《显学》:"是故力多则人朝,力寡则朝于人,故明君务力。"②《心度》:"故贤君之治国也……好力者其爵贵;爵贵,则上尊;上尊,则必王。国不事力而恃私学者其爵贱;爵贱,则上卑;上卑者必削。故立国用民之道也,能闭外塞私而上自恃者,王可致也。"③这就是韩非从不同的角度反复论证的"多力"目标论。

所谓"力"或"多力",其实就是国富兵强,简称富强。《八说》:"明主者通于富强,则可以得欲矣。"④《显学》:"磐石千里,不可谓富;象人百万,不可谓强。石非不大,数非不众也,而不可谓富强者,磐不生粟,象人不可使距敌也。"⑤堆满石头的土地,木头陶土制成的人,虽然数量庞大,但不能强国。不能让国家富强,无助于提升国力,就没有实际用处。

韩非所追求的力,主要是指国家的硬实力或者说综合国力,就是富与强。富是物质财富,尤其是指粮食等方面的生活物资,强是指军事实力,尤其是指兵强马壮。韩非不注重软实力。精神上的感召力、文化上的吸引力、思想理论上的魅力,都不是韩非追求的力。一方面,这说明韩非的法理学,还是具有很大的片面性。但在另一方面,这也说明了那个时代的一种现实格局:任何诸侯国家秉持的法理,都没有超越于其他国家的优越性。对此,韩非自己就给出了说明,试看《五蠹》:"上古竞于道德,中世逐于智谋,当今争于气力。齐将攻鲁,鲁使子贡说之。齐人曰:'子言非不辩也,吾所欲者土地也,非斯言所谓也。'遂举兵伐鲁,去门十里以为界。故偃王仁义而徐亡,子贡辩智而鲁削。以是言之,夫仁义辩智,非所以持

---

① 高华平、王齐洲、张三夕译注:《韩非子》,中华书局2015年,第755页。
② 高华平、王齐洲、张三夕译注:《韩非子》,中华书局2015年,第734页。
③ 高华平、王齐洲、张三夕译注:《韩非子》,中华书局2015年,第759页。
④ 高华平、王齐洲、张三夕译注:《韩非子》,中华书局2015年,第675页。
⑤ 高华平、王齐洲、张三夕译注:《韩非子》,中华书局2015年,第733页。

国也。去偃王之仁,息子贡之智,循徐、鲁之力使敌万乘,则齐、荆之欲不得行于二国矣。"①

这几句话,论证了为什么要把硬实力作为法律的实体目标:韩非生活的"当今",乃是一个争于气力的时代。在韩非之前的遥远的古代,曾经有一个竞争道德水平的时代,后来,又出现了一个竞争智力计谋的时代,但是,这样的时代已经过去了。在韩非的时代,一个国家如果还想在道德上或智谋上占据上风,从而在国际竞争中占据优势地位,那是不可能的。齐国攻打鲁国,在齐国大兵压境之下,鲁国让能言善辩的子贡去劝阻齐国,齐国人的回答是:你确实说得很好,但是,无论你说什么,无论你说得多好,我们都不感兴趣;我们要的是你们鲁国的土地。在这样的背景下,只有以富强作为支撑的硬实力,才是真正的力;在硬实力之外的其他选项,无论是听上去高妙的言辞,还是看上去高尚的仁义,都不能指望。《五蠹》专门论及孔子:"仲尼,天下圣人也,修行明道以游海内,海内说其仁、美其义而为服役者七十人。盖贵仁者寡,能义者难也。故以天下之大,而为服役者七十人,而仁义者一人。"②天下那么大,孔子的追随者只有区区七十人,这七十人显然只是整个时代、整个社会的异数,根本不可能代表时代的主流。这就是韩非面对的现实:国与国之间的竞争,只能依靠坚硬的拳头,硬实力才是硬道路。在这样的语境下,法律的实体目标首先是追求"治",然后是追求"力"。以富强支撑起来的"力",才是法律应当追求的坚实的实体目标。③

---

① 高华平、王齐洲、张三夕译注:《韩非子》,中华书局2015年,第702—703页。
② 高华平、王齐洲、张三夕译注:《韩非子》,中华书局2015年,第704—705页。
③ 20世纪40年代,"战国策派"的代表人物之一林同济,还专门写过一篇《力!》,为"力"这种价值目标进行论证:"力者非它,乃一切生活的表征,一切生物的本体。"详见,林同济:《力!》,《战国策》(昆明)第3期,1940年5月1日。收入,江沛、刘忠良编:《中国近代思想家文库·雷海宗林同济卷》,中国人民大学出版社2014年,第526页。

(三)"言谈者必轨于法"

韩非关于"法律的实体目标"的理解,是否也包括富勒所说的"开放、维持并保护交流渠道的完整性"?回答同样是肯定的。像富勒一样,韩非也希望通过法律,建构一个完整的交流渠道。按照韩非的设想,法律提供的交流渠道,不仅应当是完整的,而且还应当是充分的,甚至还应当是唯一的、封闭的。韩非主张:所有交流,都应当在法律的框架下或轨道上来展开。法律为所有交流提供了依据,法律的价值准则是一切交流的前提,一切交流都应当围绕着"法律是怎么规定的""法律是否允许""法律是否鼓励"来进行。偏离法律规定的交流,都是应当禁止的。在这个意义上,形成一个完整的甚至是封闭的交流渠道,正是韩非为法律设定的实体目标。

按照《五蠹》:"明主之国,无书简之文,以法为教;无先王之语,以吏为师;无私剑之捍,以斩首为勇。是境内之民,其言谈者必轨于法,动作者归之于功,为勇者尽之于军。是故无事则国富,有事则兵强,此之谓王资。既畜王资而承敌国之釁,超五帝侔三王者,必此法也。"①这就是韩非构想的"言谈者必轨于法"之格局与机制:在一个理想的政治社会中,只有国家的法律,没有其他的书简;只有熟知法律的官吏,没有往圣先王的话语;官吏除了知道法律,其他什么都不知道。官吏与民众的交流,官吏与官吏的交流,民众与民众的交流,都只能交流法律问题,没有其他话题。举国上下,"言谈者必轨于法"。如果要打个比方,夸张一点说,那么,整个国家几乎就是一个人人研习法律规范的"法学院",而且还是一个"分析实证主义法学院"。

为了追求"言谈者必轨于法"这一项实体目标,韩非要求君主禁绝法律之外的其他学说,因为众多的学说冲击了"言谈者必轨于法"的目标,特别是儒生与游侠,尤其需要防范。《五蠹》:"儒以文乱法,侠以武

---

① 高华平、王齐洲、张三夕译注:《韩非子》,中华书局2015年,第714页。

犯禁,而人主兼礼之,此所以乱也。夫离法者罪,而诸先生以文学取;犯禁者诛,而群侠以私剑养。故法之所非,君之所取;吏之所诛,上之所养也。法、趣、上、下,四相反也,而无所定,虽有十黄帝不能治也。故行仁义者非所誉,誉之则害功;文学者非所用,用之则乱法。"①

为了实现"言谈者必轨于法"之目标,韩非甚至把苍颉这种传说中的人物都搬出来,并以之作为奥援。《五蠹》:"古者苍颉之作书也,自环者谓之私,背私谓之公,公私之相背也,乃苍颉固以知之矣。今以为同利者,不察之患也。然则为匹夫计者,莫如修行义而习文学。行义修则见信,见信则受事;文学习则为明师,为明师则显荣;此匹夫之美也。然则无功而受事,无爵而显荣,为有政如此,则国必乱,主必危矣。故不相容之事,不两立也。斩敌者受赏,而高慈惠之行;拔城者受爵禄,而信廉爱之说;坚甲厉兵以备难,而美荐绅之饰;富国以农,距敌恃卒,而贵文学之士;废敬上畏法之民,而养游侠私剑之属。举行如此,治强不可得也。国平养儒侠,难至用介士,所利非所用,所用非所利。是故服事者简其业,而游学者日众,是世之所以乱也。"②在这段话中,韩非虽然也批判了官方行为与法律规则之间的不一致,但基本旨趣还是在于批判"游学者""文学之士""游侠"等人,这些人的行为、言论都偏离了法律的轨道,都不符合"言谈者必轨于法"的目标。

以上三端,就是韩非对"法律的实体目标"的理解。我们很容易想到,韩非把"治"与"力"作为法律的实体目标。但是,从富勒的理论视野中看过去,韩非还提出了与富勒相似的理论主张:通过法律形成一个完整的交流渠道。当然,他们两人各有旨趣,而且相互间差异很大。富勒设定的实体目标是保护人与人之间的交流,让人与人的交流充分、完整,至于交流的主题是什么,法律不能干涉。

---

① 高华平、王齐洲、张三夕译注:《韩非子》,中华书局2015年,第709页。
② 高华平、王齐洲、张三夕译注:《韩非子》,中华书局2015年,第709—710页。

韩非的目标是人与人的交流,只能交流法律问题。显然,韩非只想建立一个封闭、单一的交流渠道。大致说来,富勒与韩非都关注"法律的实体目标",他们对这个问题的理解既有相通之处,也有很大的差异。在两者之间,无论是寻求同中之异,还是寻求异中之同,都可以在比较与对照中彰显出各自的特质,尤其是韩非法理学的特质。

小　　结

天下的学术都是相通的。"东海西海,心理攸同,南学北学,道术未裂"①,旧学新学,彼此呼应。在上文中,我们把看上去相当异质的富勒与韩非勾联起来,透过富勒的法理视野,已经对韩非的法理学做出了一些新的揭示。一方面,这说明韩非的法理学可以在一个更宽的理论视野中加以考察。哪怕是异域的、晚近的新自然法学,也可以与韩非的法理学相互映照、相互发明。另一方面,这也说明,韩非的法理学实在是一种具有世界意义的法理学。我们既可以从富勒的角度来看韩非,其实也可以反过来,从韩非的角度去看富勒以及其他各种各样的法理学说。从这个角度来说,韩非法理学的学术意义、世界意义、当代意义,还有待于进一步挖掘。论述至此,特别是透过"富勒法理学之镜",我们可以就韩非法理学的性质、地位、特征,做出以下几点剖析。

第一,在法家诸子构成的学术谱系中,韩非的法理学主要是思想家的法理学。相比之下,其他法家诸子的法理学,主要是政治家或行动者的法理学。商鞅是秦国政治上的行动者,申不害是韩国政治上的行动者。因此,商、申二人都是严格意义上的政治家,是国家政治的实际主持者,他们相当于秦、韩两国君主分别聘任的、实际主持一国政务的总经理。因此,商、申的法理学,主要是政治

---

① 钱锺书:《钱锺书集:谈艺录》,生活·读书·新知三联书店2007年,"序",第1页。

家的法理学。但是，韩非的一生，几乎没有实际主政的经历。他虽然是韩国的宗室公子，也参与了一些政治谋划，以及写了一些"决策咨询报告"，但始终都只是实际政治的旁观者、思考者、评论者，几乎是一个职业作家。倘若要以今律古，那么，韩非的法理学因为其偶然的人生际遇，而具有了某些近现代的色彩：以专职的学术思想写作为业，仿佛近现代的职业学者。近代以来，类似的典型事例有：政治失意之后的马基雅维利写下了《君主论》，卖掉法国公职之后的孟德斯鸠写下了《论法的精神》，等等。虽然他们的选择有被迫（马基雅维利）与主动（孟德斯鸠）的差异，但他们都是在一种专职写作的状态下完成了自己的代表性作品。韩非的写作也有这种"专职写作"的特点。韩非没有机会实际主政。韩非对历史的影响，主要是他的论著及其所表达的思想。韩非不是一个实际的政治家，他主要是一个思想家，他的法理学主要呈现为思想家的法理学，这是韩非法理学异于商、申法理学的一个特质。

第二，韩非的法理学不仅是法家法理学的集大成者，甚至也是先秦诸子法理学的集大成者。如前文所述，在先秦诸子中，韩非是最后一个思想高峰，代表了先秦学术思想的终结。这样的历史际遇也是偶然的，可遇而不可求。正是置身于战国末期，韩非才有机会全面地考查、比较诸子百家的得失，也才有机会全面地批判、继承诸子百家的学术思想，才可能获得"后见之明"。孔子的时代毕竟还只是春秋时代，虽然礼已崩、乐已坏，但是，礼乐文明秩序还保持着某种向前延伸的惯性。因此，孔子对礼乐文明秩序还有一定的期待，也有一定的信心。但是，到了战国末期，在韩非的时代，周公开创的礼乐文明秩序早已远去，列国之间的兼并战争越来越残酷和惨烈。不仅墨家的"非攻"近于痴人说梦，儒家的"仁义"已显得迂腐不堪，道家提供的政治哲学亦需要进行创新性的发展、创造性的转化，就是法家先驱们的理论学说也面临着整合与综合的现实需要。韩非的学术思想，特别是他的法理学，就是在这样的背景下创造出来的，就是回应这种需求的结果。

第三，韩非的法理学是"战国时代"及其精神的生动体现。从春秋到战国，华夏文明的基本形态是大小诸侯之间的相互兼并。但春秋时代与战国时代还是有一个显著的差异："春秋五霸"是历时性的，五大诸侯轮流充当霸主，每个时代只有一个霸主。在每个时代，众多诸侯也许还可以在霸主试图维护的国际秩序中获得某种可以预期的相对稳定的地位。但是，到了战国时代，"战国七雄"是共时性的，"七雄"之间的合纵连横，意味着每一个诸侯都面临着灭国的危险，面临着更加动荡的国际格局。正是这种险象环生的现实环境，为韩非的法理学打上了某种"社会科学"的色彩：关注现实得失与利害，希望用唯一的法律规则凝心聚力，以应对残酷的国际竞争。韩非法理学的社会科学性质，也间接地衬托出孔孟法理学的人文科学色彩。从这个特定的角度来看，韩非的法理学是战国时代的产物，具有一定的"战时法理学"特质。

第一卷参考文献

(仅限本卷直接征引的文献,依汉语拼音排序)

艾兰:《水之道与德之端:中国早期哲学思想的本喻》,张海晏译,商务印书馆2010年。

爱莲心:《向往心灵转化的庄子:内篇分析》,周炽成译,江苏人民出版社2004年。

安乐哲:《中国古代的统治艺术:〈淮南子·主术〉研究》,滕复译,江苏凤凰文艺出版社2018年。

奥斯丁:《法理学的范围》,刘星译,中国法制出版社2011年。

班固撰,颜师古注:《汉书》,中华书局2000年。

贝淡宁:《贤能政治》,吴万伟译,中信出版社2016年。

毕来德:《庄子四讲》,宋刚译,中华书局2009年。

毕沅校注:《墨子》,吴旭民校点,上海古籍出版社2014年。

边沁:《道德与立法原理导论》,时殷弘译,商务印书馆2002年。

柏拉图:《柏拉图全集》,王晓朝译,人民出版社2002年。

陈鼓应:《中国哲学创始者:老子新论》,中华书局2015年。

陈鼓应:《庄子的开放心灵与价值重估:庄子新论》,中华书局2015年。

陈鼓应:《道家的人文精神》,中华书局2015年。

陈鼓应：《老子注译及评介》，中华书局 2015 年。

陈鼓应注译：《庄子今注今译：全 2 册》，商务印书馆 2016 年。

陈鼓应：《老子与孔子思想比较研究》，《哲学研究》1989 年第 8 期。

陈顾远：《中国法制史概要》，商务印书馆 2011 年。

陈广忠译注：《淮南子》，中华书局 2012 年。

陈来：《古代宗教与伦理：儒家思想的根源》，生活·读书·新知三联书店 2009 年。

陈立正：《居延新简所见"禽子"即墨家弟子禽滑厘试说》，《兰州大学学报》（社会科学版）2014 年第 2 期。

陈寿撰，裴松之注：《三国志》，中华书局 2000 年。

陈桐生译注：《盐铁论》，中华书局 2015 年。

陈桐生译注：《国语》，中华书局 2013 年。

陈曦译注：《六韬》，中华书局 2016 年。

陈晓芬、徐儒宗译注：《论语·大学·中庸》，中华书局 2015 年。

陈柱：《墨学十论》，华东师范大学出版社 2015 年。

程燎原：《法治必以立宪政体盾其后——从"商鞅难题"到"梁启超方案"》，《南京工业大学学报》2014 年第 2 期。

程燎原：《重新发现法家》，商务印书馆 2018 年。

程翔评注：《说苑》，商务印书馆 2018 年。

狄百瑞：《东亚文明：五个阶段的对话》，何兆武、何冰译，江苏人民出版社 2011 年。

杜正胜：《编户齐民：传统政治社会结构之形成》，联经出版事业股份有限公司 1990 年。

范晔：《后汉书》，中华书局 2000 年。

方授楚：《墨学源流》，商务印书馆 2015 年。

方向东译注：《新书》，中华书局 2012 年。

方勇、李波译注:《荀子》,中华书局2015年。

方勇译注:《墨子》,中华书局2011年。

方勇译注:《庄子》,中华书局2015年。

房玄龄等:《晋书》,中华书局2000年。

房玄龄注,刘绩补注:《管子》,上海古籍出版社2015年。

冯友兰:《中国哲学史新编》(上卷),人民出版社2007年。

冯友兰:《中国哲学史》,华东师范大学出版社2010年。

伏胜撰,郑玄注,陈寿祺辑校:《尚书大传 附序录辨讹》,中华书局1985年。

富勒:《法律的道德性》,郑戈译,商务印书馆2011年。

傅斯年:《傅斯年史学论著》,上海书店出版社2014年。

傅有德:《论犹太教与基督教的信与行》,《文史哲》2005年第3期。

甘肃省文物考古研究所、甘肃省博物馆、文化部古文献研究室、中国社会科学院历史研究所编:《居延新简:甲渠候官与第四燧》,文物出版社1990年。

高亨:《周代"大武"乐的考释》,《山东大学学报》1955年第2期。

高亨:《老子正诂》,中国书店1988年。

高华平、王齐洲、张三夕译注:《韩非子》,中华书局2015年。

高诱注:《吕氏春秋》,毕沅校,徐小蛮标点,上海古籍出版社2014年。

葛兆光:《中国思想史》,复旦大学出版社1999年。

郭丹、程小青、李彬源译注:《左传》,中华书局2012年。

郭沫若著作编辑出版委员会编:《郭沫若全集》(历史编第一卷),人民出版社1982年。

郭沫若:《十批判书》,人民出版社2012年。

郭庆藩撰:《庄子集释》,王孝鱼点校,中华书局1961年。

郭伟川编:《周公摄政称王与周初史事论集》,北京图书馆出版社1998年。

Herrlee G. Creel, *Shen Pu-Hai, A Chinese Political Philosopher of the Fourth Century B. C.*, The University of Chicago Press, 1974.

河北省文物研究所定州汉墓竹简整理小组(摹本:张守中):《定州西汉中山怀王墓竹简〈六韬〉释文及校注》,《文物》2001年第5期。

何休解诂:《春秋公羊传注疏》,徐彦疏,刁小龙整理,上海古籍出版社2013年。

黄怀信、张懋镕、田旭东撰:《逸周书汇校集注》,上海古籍出版社2007年。

黄俊杰:《孟子》,生活·读书·新知三联书店2013年。

黄士毅编:《朱子语类汇校》第一册,徐时仪、杨艳汇校,上海古籍出版社2014年。

霍布斯:《利维坦》,黎思复、黎廷弼译,商务印书馆1985年。

江沛、刘忠良编:《中国近代思想家文库·雷海宗林同济卷》,中国人民大学出版社2014年。

蒋重跃:《申子非法家辨》,《文献》1988年第3期。

蒋庆:《政治儒学:当代儒家的转向、特质与发展》,福建教育出版社2014年。

金德建:《古籍丛考》,中华书局1941年。

金耀基:《中国民本思想史》,法律出版社2008年。

康德:《历史理性批判文集》,何兆武译,商务印书馆1997年。

康有为:《论语注》,楼宇烈整理,中华书局1984年。

康有为:《孟子微》(《礼运注》《中庸注》),楼宇烈整理,中华书局1987年。

孔安国传,孔颖达等正义:《尚书正义》(附校勘记),上海古籍出版社1990年。

劳思光:《新编中国哲学史》,生活·读书·新知三联书店2015年。

黎靖德编:《朱子语类》,王星贤点校,中华书局2007年。

李光灿、张国华总主编:《中国法律思想通史》,山西人民出版社1994年。

李民、王健:《尚书译注》,上海古籍出版社2004年。

李学勤:《走出"疑古时代"》,《中国文化》1992年第2期。

李学勤主编:《十三经注疏·尚书正义》,北京大学出版社1999年。

李学勤主编:《十三经注疏·春秋左传正义》,北京大学出版社1999年。

李学勤主编:《十三经注疏·周易正义》,北京大学出版社1999年。

李泽厚:《中国古代思想史论》,生活·读书·新知三联书店2008年。

李泽厚:《论语今读》,生活·读书·新知三联书店2004年。

李泽厚:《实用理性与乐感文化》,生活·读书·新知三联书店2008年。

李泽厚、刘绪源:《中国哲学如何登场?——李泽厚2011年谈话录》,上海译文出版社2012年。

李泽厚:《人类学历史本体论》,青岛出版社2016年。

梁启超:《梁启超全集》,北京出版社1999年。

梁启超:《中国近三百年学术史》,江苏人民出版社2015年。

梁治平:《"法自然"与"自然法"》,《中国社会科学》1989年第2期。

廖名春:《〈荀子〉各篇写作年代考》,《吉林大学社会科学学报》1994年第6期。

刘生良评注：《吕氏春秋》，商务印书馆2015年。

刘师培：《国学发微（外五种）》，万仕国点校，广陵书社2015年。

刘师培：《刘申叔遗书》，江苏古籍出版社1997年。

刘笑敢：《孔子之仁与老子之自然——关于儒道关系的一个新考察》，《中国哲学史》2000年第1期。

鲁迅：《鲁迅全集》第三卷，人民文学出版社2005年。

罗炳良译注：《文史通义》，中华书局2012年。

罗尔斯：《正义论》，何怀宏等译，中国社会科学出版社1988年。

马一浮：《马一浮全集》第一册、第二册，浙江古籍出版社2012年。

毛泽东：《毛泽东选集》第二卷，人民出版社1991年。

蒙文通：《蒙文通全集》，巴蜀书社2015年。

蒙默、蒙怀敬编：《中国近代思想家文库·廖平卷》，中国人民大学出版社2014年。

密尔：《论自由》，许宝骙译，商务印书馆2011年。

缪文远、缪伟、罗永莲译注：《战国策》，中华书局2012年。

摩尔根：《古代社会》，杨东莼、马雍、马巨译，商务印书馆2011年。

欧阳询撰：《艺文类聚》，汪绍楹校，上海古籍出版社1982年。

欧阳哲生编：《胡适文集》第六册，北京大学出版社1998年。

庞德：《通过法律的社会控制》，沈宗灵译，商务印书馆2008年。

皮锡瑞：《经学历史》，周予同注释，中华书局2008年。

彭林编：《中国近代思想家文库·王国维卷》，中国人民大学出版社2014年。

钱大昕：《十驾斋养新录》，杨勇军整理，上海书店出版社

2011年。

钱穆:《中国学术思想史论丛》,生活·读书·新知三联书店2009年。

钱穆:《周公》,九州出版社2011年。

钱穆:《先秦诸子系年》,九州出版社2011年。

钱穆:《国学概论》,九州出版社2011年。

钱穆:《论语新解》,九州出版社2011年。

钱玄同:《钱玄同文集》第一卷,中国人民大学出版社1999年。

钱锺书:《钱锺书集:管锥编》,生活·读书·新知三联书店2007年。

钱锺书:《钱锺书集:谈艺录》,生活·读书·新知三联书店2007年。

瞿同祖:《中国法律与中国社会》,商务印书馆2010年。

饶宗颐:《中国史学上之正统论》,中华书局2015年。

任继愈:《竹影集:任继愈自选集》,群言出版社2015年。

任继愈:《墨子与墨家》,北京出版社2016年。

任继愈主编:《中国哲学史》,人民出版社2010年。

上海师范大学古籍整理组校点:《国语》,上海古籍出版社1978年。

沈家本:《寄簃文存》,商务印书馆2015年。

慎到:《慎子》,黄曙辉点校,华东师范大学出版社2010年。

《圣经·马太福音》,新标点和合本。

施特劳斯、科耶夫:《论僭政——色诺芬〈希耶罗〉义疏》,何地译,华夏出版社2006年。

石磊译注:《商君书》,中华书局2011年。

史华兹:《寻求富强:严复与西方》,叶凤美译,江苏人民出版社1996年。

司马迁:《史记》,中华书局2006年。

孙家红:《试论姜尚的政治法律思想——兼与周公比较》,《中国文化研究》2011年夏之卷。

孙金城、邵学清编著:《历代著名兵法注释》,甘肃人民出版社1988年。

孙星衍撰:《尚书今古文注疏》,陈抗、盛冬铃点校,中华书局1986年。

孙诒让撰:《周礼正义》,王文锦、陈玉霞点校,中华书局1987年。

孙诒让撰:《墨子闲诂》,孙启治点校,中华书局2017年。

塔玛纳哈:《论法治:历史、政治和理论》,李桂林译,武汉大学出版社2010年。

谭嗣同:《仁学》,吴海兰评注,华夏出版社2002年。

汤漳平、王朝华译注:《老子》,中华书局2014年。

仝晰纲:《〈六韬〉的成书及其思想蕴涵》,《学术月刊》2000年第7期。

涂又光:《楚国哲学史》,华中科技大学出版社2016年。

王弼注:《老子道德经注》,楼宇烈校释,中华书局2011年。

王充原著,袁华忠、方家常译注:《论衡全译》,贵州人民出版社1993年。

王明:《周初齐鲁两条文化路线的发展与影响》,《哲学研究》1988年第7期。

王念孙:《读书杂志》,江苏古籍出版社1985年。

王世舜、王翠叶译注:《尚书》,中华书局2012年。

王守谦、金秀珍、王凤春译注:《左传全译》,贵州人民出版社1990年。

王文锦译解:《礼记译解》,中华书局2016年。

王先谦撰:《荀子集解》,沈啸寰、王星贤整理,中华书局2012年。

王先慎撰:《韩非子集解》,钟哲点校,中华书局2016年。

王秀梅译注:《诗经》,中华书局2015年。

王应麟:《困学纪闻》,阎若璩、何焯、全祖望注,栾保群、田松青校点,上海古籍出版社2015年。

王宇信:《西周甲骨探论》,中国社会科学出版社1984年。

王振先:《中国古代法理学》,商务印书馆1925年。

王中江:《道与事物的自然:老子"道法自然"实义考论》,《哲学研究》2010年第8期。

汪荣祖:《陈寅恪评传》,百花洲文艺出版社1992年。

魏源:《魏源集》,中华书局2009年。

魏徵:《隋书》,中华书局2000年。

魏徵等撰:《群书治要》,沈锡麟整理,中华书局2014年。

吴经熊:《超越东西方》,周伟驰译,社会科学文献出版社2002年。

吴经熊:《禅的黄金时代》,吴怡译,海南出版社2014年。

吴增定:《〈敌基督者〉讲稿》,生活·读书·新知三联书店2012年。

萧公权:《中国政治思想史》,新星出版社2005年。

萧公权:《问学谏往录》,中国人民大学出版社2014年。

萧萐父主编:《熊十力全集》第五卷,湖北教育出版社2001年。

徐梵澄:《孔学古微》,李文彬译,孙波校,华东师范大学出版社2015年。

徐树梓主编:《姜太公新论》,北京燕山出版社1993年。

徐旭生:《中国古史的传说时代》,广西师范大学出版社2003年。

徐勇:《兵家始祖,谋略化身——试论姜太公的军事思想和指挥才能》,《社会科学辑刊》1997年第3期。

徐勇主编:《先秦兵书佚文辑解》,天津人民出版社2002年。

徐正英、常佩雨译注:《周礼》,中华书局2014年。
许富宏撰:《慎子集校集注》,中华书局2013年。
宣颖:《庄子南华经解》,王辉吉校,台北宏业书局1977年。
亚里士多德:《政治学》,吴寿彭译,商务印书馆1997年。
阎步克:《士大夫政治演生史稿》,北京大学出版社1996年。
严可均:《全上古三代秦汉三国六朝文》,中华书局1958年。
杨联陞:《国史探微:宏观视野下的微观考察》,中信出版社2015年。
杨伯峻译注:《论语译注》,中华书局2012年。
杨伯峻译注:《孟子译注》,中华书局2012年。
杨倞注:《荀子》,耿芸标校,上海古籍出版社2014年。
杨宽:《西周史》,上海人民出版社2016年。
杨宽:《战国史》,上海人民出版社2016年。
杨向奎:《关于周公"制礼作乐"》,《文史知识》1986年第6期。
杨向奎:《荀子的思想》,《文史哲》1957年第10期。
于孔宝:《姜太公的政治思想与政治谋略》,《河北学刊》1995年第1期。
余英时:《论天人之际:中国古代思想起源试探》,中华书局2014年。
喻中:《法与术:喻中读韩非》,中国法制出版社2018年。
喻中:《法家的现代性》,法律出版社2018年。
喻中:《法理四篇》,中国法制出版社2020年。
曾运乾注:《尚书》,黄曙辉校点,上海古籍出版社2015年。
张烈:《〈六韬〉的成书及其内容》,《历史研究》1983年第3期。
张世亮、钟肇鹏、周桂钿译注:《春秋繁露》,中华书局2012年。
张舜徽:《周秦道论发微;史学三书平议》,华中师范大学出版社2005年。
张文江:《〈史记·太史公自序〉讲记:外一篇》,上海文艺出版社2015年。

张祥龙:《〈尚书·尧典〉解说:以时、孝为源的正治》,生活·读书·新知三联书店2015年。

张湛注,卢重玄解,殷敬顺、陈景元释文:《列子》,陈明校点,上海古籍出版社2014年。

张昭:《韩非与马基雅维利比较研究综述》,《天中学刊》2015年第3期。

章太炎:《章太炎全集·太炎文录初编》,徐复点校,上海人民出版社2014年。

章太炎:《章太炎全集·〈訄书〉初刻本、〈訄书〉重订本、检论》,朱维铮点校,上海人民出版社2014年。

章学诚原著,严杰、武秀成译注:《文史通义全译》,贵州人民出版社1997年。

赵仲邑译注:《文心雕龙译注》,广西人民出版社1982年。

郑朝宗:《钱学二题》,《厦门大学学报》1988年第3期。

郑振铎:《插图本中国文学史:全二卷》,中华书局2016年。

郑也夫:《代价论:一个社会学的新视角》,生活·读书·新知三联书店1995年。

中共中央文献研究室编:《毛泽东年谱(1949—1976)》,中央文献出版社2013年。

朱熹撰:《四书章句集注》,中华书局2011年。

佐藤将之:《〈荀子〉"礼治论"的思想特质暨历史地位》,《邯郸学院学报》2012年第4期。

第一卷后记

细心的读者可能已经注意到,除了第一章,本卷其他各章分列的节名,都采用了"某子"这种看似单调的表达方式。这并不是为了追求外在形式上的整齐,而是为了向先秦诸子表达某种敬意。走向先秦诸子,进而理解先秦诸子,可以说是一个永恒的主题。无论是在哪个时代,只要从事与中国有关的人文社会科学研究,都很难彻底避开先秦诸子,甚至还应当主动对接先秦诸子,因为先秦诸子是华夏文明的根。

近代以来,中国从传统走向现代化。虽然,"中国现代化的历程,主要就是从西方吸收新思想,然而吸收到达某个阶段,还要反过来研究中国文化自身,尤其是形成期发生的事情。研究这些事情干什么呢,就是认识你自己。中华民族要形成民族的自我认识,脱离不了研究乃至反思古代经典。而在世界范围内理解中华学术的原创性,非走到先秦时代不可。中华民族形成期的胎教,不是那些凝固的文字,而是经典中活生生的内容。只有这样做,才能认识西方文化的源流演变,才能吸收真正好的东西,重新焕发出民族的生命力"[1]。正是由于这个缘故,本卷的主要篇幅,都留给了先秦

---

[1] 张文江:《〈史记·太史公自序〉讲记:外一篇》,上海文艺出版社2015年,第73—74页。

诸子。

先秦诸子元气淋漓，个性鲜明。他们散发出来的思想光芒，相互辉映，共同照亮了先秦时期的思想天空。在走向这个群体的过程中，我试图尽可能理解他们的立场，试图跟他们一起思考，试图弄明白：他们如何理解他们眼前的那个世界，他们期待着一种什么样的文明秩序，他们希望运用一套什么样的规范体系去建构他们所期待的文明秩序。他们关于这些问题的所思所想最终凝聚而成的那些典籍，就是他们创造的法理学之渊薮。先秦诸子在中国法理学史上的群像，就可以通过那些典籍塑造出来。不用说，皋陶、吕尚、周公作为先秦诸子的先驱①，他们在中国法理学史上的"黑白身影"，也是这样描绘出来的。

"黑白身影"是我刻意选用的词汇，也是一种修辞。"黑白"二字旨在表明，他们留下的法理"身影"并非"彩色"，因为，我实在找不到足够的素材来绘制他们的"彩色身影"。由于年代久远，文献难征，在有限的条件下，我只能勉强绘出他们的"黑白身影"。

更值得注意的是，"从皋陶到韩非的中国法理学史"这个主题，虽然在学科上完全可以归属于法学，尤其是法学中的法理学，但它同时也具有人文学术的性质。人文性质的事物所承载的，主要是价值、意义，以及精神、信仰、德性等等。人文性质的事物，如果不把它写出来，价值或意义就无处附丽；只有通过写作，才能让价值与意义得以呈现。简而言之，人文性质的事物，必须通过"文"来承载。对于这样的"文"，《文心雕龙》开篇即指出："文之为德也大矣，与天地并生者何哉？夫玄黄色杂，方圆体分，日月叠璧，以垂丽天之象；山川焕绮，以铺理地之形；此盖道之文也。仰观吐曜，俯察含章，高卑定位，故两仪既生矣。唯人参之，性灵所钟是谓三才。为

---

① 如果说，古希腊的泰勒斯、阿那克西曼德、米利都、赫拉克利特可以被称为"前苏格拉底哲人"，那么，作为先秦诸子先驱的皋陶、吕尚、周公，则可以称为"前孔子哲人"，亦即孔子以前的哲人。

五行之秀,实天地之心。心生而言立,言立而文明,自然之道也。"[1]职是之故,只有把"文"写出来,"人文"才可能丰沛,"意义"才可能饱满,"文明"才可能厚重。如果不写,那么,既无"文",以前的"人",也将不复存在。

以上数语,就是我在《中国法理学史》第一卷完稿之际的一些想法,聊记于此,以为本卷之"后记"。

2019 年 9 月

---

[1] 赵仲邑译注:《文心雕龙译注》,广西人民出版社 1982 年,第 19—20 页。

喻中 著

中国法理学史

第二卷

华东师范大学出版社
上海

华东师范大学出版社六点分社　策划

上海市促进文化创意产业发展财政扶持资金成果资助类项目

目 录

第二卷序 /1

第一章 汉代的法理学 /1
第一节 贾谊 /1
  一、作为治国依据的礼 /3
  二、依礼治国与君主的制度角色 /11
  三、依礼治国的源与流 /20

第二节 董仲舒 /30
  一、经的正式确立 /32
  二、经作为建构秩序的根本规范 /39
  三、经作为裁决个案的具体规范 /47
  四、依经治国时代的开启 /55

第三节 王充 /62
  一、法度:德与力的结合 /65
  二、儒家人性论与法度的法理依据 /70
  三、法家功利论与法度的法理依据 /77
  四、道家自然论与法度的法理依据 /83

第二章 魏晋的法理学 /93

第一节 王弼 /93
一、作为善治之本的"以道治国" /96
二、作为善治之末的"以正治国" /106
三、作为善治方略的"崇本举末" /113

第二节 郭象 /121
一、作为法理命题的圣治 /124
二、圣治的自由取向 /133
三、圣治的民本取向 /142

第三章 隋唐的法理学 /155

第一节 王通 /155
一、两种规范的划分及其理论渊源 /157
二、作为"三代之法"的王道 /161
三、作为"两汉之制"的法度 /174

第二节 韩愈 /185
一、作为治国依据的道:圣人创制的规范 /187
二、赖以载道、据以治国的规范体系 /194
三、依道治国:一个法理命题的源与流 /202

第四章 宋明的法理学 /213

第一节 程颐 /213
一、《程氏易传》是一部"讲理"的教科书 /215
二、《程氏易传》是一部"讲法理"的教科书 /222
三、从《程氏易传》的法理旨趣看程颐的法理担当 /234

第二节 朱熹 /240
一、理是国家治理所依据的最高规范 /242
二、直接源于理的德礼:国家治理所依据的基本规范 /251

三、间接源于理的政刑：国家治理所依据的具体规范 / 259

第三节　陆九渊 / 272
　　一、典宪的理解方式 / 274
　　二、苟法的表现形式 / 282
　　三、祛苟法而求典宪之路 / 291

第四节　王阳明 / 301
　　一、德治为本 / 304
　　二、法治为末 / 315
　　三、德本法末的源与流 / 327

第五章　清代的法理学 / 336

第一节　王夫之 / 336
　　一、对老庄法理学的批判 / 339
　　二、对申韩法理学的批判 / 347
　　三、对儒家法理学的重述 / 354

第二节　戴震 / 363
　　一、走向"通民之欲" / 365
　　二、批判"理欲之分" / 371
　　三、重建"致治之法" / 379

第二卷参考文献 / 390
第二卷后记 / 399

第二卷序

从皋陶到韩非的中国法理学史,已经纳入《中国法理学史》第一卷。此《中国法理学史》第二卷,主要叙述从贾谊到戴震的中国法理学史,亦即从汉至清的中国法理学史。

在五千年的中华文明史上,从汉至清,历两千年,时间跨度虽然很大,但也可以作为一个相对独立的历史段落来处理。在前贤大著中,冯友兰的《中国哲学史》把这个历史段落称为"经学时代",与"经学时代"并称的时代,是此前的"子学时代"。萧公权的《中国政治思想史》虽然没有对历史段落做出明确的划分,但此书首先叙述"封建天下之政治思想",接着叙述"专制天下之政治思想",最后叙述始于戊戌变法的"近代国家之政治思想"。按照这样的结构,从汉至清的时代,大体上可以称为"专制天下"时代,与"专制天下"时代并称的时代,是此前的"封建天下"时代以及此后的"近代国家"时代。这也是一种关于历史段落的划分,它反映了萧公权其人其书关于政治类型、政治演进规律的理解与期待。

以上两种关于历史、关于时代的划分,各有各的逻辑。它们分别立足于不同的学科,以不同的视角,描述了中国学术思想的变迁。它们限于各自的"前见",在有所呈现、有所彰显的同时,也有所遮蔽。因此,要叙述从汉至清的中国法理学史,既不必贴上"经学时代"的标签,也不必以"专制天下之法理学"来概括。不过,以上两种划分毕竟可以表明,从汉至清两千年,确实构成了一个相对独立的历史"大段落",这是没有疑问的。这就让我们有足够的理由,把这两千年的中国法理学史,归属于相对独立的《中国法理学史》第二卷。

既然如此,应当如何叙述从汉至清两千年间的中国法理学史?应当如何搭建《中国法理学史》第二卷的基本框架?几经踌躇之后,我选择了一个较为简便易行的方法,那就是,结合时代精神的变迁,把两千年间的中国法理学史分成五个单元,依次予以叙述。

其中的第一个单元,当然是汉代的法理学。汉王朝初年,虽然对黄老道家有所偏好,稍后还出现了儒法合流的趋势,但是如果要说两汉的时代精神,那么,经学才是最高的体现。以董仲舒为代表的思想家,阐明了儒家学说特别是儒家经典对于建构文明秩序的价值与意义,从而开启了一个依经治国的大传统。依经治国作为董仲舒开创的法理命题,也可视为汉代法理学最主要的理论成就。不过,两汉时期的法理学并不限于董仲舒一个人的贡献。我们以董仲舒为轴心前后察看,还可以看到董仲舒之前的贾谊,以及董仲舒之后的王充,他们也颇具象征意义:贾谊可以作为汉代法理学的开端,王充可以作为汉代法理学的终结。从贾谊到董仲舒再到王充,象征着汉代法理学从序幕到高潮再到尾声的全过程。

接下来的第二个单元,乃是魏晋的法理学。魏晋的时代精神集中体现为玄学。所谓玄学,通常被理解为"新道家"之学。立足于这种主流的观点,魏晋的时代精神也可以理解为"新道家"精神。这样的时代精神,主要体现为对固化的、僵化的、异化的儒家学说、儒家礼制的批判。在这种时代精神的笼罩下,魏晋的法理学既有儒家的成分,更有道家的成分。如果要举出其中的代表人物,那么,魏之王弼,晋之郭象,分别创造了魏晋法理学的"上篇"与"下篇"。其中,王弼注《老子》,郭象注《庄子》,他们以注释道家经典的外在形式,表达了他们的法理憧憬,体现了魏晋法理学的道家色彩;但与此同时,王弼也曾注《周易》和《论语》,郭象对儒家圣人也有高度的尊崇,这就体现出王弼、郭象的儒家色彩。由此看来,魏晋的法理学主要是道家与儒家两种传统拼接而成的。

再看第三个单元,那就是隋唐的法理学。如果要论隋唐的时代精神,那就得举出佛学及佛教,这是隋唐时期的显学。追根溯源,佛教早在汉代就进入了华夏世界,经过数百年的潜滋暗长,到了隋唐时代已经形成根深叶茂的局面。其中的玄奘(600—664年)与慧能(638—713年),分别代表了学术取向的佛学与宗教取向的佛教所能达到的高度。然而,也正是在隋唐时代,随着佛学的影响、佛教的势力越来越大,捍卫华夏固有文明特别是儒家道统的呼声也在随之增长。在一定程度上,隋唐的法理学可以理解为佛学、佛教挤压华夏固有文明的产物。隋代的王通,唐代的韩愈,就是这种法理学的主要阐述者。其中,王通以极其虔诚的态度,甚至是以略为夸张、略显戏剧化的尊孔方式,阐述了以"三代之法"与"两汉之制"为实体内容的二元规范理论,表达了他对儒家及其法理传统的守护。如果说,王通的姿态是效仿孔子,那么韩愈的姿态就是效仿孟子。韩愈试图向孟子学习,并最终能够像孟子那样,成为儒家道统的守护者、承载者。孟子精于"拒杨、墨",韩愈则善于"排释、老"。韩愈通过批判佛家与道家,对儒家法理做出了新的阐释,代表了唐代法理学捍卫儒家道统的基本立场。

隋唐之后是宋明,因而,宋明的法理学可以作为两千年中国法理学史上的第四个单元。虽然在宋与明之间还隔着一个元朝,但我们还是可以把从宋到明的时代统称为宋明时代,最主要的理由在于,从宋到明,共享着同一种时代精神,它的集中体现就是宋明理学(或宋明道学)。宋明理学的精神,主要是华夏固有的儒家学说、道家学说与外来的佛家学说水乳交融的产物。朱熹所说的"半日静坐,半日读书"①,后儒概括的"朱子道,陆子禅",都体现了儒、道、佛三家之间的高度融和。在这种时代精神的引领下,宋明的法理学主要包括两支:程朱与陆王。程朱是指北宋的程颐与南宋的朱熹,陆王是指南宋的陆九渊与明代的王阳明。程朱与陆王之间的差异,在一定层面上,可以理解为渐悟与顿悟之间的差异,仿佛禅学中的北宗与南宗。着眼于此,我们不妨以程朱与陆王来承载宋明的法理学,先看程与朱的法理学,再看陆与王的法理学,宋明法理学的两条线索就清晰了。

最后,我们来看第五个单元,那就是清代的法理学。清代的时代精神集中体现为朴学。朴学主要是考据学或考证学。乾隆、嘉庆时期,朴学走向兴盛,并成为主导性的学术形态。此间,精于朴学的戴震以"孟子字义疏证"的名义,在宋明理学全面凋敝的整体背景下,通过批判杂糅儒、道、佛的宋明法理学,重新阐述了儒家本位的法理学,奏响了那个时代中国法理学的最强音。因而,要理解清代的法理学,不妨以戴震作为主要代表。当然,在戴震之前,清初的王夫之也具有重要的意义,他在顺治、康熙时期,写下了大量的著作,一手拒老、庄,一手辟申、韩,已在戴震之前,为捍卫纯粹的儒家法理做出了令人瞩目的贡献。因此,有必要先述王夫之的法理学,再论戴震的法理学,以此勾画清代法理学的基本精神与整体风格。

把以上五个单元的内容融为一体,铸成一卷,庶几可以揭示两千年间中国法理学史曲折蜿蜒的变迁轨迹:从汉代的儒家主导的法理学转向魏晋的儒道合流的法理学,再从隋唐的拒佛、辟道、兴儒的法理学变为宋明的儒道佛合流的法理学,最后走向清代的以重新回归儒家本位为指向的法理学。两千年间的中国法理学史,

---

① [宋]朱熹撰:《朱子全书》第十八册,朱杰人、严佐之、刘永翔主编,上海古籍出版社、安徽教育出版社 2010 年,第 3674 页。

始于儒,终于儒,中间经历了儒家与道家、法家、佛家之间的反复纠缠,这就是从汉至清、从贾谊到戴震的中国法理学史的总体走势。此《中国法理学史》第二卷之旨趣,就在于描绘这个总体走势下的十余峰峦、百余景观、千种沟壑、万类霜天。

第一章 汉代的法理学

第一节 贾 谊

随着秦王朝的覆灭与汉王朝的兴起,中华文明走向了一个新的大一统时代。新的时代需要新的法理学。新的法理学的开篇之作,是贾谊(前200—前168)书写的。

如果把公元前202年刘邦正式称帝作为汉王朝的正式起点,那么,比之晚两年诞生的贾谊可以说是生在汉王朝,长在汉王朝,几乎可以看作汉王朝的同龄人。汉王朝的同龄人数不胜数,但是,贾谊的思想地位,是其他人不能比拟的。《汉书·楚元王传》记载了汉王朝宗室子弟刘歆(前50—23)的一个说法:"在汉朝之儒,唯贾生而已。"①这个定位虽然未必公允,但它至少可以表明,按照刘歆所持的古文经学立场,贾谊乃汉儒之"第一人",甚至是"唯一者",这显然是在思想高度、理论深度的层面上做出的一种评价。在当代,毛泽东曾于1958年4月27日致信田家英,专门称道贾谊,认为贾谊的"《治安策》一文是西汉一代最好的政论"②。结合

---

① [汉]班固:《汉书》,中华书局2007年,第407页。
② 中共中央文献研究室编:《毛泽东年谱(1949—1976)》第三卷,中央文献出版社2013年,第342页。

时人与今人的这些说法,再结合中国法理学的演进史,可以看到,如果说韩非的法理学标志着先秦法理学的终结,那么,贾谊的法理学则标志着先秦时代终结之后的一种全新的法理学之兴起。如果说韩非是先秦时代中国法理学史上的最后一个大人物,贾谊则是从汉至清大一统时代中国法理学史上的第一个标志性的人物。从韩非到贾谊,中国法理学的历史拐了一个弯,出现了一个明显的转折。

而且,贾谊与韩非还有比较正式的学术渊源关系。据《汉书·贾谊传》,"贾谊,洛阳人也,年十八,以能诵诗书属文称于郡中。河南守吴公闻其秀材,召置门下,甚幸爱。文帝初立,闻河南守吴公治平为天下第一,故与李斯同邑,而尝学事焉,征以为廷尉。廷尉乃言谊年少,颇通诸家之书。文帝召为博士"[①]。由这样一个背景来看,吴公是李斯的弟子,李斯又是荀子的弟子。贾谊先由吴公"召置门下",可以说是吴公的弟子,也是李斯的再传弟子,同时还是荀子的三传弟子。然而,韩非也是荀子的弟子。由此看来,贾谊与韩非都可归属于荀子开创的学术谱系。韩非作为荀子的弟子,在战国背景下,成为了适应战国格局的法理学的重要代表;贾谊作为荀子的三传弟子,在大一统格局下,成为了适应大一统格局的法理学的开创者。贾谊积极回应大一统格局对文明秩序原理的新需求,代表了汉王朝兴起之后中国法理学史的新起点。

贾谊建构其法理学的过程,几乎是与汉王朝的政权建设过程同步展开的。文帝时期,贾谊被任命为梁怀王太傅。"怀王,上少子,爱,而好书,故令谊傅之,数问以得失。是时,匈奴强,侵边。天下初定,制度疏阔。诸侯王僭儗,地过古制,淮南、济北王皆为逆诛。"[②]在这样的政治情势下,汉王朝主政者关心的根本问题是:如

[①] [汉]班固:《汉书》,中华书局2007年,第485页。
[②] [汉]班固:《汉书》,中华书局2007年,第487页。

何密织制度之网,以之应对诸侯、蛮夷对汉王朝中央政权的挑战?如何吸取秦王朝二世而亡的教训?如何在秦王朝的废墟上建立起对华夏文明世界的有效治理,进而形成可以垂范久远的文明秩序?这些问题,其实也是贾谊关注的核心问题。根据贾谊的《新书》以及《汉书·贾谊传》等传世文献,贾谊对这个核心问题的回答可以概括为:礼治或依礼治国。如果说,当代中国法理学的核心命题是法治或依法治国,那么,贾谊法理学的核心命题就是礼治或依礼治国——当然,考虑到当时流行的"天下"观念,依礼治国也可以理解为"依礼治天下"或"礼治天下",或者就是贾谊所说的"以礼天下"(详后)。

贾谊关于"以礼天下"或依礼治国的阐述,可以从不同的角度来把握。就这个命题本身来看,依礼治国主要是指君主依礼治国,因而,其理论内涵包括两个方面:其一,礼是实现国家治理的主要依据;其二,依礼治国的关键在于君主。从中国法理学演进史的角度来看,依礼治国既复兴了一个旧传统,又开启了一个新传统,通过勾画依礼治国之源与流,可以洞悉贾谊阐述的依礼治国在中国法理学史上的特殊地位。

一、作为治国依据的礼

依礼治国作为一个法理命题,它的核心要义在于:礼是国家治理的主要依据。为了把这个道理讲清楚、讲得有血有肉,在《新书·礼》篇中,贾谊先讲了一个故事。

那是在殷商末期,后来被尊为文王的姬昌,委托姜太公(亦即吕尚)指导后来成为武王的太子姬发,其间,姬发喜欢食用腌制的海鱼,但是,姜太公不同意姬发的这种偏好。姜太公的理由是:经过腌制的海鱼过于腥臭,不适合作为祭祀用品,因而,也不适合作为太子的食品。以现代的常情常理来看,这显然不是一件什么了不得的大事情。虽然姬发是王位的继承人,后来还以武王之名被列入了顶级圣王的行列，但他在日常生活中，喜欢食用一些口味较重的食品，似乎无关紧要，即与国家治理无关，没有必要上纲上线。然而，姜太公就是不能听之任之。

贾谊讲述这个典故，当然也是为了附和姜太公的观点。在姜太公及贾谊看来，不能用于祭祀的食品，也不能作为太子的食品。因为，太子作为法定的未来君主，乃国家之重器，如果太子食用了口味过重的食品，将会导致一个显而易见的政治风险：腥臭的气味会让祭祀活动失之轻慢，不够庄重的祭祀乃是失礼的祭祀，失礼的祭祀作为"伪祭祀"，不仅仅失去了祭祀的意义，反而是对天地神灵、祖宗神灵及宗法秩序的伤害。

贾谊还进一步补充说，哪怕是一个普通的房间，也必须以房间之内的西南角代表尊者的位置，倘若父子同处一室，那么，父亲必须居于那个特定的尊位，否则，父子之间就没有区别。因而，父子同处一室，父亲必须处在室内的西南角，这就是礼。没有这样的礼，父亲不像父亲，儿子不像儿子，父子关系就会走向混乱。以这样的典故及具体事例作为铺垫，贾谊就礼在国家治理体系中的功能进行了全面的界定："道德仁义，非礼不成；教训正俗，非礼不备；分争辨讼，非礼不决；君臣、上下、父子、兄弟，非礼不定；宦学事师，非礼不亲；班朝治军、莅官行法，非礼威严不行；祷祠祭祀，供给鬼神，非礼不诚不庄。"①

按照这几句话，贾谊所见的国家治理主要包括七个方面：(1)道德与仁义的推行，它相当于当代中国的精神文明建设或社会主义核心价值观的贯彻实施；(2)教化社会与端正风俗，它相当于今天的社会治理；(3)解决纠纷、裁决诉讼，这相当于今天的司法、调解、仲裁之类的活动；(4)确立君臣、上下、父子、兄弟之间的相互关系，亦即规定各种主体相互之间的权利义务关系或权力责任关

---

① 方向东译注：《新书》，中华书局2012年，第177页。

系;(5)治理文教活动,相当于今天的文化教育体系,涉及文化治理、教育管理;(6)治理朝廷、治理军队、治理干部队伍,这是国家治理的几个关键环节;(7)治理信仰活动,通过沟通现实世界与神灵世界,以之维系宗族的凝聚力,维护皇权、族权的合法性,等等。贾谊在此列举的七个方面,几乎可以囊括汉代中国国家治理或天下治理的基本内容,甚至是全部内容。所有这些方面、这些领域,都需要通过礼来治理;倘若不依据礼,这些领域的治理就无法完成。由此可见,礼是实现国家治理的主要依据。

当代中国实行依法治国,各种主体之间的权利义务关系由法律来界定,各种主体之间出现了纠纷由相关机构依据法律来处理。把当代的法或法律置换成礼,把当代的"依法治国"置换成为"依礼治国",恰好符合贾谊对礼及依礼治国的定位。就各类主体之间的关系来看,贾谊列举的君臣关系、上下关系、父子关系、兄弟关系,几乎可以容纳各种各样的社会关系。尤其是上下关系,可以理解为一种无所不包的"口袋关系",君臣、父子、兄弟关系固然可以归属于上下关系,这几种关系之外的任何交往关系,都可以分出尊卑,因而也可以归属于上下关系。这就是说,礼足以调整任何上下关系。事实上,礼的本质,就在于区分广义的上下或先后,这就正如《新书·礼》篇所称:"故礼者,所以守尊卑之经、强弱之称者也。"[1]《礼记·大传》称:"其不可得变革者则有矣,亲亲也,尊尊也,长长也,男女有别,此其不可得与民变革者也。"[2]根据贾谊对礼的解释,再根据《礼记》的相关规定,可以看到,在礼的世界里,没有人人平等的观念。礼就在于区分尊卑。任何两个主体,都可以,也必须根据礼分出尊卑、强弱、上下或先后;即使是两个阶级、官爵、资历或其他外在条件完全相同的人,甚至是孪生兄弟,也可以

---

[1] 方向东译注:《新书》,中华书局 2012 年,第 179 页。
[2] 王文锦译解:《礼记译解》,中华书局 2016 年,第 430 页。

根据出生时刻等方面的细微差异,区分先后或上下,兄与弟(亦即尊与卑)的关系可以就此确定。根据这样的礼,在任何场合下,在任何群体中,都能够形成井然的秩序;任何社会关系都不会失于混乱。这就是礼在国家治理体系中的作用:它充当了国家治理的主要依据。依礼区分尊卑或先后,正是建构文明秩序、完善国家治理的不二法门。

贾谊把礼作为国家治理的主要依据。与此同时,他还强调了仁(包括义、道德等相关要素)的价值与意义。《新书·修政语上》篇称:"故政莫大于信,治莫大于仁。"①在政治层面上,信用是最高的准则;在国家治理活动中,仁是最高的准则。他在《新书·过秦上》篇中批判秦之政与秦之治:"然秦以区区之地致万乘之势,序八州而朝同列,百有余年矣。然后以六合为家,崤函为宫。一夫作难而七庙隳,身死人手,为天下笑者,何也?仁心不施,而攻守之势异也。"②这是一句经典名言,两千年来广为传诵。根据此说,秦王朝的国家治理所留下的最为深刻的教训,就在于没有贯彻仁的准则,没有施展仁心,没有施行仁政。那么,仁在国家治理体系中占据了一个什么地位?如何理解仁与礼的关系?如果礼是国家治理的主要依据,仁又算什么呢?

对于这样的追问,如前所述,贾谊已有明确的答案:"道德仁义,非礼不成。"在这个论断中,贾谊把仁与义连在一起,把仁义与道德连在一起。不论是仁、义,还是道、德,相对于礼来说,它们都具有某种"家族相似性",可以视为一个概念或意义的"家族",仁、义、道、德表征了性质相同或相似的一类范畴,它们与礼的关系,相当于目的、价值与手段、工具的关系,更形象地说,相当于卫星与运载火箭的关系。其中,仁表征价值、目的,礼表征手段、工具。只有

---

① 方向东译注:《新书》,中华书局2012年,第299页。
② 方向东译注:《新书》,中华书局2012年,第7页。

通过礼,仁才可能实现,就像卫星只有通过运载火箭才能升空。对仁来说,礼就相当于运载火箭,是礼将仁从理念的世界运送到现实的世界。倘若没有礼,仁就只是一个理念、概念,只有依赖、借助于礼,仁才可能在一个看得见、摸得着的真实世界中显示出来,仁才可能由"道"凝聚成为"肉身"。

从法理的层面来看,仁是礼的价值准则。仁与礼的这种关系,就仿佛自然法与实在法的关系。大致说来,在古典自然法学的世界中,自然法的实体内容主要是正义、理性之类的价值要素,实在法需要遵循正义、理性之类的价值准则。实在法倘若违反了正义、理性这样的价值准则,就可以被判为恶法。根据自然法理论中的"恶法非法论",实在法由于"非法"而失去了作为法的资格,这样的实在法当然没有约束力;根据分析法学的"恶法亦法论",实在法即使没有失去作为法的资格,但由于它太"恶"了,所以也没有约束力,用哈特(Hart)的话来说,那就是:"这就是法律,但是它太过非正义了,因此无法适用或服从。"[①]无论是根据自然法理论还是根据分析实证主义法律理论,违反了正义、理性这样的价值要素的实在法,都不能具有约束力。这就是自然法对实在法的意义。仁对礼的意义,也可以作如是观。譬如,秦王朝二世而亡,秦王朝的"法刑之治"行不通(详后),就是因为它"仁心不施",仁的价值没有在"法刑之治"中体现出来。由此可知,对于国家治理来说,仁也是很重要的。但是,仁的重要性与礼的重要性具有实质性的差异。因为,无论是仁、义,还是道、德,如果不通过礼,都是无法实现的。国家治理,不可能仅仅通过仁、义、道、德这样的价值要素来实现,这就好比西方世界的国家治理,不可能仅仅通过自然法来实现。西方世界必须通过完整的实在法,对正义、理性这样的价值准则进行

[①] [英]哈特:《法律的概念》第三版,许家馨、李冠宜译,法律出版社2018年,第274页。

具体化、体系化、条文化的表达,要通过诸如罗马法、拿破仑法典、德国民法典之类的实在法,才可能维系一个基本的文明秩序,才可能实现有效的国家治理。

从西方再转回到中国,可以看到,当代中国提倡社会主义核心价值观。社会主义核心价值观与法的关系,就相当于贾谊所见的仁、义、道、德与礼的关系。当代中国强调的依法治国,就相当于贾谊强调的依礼治国。就像当代中国的法理学没有强调"依社会主义核心价值观治国"一样,我们也不能把贾谊法理学的核心命题概括为"依仁治国"。厘清贾谊法理世界中的仁与礼之关系,有助于理解:在法理学的视野中,只有礼才是国家治理的主要依据。

在礼与仁的关系之外,还有礼与法的关系。如果说,贾谊把礼当作国家治理的主要依据,那么,法呢?在贾谊建构的国家治理体系中,法占据了一个什么样的地位?

贾谊并没有否定法在国家治理体系中的作用。但是,他反对把法(刑、罚)作为国家治理的主要依据。在《新书·服疑》篇中,贾谊专门讨论服饰用品的规制问题,主张一定要严格区分不同等级的服饰用品,等级设定之后,一定要严格遵守,在使用服饰用品的过程中,不能降低,也不能拔高,"擅退则让,上僭则诛。建法以习之,设官以牧之。是以天下见其服而知贵贱,望其章而知其势,使人定其心,各著其目"。由此产生的效果是,虽然服饰用品分出了多个等级,但世人并不会搞混,世人根据不同的服饰用品,就会明白使用者的尊卑,人与人之间的相互关系、交往规则、权利义务就明确了,不同等级的人就可以各安其位,"谨守伦纪,则乱无由生"。[①] 各种各样的"乱"就这样被预先杜绝了,这就叫防患于未然。贾谊在此提出了"建法以习之"的主张。我们能不能根据这句话,就认为贾谊有"依法治国"的主张呢?

[①] 方向东译注:《新书》,中华书局2012年,第44—45页。

根据贾谊的逻辑,我们的回答是否定的。其一,这里的"建法"与"设官"是两种并行的措施,两者共同服务于等级化、差异化的服饰用品管理。在这里,所建之法,仅仅是关于服饰用品管理的法令;所设之官,仅仅是管理服饰用品的官员。无论是所建之法还是所设之官,都仅仅是关于服饰用品等级管理的专项措施,不具有普遍性。其二,所建之法,仅仅是保障服饰用品等级的一种措施,它是附属于服饰用品等级制度的,本身并不具有独立性。如果把服饰用品等级制度作为礼制之一,那么,这里所建之法是为了维护、保障服饰之礼的。因此,所建之法与服饰之礼,不能等量齐观。其三,从"建法""设官"之后的几句话来看,最终的目的,还在于强化君臣、上下之间的尊卑关系,进而保障"乱无由生"。如前所述,这正是礼的核心旨趣。由此看来,这里的"建法",仅仅是保障、维护、实现礼之国家治理功能的一个相对具体的环节,它镶嵌在"依礼治国"的庞大体系之内,并不足以构成一个相对独立的存在,更不足以构成一种与"依礼治国"相并立的、作为治国方略意义上的"依法治国"。

为了更全面地理解贾谊对礼与法之关系的界定,不妨再看《新书·藩伤》篇,这篇文章主要论述地方藩国的危害。贾谊认为,为了保障汉室君主的安宁,同时也为了保障地方诸侯的安全,必须削弱地方诸侯的实力。贾谊提醒汉文帝:既然宣布他们是地方诸侯,是汉室君主的臣下,却又使他们拥有强大的实力,使他们因实力强大而生出骄慢之心,这就相当于把宝剑交给邪恶之徒,必然生出祸端。汉室君主如果喜欢地方诸侯,让他们享有充足的物质财富就可以了。对地方诸侯来说,"权力不足以徼幸,势不足以行逆,故无骄心,无邪行。奉法畏令,听从必顺,长生安乐,而无上下相疑之祸,活大臣,全爱子,孰精于此?"① 在这番建议中,贾谊提到了"奉

---

① 方向东译注:《新书》,中华书局 2012 年,第 30 页。

法畏令",意思是让地方诸侯对"法""令"有所遵循、有所畏惧。这样,地方诸侯就能够"长生安乐"。这就是说,"法"与"令"对于妥善处理汉室君主与地方诸侯的关系,是有助益的。但是,我们能不能说,"法令"是解决地方诸侯觊觎中央政府这个"藩伤"问题的主要措施呢?或者说,是否可以推导出一个"依法治理藩伤"的基本方略呢?

根据贾谊的论述,回答同样是否定的。正如《新书·藩强》篇得出的结论:"欲天下之治安,天子之无忧,莫如众建诸侯而少其力。力少则易使以义,国小则无邪心。"①换言之,只有"众建诸侯而少其力",亦即后来所实施的"推恩令"②,把地方诸侯的力量分而散之,让每一个地方诸侯都没有挑战中央政府的实力,在这种形势下,他们才不会生出觊觎之心;也只有在这种情况下,地方诸侯才可能顺从中央政府的"法令"。反过来说,如果有地方诸侯强大到足以挑战中央政府,那么,中央政府的"法令"不可能让他们敬畏。

为了处理当时的中央与地方关系,贾谊确实提到了"法令",但是,必须看到,"法令"的有效性是从属于、依附于"众建诸侯而少其力"之安排的。从根本上看,这样的安排属于礼的范围。因为,正如《新书·礼》篇所说:"礼者,所以固国家,定社稷,使君无失其民者也。主主臣臣,礼之正也;威德在君,礼之分也;尊卑大小,强弱有位,礼之数也。"③君主的"威德"主要依赖于礼。贾谊提出的"众

---

① 方向东译注:《新书》,中华书局2012年,第33—34页。
② 根据《史记·平津侯主父列传》,汉武帝时期,主父偃提出的建议是:"古者诸侯不过百里,强弱之形易制。今诸侯或连城数十,地方千里,缓则骄奢易为淫乱,急则阻其强而合从以逆京师。今以法割削之,则逆节萌起,前日晁错是也。今诸侯子弟或十数,而适嗣代立,余虽骨肉,无尺寸之地封,则仁孝之道不宣。愿陛下令诸侯得推恩分子弟,以地侯之。彼人人喜得所愿,上以德施,实分其国,不削而稍弱矣。"汉武帝于是"从其计"。详见,[汉]司马迁:《史记》,中华书局2006年,第659页。
③ 方向东译注:《新书》,中华书局2012年,第178页。

建诸侯而少其力",就是为了"固国家""定社稷",倘若地方诸侯地盘上的民众都不跟随地方诸侯挑战中央政府,那就意味着这些民众还是汉室君主之民;反之,他们就不再是汉室君主之民了。进一步看,"众建诸侯而少其力"作为一种礼制上的安排,通过促成一种"君强"而"臣弱"的新局面,就可以保证君主相对于臣下的尊崇地位、优势地位,只有保障"威德在君","主主臣臣"之礼,才能得到维系。由此可见,通过"众建诸侯而少其力",让地方诸侯"奉法畏令",也仅仅是从属于依礼治国体系的一个次要环节,完全不足以形成一种与"依礼治国"相并列的"依法治国"方略。

概而言之,在贾谊的法理世界中,礼是实现国家治理的主要依据,国家治理主要就是礼治,依礼治国是完善国家治理体系、提升国家治理能力的基本选择。当然,贾谊既论述了礼在国家治理体系中的主导地位,同时也论及仁、义、道、德,以及法、令、刑、罚(详后)的作用。即便如此,在贾谊建构的国家治理体系中,也没有一个与"依礼治国"相并立的"依仁义道德治国"或"依法令刑罚治国"。仁义道德与法令刑罚都与国家治理有关,都与礼有关,但在国家治理体系中,都不能取代礼的主导地位。

如前所述,仁义道德相当于礼的价值准则,它们对礼有所牵引,就像当代中国的社会主义核心价值观对当代中国的法有所牵引,也像西方近代的自由主义对西方近代的法有所牵引。不过,对于国家治理体系来说,居于牵引地位的价值准则并不能直接取代法的作用。至于法令刑罚,它们可以通过适当的方式,在适当的环节,融入依礼治国的体系,服务于礼在国家治理体系中的主导作用。为什么贾谊要把礼作为国家治理的主要依据,原因就在这里。

二、依礼治国与君主的制度角色

在贾谊的时代,依礼治国的完整含义是汉王朝的主政者依礼治理国家、治理天下。如果礼是实现国家治理的主要依据,那么,实施依礼治国的关键,就在于君主。依礼治国作为一个命题,是有主语的,这个主语其实就是君主。君主既是一个个体性的人,更是一种制度角色。如何发挥君主在实施依礼治国方略中的制度角色?贾谊对这个问题的思考主要包括两个方面,一是要求君主坚持并带头实施依礼治国的方略,二是实施依礼治国方略需要从作为未来君主的太子开始抓起。

先看作为主政者的君主在实施依礼治国方略中的制度角色与关键作用。贾谊的一生,始终念兹在兹的一个愿望,就是要让当时的汉文帝接受他关于依礼治国的建议。他留下的众多篇章,他的各种建言与立论,其实都有一个明示或默示的预期读者,那就是汉文帝。在《汉书·贾谊传》收录的多篇"陈政事疏"中,贾谊向汉文帝提出的一个总体建议是:必须走依礼治国之路。这并不是一个空洞的学术理论观点,而是有具体的针对性与现实性。因为,在汉朝初年的政治背景下,依礼治国并不是一个必然的选项,生于刘邦正式称帝之年(公元前202年)的汉文帝,更容易看到的历史经验是从秦国到秦朝已经运行了数百年之久的国家治理模式。因而,秦国及秦朝实行的国家治理模式更容易成为汉王朝开创之初的君主们的路径依赖。

贾谊正式劝告汉文帝,秦王朝实行的国家治理模式(即"法刑之治"或"刑罚之治",详后)是靠不住的。他说:"凡人之智,能见已然,不能见将然。夫礼者禁于将然之前,而法者禁于已然之后,是故法之所用易见,而礼之所为生难知也。若夫庆赏以劝善,刑罚以惩恶,先王执此之政,坚如金石,行此之令,信如四时,据此之公,无私如天地耳,岂顾不用哉?然而曰礼云礼云者,贵绝恶于未萌,而起教于微眇,使民日迁善远罪而不自知也。"[1]这是关于礼与法相互关系的一般性分析。所谓"礼禁于将然之前"是指:礼事先规定

---

[1] [汉]班固:《汉书》,中华书局2007年,第492页。

每个人的行为应该是什么。更具体地说,哪些行为是允许的,哪些行为是禁止的,都由礼作出直接而明确的事先规定;人们没有做出有损文明秩序的行为,主要是因为,礼已把这样的行为提前禁绝了,这就叫"礼禁于将然之前"。然而,如果有人违反了礼的规定,已经做出了损害文明秩序的行为,那就由法来处理。

由这样的区分可以看出,礼是一种正面建构文明秩序的规范,每个人的行为边界由礼划定,如果有人超出了由礼划定的行为边界,那就由法来予以惩罚。因此,法主要就是刑罚,主要是一种"惩恶"的规范。因而,法的实际含义,大致相当于今天的刑法或行政处罚法。先秦时代的君主(亦即先王),譬如秦国的历代先王,他们通过"庆赏"亦即奖赏的方式,激励众人向着先王希望的方向行动;他们又通过刑罚的方式,惩治那些先王反对的行为。这样的先王,"执此之政,坚如金石,行此之令,信如四时",其实就是遵循法家理论的先王。这样的先王习惯于以"赏罚"作为国家治理的主要方式,然而,这样的国家治理方式无视礼,没有意识到礼的功能:礼足以把恶消灭在尚未萌芽的状态,让民众在不知不觉之间,就远离了恶。

在贾谊看来,国家治理的成功与失败,或者简而言之,治与乱,都是潜滋暗长、逐渐形成的,关键就看君主如何选择,如何取舍。"人主之所积,在其取舍,以礼义治之者,积礼义;以刑罚治之者,积刑罚。刑罚积而民怨背,礼义积而民和亲。"[1]这就是贾谊建构的两种相互并立的国家治理方略:"礼义之治"与"刑罚之治"。对君主来说,在国家治理模式的选择问题上,要么取"礼义之治"而舍"刑罚之治",要么反其道而行之。选取"礼义之治",会在整个政治共同体中积累越来越多的礼义;反之,则会积累越来越多的刑罚。如果刑罚充塞于天地之间,那么,民就会离心离德,民对君的怨恨

---

[1] [汉]班固:《汉书》,中华书局 2007 年,第 492 页。

就会越来越多;相反,如果礼义越积越多,民对君的亲善就会越来越多,民对君的向心力会越来越强。显然,沸腾的民怨("民怨背")将会导致国家治理的失败;民心的认同("民和亲")将导致成功的国家治理。君主在"礼义之治"与"刑罚之治"两者之间的取舍,既是民心向背的决定性因素,更是国家治理走向成败的分水岭。君主为什么要坚持"礼义之治",原因就在这里。

贾谊还向汉文帝提供了历史上的实例:汤、武两位圣王坚持"礼义之治",他们分别开创的帝王之业延续了数百年;秦始皇选择"刑罚之治",结果十多年就失去了全国性政权。能够看得见的历史,已经昭示了两种不同的国家治理模式;就国家治理的实际效果来看,两种选择形成了鲜明的对照。分而述之,"礼义之治"获得成功的原因,就在于它有促进"德泽洽,禽兽草木广裕,德被蛮貊四夷,累子孙数十世"之效果。至于"刑罚之治"失败的原因,则可以解释为:"秦王置天下于法令刑罚,德泽亡一有,而怨毒盈于世,下憎恶之如仇,祸几及身,子孙诛绝。"①

站在汉文帝、贾谊的时代回望历史,能够看到的历史规律就是秦王朝的短暂与汤、武的"累子孙数十世",由此体现出来的正反两个方面的经验和教训表明,必须坚持汤、武开创的"依礼义治国"之成功道路,必须避免重蹈秦王朝实行的"依法令刑罚治国"之前车覆辙。在贾谊看来,"依法令刑罚治国"的祸根可以追溯到商鞅。早在秦孝公时期,商鞅就成为了秦国推行"法令刑罚之治"的主要代表,其间,"商君违礼义,弃伦理,并心于进取,行之二岁,秦俗日败"②。所谓"秦俗日败"是指:"其俗固非贵辞让也,所上者告讦也;固非贵礼义也,所上者刑罚也。"③崇尚"刑罚"是"秦俗日败"的主要体现与主要原因。因此,要避免秦二世而亡的教训,君主必须

---

① [汉]班固:《汉书》,中华书局 2007 年,第 493 页。
② 方向东译注:《新书》,中华书局 2012 年,第 83 页。
③ 方向东译注:《新书》,中华书局 2012 年,第 159 页。

在"依礼义治国"与"依法令刑罚治国"之间,坚持"礼义之治"的方略,坚定不移地走出一条"依礼治国"的道路。

君主如果仅仅是选择了依礼治国的方略,那还很不够。要有效地推行依礼治国的方略,君主还应当成为推行依礼治国的示范者、表率者。只有君主把依礼治国方略付诸实践,依礼治国才可能变成现实。

在《新书·保傅》篇中,贾谊写道:"三代之礼:天子春朝朝日,秋暮夕月,所以明有敬也。春秋入学,坐国老,执酱而亲馈之,所以明有孝也。行以鸾和,步中《采荠》,趋中《肆夏》,所以明有度也;其于禽兽也,见其生不忍其死,闻其声不尝其肉,故远庖厨,所以长恩,且明有仁也。食以礼,彻以乐。失度,则史书之,工诵之,三公进而读之,宰夫减其膳,是天子不得为非也。"①夏商周三代之礼,就是尧、舜、汤、武所代表的礼。依据这样的礼去治国平天下,对于国家治理来说,是最好的选择,如果置于"礼义之治"与"法令刑罚之治"这样的二元划分中,甚至也是唯一正确的选择。要实施"三代之礼",关键与首要的环节都在于君主。具体地说,君主需要首先接受礼的约束。譬如,君主需要在立春之晨朝拜太阳,在立秋之夜祭祀月亮,以此表达君主对天与地的敬畏,以此表明君主并不是一个张狂无度的人。君主在春秋时节还要邀请年老退职的卿大夫就座,亲手向他们送上肉酱,这是为了在普天之下彰显君主对孝道的身体力行、以身作则、率先垂范。君主乘车、走路都要符合相关的节奏与节律,这其实也是对礼的生动展示,可以让礼鲜活起来。

"远庖厨"也是君主应当遵循的一项重要的"三代之礼"。在《新书·礼》篇中,贾谊对此还有进一步的具体论证:"礼,圣王之于禽兽也,见其生不忍见其死,闻其声不尝其肉,隐弗忍也。故远庖厨,仁之至也。"由此看来,"远庖厨"之礼,是为了让"仁"的价值准

---

① 方向东译注:《新书》,中华书局 2012 年,第 157 页。

则在君主身上得到淋漓尽致的体现。从"远庖厨"出发,贾谊还进一步要求君主:"不合围,不掩群,不射宿,不涸泽。豺不祭兽,不田猎;獭不祭鱼,不设网罟;鹰隼不鸷,眭而不逮,不出颖罗;草木不零落,斧斤不入山林;昆虫不蛰,不以火田;不麛,不卵,不刳胎,不殀夭,鱼肉不入庙门,鸟兽不成毫毛不登庖厨。取之有时,用之有节,则物蓄多。"①这些以禁止性规范的形态体现出来的礼,其实都是"远庖厨"之礼延伸出来的。这些以"不"作为修饰词的礼,与"远庖厨"一样,都是为了让君主越来越多地承载"仁"的价值准则。就在同样的方向上,《新书·礼》篇还提出:"故礼,国有饥人,人主不飧;国有冻人,人主不裘;报囚之日,人主不举乐。"②这依然是一些针对君主的禁止性规范,其正面规定是:君主必须以民众的饱暖为饱暖,哪怕是处决一个囚犯,君主亦必须以沉重的态度对待之。履行这些义务,都是君主应当遵循的礼。

在"溥天之下,莫非王土;率土之滨,莫非王臣"③的理论与实践中,依礼治国,关键在"王",关键在君。所谓依礼治国,其实就是君主依礼治国。君主依礼为君,严格遵循礼的规定治理国家,依礼治国就会形成生动实践,礼义就会充塞于"溥天之下",至于民心之向背,则不问可知。国家治理,自然由此渐入佳境。

贾谊不仅特别强调君主在实施依礼治国方略中的制度角色与关键作用,而且还根据同样的理由和逻辑,特别强调太子在实施依礼治国方略中的制度角色与关键作用,因为太子就是法定的未来君主。为了更好地发挥太子对实施依礼治国方略的关键作用,贾谊最为看重的是对太子的礼治教育。在当代,邓小平曾经指出,"加强法制重要的是要进行教育,根本问题是教育人。法制教育要从娃娃开始,小学、中学都要进行这个教育,社会上也要进行这个

---

① 方向东译注:《新书》,中华书局2012年,第183页。
② 方向东译注:《新书》,中华书局2012年,第181页。
③ 王秀梅译注:《诗经》,中华书局2015年,第488页。

教育"①。在汉初,贾谊已有大致相似的理路。当然,贾谊注重的是礼治。按照贾谊的论述,加强礼治必须注重礼治教育,而且,礼治教育要从娃娃开始,甚至在娃娃诞生之前就要开始。不过,贾谊重点关注的娃娃并非普通的娃娃,而是作为储君的太子。以贾谊的原话来说,那就是:"天下之命,县于太子;太子之善,在于蚤谕教与选左右。心未滥而先谕教,则化易成也。""太子正而天下定矣。"②这就是礼治教育要从"娃娃太子"或"太子娃娃"开始的道理:要从一开始就培养太子遵循礼的习惯,形成对礼治的信仰。

根据传世文献《易纬·通卦验》中的"正其本而万物理,失之毫厘,差以千里"③一语,贾谊提出了"君子慎始"④的主张。那么,何时算是"始"? 从什么时候开始加强对太子的礼治教育? 贾谊的回答是,从太子在母腹中孕育之时,就要开始加强对他的礼治教育。严格说来,这已经不同于邓小平所说的"从娃娃开始",而且提前到"从胎儿开始"。

据《汉书·艺文志》,历史上曾有一部"《青史子》五十七篇",乃"古史官记事"之书。⑤ 贾谊或许见过此书,因为他在《新书·胎教》篇中告诉我们,青史氏有一篇文章题为《记》,此文称:"古者胎教之道,王后有身,七月而就蒌室。太师持铜而御户左,太宰持斗而御户右,太卜持蓍龟而御堂下,诸官皆以其职御于门内。比三月者,王后所求声音非礼乐,则太师抚乐而称不习;所求滋味者非正味,则太宰荷斗而不敢煎调,而曰不敢以侍王太子。太子生而泣,太师吹铜曰声中某律,太宰曰滋味上某,太卜曰命云某。然后,为

---

① 《邓小平文选》第三卷,人民出版社1993年,第163页。
② 方向东译注:《新书》,中华书局2012年,第160页。
③ 宋代王应麟在《困学纪闻》中写道:"愚谓'正其本而万物理','失之毫厘,差以千里',见于《易纬通卦验》,汉儒皆谓之《易》。则此所谓《易》云者,盖纬书也。"[宋]王应麟:《困学纪闻》,[清]阎若璩、何焯、全望祖注,栾保群、田松青校点,上海古籍出版社2015年,第8页。
④ 方向东译注:《新书》,中华书局2012年,第327页。
⑤ [汉]班固:《汉书》,中华书局2007年,第338页。

王太子悬弧之礼义。"①这就是对胎儿阶段的太子所实施的礼治教育。其实践要点包括：其一，教育开始的起点是胎儿已有七个月之时，具体的礼制是：王后居于侧室，太师、太宰、太卜及其他官员各持规定的礼器，分别站立于规定的位置上。其二，从怀胎七月一直到分娩的三个月内，王后欣赏的音乐要符合礼的规定，王后食用的食物要符合礼的规定，太师、太宰两位官员，必须进行严格的监控。其三，太子出生之时，太师吹奏铜管发出声音，以之应和太子初生啼哭之声，太宰宣告呈上某种味道的食品，太卜宣告占卜的结果。在这些程序之后，贾谊还叙述了一整套非常严格的礼制。为避免过于繁琐，这里不再详细引证。

顾名思义，《新书·胎教》篇的重点在于太子的胎教，当然也讲对出生以后的太子的教育。相比之下，《新书·保傅》篇的重点在于阐明太子出生之后的教育问题："古之王者，太子初生，固举以礼，使士负之，有司斋肃端冕，见之南郊，见于天也。过阙则下，过庙则趋，孝子之道也，故自为赤子而教固已行矣。"年幼的周成王就是经过这样的礼制培养起来的。召公、周公、太公分别充当周成王的太保、太傅、太师，是为三公。还有与太子一起生活的少保、少傅、少师，是为三少。"三公、三少固明孝仁礼义，以道习之，逐去邪人，不使见恶行。于是皆选天下之端士，孝悌博闻有道术者，以卫翼之，使与太子居处出入。故太子初生而见正事，闻正言，行正道，左右前后皆正人也。习与正人居之，不能无正也，犹生长于齐之不能不齐言也；习与不正人居之，不能无不正也，犹生长于楚之不能不楚言也。"②简而言之，太子从婴儿时代开始，就在最端正、最有智慧、道德水准最高的顶尖级人物的教育、陪伴下成长，通过持续不断的耳濡目染，太子必然成为同样的"正人"。

---

① 方向东译注：《新书》，中华书局2012年，第329—330页。
② 方向东译注：《新书》，中华书局2012年，第153页。

等到太子稍稍长大，可以进学校了，则需要按照礼的要求进入学习阶段。对此，作为《礼古经》之一的《学礼》提供了具体的规定："帝入东学，上亲而贵仁，则亲疏有序，而恩相及矣。帝入南学，上齿而贵信，则长幼有差，而民不诬矣。帝入西学，上贤而贵德，则圣智在位，而功不遗矣。帝入北学，上贵而尊爵，则贵贱有等，而下不逾矣。帝入太学，承师问道，退习而考于太傅，太傅罚其不则，而匡其不及，则德智长而治道得矣。"学分东学、南学、西学、北学、太学共五学，主要在于精准培养太子的五种德智。根据《学礼》经历了完整的培养流程之后，太子"既成于上，则百姓黎民化辑于下矣。学成治就，是殷周所以长有道也"。①

尽管太子成年之后不再需要接受太保、太傅们的严格管束了，但对太子的教育并不会终结。此外，还有秉笔直书的史官来记录他的一言一行。一个理想的太子就是这样培养起来的。在贾谊看来，对太子的礼治教育从胎儿开始，一直到他正式继位成为君主，作为一个持续不断的过程，是严格的，也是极其必要的。只有通过这样的礼治教育，才能造就一个严格实施依礼治国方略的君主。为了培养出这样一个君主，相关的安排细致而繁琐，无所不用其极。譬如，对于胎儿时期的太子的教育，就现在看来，相关规定似有过度之嫌，或者说是形式意义、符号意义大于实质意义，但是，这样的安排也可以从一个侧面凸显君主在实施依礼治国方略中的制度角色与关键作用，同时，也有助于从"正当程序"的角度，推动依礼治国的实施。

当然，依礼治国方略的推行，并不是君主或太子一个人的事；其他人也有实施依礼治国方略的责任。贾谊称："礼者，臣下所以承其上也。""人臣于其所尊敬，不敢以节待，敬之至也。"②臣下以

---

① 方向东译注：《新书》，中华书局2012年，第155页。
② 方向东译注：《新书》，中华书局2012年，第180页。

礼待其君,也是依礼治国的题中应有之义。譬如,臣下为了表达对君主的尊重,就不能过于节俭,于礼不合的节俭就是简慢,就是不尊重,就会失了臣下待君之礼。推行依礼治国方略不仅需要臣下的努力,还需要所有人的共同努力,因为,"君仁臣忠,父慈子孝,兄爱弟敬,夫和妻柔,姑慈妇听,礼之至也"①。一个理想状态的依礼治国离不开各种角色之间的相互配合。尽管如此,在各种角色中,君主及太子的制度角色更重要,在实施依礼治国方略中占据了更加关键的位置,堪称依礼治国的发动机与引领者。

三、依礼治国的源与流

以上两个方面,旨在揭示贾谊阐述的依礼治国命题的理论内涵。在此基础上,从中国法理学的演进历程来看贾谊阐述的依礼治国,可以发现,它在中国法理学史上,其实占据了一个枢纽性的地位,体现了中国法理学史上的一个重大转向:从此前的"礼乐之治""法刑之治"转向此后的"礼法之治"。大致说来,在贾谊之前,曾经先后流行的法理命题主要是西周的"礼乐之治"与先秦的"法刑之治"。特别是西周的"礼乐之治"构成了贾谊的依礼治国命题的主要渊源;在贾谊之后,从汉至清一直流行的法理命题是"礼法之治",这个命题构成了贾谊的依礼治国命题的延伸与流变。为了在一个更宏观的历史框架中理解贾谊的法理学,有必要略述其依礼治国命题的源与流。

先看贾谊的依礼治国命题之源。贾谊是一个历史意识强烈的思想家。他说:"君子为国,观之上古,验之当世,参之人事,察盛衰之理,审权势之宜,去就有序,变化因时,故旷日长久而社稷安矣。"②所谓"为国",就是"治国"。倘若要把国家治理好,要提高国

---

① 方向东译注:《新书》,中华书局 2012 年,第 179 页。
② 方向东译注:《新书》,中华书局 2012 年,第 18 页。

家治理能力,一定要注意历史经验与历史教训。贾谊看到,从"上古"一直到"当世",既留下了"为国"的正面经验,也留下了"为国"的反面教训,它们分别体现为国家治理之盛与衰。这就是说,贾谊关于依礼治国的阐述,源于正反两个方面的历史资源,是正面的历史经验与反面的历史教训共同推动的产物。其中,反面的历史教训就是秦国从商鞅变法到秦二世灭亡一直坚持的治国方略,那就是注重"繁法严刑"。秦之"繁法严刑"与周的治国方略形成了鲜明的对照:"秦之盛也,繁法严刑而天下震;及其衰也,百姓怨而海内叛矣。故周王序得其道,千余载不绝,秦本末并失,故不能长。"①

如果把秦国、秦朝主要依据"繁法严刑"的治国方略简称为"法刑之治",那么,这样的治国方略主要昭示了历史的教训。对于国家治理来说,虽然法与刑都是必不可少的,虽然繁多又严酷的法与刑可以形成震慑作用,有助于建立强有力的政权,以及能够较好地适应战国时代的实际需要,但是,秦的问题在于,"虽离战国而王天下,其道不易,其政不改,是其所以取之也,孤独而有之,故其亡可立而待也。借使秦王论上世之事,并殷周之迹,以制御其政,后虽有淫骄之主,犹未有倾危之患也"②。这就是秦王朝在国家治理方略上的致命缺陷:它把适用于"战国"时代的"法刑之治",继续用于"王天下"之时代。这是秦王朝二世而亡的主要原因,也是秦王朝二世而亡留给后世君主的主要教训。

贾谊假设:"向使二世有庸主之行,而任忠贤,臣主一心,而忧海内之患,缟素而正先帝之过;裂地分民,以封功臣之后;建国立君,以礼天下。虚囹圄而免刑戮,去收孥污秽之罪,使各反其乡里。发仓廪,散财币,以振孤独穷困之士。轻赋少事,以佐百姓之急,约法省刑,以持其后。使天下之人,皆得自新,更节循行,各慎其身。

---

① 方向东译注:《新书》,中华书局2012年,第17页。
② 方向东译注:《新书》,中华书局2012年,第10页。

塞万民之望，而以盛德与天下息矣。即四海之内，皆欢然各自安乐其处，惟恐有变。"①这句话在制度层面及法理层面的关键指向，一是"以礼天下"，二是"约法省刑"。所谓"约法省刑"，就是要克服"繁法严刑"之弊，就是要淡化"法刑之治"，就是要把"法刑之治"从治国方略的高度上降下来。因为"法刑之治"是适合于战国时代的国家治理方略。在已经"离战国"而"王天下"的时代，应当转向"以礼天下"，亦即以礼治天下或依礼治国。

在贾谊看来，"以礼天下"或依礼治国并不是一个全新的选择，而是向一个伟大的旧传统的回归，更具体地说，就是要追寻"殷周之迹"，接续殷周圣王的治国之道。殷周圣王的治国之道才是正道，才是历史所昭示的成功经验。贾谊的这个观点，让我们想到欧洲中世纪晚期的"文艺复兴"：从14世纪开始，意大利的一些学者和作家认为，在古希腊罗马时代，文化曾经高度繁荣，极其辉煌，但在中世纪时期，却走向了衰败，一直要等到14世纪，才在意大利重新获得了复兴。严格说来，这场文艺复兴并"不单纯是古典文化的复兴，而是这种复兴与意大利人民的天才的结合"②，它以古典文化复兴的外在形式，以旧瓶装新酒，在事实上成为了欧洲从中世纪走向近代的开端，标志着一个新时代的开始。从中西比较的角度来看，类似的复兴，在公元前2世纪的汉文帝、贾谊时代，其实已经上演过一次。根据贾谊的描述，汉代以前，从春秋战国时代直至秦代，数百年间，殷商圣人治国之道熄灭，秦政所代表的"繁法严刑"盛行，乃是一个"礼义衰败"的时代。在欧洲中世纪之前，有古希腊、古罗马的"文艺繁荣"；在先秦时代之前，也有古殷商、古西周的"礼义繁荣"。走出"礼义衰败"的先秦时代，回归"礼义繁荣"的殷周时代，与欧洲的"文艺复兴"，其实具有相同的历史逻辑。从这个

---

① 方向东译注：《新书》，中华书局2012年，第11页。
② ［瑞士］布克哈特：《意大利文艺复兴时期的文化》，何新译，马香雪校，商务印书馆2011年，第184页。

意义上看,在秦汉之际,在贾谊批判"法刑之治"、试图重建"礼义之治"的过程中,其实已经出现了一个中国式的"文艺复兴"。

当然,就像欧洲的文艺复兴更多地体现了意大利人在中世纪晚期的创造与天才一样,贾谊试图复兴的殷周圣王之道,也不可能是原汁原味的殷周圣王之道。且不说殷周圣王的治道已经难以详考,也不说传世文献与殷周实情之间的差异,单就以通行的观点来看,一方面,殷周之间,在根本制度上已经发生了剧烈的变化。王国维在《殷商制度论》一文中开篇即称:"中国政治与社会之变革,莫剧于殷、周之际。"进一步看,"周人制度之大异于商者,一曰立子立嫡之制,由是而生宗法及丧服之制,并由是而有封建子弟之制、君天子臣诸侯之制;二曰庙数之制;三曰同姓不婚之制。此数者,皆周之所以纲纪天下。其旨则在纳上下于道德,而合天子、诸侯、卿、大夫、士、庶民以成一道德之团体,周公制作之一意,实在于此。"①据此,周制较之于殷制,在一些关键环节上,已经发生了明显的断裂。但是,贾谊试图回归的殷周圣王的"礼义之治",却并不在意殷商与西周之间在制度上的断裂,更没有明确地指出,他试图回归的"以礼天下"之礼,到底是殷之礼,还是周之礼。

另一方面,从西周开始,国家治理方略基本上可以归纳为"礼乐之治"。正如《礼记·明堂位》所载:"武王崩,成王幼弱,周公践天子之位,以治天下。六年,朝诸侯于明堂,制礼作乐,颁度量,而天下大服。七年,致政于成王。"②按照这样的记载,在西周建政之初,周公既制礼,又作乐。因而,礼乐文明或"礼乐之治",才是对西周开创的文明秩序的更加准确的概括。钱穆认为,"古人所谓周公之制礼作乐,若以近代人观念转释之,其主要工作,

---

① 彭林编:《中国近代思想家文库·王国维卷》,中国人民大学出版社 2014 年,第 132—133 页。
② 王文锦译解:《礼记译解》,中华书局 2016 年,第 391 页。

实不啻为一种新的政治制度之创建"①。一种新的政治制度之创建,亦即一种新的文明秩序的安排。因而,西周的文明秩序是由礼与乐两种制度共同支撑起来的。就礼与乐的关系来看,《礼记·乐记》还有专门的说明:"乐者为同,礼者为异。同则相亲,异则相敬。乐胜则流,礼胜则离。合情饰貌者,礼乐之事也。礼义立,则贵贱等矣。乐文同,则上下和矣。"②礼与乐各有担当,两者是以相辅相成的方式,以互补的方式,协同建构了一种自足的文明秩序。由此可见,距离先秦时代最近的西周时期所实践的国家治理方略,实为"礼乐之治"。

在贾谊的《新书》各篇中,虽然不乏关于乐的论述,但是,相对说来,贾谊的核心观点还是"以礼天下",亦即依礼治国。这样的观点,与西周时期的"礼乐之治",既有相同的方向,那就是对礼的强调,但也有相异之处,那就是对乐及乐治的淡化。由此可见,殷周时期特别是西周时期形成的"礼乐之治",构成了贾谊的依礼治国的主要渊源,只是,他的依礼治国命题又体现为对早期的"礼乐之治"进行了选择性的继承、吸纳与转化。

接下来,再看贾谊的依礼治国命题之流。从汉代之后的历史来看,贾谊关于依礼治国的论述深刻地影响了后世的法理学。从汉至清两千年间普遍流行的"礼法之治"或"礼法合治",就体现了对贾谊的依礼治国命题的继承与发展。

把汉代以后的"礼法之治"与贾谊的"依礼治国"进行比较,一个至为明显的差异是:在汉代以后的国家治理体系中,法的地位有所上升。换个角度来看,较之于贾谊对"法刑之治"的批评,自汉代开始,在贾谊之后的主流文献对"法刑"的评价开始出现了上升的趋势,在主流文献描述的国家治理体系中,"法刑"逐渐上升到与

---

① 钱穆:《中国学术思想史论丛》(一),生活·读书·新知三联书店2009年,第95页。
② 王文锦译解:《礼记译解》,中华书局2016年,第476页。

"礼乐"并称的地位。

在班固的《汉书》中,《刑法志》与《礼乐志》已经开始并立:《汉书》卷二十二是《礼乐志》,紧接着的卷二十三就是《刑法志》。从《汉书》目录上的这种安排,可以看到,至少在班固所代表的史家眼里,先"礼乐",后"刑法","刑法志"与"礼乐志"是可以相提并论的。进一步看,《汉书·礼乐志》既论礼乐,也论政刑,主张"礼节民心,乐和民声,政以行之,刑以防之。礼乐政刑四达而不悖,则王道备矣"①。在这篇关于"礼乐"的志书中,先论礼,后论乐,再论政,最后论刑。这就是说,"礼乐"与"政刑"应当结合起来,共同支撑一个完整的国家治理体系,共同提升国家治理能力。班固在此所说的"王道"就是圣王之道,所谓"王道备矣",就是达到了国家治理的理想状态。同样,在《汉书·刑法志》中,也有关于"礼乐"与"刑法"的整体性论述:"圣人既躬明哲之性,必通天地之心,故制礼作教,立法设刑,动缘民情,而则天象地。""故圣人因天秩而制五礼,因天讨而作五刑。"②在这样一篇专论"刑法"的志书中,同样是把"礼乐"与"刑法"置于相互并立的地位:"制礼"与"立法"同等重要,"五礼"与"五刑"同等重要,都可归属于圣人之圣职。这就是《汉书》及其两志所展示的国家治理体系:礼法结合、礼法并用意义上的"礼法之治"。

据《后汉书·陈宠传》,东汉名臣陈宠关于礼与法(刑)的理解是:"臣闻礼经三百,威仪三千,故甫刑大辟二百,五刑之属三千。礼之所去,刑之所取,失礼则入刑,相为表里者也。"③这也是把礼与刑(法)相互对应,强调两者应当相互配合,以之表明,"礼法之治"乃是一个整体。到了唐代,《唐律疏议·名例》关于德礼与刑罚的理解是:"德礼为政教之本,刑罚为政教之用,犹昏晓阳秋相须而

---

① [汉]班固:《汉书》,中华书局 2007 年,第 137 页。
② [汉]班固:《汉书》,中华书局 2007 年,第 148 页。
③ [南朝宋]范晔:《后汉书》,中华书局 2007 年,第 455—456 页。

成者也。"①这个论断虽然以"本"与"用"定位德礼与刑罚,指出了德礼与刑罚在国家治理体系中的不同角色,但同时也从另一个维度上强调了"德礼"与"刑罚"具有相互依赖的关系。显然,只有"德礼"与"刑罚"的并用,亦即礼与法的并用,才能支撑一个完整的国家治理体系。

见于主流文献中的这些论述表明,汉代以后的国家治理体系有一个基本的框架,那就是"礼法之治"。然而,倘若我们要追溯其由来,则不难发现,"礼法之治"的兴起有一个标志性的时间节点与理论节点,那就是贾谊关于依礼治国的阐述。在贾谊之前,是先秦时期居于主流地位的"法刑之治"。当然,倘若再往上古时代追溯,那就是西周初年开创的"礼乐之治"。在先秦时期,"法刑之治"的流行,标志着西周初期形成的"礼乐之治"呈现出某种断流的状态——就像古希腊、古罗马文化在欧洲中世纪所呈现的某种断流状态一样。一直要到汉王朝兴起,贾谊以"礼义复兴"的方式,通过批判秦政所代表的"法刑之治",促成了西周"礼乐之治"的创造性复兴,从而为汉代以后的"礼法之治"提供了理论准备,也开辟了实践道路。这就是说,西周时期盛行的"礼乐之治"框架中所包含的礼治要素,通过贾谊传递到了汉代之后,构成了汉代以后的"礼法之治"框架中所包含的礼治要素。

在此值得注意的是,在那个秦汉之际的转折点上,贾谊对先秦"法刑之治"的批判呈现出某种矫枉过正的痕迹;贾谊关于"过秦"之论显然有些急迫,"政论"色彩浓于"理论"色彩。不过,这种情况也是可以理解的,因为,不破不立,倘若不能稍微过度地贬斥由秦政所代表的"法刑之治",就不能有效地、快捷地树立"以礼天下"的正当性。但与此同时,我们也应当看到,虽然贾谊对"法刑之治"在总体上持一种贬斥的态度,但是,他所贬斥的,主要是秦政所代表

---

① 刘俊文笺解:《唐律疏议笺解》,中华书局1996年,第3页。

的简单的、片面的、作为治国方略的"法刑之治"。贾谊也知道,"法刑"对于国家治理来说,是不可缺少的。秦政所代表的"法刑之治"作为一种治国方略,固然行不通,但是,没有"法刑"的国家治理体系,同样是残缺的。

因而,在坚持依礼治国方略的前提之下,贾谊并不否认"法刑"对于国家治理的必要性。对此,上文在关于"礼与法"的辨析中,已经有所阐述,譬如,为了确立服饰用品等级之礼,贾谊就要求"建法以习之"。此外,他在《新书·制不定》篇中,还举出了一个生动形象的例子:有一个名叫"坦"的杀牛人,他一个早上宰割了十二头牛,但他所用的刀尖刀口依然锋利,其原因是,他能够顺着牛肉的纹理进行切割。不过,到了胯骨或大腿骨等需要较劲的地方,他就换用大斧小斧。贾谊讲这个故事,旨在说明一个道理:"仁义恩厚,此人主之芒刃也;权势法制,此人主之斤斧也。"当政治局面已经安定,君主只须顺势而为,依据"仁义恩厚"就可以取得很好的治理效果,然而,如果要面对那些有异心、想造反的诸侯,君主就不能用"仁义恩厚"这样的"芒刃",而是必须要用"权势法制"这样的"斤斧"。原因何在?"势不可也。"①在国家治理处于紧要关头之际,"权势法制"也是不可或缺的。这些论述表明,贾谊主张依礼治国的原则与框架,但他并不否定"法制"或"法刑"的作用。

贾谊对"法制"或"法刑"正面价值的认同,从思想层面上,为汉代以后盛行的"礼法之治"框架中的法治因素的生长,埋下了种子。这粒种子萌芽长大之后,它就成了一棵与"以礼天下"并立的树,这就是汉代以后的"礼法之治"得以形成的机缘。换言之,汉代以后的"礼法之治"作为一个新的国家治理体系,从历史渊源来看,实际上兼容了西周的礼与先秦的法。透过这样的来龙去脉,可以更清楚地看到贾谊的依礼治国命题在国家治理体系演进史以及中国法

---

① 方向东译注:《新书》,中华书局2012年,第61页。

理学史上的枢纽地位。

小结

依礼治国作为贾谊法理学的核心命题,其理论内涵可以概括为:礼是国家治理所依据的主要规范,依礼治国的关键在于君主,君主只要坚持依礼治国的方略,恪守依礼治国的原则,以及充分履行其制度角色,那么,就能够有效地推进国家治理。从中国法理学的演进历程来看,贾谊着眼于"礼义复兴",推动了西周"礼乐之治"在汉代以后的复兴。他通过贬抑先秦时代作为治国方略的"法刑之治",同时认同"法刑"或"法制"对于国家治理的意义,最终促成了西周时期的"礼乐之治"转换成为了汉代以后的"礼法之治"。因而,在西周的"礼乐之治"、先秦的"法刑之治"转向汉代以后的"礼法之治"的过程中,贾谊阐述的依礼治国命题占据了某种枢纽地位,具有继往开来的价值与意义。就重新回归一种已经远去的伟大传统而言,贾谊推动的"礼义复兴"仿佛欧洲后来出现的文艺复兴。

从整体上看,贾谊围绕着依礼治国命题阐述的法理学呈现出两个比较突出的特点。一方面,它代表了中国法理学从战国背景下的法理学转向了大一统背景下的法理学。在战国的背景下,虽然儒道墨法乃至诸子百家都在表述自己的法理学说,但相比之下,法家的法理学对战国格局的理解更具现实性。到了贾谊的时代,已是一个"离战国"而"王天下"的时代,贾谊的法理学就代表了这个新时代的需要:依礼治国,"以礼天下",简而言之,就是要根据礼的规则确定尊卑贵贱,由此建立一个错落有致的文明秩序。贾谊关于依礼治国的阐述,满足了大一统时代"王天下"格局的现实需要。贾谊并不是一个纯粹的儒家。在贾谊生活的时代,司马谈(约前169—前110)还没有出生,他的"论六家之要指"[①]更未成稿,在

---

① [汉]司马迁:《史记》,中华书局2006年,第758页。

这样的思想背景下,贾谊不太可能有强烈的自觉传承儒家道统的使命感。朱熹认为,"贾谊之学杂"①,这是立足于儒家道统之立场所作的评价,这样的评价可能并不符合贾谊时代的具体情况:那个时期还没有儒家、法家、道家等六家的正式命名。尽管贾谊并不以儒家道统的继承人、守护者自居,但他又比较明显地尊崇汤、武这样的殷周圣王,要求把盛行于西周的礼作为国家治理的主要依据。虽然这样的选择可以用"贾谊是荀子的三传弟子"这样的传承关系来解释,从而把贾谊归属于儒家谱系之内,不过,这样的解释力毕竟还是比较微弱的。贾谊具有很强的现实感,他与荀子之间的这种间接性的传承关系,并不会对他构成真正的约束。贾谊把依礼治国作为国家治理的基本方略,最重要的原因还在于:战国格局与大一统格局对法理学有不同的期待。战国格局需要秦政所代表的"法刑之治";大一统格局需要"以礼天下"。贾谊的法理学,贾谊对"以礼天下"或依礼治国的论证,就是新的大一统时代对西周时代的"礼乐之治"进行"文艺复兴"或"礼义复兴"的产物。

另一方面,贾谊的法理学代表了中国法理学从面向诸侯的法理学转为面向天下共主的法理学。贾谊短暂的一生几乎可以概括为:持续不断地为汉文帝出主意、想办法,以帮助汉文帝完善国家治理。对当时的汉文帝来说,中央与地方的关系很棘手,汉王朝与匈奴的关系也是心腹大患,这些关系,在当时的语境下,都可以归属于君臣关系或华夷关系。如果要从制度上理顺这些关系、解决这些问题,就需要依礼重建中央与地方的关系、华夏与蛮夷的关系。贾谊的相关阐述,无一例外,都是站在汉家天子的立场上展开的,都是从天下共主的立场上来思考天下的治理。相比之下,先秦时代的法理学,尤其是先秦法家的法理学,习惯于从诸侯的立场上

---

① [宋]黄士毅编:《朱子语类汇校》第五册,徐时仪、杨艳汇校,上海古籍出版社2014年,第3226页。

思考国家治理,这种面向诸侯、旨在寻求富强的法理学,是列国之间残酷的生存竞争约束下的产物。在历史上,从东周开始,周天子已经式微,特别是到了公元前256年,周王室已经不复存在,华夏世界中已经没有制度化的天下共主。因此,先秦时代的法理学主要都是围绕诸侯而展开的。至于更早的西周时期,虽然有周天子作为天下共主,但在那个时代,鲜有私人著述,罗根泽甚至认为,"战国前无私家著作,可深信而不疑"①。因而,西周时代不大可能形成面向周天子的私人性质的著作。从这个角度来看,贾谊的法理学代表了一个新的开始。一种面向华夏君主或天下共主的法理学,由此兴起。正是因为这个缘故,如前所述,按照贾谊的原话,贾谊法理学的核心命题是"以礼天下",亦即"以礼治天下"。我们把"依礼治国"作为贾谊法理学的核心命题,旨在以之与当代的"依法治国"相对应、相映照。为了这样一个学术理论旨趣,权衡之下,不得已淡化了"国"与"天下"在文化上的差异。

第二节　董仲舒

从汉至清两千年间,中国的政治、社会、文化结构相对稳定,这种稳定的结构甚至被描述为"超稳定结构"②。所谓"超稳定结构",从法理学的角度来看,就是文明秩序的基本原理、基本框架是稳定的,没有发生颠覆性的变化,也没有另起炉灶。

从另一个角度来看,从汉至清两千年又是一个极其漫长的历史过程,在这个过程中,中国的法理学当然是有变化的。但是,如

---

① 马强才选编:《罗根泽文存》,江苏人民出版社2012年,第46页。
② 这是金观涛、刘青峰反复论述的一个观点,参见,金观涛、刘青峰:《兴盛与危机:论中国社会超稳定结构》,法律出版社2011年;金观涛、刘青峰:《开放中的变迁:再论中国社会超稳定结构》,法律出版社2011年;以及,金观涛、刘青峰:《中国现代思想的起源:超稳定结构与中国政治文化的演变》,法律出版社2011年。

第一章 汉代的法理学

果持续不断的变化都只是棋子在同一个棋盘之内的移动,那么,我们在观看棋子变化的同时,还应当看到不变的棋盘。如果确有这样一个相对稳定的棋盘,那么,这个棋盘的建构者或设计者,应当首推董仲舒(约前179—前104)。在相当程度上,董仲舒是两千年间华夏文明秩序"超稳定结构"的主要设计师。因此,要理解从汉至清的中国法理学,应当认真对待董仲舒的法理学。

对于董仲舒的思想地位,《汉书·五行志》有言:"汉兴,承秦灭学之后,景、武之世,董仲舒治《公羊春秋》,始推阴阳,为儒者宗。"① 刘歆认为:"仲舒遭汉承秦灭学之后,《六经》离析,下帷发愤,潜心大业,今后学者有所统壹,为群儒首。"② 王充相信:"文王之文在孔子,孔子之文在仲舒。"③ 汉代文献中的这些论述表明,在汉人眼里,董仲舒已是"儒宗"或"儒首",堪称汉代儒家第一大宗师,已经置身于"汉代首席思想家"的地位,甚至可以与文王、孔子并称——从文王到孔子再到仲舒,甚至具有"一线单传"的关系。显然,这是一个相当高的评价。站在两千年之后的今天来看,汉代人的这个评价也不过分。既然如此,立足于中国法理学的演进史,应当如何概括董仲舒的法理学?对于从汉至清的中国法理学史,董仲舒做出了何种开创性的贡献?依王充之见,"孔子之文在仲舒",那么,孔子建构的法理学,如何在仲舒那里得到传承?

在此值得一提的是,蒙文通也从另一个角度论及传统中国政治、社会、文化的相对稳定。他在《论经学遗稿三篇》中写道:"由秦汉至明清,经学为中华民族无上之法典,思想与行为、政治与风习,皆不能出其轨范。"④ 由于秦代过于短暂,这里暂且不论;依据蒙文

---

① [汉]班固:《汉书》,中华书局2007年,第216页。
② [汉]班固:《汉书》,中华书局2007年,第571页。
③ 黄晖撰:《论衡校释》,中华书局2018年,第537页。
④ 蒙文通:《蒙文通全集》第一册,巴蜀书社2015年,第310页。

通的这个观点,如果只看从汉至清两千年,那么,中华民族最高的法典就是经学,简而言之,更准确地说,最高的法就是经。在此基础上,如果我们把当代中国法理学的主题概括为依法治国,那么,以今律古,从汉至清的中国法理学的主题就是依经治国。只是,不论是经还是经学,它们的正式确立,都是从董仲舒开始的。这就是说,董仲舒既是"经学作为最高法典"这一"轨范"或"棋盘"的开创者,同时也是从汉至清两千年间一直盛行的"依经治国"这一法理命题的主要开创者。

基于以上分析,董仲舒开创的法理命题可以概括为依经治国。相对于当代中国的依法治国,这是一个什么样的法理命题?如何理解董仲舒开创的依经治国?对此,可以从以下几个方面予以分述。

一、经的正式确立

按照或依据某种东西(譬如神、刑、德、法、礼、乐,等等)来治理国家、调整社会、建构秩序,乃是一个普遍性的议题。但是,依经治国却可以归属于董仲舒。从中国法理学演进史的角度来看,依经治国是董仲舒开创的法理命题,是董仲舒法理学的核心要义。要把握董仲舒开创的依经治国,必须理解这个命题中的关键词,那就是经。

经是什么?经是什么时候兴起的?经是如何确立的?对此,皮锡瑞在《经学历史》一书中划出了一个时间上限:"经学开辟时代,断自孔子删定六经为始。孔子以前,不得有经。"[1]这就是说,经起源于孔子。这个论断主要突出了孔子与经的关系:孔子删定六经,是孔子制作了经。然而,值得我们注意的是,作为六经的那六个文本,虽然根据《史记》这样的权威文献,确实在孔子的时代就

---

[1] 吴仰湘编:《皮锡瑞全集》第6册,中华书局2015年,第7页。

已经形成,但是,孔子删定的六经在当时并不享有"经"的地位,即使经过了孔子之手,那也仅仅就是六个文本。在孔子及其弟子看来,那六个文本很重要,特别是其中的《春秋》,孔子自己尤为看重,甚至以之作为自己一生的主要成就,正如他在辞世前一年的自我评价中所称:"后世知丘者以春秋,而罪丘者亦以春秋。"①

孔子看重《春秋》,就跟一切严肃的著作家看重自己的著作一样——那些有使命感的著作家,都会看重自己的著作,都相信自己的著作能够"为天地立志,为生命立道,为去圣继绝学,为万世开太平"②。但是,作者或编写者看重自己的著作,并不意味着同时代的其他人特别是官方也同样看重。孔子时代的《春秋》以及《诗》《书》《礼》《乐》《易》,就属于这种情况。孔子及其弟子觉得这些文本很重要,但其他诸子并没有这样的共识。在韩非这样的人看来,"儒以文乱法"③。按照这样的立场,孔子编写的这些文本在总体上看是错误的,也是有害的,应当予以焚毁。存在的资格都没有,遑论作为高于其他文本的经?

当然,在韩非的老师荀子那里,"经"这个概念已经开始出现。根据《荀子·劝学》篇:"学恶乎始,恶乎终?曰:其数则始于诵经,终于读礼。"依荀子之意,经与礼相对应,这就是说,礼显然不属于经的范围。那么,经是什么?就在《劝学》篇中,荀子紧接着告诉我们:"故《书》者,政事之纪也;《诗》者,中声之所止也,礼者,法之大分,群类之纲纪也,故学至乎礼而止矣。"④由此看来,荀子所说的"经"主要是指《诗》与《书》,至少在《劝学》篇中,荀子并没有把《春秋》列入经的范围。实际上,在荀子生活的战国晚期,荀子关于经的这种理解,也仅仅是一个学术观点。

---

① [汉]司马迁:《史记》,中华书局2006年,第330页。
② 张载:《张载集》,章锡琛点校,中华书局1979年,第320页。
③ 高华平、王齐洲、张三夕译注:《韩非子》,中华书局2015年,第709页。
④ [唐]杨倞注:《荀子》,耿芸标校,上海古籍出版社2014年,第4—5页。

我们再看近代。在古文经学的立场上,章太炎称:"案'经'者,编丝缀属之称。异于百名以下用版者。亦犹浮屠书称'修多罗','修多罗'者,直译为'线',译义为'经'。盖彼以贝叶成书,故用线联贯也;以此竹简成书,亦编丝缀属也。"①虽然章太炎享有国学大师的盛誉,但他关于"经"的这种解释,只好归属于"书籍制作技术",与我们在此所说的"经"几乎没有任何关联。

还有学者认为,"'经'即指大型典籍(以二尺四寸的典籍为主),经学即是研究大型典籍之学。这些大型典籍,是经过以孔子为宗师的儒家整理而流传下来的。本来除儒家以外,墨、名、法、道诸家,都拥有这样的典籍,而现在流传的却是经过儒家整理,与各家学派传习的不尽相同。儒家学派被历代的统治者尊为正宗学派,其宗师孔子又被尊奉为圣人,所以儒家传习的典籍,特用二尺四寸的大型简册来书写,尊为经典。这种大型经典,奉为不可改变的常法,所以经典有常道(五常、伦常,都用常字)、法典一类的含义,这实在是它抽象了的引申义"②。按照这种解释,"大型典籍"就是经。这样的说法,似乎也没有对经的含义做出精准的揭示。

明清之际的顾炎武在《十三经注疏》一文中写道:"自汉以来,儒者相传,但言五经。"③这就意味着,汉代是儒者言说五经的起点。周予同认为:"作为经典意义的经,出现在战国以后,而正式被法定为经典,则应在汉武帝罢黜百家、独尊儒术以后。"在周予同看来,经的特点主要有三:"首先,经是中国封建专制政府'法定'的古代儒家书籍,随着中国封建社会的发展和统治阶级的需要,经的领域在逐渐扩张,有五经、六经、七经、九经、十三经之称。其次,经是以孔子为代表的古代儒家书籍,它不仅为中国封建专制政府所'法定'认为合法的经典,而且是在所有合法书籍中挑选出来的。后来

---

① 章太炎:《国故论衡》,上海古籍出版社2006年,第42页。
② 屈守元:《经学常谈》,北京出版社2016年,第4页。
③ [清]顾炎武:《日知录校注》,陈垣校注,安徽大学出版社2007年,第996页。

儒家编著的书籍，固然不称为经，就是秦汉以前的儒家书籍，不是得到孔子'真传'的，也不称之为经。再次，经本身就是封建专制政府和封建统治阶级用来进行文化教育思想统一的主要工具，也是封建专制政府培养人才的主要准绳，基本上成为中国封建社会中合法的教科书。可以说，经与封建社会相始终。"①

周予同是20世纪研究中国经学史的代表性学者。他对经的解释颇有参考价值，但是，仍有可以商榷的地方，那就是经与经典的关系。在现代语境下，经与经典有本质的差异。譬如说，柏拉图或莎士比亚的著作都是经典，但不是经。《荀子》是经典，但也不是经。换言之，所谓经，必须是政府或官方法定的文本；只有这样一个官方"加持"的程序，才能让一个或一些文本成为经。这个程序，就仿佛法理学上所说的立法程序。因而，说一部书是经典，主要是说它很重要，比其他书更重要；但是，说一部书是经，那它就是需要遵循的文本，这是有本质区别的。简单地说，经对某个共同体有直接的约束力，经典没有直接而普遍的约束力。按照现代的法理学，法是国家制定或认可的行为规范。同样，经也是国家制定或认可的行为规范。这是法与经的共性。当然，法与经也有差异。在现代社会，特别是在现代中国或其他成文法国家，法主要是国家制定的；在传统中国，经主要是国家认可的。当然，不论是制定还是认可，法与经都是国家意志、官方意识的体现。这就是经的本质，也是经区别于其他经典或其他文本的特质。这样的经，与文本的大小或长短没有任何关系。

正如周予同所见，严格意义上的经在汉武帝时代之前是没有的。严格意义上的经，是汉武帝主持的政府罢黜百家、独尊儒术的产物，是对一些儒家文献正式认可的产物。在上文引用的周予

---

① 周予同原著：《中国经学史讲义：外二种》，朱维铮编校，上海人民出版社2012年，第8、10页。

同的论述中,虽然没有直接点出董仲舒的名字,但是推动汉武帝做出这个决定的主要人物,就是董仲舒,这就正如董仲舒向汉武帝提供的策论所言:"《春秋》大一统者,天地之常经,古今之通谊也。今师异道,人异论,百家殊方,指意不同,是以上亡以持一统;法制数变,下不知所守。臣愚以为诸不在六艺之科孔子之术者,皆绝其道,勿使并进。邪辟之说灭息,然后统纪可一而法度可明,民知所从矣。"①这就是罢黜百家、独尊儒术的由来。简而言之,这里的前因后果可以概括为:汉武帝希望听到"大道之要,至论之极",董仲舒在三篇对策的最后,正式提出了罢黜百家、独尊儒术的建议,汉武帝及其主持的政府采纳了这个建议。于是,以《春秋》为核心的六艺成为了政府或官方认可的经。董仲舒的正式建议,促成了经的正式确立。董仲舒的建言,包含了以下几个方面的法理意蕴。

第一,《春秋》表达了天地之间、古今之间的"常经",亦即最大时空范围内永恒不变的根本规范。这种根本规范相当于"真正的法律"。这里试看西塞罗的一段名言:"真正的法律是与本性(nature)相合的正确的理性;它是普遍适用的、不变的和永恒的;它以其指令提出义务,并以其禁令来避免做坏事。此外,它并不无效地将其指令或禁令加于善者,尽管对坏人也不会起任何作用。试图去改变这种法律是一种罪孽,也不许试图废除它的任何部分,并且也不可能完全废除它。我们不可以元老院和人民大会的决定而免除其义务,我们也不需要从我们之外来寻找其解说者或解释者。罗马或雅典将不会有不同的法律,也不会有现在与将来不同的法律,而只有一种永恒、不变并将对一切民族和一切时代有效的法律。"②西塞罗的这几句话,几乎就是对董仲舒所说的"常经"的解

---

① [汉]班固:《汉书》,中华书局2007年,第570页。
② [古罗马]西塞罗:《国家篇法律篇》,沈叔平、苏力译,商务印书馆2011年,第106页。

释,而且还很精准、很贴切。在西方法学史上,西塞罗所说的"真正的法律"通常被理解为"古典自然法"。董仲舒所说的"常经"就是这种意义上的"自然法"。从这个角度来看,汉武帝希望听到的"大道",已经被董仲舒转化为自然法意义的"常经"。"常经"的载体主要是《春秋》,当然也可以包括以《春秋》为核心的六艺。

第二,在"常经"与"法制"之间,具有自然法与实在法的关系。董仲舒以《春秋》作为"常经",与这种"常经"相对应的就是"法制"。只是,"法制"具有"数变"的性质,经常变化的"法制"已经让社会公众无所适从。针对这种现实状况,董仲舒提出了"常经"的概念。由此可见,董仲舒提出"常经"这个概念是有现实针对性的。他希望通过"常经"的确立,为变来变去的"法制"提供一根"定海神针",让变来变去的"法制"有所遵循,进而扭转"法制数变,下不知所守"的消极状况。在这里,董仲舒建构了一个"二元规范"的结构:"常经"与"法制"的并立。其中,"常经"是永恒不变的,相当于西塞罗所说的"真正的法律","法制"则呈现为"法无定法"的状态。"常经"与"法制"的关系,大致相当于自然法与实在法的关系。两者之间,只要《春秋》得以确立其作为"常经"或"自然法"的地位,那么,"法度可明,民知所从矣"。

第三,把以《春秋》为核心的"六艺"与其他学说、其他文本、其他诸子切割开来,把前者作为经,置于"独尊"的地位,至于其他各家,则"皆绝其道,勿使并进"。这样的切割意味着:只有以《春秋》为核心的"六艺",才可以表征"常经",其他各家的文本则不能作为"常经"的载体,也不能归属于"常经",其他学说也不能与"六经"居于相互并列的地位。由于董仲舒的这个建议得到了汉武帝及汉朝政府的认可,这就带来了一个根本性的变化,也造就了一个"超稳定"的结构。在此之前,虽然有汉王朝初期对于黄老道家的偏好,但并没有形成正式的制度,更直白地说,汉初并未确立"罢黜百家,独尊道家"的正式制度,但是,由董仲舒开其端绪的"罢黜百家,独尊儒术",正式推动了《春秋》及"六艺"地位的绝对上升与其他各家地位的相对下降。此后,以《春秋》为核心的"六艺"成为了"常经"之"经",其他诸子百家则相对矮化为"诸子"之"子"。研究《春秋》及"六艺"的学问变成了经学,亦即"解经学",研究其他诸子百家的学问则变成了寻常的"子学"。

当然,这里我们还必须看到,汉代的"罢黜百家、独尊儒术"与秦代的"焚书坑儒",还是具有本质的区别。汉代的"罢黜百家"仅仅只是堵塞了"百家"的上升之路,这就是说,在国家或官方层面上,儒家之外的诸子百家没有名分;研究诸子学说的人,在正式制度上,没有官爵,亦无俸禄,不能在官方层面上得到现实性的名或利。所谓"勿使并进",就是不再给予上升的通道,但也仅此而已。官方并不直接惩罚或直接打压儒家之外的诸子百家。官方也不像秦始皇那样,把儒家之外的诸子百家予以"坑埋"。儒家之外的诸子百家所提出的各种各样的学术观点,依然可以存在,官方可以听之任之,官方任其自生自灭。这就是董仲舒的"勿使并进"的实际含义。显然,这是一种比秦始皇的"坑埋"更具包容性的设置或安排:《春秋》及六艺作为国家认可的规范,具有自然法或高级法的性质,但是儒家之外的诸子百家也可以自由生长。在思想文化领域,有在朝的,也有在野的;有国家正式"加持"的,也有国家未曾"加持"的,这就形成了一个相对合理的思想格局、学术理论生态。

概而言之,从法理学与思想史的层面上说,董仲舒推动了"常经"与"百家"的分野,促成了《春秋》及"六艺"作为经的正式确立。虽然董仲舒的这个政策建议并不是突然生成的,他之前的儒生(譬如贾谊)对此也多有省思与论述,但是,董仲舒毕竟堪称促成"常经"与"百家"走向分野的主要代表。应当看到,只有在"经"得到正式确立的前提下,依经治国的理论与实践才成为可能,"经治时代"与"经治中国"才成为可能。

根据董仲舒的论述,依经治国作为一个法理命题,其理论与实践可以从两个层面来看:其一,经作为建构秩序的根本规范;其二,经作为裁判个案的具体规范。

二、经作为建构秩序的根本规范

凯尔森曾说,"法律秩序的规范从这一秩序的基础规范中得来"①。凯尔森所说的基础规范,就是这里所说的根本规范。在当代中国的语境下,这里的根本规范可以理解为"根本大法",简而言之,就是宪法。经作为建构秩序的根本规范,就是经作为现代意义的宪法。

当代中国的依法治国首先是依宪治国,现代的国家治理首先也是根据宪法的治理。同样,董仲舒法理世界中的依经治国,首先也是把经作为国家治理所依据的宪法。在现代社会,依宪治国的基本方式,就是运用宪法搭建一个基本的法律框架或秩序框架。譬如,美国1787年宪法首先确立了联邦制的基本框架,在此框架下,宪法界定了联邦与各州之间的关系,进而在联邦中央形成了立法、行政、司法之间的权力划分。再看中国现行宪法,它在"总纲"之后,先规定公民的基本权利与义务,接着规定国家机构。这就是说,中国宪法建构的基本框架是公民权利与国家权力。在此框架下,一方面,宪法规定了公民的基本权利与义务;另一方面,宪法详尽规定了国家权力的划分:中央权力与地方权力的划分,人民代表大会之下行政权力、监察权力、审判权力、检察权力之间的划分。这就是中国宪法作为根本大法或根本规范所建构的法律框架。从现代的依宪治国审视董仲舒建构的依经治国,可以发现,董仲舒对经的期待,首先就相当于对宪法的期待:建构一个基本的秩序框架或法律框架。按照董仲舒的设想,经的价值与意义,首先是作为国

---

① [奥地利]凯尔森:《法与国家的一般理论》,沈宗灵译,中国大百科全书出版社1995年,第130页。

家治理的根本规范而存在的。

如果说中国在20世纪上半叶曾经形成了"六法全书"的体系,那么,董仲舒的"六法全书"就是六艺或六经。在六艺的体系内,《春秋》相当于最高的宪法。因此,依经治国首先是依《春秋》治国。因而,较之于《诗》《书》《礼》《乐》《易》,《春秋》更接近于当代意义上的宪法或根本大法。依经治国,首先就是要发挥《春秋》作为宪法或根本规范、根本大法的作用。

在著名的"天人三策"中,董仲舒开篇即指出:"陛下发德音,下明诏,求天命与情性,皆非愚臣之所能及也。臣谨案《春秋》之中,视前世已行之事,以观天人相与之际,甚可畏也。国家将有失道之败,而天乃先出灾害以谴告之;不知自省,又出怪异以警惧之;尚不知变,而伤败乃至。以此见天心之仁爱人君而欲止其乱也。自非大亡道之世者,天尽欲扶持而全安之,事在强勉而已矣。强勉学问,则闻见博而知益明;强勉行道,则德日起而大有功:此皆可使还至而有效者也。"①这段话见于《汉书》,是董仲舒向汉武帝讲述的第一段话。这段话的首句提炼汉武帝的问题,表达礼仪性的尊重与客气。在这句客套话之后,董仲舒开始直接表达自己的对策建议,对策建议的第一个关键词,就是《春秋》。由此看来,《春秋》乃是"天人三策"的起点与依据。

《春秋》本为孔子加工过的鲁史,主要记载"前世已行之事"。但是,《春秋》又绝不仅仅是现代意义上的"历史著作",就像当代的中国宪法序言主要表现为历史叙事,但绝不能仅仅视之为历史文献一样。②《春秋》与当代的中国宪法序言,都是以历史叙事的外在形式,充当了中华民族在不同时代的"无上之法典",都承载了"无上之法典"的职能。在这里,只就《春秋》来说,董仲舒根据"前

---

① [汉]班固:《汉书》,中华书局2007年,第562页。
② 详细的分析与论述,可以参见,喻中:《法理四篇》,中国法制出版社2020年,第174页。

世已行之事",洞察"天人相与之际",这就是董仲舒向汉武帝描述的秩序框架:天人之际。这里的天,当然是指人格化的上天;这里的人,似乎可以泛指所有的人,但实际上主要是指人世间的君主。董仲舒以委婉的方式告诉汉武帝,倘若"国家将有失道之败",上天将会表明自己的态度。这里的"国家",其实就是君主——因为,后面紧接着就讲"天心之仁爱人君"云云。

不过,"天人相与"中的"人"既可以指君主,在不同的语境下,也可以指代其他的人。我们看《春秋繁露·玉杯》篇:"《春秋》之法:以人随君,以君随天。曰:缘民臣之心,不可一日无君;一日不可无君,而犹三年称子者,为君心之未当立也,此非以人随君耶!孝子之心,三年不当,而逾年即位者,与天数俱终始也,此非以君随天邪!故屈民而伸君,屈君而伸天,《春秋》之大义也。"①这就是董仲舒概括的"《春秋》之法",也是"《春秋》之大义",它集中体现了《春秋》作为根本规范的意义:《春秋》就像现代宪法那样,为政治共同体的文明秩序或法律秩序建构了一个根本性的宪制框架,即"以人随君,以君随天"。这里的"人"主要就是"民"。在此基础上,这个宪制框架的基本原则还被董仲舒概括为"屈民而伸君,屈君而伸天"。这个宪制框架包含了一个复合型的结构关系:君与民的关系,天与君的关系。

(一) 君与民

前文已经提及,现代宪法主要在于调整国家与公民的关系,或者说主要在于处理国家权力与公民权利的关系。在董仲舒时代,虽然没有现代意义上的国家概念与公民概念,但存在着这两个概念的对应物,那就是君与民。君是国家或天下的代表与象征,民的概念还要宽广一些,既包括庶民,也可以包括臣子。如果说,现代宪法的基本原则是主权在民,相比之下,董仲舒提出的原则即为

---

① 张世亮、钟肇鹏、周桂钿译注:《春秋繁露》,中华书局2012年,第30页。

"屈民而伸君"。为了贯彻实施这个宪制原则,董仲舒提出了多种建议,归纳起来,主要体现在两个方面。

一方面,从制度上强化君主与臣民之间的尊卑与贵贱。庶民相对君主来说,已经处于明显的"卑"或"贱"的地位,问题的关键在于君主与臣子之间的尊卑与贵贱。对于汉朝创立者刘邦的平民出身来说,这个问题尤为突出,因为,刘邦自己就曾遭遇过这样的麻烦:"群臣饮酒争功,醉或妄呼,拔剑击柱。"①虽然,叔孙通主持制定的"朝仪"从形式上缓解了这样的麻烦,但这个问题的最终解决有待于法理上的论证,尤其有待于制度上的安排。《保位权》专门回应了这样的问题,从篇名即可看出,此篇的主题就在于保障君主相对于臣民的优越地位。要实现这个目标,就要针对臣民的特性,"以立尊卑之制,以等贵贱之差。设官府爵禄,利五味,盛五色,调五声,以诱其耳目"。臣民有所好,必然有所恶,进而有所畏,"既有所劝,又有所畏,然后可得而制"。当然,无论是劝赏还是惩罚,都有限度,都不可过度。"国之所以为国者,德也;君之所以为君者,威也。故德不可共,威不可分。德共则失恩,威分则失权,失权则君贱,失恩则民散,民散则国乱,君贱则臣叛。是故为人君者,固守其德,以附其民;固执其权,以正其臣。"②因此,君主应当完善各个方面的等级制度,充分运用奖励与惩罚两种手段,让臣民既有所欲,也有所畏。就像河流两边的堤岸约束着河水在固定的河道中往前流淌一样,董仲舒所建构的"臣民之欲"与"臣民之畏",也相当于河水的两条堤岸,约束着臣民在君主划定的"制度河道"中往前流淌。君主在制度上既能"附其民",又能"正其臣","屈民而伸君"的目标,当然就可以实现了。

另一方面,还要从技术上保障"屈民而伸君"。在这个层面上,

---

① [汉]司马迁:《史记》,中华书局2006年,第584页。
② 张世亮、钟肇鹏、周桂钿译注:《春秋繁露》,中华书局2012年,第203—204页。

董仲舒的设计与论述颇为丰富,也很详细,诸如名号、服制、考核等等方面的论证,都可以归属为"屈民伸君"的技术性保障。关于名号,《玉英》强调:"治国之端在正名,名之正,兴五世,五传之外,美恶乃形,可谓得其真矣。"①这样的观点,与孔子关于"必也正名乎"②的要求一脉相承。正名就要求"深察名号","治天下之端,在审辨大;辨大之端,在深察名号。名者,大理之首章也。录其首章之意,以窥其中之事,则是非可知,逆顺自著,其几通于天地矣。是非之正,取之逆顺;逆顺之正,取之名号;名号之正,取之天地,天地为名号之大义也"。③ 简而言之,名号可以作为一种重要的技术手段,保障"屈民而伸君"。在"名号"之外,"服制"也很重要。所谓"服制",就是有关饮食、衣服、宫室等方面的差异化规定,不同级别、不同身份、不同地位的人都有不同的"服制",不能相互混淆。此外,为了强化君主相对于百官的优越地位,董仲舒还就考核问题进行了专门的论述:"考绩绌陟,计事除废,有益者谓之公,无益者谓之烦。挈名责实,不得虚言,有功者赏,有罪者罚,功盛者赏显,罪多者罚重。不能致功,虽有贤名,不予之赏;官职不废,虽有愚名,不加之罚。赏罚用于实,不用于名;贤愚在于质,不在于文。故是非不能混,喜怒不能倾,奸轨不能弄,万物各得其冥,则百官劝职,争进其功。"④董仲舒关于强化"屈民而伸君"的技术性论证还不止这些。事实上,《春秋繁露》全书八十多篇,大部分内容都与"屈民伸君"的技术性安排有关。这里不再逐一引证。

(二) 天与君

处理君主与臣民的关系,应当坚持的原则是"屈民伸天",但是,君与民的关系并不是唯一的关系,在君与民的关系之外,还有

---

① 张世亮、钟肇鹏、周桂钿译注:《春秋繁露》,中华书局2012年,第69页。
② 陈晓芬、徐儒宗译注:《论语·大学·中庸》,中华书局2015年,第151页。
③ 张世亮、钟肇鹏、周桂钿译注:《春秋繁露》,中华书局2012年,第366页。
④ 张世亮、钟肇鹏、周桂钿译注:《春秋繁露》,中华书局2012年,第212页。

天与君的关系。按照董仲舒的逻辑,天与君的关系,较之于君与民的关系,甚至占据了一个更加重要的地位。这正是董仲舒的法理学异于商鞅、韩非等法家法理学的地方。正是关于天与君之间相互关系的论述,正是关于"屈君伸天"的论述,为董仲舒开创的依经治国注入了持久的生命力。

一方面,天与君之间相互关系的建构,为君权确立了一个超越性的源头。董仲舒为了强化天与君之间的关联,形成了一系列的理论。其中,阴阳理论居于基础理论的地位。如前所述,董仲舒是"始推阴阳,为儒者宗"。这个评论表明,阴阳理论对于董仲舒的理论体系具有重要意义。严格说来,推究阴阳之理,并非始于董仲舒,早在先秦时代,阴阳家早已自成一家。《汉书》称董仲舒"始推阴阳",应当理解为,董仲舒在儒者群体中,开创性地把阴阳家曾经阐述的阴阳之理与儒家学说结合起来,把阴阳之理整合到儒家学说之内,把阴阳学说作为儒家学说的一个组成部分,把儒家法理特别是天与君的关系建基于阴阳理论。由此,我们可以看到,在《春秋繁露》全书中,有多篇文章专述阴阳之理,譬如《阳尊阴卑第四十三》《阴阳位第四十七》《阴阳始终第四十八》《阴阳出入上下第五十》《天地阴阳第八十一》等等,这些篇章直接以"阴阳"作为主题。在其他篇章中,以阴阳之理论述各种关系的情况还所在多有。根据阴阳之理,天为阳,地为阴。因此,相对于上天来说,地上的君主也是阴。因为天尊地卑,所以天尊君卑,所以要"屈君而伸天"。

较之于阴阳理论的基础性,天人感应理论更有效地支撑了天与君之间相互关系的建构。天人感应是董仲舒反复论证的一个观点。《阴阳义》:"天亦有喜怒之气、哀乐之心,与人相副。以类合之,天人一也。"[①]这就是天人感应,天人感应就是天人合一。当然,"天人感应"中的"人",严格说来,主要是指人君。因此,"天人

---

① 张世亮、钟肇鹏、周桂钿译注:《春秋繁露》,中华书局2012年,第445页。

感应"的实质是"天君感应"。从思想史的角度来看,天人感应并不是董仲舒的原创,而是源于远古时代的"绝地天通"。"绝地天通"的核心旨趣在于:让一个人接受上天的旨意,这个接受天意的人早期为巫,后来为君。按照李泽厚的论述,这个传统可以称为"巫君合一"的"巫史传统"。① 董仲舒根据这个由来已久的传统,建构了用以确立天与君之间相互关系的天人感应理论。《深察名号》称:"受命之君,天意之所予也。"②这就是说,天与君之间有直接的关于主权的授受关系:上天授予大命,君主接受这个大命。

与天人感应理论相关联的是三统理论。董仲舒所说的三统,分别是指黑统、白统和赤统。其中,夏朝代表黑统,商朝代表白统,周朝代表赤统;三统周而复始,彼此循环。这样的三统理论,表面上看是历史论,其实是天与君的关系理论。《三代改制质文》:"王者必受命而后王。王者必改正朔,易服色,制礼乐,一统于天下,所以明易姓非继人,通以己受之于天也。"③三统循环旨在表明,不同朝代的创立者轮流受命,轮流与上天形成主权或主政者资格的授受关系。董仲舒的三统理论为新王朝取代旧王朝提供了理论依据,当然也是在为汉王朝的建立提供理论依据。三统理论与天人感应理论互为表里,严格说来是交织在一起的。

另一方面,在天与君之间的关系理论中,还蕴藏着约束君权的可能性,这就是灾异理论。灾异理论以天人感应理论为基础。在前文所引的"天人三策"之开篇,董仲舒已向汉武帝表达了关于灾异的观念。按照董仲舒的划分,灾与异是有区别的。根据《必仁且智》篇,比较小的变异叫做"灾","灾"代表上天的谴责;通常所谓的"天谴",主要就是以"灾"的方式体现出来。比较大的变异叫做

---

① 李泽厚:《历史本体论·己卯五说》,生活·读书·新知三联书店2008年,第156—157页。
② 张世亮、钟肇鹏、周桂钿译注:《春秋繁露》,中华书局2012年,第368页。
③ 张世亮、钟肇鹏、周桂钿译注:《春秋繁露》,中华书局2012年,第223页。

"异","异"代表上天的威慑之意,表达了上天更加严厉的谴责。"灾"与"异"虽然有程度上的差异,但性质相同。灾异的发生,"生于国家之失,国家之失乃始萌芽,而天出灾害以谴告之;谴告之,而不知变,乃见怪异以惊骇之;惊骇之,尚不知畏恐,其殃咎乃至。以此见天意之仁,而不欲陷人也"①。董仲舒在这里所说的"国家之失",其实是一个委婉的表达方式,真实的原因在于君主或天子之过失。在"朕即国家"的语境下,国家作为一个拟制性的法律主体,其得失都体现在君主身上。所以,灾异都体现为上天对君主的批评,甚至是愤怒。

按照董仲舒的灾异理论,即使是面对有过失的君主,上天也是仁慈的。上天对那些有过失的君主,始终留有余地:如果君主的过失还比较小,还处于萌芽状况,那就用比较常规的灾害去警告他。譬如,洪灾或旱灾,虽然也让国家或民众遭受一定的损失,毕竟还在可以控制的范围内。然而,如果这种比较常规的警告还不奏效,如果面对这种常规的警告,君主还是不知悔改,还是要继续坚持错误的行为或方式,那么,上天就会以怪异来"惊骇"君主。在《二端》篇中,董仲舒列举了一些"怪异",譬如,"日蚀、星陨、有蜮、山崩、地震、夏大雨水、冬大雨雹、陨霜不杀草、自正月不雨至于秋七月、有鸜鹆来巢"。这样一些怪象,"《春秋》异之,以此见悖乱之征"。②这些怪异现象,无不体现了上天对君主的"惊骇"。面对这种更加严厉的批评,如果君主依然不知畏惧,亦不知悔改,那么,更大的"殃咎"就会随之降临。这就是说,仁慈的上天对于有过失的君主首先还是批评教育,并不一棍子打死,上天总是愿意给君主改过自新提供机会。这就是董仲舒的灾异论。

灾异论的实质,是把灾异作为君主出现过失的看得见的证据,

---

① [清]董天工笺注:《春秋繁露笺注》,黄江军整理,华东师范大学出版社2017年,第132页。
② 张世亮、钟肇鹏、周桂钿译注:《春秋繁露》,中华书局2012年,第174页。

这就把君主置于某种被批评、被监督的地位。这样的理论并不总是有效,甚至经常无效。譬如,董仲舒自己就曾根据"辽东高庙、长陵高园殿灾","居家推说其意",①差一点招来杀身之祸。董仲舒的亲身经历表明,灾异理论约束君主的实际效果并不能予以过高的估计。尽管如此,灾异理论还是能够发挥一定的积极作用,至少从理论上说,可以为君主套上一具精神枷锁。试想,只要这个理论能够得到普遍的接受,它对于君主的权力,至少可以发挥一定的舆论监督的作用。在朝野上下普遍认可灾异理论的背景下,异灾的发生就可能形成不利于君主的舆论氛围,这对于君主权力的监督与约束是有意义的。

以上我们叙述了董仲舒建构的两重关系:君主与臣民的关系,以及上天与君主的关系。按照董仲舒的构想,国家或王朝的治理,就在于有效调整君与民的关系、天与君的关系。调整这两种关系的基本原则是"屈民而伸君,屈君而伸天"。当然,这样的基本原则出于《春秋》,乃是《春秋》之大义。由于《春秋》乃是居于核心地位的经,因此,在"屈民而伸君,屈君而伸天"的原则下有效调整君与民的关系、天与君的关系,就代表了依经治国的宏观层面,那就是,把《春秋》这样的经作为建构文明秩序、推进国家治理的根本规范。

三、经作为裁决个案的具体规范

立足于"依经治国"这样一个法理命题,经不仅仅是建构文明秩序、支撑国家治理的根本规范,同时,在微观层面上,经还构成了裁决个案所依据的具体规范。这种性质的经就相当于今天的部门法。

(一)《春秋繁露》与作为个案裁决依据的经

关于"春秋决狱"这个主题,《精华》篇已有专门的论述:"春秋

---

① [汉]班固:《汉书》,中华书局 2007 年,第 570 页。

之听狱也,必本其事而原其志。志邪者,不待成;首恶者,罪特重;本直者,其论轻。是故逄丑父当斩,而辕涛涂不宜执;鲁季子追庆父,而吴季子释阖庐,此四者,罪同异论,其本殊也。俱欺三军,或死或不死;俱弑君,或诛或不诛。听讼折狱,可无审耶!故折狱而是也,理益明,教益行;折狱而非也,暗理迷众,与教相妨。教,政之本也,狱,政之末也,其事异域,其用一也,不可不以相顺,故君子重之也。"①

在这段话中,董仲舒首先提出了"春秋听狱"的基本原则,那就是"本其事而原其志"。所谓"本其事",就是根据案件的实际情况,就是以事实为依据。所谓"原其志",就是考察当事人的主观心态或主观的心理动机。事实很重要,但心理动机也很重要。判定一个案件当事人的罪与非罪、轻罚还是重罚,既要考察案件事实,也要考察心理动机。这个基本原则还可以分成三个具体的原则来理解。第一,心理动机邪恶的当事人,不必等待其完成或实施犯罪行为,即可以进行处罚。第二,在一个犯罪群体中起带头作用的,判以重罪,处以重罚。第三,当事人如果动机纯正,即使造成了损害,也应当从轻处罚。这就是"春秋之听狱"的三个具体原则,或者说是经义决狱的三个具体原则。

在这三个具体原则中,第二个具体原则不容易引发争议,因为,按照现在的法治理念与司法原则,在一个犯罪团伙中起带头作用的犯罪者通常也会受到更重的处罚。第三个具体原则在现代社会也得到了有限度的承认。譬如,在现代刑法的理论与实践中,关于过失犯罪与故意犯罪的严格区分,就考虑到了当事人的主观心态或犯罪动机,过失犯罪较之于故意犯罪,通常会受到较轻的处罚。唯有第一个具体原则,容易招致批评。譬如,有一本教科书就写道:"'论心定罪'是一种动机论,它在判断一种行为的时候,看重

---

① 张世亮、钟肇鹏、周桂钿译注:《春秋繁露》,中华书局2012年,第96页。

的是行为者的动机,而不是行为的效果。凡是符合《春秋》之义的就是'志善',即使犯法,也不定罪;反之,如果违反《春秋》的要求,就是'志恶',即使没有违法,也要定罪。可见,这种'论心定罪'说是错误的。"① 这样的批判当然有一定的依据,毕竟根据现代的法治观念与司法原则,只有犯罪机动,没有犯罪行为或犯罪事实,是无法定罪的,也是无法处罚的。从这个角度来看,"论心定罪"很难得到现代法治理论的认同。但是,我们研究董仲舒的"春秋决狱",不能仅仅站在现代法治的角度去批评,更加重要的,是要理解其理论逻辑。

按照董仲舒的解释,他提出的这几项具体原则,包括"论心定罪"原则,主要的依据在于:教化与狱讼虽然属于不同的领域,但都是政治,或者说,都属于国家治理。两者的不同之处在于:教化才是政治的根本,狱讼仅仅是政治的细枝末节。既然教化是本,狱讼是末,那就意味着,狱讼应当与教化"相顺",应当有助于教化,应当符合教化的方向。毕竟,教化着眼于人的内心世界,狱讼只能约束人的外在行为。正是基于这样的本末关系,人内心的动机才是国家治理的根本或基础。这就是"论心定罪"的理由,也是"春秋决狱"的理论前提。为了说明"春秋决狱"的实际情况,董仲舒举出了四个例子,这里我们只看"逄丑父当斮,而辕涛涂不宜执"的依据。

关于逄丑父其人其事,《史记》《左传》等文献中多有记载。据《左传·成公二年》,齐国与晋国之间发生战事,由于情况危急,逄丑父担心自己的君主齐顷公被晋军俘虏,就与齐顷公换了车位。果然,晋军将领韩厥拿着绊马索站到了齐顷公的马车前,宣称要俘虏齐顷公。但实际坐在齐顷公马车上的人,已经换成了逄丑父,他假装齐顷公,以齐顷公的口吻命令旁边真正的齐顷公下车去华泉取水,让其趁机逃走,脱离了险境。坐在齐顷公车位上的逄丑父被

---

① 张国华主编:《中国法律思想史》,法律出版社1982年,第174页。

俘,被送到了晋军主将郤克面前。郤克要杀逢丑父,逢丑父说:"从今以后,也许再也没有替他的君主承担患难的人了,现在,这里就有一个这样的人,难道还要被杀掉?"郤克认为,逢丑父不惜冒着生命危险来解救他的君主,这样的人,杀了不祥,如果赦免了他,或许有助于激励那些为君主献身的忠臣,于是"乃免之"①,把他释放了。

这段史实表明,晋军主将认同逢丑父的行为,但是,董仲舒却认为"逢丑父当斩"。那么,董仲舒的逻辑是什么?在《竹林》篇中,已有人向董仲舒提出了这个问题:逢丑父宁愿牺牲自己,也要保护他的君主,要做到逢丑父那样,也是很不容易的啊,既然如此,为什么说他不懂得权变?为什么还要批判逢丑父?对此,董仲舒回答说:"丑父措其君于人所甚贱,以生其君,《春秋》以为不知权而简之。"逢丑父的行为,只能"谓之邪道,虽能成之,《春秋》不爱,齐顷公、逢丑父是也"。② 在董仲舒看来,逢丑父的行为属于"邪道",也就是今天所说的歪门邪道。直白言之,逢丑父是以欺骗晋军的方式,让齐顷公逃生,让齐顷公免遭俘虏,但是,齐顷公的这种逃生方式是一种耻辱,是让人看不起的。按照《春秋》之义,君主不能遭受这样的耻辱。倘若不幸出现了危险的情况,齐顷公作为国君,应当以身殉国。做不到这一点的齐顷公已经失去了作为君主的正当性。因而,逢丑父安排齐顷公逃跑的行为也失去了正当性。齐顷公在逢丑父的安排下得以成功逃跑,这种逃跑行为已经羞辱了齐国的宗庙,即使逢丑父帮助齐顷公逃生有一定的难度,要承担较大的风险,《春秋》之义也是不能赞同的。

关于"辕涛涂不宜执"一事,《春秋·僖公四年》中的记载只有一句话:"齐人执陈袁涛涂。"对于此事的前因后果,《春秋公羊传》

---

① 王守谦、金秀珍、王凤春译注:《左传全译》,贵州人民出版社1990年,第596页。
② 张世亮、钟肇鹏、周桂钿译注:《春秋繁露》,中华书局2012年,第61页。

提供了更多的信息:"涛涂之罪何?辟军之道也。其辟军之道奈何?涛涂谓桓公曰:'君既服南夷矣,何不还师滨海而东,服东夷且归。'桓公曰:'诺。'于是还师滨海而东,大陷于沛泽之中。顾而执涛涂。执者曷为或称侯,或称人?称侯而执者,伯讨也。称人而执者,非伯讨也。此执有罪,何以不得为伯讨?古者周公东征则西国怨,西征则东国怨。桓公假涂于陈,而伐楚,则陈人不欲其反由己者,师不正故也。不修其师而执涛涂,古人之讨,则不然也。"①

按照《公羊春秋》之大义,袁涛涂不应当被拘捕,他没有罪过,他的行为只是为了避免齐国军队借道陈国。齐国军队并非正义之师,袁涛涂站在陈国的利益立场上,不愿意让这样的军队过境,是正当的。齐桓公不整顿自己的军队,不着眼于提升本国军事行动的正当性,却去抓捕袁涛涂,这是不对的。这是《公羊春秋》的评判,也是董仲舒主张"袁涛涂不宜执"的理据。

试比较董仲舒关于逢丑父与袁涛涂的裁决:逢丑父冒着生命危险救了齐国君主,却应当斩首;袁涛涂让齐国军队陷入沼泽之中,却不应当拘捕。董仲舒作出这样的裁决,主要基于一种更为根本的依据,这样的依据见于《春秋》,体现了《春秋》这样的经作为个案判决依据的意义。

(二)《春秋决狱》与作为个案裁决依据的经

据《后汉书》,"故胶西相董仲舒老病致仕,朝廷每有政议,数遣廷尉张汤亲至陋巷,问其得失。于是作《春秋决狱》二百三十二事,动以经对,言之详矣"②。依此,董仲舒在《春秋繁露》

---

① 黄铭、曾亦译注:《春秋公羊传》,中华书局2016年,第253页。顺便说明,在我所引用的这个版本中,涛涂其人的姓写作了"袁"。另查阅,[汉]何休解诂:《春秋公羊传注疏》,[唐]徐彦疏,刁小龙整理,上海古籍出版社2013年,第392页,亦写作"袁涛涂"。见于《春秋繁露》中的"辕"与见于《春秋公羊传》中的"袁",想必各有所本,这里也不求统一。

② [宋]范晔:《后汉书》,中华书局2007年,第475页。

之外,还留下了一部题为《春秋决狱》的书。这部书就是一个案例库,它通过"以案说经"的方式阐述了"春秋决狱"的逻辑,较之《春秋繁露》,能够更加真切地展示出作为个案裁决依据的经。

根据沈家本的考证,这部《春秋决狱》又被称为《春秋断狱》或《春秋决事比》或《春秋决事》,"然则《春秋决狱》其本名也。《困学纪闻》云,《春秋决狱》,其书今不传,是南渡时已亡"①。这部《春秋决狱》作为一部完整的著作,虽然已经遗失了,但毕竟还有几个案例保存下来。这里试略举两例,以为说明。

其一,某甲殴父案。"甲父乙与丙争言相斗,丙以佩刀刺乙,甲即以杖击丙,误伤乙,甲当何论?或曰:殴父也,当枭首。论曰:'臣愚以父子至亲也,闻其斗莫不有怵怅之心,扶杖而救之,非所以欲诟父也。《春秋》之义,许止父病,进药于其父而卒,君子原心,赦而不诛。甲非律所谓殴父,不当坐。'"②在这个案例中,董仲舒认为某甲无罪,董仲舒所依据的"《春秋》之义",是"许止父病,进药于其父而卒",此事见于《春秋·昭公十九年》:"夏,五月,戊辰,许世子止弑其君买。己卯,地震。秋,齐高发帅师伐莒。冬,葬许悼公。"许止,即这里的许世子止。

按照《春秋》的经文,作为世子的许止,杀了他的父亲。不过,对于这句经文,还应当更全面地理解。《春秋公羊传》称:"贼未讨,何以书葬?不成于弑也。曷为不成于弑?止进药而药杀也。止进药而药杀,则曷为加弑焉尔?讥子道之不尽也。其讥子道之不尽奈何?曰:乐正子春之视疾也,复加一饭则脱然愈,复损一饭则脱然愈。复加一衣则脱然愈,复损一衣则脱然愈。止进

---

① [清]沈家本撰:《历代刑法考:附寄簃文存》第三册,邓经元、骈宇骞点校,中华书局1985年,第1770页。
② [清]沈家本撰:《历代刑法考:附寄簃文存》第三册,邓经元、骈宇骞点校,中华书局1985年,第1771页。

药而药杀,是以君子加弑焉尔。曰:许世子止弑其君买,是君子之听止也。葬许悼公,是君子之赦止也。赦止者,免止之罪辞也。"①

这就是说,按照《公羊春秋》之义,许止并没有杀他的父亲,只是让他的父亲服药,他的父亲是因为药不对症或药物无效而死。许止在照顾父亲服药一事上不够细心,这是应当批评的,但他并没有故意杀害他的父亲,因而他是无罪的。《春秋公羊传》所揭示的这一段"《春秋》之义",恰好可以解释某甲的行为:某甲为救其父,举杖击丙,结果不小心误伤了其父,从行为、过程、现象、事实来看,甲举起的杖伤害了他的父亲,符合"殴父罪"的特征,这就像许止的进药让他的父亲死亡一样。既然"《春秋》之义"已经免除了许止进药行为的罪与罚,按照同样的道理,某甲举杖伤其父的行为,也应当予以赦免。就像许止并没有杀父的动机一样,某甲也绝无"殴父"的故意,某甲的真实动机是"救父",即使意外地造成了其父受伤,也不属于法律上的"殴父",因此,某甲不应当被治罪。这就是根据"《春秋》之义"的"原心论罪"。

其二,某甲私为人妻案。"甲夫乙将船,会海风盛,船没溺流死亡,不得葬。四月,甲母丙即嫁甲,欲皆何论?或曰:甲夫死未葬,法无许嫁,以私为人妻,当弃市。议曰:'臣愚以为《春秋》之义,言夫人归于齐,言夫死无男,有更嫁之道也。妇人无专制擅恣之行,听从为顺,嫁之者归也。甲又尊者所嫁,无淫衍之心,非私为人妻也。明于决事,皆无罪名,不当坐。'"②在这个案例中,董仲舒认为某甲无罪,董仲舒所依据的"《春秋》之义",是"夫人归于齐",此事见于《春秋·文公十八年》:"冬十月,子卒。夫人姜氏归于齐。"《春秋公羊传》的解释是:"子卒者孰谓?谓子赤也。何以不日?隐之

---

① 黄铭、曾亦译注:《春秋公羊传》,中华书局2016年,第651—652页。
② [清]沈家本撰:《历代刑法考:附寄簃文存》第三册,邓经元、骈宇骞点校,中华书局1985年,第1772页。

也。何隐尔？弑也。弑则可以不日，不忍言也。"①对于这个事件，《左传》还有更详细的记载："文公二妃敬嬴生宣公。敬嬴嬖，而私事襄仲。宣公长，而属诸襄仲。襄仲欲立之，叔仲不可。仲见于齐侯而请之。齐侯新立，而欲亲鲁，许之。冬十月，仲杀恶及视，而立宣公。书曰，'子卒'，讳之也。……夫人姜氏归于齐，大归也。将行，哭而过市曰：'天乎！仲为不道，杀适立庶。'市人皆哭，鲁人谓之哀姜。"②

结合《春秋公羊传》与《春秋左氏传》，"夫人归于齐"的意思是，鲁文公的夫人姜氏，在丈夫鲁文公死了以后，两个儿子（恶、视）都被襄仲杀死了，在这种情况下，她只好回归齐国的娘家。这就是说，"夫人归于齐"，永远离开夫家，是出于不得已。夫人之"归"，乃是一个正当的行为。这样的"归"得到了《春秋》的认同。董仲舒根据这样的"《春秋》之义"，认为本案中的某甲与"归于齐"的姜氏有相似之处：丈夫已经死了。进一步说，某甲的丈夫死于海上，某甲无法找到丈夫的尸体并予以安葬。因而，某甲在四个月之后重新再嫁，这样的行为没有犯罪，不应当处罚。再说，某甲的再嫁不是擅自改嫁或私自改嫁，不是出于"淫衍之心"，而是出于母亲的安排，其再嫁的行为在动机上没有过错。因此，某甲的再嫁行为并不构成犯罪。

以上两个案例，大致可以展示董仲舒"春秋决狱"之精义。概括地说，董仲舒的"春秋决狱"就是把"《春秋》之义"作为裁决个案的依据。《春秋》是以鲁国史为基础的编年史，《春秋》关于历史的叙述寄寓了关于历史事件的评判。众多关于个人行为正当与否、罪与非罪的评判，就相当于英美法系中的判例，这些判例可以作为

---

① 黄铭、曾亦译注：《春秋公羊传》，中华书局2016年，第401—402页。
② 王守谦、金秀珍、王凤春译注：《左传全译》，贵州人民出版社1990年，第467—468页。

后世处理类似个案的依据。就这样,以《春秋》为核心的经,构成了裁判个案应当遵循的具体规范或裁判规范。

四、依经治国时代的开启

如前文所述,在董仲舒之前,《春秋》及其他儒家文献已经形成。但是,这些儒家文献没有经过政府的正式认可或"加持",并不能享有经的地位,也不是严格意义上的经。因而,董仲舒之前的儒家文献,在性质上只是与其他"子书"并列的学术理论文献。

大致说来,从孔子时代到秦始皇时代,法家文献得到了官方更多的青睐,尤其是秦始皇,几乎可以说是韩非作品的拥趸。在汉朝初建的数十年间,经济凋敝,政府注重休养生息,黄老道家的思想理论得到了官方更多的认可。这就是说,从孔子时代一直到"天人三策"正式提出之前,数百年间,儒家文献在诸子百家中并不享有特殊的地位,孔子属于"诸子",儒家则属于"百家"。直至汉武帝元光元年(前134年),经过董仲舒的推动,尤其是经过汉武帝的认同,以《春秋》为代表的儒家文献才被官方正式拣选出来,成为了国家的主导思想,以《春秋》为代表的儒家文献才从"子书"中脱颖而出,成为了承载国家主流意识形态的"经书"。中国历史由此进入"经治时代",中国由此成为"经治中国","依经治国"的传统由此形成。从法理学与思想史的角度来看,"依经治国"既是董仲舒开创的法理命题,同时也成为汉代以后官方认可的法理命题,在董仲舒时代直至1905年科举制度正式废除的两千年间,一以贯之。因此,如果把"依法治国"作为当代中国法理学的主题,那么,董仲舒之后中国法理学的主题,则可以概括为"依经治国"。

在董仲舒之后的两千年间,从总体上看,《春秋》这样的文献确实充当了蒙文通所说的"中华民族无上之法典"。在这里,我们可以举出两个细节来印证这个大传统。据《三国志·关羽传》,"《江表传》曰:羽好左氏传,讽诵略皆上口"①。这就是说,在三国这样的战乱时代,像关羽这样的武将,也喜好《左氏春秋》。这部书虽然与董仲舒高举的《春秋》与《公羊春秋》并不是一部书,但毕竟还是《春秋》三传之一。而在民间传说中,"关羽读春秋"更是流传甚广。我们不必纠结关羽所读的是《春秋左氏传》还是孔子编写的《春秋》,这样一个细节足以表明,"读春秋"有助于烘托关羽的光辉形象;进而言之,《春秋》不仅承载了官方的主流意识形态,而且在民间也获得了普遍的认同与尊奉。另据《魏书·李先传》:"太祖问先曰:'天下何书最善,可以益人神智?'先对曰:'唯有经书。三皇五帝治化之典,可以补王者神智。'"②这番讨论表明,哪怕是在南北朝时期,哪怕是鲜卑族的北魏皇帝,最应当读的书也是经书,也应当实行依经治国。

董仲舒推动儒家文献由"子书"上升为"经书",开启了一个长达两千年的依经治国时代,亦即"经治时代"。作为一个思想史的事实,它有偶然的因素:恰好在公元前134年,汉武帝提出了"欲闻大道之要、至论之极"这样的要求,董仲舒提出的"罢黜百家,独尊儒术"恰好符合汉武帝的预期,得到了汉武帝所代表的官方的认同,"经"由此得以正式确立。偶然之中也有必然:从思想史的整体背景来看,秦始皇所理解、所实施的"法家之治"因为秦王朝二世而亡,已经失去了正当性。尽管汉代初年实行的"黄老之治"满足了当时的社会休养生息的需要,但是,奉行黄老思想却可能让主政者失去对全社会的思想牵引能力,这对于政治共同体的凝聚与整合是不利的,与汉武帝时期汉王朝勇猛精进的姿态也不吻合、不同步。在这种背景下,从法理的角度重建汉王朝的政治意识形态,就成为了一个历史的、现实的必然选择。当

---

① [晋]陈寿撰:《三国志》,[宋]裴松之注,中华书局2006年,第562页。
② [北齐]魏收撰:《魏书》,中华书局2000年,第532页。

然，更加重要的必然因素还在于，董仲舒提出的"罢黜百家，独尊儒术"满足了各个方面的需要，因而得到了当时及后世普遍而持久的接纳。对此，我们可以从两个不同的方面来看"依经治国"的必然性。

一方面，董仲舒把《春秋》及"六艺"挑选出来，予以独尊，尊之为经，以之作为国家治理的主要依据，是对先秦学术思想的精审判断。在先秦时代的诸子百家中，每一家都有自己的优长之处。在司马谈关于"六家要指"的评析中，道家较之于其他各家，似乎还处于更优越的地位。再往前追溯，在春秋战国时期的各国诸侯看来，法家学说才是求真务实的学说。但是，就长远来看，以孔子为代表的儒家学说、儒家文献，才更加符合一个大一统王朝长治久安的需要。商鞅、韩非所代表的法家学说虽然更具现实性，但毕竟只能适应战国时代，它主要是一种战时状况下的应对策略，可以满足非常时期、战国格局的需要，却难以满足大一统时代的根本需要。至于道家学说，从根本上说，它是一种"在野者"的学说，以庄子为代表的道家学说以追求个体自由、心灵自由为旨趣，本质上是一种面向个体、面向审美、面向艺术的学说，不大可能长期充当主政者秉持的主流意识形态。至于墨家学说，它主要反映平民阶层、游侠阶层的需求，与国家治理的实际需要还有较大的距离。相比之下，只有孔子所代表的儒家学说，能够以中正稳健的方式，较好地满足大一统背景下国家治理的需要。

另一方面，虽然董仲舒开创的"依经治国"，作为一个法理命题，主要接续了儒家的思想文化传统，但他接续的这个传统并不是"原教旨主义"的儒家，而是以儒家为内核，同时也广采博纳了先秦时期已经积累起来的各种学术思想。在董仲舒关于"依经治国"的论证中，既有阴阳家、道家的学说，也有法家、墨家的学说。前文已经述及，"始推阴阳"已经是董仲舒的一个标签，正如《阴阳义》所称，"天道之常，一阴一阳。阳者，天之德也；阴者，天之刑也。迹阴阳终岁之行,以观天之所亲而任"①。事实上,纵观《春秋繁露》全书,其中关于阴阳之理的论述非常丰富,阴阳家的学说已经深度融入了董仲舒的思想世界。再看《立元君》对君主提出的要求:"为人君者,执无源之虑,行无端之事,以不求夺,以不问问。"②这样的要求,可以归属于道家学说。董仲舒还强调赏罚,主张"所贡贤者有赏,所贡不肖者有罚。夫如是,诸侯、吏二千石皆尽心于求贤,天下之士可得而官使也。遍得天下之贤人,则三王之盛易为,而尧舜之名可及也。毋以日月为功,实试贤能为上,量材而授官,录德而定位,则廉耻殊路,贤不肖异处矣"③。对赏罚"二柄"的这种依赖,具有明显的法家色彩。甚至还有墨家色彩的论述:"唯天子受命于天,天下受命于天子,一国则受命于君。"④这样的论述,既体现了墨家的"天志"观,也体现了墨家的"尚同"观。由此可见,董仲舒建构的"依经治国",其实是对先秦时期各家学说的融会贯通,其中虽以《春秋》及六艺作为旗号与主体,但同时也体现了对诸子百家的全面吸纳。

从以上两个方面来看,董仲舒开创的"依经治国"能够较好地满足汉武帝时代的客观需要,因而受到了汉武帝时代及后世的普遍接纳。

当然,董仲舒开创的依经治国作为一个法理命题,并不是在真空中突然生成的,也不是一座"飞来峰"。在董仲舒之前,像贾谊这样的儒生已经有所铺垫,但董仲舒毕竟是依经治国这个法理命题的主要阐述者。在刘向看来,"董仲舒有王佐之才,虽伊吕亡以加,管晏之属,伯者之佐,殆不及也"⑤。《论衡》亦有言:"董仲舒虽无

---

① 张世亮、钟肇鹏、周桂钿译注:《春秋繁露》,中华书局2012年,第445页。
② 张世亮、钟肇鹏、周桂钿译注:《春秋繁露》,中华书局2012年,第199页。
③ [汉]班固:《汉书》,中华书局2007年,第566页。
④ 张世亮、钟肇鹏、周桂钿译注:《春秋繁露》,中华书局2012年,第400—401页。
⑤ [汉]班固:《汉书》,中华书局2007年,第571页。

鼎足之位,知在公卿之上。"①按照这些说法,虽然董仲舒的实际权位不高,但他在思想上的影响力远远超越了同时代的公卿。在董仲舒生活的汉代,有一些打着儒家旗号的士大夫,他们的主要目标在于成为现世的位高权重的公卿,公孙弘就是这样的人。② 而有一些儒生,则侧重于从学术的立场上研究儒家典籍,他们的主要贡献体现为比较纯粹的学问,譬如东汉晚期的郑玄,这样的人或可称之为"儒学家"。还有一些儒生是才子,譬如司马相如。但是,董仲舒跟他们都不一样:他三年都不去花园里游玩,集中精力从事学术思想的研究,但并未成为寻章摘句的"专家学者";他两次担任诸侯的丞相,却并没有一门心思寻求职务上的升迁。他与实际政治有联系,也有较深的介入,但也保持了一定的距离。他理解儒家典籍,也理解现实政治。他有所为,也有所不为。他的先天秉性、后天努力,他获得的历史机遇,让他超越了那个时代的公卿,成为了"依经治国""经治时代""经治中国"的开创者,成为了上承孔子、下启朱子的思想人物。

董仲舒开创的依经治国强调"屈民伸君""屈君伸天",但是,天的意志却有赖于儒生阶层来解释。这样的秩序格局与欧洲中世纪的秩序格局虽不神似,却有些形似:臣民服从君主,君主服从上帝,但上帝的意志又是由教廷来解释的。同样,按照董仲舒阐述的秩序格局,臣民服从君主,君主服从上天,但上天的意志是由儒生集团来解释的。当然,儒生集团即使有一定的权威,但他们的权威在任何时候都不及鼎盛时期的教廷,儒生集团不可能凭借对天意的解释权真正形成对于君主的监督与约束。正如鲁迅在《谈皇帝》一

---

① 黄晖撰:《论衡校释》,中华书局 2018 年,第 528 页。
② 辕固对公孙弘的批评"务正学以言,无曲学以阿世!"([汉]班固:《汉书》,中华书局 2007 年,第 881 页)就是有见于此。由此可以看出,对于公孙弘的儒学,一些清流派人士不予认可。对于公孙弘这样的人来说,他们掌握儒学可能就是他们获得更大权力的一种资源、一个筹码。

文中所说:"据说天子的行事,是都应该体贴天意,不能胡闹的;而这'天意'也者,又偏只有儒者们知道着。这样,就决定了:要做皇帝就非请教他们不可。然而不安分的皇帝又胡闹起来了。你对他说'天'么,他却道,'我不有命在天?!'岂但不仰体上天之意而已,还逆天,背天,'射天',简单将国家闹完,使靠天吃饭的圣贤君子们,哭不得,也笑不得。"①鲁迅以嬉笑怒骂的杂文风格,对儒生集团拥有的"天意解释权"在历史过程中的实情给予了写意性的揭示,当然自有其道理。然而,从汉至清两千年里,华夏君主虽然是最高的政治权威,但毕竟不是最高的思想权威,最高的思想权威是孔子、朱子这样的圣人。孔子、朱子的思想以经的方式呈现出来,经成为治国的终极依据,这就是"依经治国"与"经治中国"。但是,如果要为依经治国的理论与实践寻找一个建构者,那就是董仲舒;即使后退一步,董仲舒也是这个建构者群体的主要代表。

小结

在儒家法理学史上,甚至在中国法理学史上,乃至在中国思想史上,董仲舒都是一个划时代的人物。倘若要比之西方思想史,那么,董仲舒的思想地位,大致相当于西方进入中世纪之际的奥古斯丁。考察中国的思想史以及法理学史,先秦是一个段落,从汉至清又是一个段落,对于后面这个历史段落来说,董仲舒做出了开创性的贡献。董仲舒流传至今的作品,除了《汉书》中记载的"天人三策",主要就是《春秋繁露》。这样一些文献奠定了从汉至清时期华夏文明的底色,也塑造了这个时期中国法理学的主题:依经治国。

按照中国宪法第五条,当代中国"实行依法治国,建设社会主义法治国家"。以这样的目标任务来理解从汉至清的不成文宪法,

---

① 鲁迅:《谈皇帝》,载鲁迅:《鲁迅全集》第三卷,人民文学出版社2005年,第269页。

那么,从汉至清的任务就是要实行"依经治国",建设"儒家主义经治国家"。古今之间的道理都是相通的,传统中国与当代中国都需要有效治理。如果当代中国法理学的主题是依法治国,那么,传统中国法理学的主题就是依经治国。因而,传统中国的经,就相当于现代中国的法。在秦代以前,中国没有严格意义的经。春秋战国时代是一个礼崩乐坏的时代,这就是说,在"礼崩乐坏时代"之前的西周,国家治理的主题可以概括为"礼乐治国",或者说是"依礼乐治国"。汉代建立之后,"礼崩乐坏时代"随之结束,但是,随着秦亡而兴起的汉代毕竟无法恢复到"依礼乐治国"的古老传统,已经"崩坏"了的西周"礼乐"也无法照原样恢复。在汉王朝建立之后,经过了数十年的徘徊、犹豫、斟酌,盛行于西周的"依礼乐治国",终于转向了汉武帝之后的"依经治国"。发端于董仲舒的"依经治国",作为一个新的法理主题,是汉武帝时代形成的传统,董仲舒是这个传统的主要阐述者,也是这个传统得以形成的思想引擎。

依经治国的经或"经治中国"的经,按照董仲舒的观点,主要是《春秋》——《春秋》是第一位的、最重要的经,但同时也包括《诗》《书》《礼》《乐》《易》。后来,经的范围又有所扩张,从六经一直增加到十三经,但这只是数量上的变化,依经治国的实质没有发生变化。经在两千年间一直都是治国的主要依据。所谓德主刑辅,其实就是"经主刑辅",因为,德由经出,德在经中,只有通经才能明德。从知识层面上看,两千年间,关于经的研究给研究者带来的成就感,远远高于关于刑律的研究。在这种轻与重的背后,有一个根本的原因:经提供了国家治理的主要依据、核心依据、终极依据,经是政之本,刑是政之末。

归结起来,如果把当代中国称为法治时代的中国,亦即法治中国,那么,从汉至清的中国则是"经治时代"的中国,亦即经治中国。在汉代,董仲舒开创了"依经治国"这个法理主题,同时也开创了一个从汉代一直延续至清末的法理主题。

第三节 王 充

在汉代思想史上,如果西汉时期的代表性思想家首推董仲舒,那么,东汉时期的代表性思想家或许就不能避开王充(27—104)①。有一个可供参考的依据,出自章太炎的《訄书·学变》:"汉晋间,学术则五变。董仲舒以阴阳定法令,垂则博士,教皇也。使学者人人碎义逃难,苟得利禄,而不识远略。故杨雄变之以《法言》。"随后,"华言积而不足以昭事理,故王充始变其术,曰:'夫笔箸者,欲其易晓而难为,不贵难知而易造;口论,务解分而可听,不务深迂而难睹也。'作为《论衡》,趣以正虚妄,审乡背。怀疑之论,分析百端。有所发摘,不避孔氏。汉得一人焉,足以振耻"。② 章太炎所说的"华言",就是王充在《论衡·对作篇》中所称的"华文"或"虚妄之言"。③

根据章太炎建构的这段写意性的"汉晋学变简史",可以看到,董仲舒带有过于浓厚的官方气息,以至于可以称之为"教皇";杨雄以来的主流话语又过于浮华、虚妄、不切实际。在这样的思想背景下,倘若要寻求"足以昭事理"的言论,那就还得指望王充及其《论衡》。如果以"汉得一人,足以振耻"来定位王充,那么,王充不仅是东汉思想史上的翘楚,甚至堪称两汉思想史上的第一人。这是章太炎的评价。章太炎如此推崇王充及其《论衡》,有一个或许可以略微考虑的因素

---

① 王充生于公元 27 年,这是没有疑义的。关于王充的卒年,有多种不同的说法,这里主要依据学者专文考证得出的结论。详见,王举忠:《王充卒年辨正》,《辽宁大学学报》(哲学社会科学版)1992 年第 6 期,第 3 页。
② 章太炎:《章太炎全集》(《訄书》初刻本、《訄书》重订本、检论),朱维铮点校,上海人民出版社 2014 年,第 142 页。
③ 王充的原话是:"是故《论衡》之造也,起众书并失实,虚妄之言胜真美也。故虚妄之语不黜,则华文不见息;华文放流,则实事不见用。"黄晖撰:《论衡校释》,中华书局 2018 年,第 1028 页。

是:他们都生长于今天的浙江。如果说章太炎是近代浙学的重镇,那么王充则堪称浙学的早期代表或主要奠基人。当然,这是一个不确定的因素,在此提及,只当闲笔一句。王充在汉代思想史乃至整个中国思想史上的地位,毕竟还是由他的思想贡献决定的。

要论其学,当知其人。关于王充其人,《后汉书》上的记载只有两百多字,不妨全文引证于此:"王充字仲任,会稽上虞人也,其先自魏郡元城徙焉。充少孤,乡里称孝。后到京师,受业太学,师事扶风班彪。好博览而不守章句。家贫无书,常游洛阳市肆,阅所卖书,一见辄能诵忆,遂博通众流百家之言。后归乡里,屏居教授。仕郡为功曹,以数谏争不合去。充好论说,始若诡异,终有理实。以为俗儒守文,多失其真,乃闭门潜思,绝庆吊之礼,户牖墙壁各置刀笔。著《论衡》八十五篇,二十余万言,释物类同异,正时俗嫌疑。刺史董勤辟为从事,转治中,自免还家。友人同郡谢夷吾上书荐充才学,肃宗特诏公车征,病不行。年渐七十,志力衰耗,乃造《养性书》十六篇,裁节嗜欲,颐神自守。永元中,病卒于家。"①

根据正史中的这段文字,王充其人其学有一个鲜明的特点,那就是独立自主。一方面,由于长期生活在远离朝廷、临近海边的地方,当然主要也是个性、秉性使然,王充的思想较之于董仲舒的思想,山林气息相对较强,庙堂气息相对较弱。庙堂对王充的笼罩程度、牵引力度相对较轻;反过来说,则是他对庙堂保持了较为明显的疏离感。另一方面,从人生经历来看,王充虽然做过一些地方政府的佐吏,但似乎并不贪恋这样的官方职位,数度自动离职。即使是面对朝廷的征召,他也称病未去。这样的去就与出处,既可以说明王充思想具有一定的"非官方"色彩,同时也为王充保留了自由思考、独立思考甚至是特立独行的空间。独立自主地建构自己的思想学说,这样的精神与风格既提升了王充思想的魅力,同样也为

---

① [宋]范晔撰:《后汉书》,中华书局2007年,第479页。

我们理解王充思想提供了一些参照。

在学术史上,关于王充的研究文献不胜枚举,蔚为大观,然否兼备。① 但是,从中国法理学史的角度研究王充,专门研究王充在中国法理学史上做出的贡献,却是一个极其薄弱的环节。有鉴于此,有必要在王充的学术思想体系中,抽取、凝聚、凸显他的法理智慧,以之反映东汉时期中国法理学的主要成就。那么,如何探讨王充的法理学?通往王充法理世界的津渡在哪里?显然,这是一个开放性的问题。王充法理学的探讨方式,确实有多种选项,有多种可能。在反复斟酌之后,我们发现,王充在《论衡·非韩篇》中写下的一番问答,可以作为洞察王充法理学的一根线索。

根据王充的叙述,在战国初期的魏国,"段干木阖门不出,魏文敬之,表式其间,秦军闻之,卒不攻魏"②。这里的"表式其间"是说,魏文侯在乘车经过段干木居住的街巷时,要扶着车把俯下身子,以表达对段干木的礼敬,然而,就是魏文侯的这种礼敬段干木的行为,居然拖住了秦军攻魏的步伐。针对这种情况,有"论者"提出:"魏文式段干木之间,秦兵为之不至,非法度之功。一功特然,不可常行,虽全国有益,非所贵也。"为了回应"论者"的质疑,王充以提问作为回答的起点:"夫法度之功者,谓何等也?"③在王充虚拟的这番对话中,论辩双方在此讨论的"法度",就相当于当代的法、法律或法制。

王充通过解释"法度之功",建构了他的法度概念,描述了他所憧憬的法度。如果进一步考察他建构法度概念的思想理据、法理依据,就可以勾画出他关于"法度之理"的构想;"法度之理"可以简称为"法之理",亦即"法理"。由此可见,王充的法理世界,就可以

---

① 有学者写道:"王充及其《论衡》在封建时代,'攻之者众,好之者终不绝'(《四库全书总目提要·论衡》)。到了现代,情况又是如何呢?变成了'好之者众,攻之者终不绝。'真所谓攻好并存,毁誉交加。"相关论述,详见,周桂钿:《评中外学者论王充》,《哲学研究》1992年第2期,第73页。
② 黄晖撰:《论衡校释》,中华书局2018年,第378页。
③ 黄晖撰:《论衡校释》,中华书局2018年,第380页。

沿着这样一根线索,通过这样一个理路,得到有效的展示。

一、法度:德与力的结合

如前所述,王充提出了如何理解"法度之功"这个问题。他随即回答了这个问题,而回答的方式,就是解释法度这个概念。

他说:"养三军之士,明赏罚之命,严刑峻法,富国强兵,此法度也。案秦之强,肯为此乎?六国之亡,皆灭于秦兵。六国之兵非不锐,士众之力非不劲也,然而不胜,至于破亡者,强弱不敌,众寡不同,虽明法度,其何益哉?使童子变孟贲之意,孟贲怒之,童子操刃,与孟贲战,童子必不胜,力不如也。孟贲怒,而童子修礼尽敬,孟贲不忍犯也。秦之与魏,孟贲之与童子也。魏有法度,秦必不畏,犹童子操刃,孟贲不避也。其尊士式贤者之间,非徒童子修礼尽敬也。夫力少则修德,兵强则奋威。秦以兵强,威无不胜。却军还众,不犯魏境者,贤干木之操,高魏文之礼也。夫敬贤,弱国之法度,力少之强助也。谓之非法度之功,如何?"①

在这段话中,王充多次提到"法度"一词,譬如,"此法度也""虽有法度""魏有法度""弱国之法度""法度之功"等等。那么,法度到底是什么? 王充的叙述表明:其一,法度可以理解为"养三军之士,明赏罚之命,严刑峻法"。这是秦国实践的法度。这样的法度有助于富国强兵。秦国就是因为这样的法度而成为了强国。这种"秦国式法度"的功能主要表现为富强,集中体现为国家的军事实力,不太严格地说,就是"以力服人"。其二,法度可以理解为"敬贤"。这是魏文侯实践的法度。这样的法度能够让魏国免遭秦国的军事进攻。由此看来,"魏国式法度"也有极其显著的功能,其功能可以概括为"以德服人"。所谓"魏有法度",亦即"魏国式法度"。这种法度的实体内容是"敬贤"。这种法度当然可以归属于王充所谓的

---

① 黄晖撰:《论衡校释》,中华书局 2018 年,第 380 页。

"弱国之法度"。

由此看来,王充的法度概念可以包含两个子概念,即秦国式法度与魏国式法度,这两种不同的法度又可以分别理解为强国之法度与弱国之法度。其中,秦国式法度或强国之法度,其实体内容是严刑峻法,这种法度的功能主要在于强化国家的经济实力与军事实力——两种归属于国家的硬实力。与此相对应,魏国式法度或弱国之法度,其实体内容是敬贤及其背后的德礼仁义,这种法度的功能主要在于强化国家的道德感召力——一种归属于国家的软实力。那么,如何处理这两种法度之间的关系?这两种法度孰优孰劣?如何在两者之间进行价值评析与价值选择?一个国家,如果要确立自己的"法度方略",到底应当选择秦国式法度,还是应当选择魏国式法度?回答这样的问题,有助于引导我们走向王充法理学的核心地带。

这些问题的答案要点,其实都在《论衡·非韩篇》中。按照王充所述:"治国之道,所养有二:一曰养德,二曰养力。养德者,养名高之人,以示能敬贤;养力者,养气力之士,以明能用兵。此所谓文武张设,德力具足者也。事或可以德怀,或可以力摧。外以德自立,内以力自备,慕德者不战而服,犯德者畏兵而却。徐偃王修行仁义,陆地朝者三十二国,强楚闻之,举兵而灭之。此有德守,无力备者也。夫德不可独任以治国,力不可直任以御敌也。韩子之术不养德,偃王之操不任力,二者偏驳,各有不足。偃王有无力之祸,知韩子必有无德之患。"①

王充在此所说的"治国之道",其实已经指出了"法度"建设的方略:一手抓秦国式法度,一手抓魏国式法度,坚持两手抓,两手都要硬。所谓"养德",亦即"养名高之人,以示能敬贤"。这里的"敬贤"正是前文所说的魏国式法度的核心内容。所谓"养力",就是

---

① 黄晖撰:《论衡校释》,中华书局 2018 年,第 381—382 页。

"养气力之士",正是前文所说的"养三军之士",亦即增强国家的军事实力,这正是秦国式法度的核心内容。因此,治国之道的方向就是"德力具足"或德力并重。由此看来,"治国之道"已经表达了法度概念的基本内涵:法度就是德与力的结合。这既是王充憧憬的法度概念,也可以看作王充法理学的核心命题。

在王充的法理世界中,法度具有完整的内涵,那就是,德力兼备,一个都不能少。如果仅仅是"养力",那么所得就只能是秦国式法度;如果仅仅是"养德",那么所得就只能是魏国式法度。这两种法度,虽然也可以归属于法度的范围之内,但毕竟只能代表法度概念中的一个要素,因而只能称为"未完成的法度",或者是"片面的法度",或者是"偏颇的法度"。只有把德与力结合在一起的法度,才可以表达法度概念的完整内涵。

既然法度是德与力的结合,这就意味着,对于法度之内涵来说,德与力占据了同等重要的地位,应当等量齐观。但是,王充对德与力的论证方式并不相同。"养力"对于法度的重要性,王充主要是用举例的方式予以论证;相比之下,"养德"对于法度的重要性,王充主要是用推理与举例相结合的方式予以论证。

关于"养力"的不可或缺,王充举出的例子是徐偃王,即西周穆王时期的徐国君主。据说,徐偃王注重修行仁义,在"养德"方面达到了很高的水平,以至于获得了三十二个国家的拥戴,这标志着徐偃王在"魏国式法度"建设方面取得了突出的成就。但是,强大的楚国不能容忍这样的局面,"举兵而灭之",徐偃王居然毫无还手之力。看来,仅仅着眼于"养德"的法度还可以称之为"有德守,无力备"的法度,单靠这种法度,归根到底还是靠不住的。徐偃王的悲剧证明,"养力"对于一个国家的"法度建设"来说,是不能缺少的。这就是王充对于"养力"之重要性的论证。相对说来,"力"是一个国家的硬实力,可以直观地、集中地体现为一个国家的军事实力。善于"养力",就可以保障国家的生存,因而,"力"或"养力"对于法度的意义,较少歧义,容易理解。于是,王充仅仅举出了徐偃王的悲剧,就完成了对"力"或"养力"之重要性的论证。

相比之下,要论证"养德"的不可或缺,难度系数明显增大。因为"德"是软实力,一个国家或一个君主是否"养德",所养之德是多还是少,所养之德成色如何、品质怎样,都很难像硬实力那样进行直观的、客观的展示;即使有所展示,也难免遭遇不同的评价。更重要的是,"德""养德"对法度及国家治理的意义,也是一个不容易精准测度的问题。面对这样一些困难,为了论证"德""养德"的重要性,王充调动了两种论证方式。其一是推理的方式。如前所述,徐偃王的悲剧已经表明,"德不可独任以治国",那么,为什么又说"力不可直任以御敌"呢?王充的论证方式,是把"偃王之操"与"韩子之术"进行对比,前者"不任力",后者"不养德"。既然"偃王有无力之祸",那就"知韩子必有无德之患"。

这仅仅是一个推断。而且,这个推断还需要若干前提条件才有效。这些前提条件包括:其一,韩非只讲"术",不讲"德";至于偃王,则只讲"德",不讲"术"。其二,"韩非之术"完全等同于"力"或"养力";至于偃王所修的仁义,当然可以等同于"德"。其三,虽然韩非主要是一个精于理论铺陈的思想家,偃王作为徐国的君主居于最高决策者与实践者的地位,但是,韩非付诸笔墨的"术"与偃王付诸行动的"德",具有同等的理论意义与实践意义,等等。只有同时满足了上述及其他方面的前提条件,王充推断的"知韩子必有无德之患",才可能是一个有效的推断。然而,这些前提条件中的任何一个,其实都是很难成立的,至少是有疑问的。这就是说,"德"或"养德"对于法度概念、对于国家治理所具有的不可或缺的重要意义,其实还没有得到严格的论证。

有可能是意识到这一点,或为了更加有效地论证"德"或"养德"的重要性,王充还提供了另一种论证:通过魏国式法度的有效性,证明"德"对于法度的重要意义。正如前述"论者"提出的问题:

魏文侯礼敬段干木,体现了魏文侯之德,虽然可以认为,这样的"德"阻止了秦军对魏国的进攻,但是,这种情况"非法度之功"。秦军居然被魏文侯之德拖住了,这种情况仅仅是一种偶然、一个例外,并不具有普遍意义。因而,这种魏国式法度的积极意义并不值得高估,亦即:"德"或"养德"对于法度的意义、重要性并不值得高估。

面对这样的疑问,王充的论证理路是:如果把法度仅仅理解为秦国式法度,如果法度的实体内容仅仅是"养力",那么,即使魏国选择了以"养力"为核心的秦国式法度,也会遭到秦国的军事打击。秦国之外的其他六国,都注重"养力",都注重发展自己的硬实力。然而,六国都被秦国灭掉了,这说明,假如硬实力不如秦国,"虽明法度,其何益哉?"王充又打了一个比方:如果一个孩童惹恼了著名勇士孟贲,即使孩童拿了一把刀——这就相当于孩童注重"养力",因为刀是硬实力的象征——,他依然打不过孟贲。反之,在孟贲发怒的情况下,如果孩童能够"修礼尽敬",那么,孟贲将不忍心加害于孩童,孩童就可能因为"修礼尽敬"而实现自救。孩童所持的刀,就相当于魏国坚持的秦国式法度,那反而是很危险的。处于弱势地位的魏国,只有像面对孟贲的孩童那样,坚持"修德""养德",才是安全的。因此,"修德""敬贤"或"养德",正是"弱国之法度"。只要在这个世界上还有相对弱势之国家,那么,这种以"养德"为核心指向的法度,其功能、意义就不是偶然的,而是具有普遍意义。

透过王充关于德与力的上述论证,可以更加清晰地看到他对法度概念的理解:就像近代以来的民主总是被各种各样的词语所修饰一样(譬如代议民主、自由民主、人民民主,等等),王充期待的法度也是一个可以被多个词语所修饰的概念。正如前文所述,法度可以有秦国式法度与魏国式法度,其中,秦国式法度可以解释为"养力"的法度,魏国式法度可以解释为"养德"的法度。按照王充的表达方式,如果魏国式法度可以称为"弱国之法度",那么,秦国式法度也可以称为"强国之法度"。至于王充所憧憬的法度,则是德与力相结合的法度。这样的法度,代表了法度的理想状态、应然状态,体现了法度概念的完整内涵。

如果一个国家要制定自己的"法度方略",那就要追求德与力的结合与并重。但是,法度的实然状态,在德与力的结合上,总是存在着各种各样的问题。其中最突出的问题,就是王充所见的"各有不足":像秦国那样的强国,顾及了"力",失去了"德";像魏国这样的弱国[①],顾及了"德",失去了"力"。在普天之下,只要有并存的列国,就会在国与国之间出现强国与弱国的差异。因此,在各个国家的"法度实践"中,顾此失彼的现象总是难以彻底杜绝的。不过,虽然实然的法度很难达到德与力的完美结合,但是,德与力的结合作为法度的应然状态,毕竟可以为法度的理论、实践提供一个可供追求的理想图景,它就像源于西方的自然法概念一样,具有牵引实然的法度不断完善的精神力量。如果说,"自然法的约束力是永恒的、普遍的"[②],那么,王充憧憬的作为德与力相结合的法度,其约束力同样是"永恒的、普遍的"。

既然德与力的结合代表了王充关于法度的憧憬,那么,这样的法度概念是由一些什么样的理据支撑起来的?换言之,王充期待的法度概念是建基于一套什么样的思想理据、法理依据?对此,我们可以立足于法度概念所包含的德与力这两个要素,在王充的思想世界里,做进一步的探索。

二、儒家人性论与法度的法理依据

如前所述,王充以德与力的结合、并重与"具足"作为法度的理想状态与完整内涵。在此前提下,如果儒家的思想、理论、学说能

---

① 魏文侯时期秦魏强弱关系的实际情况,应另当别论,此不详述。
② [英]洛克:《自然法论文集》,李季璇译,商务印书馆 2014 年,第 56 页。

够为王充的法度概念提供法理依据,那么,这种法理依据首先体现在:儒家能够为"德"或"养德"提供法理依据。由于"德"或"养德"本身就是儒家的根本主张,因此,在儒家的思想谱系中,这样的法理依据似乎不难寻找。问题的关键在于,王充是如何论证的?王充是如何在儒家的思想谱系中为"德"或"养德"确立法理依据的?

在王充看来,"德"或"养德"的具体表现主要是"敬贤""修礼尽敬"之类。这样的德,注重礼与非礼、贤与不贤之间的划分。《论语·为政》:"道之以政,齐之以刑,民免而无耻;道之以德,齐之以礼,有耻且格。"①这样的论断表明,德与礼有同质性,政与刑也有同质性。但是,在德礼与政刑之间,却具有较大的异质性,因为它们将分别导向"无耻"与"有耻"这样两种截然不同的结果。既然"养德"在相当程度上体现为"养礼",那么,德的法理依据其实也是礼的法理依据。根据王充的论述,这样的法理依据可以通过儒家的人性论来证成。

儒家人性论关注的焦点问题,可以归结为"人性本善"还是"人性本恶"这样一个问题。在王充看来,这样的人性问题可以作为德礼的基础。《论衡·本性篇》称:"情性者,人治之本,礼乐所由生也。故原情性之极,礼为之防,乐为之节。性有卑谦辞让,故制礼以适其宜;情有好恶喜怒哀乐,故作乐以通其敬。礼所以制,乐所为作者,情与性也。昔儒旧生,著作篇章,莫不论说,莫能实定。"②这就是说,人的本性、情性,作为人类社会实现有效治理的根本,乃是礼乐的源头。人类社会的礼乐就是根据人的本性、情性而形成的。人性中有"卑谦辞让",应当根据这样的本性制定相应的礼;人性中还有"好恶喜怒哀乐"等不同的情感,应当根据这样的情性制定相应的乐。既然人性是礼乐与德性的基础,那么,儒家关于人性

---

① 杨伯峻译注:《论语译注》,中华书局2012年,第16页。
② 黄晖撰:《论衡校释》,中华书局2018年,第114—115页。

的观点到底是什么呢？是善还是恶？

为了弄清楚这个问题，《本性篇》从世硕的观点开始说起："周人世硕以为'人性有善有恶，举人之善性，养而致之则善长；恶性，养而致之则恶长。'如此，则情性各有阴阳，善恶在所养焉。故世子作《养性书》一篇。"①这里的"周人世硕"，亦即东周时期的世硕。据《汉书·艺文志》记载："《世子》二十一篇。名硕，陈人也。七十子之弟子。"②以世硕的人性论及《养性书》作为起点，王充对儒家人性论的演变史进行了全面的疏理。譬如，"宓子贱、漆雕开、公孙尼子之徒，亦论情性，与世子相出入，皆言性有善有恶。孟子作《性善》之篇，以为'人性皆善，及其不善，物乱之也'。谓人生于天地，皆禀善性，长大与物交接者，放纵悖乱，不善日以生矣。若孟子之言，人幼小之时，无有不善也"③。显然，孟子可以被视为人性善的主要代表。

在儒家人物中，"自孟子以下，至刘子政，鸿儒博生，闻见多矣，然而论情性竟无定是。唯世硕、公孙尼子之徒，颇得其正。由此言之，事易知，道难论也。酆文茂记，繁如荣华；恢谐剧谈，甘如饴蜜，未必得实。实者，人性有善有恶，犹人才有高有下也，高不可下，下不可高。谓性无善恶，是谓人才无高下也。禀性受命，同一实也。命有贵贱，性有善恶。谓性无善恶，是谓人命无贵贱也"。在各种各样的学说中，王充认为，"孟轲言人性善者，中人以上者也；孙卿言人性恶者，中人以下者也；扬雄言人性善恶混者，中人也。若反经合道，则可以为教；尽性之理，则未也"。④

从孔子的弟子或再传弟子到孟子、告子、荀子、陆贾、董仲舒、刘向，在逐一评析各家的人性论之后，王充得出的结论是：每一个

---

① 黄晖撰：《论衡校释》，中华书局2018年，第115页。
② ［汉］班固撰：《汉书》，中华书局2007年，第331页。
③ 黄晖撰：《论衡校释》，中华书局2018年，第116页。
④ 黄晖撰：《论衡校释》，中华书局2018年，第123—124页。

代表性儒家人物的人性论,都不能称为完备的人性理论。因为,孟子主张的人性善,只适合于中等以上的人;荀子主张的人性恶,只适合于中等以下的人;扬雄认为人性是善恶的混合体,这样的观点只适合于中等的人。这就是说,不同品级或等级的人有不同的人性。这就是王充梳理儒家人性论史所得出的结论。这样的结论看似兼收并蓄,其实并非出于王充的独创。对此,章太炎在《国故论衡》中有一个清晰的归纳:"而儒者言性有五家:无善无不善,是告子也;善是孟子也;恶是孙卿也;善恶混,是杨子也;善恶以人异,殊上中下,是漆雕开、世硕、公孙尼、王充也。五家皆有是,而身不自明其故,又不明人之故;务相斩伐,调之者又两可。"①参考章太炎的观点,同时也根据《本性篇》,王充对漆雕开、世硕、公孙尼的人性论有更多的认同。

但是,王充认同的人性论并不是凝固的人性论。《论衡·率性篇》称:"论人之性,定有善有恶。其善者,固自善矣;其恶者,故可教告率勉,使之为善。凡人君父审观臣子之性,善则养育劝率,无令近恶;恶则辅保禁防,令渐于善。善渐于恶,恶化于善,成为性行。召公戒成王曰:'今王初服厥命,于戏!若生子,罔不在厥初生。''生子'谓十五生子,初生意于善,终以善;初生意于恶,终以恶。《诗》曰:'彼姝者子,何以与之?'传言:'譬犹练丝,染之蓝则青,染之丹则赤。'十五生子,其犹丝也。其有所渐化为善恶,犹蓝丹之染练丝,使之为青赤也。"同样,"人之性,善可变为恶,恶可变为善,犹此类也。蓬生麻间,不扶自直;白纱入缁,不练自黑。彼蓬之性不直,纱之质不黑,麻扶缁染,使之直黑。夫人之性犹蓬纱也,在所渐染而善恶变矣。"②

这段话表明,王充相信,人分上中下三等,不同级别的人在人

---

① 章太炎撰:《国故论衡》,上海古籍出版社2006年,第113页。
② 黄晖撰:《论衡校释》,中华书局2018年,第57—60页。

性善恶问题上有不同的本性。但是,人的善恶本性并不是绝对的,从恶转向善是完全可能的。通过正面的教化、告诫、示范、勉励,可以让性恶者成为性善者;通过强制性的禁止、防范,以及各种方式的"围追堵截",让"人性之恶"或"恶之人性"无处藏身,也可以促使性恶者转化成为性善者。为了给这样的"转化论"提供依据,王充主要诉诸《尚书》与《诗经》这两部儒家经典。据《尚书·周书·召诰》:"王乃初服。呜呼!若生子,罔不在厥初生,自贻哲命。"①王充借助周成王"初服"一事,试图表达的意思是:扣好人生的第一粒扣子,走好人生的第一步,至关重要;第一步必须走在善的道路上,只有善始才可能善终。这里的召公之言,就体现了召公对成王的教化、告诫。按照王充的观点,《诗经》中的"彼姝者子,何以与之",同样是在表彰孟子之母善于教化孟子。② 至于"染之蓝则青,染之丹则赤",同样是在强调教育、教化的作用:"渐染"彰显了从量变到质变的过程,可以促成善恶之间的转化。

孔门弟子的转变就是生动的例证。《率性篇》称:"孔门弟子七十之徒,皆任卿相之用,被服圣教,文才雕琢,知能十倍,教训之功而渐渍之力也。未入孔子之门时,闾巷常庸无奇。其尤甚不率者,唯子路也。世称子路无恒之庸人,未入孔门时,戴鸡佩豚,勇猛无礼;闻诵读之声,摇鸡奋豚,扬唇吻之音,聒贤圣之耳,恶至甚矣。孔子引而教之,渐渍磨砺,阖导牖进,猛气消损,骄节屈折,卒能政事,序在四科。斯盖变性使恶为善之明效也。"③在王充看来,孔子

---

① 王世舜、王翠叶译注:《尚书》,中华书局2012年,第225页。
② 据《列女传·邹孟轲母》:"邹孟轲之母也,号孟母。其舍近墓。孟子之少也,嬉游为墓间之事,踊跃筑埋。孟母曰:'此非吾所以居处子也。'乃去,舍市傍。其嬉戏为贾人衒卖之事。孟母又曰:'此非吾所以居处子也。'复徙舍学宫之旁。其嬉游乃设俎豆,揖让进退。孟母曰:'真可以居吾子矣。'遂居之。及孟子长,学六艺,卒成大儒之名。君子谓孟母善以渐化。《诗》云:'彼姝者子,何以予之?'此之谓也。"详见,绿净译注:《古列女传译注》,上海三联书店2018年,第42页。
③ 黄晖撰:《论衡校释》,中华书局2018年,第62页。

的那些学生,在进入孔门之前,很多都属平庸之辈;个别人甚至表现出恶的本性,但是,经过孔子的"引而教之",他们都转化成为了德才兼备的性善之人。

一方面,王充主张不同的人有不同的本性,善者自善,恶者自恶。《论衡·非韩篇》甚至还提出:"凡人禀性也,清浊贪廉,各有操行,犹草木异质,不可复变易也。狂谲、华士不仕于齐,犹段干木不仕于魏矣。"①但是,在另一方面,王充也强调人之善恶是可以转化的。这两种观点都可以在儒家的人性论中找到依据。这就说明,"养德"是可能的,因为有些人本性为善,"养德"的要义就在于保持这样的善。同时,"养德"也是必要的,因为,有些人本性为恶,"养德"的要义就在于"令渐于善"。

儒家的人性论可以作为养德的法理依据,根本的原因在于,根据儒家人性论建立起来的礼义,关系到国家的存亡。《非韩篇》就此指出:"国之所以存者,礼义也。民无礼义,倾国危主。今儒者之操,重礼爱义,率无礼之士,激无义之人,人民为善,爱其主上,此亦有益也。"②所谓"儒者之操",就是儒者之德,正是儒者的德操促成了礼义的生长,进而为"国之所以存"奠定了可靠的基石。

进一步看,儒家的人性论不仅有助于养德,亦有助于养力。当然,从儒家的立场来看,"养力"主要在于养成"仁义之力",这是一种比其他类型的力更加重要的力。对于"仁义之力"与其他的力之间的差异,《论衡·别通篇》有专门的比较:"故夫垦草殖谷,农夫之力也;勇猛攻战,士卒之力也;构架斫削,工匠之力也;治书定簿,佐史之力也;论道议政,贤儒之力也。人生莫不有力,所以为力者,或尊或卑。孔子能举北门之关,不以力自章,知夫筋骨之力,不如仁义之力荣也。"③每一种人或每一种行业,都承载着特定的力,譬如

---

① 黄晖撰:《论衡校释》,中华书局2018年,第382页。
② 黄晖撰:《论衡校释》,中华书局2018年,第378页。
③ 黄晖撰:《论衡校释》,中华书局2018年,第515页。

"农夫之力""士卒之力""佐史之力""贤儒之力",它们各有各的用途,各有各的功能。但是,归根到底,各种各样的"筋骨之力"都不如"仁义之力"。据说,孔子的"筋骨之力"也很大,但孔子并不看重这样的力,孔子看重的是"仁义之力"。

所谓"任重而道远",就是相信儒家士人具有很大的"仁义之力",他们在担负很大重任的情况下,依然可以行稳致远。在《论衡·效力篇》中,王充写道:"曾子曰:'士不可以不弘毅,任重而道远。仁以为己任,不亦重乎? 死而后已,不亦远乎?'由此言之,儒者所怀,独已重矣;志所欲至,独已远矣;身载重任,至于终死,不倦不衰,力独多矣。夫曾子载于仁,而儒生载于学,所载不同,轻重均也。夫一石之重,一人挈之,十石以上,二人不能举也。世多挈一石之任,寡有举十石之力。儒生所载,非徒十石之重也。地力盛者,草木畅茂,一亩之收,当中田五亩之分。"①曾子之力,就是典型的"仁义之力"。这种"仁义之力"就仿佛"地力",它可以通过肥沃的土壤,为草木的生长提供源源不断的营养成分,以保障草木茁壮成长。"仁义之力"的重要性、基础性,由此可见一斑。

如果善于养成"仁义之力",将会在根本上提升国家治理能力。《论衡·儒增篇》的主旨在于,批评"儒书"中的一些修饰性或夸饰性的言论。但是,此篇也指出:在尧、舜时代,在文、武泽被的成、康时代,"犯刑者少,用刑希疏";其间当然也有战争,譬如,"尧伐丹水,舜征有苗,四子服罪,刑兵设用。成王之时,四国篡畔,淮夷、徐戎,并为患害"。② 这些历史现象可以解释为:正是由于尧、舜与文、武都善于养成"仁义之力",他们才从总体上提升了这几个王朝的治理能力。"犯刑者少",固然可以解释为"仁义之力"发挥了积极的善治作用;至于尧、舜、周成王能够有效地征服各种各样的军事叛乱,也可以说明尧舜

---

① 黄晖撰:《论衡校释》,中华书局2018年,第508页。
② 黄晖撰:《论衡校释》,中华书局2018年,第312—313页。

以及文武、成王所养之力,具有强大的"筋骨之力",虽然这种"筋骨之力"归根到底还是渊源于"仁义之力",且终究"不如仁义之力荣也"。

儒家的人性论既可以解释德的养成,也可以解释力的养成,由德与力结合而成的法度概念,其思想理据与法理依据,也就由此得到了论证。

三、法家功利论与法度的法理依据

既然儒家的人性论可以作为法度概念的法理依据,那么儒家之外的其他各家呢?王充的论述表明,法家的功利论也可以为法度概念提供法理依据。

在先秦诸子百家中,毕竟只有法家学派被冠以"法"之名。而且,以"法家"冠名这个学派,就出于西汉人司马谈关于"六家要指"的分辨:"法家不别亲疏,不殊贵贱,一断于法,则亲亲尊尊之恩绝矣。可以行一时之计,而不可长用也,故曰'严而少恩'。若尊主卑臣,明分职不得相逾越,虽百家弗能改也。"①正是因为这样的"弗能改",构成了汉代儒法合流的一个根本原因。这就是王充阐述法度概念的思想背景:儒家的因素很重要,但法家的因素也很重要。

主张"一断于法",追求"尊主卑臣",这是司马谈所理解的"法家要指"。但是,如果要论法家学说的精神与风格,则不妨概括为"功利论"。有一个比较直接的依据,见于《韩非子·问辩》篇:"夫言行者,以功用为之的彀者也。""听言观行,不以功用为之彀,言虽至察,行虽至坚,则妄发之说也。"②这就是说,言行如果不能产生实际的功用、功效、功利,那就是妄言、妄说。对于韩非所宣扬的功用或功利主义,王充有深切的理解与认同,正如他在《论衡·对作篇》中所言:"韩国不小弱,法度不坏废,则韩非之书不为。"③据此,

---

① [汉]司马迁:《史记》,中华书局2006年,第759页。
② 高华平、王齐洲、张三夕译注:《韩非子》,中华书局2015年,第612—613页。
③ 黄晖撰:《论衡校释》,中华书局2018年,第1027页。

《韩非子》其书,都是韩非子其人为了改变韩国的衰弱状况,为了重建韩国的法度而写成的,韩非子写作《韩非子》,具有直接、明显、强烈的功利取向。

在《韩非子》之外,商鞅的《商君书》,还有管仲的《轻重篇》,都具有强烈的功利追求,这几乎构成了法家与其他学派的一个本质区别。《论衡·案书篇》就此指出:"大才之人,率多侈纵,无实是之验;华虚夸诞,无审察之实。商鞅相秦,作《耕战》之术。管仲相齐,造《轻重》之篇。富民丰国,强主弱敌,与公孙龙、邹衍之书不可并言。"①在这里,虽然王充仅仅列出了"公孙龙、邹衍之书",但是,其他"大才之人"所著之书也有同样的毛病。相比之下,商鞅、管仲所著之书,都是着眼于"富民丰国""强主弱敌",这与韩非所著之书具有同样的功利追求。由此可见,功利论是法家理论的底色。正是借助于法家的功利论,王充为他建构的法度概念找到了不同于儒家人性论的法理依据。

先看法家的功利论为"养德"提供的理据。在《论衡·治期篇》中,王充写道:"夫世之所以为乱者,不以贼盗众多,兵革并起,民弃礼义,负畔其上乎?若此者,由谷食乏绝,不能忍饥寒。夫饥寒并至而能无为非者寡,然则温饱并至而能不为善者希。传曰:'仓廪实,民知礼节;衣食足,民知荣辱。'让生于有余,争起于不足。谷足食多,礼义之心生;礼丰义重,平安之基立矣。故饥岁之春,不食亲戚;穰岁之秋,召及四邻。不食亲戚,恶行也;召及四邻,善义也。为善恶之行,不在人质性,在于岁之饥穰。由此言之,礼义之行,在谷足也。"②

这段话从功利论的角度,阐明了"养德"的逻辑与规律:以礼

---

① 黄晖撰:《论衡校释》,中华书局2018年,第1018页。这里的"公孙龙",正文中本来写作"公赏罚",但是,根据黄晖的考证,应为"公孙龙",词句亦略应加调整。为了说理的清晰,这里径直采用了黄晖的考证结果。

② 黄晖撰:《论衡校释》,中华书局2018年,第672—673页。

义为中心的德,其实都是"谷足"条件下的产物。在任何国家、任何社会、任何时代,只有在民众免除了饥寒并能够保障温饱的前提下,礼义才可能培养出来。针对这样的规律,李泽厚在《历史本体论》一书中有专门的论述,他说:"有绝粒自杀的英雄,有饥寒不移的壮士,有投井守贞的巾帼,有将'光荣、事业心、理想、爱情'看得(也履行得)比自己的吃饭要高得多的个人品德、节操、气概、境界。但是,这远不可能有人类普遍性。将生命意义置于毁灭生命,只对数量有限的个体具有作用。对人类总体或整体(甚至对民族、阶级等群体结构而言也如此,当然也有例外的集体自杀等等),它将构成悖论。因为生命意义可以超乎个体生命,但不可能超乎人类总体。它甚至不可能在一定时空的人类群体生命之外。生命意义在于消灭生命,作为普遍性的伦理命题,对族类来说是矛盾的。食衣住行、物质生产对人类生存—存在本具有绝对性,但今天许多学人却轻视、忽视、蔑视这个基本史实。"①正如李泽厚所见,今天的许多学人都没有注意到这个基本史实;当然,王充时代的很多人也没有注意到这个基本史实。但是,王充却在法家的功利论中发现、揭示了这个史实及规律。

在王充看来,礼义的存亡及社会的治乱,都是由物质生活条件所决定的。在一个衣食缺乏的社会,不可能有完善的礼义,当然也不可能有普遍的德;只有在一个丰衣足食的社会中,才可能生出"礼义之心",并进而普遍养成遵循礼义的行为。善与德同样如此,只有在"谷丰"的背景下,善与德才有生长的空间。王充引证的"仓廪实,民知礼节;衣食足,民知荣辱"一语,出自《管子·牧民》篇:"仓廪实则知礼节,衣食足则知荣辱。"②这既是《牧民》开篇提出的

---

① 李泽厚:《历史本体论》,生活·读书·新知三联书店2002年,第14—15页。
② [唐]房玄龄注,[明]刘绩补注:《管子》,上海古籍出版社2015年,第1页。

观点,同时也是《管子》全书开篇所述的观点,它被写在《管子》全书的开篇处,发挥着开宗明义、提纲挈领的作用。

王充表达的这种观点还可以在《韩非子·五蠹》篇中找到依据:"古者丈夫不耕,草木之实足食也;妇人不织,禽兽之皮足衣也。不事力而养足,人民少而财有余,故民不争。是以厚赏不行,重罚不用,而民自治。今人有五子不为多,子又有五子,大父未死而有二十五孙。是以人民众而财寡,事力劳而供养薄,故民争,虽倍赏累罚而不免于乱。"①从《管子·牧民》到《韩非子·五蠹》,都体现了一种功利论的逻辑与思维:因为衣食充足,所以人民不必争抢,人民可以按照礼义相互谦让,可以有自尊心,有荣辱感。如果人民能够讲礼义、讲荣辱,就是在"养德"。然而,归根到底,"养德"的前提,就是没有冻饿之虞。按照这样的功利论,如果要"养德",必须先行实现"仓廪实"与"衣食足"。

根据法家的功利论,"德"是物质生活条件达到一定程度的产物。以法家的功利论为理据,王充对孔子的一个观点提出了批评。据《论语·颜渊》:"子贡问政,子曰:'足食,足兵,民信之矣。'子贡曰:'必不得已而去,于斯三者何先?'曰:'去兵'。子贡曰:'必不得已而去,于斯二者何先?'曰:'去食。自古皆有死,民无信不立。'"②在"足食"与"民信"之间,孔子更看重"民信",这就是孔子的观点。在《论衡·问孔篇》中,王充首先引证了《论语》中的这一节文献,进而做出了他自己的评析:"信最重也。问曰:使治国无食,民饿,弃礼义。礼义弃,信安所立? 传曰:'仓廪实,知礼节;衣食足,知荣辱。'让生于有余,争生于不足。今言去食,信安得成? 春秋之时,战国饥饿,易子而食,析骸而炊。口饥不食,不暇顾恩义也。夫父子之恩,信矣,饥饿弃信,以子为食。孔子教子贡去食存

---

① 高华平、王齐洲、张三夕译注:《韩非子》,中华书局2015年,第699—700页。
② 杨伯峻译注:《论语译注》,中华书局2012年,第175页。

信,如何?夫去信存食,虽不欲信,信自生矣;去食存信,虽欲为信,信不立矣。"①王充首先承认,"民信"确实是最重要的。但是,他随即再次引证《管子·牧民》篇所阐明的关于物质财富与礼义荣辱之间的因果关系,批评孔子的"先信后食"的观点,并再次提出:如果没有"足食"这个前提条件,那么,"民信"是无法确立的;相反,如果能够保障"足食",那么,"民信"自然就会形成。由此可见,"养德"之要,在于"足食"。

法家的功利论既可以为"养德"提供理据,当然更可以为"养力"提供理据,甚至主要是"养力"的理论依据。试看《商君书·农战》开篇之所言:"凡人主之所以劝民者,官爵也。国之所以兴者,农战也。今民求官爵,皆不以农战,而以巧言虚道,此谓劳民。劳民者,其国必无力。无力者,其国必削。"②在商鞅看来,官爵是最主要的激励措施,是君主手上最重要的筹码,只有把官爵授予那些在"农战"方面做出贡献的人,才可能让一个国家有实力。由此可见,"养力"或富国强兵,乃是法家功利论的更加直接的目标。

王充当然也注意到法家功利论为"养力"提供的理论支持。不过,与《商君书·农战》篇略为不同的是,王充关注的重心,不在于由"农战"直接体现出来的经济实力、军事实力,而是一个国家的"关键少数"对国家实力所起到的关键性作用。这样的"关键少数"就是君主与重臣,如果按照《尚书》这样的儒家典籍,就是圣君与贤相。不过,王充没有以"圣君贤相"之名称呼这样的"关键少数",因为这样的称呼突出了所谓的"圣贤气象",具有较为明显的"去功利化"色彩。着眼于法家的功利论,王充更多地注意到君主与重臣这样的"关键少数"对于国家实力的支撑作用。

在《论衡·效力篇》中,王充写道:"桓公九合诸侯,一匡天下,

---

① 黄晖撰:《论衡校释》,中华书局 2018 年,第 368 页。
② 石磊译注:《商君书》,中华书局 2011 年,第 24 页。

管仲之力。管仲有力,桓公能举之,可谓壮强矣。吴不能用子胥,楚不能用屈原,二子力重,两主不能举也。举物不胜,委地而去,可也。时或恚怒,斧斫败破,此则子胥、屈原所取害也。渊中之鱼,递相吞食,度口所能容,然后咽之,口不能受,哽咽不能下。故夫商鞅三说孝公,后说者用,前二难用,后一易行也。观管仲之《明法》,察商鞅之《耕战》,固非弱劣之主所能用也。六国之时,贤才之臣,入楚楚重,出齐齐轻,为赵赵完,畔魏魏伤。韩用申不害,行其《三符》,兵不侵境,盖十五年。不能用之,又不察其书,兵挫军破,国并于秦。殷、周之世,乱迹相属,亡祸比肩,岂其心不欲为治乎?力弱智劣,不能纳至言也。是故碓重,一人之迹不能蹈也;磑大,一人之掌不能推也。贤臣有劲强之优,愚主有不堪之劣,以此相求,禽鱼相与游也。"①

在这段话中,王充反复论述了君臣之力与国家之力的关系,特别是君臣之力对国家之力的决定作用。譬如,齐国实力很强,主要依赖"管仲之力",但是,"桓公能举之",这就是桓公的力量所在。桓公所具有的力量,主要体现为极其"壮强"的政治洞察力与政治决断力。同样,商鞅也很有力量,秦孝公能够"察商鞅之《耕战》",秦孝公就跟齐桓公一样"壮强"。再看韩国,韩昭侯的"壮强"主要体现在:他"能举"申不害,能够根据申不害的《三符》治国,从而保障了韩国不受外来侵犯达十五年,这充分体现了韩国在此期间的综合国力。王充的这些论述,既强调了贤臣、重臣的"劲强"之力,也强调了君主的"能举"之力,这两种力量的结合,乃是一个国家硬实力或综合国力的决定性因素。如果一个国家只有贤臣"劲强"之力而无君主"能举"之力,那么,这个国家是不可能有力量的,因为贤臣"劲强"之力不能发挥出来。王充关于"养力"的这些论述,褒扬了法家人物、法家著作所取得的功利性成就,其理论依据主要是

---

① 黄晖撰:《论衡校释》,中华书局2018年,第512—513页。

法家的功利论。

法家的功利论既可以阐明"养德"的逻辑,也可以阐明"养力"的逻辑,由德与力结合而成的法度概念,其思想理据与法理依据,也就在法家功利论的理论逻辑中得到了论证。

四、道家自然论与法度的法理依据

在王充的法理世界中,儒家人性论与法家功利论都可以为法度概念所包含的德与力提供相应的思想理据,都可以作为法度概念的法理依据。进一步放宽视野,还可以看到,在王充生活的东汉时期,除了儒家与法家,道家也是很重要的思想资源。且不说西汉初期立朝与立政的思想基础就是道家,也不说《史记·太史公自序》这样的重要文献对道家的褒扬,只看王充"是魏、晋思想的陈涉、吴广"①这一现代说法,就足以获知:王充的法度概念及其法理依据与道家具有相当紧密的关系。因为,所谓"魏、晋新思想",通常被认为是新道家思想。② 对于"魏、晋新思想"而言,王充既然享有"陈涉、吴广"这种"首义者"或"举旗者"的地位,那就相当于魏晋新道家的源头。

在《论衡》全书中,多篇文字都论及道家。相比之下,其中的《自然篇》比较集中地体现了王充对道家的理解。此篇以"自然"作为标题,恰好可以反映王充所理解的道家之"要指"。《老子》第二十五章称:"人法地,地法天,天法道,道法自然。"针对"道"所效法的"自然",王弼解释说,"自然者,无称之言,穷极之辞也"③。正是由于这个缘故,"自然"才成为了"道"所效法的终极依据。与此同

---

① 钱穆:《中国思想史》,九州出版社 2012 年,第 117 页。
② 正如有学者所言:"正由于魏晋玄学主张'道本儒末'或'合儒道为一'说,以求用道家思想来克服儒家名教的危机,所以魏晋玄学其思想实质是属于道家的,可以称作魏晋新道家的。"详见,许抗生:《当代新道家》,社会科学文献出版社 2013 年,第 154—155 页。
③ [魏]王弼:《老子道德经注》,楼宇烈校释,中华书局 2011 年,第 66 页。

时,如果我们再看后来的魏晋名士嵇康正式提出的"越名教而任自然"①之著名论断,就可以发现,把"自然"作为道家的核心范畴,王充的《自然篇》乃是一个重要的环节,它上承老子,下启嵇康,具有承上启下的作用。既然如此,王充的法度概念在王充的《自然篇》及道家的自然论中,会获得一些什么样的法理支撑呢?

按照前文的理路,还是先看道家自然论为"德"及"养德"提供的理据。《自然篇》从无为的角度论述了道家的自然无为与德的关系:"天道无为,听恣其性,故放鱼于川,纵兽于山,从其性命之欲也。不驱鱼令上陵,不逐兽令入渊者,何哉?拂诡其性,失其所宜也。夫百姓,鱼兽之类也,上德治之,若烹小鲜,与天地同操也。商鞅变秦法,欲为殊异之功,不听赵良之议,以取车裂之患,德薄多欲,君臣相憎怨也。道家德厚,下当其上,上安其下,纯蒙无为,何复谴告?故曰:'政之适也,君臣相忘于治,鱼相忘于水,兽相忘于林,人相忘于世,故曰天也。'"②最后这句话,较之《庄子·大宗师》篇中所言,即"鱼相造乎水,人相造乎道。相造乎水者,穿池而养给;相造乎道者,无事而生定。故曰:鱼相忘乎江湖,人相忘乎道术"③,无论是核心观点,还是表达方式,都颇为相似。

王充之言与庄子之言的相似性,既表明了王充的这段话可以归属于庄子所代表的道家学说,同时也阐明了法度所包含的"德"对于道家自然论的依赖。一方面,"放鱼于川"与"纵兽于山"所表达的国家治理方式,主要是无为而治,这样的治国之道,乃是"上德"之治,必然蕴含着丰沛的德性。另一方面,无为而治的对立面,或者说是"上德"之治的对立面,就是商鞅所代表的秦法之治,这种治国之道,由于"多欲",只能归属于"德薄"之治。与之相反,道家

---

① [魏]嵇康撰:《嵇康集校注》,戴明扬校注,中华书局2015年,第368页。
② 黄晖撰:《论衡校释》,中华书局2018年,第683页。
③ 方勇译注:《庄子》,中华书局2015年,第112页。

的国家治理方式,由于"无为",则可以归属于"德厚"之治。如果说"商鞅变秦法"是"不养德"之法,那么,道家的自然无为则是"养德"之法。由此我们发现,道家特别是《老子》中的"德",被王充赋予了新的内涵:德既可以有厚薄之分,也可以有多寡之别。道家的"上德"就是"厚德"。既然德有厚薄、多寡之分,那么,通过扶持、培养,把"薄德"养成"厚德",既是可能的,当然也是必要的。

谁养成了"上德"与"厚德"?为了回答这个问题,王充立足于道家及其自然论,建构了一个善于养德的人物谱系,如《自然篇》所称:"天地为炉,造化为工,禀气不一,安能皆贤?贤之纯者,黄、老是也。黄者,黄帝也;老者,老子也。黄、老之操,身中恬澹,其治无为,正身共己。而阴阳自和,无心于为而物自化,无意于生而物自成。《易》曰:'黄帝、尧、舜垂衣裳而天下治。'垂衣裳者,垂拱无为也。孔子曰:'大哉,尧之为君也!惟天为大,惟尧则之。'又曰:'巍巍乎!舜、禹之有天下也,而不与焉。'周公曰:'上帝引佚。'上帝,谓舜、禹也。舜、禹承安继治,任贤使能,恭己无为而天下治。舜、禹承尧之安,尧则天而行,不作功邀名,无为之化自成,故曰:'荡荡乎,民无能名焉!'年五十者击壤于涂,不能知尧之德,盖自然之化也。《易》曰:'大人与天地合其德。'黄帝、尧、舜,大人也,其德与天地合,故知无为也。"①

这段话把黄帝、老子与尧、舜、禹拼接起来,意思是,他们一脉相承,都是表征、承载"上德"或"厚德"的人物。为了证明这个"贤之纯者"的谱系是存在的,王充分别借用了周公与孔子的话。虽然孔子仅仅是分别称赞了尧、舜、禹,周公只是含含糊糊地提到了"上帝",但根据王充的解释,周公所说的"上帝"就是舜和禹。《易·乾卦》仅仅提到了"夫大人者,与天地合其德"②,但这里的"大人",又

---

① 黄晖撰:《论衡校释》,中华书局2018年,第681—682页。
② [魏]王弼撰:《周易注校释》,楼宇烈校释,中华书局2012年,第5页。

被王充解释为具体的黄帝、尧、舜,理由是《易·系辞》曾经提到:"黄帝、尧、舜,垂衣裳而天下治,盖取诸《乾》《坤》。"①经过这样的拼接,从黄帝到尧、舜、禹再到老子之间的传承关系得以建立。其中,黄帝与老子处在这个人物谱系的开头与结尾,中间则是尧、舜、禹。在王充看来,这五个人都是秉持道家自然论的"贤之纯者",都习惯于以无为、自然的方式养成与天地相称的德,都可以视为各个历史时期级别最高的"养德"人。

道家的自然论不仅支持"养德",同时也支持"养力"。如果能够遵循道家的自然论,自然就会养成丰沛的力。这样的力可以表现为物力或财力。《自然篇》称:"天道无为,故春不为生,而夏不为长,秋不为成,冬不为藏。阳气自出,物自生长;阴气自起,物自成藏。汲井决陂,灌溉园田,物亦生长。霈然而雨,物之茎叶根荄莫不洽濡。程量澍泽,孰与汲井决陂哉?故无为之为大矣。本不求功,故其功大;本不求名,故其名成。沛然之雨,功名大矣,而天地不为也,气和而雨自集。"②换言之,只要遵循"无为"的原则,包括财物在内的万事万物都会自然而成。万事万物春生、夏长、秋成、冬藏,随着阴阳的转换,物力自然就生成了。自然生成的物力,既代表了一种硬实力,同时也是其他力的前提条件——关于物力对于其他力的支撑作用,历史唯物主义已经提供了科学的论证,这里不再展开。

在王充看来,只要遵循道家的自然论,"养力"的目标就可以实现,不仅立功、成名可以随之变成现实,一个国家的综合实力也会因此而得到提升。《自然篇》举出的例证是齐桓公霸业的生成机制:"或复于桓公,公曰:'以告仲父。'左右曰:'一则仲父,二则仲父,为君乃易乎?'桓公曰:'吾未得仲父,故难;已得仲父,何为不

---

① [魏]王弼撰:《周易注校释》,楼宇烈校释,中华书局2012年,第247页。
② 黄晖撰:《论衡校释》,中华书局2018年,第682页。

易？'夫桓公得仲父,任之以事,委之以政,不复与知。皇天以至优之德,与王政随而谴告之,则天德不若桓公,而霸君之操过上帝也。"①王充虽然以"霸君"定位齐桓公,但是,这里的"霸"并无贬斥之意,因为"霸君"的德操已经超过了上天的德操。王充虽然表彰了齐桓公之德,但是,齐桓公的核心形象毕竟还是"九合诸侯,一匡天下,诸侯莫违"②,这样的"霸君"乃是综合实力的集中体现。然而,如果要追问齐桓公"霸君"地位的由来,那么,道家的自然论,就是养成这种综合实力的理论依据与思想基础。根据道家的自然论,桓公对管仲是"任之以事,委之以政,不复与知",这正是遵循道家"无为而治"的自然论所形成的实践、所取得的实效。

只要遵循道家的自然论,不仅可以成就综合实力领先的"霸君",而且还可以成就治绩突出的丞相与郡守。《自然篇》告诉我们:"曹参为汉相,纵酒歌乐,不听政治。其子谏之,答之二百。当时天下无扰乱之变。淮阳铸伪钱,吏不能禁。汲黯为太守,不坏一炉,不刑一人,高枕安卧,而淮阳政清。夫曹参为相,若不为相;汲黯为太守,若郡无人。然而汉朝无事,淮阳刑错者,参德优而黯威重也。计天之威德,孰与曹参、汲黯?而谓天与王政,随而谴告之,是谓天德不若曹参厚,而威不若汲黯重也。蘧伯玉治卫,子贡使人问之:'何以治卫?'对曰:'以不治治之。'夫不治之治,无为之道也。"③在这里,不论是蘧伯玉所说的"不治治之",还是王充所说的"无为之道",都是道家自然论在国家治理领域内的体现。在王充看来,曹参作为丞相,表现出很好的国家治理能力;汲黯作为太守,表现出很好的地方治理能力。这样的能力,归根到底都是他们遵循道家自然论所"养成"的。

道家自然论既是"养德"的理论依据,也是"养力"的理论依据,

---

① 黄晖撰:《论衡校释》,中华书局 2018 年,第 677—678 页。
② [汉]司马迁:《史记》,中华书局 2006 年,第 165 页。
③ 黄晖撰:《论衡校释》,中华书局 2018 年,第 678 页。

这就意味着,道家自然论也可以作为德力结合的法度概念的理论依据。

不过,根据王充的论述,在道家自然论中,还有一个因素也会影响到德与力的实际养成,进而影响到法度的实然状态。这个因素就是"命",亦可以称之为"时"。这两个概念虽然表述不一,但道理是相通的,甚至可以相互解释。《论衡·偶会篇》称:"命,吉凶之主也,自然之道,适偶之数,非有他气旁物厌胜感动使之然也。"①这就是说,根据道家的"自然之道","命"也是自然的产物,但它增加了追求德力的偶然性。从哲学层面上看,这是必然性中的偶然性。正如《论衡·幸偶篇》所述:"俱行道德,祸福不均;并为仁义,利害不同。晋文修文德,徐偃行仁义,文公以赏赐,偃王以破灭。鲁人为父报仇,安行不走,追者舍之;牛缺为盗所夺,和意不恐,盗还杀之。文德与仁义同,不走与不恐等,然文公、鲁人得福,偃王、牛缺得祸者,文公、鲁人幸,而偃王、牛缺不幸也。"②即使晋文公和徐偃王都在养德、养力,但是结果并不一样:晋文公取得了圆满的结果,徐偃王却遭遇了灭国之痛。

如前所述,这种偶然性的"命",也可以解释成为偶然性的"时",譬如,一个君主是否追求德与力,能否实现、获得德与力所蕴含的实际效果,将会受制于"时"。《论衡·治期篇》称:"贤君之立,偶在当治之世,德自明于上,民自善于下,世平民安,瑞祐并至,世则谓之贤君所致。无道之君,偶生于当乱之时,世扰俗乱,灾害不绝,遂以破国亡身灭嗣,世皆谓之为恶所致。"③君主是法度的实践者,他是否愿意德力并重,具有很大的偶然性。

即使有贤君,即使贤君有意德力并重,但是,能够产生的实际效果如何,同样具有偶然性。《治期篇》称:"贤君之治国也,犹慈父

---

① 黄晖撰:《论衡校释》,中华书局2018年,第85页。
② 黄晖撰:《论衡校释》,中华书局2018年,第34—35页。
③ 黄晖撰:《论衡校释》,中华书局2018年,第674—675页。

之治家。慈父耐平教明令,不耐使子孙皆为孝善。子孙孝善,是家兴也;百姓平安,是国昌也。昌必有衰,兴必有废。兴昌非德所能成,然则衰废非德所能败也。昌衰兴废,皆天时也。此善恶之实,未言苦乐之效也。家安人乐,富饶财用足也。案富饶者命厚所致,非贤惠所获也。人皆知富饶居安乐者命禄厚,而不知国安治化行者历数吉也。故世治非贤圣之功,衰乱非无道之致。国当衰乱,贤圣不能盛;时当治,恶人不能乱。世之治乱,在时不在政;国之安危,在数不在教。贤不贤之君,明不明之政,无能损益。"①尽管"时"的支配力、影响力如此巨大,但是,"时"又是无法通过主观意志予以改变的,它仿佛现代人所熟悉的历史规律,但又无从把握、无法预知。归根到底,"时"又是自然的,可以归属于道家自然论的理论逻辑。

王充的这些叙述表明,道家的自然论对法度概念的理论支撑,主要体现在两个方面:一方面,道家自然论预示着一种必然性,只要遵循无为而治、自然而化的原则,德与力都会自然养成,从而可以成就圆满的法度概念。另一方面,道家自然论也蕴含了一种偶然性,被称为"时"或"命"的偶然性也是自然之道的题中应有之义。这种偶然性不可控制,难以预知,预示着在追求德与力的过程中充满了风险与变数,可能妨碍法度概念的完整及圆满。

小结

根据王充的阐述,法度应当是德与力的结合。因此,饱满的、完整的、理想的法度应当是德力兼备的法度。这样的法度概念,可以在儒家、法家、道家三种思想谱系中找到相应的思想理据与法理依据。儒家的人性论、法家的功利论、道家的自然论,都可以为王充的法度概念提供视角各异的理据。这就是王充建构的法度概念

---

① 黄晖撰:《论衡校释》,中华书局2018年,第672页。

及其多方面的法理依据。叙述至此,我们对王充的法度概论及法理世界,已有基本的认知;王充对中国法理学史的贡献,已有基本的说明。在这里,为了更加全面地理解王充的法度概念及其法理依据,还有必要从两个不同的方面略作延伸性的讨论。

其一,如果说王充的法度概念借助了儒家、法家、道家的理论来证成,那么,儒、法、道三家之外的其他各家呢?其他各家能否为王充的法度概念提供其他方面的法理依据?

王充的回答是否定的。法度毕竟是一个有关国家治理的概念。在王充看来,儒、法、道之外的其他各家,都不具备支撑法度概念的理论品质。据《论衡·案书篇》,"公孙龙著《坚白》之论,析言剖辞,务折曲之言,无道理之较,无益于治。齐有三邹衍之书,瀇洋无涯,其文少验,多惊耳之言"①。公孙龙代表的名家"无益于治",自不待言;邹衍代表的阴阳家"其文少验",同样是靠不住的。除此之外,还有墨家,但墨家也不行,《案书篇》就此指出:"儒道传而墨法废者,儒之道义可为,而墨之法议难从也。何以验之?墨家薄葬、右鬼,道乖相反违其实,宜以难从也。乖违如何?使鬼非死人之精也,右之未可知。今墨家谓鬼审死人之精也,厚其精而薄其尸,此于其神厚而于其体薄也。薄厚不相胜,华实不相副,则怒而降祸,虽有其鬼,终以死恨。人情欲厚恶薄,神心犹然。用墨子之法,事鬼求福,福罕至而祸常来也。以一况百,而墨家为法,皆若此类也。废而不传,盖有以也。"②这就是说,墨家学说因为其自身存在着严重的缺陷,到了汉代就已"废而不传"。由此说来,在司马谈分述的六家中,只有儒、法、道三家有益于治,可以为法度概念提供多维度的法理依据,至于墨、名、阴阳,都可以打上"无益于治"的标签,都不足以为法度概念

---

① 黄晖撰:《论衡校释》,中华书局2018年,第1017—1018页。
② 黄晖撰:《论衡校释》,中华书局2018年,第1013页。

提供相应的法理依据。

其二,对于法度概念来说,儒家、法家、道家是否提供了同等的法理依据?换言之,儒、法、道三家对于王充的法度概念来说,是否具有同等的地位?

王充的回答同样是否定的。虽然这种否定的回答较为隐秘,但还是可以察觉到。大致说来,在儒、法、道三家之中,王充对儒家有更多的认同。一方面,王充对儒家圣人孔子有特别的尊重。《论衡·别通篇》称:"孔子病,商瞿卜期日中。孔子曰:'取书来,比至日中何事乎?'圣人之好学也,且死不休,念在经书,不以临死之故,弃忘道艺,其为百世之圣,师法祖修,盖不虚矣!"[1]在王充的眼里,孔子乃是垂范百世的圣人,占据了比法、道两家的代表人物更高的思想地位。另一方面,王充对儒生及儒家经典有更高的评价。在《论衡·程材篇》中,王充专门批评了那种"必以吏职程高,是则法令之家宜最为上"的观点,按王充的说法:"夫五经亦汉家之所立,儒生善政,大义皆出其中。董仲舒表《春秋》之义,稽合于律,无乖异者。然则《春秋》,汉之经,孔子制作,垂遗于汉。论者徒尊法家,不高《春秋》,是暗蔽也。《春秋》五经,义相关穿,既是《春秋》,不大《五经》,是不通也。五经以道为务,事不如道,道行事立,无道不成。然则儒生所学者,道也;文吏所学者,事也。假使材同,当以道学。如比于文吏,洗泞泥者以水,燔腥生者用火,水火,道也,用之者,事也,事末于道。儒生治本,文吏理末,道本与事末比,定尊卑之高下,可得程矣。"[2]根据这番论述,儒法关系可以概括为本末关系,儒为本,法为末,儒家当然高于法家。对于王充来说,儒家占据了比法家及其他各家更高的思想地位,也就不言而喻了。

---

[1] 黄晖撰:《论衡校释》,中华书局2018年,第524页。
[2] 黄晖撰:《论衡校释》,中华书局2018年,第473—474页。

概而言之,王充的法度概念强调德与力的结合,其法理依据主要建基于儒家人性论、法家功利论及道家自然论。只不过,在儒、法、道三家之间,王充对儒家的理据有更多的依赖与认同,这就是王充呈现出来的法理肖像。

第二章 魏晋的法理学

第一节 王 弼

在魏晋时期的思想天空中,王弼(226—249)就像一颗转瞬即逝的彗星。虽然王弼的自然生命很短暂,但他发出的思想光芒却很耀眼,他产生的思想影响也很长远。钱穆认为,"王充只是魏、晋新思想的陈涉、吴广,若论开国元勋,该轮到王弼"①。在历史学家的眼里,王弼是魏晋时期华夏思想王国的开国元勋。从法理学的立场来看,王弼则是魏晋时期华夏法理王国的开国元勋。如果要把握魏晋时期的中国法理学,无论如何,不能绕开王弼及其法理学。对此,也许有人会心存疑虑:魏晋时期的思想主流是玄学,王弼是颇具代表性的玄学人物,这个可以理解,他怎么可能又是魏晋法理王国的开国元勋?

如果只看表面,玄学与法理学似乎相距较远。在学术史上,魏晋时期的玄学,长期以来,已被习惯性地理解为远离现实的玄远之学。譬如,精研魏晋玄学的汤用彤就在《言意之辨》一文中写道:

---

① 钱穆:《中国思想史》,九州出版社2012年,第117页。

"夫玄学者,谓玄远之学。学贵玄远,则略于具体事物而究心抽象原理。论天道则不拘于构成质料(Cosmology),而进探本体存在(Ontology)。论人事则轻忽有形之粗迹,而专期神理之妙用。"①李泽厚在《庄玄禅宗漫述》一文中提出:"对人格作本体建构,正是魏晋玄学的主要成就。在这意义上,玄学便是庄学。"②如果仅仅沿袭这样的理路来理解魏晋玄学及王弼之学,那么,王弼对中国法理学史的贡献很容易被遮蔽。

然而,如果我们适当考虑太史公司马谈的一个洞识,即先秦时期的诸子之学,尽管号称百家,争鸣不已,其实都是百虑而一致,殊途而同归,都是"务为治者也,直所从言之异路,有省不省耳"③,如果先秦诸子之学都可归属于"务为治"之学,那么,在这个学术思想传统之下兴起的魏晋玄学,包括王弼之学,依然不脱"务为治"之底色,只是"从言之异路",有"省"与"不省"之差异。从这个角度来看,玄学作为魏晋时期兴起的学术思想形态,依然事关文明秩序和国家治理,依然是一种"务为治"之学。比较而言,魏晋玄学只不过是以一种相对抽象的外在形式,在魏晋的政治、社会、思想背景下,阐述了"务为治"的学术思想主张。因此,如果从"务为治"的角度重新看待魏晋玄学及王弼之学,那么,王弼在中国法理学史上的学术思想身影,就会日渐清晰地显现出来。

王弼不可能留下现代学术分工体系中的法理学专著。王弼对中国法理学史的贡献,散见于他流传至今的《老子道德经注》《老子指略》《周易注》《周易略例》《论语释疑》等文献之中。如果要依据这些论著勾画出王弼的法理学,那么,他在《老子道德经注》第五十八章中的一句话,就颇有路标的作用,甚至指点迷津的意义。这句话是说:"谁知善治之极乎?唯无可正举,无可形名,闷闷然,而天

---

① 汤用彤:《魏晋玄学论稿》,上海人民出版社2015年,第21页。
② 李泽厚:《中国古代思想史论》,生活·读书·新知三联书店2008年,第202页。
③ [汉]司马迁:《史记》,中华书局2006年,第758页。

下大化,是其极也。"①透过这番自问自答,可以看到,王弼有一个基本的法理憧憬,那就是寻求善治;王弼不仅要寻求善治,而且还要寻求"善治之极",亦即善治之"极致",亦即善治的理想境界或最高境界。在现代法理学的视野中,"良法善治"堪称法治的核心要义,也是关于法治的精当解释。早在古希腊时代,柏拉图的法理憧憬及善治方略就经历了一个从"哲人之治"到"法律之治"的转化过程。根据这样的参照系,在魏晋时期,王弼的法理憧憬就是寻求善治。

按照王弼之言,他对"善治"及"善治之极",既有憧憬与期待,更有深刻的认知。那么,如何寻求善治?"无可正举,无可形名"似乎是唯一的选项。但是,且慢!须知这样的回答,至少从形式上看,是对《老子道德经》的解释;这样的回答到底在多大程度上反映了王弼自己的观点,还有待谨慎的甄别。至少还应当参看《老子道德经注》第五十七章的一个论断:"以道治国则国平,以正治国则奇兵起也。"②按照这个说法,要寻求善治,必须坚持"以道治国";如果实行"以正治国",就会导致明显的负面效果。尽管如此,这个论断还是促使我们思考:在寻求善治的过程中,如何处理"以道治国"与"以正治国"的关系?

从中西文化比较的角度来看,王弼所说的"以道治国"与柏拉图理解的"哲学王"或"哲人之治"③,具有一定的可比性。至少"以

---

① [魏]王弼注:《老子道德经注》,楼宇烈校释,中华书局2011年,第156页。
② [魏]王弼注:《老子道德经注》,楼宇烈校释,中华书局2011年,第154页。
③ 关于"哲人之治"及其占据的"最优"地位,柏拉图在《理想法》一书中写道:"在哲学家成为城邦的统治者之前,无论城邦还是公民个人都不能终止邪恶,我们用理论想象出来的制度也不能实现。"详见,[古希腊]柏拉图:《理想国》,郭斌和、张竹明译,商务印书馆1986年,第255页。在柏拉图留下的系列书信中,他又说:"只有正确的哲学才能为我们分辨什么东西对社会和个人是正义的。除非真正的哲学家获得政治权力,或者出于某种神迹,政治家成了真正的哲学家,否则人类就不会有好日子过。"详见,[古希腊]柏拉图:《柏拉图全集》,王晓朝译,人民出版社2002年,第907页。

道治国"与"哲人之治"分别都代表了"最优"的善治方略,都可以促成"善治之极"。然而,就像后来的柏拉图又把"法律之治"作为"次优"①的选择一样,在王弼的法理世界里,也有一个相当于"次优"的选项,那就是"以正治国"。在王弼看来,如果把"以道治国"作为善治之本,那么,"以正治国"就相当于善治之末(详后)。

在王弼的理论逻辑中,"以道治国"固然具有"本"的地位,"以正治国"作为"末",对于善治的目标来说,同样是不可缺少的,因而,在寻求善治的路途中,既要"崇本",也要"举末"。由此看来,王弼关于"以道治国"与"以正治国"的理解,与柏拉图关于"哲人之治"与"法律之治"的理解,还是各有旨趣。那么,"以道治国"与"以正治国"分别是指什么?两者之间的关系到底怎样?尤其是,王弼所憧憬的善治,到底是由一种什么样的法理框架、法理逻辑支撑起来的?要回答这些问题,要走进王弼的法理世界,有必要注意以下几个方面。

一、作为善治之本的"以道治国"

如前所述,在王弼的笔下,"善治之极"主要呈现为这样一个画面:"唯无可正举,无可形名,闷闷然,而天下大化。"这既是王弼对《老子道德经》第五十八章中"其无正"一语的解释,当然也可以看作王弼对"善治之极"的描绘。

那么,王弼所说的"唯无可正举,无可形名"是什么意思?根据楼宇烈所见《道德真经集注》,"唯无可正举,无可形名"一语,亦作"唯无正可举,无刑可名"。② 相对说来,后者是一种更容易理解的表达方式。在"正"与"刑"相互并立的语境下,这里的"正",可以

---

① 关于"法律之治"及其占据的"次优"地位,柏拉图在《政治家》一书中写道:"在城邦中,禁止任何人做有悖于法律的事情。若有人敢这样,就判处最终极的惩罚——死刑,如若祛除被认为是第一等的最正确、最美的条件,那末,这便是第二等的。"详见,[古希腊]柏拉图:《政治家》,洪涛译,上海人民出版社2006年,第81—82页。
② [魏]王弼注:《老子道德经注》,楼宇烈校释,中华书局2011年,第157页。

理解为准则、标准、规矩;当然,如果把"正"理解为"政",也是说得通的①,因为孔子已有名言:"道之以政,齐之以刑","政者,正也。子帅以正,孰敢不正?"②这就表明,"政"可以释为"正";反过来说,"正"也可以解释为"政"。至于这里的"刑",则是刑罚。因而,"无正可举"主要是指:没有确立、制定、颁布可供遵循的行为规范。与之相对应,"无刑可名"主要是指:没有规定相应的惩罚措施。就"正"与"刑"的关系来看,两者是相互衔接的。"正"是从正面规定人的行为规范,譬如,你应当做什么,你不能做什么,等等。至于"刑",则是对违反行为规范的惩罚性规范,旨在矫正那些"犯规"或"违法"的行为。"正"与"刑"组合起来,大致相当于现代社会的法律体系的全部。

在无需法律体系的背景下,通过"闷闷"之政,亦即"无为""不言"之政,就可以达到"天下大化"或曰"天下大治"的目标,这就是"善治之极",亦即善治的极致。对于这样的善治之路,王弼已经提供了一种个性化的概括,那就是"以道治国"。如果说,当代中国选择的一个基本方略是依法治国,那么,在魏晋时期,王弼阐述的一个基本命题就是"以道治国"。何谓"以道治国"? 尤其是,作为治国依据的"道"又是指什么?

(一) 道的含义

要理解"以道治国",首先要理解作为治国依据或善治依据的道。道是一个内涵丰富的概念,直观地看,道源于老子或《道德经》,是道家学派的核心范畴。但是,道家之外的其他各家,也在广泛地使用"道"这个概念。王弼的"以道治国"命题,就是在这样的思想背景下提出来的。按照王弼的相关论述,道的含义可以从以下几个方面来理解。

---

① 楼宇烈说:"'正',借为'政',指刑政、威权。"详见,[魏]王弼注:《老子道德经注》,楼宇烈校释,中华书局2011年,第155页。
② 杨伯峻译注:《论语译注》,中华书局2012年,第16、180页。

首先,道可以理解为"无"。在《论语释疑》中,王弼针对《述而》篇写道:"子曰:'志于道','道'者,'无'之称也,无不通也,无不由也。况之曰'道',寂然无体,不可为象。是道不可体,故但志慕而已。"①孔子所说的"道",被王弼直接解释为"无",这主要表达了王弼关于道的理解:"道"或"无"乃是天下万物的源头,正如《老子道德经注》第一章所言:"万物始于微而后成,始于无而后生。"②同样的观点还见于《老子道德经注》第四十章:"天下之物,皆以有为生。有之所始,以无为本。将欲全有,必反于无也。"③据此,"无"是天下万物之始,也是天下万物的根与本,天下万物都源于"无"。"无"所具有的这种终极性就是道的终极性;同样,"无"作为根或本的性质,也是道作为根或本的性质。

其次,道也可以理解为"一"。《老子道德经注》第四十七章称:"无在于一,而求之于众也。道视之不可见,听之不可闻,搏之不可得。如其知之,不须出户;若其不知,出愈远愈迷也。"④既然"无在于一",而道又在于无,那么,道也在于"一"。在这个意义上,"一"可以作为道的别称。道之不可见、不可闻,就是"一"之不可见、不可闻。王弼在此界定的"一"与"众"的关系,亦即"道"与"众"的关系。此外,"一"也可以理解为"寡"。《周易略例·明彖》称:"夫众不能治众,治众者,至寡者也。夫动不能制动,制天下之动者,贞夫一者也。故众之所以得咸存者,主必致一也;动之所以得咸运者,原必无二也。"⑤这里的"一"与"寡"都可以看作对道的解释。

再次,道也可以理解为"自然"。《老子道德经注》第二十五章称:"自然者,无称之言、穷极之辞也。"⑥这就是说,"自然"也是一

---

① 党圣元、陈民镇注说:《王弼集》,河南大学出版社2018年,第311页。
② [魏]王弼注:《老子道德经注》,楼宇烈校释,中华书局2011年,第2页。
③ [魏]王弼注:《老子道德经注》,楼宇烈校释,中华书局2011年,第113页。
④ [魏]王弼注:《老子道德经注》,楼宇烈校释,中华书局2011年,第130页。
⑤ [魏]王弼撰:《周易注校释》,楼宇烈校释,中华书局2012年,第269页。
⑥ [魏]王弼注:《老子道德经注》,楼宇烈校释,中华书局2011年,第66页。

个终极性的概念。嵇康在《释私论》中所说的"越名教而任自然"①,就是超越名教以任道或循道。关于"自然"本身,《老子道德经注》第十七章的解释是:"自然,其端兆不可得而见也,其意趣不可得而睹也。无物可以易其言,言必有应","居无为之事,行不言之教,不以形立物,故功成事遂,而百姓不知其所以然也"。②这就是王弼理解的"自然"。如果要朴素地解释"自然"二字,那就是自己如此;如果要科学地解释"自然"二字,那就是"无为"或"不言"。《老子道德经注》第五章:"天地任自然,无为无造,万物自相治理,故不仁也。仁者必造立施化,有恩有为。造立施化,则物失其真。有恩有为,则物不具存。物不具存,则不足以备载。"③这句话表明,自然与仁是对立的:自然是不仁,仁是不自然。《周易注·坤》称:"任其自然,而物自生;不假修营,而功自成。"④这里的"自生""自成"也是对"自然"的描述:自己就生成那样了。此外,《老子道德经注》第二章还称:"自然已足,为则败也。"⑤这句话还是在强调:自然的对立面就是"有为"或"为"。这些关于自然的解释,都可以看作关于道的解释。

最后,道还可以理解为"本"。《老子指略》称:"《老子》之书,其几乎可一言而蔽之。噫!崇本息末而已矣。"⑥这里的"崇本"其实就是"崇道"。可见"道"也有"本"的意思。在王弼看来,"崇本"是《老子》一书的主旨,但是,"崇本"也是王弼自己的观点。至于"息末",则另当别论(详后)。《周易注·复》称:"天地以本为心者也。凡动息则静,静非对动者也;语息则默,默非对语者也。然则天地虽大,富有万物,雷动风行,运化万变,寂然至无,是其本矣。"⑦这

---

① [魏]嵇康撰:《嵇康集校注》,戴明扬校注,中华书局2015年,第368页。
② [魏]王弼注:《老子道德经注》,楼宇烈校释,中华书局2011年,第43页。
③ [魏]王弼注:《老子道德经注》,楼宇烈校释,中华书局2011年,第15页。
④ [魏]王弼撰:《周易注校释》,楼宇烈校释,中华书局2012年,第13页。
⑤ [魏]王弼注:《老子道德经注》,楼宇烈校释,中华书局2011年,第7页。
⑥ [魏]王弼注:《老子道德经注》,楼宇烈校释,中华书局2011年,第205页。
⑦ [魏]王弼撰:《周易注校释》,楼宇烈校释,中华书局2012年,第92页。

句话也可以表明,道就是"本",因为,"天地以本为心"的实质就是天地以道为心。由于"道"具有"本"的含义与地位,因而,"本"既可以解释"道",也可以解释"以道治国"对善治的意义:"以道治国"乃善治之本。

(二) 作为规范的道

"以道治国"作为一个命题,必然包含着这样一种题中应有之义:道是治国的依据,当然也是实现国家治理赖以遵循的规范。作为规范的道,到底包括哪些内容?"以道治国"到底是凭借哪些规范来治理国家?如果着眼于抽象程度的高低,那么,作为规范的道可以划分为基本规范与具体规范。至于这两种规范的关系,如果以现代的法律规范作为观察的尺度,那么,基本规范相当于法律规范中的法律原则,具体规范相当于法律规范中的法律规则。

在基本规范这个层面上,作为规范的道,主要体现为"无为"与"不言"。试看《老子道德经注》第二十三章:"道以无形无为成济万物,故从事于道者以无为为君、不言为教。"[①]这句话直接以"无为""不言"解释道的规范意义。换言之,道作为人需要遵循的行为规范,其基本内容就是"无为"与"不言"。《老子道德经注》第六十三章称:"以无为为居,以不言为教,以恬淡为味,治之极也。"[②]秉持恬淡的品味偏好,恪守"无为"与"不言"的行为规范,就可以实现、保障、维护"治之极"。所谓"治之极"就是"善治之极"。既然"无为"与"不言"是"善治之极"赖以实现的规范,那就表明,"无为"与"不言"作为行为规范,具有基本规范的地位。

与"无为""不言"居于同等地位的概念还有"无形""无名"。《老子指略》开篇即指出:"夫物之所以生,功之所以成,必生乎无形,由乎无名。"[③]这就是说,"无形"与"无名"是成就任何功业的原

---

① [魏]王弼注:《老子道德经注》,楼宇烈校释,中华书局2011年,第60页。
② [魏]王弼注:《老子道德经注》,楼宇烈校释,中华书局2011年,第169页。
③ [魏]王弼注:《老子道德经注》,楼宇烈校释,中华书局2011年,第202页。

因、起点、依据、基础。《老子道德经注》第十四章也强调了"无形"与"无名"对万事万物、国家治理的根本意义:"无形无名者,万物之宗也。虽今古不同,时移俗易,故莫不由乎此以成其治者也。"①按照这些论述,"无形""无名"代表了一切事物的根源,要想"成其治",就应当做到"无形""无名"。

就"无为""不言"与"无形""无名"的关系来看,前者具有行为规范的意义,后者代表了遵循行为规范之后达致的状态。换言之,如果遵循"无为""不言"之规范,那么,就会形成"无形""无名"之状态,这种状态既可"成其治",其实也是"治已成"之表征。以此为基础,《老子道德经注》第五十八章还对"无形""无名"的状态作了进一步的延伸、拓展:"言善治政者,无形、无名、无事、无政可举。闷闷然,卒至于大治。"②这里的大治即为善治;这种大治或善治作为"无形""无名""无事""无政"状态的产物,乃是遵循"无为""不言"之基本规范的结果。

基本规范具有较高的抽象度,概括力也比较强,与之相对应的具体规范,王弼也多有论述,举其要者,主要包括"藏明""谦""因",等等。它们作为相对具体的行为规范,为相关行为主体设定的义务是:应当藏明,应当谦后,应当因顺。

其中,"藏明"是把自己的聪明才智隐藏起来。《周易注·明夷》称:"藏明于内,乃得明也;显明于外,巧所辟也。"③这样的"藏明",对人的行为具有直接的规范意义。《老子指略》对"藏明"还有进一步的解释:"夫邪之兴也,岂邪者之所为乎?淫之所起也,岂淫者之所造乎?故闲邪在乎存诚,不在善察;息淫在乎去华,不在滋章;绝盗在乎去欲,不在严刑;止讼存乎不尚,不在善听。"④这些话

---

① [魏]王弼注:《老子道德经注》,楼宇烈校释,中华书局2011年,第35页。
② [魏]王弼注:《老子道德经注》,楼宇烈校释,中华书局2011年,第156页。
③ [魏]王弼撰:《周易注校释》,楼宇烈校释,中华书局2012年,第134页。
④ [魏]王弼注:《老子道德经注》,楼宇烈校释,中华书局2011年,第205页。

都可以视为关于"藏明"的扩大化解释,因而,广义的"藏明"可以包括"存诚""去华""去欲""不尚"等方面的行为规范。至于"藏明"的对立面,则是"显明"。如果同样予以扩大化解释,那么,"显明"可以包括"善察""滋章""严刑""善听"等等,它们都意味着把自己的"明"显现于外(譬如善察、善听),或者是把自己的"明"显现于外所导致的结果(譬如滋章、严刑)。《老子指略》还说:"竭圣智以治巧伪,未若见质素以静民欲;兴仁义以敦薄俗,未若抱朴以全笃实;多巧利以兴事用,未若寡私欲以息华竞。故绝司察,潜聪明,去劝进,剪华誉,弃巧用,贱宝货。唯在使民爱欲不生,不在攻其为邪也。故见素朴以绝圣智,寡私欲以弃巧利,皆崇本以息末之谓也。"①按照这些论述,"绝司察""潜聪明""去劝进""剪华誉"等等方面的义务,都可以解释作为具体规范的"藏明",因为,"绝""潜""去""剪"所修饰的那些词,都是"明"的表现形式。

"谦"主要是指谦抑,或王弼所说的"谦后",其主要的规范意义是:谦抑为政、谦抑治国。《周易注·屯》:"安民在正,弘正在谦。"②据此,安民的关键在于弘扬正道,弘扬正道的关键在于谦抑。"谦"的对立面是"威"。《老子道德经注》第七十二章称:"离其清静,行其躁欲,弃其谦后,任其威权,则物扰而民僻,威不能复制民。民不能堪其威,则上下大溃矣,天诛将至。"③如果不遵循"谦后"之规范,如果以"威权"制民,将会走向善治的反面:天下大乱,且不能避开上天的惩罚。

"因"主要是顺。《周易注·谦》称:"居于尊位,用谦与顺,故能不富而用其邻也。"④在这里,王弼把"因"与"顺"相提并论。从表面上看,"因"与"顺"好像是两条相互并列的规范,其实,两者可以

---

① [魏]王弼注:《老子道德经注》,楼宇烈校释,中华书局2011年,第205页。
② [魏]王弼撰:《周易注校释》,楼宇烈校释,中华书局2012年,第18页。
③ [魏]王弼注:《老子道德经注》,楼宇烈校释,中华书局2011年,第187页。
④ [魏]王弼撰:《周易注校释》,楼宇烈校释,中华书局2012年,第62页。

相互解释,"因"就是"顺","顺"也是"因"。具体地说,"因"作为行为规范,其实际所指主要在于顺应自然,回应、适应客观的历史、现实、条件、格局。在王弼列举的各种具体规范中,要实现善治的目标,"因"的重要性是很明显的。这就正如汤用彤所言:"王弼谈治,以因为主。'因而不为',《老子注》中之所数言。然其所谓因者,非谓因袭前王,而在顺乎自然也。"①可见,"因"作为一条具体的行为规范,在善治方略中占据了一个关键性的地位。"因"的重要性在于:它不仅较为精准地体现了道的精神实质,而且还把抽象的道转换成为具体的行为规范。譬如,《老子道德经注》第二十九章称:"万物以自然为性,故可因而不可为也,可通而不可执也。物有常性,而造为之,故必败也。物有往来,而执之,故必失矣。""圣人达自然之性,畅万物之情,故因而不为,顺而不施。"②《老子道德经注》第二十七章提出:"因物自然,不设不施,故不用关楗、绳约,而不可开解也。"③《老子道德经注》第四十一章主张:"建德者,因物自然,不立不施。"④这些关于"因"的描述比较具体地、语境化地反映了道的要求。

(三) 以道治国的主体

所谓"以道治国"的主体,就是"以道治国"的行动者,亦即"以道治国"之人。那么,谁是"以道治国"的主体?《老子道德经注》第三十章称:"为治者务欲立功生事,而有道者务欲还反无为。"⑤这番比较表明,"以道治国"的主体有两类:"有道者"与"为治者"。如果由"有道者"充当"以道治国"的主体,那么,"以道治国"的原则与理念就能够得到很好的贯彻实施。换言之,"以道治国"的主体如

---

① 汤用彤:《魏晋玄学论稿》,上海人民出版社2015年,第82页。
② [魏]王弼注:《老子道德经注》,楼宇烈校释,中华书局2011年,第78页。
③ [魏]王弼注:《老子道德经注》,楼宇烈校释,中华书局2011年,第72页。
④ [魏]王弼注:《老子道德经注》,楼宇烈校释,中华书局2011年,第116页。
⑤ [魏]王弼注:《老子道德经注》,楼宇烈校释,中华书局2011年,第80页。

果碰巧是"有道者",那将是再好不过的"黄金组合"。但是,"为治者"如果愿意接受"以道治国"命题及其理念,那也是值得期待的。王弼在此所说的"为治者",主要是指那些坚持积极姿态的治国者,他们试图建立功勋、成就事业。这样的"为治者",严格说来,其实并不符合"以道治国"的精神。但是,从应然层面看,"为治者"如果能够把"以道治国"的理念融入国家治理的实践过程中,如果能在一定程度上按照"以道治国"的原则"为治",那也是值得期待的。

因而,只要是治国者,都应当坚持"以道治国"的原则。这里的治国者既包括君主,也包括以君主为核心的国家治理团队。在不同的语境下,王弼分别论述了"以道治国"的各类主体。

其中,最重要的主体当然是君主。针对《论语·里仁》篇中的"吾道一以贯之",王弼解释说:"以君御民,执一统众之道也。"①在王弼看来,孔子所说的"一"即为"道",因而,"执一统万"就相当于"以道治国","执一统众"之君就相当于"以道治国"之君。在古代中国,君主习惯于称孤道寡,或自称"予一人"②,以之强调君主的唯一性。《老子道德经注》第十一章称:"毂所以能统三十辐者,无也。以其无能受物之故,故能以寡统众也。"③这里的"以寡统众"就是"以君御民",就是"以一统众",当然也是"以道统众"或"以道治国",因为,如前所述,"道"就是"一"。

圣人也是"以道治国"的主体。在《论语·泰伯》篇中,孔子有言:"狂而不直,侗而不愿,悾悾而不信,吾不知之矣。"王弼对这句话的解释是:"夫推诚训俗,则民俗自化;求其情伪,则俭心兹应。是以圣人务使民皆归厚,不以探幽为明;务使奸伪不兴,不以先觉

---

① 党圣元、陈民镇注说:《王弼集》,河南大学出版社2018年,第309页。
② 王弼对此已有注意,譬如,他在《周易注·观》中写道:"百姓有罪,在予一人,君子风著,己乃无咎。"详见,[魏]王弼撰:《周易注校释》,楼宇烈校释,中华书局2012年,第77页。再譬如,《尚书·汤誓》:"尔尚辅予一人,致天之罚。"详见,曾运乾注:《尚书》,黄曙辉校点,上海古籍出版社2015年,第79页。
③ [魏]王弼注:《老子道德经注》,楼宇烈校释,中华书局2011年,第29页。

为贤。故虽明并日月,犹曰'不知'也。"①王弼在此所说的圣人,不刻意"探幽",不追求"先觉",完全符合"自然"之"道",当然也是"以道治国"的主体。另据《老子指略》:"圣人不以言为主,则不违其常;不以名为常,则不离其真;不以为为事,则不败其性;不以执为制,则不失其原矣。"②这样的圣人,既"不言",也"不名",当然也可以归属于"有道者"。但是,恰恰是这样的圣人,才能实现有效的国家治理,这就正如《老子指略》所称:"是故天生五物,无物为用。圣行五教,不言为化。"③

王弼还把"以道治国"的主体含含糊糊地称为"上"或"大人"。譬如,《老子道德经注》第七十五章称:"民之所以僻,治之所以乱,皆由上,不由其下也。民从上也。"④《老子道德经注》第十七章认为:"大人在上,居无为之事,行不言之教,万物作焉而不为始。"⑤在"上"的"大人",可以包括以君主或圣人为核心的整个执政团队,他们的"无为""不言"是"万物作焉"的原因,也是由乱到治的原因。他们当然是"以道治国"的主体。

以上分述了道的含义,作为规范的道与道的表现形式,以及"依道治国"的主体。这三个方面大致可以反映王弼想象的"以道治国"。概而言之,"以道治国"命题的关键是道,道具有根本性、终极性。《老子指略》:"夫'道'也者,取乎万物之所由也。"⑥这就是说,离开了道,就没有万物。《老子指略》又称:"天不以此,则物不生;治不以此,则功不成。"⑦这句话的意思是,不以道为依据,治国就不能成功。再看《老子道德经注》第四章:"人虽知万物治也,治而不以二仪

---

① 党圣元、陈民镇注说:《王弼集》,河南大学出版社2018年,第313页。
② [魏]王弼注:《老子道德经注》,楼宇烈校释,中华书局2011年,第203页。
③ [魏]王弼注:《老子道德经注》,楼宇烈校释,中华书局2011年,第202页。
④ [魏]王弼注:《老子道德经注》,楼宇烈校释,中华书局2011年,第192页。
⑤ [魏]王弼注:《老子道德经注》,楼宇烈校释,中华书局2011年,第43页。
⑥ [魏]王弼注:《老子道德经注》,楼宇烈校释,中华书局2011年,第203页。
⑦ [魏]王弼注:《老子道德经注》,楼宇烈校释,中华书局2011年,第202页。

之道,则不能赡也。地虽形魄,不法于天则不能全其宁;天虽精象,不法于道则不能保其精。"① 根据这些论断,在寻求善治的过程中,如果"不法于道",如果不以道作为国家治理的依据,那么,对善治的寻求就将成为水中月、镜中花。概而言之,"以道治国"乃善治之本。

二、作为善治之末的"以正治国"

寻求善治,当然不能离开"以道治国"这个根本,但是,如果仅仅着眼于"以道治国",并不足以实现善治的目标;"以道治国"是善治的必要条件,但并不是善治的充分条件。根据王弼的构想,在坚持"以道治国"这个"根本"的同时,还需要坚持"以正治国"这个"末节"。那么,为什么要坚持"以正治国"? 如何理解"以正治国"这个命题? 对于善治方略来说,"以正治国"到底意味着什么?

(一) 以正治国的必要性

"以道治国"代表了"善治之极",亦即善治的理想形态或终极形态。但是,极致的善治,作为尽善尽美之治,是很难实现的,在现实生活中也是极其罕见的。王弼生活的魏晋时期,就是一个远离善治的历史时期。比王弼早生半个世纪的仲长统(180—220),甚至把在他之前的五百年都描述为乱世,正如他在《理乱篇》的末尾所述:"昔春秋之时,周氏之乱世也。逮乎战国,则又甚矣。秦政乘并兼之势,放虎狼之心,屠裂天下,吞食生人,暴虐不已,以招楚、汉用兵之苦,甚于战国之时也。汉二百年而遭王莽之乱,计其残夷灭亡之数,又复倍乎秦、项矣。以及今日,名都空而不居,百里绝而无民者,不可胜数。此则又甚于亡新之时也。悲夫! 不及五百年,大难三起,中间之乱,尚不数焉。变而弥猜,下而加酷,推此以往,可及于尽矣。嗟乎! 不知来世圣人救此之道,将何用也? 又不知天若穷此之数,欲何至邪?"②

---

① [魏]王弼注:《老子道德经注》,楼宇烈校释,中华书局 2011 年,第 12 页。
② [南朝宋]范晔:《后汉书》,中华书局 2007 年,第 486 页。

在如此糟糕的历史时代,不要说"善治之极",就是一种正常的、相对有序的国家治理,也显得遥不可及。与仲长统同年辞世的曹操(155—220),作为曹魏政权的主要奠基人与主要开创者,对现实的理解也是极其深刻的。曹操所看到的现实世界,可以从他的诗篇《蒿里行》来感知:"关东有义士,兴兵讨群凶。初期会盟津,乃心在咸阳。军合力不齐,踌躇而雁行。势利使人争,嗣还自相戕。淮南弟称号,刻玺于北方。铠甲生虮虱,万姓以死亡。白骨露于野,千里无鸡鸣。生民百遗一,念之断人肠。"①如此悲惨灰暗的社会,简直就是一个极致的"乱世"。曹操所说的"白骨露于野,千里无鸡鸣",与仲长统所说的"名都空而不居,百里绝而无民",几乎可以相互印证,几乎就是对同一种现实状况的不同表述。在仲长统、曹操辞世十三年之后诞生的王弼,所看到的政治与社会就是这样一幅图景。

在这样的背景下,仲长统期待的"来世圣人救此之道",显然不能仅仅是单向度、极端化的"无为"与"不言",否则就很难实现由乱到治的转变。毕竟,由乱到治的本质就是"拨乱反正",那么,试图摆脱"乱"世,试图重新返回的"正"道,到底是什么?这样一个根本性的问题,恰好可以用王弼的"以正治国"来解释。换言之,王弼所说的"以正治国",在相当程度上是对当时的政治社会现实的一种回应,同时也是基于理想化的"无为""不言"与政治社会现实的距离过于遥远。试想,如果所有人都恪守"无为""不言"之道,那么,现实中的"丛林社会",真不知该如何收场。

《老子道德经注》第十八章称:"若六亲自和、国家自治,则孝慈、忠臣不知其所在矣。"②王弼此言其实可以反过来理解:如果六亲不和、国家不治,那就必须寻求"孝慈""忠臣"之所在,就必须设

---

① [三国]曹操:《曹操集》,中华书局2012年,第4页。
② [魏]王弼注:《老子道德经注》,楼宇烈校释,中华书局2011年,第46页。

定准则,推行"以正治国"。只有提供正面的、积极的"正",才足以充当"救此之道"。这就是实行"以正治国"的必要性与必然性。

(二) 正的规范性

"以正治国"作为一个命题意味着,"正"是国家治理的依据,也是国家治理必须遵循的规范。那么,如何理解"正"的规范性? 回答是:作为规范的"正",就像作为规范的"道"一样,具有不同的存在形式。各种不同的存在形式,足以形成一个由"正"统率的规范体系。根据王弼的论述,仁义礼乐可以归属于这个规范体系,法律制度也可以归属于这个规范体系。

一方面,作为规范的"正"体现为仁义礼乐。《老子道德经注》第三十八章:"凡不能无为而为之者,皆下德也,仁义礼节是也。"①按照王弼的这个论断,"下德"居于"无为"的对立面。因为,"无为"体现了"上德","有为"体现了"下德"。以"有为"的方式呈现出来的"下德",具体表现为"仁义礼节"。这里所说的"仁义礼节",充当了"以正治国"据以展开的规范。

进一步看,"仁义礼节"的核心是仁与礼。在仁与礼之间,根据孔子的"二元规范论"②,作为规范的礼应当符合仁的要求,仁相当于自然法,礼相当于实在法。王弼对仁与礼的理解,与孔子对仁与礼的理解,基本上是一致的。譬如,《泰伯》篇记载了孔子的一句名言:"兴于诗,立于礼,成于乐。"对此,王弼在《论语释疑》中写道:"言有为政之次序也。夫喜、惧、哀、乐,民之自然,应感而动,则发乎声歌。所以陈诗采谣,以知民志风。既见其风,则捐益基焉。故因俗立制,以达其礼也。矫俗检刑,民心未化,故又感以声乐,以和神也。若不采民诗,则无以观风。风乖俗异,则礼无所立,礼若不设,则乐无所乐,乐非礼则功无所济。故三体相扶,而用有先后也。"③

---

① [魏]王弼注:《老子道德经注》,楼宇烈校释,中华书局2011年,第98页。
② 喻中:《仁与礼:孔子的二元规范论》,《法律科学》2019年第4期,第3—13页。
③ 党圣元、陈民镇注说:《王弼集》,河南大学出版社2018年,第312页。

王弼的这段话,立足于"为政之次序",揭示了仁与礼的关系:仁先于礼,礼先于乐。就《诗》与礼的关系来看,按照孔子的论断,"《诗》三百,一言以蔽之,曰:'思无邪'"①。体现"纯正思想"的《诗》,作为关于"民之自然"的表达与记载,主要反映了仁的要求。因此,《诗》的主要旨趣在于仁。根据《诗》体现出来的"民之自然",进而形成各种各样的"礼",就可以让"礼"符合"民诗"亦即"仁"的要求。至于"乐",则是依据"礼"制定出来的。可见,在《诗》与礼之间呈现出来的"为政之次序",在相当程度上体现了仁与礼之间的先后与轻重。

针对《阳货》篇,王弼解释说:"礼以敬为主,玉帛者,敬之用饰也。乐主于和,钟鼓者,乐之器也。于时所谓'礼乐'者,厚贽币而所简于敬,盛钟鼓而不合《雅颂》,故正言其义也。"②这就是说,礼与乐都应当符合一些更高的准则,譬如"敬",譬如"和"。这里的"敬"与"和",都可以归属于"仁"的范围。

换个角度来看,"礼"应当符合"仁"的要求,这样的关系还可以表明,"礼"也是"仁"的载体,如果没有完善的"礼",那么,"仁"的价值也是难以实现的。正是由于这个缘故,王弼在不同的语境下反复论述了"礼"的意义。譬如,《周易注·观》称:"王道之可观者,莫盛乎宗庙。宗庙之可观者,莫盛于盥也。"③这里的"盥",就是一种具体的"洗手之礼",这种具体的礼对王道来说,具有可观的支撑作用。《周易注·家人》又指出:"居于尊位,而明于家道,则下莫不化矣。父父、子子、兄兄、弟弟、夫夫、妇妇,六亲和睦,交相爱乐,而家道正。正家而天下定矣。"④从家之"正"到天下之"定",都有赖于父子、兄弟、夫妇之间的各种各样的礼,只有通过各种具体的家礼,六亲才可能和睦,天下才可能安定,善治才可能实现。可见,礼是

---

① 杨伯峻译注:《论语译注》,中华书局 2012 年,第 15 页。
② 党圣元、陈民镇注说:《王弼集》,河南大学出版社 2018 年,第 320 页。
③ [魏]王弼撰:《周易注校释》,楼宇烈校释,中华书局 2012 年,第 76 页。
④ [魏]王弼撰:《周易注校释》,楼宇烈校释,中华书局 2012 年,第 139 页。

"仁义礼节"的集中体现,当然也是"正"的集中体现。

另一方面,作为规范的"正"也体现为"立法"与"作制"。在这里,虽然我们将"立法"与"作制"并称,其实在王弼的笔下,两者之间并没有严格的界分,而是可以相互解释。关于"立法",《周易注·鼎》称:"革既变矣,则制器立法以成之焉。变而无制,乱可待也;法制应时,然后乃吉。"①这就是说,在改革完成之后,应当通过"立法"把改革成果巩固下来,"法制"应当与时俱进,否则,人们就不知道应当遵循的规范是什么。关于"作制",《周易注·讼》称:"无讼在于谋始,谋始在于作制。契之不明,讼之所以生也。物有其分,起契之过,职不相滥,争何由兴?讼之所以起,契之过也。"②这里的"作制"就是"立法"。没有制定出、建立起清晰而明确的契约制度,是纷争与诉讼的原因,可见"作制"也是很重要的。《老子道德经注》第三十二章称:"始制官长,不可不立名分以定尊卑,故始制有名也。"③这是要求制定出关于上下尊卑的"法制"。

综合以上两个方面,可以看到,作为规范的"正",其实体内容主要体现为仁、礼、法、制。"以正治国"的实质,就是根据这样一些规范来治理国家。除此之外,在"以正治国"的实践过程中,还需要注意几个方面的原则:其一,严明的原则。《周易注·夬》称:"法明断严,不可以慢,故居德以明禁也。施而能严,严而能施,健而能说,决而能和,美之道也。"④这相当于现代社会所说的严格执法。其二,权变的原则。针对《论语·子罕》篇中的"可与共学,未可与适道;可与适道,未可与立;可与立,未可与权",王弼解释说,"'权'者,道之变。变无常体,神而明之,存乎其人,不可豫设,尤至难者也"⑤。这是要求根据实际情况,实事求是,灵活、变通处理相关问

---

① [魏]王弼撰:《周易注校释》,楼宇烈校释,中华书局2012年,第186页。
② [魏]王弼撰:《周易注校释》,楼宇烈校释,中华书局2012年,第28页。
③ [魏]王弼注:《老子道德经注》,楼宇烈校释,中华书局2011年,第84页。
④ [魏]王弼撰:《周易注校释》,楼宇烈校释,中华书局2012年,第161页。
⑤ 党圣元、陈民镇注说:《王弼集》,河南大学出版社2018年,第315页。

题,实现最优的治理效果,产生最好的治理绩效。其三,注意民情、民俗的原则。在"以正治国"的实践中,应当充分考虑民性。譬如,《周易注·革》:"夫民可与习常,难与适变;可与乐成,难与虑始。"①这是讲,要让民众放弃他们已经习惯了的生活方式,那是比较困难的。《周易注·观》称:"上之化下,犹风之靡草,故观民之俗,以察己道。"②这句话旨在强调,民俗是治国者为政之道的一面镜子,如果治国者善于观察民俗,就可以反观、检视自己的"以正治国"。如果充分考虑当政者与民众的关系,那么,"以正治国"就可能取得更好的效果。

(三)"以正治国"的局限性

如果把包含、容纳了"仁、义、法、制"在内的"正"解释为各种各样的"法",那么,"以正治国"其实就是当代所说的"以法治国"或"依法治国"。《老子道德经注》第五十八章称:"立刑名,明赏罚,以检奸伪,故曰'其政察察'也。"③这就是"以法治国"或"以正治国"的典型形态。只不过,从道家、老子的立场来看,这样的"察察之政"意味着:治国者总是要睁大眼睛,劳心劳力,殚精竭虑。而且,这种治国方式难免还会造成若干负面效果。对于可能出现的负面效果,《老子道德经注》第四十九章有具体的论述:"夫任智则人与之讼,任力则人与之争。智不出于人而立乎讼地,则穷矣;力不出于人而立乎争地,则危矣。未有能使人无用其智力于己者也,如此则己以一敌人,而人以千万敌己也。若乃多其法网,烦其刑罚,塞其路径,攻其幽宅,则万物失其自然,百姓丧其手足,鸟乱于上,鱼乱于下。"④这就是"以正治国"造成的弊端。

在《老子指略》篇中,王弼对此还有进一步的论述:"而法者尚

---

① [魏]王弼撰:《周易注校释》,楼宇烈校释,中华书局2012年,第183页。
② [魏]王弼撰:《周易注校释》,楼宇烈校释,中华书局2012年,第77页。
③ [魏]王弼注:《老子道德经注》,楼宇烈校释,中华书局2011年,第156页。
④ [魏]王弼注:《老子道德经注》,楼宇烈校释,中华书局2011年,第134—135页。

乎齐同,而刑以检之;名者尚乎定真,而言以正之;儒者尚乎全爱,而誉以进之;墨者尚乎俭啬,而矫以立之;杂者尚乎众美,而总以行之。夫刑以检物,巧伪必生;名以定物,理恕必失;誉以进物,争尚必起;矫以立物,乖违必作;杂以行物,秽乱必兴。斯皆用其子而弃其母。物失所载,未足守也。"①这段话同时批判了法家、名家、儒家、墨家、杂家,这几种流派及其代表的几种治国之道,很多都可以归属于"以正治国",譬如法家偏好的法与刑,名家偏好的名与言,儒家偏好的爱与仁,都可以归属于"正"的范围。根据道家或老子的逻辑,各家偏好的治国之道,都会带来负面效果。

如前所述,礼是"正"的主要载体,也是"正"的重要表现形式,但是,根据道家的立场,礼是忠信不足的产物。《老子道德经注》第三十八章:"不能无为,而贵博施;不能博施,而贵正直;不能正直,而贵饰敬。所谓失德而后仁、失仁而后义、失义而后礼也。夫礼也,所始首于忠信不笃,通简不阳,责备于表,机微争制。"②而且,礼的运行还需要支付经济成本。据《论语·先进》:"颜渊死,门人欲厚葬之。孔子曰:'不可。'"对此,王弼的解释是:"有财,死则有礼;无财,则已焉。"③再看仁,据《论语·卫灵公》,孔子认为,"民之于仁也,甚于水火。水火吾见蹈而死者矣,未见蹈仁死者也"。按照杨伯峻的解释,这句话本来是指:"百姓需要仁德,更急于需要水火。"④但是,王弼的解释却是:"民之远于仁,甚于远水火。"⑤这就是说,百姓实际上是远离仁义或仁德的。换言之,百姓并不亲近仁义、仁德。至于作为矫正措施的刑罚之治,则很容易沦为"威网"之治,正如《老子道德经注》第六十章所言:"夫恃威网以使物者,治之衰也。"⑥

---

① [魏]王弼注:《老子道德经注》,楼宇烈校释,中华书局2011年,第203—204页。
② [魏]王弼注:《老子道德经注》,楼宇烈校释,中华书局2011年,第99页。
③ 党圣元、陈民镇注说:《王弼集》,河南大学出版社2018年,第315页。
④ 杨伯峻译注:《论语译注》,中华书局2012年,第237页。
⑤ 党圣元、陈民镇注说:《王弼集》,河南大学出版社2018年,第318页。
⑥ [魏]王弼注:《老子道德经注》,楼宇烈校释,中华书局2011年,第162页。

这些论述,都体现了对"以正治国"的批评。这些批评虽然主要是以解释《老子》或《论语》的方式出现的,但也可以在相当程度上反映王弼自己的观点。这就是说,"以正治国"是必要的,但是,单纯的、片面的"以正治国"是有弊端的,甚至可能造成严重的负面效应。这些负面效应显示了"以正治国"的局限性,亦即"仁、礼、法、制"的局限性。正是由于"以正治国"可能导致的负面效应与局限性,对于"善治之极"来说,"以正治国"虽然是必要的,但绝不是充分的,它的局限性让它只能充当"善治之末"。

三、作为善治方略的"崇本举末"

以上两节分别讨论了王弼所理解的"以道治国"与"以正治国"。为了实现善治,既要坚持"以道治国",也要坚持"以正治国"。对于善治的目标来说,"以道治国"为本,"以正治国"为末,两者之间的关系乃是本与末的关系。那么,如何理解本与末的关系?

王弼对这个问题的回答,集中体现在《老子道德经注》第五十二章:"母,本也。子,末也。得本以知末,不舍本以逐末也。"①这就是说,本与末的关系,就是母与子的关系。本与末可以相互成就。一方面,如果没有母,当然不会有子;另一方面,如果没有子,母也不能成为母。而且,相对于母来说,子代表了未来,母的希望通常都会寄托在子的身上。从这两个方面的关系来看,本末都很重要。正是基于这样的本末关系,《老子道德经注》第五十四章的设想是:"固其根,而后营其末。"②这里的"固其根"就是"固其本",先固其本,"后营其末"。因而,"固本营末"乃是一个完整的过程,只有通过这样一个完整的过程,才能实现善治。

在《老子道德经注》第三十八章,王弼对本末关系还有更具体

---

① [魏]王弼注:《老子道德经注》,楼宇烈校释,中华书局2011年,第143页。
② [魏]王弼注:《老子道德经注》,楼宇烈校释,中华书局2011年,第147页。

的论述:"守母以存其子,崇本以举其末,则形名俱有而邪不生,大美配天而化不作。故母不可远,本不可失。仁义,母之所生,非可以为母。形器,匠之所成,非可以为匠也。舍其母而用其子,弃其本而适其末,名则有所分,形则有所止。虽极其大,必有不周;虽盛其美,必有患忧。功在为之,岂足处也。"①这就是王弼的"崇本举末论"。这里的"守母"与"存子",就相当于"崇本"与"举末",只有坚持"两手抓",才可能"形名俱有"而"邪不生"。

进一步看,王弼的这段论述,主要旨趣还是在于强调"本"对于"末"的意义,主要在于防范"弃其本而适其末"。王弼如此立论,有一个根本的、前提性的原因:国家治理的实践者、担当者大多是现实主义者,他们为了追求看得见的善治,很容易"适末"而"弃本",很容易过度依赖"以正治国",很容易忘记作为根与本的"以道治国"。尽管如此,我们仍需看到,强调"崇本"的意义,仅仅是王弼"崇本举末论"的一个方面。要完整地理解王弼的"崇本举末论",还有必要注意以下几个要点。

(一)"崇本"是"举末"的前提

在"崇本"与"举末"之间,"崇本"是前提,是基础,不"崇本"则无以"举末"。《老子道德经注》第三十八章称:"本在无为,母在无名。弃本舍母,而适其子,功虽大焉,必有不济;名虽美焉,伪亦必生。"②这个论断再次表明,本就是母,如果舍弃本与母,直接去追求末与子,即使能够有所收获,也必然伴随着重大的缺陷;即使能够获得看似正面的名声,声名中也必然伴随着虚假的成分。这就是说,舍弃了"本"与"母"这个前提条件,则很难真正地成就万事万物。打个比方,即使有所成,也会煮成难以下咽的"夹生饭"。

在《论语·阳货》篇中,孔子表达了一个愿望:"予欲无言"。这

---

① [魏]王弼注:《老子道德经注》,楼宇烈校释,中华书局2011年,第100页。
② [魏]王弼注:《老子道德经注》,楼宇烈校释,中华书局2011年,第99页。

是一句名言。朱光潜以此为主题，写成了一篇颇有影响的美学论文。①但是，王弼的解释却是："'予欲无言'，盖欲明本。举本统末，而示物于极者也。夫立言垂教，将以通性，而弊至于湮；寄旨传辞，将以正邪，而势至于繁。既求道中，不可胜御。是以修本废言，则天而行化。以淳而观，则天地之心见于不言；寒暑代序，则不言之令行乎四时，天岂谆谆者哉！"②

按照王弼之意，"予欲无言"恰好表达了孔子对本末关系的理解：不"举本"，则无以"统末"。这里的"举本"即是"崇本"，旨在揭示事物的终极依据。圣人（亦即孔子）的"无言"就是"举本"或"崇本"，只有坚持"无言"，才能让各种各样的"末"得以形成，进而有序运转。如果不坚持"无言"这样的前提，如果直接"立言"与"垂教"，试图由此通达人的本性，那是很困难的，因为，人的本性恰恰可能淹没在喋喋不休的话语中。至于"寄旨"与"传辞"，其实也是"立言"与"垂教"，如果试图以此矫正人的奸邪，那也是很困难的，因为，这个过程可能无休无止、繁琐不堪，根本不能实现"通性"与"正邪"的目标。相反，只有"修本废言"，亦即坚持"崇本"之原则，恪守"无言"之规范，才能走出各种各样的泥淖。必须看到，上天从来没有絮絮叨叨，上天总是坚持"无言"这个逻辑前提与基本规范，才促成了"四时行焉""百物生焉"这样的"举末"现象。

另据《论语·八佾》篇："林放问礼之本，子曰：'大哉问！'"针对孔子的"大哉问"，王弼的解释是："时人弃本崇末，故大其能寻本礼意也。"③在王弼看来，早在孔子时代，"弃本崇末"之风就开始流行了，孔子称赞林放，是因为林放有意愿去追问、探究、思考礼之本，而不仅仅满足于知悉、了解礼的外在形式或具体形式。林放之问，

---

① 朱光潜：《无言之美》，载朱光潜：《朱光潜美学文学论文选集》，湖南人民出版社1980年，第347页。
② 党圣元、陈民镇注说：《王弼集》，河南大学出版社2018年，第320页。
③ 党圣元、陈民镇注说：《王弼集》，河南大学出版社2018年，第309页。

尤其是孔子对林放之问的评价,都被王弼解释成为:"崇本"很重要,"举末"由"崇本"开始。显然,这与其说是孔子的观点,还不如说是王弼自己的观点。对于王弼来说,这是典型的"六经注我"。

(二)"举末"是"崇本"的结果

从实践过程来看,特别是从事物变化、发展的规律来看,如果坚持"崇本"的原则,那么,"举末"通常会自然发生。打个比方,"崇本"就像播下一粒种子,"举末"就像长出一株幼苗。因而,在相当程度上,在"崇本"与"举末"之间,存在着逻辑上的因果关系:"崇本"是原因,"举末"是结果。

对于这样的因果关系,《老子道德经注》第三十八章称:"故苟得其为功之母,则万物作焉而不辞也,万事存焉而不劳也。用不以形,御不以名,故仁义可显,礼敬可彰也。夫载之以大道,镇之以无名,则物无所尚,志无所营。各任其贞事,用其诚,则仁德厚焉,行义正焉,礼敬清焉。弃其所载,舍其所生,用其成形,役其聪明,仁则尚焉,义则竞焉,礼则争焉。故仁德之厚,非用仁之所能也;行义之正,非用义之所成也;礼敬之清,非用礼之所济也。载之以道,统之以母,故显之而无所尚,彰之而无所竞。"①这段话主要在于阐明:"崇本"是因,"举末"是"崇本"结出的果实。

具体地说,如果坚持"为功之母",亦即"为功之本",那么,万物之"作"就是顺理成章之事,"万物作焉"就是"万物举焉","不辞"就是不容阻挡。换言之,只要坚持"崇本",万物、万事就会随之兴起,挡都挡不住。这就仿佛,只要播下了种子,只要种子不死,它自然就会生根发芽。种子要发芽,这在逻辑上是不能阻止的。在这里,"作焉而不辞"的万物、"存焉而不劳"的万事,都可以概括为"末"(详后)。因此,只要有"崇本"这个前提,"举末"就是必然的结果。

进一步看,如果坚持"为功之母",亦即"崇本",那么,不仅会

---

① [魏]王弼注:《老子道德经注》,楼宇烈校释,中华书局2011年,第99—100页。

"举末",而且还会让所"举"之"末"达到某种良好的状态。按照王弼之见,只要遵循"崇本"的这个前提,随之而起的"仁德"会更"厚","行义"会更"正","礼敬"会更"清"。在多姿多彩的社会生活中,"仁德"有厚薄之分,"行义"有正邪之别,"礼敬"也有清浊之异。譬如,孔子就曾经感叹:"礼云礼云,玉帛云乎哉?乐云乐云,钟鼓云乎哉?"①如果"礼"仅仅只是玉帛之类的物质财富,那么,这样的"礼"既远离了"敬",也远离了"清"。然而,如果以"崇本"作为起点,如果坚持"无""自然"或"道"的原则,那么,就可以形成更"清"的"礼敬"。这是一个什么样的逻辑关系或因果关系呢?

原来,"本""无""自然""道"的对立面,就是充分运用聪明才智去权衡、算计投入产出,去测量成本收益,在经过了这种患得患失的算计之后,所谓的"仁德""行义""礼敬",就会失去真诚,人们所展示出来的"仁德""行义""礼敬",都成为了获取某种实际利益的手段、表演、筹码。在这种情况下,"厚"的"仁德"、"正"的"行义"、"清"的"礼敬"都是很难指望的。相反,只有根源于"崇本"的"举末",只有因为"崇本"而兴起的"末",才是积极、正面、优质的"末"。

以上分析表明,"举末"是"崇本"的结果。"崇本"不仅可以导致"举末",而且可以"举"出纯正的"末"。

(三)"崇本举末"与"崇本息末"之辨

为了寻求善治,走向"善治之极",王弼希望"崇本以举其末":既要"崇本",也要"举末"。但与此同时,王弼也有关于"崇本息末"的表述。譬如,《老子道德经注》第五十七章:"夫以道治国,崇本以息末;以正治国,立辟以攻末。本不立而末浅,民无所及,故必至于以奇用兵也。"②在这里,王弼直接以"崇本息末"解释"以

---

① 杨伯峻译注:《论语译注》,中华书局2012年,第259页。
② [魏]王弼注:《老子道德经注》,楼宇烈校释,中华书局2011年,第154页。

道治国",并把"以正治国"解释为"立辟以攻末",这里的"辟"就是"法","立辟"就是"立法"。至于"末",则是与"本"相对应的各种各样的事物,与"本"相比,各种各样的事物,包括仁义礼乐,都是细枝末节。那么,王弼在此所说的"崇本息末",是否与他所说的"崇本举末"相互矛盾?在坚持"崇本"的同时,王弼到底主张"举末"还是主张"息末"?

很明确,为了寻求善治,王弼的核心观点是"崇本举末":既"崇本",也"举末"。王弼确实写下了"崇本以息末"之语,但是,这个表达方式,主要是对"以道治国"的解释,当然也是对老子哲学的解释。正如《老子指略》所言:"《老子》之文,欲辩而诘者,则失其旨也;欲名而责者,则违其义也。故其大归也,论太始之原以明自然之性,演幽冥之极以定惑罔之迷。因而不为,损而不施;崇本以息末,守母以存子;贱夫巧术,为在未有;无责于人,必求诸己,此其大要也。"①在王弼看来,如果要归结《老子》一书的要旨,那就是"崇本以息末"。

如果严格根据《老子》一书的立场来理解"以道治国",如果要坚持纯粹的"以道治国",当然就要"息末",亦即止息各种各样的事物,包括仁义礼乐,也包括立法作制,否则,就会导致各个方面的后果,这就正如王弼在《老子道德经注》第五十七章所指出的:"立正欲以息邪,而奇兵用;多忌讳欲以耻贫,而民弥贫;利器欲以强国者也,而国愈昏弱,皆皆舍本以治末,故以致此也。"②王弼在此所说的"奇",《老子道德经注》第七十四章有专门的解释:"诡异乱群,谓之奇也。"③这就是说,如果拒绝"崇本",如果"舍本以治末",那就会导致社会混乱、民众贫困、国家昏暗。

概而言之,王弼表述的"崇本以息末",旨在概括《老子》之意,

---

① [魏]王弼注:《老子道德经注》,楼宇烈校释,中华书局2011年,第203页。
② [魏]王弼注:《老子道德经注》,楼宇烈校释,中华书局2011年,第154页。
③ [魏]王弼注:《老子道德经注》,楼宇烈校释,中华书局2011年,第191页。

旨在从理念上解释"以道治国"这样一个环节、层面、维度。相比之下,王弼所说的"崇本以举其末",才代表了王弼关于善治方略的完整想象与整体期待。因此,严格说来,王弼分述的"以道治国"与"以正治国",分开来看,都不足以代表王弼关于善治的基本方略,而只能代表他的善治方略的一个方面;只有坚持"崇本举末",把"以道治国"与"以正治国"加以贯通与融合,才构成了王弼关于善治方略的法理憧憬。

小结

在先秦诸子开辟的"务为治"的学术思想传统中,王弼立足于寻求善治,开启了中国法理学史上的魏晋时代。王弼以"善治"作为法理憧憬,通过辨析"以道治国"与"以正治国",对"崇本以举其末"的善治方略进行了卓有成效的法理学建构,书写了中国法理学史在玄学时代的标志性篇章。

论述至此,应当如何概括王弼法理学的精神与风格?更具体地说,王弼法理学到底应当归属于道家法理学还是儒家法理学?对此,《三国志·钟会传》末尾附录的何邵所作的《王弼传》提供了一个信息:"弼幼而察慧,年十余,好老氏,通辩能言。"①据此,王弼是《老子》的爱好者、认同者。或许正是因为这个缘故,冯友兰把包括王弼在内的魏晋人物、魏晋玄学归属于道家,他说:"'新道家'是一个新名词,指的是公元三、四世纪的'玄学'。"②萧公权也有大致相似的看法,他认为:"魏晋时代者,老庄思想独尊之时代也。"③按照这样的理解,王弼的玄学及法理学,可以归属于老庄法理学或道家法理学的谱系。

然而,如此界定王弼法理学的精神,可能失之于简单化、片面化。全面地看,王弼虽然在形式上推崇道家(特别是老子),但并没

---

① [晋]陈寿撰:《三国志》,[宋]裴松之注,中华书局 2006 年,第 474 页。
② 冯友兰:《中国哲学简史》,涂又光译,北京大学出版社 1996 年,第 186 页。
③ 萧公权:《中国政治思想史》,新星出版社 2005 年,第 240 页。

有轻视或排斥儒家。一方面,透过王弼留下的《论语释疑》,可以发现,他对儒家代表人物孔子推崇备至。譬如,在关于《论语·阳货》篇的解释中,王弼写道:"圣人通远虑微,应变神化,浊乱不能污其洁,凶恶不能害其性,所以避难不藏身,绝物不以形也。"[①]这样的评论就体现了王弼对儒家的高度认同。另一方面,即使是在何邵的《王弼传》中,我们也可以看到王弼关于儒道两家的态度:"时裴徽为吏部郎,弼未弱冠,往造焉。徽一见而异之,问弼曰:'夫无者诚万物之所资也,然圣人莫肯致言,而老子申之无已者何?'弼曰:'圣人体无,无又不可以训,故不说也。老子是有者也,故恒言无所不足。'"[②]按照这番对话,王弼把"圣人"的头衔归属于孔子,且让孔子占据了一个比老子更高的思想地位。此外,《三国志》的作者陈寿在《钟会传》的末尾写道:"初,会弱冠与山阳王弼并知名。弼好论儒道,辞才逸辩,注《易》及《老子》,为尚书郎,年二十余卒。"[③]由此可以发现,陈寿眼里的王弼与何邵眼中的王弼还是有差异的:在后者看来,王弼是"老氏"的爱好者;但在前者看来,王弼是"儒道"的爱好者。

以上几个方面的信息表明,王弼并不仅仅是"老氏"的爱好者,同时也是"孔氏"的爱好者。王弼既认同"以道治国",也认同"以正治国"。鲁迅在论及包括王弼在内的魏晋人物时有言:他们"表面上毁坏礼教者,实则倒是承认礼教,太相信礼教"[④]。前文的论述也可以表明,王弼既相信"无为"与"不言",也相信"仁义"与"礼教"。王弼既好道,也好儒,可以说是一个融会儒道的思想人物。

从形式上看,王弼把"以道治国"作为善治之本,把"以正治国"作为善治之末。但与此同时,他又主张"崇本以举其末",这个命题

[①] 党圣元、陈民镇注说:《王弼集》,河南大学出版社2018年,第319页。
[②] [晋]陈寿撰:《三国志》,[宋]裴松之注,中华书局2006年,第474页。
[③] [晋]陈寿撰:《三国志》,[宋]裴松之注,中华书局2006年,第474页。
[④] 鲁迅:《魏晋风度及文章与药及酒之关系》,载鲁迅:《鲁迅全集》第三卷,人民文学出版社2005年,第535页。

隐含的一个思想旨趣是:"崇本"归根到底是为了"举末"。进一步看,在魏晋时期那样一个严酷的现实背景下,就"崇本"与"举末"的实际指向来看,"崇本"其实主要是一个情感上的寄托,相比之下,"举末"才具有更为重要的现实意义。或者说,"崇本"主要体现了高远的理想,"举末"才体现了真实生活中的善治措施。从这个角度来看,王弼以寻求善治为核心的法理建构,其实是一个"道表儒里"或"道体儒用"的法理主张。同样是魏晋玄学的风云人物,且辈份高于王弼的何晏对王弼的评价是:"仲尼称后生可畏,若斯人者,可与言天人之际乎!"① 这种"可与言天人之际"的人物,显然不是单纯的"道家"或"新道家"可以概括的。

最后,让我们回过头来,再稍微看一看王弼的善治方略与柏拉图的善治方略之间的差异。按照柏拉图的逻辑,最优的善治是"哲人之治",次优的善治是"法律之治",从"哲人之治"转向"法律之治"是一个不得已的下滑路线。但是,根据前文所述的王弼的逻辑,并不存在一个从"以道治国"转向"以正治国"的过程,"以道治国"与"以正治国"是同一个善治方略在逻辑上的两个环节:"以道治国"是"崇本","以正治国"是"举末"。"以道治国"在逻辑上固然居于根本地位,充当了逻辑上的前提,但是,"以正治国"作为"崇本"的产物,作为源于根本的枝叶,实为"以道治国"的逻辑结果。打个比方,"以道治国"仿佛高远而纯粹的理想,"以正治国"仿佛是在"以道治国"之理想牵引之下形成的生动实践。这就是王弼法理学不同于柏拉图法理学的一个关键所在。

第二节 郭 象

针对魏晋玄学,劳思光认为:"名理一派之玄谈,虽尚有其他人

---

① [晋]陈寿撰:《三国志》,[宋]裴松之注,中华书局2006年,第474页。

物,但就理论而言,王弼及郭象之作已足为代表。"①在冯友兰看来,"郭象的《庄子注》是玄学的代表作,他是最大的玄学家"②。《晋书·庾敳传》称:"豫州牧长史河南郭象善《老》《庄》,时人以为王弼之亚。"③这些跨越了巨大时空的评论提示我们,在魏晋时代,如果要论思想贡献,那么,郭象(252—312)是可以与王弼(226—249)并称的思想人物。王弼先注《老子》,郭象后注《庄子》,"郭象注《庄》之文,与王弼注《老》之文有平行地位,皆属玄学中名理一支之重要文献"④。进一步看,王弼短暂的一生都属于魏,郭象从十三岁起就入了晋。由此说来,所谓魏晋玄学,倘若可以分开来看,那么,魏之玄学可以由王弼来代表,晋之玄学则不妨由郭象来代表。这样的思想格局表明,如果要在中国法理学的演进历程中全面地把握魏晋时期的法理学,那么,既要注意王弼的法理学,也不能忽略郭象的法理学。

郭象的思想及法理学主要见于他流传至今的《庄子注》。关于这本著作的"著作权"问题,长期聚讼纷纭,至今依然没有歇息。据《晋书·郭象传》:"先是注《庄子》者数十家,莫能究其旨统。向秀于旧注外而为解义,妙演奇致,大畅玄风,惟《秋水》、《至乐》二篇未竟而秀卒。秀子幼,其义零落,然颇有别本迁流。象为人行薄,以秀义不传于世,遂窃以为己注,乃自注《秋水》、《至乐》二篇,又易《马蹄》一篇,其余众篇或点定文句而已。其后秀义别本出,故今有向、郭二《庄》,其义一也。"⑤按照此处的记载,郭象的《庄子注》大部分"窃"自向秀的《庄子注》;只有关于《秋水》《至乐》《马蹄》三篇

---

① 劳思光:《新编中国哲学史》第二册,生活·读书·新知三联书店2015年,第144页。
② 冯友兰:《中国哲学史新编》中卷,人民出版社2007年,第481页。
③ [唐]房玄龄等撰:《晋书》,中华书局2000年,第923页。
④ 劳思光:《新编中国哲学史》第二册,生活·读书·新知三联书店2015年,第138页。
⑤ [唐]房玄龄等撰:《晋书》,中华书局2000年,第924页。

的注文,可以归属于郭象的创造。

但是,《晋书·向秀传》又另有说法:"向秀字子期,河内怀人也。清悟有远识,少为山涛所知,雅好老庄之学。庄周著内外数十篇,历世才士虽有观者,莫适论其旨统也,秀乃为之隐解,发明奇趣,振起玄风,读之者超然心悟,莫不自足一时也。惠帝之世,郭象又述而广之,儒墨之迹见鄙,道家之言遂盛焉。"①据此,郭象的《庄子注》是在向秀的《庄子注》的基础上"述而广之",亦即是关于向秀《庄子注》的进一步发展,换言之,郭象并未"窃"取向秀的《庄子注》。如何看待这两种不同的说法?立足于学术理论发展的一般规律,我们可以推断:郭象的《庄子注》很可能参考、借鉴、吸收了向秀的《庄子注》(以及其他前人的《庄子注》),但也体现了郭象自己的取舍、融会、综合、创新。因此,现存的郭象的《庄子注》可以代表郭象的思想,这是没有问题的。

那么,如何根据郭象的《庄子注》来把握郭象的法理学?尤其是,郭象在中国法理学史上的贡献到底是什么?回顾数十年来的郭象研究文献,我们可以看到一个让人略感意外的特点:不少学者都喜欢把郭象与古今中西的思想家进行比较研究。把郭象与中国古代思想家(譬如庄子)进行比较就不用说了。只看郭象与西方思想家的关系,就呈现出多种多样的关联方式。譬如,有学者比较古希腊哲学家巴门尼德的"存在论"与郭象的"独有论"②,也有学者比较康德的自由观与郭象的自由观③,还有学者把维特根斯坦的相关理论与郭象的"独化说"进行比较④,更有学者比较海德格尔

---

① [唐]房玄龄等撰:《晋书》,中华书局2000年,第909页。
② 王久才:《郭象"独有论"与巴门尼德"存在论"透析》,《北方论丛》2016年第6期,第143—146页。
③ 万路路、朱必法:《〈实践理性批判〉中康德自由观与郭象自由观的比较》,《咸宁学院学报》2009年第1期,第25—29页。
④ 韩林合:《郭象独化说新解——兼与维特根斯坦的相关观点比较》,《文史哲》2018年第4期,第50—59页。

的本体论与郭象的本体论①。诸如此类的比较研究无不表明,郭象的思想与巴门尼德、康德、维特根斯坦、海德格尔的思想,都有相通之处,都可以在相互比较中达到相互映照、相互凸显的效果。除此之外,还有学者从现象学的视野中研究郭象的"独化论"②,这就是说,郭象的思想还可以在现象学的思想谱系中得到阐明;现象学也是观察郭象思想的一个坐标。

这些已有的研究成果及其特点表明,郭象既是一个生活在魏晋时代的中国古典哲人,同时也具有相当浓厚的世界性与现代性。郭象及其思想几乎就是一个分光镜,可以折射出古今中外多种思想的曲折幽深之处。在这样的背景下,我们发现,倘若要全面勾画郭象的法理肖像,不妨借助由中西与古今所代表的时空坐标。在中西或空间这根坐标轴线上考察郭象的法理学,可以阐明郭象法理学的世界意义;在古今或时间这根坐标轴线上考察郭象的法理学,可以阐明郭象法理学的当代意义。把这两个方面结合起来,郭象法理学的时空方位,就可以得到一个立体化的阐释。

当然,在把郭象法理学置于由中西与古今搭建而成的时空坐标体系之前,我们有必要先行回答:郭象法理学的核心命题是什么?或者说,郭象的法理构想是什么?回答这样的问题,可以作为我们在时空坐标体系中描绘郭象法理学的起点。

一、作为法理命题的圣治

要在当代中国的学术语境下把握郭象法理学的核心命题,有必要参照当代中国的法理学。如果我们把当代中国法理学的核心命题概括为"依法治国",那么,根据同样的理路,郭象法理学的核

---

① 徐良:《"同一性"与"玄同论"——海德格尔和郭象的本体论思想比较研究》,《学术界》2021年第2期,第48—59页。
② 康中乾:《从现象学的视野来理解郭象的"独化"论》,《天津社会科学》2003年第3期,第43—48页。

心命题就可以概括为"圣人治国"或"圣王治国"。相对于当代流行的"法律之治",郭象期待的"圣人治国"或"圣王治国"也可以称为"圣人之治"或"圣王之治"。相对于当代流行的"法治",郭象期待的"圣人之治"或"圣王之治"还可以简称为"圣治"。由此看来,郭象法理学的核心命题可以进一步概括为圣治。那么,为什么是圣治?圣治的构成要素是什么?为什么可以把圣治作为郭象法理学的核心命题?对于这样一些相互关联的问题,可以从多个方面予以分述。

(一)圣治的正当性

当代中国的依法治国或法治,主要是指运用法律实现对国家的治理。相比之下,郭象主张的圣人之治或圣治,则是依靠圣人实现对国家、天下的治理。在当代的法治命题中,法律是实现国家治理的依据;在郭象的圣治命题中,圣人既是实现国家治理、天下治理的依据,同时也是实现国家治理、天下治理的主体。这就是说,一方面,圣治命题中的圣人具有规范的意义:圣人率先垂范,为天下人的行为做出表率,只要天下人效仿圣人,就可以形成理想的文明秩序。另一方面,圣人还是文明秩序得以建构和完善的发动机,这就是说,是圣人在牵引着普天之下的人,进而实现天下大治。对于这样的机理,《尚书·尧典》开篇就有叙述:"曰若稽古,帝尧曰放勋,钦明文思安安,允恭克让。光被四表,格于上下。克明俊德,以亲九族。九族既睦,平章百姓。百姓昭明,协和万邦。黎民于变时雍。"[1]依此记载,尧作为圣人,他持续不断地散发出来的德性之光,首先照亮了他身边的"九族",然后延伸至"九族"之外的"百姓",最后再延伸至"百姓"之外的"万邦"。华夏最初的文明秩序,就是这样建构起来的。

《尚书·尧典》开篇所述的文明秩序原理,能够得到郭象的认

---

[1] 曾运乾注:《尚书》,黄曙辉校点,上海古籍出版社2015年,第2—3页。

同。事实上,郭象对圣治命题的阐述,就是关于这个原理的重述与申论。在郭象看来,要实现对国家及天下的有效治理,要建构理想的文明秩序,要实现由乱到治的转变,必须依赖圣人。在郭象的《庄子注》全书中,尧是最具典型意义的圣人,正如牟宗三所言:"在郭象的《庄注》中,谁代表迹冥圆融呢?就是尧。尧代表圆教,是最高人格——圣人——的模型;许由、务光等代表的并不是最高的境界。一般读《逍遥游》都认为庄子意在高抬许由,其实许由并不行,他只能算小乘,是偏至形态,只偏于冥的一面;尧才能代表圆教的境界。"①牟宗三在此所说的"圆教的境界",就是圆满的圣人境界。

在当代中国,我们所熟悉的法治理论是:在法治的轨道上完善国家治理体系、实现国家治理能力现代化。与之相对应,在魏晋时代,郭象期待的国家治理方式,就是由像尧这样的圣人所代表、所实施的圣治。一个顶尖级别的圣人(譬如尧),因为他的内圣,亦即内在的精神修养,达到了很高的境界,由他来充当帝王、治理国家、陶铸天下,就是最值得期待的圣治。因此,从逻辑上说,圣治的正当性系于圣人的正当性。只要承认圣人的正当性,圣人之治亦即圣治的正当性也就不言而喻了。

从道家的立场上看,圣人、圣治并没有正当性。譬如,《老子》第十九章称:"绝圣弃智,民利百倍;绝仁弃义,民复孝慈;绝巧弃利,盗贼无有。"②这就是说,只有否弃圣人,才能实现天下大治。这种"绝圣弃智"的观点,在《庄子·胠箧》篇中得到了重申:"故绝圣弃知,大盗乃止;擿玉毁珠,小盗不起;焚符破玺,而民朴鄙;掊斗折衡,而民不争;殚残天下之圣法,而民始可与论议。"③由此看来,作为最具代表性的道家文献,《老子》与《庄子》对待圣人、圣法、圣治的观点基本一致:都是排斥与拒绝。

---

① 牟宗三:《中国哲学十九讲》,上海古籍出版社2005年,第181页。
② [魏]王弼注:《老子道德经注》,楼宇烈校释,中华书局2011年,第48页。
③ 方勇译注:《庄子》,中华书局2015年,第150页。

但是,郭象并不认同见于《老子》与《庄子》的这种观点。譬如,针对《应帝王》篇中的"明王之治:功盖天下而似不自己,化贷万物而民弗恃"一语,郭象注称:"天下若无明王,则莫能自得。今之自得,实明王之功也。然功在无为而还任天下,天下皆得自任,故似非明王之功。夫明王皆就足物性,故人人皆云'我自尔',而莫知恃赖于明王。"①这句话是说,如果天下形成了一种自生自发的文明秩序,达到了一个理想的治理状态,从表面上看,这是自然形成的,但从根本上看,这是"明王"治理天下的结果。所谓"明王",就是"内圣外王"之圣王。如果一个圣人履行了治理国家、治理天下的责任,圣人就成为了外王,亦即圣王或明王。如果没有由内圣而外王的"明王",天下不可能得到有效的治理。这就是圣人、圣王的正当性依据,当然也是圣治的正当性依据。

(二) 圣治的构成要素

从实施过程、运行逻辑来看,圣治作为一种与当代中国的法治相对应的国家治理方式,它的构成离不开若干要素,其中,有两个要素尤其重要,不可或缺。

圣治的第一个构成要素可以称为主体要素或物质要素,那就是,先得有圣人。如果没有圣人,就不可能有圣人之治,亦即圣治。那么,像尧那样的圣人,是如何产生的? 郭象的回答是,像尧那样的圣人是天生的,是自然形成的。圣人绝不是他人刻意培育而成的,也不是某个人有成为圣人的雄心壮志,然后经过自己的努力,就成为了圣人。柏拉图想象的"哲学王"是可以培养出来的,但郭象想象的圣人或圣王,是不能培养出来的。

对于圣人的生成机理,郭象针对《人间世》篇中的"是万物之化也,禹舜之所纽也,伏羲几蘧之所行终,而况散焉者乎"一语,告诉

---

① [晋]郭象注,[唐]成玄英疏:《庄子注疏》,曹础基、黄兰发点校,中华书局2011年,第161—162页。

我们:"言物无贵贱,未有不由心知耳目以自通者也。故世之所谓知者,岂欲知而知哉?所谓见者,岂为见而见哉?若夫知见可以欲为而得者,则欲贤可以得贤,为圣可以得圣乎?固不可矣!而世不知知之自知,因欲为知以知之;不见见之自见,因欲为见以见之;不知生之自生,又将为生以生之。故见目而求离朱之明,见耳而责师旷之聪,故心神奔驰于内,耳目竭丧于外,处身不适而与物不冥矣。不冥矣而能合乎人间之变、应乎当世之节者,未之有也。"①

这就是说,一个人并不是因为想成为智者,最后就成为了智者。同样,一个贤人、一个圣人也不是因为想成为贤人、圣人,最后就成为了贤人、圣人。如果一个人希望自己的视力赶得上离朱,或者是希望自己的听力赶得上师旷,这样的愿望即使有,那也是不可能实现的。同样的道理,一个人想要成为像尧那样的圣人,也是不可能的。像尧那样的圣人,都是自然而然地形成的。而且,只有那些无心成为圣人的人,才可能成为圣人,才应当成为圣人,这就正如郭象在关于《应帝王》篇的题注中所言:"夫无心而任乎自化者,应为帝王也。"②

圣治的第二个构成要素可以称为精神要素或心理要素,那就是,圣人要以无心的精神状态或心理状态来治理国家、治理天下。前文提到,只有无心才能成为圣人,同样,无心也是圣人治国的精神状态或心理状态。因而,从无心这个要素来看,圣治也可以理解为圣人无心之治。在《庄子注》全书中,郭象反复叙述了"无心"对圣治的决定作用。譬如,《大宗师》篇中有"彼游方之外者也,丘游方之内者也"一语,郭象注称:"夫理有至极,外内相冥,未有极游外之致而不冥于内者也,未有能冥于内而不游于外者也。故圣人常

---

① [晋]郭象注,[唐]成玄英疏:《庄子注疏》,曹础基、黄兰发点校,中华书局2011年,第83页。
② [晋]郭象注,[唐]成玄英疏:《庄子注疏》,曹础基、黄兰发点校,中华书局2011年,第158页。

游外以冥内,无心以顺有。故虽终日见形而神气无变,俯仰万机而淡然自若。"①这句话集中描述了圣治的精神要素:"游外以冥内","无心以顺有",圣人要以"无心"的精神状态来实施圣治。

类似的论述还有很多。譬如,《刻意》篇中有"圣人之生也天行"一段,郭象注称:"任自然而运动。蜕然无所系。动静无心,而付之阴阳也。无所唱也。会至乃动。任理而起,吾不得已也。天理自然,知故无为乎其间。灾生于违天。累生于逆物。与人同者,众必是焉。同于自得,故无责。泛然无所惜也。付之天理。理至而应。用天下之自光,非吾耀也。用天下之自信,非吾期也。一无所欲。有欲乃疲。乃与天地合其恬惔之德也。"②圣人应当"动静无心",以"恬惔之德"实现对天下的治理。

再譬如,针对《缮性》篇中的"德又下衰,及唐虞始为天下,兴治化之流"一语,郭象注称:"圣人无心,任世之自成。成之淳薄,皆非圣也。圣能任世之自得耳,岂能使世得圣哉!故皇王之迹,与世俱迁,而圣人之道未始不全也。"③这就是说,圣人在治理这个世界的过程中,应当秉持"无心"的原则,听任一个良好的文明秩序在自然而然中形成。

还有《逍遥游》篇中的"之人也,之德也,将旁礴万物以为一,世蕲乎乱"一语,郭象注称:"夫圣人之心,极两仪之至,会穷万物之妙数,故能体化合变,无往不可;旁礴万物,无物不然。世以乱,故求我,我无心也。我苟无心,亦何为不应世哉!然则体玄而极妙者,其所以会通万物之性而陶铸天下之化以成尧舜之名者,常以不为

---

① [晋]郭象注,[唐]成玄英疏:《庄子注疏》,曹础基、黄兰发点校,中华书局2011年,第147页。
② [晋]郭象注,[唐]成玄英疏:《庄子注疏》,曹础基、黄兰发点校,中华书局2011年,第292—293页。
③ [晋]郭象注,[唐]成玄英疏:《庄子注疏》,曹础基、黄兰发点校,中华书局2011年,第300页。

为之耳,孰弊弊焉劳神苦思,以事为事,然后能乎?"①按照这番描述,"圣人之心"应当始终保持"无心"状态。然而,恰恰是这种"无心"的精神状态,赋予了圣人一种神奇的国家治理能力,使他能够"体玄合变""会通万物""陶铸天下"。由此看来,"无心"作为圣治的精神要素也可以表明,圣治中的圣人并不需要"劳神苦思","治"的目标就可以实现。

"虚无"一词意味着,"无"就是"虚",因而,圣人的"无心"也可以表述为"虚心"。譬如,《人间世》篇中有"而强以仁义绳墨之言术暴人之前者。是以人恶有其美也"一语,郭象注称:"是故至人不役志以经世,而虚心以应物。诚信著于天地,不争畅于万物,然后万物归怀,天地不逆。故德音发而天下响会,景行彰而六合俱应,而后始可以经寒暑,涉治乱,而不与逆鳞迕也。"②这里所说的"虚心以应物"就是"无心以应物"。既然"无心"或"虚心"是构成圣治的精神要素,那么,反过来看,对圣治的危害或妨碍主要就是"有心"。一个"有心"之人,既不可能成为圣人,亦不可能成就圣治。因而,针对《天地》篇中的"君子不可以不刳心焉"一段,郭象注称:"有心则累其自然,故当刳而去之。"③"有心"既妨害自然,也妨害圣治,因而必须予以祛除。

(三) 作为法理构想的圣治

在郭象的法理构想中,圣治占据了一个枢纽性的地位,足以代表郭象的法理憧憬,主要的原因就在于:任何政治共同体的由乱到治,都离不开圣君之治。譬如,针对《人间世》篇中的"臣之事君,义

---

① [晋]郭象注,[唐]成玄英疏:《庄子注疏》,曹础基、黄兰发点校,中华书局2011年,第17页。
② [晋]郭象注,[唐]成玄英疏:《庄子注疏》,曹础基、黄兰发点校,中华书局2011年,第74—75页。
③ [晋]郭象注,[唐]成玄英疏:《庄子注疏》,曹础基、黄兰发点校,中华书局2011年,第220页。

也,无适而非君也,无所逃于天地之间"一语,郭象注称:"千人聚不以一人为主,不乱则散。故多贤不可以多君,无贤不可以无君。此天人之道,必至之宜。"①郭象在此所说的"不可以无君",其实就是"不可以无圣人",亦即"不可以无圣治"。从根本上说,在应然层面上,圣人是君主的应然状态,反过来说,君主也是圣人的应然状态。一个理想的君主应当是圣人,应当有圣人之德;一个真正的圣人应当是君主,应当有君主之位。因此,圣治,其实就是圣君之治。

圣君之治就是圣王之治,这就是内圣外王之道。这样的法理憧憬,在郭象为《庄子注》所作的《南华真经序》之开篇,就有开门见山式的说明:"夫庄子者,可谓知本矣,故未始藏其狂言。言虽无会,而独应者也。夫应而非会,则虽当无用;言非物事,则虽高不行。与夫寂然不动、不得已而后起者,固有间矣,斯可谓知无心者也。夫心无为,则随感而应,应随其时,言唯谨尔。故与化为体,流万代而冥物,岂曾设对独遘而游谈乎方外哉! 此其所以不经而为百家之冠也。然庄生虽未体之,言则至矣。通天地之统,序万物之性,达死生之变,而明内圣外王之道,上知造物无物,下知有物之自造也。"②

这段话集中体现了郭象对"内圣外王"的期待:庄子虽然"知本",但其言是"狂言",亦即"无用"或"不经"之言,所以只能作为"百家之冠"。这里的"百家"是跟儒家特别是孔子相对而言的。自汉武帝时代以后,孔子及儒家五经已经不再属于百家,孔子及儒家五经是超越于诸子百家的。即使是在郭象的时代,这也是一个基本的思想共识,正如汤用彤所言:"汉武以来,儒家独尊,虽学风亦随时变,然基本教育固以正经为中心,其理想人格亦依儒学而特推

---

① [晋]郭象注,[唐]成玄英疏:《庄子注疏》,曹础基、黄兰发点校,中华书局2011年,第85页。
② [晋]郭象注,[唐]成玄英疏:《庄子注疏》,曹础基、黄兰发点校,中华书局2011年,"南华真经序",第1页。

周、孔。三国、晋初,教育在于家庭,而家庭之礼教未堕。故名士原均研儒经,仍以孔子为圣人。玄学中人于儒学不但未尝废弃,而且多有著作。王、何之于《周易》《论语》,向秀之《易》,郭象之《论语》,固悉当代之名作也。虽其精神与汉学大殊,然于儒经甚鲜诽谤(阮嗣宗非尧舜,薄汤武,盖一时有激而发)。"①在这样一个思想背景之下,我们可以理解,郭象对孔子及儒家有更多的思想认同。

郭象以"知本"定位庄子,这当然是一个肯定性的评价。但与此同时,这也是一个在肯定中隐含了否定的评价。因为,本与末是相互对应的,以"知本"评价庄子,潜在的含义是:庄子虽然"知本",但并不"知末";虽然"知体",但并不"知用"。这就是庄子不及孔子的根本原因,也是庄子不及儒家圣人的根本原因。庄子仅仅止于"知本",但儒家圣人既"知本",也"知末"。譬如,针对《逍遥游》篇中的"藐姑射之山,有神人居焉。肌肤若冰雪,绰约若处子"一语,郭象注称:"夫圣人虽在庙堂之上,然其心无异于山林之中,世岂识之哉!徒见其戴黄屋,佩玉玺,便谓足以缨绂其心矣;见其历山川,同民事,便谓足以憔悴其神矣,岂知至至者之不亏哉!"②这就是郭象期待的儒家圣人,他们"戴黄屋,佩玉玺",在庙堂之上履行圣王的职责,又"知末""知用",做出了"外王"的事功。但是,他们的起点却是"内圣",他们的心始终都在山林里,这是他们"知本""知体"的具体体现。

因此,圣人都是本末兼知的,"知本"代表"内圣","知末"代表"外王","知末"就是履行君主的职责。从这个角度来看,"内圣外王"也可以解释为"本末相兼"。且看《天地》篇中的"技兼于事"一语,郭象的注文是:"夫本末之相兼,犹手臂之相包。故一身和则百节皆适,天道顺而本末俱畅。"③本末相兼、本末俱畅,其实就是内

---

① 汤用彤:《魏晋玄学论稿》,上海人民出版社2015年,第26页。
② [晋]郭象注,[唐]成玄英疏:《庄子注疏》,曹础基、黄兰发点校,中华书局2011年,第15页。
③ [晋]郭象注,[唐]成玄英疏:《庄子注疏》,曹础基、黄兰发点校,中华书局2011年,第219页。

圣与外王的贯通。再看《马蹄》篇中的"五色不乱,孰为文采! 五声不乱,孰应六律!"一语,郭象注称:"凡此皆变朴为华,弃本崇末,于其天素有残废矣。世虽贵之,非其贵也。"①这里所说的"弃本崇末",显然是指偏离了本末相兼的要求,它既背离了"内圣外王之道",当然也是对"圣治"的背离。

郭象眼里的庄子,虽然是道家的代表人物,但"知本"却不"知末",毕竟不能充当"陶铸天下"的圣人。相比之下,只有像尧那样的儒家圣人,既"知本",也"知末",才能本末并重,才能有效地安顿天下,有效地建构文明秩序。因而,只有像尧那样的圣人及其所代表的圣治,才足以代表内圣外王之道,才可以昭示国家治理唯一正确的方略,才是建构文明秩序唯一正确的方略。圣治命题为什么可以作为郭象法理学的核心命题,圣治为什么可以代表郭象的法理构想,原因就在这里。

二、圣治的自由取向

从中西文化比较的角度来看,或者说,把郭象的圣治命题置于中西或空间这根坐标轴线上看,圣治不仅是一个中国式的法理命题与法理构想,而且具有浓厚的世界意义。因为,郭象的圣治命题具有明显的自由取向,可以在西方近现代以来的自由主义及其法理学中来理解。譬如说,根据黑格尔的论述,自由与法具有特别的关系:"法的基地一般说来是精神的东西,它的确定的地位和出发点是意志。意志是自由的,所以自由就构成法的实质和规定性。至于法的体系是实现了的自由的王国,是从精神自身产生出来的、作为第二天性的那精神的世界。"②黑格尔的这个论断表明,自由就是法的本质所在。借鉴"道成肉身"这个说法,黑格尔的观点甚

---

① [晋]郭象注,[唐]成玄英疏:《庄子注疏》,曹础基、黄兰发点校,中华书局2011年,第185页。
② [德]黑格尔:《法哲学原理》,范扬、张企泰译,商务印书馆1961年,第10页。

至可以解释为:法乃是自由这个"道体"所凝聚而成的"肉身"。无独有偶,郭象的圣治命题,以及郭象以圣治为核心的法理构想,同样是把自由作为基本的价值准则。郭象圣治命题中的自由取向,虽然颇具中国性,是中国文化传统的产物,但与西方的自由主义及其法理学,具有很大的共通性,值得相互比较与对照。

(一) 从两个方面理解圣治的自由取向

综合郭象在各种语境下的相关论述,圣治命题中的自由取向可以从两个方面来理解:其一,圣治是圣人之治,圣人本身是自由的;其二,圣治的理念、原则、方式是自由的。

先看圣人本身的自由。在圣治命题中,圣人作为文明秩序的设计者、引领者、塑造者,他本身就是自由的。圣人的自由可以用孔子的名言来描述:"从心所欲,不逾矩。"朱熹解释说:"随其心之所欲,而自不过于法度,安而行之,不勉而中也。"①这就是孔子作为圣人的自由。分而述之,一方面,圣人的自由既是一种应然:圣人应当是自由的。另一方面,圣人的自由也是一种实然:圣人就意味着"从心所欲"式的自由,倘若没有这样的自由,他就不是严格意义上的圣人,圣治作为一个法理命题也就不能成立。由此可见,圣治以圣人本身的自由作为前提条件。当然,我们能够理解,魏晋时期的郭象不可能直接用"自由"二字界定圣治中的圣人;在那个时代,汉语中还没有现代意义的自由概念。但是,郭象提供了多种替代性的表达方式,譬如"自然""无待",等等,都可以作为关于自由的解释或描述。

"自然"就是自然而然,"无待"就是不依赖于外在条件,这就是郭象理解的自由。《齐物论》篇中有"吾所待又有待而然者邪"一语,郭象注称:"若责其所待而寻其所由,则寻责无极,卒至于无待,而独化之理明矣。"②这里的"独化"概念,在郭象思想体系中占据

---

① [宋]朱熹:《四书章句集注》,中华书局2011年,第56页。
② [晋]郭象注,[唐]成玄英疏:《庄子注疏》,曹础基、黄兰发点校,中华书局2011年,第60页。

了一个重要的地位。"独化"的实质,就是独立地实现了预期的理想目标。因而,"独化"的实质就是"自然"与"无待"。再看《逍遥游》篇中的"若夫乘天地之正而御六气之辩,以游无穷者,彼且恶乎待哉"一语,郭象注称:"天地者,万物之总名也。天地以万物为体,而万物必以自然为正。自然者,不为而自然也。"因此,"乘天地之正者,即是顺万物之性也;御六气之辩者,即是游变化之涂也。如斯以往,则何往而有穷哉!所遇斯乘,又将恶乎待哉!此乃至德之人玄同彼我者之逍遥也。苟有待焉,则虽列子之轻妙,犹不能以无风而行,故必得其所待然后逍遥耳"。对此,成玄英还提供了进一步的疏解:"言无待圣人,虚怀体道,故能乘两仪之正理,顺万物之自然,御六气以逍遥,混群灵以变化。苟无物而不顺,亦何往而不通哉!"①

成玄英所说的"无待圣人",就是"无待之圣人",亦即郭象所说的"至德之人"。这样的圣人不依赖、不期待任何外在条件。所谓"恶乎待哉",就是无所待,就是无待。因而,"无待"写照了圣人的自由,也说明了圣人的本质。至于像列御寇之类的人,尽管可以很轻妙地移动,但毕竟对风有期待、有依赖,也就比不上圣人的无待。无所期待的圣人就是自由的圣人,完全无待的圣人就是彻底自由的圣人。

再看圣人治国原则、治国方式的自由。这种自由是指,圣人在圣治的实践过程中,秉持自由的理念、按照自由的原则与方式,实现对国家、天下的治理。

在此需要注意的是,作为圣人治国原则、治国方式的自由,绝不是圣人按照自己的个人意志恣意妄为。从法理上看,那不仅不是自由,反而是站在了自由的对立面,因为,那正是孟德斯鸠所定

---

① [晋]郭象注,[唐]成玄英疏:《庄子注疏》,曹础基、黄兰发点校,中华书局2011年,第11页。

义的专制政体:"专制政体也是一人单独执政的政体,但既无法律又无规则,全由他的个人意愿和喜怒无常的心情处置一切。"① 专制的本质是君主恣意而为,但其他人没有自由。与专制不同,圣治命题中的自由取向,其本质在于,其他人有自由;至于君主,按照郭象的圣治命题,由于君主都应当是圣人充任的,圣人都是自由的,所以君主也是自由的。但是,按照西方的自由主义及其法理学,君主不仅不是圣人,反而是需要防范的对象,因而,君主及其代表的国家权力将受到法律的严格限制与约束。

当然,反过来说,即使是按照郭象的圣治命题,君主(圣人)也会受到规则的约束,这条规则就是无为。换言之,圣治命题中的君主(圣人)只要遵循无为的原则与方式,民众就可以获得最大的自由,享有最大的自由空间。不过,再次反过来看,虽然君主(圣人)要受"无为"这条规则的约束,但是,这跟西方自由主义法理学所讲的以法律制约权力、以法律制约君主,又有本质的区别,因为,在郭象的圣治命题中,无为是圣人(君主)的本质规范性,圣人(君主)并不是被"无为"这条规范束缚或捆绑起来的。如果圣人需要束缚或捆绑,那他就不是圣人了,圣治命题及法理构想,也就不能成立了。

圣人以无为的方式维护、保障天下人的自由,是郭象反复表达的一个观点。在《逍遥游》篇中,许由告诉尧,"子治天下,天下既已治也",郭象注称:"夫能令天下治,不知天下者也。故尧以不治治之,非治之而治者也。今许由方明既治,则无所代之。而治实由尧,故有子治之言。宜忘言以寻其所况。而或者遂云:治之而治者,尧也;不治而尧得以治者,许由也。斯失之远矣。夫治之由乎不治,为之出乎无为也。取于尧而足,岂借之许由哉!若谓拱默乎山林之中而后得称无为者,此老庄之谈所以见弃于当涂,当涂者自

---

① [法]孟德斯鸠:《论法的精神》上卷,许明龙译,商务印书馆2011年,第17—18页。

必于有为之域而不反者,斯之由也。"①这就是说,尧这样的圣人实行的国家治理方式可以概括为"不治"。在"不治"与"治之"之间,"治之"是目标、结果,"不治"是手段、方式。

在这段注文中,郭象专门批判了"或者"所代表的观点:"治之而治者,尧也;不治而尧得以治者,许由也。"他认为这种观点"失之远矣"。显然,郭象不能认同"或者"所代表的观点。那么,这里的"或者"到底是谁呢?汤一介认为,这里的"或者"就是庄子本人。因为,"其实'或者'的观点正是庄周的原意。照庄周的原意确实认为许由高于尧,而郭注却认为尧高于许由,因为能'以不治,治之'的正是尧而不是许由。郭象注显然已与庄周原意不符。然而既然是注《庄子》,就不便定庄周的原意,因而他于此又采用了魏晋玄学家通常采用的'得意忘言'的方法,这就是他说的,对庄周应是'宜忘言以寻其所况',抛开《庄子》的那些字面意义,从其比喻中来领会精神实质。这种'寄言出意'的注释方法,是郭象用于注《庄子》的特别重要的方法"。因而,"郭象的这段注,虽说'尧以不治,治之',而它和'或者'的观点(实即庄周的原意)的不同,就在于他强调的是'治之',而'或者'强调的是'不治'天下。所以郭象并不象庄周那样要否定'治天下',因为'以不治,治之'仍然是一种'治天下',而只不过认为应以'不治'来使'天下治'"。②

把庄子本人当作这里的"或者",也许在"坐实"的方向上走得略微远了一些。这里的"或者"所代表的观点,大体上符合庄子其人或《庄子》其书的立场,但也可能是郭象所知的流行于魏晋时期的一种观点。因为,根据道家或《庄子》的逻辑,超凡脱俗的许由确实要高于关心世事的尧,因此,"或者"所代表的观点并无奇特之

---

① [晋]郭象注,[唐]成玄英疏:《庄子注疏》,曹础基、黄兰发点校,中华书局2011年,第13页。
② 汤一介:《读郭象〈庄子注〉札记》,《文献》1981年第2期,第175—176页。

处。相反,倒是郭象对"或者"的批判,体现了郭象圣治命题的一个核心取向:在圣治过程中,圣人应当尽可能按照自由的原则实现对天下的治理,亦即无为而治。只有圣人"无为"与"不治",才可能把自由的空间更多地留给天下人,同时也才能实现"治之"的效果。《应帝王》篇中有"是欺德也"一节,郭象注称:"以己制物,则物失其真。夫寄当于万物,则无事而自成;以一身制天下,则功莫就而任不胜也。全其性分之内而已。各正性命之分也。不为其所不能。禽兽犹各有以自存,故帝王任之而不为则自成也。"①这里所说的"任之而不为",就是放任天下之人,就是以不干预的方式,让天下人获得最大限度的自由。所谓"自成",就是"治之"的目标得到了实现。

再看《天道》篇中的"静则无为,无为也则任事者责矣"一段,郭象的注文进一步解释了旨在维护自由的无为:"夫无为也,则群才万品,各任其事,而自当其责矣。故曰'巍巍乎!舜禹之有天下而不与焉',此之谓也。俞俞然,从容自得之貌。寻其本,皆在不为中来。"至于像尧舜那样的人,"皆无为之至也。有其道为天下所归而无其爵者,所谓素王自贵也"。像巢许、伊望那样的人,"此又其次也。故退则巢许之流,进则伊望之伦也。夫无为之体大矣,天下何所不为哉!故主上不为冢宰之所任,则伊吕静而司尹矣;冢宰不为百官之所执,则百官静而御事矣;百官不为万民之所务,则万民静而安其业矣;万民不易彼我之所能,则天下之彼我静而自得矣。故自天子以下至于庶人,下及昆虫,孰能有为而成哉?是故弥无为而弥尊也"。②只有君主无为,才可能给"群才万品"开辟"各任其事"的广阔空间;只有君主无为,才可能为"冢宰""百官"树立榜样,天

---

① [晋]郭象注,[唐]成玄英疏:《庄子注疏》,曹础基、黄兰发点校,中华书局2011年,第159—160页。
② [晋]郭象注,[唐]成玄英疏:《庄子注疏》,曹础基、黄兰发点校,中华书局2011年,第248—249页。

下所有人的自由才可能得到维护。

为了维护、保障自由，郭象的圣治命题主张无为而治。然而，孔子也讲无为而治。据《论语·为政》，孔子认为："为政以德，譬如北辰，居其所而众星拱之。"朱熹的理解是："为政以德，则无为而天下归之，其象如此。程子曰：'为政以德，然后无为。'范氏曰：'为政以德，则不动而化、不言而信、不为而成。所守者至简而能御烦，所处者至静而能制动，所务者至寡而能服众。'"①简而言之，"为政以德"就是要求为政者像北斗星那样，既不动，也无为。

针对孔子的"为政以德"，郭象在《论语体略》中亦有解释："万物皆得性谓之德，夫为政者奚事哉？得万物之性，故云德而已也。得其性则归之，失其性则违之。"②这就是说，"为政以德"的要旨就是，为政者要让万物发展自己的本性，不要违背万物的本性；为政者让万物自然而然，那就符合"为政以德"的要求。《淮南子·原道训》举了一个"为政以德"的例子："禹知天下之叛也，乃坏城平池，散财物，焚甲兵，施之以德，海外宾服，四夷纳职。"③在这里，禹所施之"德"，其实主要就是"无为"。因而，"清静者德之至也"④。只有清静无为，才是最高的德。这样一些关于德的解释表明，郭象反复致意的无为而治，既是一个道家的观念，更是一个儒家的观念，反映了儒道两家的一个政治共识与法理共识。

当然，圣人根据自由的原则与方式实行无为而治，并不是像泥菩萨那样拱手缄默。《在宥》篇中有"君子不得已而临莅天下，莫若无为。无为也，而后安其性命之情"一段，郭象注称："无为者，非拱默之谓也，直各任其自为，则性命安矣。不得已者，非迫于威刑也，

---

① ［宋］朱熹：《四书章句集注》，中华书局2011年，第55页。
② ［晋］郭象：《论语体略》（据马国翰《玉函山房辑佚书》），载汤一介：《郭象与魏晋玄学》（附录一有关郭象的生平和著作的资料），中国人民大学出版社2014年，第365页。
③ 陈广忠译注：《淮南子》，中华书局2012年，第13页。
④ 陈广忠译注：《淮南子》，中华书局2012年，第31页。

直抱道怀朴,任乎必然之极,而天下自宾也。若夫轻身以赴利,弃我而殉物,则身且不能安,其如天下何! 解攫则伤也。出处语默,常无其心而付之自然。神顺物而动,天随理而行。若游尘之自动。任其自然而已。"① 这就是说,君主无为的要旨在于给天下人提供最大的自由空间,无为而治既可以是"处"与"默",也可以是"出"与"语",只要"无其心",一切"付之自然",一切"任其自然",那就把握了圣人无为而治的真谛。这就是圣治的自由取向在治国原则、治国方式层面上的含义。

（二）圣治的自由取向与西方的自由观念

前文提到,已有学者把郭象的自由观与康德的自由观进行比较,两者之间的可比性表明,郭象在圣治命题中所表达的自由取向,可以通过西方的自由观念来理解。在康德的自由观之外,西方近代以来若干颇具代表性的自由主义思想家及其自由观,譬如密尔、哈耶克的自由观,与郭象的自由观都有契合之处,且不乏法理意义,因而有必要稍作比较。

先看 19 世纪的英国人密尔（John Stuart Mill,1806—1873）。密尔在 1859 年写成的《论自由》一书,在自由资本主义时代具有很大的影响,堪称西方 19 世纪中叶的"时代精神说明书"。20 世纪初,此书由严复以《群己权界论》为题译成中文之后,在当时的中国思想界也产生了很大的影响。这本自由主义的经典著作开篇就指出:"这里所要讨论的乃是公民自由或社会自由,也就是要探讨社会所能合法施用于个人的权力的性质和限度。"② 这里的能够"合法施用于个人的权力"就是国家权力。按照这样的界定,自由的根本问题就是国家权力干预个人的限度问题。按照密尔的逻辑,国家施用于个人的权力越少,个人的自由就越多。

---

① ［晋］郭象注,［唐］成玄英疏:《庄子注疏》,曹础基、黄兰发点校,中华书局 2011 年,第 203 页。
② ［英］密尔:《论自由》,许宝骙译,商务印书馆 2011 年,第 1 页。

到了 20 世纪,活跃于欧美的哈耶克(Friedrich August von Hayek,1899—1992)成为了西方自由主义的重要代表。他的《自由秩序原理》(又译《自由宪章》)堪称 20 世纪自由主义及其法理学的代表性著作。他在此书中写道:"本书乃是对一种人的状态的探究;在此状态下,一些人对另一些人所施以的强制,在社会中被减至最小可能之限度。在本书中,我们将把此一状态称之为自由的状态。""自由意味着始终存在着一个人按其自己的决定和计划行事的可能性;此一状态与一人必须屈从于另一人的意志(他凭藉专断决定可以强制他人以某种具体方式作为或不作为)的状态适成对照。经常用以描述这种自由状态的古老的说法,因而亦就是'独立于他人的专断意志'。"[1]因此,自由的对立面就是他人的"专断意志",这种"专断意志"见之于实践,就是强制。因而,对于自由来说,"强制是一种恶,它阻止了一个人充分运用他的思考能力,从而也阻止了他为社会做出他所可能做出的最大的贡献。尽管被强制者在任何时候仍会为了自己的利益而竭尽努力,但是在强制的境况下,他的行动所必须符合的唯一的综合设计却出于另一个人的心智,而非他自己的意志"[2]。按照哈耶克的解释,自由主要是指一个人独立于他人的强制或专断意志。

尽管密尔、哈耶克所表达的自由主义各有旨趣,但在他们的论述中,还是可以找到一些关键性的最大公约数。譬如,他们都从国家与公民的关系中理解自由,他们都认为,国家对公民的干预、强制越少,公民的自由就越多。这样的自由,与郭象所理解的自由基本上是一致的。譬如,针对《在宥》篇中的"闻在宥天下,不闻治天下也"一语,郭象说:"宥使自在则治,治之则乱也。人之生也,直莫

---

[1] [英]哈耶克:《自由秩序原理》,邓正来译,生活·读书·新知三联书店 1997 年,第 3—5 页。
[2] [英]哈耶克:《自由秩序原理》,邓正来译,生活·读书·新知三联书店 1997 年,第 165 页。

之荡则性命不过,欲恶不爽。在上者不能无为,上之所为而民皆赴之,故有诱慕好欲,而民性淫矣。故所贵圣王者,非贵其能治也,贵其无为而任物之自为也。"① 这就是说,掌握了国家权力的人,要坚持以无为的原则去治国,不能以"治"的方式去治国,如果在上者试图"治之",本质上就是把国家权力施加于个人,那就会导致"乱"的后果。

从法治、法理的角度来看,郭象的自由观念与西方的自由观念有一些共性,譬如,都强调国家权力尽量不要强制个人,都要求国家权力要为个人留下最大的自由空间。当然,两者之间也有很多差异,譬如,西方的自由观念偏重于个体本位,郭象的自由观念偏重于群体和谐,郭象看重的由乱到治就是走向群体或共同体的和谐。此外,郭象期待的圣人及圣治,与西方自由主义法理学想象的国家及法治,也有明显的不同,这样的差异根源于文明秩序原理之逻辑起点。这是另一个主题,这里不再展开。

以上分析表明,如果着眼于圣治的世界性与世界意义,如果着眼于中西文明的会通与比较,如果在中西或空间轴线上看,郭象关于圣治的法理构想,呈现出明显的自由取向,与西方的自由观念及自由主义法理学,都有很多相通之处。

三、圣治的民本取向

郭象圣治命题的自由取向及世界意义,上文已经有所揭示。在此基础上,如果在古今或时间轴线上看,如果对郭象的圣治命题进行推陈出新,并予以创造性转化,那么,郭象关于圣治的法理构想还呈现出明显的民本取向及当代意义。这就正如余敦康在论及郭象及其思想时所言:"照郭象看来,人皆有性,人人都在追求适合

---

① [晋]郭象注,[唐]成玄英疏:《庄子注疏》,曹础基、黄兰发点校,中华书局2011年,第200页。

于自己特殊本分的逍遥,这种逍遥并非只是一种心理满足或精神境界,更重要的是物质生活的满足。"因而,"这是一种本于儒家的浓郁的人文情怀和民本思想,因而判断统治者的决策是否正确,应以人人是否得性以及人民的满意程度为标准"。①

就思想源流来看,郭象圣治命题中蕴含的民本取向、民本原则,并非郭象的首创。早在郭象之前,民本就已经形成了一个悠久的且影响深远的传统。对于中国早期的民本思想及其后来的流变,学界多有研究,②这里不再详述。值得注意的是,在魏晋时代,民本思想有一个现实性、整体性的背景,那就是曹操所说的"白骨露于野,千里无鸡鸣。生民百遗一,念之断人肠"③。稍后,西晋的"八王之乱"及随后的"永嘉之乱",都为郭象所亲见亲历。从东汉末年直至郭象时代,都是典型的乱世,读书人的处境固然糟糕,相比之下,底层"生民"所遭受的苦难更为深重。在这样的时代,郭象在圣治命题中所彰显的民本取向,不仅在魏晋时代具有直接的现实针对性,而且在一千七百多年后的今天,依然具有值得挖掘、值得转化的价值与意义。

民本的古典含义可以理解为:"民惟邦本,本固邦宁。"④这种关于民本的阐释,主要在于强调"民"对于"邦"的价值与意义。郭象的圣治命题并未过多地强调"本固邦宁"。相反,郭象圣治命题中的民本取向,反而更多地呈现出以"民"为中心的当代意义。

(一) 民生为本

民本的起点是民生,因此,民本的第一个层面是民生为本。民

---

① 余敦康:《魏晋玄学史》,北京大学出版社 2016 年,"魏晋玄学与儒道会通"(代序),第 15 页。
② 关于中国民本思想的历史,学术史上已有专门的研究,譬如,金耀基:《中国民本思想史》,法律出版社 2008 年;张分田:《民本思想与中国古代统治思想》,南开大学出版社 2009 年;李明、高巧玲:《儒家民本观概说》,山东人民出版社 2019 年,等等。
③ [三国]曹操:《曹操集》,中华书局 2012 年,第 4 页。
④ 王世舜、王翠叶译注:《尚书》,中华书局 2012 年,第 369 页。

生为本主要着眼于民众的物质利益,其最低的要求,以当代的法理话语来说,就是保障人民的生存权,或者说是保障人民免于物质匮乏的权利。因此,如果要讲民本,民生可以说是最基础的民本。

对于民生层面上的民本,郭象有具体的论述。《马蹄》篇有"彼民有常性,织而衣,耕而食,是谓同德"一语,郭象注称:"夫民之德,小异而大同。故性之不可去者,衣食也;事之不可废者,耕织也:此天下之所同而为本者也。守斯道者,无为之至也。"①这句话集中表达了郭象的"民生为本"之观点。在郭象看来,"无为"体现了圣治的运作方式与实践形态,但是,"无为"之"圣治"有一个需要遵循的根本,那就是要回应大同小异的"民之德"。表面上看,"民之德"似乎玄远而抽象,其实,"民之德"就是民之衣食及其耕织,这是最基本的民生,也是民本的底线。

再看《天运》篇中的"使亲忘我易,兼忘天下难;兼忘天下易,使天下兼忘我难"一语,郭象注称:"夫至仁者,百节皆适,则终日不自识也。圣人在上,非有为也,恣之使各自得而已耳。自得其为,则众务自适,群生自足,天下安得不各自忘哉!各自忘矣,主其安在乎?斯所谓兼忘也。"②这句话的关键是"群生自足"与"众务自适",把两者合起来,刚好就是今天所说的"群众"能够自足、自适。所谓"自足",首先体现为衣食方面的自足,用现在的话来说,就是"丰衣足食",至少也是"免于冻饿",这依然是对民生为本的强调。

郭象所表达的这种民生为本的观念,与唯物史观具有较高的契合度,可以用唯物史观来解释。正如马克思主义经典作家所指出的:"人民为了能够'创造历史',必须能够生活。但是为了生活,首先就需要衣、食、住以及其他东西。因此第一个历史活动就是生

---

① [晋]郭象注,[唐]成玄英疏:《庄子注疏》,曹础基、黄兰发点校,中华书局2011年,第183—184页。
② [晋]郭象注,[唐]成玄英疏:《庄子注疏》,曹础基、黄兰发点校,中华书局2011年,第270页。

产满足这些需要的资料,即生产物质生活本身。同时这也是人们仅仅为了能够生活就必须每日每时都要进行的(现在也和几千年前一样)一种历史活动,即一切历史的基本条件。"①马克思恩格斯在此所说的"衣、食、住"及其生产,正是郭象强调的"不可去"的"衣食"与"耕织"。马克思主义经典作家对"衣、食、住"的强调,主要在于阐明唯物史观,亦即历史唯物主义。相比之下,郭象对"衣食"与"耕织"的看重,主要在于夯实圣治的基础,那就是"民生为本"意义上的民本。从法治、法理的角度来看,郭象的这种民生为本的取向,与当代中国的民生法治具有很强的关联性,可以作为滋养当代中国民生法治理论及实践的历史文化资源。

(二) 民心为本

坚持以民生为本,注重保障民众的衣食,无疑具有基础地位。在坚持民生为本的前提下,如果要在民本的方向上再进一步,那就要坚持民心为本。虽然注重民生也有助于赢得民心,但是,民心较之于民生,毕竟是一个有待追求的更高目标,可以代表更高层次的民本。在当代社会,我们听说过"端起碗吃饭,放下碗骂娘"这样一句俗语,它虽然比较粗糙,但却有助于我们理解一个基本的原理:坚持民本的原则,仅仅止步于衣食方面还是不够的,还需要把民心作为国家治理的根本。如果能够获得民众在心理上、情感上、思想上的认同,国家治理的正当性依据,就具备了一个更加坚实可靠的基础。正是着眼于民心层面上的民本,郭象在圣治的框架下,反复论述了民心为本的必要性、重要性。

先看《列御寇》篇中的"圣人安其所安,不安其所不安"一语,郭象注称:"夫圣人无安无不安,顺百姓之心也。"②《列御寇》篇中的原文仅仅指出,圣人有所安,也有所不安。但郭象的观点却是:圣

---

① 《马克思恩格斯选集》第一卷,人民出版社1972年,第32页。
② [晋]郭象注,[唐]成玄英疏:《庄子注疏》,曹础基、黄兰发点校,中华书局2011年,第545页。

人之心,无所谓安与不安,圣人之心完全顺乎百姓之心,圣人之心与百姓之心保持着高度的同一性。在心理感受方面,圣人与百姓同声相应、同气相求。圣人与百姓同呼吸、共命运。百姓心中的忧乐就是圣人心中的忧乐,百姓的心愿就是圣人的心愿。概而言之,圣人在国家治理的实践中,亦即在圣治的展开过程中,应当完全顺乎民心,这就是郭象旨在揭示的民心为本之旨趣。针对《天地》中的"事求可,功求成,用力少,见功多者,圣人之道"一语,郭象注称:"圣人之道,即用百姓之心耳。"①圣人之道就是圣治之道,圣治之道的核心要义就在于回应、尊重百姓之心。这就是说,圣治的一个基本准则就是民心为本。

所谓"用百姓之心",其实践指向就是:圣人不违百姓之心。《列御寇》篇中有"今宋国之深,非直九重之渊也"一语,郭象注称:"夫取富贵,必顺乎民望也,若挟奇说,乘天衢,以婴人主之心者,明君之所不受也。故如有所誉,必有所试,于斯民不违,金曰举之,以合万夫之望者,此三代所以直道而行之也。"②这句话的关键是"顺乎民望"。民望就是民众的希望。所谓"顺乎民望",其实就是顺乎民意或"不违""斯民"之意,亦即上文所说的"用百姓之心"。

再看《在宥》篇中的"独有之人,是谓至贵"一语,郭象注称:"夫与众玄同,非求贵于众,而众人不能不贵,斯至贵也。若乃信其偏见而以独异为心,则虽同于一致,故是俗中的一物耳,非独有者也。未能独有,而欲饕窃轩冕,冒取非分,众岂归之哉!故非至贵也。"③这就是说,圣人不能有"求贵于众"的"独异"之心,圣人只有

---

① [晋]郭象注,[唐]成玄英疏:《庄子注疏》,曹础基、黄兰发点校,中华书局2011年,第236页。
② [晋]郭象注,[唐]成玄英疏:《庄子注疏》,曹础基、黄兰发点校,中华书局2011年,第552页。
③ [晋]郭象注,[唐]成玄英疏:《庄子注疏》,曹础基、黄兰发点校,中华书局2011年,第214页。

始终与民众心连心,才能实现民众"归之"的政治效果、治理效果。说到底,这还是在讲民心乃圣治之本。

据《论语·卫灵公》,孔子有一句名言是:"吾尝终日不食,终夜不寝,以思,无益,不如学也。"郭象的注文却是:"圣人无诡教,而云不寝不食以思者何?夫思而后通,习而后能者,百姓皆然也。圣人无事而不与百姓同事,事同则形同。是以见形以为己异,故谓圣人亦必勤思而力学,此百姓之情也。故用其情以教之,则圣人之教因彼以教,彼安容诡哉。"①尽管这里的圣人是指孔子而不是指君主,但孔子毕竟享有"素王"之尊,虽无天子之位,却有天子之德。因而,孔子与百姓之间的"事同""形同",乃至"情同"或"心同",依然旨在彰显圣人、圣治对民情、民心的积极回应。

民心为本,就是争取民心的认同,亦即赢得民心。《论语·卫灵公》篇中有"吾之于人也,谁毁谁誉?如有所誉者,其有所试矣。斯民也,三代之所以直道而行也"一语,郭象注称:"无心而付之天下者,直道也。有心而使天下从己者,曲法。故直道而行者,毁誉不出于区区之身,善与不善,信之百姓。故曰:吾之于人,谁毁谁誉,如有所誉,必试之斯民也。"②君主的行为"必试之斯民",看能否得到"斯民"的赞誉;如果能够获得"斯民"的赞誉,那就意味着得到了民心。

最后,我们再看《逍遥游》篇中的"吾将为宾乎"一语,郭象注称:"自夫任者,对物而顺物者,与物无对。故尧无对于天下,而许由与稷契为匹矣。何以言其然邪?夫与物冥者,故群物之所不能离也。是以无心玄应,唯感之从,泛乎若不系之舟,东西之非已也。

---

① [晋]郭象:《论语体略》(据马国翰《王函山房辑佚书》),载汤一介:《郭象与魏晋玄学》(附录一有关郭象的生平和著作的资料),中国人民大学出版社2014年,第366页。
② [晋]郭象:《论语体略》(据马国翰《王函山房辑佚书》),载汤一介:《郭象与魏晋玄学》(附录一有关郭象的生平和著作的资料),中国人民大学出版社2014年,第366页。

故无行而不与百姓共者,亦无往而不为天下之君矣。"①这段话的要义也是民心为本、民意为本。对于这段话的当代意义,贺昌群已有揭示,他说:"试以今义释之。国家之组织为政府与人民,政府之行事措施,专断自任,不以人民之意向为意向,则政府与人民为对,而人民亦必与政府为对。政府与人民成对立之时,政府必藉政治压力加于人民,压力愈大,其反对之力亦愈大,于是政治社会呈分裂或紊乱之状矣。"反过来,"若为政者'顺物而与物无对',则政府与人民一体,政府之意志即人民之意志,人民之意志亦政府之意志,如鱼相忘于江湖,此'群物之所不能离也'。鱼与江湖相因而成,政府与人民亦相因而成"。② 概括起来,当政府与人民始终同心同德,那就意味着,民心为本的原则已经得到了遵循。

(三) 自由个性

如果说,民生为本可以看作民本的初级目标,民心为本可以看作民本的高级目标,通过进一步的研究可以发现,郭象圣治命题中的民本取向还有一个更高的终极目标。对于这个终极目标,不妨概括为自由个性。

"自由个性"作为一个概念、一种理论,可以追溯至马克思的著作。在《经济学手稿(1857—1858年)》中,马克思认为,人类社会的演进可以分为三个阶段,呈现出三种形态。其中,"人的依赖关系(起初完全是自然发生的),是最初的社会形态,在这种形态下,人的生产能力只是在狭窄的范围内和孤立的地点上发展着。以物的依赖性为基础的人的独立性,是第二大形态,在这种形态下,才形成普遍的社会物质变换,全面的关系,多方面的需要以及全面的

---

① [晋]郭象注,[唐]成玄英疏:《庄子注疏》,曹础基、黄兰发点校,中华书局2011年,第13页。
② 贺昌群:《魏晋清谈思想初论》,商务印书馆2011年,第97页。

能力的体系。建立在个人全面发展和他们共同的社会生产能力成为他们的社会财富这一基础上的自由个性,是第三个阶段"。① 马克思在此所说的自由个性,其实质就是每个人自由而全面的发展。虽然自由个性是马克思主义经典作家所创造的概念,但是,在郭象关于圣治命题及其民本取向的论述中,我们却可以看到这个概念在魏晋时期的中国式表达、古典化呈现。

先看《外物》篇中的"人有能游,且得不游乎!人而不能游,且得游乎"一语,郭象注称:"性之所能,不得不为也;性所不能,不得强为,故圣人唯莫之制,则同焉皆得而不知所以得也。"对此,成玄英还提供了进一步的疏解:"夫人禀性不同,所用各异,自有闻言如影响,自有智昏菽麦,故性之能者,不得不由;性之无者,不可强涉。各守其分,则物皆不丧。"②适当参考成玄英的疏文,郭象注文的立意就更清楚了:圣人作为国家权力的代表与象征,绝不能强制共同体内的每个人,相反,圣人要尽可能尊重每个人的个性、禀性,保障每个人根据自己的个性、禀性,自由而全面地发展自己。

再看《论语·宪问》所载的孔子与子路的一则对话,孔子最后说:"修己以安百姓,尧舜其犹病诸?"郭象注称:"夫君子者不能索足,故修己索己。故修己者仅可以内敬其身,外安同己之人耳。岂足安百姓哉?百姓百品,万国殊风,以不治治之,乃得其极。若欲修己以治之,虽尧舜必病,况君子乎?今尧舜非修之也,万物自无为而治。若天之自高,地之自厚,日月之明,云行雨施而已。故能夷畅条达,曲成不遗而无病也。"③这段话包含了丰富的思想信息,其中的一个要点是"百姓百品"。这就是说,圣人要充分理解民众

---

① 《马克思恩格斯全集》第四十六卷上册,人民出版社1979年,第104页。
② [晋]郭象注,[唐]成玄英疏:《庄子注疏》,曹础基、黄兰发点校,中华书局2011年,第488—489页。
③ [晋]郭象:《论语体略》(据马国翰《王函山房辑佚书》),载汤一介:《郭象与魏晋玄学》(附录一有关郭象的生平和著作的资料),中国人民大学出版社2014年,第366页。

的多样性,因为每个人都有自己个性化的秉赋。在圣治的过程中,圣人不能把自己的偏好强加给他人,圣人要让每个人自由而全面地成就自己、发展自由、完善自己。

还有《秋水》篇中的"井蛙不可以语于海者"一段,郭象注称:"夫物之所生而安者,趣各有极。""穷百川之量而县于河,河县于海,海县于天地,则各有量也。此发辞气者,有似乎观大可以明小,寻其意则不然。夫世之所患者,不夷也,故体大者怏然谓小者为无馀,质小者块然谓大者为至足。是以上下夸跂,俯仰自失,此乃生民之所惑也。惑者求正,正之者莫若先极其差而因其所谓。所谓大者至足也,故秋毫无以累乎天地矣;所谓小者无馀也,故天地无以过乎秋毫矣。然后惑者有由而反,各知其极。物安其分,逍遥者用其本步而游乎自得之场矣,此庄子之所以发德音也。若如惑者之说,转以小大相倾,则相倾者无穷矣。若夫睹大而不安其小,视少而自以为多,将奔驰于胜负之境而助天民之矜夸,岂达乎庄生之旨哉!"①因而,"以小求大,理终不得。各安其分,则大小俱足矣。若毫末不求天地之功,则周身之余皆为弃物;天地不见大于秋毫,则顾其形象裁自足耳,将可以知细之定细、大之定大也!"②

郭象在此批评的"惑者",在汤一介看来,其实就是庄子所代表的观点:"虽然郭象说,庄周不是从大小的相对性上来取消大小的差别,而其实庄周的相对主义正是从这种大小之辩立论的。郭象认为,说任何事物都是一样的,无所谓大小,那是因为各个事物都有各个事物的本性,从其都是'自足其性'方面看,就都是一样的'大'。如大鹏之飞九万里,学鸠之飞枪榆枋,从满足其性分的要求这点说,他们都是一样的'大'。从其最大限度也都只能是'自足其

---

① [晋]郭象注,[唐]成玄英疏:《庄子注疏》,曹础基、黄兰发点校,中华书局2011年,第306—307页。
② [晋]郭象注,[唐]成玄英疏:《庄子注疏》,曹础基、黄兰发点校,中华书局2011年,第310页。

性'方面看都是'无余',也可以说都是一样的'小'。郭象的相对主义和庄周的不同,是以所谓'自足其性'作为立论的根据的。"①

当然可以把郭象的观点解释成相对主义,但与此同时,我们也可以立足于当代的政道与法理,把郭象的观点解释为:自由个性的憧憬,亦即追求每个人自由而全面的发展。譬如说,大鹏飞九万里,体现了大鹏在自由地发展自己的个性;学鸠"决起而飞,枪榆坊"②,同样体现了学鸠在自由地发展自己的个性。在人与人之间,无所谓大与小,无所谓高与低,无所谓远与近。以现代的观点来说,国家制度、法律制度的安排,只要能够保障每个人根据自己的个性、本性、品性、禀性,自由而全面地发展自己,就是一种值得追求的目标与方向。

以自由个性为目标,保障每个人都能得到自由而全面的发展,这是对圣治命题的民本取向所做出的现代阐释。郭象固然不知道现代的自由个性概念。但是,根据上文的叙述,如果对郭象的圣治命题特别是其中蕴含的民本取向进行创造性转化、创新性发展,那么,追求自由个性,保障每个人自由而全面的发展,不仅是郭象圣治命题及其民本取向的题中应有之义,而且可以代表其民本取向的终极目标。

小结

如果要对中国思想史进行分段考察,那么,魏晋玄学通常都是作为一个相对独立的思想段落来处理,它前承两汉经学,后启隋唐佛学。作为一个重要的思想单元,它经历了"八王之乱、五胡乱华、南北朝分裂,酿成社会秩序的大解体,旧礼教的总崩溃、思想和信仰的自由、艺术创造精神的勃发,使我们联想到十六世纪的'文艺复兴'。这是强烈、矛盾、热情、浓于生命彩色的一个时代"③。这

---

① 汤一介:《读郭象〈庄子注〉札记》,《文献》1981年第2期,第178页。
② 方勇译注:《庄子》,中华书局2015年,第2页。
③ 宗白华:《艺境》,商务印书馆2011年,第151页。

样一个以玄学作为标签的思想时代,如果王弼是它的主要开创者,那么,郭象就是它的标志性的集大成者。毕竟,我们在郭象之后,已经很难找到一个更加重要的玄学人物了。而且,郭象之后的中国思想主流,已经开始转向以鸠摩罗什为代表的佛学了,用潘雨廷的一个说法来概括,那就是,"魏晋玄学后来给佛教全部吃掉"①。不过,在"给佛教全部吃掉"之前,魏晋玄学毕竟还有郭象其人。因而,在相当程度上,郭象可以代表魏晋玄学的最终形态或完成形态,亦即魏晋玄学的终结形态。换个角度来看,如果要为魏晋玄学找到一个具有象征意义的人物,以之代表魏晋玄学的终结,那么,可能没有人比郭象更有这个资格。郭象既然可以代表魏晋玄学的终结,那么,从中国法理学史的层面上说,他也可以代表魏晋时期中国法理学史的终结。如此定位郭象及其法理学,主要基于两个方面的考虑。

一方面,从郭象的法理构想来看,他立足于自由与民本两种取向或两大原则,阐明了圣治的基本框架,为国家治理的改进与文明秩序的建构,提供了一套比较完整的法理方案。从华夏文明秩序的演进过程来看,郭象阐述的圣治命题与当代中国的法治命题,具有明显的对应性。这就是说,有必要从法理的角度,认真对待郭象的圣治命题与法理关切。这就正如贺昌群在《魏晋清谈思想初论》之末尾所言:"魏晋清谈之本旨,岂徒游戏玄虚离人生之实际而不切于事情也哉,乃此一段思想为世所掩没而蒙不白之羞者,垂一千七百年,悲夫。"②这样的结语提示我们,郭象所承载的"魏晋清谈"是"切于事情"的;郭象的思想表面上看是玄学,其实关系到现实政治、国家治理、文明秩序。汤用彤也注意到,"郭象注《庄子》是讲政治学说,至于其讲形上学(Metaphysics)乃欲完成其政治学说也。

---

① 张文江记述:《潘雨廷先生谈话录》,复旦大学出版社2012年,第58页。
② 贺昌群:《魏晋清谈思想初论》,商务印书馆2011年,第112页。

他们对庄子学说并不甚满意,乃因政治学说如此之故。庄子能知而不能行,故《庄子》书只可以为百家之冠,尚不能达到'经'的地步,唯孔子则能行,所以说郭象讲形上学为政治之根本"①。从法理上说,"郭象讲形上学为政治的根本",其实也是在讲:形上学为法理的根本。根据"月映万川"之原理,倘若从政治学的角度看郭象,那么,他试图完成的是政治学说;但是,如果从法理学的角度看郭象,那么,他试图完成的就是法理学说。

另一方面,从郭象的自我期许来看,只有"经国体致"才是他自觉的思想初心与学术使命。这样的自我期许见于郭象关于《天下篇》(同时也是关于《庄子》全书)的最后一条注文:"昔吾未览《庄子》,尝闻论者争夫尺棰连环之意,而皆云庄生之言,遂以庄生为辩者之流。案此篇较评诸子,至于此章,则曰其道舛驳,其言不中,乃知道听涂说之伤实也。吾意亦谓无经国体致,真所谓无用之谈也。然膏粱之子,均之戏豫,或倦于典言,而能辩明析理,以宣其气,以系其思,流于后世,使性不邪淫,不犹贤于博奕者乎!故存而不论,以贻好事矣。"②郭象在《庄子注》的最后所作的这番评论,在一定程度上,具有"篇末定论"的性质与意味,由此我们可以体会郭象的学思旨趣:学术思想应当着眼于"经国体致";学术思想如果无关"经国体致",那就是"无用"的学术思想。由此可见,致力于"经国体致"之学,才是郭象的理想与追求。如果从法理学的角度去发挥"经国体致"之学,那就是以"经国体致"亦即国家治理为中心的法理学。前文的叙述已经表明,郭象关于圣治命题的法理构想,尤其是在圣治的框架下对自由与民本的双重关注,正是关于"经国体致"的法理阐释。

以上两个方面表明,郭象通过圣治命题的建构,积极回应了魏

---

① 汤用彤:《魏晋玄学论稿》,上海人民出版社2015年,第200页。
② [晋]郭象注,[唐]成玄英疏:《庄子注疏》,曹础基、黄兰发点校,中华书局2011年,第575—576页。

晋时期"经国体致"的法理需求，堪称魏晋法理学的集大成者。正是在这个意义上，郭象关于圣治命题的法理构想可以代表魏晋法理学的完成形态、成熟形态与终结形态。

第三章　隋唐的法理学

第一节　王　通

王通(584—617),字仲淹,死后被称为文中子。王通是隋朝人,其人生历程比隋朝的历史还要短暂。隋朝(581—618)经历了三十八年,王通只活了三十四岁。尽管隋祚不长,但王通恰好生于隋朝建立之后,死于隋朝覆灭之前,在时间刻度上可以说是一个标准的、纯粹的隋朝人。在隋代,以及在整个隋唐时代,如果要论儒家圣贤,王通是一个标志性的人物。这个论断可能会招致一些质疑,因为,一些人甚至怀疑王通其人其书的真伪,不过,推崇王通其人其书的人也很多。这两个方面的观点,均可见于张沛整理的关于王通的《历代评论辑要》。① 这篇"辑要"汇聚了从隋唐时代一直到当代一千多年间持续不断出现的关于王通的各种评论,然否兼备,蔚为大观。

在认同王通的代表人物中,宋代的石介较有代表性。他在《与士建中秀才书》中写道:"文中子以太平之策十有二篇,干隋文帝,

---

① 张沛撰:《中说校注》,中华书局2013年,第283—303页。

不遇,退居河、汾之间,续《诗》《书》,正《礼》《乐》,修《元经》,赞《易》道,九年而六经大就。"①《续诗》《续书》《礼论》《乐论》《易赞》和《元经》就是王通的六经,因为比孔子的六经晚出,所以称为"续六经"。宋代的陈亮也是推崇王通的,据《宋史·儒林传》,陈亮"其学自孟子之后惟推王通"②。

对后世影响更大的朱熹,在整体上也是称道王通的。他在《王氏续经说》中写道:"荀卿之学,杂于申商;子云之学,本于黄老。而其著书之意,盖亦姑托空文以自见耳,非如仲淹之学,颇近于正而粗有可用之实也。至于退之《原道》诸篇,则于道之大原若有非荀、杨、仲淹之所及者,然考其平生意向之所在,终不免于文士浮华放浪之习、时俗富贵利达之求;而其览观古今之变,将以措诸事业者,恐亦未若仲淹之致恳恻而有条理也。"③这就是说,要论思想学说之"正"与"实",荀子、扬雄这些人都不及王通,要论"致恳恻"与"有条理",唐代的韩愈也不及王通。由此看来,朱熹对王通的评价是很高的。

朱熹扬王通而抑韩愈的观点,得到了王阳明的赞同。王阳明对朱熹的观点多有批评,在这一点上,倒是保持了与朱熹相同的立场。据《传习录》:"爱问文中子韩退之。先生曰:'退之,文人之雄耳。文中子,贤儒也。后人徒以文词之故,推尊退之,其实退之去文中子远甚。'"④在王阳明看来,韩愈仅仅是"文人",王通却是"贤儒",亦即可以归属于儒家圣贤之列。在文学史上,韩愈的地位当然很高,"文起八代之衰"⑤,但是,根据朱熹、王阳明的观点,在儒

---

① [宋]石介:《徂徕石先生文集》,陈植锷点校,中华书局1984年,第163页。
② [元]脱脱等撰:《宋史》,中华书局2000年,第10093页。
③ [宋]朱熹撰,朱杰人、严佐之、刘永翔主编:《朱子全书》第二十三册,上海古籍出版社、安徽教育出版社2010年,第3283页。需要特别说明的是,这段文字中的"杨"实指"子云",在其他文献中,一般写作"扬",即扬雄。但在此处引用的文献中确为"杨",由于不影响理解,因而不予更改。
④ [明]王阳明:《王阳明全集》第一册,线装书局2012年,第81页。
⑤ [宋]苏轼:《苏东坡全集》第三册,北京燕山出版社2009年,第1684页。

家道统中,王通就比韩愈高出很多。从儒家道统的层面上看,从朱熹到王阳明的这个评论是值得注意的。

以朱熹、王阳明的观点作为基础,可以发现,较之于隋唐时代特别是隋朝的其他人,王通是一个具有典范意义的儒家,可以作为隋唐时代儒家圣贤气象的象征性人物。基于王通在儒家道统中的地位,王通也是儒家法理学史上的一个重要环节,当然也是中国法理学史上的一个重要环节。因而,王通在中国法理学史上做出的贡献,有必要予以专门的叙述。

一、两种规范的划分及其理论渊源

在中国法理学史上,王通做出的贡献到底是什么?王通建构了一个什么样的规范体系?他指望这个规范体系引导出一个什么样的文明秩序?这样的文明秩序包含着什么样的法理意蕴?整体而言,王通的法理学应当如何探讨?如果把王通看作一个中国古典法理学家、一个隋朝法理学家,其法理肖像应当如何描绘?尤其是,通往王通法理世界的入口在哪里?

要回答这些相互关联的问题,可以着眼于《中说》卷十《关朗篇》中的一则对话:"魏徵问:'议事以制,何如?'子曰:'苟正其本,刑将措焉;如失其道,议之何益?故至治之代,法悬而不犯;其次犯而不繁,故议事以制。噫!中代之道也。如有用我,必也无讼乎?'"①魏徵与王通讨论的这个问题,是一个典型的法理学问题。魏徵所说的"议事以制",就是根据法律制度来讨论问题、解决问题。现代流行的"议会议事规则",以及"诉讼法""程序法"之类的法律规范、法律制度,可以归属于狭义的"议事之制"。至于魏徵与王通所理解的"议事以制",则是根据既定的法律制度来讨论处理各种事务、解决各种问题,简而言之,就是要依法办事。因此,魏徵

---

① 张沛撰:《中说校注》,中华书局2013年,第250页。

的问题就是:实行依法办事,怎么样?

王通的回答是"至治之代,法悬而不犯"。这个命题寄托了王通关于"至治"的憧憬:治理国家、治理天下离不开法律,但最好的状态是,没有人违反法律,没有运用法律的机会,法律被搁置起来。因而,要治理国家、治理天下,最优的选择是不失其道,这就是说,"至治"亦即"道之治","道"才是治理国家、治理天下的根本。至于"法之治",乃是"第二等"的选择。因此,依法办事并不是"至治"的体现,而是表明:国家之治、天下之治,已经从"至治"的最高水准上跌落下来了。

对于这种跌落,《关朗篇》还有一个更加明晰的描述:"不以三代之法统天下,终危邦也。如不得已,其两汉之制乎?不以两汉之制辅天下者,诚乱也已。"①按照这样的界分,所谓"至治之代",就是"三代",就是以"三代之法统天下"的时代。由此看来,"法悬而不用"乃是"三代之法"的表征。相比之下,"议事以制"乃是"两汉之制"的表征。从"三代"到"两汉",既是一个历史的演进过程,同时也是国家治理、天下治理的水平从高到低的跌落过程。跌落下来之后,依据"两汉之制辅天下",乃是一个"不得已"的选择。在这里,高与低的差异,主要体现为两种规范之间的差异:赖以实现"至治"的规范可以概括为"三代之法",居于"其次"地位的规范则可以概括为"两汉之制"。

无论是"三代之法",还是"两汉之制",都具有规范意义。遵循"三代之法",可以实现"至治";遵循"两汉之制",则可以实现"次一级"的治理,亦即"第二等"之治。由此,我们可以看到王通建构的法理世界:以"三代之法"与"两汉之制"作为基本内容的二元规范论。

从理论渊源来看,王通的二元规范论有一个明显的源头,那就是孔子。一方面,他的《元经》是比照孔子的《春秋》来写的,他的

---

① 张沛撰:《中说校注》,中华书局2013年,第256页。

《续六经》是比照孔子的六经来写的(详后)。另一方面,流传至今的《中说》一书,在体例及风格方面,与《论语》几乎完全一样。且看《中说·王道篇》记载的一个细节:"子游孔子之庙,出而歌曰:'大哉乎!君君臣臣,父父子子,兄兄弟弟,夫夫妇妇,夫子之力也。其与太极合德,神道并行乎?'王孝逸曰:'夫子之道岂少是乎?'子曰:'子未三复"白圭"乎?天地生我而不能鞠我,父母鞠我而不能成我,成我者夫子也。道不啻天地父母,通于夫子受罔极之恩。吾子汩彝伦乎?'孝逸再拜谢之,终身不敢臧否。"①这段对话表明,王通对孔子既有高度的尊重,也有真挚的情感,他的思想是由孔子"成"就的。这就意味着,他的思想体系中的二元规范论,有一个主要的源头,那就是孔子。

孔子的法理学说中包含了二元规范论,孔子建构的二元规范是仁与礼。② 其中,礼是实实在在的规范,相当于实在法;仁是更高级的规范,相当于自然法。在仁与礼之间,礼应当符合仁的要求,否则,礼就失去了正当性,就会出现礼的异化。跟孔子一样,王通的法理学说也呈现为一种二元规范论。王通也强调仁与礼,但他对仁与礼的关系有不同的理解(详后)。他以"两汉之制"代表现实性的规范,以更早的"三代之法"代表更高级的规范,因而在孔子之后,表达了一种颇具创造性的二元规范论。

如果说孔子是王通二元规范论的一个源头,那么,周公则是王通二元规范论的另一个源头。关于孔子与周公,王通有一个比较:"吾视千载已上,圣人在上者,未有若周公焉,其道则一而经制大备,后之为政,有所持循。吾视千载而下,未有若仲尼焉,其道则一而述作大明,后之修文者,有所折中矣。千载而下,有申周公之事者,吾不得而见也;千载而下,有绍宣尼之业者,吾不得而让也。"③

---

① 张沛撰:《中说校注》,中华书局 2013 年,第 27 页。
② 喻中:《礼与仁:孔子的二元规范论》,《法律科学》2019 年第 5 期,第 3—13 页。
③ 张沛撰:《中说校注》,中华书局 2013 年,第 58 页。

在隋唐之前,以周孔并称,乃是一种通行的观点。显然,王通也是这种"通说"的认同者、宣扬者。王通的这番比较表明,一方面,王通以孔子的继承人自居,且当仁不让。另一方面,虽然他说,"周公之事"乃是"不得而见"之事,但他其实也有成为周公的意愿。他说:"唐虞之道直以大,故以揖让终焉,必也。有圣人承之,何必定法?其道甚阔,不可格于后。夏商之道直以简,故以放弑终焉,必也。有圣人扶之,何必在我? 其道亦旷,不可制于下。如有用我者,吾其为周公所为乎?"①他比较了唐虞之道与夏商之道,但从现实可能性的角度来说,他还是愿意选择周公之道,正如他的自述所称:"元魏已降,天下无主矣。开皇九载,人始一。先人有言曰:'敬其事者大其始,慎其位者正其名。'此吾所以建议于仁寿也:'陛下真帝也,无踵伪乱,必绍周、汉,以土袭火,色尚黄,数用五,除四代之法,以乘天命。千载一时,不可失也。'高祖伟之而不能用。所以然者,吾庶几乎周公之事矣。故《十二策》何先? 必先正始者也。"②对王通提交的《十二策》,隋文帝虽然表示欣赏,但毕竟还是"不能用",否则,王通就可以在隋代再造周公的伟业。

可见,王通也把周公作为前孔子时代最大的圣人,且想要成为周公那样的人。如果说,周公的"经制大备"为后之为政者提供了"持循",那么,周公的"经制"也可以概括为一种二元规范结构,那就是礼与乐。其中,"礼"主要是针对人的外在行为的规范,"乐"主要在于调整人的内心世界,通过"制礼作乐",周公建构了一个完整的规范体系。对于周公的礼与乐,王通也是有所继承的,正如后文的论述将表明的,王通是把礼乐作为王道的外在表现。在他看来,如果在"两汉之制"的既有基础上,再"终之以礼乐"(详后),那就可以走向王道了,"三代之法"就可以变成现实。

---

① 张沛撰:《中说校注》,中华书局2013年,第57—58页。
② 张沛撰:《中说校注》,中华书局2013年,第257—258页。

在孔子之后的历史人物中，王通对董仲舒、诸葛亮都有高度的认同。譬如，他认为诸葛亮有复兴礼乐的潜能，说："使诸葛亮而无死，礼乐其有兴乎？"①他还自比于董仲舒，说："问则对，不问则述，窃比我于仲舒。"②不论是董仲舒，还是诸葛亮，其政治理想都在君主的支持下得到了不同程度的实现。他们的政治理想与政治哲学，都对王通的二元规范论，发挥了积极而潜在的影响。譬如，王通对《春秋》的推崇，与董仲舒对《春秋》的推崇，就具有一定的可比性。在董仲舒的《春秋繁露》中，《春秋》既是建构文明秩序的根本规范，同时也是裁决个案的具体规范。在这种情况下，《春秋》作为规范，就体现了"二元性"特征。再譬如，诸葛亮在关于"治国"的论述中认为，"治国之政，其犹治家。治家者务立其本，本立则末正矣"③。这种关于本与末的划分也具有"二元性"特征。这些具有"二元"特征的思想，都从不同的层面，滋养了王通的二元规范论。

虽然对规范进行二元划分可以追溯至孔子、周公，但是，王通的二元规范论自有其特定的内容与逻辑，那就是从"三代之法"到"两汉之制"。在历史变迁过程中呈现出来的"三代之法"与"两汉之制"作为两种不同的规范，构成了一种"王通风格"或"王通版本"的二元规范论。对于这两种不同的规范，有必要分别予以叙述。

二、作为"三代之法"的王道

王道是王通思想的关键词，也是王通二元规范论的核心范畴。《中说》共十篇，第一篇即为"王道篇"，开篇第一句就讲："甚矣，王道难行也！"接下来就讲他们王氏家族的六代人，以接力的方式致力于王道的传承："吾家顷铜川六世矣，未尝不笃于斯，然亦未尝得宣其用，退而咸有述焉，则以志其道也。"这就是说，王氏家族六代

---

① 张沛撰：《中说校注》，中华书局2013年，第38页。
② 张沛撰：《中说校注》，中华书局2013年，第215页。
③ [三国]诸葛亮：《诸葛亮集》，段熙仲、闻旭初编校，中华书局2012年，第59页。

人是以著述的方式来传承王道。具体地说,王通的六世祖王玄则著有《时变论》六篇,主要阐述"化俗推移之理";五世祖王焕著有《五经决录》五篇,主要阐述"圣贤制述之意";四世祖王虬著有《政大论》八篇,主要阐述"帝王之道";三世祖王彦著有《政小论》八篇,主要阐述"王霸之业";祖父王一(或王杰)著有《皇极谠义》九篇,主要阐述"三才之去就";父亲王隆著有《兴衰要论》七篇,主要阐述"六代之得失"。王通就居于这样一个"笃于"王道的延长线上。他说:"余小子获睹成训,勤九载矣。服先人之义,稽仲尼之心,天人之事,帝王之道,昭昭乎!"①这段自述可以表明:其一,王通所说的王道,就是"帝王之道"或圣王之道,亦即"三代之法"。其二,孔子是王道的主要阐述者,"仲尼之心"就是"帝王之道"的载体。其三,关于王道之学,乃是王氏家族的家学。

王通在六代"先人"持续探索的基础上,通过九年的思考,已经深刻地理解了孔子,对于王道已经了然于胸。那么,王通所说的作为"三代之法"的王道,其规范意义应当如何理解?

(一) 王道见于《元经》

依照本书第一章引用的蒙文通的论断,如果《春秋》是孔子创作的"无上之法典",那么,《元经》就是王通创作的"无上之法典"。根据《王道篇》,王通自述其创作《元经》的初衷:"天下无赏罚三百载矣,《元经》可得不兴乎?"《元经》的叙事始于晋惠帝,那是因为,"昔者明王在上,赏罚其有差乎?《元经》褒贬,所以代赏罚者也,其以天下无主而赏罚不明乎?"对此,薛收评论道:"今乃知天下之治,圣人斯在上矣;天下之乱,圣人斯在下矣。圣人达而赏罚行,圣人穷而褒贬作,皇极所以复建而斯文不丧也。不其深乎?"②王通的自述与薛收的评论表明,王通的时代就像孔子的时代,《元经》就像

---

① 张沛撰:《中说校注》,中华书局2013年,第4页。
② 张沛撰:《中说校注》,中华书局2013年,第12—13页。

《春秋》一样,是在明王缺位、赏罚不明的背景下,通过历史叙述,以褒贬代替赏罚,从而为一切行为正当与否、合法与否确立终极性的规范与准则。

关于《元经》与王道的关系,王通有一个简明的论断:"《春秋》、《元经》于王道,是轻重之权衡、曲直之绳墨也,失则无所取衷矣。"①据此,《春秋》与《元经》都是王道的准则,或者说,王道主要就是由《春秋》与《元经》体现出来的。《春秋》与《元经》都具有规范意义,而且还是可以裁断一切的最高规范。只要能够得到《春秋》与《元经》的认可,就能够得到王道的认可,就符合王道的要求。《春秋》出于孔子,是孔子所创立的最高规范;同样,《元经》出于王通,可以理解为王通创立的最高规范。

王通反复把他的《元经》与孔子的《春秋》相提并论。根据王通的叙述,一方面,两者具有互补性。"《春秋》其以天道终乎?故止于获麟。《元经》其以人事终乎,故止于陈亡。于是乎天人备矣。"如果把《春秋》与《元经》结合起来,那么,"天人相与之际,甚可畏也,故君子备之"。② 一个称得上是君子的人,既要遵循《春秋》,也要遵循《元经》,二者缺一不可。因为《春秋》揭示的是天道,《元经》揭示的是人事。只有掌握了这两种经典,才可能把握天道与人事,才可能"究天人之际"。

另一方面,《元经》与《春秋》作为最高的规范,两者在不同的时代履行了相似的职能:"《周礼》其敌于天命乎?《春秋》抗王而尊鲁,其以周之所存乎?《元经》抗帝而尊中国,其以天命之所归乎?"③周礼是符合天命的,因为鲁国比较完整地保存了周礼,所以《春秋》尊崇周王而尊崇鲁国。同样,在北魏时代,北魏是符合天命的,因为天命已经归属于北魏,所以《元经》尊崇帝制而尊崇中国。

---

① 张沛撰:《中说校注》,中华书局2013年,第85页。
② 张沛撰:《中说校注》,中华书局2013年,第191页。
③ 张沛撰:《中说校注》,中华书局2013年,第209页。

由此看来,《元经》是在新的时代背景下作为《春秋》的替代物而出现的。在孔子的时代,在《春秋》出现之前,典、诰已经灭绝了,《春秋》是在典、诰灭绝的背景下应运而生的;同样,在王通的时代,《元经》是在帝制衰微的背景下应运而生的,因而,"《春秋》作而典诰绝矣,《元经》兴而帝制亡矣"①。

再一方面,《元经》似乎比《春秋》的意义还要重大。因为,"《春秋》,一国之书也,其以天下有国而王室不尊乎?故约诸侯以尊王政,以明天命之未改:此《春秋》之事也。《元经》,天下之书也,其以无定国而帝位不明乎?征天命以正帝位,以明神器之有归:此《元经》之事也"②。按照这个说法,《春秋》还只是关于鲁国之书,因为当时的周王室已经衰弱,诸侯林立,《春秋》立足于鲁国,希望约束众多的诸侯国,以尊崇周王室,表明天命还是归属于周王室。相比之下,《元经》是立足于天下之书,因为天下动荡,帝位不明,需要根据天命来确定帝位的归属。在古今之间,《元经》较之于《春秋》,似乎还有更大的关怀。虽然,就《中说》全书来看,王通从未以自己已经超过了孔子来自夸,但是,透过这样的比较可以看到,王通对自己的《元经》抱有高度的自信。

王通对《元经》的信心,有一个重要的根据在于,《元经》就像《春秋》一样,既是"经",也有"权"。"《元经》有常也,所正以道,于是乎见义。《元经》有变,所行有适,于是乎见权。权、义举而皇极立。"③《元经》表达了恒常之理,这样的恒常之理既是正道,也是王道,它就像永恒法一样,永远都应当作为裁断一切的最高规范。另一方面,"通变之谓道,执方之谓器"④。倘若不能"通变",那就是"执方"之"器",那就不是"道",当然也不能承载王道。《元经》作为

---

① 张沛撰:《中说校注》,中华书局2013年,第151页。
② 张沛撰:《中说校注》,中华书局2013年,第207页。
③ 张沛撰:《中说校注》,中华书局2013年,第206—207页。
④ 张沛撰:《中说校注》,中华书局2013年,第99页。

道与王道的载体,有权变、通变的一面,能够在各种语境下得到推行,能够适应各种各样的具体情况。

《元经》相当于新时代的《春秋》或新时代的"新春秋"。孔子最看重自己的《春秋》,正如孔子的自述:"后世知丘者以《春秋》,而罪丘者亦以《春秋》。"① 同样,王通也最看重自己的《元经》。当然,就像孔子制作了六经一样,王通也有自己的六经,即《续六经》。他说:"吾续《书》以存汉、晋之实,续《诗》以辩六代之俗,修《元经》以断南北之疑,赞《易》道以申先师之旨,正礼、乐以旌后王之失。如斯而已矣。"程元问他:"'作者之谓圣,述者之谓明',夫子何处乎?"王通回答说:"吾于道屡伸而已,其好而能乐、勤而不厌者乎?圣与明吾安敢处?"② 这番对话表明,王通谦称自己不能与孔子相提并论。孔子既"圣"且"明",王通认为,自己离"作者"之圣、"述者"之明还有一定的差距,自己比不上孔子。但是,这个《续六经》的框架与体系,确实体现了王通对孔子之道的传承。

因而,如果说《元经》就像《春秋》一样,是王道的主要载体,那么,《续六经》则完整地体现了王道。正如王通自己的归纳:"《书》以辩事,《诗》以正性,《礼》以制行,《乐》以和德,《春秋》、《元经》以举往,《易》以知来,先王之蕴尽矣。"③ 王通在此所说的"先王之蕴"就是先王之道,就是王道,就是"三代之法"。如果说,《春秋》《元经》先后表达了王道的核心要义,那么,六经及《续六经》则在不同的时代,先后表达了王道的全部内容。

王通洞悉王道的全部内容,当然希望将之推行于天下,因为孔子就是这样做的。为此,他向隋文帝提交了《十二策》。这篇"决策咨询报告"到底讲了什么呢?这也是董常提出的问题,王通回答说:"有天道焉,有地道焉,有人道焉,此其禀也。"董常说:"噫,三极

---

① [汉]司马迁:《史记》,中华书局 2006 年,第 330 页。
② 张沛撰:《中说校注》,中华书局 2013 年,第 165—166 页。
③ 张沛撰:《中说校注》,中华书局 2013 年,第 204 页。

之道,禀之而行,不亦焕乎!"王通说:"《十二策》若行于时,则《六经》不续矣。"因为,在《十二策》中,"仰以观天文,俯以察地理,中以建人极。吾暇矣哉,其有不言之教行而与万物息矣"。① 按照这个解释,《十二策》实为《续六经》的对策化表达,相当于把思想性、哲学性、法理化的王道,转化成为了应用性、实践性、政策性的行动方案。如果隋文帝能够按照《十二策》行事,那就相当于把王道或"三代之法"已经变成了现实,那就没有必要续写六经了。

(二) 王道失于史传

王道的载体,前有《春秋》以及《春秋》统率的"孔子六经",后有《元经》以及《元经》统率的"王通六经"。如果我们要知悉王道在先秦时代的表达,可以借助于《春秋》及"孔子六经";如果我们要理解最新的王道,可以借助于《元经》及"王通六经"。这是从正面的、积极的角度说王道。然而,王道还可以从反面的、消极的角度来理解:自孔子以来,王道一样处于被消蚀、被损害的状态。对王道的消蚀与损害主要来自两个方面,一是著史者,二是作传者。

像孔子那样的圣人,也可以称为"述史"之人。具体地说,"昔圣人述史三焉:其述《书》也,帝王之制备矣,故索焉而皆获;其述《诗》也,兴衰之由显,故究焉而皆得;其述《春秋》也,邪正之迹明,故考焉而皆当。此三者,同出于史而不可杂也,故圣人分焉"②。孔子的《书》《诗》与《春秋》都具有"史"的形态,但是,孔子的三部"述史"之作,其核心旨趣分别在于阐明"帝王之制""兴衰之由""邪正之迹"。三者虽然各有各的指向,但都是以"史"的形态承载了"经"的功能,直接阐明了作为"三代之法"的王道。

在王通看来,后来的著史者,像司马迁、班固等人,就偏离了孔子的正途。"吾视迁、固而下,述作何其纷纷乎!帝王之道,其暗而

---

① 张沛撰:《中说校注》,中华书局2013年,第196页。
② 张沛撰:《中说校注》,中华书局2013年,第8—9页。

不明乎？天人之意，其否而不交乎？制理者参而不一乎？陈事者乱而无绪乎？"①这就是司马迁、班固开创的著史之路。他们写下了庞大的文本，譬如《史记》和《汉书》，但是，这些文本对帝王之道不仅没有彰明的效果，反而遮蔽、消蚀了帝王之道，同时也阻隔了天人之意。司马迁、班固等人的著史非但无补于王道，反而是对王道的戕害。正是基于这样的判断，面对房玄龄的"问史"，王通回答："古之史也辩道，今之史也耀文。"②着眼于"辩道"的"古之史"，主要就是孔子的《春秋》《书》《诗》这样的史，它们既是史，更是经。"今之史"就是迁、固所代表的史，它们主要在于追求文辞方面的效果，炫耀文辞方面的才能。

在迁、固之后的著史者中，王通对陈寿的评价相对正面一些。他认为，陈寿"有志于史，依大义而削异端"。他又认为，范宁"有志于《春秋》，征圣经而诘众传"，但是，陈、范二人也称不上完美。他说："使陈寿不美于史，迁、固之罪也；使范宁不尽美于《春秋》，歆、向之罪也。"因为，"史之失，自迁、固始也，记繁而志寡；《春秋》之失，自歆、向始也，弃经而任传"。③ 这就是说，陈寿之失是司马迁、班固导致的，陈寿囿于迁、固的著史传统，算是走错了路。范宁之失则应当归罪于刘向、刘歆父子，他们汲汲于作传而放弃了经文本身，同样是对王道的戕害。

不仅是刘向、刘歆父子，几乎所有的作传者（亦即经学研究者）都受到了王通的贬斥。他说："盖九师兴而《易》道微，《三传》作而《春秋》散。"原因在于，"白黑相渝，能无微乎？是非相扰，能无散乎？故齐、韩、毛、郑，《诗》之末也；大戴、小戴，《礼》之衰也；《书》残于古、今；《诗》失于《齐》《鲁》"。既无师，也无传，能否保证王道的传承？王通的回答是肯定的："'神而明之，存乎其人'；'苟非其人，

---

① 张沛撰：《中说校注》，中华书局2013年，第10页。
② 张沛撰：《中说校注》，中华书局2013年，第84页。
③ 张沛撰：《中说校注》，中华书局2013年，第62—63页。

道不虚行'。必也传又不可废也。"①

王通所说的"九师",出自《汉书·艺文志》:"《淮南道训》二篇。淮南王安聘明《易》者九人,号九师说。"②由此说来,"九师"是淮南王刘安所聘请的九个易学专家。正是因为"九师"的兴起,才导致了《易》道的衰微。同样,《公羊传》《谷梁传》《左传》也导致了《春秋》之道的离散。因为,众说纷纭,黑白相互冲突,是非相互干扰,必然消蚀《易》之道、《春秋》之道。依此类推,辕固生、韩婴、毛亨、毛苌、郑玄分别创作的《齐诗》《韩诗》《毛诗》《郑诗》,只是《诗》的末流;戴德、戴胜对礼的解释,表征了礼的衰落。今文尚书、古文尚书之争,伤害了《书》之道,"齐论"与"鲁论"的不同导致了《论语》的亡佚。概而言之,王道就是在这些作传者手上丢失的。

在王通看来,传承王道,根本不需要这些"史"与"传"。王道的推行、"三代之法"的复兴,关键在于有合适的人。倘若没有合适的人,无论有多少"史""传",也是没有用的;不但没有助益,反而还会产生负面作用。如果有合适的人,即使没有"史""传",王道也是可以发扬光大的。隐含之意,王通自己就是这样的传承王道之人。

基于这样的观念,王通对那些不能见及王道的论者,是不能认同的。有一个典型的事例是:李伯药③去见王通,向王通阐述了他对《诗》的理解。然而,王通不予回答,不置可否。李伯药退出来,向薛收说:"吾上陈应、刘,下述沈、谢,分四声八病,刚柔清浊,各有端序,音若埙篪。而夫子不应我,其未达欤?"薛收的解释是:"吾尝闻夫子之论诗矣:上明三纲,下达五常,于是征存亡,辩得失;故小

---

① 张沛撰:《中说校注》,中华书局2013年,第63—64页。
② [汉]班固:《汉书》,中华书局2007年,第324页。
③ 这里的李伯药,即为李百药,即后文提到的李德林之子。据《隋书》,"德林幼有操尚,学富才优,誉重邺中,声飞关右。王基缔构,协赞谋猷,羽檄交驰,丝纶间发,文诰之美,时无与二。""有子曰百药,博涉多才,词藻清赡。"详见,[唐]魏徵撰:《隋书》,中华书局2000年,第808页。由此可见,李伯药与他的父亲,都是当时享有盛誉的人物。

人歌之以贡其俗,君子赋之以见其志,圣人采之以观其变。今子营营驰骋乎末流,是夫子之所痛也,不答则有由矣。"①薛收作为王通的学生,比较准确地指出了王通的立场:王通是把《诗》作为王道的载体。李伯药从"四声八病,刚柔清浊"的角度论《诗》,恰好是王通所坚决反对的。在王通看来,李伯药关于《诗》的这种议论,恰好是对王道的伤害。王通认为,偏离了王道,既不足以成学,也不足以成文。正如他的告诫所示:"学者,博诵云乎哉?必也贯乎道。文者,苟作云乎哉?必也济乎义。"②只知"博诵",只知写文章,而不知王道,不知大义,对于王道来说就是歧途。

(三) 帝制不出王道

要理解作为"三代之法"的王道,还要看到王通对王道与帝制关系的界定。他的学生薛收提出了一个问题:"帝制其出王道乎?"薛收想知道的是:在他们生活的时代,通行的帝制能否生出王道?或者说,王道能否通过王通时代的帝制而兴起?王通的回答很明确:"不能出也。后之帝者,非昔之帝也。其杂百王之道,而取帝名乎?其心正,其迹谲,其乘秦之弊,不得已而称之乎?政则苟简,岂若唐、虞、三代之纯懿乎?是以富人则可,典礼则未。"薛收很失望,他问:"纯懿遂亡乎?"所谓"三代之纯懿",就是"三代之法",亦即王道,难道就再也找不回来了吗?王通说:"人能弘道,焉知来者之不如昔也?"③这段对话包含了丰富的内涵。

首先,帝有今古之分。古代的帝与王通时代的帝具有本质的区别。王通时代的帝,徒具帝之名,不具帝之实。古代的帝及帝制,才是真正的帝及帝制。那么,古代的帝及帝制,是一个什么样的制度形态呢?王通对此有专门的解释:"帝者之制,恢恢乎其无所不容。其有大制,制天下而不割乎?其上湛然,其下恬然。天下

---

① 张沛撰:《中说校注》,中华书局 2013 年,第 43 页。
② 张沛撰:《中说校注》,中华书局 2013 年,第 45 页。
③ 张沛撰:《中说校注》,中华书局 2013 年,第 140—141 页。

之危,与天下安之;天下之失,与天下正之。千变万化,吾常守中焉。其卓然不可动乎!其感而无不通乎!此之谓帝制矣。"①这样的"帝制",在王通看来,堪称人类社会最理想的政制。这样的"帝制"在《老子》中已有多角度的描述,譬如《老子》第二十八章:"朴散则为器,圣人用之,则为官长。故大制不割。"②《老子》第三十一章:"兵者不祥之器,非君子之器,不得已而用之,恬惔为上。"③王通关于帝制的想象与《老子》中的这些描述,具有很大的共通性。古代的帝制包含了一些根本的规范——"其有大制",但又不僵硬地执行这些规范。在这种帝制之下,主政者无为而治,民众相安无事,倘若出现危机,又能够齐心协力地予以化解。这就是上古时代的帝制。对于这样的帝制,王通是很向往的。他告诉我们,在上古帝制之下,"田里相距,鸡犬相闻,人至老死不相往来,盖自足也。是以至治之代,五典潜,五礼措,五服不章,人知饮食,不知盖藏,人知群居,不知爱敬,上如标枝,下如野鹿。何哉?盖上无为、下自足故也"④。相比之下,王通时代的帝制虽然保留了帝的名号,但已经没有早期帝制的精神实质,只是混杂取用了不同时代的做法,特别是已经沾染了秦政的弊端。那些自称为帝的人,即使有好的用心,但由于方法不正,只能凑合着处理政务。他们有"帝"之名,无"帝"之实,他们的帝制是"伪帝制"。

其次,在区分"真帝制"与"伪帝制"的前提下,王通把他那个时代的帝制看作有名无实的帝制。他说:"强国战兵,霸国战智,王国战义,帝国战德,皇国战无为。天子而战兵,则王霸之道不抗矣,又焉取帝名乎?故帝制没而名实散矣。"⑤因而,在帝

---

① 张沛撰:《中说校注》,中华书局2013年,第121页。
② 汤漳平、王朝华译注:《老子》,中华书局2014年,第108页。
③ 汤漳平、王朝华译注:《老子》,中华书局2014年,第119页。
④ 张沛撰:《中说校注》,中华书局2013年,第238页。
⑤ 张沛撰:《中说校注》,中华书局2013年,第146页。

制没落的时代,在有名无实的"伪帝制"时代,在"伪帝制"之下,是不能生出王道的。分析至此,我们可以注意到,王通对于"帝制能否生出王道"所做出的否定性回答,应当予以限制:这是针对王通时代的帝制状况做出的回答;如果是在三代之前,则完全可以做出肯定性的回答。因为,真正的帝、帝制是高于王、王制的。

最后,在"伪帝制"时代,作为"三代之法"的王道,依然有复兴的希望。这个希望就寄托在新出现的圣贤身上。"人能弘道"之人,就是今人,今人完全可以与昔人比肩。这里的今人,可以是指王通自己。王通自己虽然没有直白地表达出来,但是,这个推断可以从他与裴晞的对话中得到间接的验证。裴晞提出,"人寿几何?吾视仲尼何其劳也!"王通说:"有之矣,其劳也。敢违天乎? 焉知后之视今不如今之视昔也?"①王通的这个回答,隐含的意思是:王通以孔子的继承人自居。此外,他与叔父王珪的对话,可以提供更为明确的佐证。王珪向王通索取《续六经》,王通说:"叔父,通何德以之哉?"王珪回答说:"勿辞也。当仁不让于师,况无师乎? 吾闻关朗之筮矣:积乱之后,当生大贤。世习《礼》《乐》,莫若吾族;天未亡道,振斯文者,非子谁欤?"②至少从文献记载来看,对于王珪的这个评论,王通没有表示反对,也没有表达谦让之意。这就意味着,王通对王珪的这个评论是接受的。由此看来,王道复兴虽然不能寄希望于当时的有名无实的"伪帝制",但却可以寄希望于像王通这样的王道的承担者。

(四) 圣人推行王道

如前所述,王道虽不能出于现实中的"伪帝制",但可以把王道复兴的希望寄托于像王通这样的人。这样的人,其实就是圣人。

---

① 张沛撰:《中说校注》,中华书局2013年,第187页。
② 张沛撰:《中说校注》,中华书局2013年,第249页。

那么,圣人如何推行王道?圣人如何实现王道的复兴?在这个方面,杜淹向王通之弟王凝提出了一个问题:"《续经》其行乎?"王凝说:"王公大人最急也。先王之道布在此矣。天下有道,圣人推而行之;天下无道,圣人述而藏之。所谓流之斯为川焉,塞之斯为渊焉,升则云,施则雨,潜则润,何往不利也?"①王凝是王通称道的贤人。王凝提出的圣人推行王道的观点,应当能够得到王通的认同。

再看王通自己关于圣人推行王道的个性化论述。在王通看来,圣人推行王道,是圣人对王道衰落的积极回应。王通的时代,本身就是一个王道跌落的时代,他说:"中国失道,四夷知之。"他进一步解释说:"《小雅》尽废,四夷交侵,斯中国失道也,非其说乎?"②在这样一个时代背景下,圣人应当承担起复兴王道的责任。他自己更应当身体力行。有一回,王通去夏城,薛收、姚义跟随在后,"遇牧豕者,问涂焉"。牧者问:"你们跟从的是谁呢?"薛收说:"我们跟从的是王通先生。"牧豕者的评论是:"有鸟有鸟,则飞于天;有鱼有鱼,则潜于渊;知道者盖默默焉。"王通听了,对薛收说:"独善可矣。不有言者,谁明道乎?"③在"牧豕者"看来,知悉王道的人应当保持沉默。但在王通看来,倘若王道的知悉者不说话,王道如何可能彰明于天下?这就是说,圣人把王道讲清楚,本身就是在推行王道。

王通的学生们认为,王道很难推行,该如何是好?如何解决"王道不行"这一难题?贾琼、薛收的问题是"道不行,如之何?"王通说:"父母安之,兄弟爱之,朋友信之,施于有政,道亦行矣。奚谓不行?"④这就是说,要推行王道,是完全可能的。让父母安,让兄弟爱,让朋友信,就是王道得以实行的标志。当然,如果有机会居于施政者的地位,那就更方便推行王道,更能够把王道变成现实。

---

① 张沛撰:《中说校注》,中华书局2013年,第262页。
② 张沛撰:《中说校注》,中华书局2013年,第247页。
③ 张沛撰:《中说校注》,中华书局2013年,第169页。
④ 张沛撰:《中说校注》,中华书局2013年,第153页。

王通的这个观点,薛收想必是听进去了,这就极大地增强了薛收对于推行王道的信心。因而,当房玄龄提出"道之不行也必矣,夫子何营营乎?"的时候,薛收的回答是:"子非夫子之徒欤?天子失道则诸侯修之,诸侯失道则大夫修之,大夫失道则士修之,士失道则庶人修之。修之之道:从师无常,诲而不倦,穷而不滥,死而后已;得时则行,失时则蟠。此先王之道所以续而不坠也,古者谓之继时。《诗》不云乎:'纵我不往,子宁不嗣音?'如之何以不行而废也?"①这番回答表明,薛收乃是王通的坚定追随者。在薛收看来,先王之道亦即王道,能够持续不断地把王道传承下来的关键,就是因为有这样一些弘道者。他们能够维系王道于不坠,他们就是圣人。他们的社会身份可以是诸侯、大夫,也可以是士、庶人,但他们在精神上,就是圣人。譬如,王通的社会身份并不高,未曾获得高官显爵,但他确乎具有圣人气象。

薛收提到,圣人"得时则行,失时则蟠",此处的"蟠"就是"隐"。何谓"隐"?王通认为,所谓隐,"非伏其身而不见也,时命大谬则隐其德矣,惟有道者能之,故谓之退藏于密"。这就是说,所谓"隐",并不是简单地把自己藏起来;"隐"的要义,是在时运不济之时,隐修其德;而且,只有"有道者",亦即圣人,才谈得上"隐"。由此说来,"隐"乃圣人之事。只有圣人才可能"退藏于密。"关于"藏",王通又解释说:"泯其迹,阒其心,可以神会,难以事求,斯其说也。"②可见,"藏"就是隐退至自己的内心世界、精神世界。

圣人失时则隐,得时则行。因此,王道的推行,关键在人。历史规律也可以表明这一点:"人能弘道,苟得其行,如反掌尔。昔舜、禹继轨而天下朴,夏桀承之而天下诈,成汤放桀而天下平,殷纣承之而天下陂,文、武治而幽、厉散,文、景宁而桓、灵失,斯则治乱

---

① 张沛撰:《中说校注》,中华书局2013年,第245—246页。
② 张沛撰:《中说校注》,中华书局2013年,第254页。

相易,浇淳有由。兴衰资乎人,得失在乎教。其曰太古不可复,是未知先王之有化也。《诗》《书》《礼》《乐》复何为哉?"①由此看来,只要圣人得其时,王道的推行是可以指望的。

三、作为"两汉之制"的法度

作为"三代之法"的王道具有一定的恒常性,在王通看来,那是文明世界中能够找到的最高规范。相比之下,"两汉之制"就是下一个层次的制度与规范。在历史过程中,"三代"在前,"两汉"在后,"三代之法"与"两汉之制"是相继出现的。但是,在规范层级上,从"三代之法"到"两汉之制",又呈现为一个"往下走"的趋势。一方面,"两汉之制"相对于"三代之法"来说,可以说是一种要求较低的规范。打个比方,"三代之法"相当于一篇美文的标准,"两汉之制"则相当于一篇合格文章的要求,两者之间的差异,就仿佛富勒所界定的"愿望的道德与义务的道德之间的区别"②。另一方面,在王通生活的时代,"两汉之制"也是一种现实性的标准与规范;对于"三代之法"的理想色彩来说,"两汉之制"具有现实性,是可以直接付诸实践的规范,不像"三代之法"那样高远。

如果把"三代之法"概括为王道,那么,针对"两汉之制",能否概括为一个更加简练的概念? 对此,王通没有做出直接的回答。但是,他对"两汉之制"提供了一个基调性、纲领性的说明:"二帝、三王,吾不得而见也,舍两汉将安之乎? 大哉,七制之主! 其以仁义公恕统天下乎? 其役简,其刑清,君子乐其道,小人怀其生,四百年间,天下无二志,其有以结人心乎? 终之以礼乐,则三王之举也。"③关于"两汉之制"的这个说明包含了多个方面的意蕴。其一,由二帝(尧、舜)、三王(禹、汤、文王)所代表的"三代之法"已经

---

① 张沛撰:《中说校注》,中华书局2013年,第238—239页。
② [美]富勒:《法律的道德性》,郑戈译,商务印书馆2011年,第6页。
③ 张沛撰:《中说校注》,中华书局2013年,第56页。

远去,已经看不到了;现实中能够看到的可供遵循的规范,只有"两汉之制"。其二,"两汉之制"由"七制之主"来承载。所谓"七制之主"就是西汉的高祖、文帝、武帝、宣帝以及东汉的光武帝、明帝与章帝。这就是王通所说的"七制之主",这七位汉代君主虽不及二帝、三王,但却是更加切近的伟大君主,他们对两汉的有效治理,凝聚成为了具有规范意义的"两汉之制"。其三,作为规范的"两汉之制",主要包括"仁义公恕",以及更加具体的"役简""刑清";此外,还应当加上"礼乐",以之走向"三王之举"(亦即"三代之法"或王道)。王通所说的这几个方面,或可概括为颇具包容性的"法度"。进而言之,作为"两汉之制"的法度,可以从三个方面予以分述。

(一)"以仁义公恕统天下"

如前所述,王通称道的"两汉之制",主要是以"仁义公恕"来治理天下。这就为"仁义公恕"增添了强烈的规范色彩。因而,"仁义公恕"可以作为一个规范体系来理解。具体地说,就是四条规范:仁、义、公、恕。

先看仁。强调仁的规范性,是儒家的传统。在《论语》中,仁是出现频率最高的范畴。在王通认同的"两汉之制"中,仁也是排在首位的概念与规范。那么,仁是什么?在《中论·述史篇》中,有"薛收问仁"一节,王通的回答是:"五常之始也"。[1] 作为五种原则性的规范,"五常"的具体内容是仁、义、礼、智、信。在五常之间,仁排在第一位,也是最重要的位置,而且,它对随后的四种规范都具有直接的指引作用。譬如,仁就高于礼。前文提到,在孔子的法理学说中,仁相当于高级法,礼相当于实在法。仁也高于智。据《天地篇》,"李靖问任智如何",王通说:"仁以为己任。小人任智而背仁为贼,君子任智而背仁为乱。"[2]据此,纯粹的"任智"是不行的,

---

[1] 张沛撰:《中说校注》,中华书局2013年,第186页。
[2] 张沛撰:《中说校注》,中华书局2013年,第47页。

只有"任仁"才是正道;仅仅依靠单向度的智巧,倘若不能符合仁的要求,对小人来说,那就是"贼";对君子来说,那就会导致混乱。当然,如果能够在"任仁"的前提下"任智",那就没有问题。

仁是"五常之始",最应当遵循"仁"这种规范的主体是君主,所谓"君仁臣忠",已经指明了这一点。那么,君主对仁的遵循,其实践要点应当如何把握?王通回答说:"广仁益智,莫善于问;乘事演道,莫善于对。非明君孰能广问?非达臣孰能专对乎?其因宜取类,无不经乎?洋洋乎,晁、董、公孙之对!"①这就是君主的成仁之道:一个既"仁"且"智"的君主,必须通过"善问"来炼成,"善问"就是向"善对"的贤臣咨询。晁错、董仲舒、公孙弘,就是这样的贤臣。这些贤达之臣根据儒家经典向君主提供了很好的咨询意见,成就了"善问"的仁智之君。

"义"也是"五常"的内容之一,在排序上紧随"仁"后。义与仁当然有一些微妙的差异,但是,王通习惯于把"仁"与"义"合并起来,称为"仁义"。他说:"仁义其教之本乎?先王以是继道德而兴礼乐者也。"②他又说:"事者,其取诸仁义而有谋乎?虽天子必有师,然亦何常师之有?唯道所存。以天下之身,受天下之训,得天下之道,成天下之务,民不知其由也,其惟明主乎?"③这里所说的"事",是王通在《续书》中称道、褒扬之事,这些"事"都是根据仁义的原则谋划而成的。此外,君主向一切有道者学习,获取大道,成就大治,这样的君主是明主,当然也是仁义之君。

"公"虽然不是"五常"的内容之一,但却是两汉治理天下的重要依据。作为行为规范的"公",其要义就是"无私"。在《魏相篇》中,"房玄龄问正主庇民之道",王通说:"先遗其身",更具体地说,"夫能遗其身,然后能无私;无私,然后能至公;至公,然后以天下为

---

① 张沛撰:《中说校注》,中华书局2013年,第131页。
② 张沛撰:《中说校注》,中华书局2013年,第164页。
③ 张沛撰:《中说校注》,中华书局2013年,第130页。

心矣,道可行矣"。① 只有"无私"才能成就"至公",才能符合"公"的要求。从这段对话的语境来看,"公"主要是大臣应当遵循的一条规范。

"无私"是从反面来理解"公"。倘若要从正面来理解,那么,"公"的规范意义就在于:为了天下,从天下着眼,以天下为本位,以天下为公。分而述之,一方面,君主应当善于体察、积极回应天下人心。在这个方面,古代帝王已经做出了很好的榜样:"议其尽天下之心乎?昔黄帝有合宫之听,尧有衢室之问,舜有总章之访,皆议之谓也。大哉乎,并天下之谋,兼天下之智,而理得矣。"②另一方面,大臣也应当以天下为公。在这个方面,王通特别指出,大臣对于君主的美德与过失,都要指出来:"有美不扬,天下何观?君子之于君,赞其美而匡其失也,所以进善不暇,天下有不安哉?"③大臣褒扬君主之美、匡正君主之失,都是为了天下的安宁。这种大臣的典型代表,有早期的伊尹、周公,有汉魏时期的霍光、诸葛亮,他们都是值得仿效的大臣。严格说来,"不以伊尹、周公之道康其国,非大臣也;不以霍光、诸葛亮之心事其君者,皆具臣也"④。在这四个大臣中,尤其值得一提的是汉代的霍光。对于霍光其人,房玄龄曾提出:"《书》云霍光废帝举帝,何谓也?"王通回答道:"何必霍光?古之大臣废昏举明,所以康天下也。"⑤只要是出于"康天下"之公心,"废昏举明"就是值得称道的,也是必要的。

因此,"公"既是君主应当遵循的规范,也是大臣应当遵循的规范。"改过不吝无咎者,善补过也。古之明王,讵能无过?从谏而已矣。故忠臣之事君也,尽忠补过。君失于上,则臣补于下;臣谏

---

① 张沛撰:《中说校注》,中华书局 2013 年,第 211—212 页。
② 张沛撰:《中说校注》,中华书局 2013 年,第 132 页。
③ 张沛撰:《中说校注》,中华书局 2013 年,第 131 页。
④ 张沛撰:《中说校注》,中华书局 2013 年,第 230 页。
⑤ 张沛撰:《中说校注》,中华书局 2013 年,第 76 页。

于下,则君从于上。此王道所以不跌也。取泰于否,易昏以明,非谏孰能臻乎?"①如果君臣都能够以天下为公,那么,"取泰于否,易昏以明",就是可以实现的。

关于"恕",王通有专门的解释。据《天地篇》,"贾琼问君子之道",王通说:"必先恕乎?"贾琼又说:"敢问恕之说。"王通回答:"为人子者,以其父之心为心;为人弟者,以其兄之心为心。推而达于天下,斯可矣。"②由此看来,王通所说的"恕",主要是指:同情地理解他人,站在他人的角度上考虑问题,为他人着想。如果把这种意义上的"恕"推至普天之下,其实也是"公"的一种延伸。此外,王通还比较了古今为政之异:"古之为政者,先德而后刑,故其人悦以恕;今之为政者,任刑而弃德,故其人怨以诈。"③这里的"悦而恕",亦即"欣悦而理解"。因此,"恕"的规范意义,就是理解他人、换位思考,或曰"理解的同情"。

"两汉之制"作为一整套法度,注重"以仁义公恕统天下",主要就是通过以上四种规范治理天下。从实施主体来看,这四种规范基本上都是君臣应当遵循的规范,尤其是君主,更要带头遵循。

(二)"役简"与"刑清"

在"仁义公恕"这个规范体系之外,王通还专门列出了"役简"与"刑清"这两条规范。从字面上看,"役简"就是减少劳役,"刑清"就是减少刑罚。这两条规范,与前文所说的"仁义公恕"是联系在一起的,在一定意义上,也可以视为"仁义公恕"的具体化,特别是仁与义的具体化。其中,"役简"主要是仁的具体化,"刑清"主要是义的具体化。王通认为:"无赦之国,其刑必平;多敛之国,其财必削。"④这个论断分别强调了"刑清"与"役简"这两条规范的意义。

---

① 张沛撰:《中说校注》,中华书局2013年,第133页。
② 张沛撰:《中说校注》,中华书局2013年,第48—49页。
③ 张沛撰:《中说校注》,中华书局2013年,第73页。
④ 张沛撰:《中说校注》,中华书局2013年,第23页。

分开来看,"役简"主要在于减轻民众的负担,实施这条规范,相当于建设当代流行的"民生法治"。如何实现"役简"? 其一是反对厚葬。王通说:"贫者敛手足,富者具棺椁。封域之制无广也,不居良田。古者不以死伤生,不以厚为礼。"①其二是反对封禅。王通认为:"封禅之费非古也,徒以夸天下,其秦、汉之侈心乎?"②从积极的方面来看,实施"役简",主要在于更好地保障民生,譬如,官府里的吏,有必要更多地履行义务。他说:"吏而登仕,劳而进官,非古也,其秦之余酷乎? 古者士登乎仕,吏执乎役,禄以报劳,官以授德。"③

"刑清"主要在于反对过于繁琐、过于严苛的刑律,促使刑律趋于缓与简。他说:"政猛,宁若恩;法速,宁若缓;狱繁,宁若简;臣主之际,其猜也宁信。"④为了实现这个目标,一方面,他建议官员的任期不能过短,不要过于频繁地任免官员。他针对当时盛行的"牧守屡易"的现状,提出了自己的疑虑:"尧、舜三载考绩,仲尼三年有成。今旬月而易,吾不知其道。"从历史上看,"三代之兴,邦家有社稷焉;两汉之盛,牧守有子孙焉。不如是之亟也。无定主而责之以忠,无定民而责之以化,虽曰能之,末由也已"。⑤ 只有在有"定主"、有"定民"的前提下,相关主体才能形成长远的预期,才可能抑制短期行为。王通认为:"委任不一,乱之媒也;监察不止,奸之府也。"⑥如果任命不能专一,那就会导致混乱;如果监察过度或没有节制,那将成为奸宄不法的根源。

另一方面,要提高执法效率。据《立命篇》,杜如晦请教为政之事,王通说:"推尔诚,举尔类,赏一以劝百,罚一以惩众,夫为政

---

① 张沛撰:《中说校注》,中华书局2013年,第52页。
② 张沛撰:《中说校注》,中华书局2013年,第21页。
③ 张沛撰:《中说校注》,中华书局2013年,第95页。
④ 张沛撰:《中说校注》,中华书局2013年,第253页。
⑤ 张沛撰:《中说校注》,中华书局2013年,第77—78页。
⑥ 张沛撰:《中说校注》,中华书局2013年,第254页。

而何有？"杜如晦颇受启发，深有体会地说："谠人容其讦，佞人杜其渐，赏罚在其中。吾知乎为政矣。"①王通在此所说的"赏一以劝百，罚一以惩众"，就具有事半功倍的效果，甚至是"事一功百"的效果。杜如晦所说的"谠人容其讦""佞人杜其渐"，就是容忍正直之士的批评，杜绝佞人的干预。这样的"容"与"杜"，本身就具有赏罚的效果，可以说是一种"无赏罚之治"，这就仿佛军事上的"不战而屈人之兵"，投入少，收益多，堪称执法效率的最高体现。据《关朗篇》，薛收曾经问政于仲长子光，子光说："举一纲，众目张；弛一机，万事堕。"子光的这个回答得到了王通的赞许，他说："子光得之矣。"②原因就在于，子光的回答符合"事一功百"的效率原则。

还有两个具体的事例，也可以说明王通的"刑清"观念。据《事君篇》，"陈叔达为绛郡守，下捕贼之令"，但是，陈叔达又规定："无急也，请自新者原之，以观其后。"王通高度赞赏这种"刑清"实践，他说："陈守可与言政矣。上失其道，民散久矣；苟非君子，焉能固穷？导之以德，悬之以信，且观其后，不亦善乎？"③另据《周公篇》，陈叔达问薛收："吾行令于郡县而盗不止，夫子居于乡里而争者息，何也？"薛收解释说："此以言化，彼以心化。"陈叔达自省道："吾过矣。"他于是退而静居，三月之后，盗贼都离去了。王通对此的评价是："收善言，叔达善听。"④在王通看来，单靠法令是不能解决盗窃问题的，心灵上的感化才是社会治理的关键与根本，因此，应当通过"刑清"实现社会治理。

（三）"终之以礼乐"

在"仁义公恕"以及"役简""刑清"之后，王通还提出了"终之以

---

① 张沛撰：《中说校注》，中华书局2013年，第237页。
② 张沛撰：《中说校注》，中华书局2013年，第252页。
③ 张沛撰：《中说校注》，中华书局2013年，第87—88页。
④ 张沛撰：《中说校注》，中华书局2013年，第100页。

礼乐"的主张。在王通看来,礼乐代表了更高的要求,同时也是更高的规范。倘若"两汉之制"能够"终之以礼乐",那将会促成"两汉之制"趋于"三代之法"。原因在于,礼乐与作为"三代之法"的王道具有更多的关联性。

在《事君篇》的篇首,"房玄龄问事君之道",王通答以"无私";又问"使人之道",答以"无偏";又问"化人之道",答以"正其心";房玄龄再"问礼乐",王通说:"王道盛则礼乐从而兴焉,非尔所及也。"①王通认为,事君之事、使人之事、化人之事,房玄龄都是可以完成的。但是,"兴礼乐"之事,却是房玄龄难以企及的伟业,主要是因为,礼乐是随着王道的兴盛而兴起的。这就是说,对于"两汉之制"来说,复兴礼乐是一个有待追求的更高的目标,它不是一个现实,但却是一个可以企及、应当追求的目标。由此,可以理解王通关于礼乐的思想。

首先,礼乐虽然不及作为"三代之法"的王道,但却是一种比"仁义公恕"更高的规范。王通承认:"吾于礼乐,正失而已;如其制作,以俟明哲。必也崇贵乎?"②即使是像王通这样自信的人,也承认自己没有"制作"礼乐的能力;他认为自己能够做的,仅仅是纠正礼乐实践中可能存在的弊端。由此可见,在王通的规范等级体系中,礼乐是居于高位的规范,比"仁义公恕"都高。据《周公篇》,"凌敬问礼乐之本",王通答以"无邪",凌敬退下之后,王通说:"贤哉,儒也!以礼乐为问。"③凌敬仅仅只是提出了一个关于"礼乐之本"的问题,就受到了王通的称许,这就可以看到王通的价值观:只要是在关心礼乐、思考礼乐,就可以列入"贤儒"的行列。

其次,就礼乐的本质来看,如前所述,王通把"无邪"作为礼乐之本。所谓"无邪",就是"纯正"之意。与此同时,王通又以"崇贵"

---

① 张沛撰:《中说校注》,中华书局2013年,第70页。
② 张沛撰:《中说校注》,中华书局2013年,第153页。
③ 张沛撰:《中说校注》,中华书局2013年,第112页。

解释"礼乐",那就是说,礼乐的本质就在于强化等级秩序。把这两个含义结合起来,那么,礼乐的核心旨趣就在于形成纯正或正当的等级秩序。据《魏相篇》,"张玄素问礼",王通的回答是:"直尔心,俨尔形,动思恭,静思正。"①这句话阐述了礼的要义,这里的"直""俨""恭""正",其实都包含了"正"的意义,可以看作对"无邪"的解释。

再次,两汉之礼乐,不足称道。王通说:"汉、魏礼乐,其末不足称也,然《书》不可废,尚有近古对议存焉。制、志、诏、册,则几乎典诰矣。"②无论是汉还是魏,虽然它们有一些文诰还不错,几乎可以与《尚书》中的一些典、诰相比,但汉、魏的礼乐却不值一提。至于汉、魏之后的礼乐,更是每况愈下。据《王道篇》,王通在长安时,朝廷中的大臣杨素、苏夔、李德林都来请见。王通与他们交谈之后,面有忧色。弟子问其故。王通解释说:"素与吾言终日,言政而不及化。夔与吾言终日,言声而不及雅。德林与吾言终日,言文而不及理。"这就令人担心,因为,"二三子皆朝之预议者也,今言政而不及化,是天下无礼也;言声而不及雅,是天下无乐也;言文而不及理,是天下无文也。王道从何而兴乎?吾所以忧也"。弟子退下,王通"援琴鼓《荡》之什,门人皆沾襟焉"。③ 须知,王通弹奏的《诗经》中的《荡》,乃召穆公所作。据《毛诗序》,"《荡》,召穆公伤周室大坏也。厉王无道,天下荡荡,无纲纪文章,故作是诗也"④。因而,此诗、此乐乃是天下失道、天下无纲纪、天下无文章的象征。如今杨素、苏夔、李德林等人,身为朝廷重臣,只谈具体的政事而不谈教化,天下就没有礼了;只谈声律而不论雅乐,天下就没有乐了;只谈虚文不谈实理,天下就没有文了。在这样的风气下,王道没有复兴的希望。

---

① 张沛撰:《中说校注》,中华书局2013年,第209页。
② 张沛撰:《中说校注》,中华书局2013年,第185—186页。
③ 张沛撰:《中说校注》,中华书局2013年,第15页。
④ 王秀梅译注:《诗经》,中华书局2015年,第667页。

最后,通过复兴礼乐(尤其是礼),完善两汉之制。王通要求:"既冠读《冠礼》,将婚读《婚礼》,居丧读《丧礼》,既葬读《祭礼》,朝廷读《宾礼》,军旅读《军礼》,故君子终身不违礼。"①反之,如果不读礼,就会导致严重的后果。"冠礼废,天下无成人矣;昏礼废,天下无家道矣;丧礼废,天下遗其亲矣;祭礼废,天下忘其祖矣。呜呼,吾末如之何也已矣!"②由此可见,有礼还是无礼,是天下有道还是天下无道的分水岭。另据《魏相篇》,王通"居家,不暂舍《周礼》"。弟子问其故,王通解释说:"先师以王道极是也,如有用我,则执此以往。通也宗周之介子,敢忘其礼乎?"③这里的"先师"是指孔子,在孔子看来,王道就体现为《周礼》,如果有人把推行王道的机会给了孔子,那么,孔子将依据《周礼》推行王道。王通追步孔子,也想通过复兴周礼,把"两汉之制"提升到"三代之法"的水平上。

以上所述,大致可以展示王通所理解的"两汉之制"。虽然上文的叙述分成了三个方面,而且上述三个方面并不能等量齐观,也不是完全并列的关系,但是,三个方面合起来,就是一个整体,共同组成了"两汉之制"。据《述史篇》,"温大雅问如之何可使为政",王通说:"仁以行之,宽以居之,深识礼乐之情。"④在这三个要点中,"仁以行之"可以对应于"仁义公恕",换言之,以"仁"为核心的"仁义公恕"是"行"需要遵循的规范;"宽以居之"可以对应于"役简"与"刑清",换言之,以"宽"为核心的"役简"与"刑清",乃是"居"应当遵循的规范;"深识礼乐之情"则可以对应于"终之以礼乐",这是一个更高的要求。大致说来,实践过程中的"为政",在相当程度上就是遵循"两汉之制"。

---

① 张沛撰:《中说校注》,中华书局2013年,第216页。
② 张沛撰:《中说校注》,中华书局2013年,第161页。
③ 张沛撰:《中说校注》,中华书局2013年,第208页。
④ 张沛撰:《中说校注》,中华书局2013年,第188页。

小结

叙述至此,我们对王通的二元规范论,可以获得比较全面的理解。在此基础上,如何评价王通的二元规范论?对此,可以从两个方面来分析。

一方面,从理论贡献来看,王通以"三代之法"与"两汉之制"作为规范的两种形态,这是一种立足于历史变迁而形成的二元规范论。根据王通的叙述,不同历史时期的规范组合成为了一个理论上的规范体系。这是王通对于中国法理学的一个创造性贡献。在王通之前,周公代表了"礼乐并称"这样一种规范体系,孔子阐述了"仁礼并称"这样一种规范体系,这两种二元化的规范体系,都具有共时性的特征。相比之下,王通的二元规范论却是把不同历史时期的规范加以概括、提炼与抽象,进而整合成为一个历时性的二元规范体系,这样的历时性及其蕴含的历史意识,可以说是王通二元规范论的主要特色。

另一方面,从个人风格来看,《中说》所描绘的王通其人,确有刻意模仿孔子的痕迹。《中说》试图塑造出一个"孔子再生"的儒家圣人形象。然而,《中说》对于王通作为圣人的形象塑造,有过度之嫌,由此造成了比较明显的负面效果。正如宋代的司马光在《文中子补传》中所言:"余读其书,想其为人,诚好学笃行之儒,惜也其自任太重,其子弟誉之太过,使后之人莫之敢信也。"[①]司马光的这个评论有一定的道理,有较强的解释力。虽然王通留给后人的形象确有"自任太重""子弟誉之太过"的缺陷,令人惋惜,但他毕竟还是一个"好学笃行之儒"。

尽管关于王通的评价,一千五百年以来,一直都有争议,但从另一个角度来说,绵延不绝的争议,也可以说明他有持续不断的影

[①] 张沛撰:《中说校注》,中华书局2013年,第289页。

响,也可以说明中国思想史及中国法理学史不能避开他。因而,由传世文献《中说》所蕴含的二元规范论,自有其不可替代、不容忽略的法理意义。

第二节 韩　愈

李唐王朝延续了近三百年,且一向享有"盛世"之名。然而,有唐一代的思想却被描述为"盛世的平庸"①。唐代的思想既然在整体上趋于平庸,唐代的法理学似乎也不宜称为"繁荣"。背后的原因,当然可以从多个方面去探讨。这里只说其中的一个原因:在唐代的士人群体中,较之于严谨的学术思想,华丽的文学艺术具有更高的显示度,因而吸引了更多士人的目光,让更多智识精英心慕笔追。即使是在学术思想的范围内,远离法理学的佛学也更加引人注目;至于靠近法理学的经学,则处于明显而普遍的衰落状态。②

不过,即使是在唐代这样一个思想相对"平庸"的"盛世",中国法理学史的演进依然没有停息,它依然会遵循自己的逻辑向前发展。在这样的时代背景下,倘若要在唐代的士人群体中,举出一个代表性的法理人物,以之展示唐代法理学的精神与风格,以之显现唐代法理学在中国法理学史上留下的印迹,那就应当首推中唐时期的韩愈(768—824)。为什么是韩愈?或者像一个汉学家那样提问:"什么使韩愈与众不同?"③我们的回答是:一方面,是因为韩愈

---

① 葛兆光:《中国思想史》第二卷,复旦大学出版社 2001 年,第 9 页。
② 可以参考劳思光的一些分析,他说:"隋唐之世,佛教最盛。""故大概言之,此时思想界之主流实为佛教教义。""至于儒学,则两汉以降,早已日衰。先混入阴阳五行之说及谶纬之言,后又为清谈玄风所掩。唐时官定经籍,真伪不分;所谓读儒书之士人,则恃辞赋以取功名,藉婚姻以攀门第。其风气之恶劣,考史者类能言之。故就哲学思想而论,唐代儒学可谓衰极。"详见,劳思光:《新编中国哲学史》第三册,生活·读书·新知三联书店 2015 年,第 17—18 页。
③ [美]包弼德:《斯文:唐宋思想的转型》,刘宁译,江苏人民出版社 2017 年,第 158 页。

对后世产生了较为深远的影响。另一方面,韩愈影响后世的一个主要领域是经学,也是法理学。①

试看宋初的石介(1005—1045)在《尊韩》篇中的一个论断:"道始于伏羲氏,而成终于孔子。道已成终矣,不生圣人可也。故自孔子来二千余年矣,不生圣人。若孟轲氏、扬雄氏、王通氏、韩愈氏,祖述孔子而师尊之,其智足以为贤。孔子后,道屡塞,辟于孟子,而大明于吏部。道已大明矣,不生贤人可也。故自吏部来三百有年矣,不生贤人。"石介还借此篇进一步指出:"孔子之《易》、《春秋》,自圣人来未有也;吏部《原道》、《原仁》、《原毁》、《行难》、《对禹问》、《佛骨表》、《诤臣论》,自诸子以来未有也。"②按照这些述论,至少在石介眼里,孔子是集大成的圣人,孔子之后没有圣人,至少没有同等高度的圣人;韩愈则是集大成的贤人,韩愈之后没有贤人,至少没有同等高度的贤人;如果把孔子看作儒家圣人群体的首席代表,那么,韩愈则是儒家贤人群体的首席代表。

自宋初开始,一直到明清,秉持类似"尊韩"态度的思想精英,远远不止石介一人。在韩愈之后的中国历史上,虽然批评韩愈的声音也不鲜闻,但从总体上看,"尊韩"的观点还是占据了主导地位。譬如,明代的薛瑄(1389—1464)就把韩愈与董仲舒相提并论:"汉四百年,识正学者董子;唐三百年,识正学者韩子。"③清代的戴震(1724—1777)在自己的《孟子字义疏证》一书的序文中,也把韩愈作为权威人物来引证,说:"韩退之氏曰:'道于杨、墨、老、庄、佛之学而欲之圣人之道,犹航断港绝潢以望至于海也。故求观圣人之道,必自孟子始。'呼呼,不可易矣!"④如此称许韩愈,可以理解

---

① 关于经学与法理的关系,可以参见,喻中:《法理四篇》,中国法制出版社 2020 年,第 233—234 页。
② [宋]石介:《徂徕石先生文集》,陈植锷点校,中华书局 1984 年,第 79—80 页。
③ [明]薛瑄:《薛瑄全集》下册,孙玄常、李元庆、周庆义、李安纲点校,山西人民出版社 1990 年,第 1391 页。
④ [清]戴震:《戴震集》,上海古籍出版社 2009 年,第 264 页。

为:戴震是把韩愈作为自己的"先行者"来看待的;戴震对"孟子字义"的"疏证",在相当程度上,可以看作是对韩愈"尊孟"的仿效与接续。

在唐宋之间,尤其是在宋代以后的中国思想史上,韩愈为什么受到了较为普遍的推崇?讨论唐代思想,为什么总是不能绕开韩愈?对于唐代以后的华夏文明秩序及其原理,韩愈到底做出了什么样的贡献?面对这样一些追问,我们可以从法理学的立场上来回答:在佛教、道教盛行的唐代,韩愈立足于儒学、儒道的复兴,开辟了一个既根植于古老传统又产生了深远影响的法理命题,那就是依道治国。

如果说,当代中国的法理学有一个关键性的主题,即依法治国,建设社会主义法治国家,那么,韩愈的法理憧憬则可以描绘为:依道治国,建设儒家主义道治国家。在古今之间稍作比较,即可以看到,开创依道治国这样一个纲领性、关键性的法理命题,是韩愈对中国法理学史所做出的标志性贡献,堪称唐代法理学的标志性成果,同时也构成了中国法理学史的标志性环节。

在依道治国这样一个法理命题中,其核心范畴当然就是道。韩愈关于依道治国的论述,自然也是以道作为轴心而展开的。有鉴于此,为了阐明韩愈开创的依道治国命题,有必要先行叙述作为治国依据的道,特别是它的生成与传承。接下来,勾画韩愈建构的一整套赖以载道、据以治国的规范体系。在此基础上,进一步考察依道治国命题的思想渊源及其产生的思想影响,以揭示这个命题在中国思想史及中国法理学史上的意义。最后是一个简短的结语。

一、作为治国依据的道:圣人创制的规范

如果要给韩愈贴上一张最为简略的思想标签,那就是"道";如果要为韩愈绘制一幅写意性质的思想肖像,那也只能着眼于"道"。

对韩愈来说,道是最高的价值,也是实现国家治理的终极依据,这就是韩愈开创的依道治国命题的核心要义。在此,我们可以参考苏轼(1037—1101)在《潮州韩文公庙碑》中对韩愈的一个评价:"文起八代之衰,而道济天下之溺,忠犯人主之怒,而勇夺三军之帅。"①这四个方面,代表了苏轼为韩愈所作的盖棺定论。苏轼列举了韩愈的四个"亮点",其中的"文""忠""勇"暂且不论,如果只看"道济天下之溺",那么,这句话既描述了韩愈的思想贡献,同时也揭示了韩愈对中国法理学史所做的贡献。

以道拯救天下,就是依道治理天下,当然也是依道治理国家,亦即依道治国。苏轼所说的"天下之溺"是指"天下沉沦",这是一种比"天下之乱"更加不堪、更加危险的境况。道既然能够"济天下之溺",把处于"沉沦"状态的"天下"提振上去,那就更能够"治天下之乱",促成天下由乱到治。道的规范性由此显现出来:如果依道治国,则可以治国家之乱,"济国家之溺";如果依道治天下,则可以治天下之乱,"济天下之溺"。换言之,道是实现国家治理、天下治理的依据;同时,道也是实现国家治理、天下治理所依据的规范。那么,作为治国依据的道,到底是一种什么样的规范?它缘何而生?从何而来?这些根本问题,都可以在韩愈的相关论述中找到答案。

(一)道是儒家圣人创制的规范

从起源来看,道出于儒家圣人的创制。在《原道》篇的末尾,韩愈以自问自答的方式,解释了道的本质与由来:"曰:斯道也,何道也?曰:斯吾所谓道也,非向所谓老与佛之道也。尧以是传之舜,舜以是传之禹,禹以是传之汤,汤以是传之文武周公,文武周公传之孔子,孔子传之孟轲,轲之死,不得其传焉。"②这句话流传广泛,

---

① [宋]苏轼:《苏东坡全集》第三册,北京燕山出版社2009年,第1684页。
② [唐]韩愈:《韩昌黎文集校注》,马其昶校注,马茂元整理,上海古籍出版社2014年,第20页。

影响深远,既是韩愈颇具代表性的思想名言,同时也包含了丰富的法理意涵。

一方面,它阐明了道的起源,从法理学的角度来看,相当于提出了一种法律起源理论或规范起源理论。在史家眼里,韩愈这段话以及《原道》这篇文献的意义,主要是建构了一个"道统"。譬如,陈寅恪(1890—1969)在《论韩愈》一文中就认为,韩愈首要的贡献,就在于"建立道统,证明传授之渊源"①。所谓"道统",就是道的"统绪"。具体而言,那就是:儒家圣人之道从尧开始,一直传递到孟子,在尧与孟子之间,形成了"一线单传"的传承关系。这是立足于"统"的角度,亦即思想传承的角度,来理解韩愈这段话以及《原道》这篇文献。如果我们改从法律起源或规范起源的角度来看,韩愈这段话的主要旨趣就在于:阐明作为治国依据的道是如何生成的。简而言之,道是儒家圣人创制的;更直白地说,道是尧创制的。

尧这样的圣人,为什么要创制道这样的规范?圣人创制道的动因、动机、动力何在?在《原道》篇中,韩愈对此已有交待:"古之时,人之害多矣。有圣人者立,然后教之以相生养之道。为之君,为之师,驱其虫蛇禽兽而处之中土。寒,然后为之衣,饥,然后为之食;木处而颠,土处而病也,然后为之宫室。为之工,以赡其器用;为之贾,以通其有无;为之医药,以济其夭死……如古之无圣人,人之类灭久矣。何也?无羽毛鳞介以居寒热也,无爪牙以争食也。"②这段话从形而下的角度,解释了圣人创制道的意图:为了保障和维护人类的生存。

至于圣人创制道的方式,虽然韩愈在《原道》篇中没有专门的叙述,但我们可以在其他文献中找到相关的记载。譬如,《尚书·尧典》开篇就指出:"曰若稽古,帝尧曰放勋,钦明文思安安,允恭克

---

① 陈寅恪:《金明馆丛稿初编》,生活·读书·新知三联书店2015年,第319页。
② [唐]韩愈:《韩昌黎文集校注》,马其昶校注,马茂元整理,上海古籍出版社2014年,第17页。

让。光被四表,格于上下。克明俊德,以亲九族。九族既睦,平章百姓。百姓昭明,协和万邦,黎民于变时雍。乃命羲和,钦若昊天,历象日月星辰,敬授民时。"①由此我们看到:道的起点是尧内在的德性之光,它持续不断地散发出来,从内到外,从中心到边缘,层层推进,不断扩展。德性之光延伸到哪里,文明就扩散到哪里;文明所及之处就是教化所及之外,教化就是道的外化(详后)。

道的这种生成方式或创制方式,在法理上,可以概括为圣人立法。在人类历史上,与这样的立法方式相并立的,还有神人立法、众人立法,等等。其中,众人立法就是近代以来的民主立法,神人立法的典型形态是"摩西十诫"。各种不同的立法方式,可以对应于法律起源的各种理论及实践,也可以对应于关于法律本质或法律本体的各种理论。如果说,众人立法是民主时代的法律现象,神人立法是神权时代的法律现象,那么,根据韩愈所见,圣人立法(或"圣人立道")则是圣王时代的法律现象。

另一方面,儒家圣人创制的道具有永恒性,它永不失效。虽然从源头上看,道是尧创制的,但是,道一经创制出来,就永远存在。源于尧的道,可以在圣人之间进行传递。按照韩愈的描述,尧把自己创制的道传给了舜,再由舜往后传递,经过禹、汤、文、武、周公、孔子,最终抵达孟子。孟子是道的最后的守护者或承载者。由此,我们可以看到道的另一个特质:道不仅是圣人创制的,而且只有圣人才能承载道,道与圣人是一体的。

进一步考察圣人与道的关系,可以看到两种圣人:其一,创制道的圣人,那就是尧。其二,传递道的圣人,那就是从舜到孟子的圣人群体。无论是哪种圣人,都是实施依道治国方略的前提条件。因为,如果没有圣人,道就不能呈现出来,道的规范作用也不能发挥出来。圣人与道的这种关系,既迥异于民主时代众人与法的关

---

① 曾运乾注:《尚书》,黄曙辉校点,上海古籍出版社2015年,第2—4页。

系,也不同于神权时代神人与法的关系。就民主时代的众人立法来看,众人根据一定的立法程序,一旦创制了法,法就获得了独立的生命,法与创制它的众人就脱离了关系,就像一个新生的婴儿脱离了孕育他(她)的母体一样。就神权时代的神人立法来看,神一旦创制了法,譬如"摩西十诫",又把这样的法交给了摩西,只要神没有直接表示撤销或废除,它就永远有效,且一直发挥规范作用。

相比之下,即使圣王时代的尧已经创制了道,但这样的道并不能脱离圣人独立发挥规范作用。一方面,只有圣人才能创制这样的道;另一方面,也只有圣人才能承载这样的道,也只有圣人才能让这样的道在国家治理的实践中发挥规范作用。由此看来,道是一种附条件的规范,这个条件就是要有圣人在世。只有当道寄生于圣人身上,它的规范作用才能显现出来,它才能充当国家治理的依据。

(二) 源于儒家圣人的道在显隐之间多次变换

如前所述,只有圣人在世,道才可以发挥规范作用。反之,倘若世间没有圣人,道就不能发挥作用,甚至不能呈现出来。不过,即使世间暂时没有圣人,源于早期圣人的道也不会灭失,因为道具有永恒性;道只不过是隐匿起来了。在尧、舜、禹时期,因为三位圣人持续在世,道作为治理国家、治理天下的依据,持续、全面、充分地发挥了规范作用,造就了后世向往不已的"唐虞之治"。从法理上说,所谓"唐虞之治",其实就是严格实施依道治国方略所取得的治理绩效。但是,在禹之后、汤之前,也就是在整个夏朝,都没有圣人在世,在这个历史时期,道就一直处于隐匿状态。在汤死后的殷商时期,道同样处于隐匿状态,直至文王、武王、周公三位圣人在商末周初时期的持续在世,道的规范作用才重新发挥出来。但是,在周公身后直至孔子之前的漫长历史时期,世间没有圣人,道又回归隐匿状态。

关于道在孔子身后的状况,《原道》篇有一些简要的介绍:"周道衰,孔子没,火于秦,黄老于汉,佛于晋、魏、梁、隋之间,其言道德仁义者,不入于杨,则入于墨;不入于老,则入于佛。入于彼,必出于此。入者主之,出者奴之;入者附之,出者汙之。噫!后之人其欲闻仁义道德之说,孰从而听之?老者曰:孔子,吾师之弟子也。佛者曰:孔子,吾师之弟子也。为孔子者,习闻其说,乐其诞而自小也,亦曰:吾师亦尝师之云尔。不惟举之于其口,而又笔之于其书。噫!后之人虽欲闻仁义道德之说,其孰从而求之?"①这段史论结合的叙述旨在表明,孔子死后,道在秦代遭遇了焚书坑儒之害,在汉代遭遇了道家的挤压,在晋隋之间又遭遇了释家的挤压。特别是在汉代以来,道家与释家都在贬低孔子,都在想方设法凌驾于儒家之上。在这种格局下,儒家圣人创制的道变得更加隐匿不显。

不过,结合韩愈编织的整体性的儒家圣人之道的传承系统,全面地看,历史上的圣人并非终于孔子,因为孔子之后还有孟子。这就是说,道居于隐匿状态的最后一段历史时期,严格说来,应当是孟子死后直至韩愈的这段时期。更具体地说,从孟子去世的公元前289年直至韩愈出生的公元768年,在这一千多年里,由于没有出现真正的圣人,更由于道家、释家的挤压,儒家圣人之道基本上都处于隐而不显的状态。幸而,韩愈的诞生终结了这一段圣人缺位的漫长历史。

按照《新唐书》之"韩愈传赞",亦即《新唐书》的作者在"韩愈传"末所附的"赞词",韩愈"其道盖自比孟轲,以荀况、扬雄为未淳,宁不信然?"答案当然不言而喻。进一步看,"昔孟轲拒杨、墨,去孔子才二百年。愈排二家,乃去千余岁,拨衰反正,功与齐而力倍之,所以过况、雄为不少矣。自愈没,其言大行,学者仰之如泰山、北斗云"。② 由此看来,韩愈自比孟子,试图在孟子之后承载儒家圣人

---

① [唐]韩愈:《韩昌黎文集校注》,马其昶校注,马茂元整理,上海古籍出版社2014年,第15页。
② [宋]欧阳修、宋祁:《新唐书》,中华书局2000年,第4078页。

之道,得到了《新唐书》亦即官方正史的正式认同,这就相当于得到了历史的认同。按照"韩愈传赞",韩愈"排"老、释二家,就相当于孟子"拒"杨、墨二家。韩愈与孟子在捍卫、守护、呈现、承载儒家圣人之道方面,取得了大致相当的功业(所谓"功与齐"),而且,韩愈付出的辛苦与努力还是孟子的两倍(所谓"力倍之")。对于儒家圣人之道的传承来说,韩愈的功劳远远超越了孟子与韩愈之间的荀子、扬雄。

"韩愈传赞"还特别强调,孟子"去孔子才二百年"。这就是说,在孔子与孟子之间,有两百年的时间缝隙。在此期间,道的存在方式如何?按照韩愈的叙述,在孔子之后、孟子之前,没有圣人,道应当处于隐而不显的状态。但是,这个问题在程颐(1033—1107)、朱熹(1130—1200)那里,得到了重述:在孔子与孟子之间,并非一片空白,曾子与子思就是连接孔子与孟子的人物;曾子与子思的地位,虽然不能完全比肩孔子与孟子,但是,四书的集成与编纂,却让曾子与子思侧身于孔子与孟子之间,名正言顺地成为了道的承载者。韩愈虽然没有论述孔子与孟子之间的曾子与子思,但是,后文的叙述将表明,韩愈实为四书架构与体系的一个重要源头。

韩愈所见的儒家圣人之道虽然经历了多个隐匿时期,但是,只要有圣人出现,道就会随之由隐而显,充当国家治理的依据,而且是国家治理所依据的终极规范。道在显隐之间的这种变化规律,以及道与圣人之间的这种关系,在形式和因果关系上,就仿佛《庄子·在宥》篇所述:"天下脊脊大乱,罪在撄人心。故贤者伏处大山嵁岩之下,而万乘之君忧栗乎庙堂之上。"[1]按照庄子之意,如果人心被扰乱,贤者通常就会隐匿在大山深处的岩石下;如果人心不被扰乱,贤者就会由隐而显,从大山深处的岩石下走出来,在国家治理的实践中发挥积极的作用:在朝则美政,在野则美俗。道之显

---

[1] 方勇译注:《庄子》,中华书局2015年,第163页。

隐,就仿佛贤者之显隐,规律都是一样的。

通过以上两个方面的分析,我们可以理解韩愈憧憬的道:它源于尧的创制,经过了历代圣人的传承;它具有永恒性,在存在方式上因圣人的出没而显隐。虽然道的特征可以从不同的侧面予以描绘,但道的核心功能却是清楚的:它是国家治理的依据。

二、赖以载道、据以治国的规范体系

依道治国就是把道作为国家治理的依据,而且是终极依据。但是,在国家治理的实践中,还需要把道表达成为一个实体性的、具体的规范体系,才能为国家治理提供切实可行的、看得见的依据。这就像在现代的国家治理中,仅仅提出依法治国,仅仅强调法是国家治理的依据,并不能真正实现依法治国。因而,必须着眼于依法治国的基本方略,建构一个完整的法律规范体系,并在实践中遵循这个完整的法律规范体系,国家治理才能切实依法展开。同样,作为国家治理依据的道,也需要一个完整的规范体系来承载。根据韩愈的叙述,这个赖以载道、据以治国的规范体系,主要包括两个不同的层次:其一是仁义;其二是礼乐刑政。

(一) 作为根本规范的仁义

在赖以载道、据以治国的规范体系中,仁义是载道的根本规范,也是国家治理所依据的根本规范。仁义所具有的这种性质,是由仁义与道的关系确定的。

在仁义与道之间,道是"虚位",道的"定名"就是仁义。换言之,道的实体内容就是仁义。道作为终极规范,它为世人确立的、实体性的行为准则、行为规范,就是仁义。因此,道与仁义的关系乃是名与实的关系,仁义就是道的实体化表达。对此,《原道》开篇即指出:"博爱之谓仁,行而宜之之谓义;由是而之焉之谓道,足乎己,无待于外之谓德。仁与义,为定名;道与德,为虚位:故道有君子小人,而德有凶有吉。老子之小仁义,非毁之也,其见者小也。

坐井而观天,曰天小者,非天小也;彼以煦煦为仁,孑孑为义,其小之也则宜。其所谓道,道其所道,非吾所谓道也;其所谓德,德其所德,非吾所谓德也。凡吾所谓道德云者,合仁与义言之也,天下之公言也;老子之所谓道德云者,去仁与义言之也,一人之私言也。"①

《原道》篇的写作,作为一次意义重大的思想之旅,却始于解释仁与义。把仁与义拼接合并起来,按照仁义行事,就是依道行事;按照仁义治国,就是依道治国。由此看来,依道治国的核心与实质就是依仁义治国。在当代,我国《宪法》第五条规定,"任何组织或者个人都不得有超越宪法和法律的特权";第五十三条又规定,"中华人民共和国公民必须遵守宪法和法律"。这里的"宪法和法律",是见于我国《宪法》的一个定型化的表达方式。在唐代,根据韩愈的论述,国家治理的依据是道,但是,道的实体内容是仁义。这就是说,国家治理的依据是仁义。这样的仁义,在韩愈编织的规范体系中的地位,大致就相当于"宪法和法律"这个表达方式中的"宪法"。依仁义治国,大致相当于当代中国的依宪法治国或依宪治国。在当代,宪法是治国安邦的总章程;在依道治国这个命题中,仁义也可以视为治国安邦的总章程。

根据韩愈的辨析,把仁义作为道的实体内容,还有一个重要的目的和预期,那就是严格区分儒家之道与老子之道。本来,道是儒家圣人创制的终极规范,儒家圣人创制的道是国家治理的终极依据。但是,老子也讲道;道家作为一个学术思想流派,还把道当作自己学派的旗号。这就是说,儒家与道家都讲道。道由此成为了一个通用名称。这就仿佛当代的法,虽然世界各国都有自己的法,但是,西方主流国家的法与当代中国的法具有本质的区别:当代中

---

① [唐]韩愈:《韩昌黎文集校注》,马其昶校注,马茂元整理,上海古籍出版社2014年,第15页。

国的法是中国共产党领导中国人民制定的,体现了中国人民的意志,也体现了中国共产党的主张;当代西方的法,则不具有这样的性质与内容。儒家之道与老子之道的关系也可以作如是观。虽然儒家与老子都标举道之名,但是,儒家圣人创制的道,与老子之道具有本质的区别。儒家圣人创制的道以仁义为实体内容;老子及道家所说的道,恰好立足于贬低仁义、排斥仁义。这就是儒家之道与老子之道的本质区别。

老子关于道与仁义相互关系的理解,见于《老子》中的著名论断:"大道废,有仁义。"①《老子》还宣称:"失道而后德,失德而后仁,失仁而后义,失义而后礼。"②按照这些论述,道与仁义不可并存,道与仁义是相互冲突的关系。只有废除大道,才有仁义。老子为何宣扬这样的观点?韩愈的回答是:老子阐述这些主张,并不是要故意贬低仁义,主要是因为老子其人坐井观天、目光狭隘、见识浅陋。老子把些微恩惠("煦煦")作为仁,把特立独行("孑孑")作为义,正是这些关于仁与义的错误理解,让老子看不起仁义。老子关于仁义及其与道的关系的错误理解,只是反映了他的个人偏见。相反,把道的实体内容理解为仁义,才是天下的公允之论。因此,要正确把握依道治国这个命题,要正确实施依道治国这个方略,必须以仁义作为道的实体内容;绝不能像老子那样,把仁义置于道的对立面。

韩愈把仁义作为道的实体内容,这样的观点主要源于孟子,是韩愈发挥孟子思想的产物。如前所述,韩愈把孟子作为儒家圣人之道的最后一个承载者,这就意味着,孟子掌握了道的真谛。那么,孟子所理解的道到底是什么?答案就见于《孟子》一书的开端。翻开《孟子》,我们看到的"全书第一句"是:"孟子见梁惠王。"梁惠王首先提出了一个问题:"叟!不远千里而来,亦将有以利吾国

---

① 汤彰平、王朝华译注:《老子》,中华书局2014年,第70页。
② 汤彰平、王朝华译注:《老子》,中华书局2014年,第142页。

乎?"孟子的回答是:"王! 何必曰利? 亦有仁义而已矣。王曰:'何以利吾国?'大夫曰:'何以利吾家?'士庶人曰:'何以利吾身?'上下交征利而国危矣。万乘之国,弑其君者,必千乘之家;千乘之国,弑其君者,必百乘之家。万取千焉,千取百焉,不为不多矣。苟为后义而先利,不夺不餍。未有仁而遗其亲者也,未有义而后其君者也。王亦曰仁义而已矣,何必曰利?"①

这段著名的对话表明,孟子要求梁惠王遵循的根本规范,就是仁义。梁惠王只要按照仁义的准则行事,就足够了。由此可见,仁义是孟子作为道的承载者向君主提出的训诫。在韩愈看来,孟子对仁义的标举,就代表了儒家圣人关于道的实体内容的正确理解与精准表达。

(二) 作为普通规范的礼乐刑政

如果仁义是国家治理所依据的根本规范,那么,礼乐刑政就是国家治理所依据的普通规范。正如《原道》篇所述,无论是先王之道还是先王之教,"其文《诗》《书》《易》《春秋》,其法礼乐刑政"②,这就是说,先王之道与先王之教在根本上是一致的;如果要指出两者之间的差异,那么,先王之教是先王之道的表现形式。简而言之,"教"是"道"的表现形式(详后)。因而,先王之道在法律规范上的表现形式,就是礼乐刑政,这就是"其法礼乐刑政"的含义。

从来源上看,道(亦即"仁义")固然出于儒家圣人的创制,礼乐刑政同样也是儒家圣人创制的。根据《原道》篇的叙述,远古时期的圣人为了让民众更好地生活,"为之礼,以次其先后;为之乐,以宣其壹郁;为之政,以率其怠倦;为之刑,以锄其强梗"③。这就是

---

① 杨伯峻译注:《孟子译注》,中华书局2012年,第2页。
② [唐]韩愈:《韩昌黎文集校注》,马其昶校注,马茂元整理,上海古籍出版社2014年,第19页。
③ [唐]韩愈:《韩昌黎文集校注》,马其昶校注,马茂元整理,上海古籍出版社2014年,第17页。

儒家圣人创制"其法"(亦即"礼乐刑政")的意图。分而述之,其一,创制礼的目的在于,规定长幼尊卑,以确立人与人之间的交往秩序。其二,创制乐的目的在于,疏导内心情感,以确立人内在的精神秩序。其三,创制政令的目的在于,规范官方行为,以防止懒政,以杜绝今天所说的"为官不为"或"为官乱为"。其四,创制刑律的目的在于,祛除蛮横行径,以"失礼则入刑"①的逻辑,威慑、打击那些危害文明秩序的行为。

这四种"法"虽然功能各异,指向不同,但都是圣人创制的。它们相互配合,共同组成了一个"法"的体系,亦即关于圣人"其法"或"圣人之法"的体系。相对于仁义作为道的实体内容来说,由礼乐刑政组合而成的"圣人之法"更加具体,既是道的表现形式,也可以视为仁义的表现形式。针对这样的"圣人之法",韩愈在不同的语境下,对其中的某种规范或某些规范,还做出了进一步的论述。

在"圣人之法"所包含的四种规范中,韩愈对礼的关注相对集中。譬如,韩愈在《子产不毁乡校颂》中写道:"我思古人,伊郑之侨;以礼相国,人未安其教;游于乡之校,众口嚣嚣。或谓子产,毁乡校则止。曰:'何患焉,可以成美。夫岂多言,亦各其志。善也吾行,不善吾避,维善维否,我于此视。川不可防,言不可弭,下塞上聋,邦其倾矣!'既乡校不毁,而郑国以理。在周之兴,养老乞言;及其已衰,谤者使监;成败之迹,昭哉可观。维是子产,执政之式,维其不遇,化止一国。诚率是道,相天下君,交畅旁达,施及无垠。"②这篇颂辞,主要回顾了春秋时期的子产在郑国实施的"以礼相国"。所谓"以礼相国",近似于"以礼治国"。因而,礼是国家治理的重要依据。在韩愈看来,周代早期的"养老乞言",就是一种具体的礼。

---

① [宋]范晔:《后汉书》,中华书局2007年,第456页。
② [唐]韩愈:《韩昌黎文集校注》,马其昶校注,马茂元整理,上海古籍出版社2014年,第75—76页。

根据这样的礼,可以更多地吸取长者的智慧与经验,以提高国家治理能力。

韩愈还把"德"和"礼"结合起来,并称为德礼。在《潮州请置乡校牒》中,韩愈写道:"孔子曰:'道之以政,齐之以刑,则民免而无耻;不如以德礼为先,而辅以政刑也。'夫欲用德礼,未有不由学校师弟子者。此州学废日久。进士明经,百十年间,不闻有业成贡于王庭,试于有司者。人吏目不识乡饮酒之礼,耳未尝闻《鹿鸣》之歌。忠孝之行不劝,亦县之耻也。"①这就是说,德礼优于政刑。通过学校,可以加强德礼教育;通过强化人们的德礼观念、德礼意识,可以改进国家治理。

即使是古老的礼,也有学习、参考、借鉴的价值。在《读仪礼》篇中,韩愈说:"余尝苦《仪礼》难读,又其行于今者盖寡,沿袭不同,复之无由,考于今,诚无所用之,然文王周公之法制粗在于是。孔子曰:'吾从周。'谓其文章之盛也。古书之存者希矣!百氏杂家尚有可取,况圣人之制度耶?于是掇其大要,奇辞奥旨著于篇,学者可观焉。惜乎!吾不及其时进退揖让于其间。"②这些论述表明,《仪礼》主要记载了文王、周公时期的"法制",由于时过境迁,虽然这样的"法制"在唐代已经很难适用了,但是,它们作为"法制"史研究的对象,依然有其特定的价值与意义。

还有一个比较具体的事例,可以集中体现韩愈关于礼与法关系的思考。那是公元811年,亦即元和六年,在富平县发生了一起刑事案件:富平人梁悦,因为替父报仇而杀人,主动向县衙门投案请罪。此案引起了宪宗皇帝的关注,朝廷为此案专门发布敕令,称:"复仇:据《礼经》,则义不同天;征法令,则杀人者死。礼

---

① [唐]韩愈:《韩昌黎文集校注》,马其昶校注,马茂元整理,上海古籍出版社2014年,第771页。
② [唐]韩愈:《韩昌黎文集校注》,马其昶校注,马茂元整理,上海古籍出版社2014年,第43—44页。

法二事,皆王教之端,有此异同,必资论辩。宜令都省集议闻奏者。"①这就是说,根据礼经,替父报仇是可以的,替父报仇能够得到礼经的支持;但是,根据法令,报仇者杀了人,犯了杀人罪,应当作为"杀人者"判处死刑。那么,应当如何协调礼经与法令的关系?这就是皇帝及朝廷提出的问题,也是一个颇具实践意义的法理学问题。

针对这样的问题,韩愈向朝廷提交了一篇《复仇状》。在这篇"决策咨询报告"中,韩愈提出,子报父仇,在《春秋》《礼记》《周官》这样的经书中,都得到了认可;但是,在圣人制定的刑律中,却并没有做出相应的规定。刑律中不规定子报父仇问题,是有原因的:如果不许报仇,既伤了孝子之心,也不符合先王在经书中的规定;如果准许报仇,就会纵容这样的仇杀。"夫律虽本于圣人,然执而行之者,有司也。经之所明者,制有司者也。丁宁其义于经,而深没其文于律者,其意将使法吏一断于法,而经术之士得引经而议也。"②这就是说,刑律中不规定子报父仇问题,主要目的在于:有意给擅长经学的士人提供一个机会、一个空间,让他们根据经义,并结合具体案件,表达他们的见解。

根据韩愈的归纳,经书中针对子报父仇现象,主要规定了三种不同的具体情况:其一,百姓之间的仇杀;其二,官府因罪而诛杀;其三,官府同意的仇杀。根据这三种不同的子报父仇,韩愈提出:"复仇之名虽同,而其事各异:或百姓相仇,如《周官》所称,可议于今者;或为官所诛,如《公羊》所称,不可行于今者;又《周官》所称,将复仇,先告于士则无罪者;若孤稚羸弱,抱微志而伺敌人之便,恐不能自言于官,未可以为断于今也。然则杀之与赦,不可一例;宜

---

① [唐]韩愈:《韩昌黎文集校注》,马其昶校注,马茂元整理,上海古籍出版社 2014 年,第 660—661 页。
② [唐]韩愈:《韩昌黎文集校注》,马其昶校注,马茂元整理,上海古籍出版社 2014 年,第 661 页。

定其制曰:'凡有复父仇者,事发,具其事申尚书省,尚书省集议奏闻,酌其宜而处之,则经律无失其指矣。'"①

概括韩愈关于礼与法的观点,那就是:如果发生了子报父仇的案件,那就应当由尚书省组织有关专家讨论,由专家根据具体情况,实事求是地提出合理、妥当的处理办法,以维护经书与刑律的尊严。韩愈在此期待与想象的专家主要是经学家,大致相当于今天的法理学家,因为,传统的经学就相当于今天的法理学。

(三)仁义与礼乐刑政的关系

依道治国作为一个法理命题,作为一种国家治理的基本方略,既要依仁义治国,也要依礼乐刑政治国。作为两种不同的规范,仁义与礼乐刑政虽然都是由道衍生而来,但两者之间毕竟存在着显著的差异,那么,仁义与礼乐刑政的关系,到底应当如何理解?

要回答这个问题,有必要参考韩愈的两篇文献。其一,在《送浮屠文畅师序》篇中,韩愈说:"道莫大于仁义,教莫正乎礼乐刑政。施之于天下,万物得其宜;措之于其躬,体安而气平。尧以是传之舜,舜以是传之禹,禹以是传之汤,汤以是传之文武,文武以是传之周公孔子;书之于册,中国之人世守之。"②这段话表明,仁义与礼乐刑政都是源于尧的、供历代中国人遵守的行为规范,但是,仁义是道的体现,礼乐刑政则是教的体现。其二,在《原道》篇中,韩愈颇为遗憾地指出:"甚矣,人之好怪也!不求其端,不讯其末,惟怪之欲闻。"③这就是说,关于道,既要"求其端",也要"讯其末"。结合上下文来看,倘若要"求"道之"端",能够得到的结果就是仁义;

---

① [唐]韩愈:《韩昌黎文集校注》,马其昶校注,马茂元整理,上海古籍出版社2014年,第662页。
② [唐]韩愈:《韩昌黎文集校注》,马其昶校注,马茂元整理,上海古籍出版社2014年,第282页。
③ [唐]韩愈:《韩昌黎文集校注》,马其昶校注,马茂元整理,上海古籍出版社2014年,第15页。

倘若要"讯"道之"末",能够得到的结果就是礼乐刑政。把韩愈的这些论述融会贯通,我们可以看到,仁义是道的根本,也是道的实体内容;仁义作为规范,可以理解为根本规范,可以对应于当代中国"宪法与法律"这种表达方式中的宪法;礼乐刑政是道的具体化,它作为"圣人之法",可以理解为普通规范,可以对应于当代中国"宪法与法律"这种表达方式中的法律。

如果把韩愈开创的依道治国命题对应于当代的依法治国,同时再结合上文引用的我国《宪法》规定的"宪法和法律"这种表达方式,那么,依仁义治国就可以对应于当代的依宪法治国,依礼乐刑政治国就可以对应于当代的依法律治国。道是总名,用韩愈的原话来说,就是"虚位",依道治国的实际内容,就是依仁义与礼乐刑政治国。仁义和礼乐刑政,就相当于当代中国的"宪法和法律"。因而,仁义与礼乐刑政的关系,既可以理解为根本规范与普通规范的关系,也可以理解为"宪法与法律"的关系。

三、依道治国:一个法理命题的源与流

韩愈开创的依道治国命题,并不是一座突然降临的飞来峰,更不是转瞬即逝的海市蜃楼。相反,这个命题源远流长,不仅根植于古老的华夏传统,而且孕育了新的华夏传统。在这里,为了从一个整体性的历史进程的角度,进一步厘清依道治国命题的来龙去脉,还有必要从源与流两个不同的方向,对这个命题予以贯通性的解释。显而易见的是,在源与流之间,源是"承前",流是"启后";源是"继往",流是"开来"。

(一)依道治国命题的思想渊源

从"承前"或"继往"的角度看,依道治国命题是多种思想资源共同滋养的结果。其中,孟子对韩愈的影响更为明显和突出。在一定程度上,依道治国命题可以看作韩愈对孟子思想进行创新性发展、创造性转化的产物。

透过韩愈的各种著述，可以看到，在唐代以前的历代儒家圣贤中，韩愈对孟子有更多的思想认同与情感认同。在《与孟尚书书》中，韩愈写道："汉氏已来，群儒区区修补，百孔千疮，随乱随失，其危如一发引千钧，绵绵延延，浸以微灭。于是时也，而唱释老于其间，鼓天下之众而从之，呜呼，其亦不仁甚矣！释老之害过于杨墨，韩愈之贤不及孟子，孟子不能救之于未亡之前，而韩愈乃欲全之于已坏之后。"①

这几句话，从形式上看，是在客观描述儒家面临的思想危机：释老二氏对儒家的持续挤压，从汉代到唐代，无休无止。从实际效果来看，韩愈通过这番历史叙事，旨在表明：他全力以赴的毕生事业，正是孟子曾经为之奋斗的事业；这个事业就是抵御异端邪说、捍卫儒家正道。韩愈与孟子的不同之处在于：由于时代的不同与思想格局的变迁，韩愈面临的困难比孟子曾经面临的困难更大，因为，释老对儒家正道的危害比杨墨对儒家正道的危害更大。韩愈虽然谦称，自己贤不及孟子，实际上却是把自己与孟子相提并论。这样的自我期许足以说明，孟子就是韩愈念念不忘的人生榜样与思想参照，韩愈一生的根本目标就是：向孟子学习，走孟子之路，最终成为孟子那样的人。

由此我们可以理解，韩愈的很多论断，都可以在《孟子》一书中找到它们的雏形。譬如，关于道与善的关系，韩愈在《争臣论》中提出："得其道，不敢独善其身，而必以兼济天下也，孜孜矻矻，死而后已。"②这样的"兼济论"或"兼善论"，在《孟子·尽心上》篇中可以看到更有名的论断："穷则独善其身，达则兼善天下。"③又譬如，关

---

① ［唐］韩愈：《韩昌黎文集校注》，马其昶校注，马茂元整理，上海古籍出版社2014年，第241页。
② ［唐］韩愈：《韩昌黎文集校注》，马其昶校注，马茂元整理，上海古籍出版社2014年，第125页。
③ 杨伯峻译注：《孟子译注》，中华书局2012年，第334页。

于劳心与劳力的关系,韩愈在《圬者王承福传》中称:"用力者使于人,用心者使人,亦其宜也。"①这样的辨析,也可以让我们联想到《孟子·滕文公上》篇中的名句:"或劳心,或劳力;劳心者治人,劳力者治于人。"②

由于对孟子的特别推崇,韩愈关于依道治国命题的论述,特别是关于道的实体内容、起源及传承的论述,较多地吸取了孟子的思想。一方面,韩愈把仁义作为道的实体内容,如上文所述,这样的观点可以追溯至《孟子》一书的开篇之处。另一方面,针对道的起源与传承,韩愈的叙事框架也可以在《孟子》一书的最末一段找到原型:"由尧舜至于汤,五百有余岁;若禹、皋陶,则见而知之;若汤,则闻而知之。由汤至于文王,五百有余岁,若伊尹、莱朱,则见而知之;若文王,则闻而知之。由文王至于孔子,五百有余岁,若太公望、散宜生,则见而知之;若孔子,则闻而知之。由孔子而来至于今,百有余岁,去圣人之世若此其未远也,近圣人之居若此其甚也,然而无有乎尔,则亦无有乎尔。"③这就是孟子理解的儒家之道:它源于尧舜,经过汤传给文王,再由文王传给孔子。在孟子眼里,孔子是儒家之道的最后守护者。

以孟子勾画的这条线索作为基础,韩愈建构了自己关于道的传承理论。较之于孟子的论述,韩愈的论述呈现出两个新的特点:其一,承载道的圣人数量增加了。按照孟子之见,只有尧、舜、汤、文王、孔子五位圣人。但是,按照韩愈的观点,还要增加禹、武王、周公、孟子,由此,道的承载者从五人变成了九人。其二,韩愈把道的最后承载者从孔子推至孟子。这就是说,孔子之后还有孟子。这既是对孟子思想地位的褒扬,同时也表达了韩愈的自我定位:孟

---

① [唐]韩愈:《韩昌黎文集校注》,马其昶校注,马茂元整理,上海古籍出版社2014年,第60页。
② 杨伯峻译注:《孟子译注》,中华书局2012年,第131页。
③ 杨伯峻译注:《孟子译注》,中华书局2012年,第383页。

子之后,他自己就是道的承载者、守护者。这两个方面表明,韩愈关于依道治国命题的论述,较多地吸收了孟子的思想;孟子为韩愈开辟的依道治国命题,提供了较为直接的思想资源。

当然,韩愈开创的依道治国命题,不可能只有孟子一个思想资源。孟子之前的孔子,孟子之后的董仲舒(前179—前104)等人,甚至儒家之外的其他思想,也对韩愈的依道治国命题产生了程度不同、方式各异的影响。譬如,《论语·子罕》篇称:"子畏于匡,曰:'文王既没,文不在兹乎?天之将丧斯文也,后死者不得与于斯文也;天之未丧斯文也,匡人其如予何?'"①孔子的这句话,以"文"为中心,建构了"文"从文王传递到孔子自己身上这样一根线索。孔子在此所说的"文",就相当于韩愈所说的"道"。根据孔子所言,"文"可以在文王与孔子之间进行传递。这样的传递模式,既启发了孟子,也启发了韩愈。

按照前文引证的薛瑄之言,孟子之后的董仲舒,享有与韩愈旗鼓相当的思想地位。如果我们查看董仲舒的相关论述,还可以看到他与韩愈之间的思想关联。譬如,董仲舒认为:"道者,所由适于治之路也,仁义礼乐皆其具也。"②如此界定"道"与"治"的关系,以及道与仁义礼乐的关系,与韩愈的依道治国命题,就有一定的可比性。就相同的方面来看,董仲舒把道作为治的依据,把仁义与礼乐都作为道的表现形式或支持系统,以之治理国家,以之治理天下,这样的思想观点,与韩愈的依道治国命题是相通的。就不同的方面来看,董仲舒将仁义与礼乐完全并立,这与韩愈关于"仁义"与"礼乐刑政"的划分,略有不同。韩愈与董仲舒之间的这些异与同可以说明,董仲舒关于治与道的思想,也是韩愈开创其依道治国命题的思想渊源。

---

① 杨伯峻译注:《论语译注》,中华书局2012年,第124页。
② [汉]班固:《汉书》,中华书局2007年,第562页。

在儒家之外,韩愈还在《进士策问》中论及商鞅,他说:"秦用商君之法,人以富,国以强,诸侯不敢抗,及七君而天下为秦。使天下为秦者,商君也。而后代之称道者,咸羞言管商氏,何哉?庸非求其名而不责其实欤?"①这些论述可以表明,韩愈并不排斥商鞅与法家。在韩愈看来,商君之法也是赖以载道、据以治国的规范体系的一个组成部分,不必因为法家人物曾经背负的一些骂名,就否认法家之法对国家治理的价值与意义。

在中国固有的思想资源之外,印度传来的佛教也对韩愈的依道治国命题产生了一定的影响。从思想立场上看,辟佛是韩愈自觉承担的使命,但是,佛教尤其是禅宗关于"教外别传"的理路,已经融入韩愈的依道治国命题。对此,陈寅恪在《论韩愈》一文中已经有所辨析,他说:"退之自述其道统传授渊源固由孟子卒章所启发,亦从新禅宗所自称者摹袭得来也。"他还说:"退之从其兄会谪居韶州,虽年颇幼小,又历时不甚久,然其所居之处为新禅宗之发祥地,复值此新学说宣传极盛之时,以退之之幼年颖悟,断不能于此新禅宗学说浓厚之环境气氛中无所接受感发,然则退之道统之说表面上虽由孟子卒章之言所启发,实际上乃因禅宗教外别传之说所造成,禅学于退之之影响亦大矣哉!"②陈寅恪从韩愈早年的生活环境着眼,指出了"禅宗教外别传之说"对韩愈的启发。当然,这样的启发主要体现在韩愈关于道的传承方式的论述中。

从总体上看,虽然韩愈的依道治国命题主要受到了孟子的影响,但孟子之外的其他儒家人物,儒家之外的其他学说,甚至还有源出于异域的佛教(主要是禅宗),都在不同程度上,以不同的方式,参与了形塑了韩愈的依道治国命题。由此说来,从思想渊源上看,韩愈的依道治国命题具有广采博纳的特征。

---

① [唐]韩愈:《韩昌黎文集校注》,马其昶校注,马茂元整理,上海古籍出版社 2014 年,第 116 页。
② 陈寅恪:《金明馆丛稿初编》,生活·读书·新知三联书店 2015 年,第 320—321 页。

（二）依道治国命题的思想影响

从"启后"或"开来"的角度看，韩愈开辟的依道治国命题深刻地影响了宋代以后的思想与传统。这个问题很大，可以从多个角度、多个方面来讨论。在此，不妨聚焦于韩愈的依道治国命题对宋代的四书编纂的影响。

还是回到《原道》篇。韩愈在篇中特别论及"先王之教"："夫所谓先王之教者，何也？博爱之谓仁；行而宜之之谓义；由是而之焉之谓道；足乎己，无待于外之谓德。"① 韩愈关于"先王之教"的这番解释，与《原道》开篇所说的几句话完全一样。在同一篇文章中重复同样的话，本来是写作的大忌。韩愈作为"文起八代之衰"的文体家，自然明白这个道理。因而，这样的重复只能理解为"故意"；这样的重复旨在表明："先王之教"的实质就是先王之道；道就是教；依道治国就是"依教治国"。

韩愈把"道"与"教"联系起来，以教释道，并非随意解释，而是有《礼记》作为依据。在《礼记·中庸》篇，可以看到一个著名的论断："天命之谓性，率性之谓道，修道之谓教。"② 这就是说，修明此道就是教，教乃是道的外在表现形式，这就是韩愈以教释道的依据。再看《礼记·大学》篇："大学之道在明明德，在亲民，在止于至善。"进一步说，"物有本末，事有终始，知所先后，则近道矣。古之欲明明德于天下者先治其国，欲治其国者先齐其家，欲齐其家者先修其身，欲修其身者先正其心，欲正其心者先诚其意，欲诚其意者先致其知，致知在格物。物格而后知至，知至而后意诚，意诚而后心正，心正而后身修，身修而后家齐，家齐而后国治，国治而后天下平"。③ 这里所说的"大学"，根据朱熹的解释，就是"大人之学"④，就是儒家圣人

---

① ［唐］韩愈：《韩昌黎文集校注》，马其昶校注，马茂元整理，上海古籍出版社 2014 年，第 19 页。
② 王文锦译解：《礼记译解》，中华书局 2016 年，第 692 页。
③ 王文锦译解：《礼记译解》，中华书局 2016 年，第 805—806 页。
④ ［宋］朱熹：《四书章句集注》，中华书局 2011 年，第 4 页。

之学或儒家圣贤之学。因而,"大学之道"就是儒家圣人之道。这个"道"包括三个要点,在实践中又可以分为环环相扣的八个节点,这就是后世通称的"三纲领""八条目"。

根据《礼记·中庸》,韩愈以教释道;根据《礼记·大学》,韩愈在《原道》篇中写道:"帝之与王,其号虽殊,其所以为圣一也。……传曰:'古之欲明明德于天下者,先治其国;欲治其国者,先齐其家;欲齐其家者,先修其身;欲修其身者,先正其心;欲正其心者,先诚其意。'然则,古之所谓正心而诚意者,将以有为也。今也欲治其心,而外天下国家,灭其天常;子焉而不父其父,臣焉而不君其君,民焉而不事其事。……今也,举夷狄之法,而加之先王之教之上,几何其不胥而为夷也!"①这段话表明,《礼记·大学》规定的"八条目",为韩愈严格区分儒家之道与老释之道提供了主要的思想理据。

韩愈的这种论证,抬高了《礼记》中的《大学》与《中庸》两个单篇在思想史上尤其是在儒家道统中的地位。韩愈对孟子的推崇,推动了孟子其人与《孟子》其书的升格。不必说,孔子是儒家圣人之道的承载者与守护者,因而,记载孔子言论的《论语》也是不可忽视的。在这几篇文献中,《论语》虽然在汉武帝时代就已经被尊为经书②,但是,《孟子》《大学》《中庸》的思想地位,却因韩愈的刻意彰显而得到了较大的提升。到了宋代,特别是在朱熹手上,《大学》《中庸》与《论语》《孟子》被集结成为四书。在元明清三代,四书成为与五经并行的经书,极其深刻地塑造了元明清三代的华夏文明

---

① [唐]韩愈:《韩昌黎文集校注》,马其昶校注,马茂元整理,上海古籍出版社2014年,第18—19页。
② 周予同认为:"按《汉书·艺文志》'六艺略'分六艺为九类,六经之后,附论语、孝经及小学。由上可知,汉武帝以后,《论语》《孝经》逐渐升格。汉代'以孝治天下',宣传宗法封建思想,利用血缘作为政治团结的工具,于是,贵族子弟先授《论语》、《孝经》,连同诗、书、礼、易、春秋五经,合称'七经'。"详见,周予同原著:《中国经学史讲义:外二种》,朱维铮编校,上海人民出版社2012年,第13页。

秩序及其原理。

如果追溯"四书"的形成，通常都会归功于南宋的朱熹。按照现代通行的著作权法，当然可以把朱熹作为《四书章句集注》一书的著作权人。但是，朱熹在《书临彰所刊四子后》一篇中已经明确指出："河南程夫子之教人，必先使之用力乎《大学》、《论语》、《中庸》、《孟子》，然后及乎《六经》，盖其难易、远近、大小之序固如此而不可乱也。故今刻四古经，而遂及乎此四者，以先后之，且考旧闻，为之音训，以便观者。又悉著凡程子之言及于此者，附于其后，以见读之之法，学者得以览焉。"①

"临彰所刊"的"四子"，就是今天通行的《四书章句集注》一书最早的书名。朱熹的这篇具有"出版后记"性质的文字表明，他把《大学》《中庸》《论语》《孟子》铸成"四子"一书，受到了"河南程夫子"（主要是程颐）的启发。另据《宋史》记载："颐于书无所不读，其学本于诚，以《大学》、《语》、《孟》、《中庸》为标指，而达于《六经》。"②这就是说，程颐已经初步建构了四书的基本框架。只是，程颐并没有着手编纂、集注四书，是后来的朱熹把程颐的构想变成了现实。因而，在一定程度上，四书的编纂，主要是程颐与朱熹以思想接力的方式完成的。

然而，我们追溯四书的起源，如果仅仅止步于北宋的程颐，那还是很不够的。因为，韩愈乃是四书框架及体系的更早的源头。一方面，如前所述，正是经过韩愈的推尊，《孟子》以及《礼记》中的两个单篇《大学》与《中庸》在思想史上的地位才得到了实质性的提升，从而为《大学》《中庸》《论语》《孟子》的集成与四书的编纂提供了思想前提。另一方面，同时也是更加重要的是，四书所包含的四篇文献，体现了从孔子到曾子，再经过子思，最后抵达孟子这样一

---

① [宋]朱熹：《朱子全书》第二十四册，朱杰人、严佐之、刘永翔主编，上海古籍出版社、安徽教育出版社2010年，第3895页。

② [元]脱脱等撰：《宋史》，中华书局2000年，第9944页。

根思想线索。曾子是孔子的弟子;子思是曾子的弟子,又是孔子的孙子;至于孟子,则是子思的弟子或再传弟子。因而,在这四个人之间,具有"一线单传"的关系。《论语》《大学》《中庸》《孟子》作为分别体现孔子思想、曾子思想、子思思想、孟子思想的文本,它们分别承载的儒家圣人之道,也具有"一线单传"的关系。然而,完整地编织儒家圣人之道的传承,正是韩愈最具创造性的思想贡献,这样的贡献对后世(特别是程朱一派)的启示作用,是不言而喻的。

经过以上分析,我们可以看到韩愈的依道治国命题对后世思想所产生的影响:一方面,韩愈凸显了儒家圣人之道,随后,以"道"为旗号的"道学"在宋代正式形成,并蔚为大观,一个声势浩大的"宋学"或"宋明道学"随之兴起。另一方面,韩愈以道为核心而开辟的依道治国命题,其中所蕴含的理论与方法,为"四书"的集成与编纂提供了前提与铺垫。如果把《四书章句集注》这样的经学之书当作元明清三代"无上之法典"(前引蒙文通言),那么,这部"无上之法典"就是韩愈开创的依道治国这一法理命题孕育而成的。一个法理命题孕育了一部"无上之法典",这就是韩愈开创的依道治国命题影响后世的直观体现、集中体现。

小结

关于韩愈的思想地位、历史地位,陈寅恪在《论韩愈》一文的篇末有一个明确的定位:"唐代之史可分前后两期,前期结束南北朝相承之旧局面,后期开启赵宋以降之新局面,关于政治社会经济者如此,关于文化学术者亦莫不如此。退之者,唐代文化学术史上承先启后转旧为新关捩点之人物也。其地位价值若是重要,而千年以来论退之者似尚未能窥其蕴奥,故不揣愚昧,特发新意,取证史籍,草成此文,以求当世论文治史者之教正。"[①]陈寅恪著"此文"旨

[①] 陈寅恪:《金明馆丛稿初编》,生活·读书·新知三联书店2015年,第332页。

在阐发的"新意"是：韩愈在中国思想文化史上的地位与价值，还应当得到更高的评价。简而言之，韩愈实乃唐代思想文化史上的一个枢纽性人物，他既是一个旧时代的终结者，也是一个新时代的开启者。

在陈寅恪之后，相对晚近的论著亦指出了一个现象："说到唐宋思想史的变化，通常总是从韩愈开始。"①这种现象表明，倘若要叙述唐代思想甚至唐宋时代的思想，通常会首先关注韩愈的思想。同样的道理，如果要考察唐代的法理学或唐宋法理学史的变化，那么，韩愈依然是绕不开的标志性人物，甚至是开创性的人物。在韩愈留下的各种著述中，《原道》在思想史上的价值与意义受到了普遍而持久的重视，"道"也由此而成为了韩愈思想的核心范畴。

从法理学的角度来看，韩愈旨在捍卫、辨析、彰显、重振的儒家圣人之道，其实就是国家治理所依据的终极规范。按照韩愈的阐述，道的实体内容就是仁义，道与仁义的关系是名与实的关系。进一步看，道在国家治理实践中又具体表现为礼乐刑政。因此，针对儒家圣人之道，倘若要"求其端"，所见则为仁义；倘若要"讯其末"，所见则为礼乐刑政。简而言之，圣人"其道"则仁义，圣人"其法"则礼乐刑政。把仁义与礼乐刑政组合起来，就构成了一个相对完整的赖以载道、据以治国的规范体系。根据这样的规范体系治理国家，就是依道治国。

韩愈开创的依道治国作为一个法理命题，可以对应于当代中国的依法治国。作为一个兴于唐代、成于韩愈的法理命题，依道治国在中国法理学史上占据了一个重要的枢纽地位。一方面，韩愈在佛教、道教盛行的唐代，为重振儒家圣人之道与儒家法理的正统地位，做出了创造性的贡献，表现了无私无畏的思想勇气与责任担

---

① 葛兆光：《中国思想史》第二卷，复旦大学出版社2001年，第114页。

当。另一方面,韩愈在汉代的五经体系之后,通过开创依道治国命题,为四书体系在宋代的形成,为经学的变迁起到了明显的推动作用。由于这些缘故,韩愈开创的依道治国命题,应当在中国法理学史上予以专门的叙述。

第四章　宋明的法理学

第一节　程　颐

宋明理学作为宋代兴起的新儒学，又称为宋明道学。冯友兰认为，"宋明道学之确定成立，则当断自程氏兄弟"。所谓程氏兄弟，即程颢（1032—1085）与程颐（1033—1107），二人分别被称为明道与伊川，"二人之学，开此后宋明道学中所谓程朱陆王之二派，亦可称为理学心学之二派。程伊川为程朱，即理学，一派之先驱，而程明道则陆王，即心学一派之先驱也"。① 根据这样一条思想线索，程颐可以看作程朱理学的主要开创者。由此看来，如果要理解宋明理学中的程朱一派的法理学，就不能避开程颐的法理学。

通往程颐法理学的路径有多种，其中一条比较可行的路径，就是着眼于《程氏易传》。作为一部标志性的易学著作，《程氏易传》在今天通行的《二程集》中被称为《周易程氏传》，在学术史上亦称《伊川易传》《周易程传》《易程传》（下文根据不同的语境，或称《程氏易传》，或简称《易传》）。把《程氏易传》作为程颐法理学的主要

---

① 冯友兰：《中国哲学史》下册，华东师范大学出版社2010年，第184—185页。

载体,主要的理由在于:《程氏易传》是程颐创作的代表作,是程颐思想的集中体现,也是程颐法理学的集中体现。对此,可以从两个方面来观察。

一方面,程颐本人对待《易传》的态度极为严肃和谨慎,对《易传》的价值深信不疑。我们可以找到多个方面的材料来支撑这个判断。譬如,据《河南程氏外书》,"伊川自涪陵归,《易传》已成,未尝示人。门弟子请益,有及《易》书者,方命小奴取书箧以出,身自发之,以示门弟子,非所请不敢多阅"①。虽然《易传》写成了,但程颐并不轻易示人,哪怕是他的学生,也不能随意翻阅。程颐还说:"某于《易传》,今却已自成书,但逐旋修改,期以七十,其书可出。韩退之称'聪明不及于前时,道德日负于初心',然某于《易传》,后来所改者无几,不知如何?故且更期之以十年之功,看如何。"②这句话表明,程颐愿意以精益求精的态度,来修改他的《易传》。他希望到七十岁的时候,能够把《易传》修改到他满意的程度。在《答张闳中书》中,程颐又说:"《易传》未传,自量精力未衰,尚觊有少进尔。然亦不必直待身后,觉耄则传矣。书虽未出,学未尝不传也,第患无受之者尔。"③这就是说,不仅完善《易传》很重要,找到能够传承《易传》的人,把《易传》传承下去,也是很重要的;试想,倘若没有合适的传承者,自己创作《易传》的辛苦,《易传》承载的儒家道统,岂不付之东流?此外,程颐还对自己一生的学思进行了总结:"吾四十岁以前读诵,五十以前研究其义,六十以前反复绅绎,六十以后著书。"④纵观程颐的生命历程,"六十以后"所著之书,就是这部《易传》。程颐几乎是以毕生的时间、精力来酝酿这部书,成书之后又反复修改。由此可见,这部《易传》是程颐全部生命智慧的结

---

① [宋]程颢、程颐:《二程集》,王孝鱼点校,中华书局1981年,第439页。
② [宋]程颢、程颐:《二程集》,王孝鱼点校,中华书局1981年,第174—175页。
③ [宋]程颢、程颐:《二程集》,王孝鱼点校,中华书局1981年,第615页。
④ [宋]程颢、程颐:《二程集》,王孝鱼点校,中华书局1981年,第314页。

晶,也是他念兹在兹的最主要的精神寄托。

另一方面,其他人也把《易传》看作程颐最重要的代表作。根据朱熹所作的《伊川先生年谱》,公元1106年,亦即程颐去世的前一年,"时《易传》成书已久,学者莫得传授,或以为请。先生曰:'自量精力未衰,尚觊有少进耳。'其后寝疾,始以授尹焞、张绎。尹焞曰:'先生践履尽《易》,其作《传》只是因而写成,熟读玩味,即可见矣。'又云:'先生平生用意,惟在《易传》,求先生之学者,观此足矣。《语录》之类,出于学者所记,所见有浅深,故所记有工拙,盖未能无失也'"①。几乎是走到了生命的尽头,在自己实在无力再修改、再完善的情况下,程颐才把《易传》正式传授给弟子尹焞、张绎。这个细节表明,《易传》堪称程颐的"晚年定论",是程颐主动留给后世的思想遗产。按照尹焞的看法,《程氏易传》比他人记录的程氏《语录》,能够更加精准地体现程颐的思想。而且,《语录》出自多人之手,反映了多个记录者对程颐思想的理解,众多的记录者分别写成的文字能否真实体现程颐的思想,可能还有一些疑问。相比之下,《易传》则是程颐自己写作并反复修改的完整著作,能够更加清晰、真实、准确地反映程颐的思想,完全可以解读为程颐为自己绘制的思想肖像。

更加重要的是,《易传》不仅是程颐的代表作,而且还是一部讲法理的教科书,集中体现了程颐在中国法理学史上的贡献,以及程颐自觉承担的法理使命。因而,要把握宋代的中国法理学,尤其是要把握程朱一派的法理学,就有必要认真对待《程氏易传》所承载的法理学。程颐及其《易传》对中国法理学的贡献,可以从以下三个环节分述。

一、《程氏易传》是一部"讲理"的教科书

要阐明《程氏易传》是一部"讲法理"的教科书,是一部法理学

---

① [宋]程颢、程颐:《二程集》,王孝鱼点校,中华书局1981年,第345页。

教科书,首先应当阐明,《程氏易传》是一部"讲理"或"言理"的教科书。

(一) 作为"讲理"之书的《程氏易传》

《朱子语类》有一节题为《程子易传》,记载了朱熹关于《程氏易传》的看法:"《易传》明白,无难看。但伊川以天下许多道理散入六十四卦中,若作《易》看即无意味,唯将来作事看,即句句字字有用处。"朱熹还说,"程《易》不说《易》文义,只说道理处,极好看。"总之,"《易传》言理甚备,象数却欠在。"① 朱熹的这几句话包含了两个方面的要点。其一,《易传》是一部"言理甚备"之书,简而言之,《易传》是一部"言理"或"讲理"之书,其主要特色与主要贡献就在于"言理"。如果我们要处理实际事务,那么,《易传》可以作为很好的依据,因为它提供了很好的道理,每一句、每一字都有用处。其二,如果从象数易学的角度来看,那么,《易传》则乏善可陈。因为,它不讲《易》之象数,甚至不大涉及《易》之文义。因而,在象数方面,《易传》没有"意味"。这就说明,《易传》虽然是讲《易》之书,但主要是在讲《易》之理,因而是一部"讲理"之书。

对于《程氏易传》的这个特点,皮锡瑞在《经学通论》一书中有明确的阐述。针对程颐的经学,皮锡瑞认为:"其著《易传》,专言理,不言数。《答张闳中书》云:'得其义,则象数在其中。'故程子于《易》颇推王弼,然其说理非弼所及,且不杂以老氏之旨,尤为纯正。顾炎武谓见《易》说数十家,未见有过于程《传》者,以其说理为最精也。朱子作《本义》以补程《传》,谓程言理而未言数,乃于篇首冠以九图,又作《易学启蒙》,发明图书之义。"② 皮锡瑞的这几句话,可以印证朱熹的观点:《程氏易传》乃是一部言理、

---

① [宋]黄士毅编:《朱子语类汇校》第三册,徐时仪、杨艳汇校,上海古籍出版社 2014 年,第 1710—1712 页。
② 吴仰湘编:《皮锡瑞全集》第六册,中华书局 2015 年,第 160 页。

说理、讲理之书。经过这样的辨析,可以看到,讲《易》之书主要分属于两个不同的易学谱系:象数易学与义理易学。汉代是象数易学盛行的时代,主要的代表人物有郑玄、虞翻等人,顾名思义,他们的旨趣在于《易》之象数,主要在于解释《易》之象与数,以之附会天象律历。

针对汉代的象数易学,魏晋时期的王弼提出了批评。王弼认为:"得意在忘象,得象在忘言。故立象以尽意,而象可忘也;重画以尽情,而画可忘也。是故触类可为其象,合义可为其征。义苟在健,何必马乎?类苟在顺,何必牛乎?爻苟合顺,何必坤乃为牛?义苟应健,何必乾乃为马?而或者定马于乾,案文责卦,有马无乾,则伪说滋漫,难可纪矣。互体不足,遂及卦变;变又不足,推致五行。一失其原,巧愈弥甚。纵复或值,而义无所取。盖存象忘意之由也。忘象以求其意,义斯见矣。"①

在王弼看来,象数易学之失主要在于"存象忘意",进而导致"义无所取"。因而,研究《周易》的正道,应当是忘其象而求其意,只有通过这种取向的易学,才能见《易》之义。义就是理,义与理合起来就是义理。追求义理的易学,就是义理易学,这就是王弼认同的易学。对于王弼所张扬、所发挥的这种义理易学,程颐在推崇的基础上又有所创新。由此看来,在易学的谱系中,王弼与程颐可以视为义理易学的主要代表。而且,根据皮锡瑞之见,程颐对《易》之义理的阐释,已经超过了王弼。明清之际的顾炎武甚至认为,在清初以前的易学史上,要论说理之精,应当首推程颐。换言之,关于《易》之义理,程颐是最好的阐述者,《程氏易传》是最好的易学著作。所谓"最好",不仅仅体现在程颐其人其书"说理为最精",更重要的还在于其人其书的"纯正不杂",因为其人其书排除了"老氏之旨",这恰恰是王弼其人其书存在的

---

① [魏]王弼撰:《周易注校释》,楼宇烈校释,中华书局2012年,第285页。

问题,对此程颐已经批判地指出:"王弼注《易》,元不见道,但却以老、庄之意解说而已。"①程颐对"老、庄之意"的防范,让他的《易传》成为了一部相对纯粹的儒家著作。

在程朱之间,朱熹以"象数欠在"评论《程氏易传》,显然是寄寓了批评之意,由此可以表明,朱熹在象数易学与义理易学之间,对象数易学有更多的认同。针对《程氏易传》的"言理"偏好,朱熹的《周易本义》试图在象数易学方面有所发明,因而可以较多地归属于象数易学的谱系。可见,程朱虽是一派,但程朱对《易》的理解却存在着明显的差异。在程朱之间,如果着眼于捍卫儒家道统,如果立足于阐明纯粹的儒家义理,那么,较之于朱熹的《周易本义》,《程氏易传》具有更重要的意义。因为,从根本上说,《程氏易传》是一部"讲理""讲义""讲道"之书,而不是一部"讲象""讲图""讲数"之书。就像程颐自己所说:"经所以载道也,诵其言辞,解其训诂,而不及道,乃无用之糟粕耳。"②不能载道、不能讲理的经学著作,只能是无用的糟粕,因为它们无补于大道与天理。正是在义理易学与象数易学相互并立的格局下,可以发现,《程氏易传》的特质就在于"讲理"。

(二) 作为教科书的《程氏易传》

如果说,《程氏易传》确实是一部"讲理"之书,那么,为什么说它是一部教科书? 众所周知,教科书是教学用书,应当有明确的教学对象或教化对象,甚至还要有明显的教学目标。程颐写作这部书,试图教化的对象是谁? 全面查看《易传》写作的前因后果,可以发现:此书试图教化的对象主要是君主,当然也可以包括以君主为代表的执政团队。换言之,《程氏易传》并非现代意义上的学术作品,而是一部以君主及其执政团队作为教化对象的教科书。《程氏

---

① [宋]程颢、程颐:《二程集》,王孝鱼点校,中华书局1981年,第8页。
② [宋]程颢、程颐:《二程集》,王孝鱼点校,中华书局1981年,第671页。

易传》所具有的这种教科书性质，可以从两个不同的方面来理解。

一方面，从《易传》的内容来看，程颐对《易》理的阐明，主要是以君主作为阅读对象的。对此下文还有进一步的论述。这里我们只看《程氏易传》正文的第一段。

在《易传》正文的开篇，程颐首先解释《乾》卦的卦辞"元，亨，利，贞"。他说："上古圣人始画八卦，三才之道备矣。因而重之，以尽天下之变，故六画而成卦。重乾为《乾》。乾，天也。天者天之形体，乾者天之性情。乾，健也，健而无息之谓乾。夫天，专言之则道也，天且弗违是也；分而言之，则以形体谓之天，以主宰谓之帝，以功用谓之鬼神，以妙用谓之神，以性情谓之乾。乾者万物之始，故为天，为阳，为父，为君。元亨利贞谓之四德。元者万物之始，亨者万物之长，利者万物之遂，贞者万物之成。惟《乾》《坤》有此四德，在他卦则随事而变焉。故元专为善大，利主于正固，亨贞之体，各称其事。四德之义，广矣大矣。"[1]这段话，以及整部《易传》，都是从"上古圣人"开始说起的。"上古圣人"乃是《易传》的起点。这就提醒我们，"上古圣人"是程颐写作《易传》的一个基本参照、一个基本立场。

《易》既然出于"上古圣人"，那么，"上古圣人"作《易》，以成就三才之道，以穷尽天下之变，主要的意图，就在于启示"上古圣人"的后继者，亦即当下及未来的"圣人"、后世的君主，教会他们懂得为君之道，成为像"上古圣人"那样的新一代圣人。可以推定，"上古圣人"不可能有闲功夫去写闲文、闲书，对天下及后世承担了神圣职责的上古圣人没有那样的闲情逸致。不过，虽然"上古圣人"作了《易》，以之承载为君之道，但麻烦的是，后世君主未必能够理解"上古圣人"的智慧与苦心，未必能够深刻理解由《易》承载的为君之道、成圣之道。程颐在这样的背景下写作《易传》，就在于把

---

[1] ［宋］程颢、程颐：《二程集》，王孝鱼点校，中华书局1981年，第695页。

"上古圣人"创立的为君之道、成圣之道清清楚楚地阐发出来,以便于当下及未来的君主吸收、掌握,进而成为新时代的圣君。

按照程颐的解释,《乾》卦之"乾",既代表了"万物之始",同时也是天、阳、父、君的象征。在天、阳、父、君之间,君才是最终的落脚点。《乾》卦表征了广大的"四德",意味着君主也应当承载同样广大的"四德"。这就是《易传》的基本立场、基本走向、基本旨趣:面向君主,进而教化君主。正是基于这样的预设,针对《乾》卦的九二爻辞"见龙在田,利见大人",程颐写道:"利见大德之臣,以共成其功。天下利见大德之人,以被其泽。大德之君,九五也。乾坤纯体,不分刚柔,而以同德相应。"针对九三爻辞"君子终日乾乾,夕惕若,厉,无咎",程颐又写道:"三虽人位,已在下体之上,未离于下而尊显者也。舜之玄德升闻时也。日夕不懈而兢惕,则虽处危地而无咎。在下之人而君德已著,天下将归之,其危惧可知。虽言圣人事,苟不设戒,则何以为教?作《易》之义也。"①

这样一些解释与阐发,都是为了教化君主。譬如,根据九二爻辞,君主应当主动团结"大德之臣",在"大德之臣"的协助下成就一番大业。当然,君主自己也应当成为"大德之君",以泽被天下,最终成为众人仰望、万世仰望的圣君。再譬如,根据九三爻辞,一个潜在的君主,如果处在已有其德但尚无其位的关键时刻,那是比较危险的,这种潜在的君主一定要小心谨慎,因为黎明之前是最黑暗的时刻。程颐的这些论述已经表明,他写作《易传》,预期的读者主要是"居天下之尊"的君主,旨在教化这样一些君主。可见,《易传》主要是一部以君主作为教化对象的教科书。

另一方面,从程颐一生的"行状"来看,教化君主堪称程颐自觉承担的最重要的使命,《易传》就是这种使命感驱使下的产物。

早在1050年,年仅十八岁的程颐就写出了《上仁宗皇帝书》,

---

① [宋]程颢、程颐:《二程集》,王孝鱼点校,中华书局1981年,第696页。

此"书"开篇就告诉仁宗皇帝:"圣明之主,无不好闻直谏,博采刍荛,故视益明而听益聪,纪纲正而天下治;昏乱之主,无不恶闻过失,忽弃正言,故视益蔽而听益塞,纪纲废而天下乱;治乱之因,未有不由是也。"接下来又说,"臣所学者,天下大中之道也。圣人性之为圣人,贤者由之为贤者,尧、舜用之为尧、舜,仲尼述之为仲尼。其为道也至大,其行之也至易,三代以上,莫不由之。"①如此年轻的程颐,就相信自己已经掌握了尧舜之所以为尧舜的道理,能够把"仁宗皇帝"教化成为像尧舜那样的圣明之君。这篇"上书"表明,教化君主堪称程颐的初心,也是程颐自觉承担的使命。

有志者,事竟成。历史确实也给程颐提供了当面教化君主的机会。据《宋史》记载,随着程颐声誉日隆,"治平、元丰间,大臣屡荐,皆不起。哲宗初,司马光、吕公著共疏其行义曰:'伏见河南府处士程颐,力学好古,安贫守节,言必忠信,动遵礼法。年逾五十,不求仕进,真儒者之高蹈,圣世之逸民。望擢以不次,使士类有所矜式。'诏以为西京国子监教授,力辞。寻召为秘书省校书郎,既入见,擢崇政殿说书"②。在这几项职务中,最重要的就是"崇政殿说书",因为这是一个可以直接教化君主的职务,亦即真正的"帝王师"。正是在这个岗位上,程颐作为"侍讲"或"讲官",对年幼的哲宗皇帝进行了严肃认真的教育,把自己教化君主的理想变成了现实。这段经历,是程颐最为看重的自己一生的"高光时刻"。

在事隔多年之后所作的《再辞免表》中,程颐所追求的教化君主的理想依然显露无遗:"伏念臣力学有年,以身任道,唯知耕食以求志,不希闻达以乾时。皇帝陛下诏起臣于草野之中,面授臣以讲说之职。臣窃思之,得以讲学侍人主,苟能致人主得尧、舜、禹、汤、

---

① [宋]程颢、程颐:《二程集》,王孝鱼点校,中华书局 1981 年,第 510 页。
② [元]脱脱等撰:《宋史》,中华书局 2000 年,第 9943—9944 页。

文、武之道,则天下享唐、虞、夏、商、周之治。儒者逢时,孰过于此?臣是以慨然有许国之心。在职岁余,夙夜毕精竭虑。"①在程颐看来,以"讲学侍人主",是一个儒者立功、立言、立德的最高际遇。然而,颇为遗憾的是,这样的际遇并不常有,也并不长久。从程颐的晚年回过头去看,从1086年开始,他实际担任"侍讲"职务的时间还不到两年,准确地说,是"一年又八个月"。到了1087年,"八月二日,奉敕罢说书,差权同管勾西京国子监。先生知是责命,奔走就职"。② 这一年,程颐五十四岁。此后,年复一年,他发现当面教化君主的机会已经不可能再次出现。正是在这样的语境下,一直到1099年,六十六岁的程颐完成了自己的《易传》。

程颐的一生,有所拒绝,也有所接受。他在出与处之间的选择,让我们看到,他虽然拒绝了多个去担任一些普通官职的机会,却愿意承担"侍讲"之职。正是在失去了直接教化君主的"侍讲"职务之后,程颐精心构制了他的《易传》。在程颐的生命历程中,他的《易传》一书成为了他的"侍讲"一职的替代物。由此,我们可以揣摩程颐的心迹:如果实在没有直接教化君主的机会,那就为当世及后世的君主写一本教科书,这样一本教科书不仅可以教化当世的君主,而且可以教化后世的历代君主。《程氏易传》,就是在这样的逻辑下写成的。

基于以上两个方面的分析,我们发现,《程氏易传》不仅是一本"讲理"之书,而且是一部"讲理"的教科书,更具体地说,是一部为君主讲儒家之理的教科书。

二、《程氏易传》是一部"讲法理"的教科书

上文表明,《程氏易传》是一部"讲理"的、旨在教化君主的教

---

① [宋]程颢、程颐:《二程集》,王孝鱼点校,中华书局1981年,第557页。
② 姚名达:《程伊川年谱》,知识产权出版社2012年,第147页。

科书。进一步考察我们可以发现，《程氏易传》还是一部"讲法理"的教科书，是一部法理学教科书。为什么这样说？《程氏易传》讲了一套什么样的法理学？如何在《程氏易传》中发现程颐的法理学？

从一般意义上看，倘若以今律古，打通古今，《程氏易传》作为一部关于《易》理的解释与阐述的经学著作，就相当于现代的法理学著作。要理解经学与法理之间的这种关系，不妨再次参看蒙文通在《论经学遗稿三篇》中的那个论断："由秦汉至明清，经学为中国民族无上之法典，思想与行为、政治与风习，皆不能出其轨范。虽二千年学术屡有变化，派别因之亦多，然皆不过阐发之方面不同，而中心则莫之能异。其力量之宏伟、影响之深广，远非子、史、文艺可与抗衡。"①按照蒙文通的论断，在传统中国，经学就是最高的法典。不过，倘若要更加严格而精准地说，那么，以《诗》《书》《礼》《易》《春秋》为实体内容的经，才是最高的法典。经学作为经的理论阐述，旨在揭示的经之理，就相当于现代的法之理。在这个意义上，经学相当于现代的法理学。《易传》作为程颐写给君主的经学教科书，以现代的眼光来看，其实是一部法理学教科书。

从《程氏易传》的内容来看，它已经建构了一个饱满的法理世界。正是由于这个缘故，我们可以说《程氏易传》乃是一部法理学教科书。对于程颐通过《程氏易传》所表达的法理憧憬、所建构的法理世界，可以从三个不同的方面来把握。

（一）理·礼·法：规范的三种形态

规范是法理学不能回避的主题。《程氏易传》对规范的形态与类型多有揭示。在《易说·系辞》篇中，程颐认为："圣人作《易》，以准则天地之道。《易》之义，天地之道也。"②这就是说，《易》为天地

---

① 蒙文通：《蒙文通全集》第一册，巴蜀书社2015年，第310页。
② [宋]程颢、程颐：《二程集》，王孝鱼点校，中华书局1981年，第1028页。

提供了"准则",这样的"准则"具有强烈的规范意义。程颐对《易》的这种理解,恰好印证了蒙文通的上述判断:像《易》这样的经,就是"无上之法典"。根据《程氏易传》,在天地之间,具有规范意义、法典意义的准则,主要呈现为三种不同形态的规范,它们分别是理、礼、法。

先说理。在《程氏易传》建构的规范体系中,理是效力最高的规范,是其他规范的效力依据,具有最高的约束力。从法理层面上看,理就相当于自然法。程颐恰好也指出了理与自然的关系。譬如,针对《益》卦,他说:"盛衰损益如循环,损极必益,理之自然,益所以继损也。"① 进一步说,"满则不受,虚则来物,理自然也"②。这些论述表明,理有自然的性质。如果着眼于理的规范性,如果把理视为具有规范意义的法,那么,"理自然"可以理解为"法自然","自然之理"可以理解为"自然之法"。作为规范的理,既是自然形成的理,也可以理解为自然形成的法。

自然之物也是天然之物。因而,自然形成的理也可以理解为天然形成的理,亦即天理,"尽天理,斯谓之《易》"③。这就是说,《易》既是"准则",同时也是"天理",是天理的完整表达;所谓"尽天理",就是穷尽了天理的全部内容。在《程氏易传》中,甚至在宋明理学中,理与天理都可以相互替换。用"天"修饰"理",一方面,可以说明理的自然属性或天然属性,天然的理就是自然的理;另一方面,还可以说明理的神圣性,可以加强理的权威性,宣称理是天理,有助于为理确立一个神圣的源头。

天理是上天昭示的法则,"天之法则谓天道也"④。因而,天理就是天道。天理、天道还具有"常"的性质,天理、天道就是常理、常

---

① [宋]程颢、程颐:《二程集》,王孝鱼点校,中华书局1981年,第912页。
② [宋]程颢、程颐:《二程集》,王孝鱼点校,中华书局1981年,第914页。
③ [宋]程颢、程颐:《二程集》,王孝鱼点校,中华书局1981年,第1207页。
④ [宋]程颢、程颐:《二程集》,王孝鱼点校,中华书局1981年,第703页。

道。不过,"常"并不意味着静止不变。因为《易》的主旨就是变易,在这个意义上,《易》之理其实就是变易之理。程颐刻意指出:"天下之理,未有不动而能恒者也。动则终而复始,所以恒而不穷。凡天地所生之物,虽山岳之坚厚,未有能不变者也,故恒非一定之谓也,一定则不能恒矣。唯随时变易,乃常道也,故云利有攸往。明理之如是,惧人之泥于常也。"①

理就是道、天理、天道、常理、常道;理也是义、义理。这些终极性的概念都可以解释理,都可以作为理的替代性概念,都可以表征最高的规范与准则。认识、揭示、表述这样的理,既是圣人特有的秉赋,同时也是圣人的天职或神圣职责。因为,"圣人视亿兆之心犹一心者,通于理而已。文明则能烛理,故能明大同之义;刚健则能克己,故能尽大同之道"②。既然只有圣人才能发现这样的理,那就意味着,只有圣人才是最高规范的表述者,其实就是最高的立法者。三代以后,孔子就是这样的圣人,就是这样的立法者。在孔子身后,只有那些能够传承孔子道统的人,才能够成为这样的立法者。后文的分析表明,程颐本人就有这样的法理担当。

次说礼。《程氏易传》既讲理,也讲礼。相对于理的自然法属性,礼作为各类主体普遍遵循的日常性规范,具有实在法的特征与属性。针对《履》卦,程颐认为:"夫物之聚,则有大小之别,高下之等,美恶之分,是物畜然后有礼,履所以继畜也。履,礼也。礼,人之所履也。为卦,天上泽下。天而在上,泽而处下,上下之分,尊卑之义,理之当也,礼之本也,常履之道也,故为履。"③这里所说的"人之所履",就是人所践履的礼,换言之,礼就是世人实际遵循的规范。针对《乾》卦,程颐说:"得会通之嘉,乃合于礼也。不合礼则

---

① [宋]程颢、程颐:《二程集》,王孝鱼点校,中华书局1981年,第862页。
② [宋]程颢、程颐:《二程集》,王孝鱼点校,中华书局1981年,第764页。
③ [宋]程颢、程颐:《二程集》,王孝鱼点校,中华书局1981年,第749页。

非理,岂得为嘉?"①针对《归妹》卦,程颐又说:"男女有尊卑之序,夫妇有倡随之礼,此常理也。"②

这些论述表明,在礼与理之间,具有密切的关联。一方面,"理之当"即"礼之本"。理是礼之根本,礼源于理,是理的表达与延伸。另一方面,不合礼则不合理,这就是说,礼与理是一致的,两者对人提出了相同的要求,准确地说,不能相互冲突,应当保持相同的指向。在某些方面,两者甚至具有相同的特征。譬如,理是变易的,礼也是变易的,正如程颐所言:"'礼,孰为大?时为大',亦须随时。当随则随,当治则治。当其时作其事,便是能随时。"③

再说法。从《易传》全书来看,程颐关注的规范首先是理,其次是礼,最后是法。他也注意到了法的作用。他说:"治身齐家以至平天下者,治之道也。建立纲纪,分正百职,顺天揆事,创制立度,以尽天下之务,治之法也。法者,道之用也。"④这就是说,道为体,法为用。道与法,或理与法,具有体与用的关系。由此看来,在程颐建构的规范体系中,法作为"道之用",亦即"理之用"或"体之用",也占据了不可或缺的地位。

就法的功能来看,针对《噬嗑》卦,程颐说:"法者,明事理而为之防者也。"⑤根据这个论断,法具有预防或保障的功能,是一种后盾性质的规范。在通常情况下,法主要体现为刑。譬如,针对《蒙》卦,程颐写道:"自古圣王为治,设刑罚以齐其众,明教化以善其俗,刑罚立而后教化行,虽圣人尚德而不尚刑,未尝偏废也。故为政之始,立法居先。治蒙之初,威之以刑者,所以说去其昏蒙之桎梏,桎梏谓拘束也。不去其昏蒙之桎梏,则善教无由而入。既以刑禁率

---

① [宋]程颢、程颐:《二程集》,王孝鱼点校,中华书局1981年,第699页。
② [宋]程颢、程颐:《二程集》,王孝鱼点校,中华书局1981年,第979页。
③ [宋]程颢、程颐:《二程集》,王孝鱼点校,中华书局1981年,第171页。
④ [宋]程颢、程颐:《二程集》,王孝鱼点校,中华书局1981年,第1219页。
⑤ [宋]程颢、程颐:《二程集》,王孝鱼点校,中华书局1981年,第804页。

之,虽使心未能喻,亦当畏威以从,不敢肆其昏蒙之欲,然后渐能知善道而革其非心,则可以移风易俗矣。苟专用刑以为治,则蒙虽畏而终不能发,苟免而无耻,治化不可得而成矣。"①因此,"治蒙之始,立其防限,明其罪罚,正其法也,使之由之,渐至于化也。或疑发蒙之初,遽用刑人,无乃不教而诛乎? 不知立法制刑,乃所以教也。盖后之论刑者,不复知教化在其中矣"②。这些论述主要在于强调:"立法制刑"与"教化"都很重要。在国家治理的实践中,"立法"甚至还应当走在前面,通过"立法",首先"去其昏蒙之桎梏",接着再施以教化,那就可以成就理想的"治化"。因此,"立法制刑"乃是"圣人为治"的第一个环节。

当然,在"立法制刑"的实践过程中,还应当把握两个基本原则。其一是"慎刑"原则,要避免轻率地使用刑罚。具体的要求是:"君子观明照之象,则以明慎用刑,明不可恃,故戒于慎明,而止亦慎象。"③其二是"清刑"原则,"清刑"就是"清简"施刑,其实就是"轻刑",主要在于体现仁厚之德。"在上者志存于德,则民安其上;在上者志在严刑,则民思仁厚者而归之。"④恪守仁厚之德,"圣人以顺动,故经正而民兴于善,刑罚清简而万民服也"⑤。

(二) 君·臣·民:主体的三种类型

《易传》既分述了规范的形态,同时也辨析了主体的类型。在法理上,这里所说的主体可以理解为法律关系的主体。根据现代的法学理论,法律关系的主体是自然人、法人与其他组织。在程颐的法理世界中,法律关系的主体首先是君,然后是臣,在君臣之外,还有民。当然,在君、臣、民三类主体之间,并不是平等的关系。传

---

① [宋]程颢、程颐:《二程集》,王孝鱼点校,中华书局1981年,第720页。
② [宋]程颢、程颐:《二程集》,王孝鱼点校,中华书局1981年,第721页。
③ [宋]程颢、程颐:《二程集》,王孝鱼点校,中华书局1981年,第990页。
④ [宋]程颢、程颐:《二程集》,王孝鱼点校,中华书局1981年,第1138页。
⑤ [宋]程颢、程颐:《二程集》,王孝鱼点校,中华书局1981年,第779页。

统中国的法理学更注重人与人之间的差异,并不强调平等的原则与观念,《程氏易传》所表达的法理学也不例外。

先看君。在《易传》中,程颐习惯于以"九五"之位代表君主之位。他说:"九五居人君之位,时之治乱,俗之美恶,系乎己而已。"①这就是说,治理天下,关键的因素是人君。人君既然占据了最高的地位,当然也应当具备最高的德性:"九五居天下之尊,萃天下之众而君临之,当正其位,修其德。""王者既有其位,又有其德,中正无过咎,而天下尚有未信服归附者,盖其道未光大也,元永贞之道未至也,在修德以来之。"②君之德必须配得上君之位,人君如果失去了君之德,德不配位,也就失去了为君的资格。针对不同的卦,程颐阐述了君之德所包含的若干要素,譬如任贤、无逸、听取天下之议,等等。这些要素,既是对君之德的列举与解释,其实也是在为君主设定相应的义务。

譬如任贤,它的实际含义是:君主应当任贤。这是一个典型的义务性规范。针对《睽》卦,程颐说:"五虽阴柔之才,二辅以阳刚之道而深入之,则可往而有庆,复何过咎之有?以周成之幼稚,而兴盛王之治;以刘禅之昏弱,而有中兴之势,盖由任贤圣之辅,而姬公、孔明所以入之者深也。"③君主如果偏于阴柔,那就应当依赖阳刚的贤臣。在历史上,像周成王、刘禅那样的君主,就要充分任用周公、孔明那样的贤人,并在他们的辅佐下造就中兴的局面。

再譬如无逸,它的实际含义是:君主应当无逸。针对《豫》卦,程颐认为:"六五以阴柔居君位,当豫之时,沈溺于豫,不能自立者也。""耽豫而失之于人,危亡之道也。"④这里的"豫"就是"逸豫"或"逸乐",倘若阴柔之君沉溺于逸豫,那就会滑入危亡之道。因此,

---

① [宋]程颢、程颐:《二程集》,王孝鱼点校,中华书局1981年,第801页。
② [宋]程颢、程颐:《二程集》,王孝鱼点校,中华书局1981年,第934页。
③ [宋]程颢、程颐:《二程集》,王孝鱼点校,中华书局1981年,第893页。
④ [宋]程颢、程颐:《二程集》,王孝鱼点校,中华书局1981年,第782页。

"无逸"也是君主应当遵循的义务性规范。

同样,听取天下人的议论也是君主应当履行的一个义务。针对《履》卦,程颐写道:"古之圣人,居天下之尊,明足以照,刚足以决,势足以专,然而未尝不尽天下之议,虽刍荛之微必取,乃其所以为圣也,履帝位而光明者也。若自任刚明,决行不顾,虽使得正,亦危道也,可固守乎?有刚明之才,苟专自任,犹为危道,况刚明不足者乎?"①这几句话体现了程颐为君主设定的一项义务:要听取"天下之议",不可"自任刚明",不可刚腹自用,不可一意孤行。

再看臣。程颐以"为君之道"为君主设定了义务,同时也以"为臣之道"为大臣设定了义务。针对《坤》卦,他说:"为臣之道,当含晦其章美,有善则归之于君,乃可常而得正。上无忌恶之心,下得柔顺之道也。可贞谓可贞固守之,又可以常久而无悔咎也。或从上之事,不敢当其成功,惟奉事以守其终耳。守职以终其事,臣之道也。"②关于这样的"为臣之道",程颐还针对《随》卦,给予了进一步的解释:"为臣之道,当使恩威一出于上,众心皆随于君。若人心从己,危疑之道也,故凶。"③这样的"为臣之道"主要在于强调,为臣者应当自觉维护君主的形象与权威,不要去抢君主的风头。

为臣者面对君主,既应当恪守"柔顺之道",但也要坚持"自重之道"。为臣者要有自尊心,不可"降志辱身"。针对《比》卦,程颐说:"士之修己,乃求上之道;降志辱身,非自重之道也。故伊尹、武侯救天下之心非不切,必待礼至,然后出也。"④针对《蒙》卦,程颐又说:"贤者在下,岂可自进以求于君?苟自求之,必无能信用之

---

① [宋]程颢、程颐:《二程集》,王孝鱼点校,中华书局1981年,第752页。
② [宋]程颢、程颐:《二程集》,王孝鱼点校,中华书局1981年,第709页。
③ [宋]程颢、程颐:《二程集》,王孝鱼点校,中华书局1981年,第786页。
④ [宋]程颢、程颐:《二程集》,王孝鱼点校,中华书局1981年,第740页。

理。古之人所以必待人君致敬尽礼而后往者,非欲自为尊大,盖其尊德乐道,不如是不足与有为也。"①程颐是这样说的,同时也是这样做的。根据朱熹的《伊川先生年谱》,程颐在履行"侍讲"之职的过程中,"容貌极庄。时文潞公以太师平章重事,或侍立终日不懈,上虽喻以少休,不去也。人或以问先生曰:'君之严,视潞公之恭,孰为得失?'先生曰:'潞公四朝大臣,事幼主,不得不恭。吾以布衣职辅导,亦不敢不自重也'"②。这里的潞公,是指位高权重的文彦博(1006—1097)。依程颐之意,像潞公那样的权臣,在幼主面前,如果不够恭敬,可能会给人欺负幼主的印象;但是,像自己这样的没有权势、没有根基的一介布衣,则不必有潞公那样的顾虑,反而应当更多地保持自尊、自重。

还有民。在《程氏易传》中,民既是"人民",也是"下民"。作为程颐法理世界中的主体之一,民的特点主要包括两个方面。一方面,人民与王者(君主、君上)相对应,人民是人君"养育"的对象。针对《无妄》卦,程颐说:"天道生万物,各正其性命而不妄;王者体天之道,养育人民,以至昆虫草木,使各得其宜,乃对时育物之道也。"③针对《泰》卦,程颐又说:"民之生,必赖君上为之法制以教率辅翼之,乃得遂其生养,是左右之也。"④这就是说,人民之生有赖于人君之养,这是着眼于政治上的尊卑,就君与民的关系做出的一个论断。在这样的关系中,人君作为"主民者",应当"体天之道",防止"民心既离",否则,就会像《姤》卦所示:"四以下睽,故主民而言。为上而下离,必有凶变。起者,将生之谓。民心既离,难将作矣。"⑤人君"养育""教率""辅翼"人民,自觉成为人民的主心骨,民

---

① [宋]程颢、程颐:《二程集》,王孝鱼点校,中华书局1981年,第719页。
② [宋]程颢、程颐:《二程集》,王孝鱼点校,中华书局1981年,第342页。
③ [宋]程颢、程颐:《二程集》,王孝鱼点校,中华书局1981年,第824页。
④ [宋]程颢、程颐:《二程集》,王孝鱼点校,中华书局1981年,第754页。
⑤ [宋]程颢、程颐:《二程集》,王孝鱼点校,中华书局1981年,第927页。

心就会归向君主。

另一方面,下民与君子相对应,下民是君子教化的对象。针对《观》卦,程颐说:"小人,下民也,所见昏浅,不能识君子之道,乃常分也,不足谓之过咎,若君子而如是,则可鄙吝也。"①针对《履》卦,程颐又说:"君子观履之象,以辨别上下之分,以定其民志。夫上下之分明,然后民志有定。民志定,然后可以言治。民志不定,天下不可得而治也。"②这是着眼于文化与心智上的高低,就君子与下民的关系做出的一个论断:君子与下民的关系主要是一个文化、心智上的高低关系。相对于民,如果说君主是政治上的担纲者,那么君子则是文化上的担纲者。根据程颐之见,在君子面前,下民没有见识,缺少智识;只有君子的教化,才能让下民的心志有所凝聚,有所锚定,不至于"泛若不系之舟",这是在文化层面上实现天下大治的必要环节。

在君、臣、民三者之间,虽然君居天下之尊,但是,臣也很重要。只有把君臣关系调整好,才能造就良好的政治局面;因为,"天地不相遇,则万物不生;君臣不相遇,则政治不兴"③。这就是说,仅仅有圣君还是很不够的,圣君还需要贤臣与之配合,"贤才见用,则己得行其道,君得享其功,下得被其泽"④,因而,"君臣合力,刚柔相济,以拯天下之涣者也"⑤。君臣之间的这种"合力""相济"的结构,在宋代具有特别的意义,因为,宋代较之于其他朝代,有一个突出的特点,那就是君臣"同治天下"⑥。这样的"同治"或"共治"在总体上提升了臣的地位。至于民,在"主民"的观念下,民主要是在

---

① [宋]程颢、程颐:《二程集》,王孝鱼点校,中华书局1981年,第799页。
② [宋]程颢、程颐:《二程集》,王孝鱼点校,中华书局1981年,第750页。
③ [宋]程颢、程颐:《二程集》,王孝鱼点校,中华书局1981年,第925页。
④ [宋]程颢、程颐:《二程集》,王孝鱼点校,中华书局1981年,第949页。
⑤ [宋]程颢、程颐:《二程集》,王孝鱼点校,中华书局1981年,第1003页。
⑥ 余英时:《朱熹的历史世界:宋代士大夫政治文化的研究》,生活・读书・新知三联书店2004年,第210页。

上者(君、臣)养育、教化的对象,总体上居于被动地位。

(三) 辞·意·象:法律存在的三种方式

在程颐描绘的法理世界中,理、礼、法代表了三种不同的规范,君、臣、民代表了三种不同的主体。在此之外,程颐对中国传统的法理学还做出了更个性化的贡献,那就是通过辞、意、象所展示的三个维度,揭示了法律存在的三种方式。当然,辞、意、象与《程氏易传》所依托的《周易》具有紧密的联系,归根到底,还是由《周易》派生出来的。

在经验层面上,可以看到,法既可以表现为言辞,譬如条文、语言;也可以表现为意义,包括法意、法理;还可以表现为符号,譬如法锤、法袍。因而,如果从法理层面上提问:法律的存在方式是什么?或者问:法律以什么方式存在?回答是:法律既以言辞的方式存在,又以意义的方式存在,还以符号的方式存在。法律存在的这三种方式,可以在《易传序》中找到依据:"《易》有圣人之道四焉:'以言者尚其辞,以动者尚其变,以制器者尚其象,以卜筮者尚其占。'吉凶消长之理,进退存亡之道,备于辞。推辞考卦,可以知变,象与占在其中矣。君子居则观其象而玩其辞,动则观其变而玩其占。得于辞,不达其意者有矣;未有不得于辞而能通其意者也。至微者理也,至著者象也。体用一源,显微无间。观会通以行其典礼,则辞无所不备。故善学者,求言必自近。易于近者,非知言者也。予所传者辞也,由辞以得其意,则在乎人焉。"[①]程颐的这段话,主要阐明了辞、意、象三者之间的关系。

立足于法律的存在形式,分而述之,辞相当于法律的条文。在《程氏易传》中,辞主要是指《周易》中的卦辞、爻辞。一部《程氏易传》,就在于解释这些言辞。在程颐看来,无论是"吉凶消长之理",还是"进退存亡之道",都需要通过辞来承载;没有辞,理与道将无

---

① [宋]程颢、程颐:《二程集》,王孝鱼点校,中华书局1981年,第689页。

处挂搭。见于《周易》的古代圣人之道,包含了辞、变、象、占四个方面,相比之下,辞在其中占据了更加关键的地位,发挥了更加重要的作用,因为,"言所以述理。'以言者尚其辞',谓于言求理者则存意于辞也"①。辞不仅仅承载了道与理,还可以为"观象"提供指引,"理既见乎辞矣,则可由辞以观象。故曰:得其义,则象数在其中矣"②。只有通过辞,才能理解象的含义。

意相当于法律的含义,亦即法所蕴含的理。程颐所理解的意,主要是理。就《周易》本身来看,意代表了一种通称。在王弼那里,意的实体内容是无;③但是,在程颐这里,意的实体内容是理。理也是道,因此,辞之理,辞之道,都可以归于辞之意。程颐作《易传》,就是为了把《易》所蕴含的意(理、道)揭示出来,以之作为世人遵循的准则,以之规范君、臣、民之间的社会交往关系。就辞与意的关系而言,你看到了辞,但你不一定能够理解辞之意(道、理)。《程氏易传》就是为了揭示辞背后的意(理、道)。当然,如果你不知辞,那么,辞蕴含的意(理、道),你也是不可能掌握的。因此,你不能避开辞,亦即不能避开《周易》中的卦辞、爻辞。如上所述,程颐特别强调,他的《易传》所关注的主要是辞,他希望通过"传辞"以"得意"。在"传辞"与"得意"之间,"传辞"是方法,"得意"是目标。由此看来,《程氏易传》与唐代出现的《唐律疏议》具有同工异曲之妙。所谓"同工",是说两者都在于揭示辞背后的意(理、道)。所谓"异曲",是说两者分别针对《周易》与《唐律》(亦即《永徽律》)。进一步看,《唐律疏议》解释的对象主要是刑律,《程氏易传》解释的对象是《周易》——它作为居于核心地位的经,实为传统中国"无上之法典"。换言之,《程氏易传》所揭示的《易》之意(理、道),相当于传

---

① [宋]程颢、程颐:《二程集》,王孝鱼点校,中华书局1981年,第1030页。
② [宋]程颢、程颐:《二程集》,王孝鱼点校,中华书局1981年,第615页。
③ 王弼是"贵无论"的主要代表。他说:"有之所始,以无为本。将欲全有,必返于无也。"[魏]王弼注:《老子道德经注》,楼宇烈校释,中华书局,2011年,第113页。

统中国的"无上法典"之意(理、道)。

象相当于法律的符号,它显现于外,具有"至著"的特征,可以视为法律的原型与本喻。除上文提到的法锤、法袍,还有像天平之类的符号,都可归属于法律之象。在《易传》中,程颐反复述及法律之象。譬如,针对《噬嗑》卦,程颐认为:"雷电,相须并见之物,亦有嗑象,电明而雷威。先王观雷电之象,法其明与威,以明其刑罚,饬其法令。"①"雷电之象"具有明与威的性质,恰好可以充当法律之象。又譬如,龙可以作为圣人或圣王之象,针对《乾》卦,程颐写道:"理无形也,故假象以显义。乾以龙为象。龙之为物,灵变不测,故以象乾道变化,阳气消息,圣人进退。初九在一卦之下,为始物之端,阳气方萌。圣人侧微,若龙之潜隐,未可自用,当晦养以俟时。"②不同的象分别对应于不同的意(理、道)。从根本上说,"理无形也,故因象以明理"③。通过不同的象,可以理解不同的意(理、道)。

在辞、意、象之间,程颐关于辞与意的论述较多,但也没有忽略象的价值与意义。源于《周易》、经过程颐重新阐述的辞、意、象,为我们理解法律的存在方式,提供了历久弥新的思路。

三、从《程氏易传》的法理旨趣看程颐的法理担当

透过程颐的"年谱"或"行状",可以发现,程颐对两件事情尤其重视。其一是《易传》的酝酿、写作、修改、完善。对此前文已有交待,这里不再重复。其二是担任"侍讲"之职。据《宋史》记载,程颐甫任"崇政殿说书",就针对皇帝的教育问题,提出了自己的建议:"习与智长,化与心成。今夫人民善教其子弟者,亦必延名德之士,使与之处,以薰陶成性。况陛下春秋之富,虽睿圣得于天资,而辅

---

① [宋]程颢、程颐:《二程集》,王孝鱼点校,中华书局1981年,第803—804页。
② [宋]程颢、程颐:《二程集》,王孝鱼点校,中华书局1981年,第695—696页。
③ [宋]程颢、程颐:《二程集》,王孝鱼点校,中华书局1981年,第615页。

养之道不可不至。大率一日之中,接贤士大夫之时多,亲寺人宫女之时少,则气质变化,自然而成。愿选名儒入侍劝讲,讲罢留之分直,以备访问,或有小失,随事献规,岁月积久,必能养成圣德。"显然,程颐希望通过这样的教育方案,把君主培养成为圣德完备的圣君。在实际履行"侍讲"职务的过程中,程颐可谓郑重其事,"每进讲,色甚庄,继以讽谏"。有一次,"闻帝在宫中盥而避蚁,问:'有是乎?'曰:'然,诚恐伤之尔。'颐曰:'推此心以及四海,帝王之要道也'"。① 还有一次,"讲罢,未退,皇帝忽起凭栏,戏折柳枝。先生进言曰:'方春发生,不可无故摧折。'皇帝不悦"②。这些事例表明,程颐总是以严肃认真的态度教化君主,抓住一切机会,不惜小题大做,只希望按照古代圣王的标准来培养、塑造君主。就程颐的精神追求与生命寄托来看,教化君主最为重要。揣摸程颐的心迹,可以看到,如果能够把他面前的君主培养成为儒家道统中的圣王,那就是他能够做出的最大功绩。

至于创作《易传》,则是担任"侍讲"的继续与延伸。根据《程伊川年谱》,早在1056年,亦即在程颐二十四岁之时,他对《易》已有深刻的理解。其时,他与张载论《易》,就颇受张载的称赞,张载甚至承认,程颐"深明《易》道,我所弗及"③。然而,此时的程颐并不急于著书阐《易》,直至晚年,才把自己对《易》的理解著成《易传》。程颐关于轻与重、先与后的这些选择,可以解释为:如果能够以"侍讲"的身份直接教化君主、培养圣君,那是再好不过了;如果实在没有这样的机会,那就不妨后退一步,站在远远的地方,为不特定的君主写一部法理学教科书,借以告诉君主"应当做什么""不能做什么"。这既是程颐创作《易传》的旨趣,同时也反映了程颐的法理担当:以儒家法理教化君主。至于教化君主的具体方式,则可以有两

---

① [元]脱脱等撰:《宋史》,中华书局2000年,第9944页。
② 姚名达:《程伊川年谱》,知识产权出版社2012年,第145页。
③ 姚名达:《程伊川年谱》,知识产权出版社2012年,第17页。

种：其一，通过"侍讲"一职当面教化某个特定的君主；其二，通过《易传》一书隔空教化不特定的君主。

从中国法理学漫长的演进历程来看，《易传》其书的法理旨趣与程颐其人的法理担当，与程颐推崇的孔子具有很大的相关性与可比性。孔子是最具代表性的儒家圣人，程颐也有这样的自我期许。据《宋史》："颐于书无所不读，其学本于诚，以《大学》、《语》、《孟》、《中庸》为标指，而达于《六经》。动止语默，一以圣人为师，其不至乎圣人不止也。张载称其兄弟从十四五时，便脱然欲学圣人，故卒得孔、孟不传之学，以为诸儒倡。其言之旨，若布帛菽粟然，知德者尤尊崇之。尝言：'今农夫祁寒暑雨，深耕易耨，播种五谷，吾得而食之；百工技艺，作为器物，吾得而用之；介胄之士，被坚执锐，以守土宇，吾得而安之。无功泽及人，而浪度岁月，晏然为天地间一蠹，唯缀缉圣人遗书，庶几有补尔。'于是著《易》、《春秋传》以传于世。"①

见于正史中的这段文字表明，程颐的人生理想就是"至乎圣人"，更具体地说，就是成为孔子那样的圣人。一代圣人孔子，虽有圣王之德，却没有圣王之位，所以只能做个素王。孔子作为有德无位的素王，最具标志性的成就当属《春秋》的编纂。《史记》称，"《春秋》之义行，则天下乱臣贼子惧焉"。按照孔子的自我评价："后世知丘者以《春秋》，而罪丘者亦以《春秋》。"②《春秋》之所以重要，就是因为它是传统中国最高的法典，正如程颐在《春秋传》中所言："夫子之道既不行于天下，于是因《鲁春秋》立百王不易之大法。"③《河南程氏遗书》亦称："上古之时，自伏羲、尧、舜，历夏、商以至于周，或文或质，因袭损益，其变既极，其法既详，于是孔子参酌其宜，以为百王法度之中制，此其所以《春秋》作也。"④这就是说，作《春秋》的孔子，其实是一

---

① ［元］脱脱等撰：《宋史》，中华书局2000年，第9944页。
② ［汉］司马迁：《史记》，中华书局2006年，第330页。
③ ［宋］程颢、程颐：《二程集》，王孝鱼点校，中华书局1981年，第1086页。
④ ［宋］程颢、程颐：《二程集》，王孝鱼点校，中华书局1981年，第245页。

个立法者,而且制定的是"百王不易之大法"。《春秋》既是"百王不易之大法",其实也承载了"百王不易之法理",亦即最高的法理。作《春秋》的孔子既是根本大法的制定者,也是最高法理的阐述者。

如果孔子通过《春秋》的创作,为"百王"规定了不容变更的根本大法与最高法理,那么,程颐则通过《易传》的创作,试图为后世的君主提供他们应当遵循的根本大法与最高法理。程颐试图在宋代的时代背景下,以自己的《易传》呼应孔子的《春秋》,以自己的《易传》作为自己"学圣人""以圣人为师"、最终"至乎圣人"的标志与载体。在早期的《颜子所好何学论》一文中,程颐已经以自问自答的方式写道:"圣人可学而至欤?曰:然。"①这就是说,圣人是可以学习的,圣人的境界、气象也是可以抵达的。倘若要进一步追问:"圣人如何学而至欤?"那么,程颐的选择显而易见:作《易传》。换言之,程颐试图通过创作《易传》,以实现"至乎圣人"的目标。程颐的这种选择,包含了两个方面的意蕴。

一方面,体现了程颐所追求的"以圣人为师"。程颐试图学习的圣人,主要就是孔子。如前所述,孔子很看重自己的《春秋》,但孔子也很看重《易》。《史记》已经载明:"孔子晚而喜《易》,序《彖》、《系》、《象》、《说卦》、《文言》。读《易》,韦编三绝。曰:'假我数年,若是,我于《易》则彬彬矣。'"②由此看来,晚年的孔子希望通过数年的研习,对《易》形成透彻而全面的理解。孔子晚年是否实现了这样的愿望,是另外一个问题,这里暂且不论。但是,孔子的愿望却在程颐那里变成了现实。对应于"孔子晚而喜《易》",程颐则在自己的晚年著成了《易传》。按照程颐的自述:"自孔子赞《易》之后,更无人会读《易》。先儒不见于书者,有则不可知;见于书者,皆未尽。如王辅嗣、韩康伯,只以庄、老解之,是何道理?"③这句话表

---

① [宋]程颢、程颐:《二程集》,王孝鱼点校,中华书局1981年,第577页。
② [汉]司马迁:《史记》,中华书局2006年,第329页。
③ [宋]程颢、程颐:《二程集》,王孝鱼点校,中华书局1981年,第374页。

明,程颐著《易传》,有一个主要的动因就在于:"孔子赞《易》之后",没有人"会读《易》",没有人提供关于《易》的正解。因而,自己必须当仁不让地承担起这个职责。由此可见,程颐著《易传》,旨在直接回应"孔子赞《易》"。

另一方面,体现了程颐在"以圣人为师"这个基础上的创新与发展。在此应当注意的是,五经出于圣人,但程颐对五经进行了差异化的处理。他说:"《五经》载道之文,《春秋》圣人之用。《五经》之有《春秋》,犹法律之有断例也。"①这就是说,《春秋》与其他的经还不太一样:其他的经像法律,《春秋》像案例,更准确地说,《春秋》像是一部案例汇编。他还进一步补充道:"夫子删《诗》,赞《易》,叙《书》,皆是载圣人之道,然未见圣人之用,故作《春秋》。《春秋》,圣人之用也。如曰:'知我者,其惟《春秋》乎!罪我者,其惟《春秋》乎!'便是圣人用处。"②这就是说,《春秋》主要承载"圣人之用",《易》《诗》《书》主要承载"圣人之道"。"道"与"用"的关系,就是体与用的关系。这里暂不论《诗》与《书》,单就《春秋》与《易》来说,两者之间的关系就是"用"与"体"的关系。换言之,相对于《春秋》之"用",《易》之"体"占据了一个更加基础性、本源性的地位。

关于《易》与《春秋》的关系,程颐既以"体与用"来解释,还以"理与法"来解释。在《春秋传序》中,程颐说:"夫子当周之末,以圣人不复作也,顺天应时之治不复有也,于是作《春秋》为百王不易之大法。""后王知《春秋》之义,则虽德非禹、汤,尚可以法三代之治。"③这就是说,《春秋》提供了"法",有助于"治"。可见,《春秋》的价值主要在于"法"与"治"。相比之下,《易》表征了更加根本的"道"与"理",就像《易传序》开篇所指出的:"易,变易也,随时变易

---

① [宋]胡安国:《春秋胡氏传》,钱伟彊点校,浙江古籍出版社2010年,"述纲领",第10页。
② [宋]程颢、程颐:《二程集》,王孝鱼点校,中华书局1981年,第305页。
③ [宋]程颢、程颐:《二程集》,王孝鱼点校,中华书局1981年,第1125页。

以从道也。其为书也,广大悉备,将以顺性命之理,通幽明之故,尽事物之情,而示开物成务之道也。圣人之忧患后世,可谓至矣。去古虽远,遗经尚存。然而前儒失意以传言,后学诵言而忘味。自秦而下,盖无传矣。予生千载之后,悼斯文之湮晦,将俾后人沿流而求源,此《传》所以作也。"①这几句话表明,程颐创作《易传》,是希望在"道"与"理"的层面上,弘扬古代圣人开启的圣道与法理。显然,较之于《春秋》承载的"法"与"治",《易》承载的"道"与"理"依然占据了一个更加基础性、更加本源性的地位。

由此看来,程颐著《易传》,旨在从根本上守护儒家道统与儒家法理,体现了程颐对圣人之道的固本强基与守正创新。

小结

中国法理学史不能避开宋明理学中的法理学,宋明理学中的法理学不能避开程朱一派的法理学,程朱一派的法理学主要是程颐开创的,程颐的法理学集中体现在《程氏易传》一书中。上文的分析表明,《程氏易传》是一部"讲理"之书,从中国法理学史来看,则是一部"讲法理"的教科书。程颐通过《易传》分辨了三种不同的规范、三类不同的主体,在此基础上,程颐还以"辞、意、象"三个不同的维度,为理解法律的存在方式提供了一个基础性的框架。这些源于《周易》、见于《程氏易传》的法理论述,足以成为中国法理学史上的一个重要环节。

程颐借《易传》表达的法理旨趣,并不仅仅是一种学术智慧,同时还寄寓了他自己的使命与担当。在这里,且看程颐关于"古之学者"与"今之学者"的一个比较:"古之学者一,今之学者三,异端不与焉。一曰文章之学,二曰训诂之学,三曰儒者之学。欲趋道,舍儒者之学不可。今之学者有三弊:一溺于文章,二牵于训诂,三惑

---

① [宋]程颢、程颐:《二程集》,王孝鱼点校,中华书局1981年,第689页。

于异端。苟无此三者,则将何归?必趋于道矣。"①所谓"古之学者一",是指古之学者所承载的古之道术纯正不杂。相比之下,"今之学者"则出现了三种弊端:有人喜好文章之学,有人喜好训诂之学,有人喜好佛老之学。这三个方向都是歧途,只有儒者之学才能够代表正道。这就是说,只有儒者之学所承载的儒家法理,才能够引领一种理想的文明秩序。根据程颐之意,如果要把儒者之学承载的儒家法理"坐实",那就是他自己留给后世的《程氏易传》。由此看来,《程氏易传》体现了程颐当仁不让地捍卫儒家法理的使命与担当。

第二节 朱 熹

朱熹(1130—1200)的思想学说,"影响我国、韩国与日本思想、政治、社会,凡数百载。历代奉为官学"②。所谓"官学",就是官方正式选定并予以宣扬的思想理论学说。如果中西比较,朱熹在思想史上的地位,相当于欧洲中世纪的托马斯·阿奎那;如果前后比较,朱熹甚至可以与孔子相提并论,譬如钱穆就认为,"在中国历史上,前古有孔子,近古有朱子,此两人,皆在中国学术思想史及中国文化史上发出莫大声光,留下莫大影响。旷观全史,恐无第三人堪与伦比"③。朱熹在中国思想史上产生的巨大影响,尤其是对近古中国思想文化的巨大影响,归根到底,还是由他对中国思想史的贡献所决定的。一方面,朱熹之学内外兼顾,广采博纳,无所不窥。另一方面,朱熹之学作为理学的集大成者,可以视为华夏固有文明与印度传来的佛教文明深度融和之后结成的硕果。

---

① [宋]程颢、程颐:《二程集》,王孝鱼点校,中华书局1981年,第187页。
② 陈荣捷:《朱熹》,生活·读书·新知三联书店2012年,"自序",第1页。
③ 钱穆:《朱子学提纲》,生活·读书·新知三联书店2002年,第1页。

数百年来,关于朱熹的学术思想,历代学者多有研究,相关成果汗牛充栋,足以成就一部厚重的"朱子学史"。其中,钱穆的《朱子新学案》,以超过百万言的篇幅,全面而系统地展示了朱熹的学术思想体系。《朱子新学案》既有关于"理气""阴阳"等若干专题的讨论,同时也分述了朱熹的"经学""禅学""史学""文学""考据学""校勘学"等等,纵横交错,绵密而厚实。

朱熹之学中包含了文学、史学这样的学问,这是没有疑义的。但是,如果说到朱熹的法理学,可能就会遭遇诘难:朱熹有法理学吗?我们的回答是肯定的。一方面,如果像"中国哲学史"这样的学科与学问避不开朱熹,那么,"中国法理学史"同样也不能避开朱熹;如果可以研究"中国哲学史"上的朱熹,当然也可以研究"中国法理学史"上的朱熹。另一方面,如果把宋代的学问分为三项——"政事治道之学""经史博古之学""文章子集之学",那么,"朱子于政事治道之学,可谓于理学界中最特出"。① 至于"经史博古之学""文章子集之学",朱熹的贡献同样是"特出"的。以今日的法理学之旨趣来看,朱熹关于"政事治道"之学,其中的很多内容经过适当的剪裁,都可以归属于今天所说的法理学;同样,朱熹关于经史子集之学,也涉及法理学的一些内容。

那么,如何把握朱熹的法理学? 换言之,如何概括朱熹法理学的核心命题? 如果当代中国法理学的核心命题可以概括为依法治国,如果董仲舒法理学的核心命题可以概括为依经治国,那么,朱熹法理学的核心命题,就可以概括为依理治国。在中国法理学史上,朱熹的主要贡献就在于,全面而系统地建构了"依理治国"这一命题。"依理治国"也可以简称为"理治"。如果当代中国可以称为"法治中国",那么元、明、清三代的中国则可以称为"理治中国";如果当代中国所处的时代可以称为"法治时代",那么元、明、清三代

---

① 钱穆:《朱子学提纲》,生活·读书·新知三联书店2002年,第23页。

经历的数百年则可以称为"理治时代"。当然,无论是"理治中国"还是"理治时代",都可以归属于"依理治国"这个命题,都是"依理治国"这个法理命题的伴生物或衍生物。

在朱熹身后数百年间,依理治国的理论及其实践,全面塑造了华夏大地上的文明秩序,甚至还在较长时期内,全面影响了朝鲜、日本等周边国家的文明秩序。这就意味着,依理治国不仅是朱熹法理学的核心命题,也可以看作元、明、清时期中国法理学的核心命题,甚至还可以看作明朝前后东亚法理学的核心命题。

从字面上看,依理治国的含义是:把理作为国家治理的依据。然而,朱熹的相关论述表明,依理治国作为一个意深旨远的法理命题,还包含着饱满的法理意涵:其一,理是国家治理所依据、所遵循的最高规范或终极规范,这是不言而喻的。其二,直接源于"理"的"德礼",构成了国家治理所依据、所遵循的基本规范。其三,间接源于"理"、直接源于"德礼"的"政刑",构成了国家治理所依据、所遵循的具体规范。由此看来,国家治理所依据的理,或者说,"依理治国"之"理",其实包含了一个以理为源的规范体系。这个规范体系具有明显的层级性:其中的具体规范即为"政刑",比"政刑"更高、更抽象、更具原则性的基本规范是"德礼",比"德礼"更高、更抽象、更具本源性的终极规范是"理"。

由于"理"是最高的终极性规范,由于"德礼"及"政刑"都是由"理"直接或间接地派生出来的,因而,无论是依"政刑"治国,还是依"德礼"治国,都可以归属于"依理治国",这就是朱熹建构的依理治国命题。为了揭示朱熹建构的依理治国命题及其丰富的法理意涵,有必要从以下三个层面予以分述。

一、理是国家治理所依据的最高规范

朱熹之学或"朱子学"代表了理学的成熟形态。既然称之为理学,那么,循名责实,理堪称朱熹之学的核心范畴、基石范畴,甚至可以称为朱熹之学的第一范畴。当然,从源头上说,理这个范畴并非出于朱熹的首创;天理这个范畴也不始于朱熹。稍作回溯即可发现,早在《礼记》这样的典籍中,就已经出现了天理的概念,甚至还有人欲的概念,譬如:"好恶无节于内,知诱于外,不能反躬,天理灭矣。夫物之感人无穷,而人之好恶无节,则是物至而人化物也。人化物也者,灭天理而穷人欲者也。"① 在北宋,程颢就曾以"理"释"天",称:"天者理也,神者妙万物而为言者也。"② 这就是说,天与理等同,天与理乃是同一个事物的两个不同的名称,天的至高无上就是理的至高无上。正是在这样一个思想传统中,朱熹对理、天理进行了全面的阐述,进而成为了理学的集大成者。

让我们从传统的理学转向现代的法理学。从法理学的角度来看,从国家治理体系来看,理也是一种应当遵循的规范,而且是最高的规范。关于理的规范性,李泽厚在《宋明理学片论》一文中写道:"朱熹庞大体系的根本核心在于建立这样一个观念公式:'应当'(人世伦常)=必然(宇宙规律)。朱熹包罗万象的'理'世界是为这个公式而设:万事万物之所以然('必然')当即人们所必须('应当')崇奉、遵循、服从的规律、法则、秩序,即'天理'是也。尽管与万物同存,'理'在逻辑上先于、高于、超越于万事万物的现象世界,是它构成了万事万物的本体存在。"③ 虽然这番论述揭示了理的本体意义,但是,李泽厚更加看重理作为必须遵循、必须服从的"法则"之意义。作为"法则"的理,可以理解为现代的法——而且是效力最高的法。这种效力最高的法,很容易让人联想到西方的自然法概念。确实,理与自然法有一定的相似性,但是在两者之间,还是存在着微妙的差异。其中至为明显的差异在于:理可以直接而普遍地运用于案件裁决,相比之下,自然法在司法实践中较少

---

① 王文锦译解:《礼记译解》,中华书局 2016 年,第 475 页。
② [宋]程颢、程颐:《二程集》,中华书局 1981 年,第 132 页。
③ 李泽厚:《中国古代思想史论》,生活·读书·新知三联书店 2008 年,第 244 页。

直接"现身"。

在这里,不妨稍微察看一些历史现象与历史细节:明清时期,很多衙门都习惯于将理与法并称,而且习惯于把理置于法之前。这样的传统意味着,理与法都是处理案件需要遵循的规范,而且,理还是高于、优于、先于法的规范。在《三松堂自序》一书中,冯友兰描述了他的父亲在湖北省崇阳县衙从事司法审判的场景:"我和景兰有些时候跑到大堂,站在父亲的椅子后面,看父亲审问。在一件案子结束的时候,父亲就用朱笔写个'堂谕'。堂谕就等于判决书,但是其中并不引用法律条文,只是按照情理就判决了。"①冯友兰在此所述,乃是清朝光绪年间的场景,也是理作为案件审理乃至国家治理所依据的最高规范的"晚景"。冯友兰在此所说的"情理",主要就是有别于"法律条文"的理。对于这样的情理及其相对于国法的权威性,清代乾嘉时期的戴震有一句批判性的评论:"人死于法,犹有怜之者;死于理,其谁怜之!"②这就表明,理与法都是必须遵循的规范,而且,理还是绝对正确的、任何人都不能质疑的绝对规范,因而,可以视为国家治理必须遵循的最高规范,而且是可以在司法裁决中经常适用的规范。

为什么理是最高的规范?为什么"人死于法,犹有怜之者;死于理,其谁怜之"?理到底是什么?在戴震的《孟子字义疏证》一书中,开篇就是关于"理"的解释:"理者,察之而几微必区以别之名也,是故谓之分理;在物之质,曰肌理,曰腠理,曰文理;得其分则有条而不紊,谓之条理。"在此基础上,戴震征引《孟子》《周易》《中庸》以及郑玄、许慎关于理的若干论述,结论却是:"古人所谓理,未有如后儒之所谓理者矣。"③戴震在此所说的"后儒",主要是指宋明之儒;与之形成对照的,主要是先秦之儒、两汉之儒。在这样一个

---

① 冯友兰:《三松堂自序:冯友兰自传》,江苏文艺出版社2011年,第20页。
② [清]戴震:《孟子字义疏证》,何文光清理,中华书局1961年,第10页。
③ [清]戴震:《孟子字义疏证》,何文光清理,中华书局1961年,第1页。

"后儒"群体中,朱熹可以说是其中的最主要的代表人物。按照戴震之意,朱熹所代表的"后儒"对理的理解,显然不同于"分理""文理"或"条理"。那么,朱熹作为后儒的代表,他所讲的理,又当如何理解?

这是一个经典性的老问题,学术史上已有反复的讨论。翻开《朱子语类》,开篇就是关于这个问题的讨论。首先,有人向朱熹提出了一个问题:"太极不是未有天地之先有个浑成之物,是天地万物之理总名否?"这样的提问旨在探究:在万事万物中,最先出现、最初发生的事物是什么?提问的人其实已有一个预先设定的答案,那就是太极。在天地尚未形成之前,应当有一个浑成之物,这个事物可以命名为太极。那么,太极能否视为天地万物之理的总名?对于这个问题,朱熹的回答是:"太极只是天地万物之理。"对于天地来说,则天地中有太极;对于万物来说,则万物中各有太极,"未有天地之先,毕竟是先有此理。动而生阳亦只是理,静而生阴亦只是理"。[①] 进一步说,"未有天地之先,毕竟也只是理。有理,便有这天地。若无理,便亦无天地、无人、无物,都无该载了。有理,便有气流行,发育万物"[②]。

这几句话载于《朱子语类》的最前端。这样的安排表明,这些论述几乎可以看作一篇写意性的"朱熹版本"的"创世记",因为,它描述了这个世界最初的起源:我们所见到的这个世界,其源头就是理。理是最先、最初的存在,是万事万物的起源。这就像《旧约全书·创世记》之第一句:"起初,神创造天地。"按照《圣经》之首句,天地源于神的"创造"。按照"朱熹版本"的"创世记",天地源于理的"发育"。按照《圣经》,是神直接创造了天地。根据朱熹之意,因

---

① [宋]黄士毅编:《朱子语类汇校》第一册,徐时仪、杨艳汇校,上海古籍出版社2014年,第1页。
② [宋]黄士毅编:《朱子语类汇校》第一册,徐时仪、杨艳汇校,上海古籍出版社2014年,第1—2页。

为有这理,所以便有了这天地;如果没有这理,则这天、地、人、物都不会"发育"。从理与天地万物的关系来看,理是天地万物最初的原因,天地万物是理的结果。如果说,在神学的世界里,神可以借助于任何事物以显示神的存在,那么,朱熹阐述的理,也有这样的属性:理可以借助于任何事物以显示理的存在:天有天之理,地有地之理,人有人之理,物有物之理;以此类推,法也有法之理。这就是朱熹建构的形而上之理,其地位就相当于《圣经》中的神或上帝;按照徐梵澄的说法,朱熹所称的"天地间之'理',西方称之为'上帝'"①。这样的比较与对照,是值得注意的。

在朱熹之学中,形而上之理占据了"事物之因"的位置。但是,理并不是一个孤立的存在。首先,理可以释为天理。天理就是理。理与天理是否有区别?戴震就此有专门的辨析:"问:古人之言天理,何谓也?曰:理也者,情之不爽失也;未有情不得而理得者也。凡有所施于人,反躬而静思之:'人以此施于我,能受之乎?'凡有所责于人,反躬而静思之:'人以此责于我,能尽之乎?'以我絜之人,则理明。天理云者,言乎自然之分理也;自然之分理,以我之情絜人之情,而无不得其平是也。《乐记》曰:'人生而静,天之性也;感于物而动,性之欲也。物至知知,然后好恶形焉。好恶无节于内,知诱于外,不能反躬,天理灭矣。'灭者,灭没不见也。"②按照戴震之意,理与情可以合称。所谓情理一词,可以表明理与情之间的关联。相比之下,天理则是天然之分理,天理更多地与天然、自然有关。与天理相对应的,主要是物欲,物欲的实质是人欲,亦即人对物的欲望。倘若人对物的欲望没有节制,天理就灭失了。这是戴震所理解的天理。但是,按照朱熹之意,理就是天理。《朱子语类》卷一称:"有是理后生是气,自'一阴一阳之谓道'推来,此性自有仁

---

① 徐梵澄:《陆王学述》,载徐梵澄:《徐梵澄文集》第一卷,上海三联书店、华东师范大学出版社2006年,第448页。
② [清]戴震:《孟子字义疏证》,何文光清理,中华书局1961年,第1—2页。

义。先有个天理了,却有气。"①这两句话分别提到了理与天理,它们与气是相同的,因而可以相互替换。

理还可以释为太极。《朱子语类》卷九四:"总天地万物之理便是太极。太极本无此名,只是个表德。"②"太极无形象,只是理。"③这两句话表明,无形无象的太极即为理之表达,或简而言之,理即为太极。在《太极图说解》中,朱熹又说:"太极,形而上之道也;阴阳,形而下之器也。是以自其著者而观之,则动静不同时、阴阳不同位,而太极无不在焉。自其微者而观之,则冲穆无朕,而动静阴阳之理已悉具于其中矣。虽然,推之于前,而不见其始之合;引之于后,而不见其终之离也。"④理是形而上之道,太极也是形而上之道,由此看来,太极就是理的别名。《朱子语类》卷九四:"太极非是别为一物,即阴阳而在阴阳,即五行而在五行,即万物而在万物,只是一个理而已。因其极至故名曰太极。"⑤由此可见,哪怕是着眼于存在方式,也可以体会太极与理的同质性。

理还可以释为道。《与陆子静书》称:"凡有形有象者,皆器也。其所以为是器之理者,则道也。"⑥在这句话中,虽然主要是讲道与器之分:器是有形有象的,道是无形无象的。但是,朱熹在此也确认:器之理,就是道。简而言之,所谓理,就是道。再看《朱子语类》

---

① [宋]黄士毅编:《朱子语类汇校》第一册,徐时仪、杨艳汇校,上海古籍出版社 2014 年,第 2 页。
② [宋]黄士毅编:《朱子语类汇校》第四册,徐时仪、杨艳汇校,上海古籍出版社 2014 年,第 2375—2376 页。
③ [宋]黄士毅编:《朱子语类汇校》第四册,徐时仪、杨艳汇校,上海古籍出版社 2014 年,第 2368 页。
④ [宋]朱熹撰,朱杰人、严佐之、刘永翔主编:《朱子全书》第十三册,上海古籍出版社、安徽教育出版社 2010 年,第 72—73 页。
⑤ [宋]黄士毅编:《朱子语类汇校》第四册,徐时仪、杨艳汇校,上海古籍出版社 2014 年,第 2371 页。
⑥ [宋]朱熹撰,朱杰人、严佐之、刘永翔主编:《朱子全书》第二十一册,上海古籍出版社、安徽教育出版社 2010 年,第 1573 页。

卷九五："形而上者，无形无影是此理；形而下者，有情有状是此器。然有此器则有此理，有此理则有此器，未尝相离，却不是于形器之外别有所谓理。"①这就直接把理与器对应起来：作为形而下的有情有状的器，既可以与道对应，形成二元关系；也可以与理对应，形成另一种二元关系。透过"器"这个中介，也可以理解理与道的同质性。在《答黄道夫》中，朱熹又说："天地之间，有理有气。理也者，形而上之道也，生物之本也；气也者，形而下之器也，生物之具也。是以人物之生，必禀此理然后有性，必禀此气然后有形。其性其形虽不外乎一身，然其道器之间分际甚明，不可乱也。"②这几句话也可以说明，道实为理的别称，理即道。正是由于这个缘故，"理学"也可以称为"道学"，理学家即为道学家。

理还可以释为性。《朱子语类》卷四："天地间只是一个道理。性便是理。人之所以有善有不善，只缘气质之禀各有清浊。尽心是尽见得这道理，存心养性只是操之之意。心有善恶，性无不善，若论气质之性亦有不善。性即理也。当然之理无有不善者，故孟子之言性，指性之本而言。然必有所依而立，故气质之禀不能无浅深厚薄之别。"③这段话反复强调，性就是理。性即理，仿佛天即理、道即理。性与理合起来就是性理，就仿佛天与理合起来就是天理，道与理合起来就是道理。在学术思想史上，理学也被称为"性理之学"，背后的原因就在于"性即理也"。

以上分析表明，朱熹所说的理，在不同的语境下，可以分别理解为天理、太极、道、性。这几个概念都可以看作理的别称，或者是

---

① ［宋］黄士毅编：《朱子语类汇校》第四册，徐时仪、杨艳汇校，上海古籍出版社2014年，第2414页。
② ［宋］朱熹撰，朱杰人、严佐之、刘永翔主编：《朱子全书》第二十三册，上海古籍出版社、安徽教育出版社2010年，第2755页。
③ ［宋］黄士毅编：《朱子语类汇校》第一册，徐时仪、杨艳汇校，上海古籍出版社2014年，第82页。

理的另一个说法、另一种存在形式。尽管这几个概念都可以解释理,但它们的着眼点还是略有不同,其间的区别或许可以解释为:不同的别称旨在显示理在不同场合下的不同面相。譬如,理与气可以组合成为一对范畴。在朱熹之学中,理与气的关系占据了一个极其重要的地位,大多数论述朱熹之学的著作,都不愿避开理与气的关系,都会论及"理气"。在有些学者的著述中,朱熹哲学甚至可以省称为"理气哲学"。譬如,有学者认为:"朱子理之观念,根本上沿自程颐。程子解'有物有则'为物存在之原则。朱子根据此旨,乃形成其理气哲学,为中国思想史上一大贡献。"[1]就像理与气一样,道与器也是相互对应的一对范畴,但相对于理与气,道与器更具一般性与普遍性。此外,天理与人欲也具有相互对应的关系。至于太极与阴阳,也是彼此关联的。这些关系都可以表明,天理、太极、道、性等概念都可以解释理,都可以理解为理在不同语境下的表达,与理构成了多位一体的关系。

从法理学的角度来看,理即为国家治理需要遵循的最高规范与终极规范。在《答吕子约》中,朱熹写道:"'道'字、'理'字、'礼'字、'法'字、'实理'字,'日月寒暑,往来屈伸之常理','事物当然之理',此数说不知是同是别?'除了身,即是理',只是不以血气形骸为主而一循此理耳,非谓身外别有一物而谓之理也。"[2]据此,道、礼、法的"实质"或"本质"都是理。在这里,朱熹顺便指出了理与法的关系:它们在本质上是相同的,法的本质是理。

从中西比较的角度来看,朱熹所说的理与欧洲中世纪的阿奎那所说的"永恒法"具有一定的可比性。阿奎那说:"法律不外乎是由那统治一个完整社会的'君主所体现的'实践理性的某项命令。然而,显然可以看出,如果世界是像我们在第一篇中所论证的那样

---

[1] 陈荣捷:《朱熹》,生活·读书·新知三联书店2012年,第46页。
[2] [宋]朱熹撰,朱杰人、严佐之、刘永翔主编:《朱子全书》第二十二册,上海古籍出版社、安徽教育出版社2010年,第2242页。

由神治理的话,宇宙的整个社会就是神的理性支配的。所以上帝对于创造物的合理领导,就像宇宙的君主那样具有法律的性质……这种法律我们称之为永恒法。"①这样的永恒法乃是神的理性。阿奎那所说的"神的理性"在传统中国的语境下,可以理解为"天的理性"。"天的理性"就是天理,就是理。在阿奎那建构的规范体系中,永恒法是最高的规范;在朱熹的规范体系中,理或天理也是最高的规范。

朱熹所说的理与黑格尔所说的意志,也有一定的可比性。在近代,黑格尔在《法哲学原理》一书中写道:"法的基地一般说来是精神的东西,它的确定的地位和出发点是意志。意志是自由的,所以自由就构成法的实体和规定性。"②黑格尔把意志作为法的出发点,就相当于朱熹把理作为法的出发点。因为,意志是精神的东西,理也是精神的东西。倘若根据唯物、唯心的二元划分,朱熹与黑格尔都是唯心论者,他们分别阐述的理、意志,都是唯心论的产物。这就正如周予同所说:"朱熹之政治哲学,一言以蔽之,曰:唯心论而已。唯其偏于唯心,故重人治而轻物治,主德治而薄法治","然朱熹之政治哲学何以必主于唯心?是则当求其源于其本体哲学及伦理哲学。盖朱熹以为本体中有所谓理者存,而人心则禀本体之理以为性;理无不善,是以性无不善。人君之治天下,如穷理尽性,以自正其心,则百官万民自受其感化,而达于至治之境。故朱熹之奏议封事以及论治之文,每以正君心为第一义"。③这段话有助于阐明:理是一种精神性的东西,而且,理是整个规范体系的出发点。

根据朱熹的理论逻辑,理是国家治理应当遵循的最高规范,但

---

① [意]阿奎那:《阿奎那政治著作选》,马清槐译,商务印书馆2011年,第109页。
② [德]黑格尔:《法哲学原理》,范扬、张企泰译,商务印书馆1961年,第10页。
③ 周予同原著,朱维铮编校:《孔子、孔圣和朱熹》,上海人民出版社2012年,第182页。

是,倘若要在实践中发挥理对国家治理的作用,还应当对理进行转化,明确地说,就是要把理转化成为指向明确的行为规范,那就是"德礼"与"政刑"。两者之间,"德礼则所以出治之本,而德又礼之本也。此其相为终始,虽不可以偏废,然政刑能使民远罪而已,德礼之效,则有以使民日迁善而不自知。故治民者不可徒峙其末,又当深探其本也"①。这就是说,尽管都是理的转化形式,尽管都是由理转化而来,但是,"德礼"与"政刑"还是有差异的,它们分属于两个不同的层次,"德礼"为本,"政刑"为末。根据这样的划分,我们可以把直接源于理的"德礼"作为国家治理所依据的基本规范,把间接源于理、直接源于"德礼"的"政刑"作为国家治理所依据的具体规范。以下且先述"德礼",再述"政刑",以把握依理治国命题中的两个环节:依"德礼"治国与依"政刑"治国。

二、直接源于理的德礼:国家治理所依据的基本规范

在朱熹看来,直接源于理的"德礼"是国家治理所依据的基本规范。较之于"政刑",德与礼居于同一个层次。对此,孔子已有著名的论断:"道之以德,齐之以礼,有耻且格。"②然而,就德与礼的关系来看,两者虽然可以并列,但两者之间也是有差异的:德是礼的根本。在德与礼之间,德居于更加本源的地位。德与礼的关系具有源与流的关系。

先看德。德作为理转化而来的约束人的基本规范,它是一种什么样的基本规范?德是如何从理转化而来的?根据《尚书·皋陶谟》,在远古时代,在虞舜、大禹、伯益、皋陶等人展开的那一场以国家治理为主题的大讨论中,皋陶就提出了"德"的问题:"允迪厥德,谟明弼谐。"③德作为规范,由此成为中国法理学史上的一个根

---

① [宋]朱熹撰:《四书章句集注》,中华书局2011年,第55页。
② 杨伯峻译注:《论语译注》,中华书局2012年,第16页。
③ 王世舜、王翠叶译注:《尚书》,中华书局2012年,第34页。

本问题。由此看来，德的规范性问题由来已久。在朱熹建构的规范体系中，德同样是一个重要的纽结。对此，《朱子语类》卷一三称："道者，古今共由之理。如父之慈，子之孝，君仁，臣忠，是一个公共底道理。德，便是得此道于身，则为君必仁，为臣必忠之类，皆是自有得于己，方解恁地。尧所以修此道而成尧之德，舜所以修此道而成舜之德，自天地以先，羲皇以降都即是这一个道理，亘古今未尝有异，只是代代有一个人出来做主。做主，便即是得此道理于己，不是尧自是一个道理，舜又是一个道理，文王周公孔子又别是一个道理。老子说：'失道而后德。'他都不识，分做两个物事，便将道做一个空无底物事看。吾儒说只是一个物事。以其古今公共是这一个，不着人身上说，谓之道。德，即是全得此道于己。"①这段话重申了理与道的关系：道就是理，道是理的另一个说法，道与理也可以合起来称为道理。道或理作用于人身，那就是德——这是一个颇为关键的环节，从理到德的转化过程可以由此体现出来。

理是一个抽象的存在，主要体现为本体与根源，而源于理的德，则体现为指向明确的行为规范。作为行为规范的德，可以包括但不限于仁与忠。其中，仁是君主应当遵循的基本规范，忠是大臣应当遵循的基本规范。德虽然由理转化而来，但是，德与理（亦即道，下同）也有一个根本的区别：如果不跟人的生活世界联系起来，那么，理主要是一种客观的、亘古不变的存在（以现在的学术概念来说，这样的理可以归属于客观唯心主义）。但是，如果理作用于人身，作用于人的生活世界，对人的行为形成了指引与规范，那么，理就转化成为了德。形象地说，德是理从天上降临人世间的结果。当理仅仅是日月星辰运行之理，理就还没有转化成为德；只有当理进入人的世界，理才转化成为德。

---

① ［宋］黄士毅编：《朱子语类汇校》第一册，徐时仪、杨艳汇校，上海古籍出版社2014年，第250—251页。

在阐述理与德的这种关系的过程中,朱熹还刻意彰显了儒家与老子的不同。在朱熹看来,老子的"失道而后德"虽然是一个著名的命题,但它存在两个方面的问题。其一,它把道与德——亦即理与德——进行了割裂或隔离,没有看到德是道或理的转化物。二是把道(或理)进行虚无化的处理。这两个方面,都是站在儒家立场的朱熹所不能赞同的。不过,透过朱熹的比较与对照,我们已经可以更加清晰地看到朱熹关于理与德之间关系的界定:理是终极性的道体,它高高在上,如果降临到人世,就转化成为了一系列基本的行为规范,譬如仁或忠。从理转化成为德,就相当于天上的云降落成为雨。再打个比方,就仿佛上帝从天上直接降临西奈山,向摩西颁布"十诫"。永恒的上帝相当于永恒的理,作为上帝的旨意以及人世间基本行为规范的"十诫",就相当于德。

德既然是理转化而来的基本规范,那么,德到底包含了哪几条基本规范? 上文提到,仁与忠都可归属于基本规范,仁是君主应当遵循的义务性规范,忠是大臣应当遵循的义务性规范,但是,仁与忠并非关于德的全部罗列,并未穷尽德所包含的全部基本规范。《朱子语类》卷九五:"伊川曰:'四德之元,犹五常之仁,偏言则主一事,专言则包四者。'若不得他如此说出,如何明得?"[1]这就是说,德的要求包括四端,亦即"四德"。但是,如何理解伊川所说的"四德之元,犹五常之仁,偏言则一事,专言则包四者"? 对于这个问题,朱熹仅仅指出:"元只是初底便是,如木之萌,如草之芽;其在人,如恻然有隐,初来底意思便是。"[2]这样的回答只是解释了"四德"之初,并未对"四德"的内容进行具体的说明。不过,由此我们也可以看到,"四德"比较完整、全面地罗列了德的内容。由此,我

---

[1] [宋]朱熹撰,朱杰人、严佐之、刘永翔主编:《朱子全书》第十七册,上海古籍出版社、安徽教育出版社 2010 年,第 3179 页。
[2] [宋]朱熹撰,朱杰人、严佐之、刘永翔主编:《朱子全书》第十七册,上海古籍出版社、安徽教育出版社 2010 年,第 3181 页。

们可以进一步探究:"四德"是什么?

《朱文公文集》卷五十八有《答陈器之》一篇,其中写道:"性是太极浑然之体,本不可以名字言,但其中含具万理,而纲理之大者有四,故命之曰仁、义、礼、智。"这就是说,四德就是指仁、义、礼、智。在此基础上,朱熹继续讲:"须知四者之中,仁义是个对立底关键。盖仁,仁也,而礼则仁之著;义,义也,而智则义之藏。犹春、夏、秋、冬虽为四时,然春、夏皆阳之属也,秋、冬皆阴之属也。故曰'立天之道,曰阴与阳;立地之道,曰柔与刚;立人之道,曰仁与义'。是知天地之道不两则不能以立,故端虽有四,而立之者则两耳。仁义虽对立而成两,然仁实贯通乎四者之中。盖偏言则一事,专言则包四者。故仁者,仁之本体;礼者,仁之节文;义者,仁之断制;智者,仁之分别。犹春、夏、秋、冬虽不同,而同出乎春。春则春之生也,夏则春之长也,秋则春之成也,冬则春之藏也。因四而两,自两而一,则统之有宗,会之有元矣。故曰五行一阴阳,阴阳一太极,是天地之理固然也。"①

按照这段论述,第一,德作为基本规范,主要包括四个方面的基本要求,那就是仁、义、礼、智。这四者代表了四个方面的行为规范,具有并列的关系,就像春夏秋冬之间的并列。四者可以说是德的四种表现形式。第二,在四种规范之间,仁排在最前面,这就是说,在四者之间,仁代表了初始或开头,就像春是夏、秋、冬的初始或开头。礼、义、智三端都源出于仁,都是对仁的接续,都可以体现出仁的要求。这就在仁与礼、义、智之间划出了一道分界线,尽管四者具有并列的关系,但在四者之间,仁的性质、地位又有所不同。第三,在四端之间,仁与礼可以合并成一个单元,这是孔子曾经论述的二元规范;②义与智则可以合并成为另一个单元。就仁与礼的关系来看,礼是仁的表达。与此相对应,智则是义的基础。这几

---

① [宋]朱熹撰,朱杰人、严佐之、刘永翔主编:《朱子全书》第二十三册,上海古籍出版社、安徽教育出版社2010年,第2778—2780页。
② 喻中:《仁与礼:孔子的二元规范论》,《法律科学》2019年第5期,第3—13页。

个方面的关系彼此交织在一起,形成了一个立体且相互牵连的规范体系:一方面,在仁、义、礼、智之间,具有并列与平行的关系;另一方面,四者之间的平行并不彻底,四者并不是同质性的规范,其中仁的地位更为重要。

在四德的框架下,强调仁的优先地位,其实就是注重调整与规范人的内心世界,它潜在的含义是,治国首先应当针对人心。按照朱熹的说法,"治道必本于正心、修身"①。更具体地说,"所以必立德行之科者,德行之于人大矣,然其实则皆人性所固有,人道所当为,以其得之于心,故谓之德,以其行之于身,故谓之行,非固有所作为增益而欲为观听之美也。士诚知用力于此,则不唯可以修身,而推之可以治人,又可以及夫天下国家。故古之教者,莫不以是为先"②。"古之教者",首先得之于心,而后行之于身,推之可以治人、治国、治天下。

"得之于心"就是正人之心,亦即治人之心。这里的"人之心",其实主要是君主之心,因此,只要能够端正君主之心,那就抓住了正心、治国、治天下的关键。朱熹认为:"治道别无说。若使人主恭俭好善,'有言逆于心必求诸道,有言孙于志必求诸非道',这如何会不治。"③基于这样的认知,朱熹向君主提出的建议也是强调对人心,特别是对君心的治理:"今天下大势,如人有重病,内自心腹,外达四支,无一毛一发不受病者。且以天下之大本与今日之急务,为陛下言之:大本者,陛下之心;急务则辅翼太子,选任大臣,振举纲纪,变化风俗,爱养民力,修明军政,六者是也。"④能够直接向君

---

① [宋]黄士毅编:《朱子语类汇校》第五册,徐时仪、杨艳汇校,上海古籍出版社2014年,第2669页。
② [宋]朱熹撰,朱杰人、严佐之、刘永翔主编:《朱子全书》第二十三册,上海古籍出版社、安徽教育出版社2010年,第3357页。
③ [宋]黄士毅编:《朱子语类汇校》第五册,徐时仪、杨艳汇校,上海古籍出版社2014年,第2660页。
④ [元]脱脱等撰:《宋史》,中华书局2000年,第9970页。

主提出端正"陛下之心"的建议,既体现了朱熹关于"得之于心"的观点,亦可以从一个特殊的角度折射出那个时代的君臣关系,道统与政统的关系,以及思想权威与政治权威的关系,当然也是宋代士大夫关于"同治天下"这样一种"政治主体意识的显现"①。

还是回到本小节的主题上来。就德与礼的关系来看,由于德包括仁、义、礼、智四端,如果说德是礼之本,那么,更加具体的说法是,仁是礼之本。如果说,礼源于德,并更加具体地源于仁,那么,礼既是德的衍生物,同时也是仁的衍生物。然而,德与礼又有并列的关系,这样的礼,又当如何把握? 我们看《宋史·志》,其中提及朱熹,就特别强调他对礼的贡献:"朱子讲明详备,尝欲取《仪礼》、《周官》、《二戴记》为本,编次朝廷公卿大夫士民之礼,尽取汉、晋而下及唐诸儒之说,考订辨正,以为当代之典,未及成书而殁。"②按照正史中的这个说法,朱熹壮志未酬的事业,就是编制"礼典"。那么,在朱熹的法理学说中,礼的性质到底应当如何界定? 礼的功能到底应当如何把握? 对于这样的问题,我们可以透过几组关系来理解。

首先,就礼与理的关系来看,在《四书章句集注》中,朱熹指出:"礼,即理之节文也。"③"盖得其本,则礼之全体无不在其中矣。"④这就是说,礼是理的文字表达,礼的本质就是理。只要抓住理这个根本,就可以全面地把握礼,这就相当于纲举目张:理是纲,礼是目。《朱文公文集》卷六十《答曾择之》又进一步指出:"礼即理也,但谓之理,则疑若未有形迹之可言;制而为礼,则有品节文章之可见矣。"⑤《朱子语类》卷四二:"所以礼谓之'天理之节文'者,盖天

---

① 余英时:《朱熹的历史世界:宋代士大夫政治文化的研究》,生活·读书·新知三联书店 2004 年,第 210 页。
② [元]脱脱等撰:《宋史》,中华书局 2000 年,第 1629 页。
③ [宋]朱熹撰:《四书章句集注》,中华书局 2011 年,第 56 页。
④ [宋]朱熹撰:《四书章句集注》,中华书局 2011 年,第 62 页。
⑤ [宋]朱熹撰,朱杰人、严佐之、刘永翔主编:《朱子全书》第二十三册,上海古籍出版社、安徽教育出版社 2010 年,第 2893 页。

下皆有当然之理。今复礼便是天理,但此理无形无影,故作此礼文,画出一个天理与人看,教有规矩可以凭据,故谓之'天理之节文'。"①这些论述表明,理是礼的灵魂、精神,礼是理的形迹、符号或肉身。"道成肉身"一语,恰好可以解释:作为肉身的礼,乃是理凝聚转化而来。终极性的理仿佛上帝,没有形迹,但是,理借助于礼,就可以在人世间显现出来,世人可以借助于礼,进而把握理的含义,体会理的存在。

其次,就礼与乐的关系来看,两者之间联系紧密。礼乐并称乃是一个悠久的儒家传统,这个传统可以追溯到西周的礼乐文明秩序,在这样的文明秩序中,礼与乐以互补的方式,共同支撑、安顿了文明秩序。朱熹也习惯于将礼乐并称,不过,朱熹侧重于强调礼与乐的同质性。《朱子语类》卷八七:"礼乐者,皆天理之自然。节文也是天理自然有底,和乐也是天理自然有底。然这天理本是侊侗一直下来,圣人就其中立个界限,分成段子;其本如此,其末亦如此;其外如此,其里也如此,但不可差其界限耳。才差其界限,则便是不合天理。所谓礼乐,只要合得天理之自然,则无不可行也。"②据此,礼与乐都源于天理,都可以看作天理凝聚而成的肉身,本质上都是理的形迹。在朱熹看来,在礼与乐之间划出一个界限,花分两朵,分别表述,只是圣人为了方便安顿文明秩序而做出的技术处理。但是,礼与乐的本质都是天理。只要符合天理,就是值得期待的礼乐。

再次,就礼与时代的关系来看,朱熹希望推动礼与时俱进,向着更加符合时代要求的方向发展变化。《朱文公文集》卷七十五有《家礼序》一篇,称:"三代之际,《礼经》备矣。然其存于今者,宫庐

---

① [宋]黄士毅编:《朱子语类汇校》第二册,徐时仪、杨艳汇校,上海古籍出版社2014年,第1137—1138页。
② [宋]朱熹撰,朱杰人、严佐之、刘永翔主编:《朱子全书》第十七册,上海古籍出版社、安徽教育出版社2010年,第2973页。

器服之制、出入起居之节,皆已不宜于世。世之君子虽或酌以古今之变,更为一时之法,然亦或详或略,无所折衷。至或遗其本而务其末,缓于实而急于文,自有志好礼之士,犹或不能举其要,而困于贫窭者,尤患其终不能有以及于礼也。"这种状况,说明顺应时代变迁,针对礼的改革或损益是必要的,甚至是迫切的。朱熹的具体思路是:"观古今之籍,因其大体之不可变者,而少加损益于其间,以为一家之书。大抵谨名分、崇爱敬以为之本。至其施行之际,则又略浮文、敦本实,以窃自附于孔子从先进之遗意。诚愿得与同志之士熟讲而勉行之,庶几古人所以修身齐家之道、谨终追远之心,犹可以复见,而于国家所以敦化导民之意,亦或有小补云。"①这就是朱熹编纂《家礼》的意图。立足于当代的法律实践,朱熹制作《家礼》,就相当于一次"立法",只是这样的"立法"并不是当代的《立法法》所规定的立法,而是一种前现代社会的立法。如果把朱熹尊为圣人,那么,这样的立法或可称为"圣人立法"。

最后,从礼与文献的关系来看,朱熹希望以《仪礼》为经,重建礼的文献支撑体系。《朱文公文集》卷十四有《乞修三礼劄子》一篇,专门述及礼的文献支撑状况:"《六经》之道同归,而《礼》、《乐》之用为急。遭秦灭学,《礼》、《乐》先坏。汉晋以来,诸儒补缉,竟无全书。其颇存者,《三礼》而已。《周官》一书,固为礼之纲领。至其仪法度数,则《仪礼》乃其本经,而《礼记》'郊特牲'、'冠义'等篇乃其义说耳。前此犹有《三礼》、通礼、学究诸科,礼虽不行,而士犹得以诵习而知其说。熙宁以来,王安石变乱旧制,废罢《仪礼》,而独存《礼记》之科,弃经任传,遗本宗末,其失已甚。而博士诸生又不过诵其虚文以供应举。至于其间亦有因仪法度数之实而立文者,则咸幽冥而莫知其源。一有大议,率用耳学臆断而已。"这就是说,

---

① [宋]朱熹撰,朱杰人、严佐之、刘永翔主编:《朱子全书》第二十四册,上海古籍出版社、安徽教育出版社2010年,第3626—3627页。

礼的学理支撑体系与文献支持系统都面临着明显的缺陷。针对这样的现状,朱熹"顷在山林,尝与一二学者考订其说,欲以《仪礼》为经,而取《礼记》及诸经史杂书所载有及于礼者,皆以附于本经之下,具列注疏诸儒之说,略有端绪"。通过这样的努力,可以"使士知实学,异时可为圣朝制作之助"。①

梳理以上四个方面的关系,有助于把握朱熹所理解的礼。在此基础上,德与礼的关系也得以呈现出来:就相同的方面来看,德与礼的本质都是理,两者都源于理,都是理的外在表现形式。就不同的方面来看,礼既源出于理,同时还源于德与仁——正是因为这个缘故,礼具有促进德与仁的功能,具有促进整个社会臻于至善的功能。朱熹就此指出,倘若在上之人能够"躬行以率之,则民固有所观感而兴起矣,而其浅深厚薄之一不者,又有礼以一之,则民耻于不善,而又有以至于善也"②。

概括起来,仁源于德,德源于理。因而,理、德、仁都是礼的源头,而且是三个层级的源头。这就是朱熹所理解的德与礼。由这样的德与礼合起来的"德礼",构成了国家治理应当遵循的基本规范。

三、间接源于理的政刑:国家治理所依据的具体规范

上文分析的"德礼",乃是为政之"本",亦即国家治理所依据的基本规范。相比之下,"政刑"就是国家治理所依据的具体规范,它比较具体,带有明显的技术性。那么,"政刑"到底是什么?按照朱熹的辨析,"政者,为治之具。刑者,辅治之法"③。这就是说,政与刑的功能、分量、地位还略有不同。在两者之间,政是实现国家治

---

① [宋]朱熹撰,朱杰人、严佐之、刘永翔主编:《朱子全书》第二十册,上海古籍出版社、安徽教育出版社2010年,第687—688页。
② [宋]朱熹撰:《四书章句集注》,中华书局2011年,第55页。
③ [宋]朱熹撰:《四书章句集注》,中华书局2011年,第55页。

理所需要的工具,刑是辅助国家治理的方法。就"为治之具"与"辅治之法"的关系来看,前者居于更重要的主导地位,相对来说,后者处于某种辅助性的地位。

先看政。按照朱熹的解释,"政,谓法制禁令也"①。按照这个简明扼要的论断,政的内容就是法制与禁令。所谓"禁令",可以理解为当代法律规范体系中的禁止性规范。那么,所谓"法制",又是什么?查阅《朱子语类》,在全书共计一百四十卷的巨大篇幅中,只有第一百二十八卷专述"法制"。从卷的数量及其比例来看,朱熹关于"法制"的"语类",只占据了"语类"全书的一百四十分之一,而且,即便是这一卷,正标题也不是"法制",而是"祖宗二"。这就是说,朱熹关于"法制"的"语类",从属于他关于"祖宗"的系列讨论。在《祖宗二·法制》这个题目下,朱熹首先论述的主题是:"唐殿庭间种花柳,故杜诗云'香飘合殿春风转,花覆千官淑景移'。又云'退朝花底散',国朝惟植槐楸,郁然有严毅气象。又唐制,天子坐朝有二宫嫔引至殿上,故前诗起句云'户外昭容紫绶垂,双瞻御座引朝仪'。至敬宗时方罢,止用小黄门引导,至今是如此。"②这些论述表明,宫殿朝廷间种植何种植物,君主上殿由何人引导,都是有传统的,也是有规矩的,这样的规矩,就是朱熹所说的"法制"。

接下来,朱熹讨论了朝廷上各种礼仪的细节,譬如,押班之礼、册命之礼、拜表之礼、服制之礼,等等。当然也涉及官制、学规与刑律。关于刑律,朱熹说:"律是历代相传,敕是太祖时修,律轻而敕重。如敕中刺面编配,律中无之,只是流若干里,即今之白面编管是也。敕中上刑重而下刑轻,如律中杖一百,实有一百,敕中则折之为二十。今世断狱只有敕,敕中无方用律。"朱熹还说:"律极好,后来敕令格式,罪皆太重,不如律。《乾道淳熙新书》更是杂乱,一

---

① [宋]朱熹撰:《四书章句集注》,中华书局2011年,第55页。
② [宋]黄士毅编:《朱子语类汇校》第五册,徐时仪、杨艳汇校,上海古籍出版社2014年,第3068页。

时法官不识制法本意、不合于理者甚多。又或有是计嘱妄立条例者,如母已出嫁,欲卖产业,必须出母著押之类。此皆非理,必是当时有所计嘱而创此条也。孝宗不喜此书,尝令修之,不知修得如何。"①

朱熹并没有直接解释"法制"这个概念,但是,根据以上"语类",可以看到,朱熹所说的"法制"就是各种各样需要遵循的具体规范。"法制"包括礼制、官制、学制,是规矩、制度、规范。惩罚性的刑律当然也属于法制,因为,何种情况下杖一百,何种情况下杖二十,也是有规矩的。从现代的法律渊源理论来看,"法制"几乎包含了法的各种存在形式:被正式制定出来的成文法(刑律),各种各样的不成文法,包括"祖宗"留下来的规矩或惯例,甚至宫廷里应当种植何种植物,这样的规矩或惯例都属于"法制"。这就意味着,"法制"乃是一个包罗万象的概念,其主要的、共通的特性就在于:法制具有约束力,需要得到遵循。但是,值得注意的是,朱熹把"法制"与"禁令"相互并列,这样的表达方式意味着,由于"禁令"即为禁止性规范,"法制"在逻辑上主要就是义务性规范与授权性规范。当然,就实际情况来看,义务性规范构成了朱熹所说的"法制"的主体部分,各种各样的规矩或制度主要体现为对人的行为的约束,主要规定"应当做什么"。这就是朱熹所理解的"法制"。

把"法制"与"禁令"结合起来,就是把义务性规范与禁止性规范结合起来,大致就是"政"的全貌。这样的"政"乃是一个综合性的规范体系,也是一个综合性的制度体系。前文已经提到,在这个规范体系中,包括各种各样的"礼",譬如册命之礼,它也属于"法制",因而也可归属于"政刑"之"政"。这样的礼,与上一节所述的"德礼"之礼,是否具有相同的含义?对于这个问题,我们可以从两

---

① [宋]黄士毅编:《朱子语类汇校》第五册,徐时仪、杨艳汇校,上海古籍出版社2014年,第3085页。

个方面来回答。一方面,"德礼"之礼与"法制"范畴内的礼,都是礼,都是行为规范,甚至主要都是义务性规范,这是它们的相同之处。另一方面,由于朱熹严格区分了"德礼"与"政刑",那么,"德礼"之礼与"政刑"范围内的礼,应当予以区别对待。两者之间的差异,大致相当于法律原则与法律规则之间的差异。"德礼"之礼,主要体现为礼的精神、原则。以当代的民法来说,诚实信用原则,就相当于"德礼"之礼;至于结婚离婚的具体条件,物权公示的具体内容,就相当于"政刑"范围内,尤其是"法制"范围内的礼。着眼于此,我们可以把"德礼"之礼看作基本规范或原则性规范,"政刑"范围内、框架下的礼,则主要是技术性的具体规范。

如果把"政"理解为技术层面上的义务性规范与禁止性规范,那么,把这样的规范付诸实践,用以调整社会关系,就相当于现代法学、法治中的"执法"或"法律实施",朱熹把这个环节称为"为政":这里的"为"相当于"行",这里的"政"就是具体的行为规范。针对"为政",亦即针对"执行法律"或"实施法律",朱熹提出了几条原则性的建议。

(一)从严执法,反对"一本于宽"

无论是义务性规范还是禁止性规范,都表现为具体的行为规范。要执行这些规范,朱熹主张从严掌握,以期严格约束人们的行为,进而严格划定人们的行为边界。这既是执法从严或严格执法,也是朱熹所说的为政以严或严以为政:"古人为政一本于宽,窃谓今必须反之以严,盖必须如是矫之而后有以得其当。今人为宽至于事无统纪,缓急予夺之权皆不在我,下梢若是奸豪得志,而平民既不蒙其惠,又反受其殃矣。"① 在此,朱熹为"从严"提出了两个方面的理由。

---

① [宋]黄士毅编:《朱子语类汇校》第五册,徐时仪、杨艳汇校,上海古籍出版社 2014 年,第 2666 页。

一方面,如果失之于宽,那么,公共生活就会失去准据与规矩。如果"一本于宽",如果那些违反规范的人都被宽容,那就意味着,无论是遵守规范的行为,还是违反规范的行为,都没有明显的差异,或者是只有很模糊的界限。这样一来,行为规范将会被瓦解,同时,国家供给的行为规范也会被销蚀——更加准确地说,是法制的实施者取消了法制的制定者已经制定出来的法制。朱熹的这个观点触及了国家治理的根本,在法理上有很大的解释空间。

另一方面,"一本于宽"还可能带来一个更加具体的严重后果:"宽松软"的为政与执法,可能纵容"奸豪"欺负平民。从根本上说,为政"宽松软"的实质,是公权力或国家权力的撤退、萎缩、流失。公权力撤退之后让渡出来的空白地带,可能会让地方豪强乘虚而入。在这种格局下,在公共生活中,由于没有足够的公权力,由于只有追求私利的"奸豪",如果"奸豪"伤害处于弱势地位的平民,平民将无处寻求救济。因为,公权力已经撤退了。"失之于宽"导致的这种后果,在极端的情况下,就相当于重新回到"丛林时代"。对此,霍布斯写道:"要是没有建立一个权力或权力不足,以保障我们的安全的话,每一个人就会、而且也可以合法地依靠自己的力量和计策来戒备所有其他的人。在人们以小氏族方式生活的一切地方,互相抢劫都是一种正当职业,绝没有当成是违反自然法的事情,以致抢得赃物愈多的人就愈光荣。"①

霍布斯所说的这种情况,正是朱熹所担心的情况:公权力不足或公权力隐退所导致的危险。当然,霍布斯主要担心人与人之间的相互抢劫,而朱熹则主要担心"奸豪"对平民的掠夺。比较而言,霍布斯的"相互抢劫论"带有更多的想象成分——它以原子式的、均质化的个体作为前提,它假定人与人之间具有大致相同的"抢劫能力",因而可以相互伤害、相互抢劫,但是,这种情况并不常见。

---

① [英]霍布斯:《利维坦》,黎思复、黎廷弼译,商务印书馆2011年,第128—129页。

比较而言，朱熹所担心的"奸豪掠夺平民"，则是一种更加现实、更加真实的社会图景。随着公权力的撤退，强势者对弱势者的掠夺就会更加肆无忌惮。因此，只有严格执法，严以"为政"，才可能遏制"奸豪"，形成公共性的政治生活，公共秩序与公共利益才可能得到维护。

（二）谨慎革新，保持法制稳定

"法制"是政治的一个环节。从"为政"的角度来看，朱熹提出："为政如无大利害不必议更张，议更张则所更一事未成必哄然成纷扰，卒未已也。至于大家，且假借之，故子产引《郑书》，曰'安定国家，必大为先'。"①这既是针对"为政"提出的原则，也是实施法制应当遵循的原则。朱熹并不反对政治上、法制上的革新或"更张"，他的基本观点是：必须对"更张"的得失进行评估，必须要有"大利"，亦即要有一个较大的收益，才有必要对"政刑"进行改弦更张。如果没有确定的政治收益，轻率的"更张"将会导致纷扰与混乱。因此，在法制稳定与法制革新之间，要防止冒冒失失的革新。

在传统中国，从汉至清两千年间，没有出现根本性的工业革命或科技革命，生产力、生产关系、经济基础都没有发生根本性的变化。在这样的背景下，谨慎"更张"虽然具有保守的一面，但也有一定的合理性。针对朱熹追求稳定的主张，有学者认为："谓朱子为非革命家则可，而以现代标准评七八百年以前之思想则不可。抑朱子亦非完全守旧者。观其仁、理、性、命等理论，新见殊多。其《四书章句集注》有新义者，凡七十余处。"②虽然，《四书章句集注》一书之"有新义者"，是否确为"七十余处"，可能仁智互见；但是，认为朱子并不因为强调稳定而忽略创新，则为公允之论。因为，朱子在"为政"或"法制"实践中反对冒冒失失的"更张"，并不意味着他

---

① ［宋］黄士毅编：《朱子语类汇校》第五册，徐时仪、杨艳汇校，上海古籍出版社2014年，第2667页。
② 陈荣捷：《朱子》，生活·读书·新知三联书店2012年，"自序"，第1页。

反对创新;他反对的是不计得失的创新,是所失甚多、所得甚少的创新,这才是他的核心旨趣。

从根本上看,朱熹一生的胜业,朱熹之所以深刻地影响了近古中国的思想文化,主要还在于他的有效创新。如果一味地因循守旧,朱熹的贡献与影响都不会那么明显。以《四书章句集注》为例,二程已经形成了"四子"或"四书"的观念,已经初步确立了从孔子到曾子、子思再到孟子这样一个道统传承谱系,正如朱熹在《书临漳所刊四子后》一文中所说:"河南程夫子之教人,必先使之用力乎《大学》、《论语》、《中庸》、《孟子》之书,然后及乎《六经》,盖其难易、远近、大小之序固如此而不可乱也。"①虽然四书的构想确实先出于河南程氏两夫子,然而,正是通过朱熹的天才般的思想创造,才把"河南程夫子"的构想变成了现实。朱子的《四书章句集注》在思想源头上虽然确有所本,但它毕竟是在朱熹手上完成的。推动四书的升格,推动四书上升到六经的地位,这样的创新可以说是极其巨大的。由此来看,朱熹强调"为政"或"法制"的稳定,主要是一种技术性、实用性的考虑,这种考虑并不妨碍他在思想层面上的创新性。

(三) 治心养气,防止法制异化

朱熹并非近现代专业化分工中的法学家或法律家,他也不曾听说过"法律至上"之类的现代法治原则。在朱熹所理解的规范体系中,虽然"法制"不可缺少,但是,严格实施"法制"或密织法制之网,却并非终级性的目标。正如朱熹所见,在历史上,"三代之教,艺为最下,然皆犹有实用而不可阙。其为法制之密,又足以为治心养气之助,而进于道德之归。此古之为法,所以能成人材而厚风俗,济世务而兴太平也"②。按照这样的历史叙事,"法制"就相当

---

① [宋]朱熹撰,朱杰人、严佐之、刘永翔主编:《朱子全书》第二十四册,上海古籍出版社、安徽教育出版社 2010 年,第 3895 页。
② [宋]朱熹撰,朱杰人、严佐之、刘永翔主编:《朱子全书》第二十三册,上海古籍出版社、安徽教育出版社 2010 年,第 3356 页。

于所谓"三代"时期居于"最下"地位之"艺"。进一步看,"法制"与"艺"的共性就在于实用,其功能在于促进整个社会道德水平的提升,通过淳厚风俗而达致太平盛世。因此,法制必须有助于推动"治心养气",这才是实施法制的正确道路。

在"为政"或执行法制的过程中,倘若抛弃"治心养气"这个目标或根本,或者把"法制"与"治心养气"割裂开来,孤立地实施"法制"、孤立地追求法制效果,那就是"法制"实施的歧途,那就在方向上出现了错误。朱熹注意到,"今日之法,君子欲为其事,以拘于法而不得骋;小人却徇其私,敢越于法而不之顾"①。这就是一个有待纠正的错误倾向:法制成为了捆绑君子的绳索,让君子的道德引领作用、道德示范作用不能发挥出来;同时,法制也成为了小人追求其个人私利的护身符。这样的现象意味着,法制的实施与国家推崇的主流价值观相互冲突,法制的实施反而销蚀了国家旨在张扬的主流价值观或核心价值体系。这样的法制实践,代表了法制的异化;它没有积极意义,只能产生消极的政治效果、社会效果。

因此,从法制实施的角度来看,"今日之事,若向上寻求须用孟子方法,其次则孔明之治蜀、曹操之屯田许下也"②。所谓"孟子方法",就是注重"治心养气"。相比之下,"孔明之治蜀"则不如孟子那样强调"治心养气"。正如当代学者所见,"史称诸葛武侯治蜀以严。所谓'严'并不是苛虐残酷的意思,乃含有严立法度,整饬纪纲的意思"。这样一种法治,即为"诸葛式的法治,或基于道德的法治"③。较之于孟子的方法,"孔明之治蜀"虽然侧重于法治,但毕竟还是基于道德的法治。至于"曹操之屯田",则完全是一种功利

---

① [宋]黄士毅编:《朱子语类汇校》第五册,徐时仪、杨艳汇校,上海古籍出版社2014年,第2663页。
② [宋]黄士毅编:《朱子语类汇校》第五册,徐时仪、杨艳汇校,上海古籍出版社2014年,第2663页。
③ 贺麟:《文化与人生》,商务印书馆2002年,第47页。

性的方法了。从孟子的方法到孔明的方法再到曹操的方法，代表了"为政"或法制实施的一种下行、下滑趋势。因此，法制的实施，绝不能背离国家的主流价值观或主流道德原则。从中西比较的角度来看，这是一种与现代西方的"新自然法学"或"价值论法学"可以相互打通的法理观念。因而，不太严格地说，朱熹希望以法制促进道德、提升心性的观点，大体上可以归属于西方的自然法学或新自然法学。

以上三条原则，可以理解为朱熹关于法制实施的三项原则。在这三条原则中，"执法从严"主要体现了朱熹的规范意识与秩序观念，"谨慎革新"主要体现了朱熹的稳健风格与务实态度，"治心养气"主要体现了朱熹的理学精神与儒家本色。

朱熹的"政刑"概念，重心在于"政"。在全面把握"政刑"之"政"的基础上，还有必要考察朱熹关于"政刑"之"刑"的理解。朱熹重视"刑"的意义，但在朱熹留下来的体量极为庞大的文献体系中，关于"刑"的专门论述所占的比例较小。然而，"刑"毕竟又是一个与"政"并称的概念，只有充分理解了"刑"，才能完整地理解朱熹的"政刑"。

《朱子语类》卷一一〇之最后一节，题为"论刑"。朱熹关于刑的观点，集中体现在这一节，因此有必要较多地引用于此："今人说轻刑者，只见所犯之人为可怜悯，而不知被伤之人尤可念也。且如劫盗杀人者，人多为之求生，殊不念死者之为无辜。如此则是知为盗贼计，而不为良民地也。若如酒税伪会子，及饥荒窃盗之类，犹可以情原其轻重小大而处之。今之法家惑于罪福报应之说，多喜出人罪以求福报。夫使无罪者不得直，而有罪者得幸免，是乃所以为恶尔，何福报之有？《书》曰：'钦哉！钦哉！惟刑之恤哉！'所谓钦恤者，欲其详审曲直，令有罪者不得免而无罪者不得滥刑也。今之法官惑于钦恤之说，以为当宽人之罪而出其死。故凡罪之当杀者必多为可出之涂，以俟奏裁，则率多减等：当斩者配，当配者徒，当徒者杖,当杖者笞。是乃卖弄条贯,舞法而受赇者耳!何钦恤之有?罪之疑者从轻,功之疑者从重。所谓疑者,非法令之所能决。则罪从轻而功从重,惟此一条为然耳。非谓凡罪皆可以从轻,而凡功皆可以从重也。今之律令亦有此条,谓法所不能决者则俟奏裁。今乃明知其罪之当死,亦莫不为可生之涂以上之。"①

这段话的主要观点在于反对当时流行的轻刑倾向。朱熹认为,应当严格区分轻刑原则与疑罪从轻原则。疑罪从轻原则具有正当性。如果一个案件有疑问,就意味着这个案件尚不能根据法令直接作出裁断,因而应当予以从轻处理。但是,在犯罪事实清楚、刑律规定明确的前提下,如果依然坚持从轻处理,虽然有利于"所犯之人",但对于"被伤之人"来说,则有失公正。主持审判的法官以为坚持轻刑就可以获得"福报",但这是不可能的。在朱熹看来,不分是非,不辨曲直,不主持正义,有罪者得不到应有的惩罚,这样的法官怎么可能获得"福报"?而且,在从轻处理的背后,还可能隐藏着行贿受贿的可能性。因此,轻刑化的倾向应当予以制止。此外,朱熹反对轻刑,与前文所述的严格执法也保持了同样的逻辑。

在兵刑同义或兵刑同构的传统中,"刑"在朱熹建构的依理治国命题中占据了不可或缺的地位,以至于"刑"可以与"政"合起来,并称"政刑"。"刑"虽然很重要,但"刑"在源出于理的规范体系中,又只能排在最末的位置。就"政"与"刑"的关系来看,虽然两者处于并列的地位,但是,朱熹对"政"的论述远远多于对"刑"的论述。更加值得注意的是,按照朱熹建构的概念体系与规范体系,与"刑"并列的"政",既包括法制,也包括禁令。但是,在"法制"的框架下,也可以容纳"刑"。这就是说,"刑"也可以归属于"政"。"政"与

---

① [宋]黄士毅编:《朱子语类汇校》第五册,徐时仪、杨艳汇校,上海古籍出版社2014年,第2692页。

"刑"之间的这种关系,相当于德与礼的关系:德与礼可以并称,但礼又在"四德"之中,可以说是德的一个组成部分。打个比方,刘向、刘歆可以并称,王羲之、王献之可以并称,王念孙、王引之可以并称,还有眉州的"三苏"也可以相提并论,但是,他们的辈份并不一样。政与刑的关系,以及德与礼的关系,也可以作如是观。

小结

论述至此,我们可以把朱熹建构的依理治国命题解释为:国家治理的终极依据是理,直接源出于理的"德礼"与间接源于理的"政刑",分别构成了国家治理所依据的基本规范与具体规范,因而,在国家治理的实践中,理以及以理为源、由理统帅的规范体系,构成了国家治理应当遵循的一个体系化的依据。这就是朱熹建构的依理治国命题之要义。虽然,从源头上说,依理治国这个命题并非朱熹的首创——早在北宋的程颢、程颐那里,理及天理已经被尊为最高的规范,但是,朱熹毕竟是所谓"理学"或"程朱理学"的集大成者。依据理以及源于理的规范体系以实现国家治理,这个意义上的依理治国命题,毕竟是在朱熹的手上得到了全面而系统的阐述。

着眼于东西比较,朱熹建构的依理治国命题与黑格尔阐明的"法哲学原理"颇有同工异曲之妙。上文在论"理"之际,已经对朱熹的"理"与黑格尔的"意志"作了类比。然而,这两种法理学(或法哲学)的可比之处还不止于此。因为,他们两人分别建构的体系一定程度上也是相通的。前面谈到,黑格尔的法哲学以"意志"作为起点:"按照自在自为的意志这一理念的发展阶段,意志是:第一,直接的;从而它的概念是抽象的,即人格,而它的定在就是直接的、外在的事物;这就是抽象法或形式法的领域。第二,意志从外部定在出发在自身中反思着,于是被规定为与普遍对立的主观单一性","这就是道德的领域"。"第三,是这两个抽象环节的统一和真理","这就是在它绝对地普遍的实存中的理念,也就是伦理。但是伦理性的实体同时是:(一)自然精神——家庭;(二)在它的分裂或现象中——则为市民社会;(三)国家,即表现为特殊意志的自由独立性的那种自由,既是普遍的又是客观的自由"。①

这就是黑格尔法哲学的逻辑,它也是由三个环节构成的:形式法、道德、伦理。这三个环节与朱熹阐述的理、德礼、政刑具有一定的相通性。因为,朱熹建构的依理治国命题也有一个起点,那就是理。"德礼"与"政刑"都源于理,都是理的延伸,由此也形成了三个环节。比较而言,黑格尔所说的形式法就相当于朱熹所说的"政刑"。黑格尔在形式法的框架下分别阐述的所有权、契约、不法,大致可以对应于朱熹理解的"政刑",其中,所有权、契约所对应的事物比较接近"政",不法对应的事物比较接近"刑"。再看黑格尔所说的道德,它主要涉及故意和责任、意图和福利、善与良心,这些范畴与朱熹所说的"德礼"具有明显的交叉性,可以相互呼应。黑格尔所说的伦理,主要涉及家庭、市民社会与国家,与朱熹所说的理,看上去似乎具有不同的指向。然而,黑格尔的"伦理"还有另一层意蕴,那就是,"伦理"作为形式法与道德这两个环节的统一,乃是"绝对地普遍的实存中的理念",这样的"理念"在本质上就相当于朱熹所说的"理"。朱熹所说的理,既有抽象、永恒、绝对的一面,但同时也可以作为司法判决的依据,这就像黑格尔的"伦理",既是绝对的理念,但同时也指向家庭、市民社会与国家的细节。

把黑格尔的"法哲学原理"与朱熹的依理治国命题进行比较,可以从一个侧面显示出依理治国命题的思想意义与法理意义。立足于当下,立足于近古中国的演进过程,出于朱熹的依理治国命题,对元明清三代的国家治理实践产生了很大的影响,以至于在此数百年间,中国的国家治理方式都可以概括为"理治",亦即依理治国。长期以来,学术界习惯于以"礼治"描述传统中国的国家治理

---

① [德]黑格尔:《法哲学原理》,范扬、张企泰译,商务印书馆1961年,第41页。

方式,习惯于以传统的"礼治"与当代的"法治"相互对应。我自己就有这样的认识:"经过清末以来将近一个世纪的酝酿,传统的'礼治中国'终于转向当下的'法治中国',这就表明,治理国家的依据、方式都发生了实质性的变化。从'礼治中国'转向'法治中国',意味着不同的国家治理方式将会塑造出不同的国家形态。'礼治中国'的退隐与'法治中国'的登场,意味着法治型的国家治理方式已经取代礼治型的国家治理方式,礼治型的国家治理方式已经转向法治型的国家治理方式。"①

从上文详述的基本规范、具体规范这两个层面来看,以过去的"礼治"对应今天的"法治",当然也是可以成立的。但是,从另一个角度来看,当代中国强调依法治国,强调法律至上,这就意味着,在"法"之上,已经不再有更高的规范了。② 以当代中国兴起的"依法治国"为坐标与参照去审视传统中国,可以发现,传统中国确实有一个"依礼治国",亦即"礼治"的传统,但是从更高的层面上看,在朱熹之后的传统中国,在传统的"礼治"之上,还有一个"依理治国"的"理治"传统。就"理治"与"礼治"的关系来看,"理治"是根本,是源头,是灵魂;"礼治"是肉身,是表象,是"理治"的一种实现形式,因为,如前所述,礼归根到底是源出理的。由此看来,在朱熹之后的近古中国,以"理治"作为当代中国兴起的"法治"的对应性概念,以"依理治国"命题作为当代中国兴起的"依法治国"命题的对应性命题,在精神层面上,也许更加准确。

最后还应当提到,针对朱熹建构的依理治国命题,已有学者从"理治"的角度进行了论证,并进而认为,"朱熹的'理治'思想是对东方这种封建政治统治"的理想建构,在朱熹那里,"伦理即法,法即伦理,他的'理'就是伦理与法律的二重性和二重功能,理治、德

---

① 喻中:《论中国法的精神》,陕西人民出版社2019年,第71页。
② 当然,在"法"的范围内,法本身就包括了不同的层次,有居于最高地位的宪法,还有宪法之下的各种层级的法或"规范性文件"。

治、法治具有同一意义,法具有了'天理'的神圣性"。① 这样的概括把"理治"与"法治""德治"看作"具有同一意义"的概念,值得商榷。在前文引用的《答吕子约》一篇中,朱子的确曾把"理""法""道"这样一些概念视为可以相互解释的概念。尽管如此,按照上文的梳理,如果对朱熹建构的依理治国命题进行整体性、全面性的把握,那就可以看到,在朱熹的规范体系与概念体系中,理居于最高规范的地位,源出于理的德与礼已是第二层次的规范;至于朱熹所说的法或"法制",大致相当于政与刑的层次,甚至可以包容于"政"的框架下。此外,还有学者专门论述了朱熹关于"理治社会"的思想,②这种概括以"理治"定位朱熹,论述了朱熹"理治"思想的一个侧面,与我们关于"依理治国"命题的讨论,可以相互印证。

由此看来,朱熹建构的依理治国作为一个法理命题,与汉代中国兴起的"依经治国"(董仲舒)、唐代中国兴起的"依道治国"(韩愈),以及当代中国兴起的"依法治国",都具有明显的对应关系,可以代表中国法理学演进历程中的一个关键性节点。

第三节 陆九渊

由"朱陆之辨"这个相对固定的表达方式可以看到,陆九渊(1139—1193)是与朱熹(1130—1200)并称的人物。关于"朱、陆并尊",也可以找到各种各样的论证。譬如,徐梵澄就认为:"与朱子同时而在孔学中辟出天地的,是陆象山,到明代继之以王阳明;因为有所绍述,程、朱自成一派,陆、王自成一派。"③如果说朱熹是程朱一派的集大成者,那么,陆九渊则是陆王一派的主要开启者。从

---

① 束景南:《朱熹研究》,人民出版社2008年,第19页。
② 徐公喜:《朱熹理治社会论》,《福建论坛》2011年第9期,第53—57页。
③ 徐梵澄:《徐梵澄文集》第一卷,上海三联书店、华东师范大学出版社2005年,第422页。

中国法理学的演进历程来看,如果能够兼看朱熹的法理学与陆九渊的法理学,那么,我们就可以更加全面地理解宋代中国的法理学。

相对于朱熹的法理学,陆九渊法理学的主要特色是什么？顾炎武引用陈建的《学蔀通辨》一书,称:"朱子有朱子之定论,象山有象山之定论,不可强同。专务虚静,完养精神,此象山之定论也。主敬涵养,以立其本;读书穷理,以致其知;身体力行,以践其实;三者交修并尽,此朱子之定论也。"①相对于朱熹的"主敬""读书",陆九渊"完养精神"的特征更为鲜明。这就是说,就宋代儒学的心性倾向而言,陆九渊比朱熹走得更远,陆九渊的"心性"色彩更加浓厚。较之于朱熹写下的数量庞大的系统性论著,陆九渊几乎没有专门写给后世的著作。据《宋史》:"或劝九渊著书,曰:'《六经》注我,我注《六经》。'又曰:'学苟知道,《六经》皆我注脚。'"②这就是他对著书的态度。今日通行的一册《陆九渊集》,主要由一些书信、语录、程文、祭文之类的文字汇编而成。尽管如此,作为宋明理学中陆王一派的主要代表之一,陆九渊的法理学依然有专门叙述的必要。那么,如何勾画陆九渊的法理学？走向陆九渊法理世界的入口在哪里？这是需要先行解决的问题。

在《语录上》篇,可以看到陆九渊提出的一个论断:"典宪二字甚大,惟知道者能明之。后世乃指其所撰苛法,名之曰典宪,此正所谓无忌惮。"③这句话不仅提出了两个关键性的概念——典宪与苛法,而且把两者置于相互对照的地位。典宪是一种规范,苛法也是一种规范。两种规范在价值指向上完全不同,就像"二极管",绝不能相互混同,绝不能把苛法称为典宪。根据这样的论断,陆九渊在法理学上的憧憬与期冀也随之浮现出来,那就是,严格区分典宪与苛法,

---

① [清]顾炎武:《日知录校注》,陈垣校注,安徽大学出版社2007年,第1028页。
② [元]脱脱等撰:《宋史》,中华书局2000年,第10054页。
③ [宋]陆九渊:《陆九渊集》,钟哲点校,中华书局1980年,第400页。

在此基础上,祛苛法而求典宪。那么,从法理学的立场上看,值得寻求的典宪是什么?需要祛除的苛法又是什么?如何祛除苛法、寻求典宪?这几个相互关联的问题,构成了陆九渊法理学的主题。因此,立足于祛苛法而求典宪,我们可以对陆九渊的法理憧憬予以合乎逻辑的铺陈:先阐明典宪的理解方式及苛法的表现形式,再论述祛苛法而求典宪的路径与方法,最后是一个简要的结论。

一、典宪的理解方式

如果典宪代表了陆九渊憧憬、期冀的法或规范,那么,何谓典宪?如何理解典宪的含义?在上文征引的论断中,陆九渊仅仅指出,"典宪二字甚大"。所谓"甚大",旨在强调,典宪是一个关键性、基础性的重要概念。与此同时,陆九渊还特别提示:要全面理解典宪的内涵,是有难度的。因为,只有"知道者",才能理解典宪。所谓"知道者",就是对"道"有所"知"的人。由此看来,形成关于典宪的正解、确解,乃是一项精微的智识活动,并非一件轻而易举的事情。好在陆九渊已经从不同的角度,提供了理解典宪的方式。

(一)典宪即常法

在《语录下》篇,陆九渊对典宪有一个简明扼要的解释:"典,常也,宪,法也,皆天也。"[①]据此,典宪就是常法,具有恒常性,就像天一样恒常。天不变,典宪亦不变,常法亦不变。这个解释主要指出了典宪作为规范或法的恒常性,亦即永恒性。

这种理解典宪的方式,让我们想到阿奎那(约 1227—1274)所说的永恒法。根据阿奎那的界定,永恒法"起源于神的智慧","因此,永恒法不外乎是被认为指导一切行动和动作的神的智慧所抱有的理想"。[②] 典宪也具有永恒法的性质。只是,阿奎那所说的永

[①] [宋]陆九渊:《陆九渊集》,钟哲点校,中华书局 1980 年,第 449 页。
[②] [意]阿奎那:《阿奎那政治著作选》,马清槐译,商务印书馆 2011 年,第 113—114 页。

恒法源于"神的智慧",陆九渊所说的典宪则另有源头。对此,陆九渊在《使民宜之》篇中有专门的交待:"方民未知佃渔也,圣人作为网罟,而民宜于网罟矣。方民未知耕稼也,圣人作为耒耜,而民宜于耒耜矣。以至舟楫、弧矢、杵臼,莫不皆宜于民。虽其以象以义,取诸《离》《益》之诸卦,而其所以使民宜之者,盖无以异于黄帝尧舜之《乾》《坤》也。当黄帝尧舜氏之作,其备物制用,立成器以为天下利者,前圣已备之矣,故其使民由之者,独见于垂裳之治。黄帝之事于六艺无所考信。而尧舜之事则载之典谟,彰彰可考。如明五刑,典三礼,疏江河,驱虎豹,凡建法立制,都俞咨询,以宜其民者,盖不为少矣。而夫子特称其荡荡无名,无为而治,则其所以宜之者,一出于道而已。"①

这段历史叙事具有"创世记"的精神与风格:在华夏文明的初始时期,民众不会打鱼,不会种地,也不会使用其他的器具,是黄帝、尧、舜等早期圣人,为民众制作了各种各样的器具,以方便天下民众。虽然黄帝的"作为"难以考证,尧、舜的"作为"则明确地载于《六经》,因而是没有疑问的。那么,尧、舜的"作为"主要是什么?陆九渊刻意举出的代表性作品是"五刑"与"三礼",亦即刑与礼。而且,"明五刑"与"典三礼"都可以归属于"建法立制"。既然"五刑"与"三礼"都是圣人"作为"的"法"与"制",那是否可以表明,出于圣人的"刑""礼""法""制",它们作为规范,就可以对应于阿奎那所说的"永恒法"? 它们是不是陆九渊所说的典宪?

回答是否定的。虽然"刑""礼""法""制"就像"起源于神"的永恒法一样,具有一个高贵的源头——源自尧、舜这样的圣人,但是,它们并不具有恒常性。因为,陆九渊已经注意到,"尧之法,舜尝变之;舜之法,禹尝变之"②。从"尧之法"到"舜之法",再到"禹之

---

① [宋]陆九渊:《陆九渊集》,钟哲点校,中华书局1980年,第340页。
② [宋]陆九渊:《陆九渊集》,钟哲点校,中华书局1980年,第442页。

法",已经出现了某些变化,因而,即使是源于圣人的"刑""礼""法""制",也总是处于流变的过程中。这种流变的"法",与作为常法的典宪,具有明显而实质性的差异:典宪既然是常法,那它就不可能是流变的法。

(二)典宪即道理

如前所述,尧、舜制作的"刑""礼""法""制"能够满足天下民众的需要,能够实现孔子所称道的"无为而治"的效果,根本的原因在于:"刑""礼""法""制"之类的规范"一出于道",换言之,它们都源于道,都是根据"道"制定出来的。"刑""礼""法""制"不具有恒常性,不是常法,但"道"具有恒常性,恒常的道具有规范性,可以理解为恒常的典宪。反过来说,典宪既然可以理解为常法,典宪也可以理解为道。那么,道又是什么?"道者,天下万世之公理,而斯人之所共由者也。"① 这就是说,道就是理,尤其是在陆九渊的观念中,"道和理经常是等同的,故宋明道学和宋明理学之所指是同一个东西"②。因而,典宪可以理解为道,也可以理解为理,也可以把道与理合起来:典宪即道理。在这里,我们不妨通过对理的辨析,来加强对典宪的理解。

首先,理是正理。在《与陶造仲》中,陆九渊对理的解释是:"吾所明之理,乃天下正理、实理、常理、公理。"③ 陆九渊首先以正理界定理。所谓正理,旨在与歪理相对应。据《语录上》:"有学者因事上一官员书云:'遏恶扬善,沮奸佑良,此天地之正理也。此理明则治,不明则乱,存之则为仁,不存则为不仁。'先生击节称赏。"④ 陆九渊对这位学者的观点击节称赏的原因,主要在于这位学者对"正

---

① [宋]陆九渊:《陆九渊集》,钟哲点校,中华书局1980年,第263页。
② 周炽成:《陆九渊之冤:陆学在宋代非心学》,《广东社会科学》2014年第5期,第60页。
③ [宋]陆九渊:《陆九渊集》,钟哲点校,中华书局1980年,第194页。
④ [宋]陆九渊:《陆九渊集》,钟哲点校,中华书局1980年,第409页。

理"的解释:正理明则天下治,正理不明则天下乱。在《与徐子宜》中,陆九渊称:"天生民而立之君,使司牧之,张官置吏,所以为民也。'民为大,社稷次之,君为轻','民为邦本,得乎丘民为天子',此大义正理也。"①这是根据孟子的思想,把"民大君轻""民为邦本"当作正理。因此,对于学者或君子来说,穷理就是穷究正理。在《与李宰》中,陆九渊对此有专门的提醒:"所贵乎学者,为其欲穷此理,尽此心也。有所蒙蔽,有所移夺,有所陷溺,则此心为之不灵,此理为之不明,是谓不得其正,其见乃邪见,其说乃邪说。一溺于此,不由讲学,无自而复。"②由此可见,"正"是"理"的本质属性,与正理相对应的,是邪见、邪说及其背后的邪理、歪理。

其次,理是常理。所谓"常理",旨在说明理的恒常性。《与朱元晦》称:"此理在宇宙间,固不以人之明不明、行不行而加损。"③这样的理,是客观存在的,是不以人的意志为转移的,堪称永恒的理。如果典与法都是需要遵循的规范,那么,理也具有同样的性质。《与朱济道》有言:"此理在宇宙间,未尝有所隐遁,天地之所以为天地者,顺此理而无私焉耳。人与天地并立而为三极,安得自私而不顺此理哉?"④人的行为必须"顺理",必须遵循理,不得与理相违。由此看来,理的规范意义是显而易见的。理既是永恒的,也是应当遵循的,这就是说,常理几乎就是典宪或常法的另一种说法。

再次,理具有最高的约束力。如果把理看作具有规范意义的常法,那么,理还具有最高的效力。在《易说》篇中,陆九渊说:"此理塞宇宙,谁能逃之,顺之则吉,逆之则凶。其蒙蔽则为昏愚,通彻则为明智。昏愚者不见是理,故多逆以致凶。明智者见是理,故能顺以致吉。"⑤任何人违反了理,都会受到惩罚;只要违反了

---

① [宋]陆九渊:《陆九渊集》,钟哲点校,中华书局1980年,第69页。
② [宋]陆九渊:《陆九渊集》,钟哲点校,中华书局1980年,第149页。
③ [宋]陆九渊:《陆九渊集》,钟哲点校,中华书局1980年,第26页。
④ [宋]陆九渊:《陆九渊集》,钟哲点校,中华书局1980年,第142页。
⑤ [宋]陆九渊:《陆九渊集》,钟哲点校,中华书局1980年,第257页。

理,任何人都没有豁免权。不仅人不能违反理,即使是天地也不能违反理。《与赵咏道》称:"塞宇宙一理耳,学者之所以学,欲明此理耳。此理之大,岂有限量?程明道所谓有憾于天地,则大于天地者矣,谓此理也。"①理大于天地,理也大于神鬼,鬼神也不能与理相违。《与吴子嗣》称:"此理充塞宇宙,天地鬼神,且不能违异,况于人乎?诚知此理,当无彼己之私。"②这种意义上的理,其权威性甚至高于天与神的意志。上文提到的阿奎那把永恒法置于神法之上③,陆九渊也有同样的观点:理高于神意、天意。这再次表明,陆九渊所说的典宪或理,具有永恒法的性质,而且是效力最高的永恒法。

最后,心即理,理即心。《与李宰》称:"人皆有是心,心皆具是理,心即理也。"④这里的心,主要是指人的本心、公心。只要是公心与本心,那就是理。《与唐司法》:"学者求理,当唯理之是从,岂可苟私门户!理乃天下之公理,心乃天下之同心,圣贤之所以为圣贤者,不容私而已。"⑤陆九渊主张心即理,旨在批判程朱一派的天理人欲之论——把理归于天,把欲归于人。陆九渊不能赞同这样的观点,因为这样的观点把天与人完全对立起来了。在《语录上》中,他说:"天理人欲之言,亦自不是至论。若天是理,人是欲,则是天人不同矣。此其原盖出于老氏。"⑥在《语录下》中,陆九渊还把天理人欲论归于《乐记》:"谓'人心,人伪也;道心,天理也',非是。人心,只是说大凡人之心。惟微,是精微,才粗便不精微,谓人欲天理,非是。人亦有善有恶,天亦有善有恶,岂可以善皆归之天,恶皆

---

① [宋]陆九渊:《陆九渊集》,钟哲点校,中华书局1980年,第161页。
② [宋]陆九渊:《陆九渊集》,钟哲点校,中华书局1980年,第147页。
③ [意]阿奎那:《阿奎那政治著作选》,马清槐译,商务印书馆2011年,第109—111页。
④ [宋]陆九渊:《陆九渊集》,钟哲点校,中华书局1980年,第149页。
⑤ [宋]陆九渊:《陆九渊集》,钟哲点校,中华书局1980年,第196页。
⑥ [宋]陆九渊:《陆九渊集》,钟哲点校,中华书局1980年,第395页。

归之人。此说出自《乐记》,此话不是圣人之言。"①根据这样的观点,《乐记》中的"人心道心论"并非儒家圣人之论,乃是道家理论混进来的结果。

理是正理、常理,也是公心、本心,这就是陆九渊对理的认知。由于道即理,因而,道也是正道、常道,也是公心、本心。这些关于理与道的阐释,也是关于典宪的解释。

（三）典宪即仁义

以常法或道理解释典宪,可以让我们看到"典宪二字"蕴含的丰富内涵,但是,还有一些意犹未尽之处,因为我们还可以追问:作为法或规范的典宪(亦即常法或道理),它的实体内容到底是什么?《语录下》说:"道在天下,加之不可,损之不可,取之不可,舍之不可,要人自理会。"②这种必须遵循、不能抗拒、不容取舍的道(亦即典宪),应当如何"理会"? 换言之,人们理解并遵循典宪,到底应当遵循什么样的行为准则? 对此,陆九渊已有专门的回答。在《与赵监》中,陆九渊说:"道塞宇宙,非有所隐遁,在天曰阴阳,在地曰柔刚,在人曰仁义。故仁义者,人之本心也。孟子曰:'存乎人者,岂无仁义之心哉?'又曰:'我固有之,非由外铄我也。'愚不肖者不及焉,则蔽于物欲而失其本心；贤者智者过之,则蔽于意见而失其本心。"③

这几句话表明,道或典宪作为效力最高的永恒法,针对不同的对象,分别都有不同的规定,进而形成了不同的实体内容。根据"月映万川"这个形象的说法,我们也可以说,"道映三端",亦即,典宪针对三种对象形成了三种实体规范。对天来说,典宪是阴阳；对地来说,典宪是柔刚；对人来说,典宪是仁义。典宪同时规范天、

---

① [宋]陆九渊:《陆九渊集》,钟哲点校,中华书局1980年,第462—463页。
② [宋]陆九渊:《陆九渊集》,钟哲点校,中华书局1980年,第434页。
③ [宋]陆九渊:《陆九渊集》,钟哲点校,中华书局1980年,第9页。

地、人。在这里,不妨暂且搁置天之阴阳与地之柔刚。在人的世界里,仁义就是典宪的实体内容;更精准地说,对人而言,典宪就是仁义,遵守典宪就是遵守仁义。在一般意义上,仁义不是典宪的全部内容,但是,在人的世界里,仁义就是典宪的全部内容。在人的世界里,典宪与仁义的关系就是名与实的关系。

根据孟子的教义,陆九渊进一步告诉我们,仁义就是"人之本心",是人心固有的准则、规范。这样的规范,很像康德所说的道德法则:"有两样东西,我们愈经常愈持久地加以思索,它们就愈使心灵充满日新月异、有加无已的景仰和敬畏:在我之上的星空和居我心中的道德法则。"①康德在此所说的"星空",可以对应于陆九渊所说的天之阴阳,不太严格地说,也可以包括地之柔刚;康德在此所说的"道德法则",恰好可以对应于陆九渊所说的出于人心的仁义,它所具有的规范意义,与康德的"道德法则"具有很大的相似性,甚至可以相互解释。康德所说的"道德法则"暂且不论;就陆九渊所说的仁义来看,尽管出自人的本心,但在两种情况下,仁义完全可能丧失:一是"物欲"对仁义的挤压,二是"意见"对仁义的挤压。如果出现这两种情况,人的本心被物欲或意见所控制,仁义就失去了存身之地。

因此,仁义的对立面既包括物欲,也包括意见。物欲是人对物的欲望,意见是诸子百家之见。在《与邓文范》中,陆九渊论及得失之心,进而指出:"此乃害心之本,非本心也,是所以蔽其本心者也。愚不肖者之蔽在于物欲,贤者智者之蔽在于意见。高下汙洁虽不同,其为蔽理溺心而不得其正,则一也。然蔽溺在汙下者往往易解,而患其安焉而不求解,自暴自弃者是也。蔽溺在高洁者,大抵自是而难解,诸子百家是也。"②

---

① [德]康德:《实践理性批判》,韩水法译,商务印书馆1999年,第177页。
② [宋]陆九渊:《陆九渊集》,钟哲点校,中华书局1980年,第11页。

"害心之本"就是得失之心,就是戕害仁义之本,它蒙蔽了人的本心,亦即蒙蔽了仁义。分而述之,"愚不肖者"主要是在物质利益方面患得患失,"贤者智者"主要是在意见对错方面患得患失。前者的得失在于利,后者的得失在于名。前者戕害仁义,很容易理解:他们唯利是图,见利忘义。后者虽然有"贤者智者"的名声,虽然披上了清高或高雅的外衣,其实同样丧失了人的本心,同样是对仁义的戕害。从外在形式上看,"贤者智者"似乎高于"愚不肖者",但在实质上,他们都戕害了仁义。《语录上》称:"今世人浅之为声色臭味,进之为富贵利达,又进之为文章技艺。又有一般人都不理会,却谈学问。吾总以一言断之曰:胜心。"[1]这就是说,在"谈学问"的领域内争强好胜,这样的"胜心",对仁义的危害并不逊于追逐"声色臭味""富贵利达"之心。《语录上》称:"吾与常人言,无不感动,与谈学问者,或至为仇。举世人大抵就私意建立做事,专以做得多者为先,吾却欲殄其私而会于理,此所以为仇。"[2]儒家之外的诸子百家,特别是那些"为文章技艺"者,他们对仁义的戕害,因为更隐蔽,所以更严重。

无论是物欲还是意见,都有一个共性,那就是满足一己之私,满足自己对利益或名声的渴求。因此,倘若要恪守仁义或人之本心,就需要时时防范私心、私意。《语录上》说:"不曾过得私意一关,终难入德。未能入德,则典则法度何以知之?"[3]过不了私心、私意这一关,就不能入德,就不能知"典则法度",当然也不能理解作为永恒法的道理或典宪。

要祛除私心与私意,就必须峻拒释家与道家,尤其是释家。因为,相对于儒家圣人以仁义之道寻求天下为公,释家就是以私心私意寻求私利的典型代表。《语录上》有言:"释氏立教,本欲脱离生

---

[1] [宋]陆九渊:《陆九渊集》,钟哲点校,中华书局1980年,第406页。
[2] [宋]陆九渊:《陆九渊集》,钟哲点校,中华书局1980年,第401页。
[3] [宋]陆九渊:《陆九渊集》,钟哲点校,中华书局1980年,第399页。

死,惟主于成其私耳,此其病根也。"①在《与王顺伯》中,陆九渊又说:"某尝以义利二字判儒释,又曰公私,其实即义利也。儒者以人生天地之间,灵于万物,贵于万物,与天地并而为三极。天有天道,地有地道,人有人道。人而不尽人道,不足与天地并,人有五官,官有其事,于是有是非得失,于是有教有学。其教之所从立者如此,故曰义、曰公。释氏以人生天地间,有生死,有轮回,有烦恼,以为甚苦,而求所以免之。""其教之所从立者如此故曰利、曰私。惟义惟公,故经世;惟利惟私,故出世。""从其教之所由起者观之,则儒释之辨,公私义利之别,判然截然,有不可同者矣。"②这几句话讲得很透彻:儒释之异,就是义利之别,也是公私之别。如果典宪即仁义,那么,寻求私利的释家,就直接站在了典宪的对立面。

以上几个方面表明,典宪可以从多个不同的角度来理解:典宪是常法,典宪是道理,典宪是仁义,典宪具有永恒法的性质。儒家之外的诸子百家提出的各种学说,尤其是佛家学说与道家学说,其实都是对典宪的蒙蔽、妨碍与损害。

二、苛法的表现形式

在讨论了陆九渊的"典宪二字"之后,我们再来看他的"苛法二字"。虽然陆九渊将典宪与苛法作为相互对照的两个极端,但是,在《陆九渊集》收录的各类文献中,他对典宪及其相关问题多有论述,相比之下,他直接阐述、正面阐述苛法的文字并不多;他甚至没有像对待典宪那样,正式界定苛法的概念。这种文字上的重典宪而轻苛法,自有其道理。正如《语录上》所载,有人议论陆九渊,说他"除了'先立乎其大者'一句,全无伎俩",陆九渊听到这个评论之后说:"诚然。"③由此可见,陆九渊自己也承认,他有一个重要的偏

---

① [宋]陆九渊:《陆九渊集》,钟哲点校,中华书局1980年,第399页。
② [宋]陆九渊:《陆九渊集》,钟哲点校,中华书局1980年,第17页。
③ [宋]陆九渊:《陆九渊集》,钟哲点校,中华书局1980年,第400页。

好,就是"先立乎其大"。

陆九渊作为思想家,不仅偏好"先立乎其大",而且还为这种偏好提供了理论上的依据。《语录上》称:"千古圣贤若同堂合席,必无尽合之理。然此心此理,万世一揆也。铢铢而称之,至石必缪,寸寸而度之,至丈必差,石称丈量,径而寡失,此可为论人之法。且如其人,大概论之,在于为国、为民、为道义,此则君子人矣。大概论之,在于为私己、为权势、而非忠于国、徇于义者,则是小人矣。若铢称寸量,校其一二节目而违其大纲,则小人或得为欺,君子反被猜疑,邪正贤否,未免倒置矣。"① 由此看来,"千古圣贤"也只能"大概论之","千古圣贤"的共性就是"为国、为民、为道义"——从法理学的角度来看,就是"为典宪";至于"千古圣贤"的具体做法,"必无尽合之理",也不会完全一样。因此,如果"铢称寸量",那就是"立乎其小",如果在细枝末节上纠缠,如果只看细枝末节而"违其大纲",不仅会本末倒置,甚至还会正邪倒置,这将从根本上销蚀典宪(或常法、道理、仁义)的效力与意义。

陆九渊无意于"铢称寸量",当然也就无意于针对相对低微的"苛法"予以抽丝剥茧式的论述。但是,苛法毕竟与典宪直接形成了鲜明的对照。理解苛法,也有助于在比较与对照中加深对典宪的理解。尤其在主政荆门期间,陆九渊不可避免地直面了苛法的各种形态。虽然他没有从理论上直接阐明苛法的概念,但他针对各种苛法的言与行,依然有助于我们理解,他所说的苛法到底是什么。根据《象山先生行状》及其他相关资料,陆九渊所见的苛法,主要表现为以下几种。

(一) 对属僚的"揭示约束"与"接宾受词分日"

绍熙二年(1191年)九月,五十二岁的陆九渊受命主政荆门,"初领郡事。吏以故例曰:'内诸局务,外诸县,必有揭示约束,接宾

---

① [宋]陆九渊:《陆九渊集》,钟哲点校,中华书局1980年,第405页。

受词分日'"。郡吏所说的"故例",就是"老规矩"。郡吏提醒陆九渊应当遵守的"故例"主要是两条:其一,郡守(太守)上任伊始,要对下属官吏做一番例行的训话,要对他们提出要求,由此也可以体现新任郡守的权威。其二,各种各样的向郡守提出来的诉求——主要是诉讼请求,如果不符合规定的时间,郡守将不予接待。对于这样的"故例",陆九渊的回答是:"安用是。"显然,他把这两条"故例"都废除了。取而代之的是,"延见僚属如朋友,推心豁然,论事唯理是从"。对于这样的为政方式,他在家书中还有进一步的说明:"每日同官禀事,众有所见,皆得展其所怀,辩争利害于前,太守唯默听,候其是非既明,乃从赞叹,以养其徇公之意。太守所判,僚属却回者常有之。"这就是陆九渊对待下属的方式。推而广之,他"教民如子弟,虽贱隶走卒,亦谕以理义。接宾受词无早暮,下情尽达无壅。故郡境之内,官吏之贪廉,民俗之习尚,忠良材武与猾吏暴强,先生皆得之于无事之日"。①

陆九渊废除的这两条"故例"(旧法),就可以归属于他所说的苛法。在陆九渊看来,对属僚的"揭示约束",其实只是一种表面文章。这种人人都会说、人人都会做的表面文章,除了强化郡守在当地官僚系统中的优势地位,并不会在实质上改进当地的政治生态,更无助于提升当地政府的治理能力。陆九渊以交朋友的方式与属僚交往,跟他们推心置腹地交流,听取他们对政事的看法,如果他们对政事的观点既明白又合理,则予以"赞叹"。这样的交往方式可以激励属僚一心为公,促使属僚的行为更多地靠近典宪。不仅如此,按照朋友关系与属僚交流,陆九渊极为有效地掌握荆门当地特有的地方性知识,加深陆九渊对当地的"郡情民意"的了解。对"郡情"的全面把握,有效地提升了陆九渊的治理能力。譬如,"有诉人杀其子者,九渊曰:'不至是。'及追究,其子果无恙。有诉窃取

---

① [宋]陆九渊:《陆九渊集》,钟哲点校,中华书局1980年,第390页。

而不知其人,九渊出二人姓名,使捕至,讯之伏辜,尽得所窃物还诉者,且宥其罪使自新。因语吏以某所某人为暴,翌日有诉遇夺掠者,即其人也,乃加追治,吏大惊,郡人以为神"①。陆九渊对这样一些案件的处理,既准确又高效,让郡人深为叹服,而背后的原因,就在于陆九渊通过属僚获得的地方性知识。

从现代的法政理论来看,陆九渊废除两条"故例",代之以新的交往规则,体现了多个方面的积极意义。一方面,把科层体系中的上下级关系变成了朋友关系。如果把属僚仅仅当作属僚,那么,他们就是被动的,如果要调动整个属僚群体的能动性、主动性、积极性,那就需要极大的功名利禄方面的刺激。然而,这正是陆九渊所反对的(详后)。而且,当时的荆门也没有那样的政治、经济条件。在这种情况下,郡守要以一人之力驱动当地的官僚体系,是很不容易的。但是,如果以朋友关系对待属僚,那就为陆九渊与属僚的关系增添了新的因素——朋友之间的伦理关系。这种伦理关系有助于促使属僚群体更多地站在陆九渊的角度想问题,陆九渊在荆门的治理,就可以获得属僚自觉的支持,因为,在属僚群体看来,陆九渊不仅是上司,更是朋友,甚至是自己人。在这种关系中,支持陆九渊,并按陆九渊选择的方式治理荆门,对属僚来说,就变成了一种伦理上的责任。另一方面,就是上文提到的对"地方知识"的把握。人类学家格尔茨(1926—2006)早已发现,就像"航海、园艺、政治和诗学一样,法律与民族志都是地方性的技艺:它们都凭借地方知识来运作"②。陆九渊掌握的那些专属荆门的"地方知识",主要就是从属僚那里获得的。陆九渊与属僚的交流,其实就相当于当代的地方主政者的调查研究。相比之下,在陆九渊建构的朋友关系中,他可以获得更加真实、更加丰富的"地方知识",正是凭借

---

① [元]脱脱等撰:《宋史》,中华书局2000年,第10054页。
② [美]格尔茨:《地方知识:阐释人类学论文集》,杨德睿译,商务印书馆2016年,第261页。

这样的"地方知识",陆九渊迅速地掌握了在荆门处理政务的地方性技艺。除此之外,陆九渊受理诉讼,不分早晚,随到随处理,也体现了当代流行的"便民司法"之理念。①

以上几个方面的意义,都颇具现代色彩,对于当代中国的法政实践,具有较强的参考价值。古今之间的这种遥相呼应,正好可以印证陆九渊的一句名言:"千万世之前,有圣人出焉,同此心同此理也;千万世之后,有圣人出焉,同此心同此理也。"②

(二)"郡有追逮,皆特遣人"与诉讼"留案"

据《象山先生行状》,在荆门的诉讼活动中,"往时郡有追逮,皆特遣人。先生唯令诉者自执状以追,以地近远立限,皆如期,即日处决。轻罪多酌人情,晓令解释。至人伦之讼既明,多使领元词自毁之,以厚其俗。唯恐终不可诲化,乃始断治,详其文状,以防后日反覆。久之,民情益孚,两造有不持状,唯对辩求决,亦有证者,不召自至,问其故,曰:'事久不白,共约求明。'或既伏,俾各持其状去,不复留案"③。这段记述,涉及两个方面的苛法。

一个方面的苛法是"郡有追逮,皆特遣人"。按照现代通行的法治理论及实践,这当然是合理且合法的,算不上是苛法。因为,对涉案人员依法采取强制措施是国家机构的职权与职责,私人或个人没有权力实施这样的行为。但需要注意的是,传统中国并没有限制或禁止私人实施这样的行为。陆九渊实行"唯令诉者自执状以追"之新规,以之取代往时的官方"遣人""追逮",有几个至为明显的正面意义。第一,有助于提高诉讼效率,因为,"诉者"更熟悉对方的各种情况,也有积极"追逮"对方的动力。第二,将"官方追逮"改为"诉者追逮",可以节省需要由地方政府来承担的"追逮"成本,譬如人力、物力方面的成本。第三,能够有效地杜绝"官方追

---

① 喻中:《便民是人民法庭的立庭之本》,《人民法院报》2015年8月6日,第5版。
② [宋]陆九渊:《陆九渊集》,钟哲点校,中华书局1980年,第273页。
③ [宋]陆九渊:《陆九渊集》,钟哲点校,中华书局1980年,第390—391页。

逮"可能产生的徇私舞弊方面的问题。譬如,《水浒传》描写的宋江,不仅为被追逮者通风报信,而且还有冠冕堂皇的理由:"晁盖是我心腹弟兄。他如今犯了迷天之罪,我不救他时,捕获将去,性命便休了。"[1]相比之下,"诉者追逮"通常不会产生这样的问题。第四,陆九渊还为"诉者追逮"设有合理的期限,这样的规定有法律上的时效意义,有助于更快地定分止争,有助于防止诉讼久拖不决。这几个方面,都可以为陆九渊的"祛苛法""设新规"提供足够的正当性支撑。除了以上诸端,陆九渊的这项改革,有可能还基于往时的"官方追逮"所导致的其他方面的弊端,只是由于资料的限制,我们暂时还无法予以考证。参看《象山先生行状》及《宋史》中的相关记载,官方对这样的改革是肯定的。这就是说,这样的改革是积极的,符合当时的法理,也符合当时的主流意识形态,且没有产生负面影响,这可以从相反的方向证明,在荆门,往时的"官方追逮"可以归属于苛法的范围。

另一个方面的苛法,可以概括为"留案"。陆九渊的做法是"不复留案",那就表明,往时的做法是"留案"。所谓"留案",就是保存相关的诉讼材料。如果根据现代的诉讼档案方面的规定,保存诉讼档案具有多种积极意义,"留案"是必须的,甚至是法定的。但是,在千年以前的宋代,并没有形成这样的观念与制度。在陆九渊看来,涉及人伦方面的诉讼,如果已经审理清楚,已经辨明是非,已经案结事了,那就应当让当事人自毁其提供的材料,换言之,就是将相关的诉讼材料全部销毁。这种新的规定,虽然不利于诉讼档案的保存,却有助于敦风厉俗。因为,它为当事人抹去了曾经出现的污点。当事人曾经做出的有损人伦关系的恶言恶行,譬如不孝、不仁、不义、不善,等等,随着案件材料的销毁,这些曾经的污点就不会再从纸面上翻出来。这种"不留案底"的诉讼新规,对于当事

---

[1] [明]施耐庵、罗贯中:《水浒传》,李永祜点校,中华书局2007年,第153页。

人的改过自新,是一种正面的激励。在法学理论上,它相当于创制了一项刑事法律上的"前科消灭制度"。根据《象山先生行状》提供的信息,实施"不复留案的做法"之后,荆门的诉讼活动出现了一些明显的变化,以至于很多诉讼当事人都采用"不持状"诉讼,当事人只求获得一个公道。这种"不持状"诉讼,这种"不复留案"的改革,表明荆门的诉讼生态已经在向着积极的方向变化:民众与官方相互信任;同时也表明,陆九渊关于何谓"苛法",自有其判断的标准:只要无助于"厚其俗"的法律制度、法律规范,都是苛法,都在废弃之列。当然,陆九渊并没有采取"一刀切"的方式,并没有实行所有案件都"不复留案"的做法。他对于那些"不可诲化"之人,还是要"详其文状,以防后日反覆"。显然,这样的区别对待,反映了陆九渊在法律实践中具有实事求是的态度。

(三)"市吏讥察"与"既禁之""又使之输"的铜钱

这是两项与税费征收有关的苛法。所谓"市吏讥察",就相当于今天的"税务稽查"。在陆九渊主政荆门之前,荆门及其他地方曾有"市吏讥察"之法。对此,《宋史》有简略的记载:陆九渊"罢关市吏讥察而减民税,商贾毕集,税入日增"①。关于废除这项苛法的前因后果,《象山先生行状》还有相对详细的介绍:"荆门两县置垒,事力绵薄,连岁困于送迎,藏库空竭,调度倚办商税。先是日差使臣暨小吏伺商人于门,检货给引,然后至务,务唯据引入税,出门又覆视。官收无几,而出入其费已多。初谓以严禁榷,杜奸弊,而门吏取贿,多所藏覆,禁物亦或通行。商苦重费,多由僻途,务入日缩。"这就是"市吏讥察"及其导致的后果。陆九渊打算废除这项长期沿袭下来的"市吏讥察"制度。有人提出异议,称:"门讥所以防奸,列郡行之以为常。一旦罢废,商冒利,必有不至务者。"陆九渊回答说:"是非尔所知。"随即发布新的法令,即"俾径至务,复减正

---

① [元]脱脱等撰:《宋史》,中华书局2000年,第10054页。

税援例",改革的积极效果随即显现:"是日税入立增。有一巨商,已遵僻途,忽闻新令,复出正路。巡尉卒于岐捕之。先生诘得其实,劳而释之,巨商感涕。行旅闻者莫不以手加额,誓以毋欺,私相转告,必由荆门。旁观者诘其故,商曰:'罢三引门,减援例,去我辈大害,不可不报德。'税收增倍,酒课亦如之。"①

由此看来,荆门往时的"市吏讥察"本来有其正当性依据,那就是防止商人偷税漏税:市吏前后三次检查商人的货物,发给核验凭证("引"),商人以书面凭证作为依据,在征税的官署("务")交纳税款。这样的"市吏讥察",应该有助于弥补"藏库空竭"。但是,实践中的"市吏讥察"制度却发生了异化,催生了两项恶果:一是市吏(门吏)借此取贿(受贿或索贿),造成了税收过程中的腐败;二是违禁之物也借机流通。由此造成的更加严重的后果是,商人们惧怕市吏的"吃拿卡要",干脆不从正门、正路通行,而是借偏僻路径运输货物,这种现象渐成风气之后,直接导致了税收的萎缩。针对这样的实际情况,陆九渊废除了"市吏讥察"之法,代之以税收新规:自行到官署交税的,按规定予以减税。这种让利于民的税收新政,既杜绝了市吏中饱私囊,也有效地调动了商人们主动交纳税款的积极性。

如果收税方面的苛法主要是"市吏讥察",那么,收费方面的苛法主要体现为"既禁之"但同时"又使之输"的铜钱。《宋史》对此有高度的概括:"旧用铜钱,以其近边,以铁钱易之,而铜有禁,复令贴纳。"②《象山先生行状》还有更详细的记载:"荆门故用铜钱,后以近边,以铁钱易之。铜钱有禁,而民之输于公者尚容贴纳。"针对这种自相矛盾的苛法,陆九渊说:"既禁之矣,又使之输,不可。"他随即废除了这项交费制度,随后,"又减钞钱,罢比较,不遣人诣县,给

---

① [宋]陆九渊:《陆九渊集》,钟哲点校,中华书局1980年,第392页。
② [元]脱脱等撰:《宋史》,中华书局2000年,第10054页。

吏札,置医院官,吏民咸悦,而郡吏亦贫而乐。狱卒无以自给,多告罢,先生以僚属访察得其实,遂廪给之"。① 由此看来,陆九渊是在尽可能地减轻基层的负担,尽可能给民众办一些实事;对于贫困的狱卒,也实事求是地给予补贴。这些措施得到了当地"吏民"的认可。

关于税费征收方面的改革措施,在《与薛象先》中,陆九渊自己也有所记述:"某到此询访民间疾苦,但得二事:其一是税钱役钱等,令民户分纳铜钱。比年铜钱之禁日严,此地已为铁钱地分,民户艰得铜钱为苦。官或出铜钱以易会子,收三分之息,而吏胥辈收其赢,故民以重困。其一事是坊场买名钱,须纳银买名,人户亦困于此。然买名银须闻于朝与仓台乃可,又所困者非农民。至如税钱役钱纳铜钱,乃州郡与胥吏得其利,故断然因民之请而尽罢之。盖以铁钱地分,其铜钱之禁严,民不敢有此,义不当责之输于公。"陆九渊还说:"今岁计方窘,平时所藉者商税。比以边郡榷禁严甚,商旅为之萧条。此两月税课之损几及千缗。若令民户输铜钱,于郡计亦有补。然不敢计此,以为制事以义,乃当然耳。"②

以上三个方面,大致体现了陆九渊亲身经历的苛法。他通过祛除这一系列的苛法,有效地改进了荆门的地方治理。一方面,在司法领域,案件数量明显减少,这就正如陆九渊在《与张监》中所言:"比来讼牒益寡,有无以旬计,终月计之,不过二三纸。第积年之讼,尚有六七事未竟。此数事日已决三事,势不复起矣。"③在陆九渊生活的时代,甚至在清末以前的传统中国,"无讼"是需要追求的理想,因而,案件数量的减少乃是治理绩效提高的主要标志。另一方面,在荆门的社会生活中,"向善"之风逐渐形成。对此,陆九渊在临终前八天写给其侄陆麟之的信中称:"此间风俗,旬月浸觉

---

① [宋]陆九渊:《陆九渊集》,钟哲点校,中华书局1980年,第392页。
② [宋]陆九渊:《陆九渊集》,钟哲点校,中华书局1980年,第199页。
③ [宋]陆九渊:《陆九渊集》,钟哲点校,中华书局1980年,第215页。

变易形见,大概是非善恶处明,人无贵贱皆向善,气质不美者亦革面,政所谓脉不病,虽瘠不害。近来吏卒多贫,而有穷快活之说。"①据《象山先生行状》记载,在荆门,随着各种苛法的祛除,"治化孚洽,久而益著。既逾年,笞箠不施,至于无讼。相保相爱,闾里熙熙,人心敬向,日以加厚。吏卒亦能相勉以义,视官事如其家事。识者知其为郡,有出于政刑号令之表者矣。诸司交章论荐,丞相周公必大尝遣人书,有曰:'荆门之政,于以验躬行之效'"②。在不到两年的时间里,陆九渊就打造出朝廷认可的"荆门之政"。从法理的角度来看,"荆门之政"在相当程度上,就是持续不断地祛除苛法、祛除苛政所结出的政治硕果。

三、祛苛法而求典宪之路

苛法是需要祛除的现状,典宪是需要追求的理想。在阐明典宪与苛法的基础上,还有一个重要的问题是:祛苛法而求典宪之路,到底应该怎么走? 换言之,在法理的世界里,如何才能摆脱苛法、赢得典宪? 根据陆九渊的相关论述,祛苛法而求典宪的路径与策略,可以从以下几个方面来叙述。

(一) 宗孟子

要祛除苛法,要寻求典宪,首先需要弄清楚:赖以指导祛苛法而求典宪的思想是什么? 这是一个需要先行解决的重大原则问题。应当看到,所谓苛法,实为苛政的规则化表达。有苛法,必有苛政,反之亦然。有苛法与苛政,必有乱世。苛法、苛政与乱世有一个重要的标志:政治偏离正道。《语录上》有一个论断:"古者势与道合,后世势与道离。何谓势与道合? 盖德之宜为诸侯者为诸侯,宜为大夫者为大夫,宜为士者为士,此之谓势与道合。后世反

---

① [宋]陆九渊:《陆九渊集》,钟哲点校,中华书局1980年,第512页。
② [宋]陆九渊:《陆九渊集》,钟哲点校,中华书局1980年,第393页。

此：贤者居下，不肖者居上，夫是之谓势与道离。势与道合则是治世，势与道离则是乱世。"①这里的势就是政治或政权，这里的道就是正道。政治如果偏离了正道，那就意味着，政治走近、接受了"邪道"的指导。

前文已经提到，陆九渊所见的"邪道"，主要是指道家思想与佛家思想。当然，陆九渊也批判法家思想，他说："秦不曾坏了道脉，至汉而大坏。盖秦之失甚明，至汉则迹似情非，故正理愈坏。"②秦政就是法家思想指导下的政治，秦政只不过是走错了道路。在秦政的衬托下，儒家正道反而显得更加熠熠生辉，这就是"秦不曾坏了道脉"。到了汉代，汉元帝秉持的思想是："汉家自有制度，本以霸王道杂之，奈何纯任德教，用周政乎！"③在这种格局下，儒家正道（德教与周政）被其他邪道所裹胁，导致正道大坏，正理愈坏。所谓其他的邪道，主要是道家与佛家。在《语录下》篇，陆九渊称："孟氏没，吾道不得其传。而老氏之学始于周末，盛于汉，迨晋而衰矣。老氏衰而佛氏之学出焉。佛氏始于梁达磨，盛于唐，至今而衰矣。有大贤者出，吾道其兴矣夫！"④据此，儒家正道随着孟子的辞世就中断了。此后，道家、佛家先后盛行，一直到陆九渊的时代，孟子所代表的正道才出现了复兴的机会。

虽然道家与佛家在不同的时代把政治严重地带偏了，导致了乱世及苛政、苛法的蔓延。然而，在老、佛二氏兴起之前，华夏自有其正道，这个正道就是孔子、孟子承载的道。在孔与孟之间，虽然"仁自夫子发之"⑤，虽然孔子是仁道的开创者，但在陆九渊看来，孟子是这个道统的最终体现。陆九渊也将孔孟并称，但是，他对孟

---

① ［宋］陆九渊：《陆九渊集》，钟哲点校，中华书局1980年，第412页。
② ［宋］陆九渊：《陆九渊集》，钟哲点校，中华书局1980年，第404页。
③ ［汉］班固：《汉书》，中华书局2007年，第69页。
④ ［宋］陆九渊：《陆九渊集》，钟哲点校，中华书局1980年，第473页。
⑤ ［宋］陆九渊：《陆九渊集》，钟哲点校，中华书局1980年，第433页。

子有更多的心理认同、情感认同。他以"吾道"指称孟子之道,就是这种认同的直观体现。据《语录下》:"某尝问:'先生之学亦有所受乎?'曰:'因读《孟子》而自得之。'"①这就是说,陆九渊承认,他的思想主要源于孟子。代表官方观点的《文安谥议》亦称:陆九渊"唯孟轲氏书是崇是信"②。官方评价与他的自我评价高度一致:陆九渊服膺宗奉的对象主要是孟子。

自"孟氏没"后,直至陆九渊的时代,在一千多年间,到底有没有传承孟子之道的贤者?据《语录下》:"韩退之言:'轲死不得其传。'固不敢诬后世无贤者,然直是至伊洛诸公,得千载不传之学。但草创未为光明,到今日若不大段光明,更干当甚事?"③这就是陆九渊的回答。这个回答既有肯定,也有否定。就肯定的一面来说,孟子之后的"伊洛诸公",主要是程颢、程颐两兄弟以及他们的朋友、弟子,譬如,谢良佐、杨时、游酢、吕大临等等。这些人在孟子之后,对孟子之道有所传承。陆九渊愿意对他们的贡献给予一定的正面评价。但与此同时,陆九渊对他们的成就也不愿给予过高的评价,因为,他们仅仅止于"草创",他们对孟子之道的弘扬,远远未到"光明"的程度。据《宋史》记载,陆九渊还特别强调了程颐与孔孟的差异:"伊川之言,奚为与孔子、孟子之言不类?近见其间多有不是处。"④这就是说,程颐之言,毛病很多,已经偏离了孔孟之道,这显然表达了陆九渊对程颐的批评。陆九渊的这个看法确有一定的道理,因为,程颐所代表的伊洛之学,从总体上看,虽然是以孔孟作为基础,但同时也较多地吸收了道家与佛家的思想。换言之,伊洛之学中包含了较为浓厚的道家、佛家的思想成分。在陆九渊看来,道家与佛家恰好就在孟子的对立面。因而,对于综合了儒、道、

---

① [宋]陆九渊:《陆九渊集》,钟哲点校,中华书局1980年,第471页。
② [宋]陆九渊:《陆九渊集》,钟哲点校,中华书局1980年,第385页。
③ [宋]陆九渊:《陆九渊集》,钟哲点校,中华书局1980年,第436页。
④ [元]脱脱等撰:《宋史》,中华书局2000年,第10053页。

释三家的伊洛之学,尤其是程颐之学,陆九渊的肯定是有限度的,也是有保留的。

进一步看,陆九渊对"伊洛诸公"的态度并非铁板一块。他在总体上既承认又批评"伊洛诸公"的同时,还把程颐与程颢进行了一定程度的切割。《语录上》:"元晦似伊川,钦夫似明道。伊川蔽固深,明道却通疏。"①相对于程颐的"蔽固深",程颢却显得"通疏"。程颐之"蔽",当然是"蔽"于老、释;程颢的"通疏",表明他能够穿透老、释之"蔽"。因而,二程中的程颢能够较多地受到陆九渊的认同。在二程之后,张栻(钦夫)更近于程颢,朱熹更近于程颐。这就是陆九渊编织的道统:在孔子之后,孟子是儒家正道的主要象征,"孟氏没",千载之后,程颢、张栻对孟子正道的复兴有"草创"之功,但尚未将孟子正道的光芒全面焕发出来。由此看来,陆九渊对于孟子之道的复兴,愿意承担当仁不让的责任。

从法理学的角度来看,如果要摆脱苛法走向典宪,毫无疑问,应当遵循孟子之道。只有宗奉孟子,只有在孟子思想的指导下,才能实现祛苛法而求典宪的目标。

(二) 正人心

宗孟子意味着,祛苛法而求典宪,必须遵循孟子之道。那么,在实践层面,这条道路到底应当怎么走?宗孟子的抓手是什么?且看《语录上》:"学者问:'荆门之政何先?'对曰:'必也正人心乎。'"②这就是陆九渊的回答:要祛除荆门的苛法、苛政,要让"荆门之政"成为孟子设想的王政——亦即依据典宪之政,具体的抓手就是正人心。从法律、法治、法理的层面上看,存在着法的制定者、实施者、遵守者,如果他们的"心"都是"正"的,苛法就不可能被制定出来;即使制定出来,也不会被实施。在这种情况下,符合典宪

---

① [宋]陆九渊:《陆九渊集》,钟哲点校,中华书局1980年,第413页。
② [宋]陆九渊:《陆九渊集》,钟哲点校,中华书局1980年,第425页。

的法,就会被更多地制定出来,并得到有效的实施,也会得到普遍的遵守。因此,正人心是祛苛法、求典宪的必由之路。

正人心就是要着眼于人的心灵深处下功夫。《宋史》记载了有关陆九渊的一个细节:"教人不用学规,有小过,言中其情,或至流汗。有怀于中而不能自晓者,为之条析其故,悉如其心。亦有相去千里,闻其大概而得其为人。尝曰:'念虑之不正者,顷刻而知之,即可以正。念虑之正者,顷刻而失之,即为不正。'"①"念虑"出于人心,一个人的"念虑"可能正,也可能不正;扶正"念虑",就是扶正人心。一个人"念虑"不正,人心不正,自有其根源与逻辑。陆九渊试图追寻人心不正的源头,把人心不正的隐曲逐一揭示出来,这相当于在源头上治理苛法、寻求典宪。

正人心就是求人心之正。那么,判断人心正与不正的标准是什么? 把人心扶向哪个方向,才符合正的方向? 陆九渊的回答是:义的方向、公的方向,就是正的方向;正人心就是让人心趋于义,趋于公。据《语录上》:"傅子渊自此归其家,陈正己问之曰:'陆先生教人何先?'对曰:'辨志。'正己复问曰:'何辨?'对曰:'义利之辨。'若子渊之对,可谓切要。"②傅子渊的概括受到了陆九渊的称赞,由此可以表明,对于正人心来说,义利之辨是最为关键的环节。在义与利之间,义就代表了正,利就代表了不正。《语录下》又称:"凡欲为学,当先识义利公私之辨。"③这是对义利之辨的一种解释:义利之辨就是公私之辨。义即公,利即私。"若是心之未得其正,蔽于其私,而使此道之不明不行,则其为病一也。"④义与公都是为他人,都可以代表正;利与私都是为自己,都可以代表不正。《语录下》:"人无好善之心便皆自私,有好善之心便无私。"⑤义利公私之

---

① [元]脱脱等撰:《宋史》,中华书局2000年,第10053页。
② [宋]陆九渊:《陆九渊集》,钟哲点校,中华书局1980年,第398页。
③ [宋]陆九渊:《陆九渊集》,钟哲点校,中华书局1980年,第470页。
④ [宋]陆九渊:《陆九渊集》,钟哲点校,中华书局1980年,第150页。
⑤ [宋]陆九渊:《陆九渊集》,钟哲点校,中华书局1980年,第465页。

辨也是善与不善之辨,因而,正人心就是要人有"见义忘利"之心、"大公无私"之心,这样的心即为好善之心。

正人心既然是祛苛法、求典宪的抓手,那就要持之以恒地付诸行动。陆九渊正人心的实践,主要通过两个方面:一是在传道授业的过程中正人心,二是在为政临民的过程中正人心。就前者来看,在各种传道授业的场合下,陆九渊都尽可能从各个不同的侧面正人之心。其中,颇具典型意义的例证,是在白鹿洞书院的讲座。那是淳熙八年(1181年),时年四十二岁的陆九渊受朱熹的邀请,到白鹿洞书院辨析义与利。

针对孔子的"君子喻于义,小人喻于利",陆九渊有一段著名的讲辞。他说,孔子的这句话,以义利区分君子与小人,意思是很清楚明白的,但是,如果读者不能由此反省自己,恐怕不能有多大的收益,因此,一定要省思自己的志向与追求。"志乎义,则所习者必在于义,所习在义,斯喻于义矣。志乎利,则所习者必在于利,所习在利,斯喻于利矣。故学者之志不可不辨也。科举取士久矣,名儒巨公皆由此出。今为士者固不能免此,然场屋之得失,顾其技与有司好恶如何耳,非所以为君子小人之辨也。而今世以此相尚,使汩没于此而不能自拔,则终日从事者,虽曰圣贤之书,而要其志之所乡,则有与圣贤背而驰者矣。推而上之,则又惟官资崇卑、禄廪厚薄是计,岂能悉心力于国事民隐,以无负于任使之者哉?从事其间,更历之多,讲习之熟,安得不有所喻?顾恐不在于义耳。诚能深思是身,不可使之为小人之归,其于利欲之习,怛焉为之痛心疾首,专志乎义而日勉焉,博学审问,慎思明辨而笃行之。由是而进于场屋,其文必皆道其平日之学、胸中之蕴,而不诡于圣人。由是而仕,必皆共其职,勤其事,心乎国,心乎民,而不为身计。其得不谓之君子乎。"①

---

① [宋]陆九渊:《陆九渊集》,钟哲点校,中华书局1980年,第275—276页。

陆九渊的这段话载于《白鹿洞书院论语讲义》,意义重大,影响深远。君子小人之辨,就是义利之辨,就是公私之辨,更是人心正与不正之辨。陆九渊的讲辞之所以颇具感染力,主要在于直指听讲者的本心:你们读书明理,你们参加科举考试,你们到底是为了自己的功名利禄,还是为了天下苍生?"有己则忘理,明理则忘己。"①你们如果只是为了一己之私(譬如个人的功名利禄)而进入科场,你们即使读了再多的圣贤之书,你们也将背离圣贤之道,也将与圣人背道而驰。这确实是一个极其尖锐的拷问。根据朱熹的记载,陆九渊的讲辞"皆有以切中学者隐微深痼之病,盖听者莫不悚然动心焉"②。从陆九渊一生的"行状"来看,他自己并不刻意著书以扬名,对科举考试亦不患得患失,主政荆门不到两年,就死在郡守任上。这些事实表明,陆九渊不仅在言辞上辨义利公私,而且也以自己的实际行动,践履了见义忘利、大公无私之道,他本身就是"人心之正"的典范。

陆九渊的正人心不仅见于传道授业,而且见于为政临民。在主政荆门期间,如前所述,陆九渊把正人心作为"荆门之政"的第一要务。他在各种政务活动中,都注意扶正人心。对此前文已有铺陈,这里不再详述。对陆九渊来说,正人心既是教育的目标,也是政治的关键。换个角度来看,教育就是政治,政治亦是教育,两者的共同目标,都在于以义利之辨、公私之辨作为抓手,让人心归于正道,趋于仁义。如果这个目标实现了,他就会在根本上、源头上祛除苛法、赢得典宪。因为,说到底,典宪的实体内容就是仁义。

(三)明层次

以孟子思想为指导,以扶正人心为抓手,是祛苛法而求典宪的不二法门。但是,从实践过程来看,祛除苛法、寻求典宪毕竟是一项

---

① [宋]陆九渊:《陆九渊集》,钟哲点校,中华书局1980年,第473页。
② [宋]陆九渊:《陆九渊集》,钟哲点校,中华书局1980年,第276页。

艰难而长期的事业，很难一蹴而就。如果说，苛法作为"不及格"的规范，代表了规范的最低层次，典宪作为"一百分"的规范，代表了规范的最高层次，那么，在苛法与典宪之间，还有一些规范居于中间层次，它们相当于"及格"或"良好"的规范。因而，在祛除苛法、寻求典宪的过程中，还要经历一个台阶，那就是中间层次的规范。从这个角度来看，"明层次"也是祛苛法而求典宪需要注意的思路与方法。

法度二字，可以理解为陆九渊关于中间层次的规范的统称。据《语录下》："读介甫书，见其凡事归之法度，此是介甫败坏天下处。尧舜三代虽有法度，亦何尝专恃此。"①这番评论表明，陆九渊所理解的法度，就是一种偏于中性、属于中间层次的规范。一方面，王安石习惯于凡事依靠"法度"来处理，这反而把天下败坏了。另一方面，尧、舜时代也有法度，但尧、舜并不专门依靠法度来治理天下。这就是说，法度有积极意义，对治理天下是有助益的。然而，如果仅仅依靠法度来治理天下，那也是危险的。这样的法度不是万能的，却是不可缺少的。在最高层次的典宪尚未形成之前，在最低层次的苛法已经祛除之后，把这样的法度作为一种中间层次的规范，以之佐治天下，是必要的。

至于法度的具体内容，可以包括陆九渊列举的"刑""礼""法""制"，对此前文已经述及，这里不再重复。在这四种法度或规范中，陆九渊比较看重其中的礼。《语录上》称："上古淳朴，人情物态，未至多变，《易》虽不作，未有阙也。逮乎中古，情态日开，诈伪日萌，非明《易》道以示之，则质之美者无以成其德，天下之众无以感而化，生民之祸，有不可胜言者。圣人之忧患如此，不得不因时而作《易》也。《易》道既著，则使君子身修而天下治矣。""经礼三百，曲礼三千，皆本诸此常行之道。"②这段历史叙述表明，《易》道

---

① ［宋］陆九渊：《陆九渊集》，钟哲点校，中华书局1980年，第441页。
② ［宋］陆九渊：《陆九渊集》，钟哲点校，中华书局1980年，第416页。

承载了"常行之道",乃是"中古"时期的圣人因时而作。"经礼"与"曲礼",作为中间层次的法度之主体部分,就是根据"常行之道"(亦即典宪)制定出来的。

"礼"之外,还有"法"与"制"。陆九渊提到的"法"或"制",主要是"保伍之制",这是一种旨在促成基层自治的法制安排。据《象山先生行状》:"初保伍之制,州县以非急务,多不检核,盗贼得匿藏其间,近边尤以为患。先生首申严之,奸无所蔽。有劫僧庐,邻伍遽集,擒获不逸一人,至是群盗屏息。"①《宋史》则称之为"保伍之法",称陆九渊"申严保伍之法,盗贼或发,擒之不逸一人,群盗屏息"。② 由此看来,"保伍之制"就是"保伍之法",它作为一种正面的"法制",可以归属于中间层次的法度。

"刑"也可以归属于中间层次的法度。据《语录上》:"先生在敕局日,或问曰:'先生如见用,以何药方医国?'先生曰:'吾有四物汤,亦谓之四君子汤。'或问如何?曰:'任贤,使能,赏功,罚罪。'"③在陆九渊开出的"四君子汤"中,"罚罪"就离不开"刑"这样的法度。推而广之,"任贤""使能""赏功"同样需要法度。即使后退一步,先不论"任贤"与"使能",至少"赏功""罚罪"离不开客观的法度。由此可见,以"礼""刑""法""制"作为表现形式的法度,为国家治理所必需,它们低于典宪,高于苛法,属于中间层次的规范。

由于国家治理离不开这种中间层次的法度,这就要求,为政者必须掌握各种各样的法度,哪怕是比较具体的法度,也要尽力熟悉。在《与赵子直》中,陆九渊说:"大抵益国裕民之心,在吾人固非所乏,弊之难去者,多在簿书名数之间,此奸贪寝食出没之处,而吾人之所疏者。比尝考究此等,颇得其方。盖事节甚多,难以泛考,要须于一事精熟,得其要领,则其他却有缘通类举之理,所谓一堵

---

① [宋]陆九渊:《陆九渊集》,钟哲点校,中华书局1980年,第391页。
② [元]脱脱等撰:《宋史》,中华书局2000年,第10054页。
③ [宋]陆九渊:《陆九渊集》,钟哲点校,中华书局1980年,第407页。

墙,百堵调。"①这里所说的"簿书名数",其实就是一些细则性质的法度。对于这样的法度,为政者至少要"得其要领",这也是"明层次"的题中应有之义。

概括起来,如果能够宗孟子、正人心、明层次,那么,祛苛法而求典宪之路,就会走得更加顺畅;祛苛法而求典宪作为一个目标,就可能变成现实。

小结

陆九渊以传承孟子之道作为自己的志业,其思想主轴是孟子所代表的儒家道统,但是,在中国法理学的演进史上,他也做出了不可替代、不容忽视的贡献。立足于陆九渊提出的典宪与苛法这一对范畴,可以勾画出他在法理学上的憧憬:祛苛法而求典宪。根据陆九渊的逻辑,典宪与苛法代表了法或规范的两个极端。其中,典宪是理想的常法、道理、仁义,苛法是"不及格"的、需要祛除的恶法。如果要祛苛法而求典宪,那就应当宗孟子、正人心、明层次。这就是映照在陆九渊心镜上的法理憧憬。

陆九渊的法理学具有知行合一的精神与风格,主要体现在:他既有高蹈的理想,也得取了很好的实效。试举一例,朱熹在致林择之的信中写道:"陆子静兄弟,其门人有相访者,气象皆好。此间学者,却与渠相反。初谓只在此讲道渐涵,自能入德。不谓末流之弊只成说话,至人伦日用最切近处,都不得毫末气力,不可不深惩而痛警之也。"②陆九渊门人的"气象",已经好到了令朱熹羡慕有加的程度——这种"气象",其实就是圣贤气象。这样的"气象"可以看作"典宪"牵引众人的结果,同时也表明:陆九渊既能够成己,也能够成人。陆九渊通过祛苛法、求典宪,进而培育出来的"荆门之

---

① [宋]陆九渊:《陆九渊集》,钟哲点校,中华书局1980年,第69页。
② [宋]陆九渊:《陆九渊集》,钟哲点校,中华书局1980年,第492页。

政",作为他的法理憧憬在荆门大地上结出来的硕果,则集中体现了他的知行合一。

从知的方面看,陆九渊知典宪、常法、道理、仁义,能够"先立乎其大",能够运用立意高远的规范引导实践。譬如,在《与刘伯协》中,陆九渊论及名分与《春秋》的关系:"名分之说,自先儒尚未能穷究,某素欲著论以明之。流及近时,为弊益甚。至有郡守贪黩庸谬,为厉民之事,县令以义理争之,郡守辄以犯名分劾令,朝廷肉食者不能明辩其事,令竟以罪去,此何理也!理之所在,匹夫不可犯也。犯理之人,虽穷富极贵,世莫能难,当受《春秋》之诛矣。"①这就是说,官场上的名分或上下,必须服从更高的理或典宪,必须服从《春秋》之义。这样的法理观念表明,陆九渊心中存有高远的理想。

从行的方面看,陆九渊有很好的行动能力,绝不是纸上谈兵的书呆子。主政荆门期间,他能够以务实的态度,把高远的理想转化成为生动的实践与有效的治理。他能够把典宪作为目标,耐心地正视苛法,进而祛除苛法。他善于把大事做细、做实、做成。正如他在《与赵子直》中所言:"世儒耻及簿书,独不思伯禹作贡成赋,周公制国用,孔子会计当,《洪范》八政首食货,孟子言王政亦先制民产、正经界,果皆可耻乎?"②伯禹、周公、孔子、孟子对于具体事务的态度,转化成为了陆九渊把事情办好、办妥、办成的意愿与能力。一个在法理上知行合一的儒家圣贤,就是这样炼成的。

第四节 王阳明

王阳明(1472—1529),本名王守仁,世称阳明先生,以至于"王

---

① [宋]陆九渊:《陆九渊集》,钟哲点校,中华书局1980年,第169页。
② [宋]陆九渊:《陆九渊集》,钟哲点校,中华书局1980年,第70页。

阳明"成了他的更加流行的姓名,"阳明学"也因此而命名。他当然是"王学"或"阳明学"的首席代表,而且是"陆王心学""宋明理学"乃至传统儒学的主要代表。更具传奇色彩的是,他既是传统中国顶尖级的哲学家、思想家,同时还能统兵打仗,在战场上屡建奇功。他既能破"心中贼",还能破"山中贼"。这样的才华与际遇,五百年来,甚至两千年来,都是极为罕见的,因而政界、学界、商界的很多英雄豪杰,都对他倾慕不已。正是由于这个缘故,关于王阳明的研究,一直广受重视,各种以王阳明为主题的专书、专文,其实已经非常丰富了。

尽管如此,从法理学的角度研究王阳明,依然是一个有待展开的、相对薄弱的环节。在已有的法理学论著中,给予王阳明的篇幅还不够多,专题论文更少,与他在思想史上的巨大影响形成明显的反差。背后的原因或许在于:他的学说被称为"心学",他讲的"致良知""四句教""知行合一""立志""慎独"等等,都偏重于人的心性,与当代流行的法理、法治、法律之旨趣,相距较远。譬如,徐梵澄就在《陆王学述》篇中提出:"可将此宋明儒学列入精神哲学一类。"①虽然徐梵澄的这一判断带有比较浓厚的个人色彩,但这种关于宋明儒学及王阳明之学的描述颇具代表性:他的"心学"主要关注人的精神世界。相比之下,法理学作为法学的基础理论,从总体上看,主要关注人的外在的交往关系、行为关系、社会关系。这样的学术"前见",妨碍了对王阳明法理学的全面而深入的研究。

然而,在中国法理学演进史上,王阳明创造的法理学又是一个极其重要的环节。因为,王阳明在朱熹之后,对华夏文明秩序的建构方式进行了重新的思考,描绘了一幅从"明明德"到"平天下"的路线图,从而促成了中国法理学在16世纪的更新。那么,如何描

---

① 徐梵澄:《徐梵澄文集》第一卷,上海三联书店、华东师范大学出版社2006年,第414页。

绘王阳明的法理学？尤其是，如何概括王阳明法理学的核心命题？显然，这是一个需要先行回答的问题。

太史公司马谈有一个著名的论断："夫阴阳、儒、墨、名、法、道德，此务为治者也，直所从言之异路，有省有不省耳。"①这就是说，先秦诸子的各种学说，都是"务为治"的学说，或者说，都是追求国家治理的学说。这可以说是华夏固有的学术思想传统。王阳明之学也在这个传统之中。同样，王阳明的法理学就像中国历史上先后兴起的法理学一样，也是围绕着"务为治"而展开的：以"治"为中心，建构规范体系，实现国家治理，优化文明秩序。其中，建构规范体系是方法，"治"则表征了目的。正如王阳明的历史分期理论所言："唐、虞以上之治，后世不可复也，略之可也。三代以下之治，后世不可法也，削之可也。惟三代之治可行。然而世之论三代者，不明其本，而徒事其末，则亦不可复矣。"②这句话很关键，为我们走进王阳明的法理世界，进而提炼王阳明法理学的核心命题，提供了关键性的线索：一方面，"三代之治"既代表了国家治理的理想方式，又代表了文明秩序的理想状态，因而是唯一可以效法的国家治理方式。另一方面，如果要效法"三代之治"，那就需要抓住两个要点：既要"事其末"，更要"明其本"。在王阳明看来，世人只知"事其末"，这是不行的；虽然"事其末"必不可少，但"明其本"显然居于更加重要的地位。

这就是说，"三代之治"有其"末"，更有其"本"；"三代之治"既是"末之治"，但更是"本之治"。那么，王阳明所说的"本"与"末"又是什么？对于这样的问题，王阳明没有做出直接而明确的回答，但他有一个重要的提示："礼、乐、刑、政是治天下之法，固亦可谓之教，但不是子思本旨。"③根据这个论断，第一，"礼、乐、刑、政"作为治理天下的"法"，虽然可以采用，但并不是子思的"本旨"。如果它

---

① 司马迁：《史记》，中华书局 2006 年，第 758 页。
② 王阳明：《王阳明全集》第一册，线装书局 2012 年，第 75 页。
③ 王阳明：《王阳明全集》第一册，线装书局 2012 年，第 115 页。

不是"本旨",那它又是什么？在这里,根据"本"与"末"的两分法,不妨称之为"末旨"。第二,子思的"本旨",就是孔子、曾子、子思、孟子所代表的儒家圣人的"本旨",就是"本"。因而,所谓"本之治",就是根据儒家圣人的"本旨"所展开的治理。第三,根据王阳明的《传习录》及《大学问》,子思及儒家圣人的"本旨",可以归结为《大学》开篇所说的"明明德""亲民""止于至善",这其实就是仁政与德治。

由此可以推定,王阳明所说的"本"与"末",主要指向"德"与"法"。这里的"德",代表了从"明明德"到"亲民"再到"止于至善"这样一条线索,可以归属于"本";这里的"法",主要包括"礼、乐、刑、政"这样一些不能代表"子思本旨"的内容,可以归属于"末"。因此,"本之治"就是"德之治","末之治"就是"法之治"。推演至此,王阳明法理学的核心命题就可以概括为"德治为本,法治为末",简而言之,就是"德本法末"。对于这个法理命题的意蕴,可以分述如下。

一、德治为本

要研究王阳明之学,最重要的文献是《传习录》；要研究王阳明的法理学,最重要的文献也是《传习录》。打开《传习录》,第一个问题就是关于"亲民"与"新民"的辨析。这是《大学》首句提出的一个命题："大学之道,在明明德,在亲民,在止于至善。"这里的"大学"是指"大人之学",其实就是指儒家圣人之学。

按照《大学》,儒家圣人之学就在于"明明德""亲民""止于至善"。关于其中的"亲民",朱熹认为,应当解释为"新民"。但是,王阳明不同意这种观点。他说："'作新民'之'新'是自新之民,与'在新民'之'新'不同,此岂足为据？'作'字却与'亲'字相对,然非'亲'字义。下面'治国平天下'处,皆于'新'字无发明。如云'君子贤其贤而亲其亲,小人乐其乐而利其利'、'如保赤子'、'民之所好好之,民之所恶恶之,此之谓民之父母'之类,皆是'亲'字意。'亲民'犹孟子'亲亲仁民'之谓,'亲之'即'仁之'也。'百姓不亲',舜使契为司徒,'敬敷五教',所以亲之也。《尧典》'克明峻德'便是'明明德','以亲九族',至'平章'、'协和'便是'亲民',便是'明明德于天下'。又如孔子言'修己以安百姓','修己'便是'明明德','安百姓'便是'亲民'。说'亲民'便是兼教养意。说'新民'便觉偏了。"①

这段话见于《传习录》的开篇。从形式上看,讨论的是"亲民"与"新民"何者为优的问题,实质上却透露了王阳明关注的首要问题:明德。在王阳明看来,只有"亲民"两字,才符合"明明德"的旨趣。无论是"亲民"还是"止于至善",都是"明明德"的延伸,朱熹以"新民"解释"亲民",与"明明德"离得相对较远,因而显得"偏了";"偏了"的见解其实就是偏见。

按照王阳明的"正见","大学之道"首先在于"明明德",这既是古代圣人之见,其实也是王阳明本人反复申说的观点。根据《年谱》,在年仅十一岁之时,王阳明曾经问过塾师:"何为第一等事?"塾师说:"惟读书登第耳。"王阳明的回应是:"登第恐未为第一等事,或读书学圣贤耳。"②这就是王阳明早年结下的"圣胎"。这个"圣胎"既是理解王阳明之学的一把隐秘的钥匙,同时也是理解王阳明法理学的一把钥匙:王阳明有浓厚的"圣人情结",也有"学圣贤"的自我期许。后来,王阳明确实也按照古代圣人之学,走出了一条从"明明德"到"亲民"再到"止于至善"的成德之路。这样的德性取向,透露了王阳明法理学的一个特质:这是一种具有浓厚道德色彩的法理学。

在此需要注意的是,"明明德"作为"大学之道",作为"大人之

---

① 王阳明:《王阳明全集》第一册,线装书局2012年,第75页。
② 王阳明:《王阳明全集》第五册,线装书局2012年,第3页。

学"或"圣人之学"的一个纽结,绝不仅仅是现代意义上的、仅仅印刷在纸面上的"学术观点"。因为,古代的"圣人之学"也是"圣人之道",既是圣人的理论学说,也是圣人的人生实践;按照王阳明的主张,既是知,也是行,具有知行合一的性质。而且,这里的"行",既是圣人自己的修为,同时也是圣人治理天下的方案。"明明德"的法理意义由此显现出来:所谓"明明德",就是把"明德"彰明、推广至普天之下,普天之下都将循"明德"而行,"明德"成为普天之下的人所遵循的规范——用今天的语言来说,这就是人们常说的"德治"。这样的"明明德"或"德治"是效法"三代之治"的根本,这就是"德治为本"。要全面理解王阳明的"德治为本",有必要对他的德治观念予以更细致的考察。

(一)德治以至善为目标

还是看《传习录》。在关于"新民"与"亲民"的辨析之后,接下来讨论的一个问题依然与朱熹有关。朱熹认为,"事事物物皆有定理",这个观点不能得到王阳明的认同。王阳明解释说:"于事事物物上求至善,却是义外也。至善是心之本体,只是明明德到至精至一处便是。然亦未尝离却事物。本注所谓'尽夫天理之极,而无一毫人欲之私'者得之。"①在上文、此处及下文中,王阳明反复批评朱熹的观点,这说明,王阳明的立论有一个重要的参照,那就是朱熹之学。朱熹认为,应当到事上去寻求理,到事上去寻求善,显然,这是一种可以归属于客观唯心论的观点。相比之下,王阳明认为,对至善的追求,不必依赖各种外在的事物;因为,至善是心的本质属性。至善与"明德"具有相同的性质。如果把"明德"发展到圆满的程度,亦即"至精至一"的程度,那就是至善。这就是说,至善是升级版的"明德"。

对于这个观点,《大学问》还有更进一步的阐述:一方面,无论

---

① 王阳明:《王阳明全集》第一册,线装书局2012年,第75页。

是"至善"还是"明德",都应当求之于"吾心",都不必外求;如果到外物中去寻找,其结果将是:"生意支离决裂,错杂纷纭,而莫知有一定之向。今焉既知至善之在吾心,而不假于外求,则志有定向,而无支离决裂、错杂纷纭之患矣。无支离决裂、错杂纷纭之患,则心不妄动而能静矣。心不妄动而能静,则其日用之间,从容闲暇而能安矣。能安,则凡一念之发,一事之感,其为至善乎?其非至善乎?吾心之良知自有以详审精察之,而能虑矣。能虑则择之无不精,处之无不当,而至善于是乎可得矣。"①这段话既蕴含了对朱熹的批评,同时也正面阐明了向"吾心"寻求至善的理由:明德与至善都在"吾心",那么寻求的方向就是确定无疑的,这样的方向不仅可以消除支离破碎的风险,而且还可以让"吾心"保持宁静的状态。而且,只有在宁静从容的状态下,"吾心"才可能做出精审的判断与取舍。这里的判断与取舍,既可以是个人的出或处,也可以是关于公共事务、治国理政的决断。正是在这里,我们可以看到向"吾心"求善的法理意义:这样的求善方向,蕴含着国家治理、公共秩序建构等方面的指向——能够向内心寻求至善的圣人,才能够妥当地处理公共事务、安排公共生活、完善国家治理,从而满足一个政治共同体对于建构文明秩序的需要。

另一方面,"明德"通往"至善","至善"为"明德"提供了愿景。在《大学问》中,王阳明重申:"至善者,明德、亲民之极则也。"至善不仅是明德的极致,至善还是亲民的极致。"天命之性,粹然至善,其灵昭不昧者,此其至善之发见,是乃明德之本体,而即所谓良知也。"至善是明德的本体,良知也是明德的本体,甚至天命之性也是明德的本体。这就是说,明德可以同时通往至善、良知、天命之性。后三者,都是表征极致、极端、极则的概念,代表了明德能够达致的最终状态。一个人,如果能够从明德发展到至善,那么,"是而为

---

① 王阳明:《王阳明全集》第四册,线装书局2012年,第72页。

是,非而为非,轻重厚薄,随感随应,变动不居,而亦莫不自有天然之中,是乃民彝物则之极","故止至善之于明德、亲民也,犹之规矩之于方圆也,尺度之于长短也,权衡之于轻重也。故方圆而不止于规矩,爽其则矣;长短而不止于尺度,乖其剂矣;轻重而不止于权衡,失其准矣;明明德、亲民而不止于至善,亡其本矣。故止于至善以亲民,而明其明德,是之谓大人之学"。① 这就是《大学问》旨在表达的治道与法理:明明德与亲民一定要止于至善。虽然,明明德、亲民已经设定了两条义务性规范:负有公共责任的士大夫应当履行明明德之义务与亲民之义务,但是,仅仅履行这两项义务还不够;在履行这两项义务的过程中,还必须抵达至善的程度。至善为明明德、亲民提供了一个可供追求的目标。

无论是明明德,还是亲民,都是以道德、德性为根本的政治:既是仁政,也是德治。但这样的德治必须追求至善这个目标,必须符合至善的要求,就像方圆要依"规矩"、长短要依"尺度"、轻重要依"权衡"。如果德治偏离了至善这个目标,就会出现三个方面的后果:其一,"不知至善之在吾心,而用其私智以揣摸测度于其外,以为事事物物各有定理也,是以昧其是非之则,支离决裂,人欲肆而天理亡,明德亲民之学遂大乱于天下"。其二,"固有欲明其明德者矣,然惟不知止于至善,而骛其私心于过高,是以失之虚罔空寂,而无有乎家国天下之施,则二氏之流是矣"。其三,"固有欲亲其民者矣,而惟不知止于至善,而溺其私心于卑琐,生意失之权谋智术,而无有乎仁爱恻坦之诚,则五伯功利之徒是矣"。②

这三个方面的问题,代表了三种错误的立场。站在第一种立场上的代表人物是朱熹,他的问题是"支离",他的"支离事业"把明德亲民之学搞乱了,导致是非准则、善恶标准趋于模糊。站在第二

---

① 王阳明:《王阳明全集》第四册,线装书局2012年,第71—72页。
② 王阳明:《王阳明全集》第四册,线装书局2012年,第71页。

种立场上的人物主要是一些佛家、道家的信徒,他们也要明明德,但由于失去了至善这个目标,所以走向了空寂、出世,因而对于国家治理、天下治理没有助益。站在第三种立场上的代表人物,是那些私欲强烈的权术家,他们重功利、讲霸道、求霸术,即使有一些亲民的意愿,也没有追求至善的意愿,因而只能在卑琐不堪的状态下徘徊、挣扎,难以成就圣人之学与圣人之业。由此看来,王阳明对于佛家、道家、法家的立场,都是不能认同的,甚至与朱熹的立场也刻意保持着一定的距离。

(二) 德治应当符合天理

德治应当追求至善这个目标,这是没有问题的。但是,如果只从"吾心"求至善,是否靠得住?这依然让人生疑,让一些人感到不踏实。根据《传习录》,徐爱就有这样的疑惑,他的顾虑是:"至善只求诸心,恐于天下事理,有不能尽。"譬如,"事父之孝,事君之忠,交友之信,治民之仁,其间有许多理在,恐亦不可不察"。[1] 徐爱颇为担心的问题是:一个人如果只是片面地求诸"吾心",有可能不能很好地处理实际问题或具体问题,不能把事情办好、办成、办妥。譬如,事父、事君,特别是治理国家、治理天下,都需要遵循一定的规律,用现在的话来说,都是科学,都有专业性,都有技术含量。一个人如果只有"好心",在实践过程中,完全可能"好心办坏事",把事情"办砸""搞糟"。当代中国曾经流行过"又红又专"的说法。让徐爱感到不安的问题也可以这样来理解:一个人如果"只红不专",即使有追求至善之心,甚至已经达到至善的境界,恐怕也不能有效地解决实际问题。

徐爱的提问方式很平实,而且具有一定的现代色彩或专业意识。对于这样的疑问,王阳明回答说:"心即理也。天下又有心外之事,心外之理乎?"所谓"心即理",就是说,心与理不二。要穷究

---

[1] 王阳明:《王阳明全集》第一册,线装书局2012年,第75页。

天下之理，只须回归"吾心"，因为，所有的理都系于"吾心"。在"吾心"之外，既无事，也无理。"且如事父，不成去父上求个孝之理；事君，不成去君上求个忠之理；交友、治民，不成去友上、民上求个信与仁的理。都只在此心。心即理也。此心无私欲之蔽，即是天理，不须外面添一分。以此纯乎天理之心，发之事父便是孝，发之事君便是忠，发之交友、治民便是信与仁。只在此心去人欲、存天理上用功便是。"①从治道与法理的角度来看，事君、治民、平天下，只须在"此心"或"吾心"求天理，更具体地说，就是让"此心"成为"纯乎天理之心"。所谓"纯乎天理之心"，就是至善之心。如果至善是德治应当追求的目标，那么，天理同样就是德治应当符合的要求。

那么，此心如何达致"纯乎天理"的状态？答案很简单：一个人如果向往"大人之学"，他只需要祛除私欲。他不需要做加法，只需要做减法。只要祛除一分私欲，就会增添一分天理。如果"此心"完全没有私欲，或者完全没有被私欲所遮蔽，那么，"此心"就堪称"纯乎天理之心"。从"天理之心"的要求来看，德治的关键就是没有私欲。倘若没有私欲，就会一心为他人着想。试想，如果一心为父着想，那么，他对待父亲的方式自然就是孝；如果一心为君着想，那么，他对待君主的方式自然就是忠。推而广之，如果一心为国家、天下、民众着想，那么，他的治国理政，自然就会走向仁政与德治。

为了讲清楚这个道理，为了彻底打消人们的顾虑，王阳明还举例加以说明："就如讲求冬温，也只是要尽此心之孝，恐怕有一毫人欲间杂。只是讲求得此心。此心若无人欲，纯是天理，是个诚于孝亲的心，冬时自然思量父母的寒，便自要去求个温的道理；夏时自然思量父母的热，便自然要去求个清的道理。这都是那诚孝的心发出来的条件。譬之树木，这诚孝的心便是根，许多条件便是枝

---

① 王阳明：《王阳明全集》第一册，线装书局2012年，第75—76页。

叶。须先有根,然后有枝叶。不是先寻了枝叶,然后去种根。《礼记》言:'孝子之有深爱者,必有和气;有和气者,必有愉色;有愉色者,必有婉容。'须有是个深爱做根,便自然如此。"① 在家庭生活中,"诚孝"之心是根,是本,有了这个根本,冬天为父母御寒、夏天让父母清凉,就像从树干上长出的枝叶,自然就有了。对于治国理政来说,仁德之心是根,是本,有了这个根本,关心民间疾苦、促进公共利益,也像从树干上长出的枝叶,自然就有了。至于忠、孝的技术,以及治国理政的技术,并不需要专门去学习,只要没有私欲之蔽,自然就可以做好。

如果不相信,那么,王阳明自己就是活生生的例子。按照他的"知行合一"之说,既然他深知"心即理",深信"纯乎天理之心"发之于外就可以解决国家治理的问题,那么,我们可以推定,王阳明之心,确乎已经达到"纯乎天理"的状态。那么,他的"纯乎天理之心"是否长出了孝父、忠君、仁民之枝叶?是否长出了治理国家、平定天下之枝叶?纵观王阳明一生的事功,回答是肯定的。他多方征战,战无不胜;他多地临民,治绩突出,确实取得了非常好的实际效果;他确实能够解决实际问题、现实问题。王阳明的知与行确实是高度合一的。他的实践、事功是对他的观点的生动诠释。

但是,徐爱提出的问题依然是有意义的。王阳明既能够达致"纯乎天理之心",还能够把"此心"发之于外,成就仁政与德治。但是,他的"知行合一",其他人能否复制?其他人是否能够彻底祛除私欲、达致"纯乎天理之心"?更加重要的是,即使可以做到这一步,他们能否依赖这样的"纯乎天理之心"取得"打仗无不胜""治民无不成"的成就?或许是对这样的问题有所注意,或许是考虑到实际情况,或许是为了提升这个理论的普适性、可推广性,王阳明在强调祛私欲、存天理的同时,还提出了"在事上磨"的观点。据《传

---

① 王阳明:《王阳明全集》第一册,线装书局2012年,第75—76页。

习录》上篇,陆澄提出的问题是:"静时亦觉工夫好,才遇事便不同,如何?"陆澄的意思是,在理论上觉得是清楚的,在沙盘上可以推演,但是,在实践中又觉得行不通,碰到这种情况,该怎么办?王阳明回答说:"是徒知静养,而不用克己工夫也。如此,临事便要倾倒。人须在事上磨,方立得住,方能'静亦定,动亦定'。"①

"在事上磨"之说,是要求在实践中增长才干,提升实际工作能力。此说可以看作对前述徐爱之问的补充回答,相当于"打了一个补丁",显得更接地气一些。当然,即使没有"在事上磨"一说,王阳明关于"纯乎天理之心"能够自然长出忠孝仁德之行的理论,也是可以成立的,因为,"知之真切笃实处即是行,行之明觉精察处即是知。知行工夫,本不可离。只为后世学者分作两截用功,失却知行本体,故有合一并进之说。真知即所以为行,不行不足谓之知"②。按照知与行之间的这种关系,如果你不能在社会实践中真正做到忠君、孝父、仁民,如果你不能实行仁政与德治,如果你实行的仁政与德治没有实现预期的效果,那就可以反过来推断:你还没有达到真知的水平,你的"此心"也没有达致"纯乎天理之心"。因此,关键还是要让"此心"达致"纯乎天理之心",这才是"根",才是"本"。

(三)德治对良知的依赖

上文讨论"心即理",这里的"即"字表明,心与理是一回事,心与理不能两分。有人问王阳明:"晦庵先生曰:'人之所以为学者,心与理而已。'此语如何?"王阳明回答说:"心即性,性即理,下一'与'字,恐未免为二,此在学者善视之。"③心与理为什么不能分开来说?原因在于:心有一个重要的功能,那就是知,这样的"知"具有本体意义。德治根源于"吾心",还需要追溯至"吾心"所具有的"知"这种本体。

---

① 王阳明:《王阳明全集》第一册,线装书局2012年,第87页。
② 王阳明:《王阳明全集》第一册,线装书局2012年,第120页。
③ 王阳明:《王阳明全集》第一册,线装书局2012年,第89页。

知与心的关系是什么？王阳明解释说："知是心之本体，心自然会知。见父自然知孝，见兄自然知弟，见孺子入井自然知恻隐。此便是良知，不假外求。若良知之发，更无私意障碍，即所谓'充其恻隐之心，而仁不可胜用矣。'然在常人，不能无私意障碍，所以须用'致知''格物'之功，胜私复理。即心之良知更无障碍，得以充塞流行，便是致其知。知致则意诚。"①由此看来，知是心的本体，也是心的本能，这样的本能一旦发动起来，就表现为良知。王阳明并未专门解释知与良知的关系。我们也许可以猜测，知就是良知，良知就是知。但是，王阳明的论述提到一个字，那就是"见"，这个"见"体现了知与良知的关系：本来，"知"作为心之本体，它可以是寂然不动的，可以是宁静安详的。然而，一旦"见"到了父，作为心的本体，知就自然表现出孝，当"吾心""见父自然知孝"之际，知就呈现为良知。这就是说，由知转化成为良知，有一个必备的条件：出现了外在的事物（譬如父、君、民等等）。可见，知是心的本体，是一个本体性的概念，良知则主要体现为一个实践性的概念。

良知的实践性主要体现为决断。"尔那一点良知，是尔自家底准则。尔意念著处，他是便知是，非便知非，更瞒他一些不得。尔只不要欺他，实实落落依看他作去，善便存，恶便去，他这里何等稳当快乐。此便是格物的真诀，致知的实功。若不靠着这些真机，如何去格物？我亦近年体贴出来如此分明，初犹疑只依他恐有不足，精细看，无些小欠阙。"②这就是说，良知的功能就是决断，决断善恶，决断是非。只要你生起一个意念，只要你想针对父、君、民有所言行，这时候，良知的决断机制随之启动：它随即告诉你，你意念中的言行是善还是恶。试想，如果良知充盈，仁就"不可胜用"，就可以获得丰厚的资源，仁政与德治随之获得了源源不竭的动力，这就

---

① 王阳明：《王阳明全集》第一册，线装书局2012年，第80页。
② 王阳明：《王阳明全集》第一册，线装书局2012年，第170页。

是德治对良知的依赖。

上文还提到王阳明的一个判断:"知致则意诚。"此话该如何理解?顾东桥曾在给王阳明的信中写道:"近时学者,务外遗内,博而寡要。故先生特倡'诚意'一义,针砭膏肓,诚大惠也。"对此,王阳明在《答顾东桥书》中回答说:"吾子洞见时弊如此矣,亦将同以救之乎?然则鄙人之心,吾子固已一句道尽,复何言哉?复何言哉?若诚意之说,自是圣门教人用功第一义,但近世学者乃作第二义看,故稍与提掇紧要出来,非鄙人所能特倡也。"① 王阳明把"诚意"作为自己立说的根本,将其看作"圣门教人用功"的第一义,并批评"近世学者"以"第二义"看待"诚意"——这里的"近世学者"依然是朱熹所代表的学者。所谓"第一义""第二义",依然还是"道问学"与"尊德性"之争。按照朱熹之学,要在事事物物上求天理,要走一条从"格物"到"致知"的成圣成德之路。正如朱熹在《大学章句》中所说:"物格而后知至,知至而后意诚,意诚而后心正。"② 按照这样的顺序,格物是第一义,诚意是第二义。

但是,王阳明并不认同这样的路径。他在《大学问》之末段,专门论述了这个问题。一方面,他把"格物"解释为"去恶",他说:"物者,事也,凡意之所发必有其事,意所在之事谓之物。格者,正也,正其不正以归于正之谓也。正其不正者,去恶之谓也。归于正者,为善之谓也。夫是之谓格。"③ 这里的"为善去恶",依然是对内的正心、诚意、致良知,并不是像朱熹所说的那样,在事事物物上去求个天理。另一方面,王阳明把格物、致知、诚意、正心、修身作为一个事物来看待。他说:"盖身、心、意、知、物者,是其工夫所用之条理,虽亦各有其所,而其实只是一物。格、致、诚、正、修者,是其条

---

① 王阳明:《王阳明全集》第一册,线装书局2012年,第119页。
② 朱熹:《四书章句集注》,中华书局2011年,第5页。
③ 王阳明:《王阳明全集》第四册,线装书局2012年,第74页。

理所用之工夫,虽亦皆有其名,而其实只是一事。"①具体到"格物"与"诚意"的关系来说,两者也"只是一事"。因为,心外无物,心物不二;同理,意外无物,意物不二。"身之主宰便是心。心之所发便是意。意之本体便是知。意之所在便是物。如意在于事亲,即事亲便是一物。意在于事君,即事君便是一物。意在于仁民爱物,即仁民爱物便是一物。意在于视听言动,即视听言动便是一物。所以某说无心外之理,无心外之物。中庸言'不诚无物',大学'明明德'之功,只是个诚意。诚意之功,只是个格物。"②可见,诚意本身就是格物。

见于《答顾东桥书》及《大学问》中的这些话,比较清晰地展示了王阳明关于良知与德治关系的理解:德治依赖于"吾心"之良知。以朱熹为代表的"近世学者",立足于从外在的事事物物上寻求天理,他们把"格"外在之"物"作为他们成圣成德的起点与基础。但是,王阳明认为,正心诚意才是成圣成德的起点与基础。所谓"格物",并不是去研究外在的事物,而且,心外无物。如果没有"吾心"的关注与投射,哪有万事万物? 因此,"格物"的真实含义是在内心实行"为善去恶",狠斗"私"字一闪念。经过这种"为善去恶"意义上的"格物",内心就会有善无恶,没有私欲,满是良知。把这样的良知运用于治国平天下,则国无不治,天下无不平。

以上三个方面表明,德治是至善、天理、良知的"道成肉身"。至善、天理、良知都是心的本体性存在,把这些本体性存在与国家治理结合起来,就是德治。由于至善、天理、良知在王阳明之学中居于根本的地位,德治作为至善、天理、良知凝聚而成的"肉身",在国家治理体系中也居于根本性的地位,这就是德治为本。

二、法治为末

与"德治为本"相对应的,是"法治为末"。这里的本与末,如上

---

① 王阳明:《王阳明全集》第四册,线装书局2012年,第73页。
② 王阳明:《王阳明全集》第一册,线装书局2012年,第79页。

文所述,是王阳明使用的一种修辞,本是指树根、树干,末是指树枝、树叶。在王阳明建构的国家治理体系中,一方面,德治为本,对此上文已有阐述;另一方面,法治为末。当然,王阳明并没有直接提出"法治"这个概念,但他讨论了"礼、乐、刑、政之法"对于国家治理的意义。根据"礼、乐、刑、政之法"完善国家治理,把"礼、乐、刑、政之法"作为治国理政的规则,这样的治道,可以概括为法治。

王阳明关于"法治为末"的主张,见于1518年他写给薛侃的一封信中。他借此信告诉薛侃:"即日已抵龙南,明日入巢,四路皆如期并进,贼有必破之势矣。向在横水,尝寄书仕德云:'破山中贼易,破心中贼难。'区区剪除鼠窃,何足为异?若诸贤扫荡心腹之寇,以收廓清平定之功,此诚大丈夫不世之伟绩。"①在"兵刑同义"②的传统中,所谓"破山中贼",主要是以"兵刑"治国平天下,这样的事业在王阳明看来过于平常,并不会增添自己的荣耀。相比之下,"破心中贼"才是值得大书特书的伟业。两种事业在王阳明设定的价值体系中高下悬殊,足以表明,相对于德治这个根本,法治确实处于"末"的地位。三年之后的1521年,王阳明在为陆九渊的文集所写的"序"中,再次提到"末"的问题。他说,"世儒之支离,外索于刑名器数之末,以求明其所谓物理者"③,显然是一条歧途。此论虽然主要在于批评朱熹所代表的"世儒"及其"支离事业",但也可以表明,"刑名器数"这一类的事物,乃是与"本"相对应的"末"。

王阳明的治理实践也可以体现出"法治为末"的倾向。根据《年谱》,1518年4月,"先生谓民风不善,由于教化未明。今幸盗

---

① 王阳明:《王阳明全集》第五册,线装书局2012年,第27页。
② 关于"兵刑同义",《国语·鲁语上》有言:"大刑用甲兵,其次用斧钺,中刑用刀锯,其次用钻笮,薄刑用鞭扑,以威民也。"详见,左丘明:《国语》,韦昭注,上海古籍出版社2015年,第107页。
③ 陆九渊:《陆九渊集》,钟哲点校,中华书局1980年,第537—538页。

贼稍平,民困渐息,一应移风易俗之事,虽未能尽举,姑且就其浅近易行者,开导训诲。即行告谕,发南、赣所属各县父老子弟,互相戒勉,兴立社学,延师教子,歌诗习礼。出入街衢,官长至,俱叉手拱立。先生或赞赏训诱之。久之,市民亦知冠服,朝夕歌声达于委巷,雍雍然渐成礼让之俗矣"①。在南赣地区,"礼让之俗"的形成,表明社会治理已经取得了良好的绩效。然而,这种治理绩效的取得,主要是"开导训诲""歌诗习礼"的产物,亦即"德治"的产物,并非"法治"的产物。

稍作追溯还可以发现,这种德治为本、法治为末的构想,在王阳明主政地方的初期就已经显现出来。据《年谱》记载,早在1510年,三十八岁的王阳明就任庐陵县知县,"先生三月至庐陵。为政不事威刑,惟以开导人心为本。莅任初,首询里役,察各乡贫富奸良之实而低昂之。狱牒盈庭,不即断射。稽国初旧制,慎选里正三老,坐申明亭,使之委曲劝谕。民胥悔胜气嚣讼,至有涕泣而归者。由是囹圄日清。在县七阅月,遗告示十有六,在抵谆谆慰告父老,使教子弟,毋令荡僻"②。这是王阳明离开贵州之后,首次主持一县政务。在庐陵的治理实践中,一方面,他"不事威刑",不依赖刑法的威慑作用。另一方面,他尽可能开导人心,并以之为本。这样的为政之道,即为德治为本、法治为末。既然法治处于"末"的地位,《年谱》关于王阳明在1510年前后的记载,就略去了他在法治方面的言行,主要突出了他在德治方面的事迹。这种叙事,本身也是关于"法治为末"的写照。

尽管相对于"为本"的德治,法治处于"为末"的地位,但是,在治理实践中,王阳明对法治还是给予了足够的重视,因为法治也是必不可少的。根据王阳明的"礼、乐、刑、政之法"一语,他的法治世

---

① 王阳明:《王阳明全集》第五册,线装书局2012年,第31页。
② 王阳明:《王阳明全集》第五册,线装书局2012年,第11页。

界可以分为"礼乐之治"与"政刑之治"来分别予以考察。①

（一）礼乐之治

礼乐之治，主要是礼之治。在"礼、乐、刑、政"这四种"法"规范中，礼的地位也是首屈一指的。因此，应当充分发挥礼在国家治理、社会治理中的作用；礼治作为法治的一个组成部分，应当全面展开；尤其要注意把握礼治的基本原则。

根据《寄邹谦之·二》，邹谦之在来信中提出了一个具体的问题：根据朱熹制定的家礼，祭祀祖宗时应当由西向东摆放历代祖宗的灵位，但是，这种祭礼让人觉得不安。王阳明的回答是："古者庙门皆南向，主皆东向。合祭之时，昭之迁主列于北牖，穆之迁主列于南牖，皆统于太祖东向之尊。是故西上，以次而东。今祠堂之制既异于古，而又无太祖东向之统，则西上之说诚有所未安。"解决这个问题的思路是："礼以时为大，若事死如事生，则宜以高祖南向，而曾、祖、祢东西分列，席皆稍降而弗正对，似于人心为安。"②祭祀过程中祖宗牌位的摆放，是一个非常具体的祭礼，见于《文公家礼》中的相关规定让邹谦之感觉不安，王阳明对此提出了相应的修改建议，实际上是修改了朱熹制定的家礼。与此同时，王阳明还提出了一个原则性的观点："礼以时为大。"

所谓"礼以时为大"，就是要根据时代的变化，对礼的内容进行适当的修改，使之满足时代的需要。还是在《寄邹谦之·二》中，王阳明写道："古礼之存于世者，老师宿儒当年不能穷其说，世之人苦

---

① 王阳明的原话是"礼、乐、刑、政"，但是，这样的排序是针对马子莘提出的问题："'修道之教'，旧说谓圣人品节吾性之固有，以为法于天下，若礼、乐、刑、政之属，此意何如？"可见，是马子莘把"刑"排在了"政"之前。王阳明的回答，重复了"礼、乐、刑、政"，称它们"是治天下之法"。详见王阳明：《王阳明全集》第一册，线装书局2012年，第115页。而从逻辑上说，"政"应当在"刑"之前，"刑"应当作为最后的保障性规范，基于这个原因，此处及下文均以"政刑"概括"礼乐"之后的两种"法"规范。

② 王阳明：《王阳明全集》第一册，线装书局2012年，第301页。

其烦且难,遂皆废置而不行。故今之为人上而欲异民于礼者,非详且备之为难,惟简切明白而使人易行之为贵耳。中间如四代位次及社祔祭之类,固区区向时欲稍改以从俗者,今皆斟酌为之,于人情甚协。盖天下古今之人,其情一而已矣。先王制礼,皆因人情而为之节文,是以行之万世而皆准。其或反之吾心而有所未安者,非其传记之讹阙,则必古今风气习俗之异宜者矣。此虽先王未之有,亦可以义起,三王之所以不相袭礼也。若徒拘泥于古,不得于心,而冥行焉,是乃非礼之礼,行不著而习不察者矣。后世心学不讲,人失其情,难乎与之言礼! 然良知之在人心,则万古如一日。苟顺吾心之良知以致之,则所谓不知足而为屦,我知其不为蒉矣。非天子不议礼制度,今之为此,非以议礼为也,徒以末世废礼之极,聊为之兆以兴起之。故特为此简易之说,欲使之易知易从焉耳。冠、婚、丧、祭之外,附以乡约,其于民俗亦甚有补。"①

这段话比较全面地表达了王阳明关于礼治的基本思想。一方面,关于礼的规则,亦即礼法,并非越古越好。古礼并不是后人崇拜的对象,更不是后人迷信的对象。如果只是在形式上遵循古代的礼法,如果古礼不能让人心安,那样的礼甚至可以称为"非礼之礼"。所谓"非礼之礼",是指不符合礼的本质要求的礼,这就相当于"非法之法",是指不符合法的基本要求的法——譬如,显失公正的法,以不合法的程序制定出来的法,都可以归属于"非法之法"。王阳明提出的"非礼之礼"也是这种情况:如果它"不得于心",那就不符合礼的本质要求。这样的礼,即使载之于古籍,也不必拘泥。另一方面,礼是根据人情而制作的符节、文字,礼的依据是人之常情,这是礼能够长期发挥作用的根源。如果一个时代的风气、习俗发生了根本性的变化,礼也将随之发生变化。如果我们不能理解某种古代的礼,那主要是因为时代发生了变化。从历史研究的角

---

① 王阳明:《王阳明全集》第一册,线装书局 2012 年,第 300 页。

度来看,沿着那些难以理解的古礼进行索解,可以开启一个相异的历史世界与意义世界,可以还原、再现一个旧时代的风气、习惯。当然,从法理学研究的角度来看,那就要立足于运动变化的观点,进而看到,没有永恒不变的礼,只有随着时代变化的礼。

还有一个方面,那就是关于礼的"简易之说",其基本旨趣在于:促使礼向易知易行的方向变化。这样的"简易之说",其实反映了王阳明一贯的立场。在思想渊源上,"简易之说"由来已久,《易传·系辞上传》已有这样的表达:"易则易知,简则易从。易知则有亲,易从则有功。有亲则可久,有功则可大。可久则贤人之德,可大则贤人之业。易简而天下之理得矣。"① 南宋的陆九渊作为王阳明之学的前驱,早已在题为《鹅湖和教授兄韵》的诗中主张:"易简功夫终久大,支离事业竟浮沉。欲知自下升高处,真伪先须辨只今。"② 在这样的思想基础上,王阳明又作了新的发挥,他说:"天下之大乱,由虚文胜而实行衰也。使道明于天下,则六经不必述。删述六经,孔子不得已也。自伏羲画卦,至于文王、周公。其间言《易》,如《连山》、《归藏》之属。纷纷籍籍,不知其几。《易》道大乱。孔子以天下好文之风日盛,知其说之将无纪极,于是取文王、周公之说而赞之。以为惟此为得其宗。于是纷纷之说尽废。而天下之言《易》者始一。《书》、《诗》、《礼》、《乐》、《春秋》皆然。《书》自'典'、'谟'以后,《诗》自'二南'以降,如《九丘》、《八索》,一切淫哇逸荡之词,盖不知其几千百篇。《礼》、《乐》之名物度数,至是亦不可胜穷。孔子皆删削而述正之,然后其说始废。如《书》、《诗》、《礼》、《乐》中,孔子何尝加一语。今之《礼记》诸说,皆后儒附会而成。已非孔子之旧。至于《春秋》,虽称孔子作之,其实皆鲁史旧文。所谓'笔'者,'笔'其旧。所谓'削'者,'削'其繁,是有减无增。

---

① 周振甫译注:《周易译注》,中华书局1991年,第229页。
② 陆九渊:《陆九渊集》,钟哲点校,中华书局1980年,第301页。

孔子述六经,惧繁文之乱天下。惟简之而不得。使天下务去其文以求其实。非以文教之也。春秋以后,繁文益盛,天下益乱。"[1]这段话较长,但引用于此,有助于理解王阳明关于礼的"简易之说"。另据《传习录》:"王汝中、省曾侍坐。先生握扇命曰:'你们用扇。'省曾起对曰:'不敢。'先生曰:'圣人之学不是这等捆缚苦楚的。不是装做道学的模样。'"[2]这个典故,生动地表现了王阳明不重形式、简易为礼的思想倾向。

更全面地看,王阳明关于礼治的观点,都可以在反对"虚文"、强调"实行"的思想框架下来理解。"礼以时为大"就是要强调礼与时代的契合,让礼的规则符合时代、人情、人心的需要,从而更好地发挥礼在国家治理、社会治理中的功能。

在礼乐之治中,礼之治是重心,乐之治也有必要给予一定的注意。关于"乐之治",王阳明有一个观点:"古乐不作久矣,今之戏子,尚与古乐意思相近。"王阳明进一步解释说:"《韶》之九成,便是舜的一本戏子;《武》之九变,便是武王的一本戏子。圣人一生实事,俱播在乐中,所以有德者闻之,便知他尽善尽美与尽美未尽善处。若后世作乐,只是做些词调,于民俗风化绝无关涉,何以化民善俗?今要民俗反朴还淳,取今之戏子,将妖淫词调俱去了,只取忠臣、孝子故事,使愚俗百姓人人易晓,无意中感激他良知起来,却于风化有益。然后古乐渐次可复矣。"[3]看到戏子与古乐的相通之处,主张充分发挥戏子的作用,让戏子助成"乐之治",也可以反映王阳明强调"实行"的精神与风格。

(二) 政刑之治

与"礼乐之治"相伴随的,还有"政刑之治"。由于王阳明有主政地方与带兵打仗的经历,因而在"政刑之治"方面,也有知行合一

---

[1] 王阳明:《王阳明全集》第一册,线装书局2012年,第81—82页。
[2] 王阳明:《王阳明全集》第一册,线装书局2012年,第183页。
[3] 王阳明:《王阳明全集》第一册,线装书局2012年,第193页。

的成就。就像"礼乐之治"可以分为"礼之治"与"乐之治"一样,"政刑之治"也可以分为"政之治"与"刑之治"。

先看"政之治"。王阳明在为政或关于"政之治"的探索过程中,一个比较突出的创新是"十家牌法"。这可以视为王阳明为了推进地方治理而制定的一项法律制度。在《十家牌法告谕各府父老子弟》一文中,王阳明解释了创制这项法律制度的意图:"今为此牌,似亦烦劳。尔众中间固多诗书礼义之家,吾亦岂忍以狡诈待尔良民。便欲防奸革弊,以保安尔良善,则又不得不然,父老子弟,其体此意。自今各家务要父慈子孝,兄爱弟敬,夫和妇随,长惠幼顺,小心以奉官法,勤谨以办国课,恭俭以守家业,谦和以处乡里,心要平恕,毋得轻意忿争,事要含忍,毋得辄兴词讼,见善互相劝勉,有恶互相惩戒,务兴礼让之风,以成敦厚之俗。"[①]这段话旨在阐明"十家牌法"的"立法背景"及"立法目的":这是在尊重乡民与治理乡民之间进行权衡的结果。一方面,对于乡民中众多的诗书礼义之家,本来应当予以足够的尊重,但是,另一方面,既然乡民中那些作奸犯科者已经对国家治理、地方治理构成了明显的危害,为了清除这样一些危害,还得创立并实施"十家牌法",因此,这是一个不得已的选择。

"十家牌法"的具体内容,首先是把十户人家作为一个单元来管理。每家的人口状况如实登记。每家人口多少,每个人的职业是什么,每个人的年龄状况、身体特征,以及户籍、田产等等,全部登记造册,上报政府。政府如果要征调民力,或者要实施其他方面的常规管理,都可以根据这个册子载明的信息。由此看来,"十家牌法"首先是要建立一个"数据库",有了这个"数据库",就可以进行精细化的治理。其次,"十家牌法"要求以十家为单元,上报十家范围内有不良行为甚至是有恶行的人,这些人的名单由政府掌握,

---

[①] 王阳明:《王阳明全集》第二册,线装书局2012年,第259页。

如果这些人能够改恶从善,政府可以不再追究,但是,必须由十家共同担保。这项措施,其实是要在十家范围内,形成一个惩恶扬善的共同体。以现在的理论与实践来说,这一措施既促成了治理重心的下移,同时也节省了政府的治理成本,可以理解为政府指导下的"十家自治"。再次,根据"十家牌法",如果十家之内出现了盗窃等方面的违法犯罪行为,十家作为一个单元,可以组织起来缉拿违法犯罪者。在这种情况下,"十家"又承担了刑事侦查的职能。最后,十家作为一个单元,还承担了处理纠纷的职能。如果出现了纠纷,"十家"要想办法化解纠纷。即使没有发生纠纷,十家之内,大家也要相互提醒,时刻注意讲信修睦,预防可能出现的纠纷。

对于"十家牌法"在实践中的功能与作用,王阳明是很有信心的。他说:"十家牌式,其法甚约,其治甚广。有司果能着实举行,不但盗贼可息,词讼可简,因是而修之,补其偏而救其弊,则赋役可均;因是而修之,连其伍而制其什,则外侮可御;因是而修之,警其薄而劝其厚,则风俗可淳;因是而修之,导以德而训以学,则礼乐可兴。凡有司之有高才远识者,亦不必更立法制,其于民情土俗,或有未备,但循此而润色修举之,则一邑之治真可以不劳而致。"[①]通过"十家牌法",为什么可以让"一邑之治""不劳而致"?根本的原因在于:"十家牌法"是一种推进基层自治的制度安排。作为国家或政府,虽然可以"不劳"而治,但是,十家范围内的民众其实付出了相应的劳动:他们相互劝解、相互提醒、相互监督。由此可见,"十家牌法"实际上是一种发动民众、动员民众实现基层治理之法。

王阳明推动基层自治,既有"十家牌法",还有"乡约"这种制度安排。王阳明推行的"乡约"与当代中国的乡规民约或村规民约有一定的相似性。但是,当代的乡(村)规民约通常是乡(村)民自己

---

① 王阳明:《王阳明全集》第二册,线装书局2012年,第332—333页。

创制的,而王阳明推行的"乡约"却是出于王阳明的创制。在这个方面,王阳明创制的《南赣乡约》颇有代表性。

翻开流传至今的《南赣乡约》,首先看到的,是王阳明为它写下的一段序言:"咨尔民,昔人有言:'蓬生麻中,不扶而直;白沙在泥,不染而黑。'民俗之善恶,岂不由于积习使然哉!往者新民盖常弃其宗族,畔其乡里,四出而为暴,岂独其性之异,其人之罪哉?亦由我有司治之无道,教之无方。尔父老子弟所以训诲戒饬于家庭者不早,薰陶渐染于里闬者无素,诱掖奖劝之不行,连属叶和之无具,又或愤怨相激,狡伪相残,故遂使之靡然日流于恶,则我有司与尔父老子弟皆宜分受其责。呜呼!往者不可及,来者犹可追。故今特为乡约,以协和尔民,自今凡尔同约之民,皆宜孝尔父母,敬尔兄长,教训尔子孙,和顺尔乡里,死丧相助,患难相恤,善相劝勉,恶相告戒,息讼罢争,讲信修睦,务为良善之民,共成仁厚之俗。呜呼!人虽至愚,责人则明;虽有聪明,责己则昏。尔等父老子弟毋念新民之旧恶,而不与其善,彼一念而善,即善人矣;毋自恃为良民而不修其身,尔一念而恶,即恶人矣。人之善恶,由于一念之间,尔等慎思吾言,毋忽!"①

阅读这篇序言,再接着察看序言之后的十六条正文,可以发现,《南赣乡约》就相当于王阳明为南赣地区的民众制定的一部"基本法"。这部"南赣基本法"就像现代的宪法一样,既有序言,也有正文。正文是南赣民众应当普遍遵循的行为规范。序言就像现代的宪法序言一样,主要交待创制乡约的整体背景,同时也明确宣告创制这个乡约的价值目标:惩恶扬善、讲信修睦、敦风厉俗,如果能促使"南赣之治"走向"三代之治",那就再好不过了。关于这部乡约的序言与正文,这里不再详细述评。然而,如果把这部《南赣乡约》与"十家牌法"结合起来,就可以看到,《南赣乡约》实为"十家牌

---

① 王阳明:《王阳明全集》第二册,线装书局 2012 年,第 323—324 页。

法"的延伸。

"十家牌法"与《南赣乡约》大致可以代表王阳明的"为政之法"。为了保障这样的法能够得到严格有效的实施,还需要另一种"法"——它可以作为一种保障性的、强制性的后盾,那就是刑。倘若要与"为政之法"形成某种对应,那么,这种保障性的"刑"也可以理解为"为刑之法"。尽管在"礼、乐、刑、政之法"这个范围内,王阳明对"刑"的论述相对较少,但却是不可或缺的。

早在弘治十二年,亦即1499年,针对当时的边陲之患,年仅二十七岁的王阳明就向朝廷提交了一份"决策咨询报告",这就是留传至今的《陈言边务疏》。在这份报告中,王阳明提出了八项政策建议,其中就包括"行法以振威",这项政策建议的背景是:当时的边臣即使损兵折将,也不会受到惩罚。东边的将领打了败仗,就调到西边继续为将。由于君主对败军之将并不加罪,所以各地的边臣并不把打败仗当回事。针对这种情况,王阳明甚至直接批评君主:"夫法之不行,自上犯之也。今总兵官之头目,动以一二百计,彼其诚以武勇而收录之也,则亦何不可之有!然而此辈非势家之子弟,即豪门之贪缘,皆以权力而强委之也。"这些出自权贵之门的"总兵官""需求刻剥,骚扰道路;仗势以夺功,无劳而冒赏;懈战士之心,兴边戎之怨。为总兵者且复资其权力以相后先,其委之也,敢以不受乎?其受之也,其肯以不庇乎?苟戾于法,又敢斩之以殉乎?是将军之威,固已因此辈而索然矣,其又何以临师服众哉!臣愿陛下手敕提督等官,发令之日,即以先所丧师者斩于辕门,以正军法。而所谓头目之属,悉皆禁令发回,毋使渎扰侵冒,以挠将权,则士卒奋励,军威振肃。克敌制胜,皆原于此"。① 王阳明提出,如果能够把那些败军之将按照军法斩于辕门,"行法以振威",同时,把那些来自权门的"总兵官"从军队系统中全部清理出去,那么,边

---

① 王阳明:《王阳明全集》第二册,线装书局2012年,第28页。

务问题就会得到有效的解决。

治理边患需要"行法以振威",治理内患同样需要"行法以振威"。在《申明赏罚以厉人心疏》中,王阳明写道:"吴起有云:'法令不明,赏罚不信,虽有百万,何益于用? 凡兵之情,畏我则不畏敌,畏敌则不畏我。'今南、赣之兵,皆'畏敌而不畏我'。欲求其用,安可得乎。故曰'兵力不足,由于赏罚不行'者,此也。今朝廷赏罚之典固未尝不具,但未申明而举行耳。古者赏不逾时,罚不后事。过时而赏,与无赏同;后事而罚,与无罚同。况过时而不赏,后事而不罚,其亦何以齐一人心而作兴士气?"①这段政策建议同样要求以严格、及时的赏罚来提振军威。在王阳明看来,关于赏罚之法,朝廷并不是没有规定,只是没有明确地予以公布,更没有严格地加以实施。如果不及时公布、不严格实施这样的法,那么,国家的军队在敌人面前,就会退缩不前,将领无以激励军队,内乱就难以平息。

王阳明认为,无论是治理内乱还是治理外患,都需要运用刑法以提振军威。在阐明这个观点的过程中,王阳明所说的"法之不行,自上犯之",可以在商鞅那里找到源头。② 商鞅是典型的法家人物。王阳明还引用了吴起的名言。③ 虽然,吴起其人"尝学于曾子",算是孔子的再传弟子,但是,"其母死,起终不归。曾子薄之,而与起绝"。④ 这就是说,曾子所代表的儒家,已经不再认同吴起。从吴起的人生经历来看,总体上可以把他归属于法家或兵家。由此看来,王阳明对"行法以振威"的强调,并不介意它的法家色彩。

---

① 王阳明:《王阳明全集》第二册,线装书局 2012 年,第 49 页。
② 司马迁:《史记》,中华书局 2006 年,第 420 页。
③ 根据《群书治要》,王阳明引用的吴起之言,出自《吴子·治兵》,吴起的原话是:"若法令不明,赏罚不信,金之不止,鼓之不进,虽有百万之师,何益于用? 所谓治者,居则有礼,动则有威,进不可当,退不可追,前却如节,左右应麾。投之所往,天下莫当,名曰父子兵也。"详见,魏徵等撰:《群书治要》,沈锡麟整理,中华书局 2014 年,第 435 页。
④ 司马迁:《史记》,中华书局 2006 年,第 401 页。

如前所述,就像司马谈以"务为治"来概括先秦诸子,王阳明也把"务为治"作为一个现实性的追求。只要有助于完善国家治理体系,只要能够提升国家治理能力,即使是法家曾经提出的主张,也不必排斥。

但是,王阳明毕竟还是更加看重《大学》中的"明明德""亲民""止于至善"。因此,他即使在强调"行法以振威"之际,也没有忘记德治为本。正如《绥柔流贼》篇所说:"夫善者益知所劝,则助恶者日衰;恶者益知所惩,则向善者益众;此抚柔之道,而非专有恃于兵甲者也。"立足于去恶扬善,还需要注意:"刑赏之用当,而后善有所劝,恶有所惩;劝惩之道明,而后政得其安。"[1]因为刑赏的最终目的,还是在于对善的追求,而且最终还要"止于至善",毕竟这才是根本。有鉴于此,"君子之政,不必专于法,要在宜于人;君子之教,不必泥于古,要在人于善"[2]。君子为政,"刑之治"虽然是必不可少的,但绝不能仅仅依赖于"刑",最终的决定性因素还是在于人,所谓"人",其实就是人的德性。

概而言之,国家治理离不开"礼、乐、刑、政之法",但从更宽的视野中看,特别是从文明秩序的安顿来说,"礼、乐、刑、政之法"毕竟还只是"末"。只有追求至善的德治,才是治国理政之"本"。这就是王阳明面向治国理政所建构的"德本法末",它作为王阳明法理学的核心命题,反映了王阳明完善国家治理、建构文明秩序的基本构想。

三、德本法末的源与流

上文从德治与法治两个方面阐述了王阳明关于德本法末的构想。在此基础上,还有必要从思想史的角度,考察王阳明德本法末

---

[1] 王阳明:《王阳明全集》第二册,线装书局2012年,第369—371页。
[2] 王阳明:《王阳明全集》第三册,线装书局2012年,第195页。

命题的源与流。有必要以王阳明为中轴,从源与流两个方向察看王阳明德本法末命题的由来,以及这一命题对后世的影响。

(一)从"有德无法"到"德本法末"

在传统中国,在大多数情况下,"法""刑""律"都可以互训。因此,传统中国的德法关系也可以表述为德与刑的关系,或者是德与律的关系。

在中国思想史上,关于德与法的关系的思考,几乎与中国的文明史一样古老。《吕氏春秋·上德》在追溯中国的早期历史时认定:"为天下及国,莫如以德,莫如行义。以德以义,不赏而民劝,不罚而邪止。此神农、黄帝之政也。"①这就是说,早在神农、黄帝时代,治理国家的关键问题就是一个德与罚的关系问题。只是,在德与罚之间,实行德政、推行德治居于主导地位,甚至是唯一的选择与方向。在那个时代,只要厉行德治,就可以实现对国家及天下的有效治理。至于通过法律实施的奖励与惩罚,完全可以置而不用。神农、黄帝时代的德法关系,可以概括为"有德无法"。不过,按照前文征引的王阳明的论述,神农、黄帝时代的国家治理可以归属于"唐、虞以上之治,后世不可复也,略之可也",这种"有德无法"的结构,尽管可以"略之",但也可以代表华夏文明初创时期德法关系的一种萌芽。

按照王阳明的历史分期理论,紧接着"唐、虞以上之治"的,是"三代之治",正是在"三代"时期,出现了关于德法关系的一种新形态,那就是周公阐述的"明德慎罚"。根据《尚书·康诰》,周公对康叔提出的要求是:"惟乃丕显考文王,克明德慎罚,不敢侮鳏寡,庸庸、祗祗、威威、显民。"②在周公看来,这种"明德慎罚"的实践早在商代就已经形成了。正如周公在《尚书·多方》中所指出的:"乃惟

---

① 许维遹撰:《吕氏春秋集释》,梁运华整理,中华书局2016年,第450—451页。
② 曾运乾注:《尚书》,黄曙辉校点,上海古籍出版社2015年,第142页。

成汤克以尔多方简,代夏作民主。慎厥丽,乃劝,厥民刑,用劝。以至于帝乙,罔不明德慎罚,亦克用劝。"①这就是"三代"盛行的"明德慎罚"。这是王阳明奉为圭臬的关于德法关系的一种经典模式。

德法关系的第三种模式,可以概括为"德主刑辅"。根据《论语·为政》,孔子关于国家治理有一个著名的论断:"道之以政,齐之以刑,民免而无耻。道之以德,齐之以礼,有耻且格。"②这个论断把"德礼"与"政刑"进行了划分,并在德礼与政刑之间进行了等级化的处理,可以视为"德主刑辅"关系模式的一个雏形。以孔子的论断为基础,汉代的董仲舒对于德与法的关系进行了更具体的思考,说:"圣王之治天下也,少则习之学,长则材诸位,爵禄以养其德,刑罚以威其恶,故民晓于礼谊而耻犯其上。"③立足于阴阳理论,董仲舒又认为,"天以阴为权,以阳为经。阳出而南,阴出而北。经用于盛,权用于末。以此见天之显经隐权,前德而后刑也。故曰:阳,天之德;阴,天之刑也"④。这些关于"德前刑后"或"德阳刑阴"的论述,可以作为"德主刑辅"的一种替代性表达方式。到了唐代,《唐律疏议·名例》比较正式地确认了一个基本原则:"德礼为政教之本,刑罚为政教之用。"⑤这个原则可以简化为"德本刑用",按照传统中国的"体用论",也可以解释为:德为体、刑为用,或"德体刑用"。

到了宋代,朱熹在注释孔子的"道之以政,齐之以刑,民免而无耻;道之以德,齐之以礼,有耻且格"一句时写道:"愚谓政者,为治之具。刑者,辅治之法。德礼则所以出治之本,而德又礼之本也。此其相为终始,虽不可以偏废,然政刑能使民远罪而已,德礼之效,

---

① 曾运乾注:《尚书》,黄曙辉校点,上海古籍出版社2015年,第211页。
② 陈晓芬、徐儒宗译注:《论语·大学·中庸》,中华书局2015年,第16页。
③ 班固:《汉书》,中华书局2007年,第565页。
④ 张世亮、钟肇鹏、周桂钿译注:《春秋繁露》,中华书局2014年,第417页。
⑤ 刘俊文笺解:《唐律疏议笺解》,中华书局1996年,第3页。

则有以使民日迁善而不自知。故治民者不可徒恃其末，又当深探其本也。"①朱熹关于德、礼、政、刑的排序意味着，在国家治理体系中，这四个元素重要性依次递减。朱熹明确指出了德为礼之本，但大致可以推断，礼也可以作为政之本，政也可以作为刑之本。根据这样一个链条，德与法的关系，大致可以概括为"德本刑辅"或"德主刑辅"。

归纳以上各种观点，神农、黄帝时期盛行"有德无法"的实践。从周公、孔子、董仲舒，一直到朱熹，都对德法关系进行了界定。在不同时代的各种论述中，包含了一个共同的特点：都主张重德而轻法，都认为德与法不能等量齐观。从相异的方面来看，各种论述各有侧重：周公要求彰明德治、慎用刑罚。孔子认为德礼之治具有伦理意义，但政刑之治却没有伦理意义。董仲舒以尊卑关系、阴阳关系定性德法关系。朱熹描述德法关系的关键词是"本"与"辅"。

正是在这样的传统中，王阳明对德法关系进行了重新建构，那就是德为本、法为末。与朱熹之前的各家学说一样，王阳明也彰显了德的重要性。这就是说，朱熹之前的各家学说构成了王阳明"德本法末"理论的源头。但是，王阳明对于德法关系理论也有所创新。在王阳明看来，德相当于树根、树干，法相当于树枝、树叶。法是德派生出来的，法对德有直接而明显的依附关系。而且，法本身不具有独立性，如果没有德，法就成了无源之水、无本之木。王阳明如此定位德与法的关系，一个根本的原因就在于他的心性本体论：万物唯心，万事唯心，心外无物，心外无事。仁与德都是心性的外化，因而构成了国家治理所依据的根与本。因而，从思想渊源上看，王阳明关于"德本法末"的构想，是传统中国由来已久的德法关系理论与陆九渊、王阳明的心学相结合的产物。

（二）从"德本法末"到"法德结合"

在王阳明身后，王阳明之学引起了广泛的回响，不仅在中国，

---

① 朱熹撰：《四书章句集注》，中华书局2011年，第55页。

而且在韩国、日本,都产生了很大的影响。后来者从不同的角度对王阳明之学进行了不同的评析。但是,相对说来,在众多的"王学"研究文献中,关于"德末法末"及相关问题的讨论还是比较少见的。主要原因在于,从法理学的角度研究王学的成果较少;从哲学或思想史的角度研究王学的学者,又很难注意到他关于"礼、乐、刑、政之法"的论述。然而,如果我们从国家治理、文明秩序建构的层面切入,从法理学的角度关注王阳明之学,就可以看到,王阳明关于德本法末的构想,对现代中国具有明显的塑造作用。

先看今日流行的孙中山的《建国方略》一书,此书由三篇文献组成;其中第一篇为《孙文学说——行易知难(心理建设)》,初次发表于1919年。由这篇文章的标题即可看到,孙中山自命的"孙文学说"几乎就是对王阳明心学的一种创造性的发挥。王阳明提出知行合一,主张知行不二。孙中山也讲知行关系,只是在知与行的关系上,把"知"置于更加关键的位置,亦即把"心理建设"置于更加关键的位置。1918年12月31日,孙中山在为《建国方略》所写的自序中说:"夫国者人之积也,人者心之器也,而国事者,一人群心理之现象也。是故政治之隆污,系乎人心之振靡。吾心信其可行,则移山填海之难,终有成功之日;吾心信其不可行,则反掌折枝之易,亦无收效之期也。心之为用大矣哉!夫心也者,万事之本源也。"① 由此可见,孙中山的建国方略,首先是心理建设。这种以心为万事本源的思想,与王阳明的"心外无事"具有很大的共通性。

孙中山在这篇序文中提到了"移山填海之难",而其中的"移山"这个意象,在毛泽东1945年写成的《愚公移山》这篇名文中,又有专门的论述:"中国古代有个寓言,叫做'愚公移山'。说的是

---

① 孙中山:《建国方略》,林家有整理,中华书局2011年,第5页。

古代有一位老人，住在华北，名叫北山愚公。他的家门南面有两座大山挡住他家的出路，一座叫做太行山，一座叫做王屋山。愚公下决心率领他的儿子们要用锄头挖去这两座大山。有个老头子名叫智叟的看了发笑，说是你们这样干未免太愚蠢了，你们父子数人要挖掉这样两座大山是完全不可能的。愚公回答说：我死了以后有我的儿子，儿子死了，又有孙子，子子孙孙是没有穷尽的。这两座山虽然很高，却是不会再增高了，挖一点就会少一点，为什么挖不平呢？愚公批驳了智叟的错误思想，毫不动摇，每天挖山不止。这件事感动了上帝，他就派了两个神仙下凡，把两座山背走了。"①

按照孙中山的论述，尤其是按照毛泽东的这篇名文，只要有"移山之心"，就可以做出"移山之行"，就可以完成"移山之事"。这都是没有问题的。在孙中山的《孙文学说——行易知难（心理建设）》与毛泽东的《愚公移山》之外，还有一篇值得注意的文献，那就是毛泽东在1939年写成的《纪念白求恩》。毛泽东在此文中称赞白求恩："一个外国人，毫无利己的动机，把中国人民的解放事业当作他自己的事业，这是什么精神？这是国际主义的精神，这是共产主义的精神，每一个中国共产党员都要学习这种精神。""白求恩同志毫不利己专门利人的精神，表现在他对工作的极端的负责任，对同志对人民的极端的热忱。""我们大家要学习他毫无自私自利之心的精神。从这点出发，就可以变为大有利于人民的人。一个人能力有大小，但只要有这点精神，就是一个高尚的人，一个纯粹的人，一个有道德的人，一个脱离了低级趣味的人，一个有益于人民的人。"②毛泽东的这些话，以及毛泽东的这篇文章，还有《愚公移山》和《为人民服务》，尤其是由此组合而成的"老三篇"，对20世纪

---

① 毛泽东：《毛泽东选集》第三卷，人民出版社2009年，第1102页。
② 毛泽东：《毛泽东选集》第二卷，人民出版社2009年，第659—660页。

上半叶的中国革命,以及对20世纪中叶以后的国家治理,都产生了巨大的影响。① 毛泽东写下的这些文献与孙中山的"孙文学说"一样,都强调了无私的德性对于政治共同体的凝聚、文明秩序的建构、国家的治理所具有的重要意义,这样的观点与王阳明"德本法末"命题中的"德本"具有遥相呼应的关系。"一个高尚的人,一个纯粹的人,一个有道德的人",在相当程度上,就像是一个"止于至善"的人,他具有"纯乎天理之心","若良知之发,更无私意障碍"。

《纪念白求恩》及"老三篇"都强调"无私"这样的德性。这样的思想、观点不仅仅是毛泽东一个人的,而是代表了那一代中国共产党人的共识。譬如,同样是在1939年完成的《论共产党员的修养》一文中,刘少奇专论共产党员的修养。共产党员应当如何提升自己的修养呢?刘少奇举出的例子是孔子与孟子:"孔子说:'吾十有五而志于学,三十而立,四十而不惑,五十而知天命,六十而耳顺,七十而从心所欲,不逾矩。'这个封建思想家在这里所说的是他自己修养的过程,他并不承认自己是天生的'圣人'。另一个封建思想家孟子也说过,在历史上担当'大任'起过作用的人物,都经过一个艰苦的锻炼过程,这就是:'必先苦其心志,劳其筋骨,饿其体肤,空乏其身,行拂乱其所为,所以动心忍性,增益其所不能。'共产党员是要担负历史上空前未有的改造世界的'大任'的,所以更必须注意在革命斗争中的锻炼和修养。"②那么,"我们在思想意识上的修养,是一回什么事呢?我认为这在基本上就是每个党员用无产阶级的思想意识去同自己的各种非无产阶级思想意识进行斗争;

---

① 有研究者就此认为:"毛泽东在这一时期撰写的《纪念白求恩》《为人民服务》《愚公移山》三篇重要著作,被称为'老三篇',是共产党人严格要求自己,锤炼先进道德品质和党性修养的经典之作,影响、教育、培养了许许多多的共产党人。从某种意义上讲,中国共产党后来取代国民党全面执掌国家政权,正是得益于其成员严格的自我要求、先进的道德品质和党性修养。"详见,申富强、李良明:《抗战时期毛泽东"老三篇"的思想内涵与现实价值》,《毛泽东研究》2018年第3期,第95页。
② 《刘少奇选集》上卷,人民出版社1981年,第101页。

用共产主义的世界观去同自己的各种非共产主义的世界观进行斗争;用无产阶级的、人民的、党的利益高于一切的原则去同自己的个人主义思想进行斗争"①。刘少奇的这些论述,从孔子、孟子的修身开始讲起,一直讲到共产党员的修养,其核心就是要祛除私欲之蔽,提升共产主义之德。

从孙中山到毛泽东、刘少奇的论述中,都可以看到王阳明之学在现代中国的延伸。王阳明没有直接提出"德本法末"这样一个命题,他关于"明德""亲民""至善"的论述,与他关于"礼、乐、刑、政之法"的论述,是分别展开的,但是,我们可以根据他反复提到的"本"与"末"这一对范畴,把他关于国家治理的法理构想概括为"德本法末"。同样,现代的孙中山、毛泽东、刘少奇也没有直接提出"德本法末"这样一个命题,但是,把他们的思想理论与政治实践加以融会贯通,就可以发现,他们都强调了心理建设、道德修养对于革命、建国、治理的根本意义,这跟王阳明的"德本"观念具有一定的源流关系。

不过,以上引证的孙中山、毛泽东、刘少奇的论述,都是在20世纪上半叶形成的,其中,孙中山的"孙文学说"从诞生至今,已经超过了一百年。百年以来,中国的政治经济与思想文化都发生了很大的变化,中国与世界的关系也发生了很大的变化。在21世纪20年代的背景下,重新思考王阳明的"德本法末"命题,就会发现,德与法的关系不仅存在,而且极具现实意义。

小结

在当代中国,在依法治国、建设社会主义法治国家的时代,法治的价值受到了普遍的推崇,没有人会反对法治,也没有人轻视法治,更不会把法或法治看成是细枝末节。如果有人像王阳明那样,

---

① 《刘少奇选集》上卷,人民出版社1981年,第121页。

用"本与末"这一对范畴来宣扬其德法关系论,一定会招致普遍的反对。然而,即使是在这样的思想、理论、学术背景下,当代中国依然要坚持依法治国和以德治国相结合。在这里,法治与德治是"相结合"的关系,而且法治还排在了德治之前,这样的德法关系或可概括为"法德结合论"。这样的德法关系或法德关系,是对当代中国国家治理需要的回应,已经不是王阳明的"德本法末论"所能够解释的了。不过,德与法的关系依然存在。在国家治理体系中,以德治国依然不可或缺。这就意味着,王阳明的"德本法末"构想在现代及未来中国,依然具有潜在而深远的意义。即使着眼于中国法理学史的层面,从当代中国的"法德结合"回溯到王阳明的"德本法末",亦有助于理解"法德结合"蜿蜒而来的历史轨迹。

第五章　清代的法理学

第一节　王夫之

明末清初的王夫之(1619—1692)个性鲜明、特立独行、著述宏富。刘献廷(1648—1695)认为:"其学无所不窥,于六经皆有发明。洞庭之南,天地元气,圣贤学脉,仅此一线耳。"①至清代晚期,"谭嗣同之思想,受其影响最多,尝曰:'五百年来学者,真通天人之故者,船山一人而已'"②。在民国初期的1913年,毛泽东在《讲堂录》中记下了王夫之的名言:"有豪杰而不圣贤者,未有圣贤而不豪杰者也。"③这些信息足以显示,王夫之是一个标志性的思想人物,在中国思想史上影响深远、备受推崇。

与此同时,如果我们立足于中国法理学史,还可以看到,王夫之创造的法理学体现了中国法理学在明清之际的某种转向:针对明代,他对心性取向或心性偏好的宋明主流法理学进行了批判;

---

① ［清］刘献廷:《广阳杂记》,江北平、夏志和标点,中华书局1957年,第57页。
② 梁启超:《清代学术概论》,上海古籍出版社2005年,第17页。
③ 中共中央文献研究室、中共湖南省委《毛泽东早期文稿》编辑组编:《毛泽东早期文稿》,湖南出版社1990年,第589页。

针对清代,他是戴震法理学的前驱。在相当程度上,王夫之的法理学可以视为宋明法理学与清代法理学之间的一个转折点,代表了宋明法理学终结之后的一个新的起点、新的方向。如果要理解宋明法理学转向清代法理学的前因后果、来龙去脉,着眼于考察王夫之的法理学,是一个颇为适宜的选择。那么,如何把握王夫之的法理学,进而理解中国法理学在明清之际发生的转向?这是一个颇有诱惑力的学术问题,也是理解清代法理学的一个必经环节。

我们看现在通行的《船山遗书》,在总篇幅达五百多万字的各类经史子集类著作中,很难说哪一篇著作就是承载王夫之法理学的主要著作。在这种情况下,收入《姜斋文集》中的《老庄申韩论》一文,就颇具提纲挈领的意义。在这篇短论中,王夫之开篇就提出:"建之为道术,推之为治法,内以求心,勿损其心,出以安天下,勿贼天下:古之圣人仁及万物,儒者修明之以见诸行事,惟此而已。求合于此而不能,因流于波者,老、庄也。损其心以任气,贼天下以立权,明与圣人之道背驰而毒及万世者,申、韩也。与圣人之背驰则峻拒之者,儒者之责,勿容辞也。"①

这几句话包含了几个要点。首先是"儒者之责",它表明了王夫之的立场:要承担起传承儒家圣人治道的责任。这就是说,王夫之坚守的立场是儒者立场。其次,守护儒家圣人及其治道的基本方式,就是"峻拒"老、庄与申、韩,亦即道家与法家。在王夫之看来,对于儒家圣人的治道来说,老、庄与申、韩都是异端,正如王夫之在《宋论》中所言:"异端之言治,与王者之道相背戾者,黄、老也,申、韩也。"②王夫之的这个论断具有相当的历史基础,早在南宋时期,丁端祖在为陆九渊拟写的《覆谥》中,已有大致相同的论断:"夫

---

① [清]王夫之:《船山遗书》第十四册,中国书店2016年,第4页。
② [清]王夫之:《船山遗书》第十一册,中国书店2016年,第190页。

《六经》厄于秦,而士以权谋相倾,汉尚申、韩,晋尚老、庄,唐惟辞章是夸,先王之道陵迟甚矣。"①由此可见,把老、庄与申、韩作为儒家的异端,在宋代已是一个普遍流行的观念,甚至早在宋代之前,这样的观念就已经出现。

在此基础上,我们再看《读通鉴论》评论的一个历史细节:在唐玄宗开始亲政之际,晋陵尉杨相如告诉玄宗:"法贵简而能禁,刑贵轻而必行。小过不察,则无烦苛;大罪不漏,则止奸慝。"对杨相如的这个观点,王夫之深表认同,他说:"斯言也,不倚于老氏,抑不流于申、韩,洵知治道之言乎!后世之为君子者,十九而为申、韩,鉴于此,而其失不可掩已。"②杨相如向唐玄宗之所言,乃是一个典型的法律、法学问题。但是,王夫之把它理解为一个治道问题或法理问题。王夫之把杨相如之言当作"洵知治道之言",这是一个很高的评价。王夫之认同杨相如观点的理由在于:杨相如所说的法理,既不倚于老氏,也不流于申、韩。只有这样的法理,才能满足王夫之对法理的期待。

根据以上铺垫,我们可以提炼出王夫之法理学的旨趣:既拒老、庄,又辟申、韩,以儒者的立场重述儒家圣人的法理学。王夫之法理学的这种旨趣,让我们想到孔子的一句名言:"吾有知乎哉?无知也。有鄙夫问于我,空空如也。我叩其两端而竭焉。"③孔子在此所"叩"的"两端",恰好就是王夫之敲打的"两端":一端是老、庄的法理学,另一端是申、韩的法理学。王夫之通过对"两端"的敲打或"峻拒",试图对儒家法理学进行正本清源式的重述。这就是王夫之法理学的精神,也是明清鼎革之后中国法理学在顺治、康熙

---

① [宋]陆九渊:《陆九渊集》,钟哲点校,中华书局1980年,第386—387页。
② [清]王夫之:《船山遗书》第十册,中国书店2016年,第139页。
③ 陈晓芬、徐儒宗译注:《论语·大学·中庸》,中华书局2015年,第101页。根据陆九渊的解释,"叩其两端而竭焉"的含义是,"言极其初终始末,竭尽无留藏也"。([宋]陆九渊:《陆九渊集》,钟哲点校,中华书局1980年,第402页)这里是化用孔子的名言。

时期的一个写照,当然也是中国法理学史在17世纪下半叶的一个写照。为了具体呈现王夫之法理学的精神与风格,有必要从以下三个方面予以分述。

一、对老庄法理学的批判

因为老、庄的法理学与申、韩的法理学都居于儒家法理学的对立面,所以,按照王夫之自觉承担的"儒者之责","峻拒"老、庄与"峻拒"申、韩,都是不容推辞的神圣职责。然而,在前文引用的几种文献中,王夫之有一个共同的表达方式:先老、庄而后申、韩。这样的表达方式是否意味着,对于儒家及其法理学来说,老、庄之害重于申、韩之祸?对此,我们虽然不能直接得出一个肯定性的答案,但是,倘若置身于王夫之生活的明末清初,确实可以看到,明朝的灭亡与老、庄及其法理学具有一定的关联性。

因为,从魏晋时代开始直至明代,老、庄及其法理学在中国思想史以及中国法理学史上,一直具有较大的影响。老、庄思想在魏晋时代占据的主导地位暂且不论,宋明时代长期盛行的宋明理学,在相当程度上,就是中国固有的儒家学说、道家学说与印度传来的佛家学说融会贯通的产物。宋明理学虽然代表了宋明时代的儒家学说,但这种儒家学说是接纳、混合了道家学说、佛家学说之后的儒家学说。这种儒家学说具有比较浓厚的"心性儒学"的性质,具有空疏之弊端,其末流竟然是:"无事袖手谈心性,临危一死报君王,即为上品矣。"[①]在明末清初的很多士人(譬如颜元)看来,这样的"心性儒学"对于明朝的覆灭,应当承担一定的责任。这就是王夫之批判老、庄及其法理学的现实背景。

在王夫之看来,如前所述,老、庄之弊在"流于诐"。所谓"诐",就是偏颇、邪僻,用现在的话来说,就是歪理邪说、歪门邪道。那

[①] [清]颜元:《颜元集》,王星贤、张芥尘、郭征点校,中华书局1987年,第51页。

么,老、庄之"诐","诐"在何处?在《老子衍·自序》中,王夫之自称:"夫之察其悖者久之,乃废诸家,以衍其意;盖入其垒,袭其辎,暴其恃,而见其瑕矣,见其瑕而后道可复使也。夫其所谓瑕者何也?天下之言道者,激俗而故反之,则不公;偶见而乐持之,则不经;凿慧而数扬之,则不祥。三者之失,老子兼之矣。故于圣道所谓文之以礼乐以建中和之极者,未足以与其深也。"①这就是王夫之对老子所作的一个总体性的批判。

在王夫之看来,老子的"诐"与"瑕",亦即偏颇与错误,主要包括三个方面。其一,天下世人的见解,特别是那些主流的见解,过于低级、庸俗,老子不能认同,刻意予以批判,进而提出了相反的主张。可惜老子矫枉过正,从一个极端走向另一个极端,从一种偏颇走向另一种偏颇,因而也是不公正的。这就是老子学说的"不公"。其二,老子观察世间万物,偶有所见,则无限放大,以之作为普遍的真理,以偶然现象代替普遍规律,这同样是偏颇的、邪僻的,这就是老子学说的"不经"——所谓"不经",就是现在所说的"荒诞不经"。其三,老子有一些个性化的智慧与见解,但是,他把这样一些个人化、个体化、个性化的观点反复宣扬,就会导致灾难性的后果,这就是老子学说的"不祥"。

如果把老子的治道及法理与儒家的治道及法理相比较,那么,前者远远不及后者。何以见得?根据王夫之的论述,一方面,儒家圣人、儒家法理强调礼乐之治,儒家圣人善于通过礼乐建构文明秩序,进而实现对国家、对天下的有效治理。这是一种具有人文性质的国家治理之道。所谓"文以之礼乐",就包含了"以礼乐化成人文"之意。这就是说,儒家的圣道及法理,并不仅仅在于建构秩序,而是要建构一种文明的秩序,亦即有精神追求、有德性指向的文明秩序。这是老子的治道及法理比不上的。另一方面,儒家的圣道及法理强调"中和之极"。何谓"中和"?《礼记·中庸》有专门的解

---

① [清]王夫之:《船山遗书》第十二册,中国书店2016年,第349页。

释:"喜怒哀乐之未发,谓之中;发而皆中节,谓之和。中也者,天下之大本也;和也者,天下之达道也。致中和,天地位焉,万物育焉。"①这就是说,"中"是天下一切道理的根本,"和"是天下一切事物的最普遍的规律。从法理的角度来看,"中和"乃是最高的规范。《论语·庸也》有言:"中庸之为德也,其至矣乎!民鲜久矣。"②出于孔子的这个论断同样强调,中和亦即中庸乃是最高的规范。这种意义的"中和",堪比托马斯·阿奎那(约 1227—1274)所说的"永恒法"③。与之形成鲜明对照的,则是老子的偏颇、邪僻。

在以上总体性批判老子学说的基础上,王夫之对老子、庄子及其法理学还有更加具体的批判,根据散见于《船山遗书》中的各种论述,老、庄法理学的错误还体现在以下四个方面。

(一)否弃礼乐刑政

无论是老子还是庄子,都有轻视礼乐、否弃政刑的倾向,以现代的概念来说,就是法律虚无主义。《老子》第三十八章:"夫礼者,忠信之薄而乱之首。"④《庄子·胠箧》称:"殚残天下之圣法,而民始可与论议。"⑤这些都体现了老、庄关于礼法的偏颇之论。

对于老、庄的偏颇,王夫之在《宋论》中指出:"黄、老之弊,掊礼乐,击刑政,解纽决防,以与天下相委随,使其民宕佚而不得游于仁义之圃。然而师之为政者,唯汉文、景,而天下亦以小康。其尤弊者,晋人反曹魏之苛核,荡尽廉隅,以召永嘉之祸。乃王导、谢安不惩其弊而仍之以宽,卒以定江左二百余年五姓之祚,虽有苻坚、拓跋宏之强,莫之能毁。"⑥在王夫之看来,掊击礼乐政刑是黄、老(同

---

① 陈晓芬、徐儒宗译注:《论语·大学·中庸》,中华书局 2015 年,第 289 页。
② 陈晓芬、徐儒宗译注:《论语·大学·中庸》,中华书局 2015 年,第 72 页。
③ [意]阿奎那:《阿奎那政治著作选》,马清槐译,商务印书馆 2011 年,第 113 页。
④ 汤漳平、王朝华译注:《老子》,中华书局 2014 年,第 142 页。
⑤ 方勇译注:《庄子》,中华书局 2015 年,第 150 页。
⑥ [清]王夫之:《船山遗书》第十一册,中国书店 2016 年,第 190 页。

时也是老、庄)的基本观点。在历史上,主政者奉行这种否弃礼乐刑政的理论,又能取得良好治理绩效的实例,唯有"文景之治"。除此之外,这种法政理论对国家治理的影响都是负面的。晋代的"永嘉之祸"就是其中的典型代表。

在王夫之看来,老、庄对礼乐刑政的理解是错误的。在《周易外传》关于贲卦的论述中,王夫之说:"礼者,仁之实也,而成乎虚。无欲也,故用天下之物而不以为泰;无私也,故建独制之极而不以为专。其静也正,则其动也成章而不杂。增之于《颐》之所不受,则杂矣;动之于《损》而相为文,则不成乎章矣。分而上,来而文,何汲汲也!以此为文,则忠信有涯而音容外贷,故老子得以讥之曰:'礼者忠信之薄而乱之首也。'彼恶知礼!知贲而已矣,则以礼为贲而已矣。"①王夫之通过解释贲卦,进一步说明,老子并不知礼,老子对礼乐刑政的否弃,根源于他对礼的偏见。

(二)导致"不治"的"虚静论"

1904年,梁启超在《中国法理学发达史论》中写道:"放任主义者,以不治为治者也。然欲此主义之实现,必以使民无欲为前提,否亦以使民寡欲为前提。"②梁启超在此所说的放任主义的法理学,主要就是老、庄的法理学。在老、庄的理论框架中,这种"不治"与"放任"是由"致虚守静之说"支撑起来的,正如《老子》第十六章所言:"致虚极,守静笃。"③

在王夫之看来,虚静论的危害是极其严重的。《周易内传》在论及震卦时,认为:"此卦二阴凝聚于上,亢而怠于资生。阳之专气,自下达上,破阴而直彻于其藏,以挥散停凝之气,动阴而使不即于康。阴愈聚则阳愈专,阳愈孤则出愈烈,乃造化生物之大权,以威为恩者也,故其象为雷。而凡气运之初拨于乱,人心之始动以

---

① [清]王夫之:《船山遗书》第二册,中国书店2016年,第36页。
② 梁启超:《梁启超全集》,北京出版社1999年,第1269页。
③ 汤漳平、王朝华译注:《老子》,中华书局2014年,第61页。

兴,治道之立本定而趋时急者,皆肖其德焉。"这就是说,震卦可以代表一种治道及法理。根据这样一种治道及法理,老子的虚静论将会导致严重的弊害:"人莫悲于心死,则非其能动,万善不生,而恶积于不自知。欲相昵,利相困,习气相袭以安,皆重阴凝滞之气,闭人之生理者也。而或以因而任之,恬而安之,谓之为静,以制其心之动,而不使出与物感,则拘守幽暧而丧其神明,偷安以自怡,始于笑言而卒于恐惧,甚哉! 致虚守静之说,以害人心至烈也!"①

在《周易外传》中,王夫之再次批判老子的虚静论:"聪明者耳目也,睿知者心思也,仁者人也,义者事也,中和者礼乐也,大公至正者刑赏也,利用者水火金木也,厚生者谷蓏丝麻也,正德者君臣父子也。如其舍此而求诸未有器之先,亘古今,通万变,穷天穷地,穷人穷物,而不能为之名,而况得有其实乎? 老氏瞀于此,而曰道在虚,虚亦器之虚也。释氏瞀于此,而曰道在寂,寂亦器之寂也。"②这既是对老子虚静论的批判,也是对佛家寂灭论的批判。

(三) 背离仁德的"阴柔论"

老子不仅主张"虚静",而且强调"阴柔"。《老子》第四十三章:"天下之至柔,驰骋于天下之至坚,无有入于无间,吾是以知无为之有益。"③这主要是讲"柔"。《老子》第五十二章:"天下有始,以为天下母。既得其母,以知其子;既知其子,复守其母,没身不殆。塞其兑,闭其门,终身不勤;开其兑,济其事,终身不救。见小曰明,守柔曰强。"④这是"阴""柔"并论。在《老子》全书中,"阴柔"的色彩比较浓厚,几乎可以视为老子及其法理学的一个底色。

王夫之认为,阴柔论同样是错误的,因为它背离了仁德的准则。据《周易外传》,"一元之化,一代之治,一人之生,一善之集,一

---

① [清]王夫之:《船山遗书》第一册,中国书店 2016 年,第 185—186 页。
② [清]王夫之:《船山遗书》第二册,中国书店 2016 年,第 134 页。
③ 汤漳平、王朝华译注:《老子》,中华书局 2014 年,第 172 页。
④ 汤漳平、王朝华译注:《老子》,中华书局 2014 年,第 209 页。

日之修,一念之始,相续相积,何有非自强之时,可曰'得其要而不劳,择其胜而咸利'乎?故论必定于盖棺,德必驯于至极,治必逮于累仁。用九之吉,吉以此尔。自老氏之学以居錞处后,玩物变而乘其衰,言《易》者惑焉,乃曰'阳刚不可为物先'。夫雷出而荂荣,气升而灰动。神龙不为首而谁为首乎?德不先刚,则去欲不净;治不先刚,则远佞不速。妇乘夫,臣干君,夷凌夏,皆阳退听以让阴柔之害也,况足以语天德乎!"①简而言之,根据王夫之的论述,老子的阴柔论将会导致乾坤颠倒,夫妻关系、君臣关系、夷夏关系都将因此出现颠覆性的失序。

老子反复致意的"止水之渊""玄牝之门"等等,都是表现"阴柔"或"幽"的意象。关于这些意象的言论,都可归属于异端之言。正如《尚书引义》所称:"异端之言,曰'抱一',曰'见独',曰'止水之渊',曰'玄牝之门',皆言幽也,皆言约也,而藏于幽者不可以著,执其一者不可以详。芒然于己而罔所建,将以愚民而罔所锡,彼亦以此为极而祗以乱天下,故曰尤不可不审也。夫圣人之所履一于幽,以向明而治天下者,其所会归,好恶而已矣。好恶者,性之情也。元后之独也,庶民之共也,异端之所欲泯忘而任其判涣者也。"②

在王夫之看来,这样的阴柔论直接背离仁义德性。在《读四书大全说》中,王夫之写道:"老氏云:'天得一以清,地得一以宁。'其所谓得一者,生二生三之一,即道失而后有德、德失而后有仁义之旨。'玄之又玄''冲而不盈'者曰一。有德,则与道为二矣。有仁义,则终二而不一矣。得一者,无二之谓。必无仁无义,而后其一不失也。《维摩经》所言'不二法门'者,亦即此旨。是岂非邪说之宗耶?"③这就是说,倘若在国家治理过程中,严格践行老子的阴柔论,将会导致无仁无义的严峻后果。

---

① [清]王夫之:《船山遗书》第二册,中国书店 2016 年,第 8—9 页。
② [清]王夫之:《船山遗书》第二册,中国书店 2016 年,第 397 页。
③ [清]王夫之:《船山遗书》第七册,中国书店 2016 年,第 114 页。

（四）"有所明而丧其诚"

王夫之还从"明"与"诚"的差异着眼，批判老、庄的法理学。所谓"明"，主要是指精于算计意义上的"精明"；至于"诚"，则承载了德性方面的价值目标。《读四书大全说》对此已有初步的分析："老子曰'善人，不善人之师；不善人，善人之资'，是很毒语。将谓纣为武王之资，杨、墨为孟子之资，利人之不善，而己之功资以成，道资以伸！若此，既非君子之存心；乃老子且仅曰'资'，而夫子顾以反其道而用之者为'师'耶？"①这就是说，老子的观点具有"精明"的特征，譬如，善于利用他人之恶来成就自己的"功"与"道"，这就是"明"。由此看来，老子具有"明"的特质；至于"诚"的境界，老子却是没有的。

《论语·先进》中的"春风沂水"一节，受到了朱熹与王夫之的注意。朱熹的《集注》认为，"曾点未便做老、庄，只怕其流入老、庄"。在《读四书大全说》中，王夫之不认可朱熹的这个评论，他说："天理，人欲，只争公私诚伪。如兵农礼乐，亦可天理，亦可人欲。春风沂水，亦可天理，亦可人欲。才落机处即伪。夫人何乐乎为伪，则亦为己私计而已矣。庄子直恁说得轻爽快利，风流脱洒；总是一个'机'字，看着有难处便躲闪，所以将人间世作罝之彀中，则亦与释氏火宅之喻一也。看他说大鹏也不逍遥，斥鷃也不逍遥，则兵农礼乐、春风沂水了无着手处，谓之不凝滞于物。曾点所言，虽撇下兵农礼乐、时未至而助长一段唐突才猷为不屑，然其言春风沂水者，亦无异于言兵农礼乐，则在在有实境，在在而不慊其志矣。不慊其志者，不慊于理也。无所逃匿，无所弄玩，则在在有实理者。在在无伪也。此岂可与庄周同日语哉？圣人诚明同德；曾点能明其诚，而或未能诚其明；老、庄则有事于明，翻以有所明而丧其诚。此三种区别，自是黑白分明。"②三种情况分别代表了三个不同的

---

① ［清］王夫之：《船山遗书》第七册，中国书店 2016 年，第 215 页。
② ［清］王夫之：《船山遗书》第七册，中国书店 2016 年，第 253 页。

层次:老、庄仅仅"明"于事,曾点仅仅止于"诚",只有孔子既"诚"且"明"。曾点的层次虽然低于孔子,但毕竟还是高于老、庄。

至于朱子,在王夫之看来,可能还不如曾点。据《读四书大全说》,"三代以上,与后世不同,大经大法,皆所未备,故一帝王出,则必有所创作,以前民用"。三代的帝王,"其聪明睿知,苟不足以有为,则不能以治著。唯舜承尧,而又得贤,则时所当为者,尧已为之,其臣又能为之损益而缘饰之;舜且必欲有所改创,以与前圣拟功,则反以累道而伤物。舜之'无为',与孔子之'不作'同,因时而利用之以集其成也。《集注》云'既无所为',自是此意。小注以巡守、封浚、举元恺、诛四凶为疑,而朱子言践位以后并不为此,则以不言不动、因仍纵驰为无为,此老氏之旨,而非圣人之治矣"。① 朱子的"小注"表明,他没有理解"舜之无为""孔子之不作"与老子之"不言不动、因仍纵驰"的本质区别,从治道与法理来看,前两者体现了"圣人之治",后者则远远偏离了"圣人之治"。

以上几个方面,大体上体现了王夫之对老、庄法理学的批判意识。通过上文的分析可以看到,王夫之虽然把"峻拒"老、庄作为自己的责任,但在"峻拒"的过程中,他批判的主要对象其实是老子其人或《老子》其书所代表的道家法理学。在行文过程中,王夫之有时"老、庄"并称,偶尔"黄、老"并称,还有"老、释"并称的情况。"释"当然在道家之外了,但黄、老、庄都属于道家。对于纯粹的儒家道统来说,释、道两家都是异端,都是需要批判的"二氏",但是,从法理学的角度来看,释家较之于道家,毕竟还是一个相对遥远的存在,因为,道家对现世的文明秩序及其原理毕竟还有所批判,相比之下,以"出世"为追求的释家,则很少关注现世的文明秩序建构问题。我们可以讨论儒家的法理学,也可以讨论道家的法理学,但很难讨论佛家的法理学。也许是因为这个方面的缘故,王夫之的

---

① [清]王夫之:《船山遗书》第七册,中国书店2016年,第292页。

法理学在捍卫儒者立场的过程中,只强调"峻拒"老、庄及下文的申、韩,并不专门提及释家。

二、对申韩法理学的批判

在考察了王夫之对老、庄法理学的批判之后,我们再看他对申、韩法理学的批判。在中国思想史及中国法理学史上,法家与儒家的合流,在汉代已经明显地表现出来,譬如,董仲舒既是一个标志性的儒家人物,但也具有一定的法家色彩。① 这样的儒法合流显然损害了儒家的纯粹性或纯洁性。因而,从儒家的立场批判法家,自汉代以来,一直不绝如缕,并不是一个新鲜的话题。譬如,在汉初的贾谊看来,秉持法家立场的秦政就不具有正当性。秦政作为法家思想的制度肉身,其主要问题在于"仁心不施"②。王夫之也有大致相似的看法。譬如,《宋论》卷十四称:"若申、韩,则其贼仁义也烈矣。师之者,嬴政也,曹操也,武曌也,杨坚也,其亡也忽焉。画一天下而齐之以威,民不畏死,以死威之,而民之不畏也益滋。则惟惨毒生心,乐人之痛彻心脾,而自矜其能也。以君子慎修畏咎之道责小人,小人固不能喻;以小人愚惰顽恶之禁禁君子,君子亦所不防。"③那么,王夫之对申、韩法理学的批判到底有何特别之处?结合《船山遗书》中的相关论著,可以发现,王夫之所见的申、韩法理学之弊至少有以下数端。

(一)以儒术作为装饰

《老庄申韩论》称:"自宋以来,为君子儒者,言则圣人而行则申、韩也。抑圣人之言文申、韩而为言也。曹操之雄也,申、韩术行而驱天下以思媚于司马氏,不劳而夺诸几席。诸葛孔子之贞也,扶刘氏之裔以申大义,申、韩之术行而不能再世。申、韩之效,亦昭

---

① 钟肇鹏:《董仲舒的儒法合流的政治思想》,《历史研究》1977年第3期,第98页。
② 方向东译注:《新书》,中华书局2012年,第7页。
③ [清]王夫之:《船山遗书》第十一册,中国书店2016年,第190—191页。

然矣。"①这几句话揭示了宋明时期儒法关系的一种新趋势：言与行的分离。有一些"君子儒者"，他们口头上宣扬的是儒家圣人的观点、主张，但其实际行为却是申、韩的套路。这就相当于打着"左转灯"，其实是在"向右行"。申、韩的法理学是很多"君子儒者"实际信奉、实际遵循的理论学说；他们在言辞上宣扬的儒家圣人之道，并没有成为他们真实的行动指南。

本来是"申、韩"，在宋明时代却以儒术的面目出现，这不仅造成了普遍的虚伪，而且损害了儒者的形象与声誉：那些"言则圣人"的儒者，其实多是"申、韩"。这对于儒家道统来说，已经构成了严重的伤害；对于申、韩的信奉者来说，也没有好的结果。譬如，曹操直接采用申、韩之术，结果他的曹魏政权失败了；诸葛亮也是申、韩之术的实践者，他辅佐的蜀汉政权也是二世而亡。这再次证明，申、韩的治道与治术确实没有正面的效果。

为什么申、韩的治道与法理不能取得积极的治理绩效？王夫之在《尚书引义》中还有进一步的论述："法立于画一，以别嫌而明微；教养以从容，或包荒而养正。君子所甚惧者，以申、韩之酷政，文饰儒术，而重毒天下也。朱子于此，有遗议矣。唐仲友之不肖，夫人而知之也。王淮之党奸，亦夫人而知之也。蠹国殃民，党邪丑正，暴之市朝，彼何所辞？而以醉饱房帷之事，假严蕊以致之罪，则仲友之罚，可矜疑于风波，而锻炼钳网之名，反归之君子。矫之以严，欲辞申、韩之过而不得矣。"②这段论述涉及朱熹、唐仲友、王淮、严蕊等人之间的恩怨纠缠，这里不必详述。王夫之试图通过这些史实，表达一个基本的观点：申、韩式的酷政，如果披上儒术的外衣，它给天下带来的毒害是极其严重的。因此，申、韩及其法理学在宋明时期的一个弊端就在于，隐藏在儒术的外衣之下。这种以

---

① ［清］王夫之：《船山遗书》第十四册，中国书店2016年，第5页。
② ［清］王夫之：《船山遗书》第二册，中国书店2016年，第330页。

儒术作为装饰的申、韩及其法理学，既妨碍了天下人的共同利益，又损害了儒家的良好声誉。

（二）见利而忘义

法家人物都是现实主义者。以申、韩为代表的法家学说，有一个明显的思想倾向，就是对实际利益、现实功能的看重。这就深刻地塑造了法家的价值倾向，那就是功利主义。在《周易外传》中，王夫之从佛家与法家的差异说起："合成败、齐得失以为宗，释氏'缘起'之旨也。执成败、据得失以为本，法家'名实'之论也。执其固然，忘其所以然，而天下之大本不足以立；以成为始，以得为德，而生生之仁不著，吾惧夫执此说者之始于义而终于利矣。"①佛家学说是出世者的学说，完全放弃了成败与得失的计较，这是超脱者的立场。相比之下，以申、韩为代表的法家，则极端地计较得失、计算成败。如果以佛家学说治理国家、治理天下固然不行，反过来，如果当政者以法家学说治理国家、治理天下，同样也是危险的。因为，如果以法家及其法理作为治国理政的依据，那么，当政者就会把现实利益作为终极性的追求。

对于主政者来说，在国家治理的过程中，能不能像商人那样，把现实利益作为终极性的价值目标？王夫之的回答是否定的。王夫之试图坚守儒家立场，尤其是孟子刻意强调的儒家主张，那就是仁义德性，正如《孟子》一书开篇所言："何必曰利，亦有仁义而已矣"，因为"上下交征利而国危矣。万乘之国，弑其君者，必千乘之家；千乘之国，弑其君者，必百乘之家。万取千焉，千取百焉，不为不多矣。苟为后义而先利，不夺不餍。未有仁而遗其亲者也，未有义而后其君者也。王亦曰仁义而已矣，何必曰利？"②这就是孟子代表儒家所作的"义利之辨"，同时也可以代表王夫之关于义与利

---

① ［清］王夫之：《船山遗书》第二册，中国书店2016年，第6页。
② 杨伯峻译注：《孟子译注》，中华书局2012年，第2页。

的基本立场。站在这样的立场上,追求富国强兵的法家可谓"曰利"的象征。

从法理学的角度来看,法家追求现实利益的基本方式是"以法治国""一断于法""缘法而治"。王夫之把这样的国家治理方式称为"任法",与之形成对照的国家治理方式则是"任人",这是两种不同的治道。在《读通鉴论》中,王夫之对此进行了辨析:"任人任法,皆言治也,而言治者曰:任法不如任人。虽然,任人而废法,则下以合离为毁誉,上以好恶为取舍,废职业,徇虚名,逞私意,皆其弊也。于是任法者起而摘之曰:是治道之蠹也,非法而何以齐之?故申、韩之说,与王道而争胜。乃以法言之,《周官》之法亦密矣,然皆使服其官者习其事,未尝悬黜陟以拟其后。盖择人而授以法,使之遵焉,非立法以课人,必使与科条相应,非是者罚也。"①在这段话中,王夫之指出了"任人"之弊。这样的弊端至少给"任法者"提供了口实,为申、韩之说提供了与"王道"竞争的机会。所谓"王道",就是儒家圣王的治国之道,亦即重义轻利之道。在王夫之看来,儒家圣人的"王道"并不是要否弃法律,而是强调"择人而授以法",具体地说,就是要先找到仁义贤德之人,再把法律交给他,让他去实施。这样,他就会根据仁义的准则,本着仁义之心,去实施法律。

关于"任法"与"任人"之间的差异,《读通鉴论》还有进一步的比较:"法诚立矣,服其官,任其事,不容废矣。而有过于法之所期者焉,有适如其法之所期者焉,有不及乎法之所期者焉。才之有偏胜也,时之有盈诎也,事之有缓急也,九州之风土各有利病也。等天下而理之,均难易而责之,齐险易丰凶而限之,可为也而惮于为,不可为也而强为涂饰以应上之所求,天下之不乱也几何矣!上之所求于公卿百执郡邑之长者,有其纲也。安民也,裕国也,兴贤而

---

① [清]王夫之:《船山遗书》第九册,中国书店2016年,第223页。

远恶也,固本而待变也,此大纲也。大纲纪而民怨于下,事废于官,虚誉虽腾,莫能掩也。苟有法以授之,人不得以玩而政自举矣。故曰择人而授以法,非立法以课人也。"①这就是王夫之的结论:绝不能像申、韩那样"任法",亦即"立法以课人";必须注重"择人",亦即"择人而授以法"。

(三) 君权轻而吏权重

本来,以申、韩为代表的法家在春秋战国时代的兴起,有一个重要的动因就在于强化君权、弱化其他宗室贵族的权力。韩非子立论的一个着眼点就在于:"公室卑则忌直言,私行胜则少公功。"②李斯总结秦国兴起的历史经验,得出的结论是:"昭王得范雎,废穰侯,逐华阳,强公室,杜私门,蚕食诸侯,使秦成帝业。"③因而,"强公室,杜私门"是法家的一贯主张。所谓"公室",就是君主所代表的权力;所谓"私门",主要就是大夫等各种世袭贵族所代表的权力。通过强化君权,加强君主对诸侯国内的控制,加强君主对举国上下各种资源的整合能力,有助于在战国背景下,以举国之力,参与国与国之间的生存竞争。这就是说,法家的治道与法理,最初就是为了强化君主集权的。然而,王夫之发现,秦汉以后,根据法家偏好的"立法以课人",不仅不能强化君主权力,反而弱化了君主权力。

据《读通鉴论》:"孰谓秦之法密,能胜天下也?项梁有栎阳逮,蕲狱掾曹咎书抵司马欣而事得免。其他请托公行、货贿相属、而不见于史者,不知凡几也。项梁,楚大将军之子,秦之所尤忌者,欣一狱掾,驰书而难解。则其他位尊而权重者,抑孰与御之?法愈密,吏权愈重;死刑愈繁,贿赂愈章;涂饰以免罪罟,而天子之权,倒持于掾史。南阳诸刘屡杀人而王莽不能问,皆法密吏重有以蔽之也。

---

① [清]王夫之:《船山遗书》第九册,中国书店2016年,第223页。
② 高华平、王齐洲、张三夕译注:《韩非子》,中华书局2015年,第460页。
③ [汉]司马迁:《史记》,中华书局2006年,第522页。

设大辟于此,设薄刑于彼,细极于牛毛,而东西可以相审。见知故纵,蔓延相逮,而上下相倚以匿奸。闰位之主,窃非分而梦寐不安,借是以钳天下,而为天下之所钳,固其宜也。受天命,正万邦,德足以威而无疚愧者,勿效尔为也。宽斯严,简斯定。吞舟漏网而不敢再触梁笱,何也?法定于一王,而狱吏无能移也。"①

这段分析表明,即使有严密的法网,也未必能够提高国家治理能力。项梁之事仅仅是一个例子。背后的逻辑是:法网越密,就意味着掌握法网的官吏具有更大的权力空间。死刑越多,当事人为了免遭死刑,就会越来越多地行贿,相关的官吏也就拥有了更多的上下其手的机会。在这样的格局中,生死予夺之权,就在不知不觉之间,从君主手上转移到"掾史"手上,这样的权力"倒持"现象,就是法家法理学的产物。那些"闰位之主"遭受这样的后果,倒也算是自作自受,不足为惜。王夫之借此告诫当政者,一定要吸取"法愈密,吏权愈重"的教训,一定要否弃申、韩的法理学;只有通过"宽""简"之法,才能维护君主的权力,才能杜绝狱吏渔利的机会。

(四)君主安而天下困

自汉初贾谊以来,对法家及其法理的批判一直就没有间断过,甚至可以说,从秦末汉初到王夫之生活的明末清初,法家学说一直遭受着"刻薄寡恩""仁心不施"的骂名。特别是"申、韩"二字,几乎成为了一个负面的标签。譬如,朱子不喜欢荀子,就宣称:"荀卿则全是申韩","然其要,卒归于明法制,执赏罚而已"。② 按朱熹之论,荀子的"明法制"并不是一个正面的优点,反而是一个严重的缺点,因为"明法制"让荀子沦为申、韩一流。由朱熹对荀子的评论可以看出,申、韩及其法理已经触犯了众人的"不忍人之心",已经引起了"众怒"与"众怨"。既然如此,申、韩及其法理学为什么还能流

---

① [清]王夫之:《船山遗书》第九册,中国书店 2016 年,第 8 页。
② [宋]黎靖德编:《朱子语类》,王星贤点校,中华书局 2007 年,第 3255 页。

传下来?

以王夫之在《读通鉴论》的话来说,那就是:"人皆有不忍人之心,而众怒之不可犯,众怨之不可任,亦易喻矣。申、商之言,何为至今而不绝邪?志正义明如诸葛孔明而效其法,学博志广如王介甫而师其意,无他,申、商者,乍劳长逸之术也。无其心而用其术者,孔明也;用其实而讳其名者,介甫也;乃若其不容掩之藏,则李斯发之矣。"①诸葛亮、王安石、李斯是不同类型的人物,他们心志各异,但都曾以不同的方式信奉申韩之术,原因就在于,对于这些主政者来说,申、韩之术乃是一劳永逸之术。然而,这里有一个关键的问题是,申、韩之术能够让谁一劳永逸?

答案是,能够让君主一劳永逸。据《李斯列传》,李斯曾向秦二世建议:"夫贤主者,必且能全道而行督责之术者也。"通过"督责之术","主独制于天下而无所制也,能穷乐之极矣。贤明之主也,不可察焉!故申子曰'有天下而不恣睢,命之曰以天下为桎梏'者,无他焉,不能督责,而顾以其身劳于天下之民,若尧、禹然,故谓之'桎梏'也。夫不能修申、韩之明术,行督责之道,专以天下自适也,而徒务苦形劳神,以身徇百姓,则是黔首之役,非畜天下者也,何足贵哉!"②

李斯把这样的"督责之术"归属于申、韩之术,希望通过这样的"申、韩之明术",让秦二世摆脱一切约束,进而享受无穷无尽的逸乐。王夫之由此发现,"谏争绝,桎梏脱,则虽日劳于刑名文籍之中,而耽酒嗜色、佚游骄乐,可晏享而不辍。苟未忘逸豫之情者,恶能不以此为两得之术哉!任法,则人主安而天下困;任道,则天下逸而人主劳。无一切之术以自恣睢,虽非求治之主,不能高居洸漾于万民之上,固矣。以孔明之淡泊而尽瘁也,以介甫之土木其形而

---

① [清]王夫之:《船山遗书》第九册,中国书店2016年,第6页。
② [汉]司马迁:《史记》,中华书局2006年,第526页。

好学深思也,然且乐奉名法者,何也?俭以耳目,勤以耳目,而心思从其康逸也。贤者且然,况令狐绹、张居正之挟权势者哉!"①

这就是说,按照申、韩之术"任法",将导致君主安而天下困的后果。与之形成对照的,是尧、禹开创的圣人之道。倘若根据尧、禹之道"任道",或者是"任尧、禹之道",那么,君主就会像尧、禹那样辛苦,但是,天下之人就会获得逸乐。根据王夫之的论述,正是因为申、韩之术能够让君主(或实际主政者)安乐,所以即便像诸葛亮、王安石这样的人,也免不了或明或暗地接受申、韩的治道与法理,毕竟,他们作为国家政务的实际主持者,采用这样的治道,至少可以让他们的"心思"得到一定的休息。反之,如果要坚持尧、禹开创的圣人之道,那么,源于申、韩的这种导致"人主安而天下困"的"任法"之路,显然是错误的,因而也是应当予以批判的。

以上四个方面,大致体现了王夫之对申、韩及其法理的批判意识;尤其是关于"任法"的批判,集中体现了王夫之对于申、韩法理学的"峻拒"。

三、对儒家法理学的重述

从法理学的角度来看,儒者之责不仅仅在于"峻拒"老、庄的法理学与申、韩的法理学,更加重要的是:在批判这两种异端的基础上,重述、弘扬本真意义上的儒家法理学。那么,王夫之如何理解本真的、纯正的儒家法理学?如何把握王夫之对儒家法理学的重述?显然,这是一个极其开放的主题,可以从多个不同的方向来思考。

在各种选择之间,我们注意到,《读通鉴论·叙论四》开篇即称:"治道之极致,上稽《尚书》,折以孔子之言,而蔑以尚矣。"②这

---

① [清]王夫之:《船山遗书》第九册,中国书店2016年,第6页。
② [清]王夫之:《船山遗书》第十册,中国书店2016年,第375页。

就是说,《尚书》与"孔子之言"已经表达了治道的极致,足以承载王夫之所理解的儒家法理学。如果我们把孔子的法理学概括为"仁礼之学"①,那么,王夫之对儒家法理学的理解,也可以着眼于他关于"仁与礼"的论述。

查阅我所依据的《船山遗书》,在总计十五册的"遗书"中,有两篇独立的论著体量最大,一是《读通鉴论》,二是《礼记章句》;这两篇论著分别都占据了两册的篇幅。如果说,《读通鉴论》主要是一篇"历史评论",那么,《礼记章句》作为一部"礼记解释学",大致就相当于今天的"法理评析"。因为,在传统中国,礼是国家治理的主要依据,传统中国的依礼治国就相当于当代中国的依法治国。如果依法治国是当代中国法理学的主题,那么,依礼治国就是传统中国法理学的一个重要主题。从这样一个背景来看,在《船山遗书》所囊括的各种论著中,《礼记章句》既是篇幅意义上的一部"巨著",同时也为王夫之的法理学提供了重要的支撑。王夫之立足于儒者之责,从儒家立场上对儒学法理学的重述,就有必要到《礼记章句》中去寻找。

在《礼记章句》之卷首,有一篇《礼记章句序》。在这篇序文中,王夫之开篇即称:"《易》曰:'显诸仁,藏诸用。'缘仁制礼,则仁体也,礼用也;仁以行礼,则礼体也,仁用也。体用之错行而仁义之互藏,其宅固矣。人之所以异于禽兽,仁而已矣。中国之所以异于夷狄,仁而已矣;君子之所以异于小人,仁而已矣;而禽狄之微明,小人之夜气,仁未尝不存焉;惟其无礼也,故虽有存焉者而不能显,虽有显焉者而无所藏。故孔子曰:'复礼为仁。'大哉礼乎!天道之所藏而人道之所显也。"②

这几句作为开篇的话,蕴含了若干值得注意的思想信息。首

---

① 喻中:《礼与礼:孔子的二元规范论》,《法律科学》2019年第5期,第3—13页。
② [清]王夫之:《船山遗书》第四册,中国书店2016年,第3页。

先，这段话提到的唯一的历史人物，就是孔子。这与《读通鉴论·叙论四》开篇对孔子的尊崇是一致的。这再次印证了上文的一个判断：王夫之试图重述的法理学，主要源于"孔子之言"。在王夫之看来，孔子是最具象征性的儒家人物，传承孔子的法理学就是他理解的"儒者之责"。其次，如前所述，如果孔子的法理学可以概括为"仁礼之学"，那么，王夫之的法理学同样也是着眼于"仁与礼"这一对范畴来展开的。按照通常的逻辑，他的这篇著作既然是《礼记章句》，那就应当把礼作为贯穿全篇的核心范畴或基石范畴。然而，他在这篇《礼记章句序》中写下的第一个实体性概念却是"仁"。这就是说，王夫之的《礼记章句》始于"仁"，从"仁"讲到"礼"，从仁与礼的关系切入，进而阐述他的法理学。最后，《礼记章句序》开篇所说的这几句话，立足于仁的价值与意义，还展示了王夫之关于文明秩序的整体性思考，极具法理意义。着眼于以上几个方面，王夫之对儒家法理学的重述，可以概括为以下三个主题。

（一）礼是治国理政所依据的基本规范

顾名思义，《礼记章句》的关键词是礼。那么，礼是什么？王夫之的回答是："臣之僭君皆因于君之失正，而君之所以自正而正人者则惟礼而已矣。礼所以治政；而有礼之政，政即礼也。故或言政，言礼，其实一也。礼以自正而正人，则政治而君安，不待刑而自服。"[①]倘若"政"不得"治"，"君"不得"安"，倘若出现了"臣之僭君"现象，那就意味着君臣关系已经趋于混乱。造成这种混乱的根源，在于君主不能自正。如果君主要自正、正己，进而正人，进而实现政治生活、社会生活的有序化，那就只能依赖于礼。君主以礼正己，也以礼正人。无论是君主还是臣民，都受礼的约束。这样的政治就是礼治。政治是礼的实践，礼是政治的规则化表达，也是治国理政所依据的基本规范或主要规范。这就是王夫之所理解的

---

① ［清］王夫之：《船山遗书》第四册，中国书店2016年，第267页。

礼治。

王夫之追溯历史,进而发现,把礼作为国家治理所依据的基本规范,乃是一个始于三代圣人的伟大传统。不过,"三代圣人所以必谨于礼,非徒恃为拨乱反治之权,实以天道人情,中和化育之德皆于礼显之,故与生死之故,鬼神之情状合其体撰,所以措之无不宜,施之无不正。虽当大道既隐之世,而天理不忘于人者,藉此也。夫既合撰天地而为生死与俱之礼,则自有生民以来,洋溢充满于两间而为生人之纪,大同之世未之有减,而三代亦莫之增也。则三代之英与大道之公,又岂容轩轾于其间哉!"①这几句话表达了王夫之对礼的本源、本质的理解:礼是天道人情凝聚外化的产物。天道人情是礼的依据、源头、灵魂,礼是天道人情的肉体或躯壳。这样的礼,它的灵魂是不变的,永远都是有效的。正是由于这个缘故,"礼所以治政安君,故政之所自立,必原于礼之所自生。礼本于天,殽于地,列于鬼神,莫不有自然之理,而高卑奠位,秩叙章焉。得其理以顺其叙,则鬼神以之傧,制度以之考,仁义以之别矣"②。根据这样的礼,各个方面的秩序都能够得到妥善的安顿。

把王夫之对礼的理解与孔子对礼的理解进行比较,可以发现,王夫之也像孔子那样,把礼作为国家治理所依据的基本规范。先看孔子,他最初所擅长的专业知识,就是关于礼的知识。据《孔子世家》:"孔子为儿嬉戏,常陈俎豆,为礼容。"在孔子年仅十七岁之际,鲁国大夫孟釐子就告诉他的儿子孟懿子:"今孔丘年少好礼,其达者欤?吾即没,若必师之。"釐子去世之后,"懿子与鲁人南宫敬叔往学礼焉"。③由此可见,青少年时代的孔子,就以礼学专家的形象著称于鲁国。孔子把礼作为国家治理所依据的基本规范,可以说是一个根深蒂固的观念。两千多年以后,王夫之也把礼作为

---

① [清]王夫之:《船山遗书》第四册,中国书店2016年,第261页。
② [清]王夫之:《船山遗书》第四册,中国书店2016年,第268页。
③ [汉]司马迁:《史记》,中华书局2006年,第321页。

国家治理的基本规范。这就是说,对于礼在国家治理中的地位与作用,王夫之与孔子具有相同的立场。但是,王夫之并没有完全复制孔子关于礼的观点。正如王夫之所见,孔子的希望是"复礼为仁",在孔子看来,仁是礼的价值准则,但是,王夫之却把礼的本源解释为天理人情,把天理人情作为礼的依据,这一点,体现了王夫之法理学对孔子法理学的创新性发展。

(二) 互为体用:仁与礼的关系

王夫之关于礼的著作,开篇就讨论仁与礼的关系,这说明,王夫之确实是在传承孔子的法理学,因为,正如前文所提到的,孔子的法理学就是围绕着仁与礼的关系而展开的。根据《论语·八佾》,孔子有一个著名的追问:"人而不仁,如礼何?"①据此,礼是需要遵循的基本规范,但是,仁是一种更高的规范。就仁与礼的关系来看,仁相当于自然法,礼相当于实在法。仁是礼的灵魂与价值准则,礼是仁的躯壳与表达方式。仁为体,礼为用。如果把仁与礼结合起来,就可以组成一个相对完整的体用系统。仁与礼彼此依赖、相互协调,代表了孔子安顿人世生活的法理构想。

王夫之也以体用关系界定仁与礼的关系。但是,根据王夫之的理解,仁与礼构成了互为体用的关系。如果立足于"缘仁制礼",那么,仁为体,礼为用。这就是说,从创制礼的角度来看,仁占据了更为本源的地位,相比之下,礼是仁的运行、运用或表达。但是,如果立足于"仁以礼行",那么,礼为体,仁为用。这就是说,从实施仁的角度来看,礼处在体的地位。如果没有礼,如果不能凭借、依赖礼,仁就无法推行、表现、实施。在这种情况下,由于礼为仁的运用、施行提供了可能性,由于仁对礼形成了依赖关系,因而,仁就成为了用,礼反而成为了体。这就是王夫之对仁与礼的关系的重新界定:互为体用。

---

① 陈晓芬、徐儒宗译注:《论语·大学·中庸》,中华书局2015年,第27页。

从表面上看，我们可以按照现代的学术概念，把这种互为体用的仁礼关系，解释为王夫之的辩证法思想：仁对礼有决定作用，礼对仁也有反作用。但是，这种作用与反作用的关系，并不能妥帖地解释王夫之的"互为体用论"。事实上，王夫之对仁与礼的关系的界定，主要是从不同的角度观察事物的结果。从礼的制定来看仁与礼的关系，与从仁的实施来看仁与礼的关系，是两个不同的问题。尽管这两个问题都涉及仁与礼的关系，但两个问题的核心关切是不同的，因此，这才是互为体用论的依据所在。在王夫之的视野中，以这种互为体用的关系解释两个相关的事物，并非仅仅见于仁与礼。据《读四书大全说》："心之与意，动之与静，相为体用，而无分于主辅。"①这就是说，在心与意之间，在动与静之间，都具有体与用的关系。两者之间并无主次之别。根据这样的思维方式，仁与礼也没有主与次的关系。

概而言之，孔子是以应然法与实然法的关系来理解仁与礼的关系，但是，王夫之却以互为体用的关系来理解仁与礼的关系，这也体现了王夫之对孔子法理学的创造性发展。

（三）从仁与礼看中国古典形态的法律关系

如前所述，根据《礼记章句序》之开端，仁有三项重要的职能，它们分别是：作为划分人与禽兽的依据，作为划分中国与夷狄的依据，同时还是划分君子与小人的依据。接下来，这篇序文还讲："《记》之与《礼》相倚以显天下之仁，其于人之所以为人，中国之所以为中国，君子之所以为君子，盖将舍是而无以为立人之本，是《易》《诗》《书》《春秋》之实缊也。"②在这篇序文的末段，王夫之又说："夫之生际晦冥，遘悯幽怨，悼大礼之已斩，惧人道之不立，欲乘未死之暇，上溯《三礼》，下迄汉、晋、五季、唐、宋以及昭代之典礼，折中得失，立之定

---

① ［清］王夫之：《船山遗书》第七册，中国书店2016年，第23页。
② ［清］王夫之：《船山遗书》第四册，中国书店2016年，第3页。

断,以存先王之精意,徵诸实用,远俟后哲,而见闻交诎,年力不逮,姑取戴氏所记,先为章句,疏其滞塞,虽于微言未知或逮,而人禽之辨、夷夏之分、君子小人之别,未尝不三致意焉。"①

王夫之在此所说的"三致意",毫不夸张地讲,完全是一个写实性的表达方式。因为前面引述的文字已经表明,在这篇不到两页的序文中,王夫之确实已经三次提及人禽关系、夷夏关系、君子小人关系。这样的"三致意"足以表明,王夫之极其看重这三种关系。从法理学的角度来看,王夫之列举的人禽关系、夷夏关系、君子小人关系,实为中国古典形态的三种法律关系。

法律关系是现代法学理论中的一个基本概念与基本理论,它源于德国法学家萨维尼(1779—1861),在当代中国的法律实践及法律理论中得到了极其广泛的运用。譬如,现代意义上的宪法关系,主要就是围绕着国家与公民之间的法律关系来建构的。在王夫之的时代,虽然还没有现代意义上的法律关系理论,但是,要解释一种文明秩序原理,要描绘一种文明秩序框架,同样需要类似的理论。在汉代,董仲舒提出的"天人三策",就建构了一个天与人的关系理论。较之于董仲舒的"天人关系"理论,王夫之的理论更为饱满。在王夫之看来,文明秩序应当通过三重关系来建构:人禽关系、夷夏关系、君子小人关系。

人禽关系,旨在区分人与禽兽。在传统中国,这是具有重大意义的关系。因为,人与禽兽既有相同之处,更有不同之处。"天之生人,甘食悦色,几与物同。仁义智信之心,人得其全,而物亦得其一曲。其为人所独有而鸟兽之所必无者,礼而已矣。故'礼'者,人道也。礼隐于心而不能著之于外,则仁义知信之心虽或偶发,亦因天机之乍动,与虎狼之父子、蜂蚁之君臣无别,而人道毁矣。君子遭时之不造,礼教坠,文物圮,人将胥沦于禽兽,如之,何其不惧耶?"②根

---

① [清]王夫之:《船山遗书》第四册,中国书店2016年,第4页。
② [清]王夫之:《船山遗书》第四册,中国书店2016年,第8页。

据仁与礼互为体用的关系,仁是划分人与禽兽的依据,礼也是划分人与禽兽的依据。人如果失去了仁与礼,如果不能遵循仁与礼,就完全混同于禽兽。这既是"文物"与"礼教"的坍塌,同时也是"文明"的坍塌。顾炎武称:"有亡国,有亡天下。亡国与亡天下奚辨?曰:易姓改号,谓之亡国;仁义充塞,而至于率兽食人,人将相食,谓之亡天下。"① 按照顾炎武的这个区分,亡仁义就是亡天下。所以人禽之分,事关天下存亡,可谓建构文明秩序的前提条件。

如果说,人禽关系事关文明存亡,相比之下,夷夏关系则事关文明高低。孔子就很关注夷夏关系,他说:"夷狄之有君,不如诸夏之亡也。"② 在文明、文化方面,诸夏与夷狄之间存在着一个巨大的鸿沟。形象地说,夷狄可以视为诸夏在文明之维断崖式下降的结果。因而,区分夷夏是建构文明秩序的一个重要环节。正是在这样的背景下,王夫之继续强调夷夏关系的重要性:"先王于四夷之习,虽不能强同而达其志欲,则所以引其慕义而惩其不恪者,皆可渐次诱之以安土而向化矣。此德教之所以施及蛮貊也。"当然,在施行德教的过程中,"王者用夏变夷之微权,不急革之,而抑不终弃之,则亦有道也"。③ 因此,根据仁义礼教妥善处理夷夏关系,是建构文明秩序的题中应有之义。

至于君子与小人的关系,则是在华夏的内部,进一步区分文明的高低,这是在华夏内部建构秩序的主体工程。当然,区分君子与小人的主要依据依然是礼。《礼记·曲礼上》称,"礼不下庶人,刑不上大夫,刑人不在君侧"。这句话已经强调了礼在区分君子与小人中的功能。王夫之对这句话的解释是:"有士礼,无庶人礼;听其自尽,而上不责之。'刑',墨、劓、刖、宫。刑人,各有所守,不使为近侍,以防奸而远怨。三者皆以明贵贱、崇廉耻也。"④ 根据《礼

---

① [清]顾炎武:《日知录校注》,陈垣校注,安徽大学出版社 2007 年,第 723 页。
② 陈晓芬、徐儒宗译注:《论语·大学·中庸》,中华书局 2015 年,第 28 页。
③ [清]王夫之:《船山遗书》第四册,中国书店 2016 年,第 162 页。
④ [清]王夫之:《船山遗书》第四册,中国书店 2016 年,第 32 页。

记》,礼主要就是君子的行为规范。因此,是否依礼行事,是区别君子与小人的主要标准。在王夫之的时代,礼的约束力虽然已经延伸至"庶人",刑也施之于"大夫",但在文明与教化的意义上,君子与小人之分、贵与贱之别依然存在,依然是建构文明秩序的关键环节,因此,"礼著于仪文度数,而非有恭敬之心、撙节之度、退让之容,则礼意不显。君子知礼之无往不重,而必著明其大用,使人皆喻其生心而不容已,故内外交敬,俾礼意得因仪文以著,而礼达乎天下矣"①。所谓"礼达乎天下",就是指如果普天之下的人都在礼的规范下,都按照君子的方式行事,就可以形成一个文明的秩序关系,儒家"平天下"的理想,就可以由此而得到实现。

在王夫之看来,整体性文明秩序的建构,应当立足于人禽关系、夷夏关系、君子小人关系。如果依照现代通行的法律关系理论,这就是王夫之所理解的传统中国最重要的三种法律关系,这里不妨称之为中国古典的三种法律关系。在王夫之看来,在仁与礼互为体用的前提下,这三种关系如果能够根据仁与礼予以调整,那么,国家治理、天下治理就可以臻于完善。

小结

以上三个方面的分析表明,王夫之的法理学具有"不破不立""破中有立""先破后立"的特点。从"破"的方面来看,王夫之主要通过"峻拒"老、庄与申、韩,对道家法理学与法家法理学做出了个性化的批判。在王夫之看来,以老、庄为代表的道家法理学,其弊端主要体现在:否弃礼乐刑政,其虚静之论将会导致"不治",其阴柔之论将会消解仁德,因而,老、庄法理学是一种"有所明而丧其诚"的法理学说。以申、韩为代表的法家法理学,其弊端主要体现在:以儒术作为装饰,见利忘义,既会导致"君权轻而吏权重"的负

---

① [清]王夫之:《船山遗书》第四册,中国书店2016年,第8页。

面效应，还会造成"君主安而天下困"的后果。在批判老、庄与申、韩的基础上，王夫之站在儒者的立场上，对孔子所代表的儒家法理学进行了创造性的重述：王夫之首先强调，礼是国家治理所依据的基本规范。在此基础上，王夫之把礼与仁的关系理解为互为体用的关系。根据仁与礼形成的人禽关系、夷夏关系以及君子小人关系至为重要，代表了王夫之对文明秩序的想象与期待，可以看作中国古典形态的三重法律关系。

第二节　戴　震

戴震(1724—1777)，字东原，安徽休宁人。戴震与德国的康德(1724—1804)同年出生。戴震虽然不像康德那样享有高寿，但却是那个时代华夏世界中最重要的哲学家与思想家。戴震生活的时期属于清代中期，其时，华夏学术的主流是所谓的朴学，亦即汉学或考据学。戴震虽也以朴学著称于士林，却是朴学时代的一个异数，那就是，他既精于考据之学，同时也培植了义理之学。换言之，他在朴学居于支配地位的时代背景下，铸造了自己的思想与哲学。

此外，戴震还被视为传统中国转向现代中国的一个萌芽。譬如，梁启超(1873—1929)就认为，戴震是中国文化中平等原则的奠基人，"其志愿确欲为中国文化转一新方向。其哲学之立脚点，真可称二千年一大翻案。其论尊卑顺逆一段，实以平等精神，作伦理学上一大革命"[1]。刘师培(1884—1919)在《东原学案序》一文中写道："西国民主政治，凡立一政行一法，咸取决于多数之民，所谓公好恶也。且倡人类平等之说，舍势论理。而戴氏所言与之相合，则戴氏之功岂减卢梭、斯鸠哉。"[2]按照这个说法，戴震的思想倾向

---

[1] 梁启超：《清代学术概论》，上海古籍出版社2005年，第35页。
[2] 刘师培：《东原学案序》，载李帆编：《中国近代思想家文库·刘师培卷》，中国人民大学出版社2015年，第171页。

与思想地位,就相当于近代西方的卢梭(1712—1778)或孟德斯鸠(1689—1755)。在西方法理学史上,卢梭与孟德斯鸠都是不容回避的标志性人物,同样,在中国法理学史上,戴震也是值得专门论述的标志性人物。①

要把握戴震的法理学,有必要先看他在《与某书》中之所言:"圣人之道,使天下无不达之情,求遂其欲而天下治。后儒不知情之至于纤微无憾是谓理,而其所谓理者,同于酷吏之所谓法。酷吏以法杀人,后儒以理杀人,浸浸乎舍法而论理,死矣,更无可救矣!"相比之下,"古人之学在行事,在通民之欲,体民之情,故学成而民赖以生;后儒冥心求理,其绳以理严于商韩之法,故学成而民情不知。天下自此多迂儒,及其责民也,民莫能辩,彼方自以为理得,而天下受其害者众也!"②

在这几句话中,戴震把理与法相提并论:酷吏杀人,"后儒"也杀人;"后儒"之所谓理,就如同酷吏之所谓法;法是酷吏杀人所依据的规范,理则是"后儒"杀人所依据的规范。这就是说,"后儒"所谓的理,乃是一种与法并立的规范。理,虽没有"法"之名,但却有"法"之实。从这个意义上说,戴震关于理的理论,在实质上,就是关于法或规范的理论。按照现代的学科体系与学术体系,戴震关于理与法的理论学说,就构成了他的法理学。

进一步考察,还可以发现,戴震关于理与法的理论学说具有鲜明的民生取向。戴震希望自己的理论学说能够重返古人之学:既

---

① 在此值得注意的是,劳思光的《新编中国哲学史》凡三卷四册,以一百三十万字的篇幅叙述漫长的中国哲学史,始于"古民族"的华夏、东夷、苗蛮,以及随后的"殷民族",终于戴震。劳思光还认为,"乾嘉之学自以戴震(东原)为第一代表人物"。详见,劳思光:《新编中国哲学史》(三下),生活·读书·新知三联书店 2015 年,第 612 页。按照这样的安排,戴震似乎可以作为传统中国的哲学走向终结的一个标志性人物。在中国法理学史上,戴震法理学的地位与意义,也可以从这个角度来解读。

② [清]戴震:《孟子字义疏证》,何文光整理,中华书局 1961 年,第 174 页。

"通民之欲",又"体民之情",且"学成而民赖以生"。戴震所说的"民赖以生"就是今天通行的民生。为了维护、保障民生,那就需要批判宋儒的"理欲之分"与"以理杀人",并在此基础上重建古代圣人的"致治之法"。这就是戴震法理学的核心旨趣,其理论逻辑可以概括为:以"通民之欲"作为预设,通过批判宋儒的"理欲之分",进而重建"致治之法",最终达致"民赖以生"的憧憬。对于这样一个理论逻辑,且分述如下。

一、走向"通民之欲"

如前所述,戴震在《与某书》中提出的"民赖以生",有一个值得注意的前提,那就是"学成",因而,这个观点的完整表达方式应当是"学成而民赖以生"。这里的"学"是"古人之学",或者说,应当具有"古人之学"的品质。古人知行合一,问学与行事合一。只有这种品质的理论与学术,才可以充当"民赖以生"之学,才可以为民生提供有效的保障。这样的民生取向,可以作为戴震法理学的价值之维。换言之,作为戴震之学的一个组成部分,戴震的法理学乃是一种民生取向的法理学。戴震从不同的角度,阐述了"民赖以生"这样一种价值尺度。

(一) 从"民"的角度看"在位者"与"民"的关系

在《原善》篇中,戴震写道:"在位者多凉德而善欺背,以为民害,则民亦相欺而罔极矣;在位者行暴虐而竞强用力,则民巧为避而回遹矣;在位者肆其贪,不异寇取,则民愁苦而动摇不定矣。凡此,非民性然也,职由于贪暴以贼其民所致。乱之本,鲜不成于上,然后民受转移于下,莫之或觉也,乃曰'民之所为不善',用是而雠民,亦大惑矣!"①这段文字着眼于"在位者"与"民"的关系,论述了国家治乱或社会治乱的规律。戴震在此特别强调:乱的根源在于

---

① [清]戴震:《孟子字义疏证》,何文光整理,中华书局1961年,第78页。

上下关系的失调。所谓上下关系,就是"在位者"与"民"的关系,以现代的法学概念或政治概念来说,就是国家与公民的关系,或国家权力与公民权利的关系。这种关系是现代宪法关系的主轴,也是现代国家建设的一个枢纽。因而,从"在位者"与"民"的关系看国家治乱,构成了戴震法理学的一个支点,体现了戴震的法理思维。

这样的法理思维可以在英国人密尔(1806—1873)的论著中得到印证。在写于1859年的《论自由》一书之开篇,密尔即指出:"这篇论文的主题不是所谓意志自由","这里所要讨论的乃是公民自由或社会自由,也就是要探讨社会所能合法施用于个人的权力的性质和限度"。密尔还告诉我们:"它远非什么新的问题,从某种意义说,它几乎从最远的年代以来就在划分着人类;不过到了人类中比较文明的一部分现在已经进入的进步阶段,它又在新的情况下呈现出来,要求人们给以一种与前不同而较为根本的处理。"①

密尔在此所说的"社会"与"个人"的关系,其实就是国家与公民的关系,因为,"社会所能合法施用于个人的权力",就是国家权力;"公民自由"在法律上的表达就是公民权利。在密尔看来,国家权力与公民权利的界分,一直伴随着人类历史的始终,只是在不同的历史阶段需要做出不同的处理。在19世纪中叶,密尔偏重于强调国家权力的限度与边界,要求尽可能保障公民的权利与自由,这就是近代西方自由主义的核心主张。较之于密尔生活的时代与社会背景,戴震是在中国18世纪中后期,刻意彰显了"在位者"与"民"的关系问题。与密尔的自由主义立场不同,戴震的立场是民生主义。密尔试图维护民的自由,相比之下,戴震试图维护民的生活。就民生的范围来说,它可以包含自由,但并不仅仅局限于自由,自由只是民生的一个要素。

按照戴震的论述,处理"在位者"与"民"的关系,应当着眼于民

---

① [英]密尔:《论自由》,许宝骙译,商务印书馆2011年,第1页。

的立场,应当坚持"民本位",用当代的主流理论来说,就是要以人民为中心,要站在人民的立场上,要满足人民对美好生活的需要。从"民本位"的角度来看,国家与社会的失序,应当从"在位者"那里找原因:"在位者"的失德导致了"民亦相欺","在位者"的暴虐导致了"民巧为避","在位者"像强盗那样豪夺导致了"民愁苦而动摇不定"。这就是说,是"在位者"掌握的权力在性质与限度诸方面存在的问题,导致了国家失序与社会失序。因此,应当严格地规范与约束"在位者",亦即要对国家权力进行限制与控制,其目的既在于维护公共秩序,更在于保障民生,保障"民"对正常生活、美好生活的期待。

(二) 对"意见之治"的批判

不仅"在位者"掌握的国家权力可能伤害民生,如果"在位者"治民的依据出现了错误,同样会伤害民生。戴震就此认为:"心之所同然始谓之理,谓之义;则未至于同然,存乎其人之意见,非理也,非义也。凡一人以为然,天下万世皆曰'是不可易也',此之谓同然。举理,以见心能区分;举义,以见心能裁断。分之,各有其不易之则,名曰理;如斯而宜,名曰义。是故明理者,明其区分也;精义者,精其裁断也。不明,往往界于疑似而生惑;不精,往往杂于偏私而害道。求理义而智不足者也,故不可谓之理义。自非圣人,鲜能无蔽;有蔽之深,有蔽之浅者。人莫患乎蔽而自智,任其意见,执之为理义。吾惧求理义者以意见当之,孰知民受其祸之所终极也哉!"①这里所说的"人",从表面上看,似乎可以泛指各种各样的人,其实主要是居于优势地位的"在位者"。他们可以是政治上的"在位者",亦即掌握国家权力的人;也可以是文化上的"在位者",亦即掌握文化领导权的人。他们依据个人的"意见"治理国家,这种治理模式,不妨概括为"意见之治"。

---

① [清]戴震:《孟子字义疏证》,何文光整理,中华书局1961年,第3页。

实践过程中的"意见之治"是一种什么样的治理机制呢？戴震解释说："六经、孔、孟之言以及传记群籍，理字不多见。今虽至愚之人，悖戾恣睢，其处断一事，责诘一人，莫不辄曰理者，自宋以来始相习成俗，则以理为'如有物焉，得于天而具于心'，因以心之意见当之也。于是负其气，挟其势位，加以口给者，理伸；力弱气慑，口不能道辞者，理屈。呜呼，其孰谓以此制事，以此制人之非理哉！即其人廉洁自持，心无私慝，而至于处断一事，责诘一人，凭在己之意见，是其所是而非其所非，方自信严气正性，嫉恶如雠，而不知事情之难得，是非之易失于偏，往往人受其祸，己且终身不寤，或事后乃明，悔已无及。"①戴震还说："惟以情絜情，故其于事也，非心出一意见以处之，苟舍情求理，其所谓理，无非意见也。未有任其意见而不祸斯民者。"②由此看来，实践中的"意见之治"主要体现为："在位者"把自己的个人意见贴上"理"的标签，以之作为"处断一事，责诘一人"的依据，以之作为治理国家、治理社会的依据。

然而，"意见"具有任意性、个体性、私人性，也是无法验证的，正如黑格尔（1770—1831）所说："一个意见是一个主观的观念，一个任意的思想，一个想像，我可以这样想，别人可以那样想；——一个意见是我私有的，它本身不是一个有普遍性的自在自为地存在着的思想。但哲学是不包含意见的——所谓哲学的意见是没有的。一个人即使他本人是个哲学史的作家，当他说哲学的意见时，我们立刻就可以看得出，他缺乏对于哲学的基本修养。哲学是关于真理的客观科学，是对于真理之必然性的科学，是概念式的认识；它不是意见，也不是意见的产物。"③在黑格尔看来，与"意见"形成对照的是真理，"意见与真理的对立，像这里所明确划分的，即

---

① ［清］戴震：《孟子字义疏证》，何文光整理，中华书局1961年，第4页。
② ［清］戴震：《孟子字义疏证》，何文光整理，中华书局1961年，第5页。
③ ［德］黑格尔：《哲学史讲演录》第1卷，贺麟、王太庆等译，上海人民出版社2013年，第19页。

在苏格拉底和柏拉图时代(希腊生活之堕落的时代)的文化生活里,我们已经可以看到——柏拉图曾经把意见和知识对立起来。同样的对立,我们在奥古斯都和其后的罗马社会政治生活衰落的时代里也可以看到"①。

戴震虽然没有把"意见"直接置于"真理"的对立面,但也确认了"意见"的对立面,那就是"六经、孔、孟之言"。换言之,"六经、孔、孟之言"代表了真理,至于宋儒或"后儒"之言,则代表了意见。孔孟与宋儒或"后儒"的关系,表征了真理与意见的关系。这种关系还可以转化为古今关系:"古贤人、圣人,以体民之情、遂民之欲为得理,今人以己之意见不出于私为理,是以意见杀人,咸自信为理矣。"②由此看来,以"意见"为理,以"意见"规范社会,这样的"意见之治"将会导致"意见杀人"。"意见之治"对民的危害,由此可以得到理解。

(三)作为王道的"体民之情"

任何政治,任何国家治理与社会治理,只有充分回应了民的需要,特别是民对美好生活的期待,才具有正当性。古代圣王已经做出了这样的示范,譬如,"尧舜之忧四海困穷,文王之视民如伤,何一非为民谋其人欲之事!惟顺而导之,使归于善"③。戴震在此提到的"四海困穷",出自《尚书·大禹谟》篇中虞舜对大禹的训示:"四海困穷,天禄永终。"④虞舜的意思是,倘若四海之内的民众都处于困难贫穷的境地,那么,上天给你的大位将会永久终结。《论语·尧曰》也有类似的记载:"尧曰:'咨!尔舜!天之历数在尔躬,允执其中。四海困穷,天禄永终。'舜亦以命禹。"⑤古代圣人提出

---

① [德]黑格尔:《哲学史讲演录》第1卷,贺麟、王太庆等译,上海人民出版社2013年,第20—21页。
② [清]戴震:《戴震集》,上海古籍出版社2009年,第480页。
③ [清]戴震:《孟子字义疏证》,何文光整理,中华书局1961年,第58页。
④ 王世舜、王翠叶译注:《尚书》,中华书局2012年,第362页。
⑤ 陈晓芬、徐儒宗译注:《论语·大学·中庸》,中华书局2015年,第238页。

的这些要求表明,只有充分回应民众对正常生活、美好生活的期待,执政者才能获得正当的执政地位。尧与舜,就是这样的圣人。至于"文王之视民如伤",则见于《孟子·离娄下》篇:"文王视民如伤,望道而未之见。"根据朱熹的解释,孟子这句话是说:"民已安矣,而视之犹若有伤;道已至矣,而望之犹若未见。圣人之爱民深而求道切如此。不自满足,终日乾乾之心也。"①

在这里,戴震与朱熹虽然都注意到"文王视民如伤",但是,戴、朱两人对于此说的理解方式,还是存在着微妙的差异。在朱熹看来,"文王视民如伤"主要体现了圣人爱民之深,其间,圣人居于主体地位,"视民如伤"主要在于彰显圣人之仁德。但是,按照戴震的理解,"文王之视民如伤",主要体现了圣人的心愿:谋求实现民之欲,或尽可能满足民众的需要,重心在"民"。由此可见,针对"文王视民如伤",从朱熹的解释到戴震的解释,就出现了一个"下行"的趋势,以及叙事重心的转移:从突出圣人之仁德转而突出民众需要的满足。经过这样的转换,积极满足民之欲望、民之需求成为了关键,进而成为了王道的本质特征,概而言之,那就是,"圣人治天下,体民之情,遂民之欲,而王道备"②。这里所谓的"体民之情,遂民之欲",就是从民的立场上想问题,积极回应民生。

从源流关系来看,戴震法理学的民生取向可以在17世纪的顾炎武(1613—1682)那里找到思想源头。据考证,"浙西之学始于顾亭林,经过阎百诗等一直传到实斋同时的戴东原"③。这就是说,在顾炎武与戴震之间,在学术上存在源与流的关系。在《与友人论学书》中,顾炎武写道:"窃叹夫百余年以来之为学者,往往言心言性,而茫乎不得其解也。命与仁,夫子之所罕言也;性与天道,子贡之所

---

① [宋]朱熹撰:《四书章句集注》,中华书局2011年,第274—275页。
② [清]戴震:《孟子字义疏证》,何文光整理,中华书局1961年,第9—10页。
③ 余英时:《论戴震与章学诚:清代中期学术思想史研究》,生活·读书·新知三联书店2012年,第350页。

未得闻也。性命之理,著之《易传》,未尝数以语人;其答问士也,则曰'则己有耻';其为学,则曰'好古敏求';其与门弟子言,举尧、舜相传所谓危微精一之说一切不道,而但曰'允执其中,四海困穷,天禄永终'。呜呼!圣人之所以为学者,何其平易而可循也!"相比之下,"今之君子则不然,聚宾客门人之学者数十百人,'譬诸草木,区以别矣',而一皆与之言心言性。舍多学而识,以求一贯之方;置四海之困穷不言,而终日讲危微精一之说"。① 在《与人书》中,顾炎武又进一步提出:"孔子之删述六经,即伊尹、太公救民于水火之心,而今注虫鱼、命草木者皆不足以语此也。故曰:载之空言,不如见诸行事。夫《春秋》之作,言焉而已,而谓之行事者,天下后世用以治人之书,将欲谓之空言而不可也。愚不揣,有见于此,故凡文之不关于六经之指、当世之务者,一切不为;而既以明道救人,则于当今之所通患而未尝专指其人者,亦遂不敢以辟也。"②顾炎武的这些话都体现了对宋明理学的批判,可以视为戴震法理学之民生取向的思想先导。

此外,比顾炎武稍晚的颜元(1635—1704),也有注重民生的意识。譬如,他在论及井田制度时指出:"此千余载民之所以不被王泽也!夫言不宜者,类谓亟夺富民田,或谓人众而地寡耳。岂不思天地间田宜天地间人共享之,若顺彼富民之心,即尽万人之产而给一人,所不厌也。王道之顺人情,固如是乎?况一人而数十百顷,或数十百人而不一顷,为父母者,使一子富而诸子贫,可乎?"③这些"顺人情"、重民生的论述,亦可以作为戴震法理学追求"通民之欲""民赖以生"的思想渊源。

二、批判"理欲之分"

戴震着眼于"通民之欲""遂民之情",进而追求"民赖以生"之

---

① 徐世昌编纂:《清儒学案》第一分册,舒大刚等校点,人民出版社2010年,第207页。
② 徐世昌编纂:《清儒学案》第一分册,舒大刚等校点,人民出版社2010年,第211页。
③ [清]颜元著:《颜元集》,王星贤、张芥尘、郭征点校,中华书局1987年,第103页。

学,这样的主张并非泛泛之论,而是有直接的现实针对性。因为,戴震所见的时代,作为一个"情不相通"的时代,就是一个不能"遂民之情""通民之欲"的时代。"情不相通"之弊的根源,集中体现在宋儒的"理欲之分"及其导致的"以理杀人"。有鉴于此,为了实现"遂民之情""通民之欲",那就要批判"理欲之分"的思想观点以及"以理杀人"的社会现实。

(一) 批判"理欲之分"的参照

为了提升批判"理欲之分"的有效性,为了确立批判"理欲之分"的思想意义,戴震首先建立了一个思想批判的参照系。据《孟子字义疏证》,戴震有一番自问自答:"问:孟子辟杨墨,韩退之辟老释,今子于宋以来儒书之言,多辞而辟之,何也? 曰:言之深入人心者,其祸于人也大而莫之能觉也;苟莫之能觉也,吾不知民受其祸之所终极。"① 透过这样的历史叙事,我们可以看到戴震的一个自我期许:他想成为孟子、韩愈那样的人物,他想做出孟子、韩愈那样的贡献。由此,我们可以看到一根线索:从孟子到韩愈再到戴震,他们都有一项共同的使命,那就是"辟"。"辟"就是批判。

孟子批判的对象是杨子与墨子。据《孟子·滕文公下》,孟子对他那个时代的描述是:"圣王不作,诸侯放恣,处士横议,杨朱、墨翟之言盈天下。天下之言不归杨,则归墨。杨氏为我,是无君也;墨氏兼爱,是无父也。无父无君,是禽兽也。"孟子还说:"杨墨之道不息,孔子之道不著,是邪说诬民,充塞仁义也。仁义充塞,则率兽食人,人将相食。吾为此惧,闲先圣之道,距杨墨,放淫辞,邪说者不得作。作于其心,害于其事;作于其事,害于其政。圣人复起,不易吾言矣。昔者禹抑洪水而天下平,周公兼夷狄、驱猛兽而百姓宁,孔子成《春秋》而乱臣贼子惧。《诗》云:'戎狄是膺,荆舒是惩,则莫我敢承。'无父无君,是周公所膺也。我亦欲正人心,息邪说,

---

① [清]戴震:《孟子字义疏证》,何文光整理,中华书局1961年,第57页。

距诐行,放淫辞,以承三圣者;岂好辩哉?予不得已也。能言距杨墨者,圣人之徒也。"①在孟子看来,杨子的主张是无君,墨子的主张是无父,他们的理论与实践都是对圣王之道的严重伤害,因此必须予以批判。由此我们可以发现,戴震是把孟子作为自己立身的参照与坐标,然而,孟子为自己找到的参照与坐标却是大禹、周公与孔子。孟子试图在"大禹抑洪水""周公兼夷狄""孔子成《春秋》"之后,在"承三圣"的层面上"正人心,息邪说,距诐行,放淫辞",进而书写出"孟子距杨墨"之新篇章。

再看韩愈。他批判的对象虽然不同于孟子批判的对象,但他却是以孟子作为自己的参照与坐标。在《与孟尚书书》中,韩愈写道:"释老之害过于杨墨,韩愈之贤不及孟子,孟子不能救之于未亡之前,而韩愈乃欲全之于已坏之后,呜呼,其亦不量其力且见其身之危,莫之救以死也!虽然,使其道由愈而粗传,虽灭死万万无恨!"②这就是韩愈的"辟释、老"。在《论佛骨表》这篇名文中,韩愈专门"辟释"。他说:"夫佛本夷狄之人,与中国言语不通,衣服殊制,口不言先王之法言,身不服先王之法服,不知君臣之义,父子之情。"③就像孟子将杨、墨并称,韩愈则是将释、老并称。在韩愈看来,释、老之害,超过了孟子时代的杨、墨,他自己虽然贤不及孟子,但也要效法孟子,在唐代的社会背景下,自觉承担起守护先圣之道的责任。先圣之道是何道?韩愈在《原道》篇中已有一番自问自答。他说:"斯道也,何道也?曰:斯吾所谓道也,非向所谓老与佛之道也。尧以是传之舜,舜以是传之禹,禹以是传之汤,汤以是传之文武周公,文武周公传之孔子,孔子传之孟轲。轲之死,不得其

---

① 杨伯峻译注:《孟子译注》,中华书局 2012 年,第 165 页。
② [唐]韩愈:《韩昌黎文集校注》,马其昶校注,马茂元整理,上海古籍出版社 2014 年,第 241 页。
③ [唐]韩愈:《韩昌黎文集校注》,马其昶校注,马茂元整理,上海古籍出版社 2014 年,第 686 页。

传焉。"①在"斯道""不得其传"之际，韩愈当仁不让，自觉承担起传承儒家道统的重任。

孟子效法大禹、周公与孔子，韩愈效法孟子，戴震效法的对象则是孟子与韩愈。经过这样的叙述，戴震建构了一个新的道统传承谱系：儒家道统在孟子之后就系于韩愈，在韩愈之后就系于戴震。孟子"辟杨墨"，韩愈"辟佛老"，戴震"辟后儒"，亦即"宋以来儒书之言"。在儒家道统中，韩愈不能认同汉魏南北朝之儒；同样，戴震也不能认同宋元明之儒。如前所述，戴震以"后儒"统称宋以来的儒家。在戴震看来，"后儒"在总体上是错误的。"后儒"的错误，让民众承担了无边无际、无穷无尽的祸与害，是民众受苦的根源之一，"后儒"对民众的苦难至少负有不可推卸的责任，因而是需要批判的。批判"后儒"是为了捍卫儒家先圣之道，在思想史上，这相当于孟子之"辟杨墨"、韩愈之"辟佛老"，因而在儒家道统中，具有重大的意义，甚至具有神圣的意义。

（二）"后儒"之失在于"理欲之分"

无论是杨、墨还是释、老，他们对儒家道统的伤害，主要体现为"无君无父"。相比之下，"后儒"对儒家道统的伤害，则主要体现为"不知民受其祸之所终极"，亦即损害了民的根本利益，从而在根本上抽空了仁政旨在承载的儒家核心价值。

"后儒"在思想上存在的最大问题，在于"截然分理欲为二"，把理与欲截然两分，"治己以不出于欲为理，治人亦必以不出于欲为理，举凡民之饥寒愁怨、饮食男女、常情隐曲之感，咸视为人欲之甚轻者矣。轻其所轻，乃'吾重天理也，公义也'，言虽美，而用之治人，则祸其人"。② 在理欲二分的框架下，"在位者"以理约束自己，

---

① ［唐］韩愈：《韩昌黎文集校注》，马其昶校注，马茂元整理，上海古籍出版社2014年，第20页。
② ［清］戴震：《孟子字义疏证》，何文光整理，中华书局1961年，第59页。

也以理约束民众。但是,这样的理,是与人的常态化的日常生活相悖的理,是跟人欲无关的理。戴震所理解的"人欲",就是民众希望摆脱饥寒、摆脱贫困,有自然的、常态的饮食男女、常情隐曲。这样的"人欲",大体上就是现代所说的民生①。但是,"后儒"贬低这样的人欲,不认可人欲的正当性,武断地以与人欲相割裂的理或天理治世治人。"后儒"对人欲的贬低与否弃,本质上就是对民生的轻视与忽略,因而成为了祸民之端。

"理欲之分"给民带来的祸端还不止于此。由于"后儒"主张的天理不接地气,不符合民众对美好生活的需要,于是,民众只好"以欺伪应乎上",这就造成了普遍性的社会堕落。但是,"在位者""则曰'人之不善',胡弗思圣人体民之情,遂民之欲,不待告以天理公义,而人易免于罪戾者之有道也!孟子于'民之放辟邪侈无不为以陷于罪',犹曰,'是罔民也';又曰,'救死而恐不赡,奚暇治礼义!'古之言理也,就人之情欲求之,使之无疵之为理;今之言理也,离人之情欲求之,使之忍而不顾之为理。此理欲之辨,适以穷天下之人尽转移为欺伪之人,为祸何可胜言也哉!其所谓欲,乃帝王之所尽心于民;其所谓理,非古圣贤之所谓理;盖杂乎老释之言以为言,是以弊必至此也"。②

由此,天下之人都成了"欺伪之人"。追根溯源,"欺伪"之风在天下的盛行,最根本的原因还在于理与欲的两分。倘若在欲外求理,那么,所求得的理,绝非儒家"古圣贤之所谓理",而是混杂了老、释之"理"。这样的"理"或可称之为"伪学"之"伪理"。③ 然而,

---

① "民生"一词,在《左传·宣公十二年》中已经出现,譬如,"于民生之不易,祸至之无日,戒惧之不可以息"。详见,王守谦、金秀珍、王凤春译注:《左传全译》,贵州人民出版社1990年,第534页。这里的"民生",与今天所理解的民生,含义基本相同。
② [清]戴震:《孟子字义疏证》,何文光整理,中华书局1961年,第59页。
③ 理学在宋代就曾经被视为"伪学",淳熙十年(1183年),陈贾就向朝廷提出了"请禁伪学"的建议。详细的论述,可以参见,余英时:《朱熹的历史世界:宋代士大夫政治文化的研究》,生活·读书·新知三联书店2004年,第627页。

混杂了释、道观念之理,却又以儒的面目呈现出来,这就增加了此种"伪理"的隐蔽性、欺骗性,让这种"伪理"得以大行其道。戴震就此写道:"人知老、庄、释氏异于圣人,闻其无欲之说,犹未之信也;于宋儒,则信以为同于圣人;理欲之分,人人能言之。"①也许是因为经过了韩愈的"辟释老","释老"尽管在社会上,甚至是在朝廷上的影响依然不小,但是毕竟不像儒家圣人那样,能够在主流意识形态中占据核心地位。在政治层面,在国家治理体系中,特别是在科举考试这样的正式制度中,毕竟只有儒家圣人、儒家之道,才能居于正统地位。因而,如果仅仅是宣扬释老之学,因为全社会都知道它不是儒家圣人之学,所以信奉的人毕竟还是有限。但是,在宋儒那里,把释老之学与圣人之学混杂在一起,并以圣人之学的名义进行推广,所以信奉的人就多了,造成的危害就大了。

自宋以下,直至戴震生活的时代,居于上位的"治人者","视古贤圣体民之情,遂民之欲,多出于鄙细隐曲,不措诸意,不足为怪;而及其责以理也,不难举旷世之高节,著于义而罪之。尊者以理责卑,长者以理责幼,贵者以理责贱,虽失,谓之顺;卑者、幼者、贱者以理争之,虽得,谓之逆"。② 当理以"旷世之高节"的名义出现,总是能够占据道义的至高点,这就相当于一个人站在云端之上,指责地上行人的低矮细微。民之情、民之欲,都不值得当回事,都不值一提。"在位者"或优势者竞相以这样的"理"责斥民众或劣势者,这就导致了社会的撕裂,催生出一个压制与被压制的社会。"于是下之人不能以天下之同情、天下所同欲达之于上;上以理责其下,而在下之罪,人人不胜指数。人死于法,犹有怜之者;死于理,其谁怜之!呜呼,杂乎老释之言以为言,其祸甚于申韩如是也!"③这就是所谓的"以理杀人",这样的"理",已经异化成为了赖以杀人的

---

① [清]戴震:《孟子字义疏证》,何文光整理,中华书局1961年,第10页。
② [清]戴震:《孟子字义疏证》,何文光整理,中华书局1961年,第10页。
③ [清]戴震:《孟子字义疏证》,何文光整理,中华书局1961年,第10页。

依据。

　　这种异化了的"理",作为一种有约束力的规范,与现代学者诺内特、塞尔兹尼克所说的"压制型法"具有一定的相似性。"压制型法这一概念假定,任何既定的法律秩序都可能是'凝固的非正义'。""如果统治政权对被统治者的利益漠不关心,换言之,如果统治政权倾向于不顾被统治者的利益或者否认它们的正统性,那么它就是压制性的。其结果是,国民的地位既不安稳,又很脆弱。"①进一步看,"压制型法最独特、最系统的形式表现出以下特征:1.法律机构容易直接受到政治权力的影响;法律被认同于国家,并服从于以国家利益为名的理由。2.权威的维护是法律官员首先关注的问题。在随之而来的'官方观点'中,现行体制获得善意解释,行政的便利性具有重要意义。3.诸如警察这类专门的控制力量变成了独立的权力中心;它们与那些起节制作用的社会环境因素相隔离,并且能够抵制政治权威。4.'二元法'体制通过强化社会服从模式并使它们合法正当,把阶级正义制度化。5.刑法典反映居支配地位的道德态度;法律道德主义盛行"②。这就是"压制型法"的基本样态。

　　由于历史传统及现实语境的巨大差异,戴震所见的"后儒"之理,较之于诺内特、塞尔兹尼克描述的"压制型法",还是具有明显的差异。譬如,在"压制型法"的系统中,警察成为了独立的权力中心,但在理的系统中,这样的特征就不太明显。虽然我们可以说,在官与吏的二元划分中,以"刑名师爷"为代表的吏在法律实践中可以依恃其专业能力扩张其上下其手的空间,但毕竟还是不可能"抵制政治权威",这样的差异乃是中西法律传统的差异所致。

---

① [美]诺内特、塞尔兹尼克:《转变中的法律与社会》,张志铭译,中国政法大学出版社 1994 年,第 31 页。
② [美]诺内特、塞尔兹尼克:《转变中的法律与社会》,张志铭译,中国政法大学出版社 1994 年,第 35 页。

尽管如此，诺内特、塞尔兹尼克阐述的"压制型法"这一概念，还是有助于理解戴震批判的"后儒"之理。首先，戴震所批判的理"被认同于国家"，理与国家政权具有相互依赖的关系。其次，在理的体系中，"后儒"的观点作为"在位者"的观点，就是"官方观点"，按照"后儒"的观点，他们旨在维护的体制是善意的，如前所述，他们憧憬的体制象征着"旷世之高节"，甚至可以占据道义的至高点。再次，在理的体系中，"二元法"的特征也很明显，所谓"酷吏以法杀人，后儒以理杀人"，就是戴震所见的"二元法"。"理"与"法"都是规范，具体地说，都是"杀人"可以依据的规范；两者的差异仅仅在于"杀人者"身份的不同：依理杀人的是"后儒"，依法杀人的是酷吏。进一步看，"理"与"法"还共同促成了阶级正义的制度化，而且，就"理"与"法"的关系来看，"理"的作用还更为根本。最后，在理的体系中，刑法确实反映了居于支配地位的道德立场，"以理杀人"集中体现了法律道德主义的盛行；"以理杀人"就是以道德之名杀人，因为"以理杀人"既可以实现杀人的目的，还可以把被杀者置于"不德"的泥淖中，所谓"死于理，其谁怜之"就是这种逻辑的产物。

除此之外，如前所述，"压制型法"还有一个根本性的特质，那就是，"统治政权对被统治者的利益漠不关心"。如果用戴震的语言来理解这句话，那就是，"在位者"在治民的过程中，"举凡民之饥寒愁怨、饮食男女、常情隐曲之感，咸视为人欲之甚轻者矣"。戴震在此所说的"甚轻"，就是"漠不关心"。

将"压制型法"与"后儒之理"进行比较之后，我们发现，戴震所批判的"后儒之理"，几乎可以称之为中国宋代以后的"压制型法"。根据戴震的剖析，这种流行于宋代以后的"压制型法"，其思想上的根源就在于理与欲的二分：理成为了高悬于云端的理，这种理以"理欲之分"抹杀了欲的正当性，在法理上剥夺了民追求正常生活、美好生活的权利，因而是必须予以批判的。只有批判"理欲之分"，才能实现"遂民之情",才能解决"以理杀人"的问题。

三、重建"致治之法"

批判"后儒"的"理欲之分",并不是最终的目的。人们常说,不破不立;反过来说,破是为了立。如果说"理欲之分"是儒家之歧途,那么,儒家之正道是什么?在《孟子字义疏证》之序文中,戴震写道:"周道衰,尧、舜、禹、汤、文、武、周公致治之法,焕乎有文章者,弃为陈迹。孔子既不得位,不能垂诸制度礼乐,是以为之正本溯源,使人于千百世治乱之故,制度礼乐因革之宜,如持权衡以御轻重,如规矩准绳之于方圆平直。"①这里提到了古代圣人的"致治之法",重建这样的"致治之法",既是孔子的目标,同时也是戴震的目标。这样的"致治之法"具体体现为"制度礼乐",由于它既像"御轻重"的"权衡",又像"之于方圆平直"的"规矩准绳",因而与我们今天所理解的法律规范及法律体系,大致是相当的。在这个意义上,重建"致治之法",就是戴震提出的一个积极的、正面的法理学命题。

如何重建"致治之法"?一个可靠的路径就是效法孔子的"正本溯源"。回归戴震生活的时代语境,所谓"正本",就是对"理"及"理欲"关系进行正确的界定;所谓"溯源",就是要重返古之圣人,回归古代圣人之道。"正本"与"溯源"虽然可以从字面上分别予以解释,其实是同一个过程的两个侧面,可以视为重建"致治之法"的两个着眼点。

(一) 关于理及理欲关系的正解

《孟子字义疏证》上、中、下三卷共有四十三条,其中,关于"理"的论述就占了 15 条,构成了"卷上"的全部内容。由此可见,关于理的论述是《孟子字义疏证》最主要的内容。如果说,宋代及以后

---

① [清]戴震:《孟子字义疏证》,何文光整理,中华书局 1961 年,"序",第 1 页。

的"后儒"关于理以及理欲关系的理解是错误的,那么,关于理欲关系的正解是什么? 如何对理作出正本溯源式的解释? 对此,《孟子字义疏证》开篇即指出:"理者,察之而几微必区以别之名也,是故谓之分理;在物之质,曰肌理,曰腠理,曰文理(亦曰文缕,理、缕,语之转耳);得其分则有条而不紊,谓之条理。孟子称'孔子之谓集大成'曰:'始条理者,智之事也;终条理者,圣之事也。'圣智至孔子而极其盛,不过举条理以言之而已矣。"①

按照这个说法,戴震理解的"理",就是事物的"分理""条理"。然而,所谓"分理""条理"又是什么呢? 由于"理"就是"缕",因而,"理"的含义可以用"条分缕析"来解释。这就是说,关于事物的细密而有条理的分析,那就是理。像孔子那样的人,可以说是圣人、智者的极致了,他做一件事情,开始时有条理,终结时也有条理,这就是圣智者的核心标志。

因此,理系于各种各样的事物。戴震说:"耳目鼻口之官,臣道也;心之官,君道也;臣效其能而君正其可否。理义非他,可否之而当,是谓理义。然又非心出一意以可否之也,若心出一意以可否之,何异强制之乎! 是故就事物言,非事物之外别有理义也;'有物必有则',以其则正其物,如是而已矣。就人心言,非别有理以予之而具于心也;心之神明,于事物咸足以知其不易之则,譬有光皆能照,而中理者,乃其光盛,其照不谬也。"②这就是戴震关于理与心的关系的基本观点:心是心,理是理,心不是理,有事物才有理,离开了事物就没有理。当然,心又可以发现事物之理,这是心的功能。心相当于能够照亮事物的光,光能不能照亮事物,就相当于心能不能发现事物之理。事物之理是客观的,心可以发现事物之理,但不能对事物之理构成任何强制,也不能改变事物之理,这就像光

---

① [清]戴震:《孟子字义疏证》,何文光整理,中华书局1961年,第1页。
② [清]戴震:《孟子字义疏证》,何文光整理,中华书局1961年,第7页。

可以照亮事物,但并不能改变事物本身。换言之,心不能向事物之理发出这样的命令:事物之理,你应当是什么,你应当怎么样。

理是事物之理。只要细致入微地研究事物,就可以发现这样的理;正如戴震所言:"事物之理,必就事物剖析至微而后理得。"①在戴震之前的颜元,亦有这样的思维方式,就像梁启超所归纳的,"元之意,盖谓学问绝不能向书本上或讲堂上求之,惟当于社会日常行事中求之"②。如果说真正的学问只能来自"社会日常行事",那么,真正的理,也只能于"社会日常行事中求之"。从这里,我们也可以看到颜元对戴震的影响。

倘若要进一步细分,"事物之理"还可以分为"物之理"与"事之理"。有一些理,是关于人情或人伦的,实为涉及人与人之间关系的理,戴震称之为"人之理",其实就是人事之理。他说:"圣人亦人也,以尽乎人之理,群共推为圣智。尽乎人之理非他,人伦日用尽乎其必然而已矣。"③这就揭示了圣人之所以成为圣人的一个秘密,那就是:圣人掌握了"人之理"或"人事之理",圣人对于人伦日用方面的事理,有全面、深刻、细致入微的掌握,这就是圣人超越于众人之处。

譬如,孔子是"至圣",孔子就对"人伦日用"方面的事理有全面而深刻的理解。在哲学层面,黑格尔尽管对孔子的哲学并不推崇,但也承认,孔子的"道德教训给他带来最大的名誉。他的教训是最受中国人尊重的权威",孔子"是一个实际的世间智者",他提供了"一些善良的、老练的、道德的教训"。④ 黑格尔对孔子的总体评论虽然失之偏颇,但他也从一个特定的角度,揭示了孔子所代表的儒

---

① [清]戴震:《孟子字义疏证》,何文光整理,中华书局1961年,第54页。
② 梁启超:《清代学术概论》,上海古籍出版社2005年,第19页。
③ [清]戴震:《孟子字义疏证》,何文光整理,中华书局1961年,第12—13页。
④ [德]黑格尔:《哲学史讲演录》第1卷,贺麟、王太庆等译,上海人民出版社2013年,第117—118页。

家圣人的一个特质,那就是对"人伦日用"之事理有"老练"而"善良"的理解。

"人之理"作为人事之理,既是人伦之理,也是人情之理。"理也者,情之不爽失也;未有情不得而理得者也。凡有所施于人,反躬而静思之:'人以此施于我,能受之乎?'凡有所责于人,反躬而静思之:'人以此责于我,能尽之乎?'以我絜之人,则理明。天理云者,言乎自然之分理也;自然之分理,以我之情絜人之情,而无不得其平是也。"①人情之理的要旨就是"同情之理解"或"理解之同情",就是设身处地、换位思考。孔子所说的"己所不欲,勿施于人"②,作为一条基本的规则,就表达了"人之理"或人事之理的核心内容。

万事万物之理,无论是"事之理"还是"物之理",都是理。就理与欲的关系来看,理与欲不可分。对此,戴震提出了一个著名的观点:"理者存乎欲者也。"③对于这个观点,我们可以把它简化为"理在欲中"。如何理解这个观点?

一方面,从常人的本性来看,人生而有欲,或者说,有欲是人的本性。"孟子言'养心莫善于寡欲',明乎欲不可无也,寡之而已。人之生也,莫病于无以遂其生。欲遂其生,亦遂人之生,仁也;欲遂其生,至于戕人之生而不顾者,不仁也。不仁,实始于欲遂其生之心;使其无此欲,必无不仁矣。"④这就是说,无论是仁,还是不仁,都源于人之欲。因此,"凡事为皆有于欲,无欲则无为矣;有欲而后有为,有为而归于至当不可易之谓理;无欲无为又焉有理!"⑤可见,倘若没有欲,也就没有理。这就像皮与毛的关系:皮之不存,毛

---

① [清]戴震:《孟子字义疏证》,何文光整理,中华书局1961年,第1—2页。
② 陈晓芬、徐儒宗译注:《论语·大学·中庸》,中华书局2015年,第139页。
③ [清]戴震:《孟子字义疏证》,何文光整理,中华书局1961年,第8页。
④ [清]戴震:《孟子字义疏证》,何文光整理,中华书局1961年,第8页。
⑤ [清]戴震:《孟子字义疏证》,何文光整理,中华书局1961年,第58页。

将焉附？根据同样的逻辑，我们可以说：欲之不存，理将焉附？

另一方面，从圣人的角度来看，"圣贤之道，无私而非无欲；老、庄、释氏，无欲而非无私；彼以无欲成其自私者也；此以无私通天下之情，遂天下之欲者也。凡异说皆主于无欲，不求无蔽；重行，不先重知。人见其笃行也，无欲也，故莫不尊信之。圣贤之学，由博学、审问、慎思、明辨而后笃行，则行者，行其人伦日用之不蔽者也，非如彼之舍人伦日用，以无欲为能笃行也。人伦日用，圣人以通天下之情，遂天下之欲，权之而分理不爽，是谓理"①。这段话论述了儒家圣贤与释老的区别：圣贤无私，释老无欲。圣贤因为无私，所以能够换位思考，能够"通天下之情"，能够"遂天下之欲"，能够满足天下民众对美好生活的期待。虽然释、老两家在物质财富方面没有欲望，但是，他们仅仅追求自己的快意人生，他们没有社会责任感。他们因为无欲，所以不愿也不能换位思考，不能回应天下民众对美好生活的期待；他们不顾天下人的期待，仅仅只能成就他们自己的私愿或私欲。释、老两家蔽于无欲，民众中的一些人也因为他们的无欲而相信他们。相比之下，儒家圣贤则善于对万事万物进行细致的条分缕析，既"体民之情"，又"遂民之欲"，这就是理的由来。理与欲的关系，由此得到了新的界定：理欲不分，理在欲中。

（二）在理欲不分的前提下重建"致治之法"

在万事万物中，尤其是在"人伦日用"之各环节、各领域、各层面，处处都体现了人之欲。譬如，在父子关系中，父之欲系于子孝，子之欲系于父慈；在君臣关系中，君之欲系于臣忠，臣之欲系于君仁。其他人伦关系均可以此类推。如何在各种人伦关系中满足所有人之欲？回答是：只能依赖"人伦"见于"日用"的各种规范。圣贤之学，就在于经过"博学、审问、慎思、明辨"之过程，找到满足人之欲的各种规范，这些规范就是理的表达方式。从法理上说，这些

---

① ［清］戴震：《孟子字义疏证》，何文光整理，中华书局1961年，第54页。

规范就是"致治之法",理是"致治之法"之理,亦可归属于现代意义上的"法理"。

那么,作为理的规范表达方式的"致治之法",是一个什么样的规范体系?对此,戴震从人伦日用的角度给予了一个明确的回答:"就人伦日用,究其精微之极致,曰仁,曰义,曰礼,合三者以断天下之事,如权衡之于轻重,于仁无憾,于礼义不愆,而道尽矣。"①可见,精微地研究人伦日用,可以找到三大规范,它们分别是仁、义、礼。三大规范就像判断事物轻与重的权衡,足以裁决天下之事。既然可以运用仁、义、礼来裁决天下之事,那么,仁、义、礼就相当于现代意义的法律体系。就仁、义、礼的来源而言,它们都来自"人伦日用",都是对人伦日用进行"精微"研究进而达到"极致"的结果,这个过程,就相当于精微地研究社会关系,进而准确地找到调整社会关系的法律。在《黑格尔法哲学批判》中,马克思有一个论断:"立法权并不创立法律,它只揭示和表述法律。"②在《论离婚法草案》中,马克思又说:"立法者应该把自己看做一个自然科学家。他不是在制造法律,不是在发明法律,而仅仅是在表述法律,他把精神关系的内在规律表现在有意识的现行法律之中。如果一个立法者用自己的臆想来代替事情的本质,那末我们就应该责备他极端任性。"③马克思关于"揭示和表述法律"的观点,恰好可以解释戴震重建"致治之法"的进路:通过对"人伦日用"的研究,把"理"表述成为仁、义、礼三种规范。

戴震所说的仁、义、礼,就相当于马克思所说的法律;戴震所说的"理",就相当于马克思所说的"精神关系的内在规律"。无论是理,还是"精神关系的内在规律",都不出于立法者的"臆想",而是出于对"人伦日用"或社会关系的精微研究。在戴震看来,宋儒或"后

---

① [清]戴震:《孟子字义疏证》,何文光整理,中华书局1961年,第48页。
② 《马克思恩格斯全集》第1卷,人民出版社1956年,第316页。
③ 《马克思恩格斯全集》第1卷,人民出版社1956年,第183页。

儒"所说的理,注重把理与欲截然两分,他们把理当作与"人伦日用"或社会关系无关的东西,把理与人民群众对美好生活的期待对立起来、割裂开来,譬如,他们或者相信"圣贤千言万语只是明天理,灭人欲"①,或者相信"心即理也"②,这样的理,实为马克思所说的"自己的臆想"。周辅成(1911—2009)曾经认为,"戴震哲学是唯物的"③。做出这个评判的基础,或许就是因为戴震重建"致治之法"的进路,与马克思关于"揭示和表述法律"的经典论述,具有很大的共通性。

在仁、义、礼三种规范之间,"自人道溯之天道,自人之德性溯之天德,则气化流行,生生不息,仁也。由其生生,有自然之条理,观于条理之秩然有序,可以知礼矣;观于条理之截然不可乱,可以知义矣"④。由此来看,作为规范的仁,是"人道"与"天道"、"人德"与"天德"的产物,是"气化流行""生生不息"的规范化表达,具有根本性、基础性。相比之下,根据"仁"这种规范,既形成了自然的条理,又形成了社会生活秩序,礼就是这种秩序的规范化表达。知道条理不可乱、秩序不可乱,则可以发现"义"这种规范。"可以知义"一语表明:义乃是一种"可以知"或"可以发现"的规范,义作为一种具有裁断作用的规范,主要针对可能出现的失序,主要体现为一种防止失序或防止混乱的规范。

由此看来,仁、义、礼的关系可以概括为:仁是基础性、根本性的规范,相当于居于高位阶的自然法;礼是具体化、常规化的规范,相当于实在法,由此形成了一种关于规范的二元结构,那就是仁与礼的结合,这正是孔子建构的规范体系。至于义,就规范的效力等级来看,它接近于仁,具有较高的位阶;从功能上看,它又近似于实

---

① [宋]黎靖德编:《朱子语类汇校》第一册,徐时仪、杨艳汇校,上海古籍出版社2014年,第231页。
② [明]王阳明:《王阳明全集》第一册,线装书局2012年,第75页。
③ 周辅成:《戴震的哲学》,《哲学研究》1956年第3期,第80页。
④ [清]戴震:《孟子字义疏证》,何文光整理,中华书局1961年,第48页。

在法中的法律原则,它可以为实在法的运行提供指引,保障实在法的运行始终受到某种原则的约束。打个比方,在人民主权的体制下,立法机构制定法律,行政机构执行法律,监督机构监督法律的正确执行。仁在规范体系中的地位就相当于立法者,礼在规范体系中的地位就相当于行政者,义在规范体系中的地位,就相当于监督者——当然,这仅仅是一个形象化的比方。

如果说,"致治之法"主要体现为仁、义、礼组合而成的规范体系,那么,对于"致治"这个目标来说,在三种规范之间,礼的实践意义更为明显、突出,甚至可以说是居于支柱地位的规范。正是由于这个缘故,戴震特别强调:"礼者,天地之条理也,言乎条理之极,非知天不足以尽之。即仪文度数,亦圣人见于天地之条理,定之以为天下万世法。礼之设所以治天下之情,或裁其过,或勉其不及,俾知天地之中而已矣。"①这就是说,礼是一个总名,礼又具体体现为各种各样的"仪文度数"。礼作为圣人发现的、赖以治理天下的"万世法",它足以调整"天下之情",能够保障天下秩序总是生生不息,总是恰到好处地运行。

这就是戴震仿效古之圣人所建构的"致治之法":以仁为根本,以礼为主体,以义为保障。《原善》称:"圣人神明其德,是故治天下之民,民莫不育于仁,莫不条贯于礼与义。"②这句话可以作为"致治之法"的一个注释性的说明:天下"致治之法",源出于仁,体现为礼,同时也体现为义。

小结

以上从三个不同的环节,集中展示了戴震之学中的法理学及其理论逻辑:立足于"通民之欲",通过批判宋儒的"理欲之分",试图重建"致治之法",以之实现"民赖以生"之憧憬。叙述至此,如何总结、

---

① [清]戴震:《孟子字义疏证》,何文光整理,中华书局1961年,第49页。
② [清]戴震:《孟子字义疏证》,何文光整理,中华书局1961年,第68页。

概括、定性戴震的法理学？如何描述戴震法理学的精神与风格？

前文提到,周辅成侧重于以"唯物"定性戴震之学。他在《戴震在中国哲学史上的地位》一文中还进一步指出:"如果要在中国哲学史上,寻找唯物主义色彩最鲜明、在政治上最有战斗意义的哲学家,我们将毫不犹豫地指出:在早期有荀子、王充、范缜,在后期有王夫之、颜元等,而最后一个则是戴震(我是把中国哲学史的时期,断于辛亥革命)。"①与周辅成几乎同龄的杨向奎(1910—2000)亦有这样的看法。他说:"子思、孟子在哲学思想上属于一元唯心论者,而东原的《孟子字义疏证》却是以唯物一元疏解唯心一元。"②依据杨、周的论述,戴震的法理学可以作为传统中国最后的唯物主义法理学。这是以唯物、唯心二元划分的角度看待戴震及其法理学。在20世纪上半叶,胡适(1891—1962)认为:"戴氏的主张颇近于边沁(Bentham)、弥尔(J. S. Mill)一派的乐利主义(Utilitarianism)。乐利主义的目的是要谋'最大多数的最大幸福'。"胡适还说:"颜元、李塨的学派提倡'正德、利用、厚生',也是倾向于乐利主义的。戴氏注重'生养之道',主张'无私而非无欲',与颜李学派似有渊源的关系。"③按照胡适的观点,戴震的法理学可以视为清代

---

① 周辅成:《问道者:周辅成文存》,赵越胜编,中信出版社2012年,第52页。
② 杨向奎:《戴东原哲学思想分析》,《哲学研究》1989年第5期,第77页。
③ 胡适:《戴东原的哲学》,上海古籍出版社2014年,第39—40页。值得注意的是,颜李之学与戴震之学,既有胡适所见的渊源关系,其实也有冲突关系。对此,梁启超有一个评析:"颜、李之力行派,陈义甚高,然未免如庄子评墨子所云:'其道大觳',恐'天下不堪'。(《天下篇》)此等苦行,惟有宗教的信仰者能践之,然已不能责望之于人。颜元之教,既绝无'来生的'、'他界的'观念,在此现实界而惟恃极单纯极严冷的道德义务观念,教人牺牲一切享乐,本不能成为天下之达道。元之学所以一时尚能光大者,因其弟子直接受彼之人格的感化。一再传后,感化力递减,其渐归衰灭,乃自然之理。"(梁启超:《清代学术概论》,上海古籍出版社2005年,第23页)这段话表明,在颜学与戴学之间,有同亦有异。颜元"教人牺牲一切享乐"之旨,戴学是不能接受的。正如蒋方震在为梁启超的《清代学术概论》所写的序中所言:"东原理欲之说震古铄今,此真文艺复兴时代个人享乐之精神也。'遏欲之害,甚于防川',兹言而在中国,岂非奇创?"详见,梁启超:《清代学术概论》,上海古籍出版社2005年,第92—93页。

中期形成的功利主义法理学,这是从中西比较的角度看待戴震及其法理学。

还有更早的刘师培。他对戴震之学也有专门的评析。在前文引证的《东原学案序》之外,他在1907年完成的《非六子论》一文中写道:"东原之学,欲以己说代程、朱,以为宋儒之说,以意见为理,以蔽为欲,舍是非而论名分,致以空理祸斯民,钳制民心,刻深惨酷,而断私克欲,又近逆民。故力矫其说,饰孟子以自崇。以为理生于欲,情得其平,是为循理。理者,即情欲之不爽失者也,故人人可各遂其私。又谓血气心知,斯之为性,斯即人心同然之理。惟推己好恶,与人相衡,则推私为公,人己均沾其益。其说似较前人为善,然行其说者,亦仅为纵欲恣情之便。此则戴氏之失也。"①由此看来,刘师培对戴震之学总体上是认可的,但又认为戴学为人的欲望打开了方便之门,此为戴学之失。

在刘师培、胡适、杨向奎、周辅成诸家之外,关于戴学,还有其他各种各样的评析,这里不再逐一引述。在参考各种评析的基础上,立足于中国法理学史,我们认为,戴震法理学的精神与风格,可以概括为民生取向的法理学。

胡适认为,边沁倡导的功利主义主要在于追求最大多数人的最大幸福。这当然是不错的。不过,边沁的功利概念,主要针对共同体的幸福,正如边沁所言:"当一项行动增大共同体幸福的倾向大于它减少这一幸福的倾向时,它就可以说是符合功利原理,或简言之,符合功利。"②相比之下,戴震的法理学还有更加明确的追求,那就是"学成而民赖以生"。戴震所说的"民",虽然也是一个社会中的多数人,甚至是"最大多数"的人,但是,戴震所说的"民"还有一个特定的语境,那就是"在位者"与"民"的划分;如果是在古代

---

① 刘师培:《非六子论》,载李帆编:《中国近代思想家文库·刘师培卷》,中国人民大学出版社2015年,第371页。
② [英]边沁:《道德与立法原理导论》,时殷弘译,商务印书馆2011年,第60页。

圣人主政的时代,那就是圣人或圣王与民的划分。在这样的语境下,戴震认为,圣人之学乃是"民赖以生"之学。遗憾的是,这种由六经、孔子、孟子承载的圣人之学,被宋儒或"后儒"带着走偏了,走向了歧途。宋儒或"后儒"不再顾及民对于正常生活、美好生活的期待,在"欲"之外臆造出一种高蹈的"理",从而催生出"以理杀人"之恶果。为了销蚀这样的恶果,戴震通过重建"理"与"欲"的关系,通过强调"理在欲中",确认了民之情、民之欲的正当性,将民对正常生活、美好生活的期待予以正当化的论证,亦即对民生进行了正当化的论证。为了保障这样的民生,为了回归"民赖以生"的圣人之学,戴震重建了古代圣人开创的"致治之法",那就是由"仁、义、礼"组成的规范体系。这就是戴震法理学的特质:追求"民赖以生"之民生取向。

第二卷参考文献

（仅限本卷直接征引的文献，依汉语拼音排序）

阿奎那：《阿奎那政治著作选》，马清槐译，商务印书馆 2011 年。

班固：《汉书》，中华书局 2007 年。

包弼德：《斯文：唐宋思想的转型》，刘宁译，江苏人民出版社 2017 年。

边沁：《道德与立法原理导论》，时殷弘译，商务印书馆 2011 年。

柏拉图：《柏拉图全集》，王晓朝译，人民出版社 2002 年。

柏拉图：《政治家》，洪涛译，上海人民出版社 2006 年。

布克哈特：《意大利文艺复兴时期的文化》，何新译，马香雪校，商务印书馆 2011 年。

曹操：《曹操集》，中华书局 2012 年。

陈广忠译注：《淮南子》，中华书局 2012 年。

陈荣捷：《朱子》，生活·读书·新知三联书店 2012 年。

陈寿撰：《三国志》，裴松之注，中华书局 2006 年。

陈晓芬、徐儒宗译注：《论语·大学·中庸》，中华书局 2015 年。

陈寅恪：《金明馆丛稿初编》，生活·读书·新知三联书店

2015年。

程颢、程颐:《二程集》,王孝鱼点校,中华书局1981年。

戴震:《孟子字义疏证》,何文光整理,中华书局1961年。

戴震:《戴震集》,上海古籍出版社2009年。

党圣元、陈民镇注说:《王弼集》,河南大学出版社2018年。

《邓小平文选》(第三卷),人民出版社1993年。

董天工笺注:《春秋繁露笺注》,黄江军整理,华东师范大学出版社2017年。

范晔:《后汉书》,中华书局2007年。

方向东译注:《新书》,中华书局2012年。

方勇译注:《庄子》,中华书局2015年。

房玄龄等撰:《晋书》,中华书局2000年。

房玄龄注,刘绩补注:《管子》,上海古籍出版社2015年。

冯友兰:《中国哲学简史》,涂又光译,北京大学出版社1996年。

冯友兰:《中国哲学史新编》,人民出版社2007年。

冯友兰:《中国哲学史》,华东师范大学出版社2010年。

富勒:《法律的道德性》,郑戈译,商务印书馆2011年。

高华平、王齐洲、张三夕译注:《韩非子》,中华书局2015年。

格尔茨:《地方知识:阐释人类学论文集》,杨德睿译,商务印书馆2016年。

葛兆光:《中国思想史》,复旦大学出版社2001年。

顾炎武:《日知录校注》,陈垣校注,安徽大学出版社2007年。

郭象注,成玄英疏:《庄子注疏》,曹础基、黄兰发点校,中华书局2011年。

哈特:《法律的概念》,许家馨、李冠宜译,法律出版社2018年。

哈耶克:《自由秩序原理》,邓正来译,生活·读书·新知三联书店1997年。

韩林合:《郭象独化说新解——兼与维特根斯坦的相关观点比较》,《文史哲》2018年第4期。

韩愈:《韩昌黎文集校注》,马其昶校注,马茂元整理,上海古籍出版社2014年。

何休解诂:《春秋公羊传注疏》,徐彦疏,刁小龙整理,上海古籍出版社2013年。

贺昌群:《魏晋清谈思想初论》,商务印书馆2011年。

贺麟:《文化与人生》,商务印书馆2002年版。

黑格尔:《法哲学原理》,范扬、张企泰译,商务印书馆1961年。

黑格尔:《哲学史讲演录》,贺麟、王太庆等译,上海人民出版社2013年。

胡安国:《春秋胡氏传》,钱伟彊点校,浙江古籍出版社2010年。

胡适:《戴东原的哲学》,上海古籍出版社2014年。

黄晖撰:《论衡校释》,中华书局2018年。

黄铭、曾亦译注:《春秋公羊传》,中华书局2016年版。

黄士毅编:《朱子语类汇校》,徐时仪、杨艳汇校,上海古籍出版社2014年。

霍布斯:《利维坦》,黎思复、黎廷弼译,商务印书馆2011年。

嵇康撰:《嵇康集校注》,戴明扬校注,中华书局2015年。

金观涛、刘青峰:《开放中的变迁:再论中国社会超稳定结构》,法律出版社2011年。

金观涛、刘青峰:《兴盛与危机:论中国社会超稳定结构》,法律出版社2011年。

金观涛、刘青峰:《中国现代思想的起源:超稳定结构与中国政治文化的演变》,法律出版社2011年。

金耀基:《中国民本思想史》,法律出版社2008年。

凯尔森:《法与国家的一般理论》,沈宗灵译,中国大百科全书出版社1995年。

康德:《实践理性批判》,韩水法译,商务印书馆1999年。

康中乾:《从现象学的视野来理解郭象的"独化"论》,《天津社会科学》2003年第3期。

劳思光:《新编中国哲学史》,生活·读书·新知三联书店2015年。

黎靖德编:《朱子语类》,王星贤点校,中华书局2007年。

李帆编:《中国近代思想家文库·刘师培卷》,中国人民大学出版社2015年。

李明、高巧玲:《儒家民本观概说》,山东人民出版社2019年。

李泽厚:《历史本体论》,生活·读书·新知三联书店2002年。

李泽厚:《历史本体论·己卯五说》,生活·读书·新知三联书店2008年。

李泽厚:《中国古代思想史论》,生活·读书·新知三联书店2008年。

梁启超:《梁启超全集》,北京出版社1999年。

梁启超:《清代学术概论》,上海古籍出版社2005年。

刘俊文笺解:《唐律疏议笺解》,中华书局1996年。

《刘少奇选集》,人民出版社1981年。

刘献廷:《广阳杂记》,江北平、夏志和点校,中华书局1957年。

鲁迅:《鲁迅全集》,人民文学出版社2005年。

陆九渊:《陆九渊集》,钟哲点校,中华书局1980年。

洛克:《自然法论文集》,李季璇译,商务印书馆2014年。

绿净译注:《古列女传译注》,上海三联书店2018年。

《马克思恩格斯全集》(第一卷),人民出版社1956年。

《马克思恩格斯选集》(第一卷),人民出版社1972年。
《马克思恩格斯全集》(第四十六卷),人民出版社1979年。
马强才选编:《罗根泽文存》,江苏人民出版社2012年。
毛泽东:《毛泽东选集》,人民出版社2009年。
蒙文通:《蒙文通全集》,巴蜀书社2015年。
孟德斯鸠:《论法的精神》,许明龙译,商务印书馆2011年。
密尔:《论自由》,许宝骙译,商务印书馆2011年。
牟宗三:《中国哲学十九讲》,上海古籍出版社2005年。
诺内特、塞尔兹尼克:《转变中的法律与社会:迈向回应型法》,张志铭译,中国政法大学出版社1994年。
欧阳修、宋祁:《新唐书》,中华书局2000年。
彭林编:《中国近代思想家文库·王国维卷》,中国人民大学出版社2014年。
钱穆:《朱子学提纲》,生活·读书·新知三联书店2002年。
钱穆:《中国学术思想史论丛》(一),生活·读书·新知三联书店2009年。
钱穆:《中国思想史》,九州出版社2012年。
屈守元:《经学常谈》,北京出版社2016年。
申富强、李良明:《抗战时期毛泽东"老三篇"的思想内涵与现实价值》,《毛泽东研究》2018年第3期。
沈家本撰:《历代刑法考:附寄簃文存》,邓经元、骈宇骞点校,中华书局1985年。
施耐庵、罗贯中:《水浒传》,李永祜点校,中华书局2007年。
石介:《徂徕石先生文集》,陈植锷点校,中华书局1984年。
石磊译注:《商君书》,中华书局2011年。
束景南:《朱熹研究》,人民出版社2008年。
司马迁:《史记》,中华书局2006年。
苏轼:《苏东坡全集》,北京燕山出版社2009年。

孙中山:《建国方略》,林家有整理,中华书局2011年。

汤一介:《读郭象〈庄子注〉札记》,《文献》1981年第2期。

汤一介:《郭象与魏晋玄学》,中国人民大学出版社2014年。

汤用彤:《魏晋玄学论稿》,上海人民出版社2015年。

汤漳平、王朝华译注:《老子》,中华书局2014年。

脱脱等撰:《宋史》,中华书局2000年。

万路路、朱必法:《〈实践理性批判〉中康德自由观与郭象自由观的比较》,《咸宁学院学报》2009年第1期。

王弼注:《老子道德经注》,楼宇烈校释,中华书局2011年。

王弼撰:《周易注校释》,楼宇烈校释,中华书局2012年。

王夫之:《船山遗书》,中国书店2016年。

王久才:《郭象"独有论"与巴门尼德"存在论"透析》,《北方论丛》2016年第6期。

王举忠:《王充卒年辨正》,《辽宁大学学报》(哲学社会科学版)1992年第6期。

王世舜、王翠叶译注:《尚书》,中华书局2012年。

王守谦、金秀珍、王凤春译注:《左传全译》,贵州人民出版社1990年。

王文锦译解:《礼记译解》,中华书局2016年。

王秀梅译注:《诗经》,中华书局2015年。

王阳明:《王阳明全集》,线装书局2012年。

王应麟:《困学纪闻》,阎若璩、何焯、全望祖注,栾保群、田松青校点,上海古籍出版社2015年。

魏收撰:《魏书》,中华书局2000年。

魏徵撰:《隋书》,中华书局2000年。

魏徵等撰:《群书治要》,沈锡麟整理,中华书局2014年。

吴仰湘编:《皮锡瑞全集》第6册,中华书局2015年。

西塞罗:《国家篇 法律篇》,沈叔平、苏力译,商务印书馆

2011年。

萧公权:《中国政治思想史》,新星出版社2005年。

徐梵澄:《徐梵澄文集》,上海三联书店、华东师范大学出版社2006年。

徐公喜:《朱熹理治社会论》,《福建论坛》2011年第9期。

徐良:《"同一性"与"玄同论"——海德格尔和郭象的本体论思想比较研究》,《学术界》2021年第2期。

徐世昌编纂:《清儒学案》,舒大刚等校点,人民出版社2010年。

许抗生:《当代新道家》,社会科学文献出版社2013年。

许维遹撰:《吕氏春秋集释》,梁运华整理,中华书局2016年。

薛瑄:《薛瑄全集》,孙玄常、李元庆、周庆义、李安纲点校,山西人民出版社1990年。

颜元:《颜元集》,王星贤、张芥尘、郭征点校,中华书局1987年。

杨伯峻译注:《论语译注》,中华书局2012年。

杨伯峻译注:《孟子译注》,中华书局2012年。

杨倞注:《荀子》,耿芸标校,上海古籍出版社2014年。

杨向奎:《戴东原哲学思想分析》,《哲学研究》1989年第5期。

姚名达:《程伊川年谱》,知识产权出版社2012年。

余敦康:《魏晋玄学史》,北京大学出版社2016年。

余英时:《朱熹的历史世界:宋代士大夫政治文化的研究》,生活·读书·新知三联书店2004年。

余英时:《论戴震与章学诚:清代中期学术思想史研究》,生活·读书·新知三联书店2012年。

喻中:《论中国法的精神》,陕西人民出版社2019年。

喻中:《法理四篇》,中国法制出版社2020年。

曾运乾注:《尚书》,黄曙辉校点,上海古籍出版社2015年。

张分田:《民本思想与中国古代统治思想》,南开大学出版社2009年。

张国华主编:《中国法律思想史》,法律出版社1982年。

张沛撰:《中说校注》,中华书局2013年。

张世亮、钟肇鹏、周桂钿译注:《春秋繁露》,中华书局2014年。

张文江记述:《潘雨廷先生谈话录》,复旦大学出版社2012年。

张载:《张载集》,章锡琛点校,中华书局1979年。

章太炎撰:《国故论衡》,上海古籍出版社2006年。

章太炎:《章太炎全集》(《訄书》初刻本、《訄书》重订本、检论),朱维铮点校,上海人民出版社2014年。

中共中央文献研究室、中共湖南省委《毛泽东早期文稿》编辑组编:《毛泽东早期文稿》,湖南出版社1990年。

中共中央文献研究室编:《毛泽东年谱:1949—1976》(第三卷),中央文献出版社2013年。

周炽成:《陆九渊之冤:陆学在宋代非心学》,《广东社会科学》2014年第5期。

周辅成:《戴震的哲学》,《哲学研究》1956年第3期。

周辅成:《问道者:周辅成文存》,赵越胜编,中信出版社2012年。

周桂钿:《评中外学者论王充》,《哲学研究》1992年第2期。

周予同原著,朱维铮编校:《孔子、孔圣和朱熹》,上海人民出版社2012年。

周予同原著,朱维铮编校:《中国经学史讲义:外二种》,上海人民出版社2012年。

周振甫译注:《周易译注》,中华书局1991年。

诸葛亮:《诸葛亮集》,段熙仲、闻旭初编校,中华书局2012年。

朱光潜:《朱光潜美学文学论文选集》,湖南人民出版社

1980年。

朱熹撰,朱杰人、严佐之、刘永翔主编:《朱子全书》,上海古籍出版社、安徽教育出版社2010年。

朱熹撰:《四书章句集注》,中华书局2011年。

宗白华:《艺境》,商务印书馆2011年。

左丘明:《国语》,韦昭注,上海古籍出版社2015年。

第二卷后记

此《中国法理学史》第二卷,始于贾谊,终于戴震。为什么把贾谊(前200—前168)作为从汉至清两千年中国法理学史的开端?一个直观的理由是:贾谊生于刘邦正式称帝(前202)之后的第三年,贾谊的成长过程与汉王朝的成长过程几乎是同步的,贾谊见证甚至参与了汉王朝初创时期的政权建设,贾谊创造的法理学就像一面镜子,映照了汉王朝在秦王朝崩溃之后的废墟上重建文明秩序、完善治理体系的艰难历程。因而,贾谊的法理学既可以作为汉代法理学的起点,当然也可以作为从汉至清的中国法理学史的起点,亦即本卷的起点。

为什么把戴震(1724—1777)作为本卷的压轴之人?最主要的理由在于,戴震置身于其中的18世纪,还可以归属于中国的古代。在戴震身后,接踵而至的19世纪,已是中国的近代。像龚自珍(1792—1841)、魏源(1794—1857)这些人,在他们的有生之年,已经看到了鸦片战争,魏源甚至还经历了第二次鸦片战争。龚自珍、魏源生活的时代,已经是与西方的坚船利炮正面相遇的时代。龚自珍、魏源都属于19世纪,他们创造的法理学标志着一个全新时代的开始。这个全新的时代已经突破了两千年华夏文明秩序的基本格局。18世纪的戴震及其之前的中国法理学,已经不足以独立地解释这个全新的时代。

如果说,戴震的法理学,作为18世纪的中国法理学,还可归属于"亚洲之中国"或"中国在亚洲"的时代,那么,龚自珍、魏源的法理学,作为19世纪的中国法理学,就只好归属于"世界之中国"或"中国在世界"的时代。为了纪念"中国在亚洲"之时代在18世纪的落幕,为了纪念产于"亚洲之中国"的法理学在18世纪的终结,且让本卷止于戴震——这个与德国哲人康德(1724—1804)同年诞生的中国哲人及其法理学。

2021年3月

喻中 著

中国法理学史

第三卷

华东师范大学出版社
上海

华东师范大学出版社六点分社　策划

上海市促进文化创意产业发展财政扶持资金成果资助类项目

目　录

第三卷序 / 1

第一章　从鸦片战争到洋务运动的法理学 / 1
第一节　龚自珍 / 1
一、以源于君命的法取代源于天命的法 / 4
二、以功利本位的法取代道德本位的法 / 11
三、以公私并重的法取代大公无私的法 / 19
第二节　魏源 / 29
一、法必本于人 / 32
二、立法必本于人 / 40
三、行法必本于人 / 48
第三节　冯桂芬 / 61
一、在古为今用中寻求善法 / 67
二、在洋为中用中寻求善法 / 78
三、通过下情上达寻求善法 / 87
四、通过删繁就简寻求善法 / 96

第二章　从戊戌变法到辛亥革命的法理学 /110

第一节　廖平 /110
一、在"变法之议"中寻求变法之理 /115
二、"今古之分"中的变法之理 /122
三、"尊抑之分"中的变法之理 /130
四、"小大之分"中的变法之理 /138

第二节　康有为 /154
一、从公羊三世之理到君主立宪之法 /156
二、从体用并举之理到物质立国之法 /171
三、从天地阴阳之理到尊孔保教之法 /184

第三节　章太炎 /199
一、"古之革命"的法理依据 /203
二、民族革命的法理依据 /218
三、革命方略及其法理意蕴 /240

第三章　从五四运动到20世纪中叶的法理学 /266

第一节　李大钊 /266
一、转向马克思主义之前的法理认知图景 /272
二、"马克思的方法"与法理学在知识体系中的位置 /280
三、唯物史观与法的经济基础 /287
四、阶级斗争与法的阶级本性 /297
五、马克思主义法理学最初的中国语境 /306

第二节　胡适 /318
一、建构中国古代法理学的理论资源 /320
二、中国古代法理学的起源 /327
三、中国古代法理学的发达 /334
四、中国古代法理学的流变 /342

第三节　熊十力 /353
　　一、礼治为本及其构成 /355
　　二、法治为辅及其限度 /365
　　三、以法治辅礼治的实践形态 /372
　　四、以法治辅礼治的社会主义性质 /379

第三卷参考文献 /388
第三卷后记 /399

第三卷序

此《中国法理学史》第三卷，主要叙述近代以来的中国法理学史。如果说，《中国法理学史》第一卷主要叙述"中国之中国"的法理学史，第二卷主要叙述"亚洲之中国"的法理学史，那么，本卷主要叙述"世界之中国"的法理学史。

"世界之中国"就是近代以来的中国。从时间范围来看，本卷的上限可以说是19世纪上半叶，如果要举出一个标志性的历史事件，那就是鸦片战争。至于本卷的时间下限，则一直延伸至20世纪中叶，如果也要举出一个标志性的历史事件，那就是20世纪50年代初期的抗美援朝战争。为何以抗美援朝战争作为终点？主要理由是，本卷叙述的最后之人是熊十力，支撑熊十力法理学的最后一篇力作是《论六经》。在《论六经》开篇，熊十力即指出："筑室先基，植树培本，古之恒言也，立国之道，何独不然？共和初建，抗美援朝，政府励精图治，天下向风，区区愿献刍议。"①由此说来，熊十力关于"立国"与"图治"之"刍议"，是在"抗美援朝"这个背景下"献"出来的。有鉴于此，以熊十力刻意提到的"抗美援朝"作为一

---

① 熊十力：《论六经》(1951年)，载萧萐父主编：《熊十力全集》第五卷，湖北教育出版社2001年，第663页。

个标志性的时间节点,不亦宜乎?

从鸦片战争、第二次鸦片战争,到甲午中日战争、抗日战争,再到抗美援朝战争,战争一场接一场。在一百多年里,华夏文明经历了剧烈的变化与重大的转型。华夏文明秩序及其背后的原理也在跌宕起伏的历史进程中经历了各种各样的选择,由此催生了近代中国不同时代的法理学,毕竟,法理学就是文明秩序原理的集中表达。进而言之,近代中国不断探寻文明秩序及其原理的过程,在相当程度上支撑了中国近代法理学的演进历程。为了更加清晰地描绘中国近代法理学的变迁,有必要把从鸦片战争到抗美援朝战争的中国法理学史分成三个阶段。

第一个阶段是从鸦片战争到洋务运动的法理学。两次鸦片战争的失败,从根本上动摇了中国固有法理学的根基。在鸦片战争之前,或者说,一直到18世纪末19世纪初,以儒家义理作为内核的法理学依然可以为"法"提供无可置疑的"理"。但是,到了19世纪上半叶,在鸦片战争爆发之前,情况逐渐开始发生变化:一些敏锐的思想家已经开始感受到强烈的危机。他们率先展开的质疑与批判,堪称中国近代法理学的先声。在这些思想家中,龚自珍和魏源具有代表性,正如梁启超所见:"龚、魏之时,清政既渐陵夷衰微矣,举国方沈酣太平,而彼辈若不胜其忧危,恒相与指天画地,规天下大计。"①这里的"彼辈",主要就是龚、魏。

其中,龚自珍生于1792年,卒于1841年,经历了1840年的鸦片战争,以"但开风气"自我期许——他确实也享有这样的思想声誉。魏源生于1894年,卒于1857年,经历了两次鸦片战争。他们两人被并称为"龚魏"。作为鸦片战争的亲历者,他们创造的法理学体现了中国法理学在鸦片战争时期的精神风貌,可以代表中国法理学走向近代的起点。

---

① 梁启超:《清代学术概论》,上海古籍出版社2005年,第64页。

两次鸦片战争的失败催生了洋务运动。这场运动从19世纪60年代开始直至甲午中日战争,持续了三十多年。在这个历史时期,洋务派代表了历史发展的新趋势。当然,洋务派作为一个群体,也不是完全整齐划一的。譬如,洋务派中的地方督抚,像曾国藩、李鸿章、张之洞、左宗棠等人,具有较为明显的同质性,在这些人的思想世界中,传统的因素相对较多。还有一些人,譬如冯桂芬、郭嵩焘等等,他们不像地方督抚那样掌握实际权力,而是居于权力的边缘,边缘位置反而使他们在思想上拥有了更为宽广的空间。他们在半官半学的生涯中,从法理的层面上,对那个时代的精神做出了更加深刻的揭示。在综合比较之后,有必要把冯桂芬作为洋务运动时期中国法理学的主要代表。也就是说,不妨以龚自珍、魏源、冯桂芬作为从鸦片战争到洋务运动的法理学的主要担纲者。

第二个阶段是从戊戌变法到辛亥革命的法理学。戊戌变法的实质是改良,但历史上一直被称为变法或维新变法。既然是维新变法,那就是要以新法取代旧法,或者说,要促使旧法变为新法。那么,旧法背后的"理"是什么,新法背后的"理"又是什么?为什么要"变法"?如何阐释"变法之理"?针对那个时代提出的这些"法理"问题,康有为的回答颇具代表性,毕竟,他是这场变法运动的当事人与主要阐释者。

不言而喻,康有为是戊戌变法的亲历者与灵魂人物。不过,那个时代还有一些远离政治中心的思想家,他们对"变法之理"的阐释,有助于我们更加深入地理解这场变法运动背后的法理逻辑。在这些相对边缘的人物中,廖平的贡献应当给予特别的注意。而且,廖平与康有为之间的关系,也是近代思想史上的一个备受关注的主题。

戊戌变法又称"百日维新",它只经历了"百日",即以失败而告终。戊戌变法之后,继之以辛亥革命。辛亥革命被称作革命,主要是因为它终结了满清,开启了民国。众所周知,是孙中山领导了辛亥革命。然而,在这场革命中,如果要举出既是革命家又是学问家的主要代表,就不能避开章太炎。章太炎既是清学正统派的殿军,也是辛亥革命的元勋;既是革命家中的学问家,更是学问家中的革命家。因而,章太炎创造的"革命法理学",不仅是辛亥革命的一面镜子,而且是一面"法理之镜"。着眼于此,有必要把廖平、康有为、章太炎作为从戊戌变法到辛亥革命时期中国法理学的代表人物。

第三个阶段是从五四运动到抗美援朝战争的法理学。五四运动被称为新文化运动,这场运动的灵魂人物主要有陈独秀、李大钊、蔡元培、胡适等等。其中,李大钊可以代表马克思主义,胡适可以代表自由主义。与此同时,我们还应当看到,在这场以"新"作为修饰词的"文化运动"中,不仅有新来的马克思主义、新来的自由主义,还出现了新的儒家。新的儒家亦即现代新儒家,其代表人物主要有熊十力、马一浮、梁漱溟等等,他们被后世称为"现代新儒家三圣"。他们开启的现代新儒家,既是新文化运动结出的一枚思想硕果,同时也是新文化运动的一个组成部分。

从后来的历史过程来看,马克思主义成为了中国的主导思想,但是,新儒家与自由主义的意义也不容忽视,因为,前者联通古今,后者联通中西。基于这样的格局,要叙述从五四运动到抗美援朝的中国法理学史,可以把李大钊作为中国马克思主义法理学的主要代表,把胡适作为中国自由主义法理学的主要代表,把熊十力作为现代新儒家法理学的主要代表。

其中,李大钊对中国马克思主义法理学的开创,始于五四运动前夕,终于他遇害的1927年。在将近十年的时间里,李大钊在传播马克思主义的同时,促成了中国马克思主义法理学的兴起。胡适1919年出版的《中国哲学史大纲》上卷,亦即后来的《中国古代哲学史》,集中体现了他对中国法理学的贡献。相比之下,早年的熊十力虽然经历了辛亥革命的战火,但其《心书》首次印行于1918

年。1922年,熊十力即应蔡元培之聘到北京大学任教,主讲佛家唯识之学,并在20世纪三四十年代,完成了其学术思想体系的建构。熊十力对新儒家法理学的铺陈,主要体现在1945年的《读经示要》、1949年的《韩非子评论》、1950年的《与友人论张江陵》、1951年的《论六经》等论著中。虽然在抗美援朝战争结束至他辞世的1968年的十几年间,熊十力的思想并没有停滞,但他毕竟是五四那一辈的思想家,他的思想代表了现代新儒家的开端,他的法理学也代表了现代新儒家法理学的开端。

以上分述的三个阶段,构成了本卷分列的三章,把这三个阶段的中国法理学史编织起来,可以铸成一部近代中国的法理学史,亦即从鸦片战争到抗美援朝战争的中国法理学史。如果说,《中国法理学史》第一卷旨在描述从皋陶到韩非的中国法理学史,第二卷旨在描述从贾谊到戴震的中国法理学史,那么,本卷则旨在描述从龚自珍到熊十力的中国法理学史。现在,且让我们以"但开风气"的龚自珍为起点,走进近代中国的法理学史。

第一章　从鸦片战争到洋务运动的法理学

第一节　龚自珍

如果有一段历史，可以称为中国近代法理学史或近代中国的法理学史，那么，这段历史应当首先叙述龚自珍（1792—1841）及其法理学。因为，龚自珍创造的法理学，尤其是龚自珍的法理变革，标志着中国近代法理学的萌生。做出这个判断的外在依据，是龚自珍享有的思想地位；做出这个判断的内在依据，是龚自珍的法理变革在中国法理学史上所具有的推陈出新的意义。

从外在的、整体的思想史的角度来看，龚自珍的思想是中国进入近代之际的思想写照。王元化认为："我国近代史以鸦片战争为起点，在这个新旧交替的大动荡时代需要有魄力的人物出现，并且也确实产生了一批学识渊博、性格坚强、才气横溢的思想家。他们留下的著作不仅反映了自己的时代，而且也开导了以后资产阶级启蒙思潮的先河。他们中间的主要代表就是龚自珍。"[①]龚自珍是

[①] 王元化：《龚自珍思想笔谈》，载王元化：《王元化文论选》，上海文艺出版社2009年，第145页。

否开启了"资产阶级启蒙思潮的先河",什么思想属于"资产阶级启蒙思想",也许还可以再讨论,然而,把龚自珍作为中国近代史上最先出现的具有标志意义的思想家代表,则为不刊之论。李泽厚也有大致相同的观点,他以"前奏曲"来总结龚自珍在中国近代思想史上的地位:"龚自珍为中国近代思潮奏出了一个浪漫主义的前奏曲,这个充满异端情调的序曲,在稍后的时代里就发展成为激昂强烈的真正的交响乐章。"①所谓"前奏曲",其功能是"开场",其含义是"开始""开端""起点"。在王、李二人之前,在1920年著成的《清代学术概论》一书中,梁启超虽然没有把"站在最前端"的这个地位给予龚自珍,但也愿意承认,"晚清思想之解放,自珍确与有功焉。光绪间所谓新学家者,大率人人皆经过崇拜龚氏之一时期"②。

更值得注意的,是王国维对清代学术的概括:"我朝三百年间,学术三变:国初一变也,乾嘉一变也,道咸以降一变也。""故国初之学大,乾嘉之学精,道咸以降之学新。""国初之学,创于亭林;乾嘉之学,创于东原、竹汀;道咸以降之学,乃二派之合而稍偏至者,其开创者仍当于二派中求之焉。盖尝论之,亭林之学,经世之学也,以经世为体,以经、史为用;东原、竹汀之学,经、史之学也,以经、史为体,而其所得往往裨于经世。""道咸以降,学者尚承乾嘉之风,然其时政治风俗已渐变于昔,国势亦稍稍不振,士大夫有忧之而不知所出,乃或托于先秦西汉之学,以图变革一切,然颇不循国初及乾嘉诸老为学之成法。其所陈夫古者,不必尽如古人之真;而其所以切今者,亦未必适中当世之弊。其言可以情感,而不能尽以理究。如龚璱人、魏默深之俦,其学在道咸后,虽不逮国初、乾嘉二派之盛,然为此二派之所不能摄。其逸而出此者,亦时势使之然也。"③

---

① 李泽厚:《十九世纪改良派变法维新思想研究》,载李泽厚:《中国近代思想史论》,生活・读书・新知三联书店2008年,第33页。
② 梁启超:《清代学术概论》,上海古籍出版社2005年,第63页。
③ 王国维:《沈乙庵先生七十寿序》,载王国维:《王国维手定观堂集林》,黄爱梅点校,浙江教育出版社2014年,第502—503页。

根据王国维之见,清初之学始于顾炎武,其特点是气象宏大。乾嘉之学始于戴震、钱大昕,其特点是精审细密。至于道咸之学,则始于龚自珍、魏源,其特点是变革图新。这种以"变"与"新"为特质的道咸之学,既不同于清初之学的"经世为体",也不同于乾嘉之学的"经史为体"。道咸之学是在一个新的"政治风俗"的整体背景下兴起的,从清初之学、乾嘉之学转向道咸之学,完全是"时势使之然"。那么,是什么样的"时势"造就了"新"的道咸之学呢?王国维没有对此展开论述,他仅仅提到了"国势亦稍稍不振"。在道光时期(1821—1850),这种"不振"之"国势"在鸦片战争中得到了直观的体现。原来,"国势"之"不振",既是清王朝自身的"不振"与暮气,也是清王朝在日益迫近的外国势力面前的"不振"与危机,西北边境与东南沿海面临的外来威胁,无不让"士大夫有忧之",道咸之学就是因此而兴起的。简而言之,道咸之学是古老的中国在新的世界格局下形成的理论学说,堪称中国进入近代之际的学术表达与理论呈现。这样的道咸之学,其最具标志性的开创者,就是龚自珍。

道咸之学是一个时代的学问的总称,是"打成一片"的学问。我们以当代的学术体系去剪裁那个综合性的道咸之学,就可以把其中的法理学"摘取"出来。龚自珍既是道咸之学的最具代表性的开创者,他的法理学自然也有开创新风的性质。其实,晚年的龚自珍已有这样的自我意识和自我定位。

试看他在己亥之年(1839)所写的一首"己亥杂诗":"河汾房杜有人疑,名位千秋处士卑。一事平生无龂龂,但开风气不为师。"诗后还有一句自注:"予生平不蓄门弟子。"[①]由于各种主客观方面的原因,龚自珍可能没有正式的入室弟子,或者是相对于"座主"的"门生"[②],但有一点足以令他自豪,那就是"开风气"——以王国维的分

---

① [清]龚自珍:《龚自珍全集》,王佩诤校,上海古籍出版社1975年,第519页。
② 但是,有必要提及的是,《论私》篇又记载了在"龚子"与"龚子之徒"之间展开的讨论(详后)。当然,这也可能是一种修辞,无论是"龚子之徒",还是龚子与"龚子之徒"之间的讨论,可能都是虚构的。不过,这个问题并非要害之处,这里不再赘述。

析框架来说，则是开启了道咸之学的新风气。就在这首著名的"杂诗"中，龚自珍不仅强调自己"开风气"的历史地位，而且还隐约地指出了他志在比拟的历史人物，那就是在河汾之间培养了房玄龄、杜如晦的王通。作为"处士"的王通，虽然没有显赫的政治地位，但却是隋代法理学首屈一指的代表。① 龚自珍也没有显赫的政治地位，然而，他自比王通的这一联诗已经提示我们，有必要从法理学的层面理解他，理解中国法理学史上的龚自珍。通过考察龚自珍完成的法理变革，再结合他的"但开风气"之功，根据法理学内外的这两个方面，我们可以认为，他在中国近代史的起点上，在道咸之学的开端处，开启了中国法理学的新风气，标志着中国近代法理学的萌生。关于龚自珍的法理变革及其对中国近代法理学新风气之开启，我们可以从天君关系、义利关系、公私关系三个方面予以考察。

一、以源于君命的法取代源于天命的法

就像现代中国的法或规范一样，古代中国的法或规范也是有多个层级的。我们可以从不同的角度来理解古代中国法或规范的层级性。譬如，孔子注重"仁"与"礼"的划分②，其中，"仁"相当于高级法，"礼"相当于实在法；陆九渊注意突出"典宪"与"苛法"的对立③。诸如此类的关于法或规范的划分，在中国法理学史上不胜枚举。在各种关于法或规范的分类方式中，有必要注意到天命与君命的并立，以及与之紧密相关的天与君的对举。

按照史籍中宣称的"昊天成命，不可久违"④，天命就是不容违反的最高的法。这样的法实为上天意志的体现，或者说，就是上天

---

① 喻中：《三代之法与两汉之制：王通的二元规范论》，《学术界》2021年第2期，第182—195页。
② 喻中：《仁与礼：孔子的二元规范论》，《法律科学》2019年第5期，第3—13页。
③ 喻中：《祛苛法而求典宪：陆九渊的法理憧憬》，《学术界》2021年第10期，第128—141页。
④ [唐]房玄龄等撰：《晋书》，中华书局2000年，第1848页。

的命令。对于这样的法,在学理上可以称之为源于天命的法。与源于天命的法相对应的,就是源于君命的法。这是两种不同性质、不同层级的法,在古代中国,在带有一定神学色彩的"天高于君"的传统框架下,天命显然高于君命,源于天命的法显然高于源于君命的法。如果说,源于天命的法,是上天立法的产物,那么,源于君命的法,则是君主立法的产物。

在古代中国的典籍中,譬如,在《尚书》中,对源于天命的法及其效力多有论述。在董仲舒的《春秋繁露》中,"屈君而伸天"(《春秋繁露·玉杯》)也是一个基本的观点。因而,天命高于君命,源于天命的法高于源于君主的法,在古代中国乃是一个得到普遍认同的法理观念。然而,古代中国关于天命与君命关系的固有观点,在龚自珍的论著中,得到了全新的表述。

先看《尊命》篇,龚自珍在此文的开篇处就指出:"儒家之言,以天为宗,以命为极,以事父事君为践履。君有父之严,有天之威;有可知,有弗可知,而范围乎我之生。君之言,唐、舜谓之命;周亦谓之命",君之言就是君之命,亦即君命。然而,"夫天、寒、暑、风、雨、露、雷必信,则天不高矣;寒、暑、风、雨、露、雷必不信,则天又不高矣"。因此,"天命曰流行,君命曰出内","是故若飞若蛰,闷闷默默,应其不可测,如鱼泳于川,惟大气之所盘旋,如木之听荣枯于四时"。[①]

在这里,龚自珍将天命与君命进行了有效的切割:天命是天的命令,对应于源自天命的法,君命是君的命令,对应于源自君命的法;两者具有本质的区别,且两者之间没有必然的联系。为什么可以把两者分割开来?最根本的原因在于,天与天命都是自然现象,寒暑时来时去,风雨时有时无,露雷时兴时散,这样的现象被龚自珍称为"流行"。这样的"流行",本质上是大气盘旋所致,当然也是

[①] 樊克政编:《中国近代思想家文库·龚自珍卷》,中国人民大学出版社2015年,第64—65页。

四时变化所致，与文明秩序、国家治理、法律体系没有任何关系。这就是说，天并不是严格意义上的法的源头，当然也不是君命的依据。相反，君命出于君。这样的君命在尧、舜时代就已经出现了，在姬周时代也同样存在。

再看《农宗》篇，龚自珍在此文中首先提出了一系列相互关联的问题："古者未有后王君公，始有之而人不骇者何？古者未有礼乐刑法与礼乐刑法之差，始有之而人不疑惧者何？古者君若父若兄同亲者何？君若父若兄同尊者何？尊亲能长久者何？古之为有家与其为天下，一以贯之者何？古之为天下，恒视为有家者何？"① 这些问题旨在追寻君主与礼乐刑法的起源。君主与礼乐刑法是如何产生的？君主与礼乐刑法的存在，为什么让所有人都不觉得意外？为什么所有人都视之为当然，甚至习以为常、习焉不察？在不疑处生疑，进而追究这样的问题，其实是在追究法与国家的起源问题，这是一个典型的法理问题。

龚自珍对这个问题的回答是："生民之故，上哉远矣。天谷没，地谷苗，始贵智贵力。有能以尺土出谷者，以为尺土主；有能以倍尺若十尺、伯尺出谷者，以为倍尺、十尺、伯尺主；号次主曰伯。帝若皇，其初尽农也，则周之主伯欤？古之辅相大臣尽农也，则周之庸次比耦之亚旅欤？土广而谷众，足以芘其子，力能有文质祭享报本之事，力能致其下之称名，名之曰礼，曰乐，曰刑法。儒者失其情，不究其本，乃曰天下之大分，自上而下。吾则曰：先有下，而渐有上。下上以推之，而卒神其说于天，是故本其所自推也，夫何骇？本其所自名也，夫何疑何惧？"②

这段话几乎可以理解为一个"龚自珍版本"的"创世记"：在远

---

① 樊克政编：《中国近代思想家文库·龚自珍卷》，中国人民大学出版社 2015 年，第 89 页。

② 樊克政编：《中国近代思想家文库·龚自珍卷》，中国人民大学出版社 2015 年，第 89 页。

古时代,生民要活下来,就得吃饭,生民对谷物的需求催生了对智与力的需求。谁有足够的智慧与能力在土地上种出谷物,以养活土地上的生民,谁就成为了土地的主人。一个人如果能够在一尺土地上种出谷物,那他就是"尺土主",亦即拥有一尺土地的"君主"——当然,这种形态的"君主"只能是后世所熟悉的君主的胚芽;一个人如果能够在两尺土地、十尺土地、百尺土地上种出谷物,那他就是"两尺主""十尺主"或"百尺主",以此类推。当"千尺主""万尺主"依次出现之后,后世所熟悉的大大小小的君主就出现了,与这些大大小小的君主同时出现的,就是大大小小的国家。有一些君主,在拥有"广土"与"众谷"的前提条件下,在能够庇护子孙的前提条件下,如果还能够在祭祀祖宗方面有所"制作",而且具有一定的文化能力,他就可以创造出礼乐刑法。这就是礼乐刑法的起源,亦即法的起源,当然也是国家的起源。

在中外法理学史上,关于法与国家的起源,早已形成了各种各样的理论,这些理论对应于形形色色的"创世记"。在西方,《旧约全书》中的"创世记"是神学的创世记,近代的"社会契约论"是启蒙思想家的"创世记"。在华夏,《尚书·尧典》描述的"创世记"是传统儒家的"创世记"。在《尧典》的开篇,我们便看到了一个追根溯源式的叙述:"曰若稽古,帝尧曰放勋,钦明文思安安,允恭克让。光被四表,格于上下。克明俊德,以亲九族。九族既睦,平章百姓。百姓昭明,协和万邦,黎民于变时雍。"见于《尧典》开篇的这几句话描述了法与国家的起源,在传统中国的多种"创世记"中,自汉代开始,就享有正统的地位,相当于意识形态,具有权威性的解释力。尤其值得注意的是"光被四表,格于上下"一语,其中的"上",就是指上天。因为,按照郑玄的解释,这句话是说:"尧德光耀及四海之外,至于天地。所谓'大人与天地合其德,与日月合共明'也。"[1]换

---

[1] 曾运乾注:《尚书》,黄曙辉校点,上海古籍出版社2015年,第3页。

言之,尧作为《尚书》记载的第一个君主,他的德性与上天是相通的、一致的,他的德性有上天的支持,有天命作为依据。

与《尚书·尧典》描述的法与国家的起源方式相比,龚自珍的"创世记"提供了一个全新的叙事框架:以礼乐刑法为表现形式的法源于君主,更具体地说,法是那些"力能有文质祭享报本之事"的君主创制的。这些君主之所以能够成为君主,并创制出各种各样的法,并非因为他们"与天地合其德",而是因为他们善于种植谷物以养活生民,这是他们最初的起点,也是君主起源、国家起源以及法律起源的前提与基础。这就是龚自珍旨在揭示的君主起源、国家起源以及法律起源的历史逻辑。遗憾的是,"儒者"不能理解这样的历史逻辑,不能探究这样的前提与基础,仅仅把上天作为君主、国家与法的最终源头。这些"儒者"之见,显然是错误的。

在《五经大义终始论》中,龚自珍又从五经的角度,进一步阐明了法律源于君主并最终源于"饮食"的历史逻辑:"圣人之道,本天人之际,胪幽明之序,始乎饮食,中乎制作,终乎闻性与天道。"在五经体系中,"谨求之《书》,曰:'天聪明,自我民聪明。'言民之耳目,本乎天也。民之耳目,不能皆肖天。肖者,聪明之大者也,帝者之始也。聪明孰为大?能始饮食民者也。其在《序卦》之文曰:'物稚不可不养也,屯蒙而受以需,饮食之道也。'其在《雅诗》,歌神灵之德,曰:'民之质矣,日用饮食。'是故饮食继天地。又求诸《礼》,曰:'夫礼之初,始诸饮食。'礼者,祭礼也。民饮食,则生其情也,情则生其文矣。"由此得出的结论是:"故曰:观百礼之聚;观人情之始也,故祭继饮食。"①

这里的"圣人之道",就是圣人治理天下之道,这样的"道",可以落实为圣人据以治理天下的"百礼",亦即圣人治理天下所依据

---

① 樊克政编:《中国近代思想家文库·龚自珍卷》,中国人民大学出版社2015年,第133页。

的法。这样的道、礼或法"始乎饮食",就是始乎"众谷","中乎制作"就是经过创制礼乐刑法,最后才能达致"性与天道"。按照这样的顺序,"饮食"或"众谷"才是圣人之道的源头与根本,同时也是君主立法的源头与根本。进一步看,如果只看《尚书》之大义,那么,君主的特异之处就是能够满足生民对饮食的需要,无论是《易传》中之《序卦》,还是《诗》中之《雅》,都强调了饮食的根本性。正是由于这个缘故,《礼记》直接指出:礼之初,始于饮食。《管子·牧民》有言,"仓廪实则知礼节",事实上,也只有"仓廪实"才需要"礼节"。这就是说,礼的本质就是法,生民以足够的饮食为基础,形成了各种各样的交往关系,文明秩序由此形成。法作为文明秩序的规则化表达,也就因此而产生。再结合前引《农宗》篇中的内容,我们可以发现:法是那些君主在积极建构文明秩序的进程中,对文明秩序进行规则化表达的产物。

按照"民饮食,则生其情也,情则生其文"所指示的因果关系,君主因应"民饮食"及所生之情(民情)而创制的法,总是要表达成为文字,而文字也会以声音的方式呈现出来。事实上,在君主创制其法、其文之前,会首先注意到声音。在《拟上今方言表》的篇末,龚自珍指出:"三皇之世,未有文字,但有人声,五帝三王之世,以人声为文字。故传曰:'声之精者为言,言之精者为文。'声与言,文字之祖也。文字有形有义,声为其魂,形与义为体魄。魄魂具,而文字始具矣。夫乃外史达之,太史登之,学僮讽之,皆后兴者也。是故造作礼乐,经略宇宙,天地以是灵,日月以是明,江河以是清,百王以是兴,百圣以是有名,审声音之教也。"[①]

这就是说,君主创制其文、其法,还有一个必经的环节,那就是把人声转化成为文字。毕竟,人声是君主或圣王创制其文、其法的

---

① 樊克政编:《中国近代思想家文库·龚自珍卷》,中国人民大学出版社2015年,第15页。

原材料,精粹的声音即为语言,精粹的语言即为文字。顺着这个逻辑进一步推演,我们还可以发现,精粹的文字即为礼法。当然,把精粹的文字制作成为礼乐或礼法,也许还需要经历一些常规程序,譬如经过"外史达之,太史登之,学僮讽之",如此这般,"礼乐"就可以制作出来,圣王也可以由此而兴起,天地也由此变得灵验。这里的逻辑关系是,君主把声音加工成为文字,再进一步加工成为礼法,以这样的礼法治理天下,就可以造就圣王之治,甚至还可以让天地有灵。由此看来,天地之所以有灵,是因为君主制作的礼乐;君主之所以能够制作礼乐,是因为君主善于提取"声之精者"。

然而,人声存在的前提,是人的生存。只有人活着,人才能发出"声之精者"。因而,声音、语言、礼乐的出现,归根到底还是因为人对食物的需要得到了基本的满足,这就是龚自珍的"创世记"所揭示的法与国家的起源理论。这样的法理让我们想到恩格斯的名篇《家庭、私有制和国家的起源》,它的第一节题为"史前各文化阶段",在这一节的第一小节"蒙昧时代"的开篇,恩格斯写道:"这是人类的童年。人还住在自己最初居住的地方,即住在热带的或亚热带的森林中。他们至少是部分地住在树上,只有这样才可以说明,为什么他们在大猛兽中间还能生存。他们以果实、坚果、根作为食物;音节清晰的语言的产生是这一时期的主要成就。在有史时期所知道的一切民族中,已经没有一个是处在这种原始状态的了。虽然这一状态大概延续了好几千年之久,但我们却不能根据直接的证据去证明它;不过,我们既然承认人是起源于动物界的,那么,我们就不能不承认这种过渡状态了。"[①]这段话以及这篇文献以追述起源的方式,为历史唯物主义奠定了最初的逻辑起点,可以视为马克思主义的"创世记"。

在致约瑟夫·布洛赫的信中,恩格斯又说:"根据唯物史观,历

[①] 《马克思恩格斯文集》第四卷,人民出版社 2009 年,第 33 页。

史过程中的决定性因素归根到底是现实生活的生产和再生产。无论马克思或我都从来没有肯定过比这更多的东西。如果有人在这里加以歪曲,说经济因素是唯一决定性的因素,那么他就是把这个命题变成毫无内容的、抽象的、荒诞无稽的空话。经济状况是基础,但是对历史斗争的进程发生影响并且在许多情况下主要是决定着这一斗争的形式的,还有上层建筑的各种因素"。① 以这样的唯物史观作为基础,李泽厚说:"何谓'现实生活的生产和再生产'?不就是人们的食衣住行吗? 也就是我讲的'吃饭哲学'。"遗憾的是,"食衣住行、物质生产对人类生存——存在本具有绝对性,但今天许多学人却轻视、忽视、蔑视这个基本史实"。②

今天的"许多学人"没有注意到的"这个基本史实",两百年前的龚自珍居然注意到了,这不能不说,龚自珍确实不负"开风气"之自誉。恩格斯致约瑟夫·布洛赫的信写于 1890 年,恩格斯创作《家庭、私有制和国家的起源》的时间是 1884 年,龚自珍卒于 1841 年。因而,龚自珍不可能知道恩格斯的《家庭、私有制和国家的起源》,而且,把龚自珍与恩格斯相提并论也是不恰当的,甚至是不伦不类的。但是,龚自珍确实在 19 世纪上半叶描述了一种从饮食或生活资料开始,直至声音的出现,再到语言、文字的出现,再到礼乐产生、圣王兴起的历史过程,并同时指出了君主出现、国家形成、法律兴起的规律。根据这样的规律,法源于君命,而不再源于天命。此前的源于天命的法,变成了此际的源于君命的法。简而言之,龚自珍立足于天与君的关系,以源于君命的法取代源于天命的法,在法的起源问题上完成了一个根本性的法理变革。

二、以功利本位的法取代道德本位的法

龚自珍完成的法理变革不仅见之于天君关系,以源于君命的

---

① 《马克思恩格斯文集》第十卷,人民出版社 2009 年,第 591 页。
② 李泽厚:《历史本体论·己卯五说》,生活·读书·新知三联书店 2008 年,第 21 页。

法取代源于天命的法,而且见之于义利关系,以功利本位的法取代道德本位的法,这也是一个根本性的法理变革。

在龚自珍之前的古代中国,法的各种表现形式,包括礼、刑、律、令等等,都具有浓厚的道德本位色彩。这种现象或可称为道德的法律化。它的实质是,法以道德为本位、本性、本体、根本。正是由于这个缘故,古代中国特别强调道德之治,亦即德治。按照孔子的著名论断,"道之以政,齐之以刑,民免而无耻。道之以德,齐之以礼,有耻且格"。这就是说,在国家治理体系中,特别是在赖以治国理政的规范体系中,政与刑低于德与礼。在政与刑的治理下,民众虽然可能免受惩罚,但却没有羞耻感,也没有道德感。由此形成的政治、社会系统,就相当于一个没有情感的机械系统,它没有伦理指向,没有道德色彩,没有人文精神。相反,只有德与礼的治理,才能让民众产生羞耻感、道德感。根据孔子的论述,只有那些能够强化羞耻心、道德感的法,才是值得追求的法。

再看朱熹对这句话的解释:"政,谓法制禁令也。齐,所以一之也。道之而不从者,有刑以一之也。免而无耻,谓苟免刑罚而无所羞耻,盖虽不敢为恶,而为恶之心未尝忘也。礼,谓制度品节也。格,至也。言躬行以率之,则民固有所观感而兴起矣,而其浅深厚薄之不一者,又有礼以一之,则民耻于不善,而又有以至于善也。一说,格,正也。《书》曰:'格其非心。'愚谓政者,为治之具。刑者,辅治之法。德礼则所以出治之本,而德又礼之本也。此其相为终始,虽不可以偏废,然政刑能使民远罪而已,德礼之效,则有以使民日迁善而不自知。故治民者不可徒恃其末,又当深探其本也。"[①]

根据朱熹的看法,政是治国的工具,刑是政的辅助性规范,刑低于政。只有德、礼才是实现国家治理的根本,在德与礼之间,德又居于根本的地位。这就是朱熹以"论语集注"的方式再次确认的

---

① [宋]朱熹撰:《四书章句集注》,中华书局2011年,第55页。

规范体系:德最优,礼次之,德与礼合起来的德礼,其重要性又高于政刑。由此看来,从孔子到朱子,都认为法的根本是道德,这样的法是古代中国的法理所确认的法,我们可以称之为道德本位的法。对于这种由来已久的古代法理,龚自珍做出了根本性的变革。这样的法理变革,龚自珍是如何实现的?

查阅后人编辑的龚自珍"语录",可以找到这样一则记载:"解《论语》'齐之以礼',曰:齐者何? 齐贫富也。又齐贤者过之,不肖者不及也。"[1]根据龚自珍的这句"语录",所谓"齐之以礼",主要是指:以礼齐贫富。这与朱熹之见形成了明显的对照。

根据前引朱熹的话,"齐之以礼"是指"其浅深厚薄之不一者,又有礼以一之,则民耻于不善,而又有以至于善也"。简而言之,"礼之以礼"主要是指:以礼齐善恶。朱熹所说的"浅深厚薄之不一者"主要是指:在道德感、羞耻感方面,人与人之间差距很大,针对这种情况,礼的功能主要在于,促成"耻于不善,而又有以至于善"。相比之下,龚自珍则以自己理解的"齐贫富"取代了朱熹理解的"齐善恶"。由此,与"德"紧密捆绑的"礼",以"德"为本性、为根本的礼,其主要的功能就是,实现人与人之间在经济上的平等。显然,通过撬动"齐之以礼"这个看似微不足道的"法理枢纽",由孔子、朱熹旨在张扬的道德本位的法,经过龚自珍"四两拨千斤"的巧手,已经变成了功利本位的法,这样的法以经济利益为指向,与道德不再发生关联。

与功利本位的法相对应的,是功利本位的法理,或者说,功利本位的法需要功利本位的法理来提供理论依据。关于这种功利本位的法理,龚自珍在他的名篇《葛伯仇饷解》中,已有生动的阐释。

在古代中国的文献体系中,"葛伯仇饷"是一个法理意义饱满的典故。据《古文尚书·仲虺之诰》,"葛伯仇饷"是说:圣王商汤已

---

[1] [清]龚自珍:《龚自珍全集》,王佩诤校,上海古籍出版社1975年,第421页。

经把夏桀流放到一个叫南巢的地方,但是,商汤心有不安,担心受到后世的非议。商汤的辅佐者仲虺作了一篇诰词,既开导商汤,也寄寓了劝勉之意,这就是"仲虺之诰"。在这篇诰词中,仲虺称赞了商汤的德性,说他受到了天下万民的拥戴,理应取代夏桀,因而不必感到愧疚。仲虺有一句原话是:"克宽克仁,彰信兆民。乃葛伯仇饷,初征自葛,东征、西夷怨;南征,北狄怨,曰'奚独后予?'攸徂之民,室家相庆,曰:'徯予后?后来其苏。'民之戴商,厥惟旧哉!"①

这句话是说,你既宽厚又仁慈,德性昭著,已经取信于万民。葛国的那个君主不知好歹,仇视并杀害了我们派往葛国救援他们的人,于是,我们只好针对葛君,开始了我们的第一次征讨。然而,当我们向东方征讨之时,西边的民众就抱怨我们;当我们向北方征讨之时,南边的民众又抱怨我们。他们共同的抱怨是:"为什么不早一些来征讨我们的君主?"只要是我们前往征讨的国家,那里的民众都合家相庆,他们向你欢呼:"汤王啊,我们等您等得太久了;只要跟着您,我们就可以过上好日子。"民众对你的期盼与拥戴,已经有很长的时间了。这就是所谓的"葛伯仇饷"。

这个典故因为孟子的宣扬变得更加著名。在《孟子·滕文公下》篇中,孟子为这个典故提供了更加丰富、更加详尽的信息:"汤居亳,与葛为邻,葛伯放而不祀。汤使人问之曰:'何为不祀?'曰:'无以供牺牲也。'汤使遗之牛羊。葛伯食之,又不以祀。汤又使人问之曰:'何为不祀?'曰:'无以供粢盛也。'汤使亳众往为之耕,老弱馈食。葛伯率其民,要其有酒食黍稻者夺之,不授者杀之。有童子以黍肉饷,杀而夺之。《书》曰:'葛伯仇饷。'此之谓也。为其杀是童子而征之,四海之内皆曰:'非富天下也,为匹夫匹妇复雠也。''汤始征,自葛载',十一征而无敌于天下。东面而征,西夷怨;南面

---

① 王世舜、王翠叶译注:《尚书》,中华书局2012年,第380页。

而征,北狄怨,曰:'奚为后我?'民之望之,若大旱之望雨也。归市者弗止,芸者不变,诛其君,吊其民,如时雨降,民大悦。"孟子由此得出的结论是:"苟行王政,四海之内皆举首而望之,欲以为君。"①

孟子比仲虺更加有力、更加生动地叙述了"葛伯仇饷"的前因后果。所谓"仇",是指仇视,尤其是指那种不知好歹、恩将仇报的行为;所谓"饷",主要是指商汤在食物方面为葛君提供的帮助、救济、支援。仲虺的叙述较为简略,仅仅提到了"葛伯仇饷"。根据孟子的叙述,葛伯所"仇"之"饷",是指"童子"送到田间的饭与肉,以及这种运送食物的行为。不过,宽泛地说,葛伯所"仇"之"饷",也可以指商汤帮助葛君的所有行为。因而,葛君的抢夺与杀人,包括杀童子,都可以归属于"仇饷"。按照仲虺及孟子的解释,葛君的"仇饷"行为腐蚀了社会的道德根基,造成了严重的不公不义,以致民怨沸腾,难以平息。在这种情况下,商汤不得不予以征讨:既征讨像葛伯那样的失德之君,也征讨其他与葛伯同样类型的失德之君。商汤的征讨就像及时雨那样,精准地满足了久旱民众对甘霖的渴望。

孟子的解释代表了古代中国主流法理关于"葛伯仇饷"的解释。在这样的背景下,龚自珍为"葛伯仇饷"提出了一个颠覆性的新解释。龚自珍首先重复了孟子关于事实部分的叙述,然后提出问题:"葛虽贫,葛伯一国之君,安得有杀人夺酒肉事?"这是一个着眼于常情常理的追问:虽然葛国是一个穷国、小国,但葛伯毕竟贵为一国之君,怎么可能去抢人家的酒肉?

对于这个自己提出的问题,龚自珍的回答是:"王者取天下,虽曰天与之,人归之,要必有阴谋焉。汤居亳,与葛为邻,葛伯不祀,汤教之祀,遗以粢盛可矣;乃使亳众往为之耕,春耕、夏耘、秋收,乃囷乃米,而藏之廪,而后可以祀。其于来岁之祀则豫矣,其于岁事

---

① 杨伯峻译注:《孟子译注》,中华书局2012年,第157—158页。

则已缓。亳众者何？窥国者也，策为内应者也。老弱馈者何？往来为间谍者也。葛虽贫，土可兼，葛伯放而柔，强邻圣敌，旦夕虎视，发众千百入其境，屯于其野，能无惧乎？惧而未肯以葛降，率其民而争之，又不足以御，乃姑杀其间谍者。夫黍稻之箪橐，往来两境，阴谋之所橐也，其民乃发而献之伯。仇者何？众词，大之之词。杀者何？专词。杀一人不得言仇，仇不得言杀。史臣曰：'葛伯仇饷'，得事实矣。又曰：'汤一征，自葛载。'夫葛何罪？罪在近。后世之阴谋，有远交而近攻者，亦祖汤而已矣。"①龚自珍的这段话及其法理意涵，可以从三个方面来理解。

（一）从道德论转向功利论

孟子对"葛伯仇饷"的解释，主要着眼于仁义道德这个标准。其中，商汤是仁义道德的化身，葛伯是失道、失德、不仁、不义的化身。在儒家的主流叙事系统中，商汤是跟尧、舜、禹、文王、武王、周公、孔子并称的圣人。他们之所以成为圣人，主要是因为他们的德性或仁德。前文征引的《尚书·尧典》开篇所述的内容，其实还蕴含了一个重要的信息：尧之所以成为开创华夏文明秩序的圣王，一个根本的原因就在于他的德性。他建构文明秩序的基本方式就是，把自身散发出来的德性，由近及远、持续不断地延伸至普天之下。商汤的德性堪比尧。由于尧与商汤所处的时代不同，从一定层面上说，商汤的德性甚至比尧更高，更加具有感召力，有一个直观的理由是，四面八方的民众对商汤翘首以待，仿佛大旱之盼云霓。相比之下，尧时代的民众对尧的期盼，似乎赶不上商汤时代的民众对汤的期待。这就是孟子的解释。

龚自珍的解释主要立足于基于功利的算计与阴谋。在龚自珍看来，商汤派出"亳众"前往葛地，主要是为了刺探情报、策为内应；

---

① 樊克政编：《中国近代思想家文库·龚自珍卷》，中国人民大学出版社2015年，第304—305页。

那些穿梭在两国之间送饭的老弱者,其实都是传递情报的间谍。葛君把这些间谍抓起来杀掉,完全是可以理解的,也是正当的,因为这些来自商汤那边的间谍,已经对葛国的国家安全构成了严重的威胁。龚自珍还认为,被葛君杀掉的间谍其实不止一人。因为,杀一人只能叫"杀",杀多人才能叫"仇","仇"与"杀"有本质的区别,因而不能把两者混为一谈。既然史官选用了"仇"字,那就表明,葛君所杀的外来间谍,是一个包括了多人的间谍组织。

(二) 从道德本位的法理转向功利本位的法理

按照孟子秉持的法理,"葛伯放而不祀"。"放"是放荡、放肆,是一般意义上的不守礼法;"不祀"则是一种具体的违反礼法的行为,因为它违反了祭祀之礼,是一种不作为的渎职,相当于今天的过失犯罪。商汤对葛君的征伐,旨在矫正这样的违法犯罪行为。商汤的军队受到四方民众的热切期待,享有仁义之师的美名,这就是说,商汤是以仁义道德的名义征讨违反礼法的葛君。按照孔子关于"人而不仁,如礼何?"(《论语·八佾》)的训示,仁在效力层面上,是一种比礼更高的规范。因而,以仁义道德作为依据去征讨葛君的失礼行为甚至是犯罪行为,在法理上能够得到足够的支持。这就是孟子所代表的道德本位的法理。

但是,按照龚自珍的法理,葛君其实是无罪的。所谓"王者取天下",可以理解为,哪怕是对于"王者"来说,"取天下"也是一个现实性的目标,同时也是一个功利性的目标。"取天下"一语蕴含的逻辑是:此时的"王者"暂时还没有取得"天下",他如果要实现这个功利性的目标,就需要功利性的手段。商汤为葛君提供的"饷",虽然完全是一个阴谋,但是,它只要有助于实现"取天下"的目标,那就是可以接受的。"夫葛何罪?罪在近。"这样的解释,从字面上看,解释了葛君之罪;从根本上看,其实消解了葛君之罪。葛君本无罪,只是因为葛君是商汤的近邻,在"远交而近攻"这一功利原则的支配下,身不由己地成为了商汤攻打的对象。反过来看,龚自珍虽然以无罪定性葛君,但也没有把有罪的帽子扣在商汤的头上。他仅仅立足于功利本位的法理,把商汤之"饷"作为他"取天下"的一个阴谋、一种手段。龚自珍并没有对商汤与葛君进行道德评判,他赖以评判此事的法理,乃是功利本位的法理。

(三) 从马基雅维里法理学的功利本位看龚自珍法理学的功利本位

就像龚自珍一样,西方法理学史上的马基雅维里,也曾推动道德本位的法理学向功利本位的法理学的转向。因而,我们可以把马基雅维里完成的法理变革作为一面镜子,以之映照龚自珍的法理变革,因为两者有很大的共通性,可以在比较中达到相互阐释的效果。

在《君主论》一书中,马基雅维里写道:"任何人都认为,君主守信,立身行事,不使用诡计,而是一本正直,这是多么值得赞美呵!然而我们这个时代的经验表明:那些曾经建立丰功伟绩的君主们却不重视守信,而是懂得怎样运用诡计,使人们晕头转向,并且终于把那些一贯守信的人们征服了。"[1]按照龚自珍的《葛伯仇饷解》,商汤可以归属于马基雅维里在此所说的"那些曾经建立丰功伟绩的君主们"。马基雅维里还进一步教导君主:"你要显得慈悲为怀、笃守信义、合乎人道、清廉正直、虔敬信神,并且还要这样去做,你要能够并且懂得怎样作一百八十度的转变。必须理解:一位君主,尤其是一位新的君主,不能够实践那些被认为是好人应做的所有事情,因为他要保持国家,常常不得不背信弃义,不讲仁慈,悖乎人道,违反神道。因此,一位君主必须有一种精神准备,随着顺应命运的风向和事物的变幻情况而转变。"[2]我们把这些话与龚自珍描述的商汤相结合,商汤几乎就是马基雅维里旨在塑造的那种君主。

通常认为,马基雅维里是近代政治学理论的奠基人,同时也是

---

[1] [意]马基雅维里:《君主论》,潘汉典译,商务印书馆2011年,第83页。
[2] [意]马基雅维里:《君主论》,潘汉典译,商务印书馆2011年,第85页。

近代法理学的奠基人。对此,马克思早已指出:"从近代马基雅弗利、霍布斯、斯宾诺莎、博丹,以及近代的其他许多思想家谈起,权力都是作为法的基础的,由此,政治的理论观念摆脱了道德,所剩下的是独立地研究政治的主张,其他没有别的了。"①据此,马基雅维里关于权力、法与政治的观点,开启了一种"摆脱了道德"的法理学与政治学。在一本西方法理学通史性质的著作中,马基雅维里法理学的神髓还被概括为"突破神学自然法观念的一次早期的尝试"②。无论是"摆脱道德"还是"突破神学",其实都旨在表明,马基雅维里的法理学促成了道德本位、神学本位的法理学向功利本位的法理学的转向。马基雅维里在 17 世纪的西方做出的这种法理变革,在 19 世纪的中国重演,那就是龚自珍所促成的从道德本位的法理学向功利本位的法理学的转向,是在义利关系领域完成的法理变革。

三、以公私并重的法取代大公无私的法

龚自珍的法理变革既见于义利关系,还见于公私关系。按照古代中国的主流法理,公私对立,法的重心在于维护公利。在某些语境下,公与法甚至是一个事物的两种不同的表达,这就是说,法就是公,公就是法。至于私,在相当程度上已经被置于法的对立面。在这样的法理背景下,龚自珍对公私关系进行了新的界定,在法理层面上,促成了大公无私的法转向公私并重的法。

在古代中国,关于公私关系的辨析,在西周初年就已出现。据《史记·周本纪》,周成王"既绌殷命,袭淮夷,归在丰,作《周官》"③。这篇被标记到周成王名下的《周官》,见于流传至今的《古

---

① 《马克思恩格斯全集》第三卷,人民出版社 1960 年,第 368 页。
② [英]莫里斯:《法理学:从古希腊到后现代》,李桂林、李清伟、侯健、郑云瑞译,武汉大学出版社 2003 年,第 78 页。
③ [汉]司马迁:《史记》,中华书局 2006 年,第 20—21 页。

文尚书》,其中记载了周成王之所言:"呜呼!凡我有官君子,钦乃攸司,慎乃出令。令出惟行,弗惟反。以公灭私,民其允怀。"①在这句话中,周成王要求他的执政团队,一定要"以公灭私",亦即以公心压倒私心,以公利压倒私利。由此可见,早在周成王时代,私的合法性已经被祛除,公才有合法性。公与私由此成为两个相互对举的思想范畴。由于公私关系的界定与处理已经成为国家治理的一个关键环节,公与私当然也就成为了法理学的一对相互关联的核心范畴。

自西周以降,从先秦一直到明清先后诞生的各个学派、各种典籍,尽管立场各异,但是,在公私关系上,却形成了一个主流的基本共识,那就是大公无私。试看《礼记·礼运》篇中的名言:"大道之行也,天下为公,选贤与能,讲信修睦。故人不独亲其亲,不独子其子,使老有所终,壮有所用,幼有所长,矜寡孤独废疾者皆有所养,男有分,女有归。货恶其弃于地也,不必藏于己;力恶其不出于身也,不必为己。是故谋闭而不兴,盗窃乱贼而不作,故外户而不闭。是谓大同。"②这几句话大体上可以代表儒家的主张。它虽然没有直接提出"以公灭私",但是,其中的"不必为己",其实就是"不必为私"或"不必追求一己之私"。按照这几句话的要旨,只有既亲其亲,也亲他人之亲,既子其子,也子他人之子,概而言之,只有恪守"天下为公"的原则,才能形成一个理想的大同世界。

在儒家人物中,荀子认为:"明分职,序事业,材技官能,莫不治理,则公道达而私门塞矣,公义明而私事息矣。"③这就是说,国家治理趋于完善的标志就是,公道达而私门塞、公义明而私事息,亦即有公无私。荀子还批评一种臣子,说他们"上不忠乎君,下善取誉乎民,不恤公道通义,朋党比周,以环主图私为务,是篡臣者也"④。这种试图篡权的"篡臣",主要的罪恶就是"不恤公道""图

---

① 王世舜、王翠叶译注:《尚书》,中华书局2012年,第471页。
② 王文锦译解:《礼记译解》,中华书局2016年,第258页。
③ 方勇、李波译注:《荀子》,中华书局2015年,第199页。
④ 方勇、李波译注:《荀子》,中华书局2015年,第209页。

私为务",这种"篡臣"给国家造成的损害是很严重的。在《修身》篇的末尾,荀子经过详细的论证,得出的结论是,君子修身,应当达到的目标是,"能以公义胜私欲也"①。这就是荀子的公私观。南宋的朱熹虽然在整体上对荀子不太认同,但在公私关系上所持的观点,却与荀子没有本质的区别。据《朱子语类》,朱熹认为,"公不可谓之仁,但公而无私便是仁"。他又说:"无私以间之故曰公,公则仁。"②在儒家之外,墨家也有"举公辟私"的主张,譬如墨子称:"故官无常贵,而民无终贱,有能则举之,无能则下之,举公义,辟私怨,此若言之谓也。"③

相比之下,法家人物更加注重彰显公私之间的对立。《管子·明法解》称:"明主者,上之所以一民使下也。私术者,下之所以侵上乱主也。故法废而私行,则人主孤特而独立,人臣群党而成朋。"④又说:"法度者,主之所以制天下而禁奸邪也,所以牧领海内而奉宗庙也。私意者,所以生乱长奸而害公正也,所以壅蔽失正而危亡也。故法度行则国治,私意行则国乱。"⑤按照这些说法,凭借法度,可以实现国家治理;坚持私意,则会导致国家混乱。这就是说,法与私的关系,仿佛冰与炭的关系。《商君书·画策》:"国乱者,民多私义;兵弱者,民多私勇。"⑥《韩非子·诡使》:"夫立法令者,以废私也。法令行而私道废矣。私者,所以乱法也。"⑦按照这个说法,私即乱法,私即违法。李斯是法家的实践者,他在《谏逐客书》中称:"昭王得范雎,废穰侯,逐华阳,强公室,杜私门,蚕食诸侯,使秦成帝业。此四君者,皆以客之功。"⑧众多的论断表明,不

---

① 方勇、李波译注:《荀子》,中华书局2015年,第23页。
② [宋]黄士毅编:《朱子语类汇校》第一册,徐时仪、杨艳汇校,上海古籍出版社2014年,第132页。
③ 方勇译注:《墨子》,中华书局2011年,第52页。
④ [唐]房玄龄注:《管子》,[明]刘绩补注,上海古籍出版社2015年,第409页。
⑤ [唐]房玄龄注:《管子》,[明]刘绩补注,上海古籍出版社2015年,第411页。
⑥ 石磊译注:《商君书》,中华书局2011年,第136页。
⑦ 高华平、王齐洲、张三夕译注:《韩非子》,中华书局2015年,第652页。
⑧ [汉]司马迁:《史记》,中华书局2006年,第522页。

仅私门与公室相对立，私意、私行、私术、私利也居于法的对立面。在这种情况下，法就是公的替代性表达方式，法与私势不两立，这就是法家关于公私关系的法理主张。

在这样的法理传统下，龚自珍的《论私》篇对公私关系的法理进行了全新的阐述，极具标志意义。在这篇文献中，龚自珍首先交待了写作这篇文章的缘由："朝大夫有受朋友之请谒，翌晨，讦其友于朝，获直声者，矜其同官曰：'某甲可谓大公无私也已？'龚子闻之，退而与龚子之徒纵论私义。"[①]这其实是一句引言，相当于今天的"学报体论文"开篇习惯于交待的"问题的提出"或"选题的要旨"。龚自珍长期供职于清廷的中央机构，虽然级别不高，但见多识广，对国家治理的实践有切身的体验。他的这句引言可能确有其事，也可能是虚构的，主要是作为一种修辞，旨在引出下文的观点。但是，通过这样的引言，我们也可以体会，公私关系问题确实是一个现实性的政治问题、法理问题，具有强烈的实践意义，其理论意义也自不待言。

接下来，我们可以看到，"龚子"与"龚子之徒"关于"私义"的纵论，是从这样一个问题开始的："敢问私者何所始也？"显然，这是一个寻根究底的问题，龚自珍对这个问题的回答主要包括三个层面。

(一)"有私"既是一种普遍的自然规律，也是一种普遍的
社会规律

龚自珍从自然现象开始说起："天有闰月，以处赢缩之度，气盈朔虚，夏有凉风，冬有燠日，天有私也；地有畸零华离，为附庸闲田，地有私也；日月不照人床闼之内，日月有私也。圣帝哲后，明诏大号，劬劳于在原，咨嗟于在庙，史臣书之。究其所为之实，亦不过曰：'庇我子孙，保我国家'而已。何以不爱他人之国家，而爱其国

[①] 樊克政编：《中国近代思想家文库·龚自珍卷》，中国人民大学出版社2015年，第252页。

家？何以不庇他人之子孙，而庇其子孙？且夫忠臣忧悲，孝子啼泪，寡妻守雌，扞门户，保家世，圣哲之所哀，古今之所懿，史册之所纪，诗歌之所作，忠臣何以不忠他人之君，而忠其君？孝子何以不慈他人之亲，而慈其亲？寡妻贞妇何以不公此身于都市，乃私自贞，私自葆也？"①

这段论述的逻辑是：天有私，地有私，日月也有私；私是一种自然现象，也是一种自然规律。在此基础上，龚自珍把眼光从自然界转到人世间：虽然史书记载的圣王大言炎炎，冠冕堂皇，但是，他们的真实意图却是"庇我子孙，保我国家"。他们只爱他们自己的国家，只庇护他们自己的子孙，这就是圣王或君主之私。推而广之，虽然忠臣、孝子、寡妻贞妇的事迹在史书、诗文中受到普遍的称赞，但是，他们都有其私：哪怕是真正的忠臣，也只忠于他自己的君主；哪怕是真正的孝子，也只孝顺他自己的尊亲；哪怕是真正的寡妻贞妇，也只是把自己藏匿起来。这些现象，无不表现了"私"。

（二）公私界限模糊，评价标准混乱

龚自珍举出战国时期的燕王子哙以及汉代的哀帝刘欣，说他们都被誉为"天下之至公"，因为，子哙把"八百年之燕"送给了他的丞相子之，而刘欣并不珍惜高祖刘邦艰难打下来的天下，打算把天下转让给他的宠臣董贤。他们两人如此大公无私，难道不比文王、武王、成王、康王、周公更具圣王气象？通过这番叙述，龚自珍旨在表达的言外之意是：像子哙、刘欣这样的君主，能够称得上圣君吗？如果把这样的君主作为圣君来称颂，那不是十足的讽刺吗？因而，像子哙、刘欣这样的君主，不仅不能被誉为"天下之至公"，甚至都没有达到"合格君主"的标准。

进一步看，"且夫墨翟，天下之至公无私也，兼爱无差等，孟子

---

① 樊克政编:《中国近代思想家文库·龚自珍卷》，中国人民大学出版社 2015 年，第252页。

以为无父。杨朱,天下之至公无私也,拔一毛利天下不为,岂复有干以私者?岂复舍我而徇人之谒者?孟氏以为无君。且今之大公无私者,有杨、墨之贤耶?杨不为墨,墨不为杨,乃今以墨之理,济杨之行;乃宗子哙,肖汉哀;乃议武王、周公,斥孟轲,乃别辟一天地日月以自处"①。这就是说,墨子与杨子有不同的公私观,孟子的公私观与墨、杨的公私观又不一样。龚自珍所见的"今之大公无私者",他们所理解、所实践的公与私,到底是墨的公私观,还是杨的公私观,还是子哙、刘欣的公私观,抑或武王、周公、孟子的公私观?他们自我设定的"大公无私"到底是什么意思?

龚自珍还打了一个比方:"且夫狸交禽媾,不避人于白昼,无私也。若人则必有闺闼之蔽、房帏之设、枕席之匿、赪赪之拒矣。禽之相交,径直何私?孰疏孰亲,一视无差。尚不知父子,何有朋友?若人则必有孰薄孰厚之气谊,因有过从宴游,相援相引,款曲燕私之事矣。今日大公无私,则人耶,则禽耶?"②动物之间的交媾,可以说是无私了,然而,如果提倡、张扬这样的无私,岂非抹杀了人禽之别?岂不是让人退化成为禽兽?

(三)按照《诗经》,公与私有同等的正当性与合法性

在批判了大公无私的传统观点之后,龚自珍提出,公与私都有正当性。按照《论私》之所述:"《七月》之诗人曰:'言私其豵,献豜于公。'先私而后公也。《大田》之诗人曰:'雨我公田,遂及我私。'《楚茨》之诗人曰:'备言燕私。'先公而后私也。《采苹》之诗人曰:'被之僮僮,夙夜在公。被之祁祁,薄言还归。'公私并举之也。《羔羊》之诗人曰:'羔羊之皮,素丝五紽。退食自公,委蛇委蛇。'公私互举之也。《论语》记孔子之私觌,乃如吾大夫言,则《鲁论》以私觌

---

① 樊克政编:《中国近代思想家文库·龚自珍卷》,中国人民大学出版社2015年,第252页。
② 樊克政编:《中国近代思想家文库·龚自珍卷》,中国人民大学出版社2015年,第253页。

诬孔氏。乃如吾大夫言,《羔羊》之大夫可以诛,《采苹》之夫人可以废,《大田》《楚茨》之诗人可以流,《七月》之诗人可以服上刑。"①

根据《诗经》中的这些诗句,公私关系主要有四种类型:其一,先私而后公;其二,先公而后私;其三,公私并举;其四,公私互举。这四种情况表明,公与私在正当性、合法性方面不分伯仲,不必大公无私,当然也不必反过来,提倡大私无公。因为,公与私都有它的价值。根据龚自珍的论述,古代中国流行的私与法的对立关系不复存在,公与法的同一关系自然也不能成立。龚自珍在此引证的《诗经》,在古代中国,是权威性的"经",在龚自珍之前的时代,其分量等同于法典。根据《诗经》中的这些文字,"吾大夫"所说的"大公无私"之论,显然是不能成立的,否则,《论语》就是对孔子的污蔑,《诗经》正面宣扬的那些典型人物及其相关诗篇的作者,都可以诛灭。这就是龚自珍关于公私关系的正面观点。

从学术论证的要求来看,龚自珍以上三个方面的分析并非无懈可击。譬如,"夏有凉风,冬有燠日"这样的自然现象,是不是可以理解为社会现象及社会科学领域内的公私关系中的私就是有疑问的。再譬如,把动物界的一些现象定性为"无私",不一定准确。把自然现象与社会现象进行简单的比附,也未必严谨。此外,《论私》预设的问题是:私的起点与根源是什么?但是,后文并没有对这个问题做出直接的回答。这些方面存在的问题都可以表明,龚自珍的《论私》在论证的严谨性方面,是可以挑剔的。然而,从思想史、法理学史的角度来看,我们不必纠缠这些问题,我们应当注意龚自珍旨在表达的核心观点:确立私的正当性与合法性,促成私与公享有同等的正当性与合法性。

经过龚自珍的论述,可以看到,公私关系的法理出现了一个根

---

① 樊克政编:《中国近代思想家文库·龚自珍卷》,中国人民大学出版社2015年,第253页。

本性的变革。正如前文所述,在古代中国,尤其是在法家人物的论著中,法与公实乃一体之两面,既然私与公处于对立状态,私与法当然也处于对立状态。因而,大公无私不仅仅是一种道德,同时也是一种法理,具有明确的规范意义:法律应当打击私利、私心、私行、私意,应当维护公利、公心、公行、公意。但是,龚自珍在公私关系上的论证,更新了法与私、法与公的关系:法既要维护公利,也要维护私利。从法理上说,龚自珍的论证促成了大公无私的法转向公私并重的法,在公私关系这个维度上实现了法理变革。

当然,我们还应当看到,早在龚自珍之前,一些先行者已经对私的正面意义有所承认、有所肯定,譬如,明末清初的顾炎武就已经在他的《日知录·言私其豵》中写道:"'雨我公田,遂及我私',先公而后私也。'言私其豵,献豜于公',先私而后公也。自天下为家,各亲其亲,各子其子,而人之有私,固情之所不能免矣。故先王弗为之禁,非惟弗禁,且从而恤之。建国亲侯,胙土命氏,画井分田,合天下之私,以成天下之公,此所以为王政也。"① 根据这番论述,"合天下之私"也是建立"王政"的一个重要环节。就此看来,龚自珍的《论私》无论是在主要观点还是在论证方式方面,都受到了顾炎武的影响。尽管如此,龚自珍直接标举《论私》之名,以专篇文章的方式,从不同的角度阐明了公私并重的主张,而且还具有现实针对性,这在思想史、法理史上所具有的开创性、变革性还是不容抹杀的。

小结

从法理学的角度研究龚自珍,或者说,研究中国法理学史上的龚自珍,也许有人会注意到他的"更法"理论,或者是他关于"法治与改革"的理论。在这个方面,龚自珍确实有很多的议论。譬如,

---

① [清]顾炎武:《日知录校注》,陈垣校注,安徽大学出版社2007年,第130页。

他在《乙丙之际著议第七》中写道:"一祖之法无不弊,千夫之议无不靡,与其赠来者以劲改革,孰若自改革?"①在《上大学士书》中,他还指出:"自古及今,法无不改,势无不积,事例无不变迁,风气无不移易。"②这样一些论断,长期以来备受关注,在近代中国已经产生了较大的影响。然而,从另一个角度来看,"更法"仅仅意味着变化,在中国历史上各个朝代、各个历史时期,改革或变化都曾发生。因而,仅仅着眼于"更法"或"法治与改革",并不足以在实质上展示龚自珍法理学的核心要义。

通过上文的论述可以发现,龚自珍的法理学确实有强烈的"改革"或"改变"的色彩,至于改变的内容,则可以从三个方面来予以叙述:在天人关系上,以源于君命的法取代源于天命的法;在义利关系上,以功利本位的法取代道德本位的法;在公私关系上,以公私并重的法取代大公无私的法。这三个方面的法理变革,可以归属于一个更加宏观的转向:从古代转向近代。因为,以"天"解释法的源头,以"德"解释法的本位,以"公"解释法的价值,主要体现了古代中国的法理思维。相反,把君主作为法的源头,把功利作为法的本位,把公与私作为法旨在维护的双重价值,则体现出浓厚的近代性。

让我们做一点比较研究。譬如,主张君主是法的渊源,事实上就是在确认:法就是主权者的命令,这也是在确认奥斯丁的一个观点:"所有实际存在的由人制定的法,或者我们径直而且严格地使用'法'一词所指称的法,是由独揽权力的主权,或者地位至高无上的主体,对处于隶属状态的一个人,或者一些人制定的。"③奥斯丁

---

① 樊克政编:《中国近代思想家文库·龚自珍卷》,中国人民大学出版社 2015 年,第 29 页。
② 樊克政编:《中国近代思想家文库·龚自珍卷》,中国人民大学出版社 2015 年,第 187 页。
③ [英]奥斯丁:《法理学的范围》,刘星译,中国法制出版社 2001 年,第 11 页。

之言代表了近代以来的分析实证主义法理学。再譬如,确认法的功利本位与前文述及的马基雅维里的法理学也有很大的共通性,而马基雅维里的法理学实为近代法理学的先驱与源头。至于确认私与公在法理上享有同等的正当性与合法性,较之于古代中国的公私观,已经发生了一个明显的断裂。经过这三个方面的法理转向与法理变革,龚自珍阐述了一种新的法理观。在相当程度上,这样的法理观既终结了古代中国的法理学,同时也促成了中国法理学的近代化,标志着中国近代法理学的萌生。这就是我们考察龚自珍的法理变革旨在得出的基本结论。

此外,我们还可以注意载于龚自珍"语录"中的一句话:"经学错也不妨,不错也无妨。"①这句话看起来轻描淡写,实际上意深旨远,有必要稍作辨析,以之作为本节的结束。

在龚自珍生活的19世纪上半叶,或者更加准确地说,在龚自珍之前的中国历史上,经学是不能错的。因为,正如蒙文通(1894—1968)所言:"由秦汉至明清,经学为中国民族无上之法典,思想与行为、政治与风习,皆不能出其轨范。"②经学既然是"无上之法典",需要得到所有人的遵循,而且是裁判一切思想与行为、一切政治与风习的最高规范,经学怎么可能是错的?然而,在龚自珍看来,经学也可能是错的。更加令人惊骇的是,经学错与不错,都无关紧要。这样的论断实际上是否定了经学的权威性,否定了经学作为"无上之法典"这一由来已久且根深蒂固的崇高地位。如果经学的权威性不复存在,那就意味着传统中国的经学时代之终结与一个全新的"后经学时代"之开启。当然,从实际情况来看,在龚自珍身后,经学依然具有权威性,直至20世纪初,四书五经依然是科举考试的权威教科书。龚自珍并没有在事实上终结中国的经学

---

① [清]龚自珍:《龚自珍全集》,王佩诤校,上海古籍出版社1975年,第434页。
② 蒙文通:《蒙文通全集》第一册,巴蜀书社2015年,第310页。

时代,但是,龚自珍关于经学对错的这个论断,已经在法理上终结了中国的经学时代,标志着中国古代法理学的终结。

中国古代法理学终结之后,随之而来的,自然就是中国近代法理学的兴起。这里所谓的"古代"与"近代",当然具有自然时间的含义。但是,在古代与近代之间,或者说,从古代转为近代,主要是一个价值、义理、世界观或文明理据的转变,从根本上说,则是主流法理的转变。在欧洲,从中世纪转向近代,在法理上,就是所谓的"启蒙思想家"的法理取代"神学家"的法理,从而为欧洲的近代世界提供了新的理据。譬如,在英国,洛克的《政府论》上篇通过批判"君权神授论",旨在终结中世纪的法理;《政府论》下篇通过宣扬"社会契约论",旨在开启近代的法理。着眼于东西之间的比较,如果说欧洲的近代是从17世纪开始的,那么,中国的近代则是从19世纪开始的。在19世纪上半叶,龚自珍所代表的思想家,以"但开风气"的精神,确实开启了一种新的风气。换言之,龚自珍借助于前述三个方面的法理变革,否弃了经学的权威性,开启了中国法理学史上的一个新时代,也就是中国近代的法理学。

叙述至此,"我们在评价龚自珍这个揭开中国近代思想史第一页的人物的时候"[①],可以得出这样的结论:龚自珍揭开了中国近代法理学史的第一页,他的法理变革促成了中国近代法理学的萌生。

第二节 魏 源

在近代以来的中国思想史上,在"龚魏"这种相对固定的表达方式中,魏源(1794—1857)长期享有与龚自珍(1792—1841)并称

---

① 王元化:《龚自珍思想笔谈》,载王元化:《王元化文论选》,上海文艺出版社2009年,第179页。

的思想地位。然而,在龚自珍去世后,魏源还生活了十六年,因而比龚自珍更多地见证了中国的近代化历程。

关于魏源的思想地位及其在中国近代思想史上产生的影响,域外的孔飞力(1933—2016)把他跟梁启超相提并论,认为魏源其人,"大概是他所处时代最具有影响力的政治思想家。梁启超作为政治哲学家在20世纪所起到的作用,魏源在19世纪大体上也起到了"①。这是一个很高的评价。在齐思和(1907—1980)看来,"魏源兼揽众长,各造其极,且能施之于实行,不徒托诸空言,不愧为晚清学术运动之启蒙大师矣"②。与魏源同时代且比魏源年长十四岁的张维屏(1780—1859)"评论魏源曰:默深学问渊博,才气纵横,其性兀傲,几若目中无人。所著书未刊者甚多。已刊者如《圣武记》、《海国图志》、《皇朝经世文编》皆风行海内。其诗文发扬纵肆,字句纸上皆轩昂,洵一代之奇才也"③。

至于梁启超,则把魏源看作清代今文学的代表人物。④ 论述清代公羊学的著作,通常也会为魏源留下一定的篇幅。⑤ 在学术史上,无论是今文学还是公羊学,都可以归属于儒学;无论是今文家还是公羊家,都可以归属于儒家,从这个角度来看,可以把魏源归属于儒家。但是,魏源又因为秉持"法家的实用主义的政治主张","常被同时代人斥责为法家"。⑥ 由此看来,既可以在中国儒学史的框架下研究魏源,也可以在中国"法家学史"的框架下研究魏源,也许正是这样的多面性,让研究者得出了一个折中性的说

---

① [美]孔飞力:《中国现代国家的起源》,陈兼、陈之宏译,生活·读书·新知三联书店2013年,第27页。
② 齐思和:《中国史探研》,河北教育出版社2000年,第651页。
③ 夏剑钦、熊焰:《魏源研究著作要要》,湖南大学出版社2009年,第103页。
④ 梁启超:《清代学术概论》,上海古籍出版社2005年,第62页。
⑤ 譬如,陈其泰:《清代公羊学》,上海人民出版社2011年,第168—211页。
⑥ [美]艾尔曼:《经学、政治和宗族:中华帝国晚期常州今文学派研究》,赵刚译,江苏人民出版社2005年,第273页。

法:"他其实更接近于中国帝制时代选择性地吸收了法家传统的儒学主流。"①

除此之外,还应当看到,较之于《诗古微》《书古微》之类的著作,魏源的《海国图志》更加广为人知,这部书几乎成了魏源的一张名片、一个标签。他为此书所写的《海国图志叙》称:"是书何以作?曰:为以夷攻夷而作,为师夷长技以制夷而作。"②这里提出的"师夷长技以制夷",作为一句广为人知的名言,不仅载入了中国近代思想的史册,而且还在海外产生了影响。譬如,美国学者黎奥娜(Jane Kate Leonard)1984年在哈佛大学东亚研究中心出版的《魏源和中国海上世界的重新发现》一书,就专门研究了魏源其人与《海国图志》其书。据说,黎奥娜的研究成果"对正在形成中的保罗·科恩所称的'中国中心论'作出了重要贡献"③。据此,魏源的学术思想既是华夏固有的学术思想在19世纪的延伸,同时还具有一定的世界意义。

魏源作为"晚清学术运动之启蒙大师",其学术思想自然可以辐射多个领域,其中也包括法理学。因为,在魏源的学术思想世界中有一条重要的线索,那就是,在近代中国的背景下,如何处理法与人的关系,以完善国家治理,同时也安顿文明秩序。在这个方面,他的《默觚》一书颇具代表性。此书作为魏源多年思考的结晶,由"学篇"与"治篇"两个部分组合而成,这样的结构恰好可以表明:魏源之"学"乃是求"治"之学。在《默觚》及其他相关文献中,魏源已经建构了一种具有近代意义的法理学;魏源对法理学的贡献,足以让他侧身于近代中国的法理学史。

那么,如何揭示并提炼魏源法理学的要义?走进魏源法理世

---

① [美]孔飞力:《中国现代国家的起源》,陈兼、陈之宏译,生活·读书·新知三联书店2013年,第47页。
② [清]魏源:《魏源集》,中华书局2009年,第207页。
③ 夏剑钦、熊焰:《魏源研究著作述要》,湖南大学出版社2009年,第252页。

界的入口在哪里?且看魏源在《皇朝经世文编叙》中提出的一个核心命题:"法必本于人。"①随后,他还进一步解释说:"人积人之谓治,治相嬗成今古,有洿隆、有敝更之谓器与道。君、公、卿、士、庶人推本今世、前世道器之洿隆所由然,以自治外治,知从违、知参伍变化之谓学。"②

这番论述,着眼于"法与人""人与治""治与学"等相互关联的几个环节,建构了一条"从法到人""从人到治""从治到学"的逻辑线索:首先,法必本于人,亦即,法必须以人为本。其次,如果能够把人聚集、整合起来,那就可以成就"治";反之,如果不能把人聚集、整合起来,那就是"乱"或"不治"。再次,立足于古今之"治"的变迁,就可以发现"治之器"与"治之道"的变化规律。最后,如果能够进一步探知"治之道"与"治之器"之所以然,那就可以成就"学"。这样的"学",既是关于"人、法、治"之学,其实也是以人为起点、为根本、为中心的法理学。而且,在"人、法、治"三个要素中,人居于中间环节,占据了枢纽地位;人是根本,既是法的根本,也是治的根本。

以人作为根本的法理学,其核心命题就是魏源所说的"法必本于人"。进一步看,"法必本于人"作为一个根本性的原则,又集中体现为两个环节:"立法必本于人","行法必本于人"。为了揭示魏源法理学的神髓,以下且先述"法必本于人"之原则,再分述其包含的两个环节。

一、法必本于人

20世纪50年代,有学者提出了一个著名的论断:"文学是人学。"③其实,法学也是人学,法理学尤其离不开人这个根本。因

---

① [清]魏源:《魏源集》,中华书局2009年,第156页。
② [清]魏源:《魏源集》,中华书局2009年,第157页。
③ 钱谷融:《〈论"文学是人学"〉一文的自我批判提纲》,《文艺理论》1980年第3期,第7—13页。

为,法与人的关系乃是理解各种法理学的一把钥匙。魏源的法理学也不例外。如前所述,魏源法理学的核心命题就是"法必本于人"。换个说法就是,法必以人为本,或者是,人为法之本,这是魏源对法与人之关系的高度概括。根据魏源的相关论述,法与人之间的这种关系,可以从层层递进的三个命题来理解:人为本,人为法之本,人的物质生活为法之本。

(一)人为本

要理解"人为本",有必要先行考察魏源对"本"的理解。在魏源之前的学术思想史上,与"末"相对应的"本"的观念,早已蔚为大观。在《尚书·五子之歌》中,已有"民惟邦本,本固邦宁"之说。四书之一的《大学》已经明确指出:"自天子以至于庶人,壹是皆以修身为本。其本乱而末治者否矣,其所厚者薄,而其所薄者厚,未之有也!"按照朱熹《四书章句集注》中的解释,"本,谓身也。所厚,谓家也"①。

《大学》原文强调"修身"为本,其重心在"修";但朱熹认为,"本"就是"身"。相比之下,魏源为"本"赋予了更加丰富的内涵,也让"本"占据了更加重要的地位。在《大学古本叙》中,魏源认为:"《大学》之要,知本而已;知本之要,致知、诚意而已。至善无恶人之性,可善可恶人之心,为善去恶者诚意,择善明善者致知,以《中庸》证《大学》,先后同揆,若合符节。故《致知》、《诚意》二章,皆以'此谓知本'结之,此千圣之心传,《六经》之纲领也。"②一方面,魏源以"知本"概括《大学》的要旨,表明他比朱熹更加看重"本"的意义。另一方面,魏源把"致知""诚意"作为"知本"的核心内容,表明他对"本"的实体内容的理解已经不同于朱熹的理解。

以"致知""诚意"解释"知本之要",主要体现了魏源对《大学》

---

① [宋]朱熹撰:《四书章句集注》,中华书局2011年,第5页。
② [清]魏源:《魏源集》,中华书局2009年,第138页。

的理解。如果脱离《大学》的语境,魏源对"本"的一般意义的理解,集中见于《治篇十四》之所论:"万事莫不有其本,守其本者常有余,失其本者常不足。宫室之设,本庇风雨也;饮食之设,本慰饥渴也;衣裳之设,本御寒暑也;器物之设,本利日用也。风雨已庇而求轮奂,轮奂不已而竞雕藻,于是栋宇之本意亡;饥渴已慰而求甘旨,甘旨不已而错山海,于是饱腹之本意亡;寒暑已卫而辨章服,章服不已而尚珍奇,于是裘葛之本意亡;利用已备而贵精丽,精丽不已而尚淫巧,于是制器之本意亡。"①

这其实是一段关于"本"的专论,同时也表达了魏源关于"本"的一般理论、基本理论。据此,"本"是事物的本质、根本,如果失去了这样的"本",这个事物就已经不复存在,或者是已经发生了彻底的变异。譬如,宫室之"本"在于避风雨,如果最后变成了装饰之物,那么,宫室或栋宇就已经丧失了它的"本"。因此,任何事物都有它的"本"。如果不能守住事物的"本",本质上就是丧失了这个事物。魏源以"知本"概括《大学》的要旨,其实,我们不妨也以"知本"描述魏源其人的一个面相。

在一般意义上,既然万事万物都有其"本",那么,为了把万事万物处理好,就必须着眼于它们之"本"。一切成败,都可以归因于是否守住了万事万物之"本"。如果说,"祸莫大于不知足",那么,"不知足莫大于忘本"。反过来说,如果能够恪守事物之"本",那就"可以治天下矣"。② 对天下的治理,如果能够着眼于天下之"本",那就可以归属于"圣王之治","是以圣王之治,以事功销祸乱,以道德销事功;逆而泯之,不顺而放之,沌沌乎博而圜,豚豚乎莫得其门,是谓反本复始之治"。③ 归结起来,圣王之治就是"反本"之治,也就是回到根本、回到起点的治理。

---

① [清]魏源:《魏源集》,中华书局2009年,第71页。
② [清]魏源:《魏源集》,中华书局2009年,第71页。
③ [清]魏源:《魏源集》,中华书局2009年,第72页。

如果说,"本"对于万事万物的兴衰,特别是对国家治理的成败来说,具有决定性的意义,那么,到底什么才是终极意义上的"本"?魏源的回答是:万事万物之本,归根到底就是人,因为,"人者,天地之仁也。人之所聚,仁气积焉;人之所去,阴气积焉。山谷之中,屯兵十万,则穷冬若春;邃宇华堂,悄无綦躅,则幽阴袭人。人气所缊,横行为风,上泄为云,望气吹律而吉凶占之。南阳、洛阳、晋阳、凤阳,今日寥落之区,昔日云龙风虎之地,地气随人气而迁徙也。'天地之性人为贵',天子者,众人所积而成,而侮慢人者,非侮慢天乎?人聚则强,人散则尪,人静则昌,人讼则荒,人背则亡,故天子自视为众人中之一人,斯视天下为天下之天下"①。

这既是魏源的"人论",同时也是魏源的"人为本"之论,它包含了两个重要的论点:其一,人是天地之仁,也是天地之本。只有把人聚集起来,天地之仁、天地之本、天地之性才能体现出来。魏源列举的一些自然现象与社会现象,都能够在人的日常生活中得到验证。其二,天子作为一种制度角色,乃是人聚集起来、组织起来的产物。天子与人的关系是:天子既是众人之一,同时也是众人聚集、组织起来的一个符号化的象征。为什么应当让天子保持足够的尊严?一个根本的原因就在于:天子是公众的代表,侮慢天子就是侮慢人,同时也是侮慢上天。虽然上天是虚拟的,但人却是实实在在的,人就是天之本。这就是魏源关于"人为本"的基本理论。

(二)人为法之本

既然人是天地之本、万物之本,那么,从逻辑上说,人也是法之本,因为法也是万事万物之一。正是在这个意义上,魏源提出了"法必本于人"这个核心命题。这个命题的法理意蕴是:真正的法,应然的法,都必然是以人为本的法。

---

① [清]魏源:《魏源集》,中华书局2009年,第44页。

只有遵循"法必本于人",才能成就长治久安;反之,就会遭遇毁灭性的后果。在《治篇十六》之末,魏源写道:"唐太宗以秦王起兵有天下,贞观之治几于三代,何以再世而武氏杀唐子孙殆尽?盖建成、元吉谋毒太宗,太宗杀之可也,其子孙何罪而尽杀之乎?则是武氏入宫,即建成、元吉子孙之报也。甚至高洋灭拓跋之族,宇文周武帝灭高氏之族,隋杨坚复灭宇文之族,皆不旋踵而天以逆子报之,如蛊虫之自相唼食,岂非皆自作之孽哉?安有天而作孽于人者哉?《书》曰'祈天永命',毋获罪于天之谓祈。后世如宋太祖铁牌藏庙,垂诫嗣王,养成三百年忠厚之治者,真万世法哉!"①

这里的"养成三百年忠厚之治者,真万世法哉"一语,既是《治篇十六》得出的结论,同时也是包括《学篇》与《治篇》在内的整部《默觚》的最终结论。这既是一个关于法的理论,也是一个关于治的理论,当然也是关于"法必本于人"的解释。按照这样一个理论,理想中的法,亦即"万世法",必须是足以成就"三百年忠厚之治"的法,亦即足以成就"忠厚"色彩的长治久安。只有这样的法,才是可以垂范万世的法。这样的"万世法",其实就是以人为本的法。对此,魏源主要通过正反两个方面的经验与教训,以史论结合、论从史出的方式予以论证的。

一方面,像唐太宗这样的君主,他也许有足够的理由杀掉李建成、李元吉,因为后两者已有"谋毒太宗"的行为,但唐太宗在杀掉后两者的同时,居然将后两者的子孙杀尽,这既背离了忠厚、仁厚的原则,也背离了以人为本的原则。如前所述,仁厚、忠厚与以人为本在事实上乃是一体之两面。正是由于唐太宗没有恪守以人为本及其所承载的天地之仁,才召武氏入宫。唐太宗之后的其他君主,也犯下了与唐太宗相似的过错,也同样招致了相应的毁灭性后

---

① [清]魏源:《魏源集》,中华书局2009年,第80—81页。

果。相反,宋太祖定下的"铁牌"①则体现了以人为本的原则,它促成了长期的忠厚之治,可以称之"万世法"。

另一方面,以人为本的法不仅仅要以当世的人为本,而且还要以后世的人为本。"秦之暴不在长城,隋之恶不在敖仓,元之乱不在治河,安石之弊政不在经义取士,惟其人既得罪万世,则功在天下者世亦以此罪之。伏波、诸葛征蛮之功,非史册所无,而铜柱、铜鼓必傅之二公以为神;昌黎、子瞻海外之谪,非有异政,而潮阳、琼岛至今崇之以成俗。其人既争光日月,虽所至无功者,世亦以此功之。故君子为政当正其本而务其大,立身当孚于素而观其全。"②君子为政,既要着眼于当世之人,还要着眼于万世之人。这种意义上的以人为本,实为一种当代人对后代人的责任,体现了"跨代"或"代际"的以人为本。

在政治哲学与法哲学的层面上,罗尔斯(1921—2002)专门讨论过这样的代际正义问题。他说:"现在我们必须考察代与代之间的正义问题。不用说,这个问题是困难的。它使各种伦理学理论受到了即使不是不可忍受也是很严厉的考验。然而,如果我们不讨论这个重要问题,对作为公正的正义的解释就是不完全的。这个问题出现在现在这个背景下,是因为作为一个整体的社会制度,以及由适当的一组背景制度所环绕的竞争经济,能否设计得满足

---

① 关于此铁牌及其载明的"宋朝家法",有多种说法。顾炎武在《日知录·宋朝家法》篇中,曾列举四条"宋朝家法",其中第四条是"不杀大臣及言事官"。详见,[清]顾炎武:《日知录校注》,陈垣校注,安徽大学出版社2007年,第888页。此外,"宋人笔记《避暑漫抄》说:艺祖受命之三年,密镌一碑,立于太庙寝殿之夹室,谓之誓碑,用销金黄幔蔽之,门钥封闭甚严……靖康之变,门皆洞开,人得纵观。碑高七八尺,阔四尺余,誓词三行,一云:'柴氏子孙,有罪不得加刑,纵犯谋逆,止于狱内赐尽,不得市曹刑戮,亦不得连坐支属。'一云:'不得杀士大夫及上书言事人。'一云:'子孙有渝此誓者,天必殛之。'后建炎间,曹勋自金回,太上寄语,祖宗誓碑在太庙,恐今天子不及知云"。详见,余英时:《朱熹的历史世界:宋代士大夫政治文化的研究》,生活·读书·新知三联书店2004年,第203页。

② [清]魏源:《魏源集》,中华书局2009年,第70—71页。

两个正义原则仍是一个悬而未决的问题。不过,至少在某种程度上,答案必定依赖于要被制定的社会最低受惠值的水平,而这一点又与现在的世代在多大程度上尊重下一代主张的问题有关。"①针对这样的问题,罗尔斯对实现代际正义的制度安排进行了探索。虽然,罗尔斯侧重于从经济层面思考代际正义,思考经济利益如何在代际之间的分配,但他毕竟提出了代际正义的核心问题:当代的人如何尊重后代的人。

如果说魏源也关注过代际正义,那么,他关注的重心不在于经济利益,也不在于代际之间的利益分配,而在于把后代人与当代人作为一个整体,更多地强调当代人对后代人在精神、文化方面的责任。他举出的一些负面典型,譬如秦筑长城、隋建敖仓、元治黄河、王安石推行经义取士,在秦、隋、元、宋的时代背景下,其实都是必要的。这些措施对特定时代的政治、经济、社会、文化都有正面效应,但是,由于主事的政权或具体的主事者背上了恶名,这些政权或主事者推动的相关事项也一并受到批判,且被污名化。相反,像汉代的伏波、三国时代的诸葛亮之征蛮,像唐代的韩愈、宋代的苏轼分别被贬至潮阳、海南,他们这些人其实并没有为所到之处做出太多贡献,但依然受到当地人的高度尊重,背后的原因就在于,他们在历史上已经获得了正面的形象,他们在历史上留传下来的都是"美谈"。

魏源揭示的这种历史现象、历史规律,大体可以概括为"魏源定理"。这个"定理"的法理意涵在于:法应当以"从当代以至后代的历代人"为本,要尊重历代人共同构成的"人"的整体,人是一个历时性的共同体。从这个意义上去理解"法以人为本",其实就是要求:要有历史意识,要注意法的历史意义,要注意法在未来必然面临的评价。

---

① [美]罗尔斯:《正义论》,何怀宏、何包钢、廖申白译,中国社会科学出版社1988年,第285页。

(三) 人的物质生活为法之本

人为法之本,当代人与后代人都是法之本。在此基础上,如果要进一步追问:如果要坚持"法必本于人",应当从何着手?对此,魏源还有更进一步的回答,那就是,法必本于人的物质生活。

魏源的这个观点,集中体现在他关于王道与富强关系的辨析上。他说:"自古有不王道之富强,无不富强之王道。王伯之分,在其心不在其迹也。心有公私,迹无胡越。《易》十三卦述古圣人制作,首以田渔、耒耜、市易,且舟车致远以通之,击柝弧矢以卫之;禹平水土,即制贡赋而奋武卫;《洪范》八政,始食货而终宾师;无非以足食足兵为治天下之具。后儒特因孟子义利、王伯之辩,遂以兵食归之五伯,讳而不言,曾亦思足民、治赋皆圣门之事,农桑、树畜即孟子之言乎?抑思屈原志三后之纯粹,而亦曰'惜往日之曾信兮','国富强而法立',孔明王佐之才而自比管、乐乎?王道至纤至悉,井牧、徭役、兵赋,皆性命之精微流行其间。使其口心性,躬礼义,动言万物一体,而民瘼之不求,吏治之不习,国计边防之不问;一旦与人家国,上不足制国用,外不足靖疆圉,下不足苏民困,举平日胞与民物之空谈,至此无一事可效诸民物,天下亦安用此无用之王道哉?"①这段话较长,主要是从王道的角度指出了物质生活的重要性。如果说王道代表了理想的政治形态,甚至代表了法应当追求的终极目标,那么,王道的基础就在于人的物质生活条件,因而,归根到底,人的物质生活才是法之本。

因此,以人为本的法应当是富民之法。"使人不暇顾廉耻,则国必衰;使人不敢顾家业,则国必亡。善赋民者,譬植柳乎,薪其枝叶而培其本根;不善赋民者,譬则翦韭乎,日翦一畦,不罄不止。《周官》保富之法,诚以富民一方之元气,公家有大征发、大徒役皆倚赖焉,大兵燹、大饥馑皆仰给焉。"②从这个角度来看,应当纠正

---

① [清]魏源:《魏源集》,中华书局2009年,第36页。
② [清]魏源:《魏源集》,中华书局2009年,第72页。

那种忽视农桑、忽视物质生活的不良习气。魏源注意到,有一些"工骚墨之士,以农桑为俗务,而不知俗学之病人更甚于俗吏;托玄虚之理,以政事为粗才,而不知腐儒之无用亦同于异端。彼钱谷簿书不可言学问矣,浮藻饾饤可为圣学乎?释老不可治天下国家矣,心性迂谈可治天下乎?"①这样的人,既远离了圣学,也不知治天下。"圣学"应当关注"农桑","治天下"不能回避"钱谷簿书",法不能不回应人的物质生活。

以上三个层面的分析表明,魏源注重"本"的观念。在万事万物中,人是终极性的"本",这就是以人为本。就法这种特定的事物、现象来说,所谓"法必本于人",亦即法必以人为本。进一步看,法还要以人的物质生活为本。这种意义上的"法必本于人",具有一定的历史唯物主义的倾向,在一定程度上体现了唯物史观之旨趣。这就是魏源提出的"法必本于人"之内涵,也是魏源法理学的核心命题,同时也表达了一个原则、一个基本纲领。在此基础上,我们再接着考察这个核心命题所包含的两个环节:立法必本于人,行法必本于人。

二、立法必本于人

法的实践过程主要有两个环节,一是立法,二是行法;两者之间,立法是行法的前提。因此,有必要在"法必本于人"这个核心命题之下,先看魏源关于立法与人的关系的观点:立法必本于人。

在《治篇三》之末,魏源得出的结论是:"强人之所不能,法必不立;禁人之所必犯,法必不行。"②这个论断谈到了"法必不行",并把"法必不行"与"法必不立"并称,其实两者都是针对立法环节提出的要求:立法者创立出来的法,应当是立得住的法,应当是行得

---

① [清]魏源:《魏源集》,中华书局2009年,第36—37页。
② [清]魏源:《魏源集》,中华书局2009年,第45页。

通的法。这就是说,在立法环节,应当注意两个方面的要求,才能保证法的应有品质,或者说,才能制定出合格的法。所谓"强人之所不能,法必不立",是指在立法环节,不能对人提出过高的要求,否则,即使把法创立出来了,它也是站不住的。所谓"禁人之所必犯,法必不行",其实是从相反的方向再次强调,立法不能对人提出过高的要求,否则,即使把法创立出来了,它也是行不通的。

把正反两个方面的要求归纳起来,那就是,立法不能要求不可能之事。立法必然要为人设定某些义务,如果相关义务是众人根本不能履行的,那就是在要求不可能之事。正如魏源所言,不可能之事主要有两种情况:其一,有些要求属于过高的要求。譬如,孟子曾经提到:"挟太山以超北海,语人曰:'我不能。'是诚不能也。"[①]如果立法者制定一条法律,要求人们"挟太山以超北海",那就是典型的"强人之所不能",因为它对人设定了过高的义务,这样的义务是无法履行的。其二,从另一个角度来说,如果以立法的形式,禁止人们做他们必然会做的事,这样的法同样是行不通的。打个比方,如果制定一条法律,禁止人们追求个人私利,就可以归属于这样的法。立法者固然可以在道德层面上宣扬、提倡"大公",但不能在立法层面上规定"无私",不能通过立法禁止追求私利,否则,这样的立法就是在"禁人之所必犯"。

在中国历史上,即使是主张"强公室,杜私门"的法家也承认人的私利、私心。商鞅在"南门徙木立信"的过程中设定了一项经济奖励措施,为了"立信",他甚至把"徙木者"的奖金从"十金"提高到"五十金"[②],就是以承认人的私利作为前提条件的。商鞅通过立法奖励农战,同样也是以承认人的私利作为前提条件的。如果在立法上不承认私利,立法将无以激励众人以追求国家或主政者设

---

① 杨伯峻译注:《孟子译注》,中华书局2012年,第16页。
② [汉]司马迁:《史记》,中华书局2006年,第420页。

定的预期目标。在现代社会,通过立法奖励科技进步或见义勇为,以减税、免税的税收立法支持特定产业的发展,都是以承认人的私利作为前提条件的。从法理上说,立法的目的就在于,合理地界定各种主体正当的私人利益,进而保护各种主体正当的私人利益。如果立法规定"大公无私",不仅仅是在"禁人之所必犯",而且在根本上背离了立法的价值与意义。

魏源认为,立法不能要求不可能之事。这样的立法观,在现代的法理学论著中可以找到几乎完全相同的表述。譬如,富勒(1902—1978)的《法律的道德性》一书专门列举了"造法失败的八种形式",亦即"立法失败"的八种形式,其中的一种形式,就是"要求不可能之事的法律"。富勒就此写道:"从表面上看,一部要求人们做不可能之事的法律是如此的荒诞不经,以至于人们倾向于认为:没有任何神志健全的立法者,甚至包括最邪恶的独裁者会出于某种理由制定这样一部法律。不幸的是,生活的现实推翻了这种假设。这样一种法律可能会借助于它自身的荒谬来服务于利尔伯尔尼所称的'不受法律约束的无限权力';它的蛮不讲理的无意义性可以令臣民们知道:没有什么事情是不可能向他们要求的;他们应当随时准备好奔向任何方向。"不过,"要求不可能之事的技术也可能得到聪明的、有时甚至是善意的利用。良师常常对自己的学生提出他知道他们不可能达到的要求,他这样做的时候是怀着逼出学生的潜力这一值得赞扬的动机。不幸的是,在人类社会的许多场景中,积极的敦促与强加的义务之间的界限会变得十分模糊。因此立法者很容易误入歧途,相信自己的角色就像是教师的角色"。①

在富勒看来,立法者之所以会制定出一部要求人们做不可能之事的法,主要有两个方面的原因,一是缘于消极意义的蛮横权

---

① [美]富勒:《法律的道德性》,郑戈译,商务印书馆2011年,第83—84页。

力,二是缘于积极意义的善意敦促。前者可以归属于立法者之恶,后者则可以归属于立法者之善。原本处于对立关系的恶与善,居然会殊途同归:都促成了一种失败的法,那就是要求不可能之事的法,因而都可以归属于"造法失败"之列。反过来看,为了避免这样的"造法失败",在立法环节,就不能要求不可能之事。这就是富勒的观点。比富勒早生近一个世纪的魏源,虽然没有直接提出"造法失败"这个概念,但是,魏源所说的"法必不立"与"法必不行",都可以归属于"造法失败",只有"失败"的"造法",才是"必不立"与"必不行"的"造法"。因而,魏源试图避免的"法必不立"与"法必不行",实为"造法失败"的替代性表达方式。

魏源没有从蛮横权力与善意敦促这两个方面来分析"造法失败"的原因。按照魏源的逻辑,"造法失败"是因为立法者在立法环节违背了"法必本于人"这样一个基本原则。如果要避免"造法失败"意义上的"法必不立"与"法必不行",那就应当在立法环节坚持"法必本于人",简而言之,就是要坚持"立法必本于人"的要求。这就是说,立法者要把人的实际情况作为依据、基础与起点,立法者的立法活动应当根据人的实际情况。更具体地说,倘若要在立法的实践过程中贯彻"立法必本于人"的要求,应当注意以下两个要点。

(一) 不同类型的人需要不同的法

首先应当予以明确的是,魏源指望"必立"与"必行"的"本于人"的法,是广义的法;只要有利于实现国家治理的规范,都可以归属于魏源所说的法。《治篇四》称:"法令,治之具也。"[1]这里所说的"法令"固然可以归属于法,但是,法的范围却不能仅仅限于这里所说的"法令"。而且,"治之具"也不能仅仅止于"法令";"治之具"还可以包含更丰富的内容。譬如,《治篇三》称:"治天下之具,其非势、利、名乎!"[2]这就是说,"势、利、名"也是"治之具",它们与"法

---

[1] [清]魏源:《魏源集》,中华书局 2009 年,第 46 页。
[2] [清]魏源:《魏源集》,中华书局 2009 年,第 43 页。

令"都可以归属于宽泛意义的"法"。① 因为它们都是国家治理所依赖的工具,同时也是实现国家治理所凭借的规范,正是在这个意义上,它们都可以归属于"本于人"的法。

法的多样性正好可以回应人的多样性。为了让立法能够更好地适应不同类型的人,为了让不同的法能够恰当、妥帖地回应各种人的需要,以避免创制出"必不立"与"必不行"的法,魏源还强调了一个关于人的类型的划分,那就是君子与庶人。正如《治篇三》所言:"圣人以名教治天下之君子,以美利利天下之庶人。求田问舍,服贾牵牛,以卿大夫为细民之行则讥之,细民不责以卿大夫之行也。"② 从历史上看,君子与庶人之间的界分并非始于魏源,相反,它是一个由来已久的关于人的分类方式。这两种不同类型的人,分别对应于两种不同的法,那就是"名教"与"美利"。

"名教"主要是名,"美利"主要是利。这两种不同的法,分别对应于君子与庶人。其中的君子大致相当于卿大夫,其中的庶人大致相当于细民。针对君子或卿大夫,应当通过"名教"这样的法来规范、来调整,可以通过"名教",对这些人的行为提出较高的要求。因为,这些人拥有较高的社会地位,他们在衣食无虞的前提下,应当在文化、道德、公共服务方面,为政治共同体作出更大的贡献。因此,针对君子或卿大夫,如果让他们"为细民之行",如果在立法的过程中,为他们设定的义务等同于为庶人或细民设定的义务,那么,这样的立法就降低了对卿大夫的要求,是应当受到讥讽的。反过来说,针对庶人或细民,也不能"责以卿大夫之行",不能把适用于卿大夫或君子的行为规范适用于细民或庶人,否则,那同样是可

---

① 在传统典籍中,"名"与"法"可以合称为"名法",譬如,《史记·太史公自序》中有"撮名法之要"一语。倡导"法"的商鞅,倡导"术"的申不害,倡导"势"的慎到,都可以被归属于法家。《论语·为政》篇中所说的"政、刑、德、礼",都可以归属于法的范围。

② [清]魏源:《魏源集》,中华书局 2009 年,第 44 页。

笑的立法。

按照现代通行的法律面前人人平等的原则,魏源关于卿大夫与细民的划分,亦即君子与庶人的划分,是不能成立的。但是,在一个政治、社会、文化的共同体中,针对不同的人提出不同的要求,让不同的法本于不同类型的人,不仅有助于深入把握"立法应当本于人"这样一个命题,而且具有实践意义。

不妨举一个实例:"太平天国破后,清江宁知府徐宗瀛为理学名臣,拟禁阻秦淮画舫恢复旧观。曾国藩知道后以'养活细民'为由准其恢复。后人对此引为美谈,称赞他的胸襟和识见。"①在这样一个历史细节或"掌故"中,我们可以体会"理学名臣"或"江宁知府"与秦淮"细民"之间的差异:"理学名臣"或"江宁知府"都属于卿大夫或君子这个群体,他们可能会认为,"秦淮画舫"不符合理学家关于"天理人欲"的观念,因而应予禁止,但秦淮"细民"或江宁"庶人"的理想,可能仅仅止于温饱,这就是卿大夫与细民的差异。然而,作为"卿大夫"的徐宗瀛不能理解这样的差异,他试图把应当适用于卿大夫群体的法适用于细民,他主张的"禁阻秦淮画舫"作为一项拟议中的禁止性立法,其实就是在禁阻"细民"的生路,在一定程度上就相当于是在"禁人之所必犯"。把他拟议的这种"法"称为"必不行"之法,可谓是"虽不中亦不远矣"。曾国藩与徐宗瀛就不同,曾国藩毕竟是一个更加通透的人,他推行的"养活细民"之法,就颇得魏源"立法必本于人"之精神,尤其符合"不同的法必本于不同的人"这一更加具体的要求。

即使到了当下,以不同的法回应不同类型的人,针对不同类型的人设置不同的行为规范,这样的立法观依然具有相当强大的解释力。譬如,虽然"党规严于国法"是当代中国流行的一个命题,但早在19世纪,魏源的法理学说就已经为这个命题提供了法理上的

---

① 王元化:《清园夜读》,台北书林出版有限公司1996年,第152页。

依据:一个政治共同体中的人有不同的类型,不同类型的人应当通过宽严不同的规范来调整,针对不同的人应当设定不同的义务性规范。由此,"党规严于国法"的法理依据就在于:党规调整的对象不同于国法调整的对象,针对这两种对象,应当提出宽严不同的要求,应当制定宽严不同的义务性规范。

(二) 不同时代的人需要不同的法

不同类型的人需要不同的法,不同时代的人也需要不同的法,因为,任何人都是特定时代中的人,而时代是变迁的,且永远处于不断变迁的过程中。《治篇十六》描述了时代变迁所引起的各个方面的变化:"古今宇宙,其一大弈局乎!天时有从逆,地理有险易,人情有爱恶,机事有利害,而攻取之局生焉。或逸之而得,或劳之而不得;或拙之而反得,或巧之而不得;或奇之而正,或正之而奇。故禅让一局也,征诛一局也,传子、传贤一局也。君子小人互为消长,《否》、《泰》之变局也。"①这是一个综合性、立体化的描述。按照魏源之所见,最高权力的取得,在法理上先后依据过"禅让之法""征诛之法",还有"传子之法",以及"传贤之法"。这些法,其实都是传统中国先后流行过的"王位继承法"。

按照魏源之所见,不同时代的人,尤其是不同时代的君主,需要不同的"王位继承法",亦即最高权力更替之法。各种不同的"王位继承法"各有利弊,分别适应了不同时代的需要。② 推而广之,"晋亡于庄、老而汉以黄、老得之,秦亡于申、韩而子产、孔明以申、韩治之,六国亡于策士而汉祖以陈平、张良奇计得之"③。这就是说,汉代初期的兴盛,主要得益于道家之法或道家法理,然而,道家之法、道家法理却是东晋灭亡的重要原因;法家之法或法家法理是秦亡的原因,但是,子产、孔明依赖法家之法、法家法理,却取得了

---

① [清]魏源:《魏源集》,中华书局 2009 年,第 78 页。
② 喻中:《国家元首更替制度的比较透视》,《文史哲》2014 年第 2 期,第 147—153 页。
③ [清]魏源:《魏源集》,中华书局 2009 年,第 79 页。

很好的治理绩效。

人随时代而变,不同时代的人对法的需求亦随之发生改变,这样的法理思维在《治篇五》中还有更多的论述,譬如:"三代以上,天皆不同今日之天,地皆不同今日之地,人皆不同今日之人,物皆不同今日之物。"天之变、地之变、物之变且不论,只说人之变,"燕、赵、卫、郑,昔繁佳治;齐、鲁、睢、涣,古富绮纨;三楚今谁长鬣?勾吴岂有文身?淮、徐孰戎、夷之种?伊川畴被发之伦?茶黄互市,为制夷之要;疹痘有无,区中外之坊;岂可例诸唐、宋以前,求其脏府之故;是人变于古矣"。① 据此,不同时代的人,由于他们所处的社会发展阶段不同,由于他们的实际生活环境不同,他们对法的需求就会发生变化。

不同时代的人需要不同的法,这样的要求还可以从税收之法、科举之法、兵役之法等几个具体的领域来理解。魏源已经注意到,在历史变迁的过程中,"租、庸、调变而两税,两税变而条编。变古愈尽,便民愈甚,虽圣王复作,必不舍条编而复两税,舍两税而复租、庸、调也;乡举里选变而门望,门望变而考试,丁庸变而差役,差役变而雇役,虽圣王复作,必不舍科举而复选举,舍雇役而为差役也;丘甲变而府兵,府兵变而彍骑,而营伍,虽圣王复作,必不舍营伍而复为屯田为府兵也"②。这几个领域内的立法,随着历史的演进,都发生了根本性的变化。譬如,税收之法已经从"租庸调"变成了"两税",又从"两税"变成了"条编";选举之法已经从昔日的"乡举里选"变成了"门望",又从"门望"变成了"科举",等等。

在历史过程中,立法上的这些变迁都是不可逆转的,其趋势就仿佛,"江河百源,一趋于海,反江河之水而复归之山,得乎?履不必同,期于适足;治不必同,期于利民。是以忠、质、文异尚,子、丑、

---

① [清]魏源:《魏源集》,中华书局2009年,第47页。
② [清]魏源:《魏源集》,中华书局2009年,第48页。

寅异建,五帝不袭礼,三王不沿乐,况郡县之世而谈封建,阡陌之世而谈井田,笞杖之世而谈肉刑哉!"①然而,总有一些人希望回到上古时代;总有一些人认为,只有那个久远的上古时代,才是一个理想的时代。

庄子就有这样的偏好,一些宋儒也有这样的偏好。"庄生喜言上古,上古之风必不可复,徒使晋人糠秕礼法而祸世教;宋儒专言三代,三代井田、封建、选举必不可复,徒使功利之徒以迂疏病儒术。君子之为治也,无三代以上之心则必俗,不知三代以下之情势则必迂。读父书者不可与言兵,守陈案者不可与言律,好剿袭者不可与言文;善琴弈者不视谱,善相马者不按图,善治民者不泥法;无他,亲历诸身而已。读黄、农之书,用以杀人,谓之庸医;读周、孔之书,用以误天下,得不谓之庸儒乎?靡独无益一时也,又使天下之人不信圣人之道。"②因此,"古乃有古,执古以绳今,是为诬今;执今以律古,是为诬古;诬今不可以为治,诬古不可以语学"③。古今不同,古今之人对法的需求也不一样。

既要针对不同类型的人创立不同的法,同时还要看到,不同时代的人也需要不同的法,因此,立法既应当本于不同类型的人,还应当本于不同时代的人,这就是"立法必本于人"的含义。

三、行法必本于人

立法应当本于人,行法更应当本于人。如果说在法的创立环节,注意回应不同类型、不同时代的人的需要,有助于在立法环节彰显"法必本于人"之原则,那么,在法的实施环节充分注重人的因素,坚持"行法必本于人",同样是在彰显"法必本于人"之原则,同样是"法必本于人"的题中应有之义。结合魏源的相关论述,"行法

---

① [清]魏源:《魏源集》,中华书局 2009 年,第 48—49 页。
② [清]魏源:《魏源集》,中华书局 2009 年,第 49 页。
③ [清]魏源:《魏源集》,中华书局 2009 年,第 48 页。

必本于人"应当注意以下几个要点。

(一)"得行法之人"

"行法必本于人"的基本含义是:对于法的执行、实施来说,行法之人是根本;如果找不到合适的行法之人,法的作用就不能发挥出来,因此,行法的关键在人,行法的根本在人。在《治篇四》之开篇,魏源就此提出:"医之活人,方也;杀人,亦方也。人君治天下,法也;害天下,亦法也。不难于得方而难得用方之医,不难于立法而难得行法之人。青苗之法,韩琦、程伯子所部必不至厉民;周家彻法,阳货、荣夷公行之,断无不为暴。"这就意味着,在立法环节制定出来的法,仅仅是实现国家治理的工具,并不意味着国家治理已经实现,这就像拿在手里的弓箭,仅仅是射中某个目标的工具,并不意味着目标已经射中。从历史经验来看,"买公田省饷之策,出于叶适,而贾似道行之,遂以亡国。是以《郡县》、《生员》二论,顾亭林之少作,《日知录》成而自删之;《限田》三篇,魏叔子三年而后成,友朋诘难而卒毁之。君子不轻为变法之议,而惟去法外之弊,弊去而法仍复其初矣。不汲汲求立法,而惟求用法之人,得其人自能立法矣"。①

这一段关于行法的论述,揭示了"行法"与"行医"的共性。善于治病救人的良医要通过医方来救人,但是,害人性命的庸医也是通过医方来害人的。这就是医方的中立性、工具性,或可概括为"徒方不足以救人"。对于治国、治天下来说,法的性质就像医方,君主及其执政团队要治国、治天下,需要通过法这样的"治之具",然而,君主及其执政团队乱国、乱天下,同样是通过法这样的"治之具"。结合前文的论述,哪怕是"本于人"的立法,也跟医方的性质一样,仅仅是一种工具。运用这样的法,同样会带来两种截然不同的效果。正是在这个意义上,魏源提出了一个法治难题:"不难于

---

① [清]魏源:《魏源集》,中华书局2009年,第45—46页。

立法而难得行法之人。"这就仿佛，要找到一些好的医方很容易，在各种各样的医典中，这样的医方所在多有，但要找到高明的、善于运用医方的良医，亦即善于"用方之医"，那就不容易了。

"周家彻法"是西周颁行的税法，"青苗之法"是在"王安石变法"的过程中颁行的税法，就法的创制环节来说，这些税法其实都是不错的法。但是，在法的实施过程中，这两种税法最后都导致了"害天下"的后果。《诗经》中的《七月》《伐檀》等著名的诗篇，已经对"周家彻法"提出了控诉；王安石的青苗法及其整个"变法"，最终也以失败而告终。按照魏源的逻辑，这些比较好的立法最终都归于失败，主要的原因就在于：没有找到"行法之人"。如果能够找到合适的"行法之人"（譬如阳货），运用"周家彻法"治国理政，周政就不可能沦为暴政；如果能找到韩琦这样的"行法之人"，青苗法也不可能成为害人之法。至于贾似道，则是运用良法残害天下的典型代表，仿佛运用良方害人性命的庸医。根据这样的逻辑，可以得出这样的结论：法是治国理政的工具，但并不是治国理政本身，也并不直接促成"治"。

因此，法的实施，关键在于找到善于"行法之人"或善于"用法之人"。只要找到善于"行法"或"用法"之人，一方面，即使不直接提出"变法"的主张，不打出"变法"的旗号，也可以革除旧法之弊。另一方面，即使立法还有改进的空间，甚至还没有最后完成，也可以让法在实施环节得以完善与挺立。魏源的这个观点，与判例法传统中的"法官造法"，具有一定的相似性，因为，"法官造法"的实质就是行法之人承担了立法的职能，并在行法过程中不断地完善、丰富法的内容。魏源注重"得行法之人"，也有类似的期待：让行法之人推动立法的完善与挺立。

在中国法理学史上，魏源的这个观点是有渊源的。孟子已经提出："徒善不足以为政，徒法不能以自行。"[1]所谓"徒法不能以自

---

[1] 杨伯峻译注：《孟子译注》，中华书局2012年，第173页。

行",其实就是要求"得行法之人",让行法之人推动法的运行。1573年,张居正在《请稽查章奏随事考成以修实政疏》称:"盖天下之事,不难于立法,而难于法之必行;不难于听言,而难于言之必效。"① 在张居正看来,行法难于立法。这样一些观点及其表达方式,为魏源的"得行法之人"命题,提供了丰沛的思想资源。

虽然从孟子到张居正,都在强调行法的重要性,但是,魏源对"行法之人"的期待,却并非仅仅是一个理论上的演绎,而是有强烈的现实针对性。正如他在1842年为他的《圣武记》所写的《圣武记叙》之所言:"今夫财用不足,国非贫,人材不竞之谓贫;令不行于海外,国非羸,令不行于境内之谓羸。故先王不患财用而惟亟人材,不忧不逞志于四夷,而忧不逞志于四境。官无不材,则国桢富;境无废令,则国柄强。"②在鸦片战争的背景下,清王朝已经呈现出明显的贫弱之态。"弱"是因为法令得不到执行,"贫"是因为官方没有人才,如果有足够的人才,再由这些人才充任行法之人,就会"境无废令",就会从根本上保障国家的富强。

(二)以"德才"选取"行法之人"

既然"行法之人"如此重要,那么,如何寻找、选取"行法之人"?魏源认为:"专以才取人,必致取利口;专以德取人,必致取乡愿。"③这就是说,要找到理想的"行法之人",不能只看才,也不能只看德。相反,既要注重以才取人,也要注重以德取人。在当代,已经习惯于用"德才兼备"来要求"行法之人",同样,魏源也主张"行法之人"应当德才兼备。

先看德。"行法之人"的德,主要体现为"天下为公"或"公天下"。前文已经提到,在魏源看来,"势、利、名"都是"治之具",都具有规范的意义。"圣人以其势、利、名公天下,身忧天下之忧而无天

---

① [明]张居正撰:《张居正奏疏集》,华东师范大学出版社2014年,第232页。
② [清]魏源:《魏源集》,中华书局2009年,第166—167页。
③ [清]魏源:《魏源集》,中华书局2009年,第62页。

下之乐,故褰裳去之,而樽俎揖让兴焉;后世以其势、利、名私一身,穷天下之乐而不知忧天下之忧,故慢藏守之,而奸雄觊夺兴焉。争让之分,帝王之忧乐天下为之也。'天地之大德曰生,圣人之大宝曰位,何以守位曰仁,何以聚人曰财,理财正辞禁民为非曰义。'人所聚而势生焉,财所在而人聚焉,名义所禁遏而治乱生焉。圣人乘天下之势,犹蛟龙之乘云雾,不崇朝雨天下而莫知谁尸其权。大哉神器,亿万生灵之所托命也,而智可闇奸,而力可觊图乎?夫惟使势、利、名纯出乎道德者,可以治天下矣。"①

古代的圣人以"公天下"之心,运用"势、利、名"等多种工具以治天下,他们"身忧天下",所以造就了天下大治的局面。后世的君主以"私天下"之心,虽然同样运用"势、利、名"等多种工具以治天下,但是,他们耽于享乐,所以导致了"奸雄觊夺"的乱局。治与乱的分野主要在于,君主及其代表的执政团队是不是"道德者",如果"势、利、名"这样的"治之具"都让"道德者"来掌握,那就"可以治天下矣"。同理,法令也是"治之具",如果把法令交给"道德者"来掌握、来运行、来实施,同样"可以治天下矣"。

对于"行法之人"来说,"公天下"是最主要的道德准则,这样的"德"其实是一种政治之德。作为一个睁眼看世界的人,魏源认为,值得效仿的西法,有一个重要的因素就在于,彼方的"行法之人"都具有"公"之德。譬如,"弥利坚国非有雄才枭杰之王也","而公举一大酋总摄之,匪惟不世及,且不四载即受代,一变古今官家之局,而人心翕然,可不谓公乎!议事听讼,选官举贤,皆自下始,众可可之,众否否之,众好好之,众恶恶之,三占从二,舍独徇同,即在下预议之人亦先由公举,可不谓周乎!"②"公举"亦即"众可","公举"之法或"众可"之法,可以作为"公天下"的规则化表达,亦可以体现魏

---

① [清]魏源:《魏源集》,中华书局2009年,第43—44页。
② [清]魏源:《魏源全集》第六册,岳麓书社2010年,第1619页。

源所知的"大酋"之德性。概而言之,行法之人的德性乃是法之必行的前提条件,因为,这样的行法之人本身就是法的宣谕者。

正是从这个角度上,魏源提出:"行修于一乡者乡必崇,德昭于一国者国必宗,道高于一世者世必景从。"①世人对行法之人的"景从"意味着,法得到了全面的推行。反之,对于行法之人来说,倘若"身无道德,虽吐辞为经,不可以信世;主无道德,虽袭法古制,不足以动民"②。没有德性的行法之人,根本就不足以"行法"。因此,行法之人的德性,是选取行法之人的必备条件。

再看才。行法之人既要有德,还要有才。从发生学的角度来看,行法之人的才,主要源于行法之人的情。《治篇一》开篇即称:"才生于情,未有无情而有才者也。慈母情爱赤子,自有能鞠赤子之才;手足情卫头目,自有能捍头目之才。无情于民物而能才济民物,自古至今未之有也。小人于国、于君、于民,皆漠然无情,故其心思智力不以济物而专以伤物,是鸷禽之爪牙,蜂虿之芒刺也。"③一个人有情于"民物",乃是其才足以"济民物"的原因;一个有才的行法者,首先必然是一个有情者;只有对国家、对民众怀有真挚情感的人,才可能成为一个有才的行法之人。这就是说,以才取人,首先要看他是不是一个有情之人。

有情是有才的前提,在此基础上,还要注意才的多样化、多元化。因为,"天地之生才也,'予之齿者去其角,两其足者傅之翼',是以造化无全功,阴阳无全能。以虞廷五臣皆圣人之材,而明刑、教稼、治水、典胄,终身不易其官。吾知孔子用世,必不使游、夏司繁剧而由、求典文章,必不使曾、冉专对使命而宰、赣师保坐论。天地有所不能强,而况于人乎?后世之养人用人也不然。其造之试之也,专以无益之画饼,无用之雕虫,不识兵农礼乐工虞士师为何

---

① [清]魏源:《魏源集》,中华书局2009年,第8页。
② [清]魏源:《魏源集》,中华书局2009年,第7页
③ [清]魏源:《魏源集》,中华书局2009年,第35页。

事;及一旦用之也,则又一人而徧责以六官之职,或一岁而徧历四方民夷之风俗;举孔门四科所不兼,唐、虞九官所不摄者,而望之科举兔册之人。始也桃李望其松柏,继也彩胜望其桃李;及事不治,则抈髀而叹天下之无才。乌乎!天下果真无才哉?"①

天下之大,并不缺乏有才之人,关键是要各尽其才,要充分发挥各类人才的作用。"明月之夜,可远视而不可近书,犹清谈玄虚之士不可以治民;雾霜之朝,可近书而不可远视,犹小察综练之材不可以虑远。得诸天者固已殊矣,即学圣人之学而性所各近者,何独不然!火日外照而内闇,故足民治赋之才不可以语性命,此亲民而未明德者也;金水内照而外闇,故潜修养性之儒未可皆共事功,此明德而未能亲民者也。学道者宜各自知所短,用人者宜各因其所长:勿以师儒治郡国,勿以方面之材责师儒;非体用之殊途,乃因材之难强也。"②人才不可能均质化,人才各有所长,人才的差异是人才的常态,譬如,"一介一和惠与夷,一去一奴微与箕;一生一死婴与臼,一覆一复申与伍;一荣一辱李与苏,一默一言介与狐;一亮一瑾蜀与吴,一攻一守墨与输;相反相成狷与狂,相嘲相得惠与庄;羊、陆相仇而相睦,葛、马相敌而相服,尹、邢相爱而相妒。故君子之用世也,道不必尽同;智士之同朝也,辙不必相合;然大人致一用两,未尝不代明而错行也"③。因而,应当注意各种人才之间的互补性。

即使是有才之人,也有他的短处。因此,在以才取人的过程中,对一个人的长处与短处都要有所了解。进一步说,"不知人之短,不知人之长,不知人长中之短,不知人短中之长,则不可以用人,不可以教人。用人者,取人之长,辟人之短;教人者,成人之长,去人之短也。惟尽知己之所短而后能去人之短,惟不恃己之所长

---

① [清]魏源:《魏源集》,中华书局2009年,第37页。
② [清]魏源:《魏源集》,中华书局2009年,第49—50页。
③ [清]魏源:《魏源集》,中华书局2009年,第50页。

而后能收人之长;不然,但取己所明而已,但取己所近而已"①。

(三)以"简易"选取"行法之人"

魏源要求以"德才"作为选取行法之人的标准,除此之外,他还希望行法之人具备另外一个特点,那就是"简易"。因而,行法之人既应当是德才兼备之人,也应当是简易为政之人。

在传统中国的国家治理实践中,"行法"就是"为政","行法之人"就是"为政之人"。由此看来,魏源其人,本身就是行法之人,亦是为政之人。查阅魏源之子魏耆撰写的《邵阳魏府君事略》,可以看到,在兴化、高邮等地为政、行法期间,魏源有一个重要的特点,那就是:"为政尚简恕,谓子姓曰:'守土牧令,以一人耳目之所及,防数百胥卒之欺蔽,胡可得哉?惟以诚感之,使不忍欺耳。'故听政之暇,以典籍自娱,不事苛察。"②魏源认同一些"海国"的法政实践,也是因为,那些国家具有简易为政的特点,譬如他说,"弥利坚政简易,摧税亦轻,户口十年一编"③。概而言之,为政、行法之道,贵在简易。

在这样的"前见"之下,魏源期待的行法之人都是简易之人。他说:"《诗》言'岂弟君子'者十有八,说者曰:'岂弟,乐易也。''乾以易知,坤以简能;易则易知,简则易从;易知则有亲,易从则有功。'大哉岂弟之为德乎!世言王道无近功,此不知王道之言也。知者知之,愚者不知,不可以教民;巧者能之,拙者不能,不可以治民。非令下如流水之原,不可为善政;非立效如时雨之降,不可以为圣功;谓王道无近功者,未得其要也。主好要则百事详,主好详则百事荒。知岂弟不岂弟之分,则知王伯矣;知岂弟不岂弟之分,则知君子小人矣。后世人主之岂弟者,其汉文帝、宋仁宗乎!反乎

---

① [清]魏源:《魏源集》,中华书局2009年,第52页。
② [清]魏耆:《邵阳魏府君事略》,载[清]魏源:《魏源集》,中华书局2009年,第959页。
③ [清]魏源:《魏源全集》第六册,岳麓书社2010年,第1692页。

岂弟者,其汉武帝之桑弘羊、宋神宗之安石乎!《诗》曰:'谁能烹鱼?溉之釜鬵。'言烹鱼烦则碎,治民烦则乱,是以治大国若烹小鲜。"①

按照这段论述,《诗经》中反复出现的"岂弟君子",就是简易之君子。作为政治理想的王道,与是否追求"近功"无关,王道的关键在于简易为政。因而,简易既是区分王道与霸道的关键,也是区分君子与小人的关键。简易既然如此重要,那就意味着,"行法之人"都应当是那种"若烹小鲜"的简易之人。如果以简易作为评判、选取行法之人的标准,那么,桑弘羊、王安石都不是理想的行法之人,因为他们的特点是"烦则乱",他们的风格恰好处于简易的对立面。

(四)"行法之人"的遴选机制

行法之人应当是简易为政之人,也应当是德才兼备之人。那么,"简易"与"德才"是什么关系?"简易"是"德"还是"才"?按照"大哉岂弟之为德"一语,简易似乎可以归属于"德",但是,简易也具有"才"的性质。一个人能够简易为政、简易行法,善于化繁为简,既是一种德性,更是一种才能,当然也是一种风格。考虑"简易"与"德才"之间的这些关系,有必要把"简易"与"德才"并列起来。由此我们可以发现,魏源期待的行法之人,原来是德才兼备的简易之人。

剩下的问题是,如何在众人之中找到这样的行法之人?或者说,通过一种什么样的遴选机制,才可能找出理想的行法之人?在这个问题上,魏源主要着眼于"君"和"民"这两个不同的维度,建构了一套关于行法之人的遴选机制。

一方面,遴选理想的行法之人要注意发挥君的作用。君主当然也是行法之人。君主制定了法,也要执行他制定的法。但是,君主不可能事必躬亲。君主必须遴选出一个良好的"行法者团队",才能

---

① [清]魏源:《魏源集》,中华书局 2009 年,第 40 页。

保障法的有效实施、严格执行。事实上,在传统中国,那些潜在的行法之人,只有通过君主的认可,才可能被遴选出来。君主对潜在的行法之人的"引而进之",乃是一个至关重要的环节,因为,"星非能自高也,引而高之者天也;物非能自浮也,载而浮之者水也;臣非能自遇也,引而进之者君也。天下奇士不常有,而天下之明君不世出。故天之降才也,千夫而一人;才之遇主也,千载而一君"①。

然而,一个悖论性的难题恰恰就在这里:人才很少,千人中仅有一人;明君更少,千年里仅有一君。按照这样的小概率,人才要遇上明君,是非常罕见的现象。在这样的格局下,潜在的行法之人,何时才能遴选出来?不过,魏源所说的这种小概率事件,也许仅仅是指那些"不常有"之"奇士"与那种"不世出"之"明君"相互之间的对接,那确实是很稀罕的现象。如果暂不考虑这样的特殊、例外、偶然情况,那么,在常规情况下,倘若要遴选出合格的行法之人,同样离不开君主的"引而进之",同样需要发挥君主的主观能动性。原因在于,"自古及今,遗逸之贤,十倍于遇主之贤,则奇才之难得,又不如明君之难得也。故与其臣求君,不如君求臣"②。按照魏源的构想,只有充分发挥君主的积极性,才可能让理想的行法之人得以"引而进之"。

另一方面,遴选理想的行法之人还要注意倾听民的意见。魏源发现:"人材之高下,下知上易,上知下难;政治之得失,上达下易,下达上难。君之知相也不如大夫,相之知大夫也不如士,大夫之知士也不如民,诚使上之知下同于下之知上,则天下无不当之人材矣;政治之疾苦,民间不能尽达之守令,达之守令者不能尽达之诸侯,达之诸侯者不能尽达之天子,诚能使壅情之人皆为达情之人,则天下无不起之疾苦矣。"③这段论述比较了关于人材高下的

---

① [清]魏源:《魏源集》,中华书局2009年,第55页。
② [清]魏源:《魏源集》,中华书局2009年,第55—56页。
③ [清]魏源:《魏源集》,中华书局2009年,第67页。

"认识论"与关于政治得失的"认识论"。在魏源看来,两者之间存在着相当大的共性:在政治得失方面,如果民间疾苦能够顺畅地达之守令、诸侯、天子,如果"壅情之人"(亦即阻碍下情上达之人)都变成了"达情之人",那么,民间疾苦就可以上达最高决策层。

按照同样的道理,谁是真正的人才,特别是,谁是合格的,甚至是理想的行法之人,也是天下之民最有发言权。相对于士、大夫、相、君这几个层级,民更能够知悉:什么样的人,才适合作为行法之人。魏源为之提供的依据是:下知上易,上知下难;相对于其他几个层级,民居于最下,所以对行法之人的好坏、优劣,看得最清楚。总体上看,哪怕是在行法之人的遴选机制上,魏源在注重发挥君的积极性的同时,更加注重发挥民的根本作用。在魏源看来,较之于君,民才是遴选行法之人最根本的依靠力量。这也是"行法必本于人"以及"法必本于人"所应当蕴含的一个更加具体的要求。

小结

着眼于法与人的关系,魏源主张"法必本于人"。作为一个原则性、纲领性的论断,"法必本于人"可以分解为"立法必本于人"与"行法必本于人"两个环节,由此,魏源法理学的神髓就可以概括为"以人为本"。这样一种以人为本的法理学,在晚清学风的转变过程中,呈现出比较明显的近代性。

关于晚清学风的变化,齐思和在《魏源与晚清学风》一文之开篇即指出,清代的学风经历了三次转变。清初诸大儒,"皆志在讲求天下之利病,隐求民族之复兴,此学风之一变也。其代表人物为顾炎武先生。至乾、嘉之世,清室君有天下,已逾百年,威立而政举,汉人已安于其治;且文网严密,士大夫讳言本朝事。于是学者群趋于考据一途,为纯学术的研究;而声音训诂之学,遂突过前代,此学风之再变也。其代表人物为戴东原先生。至道、咸以来,变乱叠起,国渐贫弱。学者又好言经世,以国富强,厌弃考证,以为无用,此学风之三变也。其代表人物为魏默深先生"①。按照这番概括,魏源的法理学作为其学术思想体系的一个组成部分,体现了乾嘉之后晚清学风的一个新趋势,那就是近代化转型。

可以把魏源与戴震做一个比较。如果说,戴震的法理学,作为18世纪的中国法理学,可以代表中国古代法理学趋于终结的理论形态,②那么,魏源的法理学,作为19世纪的中国法理学,则可以代表中国近代法理学初兴之后的理论形态。

当然,正如前文所述,与魏源并称且略早于魏源的思想先驱还有龚自珍。如果要讲中国近代法理学的萌生,应当首先提到龚自珍的法理学。在龚魏之间,如果以近代性作为测度的标准,那么,龚自珍略微"早"一点,魏源略微"深"一点。较之于1841年去世的龚自珍,魏源对近代世界有更多的亲身经历与直观体验。查阅《魏源年谱简编》,可以看到,早在1840年,四十七岁的魏源"在宁波军中,亲审英俘安突德,爰录梗概,并旁采他闻,于次年成《英吉利小记》"。1847年,五十四岁的魏源"至澳门、香港游览,作《澳门花园听夷女洋琴歌》、《香港岛观海市歌》。亲历西方文明,并购得世界地图等书籍以扩充《海国图志》"。1852年,五十九岁的魏源"在高邮署,据葡萄牙人玛吉士的《外国地理备考》、英人马理生的《外国史略》、美人袆理哲的《地球图说》及徐继畬的《瀛环志略》等书籍资料增补修订《海国图志》"。③ 这些史实足以表明,魏源的法理学既是中国文化的产物,同时也受到了外来文化的影响。

魏源法理学的神髓是以人为本,亦即"法必本于人",这个原则

---

① 齐思和:《中国史探研》,河北教育出版社2000年,第599页。
② 详见,喻中:《民赖以生:戴震法理学的民生取向》,《国际儒学》2022年第2期,第78—91页。
③ 夏剑钦编:《中国近代思想家文库·魏源卷》,中国人民大学出版社2013年,第501、505、507页。

在相当程度上可以视为近代性的产物。一方面,在古代与近代之间,如果要在古代中国提炼一个与"法必本于人"相对应的命题,那就是"法必本于天"。在古代中国,"本于天"的"天理""天意""天命"经常被置于"王法"或实在法之上,成为"王法"或实在法之上的"高级法"。如果把"法必本于天"作为中国古代法理学的一个原则,那么,魏源提出的"法必本于人"则代表了中国近代法理学的一个原则。另一方面,在中国与西方之间,如果着眼于人神关系,把西方的近代化历程解释为"神之下降"与"人之上升",[①]那么,着眼于天人关系,中国的近代化历程则可以解释为"天之下降"与"人之上升"。这两个方面都可以表明,魏源提出的"法必本于人",乃是一个近代性的法理命题。

魏源法理学的近代性,既可以通过与18世纪的戴震及其法理学的比较来理解,也可以通过与20世纪的吴经熊(1899—1986)及其法理学的比较来理解。18世纪的戴震法理学可以归属于古代的法理学,20世纪的吴经熊法理学可以归属于现代的法理学。相比之下,19世纪的魏源法理学则可以归属于近代的法理学。在魏源与吴经熊之间,如果说吴经熊对西方的法理已有深入的理解,甚至可以代表20世纪上半叶中国人理解西方法理的高度,那么,魏源则在19世纪中叶形成了对西方法理的初步的、浮泛的理解。如果说吴经熊的法理学可以用"超越东西方"[②]来描述,那么魏源的法理学则可以描述为"从东方到西方"。魏源作为晚清今文经学的代表人物,其《书古微》《诗古微》《圣武记》等书,无不体现了他对华夏文明及其法理的理解,至于他的《海国图志》,则表明他已经开始探究西方世界及其法理。单就对西方文明及其法理的认知来说,从魏源到吴经熊,相当于从略窥门径到深入堂奥。这就是魏源与

---

① [英]布洛诺夫斯基:《人之上升》,任远、王笛、邝惠译,四川人民出版社1988年。
② 此为吴经熊所著书之书名,参见,吴经熊:《超越东西方》,周伟驰译,社会科学文献出版社2002年。

吴经熊之间的同中之异与异中之同。

叙述至此,也许还有必要提及魏源与吴经熊的另一个相同之处:他们在人生的最后阶段,都把佛学作为自己最终的精神寄托。吴经熊晚年的代表作是《禅学的黄金时代》①;"魏源亦然,晚受菩萨戒,易名承贯,著《无量寿经会译》等书"②。其实,早在1828年,三十五岁的魏源"游浙江杭州,晤钱伊菴居士东甫,从闻释典,求出世之要,潜心禅理,博览经藏。延曦润、慈峰两法师,讲《楞严》《法华》诸大乘"③。1856年,亦即在他去世的前一年,他在《致周诒朴信》中称:"老年兄弟,值此难时,一切有为,皆不足恃。惟此横出三界之法,乃我佛愿力所成,但瓣一心,终登九品,且此念佛法门,普被三根,无分智愚男女,皆可修持。"④1854年,他在《净土四经总叙》中写道:"夫王道经世,佛道出世,滞迹者见为异,圆机者见为同。"⑤此言既体现了魏源的通透,以及他对佛教的皈依,同时也表达了他关于王道与佛道相互关系的理解:两者虽有"经世"与"出世"之别,但在终极意义上,则是相同的——都是为了人。"经世"是为了回应人的现实生活,尤其是物质生活的需要,"出世"则是为了回应人的精神生活的需要。这样的"见为同",可以从一个特殊的角度,再次印证魏源法理学的神髓:以人为本。

第三节 冯桂芬

在中国近代思想史上,如果说鸦片战争时期的代表人物可以举出龚自珍、魏源,而戊戌变法时期的代表人物可以举出严复、康

---

① 吴经熊:《禅学的黄金时代》,吴怡译,海南出版社2009年。
② 梁启超:《清代学术概论》,上海古籍出版社2005年,第83页。
③ [清]魏耆:《邵阳魏府君事略》,载[清]魏源:《魏源集》,中华书局2009年,第948页。
④ [清]魏源:《魏源集》,中华书局2009年,第934页。
⑤ [清]魏源:《魏源集》,中华书局2009年,第247页。

有为,那么,在鸦片战争与戊戌变法之间的洋务运动时期,如果要举出具有代表性的思想家,冯桂芬(1809—1874)是不能避开的。关于冯桂芬思想的性质,虽然有多种不同的说法,譬如,称他代表了"地主阶级开明派",或代表了"早期洋务派",或代表了"早期资产阶级改良派",①但他在洋务运动早期,尤其是在19世纪60年代前后,在思想史上所发挥的承前启后的作用,却是没有疑问的。这就正如李泽厚(1930—2021)所言:"冯桂芬的特点在于:他承上启下,是改良派思想的直接的先行者,是三四十年代到七八十年代思想历史中的一座重要的桥梁。"②

海外学者孔飞力也注意到冯桂芬在洋务运动时期中国思想领域的代表性,他的《中国现代国家的起源》一书共有四章,第一章以魏源为中心,第二章就以冯桂芬为中心。他说:"西方历史学家们出于种族上自我中心的原因,对冯桂芬如同对魏源一样十分赏识,赞誉他为自强运动——亦即清政府将西方技术嫁接到中国文化基础上的努力——的先驱人物。然而,在我看来,就对中国根本性议程发展的意义而言,冯桂芬的贡献却在于他为改造陈旧的根本性议程所作出的努力。冯桂芬和魏源在观点上的不同之处,不仅在于他着力将魏源只是在理论上探讨的问题具体化,还在于他从西方政治思想的角度来看待属于中国根本性议程的诸种问题。"③孔飞力在这里所说的"根本性议程",其英文原文为 constitutional agenda④,其实就是"宪制议程"。按照这种说法,尤其是这种说法的英文原文,冯桂芬已经在宪制层面上关注了中国在"自强运动"

---

① 黄保万:《〈校邠庐抗议〉剖析——兼论冯桂芬思想体系》,《学术月刊》1962年第11期,第26页。
② 李泽厚:《中国近代思想史论》,生活·读书·新知三联书店2008年,第40页。
③ [美]孔飞力:《中国现代国家的起源》,陈兼、陈之宏译,生活·读书·新知三联书店2013年,第50—51页。
④ [美]孔飞力:《中国现代国家的起源》,陈兼、陈之宏译,生活·读书·新知三联书店2013年,"译者导言",第9页。

(亦即洋务运动)时期的诸种问题。从冯桂芬留下来的代表性文献来看,他关于宪制问题的关注,又集中体现为对法的根本问题的关注。

试看冯桂芬1861年完成的《校邠庐抗议》一书。此年,清廷正式设立总理各国事务衙门,简称总理衙门,这是一个统筹洋务运动的中央机构,这个机构的设立标志着洋务运动的正式开启。《校邠庐抗议》一书几乎是应和着洋务运动初生的节奏而成,它作为冯桂芬的代表作,集中体现了冯桂芬关于法与"宪制"的思想。从此书完成的时间及其在近代思想史上的地位来看,它几乎就是一部关于洋务运动的"理论说明书";如果把此书的精神实质概括为"为洋务运动申辩",似乎也是可以的,这就"正如李鸿章所说,冯氏'每一书成,远近学者争快睹焉'。无论是从著作的时机和它发生的实际作用看,还是从著作的内容看,都应当说,《校邠庐抗议》已具有不同于林魏等先驱者思想的新的时代性质,它不是洋务思想的一般启蒙读物,而是新兴的'学西方,谋自强'的时代精神的论纲。当时,郭嵩焘的洋务思想尚未成熟,王韬则在英国人办的墨海书馆中做编译,也未及大发议论,因而《校邠庐抗议》就成为最早问世的洋务思潮的唯一代表作"。① 从这部书与洋务运动之间的这种特殊关系来看,倘若把这部书的作者看作是"洋务思想之父",似乎也不为过。

站在法理学的角度上,《校邠庐抗议》更有意味的地方还在于,在此书的《自序》中,开篇就讨论法的问题:"三代圣人之法,后人多疑为疏阔,疑为繁重,相率芟夷屏弃,如弁髦敝屣,而就其所谓近功小利者,世更代改,积今二千余年,而荡焉泯焉矣。一二儒者,欲挟空言以争之,而势恒不胜,迨乎经历世变,始知三代圣人之法,未尝有此弊,夫而后恍然于圣人之所以为圣人也。"②在列举了十余种

---

① 丁伟志:《〈校邠庐抗议〉与中国文化近代化》,《历史研究》1993年第5期,第77—78页。
② 冯桂芬:《校邠庐抗议》,上海书店出版社2002年,"自序",第1页。

历久弥新的"三代圣人之法"(详后)的基础上,著者又称:"桂芬读书十年,在外涉猎于艰难情伪者三十年,间有私议,不能无参以杂家,佐以私臆,甚且屡以夷说,而要以不畔于三代圣人之法为宗旨。"①由这篇《自序》及全书内容看来,冯桂芬的这部"抗议",其实是一部以法为中心的著作。

这不仅仅是笔者一人之见,其他人也有类似的看法。譬如,在冯桂芬去世十年后的1884年,陈宝琛为《校邠庐抗议》江西豫章刻本写下了一篇序文,提出:"古今能成败天下者,法而已矣。"冯桂芬之"《议》凡四十篇,大旨明法以善世,求行法,非求变法,其有变者,必其有以行者矣"。这就是说,冯桂芬的这部书,其实是围绕着法这个中心议题而展开的一部"法论"。陈宝琛还进一步指出:"且夫四夷之于中国,常若不及而不胜者矣。乃彼则既富既强,夫亦恃有法耳。吾闻其所为书有曰《万国公法》者,彼能以法约束其民,彼且将以法钳制人国。我不立法自强,彼以其法肆然于我法之上。"②此言既强调了法的重要性,还把西方国家("四夷")的富强归因于"有法",认为西方国家的法不仅可以约束西方人,而且还以"万国公法"的名义,凌驾于中国人与中国法之上,从而对中国形成了某种钳制。

为什么出于西方人的法可以"钳制人国",甚至还可以"肆然于我法之上"?这是一个颇有现实紧迫感的法理问题。进而言之,如果我们要"立法自强",那么,我们应当立出一种什么样的法?

对于这样一个从陈宝琛的序文中推演出来的法理问题,冯桂芬其实已有一个简要的回答,那就是"善法"。正如书中的《收贫民议》开篇提出的一个论断:"法苟不善,虽古先吾斥之;法苟善,虽蛮貊吾师之。"③这个论断的实践指向,不妨归纳为"寻求善法"。为

---

① 冯桂芬:《校邠庐抗议》,上海书店出版社2002年,"自序",第2页。
② 熊月之编:《中国近代思想家文库·冯桂芬卷》,中国人民大学出版社2014年,第253页。
③ 冯桂芬:《校邠庐抗议》,上海书店出版社2002年,第75页。

了让"善法"这个概念具象化,变得"可触摸",冯桂芬随即举出了一个具体的"善法":"堂堂礼义文物之邦,曾夷法之不若,可慨也已!至官强民入塾,中国所难行,惟责成族正稽察族人,有十五以下不读书、十五以上不习业者,称其有无而罚之,仍令入善堂读书习业,亦善法也。"①在冯桂芬看来,这种责令某些群体"入善堂读书习业"的"善法",就不输于那些高高在上的"夷法"。

正是有关"善法"的议论在《校邠庐抗议》一书中占据了关键地位,让戊戌变法期间的内阁学士阔普通武在签注此书时,得出了这样的结论:"其全书精粹最妙者有二语:曰'法苟不善,虽古先吾斥之;法苟善,虽蛮貊吾师之'。(收贫民篇)旨哉斯言,千古名论也。现值庶政维新,诚本此二语以行之,深合乎穷变通久之大旨焉。"②阔普通武是戊戌变法的支持者,他按照光绪皇帝的要求,与清廷的数百名官员在戊戌变法期间分别签注了《校邠庐抗议》一书。他的这条批语提示我们,此书"精粹最妙"的思想可以归结为:寻求善法。

既然如此,按照冯桂芬的构想,寻求善法之路应当怎么走?在中国法理学史的层面上,如何勾画冯桂芬寻求善法的方案?在萧公权(1897—1981)看来,"冯氏所欲采用于西洋者,非其形而上之道,而仅为其形下之器。推冯氏之意,殆以中国三代圣人之法,乃百世所当行,而诸国所不及。其所以屡见挫于西洋者,惟以之乏船坚炮利之科学与技术为最大原因,独此必需外求。其他皆在乎内省之振发"③。如此推测"冯氏之意",可能会有一些偏差,因为,冯桂芬已有"法苟善,虽蛮貊吾师之"之说。这里的"法"显然超出了"船坚炮利之科学与技术"领域,因而,冯桂芬寻求善法的方案,就

---

① 冯桂芬:《校邠庐抗议》,上海书店出版社2002年,第76页。
② 李侃、龚书铎:《戊戌变法时期对〈校邠庐抗议〉的一次评论——介绍故宫博物院明清档案部所藏〈校邠庐抗议〉签注本》,《史物》1978年第7期,第55—56页。
③ 萧公权:《中国政治思想史》,新星出版社2005年,第517页。

不太可能仅仅依赖"内省之振发"。

吕实强的理解与萧公权略有不同,他说:"冯氏采取三代法制作为变革途径,主要是以之作为当代政制流弊的对照,三代法制精神在于简、疏、通。简可以革除冗赘,疏可以革除繁琐,通可以破除隔阂。这项原始宗旨,是冯氏用以改革时政的基本观念。"①按照这个归纳,冯桂芬寻求善法的方案主要集中在简、疏、通三个方面,寻求善法之路应当是求简、求疏、求通之路。然而,简与疏,虽不完全等同,但毕竟是相近的,甚至是交叉重叠的,似乎可以合并;另外,简、疏、通也难以概括冯桂芬寻求善法之路的全貌。毕竟,在洋务运动期间,中西并立,古今势异,他的《校邠庐抗议》还是他在太平天国的兵锋之下避居上海期间写成的,而此时的上海正是华洋杂处之地。多种文化、多种矛盾的交汇,构成了冯桂芬在寻求善法之际需要充分回应的复杂背景。

立足于《校邠庐抗议》所包含的四十篇"议"以及冯桂芬的其他论著,同时参考学界已有的关于冯桂芬的研究成果,我们可以尝试着用四对范畴来概括冯桂芬寻求善法的方案,它们分别对应于四个维度:一是古与今,亦即在历史传承的维度上,注重古为今用,充分吸收"三代圣人之法"所蕴含的法律经验与法理智慧;二是中与外,亦即在列国互动的维度上,注重洋为中用,学习借鉴其他国家在法律方面的有益成果;三是上与下,亦即在国家治理的维度上,注重下情上达,以形成"通上下之情"的善法;四是繁与简,亦即在法律自身的维度上,注重删繁就简,通过法的简化,防范法的异化,保障法的良善。把这四个方面整合起来,就是冯桂芬寻求善法的总体方案。

虽然这个方案中的一些内容,譬如"古为今用""洋为中用",现

---

① 吕实强:《冯桂芬的政治思想》,《中华文化复兴月刊》1971年第4卷第2期,第5页。

在看起来是"老生常谈",已不算新鲜,但是,在19世纪60年代,譬如,在1867年北京同文馆招生都很困难①的背景下,冯桂芬的方案可谓饱含新意,足以展示中国法理学在那个时代的前沿景观。着眼于此,以下就从四个不同的方面,分述冯桂芬寻求善法的基本方案。

一、在古为今用中寻求善法

在寻求善法的路途上,所谓古为今用,就是要对"三代圣人之法"所代表的中国古人的法理智慧与法律经验进行创造性转化、创新性发展,使之成为善法的有机组成部分。

正如前引《校邠庐抗议·自序》之开端所示,在冯桂芬看来,圣人之所以为圣人,就是因为他们创造的法,即使历经了漫长的历史变迁,依然具有恒久的价值。从内容上看,《校邠庐抗议》包含的四十篇"议",多数篇章都包含了对"三代圣人之法"的古为今用。根据冯桂芬的相关论述,充分借用古人的智慧以成就善法,可以从多个不同的角度来理解。

(一)面向春秋格局的法

在中国法理学演进史上,自汉代以降,直至冯桂芬的时代,曾经出现了各种各样的关于善法的理论。但是,很难找到专门针对春秋格局的善法理论。冯桂芬则代表了一个新的开端:他在洋务运动正式开启之际,为了寻求善法,坚持古为今用,有意回应了他所理解的春秋格局。他试图把先秦时代的法理智慧,揉进他关于

---

① 据学者考证,1867年,"曾经报考同文馆天文算学馆的人都顾虑会被同僚和同乡耻笑,而不预备去考试了。北京士大夫中有人组织非正式的团体,誓言不受同文馆'格外优保'的诱惑,还有人在门口贴对联讽刺同文馆要'孔门弟子'向'鬼谷先生'学习。到了4月末,奕䜣、文祥已经知道进士、翰林甚至举人都不会来投考北京同文馆,只好放弃这个希望,承认失败"。[美]刘广京:《一八六七年同文馆的争议——洋务运动专题研究之一》,《复旦学报》(社会科学版)1982年第5期,第99页。

善法的憧憬中。

冯桂芬提出的"制洋器""善驭夷""采西学"等建议,都有针对春秋格局的旨趣。相比之下,更加典型地体现了冯桂芬回应春秋格局的思路,当属"重专对"之议。他说,"春秋时以善辞令为学问之一端",譬如臧文仲、子产等人,就是善辞令的人,而且,"夫子论士品,以使于四方不辱君命,居于孝弟信果之上。又曰:'诵诗三百,不能专对,虽多亦奚以为?'可见当时专对之重。列国以后,此学遂废","盖不为专才久矣。今海外诸夷,一春秋时之列国也,不特形势同,即风气亦相近焉。势力相高而言必称理,谲诈相尚而口必道信。两军交战,不废通使,一旦渝平,居然与国,亦复大侵小、强陵弱,而必有其藉口之端,不闻有不论理、不论信,如战国时事者。然则居今日而言经济、应对之才,又曷可少哉?"①

冯桂芬所说的"专对",相当于今天的"谈判"。在今天的学科门类中,这样的学问亦可归属于法学门类及法学学科。② 在先秦时期,这种"善辞令"之学其实就是纵横之学。按照蒙文通"兵、农、纵横统为法家"③之论,"专对"之学也可以归属于法家之学。冯桂芬希望复兴这样的学问,最主要的原因就在于,他所见的"海外诸夷",就相当于春秋时期的列国。既然置身于这样一个新的春秋列国格局中,那就应当特别注重"论理"与"论信"。正是在这个意义上,关于"理"与"信"的学问,以及善于"论理"与善于"论信"的人才,就显得十分重要了;充分吸收春秋时期的纵横家或法家的智慧,就显得极为必要了。

为了说明"专对"之才的重要性与迫切性,冯桂芬还讲了一个关于江苏布政使(后为江苏巡抚)吉尔杭阿与英国领事阿里国之间交往的一段往事,他称之为"吉尔杭阿公甲寅上海之事":在中英之

---

① 冯桂芬:《校邠庐抗议》,上海书店出版社2002年,第58页。
② 譬如,[美]特普利:《法律谈判简论》,陈曦译,中国政法大学出版社2017年,等等。
③ 蒙文通:《蒙文通全集》第二册,巴蜀书社2015年,第79页。

间出现了一个小纠纷之后,英方威逼中方,"吉尔杭阿公"去找英国领事阿里国交涉,"公曰:'安有我大皇帝兵勇,而可无故杀之者乎?独杀吉某则可,吾戴吾头来矣。'延颈作就杀状,阿里国大笑曰:'何至是?'公因曰:'兵勇犯若界,曲在我,若以一介之使索此罪人,敢不从命?今与逆贼比而攻我,曲在若矣。贵国不惟曲直之是讲,天实鉴之,非吉某所畏也。有战而已,胜负何常之有?'阿里国无以对,卒定约通好而还。咸丰四年三月十日事也。金曰是役也,大军获全,苏省安堵,皆吉公一言之力也。通商二十年来,善驭夷者莫吉公若。戊午津门之议,有一吉公,必不至是。是专对得人之效也"。①

这个出自冯桂芬笔下、足以体现他所说的"专对"精义的故事,几乎就是先秦时期苏秦、张仪这样的纵横家的再现。吉尔杭阿虽为地方大吏,但集辞令、胆识、机敏等多种品质于一身,正是冯桂芬所期待的善于"驭夷"的"专对"之才。此等人才,"于古有征,于今尤亟。应请特诏中外大臣,各举所知有口辩胆气、机牙肆应之人,时赐召对以验之,量予差遣以试之,用备他日通商大臣之选。庶几折冲樽俎,毋致陨越贻羞矣"②。这就是冯桂芬关于"重专对"的建议,这项建议体现了古为今用之要义。

---

① 冯桂芬:《校邠庐抗议》,上海书店出版社 2002 年,第 58—59 页。这里提到的阿里国(Rutherford Alcock,1809—1897),通译为阿礼国,也译为阿利国、阿尔考、阿尔考克,英国人,先后任英国驻厦门、福州、上海、广州领事,后在北京任英国驻华公使。关于阿里国其人其事,马克思在《中国革命和欧洲革命》一文中,略有提及:据 1853 年 5 月 21 日《经济学家》,"上海的恐慌据报道达到了极点。黄金因人们抢购贮藏而价格上涨 25％以上。白银现已不见,以致英国轮船向中国交纳关税所需用的白银都根本弄不到。因此,阿礼国先生同意中国当局担保,一俟接到东印度公司的票据或其他有信誉的有价证券,便交纳这些关税"。详见,《马克思恩格斯文集》第二卷,人民出版社 2009 年,第 610—611 页。此外,还可以参见,郑惠虹:《阿礼国与近代中英交涉(1844—1869)》,暨南大学 2020 年硕士论文;以及程宗璋:《略论阿礼国在中国的活动》,《三峡学刊》(四川三峡学院社会科学学报)1997 年第 1 期,第 75—79 页,等等。
② 冯桂芬:《校邠庐抗议》,上海书店出版社 2002 年,第 59 页。

在试图吸取先秦纵横家或法家智慧的同时，冯桂芬还刻意区分了春秋格局与战国格局的不同。他的这个观点，见于他对魏源的批评："魏氏源论驭夷，其曰：'以夷攻夷，以夷款夷。'无论语言文字之不通、往来聘问之不习，忽欲以疏间亲，万不可行。且是欲以战国视诸夷，而不知其情事大不侔也。魏氏所见夷书、新闻纸不少，不宜为此说。盖其人生平学术喜自居于纵横家者流，故有此蔽，愚则以为不能自强，徒逞谲诡，适足取败而已，独'师夷长技以制夷'一语为得之。"①

在冯桂芬看来，魏源关于"驭夷"的"三点论"，只有最后一点是可以接受的，前两点都不能成立。原因在于：魏源没有区分春秋与战国，他"以战国视诸夷"，把诸夷视为战国格局下的列国，实不应该，因为，战国与春秋有一个根本性的差异：春秋时期的各国交往，毕竟还要"论理""论信"；至于战国时期的各国交往，则是不"论理"、不"论信"的。冯桂芬关于春秋与战国之间的这种区分，旨在强调，针对诸夷的"专对"，关键是要"论理""论信"，因而不能等同于魏源惯于自居的纵横家及其思维。然而，正如前文的分析所示，冯桂芬提倡的"专对"，置诸先秦时代，其实就是纵横家的言与行。冯桂芬刻意把"专对"之才与纵横家之才区分开来，虽然还有进一步讨论的空间，但也可以在一个特定的层面说明，冯桂芬立足于古为今用，对"古"进行了剪裁，做出了较多的创新性转化、创造性发展。

面对列国竞争格局的善法，主要在于妥善处理中国与诸夷（外国）的关系，相比之下，更加需要善法来调整的领域，毕竟还在华夏内部。接下来，有必要结合冯桂芬的论述，从皇权国家与宗法社会这样两个不同的领域，来理解华夏内部的文明秩序对善法的需求。大致说来，皇权国家与宗法社会既可以对应于今日所说的国家与社会两个领域，也可以对应于昔日所称的"忠"与"孝"两种价值。

---

① 冯桂芬：《校邠庐抗议》，上海书店出版社2002年，第49页。

(二)面向皇权国家的法

面向皇权国家的法主要针对官吏群体,这个群体是皇权国家的支柱。然而,这个群体正在危害皇权国家的安全。据冯桂芬的观察:"今天下之乱,谁为之?亦官与吏耳。"① 为了解决官吏群体存在的诸多问题,冯桂芬提出了多个方面的改革建议,譬如"免回避""厚养廉""公黜陟""汰冗员""许自陈""复乡职""省则例""易吏胥""变捐例",等等。这些措施,相当于今天在宪法与行政法领域推动的改革。在提出相关改革建议之际,冯桂芬广泛地借用了古人的法律经验与法律智慧。

譬如,关于"免回避"的建议,就体现了古为今用的理路。在冯桂芬看来,明清时代已经沿袭了数百年的回避制度,可以说是"背三代圣人之制,酿民生无形之害,开胥吏无穷之利",因为"三代圣人之制"是不讲回避的,譬如,"成周三代,世家草泽,俱任于其国"。秦代以降,"汉之朱买臣、元魏之毕安敬、唐之张汉周、宋之范仲淹,皆守本郡"。这就是说,迄至宋代,都没有官员任职回避的规定。直至明代,"始有南北选之例,后遂定为回避本省",然而,"不闻明之治胜于古之治也"。在回避制度的支持者看来,"官于本地,关说之径路熟,恩怨之嫌疑多,囊橐之取携便而已。不知营私固易,举发亦倍易;阿比固多,责备亦倍多。祖宗丘墓之所在,子孙室家之所托,立身一败,万事瓦裂,非一官传舍之比,乡评之可畏甚于舆论"。因而,"官于本地,较之他乡倍宜自爱自重,亦人情也。至于远任之害,昔人多有言之者,舟车、驴马、人夫之费,其给之也,非斥产即揭债;其偿之也,非国帑即民膏。到官之后,言语之不通,风土之不谙,利弊则咨访无从,狱讼则词听无术,不得不倚奸胥为耳目,循宿弊以步趋,于国计民生损乎,益乎?况乎关说之径路难通,则转多因缘之辈矣;恩怨之嫌疑不涉,则弥无忌惮之心矣;囊橐之取携不易,则更益赍送之费矣"。② 经过利

---

① 冯桂芬:《校邠庐抗议》,上海书店出版社2002年,第16页。
② 冯桂芬:《校邠庐抗议》,上海书店出版社2002年,第6页。

弊权衡,冯桂芬认为,回避制度于国于民都没有好处,应当重新回归三代圣人之法,及时取消这项积弊已久的制度。

此外,冯桂芬关于"厚养廉"的改革建议,也借用了古代"圣人之法"。冯桂芬提出这项建议的现实背景是:官位分肥瘦,官场仿佛市场,"外官自督抚以至典史,某缺肥,岁赢若干;某缺瘠,岁赔若干。所谓肥瘠者,皆陋规之属,扬扬然习于人口,恬不为怪,骤闻之,几疑官名为市肆之名"。至于大大小小的京官,"莫不仰给于外官之别敬、炭敬、冰敬,其廉者有所择而受之,不廉者百方罗致,结拜师生兄弟以要之"。造成这种奇怪现象的根源在于:正式官俸过低,不足以维持正常的生活。"大抵大官之廉者仅足,不廉者有余,小官则皆不足,不足则揭债,母十岁三其子,子复为母,十年外简,数已巨万,债家相随不去,犹冀其洁清自好乎?"①

针对这种情况,冯桂芬建议,根据官员们的实际生活需要与工作需要,"如数以与之",这才是"圣人之法"。在历史上,关于这个领域的"圣人之法"的记载,虽然《周官》司禄,文佚无可考,《王制》《孟子》犹存其略。以《礼记疏》称,大国卿禄食二百八十八人计之,大国君禄食二千八百八十人,三万二千亩之入也;次国君禄食二千四百六十人,二万四千亩之入也;小国君禄食一千四百四十人,一万六千亩之入也。今之州县,古小侯也,小侯之禄殆不啻万金,何赢之有?汉制太守号二千石,实食千二百石,中二千石,实食一千石,视三代已减。唐始薄而终厚,宋给实钱。元初不制禄,世祖时定太师俸一百四十贯、米十五石,行省右丞相俸二百贯,以下有差。禄薄无甚于元者。明初四品以上俸钞三百贯,后又定正一品米八十七石,以下有差。国朝因明制而增益之,废折米、折钞之目。雍正二年,耗羡归公,加给养廉;乾隆二年,增京官恩俸,法良意美,度越元、明,何不遂复三代之旧也?"②

---

① 冯桂芬:《校邠庐抗议》,上海书店出版社2002年,第8页。
② 冯桂芬:《校邠庐抗议》,上海书店出版社2002年,第9页。

冯桂芬所见的清代禄制虽然比元、明两代有所改进,但毕竟还是不够良善,进一步改革完善的方向就是回归三代之法,给各级官吏一个比较正常的俸禄保障,从而走出"把官场当市场"的泥淖。

(三)面向宗法社会的法

如果官吏是皇权国家的支柱,那么,宗子或族长就是宗法社会的支柱。尤其是在太平天国运动所影响的地区,基层社会组织遭到了严重的破坏,基层社会秩序面临着严重的危机。冯桂芬的家乡苏州地区也不例外。在这样的现实背景下,冯桂芬专门写了一篇《复宗法议》,要求复兴古代的宗法,以实现宗法社会的重建。

通常认为,宗法源于殷商之际,对此,王国维的名篇《殷周制度论》已有全面的论述。[①] 据此推定,宗法制度出于文、武、周公这样的圣人。相比之下,冯桂芬把宗法的源头进一步追溯到姬周政权最初的开创者公刘那里。他认为,公刘在立国之初,"即以君与宗并重"。为什么要坚持"宗与君并重"?原因就在于:"君民以人合,宗族以天合,人合者必藉天合以维系之,而其合也弥固。"然而,自先秦以降,"嬴政并天下,始与井田、封建俱废。秦亡之后,叔孙通等陋儒,不知治本,坐令古良法美意浸淫澌灭不可复。故汉初知徙大姓,借其财力实边实陵邑,而不知复宗法;魏晋知立图谱局,而不知复宗法;唐重门第,至以宰相领图谱事,而不知复宗法。惟宋范文正创为义庄,今世踵行者列于旌典,又令甲,长子没必立承重孙。二事颇得宗法遗意,自可因势利导,为推广义庄之令"。[②]

冯桂芬建构的这段"宗法兴衰史"旨在表明,源于姬周初期的宗法具有深厚的法理根基。"宗族以天合"的意思是:具有血缘关系的宗族共同体有一个神圣的依据,那就是天以及天意、天道、天理,这样的依据相当于西方传统中的自然法。与之不同,君民共同

---

① 详见,王国维:《殷周制度论》,载彭林编:《中国近代思想家文库·王国维卷》,中国人民大学出版社 2014 年,第 132—143 页。
② 冯桂芬:《校邠庐抗议》,上海书店出版社 2002 年,第 83 页。

体的建立,所依据的是人的意志。如果比较位阶的高低,那么,人的意志显然不及天的意志。正是在这个意义上,宗族共同体堪称君民共同体的前提与基础,因血缘凝聚而成的父权、族权在逻辑上先于、优于没有血缘关系的君权、政权。宗法、宗族对于皇权、政权、君权的意义,可以由此显现出来。然而,自汉代以后,以叔孙通为代表的当政者,见识浅陋,不能理解宗族、宗法对于政治共同体的根本意义,只会打击宗族,不知复兴宗法,以至于这项始于公刘的良善之法日趋式微。从魏晋到唐代,当政者在宗法问题上一直都没有省悟过来;直至宋代的范仲淹,才实现了初步的拨乱反正。

宗法是皇权国家的根本,然而,宗法在社会治理中的作用更为显著。冯桂芬分述了宗法在社会治理体系中的多种功能:其一,"宗法行而盗贼可不作";其二,"宗法行而邪教可不作";其三,"宗法行而争讼械斗之事可不作";其四,"宗法行而保甲、社仓、团练一切之事可行"。① 这几个方面,大致相当于今日所说的法治社会建设。

宗法既然如此重要,那么,宗法到底是什么?宗法到底有什么用?对于这样的追问,冯桂芬解释说:"宗法者,佐国家养民、教民之原本也。天下之乱民,非生而为乱民也,不养不教有以致之。牧令有养教之责。所谓养,不能解衣推食;所谓教,不能家至户到。尊而不亲,广而不切,父兄亲矣、切矣,或无父无兄,或父兄不才,民于是乎失所依。惟立为宗子以养之、教之,则牧令所不能治者,宗子能治之,牧令远而宗子近也;父兄所不能教者,宗子能教之,父兄多从宽而宗子可从严也,宗法实能弥乎牧令、父兄之隙者也。"②

无论是善法,还是社会治理,归根到底,都得针对人,尤其是要针对千千万万的民众。因此,教民、养民是解决一切问题的起点。

---

① 冯桂芬:《校邠庐抗议》,上海书店出版社2002年,第84—85页。
② 冯桂芬:《校邠庐抗议》,上海书店出版社2002年,第83页。

正是在这个问题上,宗族、宗法、宗子能够发挥"牧令"所不具备的功能。"牧令"虽然是皇权国家在特定地区的正式代表,但不可能针对辖区内的每一个人都有所教、有所养,皇权国家及"牧令"所不及之处,为宗子或族长有所作为提供了巨大的空间。① 宗族、宗法、宗子通过教民、养民,可以培植社会的元气、正气,这是完善社会治理的根本所在。正是在这个意义上,复兴古代的宗法,促成宗法社会的有序成长,乃是古为今用、成就善法的必由之路。

(四)面向其他方面的法

通过"古为今用"成就善法,既可以面向以上三个方面,还可以着眼于其他方面。当然,皇权国家与宗法社会并不能截然两分,两者之间是相互牵连,甚至是相互嵌入的。同样,皇权国家、宗法社会之外的其他领域、其他方面,也难免跟皇权国家、宗法社会发生联系,甚至存在着各种各样的交叉关系。

譬如,在今天我们习以为常的教育领域,在冯桂芬的时代,就很难单纯地归属于皇权国家,也很难单纯地归属于宗法社会。事实上,传统中国的教育既与皇权国家有关,也跟宗法社会有关。具体地说,宋代以来的书院,大多相当于今天的私人办学,总体上可以归属于宗法社会的领域。但是,像太学、国子监、府学、县学这样的机构,就相当于今天的公立学校,甚至是国立学校,可以归属于皇权国家的领域。因而,冯桂芬所见的那些担纲教育的教师群体,就处于皇权国家与宗法社会之间的交叉地带。然而,正是这样的交叉性、模糊性,导致了明显的后果:师道不尊,以致人才不出。从今天的法学视野中看,那就是教育法领域存在着严重的弊端。

针对师道不尊的现实,冯桂芬要求改革由来已有的书院制度

---

① 严格说来,宗法制度与家族制还是有差异的。"宗法重宗子而家族宗父子;或说同尊父兄,而一为宗主,一为家长。二者有同亦有其异,后者的政治色彩大为淡薄了。"详见,阎步克,《士大夫政治演生史稿》(第三版),北京大学出版社2015年,第126页。

与学校制度,从而在全社会形成尊师重教的风气。他说:"盖书院也,厥后因其制为学校,然则学校之初固如是,后乃陵夷衰微以汔于今也。朱子曰:'须是罢堂除及注授,教官请本州乡先生为之。'陆氏世仪曰:'教官不当有品级,亦不得谓之官。盖教官者,师也,师在天下则尊于天下,在一国则尊于一国,在一乡则尊于一乡,无常职亦无常品,惟德是视。'顾氏炎武曰:'师道之亡,始于赴部候选。'又曰:'教官必聘其乡之贤者以为师,而无隶于仕籍。'昔贤论说如彼,今时情事如此。愚以为惟合书院、学校为一,而后师道可尊、人材可振也。"①冯桂芬在此提出的"合书院、学校为一"的建议,相当于一项针对教育法的改革建议,改革的核心内容在于提高教师的地位,维护教师的尊严。

冯桂芬提出的这项建议,除了他已经提到的传统经验,其实还有一个更加古老的制度传统:官与师的二分。据章学诚的《文史通义》:"夫秦之悖于古者,禁《诗》《书》耳。至云学法令者,以吏为师,则亦道器合一,而官师治教,未尝分歧为二之至理也。其后治学既分,不能合一,天也。"②治与学的二分,就是官与师的二分,亦即《庄子·天下篇》所说的君子与百官的不同:"以仁为恩,以义为理,以礼为行,以乐为和,熏然慈仁,谓之君子;以法为分,以名为表,以参为验,以稽为决,其数一二三四是也,百官以此相齿。"③君子承载文明、教化与德性,百官处理实际事务、具体事务。《天下篇》在此所说的君子,在汉代以后,主要就是由师这个群体来充任的。如果要借鉴这个古老的传统,那就应当注重师与官之间的界线,通过独立于吏道的师道,以维护师的尊严,以体现君子在文明、文化、教化方面的作用。

在尊师之外,冯桂芬还有崇俭之议。在传统中国,礼是治国理

---

① 冯桂芬:《校邠庐抗议》,上海书店出版社2002年,第86—87页。
② 罗炳良译注:《文史通义》,中华书局2012年,第182页。
③ 方勇译注:《庄子》,中华书局2015年,第567—568页。

政所依据的、具有法律意义的规范形态。在礼的实践过程中,需要遵循的根本价值准则就是俭。据《论语·八佾》,"林放问礼之本"。孔子的回答是:"大哉问! 礼,与其奢也,宁俭。"①根据孔子的训诫,冯桂芬提出:"好奢者可无辞矣。全盛之天下犹宜俭,何况凋残? 承平之天下犹宜俭,何况兵革? 比者军兴十年,戒严遍天下,征调供亿,赋车籍马,行赍居送,远近骚然,农桑废于征呼,膏血竭于转饷,饿殍在衢,菜色在室,天下之贫,于兹极矣。欲有以保黎民苏元气,变醨养瘠,惟有一于俭而已。"②

在冯桂芬写作《校邠庐抗议》之时,清王朝面临着严重的内忧外患,军兴已十年,戒严遍天下。在这种情况下,厉行节俭,不仅有孔子的名言作为依据,同时也是现实条件约束下的一个必然选择。着眼于此,冯桂芬提出了一个具体的建议:"王公以下大小百官,一概衣布,锦绣纂组,或为亵衣,或为贱者之服,不得为公服。"或许有人认为,如此节俭,可能有失体统。为了回答这种可能的疑问,冯桂芬同样诉诸历史经验:"夫卫文国君犹布衣,廷臣何害? 汉文天子仅弋绨,廷臣可知。贵人衣布则俗必重布,重布则一切文饰皆不称,不言俭而自归于俭矣。又衣之可奢莫裘若,千金万金无底止,宜禁反裘,《玉藻》'表裘不入公门',疏言表裘在衣外可鄙亵。《诗》'彼都人士,狐裘黄黄',诗意乃一望而见之词,皆古反裘之证。然秦、汉以下即无之,似可禁断,并貂裘之制亦从删。此亦崇俭一善术也。"③

所谓"崇俭之善术",其实就是"崇俭之善法"。这种以节俭为追求的法与术,可以纳入冯桂芬旨在寻求的善法。这样的节俭之

---

① 陈晓芬、徐儒宗译注:《论语·大学·中庸》,中华书局2015年,第28页。
② 冯桂芬:《校邠庐抗议》,上海书店出版社2002年,第81页。
③ 冯桂芬:《校邠庐抗议》,上海书店出版社2002年,第82页。这段文字中"汉文天子仅弋绨"之"绨",在所引之书中作"绁",这里根据熊月之编:《中国近代思想家文库·冯桂芬卷》,中国人民大学出版社2014年,第316页,校为"绨"。

法既可以约束皇权国家,也可以约束宗法社会,可以视为一种具有普遍意义的善法。

除了尊师之法、崇俭之法,在《校邠庐抗议·自序》中,冯桂芬还列举了十二种有待复兴的"三代圣人之法",它们分别是:"兵农合一,车徒马牛甲兵出自民间之法""文武不分之法""百亩而彻之法""四百里粟、五百里米之法""尽力沟洫之法""乡举里选之法""宗以族得民之法""悬鞀建铎,庶人传语之法""分田制禄之法""不铸刑书之法""守在四夷之法""梓匠名官、仓庚世氏之法"。①

在冯桂芬看来,古代圣人创造的这些法律经验,都有必要重新用起来。当然,即使是"三代圣人之法",也不可能照抄照搬,因为,"古今异时亦异势,《论语》称损益,《礼》称不相沿袭,又戒生今反古,古法有易复,有难复,有复之而善,有复之而不善。复之不善者不必论,复之善之难复,即不得以其难而不复,况复之善而又易复,更无解于不复。去其不当复者,用其当复者,所有望于先圣、后圣之若合符节矣"②。这就是说,针对"三代圣人之法"的古为今用,必须有所选择,应当坚持创造性转化、创新性发展、批判性继承的原则。

二、在洋为中用中寻求善法

为了寻求善法,既要坚持古为今用、推陈出新,也要学习借鉴外来的法律成果,亦即坚持洋为中用、广采博纳。

这里所说的洋为中用,是否就是张之洞1898年《劝学篇》旨在张扬的"中体西用"之滥觞?对此,有学者注意到,"冯氏思想的主张,为综合创造,并非中体西用。前人研究冯氏者,多推赞其为中体西用论最早之创始者,且此说已几为学术界所普遍接受。然深

---

① 冯桂芬:《校邠庐抗议》,上海书店出版社2002年,"自序",第1—2页。
② 冯桂芬:《校邠庐抗议》,上海书店出版社2002年,"自序",第2页。

研冯氏思想之后,却发现此说不仅似是而非,更掩蔽不少冯氏思想的真实价值。认为冯氏为中体西用论者之根据,不外为冯氏所说'如以中国之伦常名教为原本,辅以诸国富强之术,不更善之善者哉''用其器非用其体也,用之乃所以攘之也'。但如就冯氏思想作整体的观察,则甚易发见,其决无'中学为体、西学为用'的观念"①。虽然这样的辨析颇有意义,但是,鉴于"体用"关系的众说纷纭,这里不拟展开;在这里,我们暂且避开"体"的问题,我们只说借鉴与运用外来的有益成果:为了寻求善法,在寻求善法的路途中,如何借鉴外来的经验与智慧。

对于外来的人与事,如后文所示,冯桂芬分别运用了多种不同的表达方式,譬如"夷人""蛮貊""西学""诸国""洋器"等等。在这种情况下,如果要概括冯桂芬对外来有益成果的借用,到底该用"夷为中用",还是该用"洋为中用",抑或"西为中用"? 反复斟酌,还是以"洋为中用"较优,理由是:虽然冯桂芬更多地使用了"夷"字,但他也使用了"洋"字。在他写作《校邠庐抗议》之时,洋务运动已经开启,"夷务"已经正式变成了"洋务",在这样的过渡时期,"夷""洋"正处于混用的状态。在这种情况下,为了彰显冯桂芬与洋务运动的联系,有必要以"洋为中用"来概括他寻求善法的一个维度、一种努力。冯桂芬通过"洋为中用"来寻求善法的思路,大致有以下数端。

(一) 借用外来的学理与法理

对于外来有益法律成果、法律经验的借鉴,最为基础的部分是外来的学理与法理。冯桂芬说:"夫学问者,经济所从出也。太史公论治曰:'法后王,为其近己而俗变相类,议卑而易行也。'愚以为在今日又宜曰'鉴诸国'。诸国同时并域,独能自致富强,岂非相类

---

① 吕实强:《冯桂芬的政治思想》,《中华文化复兴月刊》1971年第4卷第2期,第11页。

而易行之尤大彰明较著者？如以中国之伦常名教为原本，辅以诸国富强之术，不更善之善者哉？"①这里所说的"经济"，并非今天的"经济"，而是"经世济用"的省称。这就是说，要实现富强，要寻求善法，首先应当注重"学问"，因为"学问"可以为富强、善法提供原理性的支撑。如果中国古人已有"法后王"之说，那么，冯桂芬愿意补充一条，那就是"鉴诸国"。"法后王"主要着眼于时间维度上的先后，"鉴诸国"主要着眼于空间维度上的中外或华洋，主要着眼于借鉴西方的有益成果。

　　冯桂芬刻意彰显的"诸国富强之术"，似乎可以与中国的"伦常名教"之"本"形成某种对照。然而，此处的"诸国富强之术"应当予以全面理解，不宜限缩为坚船利炮之类的"术"。因为，"诸国富强之术"乃是一个包含了法政制度在内的综合性概念；如果要追求富强或"自强"，就不可能仅仅局限于坚船利炮层面上的"生产技术"。譬如，先秦法家也以"富强之术"自任，但先秦法家"富强术"的重心，却在法政制度方面。冯桂芬提出的"诸国富强之术"，也可以作如是观。至于他所说的"伦常名教"之"原本"，主要是指"君君臣臣""父父子子"那一套。他在洋务运动之初提出改革建议，无论有多激进，也不大可能去颠覆作为"伦常名教"的"君君臣臣""父父子子"。而且，尤为重要的是，当时的太平天国运动正是以毁弃儒家的"伦常名教"起家的。至于曾国藩、李鸿章等人以儒家士大夫的身份组织湘军、淮军以对抗太平军，则是以儒家的"伦常名教"作为旗号的。冯桂芬作为曾国藩、李鸿章都试图延揽的人才与同道，当然不可能反对儒家的"伦常名教"。这就是冯桂芬坚持"以中国之伦常名教为原本"的现实语境。不过，坚持儒家的"伦常名教"并不妨碍对"诸国富强之术"的借鉴，其中固然可以包括科学技术，但也完全可以包括法政方面的制度与理论。

---

① 冯桂芬：《校邠庐抗议》，上海书店出版社2002年，第56—57页。

第一章 从鸦片战争到洋务运动的法理学

为了证明"鉴诸国"的正当性与必要性,冯桂芬提出,"鉴诸国"乃是华夏固有的一个传统。他提醒我们:"《传》称左史倚相能读三坟、五典、八索、九丘,孔安国曰:'九州之志,谓之九丘。'《诗》列十五国之风,康成《谱序》云:'欲知源流清浊之所处,则循其上下而省之;欲知风化芳臭气泽之所及,则旁行以观之。'孔子作《春秋》,有取于百二十国宝书。伊古儒者,未有不博古而兼通今,综上下纵横以为学者也。"冯桂芬列举这些史实,主要在于说明,古代圣人已经通晓多个地方的知识,掌握多个地方的信息,这样的传统在19世纪60年代尤其需要弘扬,"顾今之天下,非三代之天下比矣"。因为,"今则地球九万里,莫非舟车所通、人力所到,《周髀》《礼》疏、骃衍所称,一一实其地,据西人舆图所列,不下百国。此百国中经译之书,惟明末意大里亚及今英吉利两国书凡数十种,其述耶稣教者率猥鄙无足道,此外如算学、重学、视学、光学、化学等皆得格物至理,舆地书备列百国山川厄塞、风土物产,多中人所不及"。① 这些出自"百国"的学问、学理,都是需要借鉴的。

不仅要借鉴西洋各国的学理,还要借鉴学习他们的法理。因为,"夷人动辄称理,吾即以其人之法还治其人之身,理可从从之,理不可从据理以折之。诸夷不知三纲而尚知一信,非真能信也,一不信而百国群起而攻之、箝制之,使不得不信也"②。冯桂芬在此特别提到的夷人之理,主要就是"信"。夷人虽不知中国的"三纲",亦即君为臣纲、父为子纲、夫为妻纲,但毕竟还是知道诚信、信用,这就是夷人秉持的法理。只是,夷人对诚信之理的秉持、实践,并不是天生的,而是情势所迫,是西洋各国趋利避害的结果,因为,如果他们不能遵循诚信之理,则会遭到"百国"的群起而攻。

既然西方各国被迫秉持"信"之法理,在洋务运动或"自强"运

---

① 冯桂芬:《校邠庐抗议》,上海书店出版社2002年,第55页。
② 冯桂芬:《校邠庐抗议》,上海书店出版社2002年,第52页。

动正在展开的背景下,冯桂芬建议,"驭夷之道"就应当着眼于西人遵循的"信",而不能本于"盛衰倚伏之说"。因为,"盛衰倚伏之说,可就一夷言,不可就百夷言,此夷衰,彼夷盛,夷务仍自若。然则驭夷之道可不讲乎?驭夷之道不讲,宜战反和,宜和反战,而夷务坏;忽和忽战,而夷务坏;战不一于战,和不一于和,而夷务更坏。今既议和,宜一于和,坦然以至诚待之,猜嫌疑忌之迹,一切无所用"。①

这种以诚信为准则的"驭夷之道"是否可靠与可行,可能也是值得怀疑的。正如冯桂芬自己所见,西方各国对"诚信"的遵循,其实出于不得已,主要是情势逼迫的结果。在中西交往的过程中,如果他们不能感受到来自中国的压力,他们还能否遵循诚信的准则?就"驭夷之道"而言,倘若没有任何防范之心,只知"以至诚待之",是否过于幼稚?正是基于这样的顾虑,戊戌变法时期的刑部官员曾光岷认为:"此条言驭夷之道,以泯猜嫌、布诚信为主,然此系调停缓兵之说,非长驾远驭之道也。臣查西人以兵立国,公法无凭,条约难恃,有法不感,有威乃畏。""今我国未能以兵自强,而以诚信结之,臣知其必不能也。所欲即与,有求即应,怀柔示之而不我德,无端而搜寻旧隙矣,无端而非礼苛责矣,欲壑难偿,地利有尽,自古无调停而能有国者。""臣故曰:驭夷之道,莫如强兵。"②

试比较曾光岷与冯桂芬各自持有的"驭夷之道",前者的"强兵"说表现出更加鲜明的现实主义色彩。当然,他对冯桂芬的"以诚信结之"的批评,可能也是基于冯桂芬身后发生的事件,譬如1875年的"马嘉理事件",1881年的中俄《伊犁条约》,1883年开始的中法战争,特别是基于中国在甲午战争中的惨败。自鸦片战争以来的数十年间,中国在对外交往过程中遭遇的接连不断的失败,让曾光岷这样的士大夫更加坚定地相信:唯有"强兵"才是最可靠

---

① 冯桂芬:《校邠庐抗议》,上海书店出版社2002年,第52页。
② 李侃、龚书铎:《戊戌变法时期对〈校邠庐抗议〉的一次评论——介绍故宫博物院明清档案部所藏〈校邠庐抗议〉签注本》,《史物》1978年第7期,第56页。

的"驭夷之道"。相比之下,1861年之际的冯桂芬对西方国家还抱有一定的理想主义的期待。他认为,如果按照西方国家遵循的诚信准则,能够让那个时代的中国在诚信的准则框架下,跟西方国家形成有理、有节的交往。这样的思维方式也可以表明,冯桂芬有借鉴、吸纳西方法理的意图与愿望。

(二) 借鉴外来的法律与制度

前文已经提到冯桂芬在《收贫民议》开篇写下的著名论断:"法苟不善,虽古先吾斥之;法苟善,虽蛮貊吾师之。"这个论断的重心及其实际所指,其实都在后半句:西洋各国的法,只要是善法,那就应当学习借鉴。

具体到这篇关于"收贫民"的"议",冯桂芬举出了两种出于"蛮貊"的善法:其一,"荷兰国有养贫、教贫二局,途有乞人,官若绅辄收之。老幼残疾入养局,廪之而已;少壮入教局,有严师,又绝有力量,其所能为而日与之程,不中程者痛责之,中程而后已。国人子弟有不率者,辄曰逐汝,汝且入教贫局,子弟辄慑为之改行,以是国无游民,无饥民"。其二,"瑞颠国设小书院无数,不入院者官必强之。有不入书院之刑,有父兄纵子弟不入书院之刑,以是国无不识字之民"。如何看待这两种出于"蛮貊"的善法?冯桂芬说:"所谓'礼失而求诸野'者,其是之谓乎?"如果把"蛮貊"或"夷人"比作"野",那么,借鉴这种出于"野"之"礼",可谓正当其时。虽然,"二国之事犹操其末,而未探其本也,然就后世而言,则可谓知本也已"。[①] 荷兰的"养贫之法",瑞典的"教贫之法",都是可以借鉴的出于西方国家的善法或良法。根据现在通行的法治体系或法律体系,它们都可以归属于社会法的领域。

在冯桂芬的改革建议中,还可以看到对外国公法的参考借鉴。譬如,冯桂芬关于官员选拔制度的改革建议,虽然没有直接标明是

---

① 冯桂芬:《校邠庐抗议》,上海书店出版社2002年,第75页。

对外国公法的借鉴,但也确实暗含了外国公法的因素。在戊戌变法期间,无论是支持戊戌变法的维新派,还是反对戊戌变法的保守派,对此都有一定的共识。

譬如,针对冯桂芬的《公黜陟议》,支持戊戌变法的御史黄均隆的评论是:"用人凭公论,固是古法,而西人议院亦是此意。此法行,而徇情纳贿之弊可除。"①这就是说,以"公论"选人用人,虽然于古有征,但也体现了"西人"的"议院"制度。杨深秀、宋伯鲁也是支持变法的人物,他们对"公黜陟"的评论是:"西国多行此法,然中国在今日变法之初,决不可用。盖士习帖括,通达时务者少,若用此法,诸多窒碍,必待学校兴而民智开,然后用之,方无流弊。"②杨、宋二人虽然不同意立即采用以"公论"选人用人的建议,但也认为,这种"公黜陟"之法乃是"西国"普遍采用之法。他们虽然不同意在"变法之初"就推行"西国多行"之"此法",但还是认为,如果等到"学校兴""民智开"之后,再运用"此法",那就没有"流弊"了。

再譬如,针对冯桂芬的《广取士议》,左副都御史徐承煜的评论是:"近来取士之法,屡奉明诏,实力讲求,无庸再议。夫取才不可不广,用人不可不严,且用舍之权,操之自上。冯桂芬谓'荐举之权,宜用众不用独,用下不用上'二语,即是民权说,实属谬妄。"③徐承煜作为反对戊戌变法的保守派人物,虽以"谬妄"批评冯桂芬"广取士"之议,但同时也看到,此"议"的法理依据是外来的"民权说",这就指出了"广取士议"的西方渊源。

在以《收贫民议》为代表的论著中,冯桂芬直接表达了对外国法律经验的借鉴,在《公黜陟议》《广取士议》等篇章中,无论是他的

---

① 李侃、龚书铎:《戊戌变法时期对〈校邠庐抗议〉的一次评论——介绍故宫博物院明清档案部所藏〈校邠庐抗议〉签注本》,《史物》1978年第7期,第56页。
② 李侃、龚书铎:《戊戌变法时期对〈校邠庐抗议〉的一次评论——介绍故宫博物院明清档案部所藏〈校邠庐抗议〉签注本》,《史物》1978年第7期,第59页。
③ 李侃、龚书铎:《戊戌变法时期对〈校邠庐抗议〉的一次评论——介绍故宫博物院明清档案部所藏〈校邠庐抗议〉签注本》,《史物》1978年第7期,第57页。

支持者还是反对者,都读出了其中包含的外来法律、外来法理的因素。这几种不同的情况都可以表明,借鉴外来的法律、法制与法理,譬如社会法、议院制、民权说等等,以成就中国自己的善法,是冯桂芬寻求善法的一个重要途径。

(三) 以法律改革解决"人无弃材不如夷"的问题

对外来有益成果的借鉴,既包括借鉴外来的学理与法理,外来的法律与制度,与此同时,还要紧紧抓住人才这个中心环节,通过法律制度的创新,解决"人无弃材不如夷"的问题,最终能够像夷人那样做到"人无弃材"。

为什么要学习夷人的"人无弃材"? 这实在是一个无可奈何的选择。冯桂芬说:"有天地开辟以来未有之奇愤,凡有心知血气莫不冲冠发上指者,则今日之以广运万里,地球中第一大国而受制于小夷也。"地球上的"第一大国"之所以"屈于四国之下者,则非天时、地利、物产之不如也,人实不如耳"。[①] 因而,人的问题,尤其是人才问题,其中尤为突出的人才浪费问题,最为迫切。在这样的现实面前,如果"必求所以如之,仍亦存乎人而已矣。以今论之,约有数端:人无弃材不如夷,地无遗利不如夷,君民不隔不如夷,名实必符不如夷"。[②] 在这四端之中,"人无弃材不如夷"是首先需要解决的问题。

如何实现"人无弃材"? 冯桂芬认为,以中国之大,聪明能干之人比比皆是,关键是要通过法律制度上的激励,进而充分发挥人的主动性、积极性与创造力。他说:"输、倕之巧至难也,非上知不能为也;圬镘之役至贱也,虽中材不屑为也。愿为者不能为,能为者不屑为,必不合之势矣,此所以让诸夷以独能也。道在重其事,尊其选,特设一科以待能者。宜于通商各口拨款设船炮局,聘夷人数

---

① 冯桂芬:《校邠庐抗议》,上海书店出版社2002年,第48页。
② 冯桂芬:《校邠庐抗议》,上海书店出版社2002年,第49页。

名,招内地善运思者,从受其法,以授众匠,工成与夷制无辨者赏给举人一体会试,出夷制之上者赏给进士一体殿试,廪其匠倍蓰,勿令他适。"①倘若能够达到"夷制"水平的,则给予"举人"待遇;倘若能够超过"夷制"水平的,则给予"进士"待遇,如果采取这样的激励制度,各种各样的人才就会源源不断地涌现出来。

因此,关键在于,法律制度上的安排到底在鼓励什么。既有的法律制度,主要在于鼓励"时文、试帖、楷书"之事,于是,"聪明智巧之士,穷老尽气,销磨于时文、试帖、楷书无用之事,又优劣得失无定数,而莫肯徙业者,以上之重之也。今令分其半,以从事于制器尚象之途,优则得,劣则失,划然一定,而仍可以得时文、试帖、楷书之赏,夫谁不乐闻?且其人有过人之禀,何不可以余力治文学、讲吏治,较之捐输所得不犹愈乎?即较之时文、试帖、楷书所得不犹愈乎?即如另议,改定科举,而是科却可并行不悖,中华之聪明智巧必在诸夷之上,往时特不之用耳。上好下甚,风行响应,当有殊尤异敏,出新意于西法之外者,始则师而法之,继则比而齐之,终则驾而上之。自强之道,实在乎是"。②

在冯桂芬看来,"时文、试帖、楷书"对于国家的富强没有太大的补益,却消耗了千千万万中国人的聪明才智,造成了极为严重的人才浪费,也是"人无弃材不如夷"的制度根源。只有改革传统的人才评价标准与人才选拔制度,才可能造就一大批"聪明智巧必在诸夷之上"的杰出人才。这些人才可以在"西法"之外别出新意。他们在初始阶段学习"西法",接下来就会达到"西法"的水平,最终一定会超过"西法",这是实现自强的必然选择。

值得辨析的是,这里的"西法"虽然主要是指"制器尚象"之法,但也可以延伸至"制器尚象"之外的其他领域。一方面,正如前文

---

① 冯桂芬:《校邠庐抗议》,上海书店出版社2002年,第49—50页。
② 冯桂芬:《校邠庐抗议》,上海书店出版社2002年,第50页。

的分析所示,冯桂芬试图借鉴的"诸国富强之术",绝不仅仅限于坚船利炮之术,因为,自强的实现既需要技术上的支撑,也有待于制度层面的支持。正如有论者所见,冯桂芬的《校邠庐抗议》旨在表达的一个核心观点是:"中国某些制度不如西方,应向西方学习。"①这就是说,仅仅学习西方的技术还是不够的。另一方面,虽然冯桂芬提出了借鉴西方制度的诸多建议,但这些建议并不被当时及稍后的"清议派"官员所接受。譬如,倭仁(1804—1871)享有理学大师之誉,他作为"清议派"的一个重要代表,"是讲'义利之辨'的,反对用高官厚禄来引诱进士翰林学习西洋科学,因为他认为这种人可以说是无'志行',不是'礼义之士'"②。倭仁的这种观点在朝野上下都有较大的影响。冯桂芬作为洋务派代表人物李鸿章幕府中的人,他主张借鉴西法西制的观点固然受到了李鸿章的支持,但在当时的清廷,并不能占据中心地位。

倭仁等人对洋务派的批判,反过来也可以说明,冯桂芬主张的"洋为中用",并不仅限于对西方坚船利炮技术的学习借鉴,还包括对西方的法律、法制、法理的学习借鉴。

三、通过下情上达寻求善法

上文提到,冯桂芬认为中国"不如夷"的地方主要有四端,其中之一是"君民不隔不如夷",这是一个政治问题,也是一个法律问题。要像夷人那样做到"君民不隔",就要解决"上下不通"的问题。仿照中医界的习语"通则不痛,痛则不通",我们也可以说,"通则不隔,隔则不通"。然而,君民或上下之间的"通",又不同于中医领域内的"通"。因为,中医界讲的"通"具有相互性,各个应当彼此相通的人体器官是

---

① 金观涛、刘青峰:《中国现代思想的起源:超稳定结构与中国政治文化的演变》,法律出版社 2011 年,第 242 页。
② [美]刘广京:《一八六七年同文馆的争议——洋务运动专题研究之一》,《复旦学报》(社会科学版)1982 年第 5 期,第 100 页。

平等的,没有高低贵贱之分。但是,君民或上下之间的"通",则另有特点:君通民易,民通君难;上通下易,下通上难。因而,"君民不隔"或上下不通的关键问题,主要是一个下情上达或民情上达的问题。

就法的制定来看,法毕竟源于主权者,主要体现了主权者的意志。如果下情不能上达主权者,如果在上的主权者不知道民情、下情,那么,体现主权者意志的法,就很难成为良善之法,甚至不能得到有效的推行。正如冯桂芬所见:"大凡民间日用饮食,起居贸易,一切细故相沿已久,习为故常者,一旦欲反之,虽临之以天子之尊,威之以大辟之重,亦终于不行。不考古事,不采近闻,不达人情物理,或任性,或恃才,皆不知其不可禁,不知其不可禁而禁之,适所以扰之,而汔无以禁之。"①

如果法背离了民间之"故常",那将是很难实施的,即使有天子之尊,有重刑之威,也无济于事。这就意味着,作为立法者或主权者的君主或朝廷,必须通"达人情物理",必须了解下情、民情。换个角度,就是要保证下情能够上达。因而,只有通过下情上达,才能成就善法;下情上达乃是寻求善法的必经之途。分而述之,主要有以下数端。

(一) 通过"公黜陟"实现下情上达

"公黜陟"就是"公选举",简而言之,就是官员的选拔任用,要让多数人说了算,不能由个别人说了算。在《校邠庐抗议》收录的四十篇"议"中,首篇就是《公黜陟议》,此"议"从选人用人的标准开始说起:"今试泛论取人者,将重文字乎,将重才德乎? 则必曰才德重矣。将重一二人之私见乎,将重千百人之公论乎? 则必曰公论重矣。然而自汉以来,取人之法,荐刻策试百其途,要不外试之以文字,举之以数大臣,岂不以才德虚而无据,公论散而无纪,不得不舍之而凭文字、凭私见哉? 而不知其断不足以得人也。"②由于相

---

① 冯桂芬:《校邠庐抗议》,上海书店出版社2002年,第73页。
② 冯桂芬:《校邠庐抗议》,上海书店出版社2002年,第1页。

关法律规则、法律制度的缺位,长期以来,甚至自汉代以来,"才德"与"公论"这两项标准都没有着落。仅凭"文字",尤其是仅凭"一二人之私见"选人用人,那是选不出优秀人才的。

中国历史上关于"善取众论之法",以"孟子之言独彰明较著"。以"孟子之言"作为依据,冯桂芬针对选人用人提出了具体的改革建议:"保举为长吏之权,今移之于下位,责成京官,自中书以上皆岁举六部九卿一人,翰詹科道一人,外省知府以上一人,吏部籍之。以得举多少为先后,遇应升缺列上,其无举者不得列。又令岁举部院司官一人,吏部交各堂官,有应升缺,用其举多者,若用举少者则必言其故,候钦定。外官则令在籍在京在外各绅,及诸生、各乡正副董耆老,岁举同知以下巡检以上一人,上之郡,郡核其得举最多者,上之大吏,大吏博采舆论折衷之,许删不许增,造册奏闻,有缺以次保升,不与上司以权,而参劾之权则与之。夫乡人皆好恶之,未可就平人言之也。至于官则未有乡人皆好而非好官者,即未有乡人皆恶而非劣员者,故此法至当不易。至各官考绩,宜首以所举得人与否为功罪,以重其事。所谓取才、取德、取千百人之公论者如此。"①这就是冯桂芬设想的以"公论"取人。

这项改革建议的核心在于:把选人用人过程中的"少数人说了算",改成"多数人说了算"。既有的选人用人制度是少数几个当权的大臣说了算,改革的方向是充分尊重多数人的意见。针对较高级别的"长吏"人选,中央政府里"中书"以上的官员,地方政府中"知府"以上的官员,都享有一人一票的推举权,而且,这样的推举具有票决的性质,也具有法律上的约束力。其他各类官员的人选,则依照同样的原则与精神来确定。这就是"公选举"或"公黜陟"。

当然,这样的"公"并非现代意义的"民主",因为享有推举权的人,其范围是特定的,要么是特定的官员群体,要么是特定的其他

---

① 冯桂芬:《校邠庐抗议》,上海书店出版社2002年,第1—2页。

精英群体。因而,这样的"公"其实仅限于精英集团内部,并不对普通众庶公开。如果要套用现代的民主概念,那么,这样的"公"可以理解为统治集团内部的"有限民主"。即使"公"的范围很有限,这样的改革建议在冯桂芬的时代,也是超前性质的。

如前所述,冯桂芬还提到关于"公黜陟"的"孟子之言"。冯桂芬虽然没有指出"孟子之言"的具体内容,但想必应当是这句话:"左右皆曰贤,未可也;诸大夫皆曰贤,未可也;国人皆曰贤,然后察之;见贤焉,然后用之。"①孟子关于"左右皆曰"与"国人皆曰"之言,虽然很有名,但却只是一种理想主义的表达。查看《孟子》书中关于此言的上下文,可以发现,当面听取孟子此言的齐宣王没有任何回应;自孟子以降的两千多年里,孟子此言在任何君主那里都没有得到回应。冯桂芬重提此言,而且还为之提供了实施细则,其创新意义,是显而易见的。

尽管在冯桂芬的时代,哪怕是极小范围内的"公选举"也是难以实现的,但是,这个方向却是不可逆转的。一方面,"公选举"之法作为现代意义上的宪法的一个组成部分,本身也是善法的一个组成部分。另一方面,在选人用人这个环节充分尊重多数人的意见,保障下情上达,也是寻求善法的必由之路。

(二) 通过"复陈诗"实现下情上达

"复陈诗"就是要恢复"陈诗"的政治功能。跟"公选举"一样,"复陈诗"也是为了实现下情上达。在关于"复陈诗"的"议"中,冯桂芬首先辨析了诗的政治意义:"如后世之言诗,止以为吟咏性情之用,圣人何以与《易》《书》《礼》《乐》《春秋》并列为经?"如果诗的功能仅仅止于"吟咏性情",它又怎么可能成为"经"? 须知在传统中国,"经"可是立国、立政的最高依据。原来,"诗"之所以成为"经",主要是因为:"诗者,民风升降之龟鉴,政治张弛之本原也。"②

---

① 杨伯峻译注:《孟子译注》,中华书局2012年,第42页。
② 冯桂芬:《校邠庐抗议》,上海书店出版社2002年,第34页。

第一章　从鸦片战争到洋务运动的法理学

诗具有政治风向标的作用,同时也是政治张弛的根本依据。正是着眼于此,蒙文通提出了一个颇有法理意义的论断:"由秦汉至明清,经学为中华民族无上之法典。"①蒙文通在这里所说的"经学",严格说来,应当指"经",这样的"经"当然也包括"诗经"。在这个意义上,"诗经"也是"无上之法典"。冯桂芬试图复兴的"陈诗"传统,虽然不太可能达到"无上之法典"之地位,但是对于下情上达的意义却是不能抹杀的。

冯桂芬引用了多种历史资料,来证明"陈诗"对于下情上达的作用。譬如,"《礼》曰'命太师陈诗,以观民风',郑康成曰:'陈诸国之诗,将以知其缺失。'圣人盖惧上下之情之不通,而以诗通之。旁考传记,黄帝立明台之议,尧有衢室之问,舜有告善之旌,禹立谏鼓而备讯矣。春秋时,晋文听舆人之诵,子产不毁乡校。《汉书·食货志》:'孟春之月,行人振木铎徇于路以采诗,献之太师,比其音律,以闻于天子,故曰王者不窥户牖而知天下。'《风俗通》曰:'周秦帝以岁八月遣輶轩之使采异方言,还奏之藏于私室。'《管子·大匡篇》:'凡庶人欲通,乡吏不通,七日,囚。'《公羊》宣十五年传注:'从十月尽正月止,男女有所怨恨,相从而歌,饥者歌其食,劳者歌其事,男年六十、女年五十无子者,官衣食之,使之民间求诗,乡移于邑,邑移于国,国以闻于天子,故王者不出牖户尽知天下所苦,不下堂而知四方。'无非求所以通上下之情,而言者无罪,闻者足戒,微而显,婉而讽,莫善于诗。后世以为迂阔而废之"②。

历史上的这些记载表明,诗是表达民意、民情、下情的重要载体,"陈诗"则是"通上下之情"、实现下情上达的重要渠道。如果废弃了"陈诗"这个渠道,如果下情不能上达,就会严重地影响国家治理,甚至会导致天下大乱。"三代以下,召乱之源不外两端。"其一,"下所甚

---

① 蒙文通:《蒙文通全集》第一册,巴蜀书社2015年,第310页。
② 冯桂芬:《校邠庐抗议》,上海书店出版社2002年,第34页。

苦之政而上例行之,甚者雷厉风行以督之";其二,"下所甚恶之人而上例用之,甚者推心置腹以任之"。这就是典型的因上下阻隔所导致的下情不能上达,由此造成的后果是:"鸾鸱可以不分,鹿马可以妄指,沸羹可以为清宴,嗷鸣可以为嵩呼,五尺童子皆以为不然,而上犹以为然。"这种荒唐、混乱的状况,到了冯桂芬的时代,依然并不鲜见:"今世部院大臣,习与京朝官处,绝不知外省情事;大吏习与僚属处,绝不知民间情事;甚至州县习与幕吏丁役处,亦绝不知民间情事。"冯桂芬自己的经验是:"间为大吏及州县,纵言民间疾苦,多愕然谓闻所未闻者,此上下不通之弊也。"①对于民间疾苦的实际情况,不要说清廷不了解,地方上的督抚不了解,甚至连州县这个层次的"临民"之官,居然都"闻所未闻"。这就是下情不能上达的现实状况。

针对这样的现实状况,冯桂芬建议"复陈诗之法"。具体措施是:"令郡县举贡生监,平日有学有行者,作为竹枝词、新乐府之类,钞送山长,择其尤,椠藏其原本,录副隐名,送学政进呈,国学由祭酒进呈,候皇上采择施行。有效者下祭酒、学政,上其名而赏之,无效者无罚。诗中关系重大,而祭酒、学政不录者,有罚。九州之大,万口之众,果有甚苦之政、甚恶之人,宜必有长言咏叹以及之者矣。夫文人结习,感时触事,莫或使之,犹将矢口成吟。今有赏以动其奋兴,无罚以绝其顾忌,不显主名,使无丛怨之虑,不讳姓名,使无告密之嫌,导之使言,如是有不明目张胆直言无讳乎?"②

这种制度化的"陈诗",本质上是一种民间信息的收集与报送制度:各个地方的读书人分别写成反映民情的诗,报给各个学校的校长,再通过主管教育的官员逐级上报中央。如果报送的诗有内容、有价值,那就给予一定的奖励;有关的官员如果漏报,则给予一定的处罚。按照这样的制度,写诗并上报的各地儒生,就相当于中央政府的信息

---

① 冯桂芬:《校邠庐抗议》,上海书店出版社2002年,第34—35页。
② 冯桂芬:《校邠庐抗议》,上海书店出版社2002年,第35页。

报送人员。冯桂芬相信:"陈诗之法行,即有一人一家之冤,断无一乡一境之冤矣。事有似迂实切、似闲实要、似小实大者,此类是也,要亦行古之道也。虽然,此犹言乎僻远之难知者也,民隐之难见者也。"①

这样的"陈诗之法",似乎复兴了一个伟大的传统。对于这种"陈诗之法"在实现下情上达方面的作用,冯桂芬似乎颇有信心:认为此法至少可以消除"一乡一境"范围内普遍存在的冤情或恶政。从理论上说,这似乎是一种古已有之的善法,但从实践层面上看,此法可能"似迂"而"实也不切"。华夏早期的采诗之风毕竟是特定历史条件下的产物,在19世纪60年试图复兴这样的传统,想象的色彩似乎过于浓厚。不过,作为一种实现下情上达的理论构想,此法似乎也可以留存,聊备一格。

(三) 实现下情上达的其他渠道

正如前文引证的吕实强之见,"通"是冯桂芬思想的一个纽结,因而,他的多篇"抗议"都在追求"通"的目标。为了实现"通上下之情",除了前述两端,其他几种"抗议"也包含了下情上达之旨趣。

譬如,"严盗诛"就跟"通上下之情"有关。在冯桂芬看来,天下之乱,经常始于多盗。太平天国起义、捻军起义都属于这种情况,因而必须严厉打击民间的盗贼。他提出的具体建议是:"所治期年内盗发至再而三不获者,文武皆褫职,禁锢终身,讳盗者杀无赦,盗风其少息乎?或曰:今课非不严,正以过严故讳盗。汉沉命法,群盗不发觉,发觉而捕不满品者,二千石以下至小吏,主者皆死。吏畏诛有盗不敢发,府亦使其不言,故盗贼浸多。盖自汉时已然,不如宽其课使不必讳,则发觉多而盗可少。不知此眉睫之论也。境有无盗,万目昭彰,此而可讳,即其时之政教可知。噫!三代以下,君民隔而上下之情不通也,其流弊非一端矣。"②

---

① 冯桂芬:《校邠庐抗议》,上海书店出版社2002年,第36页。
② 冯桂芬:《校邠庐抗议》,上海书店出版社2002年,第47页。

一般说来,"严盗诛"并不让人感到意外,就像当代中国也有严厉打击某种犯罪的刑事政策一样。但是,"或曰"提出的问题,则透露出国家治理过程中的一个怪圈或悖论:朝廷要求地方官员严厉打击盗贼,但是,地方官员的对策却是,如果打击不力或无效,就隐匿不报。朝廷的要求越严厉,地方官员就越是会千方百计地隐匿实情。这就导致了另一种形态的"君民隔而上下之情不通":君主与百姓之间的信息沟通渠道,被地方官员故意隔断了。某些地方盗贼成风,当地百姓知道,地方官员更知道,但是,君主、朝廷不知道。

如何解决这样的"上下之情不通"?"或曰"所代表的观点是:如果不让地方官员承担太大的责任与压力,他就不会隐匿盗贼实情,"通上下之情"就没有问题。但是,冯桂芬不赞同这样的观点,在他看来,地方官员既要剿灭盗贼,还不能隐匿实情。因为,盗贼横行的情况在地方上人人皆知,是很难隐匿的,如果这种实情都可以隐匿,那就只能说明,上下不通的情况已严峻到了不堪的程度。

在这里,我们暂不评析冯桂芬的观点与"或曰"代表的观点孰优孰劣。我们只想说明,即使是在打击地方盗贼这个问题上,冯桂芬依然把君民不隔作为判断"政教"水准的一个重要标志,从而也作为判断法之善与不善的一个重要标志。

再譬如,"重儒官"也可以跟"通上下之情"联系起来看。冯桂芬提出的"重儒官"之议,本质上也是"公选举"或"公黜陟",只不过被"选举"的人不是官,而是师。上文所说的"公选举"是让官员群体公举官员,"重儒官"则是让学生群体公举老师,谁在学生群体中能够获得更高的支持率,谁就来当老师。按照冯桂芬的原话,那就是:"择师之法,勿由官定,令诸生各推本郡及邻郡乡先生,有经师、人师之望者一人,官核其所推最多者聘之。"冯桂芬认为,这种方法不仅能够选出良师,而且能够产生积极的效应:"师得其人,见正事,闻正言,行正道,习与正人居之,不能无正。芳臭气泽之所及,有潜移默化于不自知者。"①按照这样的"择师之法",教师的任职资格不再由官方决定,而是取决于学生(及其家长)的公论。这样的"择师之法",在一个人口不太流动、人才也不是太多的乡土社会,也许有它的道理,因为在一郡一县之内,谁是大家公认的硕学鸿儒,众人自有公论,把最富声望的人公举出来充当老师具有一定的可行性。

还有"复乡职",也跟"通上下之情"有关。冯桂芬提出的这项改革建议,其核心在于加强基层组织建设。在传统中国,国家正式任命的官员到县为止,每个县除了县令,可能还有"丞"或"簿"等几个辅助性的官员。在这样的政府体制下,广大的乡村社会,就成为了国家权力比较稀薄的地带。如果国家权力的末梢难以覆盖广大的乡村社会,那么,基层社会的实际情况就难以通过正规渠道上达国家的权力中枢。正是在这个意义上,冯桂芬希望有更多的直接治民的"小官",给予他们一定的待遇:"无事而行保甲,必有循名责实之功,有事而行团练,更得偕作同仇之力,风俗有不日新,教化有不日上哉?"②更新风俗,提升教化,其实都有助于强化国家职能。基层社会推举出来的这些"小官",作为"乡职",作为一种辅助性的力量,可以把国家与社会更加紧密地联结起来,既可以发挥"通上下之情"的作用,同时还可以承担其他方面的职能。

甚至"广取士"也可以从"通上下之情"来理解。因为,历代选人用人,大多是长官从自己亲近的下属中选用,这就会让很多贤才遗漏在长官的视野之外。冯桂芬建议:"宜令各州县在籍、在京、在外各绅及诸生,各乡正副董,各举才德出众者一人,皆取数奇不遇、公论称屈者,及才德上上、文学中下者,间及于岩处隐沦、从不应试者,奇材异能、别有绝技者,州县核其得举最多者一二人申大吏,会

---

① 冯桂芬:《校邠庐抗议》,上海书店出版社2002年,第87页。
② 冯桂芬:《校邠庐抗议》,上海书店出版社2002年,第13页。

同学政、山长,博采舆论,简其尤,列入荐牍,诸生赏举人,举人赏贡士,一体会试、殿试,三年一行。是则荐举之权用众不用独,用下不用上,宜亦可十得八九矣。"①这里的"用众不用独",就是上文所说的"公选举";这里的"用下不用上",则有助于推动下情上达。而且,以更加开阔的眼光"取士",还有助于把那些"岩处隐沦"的民间才士选取出来,让他们进入国家政权体系,这样,民间的真实情况就可以通过他们这些人呈现给国家的权力中枢。由此看来,"广取士"的直接目的在于扩大选人用人的范围,同时,它也有"通上下之情"的作用。

"通上下之情"是一个普遍性的根本问题,甚至可以在"宪制"的层面上来思考。冯桂芬提出的多种"抗议"都有实现下情上达的意图,都可以理解为寻求善法的途径。

从当代法理学的语境来看,冯桂芬关于下情上达的这些设想,都可以归属于"民主立法"这个主题之下。民主立法的核心要义就是,要把民意表达成为法律,只有体现民意的法,才是良善之法。冯桂芬虽然没有,也不可能提出"民主立法"这样的概念或观念,但是,他从君民不隔、上下相通的角度建构的下情上达机制,恰好符合今天所说的民主立法的基本理念。民主立法的一个目标就在于,通过多种途径,能够从"不隔""相通"的角度,制定出良善之法。显然,冯桂芬也有这样的愿望。

四、通过删繁就简寻求善法

在中国法理学史上,偏好简易的法,乃是一个悠久的传统。在这样一个传统中,一直伴随着对繁琐的法的批判。譬如,《老子》第五十七章中的"法令滋彰,盗贼多有"一语,就流传了数千年,深刻地影响了中国的法律传统。从主流意识形态来看,中国的法律传

---

① 冯桂芬:《校邠庐抗议》,上海书店出版社2002年,第41页。

统主要是由儒家主导的,对"法令滋彰"现象的批判主要出于道家,那么,为什么出于道家的这个观点会产生较大的影响?

背后的原因可以从多个方面去寻找。其一,儒家对于法之简繁的态度,虽然不像《老子》中的表达那么极端,但也普遍主张德优于法,主张道德教化优于法刑之治。譬如《论语·为政》篇中的名言是:"道之以政,齐之以刑,民免而无耻;道之以德,齐之以礼,有耻且格。"在这个序列中,德优于礼,礼优于政,政优于刑。其二,从汉至清,儒家虽然占据了主流意识形态的地位,但是,儒道互补、儒法合流的特点也是非常明显的。写在旗帜上的"独尊儒术"与实际上的儒、道、法相互融和的格局并行不悖,中国历代士大夫既读"经部"的书,也读"子部"的书;既读儒家的书,同时也读道家及法家的书,后来还读佛家的书。其三,还有一个现实性的客观原因,则见于冯桂芬在《省则例议》之末段所叙述的一个细节:"凡户、工二部纪银钱之书,皆胥吏舞弊之书也。即如苏松重赋,数倍于他郡,二三十倍于他省,未尝不载于《赋役全书》,而《赋役全书》具在,骤阅之,但见款项之繁多、名目之猥琐、分合杂糅之离奇,非老于此事者,无从得其每亩征税之数。尚书、侍郎起家文史,不习会计,虽遍阅全书,亦不能知其数倍二三十倍者安在,此何理耶? 必宜改定体例,但著某县田若干亩,一亩之税,米若干、银若干,以大目通晓为主,他可类推。"①这段论述,几乎可以归属于"批判法学"的学术谱系。

所谓"赋役全书",就是那个时代的"交纳赋税与承担劳役法律全书",这样一个"法律全书"的特点是"款项繁多""名目猥琐""分合杂糅离奇",概而言之,就是繁琐,或者像《老子》所说的"滋彰"。这样的"法律全书",只有"老于此事"的"胥吏"能够理解个中奥妙。对于这样的"法律全书",那些"不习会计""起家文史"的尚书、侍郎

---

① 冯桂芬:《校邠庐抗议》,上海书店出版社2002年,第15页。

是很难读懂的,同样,地方上的那些督抚、知府、知县之类的长官也是很难读懂的,因为这些地方长官也是"起家文史"。换言之,从朝廷到各地的统治精英,普遍读不懂这样的"法律全书",因而,统治精英集团要求以简易之法取代繁琐之法,就是一个自然的选择。冯桂芬一生中虽然没有担任过重要职务,但也多次受到李鸿章、潘世恩等人的举荐,也属于这个统治精英集团。在冯桂芬看来,只有通过删繁就简,才能让法因简易而归于良善。至于删繁就简的路径与方法,则是多元化的。

(一) 简化法律制度

法的繁琐首先体现为法律制度安排上的繁琐。要实现法的简易化,首先需要在制度安排上实现简易化。譬如,在贡赋的缴纳制度上,《尚书·禹贡》中的规定就很简易、很清晰:"百里赋纳总,二百里纳铚,三百里纳秸服,四百里粟,五百里米。"①冯桂芬赞赏这样的制度,称之为:"此古圣人转输之法也。宋人诗有云:'自古有良法,一州食一州。'诚哉是言!"京城地区的生活资料,如果需要从数千里之外的地方运送过来,就会遇到各种各样的麻烦。反之,如果"求裕京仓,莫若兴西北稻田,而稻田非可计年奏绩也。惟有于天津、通州、京仓三处,招商贩运米麦杂粮,而令东南诸省折解银两,俟有成效,并停东豫粮运,最为简法"。②

《禹贡》设定的"转输之法",可以说是一种规则,因为它规定了不同距离的地方分别需要交纳的东西。不过,它首先是一种制度上的安排。宋代的诗人称之为"良法",亦即善法。在这种良法的示范下,冯桂芬要求改革当时的粮运制度。他的具体建议是,京城的粮食供给,长远来看,应当依赖"西北稻田"的就近供给,而不能依赖东南地区的远距离供给,因为运输距离实在太远了。由

---

① 曾运乾注:《尚书》,黄曙辉校点,上海古籍出版社2015年,第70页。
② 冯桂芬:《校邠庐抗议》,上海书店出版社2002年,第18页。

于"西北稻田"的经营需要数年的时间才可能取得成效,在这个筹备及过渡时期,可以在天津、通州、京仓三个地方充分发挥市场经济的功能,由商人来保障京城需要的粮食,相关费用可以分摊到东南各省。等到"西北稻田"的经营已有成效,由东南向京城的粮运,就可以停止了。在冯桂芬看来,这才是最简易的法,亦即"最为简法"。

就事论事,京城地区所需的粮食,到底应当从遥远的东南地区运来,还是在西北地区就近保障,是一个制度安排问题,它需要决断。既有的制度安排是从东南地区运送。然而,这是一个相当复杂的制度体系:"京仓支用以甲米为大宗,官俸特十之一耳。八旗兵丁不惯食米,往往由牛录章京领米易钱,折给兵丁买杂粮充食,每石京钱若干千,合银一两有奇,相沿既久,习而安之。咸丰九年,有以某牛录扣米勒折控部者,以历年已然,各旗皆然,某牛录得从薄谴。惟官俸亦然,三品以上多亲领,其余领票辄卖给米铺,石亦一两有奇。赴仓亲领者,百不得一。然则南槽自耕获征呼驳运,经时累月数千里,竭多少脂膏,招多少蟊蠹,冒多少艰难险阻,仅而得达京仓者,其归宿为每石易银一两之用,此可为长太息者也。"①

这就是既有的漕运制度。这个制度的繁琐不堪,损害了京城官员、八旗兵丁的切身利益,而且劳民伤财,不仅造成了大量的政治腐败,同时还导致了经济上的巨大浪费。对此,冯桂芬在《折南漕议》中还有具体的说明,这里不再详细引证。面对如此繁琐的法律制度,简化的方向,就是前文所说的"兴西北稻田""停东豫粮运"。

如果说《折南漕议》旨在简化京城地区的粮食供给制度,那么《劝树桑议》则试图在同样的方向上再走一步:"西北稻田之利,前议详矣。顾治田宜先治水,重大不易行,更有至简至易之事,则蚕

---

① 冯桂芬:《校邠庐抗议》,上海书店出版社 2002 年,第 18 页。

桑是。西北诸省,千百里弥望平楚,莫不宜桑,一切弃之,其可惜有倍甚于田者。"①这就是说,不仅要"兴西北稻田",还要"兴西北蚕桑"。

冯桂芬针对既有的漕运制度提出的"最为简法",是否完全符合实际情况,也许还可以进一步讨论,譬如,西北的稻田、蚕桑之所出是否足以保障京城之所需。此外,可能还需要考虑气候、土壤等方面的具体情况。但是,他对漕运制度的复杂繁琐及其所导致的"不经济"的诊断,进而要求最为简要之法,这样的方向是明确的,也有现实针对性。一项法律制度的安排,如果过于繁琐,在整体上导致了"不经济",那就应当删繁就简,以更加简易的法律制度来取代它,以保障一项法律制度在投入与产出关系上的正效应,这是促进法律制度趋于良善的一种可行的手段。

(二)简化法律规则

法律制度的繁琐主要是制度设计上的不合理。相比之下,法律规则的繁琐,主要体现为法律规则或法律文本没有节制地"野蛮生长"。这样的法律规则、法律文本也需要简化,因为,它们不仅仅是繁琐,不仅仅是"不经济",还可能导致法的异化,以至于不断衍生出来的法律规则越来越背离法的初衷。

在冯桂芬的时代,这种"野蛮生长"的法律规则集中体现为"例"或"则例"。对于这样的"例",冯桂芬一向没有正面的评价,在《复庄卫生书》中,他说:"为政者以例治天下,而天下乱,必非唐、虞、三代之法也。"②法本来应当是实现天下大治的主要依据,但是,"例"却是天下大乱的根源。在《省则例议》中,冯桂芬开篇就指出:"谈者谓今天下有大弊三,吏也、例也、利也。任吏挟例以牟利,而天下大乱,于乎尽之矣。夫例何以设?曰为治天下也。例之大

---

① 冯桂芬:《校邠庐抗议》,上海书店出版社2002年,第77页。
② 熊月之编:《中国近代思想家文库·冯桂芬卷》,中国人民大学出版社2014年,第155页。

纲,尚不失治天下宗旨,至于条目,愈勘愈细,其始若离若合,其继风马牛不相及,其终则郑声谵语,不知所云,遂于宗旨大相背谬,偶一道破,无不哑然失笑者。"①这里的"例",就是不断衍生出来的、具体的法律规则,至于"例之大纲",相当于原则性的规定。在"例之大纲"之下没有节制地生长出来的"条目",跟"例之大纲"最初还算貌合神离,越往后,居然"风马牛不相及",完全走向了异化。

冯桂芬举出的例证是吏部适用的官员丁忧之例。本来,"丁忧服阕,稽核月日是也,命官亲供之不信,乃凭之里邻之结,本官身至之不信,仍待之置驿之文。外官赴选,更用本籍验看之条,服阕者亦然,其理安在?犹是人也,三年中非骤能衰老,若谓哀毁灭性,举动改常,设有其人,曾、闵之流也,方将旌之以风厉天下,而验看何为者?如有甄别,岂非冤抑?既无甄别,曷取具文?蒙则以为以礼去官,正宜优加体恤,实缺勿开缺,候补勿扣资,服阕赴官,自递亲供,即任事如常,惟逾限期年不至者,开缺扣资,其余繁文一切可删"②。

在"家国同构""忠孝并立"的文化背景下,官员停职守丧,可以宣扬父慈子孝、君仁臣忠之类的核心价值,因而是一个有助于维护文明秩序的"例之大纲"。但是,由这个"大纲"衍生出来的"条目",譬如,丁忧期满的证明需要由邻里提供,官员抵达的日期需要由驿站提供证明,外地的候补官员丁忧期满,还需要"本籍验看",都背离了丁忧之法的初心与本旨。在冯桂芬看来,对于"因礼去官"的官员,朝廷应当给予适当的体恤,在他们丁忧三年之后,如果是实缺官员,那就按期回来正常任职;如果是候补官员,那就按期回来正常候补;至于其他的"繁文",都应当全部删除。

适用于官的规则需要简化,适用于吏的规则更需要简化。"吏

---

① 冯桂芬:《校邠庐抗议》,上海书店出版社2002年,第14页。
② 冯桂芬:《校邠庐抗议》,上海书店出版社2002年,第14页。

之病根安在？在例案太繁而已。"针对这样的病根，"宜简谙习吏事大小员数人，绅绎《会典》《则例》等书，揽存其要，名之曰简明则例。每部不得逾二十万言，旧册存之，旧例旧案无论远近，一切毁之，以新例颁发大小官员惟遍，戒自今非新例不得援引，小事两可者，卿贰督抚以理断之。《传》曰：'用人勿疑。'卿贰督抚大官，而必束之以例案，且束之以无一定之例案，是疑大臣而转信吏也，慎孰甚焉"。① 这项改革建议的实质是，对《会典》《则例》进行"瘦身"处理，抽取其中的重要内容，编成二十万字以内的"简明则例"以供遵循。如果"简明则例"中确实存在着一些模糊地带，那就由中央与地方有一定级别的高级官员予以裁断，应当信任这样的高级官员，应当赋予他们这样的职能与权威。

此外，冯桂芬曾经在扬州修《盐法志》，对盐法的繁与简有深刻的体会。他认为，盐法的改革方向依然是简化，"今议盐法舍是更无良策，亦于票盐中求其尽善斯可矣。其法有四"，分别是"廓清窠臼""平减赋则""制造洋船""广建盐仓"。针对其中的每一项，冯桂芬分别都有具体的简化思路。譬如，针对"廓清窠臼"，冯桂芬写道："凡事委曲繁重，皆弊薮也。票法已从简易，然尚有可议者，减引而转带乙也，挽上六闸也，仪征改捆也，桐城等江运入岸仍归专商也，宜一切铲除之，于三江营一带相地立局，为交税及场船交盐、江船受盐之所。每纲仍用旧额一百三十九万余引，加入岸七万余引，并入淮南，每引四百斤，分两包，就场定捆，以后经卡掣验，永不改捆。酌定正杂课经费，一律定额，其湖运淮北天长一岸，亦宜归并淮南，照高宝食盐办理。"② 按照这样的办法，可以"铲除"多个方面的"委曲繁重"，进一步提高效率，实现盐法的简化。

（三）简化法律实施

法律制度、法律规则需要简化，法律实施同样需要简化。冯桂

---

① 冯桂芬：《校邠庐抗议》，上海书店出版社2002年，第15页。
② 冯桂芬：《校邠庐抗议》，上海书店出版社2002年，第22页。

芬从多个不同的角度,提出了简化法律实施的建议。

其一,精简法律实施人员。在法律实施的过程中,如果人浮于事,相互扯皮,办事效率必然低下。所谓"一个和尚挑水吃,两个和尚抬水吃,三个和尚没水吃",讲的就是这个道理。冯桂芬也注意到这种现象、这个规律,所以专门提出了"汰冗员"之"议",说:"国家多一冗员,不特多一糜廪禄之人,即多一浚民膏之人,甚且多一偾国是之人,亦何苦而设此累民累国之一位哉?今之冗员多矣,不冗于小冗于大,不冗于闲冗于要,不冗于一二冗于十百。"①根据冯桂芬的观察与归纳,国家冗员主要集中于漕运衙门、河务衙门、各关监督、盐务衙门、督抚司道、京官、内外武职,等等。这些部门及机构中的人员,都可以归属于广义的法律实施人员,都是可以精简的人员。以河务衙门为例,在这个系统,"两河岁修五百万,实用不过十之一二耳,其余皆河督以至兵夫,瓜剖而豆分之,闻驯谨河员常以十之三办工,贪冒者递减,甚有非抢险不使一钱者。夫既不办工,自以并归地方为便。至河兵之制,创自国朝,初设时其人皆谙习水性,持土石与波涛争胜,合龙下埽,不失尺寸,故办工不调民夫。今皆不然,是河兵亦毫无所用。此河督以下一切官弁兵丁之必宜全裁者也"②。河务系统的冗员状况,只是国家冗员状况的一个缩影。只有大力裁减冗员,才可能建设一个精简的政府,才可能提高法律实施的效率。

其二,简化法律文书。法律文书是法律实施过程的伴生物,法律文书的简化与格式化有助于法律实施过程的简化。在《省则例议》中,冯桂芬专门谈到法律文书的简化与格式化问题。他建议,法律文书的"首尾复述套语皆删之,并颁一成式,无论上下行文书呈状,纸长阔若干寸,格长阔若干寸,叶若干行,行若干字,皆一之,

---

① 冯桂芬:《校邠庐抗议》,上海书店出版社2002年,第3页。
② 冯桂芬:《校邠庐抗议》,上海书店出版社2002年,第4页。

令可装为一帙。照例知照事月一报,一类为一册,按行续写,文从极简,以不能损一字为准,连叶用骑缝印,板心署年月日。又各署皆创一公事表,仿诸史表式,别类分门,事经月纬,如目录然,使易于稽考,亦一便也"①。这样的"公事表",大致相当于今天流行的台账,一表在手,各种事项一览无余。无论是格式化的法律文书,还是相关的台账,都有助于简化办事流程,提高办事效率,本质上是法律实施过程的简化。

除了以上两端,在《校邠庐抗议》包含的数十项改革建议中,还有多项建议都涉及法律实施过程的简化。譬如,在科举考试中,建议"童生县府试三场,不复试,以归简易"②。在"改土贡""稽户口"等方面,也有着眼于提高效率、简化相关领域法律实施过程的具体建议。为了避免过于繁琐的叙述,这里也就不再展开。

小结

上文主要从古为今用、洋为中用、下情上达、删繁就简四个方面,叙述了冯桂芬寻求善法的理论构想。概而言之,在冯桂芬看来,对善法的寻求,既离不开对中国固有的"三代圣人之法"进行创造性转化、创新性发展,也离不开充分借鉴西洋各国有益的法律经验与法理智慧;既要通过下情上达以寻求善法,也要注重删繁就简以促成简易的法。这四个方面,分别着眼于历史过程的古今之间、地理位置的中西之间、政治关系的上下之间、规则自身的疏密之间这样四个维度。对善法的寻求,有赖于这四个维度的整合。这就是冯桂芬寻求善法的方案,也是冯桂芬法理学的主要内容,更体现了冯桂芬对中国近代法理学的主要贡献。

在此基础上,我们还可以进一步追问:如何把握冯桂芬的法理

---

① 冯桂芬:《校邠庐抗议》,上海书店出版社 2002 年,第 15 页。
② 冯桂芬:《校邠庐抗议》,上海书店出版社 2002 年,第 39 页。

贡献在中国法理学史上的地位？对此,我们可以通过由近及远的三个参照,聚焦中国法理学史上的冯桂芬。

首先,如果仅仅回溯到清初,那就可以把顾炎武作为理解冯桂芬法理学的一个参考。据说,顾炎武享有"清学开山"的地位,"论清学开山之祖,舍亭林没有第二个人"①,然而,顾炎武"独有生平最注重的经世致用之学,后来因为政治环境所压迫,竟没有传人。他的精神,一直到晚清才渐渐复活"②。在晚清,当然有很多人都为这种经世致用精神的复活做出了贡献,相对说来,这种精神的复活在冯桂芬身上体现得尤为充分,冯桂芬复活这种精神的自觉性、积极性、主动性也更为强烈。依据在于,冯桂芬是把顾炎武当作自己的"师尊"来对待的。"他在上海期间(1860—1861)曾撰写了四十篇'经世'文章,题为《校邠庐抗议》。这些文章猛烈抨击清政府的种种陋规弊政","针对这些弊端,他提出一系列对策","这些对策多受其师尊顾炎武(1613—1682)的启发"。③ 冯桂芬字"景亭",这已经直白地表达了他对顾炎武(字"亭林")这位苏州前辈同乡的"景仰"。查阅《校邠庐抗议》全书,还可以发现,冯桂芬至少十五次提到顾炎武之名。再看林则徐,他与冯桂芬有事实上的师生之谊,但此书提到林则徐仅五次。顾炎武之名在《校邠庐抗议》一书中的高频次出现,可以从一个侧面说明,冯桂芬在较大程度上受到了顾炎武的影响,顾炎武的思想是理解冯桂芬法理学的一个重要参照。

其次,如果还要回溯到宋代,那就可以把叶适、马临端,还有下文将要提到的陈亮,作为理解冯桂芬法理学的一个参照。正如《曾文正公复冯宫允书》中所言:"蒙示以校邠庐大论四十首,属为序

---

① 梁启超:《中国近三百年学术史》,岳麓书院2009年,第59页。
② 梁启超:《中国近三百年学术史》,岳麓书院2009年,第72页。
③ [美]柯文:《在中国发现历史:中国中心观在美国的兴起》,林同奇译,中华书局2002年,第17页。

跋。细诵再四,便如聆叶水心、马贵与一辈人议论,足以通难解之结,释古今之纷。""尊论必为世所取法,盖无疑义。"①曾国藩在这里提到的叶水心,即永嘉学派的叶适(1150—1223),他偏好讲求事功;至于马贵与(1254—1323),则是著有《文献通考》一书的马临端,他也偏好讲求经世济民、治国安民之学。在曾国藩看来,冯桂芬就是叶适、马临端等人刻意讲求的经世之学的传人。

再次,如果进一步回溯到汉初,也许还可以把贾谊作为理解冯桂芬法理学的一个参照。先看王韬(1828—1897)为《校邠庐抗议》所写的《跋》语:"先生上下数千年,深明世故,洞烛物情,补偏救弊,能痛抉其症结所在,不泥于先法,不胶于成见,准古酌今,舍短取长。知西学之可行,不惜仿效;知中法之已敝,不惮变更。事事皆折衷至当,绝无虚憍之气行其间,坐而言者可起而行。呜呼!此今时有用之书也,贾长沙、陈同甫逊此剀切矣。"②按照这个定位,冯桂芬不仅与宋代的陈亮(1143—1194)有一定的可比性,还可以比拟汉初的贾谊;冯桂芬较之于这两位先贤,不仅无不及,而且还有以过之。因为,较之于贾谊及陈亮,冯桂芬既知悉"中法"之弊,还有机会仿效西学、西法,因而在补偏救弊方面,其"剀切"的程度,就可以超过贾谊及陈亮了。这是王韬的看法。接下来,再看比王韬年轻二十岁的"末代帝师"陈宝琛(1848—1935),他在为《校邠庐抗议》写的《序》中,开篇就提到贾谊:"昔贾生之策治安,痛哭流涕,长太息。噫!何其甚哉!"在概述清初以来的法律状况之后,陈宝琛又说:"假令贾生处此,恐痛哭不止于一二,而流涕长太息不止于六七矣。嗟乎!吾于林一先生之《抗议》,所以皇皇四顾而不能已也。"③今昔之间的这种对比

---

① 熊月之编:《中国近代思想家文库·冯桂芬卷》,中国人民大学出版社2014年,第257页。
② 熊月之编:《中国近代思想家文库·冯桂芬卷》,中国人民大学出版社2014年,第333页。
③ 熊月之编:《中国近代思想家文库·冯桂芬卷》,中国人民大学出版社2014年,第253页。

似乎可以表明,冯桂芬与贾谊面临着相似的难题,也有相似的应对思路;今之冯林一,犹昔之贾太傅耶?

从汉初的贾谊到宋代的叶适、马临端、陈亮,再到清初的顾炎武,都具有浓厚的经世色彩,都可以在经世之学这个传统中予以勾画,显然,冯桂芬的法理学也处在这个思想传统的延长线上。这就是说,冯桂芬的法理学可以看作中国固有的经世思想传统的产物。这种思想传统在洋务运动展开之际,孕育并促成了冯桂芬以寻求善法为核心的法理学。

冯桂芬法理学的历史地位,既可以从他身前的历史来理解,也可以从他身后的历史来理解。1874年,冯桂芬死后,李鸿章为他写了一篇墓志铭以概括他一生的胜业:"江南文献,先帝儒臣,众望是资。均赋治河,运筹决胜。条变画奇,舒古琳今。龄谋晦断,一身兼之。不荣于禄,而富于书。浩博无涯,我铭藏幽。君书在世,其传奚疑。"①这是把他比作房玄龄、杜如晦:既善于谋划,又善于决断。虽说墓志铭通常都有拔高的成分,但是,李鸿章说冯桂芬的著作一定会传诸后世,还真有先见之明。

1889年,冯桂芬辞世十五年后,翁同龢把《校邠庐抗议》进呈给光绪皇帝,"约一个月后,翁氏又将此书呈献慈禧,他在日记中写道(一八八九年二月二十三日):蒙皇太后皇上同召见。……次及洋务,对此第一急务,上宜请求。臣前日所进冯桂芬《抗议》。正是此意"②。据此,大约在1889年2月,慈禧与光绪都已经知悉《抗议》大意。

又过了近十年,准确地说是1898年5月29日,"光绪皇帝又下令刷印一千部,发给部院卿寺堂司各官签注意见,或加以评论"。在故宫博物院明清档案部,直至20世纪70年代,这批书尚

---

① 顾廷龙、戴逸主编:《李鸿章全集》第37册,安徽教育出版社2007年,第29页。
② 萧公权:《翁同龢与戊戌维新》,杨肃献译,中国人民大学出版社2014年,第12页。

存二百余部。"在现存这二百余部书中签注意见的,合计得三百七十二人,包括大学士、内阁学士,各部尚书侍郎、总理衙门、理藩院官员,都察院都御史、御史,翰林院侍讲、编修,国子监祭酒、司业、学正、助教,步兵统领衙门,京城巡捕营官员,顺天府尹及所属知州、知县、同知等。在这些人中,有顽固反对变法的大学士崑冈、礼部尚书怀塔布、理藩院尚书启秀、刑部左侍郎赵舒翘、都察院左都御史徐承煜等;有拥护光绪和支持变法的侍读学士徐致靖、翰林院侍讲黄绍箕、内阁学士阔普通武、御史杨深秀、宋伯鲁和顺天府尹胡燏芬等。"①由此看来,在戊戌变法的过程中,清王朝的统治集团曾经在皇帝的组织安排下,集体研读过冯桂芬的著作,还分别写出了"读书笔记"。无论如何,这都是一种极其罕见的现象。

冯桂芬及其《校邠庐抗议》不仅受到了清廷的正式关注,而且在地方上也产生了较大的影响,譬如,湖南维新派人士在1897年创刊、1898年停刊的《湘学报》上,就留下了这样的评论:"冯林一宫詹校邠庐抗议,言人所难言,为三十年来变法之萌芽。"②如果我们适当参考这个论断,那就可以联想到,冯桂芬以寻求善法为核心的法理学,与将近四十年后的维新变法运动之间,存在着某种隐秘的因果关系:早在洋务运动之初,冯桂芬的法理构想就为戊戌变法提供了法理资源,奠定了法理基础。冯桂芬的法理学对后世的影响,尤其是冯桂芬在中国近代法理学史的地位,由此可见一斑。

虽然与孔子、朱子这种级别的思想巨人相比,冯桂芬的思想光芒没有那么耀眼;然而,在鸦片战争之后、戊戌变法之前的洋务运动期间,如果要举出中国思想史以及中国法理学史上的代表人物,

---

① 李侃、龚书铎:《戊戌变法时期对〈校邠庐抗议〉的一次评论——介绍故宫博物院明清档案部所藏〈校邠庐抗议〉签注本》,《史物》1978年第7期,第53页。
② [清]江标等编:《湘学报》第二册,湖南师范大学出版社2010年,第742页。

那么,冯桂芬还是应当首先予以提及。尽管有人可能会说,这是"时无英雄,使冯子成名",甚至还可以说,这是"其时无大将,冯子当先锋";然而,换个角度来看,什么样的英雄,不是时代、时势所造呢?

第二章　从戊戌变法到辛亥革命的法理学

第一节　廖　平

在中国近代思想史上,廖平(1852—1932)占据了某种相对特殊的地位。冯友兰20世纪30年代著成的两卷本《中国哲学史》,作为一部中国哲学通史,其终点就是廖平及其哲学。倘若只看冯著的结构,如此安排颇具象征意义:根据冯友兰自己的说法,那就是,"廖平之学,实为中国哲学史中经学时代之结束。自此方面观之,则廖平在哲学史中之地位,亦有相当重要"①。

宣称"廖平之学"在哲学史上"相当重要",可以得到章太炎的认同,正如其《程师》篇所言:"余见井研廖平说经,善分别今古文,盖惠、戴、凌、刘所不能上。"②按照这样的评价,廖平对经学的贡献超过了惠栋、戴震、凌曙、刘逢禄诸人,廖平经学几乎可以代表清代以来经学研究的最高成就。与章太炎(字枚叔)并称"二叔"的刘师培(字申叔)也很推崇廖平。据说,"刘申叔每谓先生'长于《春秋》,

---

① 冯友兰:《中国哲学史》下册,华东师范大学出版社2010年,第264页。
② 章太炎:《章太炎全集·太炎文录初编》,徐复点校,上海人民出版社2014年,第139页。

第二章 从戊戌变法到辛亥革命的法理学

善说礼制,其洞澈汉师经例,魏晋以来,未之有也'。求廖氏之学,当以刘说为归"①。如果依刘师培之见,那么,廖平的经学,从魏晋以来,也是无出其右的。廖平弟子蒙文通还认为,"今古学之重光,实自廖师,亦即两汉学之明自廖师,廖师实为近代推明今古学之大匠矣"②。言下之意,颇有必要把汉代至近代的两千年经学史,作为评估廖平经学的尺度,这就进一步凸显了廖平经学的贡献与意义。

既然清初以来、魏晋以来、两汉以来的经学史、哲学史、思想史都不能绕开廖平,那么,中国法理学史同样绕不开廖平,因为,廖平经学与1898年的戊戌变法及其所代表的近代中国的改制、变法乃至革命,都具有密不可分的关系。换言之,廖平经学有一个重要的向度,那就是为戊戌变法所代表的近代中国的改制、变法乃至革命寻求理据,简要地说,就是寻求变法之理。正是在这个意义上,寻求、建构、铺陈变法之理,堪为廖平经学的法理向度。寻求变法之理,为变法提供法理,就是廖平在中国法理学史上留下的主要印迹。廖平的法理学主要就是围绕着变法之理而展开的。

也许有人会提出疑问:廖平一向偏居西蜀,戊戌年间,廖平并未参与北京的维新变法活动,没有在"南书房行走"或"总理衙门章京上行走",也不是戊戌变法之际全国言论界的旗帜与领袖,为什么说廖平为戊戌变法提供了法理支撑、奠定了法理基础?为什么说廖平在中国法理学史上的贡献集中体现为变法之理?要回答这样的问题,有必要先看四川省井研县(廖平故乡)一个九旬老人在2009年发表的评论:"廖平的经学影响,与戊戌变法有直接的因果关系。"由于这个缘故,廖平于1932年去

---

① 蒙文通:《廖季平先生传》,载蒙文通:《蒙文通全集》第一册,巴蜀书社2015年,第305页。
② 蒙文通:《井研廖师与汉代今古文学》,载蒙文通:《蒙文通全集》第一册,巴蜀书社2015年,第288页。

世后,彼时的中华民国政府决定将廖平的丧葬"定为国葬,其名付之史馆"。① 这种出于基层精英或地方乡贤的观点,虽然没有经过严格的学术论证,但也可以从一个侧面说明廖平经学与戊戌变法之间的内在关联。

当然,如果要比较正式地理解廖平经学之于戊戌变法的意义,那就绕不开康有为。在一定程度上,廖平经学为戊戌变法提供的法理支撑,主要是通过康有为的理论和实践来实现的。

在戊戌变法的过程中,康有为才是中心人物,这是没有疑问的。正如萧公权所见,"康有为在历史上占一席之地,部分(也可能主要)是因他在戊戌变法中扮演了主导的角色"②,亦即扮演了戊戌变法的"主角"。然而,这个"主角"关于变法的思想,尤其是关于变法的理据,在相当程度上是由廖平的经学塑造而成的。

做出这个判断的依据包括但不限于:其一,张之洞的观点。一方面,张之洞与康有为有直接的交往。1895年,时任两江总督的张之洞在南京接待了康有为,"待康氏以上宾,但很不赞成《孔子改制考》中的论点"③。另一方面,张之洞是廖平之师,对廖知之更深,且多有提携,也多有鞭策。在戊戌变法日益迫近的1897年,张之洞致电时任湖南学政的江标,宣称:公羊改制之新说,"创始于四川廖平,而大盛于广东康有为"④。这就指出了廖康之间的源流关系,同时也指出,廖平才是改制新说之源。其二,湖南闻人叶德辉在致他人的信中直接确认:"康有为之学出于蜀人廖平。"⑤其三,章太炎为廖平写的墓志铭称:"闻南海康有为作《新学伪经考》《孔

---

① 雷定基:《我见到的廖平先生》,《文史杂志》2009年第6期,第80页。
② 萧公权:《康有为思想研究》,汪荣祖译,中国人民大学出版社2014年,第119页。
③ 萧公权:《康有为思想研究》,汪荣祖译,中国人民大学出版社2014年,第15页。
④ 张之洞:《致长沙江学台》,载赵德馨主编:《张之洞全集》第九册,武汉出版社2008年,第244页。
⑤ 叶德辉:《答人书》,载王维江、李骛哲、黄田编:《中国近代思想家文库·王先谦叶德辉卷》,中国人民大学出版社2015年,第501页。

子改制考》议论多宗君。"章太炎还说,"廖君"之学凡六变,"康氏所受于君者,特其第二变也"①。按,"康氏所受于"廖平经学的"第二变",主要见于廖平1888年著成的《知圣篇》《辟刘篇》(后来改名为《古学考》)。其中,"辟刘"的主题就是批判刘歆之伪经,亦即康氏所说的"新学伪经";"知圣"的主题则是尊崇孔子之改制,亦即康氏所说的"孔子改制"。代表廖平经学"二变"的两篇著作,与康有为旨在宣传变法的两部纲领性著作,确实具有相当明显的源流关系。

在以上三点之外,蒙文通对廖康之间的思想源流关系提出了自己的看法,说,廖氏"及既与南海康有为见于广州,康氏遂本廖师之《今古学考》《古学考》以作《新学伪经考》,本其《知圣篇》以作《孔子改制考》,康氏之学实以龚、魏为依归,而未穷廖师之柢蕴。梁启超谓康氏之学非自廖氏,而盛推龚、魏以及于南海,是为实录,知师固莫如弟子。惟《伪经》《改制》两考,不能谓非受影响于廖师,特自有廖氏学,不得以康氏之言概廖氏学耳"②。据蒙文通之言,廖氏之学影响康氏之学,主要体现在:康氏的"《伪经》《改制》两考"本于廖氏的《今古学考》《古学考》及《知圣篇》;当然,康氏之学还有其他的源头,而廖氏之学的抱负也远远超过了康氏之学,康氏之学并不足以穷尽廖氏之学(详后)。

巧合的是,对于廖氏弟子蒙文通的这番叙述,康氏弟子梁启超基本上也是承认的。其名著《清代学术概论》有言:"今文学运动之中心,曰南海康有为。然有为盖斯学之集成者,非其创作者也。有为早年,酷好《周礼》,尝贯穴之著《政学通议》,后见廖平所著书,乃尽弃其旧说。平,王闿运弟子","平受其学,著《四益馆经学丛书》十数种,颇知守今文家法","有为之思想,受其影响,不可诬也"。③

---

① 章炳麟:《清故龙安府学教授廖君墓志铭》,载廖幼平编:《廖季平年谱》,巴蜀书社1985年,第94页。
② 蒙文通:《井研廖季平师与近代今文学》,载蒙文通:《蒙文通全集》第一册,巴蜀书社2015年,第279页。
③ 梁启超:《清代学术概论》,上海古籍出版社2005年,第65页。

梁启超的叙述提供了两个方面的信息:其一,今文经学的中心,在梁启超看来,应当是其师康有为。这样的评价是否公允,我们暂且不论,但他随即提到的人物就是廖平,而且,廖平对康有为的思想产生了实质性的影响。因为,康有为"见廖平所著书"之后,居然"尽弃其旧说",这样的影响不可谓不显著。正是在这个意义上,"有为之思想"确实受到了廖平的形塑。其二,康有为并非今文经学的"创作者"(亦即创造者),虽然梁启超没有在此明确指出,哪些人堪为今文经学的"创作者",但从康有为与廖平的关系来看,同时结合前文引证的张之洞等人的评论,廖平显然可以归属于这样的"创作者"。按照梁启超对廖康关系的理解,廖平还可以说是最主要的"创作者"之一。在廖康之间,相对于康有为的"集成者"身份,廖平的"创作者"身份意味着更强的原创性、独创性、开创性。

以上所述可以表明,康有为作为戊戌变法的"主角",他推动变法、设计变法所依赖的思想资源,在相当程度上源于廖平。廖平及其经学与戊戌变法的关系,由此得以彰显:通过康有为的言与行,廖平为戊戌变法提供了思想基础与法理依据。如果稍微"粗线条"一点,我们也可以像那位井研乡贤一样,宣称廖平与戊戌变法有直接的因果关系。

由此说来,廖平经学既是戊戌变法的思想引擎,同时也为戊戌变法奠定了厚植于华夏传统的思想根基。廖平经学提供的思想理据由于满足、回应了变法尤其是戊戌变法的内在需求,因而可以称为变法之理。这样的变法之理既表达了廖平经学的法理向度,也体现了廖平法理学的理论形态,同时,还可以展示近代中国在19世纪八九十年代的主流法理,因为那个时代的主流精神就是变法。

基于以上认知,立足于展示近代中国在戊戌变法时期的主流法理,为了揭示廖平经学的法理向度,描述廖平在中国法理学史上做出的贡献,有必要把廖平关于变法之理的法理学说予以专门的研究。因此,下文的基本思路是:先从本源上论述廖平建构的基础性的变法之理。接下来,根据廖平经学的变迁,从三个不同的阶段,分述廖平寻求变法之理的历程。最后是结语,以归纳廖平法理学的特质。

一、在"变法之议"中寻求变法之理

廖平享年八十一岁,从事研究和著述的时间超过半个世纪。在廖平所著的各种经学著作中,影响最大的几种当属1883年开始酝酿、1886年成书的《今古学考》,以及1888年所写的《知圣篇》与《辟刘篇》,等等。可见,廖平在19世纪80年代,亦即比戊戌变法提前十年,就已经写出了自己的代表作,就已经为戊戌变法奠定了根植于中国传统,尤其是儒家传统的法理根基,从而初步建构了关于变法的法理学。以当下的理论话语来说,这还是一种典型的具有中国风格、中国精神、中国气派的法理学。

廖平法理学的重心在于寻求变法之理。然而,廖平关于变法之理的寻求,并非出于纯粹的个人兴趣或个人偏好。他的那些看似远离现实的经学著作,其实是积极回应现实、回应时代的产物。对此,蒙文通有明确的提示:"廖师既通《谷梁》,明达礼制,以《谷梁》《王制》为今文学正宗,而《周官》为古学正宗,以《公羊》齐学为消息于今古学之间,就礼制以立言,此廖师学根荄之所在。于时变法之议起,潘、翁方当国,《公羊》之说大行,世之学者竞言改制。"[①]

这里专门提到"当国"的"潘、翁",是指潘祖荫(1830—1890)与翁同龢(1830—1904)。其中的潘氏,偏好公羊学,对"《公羊》"之学"的盛行起到了很大的推动作用。潘氏于1880年任国史馆总裁,从1882年起,先后任礼部尚书、兵部尚书、工部尚书等要职,像左宗棠这样的名臣,都曾受到潘氏的提携。与潘氏同龄的翁氏,于

---

① 蒙文通:《井研廖季平师与近代今文学》,载蒙文通:《蒙文通全集》第一册,巴蜀书社2015年,第277页。

1882年出任军机大臣,深得光绪皇帝的信任,并在后来的戊戌变法运动中发挥了积极的作用。如果要论"潘、翁"二人同时"当国"的时代,那就是19世纪80年代,亦即廖平经学走向成熟的时代。

据蒙文通所述,在"潘、翁""当国"的19世纪80年代,一个重要的现象就是"变法之议起",那个时代,举世之学者"竞言改制",关于变法、改制的议论盛极一时。虽然戊戌变法迟至1898年才正式发生,但是,关于"变法之议"早在十多年前的19世纪80年代,就已经成为时代之强音,成为举世学者"竞言"的中心议题,同时也成为十多年后戊戌变法的前奏。而且,"世之学者"竞相发表的"改制之言",其实就是"变法之议"。

由此看来,在19世纪80年代的语境中,变法即改制,改制即变法。因而,廖平旨在寻求的变法之理,亦可以称为改制之理,反之亦然。而且,廖平求求的变法之理还隐含了革命之理(详后)。从求同的方面来看,无论是改制还是革命,都意味着法的改变,这是两者的共性;两者之间的差异在于:革命是根本法的改变,是"另起炉灶"式的改变;改制是不涉及根本法的改变,是在"原有炉灶"基础上的改变。因而,在廖平的经学中,无论是改制之法理,还是革命之法理,都可以由变法之理来统领。

廖平在19世纪八九十年代的相关著述中,较多地使用了"改制"一词。譬如,在《经话甲编卷二》中,廖平写道:"改制为《春秋》大门,自来先师多不得其意。凡《春秋》所讥非礼,皆周制。《春秋》斟酌四代以定一尊,故即事见讥,以起改制之意。"[①]这句"经话"比较典型地体现了"六经注我"之旨趣。从表面上看,这是在说,"改制为《春秋》大门",要深入地理解《春秋》,应当着眼于"改制"这道门径;凡《春秋》"见讥"之事,都是为了表达"改制之意"。然而,正

---

① 廖平:《经话甲编卷二》,载舒大刚、杨世文主编:《廖平全集》第1册,上海古籍出版社2015年,第281页。

是此处的关于"《春秋》大门"之议,揭示了廖平经学的旨趣:起改制之意,求变法之理。因而,廖平的经学,在相当程度上,就是那个时代兴起的"变法之议"在经学层面上的表达,堪称以经学的外衣包装起来的"变法之议"。在形式上,廖平说的是关于《王制》《周礼》之学;在实质上,他讲的是改制变法之理。

正是由于廖平经学是那个时代的"变法之议"的一种表达,因而,"改制"也可以说是"改时制",亦即"改变"特定时代的"法制"或"制度"。譬如,在廖平看来,《春秋》试图宣扬的"改制"就是"改时制",遗憾的是,"《春秋》改时制,人多不明此意"。[①] 世人多不明白的"改时制",主要是指,孔子作《春秋》,就是要改变流行于孔子时代的周制。

如果说,改制、变法是理解《春秋》的一把钥匙,是深入《春秋》堂奥的门径,且《春秋》的精神实质就是改制变法,那么,由《春秋》所承载的改制变法,其法理依据是什么?或者更加明确地说,孔子通过《春秋》推行改制变法,赖以凭借的法理是什么?对此,廖平有直接的回答:"经学以素王为主。受命改制,乃群经大纲,非《公羊》一家之言,惟《公羊》盛行于汉,故其说独详耳。"[②]原来,在"改制"之前还有两个字,那就是"受命"。这里的"受命"既是对"改制"的修饰,同时还为改制提供了直接的法理依据。所谓"受命",就是"接受天命"。原来,是天命为孔子的改制变法提供了法理依据。这就是"受命"与"改制"之间的因果关系。

既然"受命改制"构成了孔子改制变法的法理依据,那就不能轻易地忽略过去,因而,廖平在《论语汇解凡例》中,针对"受命制作"提供了专门的解释:"经义非天子不云天生,不托天命。《论语》

---

① 廖平:《谷梁春秋经传古义疏凡例》,载舒大刚、杨世文主编:《廖平全集》第2册,上海古籍出版社 2015 年,第 530 页。
② 廖平:《公羊春秋补证凡例》,载舒大刚、杨世文主编:《廖平全集》第2册,上海古籍出版社 2015 年,第 525 页。

动言天命,孟子以孔子为五百年继周之王者,又云'仲尼不有天下',即所谓素王之说也。《论语》本记微言,故多非常可骇之论。斯文则统承文王,躬稼则事比禹稷。叹凤鸟之不至,商饩羊之可存。即以从周而论,鲁国大夫,周家臣子,从周夫何待言? 况言从,即有不从之义,本系受命,故语异常科。后人不知此义,谓圣语皆属庸言,学僮发口,便思攀拟,苟有异同,皆以俗解销灭其迹。以金科玉检之秘书,下同《急就》《蒙求》之读本。天生至圣,见解不出三家村学究之外,斯可伤也。须知示人行习,别有专书,庠序微言,不可轻授,六经粗通大义,方可语以精微。苟不明等级,妄欲实践圣言,则亡身丧家,自罹刑网,乃归过《论语》,晚矣。"①这里的"受命制作"就是受命改制变法。这段话解释的辞条虽然是"受命制作",但它的重心是"受命",亦即接受天命。

按照廖平之见,孔子接受天命确有其事:"孔子'五十知天命',实有受命之瑞,故动引'天'为说。使非实有征据,则不能如此。"②如果把"知天命"解释为"知悉、收到、接受天命",如果相信这个事实,那么,孔子就是"继周之王者",亦即周天子之位的继承者。但是,孔子并不实际拥有天下,也无天子之位。像孔子这样,已经收到上天的任命书(天命)但又并未真正拥有天子之位的人,就是素王。孔子之所以可以"制作"(亦即改制、变法),就是因为他是素王;获得了素王的身份,就意味着得到了上天的授权,亦即有天命作为推行改制变法的法理依据。

素王的身份既是改制变法的法理依据,素王的身份甚至还可以作为革命的法理依据。在《孔子和今文学》中,蒙文通说:"'素王'说是必须以'革命'论作为根据的。""'素王'说若不把'革命'论

---

① 廖平:《论语汇解凡例》,载舒大刚、杨世文主编:《廖平全集》第 2 册,上海古籍出版社 2015 年,第 610—611 页。
② 廖平:《知圣篇》,载舒大刚、杨世文主编:《廖平全集》第 1 册,上海古籍出版社 2015 年,第 339 页。

作为前提,当然就不免被认为是'非常异义可怪'之论了。"但只要以"革命论"作为前提,"素王论"就是很好理解的。因为,"很显然,如果没有'革命'来'易姓改代',圣人如何能受命而王。故只讲'素王'而不讲'革命',称王便失掉根据。反过来,如果没有'素王'的'一王大法','革命'便将无所归宿,故只讲'革命'而不讲'素王','革命'便失掉行动的目标"。① 按照蒙文通的这番识读,廖平的"素王论"既是"改法论",同时也是"革命论",正是在这个意义上,素王改制、素王变法、素王革命虽然有不同的性质,但有同样的方向,如前所述,"改""变""革"的方向都是以新换旧。原来,廖平反复讲的"改制"其实还包含了"革命"之义。只是,在戊戌变法之前的19世纪八九十年代,因为政治环境的限制,廖平不便于直接讲革命的法理,只好在改制之理、变法之理的名义下来讲革命的法理,这就仿佛孔子所运用的微言。

且说微言。由于孔子是受命的素王,所以,《论语》记载的孔子之言多为微言。譬如《论语》中的"吾从周",就不能像朱熹那样,仅仅从字面上理解为"夫子美其文而从之"②。根据廖平的逻辑,如果把孔子仅仅看成是鲁国的大夫、周室的臣子,那么"从周"就是必然的、理所应当的;除了"从周",作为大夫、臣子的孔子还有别的选择吗?显然是没有的,既然没有选择,也就无所谓"从周"还是"不从周"。只有着眼于孔子的素王身份,只有作为受命于天的"制作者",孔子才可以做出"从"或"不从"的选择,因而,"从周"就同时包含了"不从周"之义。涵义如此丰富的"吾从周",就是《论语》使用的微言。这样的微言,乃是孔子受命制作的题中应有之义。倘若不知微言,就不能真正理解孔子,也不能真正理解《论语》,更不能理解孔子的受命制作。

---

① 蒙文通:《孔子与今文学》,载蒙文通:《蒙文通全集》第一册,巴蜀书社2015年,第327—328页。
② 朱熹:《四书章句集注》,中华书局2011年,第65页。

"吾从周"仅仅是一个例子。在一般意义上,微言到底是一种什么样的言?《古学考》称:"微言即今学家所传文王、素王作六艺改制之说也。不能明言,谓之微言。"①由此说来,微言就是隐微之言。进一步看,《论语汇解凡例》共二十八条,第一条就是对"微言"的解释:"《论语谶》:'仲尼没,弟子子夏等六十四人纂孔子微事,以事素王。'此《论语》专说。然则所录皆授受微隐之秘传,非《孝经》《礼经》明白显著日用行习者可比。盖天生孔子,祖述六经,师表万世,匹夫制作,义属非常,翻旧为新,寓之前哲,实为王者改制之事,犹托庶人不议之规,其中损益择从、受命自作之事实,弟子著之此篇,故谓之微言。使非此篇之存,古文家尽夺孔经归之文周,国史旧文无预尼父,学者亦随波逐流,无所依据,以重光圣学矣。宗庙百官之美富,不能久湮,及门造郒之心传,势必更显。非常之说,专属天生,固不可终绝,亦非后人所得藉口。"②据此,微言还不能理解为普通的隐言或隐微之言;相反,微言有特定的含义:在外在形式上,它遵循了"庶人不议之规",但在实质上,它表达了"王者改制之事"。

只有真正地理解了微言,才能理解:改制乃王者改制,乃王者受命制作;因而,改制其实是一个立法活动,当然也是一个政治活动,绝不是当代人所理解的学术活动。孔子立法改制的结晶,主要体现为《王制》。"孔子以《王制》为后世法。秦汉与《王制》不同世,遂不明此意,以《王制》为无用之书。不知后人阴被其福而不知。"由此才可以理解,"素王改制,孔子有'罪我'之言,此义不能明说,谓之微言,故孟、荀皆以《王制》为周礼。盖既不能谓之为孔子礼,又不能谓之夏、殷礼,孟、荀皆有素王天子之说,而以《王制》为周礼

---

① 廖平:《古学考》,载舒大刚、杨世文主编:《廖平全集》第1册,上海古籍出版社2015年,第126页。
② 廖平:《论语汇解凡例》,载舒大刚、杨世文主编:《廖平全集》第2册,上海古籍出版社2015年,第610页。

第二章 从戊戌变法到辛亥革命的法理学

者,心知其意,而口不能言耳"①。

正是因为受命与素王不可分,素王与微言不可分,廖平才把三者联系起来,以解释孔子改制的法理依据:"孔子以匹夫制度行事,具于《春秋》,复推其意于五经。孔子已殁,弟子纪其制度,以为《王制》。《论语谶》:'子夏六十四人撰仲尼微言,以事素王。'即《王制》也。此篇皆改制事,不敢讼言,所谓微言。王,即素王也。"②这番话提示我们,在19世纪80年代的"变法之议"兴起之际,廖平以经学研究的方式寻求的变法之理,主要是由受命、素王、微言三个概念来支撑的。其中,受命为改制变法提供了直接的法理依据,但是,受命改制也可以说是素王改制,因为孔子是素王(重心在"王"字),所以孔子可以改制变法。不过,无论是受命改制还是素王改制,都必须以微言来表达。

因此,受命论、素王论、微言论,可以作为孔子改制或孔子变法的法理依据。由于这样的法理依据是孔子改制变法所依赖的法理依据,所以具有典范意义,同时也普遍的法理意义,既可以直接适用于孔子时代,也可以间接适用于廖平时代。这就是廖平为19世纪80年代的"变法之议"奠定的基础性、本源性的法理依据,也是廖平为十多年后的戊戌变法所进行的法理奠基。

在受命论、素王论、微言论的基础上,廖平针对19世纪80年代兴起的"变法之议",还提供了更加直接、更具现实感、更有针对性的法理依据。对此,有必要结合廖平经学的演进,从历时性的角度,予以进一步的探讨。

廖平经学凡"六变"。按照梁启超之见,廖平的经学,"初言古文为周公,今文为孔子;次言今文为孔之真,古文为刘之伪;最后乃

---

① 廖平:《王制学凡例》,载舒大刚、杨世文主编:《廖平全集》第2册,上海古籍出版社2015年,第484—485页。

② 廖平:《王制学凡例》,载舒大刚、杨世文主编:《廖平全集》第2册,上海古籍出版社2015年,第481页。

言今文为小统,古文为大统。其最后说,则戊戌以后,惧祸而支离之也"。不过,早年的廖平之学,"实有所心得,俨然有开拓千古、推倒一时之概"。① 这就是说,廖平经学的"前三变",都发生在19世纪80年代至戊戌变法之际;且廖平经学的这三次变化在学术思想史上的价值,受到了学界较为普遍的承认。鉴于本节的主题在于阐明廖平寻求、建构的变法之理,以揭示廖平法理学与戊戌变法的关系,因而,有必要着眼于廖平经学的"前三变",按照从"初变"到"二变"再到"三变"的顺序,依次描述廖平为戊戌变法进行法理奠基的思想历程。

二、"今古之分"中的变法之理

廖平经学的"初变"集中体现为"今古之分",亦即前引梁启超所说的"古文为周公,今文为孔子"。廖平经学"初变"的成果,主要体现为1883年开始酝酿、1886年成书的《今古学考》。此书是廖平的成名作,也是他的代表作之一,当然还是承载他的"变法之理"的第一部重要著作;"今古之分"中的变法之理,主要就体现在这部著作中。

关于此书的写作背景与主要关切,廖平在《与宋芸子论学书》中称:"国朝经学,顾、阎杂有汉、宋,惠、戴专申训诂,二陈(左海、卓人)渐及今古;由粗而精,其势然也。"② 如果"二陈"对经学的"今古之分"略有所知,那么,廖平的《今古学考》则是关于经学"今古之分"这一疑难问题的彻底解决。对此,廖平在《初变记》中还有一段更具体的自述:"乾嘉以前经说,如阮、王两《经解》所刻,宏篇巨制,超越前古,为一代绝业。特淆乱纷纭,使人失所依据。如孙氏《尚书今古文注疏》,群推为绝作,同说一经,兼采今、古,南辕北辙,自

---

① 梁启超:《论中国学术思想变迁之大势》,上海古籍出版社2001年,第128页。
② 廖平:《与宋芸子论学书》,载舒大刚、杨世文主编:《廖平全集》第11册,上海古籍出版社2015年,第659页。

相矛盾。即如'弼成五服,至于五千',就经文立说,本为五千里,博士据《禹贡》说之是也。郑注古文家,则据《周礼》以为万里,此古、今混淆以前之通弊也。至陈卓人、陈左海、魏默深,略知分古、今。孙氏亦别采古文说,专为一书,然明而未融。"还有一些研究成果,"虽分今、古,仍无所归宿。乃据《五经异义》所立之今、古二百余条,专载礼制,不载文字。今学博士之礼制出于《王制》,古文专用《周礼》。故定为今学主《王制》、孔子,古学主《周礼》、周公。然后二家所以异同之故,灿若列眉,千溪百壑,得所归宿。今、古两家所根据,又多同出于孔子,于是倡为'法古''改制',初年、晚年之说。然后二派如日月经天,江河行地,判然两途,不能混合"。①

对于廖平完成的"今古之分"及其学术思想意义,蒙文通从多个不同的角度给予了解说。其一,揭示了孔子前后思想的变迁,以及分别对应的受众:"廖师初年之学,以为今文者孔子晚年之定论,邹鲁之士实闻之;古文者孔子初年之学,燕赵之士皆闻之;孔子初年之学主从周,远方之士闻而先归者传之,于后为古文学;晚年修《春秋》,则损益四代之制,自为一王之法,惟乡党之士闻之,于后为今文学。"②其二,堪为清学的"三大发明"之一,标志着廖平经学的"自为一宗"。初,廖平"发愤于《春秋》,遂得悟于礼制,《今古学考》成,而昔人说经异同之故纷纭而不决者,至是平分江河,若示诸掌,汉师家法,秩然不紊。盖其识卓,其断审,视刘、宋以降游谈而不知其要者,固倜乎其有辨也。故其书初出,论者比之亭林顾氏之于古音,潜丘阎氏之于《古文尚书》,为三大发明。于是廖氏之学,自为一宗,立异前哲,岸然以独树而自雄也"③。其三,对一个时代的经

---

① 廖平:《初变记》,载舒大刚、杨世文主编:《廖平全集》第 2 册,上海古籍出版社 2015年,第 885 页。
② 蒙文通:《井研廖季平师与近代今文学》,载蒙文通:《蒙文通全集》第一册,巴蜀书社 2015 年,第 279 页。
③ 蒙文通:《议蜀学》,载蒙文通:《蒙文通全集》第一册,巴蜀书社 2015 年,第 228 页。

学研究产生了深远的影响。廖平之学,"以《王制》《穀梁》鲁学为今学正宗,以《左氏》《周官》梁赵学为古学正宗,平分江河,若示诸掌,千载之惑,一旦冰解。先生《春秋》造诣之微,人不易知,由《春秋》而得悟于礼制者,遂不胫而走天下,皮氏(锡瑞)、康氏(有为)、章氏(炳麟)、刘氏(师培)胥循此轨以造说,虽宗今宗古之见有殊,而今古之分在礼,则皆决于先生说也"①。

既然《今古学考》如此重要,那么,它为那个时代兴起的"变法之议",提供了什么样的法理依据呢?查看《今古学考》书中所列的"今古学宗旨不同表",今学与古学的不同共计三十余处,其中的多种差异都有助于为"变法之议"提供"变法之理",譬如:今学以《王制》为主,古学以《周礼》为主;今学主因革,古学主从周;今经皆孔子所作,古经多学古者润色史册;今为经学派,古为史学派;今学意主救文弊,古学意主守时制;今所改皆周制流弊,古所传皆礼家节目;今学为孔子晚年之说,古学为孔子壮年之说,等等。② 立足于今学与古学之间的这些差异,以及廖平所持的今学立场,"变法之理"可以由以下"三论"来支撑。

(一) 主因革论

因革就是改变。"主因革"就是坚持改制变法。廖平区分今古之学,一个重要的指向就是"主因革",亦即为了突出变法之意,为了给变法提供理据。廖平说:"今、古之分,或颇骇怪,不知质而言之,沿革耳,损益耳。明之制不能不异于元,元之制不能不异于唐宋。今学多用殷礼,即仲弓'居敬'之意;古学多用周礼,即《中庸》'从周'之意。今制与古不同,古制与今异派,在末流不能不有缘饰附会之说。试考本义,则如斯而已,故不必色骇而走也。"③这就是

---

① 蒙文通:《廖季平先生传》,载蒙文通:《蒙文通全集》第一册,巴蜀书社2015年,第303页。
② 廖平:《今古学考》,载舒大刚、杨世文主编:《廖平全集》第1册,上海古籍出版社2015年,第26—27页。
③ 廖平:《今古学考》,载舒大刚、杨世文主编:《廖平全集》第1册,上海古籍出版社2015年,第60页。

说,今古之分的要义就是突出"损益",而"损益"的实质就是改制变法。

在廖平看来,孔子就是"主因革"的身体力行者。《论语》记载了孔子的两句话:其一,"周监于二代,郁郁乎文哉!吾从周"。其二,"行夏之时,乘殷之辂,服周之冕,乐则《韶舞》"。这两句话表达的观点是不同的。前者主张"从周",代表了"孔子初年之言,古学所祖也",后者是"孔子晚年之言,今学所祖也。又言夏殷因革,继周者,百世可知。按《王制》即所谓继周之王也"。① 为什么会有这样的变化?

原来,"孔子初年问礼,有'从周'之言,是尊王命、畏大人之意也。至于晚年,哀道不行,不得假手自行其意,以挽弊补偏;于是以心所欲为者书之《王制》,寓之《春秋》,当时名流莫不同此议论,所谓因革继周之事也。后来传经弟子因为孔子手订之文,专学此派,同祖《王制》。其实孔子一人之言,前后不同。予谓从周为孔子少壮之学,因革为孔子晚年之意者,此也"②。可见,"因革"既是孔子晚年之意,也是孔子的"晚年定论"或"最后训诫"。

孔子少壮之时"从周",晚年"因革继周",这既是孔子自身的改变,其实也是孔子实施的以《王制》取代《周礼》的改制变法活动。孔子本人的言与行,堪称实践"因革"原则的典范。既然孔子在"主因革"方面已经做出了表率,廖平时代的儒家士大夫如果要以孔子的信徒自居,那就有义务忠实地效仿。从法理上看,晚年孔子"主因革"的言行,相当于在法律上创立了一个先例,而且还是一个神圣的、必须遵循的先例。由此可见,"主因革论"是廖平经学在"今古之分"中,为变法找到的第一个法理依据。

---

① 廖平:《今古学考》,载舒大刚、杨世文主编:《廖平全集》第 1 册,上海古籍出版社 2015 年,第 58 页。
② 廖平:《今古学考》,载舒大刚、杨世文主编:《廖平全集》第 1 册,上海古籍出版社 2015 年,第 56 页。

（二）救文弊论

上文已经提到孔子的"挽弊补偏"之意,这其实已经暗示了廖平在"今古之分"中为变法找到的第二个法理依据,那就是"救文弊"。

稍作比较即可发现,廖平创作《今古学考》的19世纪80年代,与孔子所处的春秋时代其实具有一定的相似性:都是文明秩序及其原理趋于解体、走向终结的时代。19世纪80年代自不必说,十多年后是戊戌变法,接下来就是辛亥革命,华夏文明从君主制转向共和制,延续了两千年的经学时代转向后经学时代。再看孔子的时代,由文、武、周公开创的礼乐文明秩序趋于式微,礼崩乐坏、周文疲敝成为压倒性的、最为显著的时代特征,于是,"周末名流,竞欲救文。老、尹、桑、庄,厌弃文敝,至于排仁义,不衣冠。矫枉者必过其正,此诸贤之苦心,救世之良药也"①。换言之,孔子时代的"诸贤",在周文疲敝的压力下,竞相寻求"救世之良药",这仿佛就是19世纪80年代竞相出现的"变法之议"的预演;反过来看,廖平时代的"变法之议"则仿佛孔子时代的"竞欲救文"之再现。

19世纪80年代"变法之议"的兴起,主要是因为晚清积弊甚多;同样,"周制到晚末积弊最多,孔子以继周当改,故寓其事于《王制》"②。因此,孔子制作《王制》以取代周制,"皆以救文胜之弊,因其偏胜,知其救弊也。年岁不同,议论遂异。春秋时诸君子皆欲改周文以相救,孔子《王制》即用此意,为今学之本旨"③。廖平置身于其中的晚清之积弊,几乎就是孔子置身于其中的晚周之积弊的再现。

---

① 廖平:《今古学考》,载舒大刚、杨世文主编:《廖平全集》第1册,上海古籍出版社2015年,第65页。
② 廖平:《今古学考》,载舒大刚、杨世文主编:《廖平全集》第1册,上海古籍出版社2015年,第66页。
③ 廖平:《今古学考》,载舒大刚、杨世文主编:《廖平全集》第1册,上海古籍出版社2015年,第58页。

孔子的《王制》,就是为了"救文胜之弊",亦即"救文弊"。如果有人提出,"《王制》制度,孔子全用殷礼,抑亦别有所本?"对于这个可能的问题,廖平的回答是:孔子同时参用了四代之制,不过,"春秋时,夏以前礼制皆残缺不可考。大约孔子意在改制救弊,而虞乐、夏时以外多不可考,故建国立官,多用殷制,《纬》云《春秋》用殷礼是也"。① 孔子制作《王制》,虽然较多地吸取了殷制,但也坚持兼收并蓄。孔子的目标或自我期许主要在于"救文弊",只要有利于实现这个目标,各种资源都可以为己所用,都可以综合运用。

由此可见,"救文弊"是孔子立法改制赖以展开的一个实质性的理由,同时也是廖平为19世纪八九十年代的变法提供的一个实体性的法理依据,因为,廖平的时代同样面临着"救文弊"的迫切任务。

(三) 为经学论

如果"救文弊"可以为廖平时代的改制变法提供实体性的法理依据,那么,立足于"今古之分"的"今学为经学"之论,则可以为廖平时代的改制变法提供形式性的法理依据。实体是实,形式是名。对于改制变法来说,"救文弊"是"实",这样的"实"固然很重要,但"名"也很重要。因为,"名不正,则言不顺;言不顺,则事不成"②。所谓"言不顺",就是在法理上不能得以证立。

"为经学论"可以解决这个问题。"为经学"是"今学为经学"的简称,这是相对于古学而言的。根据廖平的"今古之分",今学具有经学的性质,但是,古学仅仅是史学。从古学所宗的《周礼》来看,"古学《周礼》与《左传》不同,《左传》又与《国语》不同,至于《书》《诗》所言,更无论矣。盖《周礼》既与《国语》《周书》不同,《左传》又

---

① 廖平:《今古学考》,载舒大刚、杨世文主编:《廖平全集》第1册,上海古籍出版社2015年,第63页。
② 杨伯峻译注:《论语译注》,中华书局2012年,第185—186页。

多缘经立义之说。且古学皆主史册,周历年久,掌故事实,多不免歧出,故各就所见立说,不能不多门。至于今学,则全祖孔子改制之意,只有一派,虽后来小有流变,然其大旨相同,不如古学之纷繁也"①。

古学立说多门,内容"纷繁",主要是因为,古学"主史册",古学的内容出自周代历史上的众多史册。同一个问题,在不同的典籍中,经常会出现不同的说法。今学的依据是孔子之意,相关典籍上的记载"大旨相同",这与"古学之纷繁"形成了鲜明的对照。在今学与古学之间形成的这种单一与纷繁的对照,主要的根源在于:今学是经学,古学是史学。

试举例说明,《论语·先进》提到了"会同"之礼,据朱熹的解释,"诸侯时见曰会,众俯曰同"②。廖平以这里的"会同"为例,认为:"《论语》有会同,是当时本有会同,故公西举之,此《论语》据古学之证也。《周礼》有会同,合于《论语》,是《周礼》用旧仪典册之证也。《春秋》无同,是孔子不守周礼,自立新制之证也。《左传》无同,是《左传》缘经立说,经所无者不能有之证也。"③换言之,《周礼》有"会同"之礼,主要是因为《周礼》采用了"旧仪典册"这类史册资料的缘故,"《春秋》无同",表明《春秋》是孔子改制变法、独立制作的成果。这就是宗《春秋》的今学与宗《周礼》的古学走向分野的一个根源。

从源头上看,"《周礼》之书,疑是燕赵人在六国时因周礼不存,据己意,采简册摹仿为之者。其先后大约与《左传》《毛诗》同,非周初之书也。何以言之? 其所言之制与《尚书》典礼不合,又与秦以

---

① 廖平:《今古学考》,载舒大刚、杨世文主编:《廖平全集》第1册,上海古籍出版社2015年,第57页。
② 朱熹:《四书章句集注》,中华书局2011年,第123页。
③ 廖平:《今古学考》,载舒大刚、杨世文主编:《廖平全集》第1册,上海古籍出版社2015年,第64页。

前子书不同。且《孟子》言:'诸侯恶其害己,而去其籍。'无缘当时复有如此巨帙传流。故予以为当时博雅君子所作,以与《王制》相异,亦如《左传》之意"①。这就是说,《周礼》是对各种史料进行加工整理的产物,是史学的产物,因而,宗《周礼》的古学是史学;相比之下,宗《王制》的今学则是经学。

在廖平经学"初变"的时代及其前后,史学与经学的划分具有根本性的意义,正如他在稍后的《知圣篇》中所言:"经学与史学不同:史以断代为准,经乃百代之书;史泛言考订,录其沿革,故《禹贡锥指》《春秋大事表》,皆以史说经,不得为经学。"②简而言之,经学作为裁决一切是非的终极规范,可以相当于今天的宪法,而且是可以流传百代的宪法。这就正如蒙文通所言:"由秦汉至明清,经学为中国民族无上之法典,思想与行为、政治与风习,皆不能出其轨范。"③至于史学,那仅仅是学术文献。如果把经学比作今天具有最高法律效力的宪法规范,那么,史学就相当于今天的法律史料。如果"今学为经学"能够成立,那意味着,见于《王制》的改制是一种依据最高规范进行的改制,其法理依据就相当于今天依据宪法规范进行的法律创制、法律修改。

把以上分述的三个方面结合起来,可以说,廖平在以"今古之分"为主题的经学"初变"中,"主因革论"为变法提供了可供遵循的神圣先例原则,"救文弊论"为变法建构了可供依赖的实体法理依据,"为经学论"为变法提供了可供依赖的形式法理依据。这就是廖平经学在"初变"之际为 19 世纪八九十年代的变法提供的法理依据。

---

① 廖平:《今古学考》,载舒大刚、杨世文主编:《廖平全集》第 1 册,上海古籍出版社 2015 年,第 74 页。
② 廖平:《知圣篇》,载舒大刚、杨世文主编:《廖平全集》第 1 册,上海古籍出版社 2015 年,第 369 页。
③ 蒙文通:《论经学遗稿三篇》,载蒙文通:《蒙文通全集》第一册,巴蜀书社 2015 年,第 310 页。

三、"尊抑之分"中的变法之理

廖平经学的"二变"其实是在"初变"完成后不久就发生了。如果把"初变"最终完成的时间节点定在《今古学考》成书的1886年，那么，两年后的1888年，廖平就写成了《知圣篇》与《辟刘篇》，这两篇"二变"时期的代表作标志着廖平经学"二变"的完成。今日所见的《古学考》（即《辟刘篇》）开篇即称："旧著《知圣篇》，专明改制之事，说者颇疑之。然既曰微言，则但取心知其意，不必大声疾呼，以骇观听。"①可见是先有《知圣篇》，后有《辟刘篇》(《古学考》)。

经学"二变"何以发生？按蒙文通的解释，这是一个自然的过程。"夫今古学，两汉之事也，不明今古则不足以知两汉之学，然而两汉之事固不足持之以语先秦。推两汉学之本，更溯源于先秦则可，墨守汉人之学以囿先秦则不可。"因此，"苟进而上求其源，经学胡因而成此今古两家，其说礼制又胡因而致今古之参错，初则以为孔子晚年、初年之说不同也，说不安，则又以为孔子之学与刘歆之伪说不同也"。②这就是说，经学"二变"是为了进一步知先秦之学，当然也是为了进一步推知今古两家经学的成因，是为了让经学的理论更加彻底。

按照廖平的自述，经学"二变"发生的缘由是："考究古文家渊源，则皆出许、郑以后之伪撰。所有古文家师说，则全出刘歆以后据《周礼》《左氏》之推衍。又考西汉以前，言经学者，皆主孔子，并无周公；六艺皆为新经，并非旧史。于是以尊经者作为《知圣篇》，辟古者作为《辟刘篇》。（外间所祖述之《改制考》，即祖述《知圣篇》，《伪经考》即祖述《辟刘篇》，而多失其宗旨。）群言淆乱折诸圣

---

① 廖平：《古学考》，载舒大刚、杨世文主编：《廖平全集》第1册，上海古籍出版社2015年，第105页。
② 蒙文通：《井研廖师与汉代今古文学》，载蒙文通：《蒙文通全集》第一册，巴蜀书社2015年，第289页。

第二章 从戊戌变法到辛亥革命的法理学

东汉以周公为先圣、孔子为先师；贞观黜周公为功臣，以孔子为先圣、颜子为先师。乃历代追崇有加，至以黄屋左纛，祀以天子礼乐。当今学堂，专祀孔子，若周公，则学人终身未尝一拜。"①

所谓《辟刘篇》，顾名思义，就是一篇"批判刘歆之书"。为什么批判刘歆？因为他是孔门的大奸臣："刘歆颠倒五经，至今为烈。真为圣门卓、操，庠序天魔。盖其才力既富，又假借莽势，同恶相济，故党羽众多，流害深广，不惟翻经作传，改羼《佚礼》而已。至于史书纬候，亦多所改窜，后来流说，愈远愈误，至于不可究诘。"②不过，"辟刘"也是为了证明孔子、《王制》的神圣性。由于这个缘故，如前所述，梁启超把"二变"的要义概括为"孔真刘伪"，这样的概括当然也没有问题，《辟刘篇》确实是以"刘伪"为中心的。但是，"孔真"之说却不是太贴切，因为廖平经学的前提就是"孔真"，甚至是"孔圣"。《知圣篇》之要义与其说是"孔真"，还不如说是"尊孔"或"尊今"，与之相对应，《辟刘篇》的要义即为"抑刘"或"抑古"。由此，廖平经学"二变"的主题不妨概括为：以"尊孔、今，抑刘、古"为主要内容的"尊抑之分"。这样的"尊抑之分"对于19世纪八九十年代的变法，提供了何种法理依据？

《知圣篇》开篇即称："孔子受命制作，为生知，为素王，此经学微言，传授大义。帝王见诸事实，孔子徒托空言，六艺即其典章制度，与今《六部则例》相同。'素王'一义，为六经之根株纲领，此义一立，则群经皆有统宗，互相启发，箴芥相投。自失此义，则形体分裂，南北背驰，六经无复一家之言。"③这几句纲领性的论断，主要着眼于"受命""素王""微言"这样几个关键词，从而为变法提供了

---

① 廖平：《二变记》，载舒大刚、杨世文主编：《廖平全集》第2册，上海古籍出版社2015年，第886—887页。
② 廖平：《古学考》，载舒大刚、杨世文主编：《廖平全集》第1册，上海古籍出版社2015年，第123页。
③ 廖平：《知圣篇》，载舒大刚、杨世文主编：《廖平全集》第1册，上海古籍出版社2015年，第324页。

本源性的法理依据,对此,前文已经有所揭示。进一步说,在"受命论""素王论""微言论"这样一些法理根基之上,如果说《今古学考》所承载的"今古之分",已经为变法提供了"主因革论""救文弊论""为经学论"这样一些具体的法理依据,那么,由《知圣篇》以及《辟刘篇》(《古学考》)承载的"尊抑之分",为变法提供的法理依据,主要体现为以下"三论"。

(一)六经大法论

据《今古学考》,"郑君以《王制》为殷礼。但知与《周礼》不合,而不知此为孔子手订之书,乃改周救文大法,非一代所专,即今学之本也"①。孔子制作《王制》的意图在于"改周救文",但《王制》的性质是素王孔子手订的"大法",这是"今古之分"已经提出的观点。在《知圣篇》中,"大法"的范围扩大至六经:"六经统为素王,万世之大法也。"②意思是,六经统为素王所制,都是可以规范万世的大法。这就是"六经大法论"。廖平还提示我们:"素王事业,与帝王相同,位号与天子相埒。《易》与《春秋》,则如二公也;《诗》《书》《礼》《乐》,则如四辅条例也。欲为之事,全见六艺。"③六经是一个整体,表达了素王建构文明秩序的一个体系化的安排。

在六经这个"大法"体系的内部,形成了错落有致的关系。其中,《诗》有一个特别之处:"言无方物,可以便文起义。"④《诗》是抽象的,可以向各个不同的方向引申。这样的特质让《诗》在六经中占据了一个基础性的地位。因而,"经学四教,以《诗》为宗,孔子先

---

① 廖平:《今古学考》,载舒大刚、杨世文主编:《廖平全集》第1册,上海古籍出版社2015年,第56页。

② 廖平:《知圣篇》,载舒大刚、杨世文主编:《廖平全集》第1册,上海古籍出版社2015年,第332页。

③ 廖平:《知圣篇》,载舒大刚、杨世文主编:《廖平全集》第1册,上海古籍出版社2015年,第341页。

④ 廖平:《知圣篇》,载舒大刚、杨世文主编:《廖平全集》第1册,上海古籍出版社2015年,第330页。

作《诗》,故《诗》统群经","《诗》者,《春秋》之大成;《春秋》者,《诗》之嚆矢。孔子六经微意具同,《诗》为天,《书》为人,《春秋》王伯,《礼》附《书》,《乐》附《诗》,皆取旧文而润色之,非仅删定而已"。①

如果六经是垂范万世的大法,那么《王制》呢?就《王制》与六经的关系来说,"凡《王制》所言,皆六艺之纲领,仲尼没,弟子乃集录之。六经制度,全同此书。当删定时,不审其为旧文新义。但六艺皆明王法,而此乃王者之制,宜无不同"②。这就是说,《王制》是六经的纲领,六经是《王制》的表达。就仿佛"月映万川"所示,《王制》就相当于那一轮明月,"六艺"则是从不同的角度反映了《王制》的要求。从实践运用的角度来看,《王制》借助于六艺,可以更好地规范公共生活,进而建构文明秩序。正是在这个意义上,我们才可以理解,"通经致用,为儒林之标准。汉儒引《春秋》折狱,立明堂,议辟雍,各举本经以对。博士明达政体,其官多至宰辅。余既立《王制》,以扫一切支离破碎无用之说、不急之辨"③。

由此看来,"六经大法论"的完整含义是:六经在《王制》的统领下,成为了"万世之大法"。六经既是"大法",意味着六经具有规范意义,同时也表明,遵循六经乃是一个神圣的义务。对于廖平时代的变法来说,如果能够在六经体系中找到依据,那么,变法之理就是不容置疑的。

(二) 作述分说论

所谓"作述分说论",可以从两个方面来理解。一方面是"作"。"作"就是制作、改制、变法、立法。按照廖平的观点,《王制》与六经

---

① 廖平:《知圣篇》,载舒大刚、杨世文主编:《廖平全集》第1册,上海古籍出版社2015年,第329页。
② 廖平:《古学考》,载舒大刚、杨世文主编:《廖平全集》第1册,上海古籍出版社2015年,第105页。
③ 廖平:《知圣篇》,载舒大刚、杨世文主编:《廖平全集》第1册,上海古籍出版社2015年,第367页。

都是孔子作为素王创制的大法。只不过,"旧说以六经为帝王陈迹,庄生所谓'刍狗',孔子删定而行之"。然而,"作者谓圣,述者谓贤,使皆旧文,则孔子之修六经,不过如今之评文选诗,纵其选择精审,亦不谓选者远过于作者。夫述旧文,习典礼,两汉贤士大夫与夫史官类优为之,可覆案也,何以天下万世独宗孔子?则所谓立来、绥和、过化、存神之迹,全无所见,安得谓'生民未有'耶?说者不能不进一解,以为孔子继二帝三王之统,斟酌损益,以为一王之法,达则献之王者,穷则传之后世。缵修六经,实是参用四代,有损益于其间,非但钞袭旧文而已"。① 概而言之,《王制》与六经都是孔子作为圣人或素王之所"作"。

另一方面是"述"。孔子虽然"作"了《王制》与六经,但是,这个事情是不能明说的,只能称之为"述",亦即贤人或贤者之"述"。这是什么缘故呢?原来,"经传制事,皆有微显、表里二意,孔子制作,里也,微也;托之'文王',表也,显也。自喻则为作,告人则云述。以表者显者立教,以改作之意为微言,故七十子以后,此义遂隐,皆以《王制》《春秋》为文王西周之政,不复归之制作"②。

这就是说,显与微,表与里,作与述,经传采用这种双层叙事结构,其实是一个无可奈何的选择,完全是出于孔子的不得已。在经传中,"孔子惟托空言,故屡辨作、述。盖天命孔子不能不作,然有德无位,不能实见施行,则以所作者存空言于六经,托之帝王,为复古反本之说。与局外言,则以为反古;与弟子商榷,特留制作之意。总之,孔子实作也,不可径言作,故托于述"③。在《论语》中,"孔子自言改作者甚详,如告颜子用四代,与子张论百世,自负'斯文在

---

① 廖平:《知圣篇》,载舒大刚、杨世文主编:《廖平全集》第1册,上海古籍出版社2015年,第327页。
② 廖平:《知圣篇》,载舒大刚、杨世文主编:《廖平全集》第1册,上海古籍出版社2015年,第325页。
③ 廖平:《知圣篇》,载舒大刚、杨世文主编:《廖平全集》第1册,上海古籍出版社2015年,第326页。

兹''庶人不议',是微言之义实尝以告门人,不欲自掩其迹。孟子相去已远,独传'知我''罪我'之言,'其义窃取'之说。盖'天生'之语,既不可以告涂人,故须托于先王以取征信"①。

对孔子来说,无论是"托于先王",还是"托于述",其实都只是一个策略,因为只有在"托于述"的掩护下,孔子才能完成"作"的事业,最终的目标还是要"作"。毕竟,"'《春秋》天子之事',诸经亦然。一人一心之作,不可判而为二。《春秋》未修之先,有鲁之《春秋》;《书》《诗》《礼》《乐》非修之先,亦有帝王之《书》《诗》《礼》《乐》。修《春秋》,笔削全由孔子;修《诗》《书》《礼》《乐》,笔削亦全由孔子。《春秋》据旧史言,则曰'修';从取义言之,则曰'作'。修即所谓'述',当日翻定六艺,是为圣作,人亦称孔子为作。其云'述而不作',言'不作'即作也,言'述'即非述也,与'其文则史,其义则窃取'同意。而作、述之事,即兼指六经,不独说《春秋》"②。

由此,我们可以看到"述而不作"的真实含义:"六艺本为孔子新义,特自托之于'述',《左》《国》则以为皆出于孔子以前。如韩宣子见《易象》,季札观乐歌《诗》,与《书》《礼》皆多引用。以六艺当出于孔子前,盖因'述而不作'语,遂举六艺尽归之国史旧文。后人不知此说出于依经立义,指以为实,微言之说,遂全为《左》《国》所乱矣。"③倘若要拨乱反正,就应当特别注意《论语》。因为,"孔子为素王,知命制作,翻定六经,皆微言也。圣门师弟相传,常语如此,《论语》是也。而又有隐微其言者,如周丧期,孔子制作定为三年,三代通同之。《尚书》言三年者,非实事,新制也。宰我、子贡疑其事,孔子答以'古人皆然'。'古人'即指《尧典》'三载,四海遏密八

---

① 廖平:《知圣篇》,载舒大刚、杨世文主编:《廖平全集》第1册,上海古籍出版社2015年,第327页。

② 廖平:《知圣篇》,载舒大刚、杨世文主编:《廖平全集》第1册,上海古籍出版社2015年,第334—335页。

③ 廖平:《知圣篇》,载舒大刚、杨世文主编:《廖平全集》第1册,上海古籍出版社2015年,第343页。

音'事,不明言改制也。曾子问丧,亦有'夏后氏三年'之文,实则孔子为主改帝王以合己,使若帝王实已如此,不过取之为说"①。归结起来,"孔子作六艺,撰述微意,全在《论语》。《诗》为五经之凡例,《论语》者,又六艺之凡例也。其中多师弟传心精微隐秘之言,与夫商酌损益之说,故其言改制及六艺者百余章。欲知六艺根源,宜从《论语》始"②。

"作""述"分立或分说,作为孔子选择的一种行动策略,可以提示廖平时代的改制变法者:对变法之理的寻求,特别是关于变法之理的阐述,是要讲究策略的,其中尤为重要的是要着眼于变法的预期目标、实际效果、客观条件,来寻求、阐述变法之理。而且,变法之理可以进行复调叙事:在变法者内部,要讲关于"作"的法理;面对反对派、对立面,要讲关于"述"的法理。

(三) 托之空言论

前文提到,《诗》有一个重要的特质是"言无方物"。这种"无方物"之"言",就是"空言"。那么,空言到底是什么"言"? 原来,孔子当年,"自卫返鲁,作《诗》言志,以殷末寓素王之义,明三统之法。特后来以《诗》之空言,未能明切,恐后人失其意,故再作《春秋》,实以行事。《孟子》引《诗》与《春秋》明王迹,《史记》引'空言不如行事',皆此义也。制作知命,当从五十为断。非因获麟乃起《诗》《易》,详天事,言无方物,所谓空言。《春秋》《尚书》乃将天言衍为人事,空言在后,行事在前,事有早迟,其义一也"③。

由此看来,所谓"空言",主要在于描述改制变法的基本理念,

---

① 廖平:《知圣篇》,载舒大刚、杨世文主编:《廖平全集》第 1 册,上海古籍出版社 2015 年,第 342—343 页。

② 廖平:《知圣篇》,载舒大刚、杨世文主编:《廖平全集》第 1 册,上海古籍出版社 2015 年,第 353 页。

③ 廖平:《知圣篇》,载舒大刚、杨世文主编:《廖平全集》第 1 册,上海古籍出版社 2015 年,第 334 页。

或者是提供一个轮廓性的构想。作为空言的《诗》比较抽象,孔子担心世人不能理解,于是再作《春秋》,让抽象的基本理念变得"可触摸"。这就是从《诗》到《春秋》的逻辑,也是从"空言"到"行事"的路径。对于两者的关系,孔子已有权威性的解释:"我欲载之空言,不如见之于行事之深切著明也。"《史记索隐》还有进一步的说明:"孔子之言见《春秋纬》,太史公引之以成说也。空言谓褒贬是非也。空立此文,而乱臣贼子惧也。""孔子言我徒欲立空言,设褒贬,则不如附见于当时所因之事。人臣有僭侈篡逆,因就此笔削以褒贬,深切著明而书之,以为将来之诫者也。"①

廖平的解释更加明晰而具体:《诗》《书》《礼》《乐》可称经学四教,"四教中以《诗》为纲,以《书》与《礼》《乐》为目。然《诗》为空言,尚未明著,然后乃作《春秋》,以实《诗》意。所谓'深切著明'者也。孔子之意本在于《诗》,后来《春秋》说盛,遂全以《诗》说说《春秋》。言'志在《春秋》',不言《诗》之志,实则《书》《春秋》皆统于《诗》,特一为空言,一为行事"②。

孔子为什么要托之空言?原来,这跟前文所说的"作述分说"一样,依然是孔子的一个行动策略:"盖改制苟铺张其事,以为必如殷之改夏,周之改殷,秦、汉之改周,革鼎建物,诏勅施行,征之实事,非帝王不能行。若托之空言,本著述之常,春秋时礼坏乐崩,未臻美富。孔子道不能行,乃思垂教,取帝王之成法,斟酌一是;其有时势不合者,间为损益于其间,著之六艺,托之空言,即明告天下,万世亦不得加以不臣悖逆之罪也。"③

尽管"托之空言"与"作述分说"都带有策略的性质,但是,"托

---

① 司马迁:《史记》,裴骃集解,司马贞索隐,张守节正义,中华书局2000年,第2491—2492页。
② 廖平:《知圣篇》,载舒大刚、杨世文主编:《廖平全集》第1册,上海古籍出版社2015年,第338页。
③ 廖平:《知圣篇》,载舒大刚、杨世文主编:《廖平全集》第1册,上海古籍出版社2015年,第328页。

之空言"还是具有相对独立的法理意蕴:与"行事"相对应的"空言",主要在于表达一种相对抽象的法理,"行事"则是一种结合事实的相对具体的叙述。"空言"由于远离现实,不直接针对现实,更容易"明告天下",更容易完成一场"静悄悄的革命"。在这里,让我们遥想伏尔泰时代的法国:"曾几何时,大部分法国人的思想还是以博絮哀(通译为波舒哀——引者注)为参照的;但转瞬间,法国人就全效仿起了伏尔泰:这分明是一场革命。"①孔子"托之空言"的改制变法,在一定意义上,就相当于伏尔泰取代博絮哀。紧随在廖平经学"二变"之后,康有为试图以《孔子改制考》《新学伪经考》为戊戌变法提供正当性的依据,其实也是一次"托之空言"的实践活动。由此可见,廖平对"托之空言"的发掘,为戊戌变法提供了可供遵循的法理路径与可供依赖的法理支撑。

以上所述的"六经大法论""作述分说论""托之空言论",大致反映了廖平经学在以"尊抑之分"为主题的"二变"中,为变法提供的法理依据。

四、"小大之分"中的变法之理

廖平经学的"三变",出现在戊戌变法之际。关于其经学"三变"的前因后果,廖平的"三变记"有专门的交待。

据廖平自述,其经学的前"两变"及其理论成果均存在明显的不足,"大抵皆就中国一隅言孔子",眼界所及,仅限于中国范围之内。就以前"两变"所推崇的《王制》来说,其旨在规范的疆域只有五千里。此外,即使经历了"初变"与"二变",其经学理论对《中庸》中的"洋溢中国,施及蛮貊",还有《礼运》中的"大同"学说,都没有给予足够的注意与回应。只要不是《周礼》中明文规定的内容,居

---

① [法]保罗·阿扎尔:《欧洲思想的危机:1680—1715》,方颂华译,商务印书馆2019年,"前言",第1页。

第二章 从戊戌变法到辛亥革命的法理学

然都漫不经心地忽略过去了。好在转机及时出现了:"戊戌在资中,因《诗》之'小球''大球',与'小共''大共'对文。('共'作'贡',九州之贡。)《顾命》之'天球''河图',纬说以'河图'为九州地图,据《诗》《书》'小''大'连文者,'小'字皆在'大'字之上。定'天球'为天图,'小球''大球'为地图。先'小'后'大',即由内推外。"于是,"乃改用《周礼》《地形训》'大九州'说之,编为《地球新义》"。① 视野由此打开,廖平经学由面向"中国一隅"的经学转变为面向世界、面向全球的经学。已经历"初变"与"二变"的廖平经学,由此焕然一新,正如他在1898年"孟冬月"写成的《地球新义序》中所言:"地球之说三百年矣,以新言之,何也?曰:言海舶广轮则为旧,引归六艺则为新。"②

大致说来,廖平经学的"三变"虽然是一个持续了数年的过程,但其中的标志性的起始时间,可以确定为戊戌(1898)之年。至于"三变"发生的地点,则在四川资中,标志性的著作则是《地球新义》。"新义"之"新",不在"海舶广轮"或时人常言的坚船利炮,而是在于:以六艺来解释地球,亦即要用六经来解释世界文明秩序。而且,透过"三变记"的修辞与表达,还可以看到廖平隐含于其中的某种"今是而昨非"的反省意味。着眼于此,如果刻意放大"三变"在廖平经学中的意义,似乎还可以不是太恰当地把他的"经学三变"概括为1898年的"资中悟道"。

在这里,为了更全面地把握作为"经学三变"的"资中悟道",还有必要参考《年谱》中的相关记载:"光绪二十四年戊戌(一八九八),先生四十七岁。是年,资州知州风全聘主艺风书院讲席。正月由成都赴资","是年十月,成《地球新义》一卷,即于资州以活字

---

① 廖平:《三变记》,载舒大刚、杨世文主编:《廖平全集》第2册,上海古籍出版社2015年,第887—888页。
② 廖平:《地球新义》(戊戌本),载舒大刚、杨世文主编:《廖平全集》第10册,上海古籍出版社2015年,第11页。

版排印"。此年,"撰《古今学考》二卷。先生初作《今古学考》,今古者,今文古文也。今作《古今学考》,古者述古之皇帝王伯所谓上考,今者垂法全球,所谓下俟。先生以先秦以前经说兼言海外,如大戴、邹衍、群纬博士,如伏韩,间有异闻。东汉以后,乃专详海内。迄今海禁宏开,共球毕显。必用帝道兼海外,乃可使孔子之道百世莫违"。①

根据《年谱》中的这些记载,标志着"三变"发生的著作,在《地球新义》之外,还有一部《古今学考》。这里所说的"古今"与经学"初变"之际的"今古",具有完全不同的含义,正如廖平在《井研艺文志·古今学考二卷》中所言:"平初作《今古学考》,'今古'者,今文、古文也。二十年后讲大统,乃作《古今学考》,所谓'古今'者,中国、海外,上考下俟也。"②这再次说明,发生于1898年的廖平经学"三变",关注的对象已经从中国延伸至世界。

从中国延伸至世界,亦即从《王制》延伸至《周礼》,从《春秋》延伸至《尚书》。正如《三变记》所述,"以《周礼》为根基,《尚书》为行事,亦如《王制》之于《春秋》。而后孔子乃有皇帝之制,经营地球,初非中国一隅之圣。庚子(1900)井研修《艺文志》,用邵子说,以《易》《诗》《书》《春秋》四经,分配皇、帝、王、伯"。至1903年,"皇帝之说定,《周礼》之《集说》成"。以此为基础,"考明《周礼》上圭三万里与《大行人》之大九州,乃知皆为《周礼》师说。根本既立,枝叶繁生,皇帝之说,实较王伯尤为详备。一人之书,屡变其说,盖有迫之使不得不然者。又安知不有鬼谋天诱,以恢复我孔子'大一统'之制作?故编为《小大学考》"。同时,"改'今古'之名曰'小大'。盖《王制》《周礼》,一林二虎,互斗不休,吾国二千年学术政治,实深受其害。合之两伤,甚于洪水猛兽。今以《王制》治内,独立一尊,并

---

① 廖幼平编:《廖季平年谱》,巴蜀书社1985年,第57—60页。
② 廖平:《古今学考二卷》,载舒大刚、杨世文主编:《廖平全集》第16册,上海古籍出版社2015年,第1247页。

无牵掣;而海外全球,所谓三皇五帝之《三坟》《五典》者,则全以属之《周礼》","小、大既分,轻清者上浮为天,重浊者下凝为地,而后居中之人物,乃得法天则地,以自成其盛业,孔子乃得为全球之神圣,六艺乃得为宇宙之公言"。①

根据廖平的自述,在1898年之后,其经学"三变"还经历了好几年的完善过程。相对于"初变"及"二变",经过"三变"后的廖平经学之要旨,在《三变记》中已有比较清楚的交待。简而言之,就是不再区分今文经学与古文经学,转而着眼于政治空间的大小,区分中国与世界,中国为小,世界为大。与之相应,"以《王制》为王、伯,《周礼》为皇、帝,不用今古,但别小大"。其中,王、伯为小,皇、帝为大。在大小两种空间里,"皇、帝统天下,王、伯统国家"。② 孔子制作的六艺既是国家(中国)需要遵循的法,也是天下(世界)需要遵循的法。这就是廖平经学"三变"后的大意,相对于初变的"今古之分"、二变的"尊抑之分",此"三变"可以概括为"小大之分"。那么,这样的经学大意,为变法改制提供了什么样的法理依据? 根据廖平的论述,蕴含于"小大之分"中的以下"三论",可以为变法提供多方面的法理依据。

(一) 皇帝王伯论

前文已经提到,"经学三变"有一个重要的论点,那就是皇帝王伯论。这个理论与戊戌变法具有紧密的关系。因为,戊戌变法就是一次面向世界的变法,就是要在世界范围内寻求资源,推动变法,以促成中国的富强。这样的变法,必须处理中国与世界的关系。廖平的皇帝王伯论正是为了回应这样的关系。为了给中国吸纳外来资源提供法理依据,廖平把中国归属于王、伯支配的范围,

---

① 廖平:《三变记》,载舒大刚、杨世文主编:《廖平全集》第2册,上海古籍出版社2015年,第888—889页。
② 廖平:《公羊验推补证凡例》,载舒大刚、杨世文主编:《廖平全集》第7册,上海古籍出版社2015年,第734页。

把世界归属于皇、帝支配的领域。这种关于皇、帝与王、伯的划分理论,依廖平自述,出于宋代邵雍的启发。

根据邵雍的《观物内篇》及《观物外篇》,皇、帝、王、伯的划分可以说是一个"法自然"的结果,譬如,它可以与不同的自然现象相对应:"三皇春也,五帝夏也,三王秋也,五伯冬也。"①但它同时也可以与不同的经书、不同的历史段落、不同的价值理念相对应,譬如,"孔子赞《易》自羲轩而下,序《书》自尧舜而下,删《诗》自文武而下,修《春秋》自桓文而下。自羲轩而下,祖三皇也。自尧舜而下,宗五帝也。自文武而下,子三王也。自桓文而下,孙五伯也。祖三皇,尚贤也。宗五帝,亦尚贤也。三皇尚贤以道,五帝尚贤以德。子三王,尚亲也。孙五伯,亦尚亲也。三王尚亲以功,王伯尚亲以力"②。

邵雍所说的皇、帝、王、伯,既可以专指历史上出现过的三皇五帝三王五伯,同时也是一个抽象的具有普遍意义的划分:"所谓皇帝王伯者,非独三皇五帝三王五伯而已,但用无为则皇也,用恩信则帝也,用公正则王也,用知力则伯也。"③按照这样的划分,皇帝王伯具有层级性:依赖无为的"皇"最高,依赖恩信的"帝"次之,依赖公正的"王"再次之,依赖智力的"伯"最低。如果按照从低到高的顺序来排列,那么,"一世之事业者,非五伯之道而何?十世之事业者,非三王之道而何?百世之事业者,非五帝之道而何?千世之事业者,非三皇之道而何?万世之事业者,非仲尼之道而何?是知皇帝王伯者,命世之谓也;仲尼者,不世之谓也"④。这就是说,在四者之间,哪怕是居于顶端的三皇之道,也不及孔子之道;不但不及,而且还有本质的区别:皇帝王伯之道都是有限的,但孔子之道

---

① 邵雍:《邵雍集》,郭彧整理,中华书局 2010 年,第 39 页。
② 邵雍:《邵雍集》,郭彧整理,中华书局 2010 年,第 22 页。
③ 邵雍:《邵雍集》,郭彧整理,中华书局 2010 年,第 159 页。
④ 邵雍:《邵雍集》,郭彧整理,中华书局 2010 年,第 20—21 页。

是无限的。

正是在借鉴邵雍关于皇帝王伯学说的基础上,廖平提出了"小大之分":王、伯的事业在中国,皇、帝的事业在世界,中国的王、伯为小,世界的皇、帝为大。然而,无论是中国还是世界,无论是王、伯,还是皇、帝,都是孔子立法调整的范围。其间的差异仅仅在于:孔子制作的《王制》《春秋》,是为了满足王、伯"治理中国"的需要,孔子制作的《周礼》《尚书》是为了满足皇、帝"治理世界"的需要。根据这样的皇帝王伯论,面向世界,借鉴、吸纳世界范围各种有益经验,来推动中国的改制、变法,依然在孔子立法的框架内,并没有违背孔子设定的文明秩序。这就为变法者提供了源于孔子、源于经学的权威理据。

(二) 改文从质论

由戊戌变法所代表的变法,实质上就是向西方学习,亦即向世界学习。为了论证这种变法的正当性,从而为变法提供理据,廖平还提出了一个"改文从质论"。

文与质的关系,是儒家传统中的一个经典话题,各种典籍中多有论述,这里不再展开。且看廖平1896年写成的《论语汇解凡例》给予的专门解释:"文质之说,王者大纲。二者不偏,乃为至当。《论语》或取伯子,或讥子成。盖上古简略,由质而文,孔子定礼,自当从周。此一说也。孔子殷人,以商后自托,故公羊家有改文从质之说。《论语》一主创制加隆,一以王后自比,而'野''史'一章,折中一是,彬彬合中,是为定制。须知法久必至于敝,矫枉难免不偏。救弊之言,与通行之义,固两不相妨也。"①

根据廖平1898年写成的《改文从质说》,"文"指中国,"质"指西方,理由是,"孔子论质之弊曰野,野者鄙陋,与都士相反。泰西

---

① 廖平:《论语汇解凡例》,载舒大刚、杨世文主编:《廖平全集》第2册,上海古籍出版社2015年,第615页。

不重伦常,绝于名教,极古今中外之变,而求一与文相对相反之质,非泰西而何?"泰西代表质,学习泰西就是为了"改文从质",当然,最终的目的则是前文已经论及的"救文弊"。然而,"今之守旧者,于维新政事已深恶而痛绝之"。① 对于这种反对变法的守旧者,廖平根据《周礼》《左传》《春秋》诸经传,从多个方面予以驳斥。譬如,"《左传》'礼失求野',非即取法外国乎? 浮海居夷,不嫌鄙陋,是毂辐版图并包海外,五会之民固未尝在屏绝之列,且夷夏之防严于宋人,六艺恶小求大,正与相反。即以《春秋传》所谓荆、徐、扬、梁,传者亦称夷狄,无论滇、黔、闽、粤也;圣人化去畛域,引而进之,教泽所及,乃得成全《禹贡》九州之制。今遽以华夏自居,屏西人于门墙之外,是犹方一登岸,遂绝后来之问津;我既果腹,遂御外人之学稼,可乎?"② 回答自然是"不可"。

　　按照廖平的这种思维方式,既要学习"西人",也要接纳"西人"、教化"西人",后者乃是中国人不容推卸的一个道德义务。试想,"圣教遍中国,而忍使泰西数千万之生灵不入圣国,长为不教之民乎? 其来也,天启之;天又不使其轻易得闻圣教也,使之讲格致,谋资生,课农工,治战守,合海外诸国男女老幼竭精殚思,前后相继考求,始得一定之法,以投贽于中国,束脩之仪不可谓不厚。中国文弊已深,不能不改,又不能自创,而仰给于外人;亦如西人灾患已平,饱暖已极,自新无术,而内向中国。中取其形下之器,西取我形上之道。日中为市,交易得所而退,文质彬彬,合乎君子。此文质合通,百世损益之大纲也"③。

　　既要学习"西人",又要教化"西人",那么,西方人与中国人,孰

---

① 廖平:《改文从质说》,载舒大刚、杨世文主编:《廖平全集》第11册,上海古籍出版社2015年,第523页。
② 廖平:《改文从质说》,载舒大刚、杨世文主编:《廖平全集》第11册,上海古籍出版社2015年,第524页。
③ 廖平:《改文从质说》,载舒大刚、杨世文主编:《廖平全集》第11册,上海古籍出版社2015年,第524页。

为先生？孰为学生？廖平的回答是，一部分中国人当学生，另一部分中国人当先生，具体地说，"学人之事，官吏主之；教人之事，师儒主之。古法以《孝经》治内，《春秋》治外，今当反用其道，以《春秋》政治治内，《孝经》名理驭外。百僚当北面，师考其养育富强文明之治功；师儒一如该国，立校讲学。盖天下学问与政治同，困小则劣，通博则廓。中国自号文明，闭关自守，未见不足，一自通商，神州遂触其短，相形见绌，所宜修改者甚多。第彼此颠倒，互有长短，非观博通，难达经旨"①。

中国的官吏群体需要向西人学习，以实现富国强兵，以提升中国的硬实力；至于像廖平这样的"师儒"，则需要以《孝经》之类的儒家经典教化西人。概而言之，中国需要改文从质，因此，中国学习西方的目标是实现我们的富强；西方需要改质从文，因此，中国教化西方的目标是提升他们的德性。由此看来，改文从质论包含两个指向：站在中国的立场上是改文从质，站在西方的立场上是改质从文。这样的改文从质论强调相互学习、取长补短、互通有无，可以满足变法时代中国人的某些心理期待，有助于为那个时代的变法提供更容易被中国人接受的正当理据。

（三）政体循环论

只要谈变法，难免会涉及政治制度、政府机构方面的改革，这是变法的题中应有之义。着眼于为这个方面的变法提供法理依据，廖平在经学"三变"的背景下，还写下了一篇《忠敬文三代循环为三等政体论》，以"政体循环论"为政治上的变法提供理论辩护。

在传统中国，政治意义上的循环论由来已久。据《白虎通》："王者设三教者何？承衰救弊，欲民反正道也。三正之有失，故立三教，以相指受。夏人之王教以忠，其失野，救野之失莫如敬。殷

---

① 廖平：《改文从质说》，载舒大刚、杨世文主编：《廖平全集》第11册，上海古籍出版社2015年，第526页。

人之王教以敬,其失鬼,救鬼之失莫如文。周人之王教以文,其失薄,救薄之失莫如忠。继周尚黑,制与夏同。三者如顺连环,周而复始,穷则反本。('三正'当改为'三王'。)"①相似的理论表达还见于《礼记·表记》及其他典籍中。

正是以这样的循环论为基础,廖平写道:"《礼》说:夏尚忠,其弊也野,则救之以敬;殷尚敬,其弊也鬼,则救之以文;周尚文,其弊也史,则更循环用忠。古有是说,三'尚'殊难实指,窃以世界时局考之,则所谓忠、敬、文者,即西人所谓专政、民权、共和也。"②这就是说,忠、敬、文分别代表了夏商周采用的三种政体,三种政体是相互循环的。这样的政体循环理论既然出自权威经典,那就相当于在最高法典中找到了依据。然而,如果从世界范围来看,忠、敬、文分别代表的三种政体,恰好对应于西方的专制政体、民权政体与共和政体,它们也是相互循环的。

按照廖平的论述,法国革命、美国革命,就相当于中国历史上的汤武革命。"古之汤、武,其革命者大约与今海外同,所谓蛮野之君权。尊君,故谓之忠。凡人当合群之初,以与禽兽争,必立君。君者,群也。初籍君以合群,战胜禽兽,非君不能存立,故奉君以为圣神不可犯。积久弊生,君暴厉于上,苛政至猛于虎,民不堪命,乃轰炸以复其仇。"③专制政体就此覆灭,民权政体取而代之。这既是汤武革命的历史效应,也是法国革命、美国革命的历史效应。

如果专制政体对应于"夏之忠",那么,取而代之的"民权政体"就对应于"殷之敬"。在民权政体下,"民之隐衷,必尽情发泄,使无余蕴,而后有公理。当此世界,所谓民权、平等、自由,如虚无党之

---

① 陈立:《白虎通疏证》,吴则虞点校,中华书局1994年,第369页。
② 廖平:《忠敬文三代循环为三等政体论》,载舒大刚、杨世文主编:《廖平全集》第11册,上海古籍出版社2015年,第553页。
③ 廖平:《忠敬文三代循环为三等政体论》,载舒大刚、杨世文主编:《廖平全集》第11册,上海古籍出版社2015年,第553页。

必欲尽去政府而后快。今之西人正如古之汤、武,孟子所有贵民轻君之说,为此时代而言,论公理不分贵贱,君民交战,正如水火阴阳,物极而反,变本加厉"①。这就是西人的"民权政体"之弊。在华夏历史上,该弊端则体现为,"弑君杀相,国无宁岁,人心厌乱,天意随之视听,虽取民权,不得不参用君权,合夏、商、周为一治,故谓之文"②,亦即转变为"周之文"。这就相当于西方的"民权政体"转变为"共和政体"。

经过夏、商、周之后,政体重新循环,中国的政体第二次回到"尊君"之"忠",但又不是简单的重复,因为,"二次之君统早已合三质而混化之。自其外貌观,君不似君,民不似民。由春秋至今,细为分划,以千年为一周,吾国正当二次共和之时代,故不能谓之为民权,亦不能谓之为君权,盖已变野而文明"。至于未来的中国政体,"当与全球合并而为大一统。从周而大夏,从大夏而大殷,从大殷而大周,三次之三统当更文明,则固非吾辈所及见矣"。③ 根据这样的政体循环论,中国固有的政体必然与世界其他地方的政体相互融和。在这个意义上,学习借鉴世界各国的政体,就是政体循环论的题中应有之义,这就为改制、变法提供了巨大的理论空间,变法之理由此得到了有力的强化、深化。

以上分述的"皇帝王伯论""改文从质论""政体循环论",体现了廖平在"经学三变"的过程中,立足于"小大之分"为变法提供的法理依据。这些理据虽然说法不一,但有一些共同的特点,那就是,在尊崇孔子、依赖六经的原则下,面向世界,既要改进国家治理,还要追求全球治理。

---

① 廖平:《忠敬文三代循环为三等政体论》,载舒大刚、杨世文主编:《廖平全集》第11册,上海古籍出版社2015年,第553页。
② 廖平:《忠敬文三代循环为三等政体论》,载舒大刚、杨世文主编:《廖平全集》第11册,上海古籍出版社2015年,第554页。
③ 廖平:《忠敬文三代循环为三等政体论》,载舒大刚、杨世文主编:《廖平全集》第11册,上海古籍出版社2015年,第554页。

小结

根据廖平自号的"六译"和自命的"六译馆丛书"这样一些相对固定的名号,以及多家硕学名宿的归纳总结,廖平经学当以"六变"计。但是,上文关于廖平经学的分述,主要着眼于其中的"前三变",较少涉及"后三变"。做出这种选择的原因,前面已经略有交待,这里还可以稍作补充:廖平经学的"后三变"关注的"天人"、《黄帝内经》等主题,与变法及其法理的关系相对疏远;相对说来,"前三变"所蕴含的法理与变法具有密切的关系,尤其是与戊戌变法的关系,更是密不可分。在某种程度上,戊戌变法甚至可以视为廖平关于变法之"理"或"道"凝聚而成的肉身,从而为"道成肉身"之隐喻再添一个实例。进而言之,如果廖平经学的"前两变"可以作为戊戌变法的思想前奏、法理前奏,那么,廖平经学的"第三变"几乎与戊戌变法同步发生,几乎可以视为关于戊戌变法之理的"即席发言"或"现场解说"。

相关研究表明,"光绪二十二年(1896),维新变法运动在四川兴起","1898年初",宋育仁"联络具有维新思想的官绅学人"组织了蜀学会。作为"宣传维新变法的社会团体",蜀学会出版了《蜀学报》,"廖平任总纂",《蜀学报》于1898年5月5日创刊发行,"对开展维新变法运动和传统蜀学的转型起到推动作用"。[①] 这些史实说明,廖平不仅为戊戌变法提供了法理依据,而且还以"《蜀学报》总纂"的身份,积极参与了戊戌变法。

进一步看,廖平不仅是戊戌变法的参与者,而且还是辛亥革命的行动者。据记载,1911年春,廖平受"川汉铁路公司总理曾培"之聘,担任"《铁路月刊》主笔","十月,四川军政府成立","尹昌衡继任都督,杀前四川总督赵尔丰。革命党人亦杀署四川总督端方于资州。四川军政府设枢密院,聘先生暨诸暨楼黎然任正副院长"。[②] 这就是说,廖

---

① 胡昭曦:《振兴近代蜀学的尊经书院》,载《蜀学》第三辑,巴蜀书社2008年,第10—11页。
② 廖幼平编:《廖季平年谱》,巴蜀书社1985年,第70—71页。

平在戊戌变法时期阐述的法理,不仅可以支持改制与变法,而且还可以支持革命;他的法理既是支持戊戌变法的法理,同时也是支持辛亥革命的法理。正是由于这个缘故,查阅王闿运在"丙辰(1916)七夕"为"竹庵《诗录》"所作的跋语,可以看到这样的自述与评论:"及主讲成都,专以六经课士,弟子胡延、张祥龄喜文词,廖平治《公羊》。其后胡、张出仕,颇有政绩。廖倡新说,谈革命,遂令天下纷扰。"①

廖平"倡新说",既谈改制、变法,也"谈革命"。比较而言,康有为只谈改制、变法,不谈革命,这就是廖平与康有为的区别。前文提到蒙文通之言:康氏"未穷廖师之柢蕴","不得以康氏之言概廖氏学",原因就在这里。此外,在写于20世纪30年代的《儒家政治思想的发展》一篇中,蒙文通还说:"以董生变'易姓'之事为'继体之君',于'汤、武革命'漫曰'三代改制',则仅当于'五际''改政'之义耳。于是'改制'之说起,而'革命'之论湑,至晚近谈'变法'而旨益隘。董生变其所学,以委曲于汉,固无以愈于公孙弘之阿世,然儒术遂行,儒显而道以晦,独非董生之咎哉!"②这段论述旨在批判董仲舒只讲改制,不讲革命。但是,透过字里行间,却可以隐约看到蒙文通对"晚近"谈"变法"的康有为的批判:"晚近"的变法者康有为只知继承董仲舒的衣钵,只知变法,不知革命,且越来越狭隘。③ 相比之下,廖平关于改制、变法之说,却包含了革命之义。这就是蒙文通所说的康氏"未穷廖师"的含义。

---

① 王闿运:《诗说·卷七》,载王闿运:《湘绮楼诗文集》,马积高主编,岳麓书社1996年,第2329页。
② 蒙文通:《儒家政治思想之发展》,载蒙文通:《蒙文通全集》第一册,巴蜀书社2015年,第61页。
③ 这样的"索隐",可以在蒙文通1961年的一次发言中得到证实,他说:"清末康有为专讲《公羊》,尊崇董仲舒,也不是今文学的全面,所以结果只能言变法,却不能从礼家制度上来研究今文家的'一王大法',从学术上看,他只能是董仲舒的今文学而已。"详见,蒙文通:《孔子思想中进步面的探讨——1961年12月在一次孔子讨论会上的发言》,载蒙文通:《蒙文通全集》第一册,巴蜀书社2015年,第24页。

由此，我们可以更加全面地理解廖平经学的法理向度：旨在为改制、变法、革命寻求法理。不过，在19世纪八九十年代，尤其是在"前三变"中，廖平经学的法理向度集中体现为变法之理，亦即为戊戌变法所代表的那个时代的中国变法改制提供法理依据，廖平也由此书写了戊戌变法时期的中国主流法理学，因为，那个时代的中国主流精神就是改制变法。至于后来的辛亥革命的担纲者，譬如像孙中山这样的革命家，他们秉持的革命法理，主要是源于西方的自由民主，与廖平坚守的儒家本位、孔子本位，已经出现了至为明显的分野。

在全面勾画廖平的法理学说之后，应当如何概括廖平法理学的特质？较之于廖平之前的龚自珍、魏源、冯桂芬、郭嵩焘等人的法理学，廖平的法理学有何特别之处？对此，我们可以从以下几个方面予以分述。

首先，廖平的法理学堪称中国法理学在19世纪八九十年代最为精粹的部分。廖平的法理学产于蜀地，虽然彼时的蜀地被很多人想象为闭塞的内地，似乎不如京沪那样得风气之先，然而，根本性的变化其实早已悄然发生：在19世纪后期，广西、云南、西藏等西南省份，还有西北的新疆，已经处于西方列强的觊觎之下。因此，彼时的蜀地已经成为了一个靠近边疆的地区，这样的地理环境对于廖平的经学，特别是对他的面向全球的"经学三变"，具有较大的影响。此外，由于机缘巧合，廖平在青年时代的学习环境也有诸多优越之处：1875年，张之洞在成都创办尊经书院，次年，廖平就进入这家著名的书院学习。他不仅受教于张之洞、王闿运，而且与俞樾、潘祖荫、康有为、刘师培等人都有方式各异的深入交往。多种机缘促成了廖平的思想高度与法理厚度。蒙文通说："廖师之所以成一家之言，与所以发千载之绝绪者，本自不同，统观学脉，穷源而竟其流，则近世之学，孰为正宗，孰为旁支，孰为贤劳，孰为乱贼，于一人之言，孰为谛论，孰为余事，而后之人所以继往哲、续前功，其端又安在，自可瞭然。"①按照这样的评价，廖平可以代表19世纪八九十年代中国学术思想的"正宗"，如果这种看法是有道理的，那么，廖平的法理学也可以代表那个时代中国法理学的"正宗"，也就是主流。

其次，廖平的法理学是儒家传统中的法理学。19世纪以来的中国近代法理学有一个普遍的趋势，即：在西方的坚船利炮的威逼之下，对中国固有的法理传统，或多或少都有一些疏离，或多或少都在强调"师夷"；即使是在中国文化的框架下铺陈法理，也呈现出对儒家、法家等各家学说的兼收并蓄。廖平的法理学虽然也有"师夷"的因素，但却表现出对儒家、尤其是对孔子的坚守与信仰，而且，还在一定程度上体现了"原教旨主义"的色彩。正如他在1909年所作的《尊孔篇》中所言："学人之尊孔，必如沙门之尊佛，斯近之矣。"②在廖平经学及其法理向度中，确实也表现了这种"沙门尊佛"式的尊孔。无论是见于"初变"的"今古之分"、见于"二变"的"尊抑之分"、见于"三变"的"小大之分"，还是见于"三变"之后的其他各"变"，廖平对孔子的尊崇可谓一以贯之，从来没有发生变化。这种情况，如果是在18世纪以前，可能还在意料之中，置诸19世纪八九十年代，那就是一种令人略感意外的现象。廖平的弟子蒙文通就认为，"廖师过重视孔子，以为今古皆一家之言，故以为初年、晚年之异说，又以为大统、小统之殊科"③。这里的"过"，显然是超过了蒙文通本人重视孔子的程度。但从另一个角度来说，这样的"过"也表明了廖平对孔子的信仰具有浓厚的宗教成分。由此看来，廖平是一个被儒家文化尤其是孔子文化所化之人，是孔子学

---

① 蒙文通：《井研廖季平师与近代今文学》，载蒙文通：《蒙文通全集》第一册，巴蜀书社2015年，第284页。
② 廖平：《尊孔篇》，载舒大刚、杨世文主编：《廖平全集》第2册，上海古籍出版社2015年，第997页。
③ 蒙文通：《井研廖季平师与近代今文学》，载蒙文通：《蒙文通全集》第一册，巴蜀书社2015年，第280页。

说在戊戌变法时代的忠实传人,也许正是由于这个缘故,如前所述,冯友兰的两卷本《中国哲学史》要把廖平作为中国哲学史在经学时代的最后之人。

最后,廖平的法理学是玄想的法理学。廖平的经学具有玄想的性质,他的法理学自然也有这种玄想的性质。针对这种玄想式的经学,钱穆已有批评:"廖之治经,皆先立一见,然后搅扰群书以就我,不啻'《六经》皆我注脚'矣,此可谓之考证学中之陆王。"① 这种陆王式的"六经注我",不妨概括为"玄想"。廖平经学中的"今古之分""尊抑之分""小大之分",其实都带有玄想的性质。在成学过程中,廖平有一段时间也曾偏好考据学。据《年谱》,1876年,二十五岁的廖平"入尊经后,始从事训诂文字之学。博览考据诸书,始觉唐宋人文不如训诂书字字有意。数月后,遂泛览无专功"②。再看廖平在《经学初程》中的自述:"丙子(1876)从事训诂文字之学,用功甚勤,博览考据诸书,冬闲偶读唐宋人文,不觉嫌其空滑无实,不如训诂书字字有意。盖聪明心思,于此一变矣。庚辰(1880)以后,厌弃破碎,专事求大义,以视考据诸书,则又以为糟粕而无精华,枝叶而非根本。"③ 这就是说,廖平对于"考据诸书"的专注,持续的时间很有限,至迟从1880年开始,他就告别了考据之路,转而走上了一条作为思想家或哲学家的成学之路。从这个角度来看,钱穆以"考证学中之陆王"描述"廖平治经",并不恰当,因为廖平治经,总体上不在"考证学中",他1880年之后的经学研究及其法理向度虽然也是持之有故、言之成理,但是,这些理与法理有着颇为明显的玄想的色彩。他是"陆王式"的思想家,也以思想家的方式创造了他的法理学,但他的经学并不是"考证

---

① 钱穆:《中国近三百年学术史》,九州出版社2011年,第727页。
② 廖幼平编:《廖季平年谱》,巴蜀书社1985年,第17页。
③ 廖平:《经学初程》,载舒大刚、杨世文主编:《廖平全集》第1册,上海古籍出版社2015年,第467页。

学",他也不是"考据家"。

正是因为这种"玄想"的"六经注我"的特征,在论述廖平经学之法理向度的过程中,我总是会想到黑格尔关于历史哲学的建构逻辑。黑格尔说:"世界历史从'东方'到'西方',因为欧洲绝对地是历史的终点,亚洲是起点",所以"我们首先必须讨论的是东方"。然后,"希腊的世界便可比做'青年时代',因为这里渐有个性的形成"。接下来,"第三个因素便是抽象的普遍性的领域:这就是罗马国家,也就是历史上'壮年时代'的艰苦的工作"。最后,"日尔曼世界出现,这是世界历史的第四个因素。假如我们把这个因素和人类的时代来比较,便要把它看作是人生的'老年时代'了。自然界的'老年时代'是衰弱不振的;但是'精神'的'老年时代'却是完满的成熟和力量,这时期它和自己又重新回到统一,但是以'精神'的身分重新回到统一"。① 黑格尔建构"历史哲学"的这种方式,较之于廖平建构经学、建构法理学的方式,可谓异曲同工,形不似而神似。以这种"玄想"的方式建构起来的经学与法理学,虽然不够"科学"、不够"实证",被一些人视为"穿凿附会",但是,它作为一种思想或法理学,却自有其不容忽视的价值。正如黑格尔的历史哲学,虽然也是玄想的产物,但它在思想史上的意义,它对于世界与历史的解释力,却没有人可以否认。廖平的法理学,亦即廖平经学的法理向度,也可以作如是观:它虽然是玄想的产物,但却有效地解释了戊戌变法前后的时代精神,描绘了处于巨变中的华夏文明秩序,从而为戊戌变法所代表的那个时代的改制、变法,提供了思想基础与法理依据。

概而言之,廖平的法理学主要是变法的法理学,在这个意义上,可以把廖平的法理学视为戊戌变法的思想前驱。但与此同时,如果站在戊戌变法的时间节点上眺望十几年后的辛亥革命,如果

---

① 黑格尔:《历史哲学》,王造时译,上海书店出版社2006年,第95—100页。

就本节的主题略作延伸，那么，我们还可以透过廖平的言行看到，他的法理学还允诺了革命，还为戊戌变法之后的辛亥革命埋下了思想伏笔，提供了法理铺垫。从这个角度来看，廖平的法理学，同时也是革命的法理学。为什么经过辛亥革命建立起来的中华民国政府愿意在廖平去世后给他以所谓"国葬"的待遇，根本的原因就在这里。当然，这是另一个主题，这里不再展开。

第二节 康有为

由于康有为(1858—1927)在近代中国的政治、思想领域具有重要的地位，百年以降，关于康有为的研究早已蔚为大观，由此产生的相关论著可谓汗牛车、充栋宇。尽管"康有为研究"早已不是一个新鲜的学术主题，但是，从法理学的角度研究康有为，理解康有为对中国近代法理学的贡献，依然是必要的。应当看到，在康有为活跃于中国政治、思想舞台的19世纪末20世纪初，经历了两千年的经学时代趋于终结，中国政治、社会的正当性理据需要重新确立，那么，重新确立如何可能？更为重要的是，康有为作为维新变法的推动者，他试图寻求的新法(以及新政、新制)都需要通过新理(新的理据)来论证、支撑，那么，康有为是如何论证的？他如何运用他找到的"新理"来支撑他选择的"新法"？他找到了什么样的"新理"，并以之论证了什么样的"新法"？

要回答这些问题，有必要注意他提出的一个命题："实理明则公法定"。这里"实理"就是"理"，加上一个"实"字作为修饰词，旨在说明，这样的理绝非空虚之理，而是实在的、可验证的理；"公法"就是"法"，加上一个"公"字作为修饰词，旨在说明，这样的法绝非偏私之法，而是公共的、公认的、公推的法。于是，"实理明则公法定"也可以简化为"理明则法定"。显然，这个命题旨在阐述理与法之间的关系，因而是一个法理命题。

这个法理命题出于康有为的《实理公法全书》,此书"凡例"第一条称:"凡天下之大,不外义理、制度两端。义理者何?曰实理,曰公理,曰私理是也。制度者何?曰公法,曰比例之公法、私法是也。实理明则公法定,间有不能定者,则以有益于人道者为断,然二者均合众人之见定之。"①普天之下的文明及秩序,亦即任何文明秩序,都是由义理与制度支撑起来的。义理就是理,制度就是法。因而,文明秩序依赖于理与法。至于理与法的关系,则可以概括为"实理明则公法定",亦即"理明则法定"。这个命题既讲法,也讲理,同时还讲理与法之间的关系:理先于法,法对理的依赖,理对法的牵引,等等。由此看来,这个命题可以在相当程度上表达康有为关于法与理相互关系的认知。通过这个命题,可以展示康有为法理学的精神与风格。

因而,康有为的"实理明则公法定"命题,可以作为走进康有为法理世界的一个入口。在走向这个入口之际,有必要重温康有为在《日本书目志》中的一个论断:"人与人交,则语言、行坐必有矩焉。所谓法也,合人人而成家,合家家而成国,家与家交,国与国交,则法益生矣。《春秋》者,万身之法,万国之法也。尝以泰西公法考之,同者十八九焉。盖圣人先得公理、先得我心也,推之四海而准也。"②所谓法,就是人与人、家与家、国与国相互交往的规则,这个论断是颇为精当的。进一步看,尤其是根据康有为所持的今文经学立场,无论是华夏的法,还是泰西的法,都有一个共同的源头,那就是《春秋》。华夏圣人孔子创造或"制作"的《春秋》及其承载的理,先于一切法,乃是一切法的依据、根据、基础。华夏圣人率先阐明了这样的理,并将这样的理推之四海,东西方的法由此得以确定。这就是"实理明则公法定"的基本含义、一般含义。接下来,

---

① 康有为:《实理公法全书》(约1888年前),载康有为:《康有为全集》第一集,中国人民大学出版社2007年,第147页。
② 康有为:《日本书目志》(1898年春),载康有为:《康有为全集》第三集,第357页。

需要我们进一步索解的问题是,华夏圣人阐明的理,其实体内容到底是什么?根据此理所确定之法,又当如何表达?

显然,这是一个开放性的问题,回答这个问题的思路具有多样性。在多种选项、多种可能性中,康有为在《孔教会序》中指示的一条路径值得注重:"今之谬慕欧美者,亦知欧美今所以强盛,不徒在其政治,而有物质为之耶?欧美所以为人心风俗之本,则更有教化为之耶?教化之与政治、物质,如鼎之足峙而并立。教化之与政治,如车之双轮而并驰,缺一不可者也。"①促成欧美强盛的因素主要有三:首先是"政治",其次是"物质",最后还有"教化"。一方面,这三个因素具有"鼎立"的关系,三者共同支撑了欧美的强盛,共同构成了欧美强盛的原因;另一方面,在三者之中,政治作用于人身,教化作用于人心,因而,在政治与教化之间,又可以形成一种"双轮驱动"的关系。后文的论述还将表明,三者之间还可以形成其他组合方式。不过,无论怎么组合,政治、物质与教化都是欧美强盛的关键所在。

19世纪末20世纪初的中国要成为一个强盛的国家,有必要着眼于这三个因素。既然如此,"实理明则公法定"作为一个法理命题,也可以借助于这三个因素分别提示的方向,予以全面而系统的解释。因此,下文的思路是:首先从"政治"的角度看理与法的关系,在政治维度中理解"实理明则公法定";接下来,从"物质"的角度看理与法的关系,在物质维度中理解"实理明则公法定";最后,从"教化"的角度看理与法的关系,在教化维度中理解"实理明则公法定"。经过这样的辨析,既可以全面诠释康有为的"实理明则公法定"命题,也可以由此呈现康有为建构的法理世界。

一、从公羊三世之理到君主立宪之法

根据"实理明则公法定"之命题,理先于法,理是法的前提。虽

---

① 康有为:《孔教会序》(1912年10月7日),载康有为:《康有为全集》第九集,第343页。

然理有万端，但世间万事万物最根本的理，却出自华夏圣人制作的《春秋》。在《春秋》这部经书中，康有为最为看重的理可以概括为"公羊三世之理"。

"公羊三世"这个概念表明，"三世"是公羊学的观点。根据公羊学，"三世"源于《春秋》。然而，如果我们查阅《春秋》经中的《隐公第一》，经文中的相关记载仅有五个字："公子益师卒。"这句经文的字面意义实在平淡无奇：有一个被称为"公子益师"的鲁国大夫死了。这句经文只不过在陈述一个客观的事实。然而，《公羊传》却揭示了这句经文所隐含的大义："何以不日？远也。所见异辞，所闻异辞，所传闻异辞。"①经文中为什么不记载这个鲁国大夫的死亡日期？只是因为这个人的死亡日期过于久远。原来，孔子作《春秋》，对他所亲身经历的时代，对他所听闻的时代，对他所辗转听闻的时代，分别使用了不同的言辞。这就是今文经学中所谓"三世异辞"之源头。不过，在《公羊传》中，严格说来，虽然有"异辞"的概念，也有"所见""所闻""所传闻"之间的划分，但并没有直接出现"世"或"三世"的概念。

西汉的董仲舒表达了"世"的概念。他说："《春秋》分十二世以为三等：有见，有闻，有传闻。有见三世，有闻四世，有传闻五世。故哀、定、昭，君子之所见也；襄、成、宣、文，君子之所闻也；僖、闵、庄、桓、隐，君子之所传闻也。所见六十一年，所闻八十五年，所传闻九十六年。"②董仲舒所说的"世"，其实相当于"代"，"十二世"实为鲁国的"十二代"君主。在董仲舒的笔下，虽然出现了"三世"的概念，但同时也有"四世"及"五世"的概念。董仲舒所说的"三世"还仅仅只是孔子"所见"之"三世"，亦即孔子所经历的三代鲁君，这样的"三世"，还不是康有为赖以立论的"三世"。

---

① 黄铭、曾亦译注：《春秋公羊传》，中华书局 2016 年，第 13 页。
② 张世亮、钟肇鹏、周桂钿译注：《春秋繁露》，中华书局 2012 年，第 10 页。

到了东汉时期,何休用"三世"一词解释"所见,所闻,所传闻"分别代表的三个时代:"于所传闻之世,见治起于衰乱之中,用心尚粗觕。故内其国而外诸夏,先详内而后治外,录大略小,内小恶书,外小恶不书,大国有大夫,小国略称人,内离会书,外离会不书是也。于所闻之世,见治升平,内诸夏而外夷狄,书外离会,小国有大夫,宣十一年'秋晋侯会狄于攒函',襄二十三年'邾娄劓我来奔'是也。至所见之世,著治大平,夷狄进至于爵,天下远近、大小若一,用心尤深而详。故崇仁义,讥二名,晋魏曼多、仲孙何忌是也。"①何休的这段论述标志着"公羊三世之理"的初步形成:"所传闻之世"对应于"衰乱"之世,"所闻之世"对应于"升平"之世,"所见之世"对应于"大平"之世。何休所说的"大平",相当于"太平"或"大同"。

到了清代,以庄存与、刘逢禄等人作为主要代表的常州学派重提何休的"三世"之分,但表述各具特色。譬如,刘逢禄提出:"《春秋》起衰乱以近升平,由升平以极太平。"②魏源作为刘逢禄的弟子,关于"三世"的言辞又有所翻新:"矧我圣清皥皥二百载,由治平、升平而进于太平。"③这就是清代今文经学旨在复兴的"公羊三世之理"。

康有为既然是所谓"今文学运动之中心"④,自然对"公羊三世"及其蕴含的义理怀有特别的偏好,他甚至把弘扬"三世"之说作为自己的一个宿愿。在康有为看来,"三世"的划分源出于孔子,孔子虽然没有把"三世"之名直接写在《春秋》的经文中,但以口说的方式,把"三世"之理传给了他的弟子:"据乱、升平、太平三世之义,

---

① [汉]何休解诂:《春秋公羊传注疏》,[唐]徐彦疏,刁小能整理,上海古籍出版社2013年,第38页。
② [清]刘逢禄撰:《春秋公羊经何氏释例 春秋公羊释例后录》,曾亦点校,上海古籍出版社2013年,第9页。
③ [清]魏源:《国朝古文类钞序》,载魏源:《魏源集》,中华书局2009年,第229页。
④ 梁启超:《清代学术概论》,上海古籍出版社2005年,第65页。

幸赖董、何传之,口说之未绝,今得一线之仅明者此乎？今治大地升平、太平之世,孔子之道犹能范围之。若无董、何口说之传,则布于诸经,率多据乱之义,孔子之道不能通于新世矣。"①正是董仲舒、何休所代表的公羊家把孔子口说的"三世"付诸文字,孔子关于"三世"之理才得以凭借文字流传下来。

在康有为的各种著述中,对"三世"蕴含的义理有反复的论述。归结起来,主要包括两个方面的要义:其一,"三世"代表了历史规律;其二,"三世"具有规范意义。

先看"三世"蕴含的历史规律。康有为回顾自己的成学经历,称自己"六岁而受经,十二岁而尽读周世孔氏之遗文",后来,"去古学之伪,而求之今文学","而得《易》之阴阳之变、《春秋》三世之义,曰:孔子之道大,虽不可尽见,而庶几窥其藩矣。惜其弥深太漫,不得数言而赅大道之要也,乃尽舍传说而求之经文。读至《礼运》,乃浩然而叹曰:孔子三世之变、大道之真,在是矣。大同小康之道,发之明而别之精,古今进化之故,神圣悯世之深,在是矣"。② 这段"学术自述"既回顾了康有为服膺"三世"之理的思想历程,同时也指出,"三世"之说揭示了"古今进化之故",昭示了历史演进的规律,毕竟,"'三世'为孔子非常大义,托之《春秋》以明之。所传闻世为据乱,所闻世托升平,所见世托太平。乱世者,文教未明也。升平者,渐有文教,小康也。太平者,大同之世,远近大小如一,文教全备也"。③

至于"三世"所具有的规范意义,则更为明显:"孔子改三世之制,开新王之法,以治后世。"④"三世"既是义理,也是法制,它是新

---

① 康有为:《春秋笔削大义微言考》(1901年),载康有为:《康有为全集》第六集,第6—7页。
② 康有为:《礼运注》(大约作于1901年至1902年),载康有为:《康有为全集》第五集,第553页。
③ 康有为:《春秋董氏学》(1893年至1897年),载康有为:《康有为全集》第二集,第324页。
④ 康有为:《中庸注》(1901年3月),载康有为:《康有为全集》第五集,第386页。

王之法的源头,是圣王治理后世的依据。具体地说,"孔子立三世之法:拨乱世仁不能远,故但亲亲。升平世仁及同类,故能仁民。大平世众生如一,故兼爱物。仁既有等差,亦因世为进退大小"①。在不同的历史阶段,应当采用不同的治理原则:"据乱世"用"亲亲","升平世"用"仁民","太平世"用"兼爱",这就是"三世"的规范意义。从孔子之道与三世之理的关系来看,"孔子之道,其本在仁,其理在公,其法在平,其制在文,其体在各明名分,其用在与时进化。夫主乎太平,则人人有自立之权;主乎文明,则事事去野蛮之陋;主乎公,则人人有大同之乐;主乎仁,则物物有得所之安;主乎各明权限,则人人不相侵;主乎与时进化,则变通尽利。故其科指所明,在张三世。其三世所立,身行乎据乱,故条理较多;而心写乎太平,乃意思所注"。② 这就是说,孔子之道,集中体现为"三世"这样一个具有规范性的准则。

康有为重述的"公羊三世之理",具有什么样的法理意涵?对此,我们可以参看当代中国的宪法序言。当代中国的宪法序言定型于 1982 年,在随后的数十年里,虽然经过多次修改,但基本上保持了原有的框架。从内容来看,中国宪法序言共计一千八百多字,主要是一篇薄古而厚今的"史记",其重心又是现代中国先后发生的"四件大事":一是辛亥革命,二是建立中华人民共和国,三是确立社会主义制度,四是正在进行的经济建设。中国宪法序言关于"四件大事"的历史叙述,可以概括为两句话:历史成逻辑,规律成本体。"历史是永远存在的,历史是不朽的,由历史所呈现出来的历史规律,也就具有'天不变,道亦不变'的恒定性。这样的历史规律正是中国宪法序言的起点,当然也是中国宪法正文以及根据中国宪法制定的所有法律的起点与依据。"③中国宪法序言对历史规律的彰显,

---

① 康有为:《孟子微》(1901 年),载康有为:《康有为全集》第五集,第 415 页。
② 康有为:《春秋笔削大义微言考》(1901 年),载康有为:《康有为全集》第六集,第 3 页。
③ 喻中:《法理四篇》,中国法制出版社 2020 年,第 182 页。

与"公羊三世之理"彰显的历史规律,在实体内容上当然是不同的,但是,两者都体现了对历史规律的依赖。历史规律既是中国宪法序言赖以立论的依据,同时也是"公羊三世"赖以立论的依据。

如果说,中国宪法序言旨在揭示的历史规律及规范意义为中国宪法正文以及根据宪法制定的中国法律体系提供了法理依据,那么,根据"公羊三世之理"蕴含的历史规律及规范意义,以圣人自居的康有为又"制作"了什么样的法呢?或者说,康有为的改制变法有何具体指向?回答是:君主立宪。君主立宪作为一种制度性的法,是根据"公羊三世之理"做出的必然选择。根据"公羊三世之理",必然走向"君主立宪之法"。这个维度上的"实理明则公法定",可以从以下几个方面来把握。

(一)"公羊三世之理"决定了君主立宪是不能跨越的政体形态

从源头上说,"三世"之理出于孔子及其《春秋》,"其为《春秋》,分据乱、升平、太平三世。据乱则内其国,君主专制世也;升平则立宪法,定君民之权之世也;太平则民主,平等大同之世也。孔子岂不欲直至太平大同哉?时未可则乱反甚也。今日为据乱之世,内其国则不能一超直至世界之大同也;为君主专制之旧风,亦不能一超至民主之世也。"①《春秋》所划分的"三世",亦即"据乱世""升平世"与"太平世",可以分别对应于三种政体:(1)"君主专制",(2)"君民之权"由宪法来确定的君主立宪政体,以及(3)标举平等、大同的民主政体。如果说,从"据乱世"到"升平世"再到"太平世",体现了历史演进的规律,那么,从"君主专制"到"君主立宪"再到"民主政体",同样是历史规律的体现。这样的历史规律不能违背,这样的历史规律所设定的三个历史阶段也不能跨越。

在两千多年以前,孔子也曾希望从"据乱世"直接抵达"太平

---

① 康有为:《答南北美洲诸华商论中国只可行立宪不能行革命书》(1902年5月),载康有为:《康有为全集》第六集,第313页。

世",但是,在"时未可"的严格约束下,哪怕是孔子,也不能超越作为历史进程之中间环节的"升平世"。康有为所见的从戊戌到辛亥的那样一个时代,同样也处于从"据乱世"转向"升平世"的过程中,亦即从"君主专制"转向"君主立宪"的过程中,如果要在这样的时间节点上超越君主立宪,直抵民主政体,同样是不可能的。因为,这是"三世"所蕴含的义理所决定的。

"三世"中的"太平世"是一个必然要实现的目标,同理,与"太平世"相对应的民主政体也是必然要实现的,然而,"民权则至在必行,公理则今日万不能尽行也。盖今日由小康而大同,由君主而至民主,正当过渡之世,孔子所谓升平之世也,万无一跃超飞之理。凡君主专制、立宪、民主三法,必当一一循序行之"。如果违背了这样的历史规律,则必生"大乱"。因此,"既当过渡之时,只得行过渡之事,虽有仁人志士欲速之而徒生祸乱,必无成功,则亦可不必矣"。① 所谓"过渡之时",就是居于专制时代与民主时代之间的过渡时代,在这样的过渡时代,只能行立宪之事——立宪之事就是过渡之事,只能以立宪之事回应过渡之时。孔子作为圣人,就是因为孔子善于回应特定时代的需要,"故礼时为大,势为大,时势之所在,即理之所在,公理常与时势相济而后可行;若必即行公理,则必即日至大同无国界、无家界然后可,必妇女尽为官吏而后可,禽兽之肉皆不食而后可,而今必不能行也"②。

根据1902年前后的时与势,中国只能走君主立宪之路。那个时代的西方国家,也普遍实行君主立宪。如果要说有例外,那就只有美国与法国。然而,"美为新造之邦,当时人民仅四百万,与欧洲隔绝,风气皆新,无一切旧制旧俗之拘牵。其后渡海赴之者,皆厌

---

① 康有为:《答南北美洲诸华商论中国只可行立宪不能行革命书》(1902年5月),载康有为:《康有为全集》第六集,第314页。
② 康有为:《答南北美洲诸华商论中国只可行立宪不能行革命书》(1902年5月),载康有为:《康有为全集》第六集,第314页。

故国,乐自由,故大更大变,事皆极易;故法革命而无效,美自立而见功。若我中国万里地方之大,四万万人民之众,五千年国俗之旧,不独与美迥绝不同,即较之法亦过之绝远。以中国之政俗人心,一旦乃欲超跃而直入民主之世界,如台高三丈,不假梯级而欲登之;河广十寻,不假舟筏而欲跳渡之。其必不成而堕溺,乃必然也"①。因此,从世界范围来看,"欧洲须由立宪君主,乃可渐致立宪民主;中国则由君主专制,必须历立宪君主,乃可至革命民主也。自夏徂冬者,必历秋之凉和,乃可由盛暑而至严冬,岂有一日能成者哉!"②

只能实行君主立宪,而不能超越君主立宪这个环节,直接以革命的方式抵达民主政体。这既是"三世"之理的要求,同时也是实际情况、现实条件约束下的应有选择、必然选择。根据康有为的分析,以下两种现实情况,决定了中国应当走君主立宪之路。

一方面,光绪皇帝是一个很好的皇帝,这就为实施"君主立宪"创造了一个积极的、关键的前提条件。试想,如果光绪是一个像夏桀或殷纣那样的君主,"君主立宪"可能就搞不起来;偏偏光绪又是一个难得的圣君,君主立宪的推行就有了一个很好的基础。按照康有为的描述,光绪这个皇帝,"不顾己之害,不待民之请,又非鉴万国之变,而以救民之故,亟亟予民权自由。其心至仁如天,其公如地,其公天下而无少私,视天位如敝屣,此欧洲各国所未有,中国数千年所未闻也。夫万国力争流血所不得者,而皇上一旦以与民;我四万万不待流血、不待力争,而一旦得欧洲各国民自由民权之大利,此何如其大德哉!"这样的比较与对照表明,光绪皇帝的仁德甚至超过了中外历史上所有的君主。"有君如此,岂忍负之? 皇上以

---

① 康有为:《答南北美洲诸华商论中国只可行立宪不能行革命书》(1902年5月),载康有为:《康有为全集》第六集,第313页。
② 康有为:《答南北美洲诸华商论中国只可行立宪不能行革命书》(1902年5月),载康有为:《康有为全集》第六集,第325页。

救民变法,不幸被废,事竟不行。然以寻常言之,人以救我而至大祸,我乃不能救之,于报施之理已为不公;况因恩人不幸在祸,被缚于贼之时,而反戈攻之,曰革命,曰扑满,是以怨报德、以仇报恩也。吾国人岂可出此!"①面对因救民而被缚于贼的圣君,一些人还要落井下石,这在道义上是站不住的。康有为认为,变法之所以没有取得预期的成功,主要在于西太后、荣禄等人,他们阻碍变法维新,罪恶深重,因而才是中国走向富强的绊脚石。因此,应当把光绪皇帝与西太后、荣禄等人泾渭分明地切割开来,以光绪皇帝为中心、为基础,实行君主立宪。康有为的这种论证理路,特别是他对光绪的评价,虽然包含了所谓知遇之恩的情感因素,但也确实为实施君主立宪提供了一些正当性论证。

另一方面,试图通过反满、排满的种族革命建立民主政体,是没有理论依据的,在法理上也站不住。晚清以降,"反满"逐渐成为一种思潮。1905年,中国同盟会甫一成立,孙中山就提出了"驱除鞑虏,恢复中华"的主张,这种"反满"主张的理论依据主要是由来已久的夷夏之分。但康有为认为,"夷夏论"并不能支持"反满革命论"。虽然夷夏之分出于《春秋》,然而,根据《春秋》之大义,华夏与夷狄之间的关系并不是凝固的,而是相互转化的:华夏之人如果不讲礼义,那就是夷狄;夷狄之人如果讲礼义,那就是华夏。《春秋》关于华夏、夷狄的划分,主要在于突出文明与野蛮之间的差异。"故中国、夷狄无常辞,从变而移。当其有德,则夷狄谓之中国;当其无道,则中国亦谓之夷。"根据"三世"之理,"据乱之世,内其国而外诸夏;升平之世,内诸夏而外夷狄;至于太平之世,内外大小若一。故曰王者爱及四夷,又曰王者无外,又曰远方之夷,内而不外也"。具体到满汉之间的差异,那就相当于土籍、客籍这种籍贯上

---

① 康有为:《答南北美洲诸华商论中国只可行立宪不能行革命书》(1902年5月),载康有为:《康有为全集》第六集,第314—315页。

的差异。而且,清王朝自建立以来,"其教化文义,皆从周公、孔子;其礼乐典章,皆用汉、唐、宋、明,与元时不用中国之教化文字迥异。盖化为一国,无复有几微之别久矣。若衣服辫发,则汉人化而同之,虽复改为宋、明之服,反觉其不安。又历朝皆少失德,无有汉桓、灵,唐高、玄,宋徽、光,明武、熹之昏淫者。若夫政治专制之不善,则全由汉、唐、宋、明之旧,而非满洲特制也。然且举明世廷杖镇监大户加税矿政之酷政而尽除之。圣祖仁皇帝定一条鞭法,纳丁于地,使举国数万万人,数百年子子孙孙,永除差徭,无复有车辚马萧,弓箭在腰,爷娘妻子走送,哭声直上干霄之苦。此则唐、虞至明之所无,大地各国所未有也。亦可谓古今最仁之政矣"。① 这些事实表明,"反满革命"之说,实在找不到足够的法理、情事、事理方面的依据。既然不能走向"反满革命"之路,那就只能坚持"君主立宪之法"。

以上两个方面是康有为对那个时代的实际情况的概括,把"公羊三世之理"与这样一些实际情况相结合,得出的结论是:只能实行君主立宪。

(二) 君主立宪的制度要素

根据"公羊三世之理"确定的君主立宪,作为一种法、政体、制度,构成了康有为改制变法的总体目标与基本方向,虽然在不同的文献中,康有为关于"君主立宪"有不同的表达方式。譬如,上文引用的"升平则立宪法,定君民之权之世也",就是关于君主立宪的一种解释。按照这样的解释,"君主立宪之法"主要是指:立宪法,并以宪法确定君民之权。但是,这样的表述并未全面揭示君主立宪的制度要素。综合参考康有为的相关论述,君主立宪的制度要素,主要包括以下三端。

---

① 康有为:《答南北美洲诸华商论中国只可行立宪不能行革命书》(1902年5月),载康有为:《康有为全集》第六集,第327页。

第一个要素是三权分立,这是从西方引进的一个制度要素。在戊戌变法的过程中,康有为反复强调三权之间的分立或"鼎立"。譬如,《上清帝第六书》称:"近泰西政论,皆言三权,有议政之官,有行政之官,有司法之官;三权立,然后政体备。"①换言之,一个完备的政体,必须实行议政、行政、司法之间的分立。在《日本变政考》中,康有为又说:"泰西之强,其在政体之善也。其言政权有三:其一立法官,其一行法官,其一司法官。立法官,论议之官,主造作制度,撰定章程者也;行法官,主承宣布政,率作兴事者也;司法官,主执宪掌律,绳愆纠谬者也。三官立而政体立,三官不相侵而政事举。夫国之有政体,犹人之有身体也。心思者主谋议,立法者也;手足者主持行,行法者也;耳目者主视听,司法者也。三者立以奉元首,而后人事举。而三者之中,心思最贵。"②这是关于三权分立的较为完整的说明:三权各司其职,立法权居于主导地位,至于元首或君主,则高高在上。

基于这样的三权分立体制,康有为拟定的《请定立宪开国会折》称:"东西各国之强,皆以立宪法、开国会之故。国会者,君与国民共议一国之政法也。盖自三权鼎立之说出,以国会立法,以法官司法,以政府行政,而人主总之,立定宪法,同受治焉。人主尊为神圣,不受责任,而政府代之。东西各国,皆行此政体,故人君与千百万之国民,合为一体,国安得不强?"因而,只要"行三权鼎立之制,则中国之治强,可计日待也。"③由此说来,实行三权分立,主要还是为了实现国家的强大。按照康有为的理解,三权分立之制既然是其他国家走向强盛的根源,也必将成为中国"治

---

① 康有为:《上清帝第六书》(应诏筹全书折,1898年),载康有为:《康有为全集》第四集,第18页。
② 康有为:《日本政变考》(1898年6月21日后),载康有为:《康有为全集》第四集,第115页。
③ 康有为:《请定立宪开国会折》(代内阁学士阔普通武作,1898年8月),载康有为:《康有为全集》第四集,第424页。

第二章　从戊戌变法到辛亥革命的法理学　　167

强"的根源。

康有为对三权分立的再三致意,既有西方各国政治实践所产生的示范作用,同时也受到了西方法政学说的影响,其中,孟德斯鸠对康有为的影响尤为突出。按他的说法,"自亚里士多德发立法、行政、司法三权鼎立之说,而孟德斯鸠大发之,于是以议院为立法之地。议院者,合一国之民心,举一国之贤才而议定一国之政,诚官制第一之本原也"①。这样的叙述表明,孟德斯鸠的法政学说堪称康有为宣扬三权分立的指导思想。康有为法政思想的西化色彩,由此可见一斑。

第二个要素是保留君主,当然只是形式上的君主。既然确定了"君主立宪之法",那么,"君主"这个因素就是必不可少的。辛亥革命之后,康有为有一个自述:"仆自戊戌来主持君主立宪,自辛亥来主持虚君共和;光明言之,未有改也。"②在这里,虽然康有为区分了"君主立宪"与"虚君共和",虽然从字面上看,"君主立宪"与"虚君共和"似乎可以表达两种不同的法、政体或制度,但从内容上看,康有为所理解的"君主立宪"与"虚君共和"并无实质性的差异。

在康有为眼里,英国所代表、所实践的政体,既可以称为"君主立宪"政体,也可以称为"虚君共和"政体。既然"君主立宪"的典型样态与"虚君共和"的典型样态都是英国政体,那就意味着,"君主立宪"与"虚君共和"不必严格划分。正如汪荣祖所理解、所描述的康有为:"他在戊戌变法前主张限制君权,为了君主立宪;他在民国之后,参与复辟,也是为了君主立宪。他在思想上仍然是一致的。"③汤志钧在其《康有为传》的最后一节"君主立宪之梦"中,亦

---

① 康有为:《官制议》(1903 年),载康有为:《康有为全集》第七集,第 265 页。
② 康有为:《致冯国璋电》(1917 年 7 月 19 日),载康有为:《康有为全集》第十集,第 418 页。
③ 汪荣祖:《康章合论》,中华书局 2008 年,第 12 页。

表达了相似的观点:"辛亥革命以后,康有为主张虚君共和、君主立宪。到了晚年,还是不变。"①如果要问:为什么康有为在辛亥前讲"君主立宪"、在辛亥后讲"虚君共和"? 主要的原因就在于:在辛亥革命之后,康有为根据客观的政治现实,更加强调君主的形式意义、象征意义。

"君主立宪"与"虚君共和"的一致性也表明,君主立宪包含的一个制度要素,就是虚君。康有为在辛亥之年指出:"虚君者无可为比,只能比于冷庙之土偶而已;名之曰皇帝,不过尊土木偶为神而已。为神而不为人,故与人世无预,故不负责任不为恶也。今虚立帝号乎,则主祭守府,拱手画诺而已,所谓无为之治也。"②以英国政制为样板的"虚君"之制,居然符合传统中国根深蒂固的"无为而治"理念,这就为"虚君"提供了一种出自传统中国的法理依据。从中国历史来看,"中国乎,积四千年君主之俗,欲一旦全废之,甚非策也。况议长之共和,易启党争而不宜于大国者如彼;总统之共和,以兵争总统而死国民过半之害如此。今有虚君之共和政体,尚突出于英、比与加拿大、澳洲之上,尽有共和之利而无其争乱之弊,岂非最为法良意美者乎?"③实行"虚君"之制,既可以让中国的政治、历史保持延续性,又符合英国政制所代表的世界政治主流,因而是最为优良的法与制。辛亥革命之后,康有为反复参与复辟活动,也是基于这样的理路。直至1917年,他在致冯国璋的电文中,还在呼吁"虚君"这个制度要素:"若天不亡中国,则必如仆说,改行英虚君共和制","而后能令国本安,不争不乱,乃可言治"。④

---

① 汤志钧:《康有为传》,南开大学出版社2021年,第347页。
② 康有为:《救亡论》(1911年11月),载康有为:《康有为全集》第九集,第238页。
③ 康有为:《与黎元洪、黄兴、汤化龙书》(1911年11月9日),载康有为:《康有为全集》第九集,第203页。
④ 康有为:《致冯国璋电》(1917年7月19日),载康有为:《康有为全集》第十集,第419页。

第三个要素是君民共主,它既是君主立宪的一个制度要素,其实也可以说是君主立宪的本质要求。1898年3月,康有为在一篇奏折中说:"考之地球,富乐莫如美,而民主之制与中国不同;强盛莫如英、德,而君民共主之制仍与中国少异。惟俄国其君权最尊,体制崇严,与中国同。"①这里区分的三种制度分别是:美国代表的民主之制,英、德代表的君民共主之制,以及俄国代表的君权最尊之制。这三种制度可以分别对应于"三世"中的"太平世""升平世"与"据乱世"。这三种制度与中国之制的关系是:俄制就是中国传统固有之制;英制与中国固有之制仅有较小的差异;美制与中国固有之制存在较大的差异。根据"公羊三世之理",中国改制变法的方向应当是:从代表"据乱世"的俄国之制转向代表"升平世"的英国之制,至于代表"太平世"的美国之制,则是一个更加遥远的目标。而作为近期目标的英国之制,其核心特征或本质要求则是君民共主。早于君民共主的政制是君主独尊或君主独主,晚于君民共主的政制是人民独主或无君之民主。

针对君民共主这样一个制度要素,康有为还有更丰富的解释。譬如,针对《春秋》中的"秋七月,天王使宰咺来归惠公、仲子之赗"一语,康有为解释说:"盖乱世之法,人王总揽事权;升平之世,人主垂拱无为;太平之世,一切平等,贬及天子,无王可言。此为升平世言之,故立君民共主之治体,而称天王也。"②在"乱世",君主管辖一切事项;在"太平之世",根本就没有君主;只有在"升平之世",既保留了君主,但又实行"君民共主"。

《春秋》中还有"夏,公如齐观社"一语,康有为又借题发挥,称:"若今泰西各国,君主多越竟观赛会者,然益增其知识,无损于国

---

① 康有为:《为译纂〈俄彼得变政记〉成书可考由弱致强之故呈请代奏折》(1898年3月12日),载康有为:《康有为全集》第四集,第26页。
② 康有为:《春秋笔削大义微言考》(1901年),载康有为:《康有为全集》第六集,第15页。

政,若与中国得失绝相反者。盖欧洲各国皆有议院行政,君主非专制,无责任,故可肆意游观。其政体与中国相反,故行事亦与中国相反而得其宜。盖据乱之世,专制君主责任最大,故不得无事游观,此义是也。升平之世,君民同治,人君无责任,故可无事游观。知中国与今欧洲之异,即可知据乱与升平之异,所谓相反而相成、时变而各宜也。"①因为"据乱之世"的"专制君主"责任大、事情多,所以没有闲暇四处游观,这就是1901年之际的中国实际;"升平之世"实行"君民同治",亦即"君民共主",这也是欧洲各国在1901年之际的实际情况。根据从"治乱世"向"升平世"的历史演进规律,中国改制变法的方向就是从"专制君主"转向"君民共主"。

　　以上三个方面的制度要素,大致反映了康有为关于"君主立宪之法"的想象与期待,康有为坚持君主立宪的法理依据,主要是"公羊三世之理"所蕴含的历史规律:只有经历了"君主立宪"这个历史阶段,中国才能走向更加美好的民主共和。对于这样的理与法,梁启超认为:"中国数千年学术之大体,大抵皆取保守主义,以为文明世界,在于古时,日趋而日下。先生独发明《春秋》三世之义,以为文明世界,在于他日,日进而日盛。盖中国自创意言进化学者,以此为嚆矢焉。"②按照梁启超的论述,康有为通过阐明"公羊三世之理"以确定"君主立宪之法",既反映了一个今文学家的主张,也反映了一个进化论者的立场。

　　如果从法的调整对象来看,"君主立宪之法"试图通过三权分立体制,通过设置议会、保留虚君,调整君主与人民的关系,以实现君民共主。在中国历史上流行了数千年的君与民的关系,由此得到了全新的界定。

---

① 康有为:《春秋笔削大义微言考》(1901年),载康有为:《康有为全集》第六集,第81页。
② 梁启超:《南海康先生传》,载梁启超:《梁启超全集》,北京出版社1999年,第489页。

二、从体用并举之理到物质立国之法

中国思想史上源远流长的体用论①,在中西各国并立的大背景下再谱新篇。一个总体的趋势是"体用之辨"与"中西之别"相互交织,一个主流的观点是"中体西用"。一般说来,"体"有主体、本体之意,"用"有辅助、辅佐之意。当然,"中体"或"西体","中用"或"西用"到底指什么,又有各种不同的说法。

冯桂芬在1861年表达的观点是:"诸国同时并域,独能自致富强,岂非相类而易行之尤大彰明较著者? 如以中国之伦常名教为原本,辅以诸国富强之术,不更善之善者哉?"②这样的"中本西术"论,可以理解为初级版本的"中体西用"论。这里的"中本"或"中体"主要是指中国固有的"伦常名教",亦即儒家的纲常伦理;"西术"或"西用"主要指西方的富强之术,特别是其中的坚船利炮之术。1898年,张之洞在《劝学篇》中称:"'四书''五经'、中国史事、政书、地图为旧学,西政、西艺、西史为新学。旧学为体,新学为用,不使偏废。"③这样的"旧体新用论"可以理解为"张之洞版本"的"中体西用论",这里的"旧体"或"中体"主要是指以中国固有的"旧学"为体,至于"新用"或"西用"主要是指以西方的"新学"为用。张之洞的这部书由于是经过朝廷正式批准的④,因而可以代表戊戌之际的中国官方立场。

---

① 关于体用问题,熊十力著有《体用论》一书,载萧萐父主编:《熊十力全集》第七卷,湖北教育出版社2001年,第3—143页;较为综合性的论述,还可以参考,方克立:《论中国哲学中的体用范畴》,《中国社会科学》1984年第5期。
② 冯桂芬:《校邠庐抗议》,上海书店出版社2002年,第56—57页。
③ 冯天瑜、姜海龙译注:《劝学篇》,中华书局2016年,第195页。
④ 此书的开篇称:"光绪二十四年六月初七日,奉上谕:'本日翰林院奏侍讲黄绍箕呈进张之洞所著《劝学篇》,据呈代奏一折。原书内外各篇,朕详加披览,持论平正通达,于学术、人心大有裨益。著将所备副本四十部,由军事处颁发各省督、抚、学政各一部,俾得广为刊布,实力劝导,以重名教,而杜卮言。钦此!'"冯天瑜、姜海龙译注:《劝学篇》,中华书局2016年,第1页。

就在张之洞刊布其《劝学篇》的 1898 年 6 月，康有为向清廷拟写的奏折称："中国人才衰弱之由，皆缘中西两学不能会通之故。故由科举出身者，于西学辄无所闻知；由学堂出身者，于中学亦茫然不解。夫中学体也，西学用也。无体不立，无用不行，二者相需，缺一不可。今世之学者，非偏于此即偏于彼，徒相水火，难成通才。推原其故，殆颇由取士之法歧而二之也。臣以为未有不通经史而可以言经济者，亦未有不达时务而可谓之正学者。教之之法既无偏畸，则取之之方当无异致。似宜将正科与经济岁科合并为一，皆试策论，论则试经义，附以掌故；策则试时务，兼及专门。泯中西之界限，化新旧之门户，庶体用并举，人多通才。"①

这段话集中表达了康有为关于"体用"与"中西"的观点，其中包含了有待辨析的多个层次：首先，康有为要求中西两学会通。他希望中国的精英阶层（政治精英与文化精英）既知西学，也知中学。从言辞上看，康有为颇有中西两学并称之旨趣。接下来，康有为确认了中学与西学在性质上的差异，那就是体与用之异。这样的观点，与上文引证的张之洞所持的中体西用观，似乎并没有什么不同，单从"中学体也，西学用也"这个论断来看，康有为似乎也是主张"中体西用"的。不过，紧接着，康有为再次强调中学与西学"缺一不可"，不可偏废，体与用应当等量齐观。最后的结论却是，既要消除中学与西学之间的界限，还要消除新学与旧学之间的门户。这样的观点，与张之洞的新学旧学之分相比，其实已经出现了根本性的变化。

按照康有为的思路，最后得出的结论是"体用并举"。这就是康有为在中西并立背景下的体用观，其中当然也蕴含了他的中西观。简而言之，康有为并非"中体西用"论者，也不宜称其为"西体

---

① 康有为：《请将经济岁举归并正科并饬各省生童岁科试迅即遵旨改试策论折》（代宋伯鲁作，1898 年 6 月 30 日），载康有为：《康有为全集》第四集，第 306 页。

中用"论者①，康有为在体用关系上提出了一个较为新颖的观点，那就是"体用并举论"。此论所蕴含之义理，不妨概括为"体用并举之理"。

如果说"公羊三世之理"主要体现了康有为的儒家立场，那么，"体用并举之理"在一定程度上体现了康有为的法家趣味：在列国竞争的时代追求富国强兵，只要有助于实现这个目标，则不问中西，不问新旧，不问体用，这其实是一种法家思维。试看康有为写于1898年的《日本书目志》中之所言："政治之学最美者，莫如吾《六经》也。尝考泰西所以强者，皆暗合吾经义者也。泰西自强之本，在教民、养民、保民、通民气、同民乐，此《春秋》重人、《孟子》所谓'与民同欲，乐民乐，忧民忧，保民而王'也。"譬如，"其教民也，举国人八岁必入学堂，皆学图算，读史书，无不识字之人。其他博物院、藏书库、中学、大学堂，此吾《礼记》家塾、党庠、乡校、国学之法也"。其他几端亦可以如此比较，概而言之，"凡泰西之强，皆吾经义强之也，中国所以弱者，皆与经义相反者也"。②按照这样的中西关系，"泰西之强"与华夏的"经义之学"完全是相通的，"泰西自强之本"就是华夏固有的"经义"，华夏的"经义"既是泰西自强之本，当然也是华夏自强之本。③既然"泰西之强"与华夏之强都依赖于同样的"本"，那么，"中本西术"或"中体西用"就在无形之中被消解，这就是康有为所谓的"体用并举之理"。

"体用并举"的实质就是不分中西，甚至不分体用，因为华夏之本也是泰西之本，华夏之体也是泰西之体，"中国人语称天下，印

---

① 但是，李泽厚主张，康有为是"西体中用"的先驱。他说："今日想指出的是，康有为的'西体中用'思想的严重缺陷。他缺少了'转换性创造'这一重要观念。他没认识'中用'不是策略，不是用完就扔的手段，而应成为某种对世界具有重大贡献的新事物的创造。"李泽厚：《说西体中用》，上海译文出版社2012年，第117页。

② 康有为：《日本书目志》(1898年春)，载康有为：《康有为全集》第三集，第328页。

③ 按照陈炽的说法，这是一种论证策略，因为，"知西法之本出乎中，则无俟概行拒绝"。详见，赵树贵、曾丽雅编：《陈炽集》，中华书局，1997年，第8页。

度、罗马人亦语称天下,盖皆限于地域、闻见使然也"。中西分别表述的两种"天下",并无高低之分。然而,泰西诸小国,"仅如吾一府一县,大如英、德、法、奥、意,亦不过吾一二省,其民大国仅得吾十之一,小国得吾百之一;而大国富强,乃十倍于我,小国亦与我等。其理何哉? 深考其由,则以诸欧政俗学艺竞尚日新,若其工艺精奇,则以讲求物质故。自乾隆末华忒新创汽机,英人以为地球复生日。自嘉庆元年拿破仑募奖新器、新书,而精器日出,至今百年,创新器者凡十九万余。于是诸欧强国遂以横行大地,搜括五洲,夷殄列国,余波震荡遂及于我,自是改易数万千年之旧世界为新世界矣"。在这个新世界中,"万国交通,政俗学艺,日月互校,优胜劣败,淘汰随之。置我守旧闭塞、无知无欲之国民,投于列国竞争日新又新之世,必不能苟延性命矣"。①

　　泰西之体与华夏之体虽然是相通的,但是,泰西对"物质"的讲求,却是我们比不上的。泰西"讲求物质",促成了"旧世界"向"新世界"的转变。泰西各国擅长的"物质"不宜等同于"体"或本",亦即不等同于"西体"②,当然也不是单纯的、片面的"用"或"末",因为泰西的"物质"是泰西各国"政俗学艺"的综合体现,因而既是泰西之体的体现,也是泰西之用的产物。毋宁说,泰西的"物质"乃是泰西各个国家"体用并举"的结晶。在这样的一个优胜劣败的"列国竞争"时代,为了让华夏之民"苟延性命",就必须像泰西各国那

---

① 康有为:《请厉工艺奖创新折》(1898年),载康有为:《康有为全集》第四集,第301页。
② 值得提及的是,李泽厚的"西体中用论",大体上就是把"泰西"的"物质"作为"体"或"西体"。正如他自己所言:"如果承认根本的'体'是社会存在、生产方式、现实生活,如果承认现代大工业和科技才是现代社会存在的'本体'和'实质',那么,生长在这个'体'上的自我意识或'本体意识'(或'心理本体')的理论形态,即产生、维系、推动这个'体'的存在的'学',它就应当为'主',为'本',为'体'。这当然是近现代的'西学',而非传统的'中学'。所以,在这个意义上,又仍然可说是'西学为体,中学为用'。"李泽厚:《说西体中用》,上海译文出版社2012年,第36—37页。按照李泽厚的观点,"物质"作为"体",完全是可以成立的。

样讲求"物质",坚持"体用并举"。

在体与用的关系问题上,如前所述,已经形成了各种各样的理,"体用并举"则是康有为关于体用的新思维,是"康有为牌号"的体用关系之理。在"体用并举之理"的支撑下,康有为阐述了"法"的一个重要维度,那就是"物质立国之法"。按照康有为的"物质救国论",其"物质立国之法"可以从三个方面来理解。

(一)在国家建构上,确立物质立国之原则

所谓"物质立国之法",首先体现为物质立国的原则。在《物质救国论》的"序"文中,康有为首先分析了自洋务运动以来兴起的几种立国观念:首先是曾国藩、李鸿章等人代表的"军兵炮舰立国论",在曾、李等人看来,欧美的强盛,"在军兵炮舰,吾当治军兵炮舰以拒之,而未知彼军兵炮舰之有其本也"。此处的"军兵炮舰"就仿佛海面上漂浮的冰山,然而在海面之下,还隐藏着一个巨大的冰山之底座。其次是1895年的"东败之后",一些人"以为欧美之强在民智,而开民智在盛学校也",这样的理念或可概括为"民智立国论"。再次是"戊戌之后",一些人"忽得欧美之政俗学说","以为欧美致强之本,在其哲学精深,在其革命自由","于是辛丑以来,自由、革命之潮,弥漫卷拍,几及于负床之孙、三尺之童"。这样的理念或可概括为"革命自由立国论"。然而,在康有为看来,这几种立国理念都没有抓住要害,他的观点是:"欧洲百年来最著之效,则有国民学、物质学二者。中国数年来,亦知发明国民之义矣。但以一国之强弱论焉,以中国之地位,为救急之方药,则中国之病弱非有他也,在不知讲物质之学而已。"①

倘若不讲物质,是不能立国的。这对于中国的国家建构来说,是一个全新的观念。因为,"中国数千年之文明实冠大地,然偏重于道德哲学,而于物质最缺然。即今之新物质学,亦皆一二百年间

---

① 康有为:《物质救国论》(1904年),载康有为:《康有为全集》第八集,第63页。

诞生之物,而非欧洲夙昔所有者。突起横飞,创始于我生数十年之前,盛大于我生数十年之后。因以前绝万古,桄被六合,洪流所淹,浩浩怀襄,巨浸稽天,无不滔溺。自英而被于全欧,自欧而流于美洲,余波荡于东洋,触之者碎,当之者靡。于是中国畴昔全大之国力自天而坠地,苟完之生计自富而忽穷。夫四海困穷,则天禄永终;肢体茧缚,痿痺不起,则有宰割之者矣。夫势者,力也,力者物质之为多,故方今竞新之世,有物质学者生,无物质学者死"①。一个国家的"物质",主要体现为一个国家的势与力,当然,如果进一步提炼与聚焦,一个国家的势与力又集中体现为一个国家的兵,亦即军事力量。"故夫能自立而自保者,兵也;号称为文明,使人敬之重之者,兵也;掠其地,虏其民,系缧之,劫夺之,奴隶之,而使其人稽首厥角、称功颂德者,兵也。今日本胜俄,则欧人大敬之。兵乎兵乎,人身之衣也,营垒之壁也,文明之标帜也,土地文明之运取器也。立国而无兵,是自弃其国也。"②在一定程度上,物质立国可以集中体现为以兵立国,兵或军事力量是一个国家物质力量的集中体现。

在海外流亡期间,康有为考察过若干国家,他的经验是:"若意大利、西班牙,崇奉天主教,其神学、哲学虽深,而物质不精,国力亦微。法国亦有然。比利时以蕞尔小国,精机器制铁之业,遂以立国。荷兰首创海船业,俄大彼得亲往学之,则遂先霸南洋。此皆物质之功之成效大验,不止英先创物质学而先霸大地也。德国之昔者哲学尤众矣,而久弱于法。自胜法后,专讲物质、工艺、机器、电化之学,事事业业,皆有专学,讲求不过二十年,今遂胜于强英。德国工商之业,今已横绝欧、亚、美、非之间,英人处处退缩,不独法国已也。"③在一个列国竞争的时代,"吾敢谓为军兵、炮舰、工商之世

---

① 康有为:《物质救国论》(1904年),载康有为:《康有为全集》第八集,第63页。
② 康有为:《物质救国论》(1904年),载康有为:《康有为全集》第八集,第74页。
③ 康有为:《物质救国论》(1904年),载康有为:《康有为全集》第八集,第81页。

也。此数者,皆不外物质而已。故军兵、炮舰者,以之强国,在物质;工商者,以之足民,亦在物质"①。这就是说,富国强兵,全赖"物质",有物质就有富强;没有物质,则国家无以立。这就是康有为的物质立国论。

康有为还说,"物质之方体无穷,以吾考之,则吾所取为救国之急药,惟有工艺、汽电、炮舰与兵而已,惟有工艺、汽电、炮舰与兵而已!"②在四端之间,虽然"兵"列在最末,但兵之力却是工艺、汽电、炮舰之力的综合反映。康有为关于物质立国的这些论述,让我们联想到先秦时代的法家人物:他们在春秋战国的背景下追求富国强兵,奖励耕战,注重物质建设,具有强烈的现实感。我们再看康有为的体用观:只要能够实现富国强兵,体与用的界限完全可以淡化。把先秦法家与康有为进行比较,虽然我们不便宣称,信奉今文学的康有为就是法家,但是,作为物质论者的康有为超越体用之分,强调体用并举,追求富国强兵,追求物质力量,由此体现出来的法家价值观却是值得我们注意的。虽然康有为没有直接打出法家的旗号,但这并不妨碍我们把"阳儒阴法"这样的传统标签暂且贴在他身上:康有为的"阳儒"主要体现为对今文经学的高调宣扬,其"阴法"主要体现为对富国强兵的高调追求。

(二)在物质与法律之间,物质是法律的基础

就物质与法律的关系来看,物质居于基础地位。因为,"物质学乎,乃一切事理之托命。如有平地矣,而后可跳舞践蹈;有巨舰矣,而后可临阵赋诗。若皮之不存,毛将焉傅?故无新物质学,则军国民无所托依以为命,而被人吞割,何复云云?况竞争之世,优胜劣败,少劣不能自立,如法及西班牙且然,况全无者乎?"③依此,物质是其他一切事物的基础,当然也是政治、法律的基础。

---

① 康有为:《物质救国论》(1904年),载康有为:《康有为全集》第八集,第74页。
② 康有为:《物质救国论》(1904年),载康有为:《康有为全集》第八集,第71页。
③ 康有为:《物质救国论》(1904年),载康有为:《康有为全集》第八集,第89页。

康有为结合历史事实,进一步凸显了物质对于政治、法律的基础作用。他说:"我国人今之败于欧人者,在此一二百年间。而所最大败远不如之者,即在一二百年间新发明之工艺、兵炮也。凡欧人于百年来,所以横绝大地者,虽其政律、学论之有助,而实皆藉工艺、兵炮以致之也。夫工艺、兵炮者物质也,即其政律之周备,及科学中之化、光、电、重、天文、地理、算数、动植、生物,亦不出力数、形气之物质。然则吾国人之所以逊于欧人者,但在物质而已。物质者,至粗之形而下者也,吾国人能讲形而上者,而缺于形而下者。然则今而欲救国乎? 专从事于物质足矣。于物质之中,先从事于其工艺、兵炮之至粗者,亦可支持焉。若舍工艺、兵炮而空谈民主、革命、平等、自由,则使举国人皆卢骚、福禄特尔、孟的斯鸠,而强敌要挟,一语不遂,铁舰压境,陆军并进,挟其一分时六百响之炮,何以御之?"①如果没有物质基础,尤其是没有足够的物质基础支撑起来的军事力量,任何哲理、政理、法理都无助于国家富强,甚至不能维护国家的生存。

传统中国的文明偏重于"形而上者",这样的文明靠近道德,但却疏离物质。如果只有这种形而上的文明,那是很不够的。全面地看,文明可以包含两种形态,"道德之文明,可以教化至也;文物之文明,不可以空论教化至也。物质之学,为新世界政俗之源本,为新世界人事之宗祀。不从物质学措手,则徒用中学之旧学,固不能与之竞,即用欧美民权、自由、立宪、公议之新说,及一切法律章程,亦不能成彼之政俗也"②。未来中国的新政俗,作为中国即将呈现出来的新的文明形态的集中体现,既不能通过传统中国的"旧学"来打造,甚至也不可能通过欧美的政法学说、法律章程来打造,只能通过物质方面所取得的成就来打造。

---

① 康有为:《物质救国论》(1904年),载康有为:《康有为全集》第八集,第67页。顺便说明,此处列举的三个人的名字,现在通译为卢梭、伏尔泰、孟德斯鸠。

② 康有为:《物质救国论》(1904年),载康有为:《康有为全集》第八集,第84页。

然而，要成就高度的物质文明，又需要经历一个逐渐培育、逐渐成熟的过程。相比之下，"议院虽要，而可一朝而大开；官制虽紊，而可数月而改定；外交、民法、海港之法律虽未备，而亦可期年而粗举；译书虽重，而可一二年而佳书略具；理财虽难，而理之得法，亦可一二年而国用粗支。惟工艺、汽电、炮舰及兵诸事，非有六七年不能成，最速者，亦非三四年不能举一业而推行之"①。这就是说，设立国家机构、编制法律文本方面的改革发展是相对容易的，甚至是可以速成的，但是，物质基础的奠定则是一个需要持之以恒的踏踏实实的建设过程。

因此，中国未来的强盛，关键在于物质的发展。倘若在中国与俄国之间稍作对比，即可发现，"俄本野蛮，政法皆无，所乏非独物质也；若中国则数千年之政法，本自文明，所乏者独物质耳；若能如彼得之聚精会神，率一国之官民，注全力以师各国之长技，则中国之盛强，远过于俄彼得，又可断断也"②。在俄国，既没有政法，也没有物质；在中国，虽然物质缺乏，但政法并不缺乏。对于中国而言，如果能够像俄国那样加强物质建设，并以之提升、改进华夏固有的政法，那么，未来中国将会远远强盛于俄国。

(三) 在法律与自由之间，法律更能推动物质建设

既然物质如此重要，既然物质是法律及其他事物的基础，那么，为了把中国建设成为一个更加强盛的国家，就必须加强物质这个基础。接下来的问题是，如果要推动中国的物质建设，到底应当从何着手？譬如说，是更多地依赖法律，还是更多地强调自由？在康有为的时代，这样的追问具有一定的现实针对性。

正如康有为所见，在20世纪初期的中国，"专制"已经成为了政治罪恶的代名词，传统中国的政教大多被贴上了"专制"的标签。

---

① 康有为：《物质救国论》(1904年)，载康有为：《康有为全集》第八集，第82页。
② 康有为：《物质救国论》(1904年)，载康有为：《康有为全集》第八集，第65页。

那个时代的有识之士,"于是发明民权自由、立宪公议之说,引法、美以为证,倡徉其词,煽动全国。于是今之床头之竖,三尺之童,以为口头禅焉"。然而,"自由"二字,"生于欧洲封建奴民之制、法国压抑之余,施之中国之得自由平等二千年者,已为不切。英博士斋路士曰:'不知中国者,以为专制之国。乃入其境,则其民最自由。卖买自由,营业自由,筑室自由,婚嫁自由,学业自由,言论自由,信教自由,一切皆官不干涉,无律限禁,绝无压制之事。'真知言哉!其比之欧人之限禁繁多,过之远矣。或者不知人己,误以为欧美之强,其所服药必极补益,而妄用之,则无病服药,必将因药受毒而生大病。故今日中国自由之教,亦令人发狂妄行,子弟背其父兄,学者犯其师长而已。盖自由已极,无可再加。若欲加乎,舍此何进?"①在康有为看来,那个时代的中国,自由已经泛滥到无以复加的程度了,一个至为明显的征兆是:父兄与子弟的关系,老师与学生的关系,都已经失去了准则。康有为描述的这种"自由太多"的现象,实为"失序"或"失范"。

　　康有为还辨析了"自由"一词的英文原意与日文、中文含义:"且英文非里氽 Freedom 者,仅为释放之义,尚含有法律之意。若日本所译为'自由'二字,则放手放脚、掉臂游行、无拘无管、任情肆意、不怕天不怕地之谓,则人道岂有此义理乎? 此等名词,不特意偏而不举,亦且理穷而难行,而可公然标为名理,从之者举国若狂,不辨皂白。夫使中国而为野蛮无文学之国则可也,然而中国已为五千年文学之国,而此等无理不通之名词公然通行,视为圣人之金科玉律焉,岂不大愚哉? 或明知其不可,而以其便于任情肆意也;或怵于西欧强盛之由、大哲之学,而不敢难也。"②在英文里,Free-dom 确有免受奴役的含义,确实是一个与法律、规范、权利相关联

---

① 康有为:《物质救国论》(1904年),载康有为:《康有为全集》第八集,第68页。
② 康有为:《物质救国论》(1904年),载康有为:《康有为全集》第八集,第68—69页。

的概念。但是,日文中的自由则暗含着、传递出"怎么都行"或"无拘无束"的意味。今天看来,在经历了一百多年的积淀之后,从日语中传过来的"自由"一词,在汉语世界中早已确立了它的正面意义、积极意义。然而,在20世纪之初,康有为对这个汉语词汇的批判,却并非一无是处。

结合20世纪初期的中西法律状况,康有为发现,"即今各国宪法,所号为言论自由、宗教自由、迁徙自由、出版自由者,亦所谓一事之自由,而非普通之自由矣。姑无论其言论出版之自由尚有法律之限制、文部之检定,即以美之宽大,其得罪政府而无据者且下狱终身,或至杀,他义类是。夫既有法律,则是桎梏囚人而稍令游园,或仍有足镣而仅放手枷使之饮食,号称自由,何以异此?然犹著明某事之自由以限制之,则自此一事外,皆不得自由可见矣。此皆出于欧土封建之世,及天主之教压制之极,故志士大倡此以纾民。若不著明某事之自由,而仅提倡'自由'二字为义,则必上无法律,下无阻碍,纵意恣浪,绝无拘检,而后得完自由之义。然天下有此理乎?其可一刻行乎?"①回答当然是否定的。

按照康有为的理解,所谓自由,都是法律授予的针对特定事项的自由。法律授予的任何自由都有它的限制与边界。而且,西方资本主义革命时期兴起的自由,都是对欧洲封建之世、宗教压制之极的反抗。但是,考诸中国的传统,如前所述,自由不是太少了,而是太多了。康有为认为,20世纪初期的中国人如果依然跟着欧洲人呼吁自由,那就完全失去了针对性。更加重要的是,如果把"自由"等同于"纵意恣浪",等同于不受任何约束,如果仅仅要这样的自由,那就更不可行。天底下哪有这样的自由?

康有为表示,他并不是要一般地否定自由;但他认为,中国人应当追求孔教理解的自由。"夫自由之义,孔门已先倡之矣。昔子

---

① 康有为:《物质救国论》(1904年),载康有为:《康有为全集》第八集,第69页。

贡曰:我不欲人之加之我也,吾亦欲无加之人。不欲人加,自由也;吾不加人,不侵犯人之自由也。人己之界,各完其分,语意周至。然未至大同之世,尚未可行,故孔子谓非所及也。"①子贡的原话,见于《论语·公冶长》:"我不欲人之加诸我也,吾亦欲无加诸人。"孔子对他的回答是:"赐也,非尔所及也。"②子贡的意思是:我不愿受到别人的欺负,别人也不能欺负我。康有为认为,这就是孔门(实为子贡)期待的自由,但是,即使是这样的孔教宣扬的自由,也只有到了大同之世才行得通。在"据乱世"通往"升平世"的路途中,并不宜提倡。正是由于这个缘故,孔子认为,子贡期待的这个目标是难以实现的。

  基于上述原因,康有为认为,在建设物质基础的过程中,无拘无束的自由并不可靠。相比之下,注重约束的法律才可靠。欧美人的富强,与其说是靠自由,还不如说是靠法律。"若谓欧美人得自由,则大谬之论也。欧美人至重法律,诇及纤微,一切皆不得自便,少不中律,罚即及之。其拘困服从过于吾国人百倍,安得谓自由也?"③反观中国,自古以来,"法律太疏,教化太宽,从此采用欧美,益当加密,今之游欧美者当知之。一饮一食,一行一坐,发声之高下,吐唾之回避,礼法益当整饬,恐令后人益不能自由耳。若无病加药,日言自由,则必中风狂走,势必士背学,吏犯法,工不职,弟逆师,子叛父,尽弃规矩、法度、教化而举国大乱,不待大敌之来而不能一朝居也。其可行乎? 以此化民,此真如洪水滔天,生大祸以自溺也。吾游德国,整齐严肃之气象,迥与法国殊。呜呼! 此德之所以强也,俾士麦之遗教远矣。方今中国之散漫无纪,正宜行德国之治,而欲以自由救之,所谓病渴而饮鸩也,其不至死不得矣"④。

---

① 康有为:《物质救国论》(1904 年),载康有为:《康有为全集》第八集,第 69 页。
② 杨伯峻译注:《论语译注》,中华书局 2012 年,第 65 页。
③ 康有为:《物质救国论》(1904 年),载康有为:《康有为全集》第八集,第 70 页。
④ 康有为:《物质救国论》(1904 年),载康有为:《康有为全集》第八集,第 70—71 页。

第二章 从戊戌变法到辛亥革命的法理学

德国的强大,关键在于重法度、讲规矩,中国如果希望像德国那样强大,那就必须学习德国的法律之治,必须告别散漫无拘的自由。因此,要实现物质立国的目标,要实现富国强兵,与其提倡自由,不如强调法律、法度、法治。

以上三端,大致反映了康有为从"体用并举之理"到"物质立国之法"的理论逻辑。概括地说,康有为的"物质立国之法"主要包括三个理论要点:首先,物质是立国的基础。其次,物质对于包括法律在内的国家上层建筑具有决定作用。再次,法律对于物质这个基础也有能动的促进作用,亦即反作用。这样"物质立国之法",与马克思主义关于法与经济、法与物质生活条件之关系的论述,具有相当大的可比性。正如马克思在《〈政治经济学批判〉序言》中所说:"法的关系正像国家的形式一样,既不能从它们本身来理解,也不能从所谓人类精神的一般发展来理解,相反,它们根源于物质的生活关系。"进一步看,"人们在自己生活的社会生产中发生一定的、必然的、不以他们的意志为转移的关系,即同他们的物质生产力的一定发展阶段相适合的生产关系。这些生产关系的总和构成社会的经济结构,即有法律的和政治的上层建筑竖立其上并有一定的社会意识形式与之相适应的现实基础"。① 虽然马克思主义经典作家的这些论述,与康有为关于"物质立国之法"的论述,在理论指向上各有旨趣,具体语境也不一样,但是,强调经济基础或物质基础对于法律及其他上层建筑的决定作用,以及法律对经济基础的反作用,却是两者之间的最大共性。

在中国历史上,从汉至清两千年,物质对于立国、立政的意义较少被强调。在《管子》一书中,虽有"国多财则远者来""仓廪实则知礼节"②之类的强调物质的论述,但这显然是春秋战国时代的观

---

① 马克思:《〈政治经济学批判〉序言》,载《马克思恩格斯全集》第十三卷,人民出版社1962年,第8页。
② [唐]房玄龄注,[明]刘绩补注:《管子》,刘晓艺校点,上海古籍出版社2015年,第1页。

点,主要表达了列国竞争时代的立国理念。由此我们想到,康有为在清末倡导的"物质救国之论"以及"物质立国之法",其实也是中国重新进入列国竞争时代的产物。在康有为所置身于其中的"新战国时代",倘若没有足够的物质基础,国家的身躯将无以挺立。只有具备了足够的物质基础,中国才能与外国并立。因此,"物质立国之法"作为回应列国竞争时代之法,它的核心旨趣以及作用的领域在于,调整中国与外国的关系,通过让中国的身躯挺立起来,进而实现中国与外国的并立。

三、从天地阴阳之理到尊孔保教之法

根据"公羊三世之理"主张"君主立宪之法",根据"体用并举之理"主张"物质立国之法",如此界定理与法的关系,分别体现了康有为的儒家思维与法家思维,更准确地说,则是"阳儒"与"阴法"。与此同时,康有为还具有浓厚的宗教情结与强烈的宗教情感,甚至被誉为中国的马丁·路德。当然,这个头衔是他的学生梁启超赠予他的。

在1901年写成的《康南海先生传》中,年仅二十八岁的梁启超首先把康有为尊为教育家,然而,"先生又宗教家也。吾中国非宗教之国,故数千年来,无一宗教家。先生幼受孔学,及屏居西樵,潜心佛藏,大澈大悟;出游后,又读耶氏之书,故宗教思想特盛,常毅然以绍述诸圣,普度众生为己任。先生之言宗教也,主信仰自由,不专崇一家,排斥外道,常持三圣一体诸教平等之论。然以为生于中国,当先救中国;欲救中国,不可不因中国人之历史习惯而利导之。又以为中国人公德缺乏,团体散涣,将不可以立于大地;欲从而统一之,非择一举国人所同戴而诚服者,则不足以结合其感情,而光大其本性。于是乎以孔教复原为第一著手。先生者,孔教之马丁路德也"[①]。

---

① 梁启超:《南海康先生传》,载梁启超:《梁启超全集》,北京出版社1999年,第486页。

第二章　从戊戌变法到辛亥革命的法理学

康有为缘何成为一个宗教家？以及，康有为是一个什么样的宗教家？这样的问题，在梁启超的这段论述中都可以找到答案。依据梁启超之见，数千年来，中国一直没有宗教家，康有为应当是华夏文明史上首出的宗教家，堪称孔教历史上的马丁·路德。梁启超的这个定位是否准确，可能还有再讨论的余地，但在思想史上，梁启超的这些说法却产生了较为广泛的影响，以"孔教的马丁·路德"指称康有为，成为一些学术论著的表达方式。譬如，在晚近出版的论著中，我们可以看到这样的论断："因为孔子被尊为'制法之王'，康有为就成了'孔子之法'的传达者，一个新式伦理先知——孔教的马丁·路德诞生了。"①

对于自己作为宗教家的角色与形象，康有为在《我史》篇中还有一番自画与自述：光绪十年，亦即1884年，康有为二十七岁，"春夏，寓城南板箱巷，既以法、越之役，粤城戒严，还乡居澹如楼。早岁读宋元明学案、《朱子语类》，于海幢华林读佛典颇多。上自婆罗门，旁收四教，兼为算学，涉猎西学书。秋冬，独居一楼，万缘澄绝，俯读仰思。至十二月，所悟日深"，于是，"其道以元为体，以阴阳为用，理皆有阴阳"。② 结合上下文，康有为在此所说的"其道"，实为康有为自己所悟之道，这是一种终极性的道，它以"元"为体，以"阴阳"为用。这里虽然也提到了"体用"问题，但对此问题我们暂且存而不论；我们且看康有为结合儒家典籍与佛家典籍最后悟出来的"阴阳之理"：阴阳既是与"体"相对应的"用"，同时也彰显了一种理。那么，这样的"阴阳之理"应当如何理解？它的意义是什么？

根据《我史》，康有为对"阴阳之理"的体悟发生在1884年。在两年后写成的《康子内外篇》中，康有为又以"阴阳之义"解释"天地之理"，并以此审视宗教的两种类型："天地之理，惟有阴阳之义无不尽

---

① 张广生：《返本开新：近世今文经与儒家政教》，中国政法大学出版社2016年，第182页。

② 康有为：《我史》(1899年1月)，载康有为：《康有为全集》第五集，第64页。

也,治教亦然。今天下之教多矣:于中国有孔教,二帝、三皇所传之教也;于印度有佛教,自创之教也;于欧洲有耶稣;于回部有马哈麻,自余旁通异数,不可悉数。"在千姿百态、形形色色的各种宗教中,"余谓教有二而已":第一种,"其立国家,治人民,皆有君臣、父子、夫妇、兄弟之伦,士、农、工、商之业,鬼、神、巫、祝之俗,诗、书、礼、乐之教,蔬、果、鱼、肉之食,皆孔氏之教也,伏羲、神农、黄帝、尧、舜所传也。凡地球内之国,靡能外之"。第二种,"其戒肉不食,戒妻不娶,朝夕膜拜其教祖,绝四民之业,拒四术之学,去鬼神之治,出乎人情者,皆佛氏之教也。耶稣、马哈麻、一切杂教皆从此出也。圣人之教,顺人之情,阳教也;佛氏之教,逆人之情,阴教也。故曰:理惟有阴阳而已"。①

理惟有阴阳,"阴阳之理"亦即天地之理,天地之理亦即"阴阳之理"。对于这样的理,不妨概括地称之为"天地阴阳之理"。在康有为看来,"天地阴阳之理"可以穷尽天地之间所有的理。"天地阴阳之理"一旦得到阐明,"治教"之法就可以得以确定:天下的宗教,虽然形态多样,但都可以归属于两种类型:"阳教"与"阴教"。其中,"阳教"就是孔氏之教,"阴教"就是佛氏之教,基督教、伊斯兰教与佛教有很多共性,因此也可以归属于"逆人之阴教",亦即背逆人情、人伦、人道、人世之教。只有孔教才是"顺人之阳教",这样的"阳教"不仅应当通行于中国,而且应当通行于世界。根据这样的"天地阴阳之理",如果要"立国家""治人民",要顺人之情,就只能选择作为"阳教"的孔教,只能实行尊孔保教之法,甚至要把孔教定为国教。这就是从"天地阴阳之理"到"尊孔保教之法"之间的因果关系、源流关系。作为"天地阴阳之理"的产物,"尊孔保教之法"主要包含以下几个方面的法理意涵。

(一)孔教作为行为规范

既然孔教是"立国家""治人民"的依据,那就意味着,孔教具有

---

① 康有为:《康子内外篇》(1886年),载康有为:《康有为全集》第一集,第103页。

普遍而强烈的规范意义,或者说,孔教就是社会公众应当普遍遵循的行为规范。

在1913年的《以孔教为国教配天议》中,康有为开篇提出的问题是:"购日本《六法全书》一册,夜译而朝布之",然而,"若是者,足以治强中国乎?"一篇关于把孔教定为国教的倡议,竟然是以日本的《六法全书》导引出来的,由此,我们可以把握康有为的问题意识:如果运用日本流行的《六法全书》,能够把中国造就成为一个井然有序的强国么?回答当然是否定的。毕竟,"今中国阽危,人心惘惘汹汹,政治之变能救之欤?意者亦有待于教化耶!"①较之盛行于日本的《六法全书》,在辛亥革命之后的中国,教化更加有助于安顿动荡的人心,进而维系、重整文明秩序。简而言之,在辛亥之后,要让"摇晃的中国"②安定下来,教化能够发挥更加有效的作用。

教化的作用如何体现出来?为什么教化的作用能够超过像日本《六法全书》那样的法律体系所起到的作用?原来,生活在世间的任何人,都必须解决立身、行事、交往的规范问题。"何以立身,何以行事,何以云为,何以交接,必有所尊信畏敬者以为依归、以为法式。"然而,这是一个逐渐养成的过程:"非一日所能致也,积之者数十年,行之者数万万人,上自高曾祖父至于其身,外自家族乡邑至于全国,习焉而相望,化焉而不知,是所谓风俗也。风俗善则易归于善,风俗恶则易归于恶。苟不尊奉一教以为之主,则善者安知其为善,而恶者安知其为恶也。故凡国,必有所谓国教也。国教者,久于其习,宜于其俗,行于其地,深入于其人心者是也。虽诸教并立,皆以劝善惩恶,然宜不宜则有别焉。故佛教至高妙矣,而多

---

① 康有为:《以孔教为国教配天议》(1913年4月),载康有为:《康有为全集》第十集,第91页。
② "摇晃的中国"一词出于张鸣。详见,张鸣:《辛亥:摇晃的中国》,广西师范大学出版社2015年。

出世之言,于人道之条理未详也。基督尊天爱人,养魂忏恶,于欧美为盛矣,然中国四万万人,能一旦舍祠墓之祭而从之乎？必不能也。然而今中国人也,于自有之教主如孔子者,而又不尊信之,则是绝去教化也。夫虽野蛮亦有其教,否则是为逸居无教之禽兽也。"[1]孔教作为举世之人立身、行事、相互交往赖以遵循的规范,其实就是举世之人的行为规范。只是,这种行为规范不同于现代的立法机构制定出来的法律规范:两者发挥作用的方式、效果都是不同的。

　　孔教对文明秩序的塑造是缓慢发生、逐渐形成的。世人按照孔教设定的行为规范,相望成习,相化成俗,相互磨合,相互适应,在不知不觉之间就形成了良善的社会生活秩序。与之不同的是,出自国家立法机构的法律,往往会在法律规定的某一天直接生效。在法律规定的某一天之前,没有这样的法律,世人也不需要按照这部法律的规定行事;从某一天开始,所有人的行为都需要遵循这部法律设定的行为规范。可见,法律设定的行为规范与孔教设定的行为规范,分别对应于两种不同的秩序生成方式。源于孔教的秩序是着眼于人心的秩序,显然是一种更深沉、更持久、更可靠的文明秩序,这正是华夏固有的文明秩序及其生成方式,也是康有为期待的文明秩序及其生成方式。从这个角度来看,康有为要求以孔教为国教,要求强化世人对孔子、孔教的尊信,基本上还是在儒家传统、儒家学说之中。从性质上说,传统中国的儒家学说并不是一种研究客观对象的学问,而是一种修齐治平之学:儒家学说既提供人生的意义、一切人自我完善的指引,也提供治理国家、建构文明秩序的规范。康有为在宗教、国教的层面上进一步强调对孔子、孔教的尊奉,主要还是对这个儒家传统的强化。

---

[1] 康有为:《以孔教为国教配天议》(1913年4月),载康有为:《康有为全集》第十集,第91页。

康有为把中国的孔教与日本的《六法全书》置于相互并立的地位,既突出了孔教作为行为规范的性质,同时也凸显了那个时代的日本与中国所处的历史阶段之差异:20世纪初期的日本,距离明治维新的发生,已逾半个世纪,彼时(1913年)的日本早已"脱亚入欧",源于欧美的政教制度已经盛行于日本,所以,日本的《六法全书》可以充当日本社会秩序的支柱。然而,在1913年的中国,虽然旧的清王朝已经崩塌,新的政教却还处于试错的初始阶段。辛亥革命之后南京政府或北京政府持续不断颁行的宪法与法律,虽然对国家政权来说是必不可少的,但对于那个时代的中国广土众民的日常生活来说,几乎就是一纸空文。在这样的现实背景下,康有为要求通过制度化的安排,让孔教以国教的名义充当文明秩序的定海神针,其实是一个颇有现实感的方案。正如康有为所见,在辛亥革命之后,"礼俗沦亡,教化扫地。非惟一时之革命,实中国五千年政教之尽革,进无所依,退无所据。顷并议废孔教,尤为可骇,若坠重渊,渺无所属。呜呼痛哉!自吾中国以来,未危变若今之甚者也"①。面对如此艰难的时势,康有为相信,只有尊孔保教,才可能拯救时局。

虽然各种宗教都有劝善的功能,但是,对于中国人来说,只有孔教能够深入国人之心、维系华夏文明。"佛言虚无出家而不言治道,基督尊天而不及敬祖,故无祠墓之祭;俗立为圭臬乎,非所宜于中国也。"②换言之,佛教虽然高妙,但多出世之言;基督教虽然盛行于欧美,但与中国传统存在较大的差距。按照前述"天地阴阳之理",它们都属于"阴教",都无助于立国、立政、立制。因而,除了遵奉孔教,中国并没有其他的选项。如果不尊孔、不保教,中国的文

---

① 康有为:《与陈焕章书》(1912年7月30日),载康有为:《康有为全集》第九集,第337页。
② 康有为:《参政院提议立国之精神议书后》(1914年12月),载康有为:《康有为全集》第十集,第206页。

明秩序是很难维系的。"孟子谓:逸居无教,则近于禽兽。故有教谓之文明,无教者为禽兽,而不止为野蛮。故凡中国生人,必当有教。向来礼典、法律、风俗,皆为孔教。"①在康有为看来,孟子所说的"教"当然是指孔教,有没有这样的"教",能不能遵奉这样的"教",是文明与野蛮(更不用说等而下之的禽兽)的分界线。康有为提倡的"孔教",亦即孟子所说的"教",包括了礼典、法律、风俗,其实是文明秩序的整体性呈现与规则化表达。在宽泛意义上,孔教与佛教、基督教都可以归属于宗教。如果要指出它们之间的差异,那么,按照天地阴阳之理,孔教的性质是阳教,其他宗教都应当归属于阴教。

(二) 立国根本:孔教优于外来法律

康有为不是当下社会分工中的所谓"法律专家",也不是当下流行的所谓"专业学者"。康有为关注的焦点问题是何以立国。他认为,立国之道,首先在于国魂的凝聚。如果说,人无魂不立;那么,国无魂也不立。因此,"凡为国者,必有以自立也。其自立之道,自其政治、教化、风俗,深入其人民之心,化成其神思,融洽其肌肤,铸冶其群俗,久而固结,习而相忘,谓之国魂。国无大小久暂,苟舍此乎,国不能立,以弱以凶,以夭以折。人失魂乎,非狂则死;国失魂乎,非狂则亡。此立国之公理,未有能外之者也"②。依此,立国之道,首先在于铸造国魂,这是一个没有例外的公理。

康有为表达这个观点的1913年,正是中国的国魂处于虚无空寂之际:其时,神殿中已无神像,旧的已经被打碎,新的尚未建立,至少没有深入"人民之心"。在这样的背景下提出"国魂论",所针对的其实是一个现实问题、实际问题、政治问题。然而,在康有为

---

① 康有为:《孔教会章程》(1912年10月),载康有为:《康有为全集》第九集,第348页。
② 康有为:《中国颠危误在全法欧美而尽弃国粹说》(1913年7月),载康有为:《康有为全集》第十集,第129页。

看来,这当然是一个能够得到妥善解决的问题。"夫所谓中国之国魂者何? 曰孔子之教而已。"①孔子之教亦即孔教,孔子是它的教主。"吾有自产之教主,有本末精粗其运无乎不在之教主,有系吾国魂之教主,曰孔子者。吾四万万人,至诚至敬,尊之信之,服其言,行其行,通其变,身心有依,国魂有归,庶几不为丧心病狂之人。然后能人其人,道其道,国魂不亡,国形乃存。然后被以欧美之物质,择乎欧美之政治,或不亡耶,且由此而致强可也。"②

中国的国魂必须系于孔子与孔教。孔教是国之魂,只有唤回了这个"国之魂",才能在精神、信仰层面上解决立国依据的问题。在此基础上,积极学习欧美的"政治"(君主立宪)与"物质"(物质立国),国家就可能"神形"兼备。正是在这里,前文提及的"政治""物质"与"教化"三个要素,又可以形成一种新的组合方式:国家的富强既有赖于"政治"与"物质"共同支撑的国家之躯体(亦即"国之形"),更有赖于"教化"支撑的国家之灵魂(亦即"国之魂")。

然而,就在铸造"国之魂"这个根本问题上,康有为注意到,"今吾国一知半解之士,于欧美之立国根本茫然也,乃大声疾呼曰:一切法欧美。又操觚执简,而为宪法律令,曰法欧美。抄某国之条文,则曰足为自由之保障矣。学某国之政俗,则曰足致国民之治安矣。若是则数留学生稍抄写各国宪法、法令章程,而中国已治已安、已富已强矣。无如皆为纸上之空文,而非政治之实事矣。然吾国人不知其害,骤操政权,骤易新法,自矜得意,习以成风,播为恶种,举国人士发狂妄行,皆以宪法政党为不易之规也。而政府为所束缚,而不能行政;议院日以纵横,而不能立法。蔽于异俗之虚文,而束制全国之心思,曰是欧美之良法也,吾国不能不学也,而中国

---

① 康有为:《〈中国学会报〉题词》(1913 年 2 月 11 日),载康有为:《康有为全集》第十集,第 16 页。
② 康有为:《〈中国学会报〉题词》(1913 年 2 月 11 日),载康有为:《康有为全集》第十集,第 18 页。

可亡矣。嗟夫！迫于细腰之俗而甘饿死，恨于裹足之风而甘折足，何其愚哉！"①在辛亥革命之后，甚至在辛亥革命之前，试图照搬欧美的法律，以之作为中国的"立国根本"，乃是一种较为盛行的思潮。但是，康有为不能认同这样的"法律照搬论"，在他看来，外来的纸上空文与本国的政治事实之间，存在着巨大的鸿沟。仅仅依靠几个留学生抄写回来的外国宪法与法律，绝不可能成就中国的治安与富强。

对于辛亥革命之后的国家建设来说，法律是必不可少的，然而，中国的法律有中国自身的逻辑，中国的法律总是镶嵌在中国固有的文化传统中。在中国历史上，"未尝无法律，而实极阔疏；未尝无长上，而皆不逮上；上虽专制，而下实自由；狱讼鲜少，赋敛极薄；但使人知礼义忠信之纲，家知慈孝廉节之化而已。嗟乎！何由而致是哉？昧昧我思之，岂非半部《论语》治之耶？"半部《论语》之治的实质，即为孔教之治。历史经验表明，"专以法律为治，则民作奸于法律之中；但倚政治为治，则民腐败于政治之内。率苟免无耻、暴乱恣睢之民以为国，犹雕朽木以抗大厦，泛胶舟以渡远海，岂待风雨波浪之浩瀚汹涌哉？"②相比之下，只有孔教之治才最为可靠。

根据康有为的勾画，在传统中国的国家治理体系中，孔教居于支柱地位。专靠法律，专靠政治，都不足以为治。在康有为这段论述的背后，我们明显可以看到《论语》中的那个著名论断："道之以政，齐之以刑，民免而无耻；道之以德，齐之以礼，有耻且格。"③正是在这种理论逻辑的支配下，康有为认为："故共和者，以道德为先，以政治为后者也。今所模欧师美者，皆其法制而无有道德也。

---

① 康有为：《中国颠危误在全法欧美而尽弃国粹说》(1913 年 7 月)，载康有为：《康有为全集》第十集，第 130—131 页。
② 康有为：《孔教会序》(1912 年 10 月 7 日)，载康有为：《康有为全集》第九集，第 343 页。
③ 杨伯峻译注：《论语译注》，中华书局 2012 年，第 16 页。

夫有法制,而无道德以为之本,则法律皆伪,政治皆敝,无一可行也。"①法律以道德为本,就是法律以孔教为本。因为孔教是道德的集中体现。

只有孔教昭示的道德才是立国的根本,才是国魂的根本。为了凝聚这样的国魂,应当强化社会公众对孔子、孔教的专一尊奉。换言之,孔子不仅仅是儒生尊奉的对象,孔子应当成为全体国民共同尊奉的对象,然而,"今自学宫尊祀孔子,许教诸生岁时祀谒外,其余诸色人等及妇女皆不许祀谒。民心无所归,则必有施敬之所;地方必有庙,则必有所奉之神,以兹大事,功令又不为正定,奉祀何神,朝廷既听民立庙,不加禁止,一任人民自由举措。夫小民智者少而愚者多,势必巫觋为政,妄立淫祠,崇拜神怪,乃自然之数矣。积势既久,方将敬奉不暇,孰敢与争?于是淫祠遍地,余波普荡,妖庙繁立于海外,重为欧美所怪笑,以为无教之国民,岂不耻哉?然旋观欧美之民,祈祷必于天神,庙祀只于教主,七日斋洁,膜拜诵其教经,称于神名,起立恭默,雅琴合歌,一唱三叹,警其天良,起其齐肃。此真得神教之意,而又不失尊教之心。回视吾国民,惟童幼入学,读经拜圣,自稍长出学,至于老死,何当一日有尊祀教主之事,有诵读遗经之文,而欲警其天良,起其齐肃,何可得哉?其所耳濡目染,膜拜尊奉,皆妖巫神怪者,风俗何由而善?正学何由而兴?大教何由而一?"②虽然欧美流行的宗教作为"阴教"不可学,但欧美之民对宗教的虔诚态度,却是值得学习的。只有让全体国民一体尊孔,只有让所有人之心共同归属于孔子与孔教,孔教作为国教的独尊地位才能建立起来。与此同时,各种各样的"淫祠"或"妖庙",自然会消解于无形。

---

① 康有为:《中国颠危误在全法欧美而尽弃国粹说》(1913年7月),载康有为:《康有为全集》第十集,第130页。
② 康有为:《请尊孔圣为国教立教部教会以孔子纪年而废淫祀折》,载康有为:《康有为全集》第四集,第96—97页。

(三) 独尊孔教与信教自由

辛亥革命之后,平等自由,特别是信教自由的观念逐渐流行于中国。然而,在康有为看来,平等自由的观念不必外求,孔子、孔教正是滋养平等自由的源泉,孔教中已经包含了平等自由的要义。

譬如,《春秋》已经蕴含了平等的精义,"《春秋》讥世卿,故汉时已去世爵,而布衣徒步,可为公卿。诸经之义,人民平等而无奴,故光武大行免奴,先于林肯二千年。孔子法律尚平,瞽瞍杀人,则皋陶执之,故后世讼狱,则亲王、宰相受法同罪,未以伪《周礼》议亲议贵为然也"。至于自由的原则及其实践,同样源远流长,譬如,"汉时学校,已遍全国,人民皆得入学,工商惟人民所习,无限制,聚会、著书、言论皆自由。孔子敷教在宽,其有从佛道者,皆听信教自由。凡此皆法革命时,喋血百万而后得之者,欧人得此仅数十年,而吾中国以奉孔子教,诸儒日以经义争,先得之于二千年前。遍校万国,皆未有比。岂非吾中国之美化,而孔教之盛德大功欤?"①信教自由可以说是自由原则、自由精神的重要体现。"敷教在宽"的孔子,既是信教自由原则的倡导者,也是信教自由原则的身体力行者。

虽然信教自由是孔子、孔教的原则,但这个原则与独尊孔教的原则并不矛盾。把孔教尊为国教,并不违反信教自由的原则,因为信教自由与独尊孔教是可以并行的。从世界范围来看,各个国家"虽信教自由,而必有其国教独尊焉"。譬如,"暹罗以佛教为国教而保护之,而听人民信教自由。俄罗斯则以希腊教为国教,立教务院,设教大长以尊崇保护之,而听人民信教自由。希腊、布加利牙、罗马尼亚、塞维皆以希腊教为国教,而听人民信教自由。然此犹曰欧东国也。西班牙、奥大利之宪法,皆以罗马旧教为国教,虽许信教自由,而其君后必为奉罗马教之人,其学校皆尊其国教。西班牙

---

① 康有为:《孔教会序》(1912年10月7日),载康有为:《康有为全集》第九集,第344页。

宪法第十一条,特著政府存养国教之义,以异于待他教,故以罗马政教为国教。其教法及教僧,政府扶持存养之"。①

为什么信教自由与独尊国教可以并行？因为两者各有各的功能,两者之间存在互补关系,具体地说,"信教自由者,宽大以听人民之好尚,特立国教者,独尊以明民俗之相宜。义各有为,不相蒙,亦不相累也"。在中国历史上,已经积累了这样的成功经验:"佛教入于汉、晋,回教行于隋、唐,吾为信教自由,行之二千年矣。彼德国之争信教自由也,三十年之教争,死人民千八百万,而英、法之焚烧新教,亦以数十万计,然后争得信教自由四字,故矜为广大,写之宪法。岂若我行之二千年从容无事乎？盖孔子之道,本于无我,敷教在宽,而听人之信仰,信佛信回,各听人民之志意。儒生学士,亦多兼信,绝无少碍。故景教流行,始于唐世,而明末利马窦、汤若望、熊三弼、艾儒略,远自意大利来,国家既用以司天,士夫亦从其宗教。大学士徐光启,郎中李之藻,既为儒臣,亦事耶教,其前例矣。故信教自由,与特尊国教,两不相妨,而各自有益。"前面提到的其他国家已经提供了正面的经验。遗憾的是,"今政府震于信教自由四字,遂魂魄不敢动,若受束缚,几若必自弃孔教而后可者,非独奴性不自立,亦大愚而不考矣。吾国宪法,宜用丹、班之制,以一条为信教自由,以一条立孔教为国教,庶几人心有归,风俗有向,道德有定,教化有准,然后政治乃可次第而措施也"。② 这就是康有为从宪法层面上确定的"尊孔保教之法"。

在宪法上"立孔教为国教",其实并不是另立新法或另创新宪,仅仅是把一个由来已久的华夏传统进行成文化、宪法化的表达而已。因为,"中国以儒为国教,二千年矣,听佛、道、回并行其中,实

---

① 康有为:《以孔教为国教配天议》(1913年4月),载康有为:《康有为全集》第十集,第93—94页。
② 康有为:《以孔教为国教配天议》(1913年4月),载康有为:《康有为全集》第十集,第94页。

行信教自由久矣。然则尊孔子教,与信教自由何碍焉?"①这就是说,如果要把"尊孔保教之法"写入宪法并付诸实践,是没有任何障碍的,中国的文化传统与历史经验都可以支持这样的"尊孔保教之法"。这就是康有为关于"尊孔保教之法"的基本构想。在理与法的关系上追根溯源,这样的"尊孔保教之法"都是从"天地阴阳之理"推演出来的:根据"天地阴阳之理",宗教分"阴教"与"阳教",孔教作为"阳教"与中国之"国魂",堪为中华在精神上立国之根本,因此应当在宪法上定为国教并予以尊奉。

"尊孔保教之法"调整的领域,主要是人身与人心的关系,亦即身心关系。这样的法可以让世人的精神有所归属,可以安顿世人的内心世界。如果世人内在的精神世界、精神秩序得到了有效的调整,那就为外在的公共秩序之建构,奠定了一个坚实的基础。在法学理论中,有关"法律与宗教"的理论,有关"法律与道德"的理论等等,都可以借用过来解释"尊孔保教之法"的意义。

小结

以上我们从三个不同的维度,阐释了康有为的"实理明则公法定"之命题:阐明"公羊三世之理",以确定"君主立宪之法";阐明"体用并举之理",以确定"物质立国之法";阐明"天地阴阳之理",以确定"尊孔保教之法"。概而言之,先有是理,然后有是法。理先于法,法依于理。这就是康有为关于理与法相互关系的界定。当然,着眼于其他的观察视角,理与法之间的相互关系也可以有其他的解释。譬如,"公羊三世之理"对于其他方面的法也有一定的解释能力,"物质立国之法"也可以通过其他方面的理来支撑,这些都是无可置疑的。但是,从总体上看,以上分述的三个方面的理与三

---

① 康有为:《中华救国论》(1912年5—6月间),载康有为:《康有为全集》第九集,第327页。

第二章 从戊戌变法到辛亥革命的法理学

个方面的法,还是具有较为明显的对应关系(尽管不是排他性的一一对应的关系),由这三个方面的理与法组合而成的这个框架,可以在理念、精神层面上,彰显康有为建构的理与法之间的相互关系:"实理明则公法定"。

如前所述,康有为的"实理明则公法定"之命题,虽然出于1888年前写成的《实理公法全书》,但却可以较为真切、较为精准地反映康有为的思想,因为,正如他在《与沈刑部子培书》中所作的一个自我鉴定:"至乙酉之年而学大定,不复有进矣。"[①]按,乙酉之年即1885年,康有为时年二十八岁。这就是说,在1885年前后,康有为的学术思想就已经"大定",此后的论述虽然有所发展,但主要是一些修辞或表述上的翻新。他在1888年之前对理与法相互关系的界定,也可以作如是观:这个命题虽然是康有为在戊戌变法之前提出来的,但却可以代表康有为的定论,可以作为康有为关于理与法的一个纲领性的论断。前文分述的三个部分,已经对这个论断进行了系统性的诠释。

叙述至此,应当如何把握康有为的"实理明则公法定"命题在中国近代思想史,尤其是在中国近代法理学史上的意义?对此,我们可以从两个方面来把握。

一方面,这个命题强化了法对理的依赖,体现了康有为作为思想家的特质。从事功上看,康有为一生最大的政治行动就是,推动甚至主导了1898年的戊戌变法,但是,这场变法活动很快就失败了,康有为也因此开启了他在海外的流亡生涯。流亡期间,他组织保皇会。辛亥革命后,他又主张设立"虚君",甚至还参与了饱受世人诟病的复辟活动。当然,这些活动无一例外,全都失败了。这就是说,康有为作为政治行动者、政治实践者的活动,几乎无一成功。

[①] 康有为:《与刑部沈子培书》(1889年9月前),载康有为:《康有为全集》第一集,第237页。

尽管如此,"作为思想家的康有为,他却仍应有崇高地位。回顾百年以来,在观念原创性之强、之早,思想构造之系统完整,对当时影响之巨大,以及开整个时代风气等各个方面,康都远非严复、梁启超或其他任何人所可比拟"[①]。从戊戌变法到辛亥革命,康有为都是中国思想界的焦点人物。在康有为的身后,关于康有为的研究,一直都没有停息。康有为思想引起的回响,一直绵延至今。在这种现象的背后,有一个重要的原因就在于:旨在"变法"的康有为高度关注"变法"背后的思想理据,一直持续不断地为"新法"寻求"新理",这就把康有为与那些常见的政治人物区分开来了。从某种意义上说,中国历史上的康有为,其实主要是中国思想史上的康有为。如果仅仅着眼于"实理明则公法定"之命题,那么我们还可以说,中国近代历史上的康有为,主要是中国近代法理学史上的康有为。

另一方面,在理与法的关系中,虽然康有为试图确定的法,包括君主立宪之法、物质立国之法、尊孔保教之法,都源于西方(譬如立宪法、分三权),或者是具有浓厚的西方色彩(譬如定国教、重科技),但他试图为这些"新法"找到的"新理",主要源于华夏文明。其中,"公羊三世之理"固然是今文学或公羊学理论框架下的一个"实理","天地阴阳之理"也可以在董仲舒的《春秋繁露》中找到权威性的渊源,至于"体用并举之理",则体现了对由来已久的体用论的创造性转化。由此,我们可以看到隐藏在康有为的"实理明则公法定"命题背后的思维方式:以中国传统立场解释外来新鲜事物,以中国固有理据为外来事物进行论证。为了实现这个目标,康有为不惜对中国传统的思想资源进行"六经注我"式的解释与运用。这样的解释方式,自然引起了各种各样的批评。譬如,王国维在《论近年之学术界》一文中,立足于学术与政治的两分,以学术的标准,从学术的层

---

① 李泽厚:《说西体中用》,上海译文出版社2012年,第115页。

面,批评康有为的学术,称康有为"之于学术,非有固有之兴味,不过以之为政治上之手段"①。相比之下,叶德辉的批评更为苛严。他说:"康有为隐以改复原教之路得自命,欲删定六经,而先作《伪经考》,欲搅乱朝政,而又作《改制考》。其貌则孔也,其心则夷也。"②这样一些严厉的批评虽有几分依据,但就批评者的立意、境界、胸怀、抱负来看,可能就比不上作为思想家的康有为。试想,一贯以圣人自居的"南海圣人"倘若地下有知,也许会如此反驳王国维、叶德辉及其所代表的批评者:燕雀安知鸿鹄之志哉?

第三节　章太炎

在中国学术史上,章太炎(1869—1936)堪称清学正统派的殿军。正如与章太炎同时代的梁启超所言:"在此清学蜕分与衰落期中,有一人焉能为正统派大张其军者,曰:余杭章炳麟。"章太炎"所著《文始》及《国故论衡》中论文字音韵诸篇,其精义多乾嘉诸老所未发明。应用正统派之研究法,而廓大其内容延辟其新径,实炳麟一大世功也",而且,"炳麟中岁以后所得,固非清学所能限矣。其影响于近年来学界者亦至巨"。③ 换言之,章太炎对中国近代主流学术产生了巨大的影响。他不仅是清学重镇,他的学术影响还远远超出了清学的范围。

然而,令人惊讶的是,章太炎还是著名的革命家,"曾站在革命运动的前列,被誉为'革命家之巨子',中华民国的'革命元勋'"④。据史家之见,"领导推翻清朝,创建中华民国,影响比较大的是三个

---

① 王国维:《论近年之学术界》,载周锡山编校:《王国维集》第二册,中国社会科学出版社2008年,第302页。
② 叶德辉:《与刘先瑞、黄郁文两生书》,载王维江、李弩哲、黄田编:《中国近代思想家文库·王先谦叶德辉卷》,中国人民大学出版社2015年,第491页。
③ 梁启超:《清代学术概论》,上海古籍出版社2005年,第79—81页。
④ 姜义华:《章炳麟评传》,上海人民出版社2019年,第7页。

人:孙中山先生、黄克强先生和章太炎先生"①。根据这个评论,章太炎是创建中华民国的三大革命元勋之一。还有论者认为,"其于民国艰难缔造之功,国父而外,实为第一,所以称之曰革命元勋"②。"我们有国父和章先生,才有革命,有革命才有中华民国。要晓得中华民国的名称,创始于国父,自民国纪元前七年,同盟会成立,即以此国名公布于会员。又要晓得此国名的解释,则系发源于章先生。他有一篇大文《中华民国解》,原原本本,真可谓相得益彰。"③按照这样的定位,章太炎是仅次于孙中山的革命家,是创建中华民国的两大革命元勋之一。

再看日本学者岛田虔次的评论,他在比较孙中山、黄兴、章太炎的革命功绩之后认为:"在宣扬革命大义、掀起革命风潮这一点上,蜂起的孙文、黄兴,也不及太炎的言论。孙文在广州以及其他地方的起义以及《兴中会宣言》(夏威夷、香港)在当时也只不过是在边境或是在外国的局部地区的事件,还没有力量动摇中国一般知识分子的心灵。真正的去唤醒中国内地的知识分子的民族革命意识,而且使其对立于改革派的,无论怎么说,也应该是太炎的'苏报案事件'。而且,他作为革命前夜的最左翼的宣传报道机关的《民报》的主笔,也是十分健斗的。"④这番分析表明,章太炎在革命行动(譬如组织起义)方面取得的成就可能不及孙中山,但是,关于革命大义的宣扬,孙中山就不及章太炎。这样的观点,虽然仅仅是一家之言,是否准确还可以再议,但也有助于彰显章太炎在中国革命史上的崇高地位。也许正是因为章太炎对革命的贡献实在太

---

① 王仲荦:《太炎先生二三事》,载章念驰编:《章太炎生平与思想研究文选》,浙江人民出版社 1986 年,第 20 页。
② 许寿裳:《章太炎传》,江西教育出版社 2019 年,第 1 页。
③ 许寿裳:《国父中山先生和章太炎先生——两位成功的开国元勋》,载章念驰编:《章太炎生平与思想研究文选》,浙江人民出版社 1986 年,第 148 页。
④ [日]岛田虔次:《章太炎的事业及其与鲁迅的关系》,章念驰编:《章太炎生平与思想研究文选》,浙江人民出版社 1986 年,第 189 页。

大,让鲁迅得出了这样的结论:"我以为先生的业绩,留在革命史上的,实在比在学术史上还要大。"鲁迅还说:"我的知道中国有太炎先生,并非因为他的经学和小学,是为了他驳斥康有为和作邹容的《革命军》序,竟被监禁于上海的西牢。"①这就是说,鲁迅眼里的章太炎,首先是革命家,然后才是学问家。

章太炎既是革命元勋,又是清学殿军,且在这两个相距较远、性质不同的领域都可谓登峰造极,这不能不说是一种罕见的现象。由于这样的缘故,章太炎成为了一个可以从多个方面予以研究的对象:革命史家可以研究章太炎的革命功绩,哲学史家可以研究章太炎的哲学(譬如他的《齐物论释》),清学史家可以研究他的清学。按照同样的逻辑,从中国法理学史的立场来看,也有必要对章太炎的法理学予以专门的研究。

那么,章太炎的法理学是一种什么样的法理学?较之略早于章太炎的廖平、康有为,作为革命家的章太炎,其法理学主要是关于革命的法理学,亦即革命法理学。不言而喻,其革命法理学最为突出的特征就是为革命寻求法理。

如此界定章太炎的法理学,除了章太炎作为革命家的身份,还基于两个方面的理由。一方面,根据前述岛田虔次之所见,章太炎对革命的最大贡献就在于"宣扬革命大义"。从法理学的角度来说,所谓"宣扬革命大义",其实就是为革命寻求根本性的义理、基础性的法理。另一方面,正如鲁迅所言,章太炎流传最广、影响最大的行为或事实,是写了《驳康有为论革命书》以及为邹容的《革命军》作序。出自章太炎之手的这两个文本,都以"革命"作为关键词,都是关于"革命大义"的文本,其核心旨趣都在于阐明革命的大义或法理。

---

① 鲁迅:《关于太炎先生二三事》,载鲁迅:《鲁迅全集》第六卷,人民文学出版社 2005 年,第 565 页。

据考,"章炳麟撰成驳康有为书时,邹容也完成了《革命军》。章炳麟给《革命军》写了序,评之为'雷霆之声'。高旭在《海上大风潮起放歌》将这两部著作比作《独立宣言》和《民约论》"①。如果高旭的这种比附有一定的参考价值,那么,章太炎的《驳康有为论革命书》就相当于美国历史上的《独立宣言》。应当看到,1776年发表的《独立宣言》作为北美洲十三个英属殖民地正式宣告独立于英国的文本,是美国历史上具有标志性的立国文献,具有重大的法理意义。如果《驳康有为论革命书》也是同类性质的文献,那么,它就相当于取代清王朝的中华民国的立国文献,其法理意义同样不容低估。此外,如果把《革命军》比作《民约论》,亦即卢梭的《社会契约论》,那么,章太炎为之写的序,亦即下文将要征引的《革命军序》,也相当于为一部"中国的社会契约论"写的序。② 相对于"独立宣言"来说,"社会契约论"的法理意蕴更为浓厚。在这个意义上,章太炎的《革命军序》当然也可以当作一篇法理文献来识读。

《革命军序》及《驳康有为论革命书》都写于1903年5月,这就提示我们,章太炎作为革命家或革命元勋之声誉,主要是在20世纪的第一个十年里赢得的。在19世纪末,章太炎对康有为、梁启超所代表的改良主张还抱有较高的认同。章太炎从改良转向革命,当然有一个渐变过程。但是,这种转向从量变到质变的标志性的时间刻度,可以确定为1900年的夏季。进一步说,其中又包括几个具体的时间节点:"1900年7月下旬,当唐才常等人发起在上海建立'中国议会'时,针对唐才常坚持以'勤王'为旗帜,章炳麟终于不再犹豫,奋起反对,明确宣布自己矢志反清,投身革命。"同年

---

① 姜义华:《章炳麟评传》,上海人民出版社2019年,第45页。
② 也有人把章太炎比作卢梭。据岛田虔次所述,"北一辉曾称太炎为'支那的卢梭'(《支那革命外史》,北一辉也称为'若愚的大贤')。不知这种比较应该到什么程度为止才算妥当"。详见,[日]岛田虔次:《章太炎的事业及其与鲁迅的关系》,载章念驰编:《章太炎生平与思想研究文选》,浙江人民出版社1986年,第192页。

8月3日,"章炳麟为了充分显示自己义无反顾地投身革命的决心,毅然剪去了对清王朝表示忠顺的长辫,脱去清代长衫。为此,他专门写了一篇《解辫发说》,说明他剪去辫子和改穿西服的用意"。8月8日,他又致书孙中山,"说明自己'愤激蹈厉,遽断辫发',乃是明示'不臣满洲之志'。孙中山指示在香港出版的《中国旬报》发表了章炳麟的来信及《解辫发说》等文,并在后记中给予极高评价:'章君炳麟,余杭人也,蕴结孤愤,发为罪言,霹雳半天,壮者失色,长枪大戟,一往无前。有清以来,士气之壮,文字之痛,当推此次为第一。'在上海,整个江、浙人文荟萃之区,章炳麟是公开倡导反清革命的第一人"。① 由此看来,章太炎正式成为革命家,当从1900年算起。章太炎阐明革命法理学的论著,主要也是在1900年以后写成的。

在20世纪最初的十年间,章太炎的"革命法理学"风靡一时,奏响了那个时代中国法理学的最强音。因此,如果我们要理解清代最后十年的中国法理学,章太炎的"革命法理学"无论如何是绕不过去的。有鉴于此,革命家章太炎试图为革命寻求法理依据的理论旨趣,亦即以革命为中心编织起来的革命法理学,可以从三个方面予以分述。

一、"古之革命"的法理依据

清末革命家章太炎所投身的革命,革命的对象当然是清王朝。章太炎为革命寻求法理依据,从革命行动的逻辑来看,主要是为那一场特定的清末革命寻求法理依据。但是,章太炎毕竟是最富学养的革命家,他在为清末革命寻求法理依据的同时,还论及中华民族"古之所谓革命"及其法理依据。

在中华民族发展史上,古今之间具有无法切割的血肉联系,就

---

① 姜义华:《章炳麟评传》,上海人民出版社2019年,第35—37页。

像一条河流的水,总是要从上游流到下游,不可能一刀两断。虽然清末革命不同于"古之革命",虽然从"古之革命"到清末革命确实发生了各种各样的变化,甚至是深刻的变化,但是,清末革命依然在"古之革命"所开创的革命传统之中。这正如《中华人民共和国宪法》开篇第一句所示:"中国是世界上历史最悠久的国家之一。中国各族人民共同创造了光辉灿烂的文化,具有光荣的革命传统。"这个"光荣的革命传统"见于古代,就是"古之所谓革命",亦即"古之革命"。不言而喻,章太炎投身于其中的清末革命,也属于这个"光荣的革命传统"。从这个角度来看,章太炎为"古之革命"寻求的法理依据,构成了章太炎的"革命法理学"的一个重要的组成部分。

章太炎关于"古之革命"及其法理依据的论述,集中体现在他1906年写成的《革命之道德》一文中。章太炎在此文中写道:"古之所谓革命者,其义将何所至耶? 岂不曰天命无常,五德代起,质文相变,礼时为大耶? 夫如是则改正朔、易服色、异官号、变旗识,足以尽革命之能事矣。名不必期于背古,而实不可不务其惬心。吾所谓革命者,非革命也,曰光复也。光复中国之种族也,光复中国之州郡也,光复中国之政权也。以此光复之实,而被以革命之名。"①这段话既论"古之所谓革命",同时还指出了光复与革命的差异,亦即"吾所谓革命"(今之革命)与"古之所谓革命"(古之革命)的差异,这是下文将要讨论、阐释的问题,在此先埋下一个伏笔。在这里,我们先看章太炎关于"古之革命"及其大义的阐述。根据他的概括,"古之革命"的法理依据集中体现为"天命无常论""五德代起论""质文相变论""礼时为大论"。在古代中国,如果要掀起一场革命,可以依赖的法理依据主要就是这四端。

---

① 章太炎:《革命之道德》(1906年10月8日),载汤志钧编:《章太炎政论选集》上册,中华书局1977年,第309页。

(一) 天命无常论

在中华民族发展史上,天命理论源远流长,是华夏古典法理世界中的一个关键性的理论。天命就是上天的授权。天命的实质是把政治、政权、统治的法理依据、正当理由归属于上天及其授予的大命。对于当政者来说,获得了天命就相当于获得了上天的授权,当政者的政治统治就获得了法理上的依据,在正当性、合法性方面,就是没有疑问的。

天命理论包含了两个对立的观点:天命有常论与天命无常论。对于一个已经取得或已经占据当政地位的当政者来说,他更愿意接受的法理是"天命有常论"。在这样的当政者群体中,殷纣王是一个代表性的人物。据《尚书·西伯戡黎》,在殷商大臣祖伊与纣王之间曾经发生过一场对话:"西伯既戡黎,祖伊恐,奔告于王。曰:'天子,天既讫我殷命。格人元龟,罔敢知吉。非先王不相我后人,惟王淫戏用自绝。故天弃我,不有康食。不虞天性,不迪率典。今我民罔弗欲丧,曰:天曷不降威?大命不挚,今王其如台?'王曰:'呜呼!我生不有命在天。'祖伊反,曰:'呜呼!乃罪多参在上,乃能责命于天。殷之即丧,指乃功,不无戮于尔邦。'"①这场对话的作者虽然难以确考,但他显然没有代表纣王的立场,而是主要代表了一种批评殷纣王的立场。

在这段对话中,纣王的立场是"有命在天",亦即祖伊所概括的"责命于天"。按照纣王的理解,上天授予自己的大命,亦即君临天下的政治统治权,一旦获得,便终身拥有,且永远有效;那个叫姬昌的西伯并不能把我怎么样,我的政治统治依然可以维持下去。这就是天命有常论。但是,在殷商王朝末期的清流派人士祖伊看来,没有永恒的天命。上天既可以向殷商王室授予天命或大命,也可以终结、收回大命。换言之,上天是可以抛弃殷商王室的。所以,

---

① 王世舜、王翠叶译注:《尚书》,中华书局2012年,第129—130页。

祖伊的立场实为天命无常论。祖伊其人,当然不是针对殷商王朝的革命家,但他对纣王所持的批评态度表明,他是殷商王朝内部对纣王表达"哀其不幸、怒其不争"之人。

相对于祖伊隐约表达的天命无常论,同样也生活在殷周之际的周公,则对天命给予了更多的论述,对天命理论做出了重大的发展。然而,在天命到底是有常还是无常这个核心问题上,周公的回答并不统一。一方面,周公像纣王一样,强调了天命不变或天命有常。在《尚书·大诰》篇中,周公说:"越天棐忱,尔时罔敢易法。矧今天降戾于周邦。惟大艰人,诞邻胥伐于厥室,尔亦不知天命不易。"①这句话的大意是说,上天是在帮助我们周王室,你们这些地方势力是绝不敢轻慢上天的决定的。现在,上天已经把大命授予我们周王室了,然而,有一些心怀不轨的地方势力却试图勾结殷人来造反,你们难道不知道,上天的大命是不会改变的吗?

但另一方面,周公又主张天命是变易的,亦即天命无常。在《康诰》篇中,周公告诉康叔:"肆汝小子封。惟命不于常,汝念哉!"②简而言之,就是天命不常或天命无常。在《召诰》篇中,周公回顾历史,进而发现,"相古先民有夏,天迪从子保,面稽天若,今时既坠厥命。今相有殷,天迪格保,面稽天若,今时既坠厥命"③。这句话是说,由于夏王室的后代不能遵循天命,上天废除了夏王室的天命;殷王室的后代不能遵循天命,上天又废除了殷王室的天命,显然,天命是变化的,没有永恒的天命。

那么,天命到底是有常还是无常?周公为什么时而宣称天命有常,时而宣称天命无常?原来,周公关于天命有常或无常的这种自相矛盾的观点,其实是在两种不同的语境下,针对两个不同的群体,所分别得出的结论。针对周王室的叛乱者,周公的观点是天命

---

① 王世舜、王翠叶译注:《尚书》,中华书局2012年,第176页。
② 王世舜、王翠叶译注:《尚书》,中华书局2012年,第195页。
③ 王世舜、王翠叶译注:《尚书》,中华书局2012年,第221页。

有常,周公试图通过这样的法理学说,告诫反叛者:上天授予我们周王室的天命是不会改变的,你们的反叛行为有违天命,不仅不可能成功,反而会遭到上天的惩罚。简而言之,所谓天命有常论,是当政者面对其反叛者、挑战者所持的理论。这种语境下的周公,与《西伯戡黎》中的纣王一样,主张天命有常论或天命不变论。

但是,当周公面对像"康叔"这样的"自己人",就告之以天命无常论。意思是说,如果你不认真履行当政者之职责,如果你不符合当政者应当具备的德性,那么,上天就会收回天命,你就会失去执政地位,甚至我们整个姬周王室都会失去执政地位。换言之,周公以"天命无常论"告诫其执政团队的成员,主要在于增强团队成员的忧患意识。这就是典籍中记载的周公及其天命观。比较周公与纣王的天命观,周公的法理修养显然高于纣王的法理修养,周公对政治法理的理解显然比纣王更透彻。

在古代中国,天命有常论与天命无常论都是可以成立的。其中,天常有常论或天命不变论,主要是当政者在面对其反叛者、挑战者之际所持的理论,它所张扬的法理是保守的法理,是旨在维护统治现状的法理。与之形成对立的天命无常论或天命变易论,主要是起而反抗当政者的革命者所持的理论,它所张扬的法理是革命的法理,是旨在颠覆统治现状的法理。当然,从周公的立场来看,天命无常论也可以作为统治集团内部赖以强化忧患意识、赖以实现自我革命的理论。

某种政治力量,如果试图挑战现行的统治秩序,颠覆现行的政权,就可以借用天命无常论提供的法理依据来实现自己的革命目标。因此,作为一个法理命题的天命无常论,总是在古代中国的革命时代兴起,革命者的革命行动由此可以获得正当性依据。挑战现行统治秩序的行动之所以是正义的革命行动,之所以能够占据道义制高点,其法理依据或正当理由就是天命无常。正是在这个意义上,章太炎认为,天命无常论是"古之所谓革命"的大义之一,可以为"古之革命"提供重要的法理支撑。

（二）五德代起论

在从上文的天命无常论转向五德代起论之际,可以先审视戏曲中常见的"奉天承运"一词。在"奉天承运"这个相对定型的表达方式中,"奉天"与"承运"各有所指。所谓"奉天",就是上文所述的依据"天命";所谓"承运",就是依据"德运"。"天命"是政治统治的法理依据,"德运"同样是政治统治的法理依据。就像"天命无常"一样,"五德代起"也被章太炎看作是"古之革命"的法理依据。

顾名思义,"五德代起"就是五种"德运"按照预定的顺序轮流兴起,后者取代前者,循环往复,分别为不同时代的政权及其政治统治提供法理依据。所谓五德,即土、木、金、火、水分别代表的五种"德运"。每一个朝代或政权的开创者都是应运而生,他所"应"之"运"都是某一种特定的"德运"。《吕氏春秋·有始览》对此提供了具体的说明:"黄帝之时,天先见大螾大蝼。黄帝曰:'土气胜。'土气胜,故其色尚黄,其事则土。及禹之时,天先见草木秋冬不杀。禹曰:'木气胜。'木气胜,故其色尚青,其事则木。及汤之时,天先见金刃生于水。汤曰:'金气胜。'金气胜,故其色尚白,其事则金。及文王之时,天先见火赤乌衔丹书集于周社。文王曰:'火气胜。'火气胜,故其色尚赤,其事则火。代火者必将水,天且先见水气胜。水气胜,故其色尚黑,其事则水。水气至而不知数备,将徙于土。"①

这段叙述旨在呈现的历史事件及其蕴含的历史规律可以概括为:黄帝的政治统治依据的"德运"是"土德",大禹的政治统治依据的"德运"是"木德",商汤及其开创的商王朝依据的"德运"是"金德",文王姬昌及其开创的周王朝依据的"德运"是"火德"。按照"五德代起论",取代周王朝的统治集团,其实施政治统治的法理依

---

① 许维遹撰:《吕氏春秋集释》,梁运华整理,中华书局2016年,第245页。

据就是"水德"。这就是章太炎所称的"五德代起论"。

在学术思想史上,"五德代起论"亦称"五德终始论"。由于"五德"与"五行"相对应,一般都认为,这样的学说出于阴阳家的主要代表邹衍。邹衍根据"五德代起论"或"五行终始说","以阐明帝王应运而兴之道理,构成其所创之历史哲学。邹氏掌握之原则有三:(1)确定每一代帝王之运命,自有其在五行上所属之先天德性。(2)根据五行相胜,互相生克,推演为五德始终,创为帝王更迭之循环说。(3)以一年之'纪',扩大为历年之'纪',成为大型之终始说"。①

进一步看,"五德代起论"作为一种"帝王更迭之循环说",虽然出于邹衍,但是,"今以新旧资料合证之,实当起于子思"。② 主要的依据见于《荀子·非十二子》关于子思、孟子的批评:"略法先王而不知其统,然而犹材剧志大,闻见杂博。案往旧造说,谓之五行,其僻违而无类,幽隐而无说,闭约而无解,案饰其辞而祗敬之曰:'此真先君子之言也。'子思唱之,孟轲和之,世俗之沟犹瞀儒,嚾嚾然不知其所非也,遂受而传之,以为仲尼、子游为兹厚于后世。是则子思、孟轲之罪也。"③

根据《非十二子》提供的这些信息可知,与"五德"相对应的"五行"之说是子思、孟子的创造。由于子思早于孟子,因此,子思是更早的立说之人;甚至"五行"之名,也出于子思。至于子思所依据的更早的原始资料、原始出处(亦即"往旧")是什么,究竟始于何人,那就不得而知了,这里不妨暂予搁置。我们只知道,"子思唱之",亦即提出、倡导了五行之说,"孟子和之",亦即应和、承袭了五行之说,最后,再由邹衍发扬光大了这个学说。

从子思经孟子再到邹衍的这个"一线单传"的关系,还可以在

---

① 饶宗颐:《中国史学上之正统论》,中华书局2015年,第15页。
② 饶宗颐:《中国史学上之正统论》,中华书局2015年,第12页。
③ 方勇、李波译注:《荀子》,中华书局2015年,第71页。

《史记·孟子荀卿列传》中得到印证。此篇先讲孟子,再讲邹衍,称:"邹衍睹有国者益淫侈,不能尚德,若《大雅》整之于身,施及黎庶矣。乃深观阴阳消息而作怪迂之变,《终始》《大圣》之篇十余万言。其语闳大不经,必先验小物,推而大之,至于无垠。先序今以上至黄帝,学者所共术,大并世盛衰,因载其机祥度制,推而远之,至天地未生,窈冥不可考而原也。先列中国名山大川,通谷禽兽,水土所殖,物类所珍,因而推之,及海外人之所不能睹。称引天地剖判以来,五德转移,治各有宜,而符应若兹。以为儒者所谓中国者,于天下乃八十一分居其一分耳。中国名曰赤县神州。赤县神州内自有九州,禹之序九州是也,不得为州数。中国外如赤县神州者九,乃所谓九州也。于是有裨海环之,人民禽兽莫能相通者,如一区中者,乃为一州。如此者九,乃有大瀛海环其外,天地之际焉。其术皆此类也。然要其归,必止乎仁义节俭,君臣上下六亲之施。始也,滥耳。王公大人初见其术,惧然顾化,其后不能行之。是以邹子重于齐。"① 随后,邹衍还获得了其他诸侯的广泛而高度的尊重。

邹衍何以能够"重于齐"及其他各国?主要原因在于:他针对当时的"有国者""不能尚德"的现实,写下了《终始》等多篇文献,阐述了从黄帝到他那个时代的"五德转移"之理,亦即"五德终始"之理或"五德代起"之理。正是邹衍建构的这个解释框架,充分回应了那个时代的思想需求,使他本人成为了那个时代的各国诸侯普遍推崇的思想家。

从战国结束到秦亡汉兴,主要由邹衍阐述的"五德终始说"一直是居于支配地位的立国、立政、立朝之理据。在《汉书·郊祀志》之末,班固有一段赞词称:"汉兴之初,庶事草创,唯一叔孙生略定朝廷之仪。若乃正朔、服色、郊望之事,数世犹未章焉。至于孝文,

---

① [汉]司马迁:《史记》,中华书局2006年,第455页。

始以夏郊,而张仓据水德,公孙臣、贾谊更以为土德,卒不能明。孝武之世,文章为盛,太初改制,而兒宽、司马迁等犹从臣、谊之言,服色数度,遂顺黄德。彼以五德之传从所不胜,秦在水德,故谓汉据土而克之。刘向父子以为帝出于《震》,故包羲氏始受木德,其后以母传子,终而复始,自神农、黄帝下历唐虞三代而汉得火焉。故高祖始起,神母夜号,著赤帝之符,旗章遂赤,自得天统矣。昔共工氏以水德间于木火,与秦同运,非其次序,故皆不永。由是言之,祖宗之制盖有自然之应,顺时宜矣。究观方士祠官之变,谷永之言,不亦正乎!不亦正乎!"①按照这段叙述,张仓、贾谊、倪宽、司马迁、刘向、刘歆以及班固本人,无不把"五德终始"或"五德代起"作为权威的法理学说来引证。

五德代起论为革命提供法理依据的方式,与天命无常论为革命提供法理依据的方式基本上是一样的:"德运"变化就相当于"天命"转移。天命不恒常,"德运"也不恒常,任何一种"德运"都会转向另一种"德运"。如果现行的当政者(譬如殷商)是因为占据了"金德"而享有执政的法理依据,是因"金德"而执政,那么,试图挑战并颠覆当政者的革命者(譬如姬周),只要展示、宣称、证明自己是"火德"的承担者,就可以发动针对"金德"的革命,就可以在"五德代起论"中获得取代现行当政者的法理依据。简而言之,"德运"的转移与代起,就相当于"天命"的转移与变易。这就是五德代起论为革命提供的法理支撑。

(三)质文相变论

如果说"五德代起"是五种"德运"的更替,那么,"质文相变"可以说是两种政治形态,甚至是两种文明形态的更替。就像五种"德运"没有优劣之分一样,在质与文之间,大体上说,也没有高低或优劣之分。在通常情况下,人们既不能说,质比文好;也不能说,文比

---

① [汉]班固撰:《汉书》,中华书局2007年,第197页。

质好。质与文各有侧重,就像《论语·雍也》所记载的孔子之言:"质胜文则野,文胜质则史。文质彬彬,然后君子。"虽然质与文都是必要的,甚至就像太极图那样,是互补的,但要把质与文完美地结合起来,却不容易。因而,不同时代的政治与文明,总是呈现出质或文的性质、特征。在《礼记·表记》中,可以看到孔子关于历史上先后出现的文与质的一个归纳:"虞、夏之质,殷、周之文,至矣。虞、夏之文不胜其质,殷、周之质不胜其文。"①这句话的大意是说,虞、夏两代的质朴,殷、周两代的文采,都达到了各自的顶点。虞、夏两代的文采不如他们的质朴,殷、周两代的质朴不如他们的文采。这就是孔子关于质文相变的论述。

及至汉代,董仲舒对质文相变的理论进行了全面的发挥。《春秋繁露·玉杯》着眼于礼之质与礼之文两个侧面,称:"志为质,物为文,文着于质,质不居文,文安施质;质文两备,然后其礼成。文质偏行,不得有我尔之名。俱不能备,而偏行之,宁有质而无文,虽弗予能礼,尚少善之,'介葛卢来'是也。有文无质,非直不予,乃少恶之,谓'州公寔来'是也。然则《春秋》之序道也,先质而后文,右志而左物,故曰:'礼云礼云,玉帛云乎哉!'推而前之,亦宜曰:'朝云朝云,辞令云乎载!乐云乐云,钟鼓云乎哉!'引而后之,亦宜曰:'丧云丧云,衣服云乎哉!'是故孔子立新王之道,明其贵志以反和,见其好诚以灭伪,其有继周之弊,故若此也。"②

这段论述包含了两点要义。其一,质与文都是必要的。对于礼来说,只有文或只有质,都不能成礼。其二,如果一定要在质与文之间分出孰重孰轻,那么,质重于文;如果一定要在质与文之间排出序列,那么,质先于文。因为《春秋》就是把质放在文之前。介国的君主葛卢不懂华夏之礼,但对礼义有向往之志,对于这种有质

---

① 王文锦译解:《礼记译解》,中华书局2016年,第729页。
② 张世亮、钟肇鹏、周桂钿译注:《春秋繁露》,中华书局2012年,第27—29页。

无文之君,《春秋》愿意给他以正面的评价;相反地,州国的公爵没有向往礼义之心,《春秋》甚至连他的名字都不著录,以表明对他的贬斥。孔子关于礼与玉帛的评论也可以佐证:徒具形式的礼主要体现了礼的异化,在这种特定的情况下,"礼之质"比"礼之文"更重要。

虽然董仲舒也注意到,孔子对质的看重有一个宏观的整体背景:"周之弊"乃是"文之弊"。所谓"周文疲弊"就是"文之弊",在这种特定的语境下,董仲舒刻意彰显了孔子及《春秋》对质的偏好。然而,如果超越礼这个相对具体的事物与现象,从普遍性的历史规律着眼,那么,如前所述,质与文之间的高低与优劣将不复存在,质与文将会呈现出轮流主导的规律。这就正如《三代改制质文》中所言:"王者以制,一商一夏,一质一文。商、质者主天,夏、文者主地,《春秋》者主人,故三等也。"①在这里,质与文就不再是礼的两个维度,而是代表了两种不同的政道,以及王朝执政的两种法理依据。

在《史记·高祖本纪》之末,司马迁说:"夏之政忠。忠之敝,小人以野,故殷人承之以敬。敬之敝,小人以鬼,故周人承之以文。文之敝,小人以僿,故救僿莫若以忠。三王之道若循环,终而复始。周秦之间,可谓文敝矣。秦政不改,反酷刑法,岂不缪乎?故汉兴,承敝易变,使人不倦,得天统矣。"根据"集解",所谓忠、野,郑玄曰:"忠,质厚也,野,少礼节也。"所谓鬼,郑玄曰:"多威仪,如事鬼神。"②司马迁在此表达的核心观点,就是质文相变论或质文循环论。

刘向在《说苑·修文》中说:"文德之至也,德不至,则不能文。商者,常也。常者,质。质主天。夏者,大也。大者,文也。文主地。故王者一商一夏,再而复者也;正色,三而复者也。味尚甘,声

---

① 张世亮、钟肇鹏、周桂钿译注:《春秋繁露》,中华书局 2012 年,第 243 页。
② [汉]司马迁撰:《史记》,[宋]裴骃集解,[唐]司马贞索隐,[唐]张守节正义,中华书局 2000 年,第 277 页。

尚宫,一而复者。故三王术如循环。故夏后氏教以忠,而君子忠矣,小人之失野。救野莫如敬。故殷人教以敬,而君子敬矣,小人之失鬼。救鬼莫如文,故周人教以文,而君子文矣,小人之失薄。救薄莫如忠。故圣人之与圣也,如矩之三杂,规之三杂。周则又始,穷则反本也。"①这就是"刘向版本"的质文相变论。

班固在《白虎通·三正篇》中称:"王者必一质一文者何?所以承天地,顺阴阳。阳之道极,则阴道受,阴之道极,则阳道受,明二阴二阳不能相继也。质法天,文法地而已。故天为质,地受而化之,养而成之,故为文。《尚书大传》曰:'王者一质一文,据天地之道。'《礼·三正记》曰'质法天,文法地'也。帝王始起,先质后文者,顺天地之道,本末之义,先后之序也。事莫不先有质性,后乃有文章也。"②班固以天地、阴阳解释文质,把质文相变称为天地之道、阴阳之道,这就是说,质文相变乃是一种客观规律。

在《公羊春秋传注疏·桓公第五》中,何休针对"《春秋》伯、子、男一也,辞无所贬"一句,认为:"《春秋》改周之文,从殷之质,合伯、子、男为一,一辞无所贬,皆从子,夷狄进爵称子是也。忽称子,则与《春秋》改伯从子辞同,于成君无所贬损,故名也。名者,缘君薨有降既葬名义也。此非罪贬也。君子不夺人之亲,故使不离子行也。王者起,所以必改质文者,为承衰乱,救人之失也。天道本下,亲亲而质省;地道敬上,尊尊而文烦。故王者始起,先本天道以治天下,质而亲亲;及其衰敝,其失也亲亲而不尊;故后王起,法地道以治天下,文而尊尊;及其衰敝,其失也尊尊而不亲,故复反之于质也。质家爵三等者,法天之有三光也;文家爵五等者,法地之有五行也。合三从子者,制由中也。"③

---

① [汉]刘向撰:《说苑校证》,向宗鲁校证,中华书局1987年,第476—477页。
② [清]陈立撰:《白虎通疏证》,吴则虞点校,中华书局1994年,第368页。
③ [汉]何体解诂,[唐]徐彦疏:《春秋公羊传流疏》,刁小龙整理,上海古籍出版社2014年,第174—175页。

在这段文字中,何休旨在表达的核心观点是"王者起,所以必改质文"。所谓"起",就是"起而革命",这就为革命者赋予了王者的身份。如果当政者的性质是"文",那么,革命者的性质就是"质",反之亦然。只要革命者把自己的性质定位在当政者性质的对立面,革命者发动的革命就不仅可以获得法理依据与正当理由,而且还可以享有"王者"亦即"圣王"之名。

(四)礼时为大论

"礼时为大"是章太炎为"古之革命"找到的第四种法理依据。对于"礼时为大",《礼记·礼器》篇中有直接的表述:"礼,时为大,顺次之,体次之,宜次之,称次之。尧授舜,舜授禹,汤放桀,武王伐纣,时也。《诗》云:'匪革其犹,聿追来孝。'天地之祭,宗庙之事,父子之道,君臣之义,伦也。社稷山川之事,鬼神之祭,体也。丧祭之用,宾客之交,义也。羔豚而祭,百官皆足,大牢而祭,不必有余,此之谓称也。诸侯以龟为宝,以圭为瑞,家不宝龟,不藏圭,不台门,言有称也。"[1]按照这里的排序,在礼的理论与实践中,时是最为重要的因素。这里的时,可以理解为时代背景或时势。在时之后,相对次要的因素,依据重要程度,分别是顺、体、宜、称。所谓顺,按照郑玄的解释,"伦之言顺也"[2]。因而,顺就是"天地之祭、宗庙之事、父子之道、君臣之义"。至于体、宜、称,《礼器》已有直接的解释,相对说来,它们都是一些关于礼的具体规则与器物。

见于《礼器》的这段话的重点,虽然在于分述礼的制约因素,但也指出了禅让与革命的关系:尧舜禹三代圣王之间的禅让与汤武革命,具有同等的正当性,禅让是正当的,革命也是正当的,都符合礼的要求。其中提到的出自《诗经·大雅·文王有声》的那句话,

---

[1] 王文锦译解:《礼记译解》,中华书局2016年,第280页。
[2] 李学勤主编:《十三经注疏·礼记正义》,北京大学出版社1999年,第719页。

主要在于为周文王发动的革命提供法理依据:"文王改作者,非必欲急行己之道,乃追述先祖之业,来居此为孝。"①这就是说,文王在殷商末年发动革命,并不是要急于推行自己认定的政道,而是为了继承先祖的遗志、遗业,并以此作为躬行孝道之体现,甚至是关于孝道的率先垂范。因而,文王及武王,还有商汤,他们发动的革命,乃是特定时代、特定时势的产物,是对时代需要的回应。按照"礼,时为大"的原则,这样的革命是正当的,其正当性等同于禅让的正当性。这就是"礼时为大"为革命提供的法理依据。

"礼时为大"作为一个原则,既见于《礼记》,也在后世得到了进一步的延伸。譬如,在《程氏遗书·卷第十五》,有人提出这样一个问题:"正叔所定《婚仪》,复有婿往谢之礼,何谓也?"这是有关婚礼的一个细节问题。面对这样的提问,程颐的回答是:"如此乃是与时称。今将一古鼎古敦用之,自是人情不称,兼亦与天地风气不宜。礼,时为大,须当损益。夏、商、周所因损益可知,则能继周者亦必有所损益。如云'行夏之时,乘殷之辂,服周之冕,乐则韶舞',是夏时之类可从则从之。盖古人今人,自是年之寿夭、形之大小不同。古之被衣冠者,魁伟质厚,气象自别。若使今人依古冠冕,情性自不相称。盖自是气有淳漓。正如春气盛时,生得物如何,春气衰时,生得物如何,必然别。"②程颐从礼的细节推出礼的原则,他想表达的主要观点是:礼,需要随时变化,每个时代的礼都不相同,因为时代不同,各种因素(譬如人的寿命、体形,譬如自然条件)都发生了变化,礼也要随之发生变化。

在程颐之后,朱熹对"礼时为大"这个原则还有进一步的讨论。据《朱子语类》卷第八十四,朱熹认为:"'礼,时为大。'有圣人者作必将因今之礼而裁酌其中,取其简易易晓而可行,必不至复取古人

---

① 李学勤主编:《十三经注疏·礼记正义》,北京大学出版社1999年,第719页。
② [宋]程颢、程颐:《二程集》,王孝鱼点校,中华书局1981年,第146页。

繁缛之礼而施之于今也。古礼如此零碎繁冗,今岂可行?亦且得随时裁损尔。"①即使是圣人再世,也必然要对古代的礼进行裁剪与取舍,也绝不会照抄照搬古代的礼。《朱子语类》卷第八十九:"'礼时为大'。某尝谓,衣冠本以便身,古人亦未必一一有义。又是逐时增添,名物愈繁。若要可行,须是酌古之制去其重复,使之简易然后可。"②朱熹还说:"'礼,时为大'。使圣贤有作,必不一切从古之礼。疑只是以古礼减杀,从今世俗之礼,令稍有防范节文,不至太简而已。观孔子欲'从先进',又曰'行夏之时,乘殷之辂',便是有意于损周之文,从古之朴矣。今所以集礼书也只是略存古之制度,使后之人自去减杀,求其可行而已,若必欲一一尽如古人衣服冠履之纤悉毕备,其势也行不得。"③这就是说,孔子本人就是"礼时为大"的倡导者与实践者。孔子的言行本身就具有示范作用。朱熹关于"礼时为大"的议论,有一个核心原则:以简易之礼取代繁琐之礼。

如果比较程朱所讲的"礼时为大"与《礼记》中的"礼时为大",可以发现,尽管两者都着眼于"礼时为大",但重心已经发生了转移:在程朱那里,"礼时为大"主要着眼于礼仪本身的变化。但是,在《礼记》中,"礼时为大"还指出:禅让是正当的,但革命也是正当的。因而,如果着眼于革命的法理依据,那么,显然应当着眼于《礼记》关于"礼时为大"的论述。只有《礼记》中的"礼时为大",才为革命提供了法理依据。至于程朱所说的"礼时为大",仅仅是为改革提供了法理依据。从革命家章太炎的立场上看,"古之革命"的法理依据,可以求之于《礼记》,不宜求之于程朱。

---

① [宋]黄士毅编:《朱子语类汇校》第四册,徐时仪、杨艳汇校,上海古籍出版社2014年,第2202页。
② [宋]黄士毅编:《朱子语类汇校》第四册,徐时仪、杨艳汇校,上海古籍出版社2014年,第2293页。
③ [宋]黄士毅编:《朱子语类汇校》第四册,徐时仪、杨艳汇校,上海古籍出版社2014年,第2209页。

概而言之,章太炎为"古之革命"找到的法理依据,主要是天命无常论、五德代起论、质文相变论、礼时为大论。这四个命题包含了丰富的法理意蕴,它们作为中华优秀传统法律文化核心地带的命题,构成了章太炎"革命法理学"的重要组成部分。

二、民族革命的法理依据

在章太炎的"革命法理学"中,举出"古之革命"的法理依据,主要是一个历史性的背景铺垫。章太炎"革命法理学"的现实指向,还在于为清末革命寻找法理依据。那么,章太炎投身于其中的清末革命是一种什么性质的革命?吕思勉有一个解释,说:"章太炎的成功,亦只限于民族革命而已,其余的主张,可谓都未实现。"①这就是说,作为革命家的章太炎,真正实现了的革命目标,只有民族革命。章太炎当然也曾为民族革命而多方奔走。但是,作为有学问的革命家,章太炎有功于民族革命的主要方式,还在于阐明民族革命之大义,亦即阐明民族革命的法理依据。在清末的时代背景下,章太炎为民族革命寻求的法理依据,归纳起来,主要有以下数端。

(一)异族异德论

为什么要发动针对满清政府的民族革命?最直接的理由是:满清政府是一个犯罪集团,以革命方式惩治犯罪集团,具有足够的正当依据。章太炎的《讨满洲檄》列举了满清政府的十四宗罪,它们都可以视为对满清政府的刑事指控。然而,从法理上看,章太炎关于满洲之罪的指控,又建基于一个命题,这个命题可以提炼为"异族异德论"。换言之,满洲之罪,根源于"异族异德"。因而,"异族异德论"既是满洲有罪的法理依据,同时也是章太炎为民族革命

---

① 吕思勉:《从章太炎说到康长素、梁任公》,载章念驰编:《章太炎生平与思想研究文选》,浙江人民出版社1986年版,第178页。

寻求的第一个法理依据。综合考察章太炎的相关论著,他阐述的"异族异德论"为革命提供的法理支撑,可以从三个环节来把握。

章太炎论证"异族异德"的起点,是满洲的民族属性及其与中华的差异,这是章太炎论证"异族异德"的第一个环节。章太炎认为,满洲的满人与中华的汉人属于不同的民族,所以有不同的德性。因为异族,所以异德。非我族类,必有异心,必有异德。早在1897年,章太炎在正式投身革命、正式打出革命旗号之前,就已经提出这样的观点。他说:"教术之变,其始由于种类。均是人也,而修短有异,黄白有别,则德性风俗亦殊。故古者婆罗门种,因族以称其教,可为左证。"①不同的种类或种族,有不同的宗教、德教、德性。古印度的婆罗门是一种特定的种族,所以有自己独特的教义、德性。

根据汤志钧的考证,《序种性》上下两篇是在1900年收入"訄书手校本"的。② 在这两篇《序种性》中,章太炎刻意区分了种族与历史民族:"故今世种同者,古或异种;种异者,古或同。要以有史为限断,则谓之历史民族,非其本始然也。"③章太炎提出"历史民族"这个概念,旨在强调:一个民族必然有共同生活的历史,严格说来,"以《世本》《尧典》为断,庶方驳姓,悉为一宗,所谓历史民族然矣"④。从历史民族的角度来看,满洲与中华就不是一个民族。

从民族上区分满洲与中华,具有至关重要的意义,是革命大义能够成立的前提,所以必须予以专门的辨析。因为,在改良派代表

---

① 章太炎:《论学会有大益于黄人亟宜保护》(1897年3月3日),载汤志钧编:《章太炎政论选集》上册,中华书局1977年,第8页。
② 汤志钧:《章太炎著作系年》,载章念驰编:《章太炎生平与思想研究文选》,浙江人民出版社1986年,第375页。
③ 章太炎:《序种性上》,载章太炎:《章太炎全集·〈訄书〉初刻本、〈訄书〉重订本、检论》,朱维铮点校,上海人民出版社2014年,第169页。
④ 章太炎:《序种姓上》,载章太炎:《章太炎全集·〈訄书〉初刻本、〈訄书〉重订本、检论》,朱维铮点校,上海人民出版社2014年,第171页。

康有为看来,满洲与中华是一个民族,所以没有必要发动针对满洲的革命。在章太炎看来,只有批判这种改良与保皇的观点,才能为民族革命开辟道路。为此,章太炎专门批判康有为的民族观,说:"长素亦知种族之必不可破,于是依违迁就以成其说,援引《匈奴列传》,以为上系淳维,出自禹后。夫满洲种族,是曰东胡,西方谓之通古斯种,固与匈奴殊类。虽以匈奴言之,彼既大去华夏,永滞不毛,言语政教,饮食居处,一切自异于域内,犹得谓之同种也耶?智果自别为辅氏,管氏变族为阴家,名号不同,谱牒自异。况于戕虐祖国,职为寇仇,而犹傅以兄弟急难之义,示以周亲肺腑之恩,巨缪极戾,莫此为甚。近世种族之辨,以历史民族为界,不以天然民族为界。"①

这段话表明,康有为之错失有三:其一,曲解历史,把满洲比附匈奴。这是不对的,因为满洲属于东胡,与匈奴有本质的区别。其二,即使是匈奴,也不同于域内的华夏。其三,即使是兄弟,如果从家族中独立出去,自立名号,也就不再是本家兄弟了,更何况是戕害华夏、已成寇仇的满洲,怎么可能以兄弟看待?概而言之,满洲与华夏有本质的差异,应当着眼于历史民族的观点,把满洲这个种族或民族排斥在华夏民族之外,把它作为异心、异德的种族、民族来看待。

从历史上看,章太炎关于"异族异德"之论,可以在王夫之那里找到思想渊源。在《黄书·慎选》中,王夫之说:"万族蒸蒸,各保其命,各正其性,所以为之者,岂非天哉!"②这就是说,不同的民族有不同的性与命。在《黄书·后序》中,王夫之以自问自答的方式写道:"客曰:昔者夫子惩祸乱,表殷忧,明王道,作《春秋》。后儒绍隆其说,董、胡为尤焉,莫不正道谊,绌权谋。今子所撰,或异于是,功

---

① 章太炎:《驳康有为论革命书》(1903年5月),载汤志钧编:《章太炎政论选集》上册,中华书局1977年,第194—195页。
② [清]王夫之:《船山遗书》第十二册,中国书店2016年,第294页。

力以为固,法禁以为措,苟穷诸理,抑衍而论其数。虽复称仁义,重德化,引性命,探天地之素,恐乖异乎《春秋》之度也!"王夫之的回答是:"仁以自爱其类,义以自制其伦,强干自辅,所以凝黄中之细缊也。今族种之不能自固,而何他仁义之云云也哉!"①这样的"异族异性论",是章太炎阐述其"异族异德论"的思想先导。

章太炎论证"异族异德论"的第二个环节,主要在于指控满洲对汉人的陵制、压制。一方面,章太炎针对康有为的满人归化论,认为满人并没有真正归化汉人,反而是汉人受到了满洲的压制。从历史上看,"骆越、闽、广,皆归化汉人而非陵制汉人者也。五胡代北,始尝宰制中华,逮乎隋、唐统一,汉族自主,则亦著土傅籍,同为编氓,未尝自别一族,以与汉人相抗,是则同于醇化而已。日本定法,夙有蕃别,欧、美近制,亦许归化。此皆以己族为主人,而使彼受吾统治,故一切可无异视。今彼满洲者,其为归化汉人乎?其为陵制汉人乎?堂子妖神,非郊丘之教;辫发璎珞,非弁冕之服;清书国语,非斯、邈之文。徒以尊事孔子,奉行儒术,崇饰观听,斯乃不得已而为之,而即以便其南面之术,愚民之计。若言同种,则非使满人为汉种,乃适使汉人为满种也"②。

中国历史上的少数民族,譬如"五胡",他们在归化汉人之后,从不与汉人对抗,一切由汉人主导。这样的归化,当然没有问题,可以从历史民族的角度,认可他们对汉人的归化,认可他们已经融入华夏民族。日本、欧美也认可这样的归化。但是,满汉之间的关系实质上是满人主导,汉人归化,满人陵制汉人,满人实为汉人的主人。满人的礼仪、服饰、文字,都殊异于华夏传统。满人即使表现出对孔子、儒家的尊奉,那也仅仅是一种统治策略,是一种愚民技术。概而言之,并非满人归化汉人,反而是汉人归化满人,汉人

---

① [清]王夫之:《船山遗书》第十二册,中国书店 2016 年,第 307 页。
② 章太炎:《驳康有为论革命书》(1903 年 5 月),载汤志钧编:《章太炎政论选集》上册,中华书局 1977 年,第 195 页。

受制于满人。

另一方面,针对康有为的满汉平等论,章太炎又指出:满汉从无平等可言。像曾国藩、左宗棠这些人,虽然受到了满清政府的倚重,"位在藩镇",毕竟"未参内政"。试看,"福康安一破台湾,而遂有贝子、郡王之赏;曾、左反噬洪氏,挈大圭九鼎以付满洲,爵不过通侯,位不过虚名之内阁。曾氏在日,犹必谄事官文,始得保全首领。较其轻重,计其利害,岂可同日而道! 近世军机首领,必在宗藩。夫大君无为而百度自治,为首领者,亦以众员供其策使。彼恭、醇二邸之仰成,而沈、李、翁、孙之有事,乃适见此为奴隶而彼为主人也。阶位虽高,犹之阉宦仆竖而赐爵仪同者,彼固仰承风旨云尔,曷能独行其意哉!"①换言之,那几个汉族大臣虽有较高的官阶,毕竟只相当于获得了爵位的宦官仆人而已。只有满洲宗室,才是真正的主人。满洲宗室与汉族大臣的关系,本质上是主人与奴隶的关系,有何平等可言? 从政治上看,满汉关系本质上是主奴关系,是压制者与被压制者的关系。

章太炎论证"异族异德"的第三个环节,在于直接指控满洲对汉人的犯罪行为。在1907年的《讨满洲檄》中,章太炎对满洲的犯罪行为多有列举。其中,满洲犯下的第一宗罪,就是在法律层面上把汉人沦为奴隶,亦即奴役汉人罪:"昔拓跋氏窃号于洛,代北群胡,犹不敢陵轹汉族。虏以要害之地,建立驻防,编户齐民,岁供甲米,是有主奴之分。"第九宗罪也有同样的性质:"世奴之制,普天所无,虏既以厮役待其臣下,汉人有罪,亦发八旗为奴,仆区之法,有逃必戮,诸有隐匿,断斩无赦,背逆人道,苛暴齐民。"满洲犯下的第二宗罪,则可以概括为掠夺汉人财富罪:"既据燕都,征固本京饷以实故土,屯积辽东,不入经费。又镕金巨亿,贮之先陵,穿地藏资,

---

① 章太炎:《驳康有为论革命书》(1903年5月),载汤志钧编:《章太炎政论选集》上册,中华书局1977年,第197—198页。

行同盗贼,故使财币不流,汉民日匮,无小无大,转于沟壑。"满洲犯下的第四宗罪可以概括为大规模屠杀汉人罪:"自流寇肆虐,遗黎雕丧,东南一隅,犹自完具。虏下江南,遂悉残破,南畿有扬州之屠,嘉定之屠,江阴之屠,浙江有嘉兴之屠,金华之屠,广东有广州之屠。复有大同故将,仗义反正,城陷之后,丁壮悉诛,妇女毁郭,汉民无罪,尽为鲸鲵。"接下来的第五宗罪可以概括为渎职罪:"台湾郑氏,舟师入讨,惧海滨居民之为乡导,悉数内迁,特申海禁。其后海外侨民,为荷兰所戮者三万余人。自以开衅中华,上书谢罪。大酋弘历悉置不问,且云寇盗之徒,任尔殄灭。自是白人始快其意,遂令南洋侨民,死亡无日。"①

《讨满洲檄》列举的十四种罪,其实相当于对满洲的刑事指控。这样的指控,让章太炎自居于检察官或公诉人的地位。其实,早在这种全面指控之前,在1903年的《革命军序》中,章太炎已经从"满洲有罪"着眼,对满洲进行了第一次概括性的集中指控。他说:"夫中国吞噬于逆胡,已二百六十年矣。宰割之酷,诈暴之工,人人所身受,当无不昌言革命。"②这就是说,满洲之罪,在于吞噬中国、宰割华夏、诈暴汉人。

章太炎关于"异族异德"的三个论证环节,具有层层递进的关系。首先,满汉之间,因为异族,所以异德、异心,以致不能成为一个德性的共同体,这是"异族异德论"的基础与起点,也是针对满清政府发动民族革命的前提条件。其次,如果作为异族的满洲安于他们的德性,没有凌驾于汉人之上,没有对汉人形成陵制、压制,也就没有必要发动革命。然而,实际情况恰恰相反,德性低劣的满洲居然以主人的身份陵制汉人,这就为革命提供了正当理由。最后,

---

① 章太炎:《讨满洲檄》,载章太炎:《章太炎全集·太炎文录初编》,徐复点校,上海人民出版社2014年,第196—197页。
② 章太炎:《革命军序》(1903年5月),载汤志钧编:《章太炎政论选集》上册,中华书局1977年,第192—193页。

满洲不仅在政治上陵制汉人,而且还针对汉人犯下了多重罪行,对这样的犯罪集团,必须绳之以法。对满洲这个犯罪集团绳之以法的具体方式,就是发动针对满洲的革命。

从源头上说,满洲为祸华夏的根源,就在于满洲的德性与天性。"满洲之乱政,非自其法令成,自其天性与习惯成。若一日覆满洲政府,纵令制度粗疏,日不暇给,而贪叨之习,必就廓清,此又无待豫为筹画者也。"①因而,只有推翻满洲政府,才能廓清宇内。这样的"异族异德论",为针对满洲政府的种族革命提供了法理依据。

(二) 衣冠礼乐论

在1907年的《讨满洲檄》中,章太炎还指控满洲犯下一宗比较特殊的罪,那就是毁弃衣冠礼乐:"毡笠绛英以为帽,端罩箭衣以为服,索头垂尾以为鬘,鞦蚳璎珞以为饰,往时以蓄发死者,遍于天下。至今受其维絷,使我衣冠礼乐,夷为牛马。"②满洲把"衣冠礼乐"变成了"牛马",这就比把华夏变成了蛮夷为祸尤烈,这相当于把华夏直接贬为禽兽,根据"亡国"与"亡天下"之辨③,这是典型的"亡天下"。根据现代法理,满洲毁弃衣冠礼乐的行为,几乎可以概括为反人类罪。既有如此严重的罪行,针对这样的犯罪集团发动革命,就获得了足够的法理依据。

在康有为看来,"衣服辫发"之类的变化没有那么严重,不必过分在意。他说,清王朝的文教,"皆从周公、孔子;其礼乐典章,皆用汉、唐、宋、明,与元时不用中国之教化文字迥异。盖化为一国,无复有几微之别久矣。若衣服辫发,则汉人化而同之,虽复改为宋、

---

① 章太炎:《满洲总督侵吞赈款状》(1908年7月10日),载汤志钧编:《章太炎政论选集》上册,中华书局1977年,第424页。
② 章太炎:《讨满洲檄》,载章太炎:《章太炎全集·太炎文录初编》,徐复点校,上海人民出版社2014年,第197页。
③ 顾炎武的辨析是:"有亡国,有亡天下。亡国与亡天下奚辨?曰:易姓改号,谓之亡国;仁义充塞,而至于率兽食人,人将相食,谓之亡天下。"[清]顾炎武:《日知录校注》,陈垣校注,安徽大学出版社2007年,第720页。

明之服,反觉其不安"①。对于这样的论调,章太炎说:"不知此辫发胡服者,将强迫以成之耶?将安之若性也?禹入裸国,被发文身,墨子入楚,锦衣吹笙,非乐而为此也。强迫既久,习与性成,斯固不足以定是非者。吾闻洪、杨之世,人皆蓄发,不及十年,而曾、左之师摧陷洪氏,复从髡剃。是时朋侪相对,但觉纤首锐颠,形状罂异。然则蓄发之久,则以蓄发为安;辫发之久,则以辫发为安。向使满洲制服,涅齿以黛,穿鼻以金,刺体以龙,涂面以垩,恢诡殊形,有若魑魅,行之二百有六十年,而人亦安之无所怪矣。不问其是非然否,而惟问其所安,则所谓祖宗成法不可轻变者,长素亦何以驳之乎?野蛮人有自去其板齿,而反讥有齿者为犬类,长素之说,得无近于是耶?"②

章太炎此论,有几个值得辨析的要点。其一,汉人在满洲统治下的辫发胡服,是被迫的,而不是自愿的。其二,即使汉人已经习惯了满洲的辫发胡服,也不能以此定是非,也不能为辫发胡服赋予正当性。譬如,有些惯犯,即使已经习惯了某些犯罪行为,也不意味着这种犯罪行为就是正当的。其三,野蛮人的某些习惯,野蛮人习以为安,他们反而嘲笑与他们的习惯不同的文明人,在这种情况下,显然不能认同野蛮人所持的是非标准。

在章太炎看来,满洲的行为不仅远离文明,甚至不及蛮夷。《讨满洲檄》列举的第十二宗罪是:"犬羊之性,父子无别,多尔衮以盗嫂为美谈,玄烨以淫妹为法制。其他烝报,史不绝书。汉土在朝,习其淫慝,人为雄狐,家有麀鹿,使中夏清严之俗,扫地无余。"③这就是

---

① 康有为:《答南北美洲诸华商论中国只可行立宪不能行革命书》(1902年5月),载康有为:《康有为全集》第六集,中国人民大学出版社2007年,第327页。
② 章太炎:《驳康有为论革命书》(1903年5月),载汤志钧编:《章太炎政论选集》上册,中华书局1977年,第196页。
③ 章太炎:《讨满洲檄》,载章太炎:《章太炎全集·太炎文录初编》,徐复点校,上海人民出版社2014年,第196—197页。

说,满洲的代表已经与"犬羊"无异。他们不仅自甘与禽兽为伍,而且还试图割断汉人与文明的纽带,把汉人拖进禽兽的行列。正如《讨满洲檄》列举的第八宗罪:"前世史书之毁,多由载笔直臣,书其虐政,若在旧朝,一无所问。虏以人心思汉,宜所遏绝,焚毁旧籍八千余通,自明季诸臣奏议、文集而外,上及宋末之书,靡不烧灭,欲令民心忘旧、习为降虏。"①满洲的焚书行径既是对文明的毁弃,同时也试图阻隔世人通往文明之路。

章太炎刻意张扬的衣冠礼乐论,其实质是文明论。因为,衣冠礼乐乃是文明的表征。根据章太炎的理论逻辑,一个政权,如果不能守护文明,这个政权就失去了正当性与合法性,就没有执政的法理依据。一个毁弃文明的政权,就相当于"亡天下"或让天下沦丧的政权,对这样的政权发动革命,不仅是在守护文明,甚至是在守护天下。这样的衣冠礼乐论,既是章太炎在清末发动民族革命所依赖的法理依据,其实也有深厚的历史积淀。在这一点上,章太炎的"革命法理学"体现了对中华优秀传统文化的传承。

回顾历史,隋代的王通已经揭示了衣冠礼乐的法理意义。据《中说·卷七》,有一个叫叔恬的人向王通提出了一个问题:"敢问《元经》书陈亡而具五国,何也?"原来,王通的《元经》模仿《春秋》笔法,写有"隋九年春,帝正月,晋、宋、齐、梁、陈亡"之语。叔恬不能理解的是,记载隋史,写明"陈亡"即可,为什么要同时写五国之亡?王通的解释是:"江东,中国之旧也,衣冠礼乐之所就也。永嘉之后,江东贵焉,而卒不贵,无人也。齐、梁、陈于是乎不与其为国也。及其亡也,君子犹怀之。故《书》曰:'晋、宋、齐、梁、陈亡',具五以归其国,且言其国亡也。呜呼,弃先王之礼乐以至是乎!"叔恬又问:"晋、宋亡国久矣,今具之,何谓也?"王通说:"衣冠文物之旧,君

---

① 章太炎:《讨满洲檄》,载章太炎:《章太炎全集·太炎文录初编》,徐复点校,上海人民出版社2014年,第196—197页。

子不欲其先亡。宋尝有树晋之功,有复中国之志,亦不欲其先亡也。故具齐、梁、陈,以归其国也。其未亡,则君子夺其国焉。曰:'中国之礼乐安在?其已亡,则君子与其国焉。'曰:'犹我中国之遗人也。'"①

以孔子自命的王通仿照《春秋》的所谓"书法",对不同的朝代、国家、人物或褒或贬,他做出褒贬的一个重要依据,就是各个朝代、国家、人物对中国固有的衣冠礼乐的态度。其中,能够守护衣冠礼乐的宋,就具有法理上的正当性;齐、梁、陈就属于应予贬斥的对象。由此可见,对于立朝、立国、立政来说,能够坚守衣冠礼乐,就意味着合法与正当,立朝、立国、立政就获得了法理依据。

同样也是在隋朝,以主修《开皇律》《五礼》著称的牛弘已出任吏部尚书,其时,"高祖又令弘与杨素、苏威、薛道衡、许善心、虞世基、崔子发等并召诸儒,论新礼降杀轻重。弘所立议,从咸推有之。仁寿二年,献皇后崩,三公已下不能定其仪注。杨素谓弘曰:'公旧学,时贤所仰,今日之事,决在于公。'弘了不辞让,斯须之间,仪注悉备,皆有故实。素叹曰:'衣冠礼乐,尽在此矣,非吾所及也!'"②杨素赞叹的"衣冠礼乐",当然包括具体的"礼注",但主要是指由衣冠礼乐所象征的文明;如果仅仅是技术层面上的"礼注",则不可能获得如此赞叹。

因而,从华夷之辨、文野之辨来看,衣冠礼乐主要是华夏与文明的象征。就像宋代的陈亮在《上孝宗皇帝第一书》中开篇所言:"中国,天地之正气也,天命之所钟也,人心之所会也,衣冠礼乐之所萃也,百代帝王之所以相承也,岂天地之外夷狄邪气之所可奸哉。不幸而能奸之,至于挈中国衣冠礼乐而寓之偏方,虽天命人心犹有所系,然岂以是为可久安而无事也?"③"中国,圣贤之所建置,

---

① 张沛撰:《中说校注》,中华书局2013年,第183—184页。
② [唐]魏徵撰:《隋书》,中华书局2000年,第875页。
③ [宋]陈亮:《陈亮集》(增订本),邓广铭点校,中华书局1987年,第1页。

而悉沦为左衽,此英雄豪杰之所当同以为病也。"①所谓"左衽",就是蛮夷的象征,就像衣冠礼乐是文明的象征一样。

及至清代,以剃头、辫发、易服三个方面体现出来的衣冠礼乐问题,则变成了一个沉痛的话题。据记载,清初剃头辫发易服的汉人虽然出于不得已,但还是饱尝了受人轻视的滋味。一直到乾隆四十二年(1777),朝鲜使者"李坤(1737—1795)还记载说:'每与渠辈(指清国人)语,问其衣服之制,则汉人辄赧然有惭色'"。虽然,"朝鲜人也知道,汉族人如此也是出于无奈。但是,他们仍然不能释然于心,对清帝国里那种'以中华之礼服,反作市胡弄玩之资'的现象,感到既痛心又蔑视。他们反复说,清帝国其实不是中华,而是蛮夷,更何况,如今'四海之内,皆是胡服,百年陆沉,中华文物荡然无余,先王法眼,今尽为戏子军玩笑之具,随意改易,皇明古制日远而日亡,将不得复见',这话说得很沉痛。"②

"道光十二年(1832)出使清朝的金景善就直截了当地对着众人说:'自生民以来,未有薙发之天子了,虽有陆陇其、李光地之学问,魏禧、汪琬、王士禛之文章,顾炎武、朱彝尊之博识,一薙发则胡房也,胡房则犬羊也。吾于犬羊也何观焉?此乃第一等义理也。'正如朝鲜人相当自信的,'今天下中华制度,独存于我国'。朝鲜人再也没有必要认为,文化中国仍然在清帝国了。"③

朝鲜使者作为旁观者的这些观感与观点,表明"衣冠礼乐"问题绝不是一个细枝末节的小问题,绝不是以像康有为那样的漫不经心的态度就可以打发的。因为,"衣冠礼乐"事关文明与野蛮的划分,从法理上说,则事关一个政权正当与否、合法与否。倘若一个政权已经失去了正当性、合法性,那么,针对这个政权发动革命,

---

① [宋]陈亮:《陈亮集》(增订本),邓广铭点校,中华书局1987年,第15页。
② 葛兆光:《想象异域:读李朝朝鲜汉文燕行文献札记》,中华书局2014年,第146—147页。
③ 葛兆光:《想象异域:读李朝朝鲜汉文燕行文献札记》,中华书局2014年,第57页。

就具备了法理上的依据。正是基于这样的法理依据,章太炎要正面评价清初的南明政权:"南田划江之师,皆吾吴越遗老知保种者为之,所以存礼乐、绝腥膻,非独为明氏之宗稷而已。"①如果清初的那一支旨在"存礼乐、绝腥膻"的"南田划江之师"是正义之师,那么,在清末,发动一场旨在"存礼乐、绝腥膻"的民族革命,也具有法理上的正当性。

(三) 为政以德论

如果民族革命的第二种法理依据系于文明,那么,民族革命的第三种法理依据则系于德性。就像"衣冠礼乐论"可以作为发动民族革命的法理依据,"为政以德论"也可以作为发动民族革命的法理依据。

在中华民族发展史上,"为政以德"是一个极其古老的政治学说与法理学说。孔子的名言是:"为政以德,譬如北辰居其所而众星共之。"②这是关于"为政以德"的经典表达。如果还要往前追溯,"为政以德"的源头,还可以在《皋陶谟》中找到相关论述:"允迪厥德,谟明弼谐。"③对于皋陶提出的这个命题,《史记·夏本纪》中的记载是"信其道德,谋明辅和"④。无论是孔子之言,还是皋陶之见,其实都要求当政者"为政以德",这是当政者应当遵循的准则。反之,如果当政者不能"为政以德",那么,对这样的当政者发动革命,就获得了法理依据。根据章太炎的观察,20世纪初期的满清政府就违背了"为政以德"的要求。满清政府的政治失德主要体现在两个方面。

一方面,满清政府作为一个统治集团的失德,为革命提供了法

---

① 章太炎:《〈张苍水集〉后序》,载章太炎:《章太炎全集·太炎文录初编》,徐复点校,上海人民出版社2014年,第206页。
② 杨伯峻译注:《论语译注》,中华书局2012年,第15页。
③ [清]孙星衍:《尚书今古文注疏》,陈抗、盛冬铃点校,中华书局1986年,第77页。
④ [汉]司马迁:《史记》,中华书局2006年,第9页。

理依据。

在《讨满洲檄》中,章太炎分述了满清政府在政治失德方面的几种具体表现。其中,满清的第三宗罪可以概括为假托仁政罪:"诡言仁政,永不加赋,乃悉收州县耗羡,以为己有,而令州县恣取平馀,其馀釐金、夫马、杂税之属,岁有增加,外窃仁声,内为饕餮。"第六宗罪可以称为灭人宗室罪:"昔胡元入寇,赵氏犹有瀛国之封,宗室完具,不失其所。满洲戕虐弘光,朱氏旧宗,剥灭殆尽,延恩赐爵,只以欺世。"第七宗罪是大兴文字狱:"胡元虽虐,未有文字之狱,自知貉子干纪,罪在不赦,夷夏之念,非可划绝。满洲玄烨以后,诛求日深,反唇腹诽,皆肆市朝。庄廷鑨、戴名世、吕留良、查嗣庭、陆生楠、汪景祺、齐周华、王锡侯、胡中藻等,皆以议论自恣,或托讽刺于诗歌、字书之间,虏遂处以极刑,诛及种嗣,展转相牵,断头千数。"第十宗罪是有法不依:"法律既成,即当遵守,军容国容,互不相入。虏既多设条例,务为纠葛,督抚在外,一切以便宜从事。近世乃有就地正法之制,寻常私罪,多不覆按,府电朝下,囚人夕诛,好恶因于郡县,生杀成于墨吏,刑部不知,按察不问,遂令刑章枉桡,呼天无所。"第十一宗罪是滥用暴力:"警察之设,本以禁暴诘奸,虏既利其虚名,因以自煽威虐。狙伺所及,后盗贼而先士人,淫威所播,舍奸宄而取良奥,朝市骚烦,道路侧目。"第十三宗罪是买官卖官:"官常之败,恒由贿赂,前世赃吏,多于朝堂杖杀,子姓流窜,不齿齐民。虏有封豕之德,卖官鬻爵,著在令典,简任视事,率由苞苴。在昔大酋弘历常善任用贪墨,因亦籍没其家,以实府藏。盗风既长,互相什保,以官为贾,以法为市,子姓亲属,因缘为奸,幕僚外嬖,交伍于道。官邪之成,为古今所未有。"①

章太炎指控的这些罪名,从不同的侧面与角度指出了,满清政

---

① 章太炎:《讨满洲檄》,载章太炎:《章太炎全集·太炎文录初编》,徐复点校,上海人民出版社 2014 年,第 196—197 页。

府在政治德性方面存在严重的缺陷,已经不足以继续占据当政地位。因此,对这样一个当政者集团采取革命行动,在法理上就是正当的。

另一方面,光绪皇帝作为满清政府的主要代表,他的政治失德也为革命提供了法理依据。

在革命的反对者康有为看来,光绪皇帝是一个好皇帝,"以皇上之仁圣英武,通于外事,足以变法而强中国;以皇上之久历艰难,能公开下,足以立宪而与民权"①。应当以这样的好皇帝为基础,实行政治改良。

章太炎对康有为提出了批评。他说:"长素之皇帝圣仁英武如彼,而何以刚毅能挟后力以尼新法,荣禄能造谣诼以耸人心,各督抚累经严旨皆观望而不辨,甚至章京受戮,己亦幽废于瀛台也?君人者,善恶自专,其威大矣。虽以文母之抑制,佞人之谗喋,而秦始皇之在位,能取太后、嫪毐、不韦而蹈覆之。今载湉何以不能也?幽废之时,犹曰爪牙不具。乃至庚子西幸,日在道涂,已脱幽居之轭,尚不能转移俄顷,以一身逃窜于南方,与太后分地而处,其孱弱少用如此。是则仁柔寡断之主,汉献、唐昭之俦耳!太史公曰:'为人君父而不知《春秋》之义者,必蒙首恶之名。'是故志士之任天下者,本无实权,不得以成败论之,而皇帝则不得不以成败论之。何者?有实权而不能用,则不得窃皇帝之虚名也。夫一身之不能保而欲其与天下共忧,督抚之不能制而欲其使万姓守法,庸有几乎!"②这段话既批判康有为,也批判光绪皇帝,主要指出了光绪皇帝的无能,没有才干,相当于汉献帝那样的孱弱之君。

光绪皇帝的无能是次要的,因为这对于革命正当性的支撑作

---

① 康有为:《答南北美洲诸华商论中国只可行立宪不能行革命书》(1902年5月),载康有为:《康有为全集》第六集,中国人民大学出版社2007年,第320页。
② 章太炎:《驳康有为论革命书》(1903年5月),载汤志钧编:《章太炎政论选集》上册,中华书局1977年,第201—202页。

用还比较微弱。相比之下,光绪皇帝的政治失德才是主要的,因为光绪乃是一个只为个人权位考虑的自私自利之人。章太炎说:"自乙未以后",光绪焦虑的唯一问题是,"太后之废置我耳。殷忧内结,智计外发,知非变法,无以交通外人得其欢心;非交通外人得其欢心,无以挟持重势,而排沮太后之权力。载湉小丑,未辨菽麦,铤而走险,固不为满洲全部计。长素乘之,投间抵隙,其言获用。故戊戌百日之政,足以书于盘盂,勒于钟鼎,其迹则公,而其心则只以保吾权位也。曩令制度未定,太后夭殂,南面听治,知天下之莫予毒,则所谓新政者,亦任其迁延堕坏而已。非直堕坏,长素所谓拿破仑第三新为民主,力行利民,已而夜宴伏兵,擒议员百数及知名士千数尽置于狱者,又将见诸今日。何也?满、汉两族,固莫能两大也!"①这就是说,"载湉小丑"担心自己被太后废黜,试图挟外人以自重,以与太后争权,这种铤而走险的行为甚至严重危害了满洲人的利益。光绪支持戊戌变法,仅仅是为了保住自己的权位。因此,即使变法成功了,即使建立了所谓的新政,光绪也会像拿破仑第三那样,把包括汉人在内的议员、名士"尽置于狱"。

再从光绪所处的形势、格局来看,他也不可能成为一个有德性的皇帝:"今以满洲五百万人,临制汉族四万万人而有余者,独以腐败之成法愚弄之,锢塞之耳!使汉人一日开通,则满人固不能晏处于域内。"从常理上说,"人情谁不爱其种类而怀其利禄,夫所谓圣明之主者,亦非远于人情者也,果能敝屣其黄屋而弃捐所有以利汉人耶?籍曰其出于至公,非有满、汉畛域之见,然而新法犹不能行也。何者?满人虽顽钝无计,而其怵惕于汉人,知不可以重器假之,亦人人有是心矣。顽钝愈甚,团体愈结,五百万人同德戮力,如

---

① 章太炎:《驳康有为论革命书》(1903年5月),载汤志钧编:《章太炎政论选集》上册,中华书局1977年,第199页。

生番之有社寮。是故汉人无民权,而满洲有民权,且有贵族之权者也。虽无太后,而掣肘者什伯于太后;虽无荣禄,而掣肘者什伯于荣禄。今夫建立一政,登用一人,而肺腑昵近之地,群相欢譊,朋疑众难,杂沓而至,自非雄杰独断如俄之大彼得者,固弗能胜是也"。① 换言之,光绪事实上已经被五百万满人绑架了,只能充当满人利益的维护者。

在古代圣王唐尧当政的时代,共工与欢兜等人都是尧的远亲,他们口是而行非,是典型的政治两面人,然而,"尧亦不得不任用之。今其所谓圣明之主者,其聪明文思,果有以愈于尧耶?其雄杰独断,果有以侪于俄之大彼得者耶?往者戊戌变政,去五寺三巡抚如拉枯,独驻防则不敢撤。彼圣主之力与满洲全部之力,果孰优孰绌也?由是言之,彼其为私,则不欲变法矣;彼其为公,则亦不能变法矣"②。在客观上,光绪不能完成变法,改良也罢,立宪也罢,都不可能取得成功。在主观上,光绪要么为了一己之私,要么为了满人之私,都是不想变法的。这种既无能更无德的皇帝,不可能充当政治改良的主导,只能成为革命的对象。

由于满清政府的政治失德,发动一场针对满清政府的革命具有法理依据;由于满清皇帝的政治失德,发动一场针对满清皇帝的革命具有法理依据。由此可见,中华优秀传统文化中的"为政以德论",也是章太炎为民族革命找到的法理依据。

(四) 公羊复仇论

为了给民族革命提供更多的法理依据,章太炎还在中华优秀传统文化中找出了"公羊复仇论",以之为清末的民族革命提供补强性的法理支撑。从论证策略上说,章太炎采用的是"以子之矛陷

---

① 章太炎:《驳康有为论革命书》(1903年5月),载汤志钧编:《章太炎政论选集》上册,中华书局1977年,第199—200页。
② 章太炎:《驳康有为论革命书》(1903年5月),载汤志钧编:《章太炎政论选集》上册,中华书局1977年,第200页。

子之盾"①,"以其人之道,还治其人之身"②。

因为,"公羊复仇论"出于康有为尊奉的公羊学说。就像章太炎所见,康有为其人,"向之崇拜《公羊》,诵法《繁露》,以为一字一句皆神圣不可侵犯者,今则并其所谓复九世之仇亦议之。其言曰:扬州十日之事,与白起坑赵、项羽坑秦无异。岂不曰秦、赵之裔未有报白、项之裔者,则满洲亦当同例也。岂知秦、赵、白、项,本非殊种,一旦战胜而击坑之者,出于白、项二人之指麾,非出于士卒全部之合意。若满洲者,固人人欲尽汉种而屠戮之,其非为豫酋一人之志可知也。是故秦、赵之仇白、项,不过仇其一人;汉族之仇满洲,则当仇其全部。且今之握图籍、操政柄者,岂犹是白、项之胤胄乎?三后之姓,降为舆台,宗支荒忽,莫可究诘,虽欲报复,乌从而报复之?至于满洲,则不必问其宗支,而全部自在也;不必稽其姓名,而政府自在也。此则枕戈剚刃之事,秦、赵已不能施于白、项,而汉族犹可施于满洲,章章明矣。明知其可报复,犹复饰为瘖聋,甘与同壤,受其豢养,供其驱使,宁使汉族无自立之日,而必为满洲谋其帝王万世祈天永命之计,何长素之无人心一至于是也!"③

康有为把"公羊家言"奉为圣经,但是,在公羊学说中,有一个重要的命题,那就是复仇论:不仅可以复仇,而且还可以"复九世之仇"。在《春秋公羊传》中,至少两次宣扬"复仇"的正当性。

第一次是鲁庄公四年。《春秋·庄公四年》载:"纪侯大去其国。"《春秋公羊传》的解释是:"大去者何?灭也。孰灭之?齐灭之。曷为不言齐灭之?为襄公讳也。春秋为贤讳。何贤乎襄公?复仇也。何仇尔?远祖也。哀公亨乎周,纪侯谮之。以襄公之为于此焉者,事祖祢之心尽矣。尽者何?襄公将复仇乎纪,卜之曰:

---

① 高华平、王齐洲、张三夕译注:《韩非子》,中华书局2015年,第530页。
② [宋]朱熹撰:《四书章句集注》,中华书局2011年,第25页。
③ 章太炎:《驳康有为论革命书》(1903年5月),载汤志钧编:《章太炎政论选集》上册,中华书局1977年,第196—197页。

'师丧分焉'。'寡人死之,不为不吉也。'远祖者几世乎?九世矣。九世犹可以复仇乎?虽百世可也。家亦可乎?曰:不可。国何以可?国君一体也;先君之耻犹今君之耻也,今君之耻犹先君之耻也。国君何以为一体?国君以国为体,诸侯世,故国君为一体也。今纪无罪,此非怨与?曰:非也。古者有明天子,则纪侯必诛,必无纪者。纪侯之不诛,至今有纪者,犹无明天子也。古者诸侯必有会聚之事,相朝聘之道,号辞必称先君以相接,然则齐、纪无说焉,不可以并立乎天下。故将去纪侯者,不得不去纪也。有明天子,则襄公得为若行乎?曰:不得也。不得则襄公曷为为之?上无天子,下无方伯,缘恩疾者可也。"①

这段"公羊家言",典型地体现了"公羊复仇论"的精神:本来是齐襄公灭人之国,把纪国灭掉了,但是,由于要为齐襄公避讳,所以不说"灭",而说"大去"。之所以要为齐襄公避讳,是因为齐襄公是贤君。为什么说他是贤君?因为他能复仇,而且能复九世之仇。原来,齐襄公的远祖哀公被周天子烹杀了,哀公被烹杀,是因为当时的纪侯向周天子进谗言诬陷哀公。齐襄公灭纪,是为远祖哀公报仇。齐襄公还表示,为了复仇,即使自己战死了,也在所不惜。这些事实表明,齐襄公能够竭尽全力侍奉祖先,因而是值得肯定的。在此基础上,《春秋公羊传》还阐述了复仇的一般理论:九世之仇亦可复。对于诸侯国君来说,百世之仇亦可复。因为,诸侯国君是世袭的,前后世袭的诸侯是一体的。当今的纪侯虽然没有过错,但他与有过错的早期的纪侯是一体的。所以齐襄公可以找当今的纪侯复仇。当然,如果在齐、纪两君之上,有贤明的天子,如果天子可以主持公道,那就不能由齐襄公复仇;在上无天子、下无方伯的情况下,齐襄公遵循恩怨原则实施复仇,而且是复九世之仇,在法理上是正当的。

---

① 黄铭、曾亦译注:《春秋公羊传》,中华书局2016年,第142—143页。

第二次是鲁庄公九年。《春秋·庄公九年》载:"八月,庚申,及齐战于乾时,我师败绩。"《春秋公羊传》的解释是:"内不言败,此其言败何?伐败也。曷为伐败?复仇也。"①这句"公羊家言"的意思是:鲁国作为周公的封地,地位特殊,可以代表"内"与"王"。鲁国与其他国家发生战争,即使鲁国战败,按照"王者无敌"的原则,也只说"战"而不说"败"。在这里,《春秋》直接记载鲁国战败,旨在彰显:鲁国的这次战败是很体面的,因为,这次战争是为了复仇而发起的战争,虽败犹荣,所以要大书特书。这再次说明,复仇是正当的。

对于这两次复仇,董仲舒还做出了进一步的正当化论证。据《春秋繁露·竹林》,有人提问:"《春秋》之书战伐也,有恶有善也。恶诈击而善偏战,耻伐丧而荣复仇。奈何以《春秋》为无义战而尽恶之也?"这就是说,《春秋》对于所记载的战争既有批判的,也有赞同的;批判在战争中使用诈骗,赞同根据战争规则展开的战争。既以攻打服丧者为耻,以发动复仇战争为荣,为什么还说《春秋》无义战?董仲舒的回答是:"凡《春秋》之记灾异也,虽亩有数茎,犹谓之无麦苗。也今天下之大,三百年之久,战攻侵伐不可胜数,而复仇者有二焉。是何以异于无麦苗之有数茎哉?不足以难之,故谓之无义战也。以无义战为不可,则无麦苗亦不可也。以无麦苗为可,则无义战亦可矣。"②董仲舒的回答着眼于一般与特殊的关系。比方说,一亩地里,即使长了几棵稀疏的麦苗,但我们通常还是称之为无麦苗。春秋时期经历了二百余年,发生了无数的战争,但是,可以称得上是复仇之战的,仅两起。如果在数量上忽略这两起正义的复仇战争,那就可以说,春秋无义战。

正是在"公羊复仇论"的延长线上,章太炎再论复仇的是非,

---

① 黄铭、曾亦译注:《春秋公羊传》,中华书局2016年,第161页。
② 张世亮、钟肇鹏、周桂钿译注:《春秋繁露》,中华书局2012年,第51页。

说:"种族革命之志为复仇,然今人多以复仇为上古野蛮之事,故余以义定复仇之是非云。"这是一个什么样的"是非"呢?应当如何确定复仇的"是非"呢?章太炎说:"平不平以使平者,斯谓复仇。"其中又可以分为两种情况:"私人之相杀者,或以感愤激昂而过共直,于是有法律以范之。法律者,则以公群代私人复仇尔。既其相代,则私人之复仇者自可禁遮;然至于法律所穷,则复仇即无得而非议。两国交兵本复仇之事,即有过当而他国莫能问者,以国家之上更无法律以宰制之也。今以一种族代他种族而有国家,两种族间岂有法律处者际者,既无法律,则非复仇不已。若以种族革命为复仇之非行,国与国之相战争者,何以不为复仇之非行?"①

这段话集中表达了章太炎的复仇论:私人之间的复仇,应当予以禁止,因为,私人之间的侵害可以由法律来解决,法律可以通过群体的名义来替私人复仇。但是,国家、种族、民族之间的复仇则是正当的,因为,在国与国之上,并没有更高的法律来实现"平不平以使平者"之目标。种族与种族之间,民族与民族之间,根据同样的道理,也是可以复仇的。章太炎的这个观点,虽然与现代的国际法原则略有不同,但却符合公羊学之要义。如前所述,公羊学认可的复仇有一个前提,即"上无天子,下无方伯",亦即在国与国之上,没有一个更高的权威来主持公道,所以诸侯国发动复仇之战,是正当的。章太炎认为,在他所生活的时代,满人与中华之间,同样没有一个更高的权威来主持公道。因而,站在中华的立场上,以复仇的名义,针对满清发动革命,也是正当的,根据"公羊复仇论",可以获得充分的法理依据。

正是因为在清末发动民族革命带有复仇的性质,所以章太炎也把民族革命的性质定为光复。如前所述,复仇是"平不平以使平

---

① 章太炎:《复仇是非论》,载章太炎:《章太炎全集·太炎文录初编》,徐复点校,上海人民出版社2014年,第277页。

者",复仇的本质是恢复从前的"平",光复的本质也是恢复从前的"平"。由此,我们可以理解章太炎关于革命与光复的比较:"抑吾闻之,同族相代,谓之革命;异族攘窃,谓之灭亡;改制同族,谓之革命;驱除异族,谓之光复。今中国既已灭亡于逆胡,所当谋者光复民,非革命云尔。容之署斯名,何哉?谅以其所规划,不仅驱除异族而已,虽政教学术、礼俗材性,犹有当革命者焉,故大言之曰革命也。"①按照这样的辨析,一方面,革命不同于灭亡。在本民族的范围内,一个新的政权取代了旧的政权,旧的政权不复存在,这个叫革命;本民族被其他民族征服、奴役,意味着本民族的灭亡。另一方面,革命不同于光复。在本民族的范围内,制度发生了根本性的改变,旧的制度被新的制度取代,旧的制度不复存在,这个叫革命;处于被征服、被奴役的本民族,驱除了凌驾于本民族之上的外来民族,这就叫光复,这样的光复,其实就是复仇的行动以及复仇取得成功的结果。

因此,革命不同于光复。革命的概念,适用于同一个民族的范围内,这就像国内法,只是适用于一个主权国家的范围内。光复的概念,作为一个"跨民族"的概念,总是适用于不同民族之间,这就仿佛国际法,总是适用于不同国家之间。在章太炎看来,1903年之际的中国,需要完成的主要任务是光复,而不是革命。因为,作为一个民族的中国,"灭亡于逆胡"已有二百多年,驱除作为"逆胡"的"异族",本质上是一个光复的问题,而不是一个革命的问题。由此看来,虽然章太炎享有革命家或革命元勋的声誉,但是按照他对革命的理解以及他关于革命与光复的辨析,他实际上是一个"光复家"或"光复元勋"。

尽管邹容《革命军》的主旨其实也是"光复",但是,章太炎大体

---

① 章太炎:《革命军序》(1903年5月),载汤志钧编:《章太炎政论选集》上册,中华书局1977年,第193页。

上还是认同邹容的"革命军";章太炎并不认为,邹容的"革命军"应当改为"光复军"。章太炎如此立论的理据在于:邹容之书,既要驱逐异族,完成光复之大业,同时也论及本民族在"政教、学术、礼俗、材性"方面的制度变革,这就是革命之大业。由于邹容之书既是关于本民族革命之书,也是关于本民族相对于异族实现光复之书,把这样的书笼而统之地称为"革命"之书,并冠以"革命军"之名,也是可以的。

在1903年7月的《狱中答新闻报》中,章太炎说:"吾之序《革命军》,以为革命、光复,名实大异。从俗言之,则曰革命;从吾辈以主观言之,则曰光复。会朝清明,异于汤、武。攘除贵族,异于山岳党。其为希腊、意大利之中兴则是矣,其于英、法之革命则犹有小差矣。"①尽管世人都言"革命",但章太炎认为,当时中国的所谓革命,其实是光复;从公羊学的立场来看,光复就是复仇。因此,章太炎的光复说,其实是公羊复仇说的一种替代性的表达方式。公羊复仇说为民族革命提供的法理依据,就是公羊复仇说为他理解的光复提供的法理依据。

以上分述的异族异德论、衣冠礼乐论、为政以德论、公羊复仇论,就是章太炎为清末的民族革命找到的法理依据。

在此,有必要略微补充的是,尽管民族革命的法理依据如此坚实,尽管民族革命已经不可避免,但是,康有为依然反对革命。"长素以为中国今日之人心,公理未明,旧俗俱在,革命以后,必将日寻干戈,偷生不暇,何能变法救民,整顿内治!"由于"公理未明",所以不能革命。这就是康有为反对革命的一个理由。对此,章太炎不能认同。他说,"人心之智慧,自竞争而后发生,今日之民智,不必恃他事以开之,而但恃革命以开之"。只有革命才能开发明智。譬

---

① 章太炎:《狱中答新闻报》(1903年7月6日),载汤志钧编:《章太炎政论选集》上册,中华书局1977年,第233—234页。

如李自成,"迫于饥寒,揭竿而起,固无革命观念",还赶不上"今日广西会党",但是,他一旦稍有声势,革命之念就自然兴起了,这又反过来促成了"剿兵救民赈饥济困之事"。并非李自成生而具有革命之志,而是因为革命的行动教育了他,让他知道革命已经不可逆转、不可抑制。"虽然,在李自成之世,则赈饥济困为不可已;在今之世,则合众共和为不可已。是故以赈饥济困结人心者,事成之后,或为枭雄;以合众共和结人心者,事成之后,必为民主。民主之兴,实由时势迫之,而亦由竞争以生此智慧者也。"在此基础上,章太炎得出的结论是:"公理之未明,即以革命明之;旧俗之俱在,即以革命去之。革命非天雄大黄之猛剂,而实补泻兼备之良药矣。"①章太炎主张以革命彰明的公理,亦可以理解为公认的法理。这就是说,在异族异德论、衣冠礼乐论、为政以德论、公羊复仇论的支撑下,不仅革命可以获得法理上的支撑,而且革命还可以开发明智,进一步彰明公认的法理,从而实现革命与法理之间的双向促进。

三、革命方略及其法理意蕴

作为革命家的章太炎,在为革命寻求法理依据的同时,对于革命方略,必然也会多所擘画。据《章炳麟年表》,1906年5月,章氏"三年监禁期满出狱,当晚即在同盟会总部派来迎接的代表陪同下,离沪赴日"。同年9月,"孙中山由南洋返回日本,章氏与孙中山、黄兴每日相聚,共同制定革命方略"。② 为了全面揭示革命家章太炎的法理旨趣,为了全面展示章太炎的革命法理学,对于章太炎参与制定的革命方略及其法理意蕴,也有必要略加探究。

---

① 章太炎:《驳康有为论革命书》(1903年5月),载汤志钧编:《章太炎政论选集》上册,中华书局1977年,第203—204页。
② 姜义华:《章炳麟评传》,上海人民出版社2019年,第661页。

（一）宗教与国粹：革命精神的凝聚

1906年，章太炎抵达日本后，在东京留学生举行的欢迎会上发表了一篇演讲。他说："近日办事的方法，一切政治、法律、战术等项，这都是诸君已经研究的，不必提起。依兄弟看，第一要在感情，没有感情，凭你有百千万亿的拿破仑、华盛顿，总是人各一心，不能团结。"要成就这样的感情，有两件事最为重要："第一、是用宗教发起信心，增进国民的道德；第二、是用国粹激动种性，增进爱国的热肠。"① 章太炎在此所说的"办事"，主要就是办革命之事。对于这个时候的章太炎来说，没有什么事比革命之事更需要"办"、更值得"办"的了。而且，革命之事也是需要革命者团结起来、万众一心才能办成之事。

章太炎认为，对于"办"革命之事来说，首要的任务在于"感情"，这是一个通俗的表达。这里的"感情"其实是对革命的感情或激情，亦即后来流行的革命精神。因此，革命感情或革命精神的凝聚，乃是一个重要的革命方略。在章太炎发表这篇演讲的1906年7月15日，如前所述，孙中山还未从南洋返回日本，章太炎还没有进入与孙中山等人"共同制定革命方略"的阶段，因而，章太炎在此所说的革命精神的凝聚之途，恰好可以反映章太炎独立建构的革命方略。那么，如何凝聚革命精神？章太炎提出了一个"两手抓"的方案。

一方面，是着眼于宗教，通过建立宗教，以发起信心，增进道德。为此，他专门写下了一篇《建立宗教论》，其中述及："世间道德，率自宗教引生。彼宗教之卑者，其初虽有僧侣祭司，久则延及平民，而僧侣祭司亦自废绝。则道德普之世，即宗教消镕之世也。"② 这句话

---

① 章太炎：《东京留学生欢迎会演说辞》（1906年7月15日），载汤志钧编：《章太炎政论选集》上册，中华书局1977年，第271—272页。
② 章太炎：《建立宗教论》（1906年），载章太炎：《章太炎全集·太炎文录初编》，徐复点校，上海人民出版社2014年，第440页。

提到了一个规律:道德由宗教"引生",经过宗教"引生"的道德一旦普及之后,宗教就消亡了,宗教就被道德所替代了。对于这样的规律,域外法学家庞德从法律的角度提供了某种佐证,说:"社会控制的主要手段是道德、宗教和法律。"其中,"很多早期的法律,接收了各种宗教制度和宗教戒律,并用国家的强力加以支持"。他还说:"我们所称的舆论,就是伦理习惯的一种近代形式","当伦理发展的结果产生了道德体系时,就出现了一种法律发展的阶段,在这个阶段中,人们试图将法律和道德等同起来,使一切道德戒律本身也成为法令。有组织的宗教,在这个发展的主要手段中是相当重要的一个"。① 这就是说,在法律发展的过程中,宗教是一个相当重要的手段。在章太炎看来,在道德发展的过程中,宗教同样是一个相当重要的手段。

宗教催生道德,这是章太炎的一个基本观点,但是,并不是所有的宗教都能够催生道德。他认为,本土的孔教就不行。因为,"孔教最大的污点,是使人不脱富贵利禄的思想。自汉武帝专尊孔教以后,这热衷于富贵利禄的人,总是日多一日。我们今日想要实行革命,提倡民权,若夹杂一点富贵利禄的心,就像微虫霉菌,可以残害全身,所以孔教是断不可用的"②。富贵利禄思想妨碍道德,妨碍革命精神,因而是需要排斥的。

外来的基督教也不行。"若说那基督教,西人用了,原是有益;中国用了,却是无益。因中国人的信仰基督,并不是崇拜上帝,实是崇拜西帝。最上一流,是借此学些英文、法文,可以自命不凡;其次就是饥寒无告,要借此混日子的;最下是凭仗教会的势力,去鱼肉乡愚,陵轹同类。所以中国的基督教,总是伪基督教,并没有真基督教。但就是真基督教,今日还不可用。因为真基督教,若野蛮

---

① [美]庞德:《通过法律的社会控制》,沈宗灵译,商务印书馆2008年,第9页。
② 章太炎:《东京留学生欢迎会演说辞》(1906年7月15日),载汤志钧编:《章太炎政论选集》上册,中华书局1977年,第272—273页。

人用了,可以日进文明;若文明人用了,也就退入野蛮。"章太炎试图以罗马、日耳曼为例,印证这个规律:"所以真正的基督教,于中国也是有损无益。再就理论上说,他那谬妄可笑,不合哲学之处,略有学问思想的人,决定不肯信仰,所以也无庸议。"①

既然本土的孔教、外来的基督教都不可用,那么,什么样的宗教可以引生革命道德呢?章太炎给出的选项是佛教。正是在1906年之前的三年监禁期内,章太炎潜心研读佛经,对佛教的价值,特别是佛教对于革命的意义,有了全新的理解。他说:"我们中国,本称为佛教国。佛教的理论,使上智人不能不信;佛教的戒律,使下愚人不能不信。通彻上下,这是最可用的。但今日通行的佛教,也有许多的杂质,与他本教不同,必须设法改良,才可用得。"具体地说,"我们今日要用华严、法相二宗改良旧法。这华严宗所说,要在普度众生,头目脑髓,都可施舍与人,在道德上最为有益。这法相宗所说,就是万法惟心。一切有形的色相,无形的法尘,总是幻见幻想,并非实在真有"。"要有这种信仰,才得勇猛无畏,众志成城,方可干得事来。佛教里面,虽有许多他力摄护的话,但就华严、法相讲来,心佛众生,三无差别。我所靠的佛祖仍是靠的自心,比那基督教人依傍上帝,扶墙摸壁,靠山靠水的气象,岂不强得多吗?"②归结起来,"仆于佛学,岂无简择?盖以支那德教,虽各殊途,而根源所在,悉归于一,曰'依自不依他'耳"③。佛教就是成就"依自不依他"的宗教。

革命必然有牺牲。在革命实践中,革命精神在相当程度上体现为牺牲精神、献身精神。佛教中的华严宗,就能够促成这样的献

---

① 章太炎:《东京留学生欢迎会演说辞》(1906年7月15日),载汤志钧编:《章太炎政论选集》上册,中华书局1977年,第273页。
② 章太炎:《东京留学生欢迎会演说辞》(1906年7月15日),载汤志钧编:《章太炎政论选集》上册,中华书局1977年,第273—274页。
③ 章太炎:《答铁铮》,载章太炎:《章太炎全集·太炎文录初编》,徐复点校,上海人民出版社2014年,第386页。

身精神。法相宗的万法惟心,同样可以鼓动为革命理想献身的精神。不仅如此,"佛教最重平等,所以妨碍平等的东西,必要除去,满洲政府待我汉人种种不平,岂不应该攘逐?且如婆罗门教分出四性阶级,在佛教中最所痛恨。如今清人待我汉人,比那刹帝利种虐待首陀更要利害十倍。照佛教说,逐满复汉,正是分内的事。又且佛教最恨君权","这更与恢复民权的话相合。所以提倡佛教,为社会道德上起见,固是最要;为我们革命军的道德上起见,亦是最要。总望诸君同发大愿,勇猛无畏。我们所最热心的事,就可以干得起来了"。①

在革命家章太炎心中,"我们所最热心的事"就是革命事业。然而,要把这样的事业干起来,就需要大无畏的革命精神,这样的精神应当由佛教来催生。而且,佛教所蕴含的平等观念,不仅可以为种族革命或民族革命提供法理依据,甚至还可以为取消君权、恢复民权提供法理依据。

另一方面,是着眼于国粹,通过提倡国粹,激动种姓,以激发针对满清的革命精神。章太炎说,提倡国粹,并不是要人崇拜孔教,"只是要人爱惜我们汉种的历史"。这个"汉种的历史",主要包括三个方面,"一是语言文字,二是典章制度,三是人物事迹"。②

"语言文字"是章太炎最为擅长的"小学"所研究的对象。章太炎"生平学问,当以小学为第一"③。他曾说:"盖小学者,国故之本,王教之端,上以推校先典,下以宜民便俗,岂专引笔画篆、缴绕文字而已。"④章太炎对小学的偏爱与对语言文字的看重,其实是

---

① 章太炎:《东京留学生欢迎会演说辞》(1906年7月15日),载汤志钧编:《章太炎政论选集》上册,中华书局1977年,第275—276页。
② 章太炎:《东京留学生欢迎会演说辞》(1906年7月15日),载汤志钧编:《章太炎政论选集》上册,中华书局1977年,第276页。
③ 吕思勉:《从章太炎说到康长素、梁任公》,载章念驰编:《章太炎生平与思想研究文选》,浙江人民出版社1986年,第180页。
④ 章太炎:《国故论衡》,上海古籍出版社2006年,第3页。

同一个事物的两个不同的侧面。他说:"文辞的本根,全在文字,唐代以前,文人都通小学,所以文章优美,能动感情。两宋以后,小学渐衰,一切名词术语,都是乱搅乱用,也没有丝毫可以动人之处。究竟甚么国土的人,必看甚么国土的文,方觉有趣。象他们希腊、梨俱的诗,不知较我家的屈原、杜工部优劣如何?但由我们看去,自然本种的文辞,方为优美。可惜小学日衰,文辞也不成个样子。若是提倡小学,能够达到文学复古的时候,这爱国保种的力量,不由你不伟大的。"① 这就是说,"小学"对于革命精神的激发,具有潜在而伟大的力量。

"典章制度"也有很好的传统。譬如,官制的建置、州郡的划分、军队的编制、赋税的征调,都有它们的逻辑,都可以为革命成功之后的制度建设提供借鉴。章太炎比较看重的典章制度包括均田制度、法律制度与科举制度。他说:"中国特别优长的事,欧、美各国所万不能及的,就是均田一事,合于社会主义。不说三代井田,便从魏、晋至唐,都是行这均田制度。所以贫富不甚悬绝,地方政治容易施行。"均田制的好处在于促成均贫富。关于传统的法律制度,"虽然近于酷烈,但是东汉定律,直到如今,没有罚钱赎罪的事,惟有职官妇女,偶犯笞杖等刑,可以收赎。除那样人之外,凭你有陶朱、猗顿的家财,到得受刑,总与贫人一样"。关于科举制度,虽然有很多缺陷,但是,通过科举,"贫人才有做官的希望。若不如此,求学入官,不能不专让富人,贫民是沈沦海底,永无参预政权的日了"。② 由此看来,三种传统的典章制度有一个共同的优长之处,那就是对平等原则的维护。

"人物事迹"就太多了。章太炎说,有些历史人物承载的"俊

---

① 章太炎:《东京留学生欢迎会演说辞》(1906年7月15日),载汤志钧编:《章太炎政论选集》上册,中华书局1977年,第277页。
② 章太炎:《东京留学生欢迎会演说辞》(1906年7月15日),载汤志钧编:《章太炎政论选集》上册,中华书局1977年,第278页。

伟刚严的气魄,我们不可不追步后尘","其中最可崇拜的,有两个人:一是晋末受禅的刘裕,一是南宋伐金的岳飞,都是用南方兵士,打胜胡人,可使我们壮气。至于学问上的人物,这就多了"。其中,"最有学问的人,就是周秦诸子,比那欧洲、印度,或者难有定论;比那日本的物茂卿、太宰纯辈,就相去不可以道里计了"。章太炎还特别提到了戴震,说:"他虽专讲儒教,却是不服宋儒,常说'法律杀人,还是可救;理学杀人,便无可救'。因这位东原先生,生在满洲雍正之末,那满洲雍正所作朱批上谕,责备臣下,并不用法律上的说话,总说'你的天良何在?你自己问心可以无愧的么?'只这几句宋儒理学的话,就可以任意杀人。世人总说雍正待人最为酷虐,却不晓是理学助成的。因此那个东原先生,痛哭流涕,做了一本小小册子,他的书上,并没有明骂满洲,但看见他这本书,没有不深恨满洲。这一件事,恐怕诸君不甚明了,特为提出。照前所说,若要增进爱国的热肠,一切功业学问上的人物,须选择几个出来,时常放在心里,这是最紧要的。就是没有相干的人,古事古迹,都可以动人爱国的心思。当初顾亭林要想排斥满洲,却无兵力,就到各处去访那古碑古碣传示后人,也是此意。"①

章太炎列举的语言文字、典章制度、人物事迹,可以从国粹的角度激发排满的革命精神或革命感情,从法理学的角度来看,这正好体现了历史法学的思维方式:"法律堪与语言相比。对于法律来说,一如语言,并无绝然断裂的时刻;如同民族之存在和性格中的其他的一般性取向一般,法律亦同样受制于此运动和发展。此种发展,如同其最为始初的情形,循随同一内在必然性规律。法律随着民族的成长而成长,随着民族的壮大而壮大,最后,随着民族的

---

① 章太炎:《东京留学生欢迎会演说辞》(1906年7月15日),载汤志钧编:《章太炎政论选集》上册,中华书局1977年,第279—280页。

对于其民族性的丧失而消亡。"因而,"民族的共同意识乃是法律的特定居所"。① 民族的共同意识既是法律的特定居所,同时也是国粹的特定居所。章太炎以国粹激发革命精神的方略,与注重民族精神的历史法学具有相似的思维方式。

(二) 必要性与可能性:革命道德的养成

在章太炎制定的革命方略中,除了革命精神的凝聚,还有革命道德的养成。如何理解革命与道德的关系?为什么要养成"革命之道德",以及,如何养成"革命之道德"?这两个方面的问题,都可以在章太炎阐述革命大义的名篇《革命之道德》中找到相应的答案。

养成革命道德的必要性,主要涉及革命与道德的关系问题。革命要成功,就需要革命者有道德。从消极的方面来看,"道德衰亡,诚亡国灭种之根极也"②。"道德堕废者,革命不成之原,救之何术,固不可知。虽然,必待由、光、夷、齐而后正之,则如河清之不可俟矣。"既然不能消极地等待道德高尚者的诞生,那就只能积极地培养革命道德。"昔顾宁人以东胡僭乱,神州陆沉,慨然于道德之亡,而著之《日知录》曰:有亡国,有亡天下,亡国与亡天下奚辨?曰易姓改号,谓之亡国;仁义充塞,而至于率兽食人,人将相食,谓之亡天下。"③顾宁人就是顾炎武。在顾炎武及章太炎看来,神州陆沉就相当于"亡天下",亡天下的本质是道德之亡。没有道德,就意味着天下沉沦。没有道德,革命不能成功,天下也保不住。"保国者,其君其臣,肉食者谋之;保天下者,匹夫之贱,与有责焉耳。""匹夫有责之说,今人以为常谈,不悟其所重者,乃在保持道德。"④

---

① [德]萨维尼:《论立法与法学的当代使命》,许章润译,中国法制出版社2001年,第9页。
② 章太炎:《革命之道德》(1906年10月8日),载汤志钧编:《章太炎政论选集》上册,中华书局1977年,第310页。
③ 章太炎:《革命之道德》(1906年10月8日),载汤志钧编:《章太炎政论选集》上册,中华书局1977年,第319页。
④ 章太炎:《革命之道德》(1906年10月8日),载汤志钧编:《章太炎政论选集》上册,中华书局1977年,第320页。

因此,要保天下,要完成革命任务,革命者必要保持道德。

革命要成功,当然需要智谋与权术。但是,"方令中国之所短者,不在智谋而在贞信,不在权术而在公廉,其所需求,乃与汉时绝异。楚、汉之际,风尚淳朴,人无诈虞,革命之雄,起于吹箫编曲。汉祖所任用者,上自萧何、曹参,其下至于王陵、周勃、樊哙、夏侯婴之徒,大抵木强少文,不识利害。彼项王以勇悍仁强之德,与汉氏争天下,其所用皆廉节士。两道德相若也,则必求一不道德者而后可以获胜"。但这样的时代已经过去了,清末之世与楚汉之际的道德风尚、道德水准已经发生了根本性的变化,在章太炎所见的时代,"尽天下而以诈相倾,甲之诈也,乙能知之;乙之诈也,甲又知之;其诈即亦归于无用。甲与乙之诈也,丙与丁疑之;丙与丁之诈也,甲与乙又疑之。同在一族,而彼此互相猜防,则团体可以立散。是故人人皆不道德,则惟有道德者可以获胜,此无论政府之已立未立,法律之已成未成,而必以是为臬矣"。① 在这样的时代,具体体现为贞信与公廉的道德,乃是一个革命团体、一支革命队伍的核心竞争力。谁拥有道德,谁就可以在竞争中胜出,谁就可以取得革命胜利。因而,革命道德是革命成功的保障。养成革命道德的可能性,可以理解为养成革命道德的若干途径。

第一种途径可以概括为:从小德、私德开始抓起。章太炎说:"道德者,不必甚深言之,但使确固坚厉,重然诺,轻死生,则可矣。虽然,吾闻古之言道德者曰:大德不逾闲,小德出入可也。今之言道德者曰:公德不逾闲,私德出入可也。道德果有大小公私之异乎?于小且私者,苟有所出入矣;于大且公者,而欲其不逾闲,此乃迫于约束,非自然为之也。政府既立,法律既成,其人知大且公者之逾闲,则必不免于刑戮;其小且私者,虽出入而无所害。是故一

---

① 章太炎:《革命之道德》(1906年10月8日),载汤志钧编:《章太炎政论选集》上册,中华书局1977年版,第311—312页。

举一废,应于外界而为之耳。政府未立,法律未成,小且私者之出入,刑戮所不及也;大且公者之逾闲,亦刑戮所不及也。如此,则恣其情性,顺其意欲,一切破败而毁弃之,此必然之势也。吾辈所处革命之世,此政府未立,法律未成之世也。方得一芥不与,一芥不取者,而后可与任天下之重。"①

革命之道德,主要就是"固坚厉,重然诺,轻死生",这里没有大德与小德之分,也没有公德与私德之分。一个革命者,如果不能自觉遵循小德、私德的要求,就不能自觉遵循大德、公德的要求。在革命尚未成功之前,新政府、新法律还没有形成,无论违反的是小德、私德还是大德、公德,都不会受到法律的惩罚。在这种情况下,区分大德、小德以及公德、私德,是没有实际意义的。只有任何小德、私德都没有瑕疵的人,才可以担负天下之重,才能够在革命时代完成革命任务。

第二种途径可以概括为:抓住"关键少数"。所谓"关键少数",主要是革命的领导者,特别是其中的革命领袖,他们的革命道德对于整个革命队伍具有示范作用与引领作用。所谓"上有所好,下必甚焉",讲的就是这个道理。章太炎强调革命领袖在革命道德方面的带动作用,主要是有鉴于当时的革命队伍中流行的一种观点:"识世务者,存乎俊杰,所谓英雄,在指麾而定尔。世有材杰敢死之士,吾能任之,使为己死,则大业可成,逆胡可攘。若必亲莅行陈,以身殉事,此无异于斗鸡狗者,亦天下之大愚也。"根据这种流行的观点,革命队伍中的领导人物,不能为革命而牺牲。对于这样的观点,章太炎不能认同。他认为,像汉高祖刘邦、光武帝刘秀、魏武帝曹操,都是一个团队的最高领导人物,然而,他们都能够不顾个人生死,亲临一线,身先士卒,与士卒安危与共。而且,"汉、魏诸君志

---

① 章太炎:《革命之道德》(1906年10月8日),载汤志钧编:《章太炎政论选集》上册,中华书局1977年,第311页。

在为己,与诸将固有臣主之分,主逸臣劳,主生臣死,犹可以名分责之。今之革命非为一己而为中国,中国为人人所共有,则战死亦为人人所当有,而曰甲者当为其易,乙者当为其难,可乎?"答案当然是否定的。像革命这样的艰难之事,"固非一人所任,为权首者常败,而成者必在继起之人。且人材非天成也,固以人事感发而兴起之。前者以身殉中国矣,后者慕其典型,追其踵武,则人材方益众多,夫何匮乏之忧乎?"章太炎还举了一个例子:"昔华盛顿拯一溺儿,跃入湍水,盖所谓从井救人者。若华盛顿作是念曰:溺儿生死,轻于鸿毛,吾之生死,重于泰山,空弃万姓倚赖之躯,而为溺儿授命,此可谓至无算者,如是,则必不入湍矣。华盛顿以分外之事而为之死,今人以自分之事而不肯为之死,吾于是知优于私德者亦必优于公德,薄于私德者亦必薄于公德,而无道德者之不能革命,较然明矣。"①华盛顿领导的革命事业为什么能够取得成功? 华盛顿在道德特别是私德方面的表现出来的示范作用,乃是一个重要的原因。概而言之,革命领袖是提升革命道德的"关键少数",他们责无旁贷。

第三种途径可以概括为:"四措并举"以实现革命道德的提升。哪"四措"呢? 回答是:"一曰知耻、二曰重厚、三曰耿介、四曰必信,若能则而行之,率履不越,则所谓确固坚厉、重然诺、轻死生者,于是乎在。呜呼! 端居读书之日,未更世事,每观管子所谓四维,孔氏所谓无信不立者,固以是为席上之腐谈尔! 经涉人事,忧患渐多,目之所睹,耳之所闻,坏植散群,四海皆是。追怀往诰,惕然在心。为是倾写肝鬲,以贻吾党。"②由此看来,这四种举措,是章太炎为革命党提供的培养革命道德的一个正式方案。章太炎相信,

---

① 章太炎:《革命之道德》(1906 年 10 月 8 日),载汤志钧编:《章太炎政论选集》上册,中华书局 1977 年,第 312—313 页。
② 章太炎:《革命之道德》(1906 年 10 月 8 日),载汤志钧编:《章太炎政论选集》上册,中华书局 1977 年,第 323 页。

通过知耻、重厚、耿介、必信四个方面的训练，可以培养以"固坚厉、重然诺、轻死生"作为实体内容的革命道德。

章太炎提到的孔子关于"无信不立"之论，语出《论语·颜渊》："子贡问政。子曰：'足食，足兵，民信之矣。'子贡曰：'必不得已而去，于斯三者何先？'曰：'去兵。'子贡曰：'必不得已而去，于斯二者何先？'曰：'去食。处古皆有死，民无信不立。'"朱熹解释说："无信则虽生而无以自立，不若死之为安。故宁死而不失信于民，使民宁死而不失信于我也。"①朱熹的解释可以归属于扩大化解释：当政者与民众要形成相互信任的关系。在培养革命道德的语境下，章太炎要求革命者不能失信于人，一定要"重然诺"。

（三）在工农与督抚之间：革命力量的甄别

作为革命家的章太炎在制定革命方略的过程中，注意甄别革命的依靠力量。在章太炎看来，谁是最可靠的革命者，哪些人是最值得依靠的革命力量，主要取决于他的道德水平。章太炎以道德水平的高低作为标准，把中国社会中的人分成十六种人："今之道德，大率从于职业而变。都计其业，则有十六种人：一曰农人，二曰工人，三曰裨贩，四曰坐贾，五曰学究，六曰艺士，七曰通人，八曰行伍，九曰胥徒，十曰幕客，十一曰职商，十二曰京朝官，十三曰方面官，十四曰军官，十五曰差除官，十六曰雇译人。其职业凡十六等，其道德之第次亦十六等，虽非讲如画一，然可以得其概略矣。"②这就是章太炎对中国社会不同职业的分析。在这十六种从业者中，从前到后，道德水平从高到底，呈现出下降的趋势。

"农人"排在第一，是最值得依靠的革命力量。因为，"农人于道德为最高，其人劳身苦形，终岁勤动，田园场圃之所入，足以自养，故不必为盗贼，亦不知天下有营求诈幻事也。平居之遇官长，

---

① ［宋］朱熹撰：《四书章句集注》，中华书局2011年，第128页。
② 章太炎：《革命之道德》（1906年10月8日），载汤志钧编：《章太炎政论选集》上册，中华书局1977年，第314—315页。

虽甚谨畏,适有贪残之吏,头会箕敛,诛求无度,则亦起而为变,及其就死,亦甘之如饴矣"。在农人之后,工人排在第二,因为,较之于农人,"工人稍知诈伪","然其强毅不屈,亦与农人无异"。① 工人与农人都有坚强不屈的品质,但是,工人身上带有的少许"诈伪",农人身上是没有的。这就是说,对于革命事业来说,农人比工人更可靠。在十六种人中,排在最后的"雇译者","则复为白人之外嬖,非独依倚督抚而已。故以此十六职业者,第次道德,则自艺士以下,率在道德之域;而通人以上,则多不道德者"。"要之知识愈进,权位愈申,则离于道德也愈远。"②

排名前六的人,依次是农人、工人、裨贩、坐贾、学究、艺士。这六种人,尽管道德水平也有高低之分,但在总体上可以归属于有道德的人,亦即可以纳入革命队伍,可以作为革命的依靠力量。所谓"艺士以下"之"下",既可以说是"知识"之寡,也可以说是"权位"之低。知识越少、权位越低的人,道德水平越高,革命积极性越强。"艺士"这个群体,应当置于革命队伍的边缘,他们还算是有道德的人,但也是革命队伍中知识相对较多、权位相对较高的人。据章太炎的概括,"艺士者,医方绘画书法雕刻之属,其事非一,此其以术自赡,固无异于工贾。书画雕刻之士多为食客,而医师或较量贫富,阿谀贵人,然高者,往往傲岸自好,虽有艺术,值其情性乖角之际,千金不移,固亦有以自重也"③。可见,"艺士"相当于手艺人,如果他们的手艺还不错,他们是可以恃此而自重的,因而能够保持基本的道德水准。

排名第七的"通人",是一种让章太炎纠结的人。通人与其后

---

① 章太炎:《革命之道德》(1906年10月8日),载汤志钧编:《章太炎政论选集》上册,中华书局1977年,第315页。
② 章太炎:《革命之道德》(1906年10月8日),载汤志钧编:《章太炎政论选集》上册,中华书局1977年,第318页。
③ 章太炎:《革命之道德》(1906年10月8日),载汤志钧编:《章太炎政论选集》上册,中华书局1977年,第315—316页。

的九种人,在总体上处于道德水平线之下,基本上都是"不道德者"。虽然,在"不道德者"这个大范围内,"通人"还算是"道德洼地"上的"高人"。作为十六种人之一种,"通人"的不道德,本来不必在意。但是,有一个麻烦的问题是:"今之革命党者,于此十六职业,将何所隶属耶? 农工、裨贩、坐贾、学究、艺士之伦,虽与其列,而提倡者多在通人,使通人而具道德,提倡之责,舍通人而谁欤? 然以成事验之,通人率多无行。"①虽然前面的六种人有革命的道德,但是,革命的提倡者、组织者,主要是"通人"。这就是一个悖论:具有革命道德的人,无法充当革命的提倡者、组织者;能够提倡革命、组织革命的人,往往在道德上又有明显的瑕疵甚至是缺陷。

那么,"通人"到底是一种什么样的人呢? 章太炎说:"通人者,所通多种,若朴学,若理学,若文学,或外学,亦时有兼二者。朴学之士多贪,理学之士多诈,文学之士多淫,至外学则并包而有之。所恃既坚,足以动人,亦各因其时尚,以取富贵。古之鸿文大儒邈焉,不可得矣。卑诣污漫之事,躬自履之,然犹饰伪自尊,视学术之不己若者,与资望之在其下者,中遇仆隶,高己者则生忌克,同己者则相标榜,利害之不相容,则虽同己者而亦嫉之。若夫笃信好学,志在生民者,略有三数狂狷之材,天下之至高也。"②

原来,"通人"就是早年的章太炎身处的那个群体,亦即章太炎时代的所谓"学术共同体"。其中,朴学就是小学或考据学,相当于技术性的汉学;理学相当于宋学,具有思辨性,近于今天所说的哲学。关于"文学",章太炎的《文学总略》称:"文学者,以有文字著于竹帛,故谓之文。论其法式,谓之文学。"③举凡"原经""辨诗",都

---

① 章太炎:《革命之道德》(1906年10月8日),载汤志钧编:《章太炎政论选集》上册,中华书局1977年,第318页。
② 章太炎:《革命之道德》(1906年10月8日),载汤志钧编:《章太炎政论选集》上册,中华书局1977年,第316页。
③ 章太炎:《国故论衡》,上海古籍出版社2006年,第38页。

属文学。

对于这三种取向的"通人",章太炎有真切的观察,他对于这个群体在道德方面的缺陷,也有严苛的指责。在章太炎之前,吴敬梓的《儒林外史》以通俗小说的方式,揭示了儒林人物在道德上的不堪,同时也肯定了少数人物在道德上的坚守。章太炎关于"通人"的"道德鉴定"与吴敬梓的描述有同工异曲之妙:既在总体上批判这个群体的不道德,也肯定其中的极少数(亦即"略有三数";到底是指哪几个人,待考)乃"天下之至高"。这极少数的几个人,显然克服了绝大多数"通人"在道德方面的缺陷。由此说来,革命的提倡者、组织者,主要就得靠这极少数的"通人",他们作为"通人"群体中的异数,"笃信好学,志在生民",是有望成为革命领袖的。

依靠极少数"通人"作为革命领袖,依靠农人、工人、裨贩、坐贾、学究、艺士作为革命队伍的中坚,这就是章太炎对革命力量的总体分析。

与此同时,章太炎还特别提醒,绝不能依靠督抚来完成革命大业。在1906年的一次演讲中,章太炎专门指出:关于革命,"目下言论渐已成熟,以后是实行的时代。但今日实行上有一种魔障,不可不破。因以前的革命,俗称强盗结义;现在的革命,俗称秀才造反。强盗有力量,秀才没有力量。强盗仰攀不上官府,秀才仰攀的上官府,所以强盗起事,没有依赖督抚的心,秀才就有依赖督抚的心。前此数年,遍地是借权的话。直到如今,讲革命的,也想借到督抚的权,好谋大事,这真胡涂得很。颇有人说:学界中人,不如会党;会党中人,不如强盗"①。章太炎最后得出的结论是:"所以督抚革命,万无可望。再说向上一层,假如督抚革命,果然有成,虽则种族问题可以解决,那政治改良的事,仍是不成。且看从古革命历

---

① 章太炎:《民报一周年纪念会演说辞》(1906年12月2日),载汤志钧编:《章太炎政论选集》上册,中华书局1977年,第328页。

史,凡从草茅崛起的,所用都是朴实勤廉的人士,就把前代弊政一扫而尽;若是强藩内侵,权臣受禅,政治总与前朝一样,全无改革。因为帝王虽换,官吏依然不换,前代腐败贪污的风俗,流传下来,再也不能打扫。像现在官场情景是微虫霉菌,到处流毒,不是平民革命,怎么辟得这些瘴气。若把些事望之督抚,真是其愚不可及了。"①相反,只有依靠国民,尤其是国民中具有较高道德水准的那几种人,革命才有希望。简而言之,"革命之权,国民操之,欲革命则竟革命"②。

由此,可以看到章太炎关于革命力量的整体构想:最上层的督抚是绝不能指望的,最下层的农人、工人是最值得依靠的。这就是章太炎关于中国革命各阶级的分析。章太炎在1906年的这番分析,让我们想到毛泽东的名篇《中国社会各阶级的分析》,此文写于1925年,见于通行的《毛泽东选集》第一卷,而且排在第一篇。此文开篇就提出:"谁是我们的敌人?谁是我们的朋友?这个问题是革命的首要问题。中国过去一切革命斗争成效甚少,其基本原因就是因为不能团结真正的朋友,以攻击真正的敌人。革命党是群众的向导,在革命中未有革命党领错了路而革命不失败的。我们的革命要有不领错路和一定成功的把握,不可不注意团结我们的真正的朋友,以攻击我们的真正的敌人。我们要分辨真正的敌友,不可不将中国社会各阶级的经济地位及其对于革命的态度,作一个大概的分析。"③

经过全面的分析之后,毛泽东得出的结论是:"一切勾结帝国主义的军阀、官僚、买办阶级、大地主阶级以及附属于他们的一部

---

① 章太炎:《民报一周年纪念会演说辞》(1906年12月2日),载汤志钧编:《章太炎政论选集》上册,中华书局1977年,第330页。
② 章太炎:《驳革命驳议》(1903年6月12—13日),载汤志钧编:《章太炎政论选集》上册,中华书局1977年,第231页。
③ 毛泽东:《中国社会各阶级的分析》,载毛泽东:《毛泽东选集》第一卷,人民出版社2009年,第3页。

分反动知识界,是我们的敌人。工业无产阶级是我们革命的领导阶级。一切半无产阶级、小资产阶级,是我们最接近的朋友。那动摇不定的中产阶级,其右翼可能是我们的敌人,其左翼可能是我们的朋友——但我们要时常提防他们,不要让他们扰乱了我们的阵线。"①在毛泽东看来,只有团结真正的朋友,以攻击真正的敌人,中国革命才能取得胜利。

毛泽东的这篇名文,与章太炎在 1906 年的分析,可以遥相呼应。两篇文献都是对中国社会各阶级、阶层的分析。他们都指出了革命的依靠力量,都指出了社会阶层越低的人越具有革命积极性。这是他们共性。立足于这样的共性,我们可以理解文明秩序再造的发生学原理:由革命队伍中的"天下之至高"者或先锋队领导革命力量,最终完成文明秩序的再造。②

(四) 共和政体及其限制:革命目标的憧憬

革命的目标,如果从"除旧"的方面看,当然是推翻满清政府,完成民族革命或光复革命。如果从"布新"的方面看,则是建立共和政体。共和政体大致代表了章太炎关于革命目标的憧憬。然而,以共和政体作为革命目标是有保留的,依据章太炎偏好的用语来说,是"随顺有边"的结果。

"有边"就是有边界、有限度、有保留。所谓"随顺有边",就是适度顺从他人之意。简而言之,选择共和政体是一个不得已的、退而求其次的决定。然而,首先需要我们厘清的是,章太炎是从哪里开始"退"的。如果共和政体是"优次"的选项,那么"最优"的选项是什么? 原来,章太炎憧憬的"最优"选项,乃是一个高蹈、凌空、虚幻的境界,大致相当于康有为在《大同说》中构想的大同境界。只不过,章太炎较多地运用了佛教的理论资源来建构他的理想境界。

---

① 毛泽东:《中国社会各阶级的分析》,载毛泽东:《毛泽东选集》第一卷,人民出版社 2009 年,第 9 页。

② 详见,喻中:《法理四篇》,中国法制出版社 2020 年,第 121 页。

他的理想境界具有"五无"的特质。"五无者,超过民族主义者也。云何五无?"回答是:无政府、无聚落、无人类、无众生、无世界。"此五无者,非能于一时成就。"①这样的"五无"境界,乃是一个终极性的目标,体现了章太炎关于文明终点的想象与期待。然而,"人生之智无涯,而事为空间时间所限,今日欲飞跃以至五无,未可得也,还以随顺有边为初阶,所谓跛驴之行。夫欲不为跛驴而不得者,此人类所以愈可衰也"②。遥远的"五无"境界虽然可以想象,但毕竟遥不可及。人类只好沉溺于眼下的"初阶"。

置身于"可衰"的"初阶","今之人不敢为循天之民,随顺有边,则不得不有国家,亦不得不有政府"。有国家、有政府,乃是出于不得已。然而,"莽漾平原,入其域而视之,始见土地,次见人民,乌睹所谓国家者?国家者,如机关木人,有作用而无自性。如蛇毛马角,有名言而非实存。究其成此虚幻妄想者,非民族之为而谁为乎?""是故随顺有边,既执着国家矣,则亦不得不执着民族主义。"③在章太炎看来,实实在在、莽莽苍苍的土地是可见的,三五成群的民众也是可见的。然而,举目四望,国家安在?

如果从高蹈的"五无"境界来看,那么,国家作为一种事物,它没有自性,本质上是虚幻的。自性又是什么?章太炎说:"凡云自性,惟不可分析、绝无变异之物有之;众相组合,即各各有其自性,非于此组合上别有自性。如惟心论者,指识体为自性;惟物论者,指物质为自性。"原来,只有不可分割而恒定之物,才有自性。譬如,一个人,就有其"自性",多人组成的群体、团体,就没有"自性"。如果宣称一个群体、团体也有自性,那就只能是假定的,或者仅仅

---

① 章太炎:《五无论》,载章太炎:《章太炎全集·太炎文录初编》,徐复点校,上海人民出版社 2014 年,第 455—459 页。
② 章太炎:《五无论》,载章太炎:《章太炎全集·太炎文录初编》,徐复点校,上海人民出版社 2014 年,第 468 页。
③ 章太炎:《五无论》,载章太炎:《章太炎全集·太炎文录初编》,徐复点校,上海人民出版社 2014 年,第 453 页。

是比喻意义上的。譬如,法律中的"法人",严格说来,"法人"并不是一个真正的"人",仅仅是一个法律拟制的"人"。依章太炎之见,"法人"就没有"自性"。这就是"自性"的"不可分"或"不可析"。依据这样的标准,"一、国家之自性,是假有者,非实有者;二、国家之作用,是势不得已而设之者,非理所当然而设之者;三、国家之事业,是最鄙贱者,非最神圣者"。① 这是从"五无"境界对国家做出的评价,也可以理解为从佛学、从释迦牟尼的境界观看国家的结果。当然,如果立足于"今之人"所处的"初阶"这个现实,还得承认国家、民族的价值,还要看到国家与民族的关系:国家是民族的产物,是民族创造了国家,亦即近代兴起的民族国家。

既然有民族必有国家,有国家必有政府,有政府必有政体,那么,相对于专制政体之祸害,"共和政体于祸害为差轻,固不得已而取之矣"。虽然共和政体之祸害"差轻",但毕竟还是存在"祸害"或缺陷,因而,对共和政体,仍需予以限制。针对共和政体之"祸害",章太炎建议:"当置四法以节制之:一曰均配土田,使耕者不为佃奴;二曰官立工场,使佣人得分赢利,三曰限制相续,会使富厚不传子孙;四曰公散议员(凡议员有贪污事,平民得解散之。议院本由民间选举,自当还付民间解散。然诸政法得失,问罪于政府可也。至于议员受贿,则罪有专属矣),使政党不敢纳贿。斯四者行,则豪民庶几日微,而编户齐人得以平等,亦不得已而取之矣。无是四者,勿论君民立宪,皆不如专制之为愈。所以者何?议院者,受贿之奸府;富民者,盗国之渠魁。专制之国无议院,无议院则富人贫人相等夷。及设议院,而选充议士者,大抵出于豪家。名为代表人民,其实依附政党,与官吏相朋比,挟持门户之见,则所计不在民生利病,惟便于私党之为。故议院者,国家所以诱惑愚民,而钳制其

---

① 章太炎:《国家论》,载章太炎:《章太炎全集·太炎文录初编》,徐复点校,上海人民出版社 2014 年,第 484 页。

口者也。"①

这四种法律制度，都是为了实现平等并保障民主。其中，"均配土田"旨在保障耕者有其田，"官立工场"相当于今天所说的国有企业，它可以保障每个劳动者都能够分享劳动创造的价值。"限制相续"旨在限制坐食祖产的富二代、富三代，以保障劳动成为所有人的义务。所谓"公散议员"，是指选民可以罢免有过错的议员，这是为了保障人民的民主权利。

在这四种法律制度中，章太炎对议员违法或失职的防范尤为关注，对代议制总体上持不信任的态度。他的《代议然否论》开篇即称："代议政体者，封建之变相。其上置贵族院，非承封建者弗为也。民主之国，虽代以元老，蜕化而形犹在。其在下院，《周礼》有外朝询庶民，虑非家至而人见之也。亦当选其得民者，以叩帝阍。春秋卫灵公以伐晋故遍访工商。讫汉世去封建犹近，故昭帝罢盐铁榷酤，则郡国贤良文学主之，皆略似国会。魏晋以降，其风始息。"②章太炎注意到代议制与封建制之间的共通性，把代议制看作封建制的历史遗留物，这样的观点虽有偏颇之嫌，但也不失深刻。

正是基于对代议制及议员的戒备，他说："有共和政体，而不分散财权，防制议士，则犹不如专制政体之为善也。虽然，是四制者，特初级苟偷之法，足以补苴衅隙而已。救有尽善，必当高蹈太虚，然非有共和伪政，及其所属四制以为之基，宁有翔蹞虚无之道？随顺有边，期以百年然后递见五无之制。"③如果不能防范议士作恶，

---

① 章太炎：《五无论》，载章太炎：《章太炎全集·太炎文录初编》，徐复点校，上海人民出版社2014年，第454页。
② 章太炎：《代议然否论》，载章太炎：《章太炎全集·太炎文录初编》，徐复点校，上海人民出版社2014年，第311页。
③ 章太炎：《五无论》，载章太炎：《章太炎全集·太炎文录初编》，徐复点校，上海人民出版社2014年，第455页。

共和政体就将沦为"共和伪政",甚至还不如专制政体。因而,旨在防止共和政体趋于异化的四种"法制",其实也只是不得已的"苟偷之法"。章太炎希望,这些"补苴衅隙"之法能够有助于维护共和政体这种"初级"阶段的制度安排,最终能够抵达高蹈而理想的"五无"境界。

即使在辛亥革命已经取得成功的民国元年,章太炎仍对源于异域的共和政体缺乏认同。他说:"政治法律,皆依习惯而成,是以圣人辅万物而不敢为,更要在去甚、去奢、去泰。若横取他国已行之法,强施此土,斯非大患不灵者弗为。民主立宪,本起于英,其后他国效之,形式虽同,中坚自异。民主立宪,起于法,易于美,中国当继起为第三种,宁能一意刻划,施不可行之术于域中耶?"[①]他希望民国的民主立宪、共和政体能够走自己的路,不要亦步亦趋地追随英、美的道路。这样的观点,即使在一百多年以后的今天,依然是有价值的洞见。

小结

上文分述的三个方面,旨在展示章太炎立足于革命这个主题所阐述的"革命法理学"。章太炎的革命法理学既概括了中国古代的"革命法理学",也阐明了清末的"革命法理学";他不仅阐明了清末民族革命的一般法理,而且在他参与制定的革命方略中,注入了丰富的法理意涵。章太炎在20世纪最初的十年间创造的"革命法理学",其学术意义可以从三个不同的维度来把握。

首先,在中国法理学史上,章太炎书写了"革命法理学"的"近代篇"。

在中国历史上,以革命为主题的法理学,主要出现在革命

---

① 章太炎:《大共和日报发刊词》(1912年1月4日),载汤志钧编:《章太炎政论选集》下册,中华书局1977年,第537—538页。

时代,更加具体地说,出现在文明秩序及其原理发生根本性变革的时代。在殷周之际,文明秩序及其原理发生了剧烈的变化。正如王国维的《殷周制度论》首句就给出的论断:"中国政治与文化之变革,莫剧于殷、周之际。"①正是在殷周之际,周公作为"武王革命"团队中的重要成员,以"天命无常"作为法理依据,论证了姬周政权取代殷商政权的正当性。对此,章太炎在关于"古之革命"的法理依据中,已经有所论列。在周秦之际以及秦汉之际,秦取代周,汉取代秦,也具有较为明显的革命性,章太炎为"古之革命"找到的其他几种法理依据,譬如"五德代起论""质文相变论""礼时为大论"等等,基本上都是在这个时期兴起的。

  从汉代直至清代,在儒家经学体系形成与流传的过程中,虽然有各种各样的农民起义或政权更迭,但是,以革命为主题的法理学却较少成为某个时代的法理学主流。如前所述,像朱熹这样的人,尽管也在反复重述"礼时为大",尽管也完成了《四书章句集注》这样的著作,但是,朱熹的法理学毕竟不能归属于"革命法理学"的谱系。在秦汉以后,一直到章太炎投身于革命的清末,革命以及"革命法理学"才重新成为一个时代的最强音,根本的原因在于:清末民初,华夏固有的文明秩序及其原理发生了数千年未有的大变革,开启了一个天翻地覆的革命时代。

  在清末,比章太炎略早,也算跟章太炎同时代的廖平(1852—1932),虽然也曾亲身参加像四川保路运动这样的革命活动,但是,廖平法理学的精神实质,总体上应当概括为"变法"。比廖平略晚、比章太炎略早的康有为(1858—1927),虽然影响也很大,但是,康有为法理学的精神实质,总体上应当概括为"改

---

① 王国维:《殷周制度论》,载彭林编:《中国近代思想家文库·王国维卷》,中国人民大学出版社 2014 年,第 132 页。

良"。在廖之"变法"、康之"改良"的基础上,章太炎在 1900 年这个时间节点上,义无反顾地转向革命,通过阐明"革命大义",不仅让他自己置身于"革命元勋"的行列,而且还较早地为中国近代法理学史补上了"革命法理学"这个重要的环节。在章太炎的时代,像黄兴那样的革命家并不鲜见,但是,真正称得上是有学问的革命家或革命家中的学问家的人却不多见,章太炎堪称其中的翘楚,甚至是那个时代唯一能够享有这个称号的人物。正是由于这个缘故,章太炎成为了中国 20 世纪初期"革命法理学"的主要阐述者。

其次,在世界法理学史上,章太炎书写了"革命法理学"的"中国篇"。

从世界范围来看,立足于革命的法理学,也是法理学知识谱系中的一个重要组成部分。在法国大革命时期,罗伯斯比尔是著名的革命家。他关于革命法制、革命法庭、革命审判的论述,堪称西方近代"革命法理学"的一次集中展示。譬如,他不止一次论及革命法庭。他说:"如果你们把那种滥用法律的大门敞开着,那么你们刚才成立的法庭就会成为反革命的法庭。什么东西能让它成为革命的法庭呢?被选出的人的性质。"①这就是说,革命的法庭应当交到革命者手里。

法国革命只是欧洲历史上系列革命之一。在不同的时代,在不同的国家,先后发生的革命塑造了欧洲的法律传统。在 20 世纪,伯尔曼的《法律与革命》一书,从革命的角度梳理了西方法律传统的形成过程。伯尔曼所说的革命,大部分也是民族革命:"像德国的新教改革运动一样,英国革命、美国革命、法国革命和俄国革命当然都是民族革命。教皇革命则与它们不同,它是一次跨民族

---

① [法]罗伯斯比尔:《革命法制与审判》,赵涵舆译,商务印书馆 2011 年,第 141—142 页。

的革命,一次在教皇领导下遍及欧洲的为神职人员利益而反对皇室、王室控制以及封建权贵控制的革命。"①伯尔曼以11世纪以来的历次欧洲革命为中心的法理阐释,亦可归属于"革命法理学"。

在伯尔曼与章太炎之间,存在着明显的共性:他们的法理学都关注革命这个主题,而且他们关注的革命都以民族革命为重心。但是,他们之间也有明显的差异:章太炎的"革命法理学"关注的民族革命主要是满汉关系,伯尔曼的"革命法理学"关注的民族革命及其民族关系则体现了欧洲的民族传统、文化传统。此外,章太炎的"革命法理学"是一个革命家或"革命元勋"阐述的法理学,伯尔曼的"革命法理学"主要是象牙塔中的一个法律史家对历史的回顾。单从这个角度来看,章太炎的"革命法理学"与罗伯斯比尔的"革命法理学"反倒有一定的共性:都是革命家本人阐述的"革命法理学"。尽管我们可以在罗伯斯比尔、章太炎、伯尔曼之间,做出这些异同之辨,但是,他们阐述的法理学都可以归属于关于革命的法理学。这就意味着,章太炎的"革命法理学"既可以在世界的"革命法理学"谱系中占据一席之地,同时也具有浓厚的中国风格,蕴含着鲜明的中国逻辑。

最后,在社会主义法理学史上,章太炎的"革命法理学"留下了较为清晰的印迹。

如果从托马斯·莫尔的《乌托邦》开始算起,关于社会主义的思想学说已有五百年的历史。社会主义法理学史可以作为社会主义思想学说史的一个组成部分。就像社会主义思想学说的演进历程一样,社会主义法理学史也经历了一个从英伦(莫尔、欧文)到欧陆(傅立叶、圣西门,尤其是马克思主义经典作家)再到东亚的演进过程。在这个过程中,在东亚的中日之间多次往返的章太炎,已经

---

① [美]伯尔曼:《法律与革命——西方法律传统的形成》,贺卫方、高鸿钧、张志铭、夏勇译,中国大百科全书出版社1993年,第27—28页。

在社会主义法理学史上,留下了自己的印迹。

1903年,幸德秋水作为日本社会主义运动的先驱,出版了他的名著《社会主义神髓》,其自序称:"我作为我国的一个社会主义者,觉得有责任使大家知道它,所以写了这本书。"①三年后的1906年,章太炎在上海出狱抵日,就在一次演讲中明确宣称:"我们今日崇拜中国的典章制度,只是崇拜我的社会主义。"②可见此时的章太炎,对于社会主义已经形成了较为强烈的思想认同、情感认同。1907年3月,章太炎"与幸德秋水、保什等倡导组织亚洲和亲会"。七月,"刘师培、张继等创办社会主义讲习会,发刊《天义报》,章氏积极支持,并在讲习会中作了《国家论》等演讲"。③ 这篇演讲稿开篇即指出:"余向者于社会主义讲习会中,有遮拔国家之论。"④由此可见,在章太炎阐明革命大义、阐述其"革命法理学"的过程中,社会主义是一个不可忽视的重要因素。

从16世纪的托马斯·莫尔及其《乌托邦》到18世纪末19世纪初的傅立叶、圣西门、欧文及其空想社会主义,再到19世纪的马克思恩格斯创立的科学社会主义,它们有一个最大的共性:对资本主义的批判,以及对社会平等的期待。对于这些思想观点,章太炎都有回应。章太炎对资本主义的批判主要体现为"抑商"或节制资本的主张。他说:"夫钱刀金币,实使民扰攘之阶。""有钱币在,则争夺生而阶级起。于是以共产为生,则贸易可断,而钱币必沈诸大壑矣。"⑤他关于社会平等的主张,主要体现为他对"均田法"的期

---

① [日]幸德秋水:《社会主义神髓》,马采译,商务印书馆2011年,第1页。
② 章太炎:《东京留学生欢迎会演说辞》(1906年7月15日),载汤志钧编:《章太炎政论选集》上册,中华书局1977年,第278—279页。
③ 姜义华:《章炳麟评传》,上海人民出版社2019年,第661—662页。
④ 章太炎:《国家论》,载章太炎:《章太炎全集·太炎文录初编》,徐复点校,上海人民出版社2014年,第484页。
⑤ 章太炎:《五无论》,载章太炎:《章太炎全集·太炎文录初编》,徐复点校,上海人民出版社2014年,第455页。

第二章 从戊戌变法到辛亥革命的法理学

待。他说:"善哉!田不均,虽衰定赋税,民不乐其生,终之发难。"①他关于"均田法"的构想,主要涉及"土""露田""草莱""坑冶"等方面的内容。② 他的这些制度主张及其蕴含的法理,尽管具有佛学的色彩和空想的性质,且存在着严重的缺陷,但与社会主义的思想传统及法理学说,基本上保持了同向同行的思想姿态。他的相关论述表明,他的"革命法理学"足以构成社会主义法理学史的一个必要环节。

---

① 章太炎:《定版籍》,载章太炎:《章太炎全集·〈訄书〉初刻本、〈訄书〉重订本、检论》,朱维铮点校,上海人民出版社2014年,第2/8页。
② 章太炎:《定版籍》,载章太炎:《章太炎全集·〈訄书〉初刻本、〈訄书〉重订本、检论》,朱维铮点校,上海人民出版社2014年,第279页。

第三章 从五四运动到20世纪中叶的法理学

第一节 李大钊

中国的马克思主义法理学兴于何人、起于何时,既是一个有待专门探讨的法理学问题,也是中国法理学领域内的一个学术史问题。这个问题的答案,系于李大钊(1889—1927)其人、其言、其行。在五四运动中,李大钊在传播马克思主义的同时,开启了中国的马克思主义法理学,标志着中国马克思主义法理学的兴起。做出这样一个判断,主要基于以下三个方面的理由。

其一,中国的马克思主义法理学既是中国法理学的一个组成部分,同时也是中国的马克思主义理论体系中的一个组成部分。从马克思主义理论的角度来看,"在中国早期的马克思主义思想运动中,李大钊起着主要作用。1919年9月、11月,他在《新青年》第六卷第五号、第六号上连续发表《我的马克思主义观》一文","和以往一些人对马克思学说所作的片断的、不确切的表述不同,李大钊的这篇文章,对马克思主义学说已经做了相当完整的介绍和比较确切的阐释。在此前后,李大钊帮助北京《晨报》副刊开辟了《马克思研究》专栏。他轮值编辑《新青年》时将其第六卷第五号编为马克思主义研究专号"。①

如果放宽视野,还可以看到,"在中国早期马克思主义者的队伍中,李大钊、陈独秀属于先驱者和擎旗人,毛泽东、蔡和森、邓中夏、瞿秋白、周恩来等五四运动中比较年轻的左翼骨干则是其主体部分"②。换言之,李大钊对马克思主义在中国的早期传播发挥了开创性作用,可以说是主要的"先驱者",甚至是第一人。

虽然陈独秀也是中国早期马克思主义思想运动的"先驱者和擎旗人",但是正如研究者已经指出的,"陈独秀于1915年创办《新青年》,提出民主和科学的主张,点燃了新文化运动的火炬,在打倒封建专制礼教和提倡文学革命方面,又是最猛烈的闯将","这方面,他有着首创的功绩,李大钊不如陈独秀。但是,李大钊是中国共产主义运动的先驱者","十月革命胜利后,他是向中国人民揭示十月革命本质及其伟大意义的第一人,是在中国传播马克思主义的第一人。这方面,他建立了不朽功勋,在这方面,陈独秀则不如李大钊"。③ 换言之,如果只就早期传播马克思主义这个方面来说,李大钊的成就超过了陈独秀。

还有域外的研究者提出:"1919年春,李大钊作为一个布尔什维克的鼓吹者和马克思主义在中国传播的促进者,实际上是完全孤立的","甚至后来成为中国共产党的创始人和党的总书记的陈独秀,当时对马克思主义的理论也没有任何兴趣,对布尔什

---

① 中共中央党史研究室著:《中国共产党的九十年》,中共党史出版社、党建读物出版社2016年,第21页。
② 中共中央党史研究室著:《中国共产党的九十年》,中共党史出版社、党建读物出版社2016年,第24页。
③ 刘孝良:《试论陈独秀和李大钊都是五四运动的总司令》,《淮北煤师院学报》(社会科学版)1991年第2期,第40页。

维克革命也只是发表了一个简短的、态度不明朗的评论"。① 这样的分析与比较也可以从一个侧面佐证,对于马克思主义在中国的早期传播,李大钊发挥了比陈独秀更大的作用,做出了更多开创性贡献。

其二,中国的马克思主义法理学既可以归属于马克思主义,更应该归属于法理学。从法理学的角度来看,李大钊不仅是马克思主义者,还被研究者视为一个"成熟的法学家"。根据研究者的归纳,李大钊的"马克思主义法学观"主要包括:"法律是依从于经济基础之上的上层建筑";"法律并非一种孤立的现象,需要整体地、辩证地加以观察";"革命是一种法律之外的暴力,只限于权力交替时的政治斗争";"法律制度是平衡个人、社会和国家三者关系的枢纽";"国家法律的最后职能是对公共事务的管理",等等。② 这些"马克思主义法学观",蕴含着丰富的法理意涵。

除了这些"马克思主义法学观",李大钊在相关论述中,还表达了具有中国风格的法理观。试看他在《国情》一文中提出的观点:"新约法颁布之顷,古德诺氏复有《新约法论》刊于北京各报,所论是否谐理,姑不置辩,以新约法为物,无吾侪管窥法理之余地,独其所谓国情者,不能无疑焉。"③这里所说的"无吾侪管窥法理之余地",应当反过来理解,其实际含义是:关于新约法之"法理",我们已有洞察。这就是说,李大钊完全能够从法理的层面上,对新约法做出相应的法理学阐释。

再譬如,针对1913年出现的关于宪法颁布权的争议,李大钊

---

① [美]莫里斯·迈斯纳:《李大钊与中国马克思主义的起源》,中共北京市委党史研究室编译组译,中共党史资料出版社1989年,第105—106页。
② 侯欣一:《李大钊"马克思主义法学观"的形成及在中国的传播》,《荆楚法学》2021年第1期,第79—81页。
③ 李大钊:《国情》(1914年10月11日),载中国李大钊研究会编注:《李大钊全集》第一卷,人民出版社2006年,第107—108页。

说:"叨叨絮絮,演为法理的论争,乃牵及于法律颁行程序与元首之关系。"①在《论宪法公布权当属宪法会议》一文中,李大钊多次论及"法理",譬如称:"行政部以不满意于此宪法,横起波澜,以与宪法会议争此柄,时贤亦所倡论于其后,辄曲诠法理以就事实。"②这样的论述,体现了李大钊的法理思维与法理自信及其背后的法理修养。他对中国马克思主义法理学所做出的开创之功,在一定程度上,就是这种法理修养的产物。

其三,以上两端,分别从马克思主义与法理学这两个不同的角度,来揭示李大钊与中国马克思主义法理学兴起的关系。在此基础上,还可以比较李大钊与马克思的人生经历及思想经历,从中理解李大钊转向马克思主义、进而开创中国马克思主义法理学的轨迹。

青年时代的马克思,在波恩大学及柏林大学学习的专业都是法律。1956年出版的中文版《马克思恩格斯全集》第一卷,就收录了多篇马克思的法学论著或者是与法律相关的论著,譬如,开卷第一篇就是《评普鲁士最近的书报检查令》,接下来,还可以看到《法的历史学派的哲学宣言》《关于林木盗窃法的辩论》《论离婚法草案》《黑格尔法哲学批判》,等等。再看青年时代的李大钊。1905年,他考入永平府中学(原址在卢龙县城,今唐山一中的前身),1907年考入天津的北洋法政专门学校。③ 据李大钊自述,"天津法政专门学校,原名北洋法政专门学校,规模颇宏大。日本法学博士吉野作造及今井嘉幸等均尝充该校教授,此外所聘东西教授及留学归国之法学名流于斯校执教鞭者亦复不少。所收学生几于遍

---

① 李大钊:《法律颁行程序与元首》(1913年10月1日),载中国李大钊研究会编注:《李大钊全集》第一卷,人民出版社2006年,第64页。
② 李大钊:《论宪法公布权当属宪法会议》(1913年10月1日),载中国李大钊研究会编注:《李大钊全集》第一卷,人民出版社2006年,第59页。
③ 这里的北洋法政专门学校即1906年创办的北洋法政专门学堂。学校先后几易校名,在本书中两个校名并存,请读者察之。

各省而有之"①。有研究者指出:"北洋法政专门学堂仿日本法律学校体制,学制六年,在这里,李大钊系统学习了西方资产阶级的法律、政治学说,比较广泛地了解到了新学。"六年之后,"1913年,李大钊从北洋法政专门学堂毕业"。②

这就是说,在北洋法政专门学堂这样一所相当于今天的政法大学的学校里,李大钊接受了专业而完整的"六年制"法学教育。这跟马克思在大学里所学的专业基本上是一致的。由于这样的专业背景,在2006年出版的《李大钊全集》第一卷,同样可以看到多篇法学论著。除了上文引用的《法律颁行程序与元首》《论宪法公布权当属宪法会议》,还有排在第二篇的《弹劾用语之解纷》。此外,还有《论民权之旁落》《一院制与二院制》《欧洲各国选举制考》《〈自然律与衡平〉识》《制定宪法之注意》《省制与宪法》《宪法与思想自由》《孔子与宪法》《议会之言论》等系列法学论著。由此可见,《李大钊全集》第一卷跟《马克思恩格斯全集》第一卷相比,在文章主题方面颇有相似之处,都体现了著者本人早期的法学专业背景。

虽然马克思的思想历程主要是从法学开始起步的,但是,正如他在《〈政治经济学批判〉序言》中所言:"我学的专业本来是法律,但我只是把它排在哲学和历史之次当作辅助学科来研究。"③正是由于这个缘故,在马克思的全部论著中,主体部分并不是法学论著。譬如,篇幅巨大的《资本论》显然比他的法学专业论著影响更大。按照恩格斯在马克思墓前的讲话,马克思在很多领域都有独到的发现,其中,最值得注意的是"这样两个发现":"马克思发现了人类历史的发展规律",那就是,"人们首先必须吃、喝、住、穿,然后

---

① 李大钊:《天津法政专门学校校长及教务长易人》(1917年6月25日),载中国李大钊研究会编注:《李大钊全集》第二卷,人民出版社2006年,第153页。
② 刘建国:《李大钊评传》,载李大钊:《平民主义》,刘建国评注,华夏出版社2002年,第137页。
③ 《马克思恩格斯文集》第二卷,人民出版社2009年,第588页。

才能从事政治、科学、艺术、宗教等等;所以,直接的物质的生活资料的生产,从而一个民族或一个时代的一定的经济发展阶段,便构成基础,人们的国家设施、法的观点、艺术以至宗教观念,就是从这个基础上发展起来的,因而,也必须由这个基础来解释,而不是像过去那样做得相反。不仅如此。马克思还发现了现代资本主义生产方式和它所产生的资产阶级社会的特殊的运动规律。由于剩余价值的发现,这里就豁然开朗了"。①

概括起来,马克思最主要的发现,集中体现为唯物史观与剩余价值学说。再看李大钊的思想经历,也呈现出大致相似的轨迹:李大钊虽然是从法学开始起步的,但他后来在北京大学及其他大学从事的教学与研究,主要是在历史学、思想史领域。他在北京大学开设的课程是"唯物史观研究"。1923年初次发表、至今已有一个世纪的《史学要论》,"是李大钊作为学术大师的代表著作"②。由此看来,李大钊也像马克思那样,是把法学当作哲学与历史的辅助学科来研究的。

后期的李大钊把法学尤其是法理学作为辅助学科来研究,并不意味着李大钊的法理学不重要。相反,李大钊的这种选择,恰好体现了对马克思思想道路的遵循。转向马克思主义之后的李大钊,既接受了马克思的法学观及法理观,甚至也接受了马克思关于法学及法理学在知识体系中的定位。这样的定位,本身也是马克思主义法理学的一个组成部分。

以上三个方面表明,李大钊率先开启了中国的马克思主义法理学。因而,梳理李大钊对中国马克思主义法理学的开创性贡献,以之呈现中国马克思主义法理学兴起的学术思想姿态,既是必要的,也是可行的。为了实现这样的目标,下文拟从五个环节展开。

---

① 《马克思恩格斯文集》第三卷,人民出版社2009年,第601页。
② 李大钊:《史学要论》,上海古籍出版社,2013年,"出版说明",第1页。

一、转向马克思主义之前的法理认知图景

上文的分析表明,可以从李大钊对中国马克思主义法理学的贡献,来展示中国马克思主义法理学的兴起。正如马克思在著书立说、成为马克思主义创始人之前,经历了一个持续不断的探索过程那样,李大钊在转向马克思主义之前,具体地说,在1918年之前,也不是一个马克思主义者。但是,李大钊在1918年之前对于法理的认知,却是他开创中国马克思主义法理学的基础与背景。而且,李大钊在1918年之前所认知的法理图景,在那个时代颇具代表性,堪称那个时代中国主流法理的一面镜子。因此,为了全面展示中国马克思主义法理学兴起的时代背景,特别是其中的思想理论背景,有必要对李大钊转向马克思主义之前的法理认知图景予以描述。

如前所述,李大钊在北洋法政专门学堂经历了六年的法律专业学习。《李大钊全集》第一卷的内容不仅可以展示其法学专业背景,而且还可以展示其法理偏好。《李大钊全集》第一卷第一篇,即写于1912年的《隐忧篇》,开头便说:"国基未固,百制抢攘。"①这就是说,国家的基础,在于"百制"构成的国家制度体系。李大钊关于民国初年国家制度体系的这种忧思,不仅标示了他立言的起点,而且还体现了他的法理偏好,因为,"百制"或国家制度体系,乃是一个典型的法理问题。紧接《隐忧篇》的是《弹劾用语之解纷》,此篇认为:"用语之取义不同,法理之纷讼遂起。"②为了避免弹劾一词使用中的混乱,必须厘清弹劾一词的法理。当然,有关"国基"的根本性、整体性的法理,更要有所论述。全面审视李大钊在1918

---

① 李大钊:《隐忧篇》(1912年6月),载中国李大钊研究会编注:《李大钊全集》第一卷,人民出版社2006年,第1页。
② 李大钊:《弹劾用语之解纷》(1913年3月上旬),载中国李大钊研究会编注:《李大钊全集》第一卷,人民出版社2006年,第4页。

年之前的相关论述,他在转向马克思主义之前的法理认知图景,主要是由以下几个关键词支撑起来的。以下几个关键词,构成了李大钊转向马克思主义之前的法理认知图景的骨架。

(一) 自由民主

在李大钊转向马克思主义之前,其法理世界中基本的价值准则是近代西方兴起的自由民主,以及与自由民主相关联的平等、民意、民治等等。以这样一套价值准则作为基础,李大钊对东西文明进行了比较:"东方文明之特质,全为静的;西方文明之特质,全为动的","于是著于政治,一则趋于专制,一则倾于自由;显于社会,一则重乎阶级;一则贵乎平等"。[1] 换言之,东方的专制政治应当转向西方的自由政治,至于东方的阶级社会,则应当转向西方的平等社会。

以"专制"描述传统中国及其他东方国家的政治,出于西方思想家。譬如,孟德斯鸠的名著《论法的精神》,就提供了极其丰富的关于"专制"的论述,譬如:"专制政体原则的腐化从不间断。"[2]经过孟德斯鸠这样的经典作家的反复论证,"专制"成为了一个典型的负面标签。熟读西方法政经典的李大钊由此指出:"专制之世,国之建也,基于强力;立宪之世,国之建也,基于民意。"因而应当从"专制之世"走向"立宪之世",因为,立宪以民意为基础。进一步看,"政象天演,至于今日,风起云涌,国于大地者,群向民治主义之的以趋"。[3] 这样的"民治"趋势,是不可逆转的。

立宪处于专制的对立面,自由也处于专制的对立面。这就是说,立宪与自由是同向同行的,甚至具有一体两面的关系,或者说,

---

[1] 李大钊:《动的生活与静的生活》(1917年4月12日),载中国李大钊研究会编注:《李大钊全集》第二卷,人民出版社2006年,第96页。
[2] [法]孟德斯鸠:《论法的精神》上卷,许明龙译,商务印书馆2011年,第141页。
[3] 李大钊:《暴力与政治》(1917年10月15日),载中国李大钊研究会编注:《李大钊全集》第二卷,人民出版社2006年,第171页。

"立宪政治基于自由之理",自由是立宪的法理依据或法理根基。

自由既然如此重要,那么,如何保障自由?李大钊回答说:"顾自由之保障,不仅系于法制之精神,而尤需乎舆论之价值。"①换言之,要保障自由,既需要法制,也需要舆论。在民国初年的舆论环境下,报刊是重要的舆论载体,所以李大钊长期从事报刊工作。在报刊之外,现场演讲也很重要,李大钊甚至说:"立宪国民之运动,当以演说坛为惟一之战垒。"②进而言之,要发挥舆论的价值,还离不开言论自由。因而,需要"以真理之权威,张言论之权威,以言论之自由,示良知之自由"③。

以自由民主作为价值准则,李大钊在1917年3月27日的《甲寅》日刊上评论俄国政局:"民众之感情均倾于共和立宪制,而以现内阁总理李佛夫为临时大总统,足证新俄罗斯共和国之基础,已确立于其国民之思想。"④俄国新内阁之政纲包含的八项内容,"实俄国之《大宪章》也,《权利宣言》书也,《独立宣言》书也,临时宪法之神髓也,皆俄国国民牺牲之血所染成者也。吾人于此庄严神圣之纪念物,甚乐为之大书特书,载吾报之首页,以益显世界民主政治之光辉"⑤。在《大战中欧洲各国之政变》一文中,李大钊再次称赞俄罗斯"新内阁之政纲",认为,这份政纲"不独足以涤濯俄国多年政界之宿秽,间接且以灌溉世界自由之胚苗。吾华与俄地处比邻,共和新建,尤重蒙其革命成功之影响,而以

---

① 李大钊:《民彝与政治》(1916年5月15日),载中国李大钊研究会编注:《李大钊全集》第一卷,人民出版社2006年,第158页。
② 李大钊:《演讲会之必要》(1917年4月8日),载中国李大钊研究会编注:《李大钊全集》第二卷,人民出版社2006年,第95页。
③ 李大钊:《真理之权威》(1917年4月17日),载中国李大钊研究会编注:《李大钊全集》第二卷,人民出版社2006年,第105页。
④ 李大钊:《俄国共和政府之成立及其政纲》(1917年3月27日),载中国李大钊研究会编注:《李大钊全集》第二卷,人民出版社2006年,第17页。
⑤ 李大钊:《俄国共和政府之成立及其政纲》(1917年3月27日),载中国李大钊研究会编注:《李大钊全集》第二卷,人民出版社2006年,第19—20页。

益固我民主之基础"①。

李大钊对俄国新内阁政纲的称赞,其实是对《大宪章》《权利宣言》《独立宣言》的称赞,李大钊称赞的这几份文件,可以说是自由民主之道所凝成的肉身。由此可以理解李大钊彼时所持的核心法理观:近代西方兴起的自由民主。

(二)法律权威

法律的权威性是法理学的一个基本问题,李大钊对此亦有关注。他把法律的权威性作为一个应然的准则,以此批判中国的法律现状。他说:"中国承专制之余,本于法治之精神多所舛背。又以袁氏当国数年,蔑弃法纪,纵容奸宄。但为一姓之鹰犬,虽犯盗国殃民之罪,而亦为所优容,甚且在奖赏之列焉!法律不敢过问,即问之而亦无效。今袁氏虽殒,一般人民心理,对于法律之信畏,终不甚厚。一旦为罪恶所诱惑,遂忘却法律之权威,而悍然不顾以行之。"②那个时代的中国法律没有权威,有多个方面的原因。一方面,传统中国长期处于"专制之世",与法治精神相冲突,所以法律没有权威。另一方面,在袁氏当国期间,法律与法治被严重破坏,即使袁氏已死,人民对法律的信与畏也很难形成。因此,法律的权威性就很容易被忘记。

但是,法律毕竟应当具有权威性。法律的权威集中体现为宪法的权威。因为,在法律体系中,宪法占据了一个特殊的地位:"宪法者,国命之所由托。宪法会议者,宪法之所由生也。有神圣之宪法会议,始有善良之宪法。有善良之宪法,始有强固之国家。"③如

---

① 李大钊:《大战中欧洲各国之政变》(1917年4月1日),载中国李大钊研究会编注:《李大钊全集》第二卷,人民出版社2006年,第78页。
② 李大钊:《罪恶与忏悔》(1917年4月21日),载中国李大钊研究会编注:《李大钊全集》第二卷,人民出版社2006年,第117页。
③ 李大钊:《祝九月五日》(1916年9月5日),载中国李大钊研究会编注:《李大钊全集》第一卷,人民出版社2006年,第201页。

果宪法都没有权威,都不再神圣,国命就失去了依托。正是着眼于宪法和法律的权威性,李大钊强调,承担立宪任务的宪法会议,也应当是神圣的。只有通过具有神圣地位的宪法会议,才能制定善良的宪法;只有善良的宪法,才能保证国家的强固。宪法如此重要,才让立宪事业成为极其重要的事业,前文所提到的立宪政治,才因此而成为超越专制政治的政治形态。

(三) 调和平和

就像"自由民主"是由自由与民主拼接而成的,"调和平和"也是由调和与平和拼接而成的。李大钊所说的调和,主要是指国内不同阶层之间的和平相处、齐心协力。他在1917年表达的观点是:"现代之文明,协力之文明也。贵族与平民协力,资本家与工人协力,地主与佃户协力,老人与青年亦不可不协力。现代之社会,调和之社会也。贵族与平民调和,资本家与工人调和,地主与佃户调和,老人与青年亦不可不调和。惟其协力与调和,而后文明之进步,社会之幸福,乃有可图。"[1]要遵循调和的精神,就要反对暴力。他说:"愚虽非如梁先生之单纯反对革命,而以良知所诏,则无论何时皆反对暴力,其终极目的,亦在消免革命之祸。苟有术焉,纳强力于法律范围之中使不为暴,则吾侪反对革命之勇,庸讵逊于梁先生?"[2]梁启超反对革命,李大钊反对暴力,虽然用语有所不同,但革命的基本形态就是暴力。这个时期的李大钊,还是希望以法律规范强力。而当时最大的强力,就掌握在各地军阀手上。现在想来,如果试图依靠几条法律,就把各地军阀约束起来,几乎是不可能的。然而,彼时的李大钊依然宣称:无论何时都反对暴力。由此可见,彼时的李大钊尚未形成

---

[1] 李大钊:《青年与老人》(1917年4月1日),载中国李大钊研究会编注:《李大钊全集》第二卷,人民出版社2006年,第32页。

[2] 李大钊:《暴力与政治》(1917年10月15日),载中国李大钊研究会编注:《李大钊全集》第二卷,人民出版社2006年,第178页。

阶级斗争、武装革命的观念,他与改良派的核心主张具有较大的共性。

李大钊所说的"平和"就是现在所说的"和平",主要是指国与国之间的关系。1917年,他针对第一次世界大战的新情况,连续写成了《欧洲各国社会党之平和运动》之上、中、下三篇,其上篇开篇即指出:"近日关于战局,有最可注目之一事焉,即俄、德之社会党因丹麦、瑞典诸国之社会党竭力为平和之运动是也。此种运动之效果若何,殊难为确切之测度,惟社会党之行为颇足与莫大之影响于战局,则为不可掩之事实。兹据所闻,陈其概要,以资研究。凡持社会主义者莫不反对战争。"①在这里,李大钊虽然提到了社会主义,但是,此时的李大钊所理解的社会主义,主要是指欧洲各国的社会党所持的主义。这些社会党主张的"和平运动",也得到了李大钊的赞同。由此可见,此时的李大钊以"平和论"处理国际关系,以"调和论"处理国内关系,这两种理论,可以视为国际法与国内法分别遵循的基本理论。这就是李大钊所持的"调和平和论"。

(四)法外之理

从字面上看,法理就是法之理,但是,法理也可以分成"法"与"理"来考察。李大钊研究人类社会发展规律,发现了法与理之间的内在联系。他说:"群演之道,在一方固其秩序,一方图其进步。前者法之事,后者理之事。必以理之力著为法之力,而后秩序为可安;必以理之力摧其法之力,而后进步乃可图。是秩序者,法力之所守,进步者,理力之所摧也。"譬如,"英之《大宪章》《权利请愿书》,美之《独立宣言》,吾国之南京《约法》,乃至《云南宣言》之四大政纲,莫非以理之力冲决法之力",因而,"既以理之力为法之力开

---

① 李大钊:《欧洲各国社会党之平和运动》(上)(1917年4月24日),载中国李大钊研究会编注:《李大钊全集》第二卷,人民出版社2006年,第123页。

其基,更以理之力为法之力去其障,使法外之理,无不有其机会以入法之中,理外之法,无不有其因缘以失法之力"。①

李大钊发现的这个规律可以概括成几个要点。首先,人类社会的发展就像车之双轮、鸟之双翼,也需要两手抓:一手抓秩序,一手抓进步。两手之间,维护秩序主要靠法,追求进步主要靠理。其次,在法与理之间,一方面,只有把理表达成为法,让法成为理的载体,秩序才有可能。另一方面,只有以理约束法,进步才有可能,这就是理与法的不同功能。再次,人类历史上出现的一些标志性的法律文件,譬如《大宪章》《权利请愿书》《独立宣言》《中华民国临时约法》,主要体现了理的法律化,是把理表达成为法之后结出的硕果,就是理的载体。最后,理是法的基础,理也是法的护卫,既要把"法外之理"灌注到法的机体之内,也要让"理外之法"始终保持应有的力量。从这几个要点来看,"法外之理"是人类进步、人类文明的根本保障。

李大钊强调,"理外之法"应当受制于"法外之理",这样的观点,其实体现了实在法与自然法的二元划分,同时也指出了思想权力相对于政治权力的优越性。李大钊还进一步指出,"法外之理"主要是由政论家来承载的,"理外之法"主要是由政治家来承载的,两者之间,"政论家之权威,在以理之力摧法之力,而以辟其新机;政治家之权威,在以法之力融理之力,而以善其现状"②。在这样的语境下,"政论家"其实就是思想家,其核心使命就是承载、表达"法外之理",本质上就是超越性的法理学家。由此可见,李大钊对于"法外之理"寄寓了相当大的期待,对于政论家、思想家或法理学家也寄寓了相当大的期待。

---

① 李大钊:《民彝与政治》(1916年5月15日),载中国李大钊研究会编注:《李大钊全集》第一卷,人民出版社2006年,第162页。
② 李大钊:《政论家与政治家》(1917年3月2日),载中国李大钊研究会编注:《李大钊全集》第一卷,人民出版社2006年,第305页。

以上分述的"自由民主""法律权威""调和平和""法外之理",集中体现了李大钊在全面转向马克思主义之前的法理认知图景。这既是李大钊个人的法理认知图景,在相当程度上,也代表了那个时代具有普遍性的法理认知图景。与此同时,在理解、把握这个法理认知图景之际,还有必要注意以下两个方面。

一方面,李大钊所代表的这种法理认知图景,主要反映了"中流社会之有恒产者"的法理憧憬。李大钊在1917年提出的主张是:"由中流社会之有恒产者自进而造成新中心势力,以为国本之所托,泯棼抢攘之政治,庶或有澄清统秩之一日乎?"①这里的"中流社会之有恒产者",大致相当于今天所说的中产阶级,如果把"恒产"理解为"资产",这样的中产阶级,也可以理解为资产阶级。由此可见,在1918年之前的这个时期,李大钊的法理憧憬主要反映了中产阶级或资产阶级的法理憧憬。正如一个域外的关于李大钊的研究者所言:"他提倡政治变革的实质是十分明确的:英国和美国式的政体是中国应当效仿的原型。"②这样的法理认知图景,可以理解为李大钊在北洋法政专门学校及日本留学期间大量学习西方法理学及相关哲学社会科学的结果。

另一方面,也可以发现,即使是在转向马克思主义之前,李大钊对法的理解,也隐约呈现出接受马克思主义法理学的某种苗头。譬如,他在1915年所写的一篇"译序"性质的文章中就指出:"国之不竞,法于何有?经此世局巨变之后,列国在吾华势力之进展,吾华在世界国际法上之地位,变转迁流,正未知其夷于胡似?"③李大钊的这个评论,主要针对国家与法的关系:在列国竞争的时代,如

---

① 李大钊:《中心势力创造论》(1917年4月23日),载中国李大钊研究会编注:《李大钊全集》第二卷,人民出版社2006年,第121—122页。
② [美]莫里斯·迈斯纳:《李大钊与中国马克思主义的起源》,中共北京市委党史研究室编译组译,中共党史资料出版社1989年,第35页。
③ 李大钊:《〈中华国际法论〉译叙》(1915年4月),载中国李大钊研究会编注:《李大钊全集》第一卷,人民出版社2006年,第120—121页。

果国家积贫积弱,法有什么用呢?这样的观点虽然主要针对国际法,主要关注国家在国际法上的地位,但其中也隐含了李大钊转向马克思主义法理学的一个思想因子:作为上层建筑的法,归根到底还是要以经济作为基础。在相当程度上,国家实力主要是由国家的经济实力奠定起来的。

二、"马克思的方法"与法理学在知识体系中的位置

《我的马克思主义观》在1919年的发表,标志着李大钊全面转向马克思主义。不过,李大钊转向马克思主义并不是某一天完成的。李大钊对马克思主义的接受必然经历一个过程。有研究者发现,"到1918年底以前,在李大钊的文章中没有发现马克思影响的痕迹,甚至没提到马克思的名字"①。但是,"无庸置疑,到1918年底,李大钊已经开始带领北京大学的学生对马克思主义理论进行自由地讨论"②。这就是说,在1918年底,李大钊就已经表现出马克思主义倾向。1919年,随着五四运动的发生,随着《我的马克思主义观》在《新青年》杂志上的正式发表,李大钊完成了马克思主义的转向。而且,就在《我的马克思主义观》这篇名文中,李大钊已经开始从马克思主义的立场、观点与方法分析法律问题,从而促成了马克思主义法理学在中国的兴起。

因此,我们可以把1919年视为中国马克思主义法理学兴起之年,亦即中国马克思主义法理学之元年。为了更好地描述中国马克思主义法理学兴起的理论姿态,有必要先行叙述李大钊所理解的法理学在知识体系中的位置。值得注意的是,法理学在知识体系中的位置,也是中国马克思主义法理学的一个组成部分。

---

① [美]莫里斯·迈斯纳:《李大钊与中国马克思主义的起源》,中共北京市委党史研究室编译组译,中共党史资料出版社1989年,第62页。

② [美]莫里斯·迈斯纳:《李大钊与中国马克思主义的起源》,中共北京市委党史研究室编译组译,中共党史资料出版社1989年,第78页。

（一）从"马克思的方法"看历史学与法理学的关系

百年之前，卢卡奇在他的《历史与阶级意识》一书的1922年版序言中，曾经专门论及"马克思的方法"。他说："本书的基本信念——就是正确地理解马克思的方法的本质，并正确地加以运用。"那么，卢卡奇试图正确地加以运用的"马克思的方法"又是什么呢？他的回答是："在马克思的理论和方法中，认识社会和历史的正确方法已经最终被发现了。这个方法在其最内在的本质上是历史的。"①原来，"马克思的方法"就是历史的方法。如果以此概括"马克思的方法"，那么，这种认识社会和历史的历史方法，已经被李大钊所接受。在转向马克思主义之后，李大钊对社会和历史的认识，就体现了以历史为中心的"马克思的方法"。一个直观的表现是：李大钊建构的知识体系，几乎可以称为历史学的体系。按照李大钊的理解，一切人文社会科学知识，几乎都可以归属于历史学的知识。

《史学要论》是李大钊的代表作。该书认为，最广义的历史，总体上可以分成三个部分。先说其中的两个部分："一是记述的历史，一是历史理论，即吾人之所谓历史学。严正的历史科学，乃是指此历史理论一部分而言。在记述的历史中，又可分为个人史（即传记），氏族史，社团史，国民史，民族史，人类史六大部分。在历史理论中，亦可分为个人经历论（即比较传记学），氏族经历论，社团经历论，国民经历论，民族经历论，人类经历论六大部分。"②简而言之，历史学中的这两个部分，就是"记述历史"与"历史理论"，在两者之间，"有相辅相助的密切关系，其一的发达进步，于其他的发达进步上有莫大的裨益，莫大的影响。历史理论的系统如能成立，则就个个情形均能据一定的理法以为解释与说明，必能供给记述

---

① ［匈］卢卡奇：《历史与阶级意识——关于马克思主义辩证法的研究》，杜章智、任立、燕宏远译，商务印书馆1992年版，第41页。
② 李大钊：《史学要论》，上海古籍出版社2013年，第15页。

历史以不可缺的知识,使记述历史愈能成为科学的记述;反之,记述历史的研究能愈益精确,必能供给历史理论以确实的基础,可以依据的材料,历史理论亦必因之而能愈有进步。二者共进,同臻于健全发达的地步,史学系统才能说是完成"。①

不过,在"记述历史"与"历史理论"之外,李大钊还指出了历史学的另外一个组成部分,亦可以称为历史学的第三个部分。李大钊的说法是:"此外尚有种种特殊的社会现象,史学家于其所研究的事项感有特殊兴趣者,均可自定界域以为历史的研究。例如政治史,法律史,道德史,伦理史,宗教史,经济史,文学史,哲学史,美术史等都是。此种特殊社会现象的历史,自从与普通历史分科出来的个人史,氏族史,社团史,国民史,民族史,人类史等不同。个人史,氏族史等皆是考察叙述活动的主体的人或人群的经历者,与政治史,法律史等不同。政治史,法律史等乃考察一种现象社会本身的经历者。"②关于政治史、法律史等等这样一些特殊社会现象的研究,史学家根据自己的兴趣,也可以归属于历史研究。但是,关于政治史、法律史这些特殊社会现象的研究,与个人史、氏族史等方面的研究,在研究对象上是不同的,因为前者研究的对象是政治史、法律史等特殊社会现象的本身,而后者研究的对象是人或人的群体。

此外,这两类研究的目的也不一样。其中,关于特殊社会现象的研究,是"把经济,宗教,教育,文学,美术等社会现象,当作考察的中心,讨究记述此等社会现象有如何的经历,为如何的发展;不是由普通历史分科出来的诸种历史(如国民史等)的目的。为达这种目的,应该另外有研究记述此等社会现象的历史存在。这特殊社会现象的历史,其目的乃在就为人类社会生存活动的效果的人

---

① 李大钊:《史学要论》,上海古籍出版社 2013 年,第 16 页。
② 李大钊:《史学要论》,上海古籍出版社 2013 年,第 16—17 页。

文现象,即所谓社会现象,——究其发达进化之迹,而明其经历之由来。其所考察的目的物,不在为活动主体的人或人群的经历与运命,而在人或人群活动的效果。发展进化的经过,其性质与由普通历史分科出来的诸史迥异,不待辩而自明"①。简而言之,关于政治、法律、经济、宗教这些特殊现象及其历史的研究,主要是为了揭示"人类社会生存活动的效果的人文现象",以及这些"人文现象"的演进、由来。至于普通的历史研究,主要在于揭示人或人群的经历与命运。

按照李大钊的划分,在历史学领域先行分出来的"记述历史"与"历史理论"两个部分,可以合并成为"普通历史学",与这种"普通历史学"并列的历史学,可以称为"特殊历史学"。特殊历史学旨在揭示各种特殊社会现象的历史。单就这种特殊历史学来看,"综合种种特殊社会现象的历史所考究所叙述者,就其总体以考察记述那样人类于社会活动的产物,以寻其经历而明其进化的由来,关于人文现象的全体以研考其发达的次第者,最宜称为人文史,亦可称为文化史。人文史恰与普通史中的人类史相当。人类史以把人类的经历看作全体,考究叙述,以明人生的真相为目的;人文史则以把人类生存及活动的产物的来历看作总体,考察记述,以明人文究为何物,如何发展而来的为目的。前者综合在种种形式人的生活经历的历史而成,后者则综合种种特殊社会现象的历史而成。二者的性质,皆系包括的,记述的;惟其记述的主旨则各不相同"②。这就是说,"特殊历史学"又可以分成两个部分:第一个部分记述"人类于社会活动的产物",相当于普通历史学中的"记述历史",在特殊历史学中,可以称为人文史或文化史。

在记述性质的人文史或文化史之外,特殊历史学还有第二个

---

① 李大钊:《史学要论》,上海古籍出版社2013年,第17页。
② 李大钊:《史学要论》,上海古籍出版社2013年,第17页。

部分。关于这个部分,李大钊说:"对于政治史,经济史,宗教史,教育史,法律史等,记述的特殊社会现象史,已有研究一般理论的学科;对于政治史,则有政治学;对于经济史,则有经济学;对于宗教史,则有宗教学;对于教育史,则有教育学;对于法律史,则有法理学;对于文学史,则有文学;对于哲学史,则有哲学;对于美术史,则有美学;但对于综合这些特殊社会现象,看作一个整个的人文以为考究与记述的人文史,或文化史(亦称文明史),尚有人文学或文化学成立的必要。"[1]李大钊的意思是,关于各种特殊社会现象史的研究,除了记述性质的人文史或文化史,还有"研究一般理论的学科",这些学科包括政治学、经济学、宗教学、教育学、法理学等等,把这些学科综合起来,就叫人文学(或文化学,下同)。

以上分析表明,在李大钊编织的知识体系中,法理学是人文学的一个组成部分,人文学是特殊历史学的一个组成部分,特殊历史学是历史学的一个组成部分。李大钊还专门绘制了一个图表,[2]以表达他所理解的知识体系。通过这个图表,可以直观而清楚地看到法理学在知识体系中的位置。根据这个表图以及上文的叙述,与法理学并列的是政治学、经济学、伦理学、宗教学以及文学、哲学、美学、教育学等今天所说的各种人文社会科学。它们直接归属于人文学,进而可以归属于特殊历史学,最终归属于历史学。

归结起来,法理学从属于人文学,人文学从属于特殊历史学,特殊历史学从属于历史学。这就是法理学在知识体系中的地位,如果暂时遮蔽人文学与特殊历史学这两个中间环节,也可以说,法理学是历史学的一个组成部分。这就是李大钊对历史学与法理学相互关系的理解。

---

[1] 李大钊:《史学要论》,上海古籍出版社2013年,第17—18页。
[2] 李大钊:《史学要论》,上海古籍出版社2013年,第23页。

(二) 马克思的历史观是理解历史学与法理学相互关系的世界观和方法论

法理学是历史学的一个组成部分。如此界定历史学与法理学之间的关系,理论依据是什么?李大钊的回答是:马克思的历史观。简而言之,马克思的历史观是李大钊理解历史学与法理学相互关系的世界观和方法论。

李大钊注意到,马克思对历史有特别的理解。李大钊关于历史学与法理学相互关系的界定,就基于马克思对历史的特别理解。在1923年的一次演讲中,李大钊说:"到了马克思,才把历史真正意义发明出来,我们可以从他的唯物史观的学说里看出。"[①]只有马克思才揭示了历史的真正意义。那么,马克思的历史观到底是什么呢?原来就是唯物史观。

在一篇更正式的论著中,李大钊对"马克思的历史观"进行了更全面的阐释。他说:"马克思的历史观,普通称为唯物史观。但这不是马氏自己用的名称。此名称乃马氏的朋友恩格斯在一八七七年始用的。在一八四八的《共产党宣言》里和在一八六七年出第一卷的《资本论》里,都有唯物史观的基本原理,而公式的发表出来,乃在一八五九年的《〈经济学批判〉的序文》。在此序文中,马氏似把历史和社会对照着想。他固然没有用历史这个名词,但他所用社会一语,似欲以表示二种概念:按他的意思,社会的变革,便是历史;推言之,把人类横着看,就是社会,纵着看就是历史。喻之建筑,社会亦有基址(Basis)与上层(Uberbau)。基址是经济的构造,即经济关系,马氏称之为物质的或人类的社会的存在。上层是法制、政治、宗教、艺术、哲学等,马氏称之为观念的形态,或人类的意识。从来的历史家欲单从上层上说明社会的变革即历史而不顾基

---

① 李大钊:《史学概论——在上海大学的演讲》(1923年11月29日),载中国李大钊研究会编注:《李大钊全集》第四卷,人民出版社2006年,第358页。

址,那样的方法,不能真正理解历史。上层的变革,全靠经济基础的变动,故历史非从经济关系上说明不可。"①

李大钊的这段论述,解释了法理学从属于历史学的理论依据:根据"马克思的历史观",亦即唯物史观,人类是一个整体,横着看人类,那就是社会,纵着看人类,看人类社会的变革,那就是历史。李大钊还说:"把立于经济的基础上的政治、法律等社会构造,纵以观之,那就是历史,所以横以观之称为社会科学者,纵以观之亦可称为社会哲学。具有历史的东西,固不止于政治、法律、经济等,他如学问、道德、美术、宗教等所谓文化的理想,亦莫不同有其历史。"②这就是说,"纵以观"人类,所见是历史;"横以观"人类,所见是社会。

按照李大钊的逻辑,如果说,"横以观"人类形成的知识可以称为"社会科学","纵以观"人类所形成的知识可以称为"社会哲学",那么,社会哲学就是历史学的另一个名称,因为历史学也是"纵以观"人类而形成的知识。由此,我们可以得出一个推论:关于人类的历史学,就是关于人类的社会哲学。原来,历史或社会哲学,才是李大钊关注的领域,法理学仅仅是历史或社会哲学的一个局部。这也再次说明,李大钊也像马克思那样,把法学或法理学"排在哲学和历史之次当作辅助学科来研究"。

就像李大钊所理解的社会哲学一样,"马克思的历史观"同样指涉广泛,可以解释各种各样的现象。按照"马克思的历史观",经济基础的变动是历史变革、社会变革的基址,因而,关于经济基础的研究而形成的经济学,是历史学(或社会哲学)的一个组成部分。同样,在历史变革中,法制是上层的一个组成部分,它随经济基础

---

① 李大钊:《马克思的历史哲学与理恺尔的历史哲学》(1923年9月——1924年上半年),载中国李大钊研究会编注:《李大钊全集》第四卷,人民出版社2006年,第328页。
② 李大钊:《马克思的历史哲学与理恺尔的历史哲学》(1923年9月——1924年上半年),载中国李大钊研究会编注:《李大钊全集》第四卷,人民出版社2006年,第327页。

而变,因而,关于法制的研究而形成的法理学,也是历史学(或社会哲学)的一个组成部分。

李大钊也很注意孟德斯鸠的历史思想,但在李大钊看来,孟德斯鸠就不能正确理解法律与历史的关系,以及法理学与历史学的关系,主要原因还是在于,孟德斯鸠缺乏马克思的历史观。李大钊说:"有一个危险,横在孟氏面前而卒未能通过,这是一个艰难,孟氏终竟未能越过,就是太把法律看作独立的事实,看作独立的现象,看作静止的与完全的存在了。这是不但不知道一个法律对于别一法律的关系,并且不知道一个法律的阶段对于别一阶段的关系,并且不知道法律的每一阶段与系统,对于宗教、艺术、科学与产业的共同存在,及同时代的阶段与系统的关系。社会现象如法律者,不能如自然哲学与化学的纯粹物理的现象以为说明。他们所有的最殊异的特质,存于他们的不断的演化或发展的能力,惟有依他们的演化的研究,依他们的相衔接的情状的比较,并那无情状和社会的共同存在的普遍情形的比较,我们才能合理的希望达到一个他们的法则的充分的智识。于此我们找出孟德斯鸠的弱点出来了。"① 简而言之,"孟德斯鸠的弱点"在于,过度突出法律的独立性,没有看到:法律归根到底从属于历史、从属于社会,法理学从属于历史学。

三、唯物史观与法的经济基础

马克思在《〈政治经济学批判〉序言》中有一句法理名言:"我的研究得出这样一个结果:法的关系正像国家的形式一样,既不能从它们本身来理解,也不能从所谓人类精神的一般发展来理解,相反,它们根源于物质的生活关系,这种物质的生活关系的总和,黑

---

① 李大钊:《孟德斯鸠的历史思想》(1923年9月——1924年上半年),载中国李大钊研究会编注:《李大钊全集》第四卷,人民出版社2006年,第289—290页。

格尔按照18世纪的英国人和法国人的先例,概括为'市民社会',而对市民社会的解剖应该到政治经济学中去寻求。"①这句话表明:法的关系,要从物质的生活关系来理解,要到政治经济学中去寻求。这就是李大钊旨在传播的马克思主义法理学的核心要义:法的经济基础或物质基础。

下文的论述表明,李大钊较多地使用了"经济"一词,较少地使用"物质"一词,因此,有必要以"法的经济基础"概括李大钊对马克思主义法理学的理解。当然,法的经济基础又根源于马克思的唯物史观。着眼于此,我们可以从以下三个环节,来把握李大钊对唯物史观与法的经济基础的理解。

(一) 唯物史观

前文已经提到,在李大钊看来,"马克思的历史观"就是唯物史观。那么,李大钊理解的唯物史观是什么?在1919年的《物质变动与道德变动》一文中,李大钊解释说:"马克思一派唯物史观的要旨,就是说:人类社会一切精神的构造都是表层构造,只有物质的经济的构造是这些表层构造的基础构造。在物理上物质的分量和性质虽无增减变动,而在经济上物质的结合和位置则常常变动。物质既常有变动,精神的构造也就随着变动。所以思想、主义、哲学、宗教、道德、法制等等不能限制经济变化、物质变化,而物质和经济可以决定思想、主义、哲学、宗教、道德、法制等等。"②在这里,李大钊既将"经济"与"物质"并称,认为"物质和经济"都可以决定"精神的构造",同时也将"经济"与"物质"重叠起来,认为"物质的经济的构造"是"基础构造"。

在1923年的一次演讲中,李大钊又说:"马克思的唯物史观,是历史观的一种。他以为社会上、历史上种种现象之所以发生,其

---

① 《马克思恩格斯文集》第二卷,人民出版社2009年,第591页。
② 李大钊:《物质变动与道德变动》(1919年12月1日),载中国李大钊研究会编注:《李大钊全集》第三卷,人民出版社2006年,第105页。

原动力皆在于经济,所以以经济为主点,可以解释此种现象。"①在这里,李大钊以"经济"解释唯物史观:各种社会现象、历史现象的产生、变化,都是由经济驱动的。

为了更全面地把握李大钊对唯物史观的理解,还有必要考察李大钊关于唯物史观的一篇专论:《唯物史观在现代史学上的价值》。从标题上看,此文旨在讨论唯物史观对史学的价值,但是,此文开篇即指出:"'唯物史观'是社会学上的法则,是 Karl Marx 和 Friedrich Engels 一八四八年在他们合著的《共产党宣言》里所发见的。"②这句话以及这篇专论包含了两个关键信息。其一,唯物史观是马克思主义经典作家"发见"的,是马克思主义的一条基本原理。其二,充分发挥唯物史观在现代史学上的价值,亦即"唯物史观所取的方法",其目的是:"得到全部的真实,及其于人类精神的影响,亦全与用神学的方法所得的结果相反,这不是一种供权势阶级愚民的器具,乃是一种社会进化的研究,而社会一语,包含着全体人民,并他们获得生活的利便,与他的制度与理想。"③因而,唯物史观也是"社会学"的一种法则。这就表明,唯物史观作为与"神学的方法"相对立的一种方法,既是现代史学的方法,也是社会学的法则。唯物史观的这种特性,可以再次印证前文的一个判断:按照李大钊的逻辑,历史学也可以理解为社会哲学。

李大钊对唯物史观的推崇,不仅是因为唯物史观有服务"社会进化"与"全体人民"的功能,同时也基于他对"科学界"之弊病的一个诊断,他希望发挥唯物史观的功能,以救济"科学界"的一个严重弊病,那就是:"科学界"逐渐形成了一种越来越明显的专业分工趋势,由此产生的专业化的知识,确实不同于传统中国"经史子集"打

---

① 李大钊:《演化与进步——在上海大学的演讲》(1923年4月15日),载中国李大钊研究会编注:《李大钊全集》第四卷,人民出版社2006年,第164页。
② 李大钊:《史学要论》,上海古籍出版社2013年,第124页。
③ 李大钊:《史学要论》,上海古籍出版社2013年,第127页。

成一片的知识形态。

在百年之后的今天,"科学界"(或知识界、学术界)对于这种专业分工的状态,已经习以为常。但是,李大钊对这种专业分工的趋势保持某种警惕的态度。他说:"科学界过重分类的结果,几乎忘却他们只是一个全体的部分而轻视他们相互间的关系,这种弊象,呈露已久了。近来思想界才发生一种新倾向:研究各种科学,与其重在区分,毋宁重在关系;说明形成各种科学基础的社会制度,与其为解析的观察,不如为综合的观察。这种方法,可以应用于现在的事实,亦可以同样应用于过去的记录。唯物史观,就是应这种新倾向而发生的。从前把历史认作只是过去的政治,把政治的内容亦只解作宪法的和外交的关系。这种的历史观,只能看出一部分的真理而未能窥其全体。按着思想界的新倾向去观察,人类的历史,乃是人在社会上的历史,亦就是人类的社会生活史。人类的社会生活,是种种互有关联、互与影响的活动,故人类的历史,应该是包括一切社会生活现象广大的活动。"在各种广大的活动中,"经济的生活,是一切生活的根本条件",因而,"在社会构造内限制社会阶级和社会生活各种表现的变化,最后的原因,实是经济的"。①

李大钊认为,学术思想"过重分类"的弊病,应当由"新思想"来救治。李大钊所说的新思想,就是马克思主义的唯物史观。把唯物史观与20世纪呈现出来的学术专业化趋势进行比较,其间的差异主要表现在:唯物史观包罗万象,强调以经济为基础,注重"关系",可以解释一切历史现象与人文现象;而专业化的各门人文社会科学,譬如法理学、经济学、文学、哲学等等,则不具备这样的功能。李大钊强调唯物史观的这种特性及其功能,一方面,主要是他接受的马克思主义本身的性质所决定的;另一方面,也与中国固有学术思想"打成一片"的传统对李大钊的影响有一定的关系(详

---

① 李大钊:《史学要论》,上海古籍出版社2013年,第124—125页。

后)。当然,最主要的原因还是在于:李大钊希望以唯物史观作为良方,对"过重分类"的"科学界"之弊病有所救治,其目的还是在于强调,唯物史观对于"一切的社会生活"都有解释能力。简而言之,"历史的唯物论者观察社会现象,以经济现象为最重要,因为历史上质的要件中变化发达最甚的,算是经济现象,故经济的要件是历史上唯一的物质的要件。自己不能变化的,也不能使别的现象变化。""因为这个缘故,有许多人主张改称唯物史观为经济的史观。"[1]这就是李大钊理解的唯物史观。

(二) 经济决定法律

唯物史观也可以理解为"经济的史观",这就是说,经济是一切历史现象与人文现象变动的根源,自然也是法律变动的根源。

在《史学要论》中,李大钊把法律与其他现象并列,认为法律和其他社会现象都是由经济决定的:"马克思一派,则以物质的生产关系为社会构造的基础,决定一切社会构造的上层。故社会的生产方法一有变动,则那个社会的政治,法律,伦理,学艺等等,悉随之变动,以求适应于此新经变动的经济生活。故法律、伦理等,不能决定经济,而经济能决定法律、伦理等。这就是马克思等找出来的历史的根本理法。"[2]根据这个论断,法律和伦理等等,都由经济决定。

在《唯物史观在现代社会学上的价值》一文中,李大钊的法理意识得到了突显。他说:"唯物史观的要领,在认经济的构造对于其他社会学上的现象是最重要的,更认经济现象的进路,是有不可抗性的。经济现象,虽用他自己的模型制定形成全社会的表面构造(如法律、政治、伦理及种种理想上、精神上的现象都是),但这些

---

[1] 李大钊:《唯物史观在现代社会学上的价值》(1923年9月——1924年上半年),载中国李大钊研究会编注:《李大钊全集》第四卷,人民出版社2006年,第339—340页。
[2] 李大钊:《史学要论》,上海古籍出版社2013年,第29页。

构造中的那一个,也不能影响他一点。受人类意思的影响,在他是永远不能的。就是人类的综合意思,也没有这么大的力量;就是法律,他是人类的综合意思中最直接的表示,也只能受经济现象的影响,不能与丝毫的影响于经济现象。"[1]这段论述,在略作铺垫之后,主要突出了法律与经济的关系。一方面,法律、政治、伦理等等,都要受经济的影响;另一方面,法律与政治、伦理等等,还是有区别的,那就是:相对于政治、伦理等等,法律是"人类的综合意思中最直接的表示",换言之,法律是人类共同意志的最直接的表达。然而,即使是这种特性的法律,也只能受经济的影响,只能由经济所决定。

为了说明经济对法律的决定作用,李大钊进一步指出:"有许多事实,可以证明这种观察事物的方法是合理的。许多法律,在经济现象的面前,暴露出来他的无能,十七八世纪间,那些维持商业平准奖励金块输入的商法,与那最近美国禁遏托拉斯(Trust)的法律,都归无效,就是法律的力量不能加影响于经济趋势的明证。也有些法律,当初即没有力量与经济现象竞争,而后来他所适用的范围却自一点一点的减缩至于乌有。这全是经济现象所自致的迁移,无与于法律的影响。例如欧洲中世纪时禁抑暴利的法律,最初就无力与那高利率的经济现象竞争,后来到了利润自然低落,钱利也跟着自然低落的时候,他还继续存在,但他始终没有一点效果。他虽然形式上在些时候维持他的存在,实际上久已无用,久已成为废物。他的存在全是法律上的惰性,只足以证明法律现象,远追不上他所欲限制的经济现象,却只在他的脚后一步一步的走,结局惟有服从而已。潜深的社会变动,惟依他自身可以产生,法律是无从与知的。"李大钊还说:"这类的事例,不胜枚举。要皆足以证明法

---

[1] 李大钊:《唯物史观在现代社会学上的价值》(1923年9月——1924年上半年),载中国李大钊研究会编注:《李大钊全集》第四卷,人民出版社2006年,第340—341页。

律现象只能随着经济现象走,不能越过他,不能加他以限制,不能与他以影响,而欲以法律现象奖励或禁遏一种经济现象的,都没有一点效果。"①

这些论述可以表明,李大钊在唯物史观的立场上,强调了经济对其他社会现象的决定作用。以此为基础,李大钊也刻意站在法律的立场上,特别强调了经济对法律的决定作用。

根据唯物史观,经济或物质的生产关系决定法律,这是没有疑问的。但是,在这个问题上,恩格斯晚年还有进一步的论述。1890年9月,年届七十的恩格斯致信约瑟夫·布洛赫,指出:"根据唯物史观,历史过程中的决定性因素归根到底是现实生活的生产和再生产。无论马克思或我都从来没有肯定过比这更多的东西。如果有人在这里加以歪曲,说经济因素是唯一决定性的因素,那么他就是把这个命题变成毫无内容的、抽象的、荒诞无稽的空话。经济状况是基础,但是对历史斗争的进程发生影响并且在许多情况下主要是决定着这一斗争的形式的,还有上层建筑的各种因素:阶级斗争的各种政治形式及其成果——由胜利了的阶级在获胜以后建立的宪法等等,各种法的形式以及所有这些实际斗争在参加者头脑中的反映,政治的、法律的和哲学的理论,宗教的观点以及它们向教义体系的进一步发展。"②恩格斯还说:"我们自己创造着我们的历史,但是第一,我们是在十分确定的前提和条件下创造的。其中经济的前提和条件归根到底是决定性的。但是政治等等的前提和条件,甚至那些萦回于人们头脑中的传统,也起着一定的作用,虽然不是决定性的作用。"③

根据恩格斯的这些论述,经济对法律的决定作用是毋庸置疑

---

① 李大钊:《唯物史观在现代社会学上的价值》(1923年9月——1924年上半年),载中国李大钊研究会编注:《李大钊全集》第四卷,人民出版社2006年,第341—342页。
② 《马克思恩格斯文集》第十卷,人民出版社2009年,第591页。
③ 《马克思恩格斯文集》第十卷,人民出版社2009年,第592页。

的。但是,法律对经济"也起着一定的作用,虽然不是决定性的作用",这种"一定的作用",也是需要注意的。李大钊虽然特别强调经济对法律的决定作用,但是,早在1919年的《我的马克思主义观》一文中,李大钊对恩格斯晚年的论述已有一定的回应。他说:"在经济构造上建立的一切表面构造,如法律等,不是绝对的不能加些影响于各个的经济现象,但是他们都是随着经济全进路的大势走的,都是辅助着经济内部变化的,就是有时以抑制各个的经济现象,也不能反抗经济全进路的大势。"① 由此可见,李大钊以法律"辅助着经济内部变化"之修辞,回应了恩格斯晚年关于法律与经济关系的另一个方面的观点:法律对经济"也起着一定的作用"。

当然,李大钊的这个回应是在1919年作出的。在四年或五年后的《唯物史观在现代社会学上的价值》一文中,如前所述,李大钊的观点开始趋于绝对:欲以法律奖励或遏制经济,"没有一点效果"。看来,在"法律对经济到底有没有一点影响"这个问题上,李大钊前后的态度发生了一些变化。一方面,这样的变化并不影响他的核心观点:经济决定法律。另一方面,这样的变化也可以解释为:李大钊有意"锐化"唯物史观的核心立场。

(三) 社会主义法律的经济基础

马克思恩格斯实现了社会主义从空想到科学的发展,使空想社会主义发展到科学社会主义阶段。那么,如何理解科学社会主义?科学社会主义的内容是什么?

李大钊回答说:"社会主义从吾人精神方面言之,可分为(1)智、(2)情、(3)意三项。然其所作运动,则以科学社会主义为根据,此根据必须是实在的,故从社会方面观察,可分为(1)政治、(2)法律、(3)经济言之。照政治方面言,必须无产阶级专政,方合

---

① 李大钊:《我的马克思主义观》(1919年5月—11月),载李大钊:《史学要论》,上海古籍出版社2013年,第147页。

其目的。所以社会主义,包含国家社会主义与无政府主义两种。照法律方面言,必须将旧的经济生活与秩序,废除之,扫除之,如私有权及遗产制,另规定一种新的经济生活与秩序,将资本财产法、私有者改为共有者之一种制度。从经济方面言,必须使劳动的人,满足欲望,得全收利益。"①这段论述表明,科学社会主义的"法律方面"与"经济方面",其实是不可分割的。要建立社会主义的法律,必须以新的经济生活、新的财产制度作为基础。只有建立了适应社会主义的经济基础,才可能建立起社会主义的法律。李大钊所理解的社会主义法律与经济之间的这种关系,是上文已经论述的"经济决定法律"的延伸及题中应有之义。

其实,社会主义法律依赖于一定的经济基础,这样的观念,早在1918年底的《Bolshevism 的胜利》一文中,李大钊已有初步的表达。他说:"Bolshevism 就是俄国 Bolsheviki 所抱的主义","他们的主义,就是革命的社会主义;他们的党,就是革命的社会党;他们是奉德国社会主义经济学家马客士(Marx)为宗主的;他们的目的,在把现在为社会主义的障碍的国家界限打破,把资本家独占利益的生产制度打破"。"这是 Bolsheviki 的主义。这是二十世纪世界革命的新信条。"②这就是说,只有把资本家独占利益的生产制度、经济制度打破,只有建立起适应社会主义的经济基础,才能建立社会主义的政治制度与法律制度。

因此,要把社会主义从"主义"变成制度,要建立社会主义的法律制度,必须解决经济基础的问题。1923年初,在第一次世界大战结束的国际背景下,李大钊专门针对"社会主义下的经济制度"发表演讲,说:"改造的新局面,必为带着社会主义的倾向的局面,

---

① 李大钊:《社会主义与社会运动》(1923年9月——1924年4月),载中国李大钊研究会编注:《李大钊全集》第四卷,人民出版社2006年,第194—195页。
② 李大钊:《Bolshevism 的胜利》(1918年12月),载中国李大钊研究会编注:《李大钊全集》第二卷,人民出版社2006年,第259—260页。

是确切无疑的。改造的机运,虽然日形迫切,而改造的方案,则于一般人的意想中尚欠明了。一般人对于社会主义的组织既不明了,而社会主义者亦因制度的复杂,又把实现此主义的障碍看得过大,致使社会主义的运动遭过困难。免除这些困难,是社会主义者的责任。社会主义的实现,必须经过三阶段:一、政权的夺取;二、生产及交换机关的社会化;三、生产分配及一般执行事务的组织。"在第一个阶段,是夺取政权,"非取革命的手段不可。革命的方法,就是无产阶级独揽政权",亦即无产阶级专政(详后)。在夺取政权之后,"在无产阶级专政的国家,经济组织是怎样呢?"①那就是后面的两个阶段:实现生产及交换机关的社会化,建立生产分配及一般执行事务的组织。这两个阶级,其实都是在为社会主义的法律制度奠定经济基础。

当代中国的社会主义实践,可以在一定程度上印证李大钊所说的这个规律:20世纪50年代,通过资本主义工商业的社会主义改造,逐渐奠定了适应社会主义要求的经济基础,在这个过程中,1954年《中华人民共和国宪法》作为社会主义法律的集中体现,被正式制定出来。李大钊还说:"社会主义是要富的,不是要穷的,是整理生产的,不是破坏生产的。"②这种关于社会主义与贫富的理解,在邓小平那里得到了复述:"搞社会主义,一定要使生产力发达,贫穷不是社会主义。"③从李大钊关于社会主义与贫富的论述,到邓小平关于社会主义与贫富的论述,都可以表明,社会主义及其法律制度必须要有坚实的经济基础。

---

① 李大钊:《社会主义下的经济组织——在北京大学经济学会的演讲》(1923年1月16日),载中国李大钊研究会编注:《李大钊全集》第四卷,人民出版社2006年,第134—135页。
② 李大钊:《社会主义释疑——在上海大学的演讲》(1923年11月13日),载中国李大钊研究会编注:《李大钊全集》第四卷,人民出版社2006年,第354页。
③ 邓小平:《社会主义必须摆脱贫穷》(1987年4月26日),载邓小平:《邓小平文选》第三卷,人民出版社1993年,第225页。

四、阶级斗争与法的阶级本性

上一节主要彰显了唯物史观与法的经济基础。然而,马克思主义法理学毕竟不能缩减为唯物史观法理学。阐明法的经济基础,以及法与经济的关系、经济对法律的决定作用,等等,并不能全面展示李大钊理解的马克思主义法理学。正如李大钊自己所指出的:"依马克思的唯物史观,社会上法律、政治、伦理等精神的构造,都是表面的构造。他的下面,有经济的构造作他们一切的基础。经济组织一有变动,他们都跟着变动。换一句话说,就是经济问题的解决,是根本问题。经济问题一旦解决,什么政治问题、法律问题、家族制度问题、女子解放问题、工人解放问题,都可以解决。可是专取这唯物史观(又称历史的唯物主义)的第一说,只信这经济的变动是必然的,是不能免的,而于他的第二说,就是阶级竞争说,了不注意,丝毫不去用这个学理作工具,为工人联合的实际运动,那经济的革命,恐怕永远不能实现,就能实现,也不知迟了多少时期。"[①]这段话表明,李大钊理解的马克思主义主要有"两说":第一说是唯物史观,第二说是阶级斗争,亦即李大钊说的阶级竞争。因此,我们在把握李大钊关于唯物史观与法的经济基础的理解之外,还有必要进一步把握李大钊关于阶级斗争与法的阶级本性的理解。

(一)阶级斗争

阶级斗争是马克思主义的一个著名论断,影响巨大的《共产党宣言》的首句就是:"至今一切社会的历史都是阶级斗争的历史。"[②]在马克思恩格斯的其他论著中,譬如,在《资本论》《家庭、私有制和国家的起源》等众多文献中,关于阶级斗争还有更详细的论

---

① 李大钊:《再论问题与主义》(1919年8月17日),载中国李大钊研究会编注:《李大钊全集》第三卷,人民出版社2006年,第6—7页。

② 《马克思恩格斯文集》第二卷,人民出版社2009年,第31页。

证。同样,李大钊对马克思主义的阶级斗争说也有反复的论述,他说:"阶级竞争说,是 Karl Marx 倡的,和他那经济的历史观很有关系","他的意思就是说,自太古土地共同制崩坏以来,凡过去的历史,社会的经济构造,都建设在阶级对立之上"。随着社会的演进,"到了生产力非常发展的时候,与现存的社会组织不相应,最后的阶级争斗,就成了改造社会、消泯阶级的最后手段"。① 李大钊还说:"现在的世界,黑暗到了极点。我们为继续人类的历史,当然要起一个大变化。这个大变化,就是诺亚以后的大洪水,把从前阶级竞争的世界洗得干干净净,洗出一个崭新光明的互助的世界来。这最后的阶级竞争,是阶级社会自灭的途辙,必须经过的,必不能避免的。"② 这是李大钊勾画的一个写意性质的"阶级斗争简史":从阶级斗争的产生、演进,一直讲到阶级斗争的终结。

从前后两端来看,阶级斗争的历史始于"土地共同制"的崩坏;在李大钊所见的时代,正面临着一场最后的阶级斗争,亦即无产阶级反对资产阶级的斗争。这场阶级斗争被李大钊称为社会主义反对资本主义的斗争,代表了阶级斗争历史的终结。这场阶级斗争发生的机缘是:"在资本主义发达中,产生了一种新势力。这种新势力,就是'社会主义'。'社会主义'之发生,恰如鸡子在卵壳里发生一样。'社会主义'之想打破资本主义的制度,亦恰如鸡子之想打破卵壳一样。"③更加具体地说,"社会主义是在资本主义中发育完成。这好比一个鸡蛋,蛋里面本来有一种新的生机,等到孵养成熟,小鸡自然破壳而出。阶级斗争的新生机,原动力,就是社会

---

① 李大钊:《阶级竞争与互助》(1919年7月6日),载中国李大钊研究会编注:《李大钊全集》第二卷,人民出版社2006年,第355页。
② 李大钊:《阶级竞争与互助》(1919年7月6日),载中国李大钊研究会编注:《李大钊全集》第二卷,人民出版社2006年,第356页。
③ 李大钊:《马克思的经济学说——在北京大学马克思主义学说研究会上的演讲》(1922年2月19日),载中国李大钊研究会编注:《李大钊全集》第四卷,人民出版社2006年,第46页。

主义。原来推翻资本主义的力量,就是在资本主义积威之下,顺着进化的程序而自然养成的。这是我们承认进化论的地方。但是到了时机成熟,新生命已经发育完全,那就必须采用革命的手段——这是必须的,必经的,无可避免的"。于是,"劳动阶级在此种状态之下,乃有世界的阶级觉悟"。① 归纳起来,资本主义孕育了阶级斗争的新生机,那就是社会主义,而体现社会主义的新阶级,就是劳动阶级。从这个角度来看,阶级斗争主要是劳动阶级反对资产阶级的斗争。

但是,社会主义反对资本主义的斗争,并不仅仅局限于无产阶级反对资产阶级的斗争。李大钊认为,被压迫阶级的反抗运动,都是阶级斗争。李大钊说:"社会主义与共产主义,在学说的内容上没有区别,不过在范围与方法上,有些区别罢了。真正的德谟克拉西,其目的在于废除统治与屈服的关系,在打破擅用他人一如器物的制度。而社会主义的目的,亦是这样。无论富者统治贫者,贫者统治富者;男子统治女子,女子统治男子;强者统治弱者,弱者统治强者;老者统治幼者,幼者统治老者,凡此种种擅用与治服的体制,均为社会主义的精神所不许。"② 从这个角度来看,女权运动也可以视为阶级斗争的一个组成部分。因为,"凡是在'力的法则'支配之下的,都是被压迫的阶级;凡对此'力的法则'的反抗运动,都是被压迫阶级底解放运动。妇女屈从于男子'力的法则'之下,历时已经很久,故凡妇女对于男子的'力的法则'的反抗,都为女权运动。这种运动,历史中包含甚多,名之曰'革命'并不过分"③。同

---

① 李大钊:《马克思的经济学说》(1922年2月19日),载中国李大钊研究会编注:《李大钊全集》第四卷,人民出版社2006年,第51—52页。
② 李大钊:《由平民政治到工人政治——在北京中国大学的演讲》(1921年12月15日—17日),载中国李大钊研究会编注:《李大钊全集》第四卷,人民出版社2006年,第6页。
③ 李大钊:《现代的女权运动》(1922年1月18日),载中国李大钊研究会编注:《李大钊全集》第四卷,人民出版社2006年,第15页。

样,名之曰被压迫阶级追求解放的阶级斗争,也不过分。

由此看来,李大钊对阶级斗争的理解,更强调社会主义反对资本主义的斗争。这种意义上的阶级斗争,比无产阶级反对资产阶级的斗争,具有更加丰富的内容。按照李大钊的论述,只要存在"力的法则"的支配,只要存在被压迫的阶级,只要是被压迫阶级追求解放的反抗运动,都可以归属于社会主义反对资本主义的斗争,因为"社会主义的精神",如前所述,就是要"打破擅用他人一如器物的制度"。

李大钊如此界定的阶级斗争,蕴含着深厚的伦理基础,这也是李大钊为阶级斗争辩护的一个重要依据。李大钊注意到,当时有一些人批评马克思主义,举出的理由是:马克思的阶级斗争说"抹煞一切"伦理观点。但在李大钊看来,这是对马克思的误解。李大钊说:"我们看在这建立于阶级对立的经济构造的社会,那社会主义伦理的观念,就是互助、博爱的理想,实在一天也没有消灭,只因有阶级竞争的经济现象,天天在那里破坏,所以总不能实现。但这一段历史,马氏已把他划入人类历史的前史,断定他将与这最后的敌对形式的生产方法,并那最后的阶级竞争一齐告终。而马氏所理想的人类真正历史,也就从此开始。马氏所谓真正历史,就是互助的历史,没有阶级竞争的历史。近来哲学上有一种新理想主义出现,可以修正马氏的唯物论,而救其偏蔽。各国社会主义者,也都有注重于伦理的运动、人道的运动的倾向,这也未必不是社会改造的曙光,人类真正历史的前兆。我们于此可以断定,在这经济构造建立于阶级对立的时期,这互助的理想、伦理的观念,也未曾有过一日消灭,不过因他常为经济构造所毁灭,终至不能实现。这是马氏学说中所含的真理。到了经济构造建立于人类互助的时期,这伦理的观念可以不至如从前为经济构造所毁灭。可是当这过渡时代,伦理的感化,人道的运动,应该倍加努力,以图划除人类在前史中所受的恶习染,所养的恶性质,不可单靠物质的变更。这是马氏学说应加救正的地方。"①所谓"不可单靠物质的变更",如前所述,就是承认经济之外的因素,譬如伦理、法律等等,对于经济"也起着一定的作用"。

按照李大钊的这段论述,在马克思的历史观中,还有"人类历史的前史"与"人类真正历史"的划分:人类历史的前史就是阶级斗争的历史;人类真正历史,就是没有阶级斗争的历史,就是人类互助的历史。因此,应当积极回应社会主义运动中注重伦理、人道的倾向,以之与阶级斗争相互补充,以之增加阶级斗争的伦理资源。由此,我们可以更加全面地把握李大钊所理解的阶级斗争:一方面,阶级斗争是社会主义反对资本主义的斗争,被压迫阶级的反抗斗争都符合"社会主义的精神",因而都是阶级斗争;另一方面,阶级斗争还需要兼顾人类互助的理想,或者说,阶级斗争的现实要与人类互助的理想相结合。这样的观点,在一定程度上,可以视为克鲁泡特金(1842—1921)及其《互助论》影响的结果。

(二) 无产阶级专政

以上关于阶级斗争的探讨,主要还是立足于马克思主义的理论。从实践中看,尤其是从阶级斗争的发展趋势来看,则必须强调无产阶级反对资产阶级的斗争。李大钊说:"只要资本主义还在世界各地横行霸道,只要人民生活的一切领域都还要受资产阶级意志统治的这种时代继续存在,那么作为它的对立面,无产阶级时代的到来就已成为不可避免的趋势。"②

所谓"无产阶级时代",就是无产阶级经过阶级斗争已经取代了资产阶级的时代。在这个过程中,即使阶级斗争已经取得胜利,"在革命的时期,为镇压反动者的死灰复燃,为使新制度新理念的

---

① 李大钊:《我的马克思主义观》(1919年5月—11月),载李大钊:《史学要论》,上海古籍出版社2013年,第147—148页。
② 李大钊:《新中国工人运动问题与〈北京周报〉记者的谈话》(1922年3月12日),载中国李大钊研究会编注:《李大钊全集》第四卷,人民出版社2006年,第59页。

基础巩固,不能不经过一个无产者专政(Dictatorship of the Proletariat)的时期。在此时期,以无产阶级的权力代替中产阶级的权力,以劳工阶级的统治代替中产阶级的少数政治(Bourgeois Oligarchy)。这一时期的工人政治,实有'统治'(rule)的意味,并且很严,大权全集于中央政府,以严重的态度实行统治别的阶级。在社会主义制度之下,实行社会主义的精神,使之普及于一般,直到中产阶级的平民政治的特色私有制完全废止,失了复活的可能的时候,随着无产者专政状态的经过,随着阶级制度的消灭,Ergatocracy的内容将发生一大变化。他的统治的意义,将渐就消泯,以事务的管理代替了人身的统治。此时的工人政治就是为工人,属于工人,由于工人的事务管理(Ergatocracy is the administration of the workers, for the workers, by the workers)。因为那时除去老幼废疾者,都是作事的工人,没有阶级的统治了。这才是真正的工人政治"[①]。这就是李大钊设想的无产阶级专政(亦即"无产者专政")之前因后果。简而言之,无产阶级专政是一种过渡状态,这种过渡状态是无产阶级(劳工阶级)经过阶级斗争取代了资产阶级统治而形成的。在无产阶级专政之前,是中产阶级的统治,亦即资产阶级的统治;在无产阶级专政结束以后,将会出现一种"工人有、工人享、工人管"[②]的工人政治。

无产阶级专政尽管具有过渡性质,尽管李大钊刻意区分了"无产者专政"与"工人政治"。但是,无产阶级专政依然是无产阶级权力取代李大钊早年期待的中产阶级权力之后的一种制度安排,而且是一种具有宪法意义的制度安排。虽然当代中国宪法第一条关

---

① 李大钊:《平民政治与工人政治》(1922年7月1日),载中国李大钊研究会编注:《李大钊全集》第四卷,人民出版社2006年,第86—87页。
② 很明显,李大钊刻意以英文标注出来的这种修辞,借用了美国总统林肯1863年11月19日在葛底斯堡演讲中的一句名言:"The government of the people, for the people, by the people"。

于国家性质的规定是"人民民主专政",不再采用"无产阶级专政"或"无产者专政"的说法,但是,在李大钊所说的"无产者专政"与现行宪法中的"人民民主专政"之间,显然具有思想上的源流关系。

从经验上看,随着十月革命的胜利,无产阶级专政已经在俄国成为现实。在李大钊看来,第一次世界大战主要"有两个结果:一个是政治的,一个是社会的"。其中,政治的结果是:"民主主义战胜,就是庶民的胜利。社会的结果,是资本主义失败,劳工主义战胜。""民主主义、劳工主义既然占了胜利,今后世界的人人都成了庶民,也就都成了工人。"①由此,可以看到俄罗斯革命与法兰西革命的不同:"法兰西之革命是十八世纪末期之革命,是立于国家主义上之革命,是政治的革命而兼含社会的革命之意味者也。俄罗斯之革命是二十世纪初期之革命,是立于社会主义上之革命,是社会的革命而并著世界的革命之采色者也。"②既然俄国劳工主义占了胜利,既然俄国劳工阶级的统治代替了俄国中产阶级的少数政治,就表明俄国进入了李大钊所说的"无产者专政的时期"。这就是说,无产阶级专政不仅仅是一个理论上、沙盘中的推演,它在1917年的俄罗斯,已经变成了一种生动的实践。

(三) 自由个性

按照李大钊的设想,在无产阶级专政的使命完成之后,将会出现一种没有人身统治的"工人政治"。与这种工人政治对应的社会,则可以称为自由个性社会。关于自由个性,马克思主义经典作家多有论述。譬如,在《经济学手稿(1857—1858年)》中,马克思把人类社会分成三种形态,也是三个阶段,它们在人类历史上先后出现。其中,第一种形态体现为人对人的依赖性,第二种形态体现

---

① 李大钊:《庶民的胜利》(1918年11月),载中国李大钊研究会编注:《李大钊全集》第二卷,人民出版社2006年,第254页。
② 李大钊:《法俄革命之比较观》(1918年7月1日),载中国李大钊研究会编注:《李大钊全集》第二卷,人民出版社2006年,第226页。

为人对物的依赖性,接下来,"建立在个人全面发展和他们共同的社会生产能力成为他们的社会财富这一基础上的自由个性,是第三个阶段"①。《共产党宣言》第二章的最末一句称:"代替那存在着阶级和阶级对立的资产阶级旧社会的,将是这样一个联合体,在那里,每个人的自由发展是一切人的自由发展的条件。"②这就是马克思主义经典作家关于自由个性的经典论述。马克思主义的自由个性具有法理意义,可以作为一个法理概念来理解,它与李大钊早期宣扬的自由民主相对应,代表了"贯穿《共产党宣言》的基本思想"③。在转向马克思主义之后,李大钊对马克思主义的自由个性概念进行了创造性的传播,进行了多个方面的阐释。

首先,李大钊从民主制度的角度阐释自由个性。在五四运动前后,民主被称为"德先生",亦即经汉译而来的德谟克拉西。李大钊说:"由专制而变成共和,由中央集权而变成联邦自治,都是德谟克拉西的表现。德谟克拉西,原是要给个性以自由发展底机会,从前的君主制度,由一人专制压迫民众,决不能发展民众各自的个性,而给以自由。惟有德谟克拉西的制度,才能使个性自由发展。"④这就是说,只有民主的制度,才能促成自由个性的发展。

其次,李大钊从社会主义的角度阐释自由个性。他说:"德谟克拉西,无论在政治上、经济上、社会上,都要尊重人的个性。社会主义的精神,亦是如此。从前权势阶级每以他人为手段、为机械而利用之、操纵之,这是人类的大敌,为德谟克拉西及社会主义所不许。社会主义与德谟克拉西有同一的源流",因此,"凡此社会上不

---

① 《马克思恩格斯全集》第四十六卷上册,人民出版社 1979 年,第 104 页。
② 《马克思恩格斯文集》第二卷,人民出版社 2009 年,第 53 页。
③ 这是恩格斯反复提出的一个著名论断,首出于恩格斯为《共产党宣言》所写的 1883 年德文版序言。详见《马克思恩格斯文集》第二卷,人民出版社 2009 年,第 9 页。
④ 李大钊:《由平民政治到工人政治——在北京中国大学的演讲》(1921 年 12 月 15 日——17 日),载中国李大钊研究会编注:《李大钊全集》第四卷,人民出版社 2006 年,第 2 页。

平等不自由的现象,都为德谟克拉西所反对,亦为社会主义所反对"。① 这就是说,社会主义与民主具有同样的精神,社会主义与民主甚至可以相互解释。既然民主的要义之一是尊重人的自由个性,那么,从逻辑上说,自由个性也是社会主义的要义。

再次,李大钊从平民主义的角度阐释自由个性。平民主义与民主、社会主义都有交叉重叠之处。但是,根据李大钊的叙述,相对于民主与社会主义来说,平民主义具有更强的理想色彩,甚至意味着政治机构的消失。因为,"纯正的'平民主义',就是把政治上、经济上、社会上一切特权阶级,完全打破,使人民全体,都是为社会国家作有益的工作的人,不须用政治机构以统治人身,政治机关只是为全体人民,属于全体人民,而由全体人民执行的事务管理的工具。凡具有个性的,不论他是一个团体,是一个地域,是一个民族,是一个个人,都有它的自由的领域,不受外来的侵犯与干涉,其间全没有统治与服属的关系,只有自由联合的关系。这样的社会,才是平民的社会,在这样的平民的社会里,才有自由平等的个人"②。按照这段描述,平民主义社会几乎可以等同于自由个性社会,因为在平民主义的社会,人与人的关系是自由联合的关系,这样的社会已经是一个自由人的联合体,完全符合马克思关于自由个性的论述。

最后,李大钊从共产主义的角度阐释自由个性。他说:"我们现在所要求的,是个解放自由的我,和一个人人相爱的世界。介在我和世界中间的家国、阶级、族界,都是生活的阻障、生活的烦累,应该逐渐废除。"③ 显然,这是一个远景目标,全部废除了家国、阶

---

① 李大钊:《由平民政治到工人政治——在北京中国大学的演讲》(1921 年 12 月 15 日——17 日),载中国李大钊研究会编注:《李大钊全集》第四卷,人民出版社 2006 年,第 3—4 页。
② 李大钊:《平民主义》(1923 年 1 月),载中国李大钊研究会编注:《李大钊全集》第四卷,人民出版社 2006 年,第 132—133 页。
③ 李大钊:《我与世界》(1919 年 7 月 6 日),载中国李大钊研究会编注:《李大钊全集》第二卷,人民出版社 2006 年,第 360 页。

级、族界的社会,既是共产主义社会,同时也是自由个性社会。李大钊关于自由个性的这种理解,既体现了李大钊对共产主义的信念,同时也可以看到传统中国的大同理想、克鲁泡特金的无政府主义等古今中外多种思想的因素。

五、马克思主义法理学最初的中国语境

马克思恩格斯对中国多有关注。人民出版社 2015 年出版的《马克思恩格斯论中国》一书,已把"马克思恩格斯论中国"的文献进行了集中的展示。从这个角度来看,马克思主义自诞生之日起,就与中国密切相关。马克思主义法理学作为马克思主义理论的一个组成部分,自然也不例外。

李大钊作为中国马克思主义的早期传播者,同时也作为中国马克思主义法理学的开创者,当然也会把马克思主义与中国实际结合起来。譬如,针对马克思 1853 年 6 月 14 日发表在《纽约每日论坛报》上的《中国革命和欧洲革命》一文[①],李大钊说:"我们读了马克思这篇论文以后,应该很明确的认识出来中国国民革命是世界革命一部分的理论和事实。在世界革命的运动中,中国和英国所居的地位,最为重要,因为英国是世界市场中欧洲产业的代表,中国是英国帝国资本主义销售商品的重要市场。中国国民革命运动的扩大,就是英国帝国资本主义销售商品的市场的缩狭。这个缩狭,可以促起普遍危机的迫近,加速世界革命的爆发。"[②]李大钊还说:"马克思在这篇文章中指出,中国革命将要影响于所谓文明的世界,欧洲民众的下次暴动,为共和国、自由政府与经济的下次运动,所靠中国现在的革命(太平革命)的经过,比其他任何政治的原因(如俄国的威胁以及全欧大战的将要发生

[①] 《马克思恩格斯文集》第二卷,人民出版社 2009 年,第 607—614 页。
[②] 李大钊:《马克思的中国民族革命观》(1926 年 5 月),载中国李大钊研究会编注:《李大钊全集》第五卷,人民出版社 2006 年,第 111—112 页。

等)都多。"①李大钊的这些论述旨在表明,中国革命对于世界革命、世界秩序、世界文明都具有重要意义。

从根本上看,李大钊传播马克思主义,开创中国的马克思主义法理学,其实都有一个现实性的目标,那就是"再建中国"(详后)。因此,李大钊在开创中国马克思主义法理学的过程中,必然会结合中国实际,必然会回应"再建中国"的法理需求,从而展示出中国马克思主义法理学最初的中国语境。

(一)法权独立

李大钊在自己生命的最后一年(1927年)写成的《狱中自述》,相当于一篇自我总结,也是自己给自己的一个晚年定论。在这篇"自述"中,李大钊说,自己从北洋法政专门学校毕业之后,"仍感学识之不足,乃承友朋之助,赴日本东京留学,入早稻田大学政治本科。留东三年,益感再造中国之不可缓,值洪宪之变而归国",在北京大学等多所高校"教授史学思想史、社会学等科。数年研究之结果,深知中国今日扰乱之本原,全由于欧洲现代工业勃兴,形成帝国主义,而以其经济势力压迫吾产业落后之国家,用种种不平等条约束制吾法权、税权之独立与自主,而吾之国民经济,遂以江河日下之势而趋于破产"。②透过这几句话,我们可以看到李大钊的法理关怀与中国马克思主义法理学兴起之际的中国语境:追求法权、税权之独立与自主。简而言之,就是法权独立。

法权独立作为一个法理命题,它的实践指向主要是国家独立、民族解放,就是从半殖民地的状况下解放出来。为了实现这个目标,李大钊建构了一种新政策,其实也是谋划了一条新道路。他说:"在今日谋中国民族的解放,已不能再用日本维新时代之政策,

---

① 李大钊:《中山主义的国民革命与世界革命》(1926年11月),载中国李大钊研究会编注:《李大钊全集》第五卷,人民出版社2006年,第150页。
② 李大钊:《狱中自述》(1927年4月),载中国李大钊研究会编注:《李大钊全集》第五卷,人民出版社2006年,第226页。

因在当时之世界,正是资本主义勃兴之时期,故日本能亦采用资本主义之制度,而成其民族解放之伟业。今日之世界,乃为资本主义渐次崩颓之时期,故必须采用一种新政策。对外联合以平等待我之民族及被压迫之弱小民族,并列强本国内之多数民众;对内唤起国内之多数民众,共同团结于一个挽救全民族之政治纲领之下,以抵御列强之压迫,而达到建立一恢复民族自主、保护民众利益、发达国家产业之国家之目的。"①

在那个时代的中国,追求法权独立应当坚持马克思主义的指导。李大钊的建议是:"应该细细研考马克思的唯物史观,怎样应用于今日中国的政治经济情形。详细一点说,就是依马克思的唯物史观以研究怎样成了今日中国政治经济的状况,我们应该怎样去作民族独立的运动,把中国从列强压迫之下救济出来。"②简而言之,追求法权独立、民族解放,应当遵循唯物史观提供的世界观与方法论。

从更高远的层面来看,追求中国的法权独立、民族解放,既是"再建中国"的核心任务,同时也是人类解放的一个组成部分。譬如,针对五四运动本身,李大钊就认为:"此番运动仅认为爱国运动,尚未恰当,实人类解放运动之一部分也。"③这种把中国追求法权独立、实现民族解放的爱国运动作为人类解放运动的一个部分的观点,正好可以回应李大钊针对马克思的《中国革命和欧洲革命》一文的评论。这就是说,追求中国的法权独立,既可以展示中国马克思主义法理学最初的中国语境,同时也具有世界意义。

---

① 李大钊:《狱中自述》(1927 年 4 月),载中国李大钊研究会编注:《李大钊全集》第五卷,人民出版社 2006 年,第 227 页。
② 李大钊:《这一周》(1924 年 5 月 1 日),载中国李大钊研究会编注:《李大钊全集》第四卷,人民出版社 2006 年,第 397 页。
③ 李大钊:《在〈国民〉杂志社成立周年纪念会上的演讲》(1919 年 10 月 12 日),载中国李大钊研究会编注:《李大钊全集》第三卷,人民出版社 2006 年,第 67 页。

(二) 先锋队

《中国共产党章程》开篇就指出:"中国共产党是中国工人阶级的先锋队,同时是中国人民和中华民族的先锋队。"这个论断,尤其是这个论断中的"先锋队"一词,隐藏着百年以来中国文明转型、华夏文明再造的秘密。在相当程度上,华夏文明秩序再造的前因后果,都可以由先锋队这个概念来解释。先锋队可以说是一个意深旨远的法理范畴,甚至可以称为"再造华夏文明秩序的阿基米德支点"①。而先锋队恰恰是李大钊刻意彰显的一个概念。

前文已经提到,李大钊的法理憧憬,就是实现国家的"法权独立"。所谓"法权独立",其实际含义就是从列强的压迫下独立出来;要实现这个目标,必须反对列强的压迫。接下来的问题,在中国的各个阶级、各个群体中,谁能带头反抗帝国主义列强呢?这正是李大钊提出的问题:"现在中国是在资本帝国主义压迫之下,试看全国的资产阶级、小资产阶级、知识阶级谁能反抗?只有无产阶级。在国民革命中当先锋的亦只有无产阶级。"②在反抗帝国主义列强、追求法权独立的革命中,相对于资产阶级、小资产阶级、知识阶级来说,只有无产阶级能够充当先锋队的角色。

从世界大背景来看,实现中国的法权独立、民族解放,并不仅仅是一个中国内部的问题。因为,"中国问题并不单纯是民族问题,它是一个国际问题。没有世界无产阶级的帮助,中国的民族运动就无法发展。只有无产阶级才能充当革命的领导者"③。这就是说,中国的无产阶级需要在世界无产阶级的帮助下,才能得到发展,才能取得胜利,才能实现法权独立。反过来说,为了

---

① 喻中:《法理四篇》,中国法制出版社 2020 年,第 139 页。
② 李大钊:《在广州追悼列宁并纪念"二七"大会上的演讲》(1924 年 2 月 7 日),载中国李大钊研究会编注:《李大钊全集》第四卷,人民出版社 2006 年,第 394 页。
③ 李大钊:《在莫斯科大剧院"不许干涉中国协会"组织的大会上的演讲》(1924 年 9 月 22 日),载中国李大钊研究会编注:《李大钊全集》第五卷,人民出版社 2006 年,第 14 页。

对世界无产阶级革命做出贡献,"中国工人团体、共产党同中国全体工人一道,应当成为反对国际帝国主义斗争中的先锋队"①。针对20世纪20年代中期的实际情况,李大钊告诉共产国际的各国代表:"在帝国主义列强无耻行径不断出现的同时,以工人和青年知识分子为首的民族运动也在不断发展,我们的同志正在领导这一运动。"②这里的"我们的同志",就是中国共产党人。

李大钊认为,中国共产党作为追求法权独立、实现民族解放的先锋队,需要采取一系列的革命策略。这些策略主要涉及两个方面。

一方面,在中国共产党成立之初,为了实现国家的法权独立,有必要进行国共合作。1923年6月12日至20日在广州召开的党的第三次全国代表大会,对国共合作的方针和办法作出了正式的决定,决定共产党员以个人身份加入国民党。此间,"李大钊曾同孙中山'讨论振兴国民党以振兴中国之问题',并表示自己是第三国际的党员。孙中山说,这不打紧,你尽管一面做第三国际党员,一面加入本党帮助我。李大钊由此成为最早参加国民党的共产党员。共产党员加入国民党,对于国共两党的发展,对于中国革命的前进,都是有利的"③。可见,李大钊既是国共合作的先行者,也是国共合作的推动者。正如他在一份报告中所言:"我们加入国民党能够加速民族革命运动的开展。参加国民党的共产党人是真正的革命先锋队。"在国共合作的过程中,"我们的

---

① 李大钊:《中国的内战与工人阶级》(1924年10月),载中国李大钊研究会编注:《李大钊全集》第五卷,人民出版社2006年,第35页。
② 李大钊:《在共产国际第五次代表大会第二十二次会议上的报告》(1924年7月1日),载中国李大钊研究会编注:《李大钊全集》第五卷,人民出版社2006年,第3页。
③ 中共中央党史研究室著:《中国共产党的九十年》,中共党史出版社、党建读物出版社2016年,第58页。

策略是掌握工人运动的领导权,以使其成为革命的先锋队"。①在李大钊看来,实行国共合作,可以充分发挥中国共产党作为革命先锋队的作用。

另一方面,作为先锋队的中国共产党要引导人民区分敌友。李大钊注意到,虽然"在共产主义宣传的影响下,中国无产阶级开始懂得了谁是他们受苦受难的罪魁,谁是他们的敌人"②,但是,还是有一些人,特别是中国农民,对敌人和朋友没有正确的认识。这种状况,是中国落后的农业经济的产物。从唯物史观的立场上看,"落后的农业经济反映而成一种农民的狭隘的村落主义、乡土主义,这村落主义、乡土主义可以把农民运动分裂,可以易受军阀土豪的利用,以致农民阶级自相残害"③。在20世纪20年代,"中国农民在帝国主义压迫之下已日趋于难境",其中,"佃农及雇工所受的压迫,比自耕农更甚"。有鉴于此,"若想提高贫农的地位,非由贫农、佃农及雇工自己组织农民协会不可"。④ 然而,要组织农民协会,又离不开共产党的引导。

在1924年10月至1926年2月之间,李大钊关于敌人和朋友,关于无产阶级和农民,关于佃农、雇工、自耕农,以及关于农民协会的这些论述,让我们想到毛泽东1925年12月写成的《中国社会各阶级的分析》。此文是今天通行的《毛泽东选集》第一卷之第一篇,此文开篇即指出:"谁是我们的敌人?谁是我们的朋友?这

---

① 李大钊:《在共产国际第五次代表大会第二十二次会议上的报告》(1924年7月1日),载中国李大钊研究会编注:《李大钊全集》第五卷,人民出版社2006年,第5页。
② 李大钊:《中国的内战与工人阶级》(1924年10月),载中国李大钊研究会编注:《李大钊全集》第五卷,人民出版社2006年,第34页。
③ 李大钊:《鲁豫陕等省的红枪会》(1926年8月8日),载中国李大钊研究会编注:《李大钊全集》第五卷,人民出版社2006年,第131页。
④ 李大钊:《土地与农民》(1925年12月30日至1926年2月3日),载中国李大钊研究会编注:《李大钊全集》第五卷,人民出版社2006年,第84页。

个问题是革命的首要问题。中国过去一切革命斗争成效甚少,其基本原因就是因为不能团结真正的朋友,以攻击真正的敌人。革命党是群众的向导,在革命中未有革命党领错了路而革命不失败的。"①在这个"首要问题"的带动下,毛泽东对敌人和朋友进行了区分,对包括半自耕农、贫农在内的半无产阶级、无产阶级等"各阶级"进行了分析,为革命指明了方向,体现了共产党作为向导和先锋队的作用。毛泽东此文的提问方式,与李大钊在1924—1925年间关于敌友的论述、关于中国社会各阶级的论述,显然是密切相关的。

(三)从儒家经学到马克思主义法理学

有学者把中国帝制崩溃、经学瓦解之后的时代称为"后经学时代",并认为,"后经学时代"作为一个概念,包含了两层意思,其中之一是:"在社会政治层次上,经学失却其合法性依据的地位,中国社会形式上走向法理化的时代。"②李大钊转向马克思主义的时代,恰好就是经学已失去其合法性依据的地位、中国社会形式上走向法理化的时代。李大钊的少年时代,依然处于经学时代;李大钊在传播马克思主义的过程中开启的中国马克思主义法理学,体现了迈入"后经学时代"的中国社会对"法理"的需求。

关于中国社会经历的"从经学到法理的转变"③,李大钊当然也有深刻的理解,只不过,从形式上看,他解释这种转变的方式,主要着眼于经济。他说:"中国的农业经济,既因受了重大的压迫而生动摇,那么首先崩颓粉碎的,就是大家庭制度了。中国的一切风俗、礼教、政法、伦理,都以大家庭制度为基础,而以孔子主义为其

---

① 毛泽东:《中国社会各阶级的分析》(1925年12月1日),载毛泽东:《毛泽东选集》第一卷,人民出版社2009年,第3页。
② 陈少明:《汉宋学术与现代思想》,广东人民出版社1995年,第128页。
③ 喻中:《法理四篇》,中国法制出版社2020年,第234页。

全结晶体。大家族制度既入了崩颓粉碎的运命,孔子主义也不能不跟着崩颓粉碎了。"①他还说,作为农业经济的伴生物,"孔子主义(就是中国人所谓纲常名教)并不是永久不变的真理。孔子或其他古人,只是一代哲人,绝不是'万世师表'。他的学说,所以能在中国行了二千余年,全是因为中国的农业经济没有很大的变动,他的学说适宜于那样经济状况的原故。现在经济上生了变动,他的学说,就根本动摇,因为他不能适应中国现代的生活、现代的社会"②。由此可见,李大钊的旨趣,主要是从经济上解释中国近代思想的变动。这样的解释方法,可以归属于前文所说的"马克思的方法",亦即唯物史观。

从经学到法理的转变来看,李大钊所说的"孔子主义",其实就是儒家经学的代名词。孔子主义在近代中国的"崩颓粉碎",其实就是儒家经学的瓦解。儒家经学的瓦解意味着:"一代圣贤的经训格言,断断不是万世不变的法则。什么圣道,什么王法,什么纲常,什么名教,都可以随着生活的变动、社会的要求,而有所变革,且是必然的变革。因为生活状态,社会要求既经变动,人类社会的本能自然也要变动。拿陈死人的经训抗拒活人类之社会的本能,是绝对不可能的事情。"③

既然"陈死人的经训"不足以规范已经变动了社会,那么,替代"陈死人的经训"亦即儒家经学的,又应该是什么?李大钊的回答是:"新思想。"他说:"我们可以正告那些钳制新思想的人,你们若是能够把现代的世界经济关系完全打破,再复古代闭关自守的生活,把欧洲的物质文明、动的文明,完全扫除,再复古代静止的生

---

① 李大钊:《从经济上解释中国近代思想变动的原因》(1920年1月1日),载中国李大钊研究会编注:《李大钊全集》第三卷,人民出版社2006年,第147页。
② 李大钊:《从经济上解释中国近代思想变动的原因》(1920年1月1日),载中国李大钊研究会编注:《李大钊全集》第三卷,人民出版社2006年,第149页。
③ 李大钊:《物质变动与道德变动》(1919年12月1日),载中国李大钊研究会编注:《李大钊全集》第三卷,人民出版社2006年,第116页。

活,新思想自然不会发生。你们若是无奈何这新经济势力,那么只有听新思想自由流行,因为新思想是应经济的新状态、社会的新要求发生的,不是几个青年凭空造出来的。"①

李大钊在1920年所说的"新思想",其实就是马克思主义的代名词。不用说,马克思主义法理学也是"新思想"的一个组成部分。如果着眼于从经学到法理的转变,那么,按照李大钊的逻辑,那就会发生一个从儒家经学到马克思主义法理学的转变。

小结

1919年发表的《我的马克思主义观》,标志着李大钊全面转向马克思主义,同时也标志着中国马克思主义法理学的兴起。在此之前,李大钊对西方近代法理学已有全面而深入的理解。李大钊对西方近代法理学的认知图景,可以视为中国马克思主义法理学兴起的时代背景、知识背景。在转向马克思主义以后,在传播马克思主义的过程中,李大钊阐明了法理学在知识体系中的位置,在此基础上,李大钊对唯物史观与法的经济基础、阶级斗争与法的阶级本性、中国马克思主义法理学最初的中国语境等几个方面,都有所揭示。李大钊关于马克思主义法理学的这些论述,展示了中国马克思主义法理学初生之际的学术理论姿态。

李大钊关于马克思主义法理学的相关论述表明,他并没有从学术专业化或学科分工的立场上,刻意建构一套专业性的马克思主义法理学的知识体系。李大钊关于马克思主义法理学的论述,主要是以法的经济基础与法的阶级本性作为轴心而展开的,最终的目标则是回应"再建中国"的现实需求。这样的法理学形态,是李大钊根据马克思主义所建构的知识体系所决定的。这种法理学形态本身,就

---

① 李大钊:《从经济上解释中国近代思想变动的原因》(1920年1月1日),载中国李大钊研究会编注:《李大钊全集》第三卷,人民出版社2006年,第149—150页。

体现了李大钊所理解的马克思主义及其法理学的性质与要求。

从思想渊源与文化根源来看,李大钊对中国马克思主义法理学的开创,以及中国马克思主义法理学初生之际呈现出来的理论形态、理论逻辑,在相当程度上,是李大钊所汲取的两个方面的思想资源及文化根源共同塑造而成的。

一方面,马克思主义是李大钊开创中国马克思主义法理学的思想渊源。转向马克思主义之后,毫无疑问,马克思主义是李大钊思想的主轴。1919年5月,李大钊就在文章中宣称:"五月五日是马克思的诞生日。去年的五月五日,又正是他诞生百年的诞生日,也是世界的劳工共和国的诞生日。"①这样一个看似不经意的表述,也可以佐证李大钊对马克思主义的信仰。同样是在1919年,针对胡适的《多研究些问题少谈些主义》,李大钊写下了《再论问题与主义》一文,认为:"我们的社会运动,一方面固然要研究实际的问题,一方面也要宣传理想的主义。这是交相为用的,这是并行不悖的。"②李大钊矢志宣传的"理想的主义",就是马克思主义。李大钊提出的一些精简的论断,譬如"物质上不受牵制,精神上才能独立"③,也可以体现出唯物史观的思想底色。再看李大钊对唐山煤矿工人的描述:"他们终日在碳坑里作工,面目都成漆黑的色。人世间的空气阳光,他们都不能十分享受。这个碳坑,仿佛是一座地狱。这些工人,仿佛是一群饿鬼。有时碳坑颓塌,他们不幸就活活压死,也是常有的事情。"④这样的表达与修辞,与恩格斯的名篇《英国工人阶级状况》

---

① 李大钊:《"五一节"(May Day)杂感》(1919年5月1日),载中国李大钊研究会编注:《李大钊全集》第二卷,人民出版社2006年,第335页。

② 李大钊:《再论问题与主义》(1919年8月17日),载中国李大钊研究会编注:《李大钊全集》第三卷,人民出版社2006年,第2页。

③ 李大钊:《物质和精神》(1919年12月28日),载中国李大钊研究会编注:《李大钊全集》第三卷,人民出版社2006年,第142页。

④ 李大钊:《唐山煤厂的工人生活——工人不如骡马》(1919年3月9日),载中国李大钊研究会编注:《李大钊全集》第二卷,人民出版社2006年,第315页。

对英国工人的描述①,具有相同的叙述风格、情感偏好与思想旨趣。各种不同的信息,都体现了李大钊对马克思主义的思想认同与情感认同。从这个角度来看,从1919年开始,马克思主义充当了李大钊开创中国马克思主义法理学最主要的思想渊源。从马克思恩格斯的法理学到李大钊1919年开启的中国马克思主义法理学,两者之间,在思想上具有一脉相承的关系。

另一方面,儒家文化是李大钊开创中国马克思主义法理学的文化根源。在李大钊的法理学中,虽然马克思主义已经取代了他所概括的孔子主义,但儒家的文化传统依然潜伏在李大钊思想的深处。最为显著的例证,是他在1925年为他人的藏书所写的题词:"为天地立心,为生民立命,为往圣继绝学,为万世开太平。"②这是宋代的张载留给后世的所谓"横渠四句"。这四句话,既是对宋代以前的儒家精神的一种概括,同时也对宋代以后的儒家士大夫产生了深远的激励作用。李大钊为他人写下的"横渠四句",既是在以儒家精神激励他人,其实也是在以儒家精神进行自我激励。1922年,李大钊总结社会发展规律,认为:"社会进化,是循环的,历史的演进,常是一盛一衰,一治一乱,一起一落。""而且一盛一衰,一起一落之中,已经含着进步,如螺旋式的循环。"③在如此概括的规律中,李大钊对"进步"的强调,体现了马克思主义的思想立场,但是,李大钊所说的"螺旋式的循环",则蕴含着儒家的文化立场——譬如董仲舒所讲的"三统之变"④、朱熹所说的"天运循环,无往不复"⑤,等等。

---

① 《马克思恩格斯文集》第二卷,人民出版社2009年,第361—498页。
② 李大钊:《为梁容若所藏〈三民主义〉一书的题词》(1925年3月),载中国李大钊研究会编注:《李大钊全集》第五卷,人民出版社2006年,第46页。
③ 李大钊:《今与古——在北京孔德学校的演讲》(1922年1月8日),载中国李大钊研究会编注:《李大钊全集》第四卷,人民出版社2006年,第11页。
④ 张世亮、钟肇鹏、周桂钿译注:《春秋繁露》,中华书局2012年,第237页。
⑤ [宋]朱熹撰:《四书章句集注》,中华书局2011年,第3页。

第三章 从五四运动到 20 世纪中叶的法理学

前文已经反复提到,李大钊全面转向马克思主义,主要是以 1919 年发表的《我的马克思主义观》作为标志的。然而,李大钊对儒家文化的汲取,早在幼年时期就开始了,正如他在"自述"中所言:"幼时在乡村私校,曾读四书经史,年十六,应科举试,试未竟",稍后,"感于国势之危迫,急思深研政理,求得挽救民族、振奋国群之良策,乃赴天津投考北洋法政专门学校"。"既入校,习法政诸学及英、日语学,随政治知识之日进,而再建中国之志趣亦日益腾高。"①这就是说,李大钊的"童子功",就是读儒家经史。正是儒家经史,激发少年时代的李大钊养成了"挽救民族"进而"再建中国"的宏伟志向、高远理想与献身精神。他有一句名言:"绝美的风景,多在奇险的山川。绝壮的音乐,多是悲凉的韵调。高尚的生活,常在壮烈的牺牲中。"②这句话,既可以描述他高洁的献身精神,其实也是对他的生命历程的总结。

李大钊开创的中国马克思主义法理学,既是马克思主义同中华优秀传统文化相结合的产物,也是马克思主义同中国革命实践相结合的产物。李大钊的法理学不同于今日学术专业分工中的法理学,他的法理学是服务于"再建中国"的法理学。他的法理思想通过毛泽东等中国共产党人的传承③,不仅在"再建中国"的实践中发挥了思想引领作用,而且还深刻地塑造了百年以降的中国马

---

① 李大钊:《狱中自述》(1927 年 4 月),载中国李大钊研究会编注:《李大钊全集》第五卷,人民出版社 2006 年,第 226 页。
② 李大钊:《牺牲》(1919 年 11 月 9 日),载中国李大钊研究会编注:《李大钊全集》第三卷,人民出版社 2006 年,第 84 页。
③ 有研究者指出:"青年毛泽东思想的形成在很大程度受益于李大钊思想的影响。李不仅在 1918 至 1919 年冬向毛介绍了马克思主义理论(当时,毛担任北京大学图书馆的管理员),而且还向毛讲述了自己对马克思主义的看法以及对十月革命意义的认识。""此后,毛泽东对马克思主义理论的论述紧密地遵循李大钊提出的原则。"在 20 世纪"20 年代中间,毛大概不依赖于李的政治领导,但却依靠李在 1919 年的理论的指导。"[美]莫里斯·迈斯纳:《李大钊与中国马克思主义的起源》,中共北京市委党史研究室编译组译,中共党史资料出版社 1989 年,第 280—283 页。

克思主义法理学。就"再建中国"的实践而言,李大钊在中国共产党建党之初反复强调的"先锋队",堪称"再造华夏文明秩序的阿基米德支点"①,确实产生了"再建中国"的思想伟力。对于中国的马克思主义法理学而言,根据 2020 年的马克思主义理论研究和建设工程重点教材《法理学》,如果要正确理解"法的本质",那么,既要看到"法的阶级本质",还要看到,"法的本质是由特定社会的物质生活条件决定的",进而言之,"在马克思主义法学理论体系中,法的阶级性与社会物质生活条件的制约性是统一的"。② 这两者之间的"统一",作为"马工程"重点教材《法理学》的一个核心观点,可以在李大钊关于唯物史观与阶级斗争的法理意涵的论述中找到源头。综上所述,中国的马克思主义法理学是经李大钊之手在 1919 年正式开启的。

第二节 胡 适

自五四新文化运动以来,胡适(1891—1962)一直是多个学术领域共同关注的焦点人物。有论者认为:"胡适是'传统中国'向'现代中国'发展过程中,继往开来的一位启蒙大师。他在我国近代的学术思想界里(这儿笔者着重的是'学术'二字),可以说是初无二人。"在中西之间,"不用说,他对高度工业化社会所孕育出来的'现代文明'讴歌不绝;他对我国优良的农本主义的社会传统——乃至不太优良的社会传统,也在有意无意之间,作出了有深厚温情的维护"。③

把胡适称为近代中国学术思想界"初无二人"之人,也许只是一种修辞,也许还可以再议。然而,倘若着眼于古今之变,胡适在

---

① 喻中:《法理四篇》,中国法制出版社 2020 年,第 139—149 页。
② 《法理学》编写组编:《法理学》,人民出版社 2020 年,第 36—40 页。
③ 唐德刚:《胡适杂忆》,吉林文史出版社 1994 年,第 2—3 页。

继往开来方面,确实做出了标志性的贡献。尤其是他的"继往",已在数十卷《胡适全集》中编述历历,有目共睹。正如论者所言:"他的为人处事,真是内圣外王地承继了孔孟价值的最高标准。丢开'开来'不谈,专就'继往'来说,胡先生倒真是个归真返璞,复兴文艺'为往圣继绝学'的'孔孟之徒'!"①那么,胡适在讴歌"现代文明"的同时,是如何维护传统的?他为"往圣"所承继的"绝学",又当如何描绘?这显然是一个可以同时牵引多个学科的问题。

从法理学的角度看来,胡适维护的传统、承继的"绝学",主要体现为他建构的中国古代法理学。因而,胡适对法理学的贡献,集中体现为他对中国古代法理学的建构。如果说,在"往圣"活跃的时代,法理学还没有从"打成一片"的诸子之学或"四部之学"中分离出来,那么,在现代学术体制之下,在法理学的知识谱系之内,如何定位胡适建构的中国古代法理学?中国古代法理学与法理学的关系应当如何理解?要回答这个问题,我们可以把"中国史"的知识谱系作为一个参照。

按照现行的学科分类制度,在中国史这个学科之内,包含了一个叫"史学理论及中国史学史"的次级学科。换言之,"中国史学史"是中国史学科下设的一个分支学科。根据同样的逻辑,在法理学这个学科之内,也可以包含一个跟"中国史学史"性质相似的次级学科,那就是"中国法理学史"。在正式的学科分类制度中,虽然中国史是所谓的"一级学科",法理学或法学理论是所谓的"二级学科",但是,道理是相通的。中国法理学史之于法理学,就相当于中国史学史之于中国史。通过这样的比较,我们发现,胡适建构的中国古代法理学,恰好可以归属于中国法理学史。因而,胡适对中国古代法理学的建构,既是他承继的"往圣"之学的一个组成部分,亦即"继往"的一个组成部分,同时也体现了他对法理学的贡献。由

---

① 唐德刚:《胡适杂忆》,吉林文史出版社1994年,第14页。

于法理学是现代学术分工的产物,胡适对法理学做出的这个贡献,也可以归属于他在"开来"方面做出的贡献。

为了从法理学的角度展示胡适的"继往开来",同时也为了描述胡适的"法理肖像",下文的基本思路是:首先梳理胡适建构中国古代法理学所依赖的理论资源,在此基础上,从中国古代法理学的来源、发达、流变三个环节,对胡适建构的中国古代法理学予以历时性的描绘。

一、建构中国古代法理学的理论资源

要全面理解胡适对中国古代法理学的建构,有必要首先考察胡适所依赖的理论资源。从总体上看,胡适所依赖的理论资源主要包括两个部分,一是本土已有的学术范式,二是出自异域的法理思维。在这两种理论资源中,中国本土的学术理论范式占据了主导地位,不过,出自异域的法理思维及其触发的法理兴趣、法理意识,也是必不可少的。

(一) 本土的学术范式

胡适对中国古代法理学的建构不会早于1915年(详后)。在此之前的十多年里,关于中国古代法理学的研究,其实已经萌生。这就是说,胡适建构的中国古代法理学,并不是一座突然降临的"飞来峰",而是对前人已有研究的发展与延伸。那么,在胡适之前,关于中国古代法理学的研究,以及由此而形成的中国法理学史研究,"在近代崛起的具体过程是怎样的? 大体而论,它在清末由刘师培启其端绪,同时由梁启超刊布扛鼎之作,以'发凡起例',并奠定宏基"[①]。

其中,刘师培关于中国古代法理学的研究,可见于1904年在上海镜今书局出版的《中国民约精义》。作者在此书序文中称:"吾

[①] 程燎原:《重新认识法家》,商务印书馆2018年,第316页。

国学子,知有'民约'二字者,三年耳。大率据杨氏廷栋所译和本卢骚《民约论》以为言。顾卢氏《民约论》,于前世界欧洲政界为有力之著作,吾国得此,乃仅仅于学界增一新名词,他者无有。而竺旧顽老,且以邪说目之,若以为吾国圣贤从未有倡斯义者。暑天多暇,因搜国籍,得前圣曩哲言民约者若干篇,篇后加案,证以卢说,考其得失。"①据此,刘师培的《中国民约精义》与卢梭的《社会契约论》有相同的主题:都是为了阐明社会契约理论。只不过,刘师培的《中国民约精义》是以"社会契约论史"的方式呈现出来的。从法理学的立场上看,"社会契约论史"也可以理解为"法理学史"之下的一种专门史或专题史。

就在《中国民约精义》出版的次年,亦即1905年,刘师培还发表了一篇《周末学术史序》,分十六个主题概述先秦学术史,譬如"心理学史序""伦理学史序""哲理学史序"等等。在十六篇"史序"中,跟法理学关系最密切的是"法律学史序"及"政法学史序"。其中,"法律学史序"实际上就是一篇"法理学史序",此"序"开篇即指出:"昔苗民制刑,以刑为法。"接下来,开始详述"春秋以降,法学分歧"的大事因缘②,譬如,法家、儒家、名家、道家、墨家等等,各有不同的立场。这种"法学"分歧,可以理解为法理立场的分歧。

就在刘师培发表《中国民约精义》之际,梁启超在1904年发表了他的《中国法理学发达史论》。在这篇极具代表性的论著中,梁启超首先讲法系:"近世法学者称世界四法系,而吾国与居一焉。"在此基础上,梁启超接着讲法理:"既有法系,则必有法理以为之原,故研究我国之法理学,非徒我国学者所当有事,抑亦全世界学者所当有事也。"而且,"居今日中国而治法学,则抽象的法理其最要也"。就中国的法理学而言,"我国当春秋战国间,法理学之发

---

① 刘师培:《〈中国民约精义〉序》(1904年),载李帆编:《中国近代思想家文库·刘师培卷》,中国人民大学出版社2015年,第60页。
② 刘师培:《国学发微(外五种)》,万仕国点校,广陵书社2015年,第114页。

达,臻于全盛。以欧洲十七世纪间之学说视我,其轩轾良未易言也"。而且,"逮于今日,万国比邻,物竞逾剧,非于内部有整齐严肃之治,万不能壹其力以对外。法治主义,为今日救时唯一之主义;立法事业,为今日存国最急之事业"。因而,"自今以往,我国不采法治主义则已,不从事于立法事业则已,苟采焉而从事焉,则吾先民所已发明之法理,其必有研究之价值,无可疑也"。①

在梁启超看来,研究我国先民已经"发明"的法理学,尤其是春秋战国时期的法理学,是为了中国的法治主义与立法事业。然而,在1904年的背景下,法治主义乃"救时唯一之主义"。因而,研究中国古代的法理学,并不是一项纯粹的学术活动,乃是救时、救国、救亡、存国大业的一个组成部分。正是着眼于"救时"之需,梁启超对"中国法理学发达史"进行了系统的论述。

梁启超关于"中国法理学发达史"的论述,以"法的起因"为基础。他说:"我国言法制之所由起,大率谓应于社会之需要而不容已,此儒、墨、法三家之所同也。"②就"法"字之语源而言,"我国文'法'之一字,与'刑''律''典''则''式''范'等字,常相为转注"③。在此基础上,梁启超认为:"我国法律思想,完全发达,始自法家。吾故命法家为新学派,命法家以前诸家为旧学派,而旧学派中,复分为三:一曰儒家,二曰道家,三曰墨家。"④法家作为新学派,代表了法治主义。"当我国法治主义之兴,萌芽于春秋之初,而大盛于战国之末。其时与之对峙者有四:曰放任主义,曰人治主义,曰礼

---

① 梁启超:《中国法理学发达史论》(1904年),载梁启超:《梁启超全集》,北京出版社1999年,第1254—1255页。
② 梁启超:《中国法理学发达史论》(1904年),载梁启超:《梁启超全集》,北京出版社1999年,第1255页。
③ 梁启超:《中国法理学发达史论》(1904年),载梁启超:《梁启超全集》,北京出版社1999年,第1258页。
④ 梁启超:《中国法理学发达史论》(1904年),载梁启超:《梁启超全集》,北京出版社1999年,第1260页。

治主义,曰势治主义。而四者皆不足以救时弊,于是法治主义应运而兴焉。"①"故当时政治家,不得不应此时势以讲救济之道。郑子产铸刑鼎,晋叔向难之。子产曰:'侨不才,不能及子孙,无以救世也。'(《左传·昭六年》)。救世一语,可谓当时法治家唯一之精神,盖认为一种之方便法门也。"②

以上概述表明,梁启超所"论"的"中国法理学发达史",其实主要是春秋战国时期的"法理学发达史",且集中体现为儒、道、墨、法四家的法理学。

按照梁启超的划分,儒家、道家、墨家都是旧的法理学派,只有法家是新的法理学派,只有法家代表了法治主义。这就是梁启超开启的"中国法理学史"研究。这样的法理学史研究,为胡适的法理学史研究提供了可供效仿的理论范式。正如胡适在《中国古代哲学史》中所言:"近来有人说,儒家的目的要使上等社会的'礼'普及全国,法家要使下级社会的'刑'普及全国(参看梁任公《中国法理学发达史》)。这话不甚的确。其实那种没有限制的刑罚,是儒法两家所同声反对的。"③胡适此论,虽然是对梁启超的观点表示异议,但同时也说明,胡适对梁启超的"中国法理学发达史"是熟知的。胡适对梁启超的批评,正好揭示了胡适建构中国古代法理学所依赖的一个理论资源,那就是梁启超、刘师培等人对"中国法理学史"研究范式的开创。后文的叙述将表明,胡适对中国古代法理学的建构,无论是在叙述框架方面,还是在具体观点方面,对梁启超及刘师培的既有研究都多有借鉴。

---

① 梁启超:《中国法理学发达史论》(1904年),载梁启超:《梁启超全集》,北京出版社1999年,第1269页。
② 梁启超:《中国法理学发达史论》(1904年),载梁启超:《梁启超全集》,北京出版社1999年,第1279页。
③ 胡适:《中国古代哲学史》,载欧阳哲生编:《胡适文集》第六册,北京大学出版社2013年,第357—359页。

（二）外来的法理思维

胡适对中国古代法理学的建构，既沿袭了梁启超、刘师培等人开创的中国法理学史研究范式，同时还受到了西方学术资源的影响。

从时间上看，胡适对中国古代法理学的建构始于《先秦名学史》的写作，并集中体现在《中国古代哲学史》一书中。其中，《先秦名学史》是胡适于"1915年9月至1917年4月在纽约时写的"，是为申请哥伦比亚大学哲学博士而写的学位论文。1917年7月，胡适"回国后，继续研究中国古代哲学史，并写成《中国哲学史》第一卷"，①亦即今天流行的《中国古代哲学史》。由此看来，胡适致力于建构中国古代法理学的初期，主要是1915年至1917年这两三年。其间，"在纽约时"的胡适，主要受到了两个人的影响，他们分别是美国人杜威与英国人安吉尔。

正如胡适的自述所言："在1915和1916年两年之间，我的思想又开始转变了。一种智慧力量影响我转变的便是那英语民族的世界里最大的思想家之一，名著《大幻觉》(The Great Illusion)的作者诺曼·安吉尔(Norman Angell)。《大幻觉》是1909年出版的，当时被认为是宣扬有建设性的新和平主义最脍炙人口的新著。"②"与此同时，我也开始读杜威的著作；对杜威在1916年所发表的两篇论文，尤其感觉兴趣。在这两篇论文里，杜威的论点似乎与安氏的哲学不谋而合。杜威于1916年1月在《新共和》(The New Republic)杂志里发表一篇论文：《力量、暴力与法律》。同时他在另一杂志《国际伦理学报》(International Journal of Ethics)里，又发表一篇更长的论文曰《力量与强迫》。这两篇论文

---

① 胡适：《先秦名学史》，载欧阳哲生编：《胡适文集》第六册，北京大学出版社2013年，第4页。
② 胡适英文口述：《胡适口述自传》，唐德刚译注，载欧阳哲生编：《胡适文集》第一册，北京大学出版社2013年，第213页。

对我既然有毕生难忘的影响。"①

影响何在？启发何来？胡适回答说："我们可以看到杜威和安吉尔几乎用的是同样的语言，来说明两个力量如何因冲突而抵消的原委。约翰·杜威因而得出以下的结论：'法律便是把那些在无组织状态下，可以招致冲突和浪费的能源组织起来的各种条件的一种说明书。'杜威又说：'所谓法律……它总是……可以被看成是陈述一种能使力量发生效果的，经济有效而极少浪费的法则。'杜威和安吉尔二人都有助于在1915到1916年间新思想的成长。我也开始舍弃我原有的不抵抗哲学而接受一种有建设性的，有关力量和法律的新观念，认为法律是一种能使力量作更经济有效利用的说明书。"②

由此看来，主要是杜威发表于1916年初的两篇论文，唤醒了胡适的法理意识与法理思维，甚至让他对法律的概念形成了一种新的理解：所谓法律，就是一种能使力量有助于提高经济效益的说明书。显然，这是一种实用主义的法律观、法治观与法理观。而实用主义（或实验主义，或经验主义，下同），正是胡适所终身服膺的杜威哲学的标签。正如胡适所承认的："杜威教授当然更是对我有终身影响的学者之一。""杜威对我其后一生的文化生命既然有决定性的影响，我也就难于作详细的叙述。他对我之所以具有那样的吸引力，可能也是因为他是那些实验主义大师之中，对宗教的看法是比较最理性化的了。"③"杜威先生的基本观念，具体地说，是把经验用于哲学的各方面。"④显然，"把经验用于哲学的各方面"，

---

① 胡适英文口述：《胡适口述自传》，唐德刚译注，载欧阳哲生编：《胡适文集》第一册，北京大学出版社2013年，第215页。
② 胡适英文口述：《胡适口述自传》，唐德刚译注，载欧阳哲生编：《胡适文集》第一册，北京大学出版社2013年，第215—216页。
③ 胡适英文口述：《胡适口述自传》，唐德刚译注，载欧阳哲生编：《胡适文集》第一册，北京大学出版社2013年，第236—237页。
④ 胡适：《杜威哲学》，载欧阳哲生编：《胡适文集》第十二册，北京大学出版社2013年，第328—330页。

就包含了把经验用于法哲学的方面。由此,我们可以更好地理解美国法律界的代表人物霍姆斯在《普通法》中写下的一句名言:"法律的生命不是逻辑,而是经验。"①

《普通法》初版于1881年,霍姆斯(1841—1935)比杜威(1859—1952)年长十八岁,因此,我们很难说是杜威的经验主义哲学影响了霍姆斯的法理学;我们只能说,经验主义哲学既是英美哲学的主流,也是英美法理学的传统,无论是霍姆斯还是杜威,都在这个传统之内。

从更宽的视野中看,霍姆斯、杜威标榜的经验主义,既是英美哲学的底色,其实也是一种具有普遍意义的思维方式。譬如,李泽厚曾经专门讨论过"实用理性"。那么,"何谓'实用理性'(Pragmatic Reason)?如历史本体论所表明,实用理性乃'经验合理性'(empirical reasonableness)的概括或提升"②。从这个意义来看,胡适一生宗奉的杜威哲学,与其说是纯粹的美国哲学,还不如说是反映了人类文明、人类思维之共性的哲学。

已有评论者发现,胡适其人,"他一开口总是自称'我们治思想史的人'。显然他是以治中国思想史为其职业的主要部门。治中国思想史胡氏是确有创见的,但是他贡献上更重要的一点则是他在西洋文明的挑战之下,在治传统经学和子学上开创新方向的第一人"。只不过,胡适所宣扬的"这个所谓的'实验主义'新方向","却是个混沌水"。"胡氏治中国思想史是承继传统的",但是中国思想史,"没有实验主义的传统,所以主张承继传统、整理国故、再造文明的胡适所搞的也不完全是杜威的那一套了"。③"整个的来说,胡适之对西洋文明的吸收和对自己文化的传承,只可说是三七开。他自己的思想言行,立身处事","也大致是三

---

① [美]霍姆斯:《普通法》,冉昊、姚中秋译,中国政法大学出版社2006年,第1页。
② 李泽厚:《实用理性与乐感文化》,生活·读书·新知三联书店2008年,第3页。
③ 唐德刚:《胡适杂忆》,吉林文史出版社1994年,第45页。

分洋货、七分传统"。①

这就是说,胡适虽然以杜威哲学的传人自居,其实他建构中国古代法理学的基本方法,主体上还是传统的。杜威及安吉尔等人的相关论述,对胡适建构中国古代法理学来说,主要是促成了他对法律、法治、法理的关切与兴趣;如果没有这样的关切与兴趣,他可能会疏于建构中国古代法理学。

概而言之,胡适建构中国古代法理学所依据的理论资源主要包括两个方面:一是梁启超、刘师培开创的法理学史研究范式,二是杜威、安吉尔为他展示的法理思维。在这两种理论资源的共同支撑下,胡适建构了他的中国古代法理学。

二、中国古代法理学的起源

就像梁启超的《中国法理学发达史论》一样,胡适建构的中国古代法理学也是以春秋战国时期为重心,这是他们的共性。胡适异于梁启超的地方在于,他对中国古代法理学的起源给予了更多的关注。他说:"中国的法理学虽到前三世纪方才发达,但他的根本观念来源很早。"②如果说,中国法理学的"根本观念来源很早",那么,到底有多早?如何探寻中国法理学所源出的那些"根本观念"?根据胡适的相关论述,我们发现,中国古代法理学的起源经历了三个阶段:最初出现了法的观念;然后出现了成文法;接下来,儒、道、墨三家从不同的角度,为中国法理学的发达提供了"根本观念"。

(一)法的观念

就像梁启超对"法的起因"的关注一样,享有"不让乾嘉"之誉的胡适③,也留心于"法"的词意。他说:"据我个人的意见看来,大

---

① 唐德刚:《胡适杂忆》,吉林文史出版社1994年,第55—56页。
② 胡适:《中国古代哲学史》,载欧阳哲生编:《胡适文集》第六册,北京大学出版社2013年,第359页。
③ 据唐德刚说:"蔡子民说明胡氏对汉学的了解,'不让乾嘉'。实在也不是过誉。"详见,唐德刚:《胡适杂忆》,吉林文史出版社1994年,第66页。

概古时有两个法字。一个作'佥',从人从正,是模范之法。一个作'灋',《说文》云:'平之如水,从水;廌,所以触不直者去之,从廌去',是刑罚之法。这两个意义都很古。比较看来,似乎模范的'佥'更古。《尚书·吕刑》说:'苗民弗用灵,制以刑,惟作五虐之刑,曰法。'如此说可信,是罚刑的'灋'字乃是后来才从苗民输入中国本部的。灋字从廌从去,用廌兽断狱,大似初民状态,或本是苗民的风俗,也未可知。大概古人用法字起初多含模范之义。"①

这就是说,最早出现的"法",是指"模范之法"。那么什么叫"模范之法"呢?胡适进一步解释说:"法字古作佥,从人(即集合之意)从正,本是一种模子。《说文》:'法,刑也。模,法也。范,法也。型者,铸器之法也。'法如同铸钱的模子,把铜汁倒进去,铸成的钱,个个都是一样的。这是法的本意。所以此处说:'法,所若而然也。'若,如也。同法的物事,如一个模子里铸出的钱,都和这模子一样。'所若而然'便是'依照这样去做,就能这样'。譬如画圆形,可有三种模范,第一是圆的概念,如'一中同长为圆',可叫做圆的'意'。第二是作圆的'规'。第三是已成的圆形,依着模仿,也可成圆形。这三种都可叫做'法'。"②

"模范之法"意味着,法相当于一个模具。法与人的关系,就像模具与产品的关系一样,千千万万的产品,只要是从一个固定的模具中制作出来的,虽然其中也有一定比例的残次品,但基本上都是一样的。同样,在法这个模具的规范、约束之下,千千万万的人,他们的行为方式基本上都是一样的,虽然其中也有一定比例的违规者。这就是胡适所理解的法的最初的本意。至于"平之如水"之法,或者是"触不直者去之"之法,则是晚于"模范之法"而出现的法

---

① 胡适:《中国古代哲学史》,载欧阳哲生编:《胡适文集》第六册,北京大学出版社2013年,第355页。
② 胡适:《中国古代哲学史》,载欧阳哲生编:《胡适文集》第六册,北京大学出版社2013年,第264—265页。

的观念。

相对晚出的这种法的观念,可能出自苗民的风俗。这是胡适根据《尚书·吕刑》推导出来的一个结论,但如前所述,早在1905年,刘师培就已经得出了这样一个结论。胡适像刘师培一样,也很看重《尚书》在法理学上的意义。他说,《尚书》这部书,"为中国的法理学贡献了无数放之四海而皆准的格言"。① 在"模范之法"的观念形成之后出现的"灋",作为"刑罚之法",就是《尚书》为"中国的法理学"做出的贡献之一。概而言之,从法的观念来看,从写成"佥"字之法到写成"灋"字之法,体现了法的观念的起源及变迁,那就是:从"模范之法"到"刑罚之法"。

《尚书·吕刑》篇中记载的"吕刑",在《史记》中写为"甫刑":"诸侯有不睦者,甫侯言于王,作修刑辟",这部刑罚之法修好之后,"命曰甫刑"。② 《史记》的"甫刑"变成了现在通称的"吕刑",主要原因是,甫侯的后代被改封为吕侯,先前的"甫刑"也就变成了"吕刑"。在时间上,"吕刑"作于西周穆王时期,那就是在公元前一千年左右。由此看来,在西周早期,就已经完成了从"模范之法"到"刑罚之法"的转变。

(二) 成文法的公开

早期的"刑罚之法",譬如"吕刑",应当是不公开的。因为,"中国古代的成文的公布的法令,是经过了许多反对,方才渐渐发生的。春秋时的人不明'成文公布法'的功用,以为刑律是愈秘密愈妙,不该把来宣告国人。这是古代专制政体的遗毒。虽有些出色人才,也不能完全脱离这种遗毒的势力"。成文法的公开,应当是从公元前6世纪开始的,代表性的人物与事件主要有:公元前536

---

① 王晶晶:《胡适英文著作〈中国传统中的自然法〉中译》,《盐城师范学院学报》(人文社会科学版)2018年第6期,第33页。
② [汉]司马迁撰:《史记》,[宋]裴骃集解,[唐]司马贞索解,[唐]张守节正义,中华书局2000年,第100—101页。

年,子产在郑国铸刑书,叔向就表示反对;公元前513年,叔向在晋国铸刑鼎,孔子也不赞成。为什么孔子反对铸刑鼎?胡适的解释是:"刑律在当时,都在'贵族'的掌握。孔子恐怕有了公布的刑书,贵族便失了他们掌管刑律的'业'了。那时法治主义的幼稚,可以想见。后来公布的成文法渐渐增加,如郑国既铸刑书,后来又采用邓析的竹刑。铁铸的刑书是很笨的,到了竹刑更方便了。公布的成文法既多,法理学说遂渐渐发生。这是很长的历史,我们见惯了公布的法令,以为古代自然是有的,那就错了。"①

虽然成文法最早出现的时间不容易准确界定,但成文法的公开,则是一个有明确记载的历史事件。从子产、叔向、孔子等人的言行来看,成文法公开的时间,不仅于史有征,而且也昭示了一个不可逆转的大趋势。虽然,"孔子主张德治;孟子主张仁治;荀子主张礼治。他们都主张贤明君主如柏拉图说的'哲学家国王'的统治。但是所有这些反对都未能阻止中国发展法的哲学和法律制度,这种法律制度是世界上最重要的制度之一。各国的情况需要某种形式的成文法,因之,尽管有保守派和老子式的极端个人主义者的不利的批评和反对,法律在先秦产生了。先秦最初公布的、有可信的历史记载的法典是公元前六世纪的那些法典"②。

按照胡适的这些论述,"法的哲学"与"法理学说"是同义词,可以相互解释。法理学说的发生,以成文法越来越多地公开作为基础。只要成文法大量地公开,那么,以这些成文法为基础的法理学的兴起,就将不可避免。即使有以孔子为代表的儒家人物、以老子为代表的极端个人主义者表示反对,也无济于事。当然,从成文法的公开到法理学的发生,经历了"很长的历史"。根据胡适关于中

---

① 胡适:《中国古代哲学史》,载欧阳哲生编:《胡适文集》第六册,北京大学出版社2013年,第358页。
② 胡适:《先秦名学史》,载欧阳哲生编:《胡适文集》第六册,北京大学出版社2013年,第123—124页。

国法理学发达于公元前3世纪的这个论断来推算,这段"很长的历史",大致有两三百年。

(三)儒墨道为法理学的发达提供了"根本观念"

如前所述,孔子已经参与了成文法是否应当公开的讨论,并发表了反对意见。这就是说,在成文法公开的初期,儒家的主要开创者已经出场。与此同时,道家与墨家也在孔子前后,一并出场。可见,儒道墨三家的出场,与成文法的公开,几乎是同步的。如果说,成文法的公开是中国法理学发达的基础,那么,儒道法三家则为中国法理学的发达提供了"根本观念"。

胡适愿意接受儒家、道家、墨家之名,但他不能接受"法家"之名。他认为,所谓的法家,其实是讲法治的法理学家(详后)。这些法理学家与儒家、道家、墨家的关系是:后起的法理学家,主要是儒道墨三家"折衷调和"的结果。他说:"当时的法治学说便是这个折衷调和的趋势的一种表示。前四世纪与前三世纪之间的'法家'便是三百年哲学思想的混和产物。"①换言之,法理学是在儒家、道家、墨家的理论铺垫的基础上产生的。要全面理解儒道墨三家为中国法理学的发达提供的理论铺垫,有必要注意以下两个方面。

一方面,儒道墨三家共同为中国法理学的发达提供了若干较为抽象的"主义"。胡适认为:"古代思想最重要的是政治和宗教",在这样的背景下,"可以看出四种思想的产生:第一点:人本主义。在纪元前三世纪至六世纪,思想很发达,无论那一派那一家,其共同的一点是注意到'人'的社会,并且首创不能治人,怎样祀神的论调,讲所谓'治人之道'。第二点:自然主义。针对前时代反应而出的这种主义,是很重要的一点。'自'是'自己','然'是'如此',所谓'自己如此',亦即自己变成了自己。如乌龟变成乌龟,桃子变成

---

① 胡适:《中国中古思想史长编》,载欧阳哲生编:《胡适文集》第六册,北京大学出版社2013年,第389页。

桃子等。两千多年这'自己变成自己'的形质,形成中国思想上很大的潮流。如老庄的思想,即是含有这种思想。第三点:理智主义,那个时代如孔子所谓:'终日不食,终夜不寝,以思'。便是说明个人须作学问,并且提倡教育的路,无论那时学派思想如何复杂,也都是重知识,所以说已走上了知识主义,理智主义的大路。第四点:自由思想。在若干国家对立时代,往往有思想的自由。那时有极端的个人主义者,如《吕氏春秋》;亦有提倡民主革命的,如《孟子》"。①

根据胡适的这些概括,包括人本主义、自然主义、理智主义、自由思想在内的四种"主义",基本上都是儒道墨三家共同持有的"主义",可以体现儒家、道家、墨家的最大共性。不过,如何把握这四种"主义"与中国法理学的关系,还存在着一定的讨论空间。其一,我们可以把这四种"主义"都看作是为中国法理学的发达所作的思想铺垫。其二,换一个角度来看,这样一些"主义",也可以纳入中国法理学的框架之下,譬如"自由思想",显然就可以归属于法理学的体系之内。其三,针对中国法理学的发达时代,胡适还专门论及"中国古代法理学(法的哲学)的几个基本观念",这些"基本观念来源很早",其内容主要包括:"无为主义""正名主义""平等主义""客观主义"与"责效主义"。② 这五大"主义",都是中国法理学的基本观念,但它们同时也是"来源很早"的观念。因而,这五大"主义"就跟前述四大"主义"一样,既属于中国法理学的基本观念,也可以理解为"来源很早"的并为发达时期的中国法理学提供理论铺垫的观念。

另一方面,儒道墨三家分别为中国法理学的发达提供了若干

---

① 胡适:《谈谈中国思想史》,载欧阳哲生编:《胡适文集》第十二册,北京大学出版社2013年,第316—317页。
② 胡适:《中国古代哲学史》,载欧阳哲生编:《胡适文集》第六册,北京大学出版社2013年,第357—362页。

较为具体的"零部件"。譬如说:"'法'的观念,从'模范'的意义演变为齐一人民的法度,这是墨家的贡献。法家注意正名责实,这便和孔门的正名主义和墨家的名学都有关系。法家又以为法治成立之后便可以无为而治,这又是老子以下的无为主义的影响了。法家又有法律平等的观念,所谓'齐天下之动,至公大定之制',所谓'顽嚚聋瞽可与察慧聪明同其治',这里面便有墨家思想的大影响。当时古封建社会的阶级虽然早已崩坏了,但若没有墨家'爱无差等'的精神,恐怕古来的阶级思想还不容易打破。(荀子说,'墨子有见于齐,无见于畸'。可见儒家不赞成平等的思想。)故我们可以说,当时所谓'法家'其实只是古代思想的第一次折衷混和。其中人物,如慎到便是老庄一系的思想家,如尹文的正名便近于儒家,他们非攻偃兵,救世之斗,又近于墨家;又如韩非本是荀卿的弟子,而他的极端注重功用便近于墨子,他的历史进化观念又像曾受庄子的思想影响,他的法治观念也是时代思潮的产儿。故无论从思想方面或从人物方面,当日的法治运动正是古代思想调和折衷的结果。"①胡适在此谈论的"法家",应当理解为法理学家。这段话,分别论及墨家、道家、儒家的一些具体观点对于中国法理学的贡献。

此外,关于墨家对法理学的贡献,胡适还特别提到了墨家关于"故"的观念。他说:"'故'是'物之所以然',是'有之必然'。今说'法'是'所若而然'。把两条界说合起来看,可见故与法的关系。一类的法即是一类所以然的故。例如:用规写圆,即是成圆之故,即是作圆之法。依此法做,可作无数同类的圆。故凡正确的故,都可作为法:依他做去,都可发生同样的效果。若不能发生同类的效果,即不是正确之故。科学的目的只要是寻出种种正确之故,要把

---

① 胡适:《中国中古思想史长编》,载欧阳哲生编:《胡适文集》第六册,北京大学出版社2013年,第380页。

这些'故'列为'法则'(如科学的律令及许多根据于经验的常识),使人依了做去可得期望的效果。"①由此看来,墨家关于"故"的观念,对法理学的发达所作的贡献还不容忽视。

根据胡适的相关论述,以上两个方面,都可以归属于儒道墨三家为中国法理学的发达提供的根本观念,当然也是为中国法理学的发达提供的必要的理论铺垫,同时还可以归属于中国古代法理学的基本观念。

三、中国古代法理学的发达

在《中国古代哲学史》第十二篇之第二章,胡适首先辨析了法理学、法治学说与法家的关系,他说:"古代本没有什么'法家'。""慎到属于老子、杨朱、庄子一系;尹文的人生哲学近于墨家,他的名学纯粹是儒家。又当知道孔子的正名论,老子的天道论,墨家的法的观念,都是中国法理学的基本观念。故我以为中国古代只有法理学,只有法治的学说,并无所谓'法家'。中国法理学当西历前三世纪时,最为发达,故有许多人附会古代有名的政治家如管仲、商鞅、申不害之流,造出许多讲法治的书。后人没有眼光,遂把一切讲法治的书统称为'法家',其实是错的。但法家之名,沿用已久了,故现在也用此名。但本章所讲,注重中国古代法理学,并不限于《汉书·艺文志》所谓'法家'。"②

这就是说,法理学可以理解为法治学说。胡适在"本章所讲"的"中国古代法理学",其实也主要是公元前3世纪处于发达状态的中国古代法理学,亦可以理解为中国古代法理学的黄金时代。依胡适之意,中国古代法理学的发达,主要体现为一批法理学家的

---

① 胡适:《中国古代哲学史》,载欧阳哲生编:《胡适文集》第六册,北京大学出版社2013年,第265页。
② 胡适:《中国古代哲学史》,载欧阳哲生编:《胡适文集》第六册,北京大学出版社2013年,第352—353页。

崛起。那么,哪些人是最具代表性的法理学家?胡适举出了四个人,他们分别是慎到、尹文、尸佼与韩非。可以把这四个人理解为中国古代法理学的"四大家",或曰中国古代的"四大法理学家"。他们创造的法理学,标志着中国古代法理学已臻于发达。

(一)慎到

慎到名气很大,但史籍中关于慎到其人的记载却很简略。比较明确的是,慎到是赵国人,后来到了齐国,是稷下学士之一。在胡适看来,讲中国古代法理学的发达,首先应当讲到慎到。慎到对法理学的贡献,主要在于突出了法的客观性。

针对《慎子》中的"措钩石,使禹察之,不能识也。悬于权衡,则厘发识矣"一语,胡适说:"权衡,钩石都是'无知之物',但这种无知的物观标准,辨别轻重的能力,比有知的人还高出百倍。"[①]这里的"物观标准"就是客观标准。针对《慎子》中的"有权衡者,不可欺以轻重;有尺寸者,不可差以长短;有法度者,不可巧以诈伪"一语,胡适认为:"这是主张'法治'的一种理由。"[②]"法度"与"权衡""尺寸"一样,它作为一种客观的标准,是防止诈伪的基本装置。

胡适还将慎到与孟子、荀子进行比较:"孟子所说的'法',还只是一种标准模范,还只是'先王之法'。当时的思想界,受了墨家'法'的观念的影响,都承认治国不可不用一种'标准法'。儒家的孟子主张用'先王之法',荀子主张用'圣王为师',这都是'法'字模范的本义。慎子的'法治主义',便比儒家进一层了。慎子所说的'法',不是先王的旧法,乃是'诛赏予夺'的标准法。慎子最明'法'的功用,故上文首先指出'法'的客观性。这种客观的标准,如钧石、权衡,因为是'无知之物',故最正确、最公道、最可靠。不但如

---

① 胡适:《中国古代哲学史》,载欧阳哲生编:《胡适文集》第六册,北京大学出版社2013年,第342页。
② 胡适:《中国古代哲学史》,载欧阳哲生编:《胡适文集》第六册,北京大学出版社2013年,第343页。

此,人治的赏罚,无论如何精明公正,总不能使人无德无怨。""若用客观的标准,便可免去这个害处。"①换言之,儒家的孟子、荀子所理解的法,还都是初始意义上的法,那就是上文所说的"模范之法"。这是一种古老的法观念,也是孟、荀所持的法观念。但是,慎到的"法治主义"则把"模范之法"发展到"标准法"或"客观法"的阶段。

《慎子》还说:"法虽不善,犹愈于无法。所以一人心也。夫投钩以分财,投策以分马,非钩策为均也,使得美者不知所以美,得恶者不知所以恶。"针对此番"钩策论",胡适认为:"此处慎子用钩策比'法',说法之客观性最明白。此可见中国法治主义第一个目的只要免去专制的人治'诛赏予夺从君心出'的种种祸害。此处慎到虽只为君主设想,其实是为臣民设想,不过他不敢明说罢了。儒家虽也有讲'法'字的,但总脱不了人治的观念,总以为'惟仁者宜在高位'(孟子语,见《离娄》篇)。慎到的法治主义首先要去掉'建己之患,用知之累':这才是纯粹的法治主义。慎到的哲学根本观念——'弃知去己而缘不得已'——有两种结果:第一是用无知的法治代有知的人治,这是上文所说过了的。第二是因势主义。"②

如果暂不论慎到的因势主义,那么,慎到的"哲学根本观念"就是以无知的法治取代有知的人治,或者说是以客观的法治取代主观的人治。按照胡适的评价,慎到的法治主义乃是纯粹的法治主义。由于慎到发展了法的客观性,要求以客观的法治取代主观的人治,所以他成为了胡适眼里的法理学家。概而言之,胡适所见的慎到法理学,主要是客观论的法理学。

---

① 胡适:《中国古代哲学史》,载欧阳哲生编:《胡适文集》第六册,北京大学出版社2013年,第343页。
② 胡适:《中国古代哲学史》,载欧阳哲生编:《胡适文集》第六册,北京大学出版社2013年,第343—344页。

(二)尹文

关于尹文其人,史籍中的记载也很少。《汉书·艺文志》在著录《尹文子》后注称:"说齐宣王,先公孙龙。"颜师古注称:"刘向云与宋钘俱游稷下。"①《隋书·经籍志》在著录《尹文子》后注称:"尹文,周之处士,游齐稷下。"②这些资料表明,尹文也是一个稷下学士。

在胡适看来,尹文堪称最具代表性的"法理学大家"。他说:"尹文的学说,据现有的《尹文子》看来,可算得当时一派重要学说。尹文是中国古代一个法理学大家。中国古代的法理学乃是儒墨道三家哲学的结果。老子主张无为,孔子也说无为,但他却先要'正名',等到了'君君、臣臣、父父、子子'的地位,方才可以'无为而治'了。孔子的正名主义已含有后来法理学的种子。看他说不正名之害可使'刑罚不中,……民无所措手足',便可见名与法的关系。后来墨家说'法'的观念,发挥得最明白。墨家说'名'与'实'的关系也说得最详细。尹文的法理学的大旨只在于说明'名'与'法'的关系。"③

公元前3世纪的法理学都是儒墨道三家综合的结果,尹文的法理学尤为典型地体现了这样的前因后果。其中,老子的无为论,孔子的正名论,墨家的名实关系论,都汇入了尹文的法理学。而且,尹文的法理学,主要是名法关系理论。那么,如何把握尹文的名法关系理论?

在《尹文子》中,胡适发现了"更成熟、说得更清楚的关于名实关系的理论"。因为,《尹文子》有言:"故人以度审长短,以量受少多,以衡平轻重,以律均清浊,以名稽虚实,以法定治乱,以简治烦

---

① [汉]班固撰:《汉书》,[唐]颜师古注,中华书局2000年,第1372页。
② [唐]魏徵撰:《隋书》,中华书局2000年,第675页。
③ 胡适:《中国古代哲学史》,载欧阳哲生编:《胡适文集》第六册,北京大学出版社2013年,第347页。

惑,以易御险难。万事皆归于一。百度皆准于法。归一者,简之至;准法者,易之极。如此,则顽、嚚、聋、瞽,可与察、慧、聪、明同其治也。"根据这段话,胡适认为:"法治逻辑的首要因素是普遍性原则。""与普遍性原则紧密相联的是客观性原则。""此外,法治使统治者从个人统治的重大责任中解脱出来。"①

胡适以名法关系理论作为"尹文的法理学的大旨",并认为,这个"大旨"或"根本观念"可以分三层说:"一是形,二是名,三是分。形即是'实',即是一切事物。一切形都有名称,名须与实相应,故说:'名者,名形者也;形者,应名者也。'尹文的名学好像最得力于儒家的正名主义,故主张名称中须含有褒贬之意,所以说:'善名命善,恶名命恶,……使善恶尽(疑当作画)然有分。'这完全是寓褒贬,别善恶,明贵贱之意。命名既正当了,自然会引起人心对于一切善恶的正当反动。这种心理的反动,这种人心对于事物的态度,便叫做'分'。""以上所说,尹文的法理学与儒家的正名主义毫无分别。但儒家如孔子想用'春秋笔法'来正名,如荀卿想用国家威权来制名,多不主张用法律。尹文便不同了。"尹文是主张用法律来正名的,"从纯粹儒家的名学一变遂成纯粹的法治主义,这是中国法理学史的一大进步"。② 概而言之,尹文作为胡适眼里的"法理学大家",他的法理学可以概括为名法论的法理学。

(三) 尸佼

史籍中关于尸佼的记载也不多。钱穆的《尸佼考》得出的结论是:"据同时学风以为推测,则尸子之学,固当与李悝吴起商鞅为一派耳。"③如果尸佼与这些法家先驱是一派的,那就说明,胡适把尸

---

① 胡适:《先秦名学史》,载欧阳哲生编:《胡适文集》第六册,北京大学出版社 2013 年,第 128—129 页。
② 胡适:《中国古代哲学史》,载欧阳哲生编:《胡适文集》第六册,北京大学出版社 2013 年,第 348—349 页。
③ 钱穆:《先秦诸子系年》,九州出版社 2011 年,第 285 页。

佼作为一个代表性的法理学家,确实是有依据的。虽然,胡适的依据并不是因为尸佼"固当与李悝吴起商鞅为一派"。

且看胡适理解的尸佼其人:"尸佼,楚人(据《史记·孟荀列传》及《集解》引刘向《别录》。班固以佼为鲁人,鲁灭于楚,鲁亦楚也。或作晋人,非)。古说相传,尸佼曾为商君之客;商君死,尸佼逃入蜀(《汉书·艺文志》)。《尸子》书二十卷,向来列在'杂家'。今原书已亡,但有从各书里辑成的《尸子》两种(一为孙星衍的,一为汪继培的。汪辑最好)。据这些引语看来,尸佼是一个儒学的后辈,但他也有许多法理的学说。故我把他排在这里。即使这些话不真是尸佼的,也可以代表当时的一派法理学者。"[1]这就是说,尸佼应当是儒家的后辈,并非法家的同伙。当然,李悝、吴起等人虽然是法家的先驱,但也是儒家的后辈,因为,他们都是子夏在魏之西河从教时的弟子,从这个传承关系来看,他们都是孔子的再传弟子。由此可知,尸佼既是早期法家的同伙,也是早期儒家的后辈。这两个说法其实是不矛盾的,是可以共存的。

关于尸佼的法理学,"最接近儒家的尸子说:'天下之可治,分成也。是非之可辩,名定也。''明王之治民也,……言寡而令行,正名也。君人者苟能正名……执一以静,令名自正,令事自定。赏罚随名,民莫不敬。'尸子说:'言者,百事之机也。圣王正言于朝,而四方治矣,是故曰:正名去伪,事成若化。以实核名,百事皆成。'从这里,我们能够看出孔子及孔门弟子名实关系学说的清楚线索。理想的统治是能够以这样的方式使名规范化的统治。这种方式用尸子的话说是,'是非随名实,赏罚随是非。'这个表面上难理解的理论事实上是非常简单的。它意味着,是非以名实是否相合为转移"[2]。按

---

[1] 胡适:《中国古代哲学史》,载欧阳哲生编:《胡适文集》第六册,北京大学出版社2013年,第354页。
[2] 胡适:《先秦名学史》,载欧阳哲生编:《胡适文集》第六册,北京大学出版社2013年,第127—128页。

照胡适的这些叙述,尸佼的法理学,主要是名实论的法理学。

(四)韩非

相对于前述三人,有关韩非的文献与韩非留下的文献都较为丰富,相关的研究成果也较多,这里不再详述。通常认为,韩非是法家理论的集大成者。胡适虽不认同法家之名,但也把韩非列入法理学家的行列。按照胡适的叙述:"韩非是韩国的公子,与李斯同受学于荀卿。当时韩国削弱,韩非发愤著书,攻击当时政府'所养非所用,所用非所养',因主张极端的'功用'主义,要国家变法,重刑罚,去无用的蠹虫,韩王不能用。"这就是胡适所见的韩非其人。关于《韩非子》其书,"依我看来,《韩非子》十分之中,仅有一二分可靠,其余都是加入的。那可靠的诸篇如下:《显学》《五蠹》《定法》《难势》《诡使》《六反》《问辩》"。① 这就是胡适理解的《韩非子》。

关于韩非的法理学,胡适说:"对法的检验是看它能否适合时代的实际需要。这是韩非的实验方法。""首先,韩非的学说已经使法治成为较好地调整社会与政治环境的现行的、进步的工具。其次,韩非的学说拒绝保守、反动的'法先王'的主张,不仅仅由于这些'先王'生活时代与我们的生活时代根本不同,而且也由于他们受到保守派拥护的政策得不到历史的证据以证明它们的真实性。"②总体上看,"韩非的学说最重实验,他以为一切言行都该用实际的'功用'作试验"。"韩非既主张进化论,故他的法治观念,也是进化的。"③根据胡适的这

---

① 胡适:《中国古代哲学史》,载欧阳哲生编:《胡适文集》第六册,北京大学出版社2013年,第354—355页。
② 胡适:《先秦名学史》,载欧阳哲生编:《胡适文集》第六册,北京大学出版社2013年,第132页。
③ 胡适:《中国古代哲学史》,载欧阳哲生编:《胡适文集》第六册,北京大学出版社2013年,第354页。

些论述,韩非的法理学主要有两个要点,一是主张实验,二是主张进化。①因而,实验论与进化论是韩非法理学最为鲜明的特征。

(五) 政治家对法理学的贡献及其限度

在胡适看来,中国法理学的发达集中体现为以上四大法理学家创造的法理学。与此同时,在那个历史时期,还有一些政治家,他们对法理学也做出了一定的贡献。"大约在公元前四世纪中叶期,出现了两个政治家;秦国的卫鞅(死于公元前338年)和韩国的申不害(死于公元前337年)。所有后来的法哲学的阐述者都把这两个人作为他们的出发点。"②主要原因在于,"他们的政治,都很有成效,故发生一种思想上的影响。有了他们那种用刑罚的政治,方才有学理的'法家'。正如先有农业,方才有农学;先有文法,方才有文法学;先有种种美术品,方才有美学。这是一定的道理"③。

这就是说,商鞅、申不害及其成功的政治实践,构成了法理学家(法哲学家)建构其法理学的素材。从另一个角度来看,这些政治家普遍都以变法而著称,他们的"变法的思想也是造成古代思想的折衷调和的一个大势力"④。前文已经谈到,法理学是儒道墨三家"折衷调和"的一个结果,而"折衷调和"也是一种变化,也需要一种力量来驱动。商鞅、申不害这样一些政治家的变法、改革,就在思想上起到了一个驱动的作用。

---

① 对于胡适以进化论解释韩非,王元化提出了批评,说:"胡适说的比较参照是一项十分困难的工作。他在这方面的失误,使他作了许多错误的判断。比如,用进化论角度去研究先秦诸子。"王元化:《胡适的治学方法与国学研究》,载王元化:《清园夜读》,台北书林出版有限公司1996年,第67页。
② 胡适:《先秦名学史》,载欧阳哲生编:《胡适文集》第六册,北京大学出版社2013年,第124页。
③ 胡适:《中国古代哲学史》,载欧阳哲生编:《胡适文集》第六册,北京大学出版社2013年,第354页。
④ 胡适:《中国中古思想史长编》,载欧阳哲生编:《胡适文集》第六册,北京大学出版社2013年,第389页。

但是,商鞅、申不害等人对法理学的贡献,也仅仅止于为法理学的发达提供了驱动力量与基础材料(原材料)。他们对法理学的发达,没有直接的贡献。其中,"申不害虽是一个有手段(所谓术也)的政治家,却不是主张法治主义的人"。商鞅虽"是一个大政治家",却"主张用严刑重赏来治国"。他们的政治实践,"不过是注重刑赏的政策,与法理学没有关系。今世所传《商君书》二十四篇(《汉书》作二十九篇),乃是商君死后的人假造的书"。"商君是一个实行的政治家,没有法理学的书。"因而,申不害的《申子》、商鞅的《商君书》,再加上《管子》,"都是假书,况且这三个人都不配称为'法家'。这一流的人物——管仲、子产、申不害、商君——都是实行的政治家,不是法理学家,故不该称为'法家'"。① 概而言之,管仲、申不害、商鞅是政治家,不是法理学家,也不是所谓的法家;慎到、尹文、尸佼、韩非是法理学家,其中,尹文还是"法理学大家",这就是胡适编织的"法理学家人物谱"。

胡适做出的这些界定与分类,有一个明显的特征:他认可的法理学家,都不是实际主政的政治家。其中,尸佼可能是商鞅的门客,韩非是一个从事著述的宗室公子,慎到、尹文都是"不治而议论"的"稷下学士"或"稷下先生"。用现代的话来说,胡适标举的四大法理学家,都没有掌握过实际权力,都是专门从事学术理论研究的学者,因此,胡适愿意把它们归属于法理学家。相比之下,管、申、商三人,却是在君主的支持下,实际主持一国政务的政治家,因此不能归属于法理学家的行列。

四、中国古代法理学的流变

如前所述,胡适把公元前 3 世纪看作中国法理学的发达时期,

---

① 胡适:《中国古代哲学史》,载欧阳哲生编:《胡适文集》第六册,北京大学出版社2013年,第353—354页。

在《中国古代哲学史》及《先秦名学史》等著作中,胡适建构的中国古代法理学主要是先秦时期的法理学。在这一点上,胡适跟梁启超的《中国法理学发达史论》有同样的关注。不过,胡适关注的中国古代法理学,并不仅限于先秦时期的中国法理学。在其他一些相关论著中,胡适对中国法理学在汉代以后的流变,也有一定程度的关注。譬如,针对汉宋之间的这段历史,胡适说,为了建立文治政策,在汉宋之间,"遂产生了四种工具",其中之一是"建树成文法律,提倡法治"。① 这就是说,从汉至宋,中国的成文法得到建构,法治得到提倡。着眼于此,为了全面反映胡适对中国古代法理学的建构,还有必要把握他对汉代以后的中国古代法理学的叙述。胡适的英文论著《中国传统中的自然法》,集中反映了他对中国古代法理学在汉代以后的流变情况的认知。

在这篇论著中,胡适试图为西方的自然法概念寻找中国的对应物。他说,中国思想中有四个概念,"所发挥的历史作用非常类似于西方的自然法。它们是:1. 老子学说中的'天道';2. 墨子学说中的'天志';3. 中国中世纪蓬勃发展的'经';4. 在相对近代的时期发展起来,代表理性和普遍理性的'理''天理''道理'等概念——作为'普遍的正当和理性'的自然法"②。这就是胡适所理解的中国传统中的自然法概念。在这四个概念中,"天道"与"天志"主要是先秦时期的概念,这里不再讨论。对于这四个概念中的"经"与"理",如果把它们看作自然法的对应物,那么,它们主要是在汉代以后兴起的。因而,中国古代法理学在汉代以后的流变,就可以由"经"与"理"这两个概念来承载。其中,"经"是"中国中世纪"兴起的,"理"是在"相对近代的时期"发展起来的。

---

① 胡适:《谈谈中国思想史》,载欧阳哲生编:《胡适文集》第十二册,北京大学出版社2013年,第317页。
② 王晶晶:《胡适英文著作〈中国传统中的自然法〉中译》,《盐城师范学院学报》(人文社会科学版)2018年第6期,第29页。

(一) 作为自然法的经

在结束了关于"天道"与"天志"的叙述之后,胡适说:"我想提出另一个与'自然法'相当的中国概念——具有无上权威的'经'(也就是儒家经典)。'经'的根本意义在于通过确立一系列的圣典,作为人世间的基本法律,得到人们的敬畏、并使人们可以诉诸于此;它具有高于绝对王权、法令和政府的至高无上的权威。"正是在这个意义上,"经"相当于自然法。如果要追问,儒家经典何以成为自然法意义上的"经"?胡适认为,那是缘于中国哲人的推动。他说:"必须承认,中国的哲人政治家们在尝试确立'经'(儒家经典)的权威时,取得了相当的成功。从此儒教作为国教,它的典籍成为了道德和法律权威的来源,高于世俗最高的政治权力。"①

在这些中国哲人中,董仲舒最具代表性。胡适也特别强调了董仲舒的贡献。根据《汉书·董仲舒传》,董仲舒认为:"法出而奸生,令下而诈起,如以汤止沸,抱薪救火,愈甚亡益也。"②正是基于对法与令的这种认识,董仲舒向汉武帝建议:"诸不在六艺之科孔子之术者,皆绝其道,勿使并进。"③于是,汉武帝"罢黜百家,表章六经"④。这就是后世所说的"罢黜百家,独尊儒术"。换言之,是汉武帝接受了董仲舒的建议,以国家的名义正式确认了六部儒家经典(《诗》《书》《礼》《易》《乐》《春秋》)成为六经,经作为自然法的地位,由此得以奠定。

经既然是普遍的、主导了整个共同体是非对错观念的自然法,且具有至高无上的权威,必然会发挥自然法的功能。胡适举出了一些例子,用以说明经作为自然法的功能,是如何发挥出来的。

---

① 王晶晶:《胡适英文著作〈中国传统中的自然法〉中译》,《盐城师范学院学报》(人文社会科学版)2018年第6期,第31页。
② [汉]班固撰:《汉书》,中华书局2007年,第564页。
③ [汉]班固撰:《汉书》,中华书局2007年,第570页。
④ [汉]班固撰:《汉书》,中华书局2007年,第52页。

其中一个例子出自《汉书·霍光传》：汉昭帝驾崩之后，刘贺即位。"贺者，武帝孙，昌邑哀王子也。既至，即位，行淫乱。光忧懑，独以问所亲故吏大司农田延年。延年曰：'将军为国柱石，审此人不可，何不建白太后，更选贤而立之？'光曰：'今欲如是，于古尝有此否？'延年曰：'伊尹相殷，废太甲以安宗庙，后世称其忠。将军若能行此，亦汉之伊尹也。'光乃引延年给事中，阴与车骑将军张安世图计，遂召丞相、御史、将军、列侯、中二千石、大夫、博士会议未央宫。……于是议者皆叩头，曰：'万姓之命在于将军，唯大将军令。'"①

这段记载表明，主持朝政的霍光享有国家"柱石"的地位，他想废弃新即位的皇帝刘贺，但必须找到法理上的依据。大司农田延年为他找到的依据是"伊尹相殷，废太甲以安宗庙"。这样的先例，见于《尚书》之《太甲》（上、中、下）三篇。此事在《史记》中也有相应的记载："帝太甲既立三年，不明，暴虐，不遵汤法，乱德，于是伊尹放之于桐宫。"②这就是说，《尚书》中记载的"伊尹废太甲"，不仅具有历史意义，而且具有法理意义，因为，这是经书（《尚书》）已经确认的先例，这样的先例已经给后世充当国家柱石的人授予了一项权力：他为了天下与社稷的安危，可以废除不合格的君主。经的权威高于君主的权威，经作为自然法的意义，由此可以体现出来。

另一个例子发生在朱元璋身上。明朝建政之后，朱元璋发现，《孟子·尽心下》有："民为贵，社稷次之，君为轻"之说，《孟子·离娄下》还有"君之视臣如土芥，则臣视君如寇仇"之论。这样一些论断，尽管出自儒家圣人孟子，但对君主的权威构成了威胁，对君主的尊严形成了冒犯。于是，朱元璋下令，把孟子的牌位从孔庙中移

---

① ［汉］班固撰：《汉书》，中华书局 2007 年，第 678 页。
② ［汉］司马迁撰：《史记》，［宋］裴骃集解，［唐］司马贞索解，［唐］张守节正义，中华书局 2000 年，第 72 页。

出,这就相当于把孟子逐出了圣贤的行列。此外他还查禁了《孟子》一书,后来又安排专人将《孟子》一书中不利于君主的话删除,出了一本《孟子节文》,也就是节文版的《孟子》。然而,数年之后,朱元璋就自行纠正了这样的错误行为:孟子的牌位被重新请回孔庙,重新受到供奉;《孟子节文》也没有人读了。这就是《孟子》作为后来增补的儒家经书的力量。

透过这样一些事例,胡适评论说:"这就是神圣的儒家经典作为'不易的规则''永恒的法律'在道德、法律、政府事务等各方面发挥作用的故事。事实是,既不是儒家经典,也不是在此基础上建立的国教,成功地限制了无限的王权。而是,成功地发挥了'神法'(神圣的法律)、'自然法'的作用——一方面,它是普遍的准则,提供了道德尺度、成为评判的标准;另一方面,它是最高的根本法,社会、政治的批评者和改革家们可以持续地从它那里得到支持和理由,而哪怕最暴虐的统治者都不敢挑战它。"①

从汉武帝时代开始,一直到清末,经都享有"最高的根本法"的地位。因而,关于经的研究所形成的经学,也就相当于关于"最高的根本法"的研究而形成的法理学。反之,后经学时代的法理学,就相当于经学时代的经学。正是由于这个缘故,有学者认为,"后经学时代"包含的一层意思是:"在社会政治层次上,经学失却其合法性依据的地位,中国社会形式上走向法理化的时代。"②这个论断表明,如果现代社会处于法理化的时代,那么,传统中国就处于经学化的时代。

胡适从自然法的角度论述经的法理意义,表明他已经看到了经学与法理的关系。因而,他对经的理解,可以视为他对从汉至清的中国古代法理学的理解。

---

① 王晶晶:《胡适英文著作〈中国传统中的自然法〉中译》,《盐城师范学院学报》(人文社会科学版)2018年第6期,第33页。
② 陈少明:《汉宋学术与现代思想》,广东人民出版社1995年,第128页。

（二）作为自然法的理

按照胡适的逻辑,如果说"经"是汉代兴起的自然法,那么,"理"就是宋代兴起的自然法。胡适所说的"相对近代的时期",可以理解为自宋代开始的时期。① 这就是说,"理"获得自然法的地位,主要是从宋代开始的。

那么,"理"到底是什么?胡适说:"理"作为"四个主要相当于自然法的中国概念之一",相当于"自然法在万事万物中的体现"。"不管在古汉语还是现代汉语中,单音节的'理'都常出现在双音节的词语中,比如(1)'道理',字面上看,意为方法和理由,即普遍的真理或自然法则;(2)'天理',上天或自然的法则、道理。""在人们的日常用语中,'道理'意味着孟子所说的'心所同然';是'普遍的正当和理性'意义上的'自然法'。"②胡适也举出了一些事例,来说明作为自然法的"理",是如何发挥自然法的作用的。

其中的一个例子,是王安石在变法过程中所遭遇的"理"。1069年,亦即北宋熙宁二年,王安石在宋神宗的支持下开始推行变法。这场变法以发展经济、追求富强为目标,涉及政治、经济、军事、社会、文化诸方面。变法持续了十六年,一直到宋神宗去世才结束。在这个过程中,"王安石对他的权力十分自信,因此他并不需要诉诸任何更高的法律或权威。据说这位变法的领袖甚至认为:'祖宗不足法,天变不足畏,人言不足恤。'但是由一些保守但正直的杰出政治家组成的反对党,认为有必要诉诸更高的权威,而不是政府和王权。恰是反对党经常祭出'天道''天理'的概念,以此作为批评和反对变法的依据。司马光(1019—1086),历史学家和

---

① 日本学界也有学者把从宋代一直到清代的历史称为近代或"近世"。详见,[日]宫崎市定:《东洋的近世》,[日]砺波护编,张学锋、陆帅、张子毫译,中信出版社2018年,第8页。

② 王晶晶:《胡适英文著作〈中国传统中的自然法〉中译》,《盐城师范学院学报》(人文社会科学版)2018年第6期,第34—35页。

反对党的领袖,给王安石写了一封著名的信,其中引用老子'无为'和不干涉的'天道'学说,指责他的好友与政敌'尽弃其所学'。程颢(1032—1085),当时最伟大的哲学家之一,也在他的奏折中屡屡提到'天理',在他看来,天理恒常不易、寂然不动;无时不存、无往不在,不随时代的变化而改变"①。

在胡适看来,司马光是以"天道"作为依据来批评王安石的。这里的"天道"就是"天理"或"理"。这就是说,天理或理,显然是比国家颁布的实在法效力更高的自然法。王安石虽然可以充当国家法律的代言人,但是,王安石代言的国家法律,毕竟还是要接受天理或理的评判。天理或理,由此成为了高踞于国家实在法之上的自然法。

胡适还提到了程颢。程颢当然是他那个时代宣扬天理的"最伟大的哲学家之一"。然而,宣扬天理的哲学家,除了程颢,还有其弟程颐,还有南宋的朱熹。所谓"程朱理学",主要就是以二程、朱熹来命名的。如果说,董仲舒是推动"经"成为一个自然法概念的最伟大的哲学家,那么,二程、朱熹则是推动"理"成为一个自然法概念的最伟大的哲学家。正是在程颢、程颐已经奠定的基础上,朱熹形成了庞大而完整的理学体系,按照胡适的逻辑,这个理学体系亦可以称为关于理的自然法学体系。换言之,程朱代表了理作为自然法的形成。

胡适还提到了明代的王阳明,因为王阳明为理提供了新的解释。"王阳明说,没有一个'理'(理性或法则)外在于人心,每个人的内心里都有'天生的、出于本性的知识'('良知'),那是人的道德自觉;'良知'即'是便知是,非便知非'。自然法是每个人天生的、出于本性的道德自觉所认为是真理和法律的东西,而每个人的责

---

① 王晶晶:《胡适英文著作〈中国传统中的自然法〉中译》,《盐城师范学院学报》(人文社会科学版)2018年第6期,第35—36页。

任则是'致吾心之良知于事事物物也'。正是这一自然法的新的概念形式,出于每个人本性的道德自觉——'理',给了那些勇敢无畏的人们继续斗争下去的精神力量。因此他们有了清晰的信念:尽管会遭杖责、流放、酷刑,以至牺牲,但正是为了公平正义而遭受这一切、而斗争的;他们所坚持的,终将被证明是正确的。"[1]这段话表明,胡适对自然法的理论是认同的。胡适的法理学,就其精神与风格而论,也可以归属于自然法学。只不过,胡适所认定的自然法,其实体内容主要是"自由",而他所理解的"自由",何尝不是一种"理"?

以上分述的"经"与"理",代表了胡适理解的从汉至清的中国古代法理学的两个关键词。虽然,"经"与"理"都被胡适视为自然法的对应物,但是,这两种"自然法"还是有差异的。相对说来,中国的"理"与西方的自然法具有更大的共性。因为,"天理"主要是一个与"王法"相对应的概念。就天理与王法的关系而言,天理高于、优于、先于王法,王法不能背离天理。这就相当于西方法理学所讲的自然法与实在法的关系。相比之下,把"经"作为自然法的对应物,可能就存在着一定的讨论空间。首先,"经"是有载体的,无论是"五经""六经"还是"十三经",都是"经",关于经的解释虽然可能发生变化,但经文本身,基本上是固定的。然而,西方的自然法却没有法定的、稳定的载体,自然法的实体内容,可以是理性,也可以是平等自由。不同的历史时代都会为自然法的实体内容赋予时代特色。其次,自然法通常是评价实在法的标准,也可以作为革命的正当理由。但在日常性、常规化的法律实践中,自然法很少现身,很少出场。然而,"理"或"天理",却在传统中国的法律实践中经常出场,经常直接充当裁判的依据。董仲舒实践的"春秋决狱"

---

[1] 王晶晶:《胡适英文著作〈中国传统中的自然法〉中译》,《盐城师范学院学报》(人文社会科学版)2018年第6期,第36页。

或"经义决狱",其实已经表达了"经"不同于"自然法"的这个特点。

虽然"经"与"理"作为胡适所认定的自然法,在法理上有一些差异,但是,经学与理学却代表了从汉至清两千年间中国法理学的主流。因此,从汉至清的中国古代法理学,或许可以概括为:从经学到理学。其中,经学始于汉代,如前所述,是在以董仲舒为代表的儒生,向汉政府提出"罢黜百家、独尊儒术"的建议并获得汉政府批准之后,经学才从诸子之学中脱颖而出,经书才从子书中脱颖而出,成为了国家意识形态的载体,经也才因此而成为了胡适所说的"自然法"。理学始于宋代,是以二程、朱熹为代表的宋代儒家,对理及天理的意义进行了全面而系统的论证,进而形成了程朱理学。通过程朱理学,理作为高踞于实在法之上的自然法,在法理上得以证立。

这就是从汉至清的中国古代法理学的脉络:从经学到理学。在胡适的《中国传统中的自然法》一文中,虽然没有如此表述,但是,我们可以从他的论述中读出这样一条线索,这条线索揭示了中国古代法理学在汉代以后直至清代的流变。

小结

以上四个方面,分别阐明了胡适建构中国古代法理学的背景,尤其是胡适从起源、发达、流变三个环节建构的中国古代法理学。叙述至此,如果要进一步归纳胡适建构中国古代法理学的特点,那么,"创造性转化"一语,庶几近之。在这里,所谓"创造性转化",主要是胡适对中国传统文化的创造性转化。

胡适的"转化",是从传统中国"打成一片"的学术思想中"转化"出现代学术体系中的法理学,这样的转化,主要体现了对梁启超开创的中国法理学史研究范式的遵循。胡适的"创造性"主要体现在:其一,他以"法理学家"的概念取代了"法家"的概念,并明确列出了先秦法理学的"四大家"。其二,他既研究了先秦时代的中国古代法理学，还论述了从汉至清的若干法理问题。其三，他建构的中国古代法理学与他的自由主义底色密不可分，正如前文所述，如果把胡适看作一个法理学者，那么，他的法理学主要是自然法学，他的自然法学的实体内容就是自由。

自五四运动以来，世人都把胡适看作西化的象征，他自己确也有"全盘西化"的主张，后来又修改为"充分世界化"。① 但是，从根本上看，他是中华文化的产物，虽然他讲的"自由"不同于朱熹讲的"天理"，但是，这仅仅是宣扬的内容不同，并不能动摇他的中国立场或中国本位。唐德刚说："大凡一个思想家，他思想体系的建立，总跳不出自己的民族文化传统，和他智慧成长期中的时代环境。这是他的根。其后枝叶茂盛，开花结果，都是从这个根里长出来的。"②唐德刚此言，虽然主要是对胡适尊奉的安吉尔、杜威的评论，其实，用在胡适身上完全适合，甚至恰到好处。

胡适一生的学术，基本上都是在整理国故：《先秦名学史》是1915年至1917年之间用英文撰写的博士论文。1917年回到北京大学之后，为讲授"中国哲学史大纲"而撰写的讲义《中国哲学史大纲》卷上，后来改称《中国古代哲学史》。以后又写《中国中古思想史长编》。再往下，则研究禅宗、研究戴震、研究章学诚、研究《红楼梦》、研究《水经注》，等等。在上文反复引用的十二卷《胡适文集》中，乃至在安徽教育出版社2003年出版的四十四卷《胡适全集》中，除了时评、新诗、日记、书信，胡适学术论著的主体部分几乎都是关于中国传统文化的研究。从这个角度来看，胡适其实是中国传统文化的守护者。他对中国古代法理学的建构，其实是他传承中华传统文化的一个结果。

---

① 胡适：《充分世界化与全盘西化》，载欧阳哲生编：《胡适文集》第五册，北京大学出版社2013年，第412页。
② 胡适英文口述：《胡适口述自传》，唐德刚译注，载欧阳哲生编：《胡适文集》第一册，北京大学出版社2013年，第228页。

胡适给世人留下的"西化"印象,主要是他对自由主义的宣扬。终其一生,胡适堪称自由主义的化身。然而,胡适既宣扬西方的自由主义,也宣扬中国固有的自由主义。他并不认为自由主义是西方专有之物。他认为,早在先秦时期,中国就已经形成了自由主义的传统。他说:由于春秋战国时期,中国"在学术、哲学上的成就,中国的自由、民主、和平观念与理想,也就随而产生"①。"二千多年有记载的历史,与三千多年所记载的历史,对于自由这种权力,自由这种意义,也可说明中国人对于自由的崇拜,与这种意义的推动。""中国思想的先锋老子、孔子,也可以说是自由主义者。""孟子说:'民为贵,君为轻',在二三千年前,这种思想能被提出,实在是一个重要的自由主义者的传统。"②"从老子孔子打开了自由思想的风气,二千多年的中国思想史、宗教史,时时有争自由的急先锋,有时还有牺牲生命的殉道者。孟子的政治思想可以说是全世界的自由主义的最早的一个倡导者。孟子提出的'大丈夫'是'贫贱不能移,富贵不能淫,威武不能屈'。这是中国经典里自由主义的理想人物。"③诸如此类,不一而足。

这些论述表明,自由主义既是西方的,但也是中国传统的。自由主义既有西方形态,也不乏中国形态。这就是胡适的自由主义立场。胡适对中国古代法理学的建构,也遵循了同样的逻辑:法理学有西方形态,也有中国形态。胡适创造性地把中华传统文化中的一部分转化成为法理学,由此,中国古代法理学也就成为了法理学知识体系中的一个组成部分。胡适也因为这样的"创造性转化"而进入了中国法理学史。

---

① 胡适:《中国抗战也是要保卫一种文化方式》,载欧阳哲生编:《胡适文集》第十二册,北京大学出版社 2013 年,第 711 页。
② 胡适:《中国文化里的自由传统》,载欧阳哲生编:《胡适文集》第十二册,北京大学出版社 2013 年,第 616—617 页。
③ 胡适:《自由主义》,载欧阳哲生编:《胡适文集》第十二册,北京大学出版社 2013 年,第 734—735 页。

第三节　熊十力

熊十力(1885—1968)是现代新儒家学说的主要开创者。① 有学者说,"严格言之,'新儒家'主要即指熊十力的哲学流派";根据"海外流行的本义,即熊十力学派中人才是真正的'新儒家'"。② 成中英则认为,"五四时代西学冲击以来,从事新儒家哲学之创造最有成就者无疑要推熊十力先生"③。

从成学过程来看,熊十力之学经历了一个从儒学转向佛学,最后又回归儒学的思想轨迹,这正是朱熹、王阳明所代表的诸多宋明理学家所经历的一条思想轨迹。熊十力最主要的学术贡献可以概括为,在融会儒佛的基础上,实现了对传统儒家学说的创造性转化、创新性发展。然而,无论是传统儒家学说还是现代新儒家学说,都包含了两个方面:内圣之学与外王之学。如果说,熊十力的内圣之学主要体现为他的心性形而上学,那么,熊十力的外王之学主要体现为他的法理学。

熊十力关于心性形而上学的代表性论著是《新唯识论》。熊十力关于法理学的代表性论著,主要包括 1945 年的《读经示要》、1949 年的《韩非子评论》、1950 年的《与友人论张江陵》、1951 年的《论六经》,等等。这些著作涉及经学、史学、子学,但它们都有一个共同的关切,那就是:立国之道、治国之术,亦即何以立国、何以治

---

① 关于"新儒家"一词,据刘述先的考证:"'新儒家'这个名称并不见于古籍,冯友兰最早用它,陈荣捷先生也用它,但似乎是张君劢先生(Carsun Chang)用英文著《新儒家思想的发展》(Development of Neoconfucian Thought)一书出版之后才渐渐广泛流行的。"详见,刘述先:《当代新儒家的探索》(节录),载萧萐父主编:《熊十力全集》附卷上,湖北教育出版社 2001 年,第 883 页。
② 余英时:《钱穆与现代中国学术》,广西师范大学出版社 2006 年,第 48—49 页。
③ 成中英:《综论现代中国新儒家哲学的界定与评价问题》,载萧萐父主编:《熊十力全集》附卷下,湖北教育出版社 2001 年,第 908 页。

国。譬如,在《论六经》一书之开篇,熊十力即指出:"筑室先基,植树培本,古之恒言也,立国之道,何独不然?"①这就揭示了《论六经》的目标:旨在讨论立国之道。立国之道就是立国之理、治国之理,这正是法理学中最为根本的部分。

在传统中国,从汉代至清代,六经是立国、治国的最高依据,相当于最高的法典,蕴含着丰富的法理,《论六经》就是要阐明这些法理。在六经中,"《春秋》于法理之阐明与法条之创立,盖极详尽,故曰文成数万、其指数千也"②。这就是说,《春秋》既创立了详尽的法条,也创立了详尽的法理,这些法理都是有待于阐明的。再看熊十力在《读经示要》中对法家的评论:"法家谈法治,其说不涉及义理。然其崇法之观念,实本《春秋》。但《春秋》不徒恃法,而本于仁,依于礼,以法为辅,以德为归。所以为人道之极也。法家狭小,乃欲偏尚法以为治,则不善学《春秋》之过。"③可见法家之失,在于"谈法治"却"不涉及义理"。然而,"法治"之"义理",就是法治之理,当然也是法之理。法家尚未涉及的"法治义理",恰好为熊十力谈法理提供了广阔的空间。从这个特定的角度来看,熊十力试图阐明的法理,也可以补救法家之失。

法家之失,在于"不善学《春秋》";熊十力之得,在于"善学《春秋》"。熊十力不仅善学《春秋》,也善学《周官》《礼记》以及《诗》《书》,当然还有更加根本的《周易》。这些儒家经典,构成了熊十力谈法理的基础;熊十力的法理学,就是在这样的基础上培植而成的。

那么,熊十力以儒家经典作为基础,培植出一种什么样的法理

---

① 熊十力:《论六经》(1951年),载萧萐父主编:《熊十力全集》第五卷,湖北教育出版社2001年,第663页。
② 熊十力:《韩非子评论 与友人论张江陵》,上海书店出版社2007年,第8页。
③ 熊十力:《读经示要》(1945年),载萧萐父主编:《熊十力全集》第三卷,湖北教育出版社2001年,第560页。

学？简而言之,熊十力法理学的核心命题是什么？要回答这个问题,不妨先看熊十力关于《周官·秋官》的一个评论。他说,在流传至今的《秋官》中规定了"议亲之辟""议故之辟"与"议贵之辟","此三条者,按诸《周官》大均之原则,其法例决不应有此。《周官》以法治辅礼治,断不容有此不均之法"。① 这个论断虽然主要是对"议亲""议故""议贵"的批判与否弃,但却在无意之间,标举了熊十力法理学的核心命题,那就是:以法治辅礼治。按照熊十力的说法,这是《周官》确立的原则,但它恰好表达了熊十力法理学的神髓。

作为一个法理命题,"以法治辅礼治"可以从两个方面来理解:一方面,既然"孔子之外王学以礼乐为治化之本"②,那么,根据孔子的外王学,礼乐之治,亦即礼治,堪为实现国家治理的根本,亦即礼治为本。另一方面,在礼治这个总体框架之内,法治是一个辅助性的工具或手段,对于礼治能够起到一定的辅助作用,这就是法治为辅。把这两个方面结合起来,就是"以法治辅礼治"。对于熊十力开创的这个法理命题,可以从四个环节予以分述。

一、礼治为本及其构成

在《韩非子评论》中,熊十力专门论及应然的法治,说:"圣人责长民者以父母之道,此为真民主自由之法治,人类如不自毁,必由此道无疑。真民主自由,今之英美何堪语是？《读经示要》第一讲以九义明治化,未可忽而不究。"③换言之,英美盛行的民主自由并不值得称道。"真民主自由之法治",还得遵循儒家圣人之道。与此同时,熊十力还特别指出,要理解真正的民主自由及其法治,还

---

① 熊十力:《论六经》(1951年),载萧萐父主编:《熊十力全集》第五卷,湖北教育出版社2001年,第717页。
② 熊十力:《原儒》(1956年),载萧萐父主编:《熊十力全集》第六卷,湖北教育出版社2001年,第756页。
③ 熊十力:《韩非子评论 与友人论张江陵》,上海书店出版社2007年,第40页。

需要注意《读经示要》关于"治化"的"九义"。

那么,《读经示要》关于"治化"的"九义",是不是关于法治的"九义"?回答是否定的。此"九义"是关于"治"与"化"的"九义",但并不是关于"法治"的九义。结合熊十力关于"治化九义"的相关论述来看,他所讲的"治化九义",实质上是关于"礼治"的"九义"。因为,"治化九义"都是儒家群经的题中之义。这就正如熊十力所说:"大道者,常道也。常道无往而不存,治术可离于常道哉!综群经之言治也,无过下述诸义。"①"下述诸义"就是"治化九义"。由此看来,群经之中,既有常道,也有治术。要理解群经中的常道,可以参看熊十力的一个自我总结:"余之学宗主《易经》,以体用不二立宗。"②这里的"体用不二",可以视为熊十力关于常道的认知。针对群经中的治术,熊十力则有"九义"之说。此"九义"既列举了礼治的构成要素,同时也揭示了礼治为本的要义。

(一)仁以为体

"仁以为体"就是以仁为体。体就是本体。从治的角度来看,就是治以仁为体;从礼治的角度来说,就是礼治以仁为体。为什么要把仁作为治之体?那是因为,"天地万物之体原,谓之道,亦谓之仁。仁者,言其生生不息也。道者由义,言其为天地万物所由之而成也。圣人言治,必根于仁。易言之,即仁是治之体也。本仁以立治体,则宏天地万物一体之量,可以节物竞之私,游互助之宇。塞利害之门,建中和之极。行之一群而群固,行之一国而国治,行之天下而天下大同。若不由此,将顺其欲,因缘利害,同利共害,则合力以争其所欲得,与所欲去。利害之反乎此者,其自护亦如是。纵此起彼伏,伪定一时,而人生不自识性真,则私欲之端,千条万绪,

---

① 熊十力:《读经示要》(1945年),载萧萐父主编:《熊十力全集》第三卷,湖北教育出版社2001年,第581页。
② 熊十力:《体用论》(1958年),载萧萐父主编:《熊十力全集》第七卷,湖北教育出版社2001年,第7页。

无由自克。终非从事社会改造者,可以获得合理生活"①。简而言之,仁是治的本体、本源、根本、起点。只有以仁为体,实施礼治,才能节制私欲、弘扬互助,才能维系一个群体、治理一个国家,才有希望实现天下大同。反之,如果拒绝仁这个根本,那就会纵容私欲的肆意膨胀,人类的合理生活就无法得到安排。

仁既是治之体,仁也是礼之体。从仁与礼的关系来看,根据孔子关于"人而不仁,如礼何"(《论语·八佾》)的论断,礼相当于实在法,仁相当于高踞于实在法之上的自然法或高级法。② 因而,对于礼治来说,"仁以为体"是指:礼治应当遵循"仁"这一更高的规范。在终极层面上,礼治的本质是仁治。正是在这个意义上,我们可以理解:"经学者,仁学也。其言治,仁术也。"仁术就是仁治之术。进一步看,"经学之在中国也,真所谓日月经天,山河行地,其明训大义,数千年来浸渍于吾国人者,至深且远。凡所以治身心、立人纪、建化本、张国维者,何一不原于经"。③ "原于经"就是源于仁。由此看来,礼治对仁的遵循,就是对经的遵循;礼治以仁为体,就是以经为体。

(二)格物为用

在体与用的关系中,仁相当于治之体,格物相当于治之用。"夫立治之体必以仁,而格物则用也。化民以仁,动其民胞物与之怀,如是而治功成乎? 孟子固云:'徒善不足以为政',则格物其要矣。社会组织与习俗等等之形成,政治上度制与权威等等之建立,其初容有不得不然。及久而弊生,甚至不可终日。而乘权处势者,犹自视为固然,受其毒者,呻吟于困楚中,亦自视若定分而不可或

---

① 熊十力:《读经示要》(1945 年),载萧萐父主编:《熊十力全集》第三卷,湖北教育出版社 2001 年,第 581 页。
② 详见,喻中:《仁与礼:孔子的二元规范论》,《法律科学》2019 年第 5 期,第 3—13 页。
③ 熊十力:《读经示要》(1945 年),载萧萐父主编:《熊十力全集》第三卷,湖北教育出版社 2001 年,第 626 页。

易。人类所以幸福少而痛苦多,职此之由也。是故格物之学兴,而后人知即物穷理。则其于人事之得失利弊,必随在加以探究。审于得失者,必知天下之势,不可偏重,而求执其中也。明于利弊者,必知天下之利,不可私专,而求协于公也。知之明,乃以处之当。则本仁心以行仁政,而治功成矣。"①

在治化或礼治的实践过程中,如果只知"仁"这个本体,那是不够的,还得有方法,这就是格物。格物就是调查研究,就是要分析掌握各种组织、机构、习俗、规则、制度的由来、演变及其利弊,只有深入理解某条规则、某项制度的来龙去脉及其对人事的实际影响,才可能较好地运用、改进相关的规则与制度。只有把这样的"格物"与"仁心"结合起来,才可能取得积极的治理绩效。

对于礼治来说,"仁以为体"相当于"礼治本体论","格物为用"相当于"礼治方法论",两者之间的关系,仿佛现代法理学体系中的法律本体论与法律方法论的关系。由于体与用不可分,因此,作为体的仁与作为用的格物,应当紧密地结合起来。

(三) 诚恕均平为经

熊十力把"仁"作为治之体,把"诚、恕、均平"作为治之经。这里的"经"与下文的"权"相对应,可以理解为礼治应当遵循的基本原则。他说:"六经言为治之大经,不外诚也,恕也,均平也。夫政之言正,治者所以止乱。不诚则猜诈。以猜险骗诈为治,有虚言而无诚信者,行之国内则自亡,行之国际则祸他国,而亦自毙其国也。不恕则自私,私其国而侵他国,私其族而侵异族,杀伐之气,盈于大宇。最下,则于一国之内,而私其身家爪牙。皮之不存,毛将焉附?此又可哀之甚者也。不均平,则弱者鱼肉,而强者垄断,横肆侵剥。资本家与帝国主义者,皆天下之穷凶极恶也。最下,则一国之内,

---

① 熊十力:《读经示要》(1945年),载萧萐父主编:《熊十力全集》第三卷,湖北教育出版社2001年,第582页。

官纪败坏,以亿兆脂膏,供贪污中饱,不平之祸,极于国破家亡而后已。"①国家治理中的不诚,将导致诈骗盛行,国家危亡;国家治理中的不恕,将导致私天下,杀伐盈宇;国家治理中的不均平,将导致弱肉强食,强者通吃,最后也将导致国破家亡。这就是说,治国之术,应当坚持诚、恕、均平三大原则。

这三大原则是相互关联的。其一,"均平"与"恕"不可分。"夫均平之治,非恕不可实行。恕者,推己及人,即己之所欲,而知人之所欲亦如己,必须兼顾。己所不欲,勿施于人。所恶于左,无以交于右。所恶于右,无以交于左。人人能推此心,而天下之人,各得其所,天地位,万物育。"②这就是说,"均平"依赖于"恕"。其二,"恕"与"诚"又不可分。因为,"恕本于诚,不诚而能恕者,未之有也。诚者,忠信之谓。忠信,是真实无妄义,诚亦真实无妄义"③。这就是说,"恕"依赖于"诚"。"总之,治道以均平为极则,而均平必由于恕道,恕道必出于诚。故诚恕均平,同为经纶天下之大经,而其间自有相因之序,不可不察也。"④换言之,诚、恕、均平是一根链条,前者是后者的条件;它们相互关联,共同构成了国家治理的基本原则,从礼治的角度来说,就是礼治的基本原则。

(四) 随时更化为权

经与权的关系,就是原则性与灵活性的关系。如果诚、恕、均平主要体现了礼治的原则性,那么,"随时更化"就体现了礼治的灵活性。熊十力说:"夫道有经有权,经立大常,权应万变。"两者之

---

① 熊十力:《读经示要》(1945年),载萧萐父主编:《熊十力全集》第三卷,湖北教育出版社2001年,第582—583页。
② 熊十力:《读经示要》(1945年),载萧萐父主编:《熊十力全集》第三卷,湖北教育出版社2001年,第583页。
③ 熊十力:《读经示要》(1945年),载萧萐父主编:《熊十力全集》第三卷,湖北教育出版社2001年,第584页。
④ 熊十力:《读经示要》(1945年),载萧萐父主编:《熊十力全集》第三卷,湖北教育出版社2001年,第585页。

间,"权本于经,守贞常而不穷于变。故权行,而后见经之所以称常道者,正以其为众妙之门耳"。正是由于权的重要性,"《礼记·礼器》曰:'礼,时为大,主随时更化也,不失其权也。'夫群变屡迁,而诚恕均平之大经,则历万变而不可易。经者,常道。权者,趣时应变,无往而可离于经也"。①

"随时更化"就是与时俱进。根据《礼记》,"礼,时为大",这就要求,礼必须与时俱进或"随时更化"。只有这样的礼,才能适应不断变化的具体情况,才能取得预期的治理效果,才能维护"常道"与"大经"的地位。概而言之,礼治既要坚持诚、恕、均平三大原则,也要保持灵活性,能够做到"随时更化",永不僵化。

(五)利用厚生,本之正德

"利用厚生",主要在于强调经济基础、物质生活条件对于国家治理的支撑作用。但是,对经济与物质的追求,必须坚持"正德"这个根本。"近世列强之治,皆以利用厚生为本。吾先哲经义,何尝不注重于此。然有根本不同者,则利用厚生,必以正德为本也。"因为,儒家群经,"无往不是归本德治"。虽然,"经义昭昭,不曾谓利用厚生非急务也,但必以正德为本。譬如植树,粪土以厚其根,而风日以养其枝叶,无可偏废。然根拔,则枝叶憔悴。则培其根为本图矣"。②

华夏德礼之治与近世列强之治的差异,由此可以显现出来:列强之治,只追求经济利益;德礼之治,既追求经济利益,同时还强调,对经济利益的追求必须满足德性的准则,必须以德为本。熊十力认为,虽然六经强调经济基础的重要性,但是,发展经济必须以德为本,这是不言而喻的。只有坚持德礼之治、厚植德性这个根本,作为枝叶的经济才可能得到健康的、可持续的发展。

---

① 熊十力:《读经示要》(1945年),载萧萐父主编:《熊十力全集》第三卷,湖北教育出版社2001年,第590页。
② 熊十力:《读经示要》(1945年),载萧萐父主编:《熊十力全集》第三卷,湖北教育出版社2001年,第590—591页。

(六)道政齐刑,归于礼让

道之以政,齐之以刑,最后都得归于德礼。政刑归于礼让,就是法治归于礼治,就是坚持礼治为主。因为,"所谓政刑者,在今即专尚法治者是。法治极隆时,其民于养欲给求,粗得自遂,颇有欢跃之象。然耽情嗜欲之中,其蓄骗诈,挟机械,蕴烦闷者,丑恶万端。而免于法网者,但苟脱耳。此征之今世强国之民,圣言已信而有征。夫治道而使人类堕落,不得全其固有之生理,此真释迦氏所叹,众生无始时来,恒处长夜者。漆园之圣亦曰:'人之生也,固若是芒乎?其我独芒,而人亦有不芒者乎?'观古今万国治道,其不以芒导芒者鲜矣。吾不信人类终古自安下劣也。共将救法治之弊,而隆礼让之风乎?"①熊十力在此援引佛家与道家的理论,用以证明片面的法治(他所谓的"政刑之治"),只能导致"民免而无耻"之不德状况。只有依靠德礼之治,亦即礼治,才能救法治之弊,才能让人类走出"自安下劣"的卑污之境。

在礼治中,包含了礼让之义。"让之为德,出于性真。"这就是说,让是本性的流露,"夫有生不能不互相比助,而互助精神,只是一让字。让之反曰争,恶乎互助?夫让者,本于性分之公。以己度人,而伸人即以伸己,大遂全体之生成"。只有通过礼让,才能成己成人,才能成就一个群体,才能治理一个国家。反之,"且夫导国而废礼让,则人间世不可一日而得治也"。② 如果废除了礼治,那就失去了礼让;没有礼让,治的目标就不可能实现。

(七)始乎以人治人

"以人治人"也是礼治的要义。"以人治人"出于《中庸》:"故君子以人治人,改而止。"朱熹的解释是:"若以人治人,则所以为人之

---

① 熊十力:《读经示要》(1945年),载萧萐父主编:《熊十力全集》第三卷,湖北教育出版社2001年,第592页。
② 熊十力:《读经示要》(1945年),载萧萐父主编:《熊十力全集》第三卷,湖北教育出版社2001年,第594—595页。

道,各在当人之身,初无彼此之别。故君子之治人也,即以其人之道,还治其人之身。其人能改,即止不治。盖责之以其所能知能行,非欲其远人以为道也。"①以这样的"以人治人"为基础,熊十力说:"此义深远,总括六经之要最。盖德礼之治,所与法治根本不同者。法治,则从一人与他人,或团体之关系上,而为之法制约束,责以必从,使之惯习若自然。此乃自外制之者也。如穿牛鼻,络马颈,岂顺牛马之性哉?人以强力从而穿之络之而已。若夫道民以德者,则因人之自性所固有而导之,使其自知自觉者也。"因而,"欲触人之善几,而使之复其性者,则莫如用礼。道德齐礼二语,元是一意。欲道民以德,正在以礼齐之。礼,便是德之形见处。德虽民性所固有,若不齐以礼,则无以触其善几,即无以成其德也"。② 按照这样的比较,德礼之治与法治的区别在于:法治依赖于外在的强制与约束;德礼之治是根据人的自性、本心进行的引导。礼就是德的外在表达,礼可以触发人的"善几",就像春风可以吹开花蕾,"善几"的生长就像花蕾的绽放。

因而,"以人治人"就是根据人固有的自性、本心来实现对人的引导。"总之,礼者,因乎人性所固有之德,而称其情,以为之仪则。"因此,"礼仪三百,威仪三千,则本性以称情而为之者也。故《中庸》言礼治,是以其所有者,还以治其人之身,非从外制之,非有所约束勉强。盖从其性情,而为仪则。即由仪则,复引发其性情之贞,而生生不已,日新而不用其故,非若尚法制者驱人以习成机械也。呜呼!六经之旨,圣人之全体大用,天德王道之极至,尽于以人治人四字"。③

---

① [宋]朱熹:《四书章句集注》,中华书局2011年,第25页。
② 熊十力:《读经示要》(1945年),载萧萐父主编:《熊十力全集》第三卷,湖北教育出版社2001年,第600—601页。
③ 熊十力:《读经示要》(1945年),载萧萐父主编:《熊十力全集》第三卷,湖北教育出版社2001年,第603—604页。

(八) 极于万物各得其所

如果"以人治人"代表了礼治的起始,那么,"万物各得其所"则代表了礼治的目标。"《乐记》言礼乐,探本于性,知性,则有以理情,而好恶平。好恶平,则强毋胁弱,众无暴寡,知毋诈愚,勇无苦怯。疾病与老幼孤独皆有所养。如是,天下之大,人类之众,无有一夫不获其所。"①综上所述,"可见礼治期于万物皆得其所。一物失所,便非善治。《中庸》云'天地位,万物育',以是为治道之极则。此将来人类所当取法者也"②。

这些论述表明,"礼治期于万物皆得其所"作为目标,可以分成高低两个层次:较低的层次是,"疾病与老幼孤独皆有所养",这相当于建立了一个覆盖所有人的社会保障制度与福利制度。而较高的层次是,所有人与所有物都在适合自己的位置上,最大限度地发挥自己的长处与天赋。如果不能做到人尽其才或物尽其用,哪怕只在一人或一物上,都不是善治,这就为礼治的推行提供了一个明确的方向与目标。在这里,如果把这个目标、这个憧憬与《共产党宣言》中的著名论断联系起来,那么,"万物皆得其所"也可以解释为:"每个人的自由发展是一切人的自由发展的条件。"③从这个角度来看,"万物各得其所"的目标与共产主义的理想也有相通之处。

(九) 终之以群龙无首

礼治的终极目标或最高目标是建立一个群龙无首的世界,这是"治化"所能达到的极致状态。"群龙无首之治,人类最高愿欲也。"群龙无首当然是一个比喻。"无首者,至治之隆,无种界,无国界,人各自由,人皆平等,无有操政柄以临于众庶之上者,故云无

---

① 熊十力:《读经示要》(1945年),载萧萐父主编:《熊十力全集》第三卷,湖北教育出版社2001年,第615页。
② 熊十力:《读经示要》(1945年),载萧萐父主编:《熊十力全集》第三卷,湖北教育出版社2001年,第617页。
③ 《马克思恩格斯文集》第二卷,人民出版社2009年版,第53页。

首。"这种群龙无首的世界,其实就是《礼记·礼运》篇描述的大同世界与大同理想。"与大同治道相应。其所急宜改善者,必为家庭与私有制。"①只有先行改善"家庭与私有制",才有可能迈向群龙无首的大同世界。这样的思维方式,让我们想到恩格斯的名著《家庭、私有制和国家的起源》,根据此书,要弄清"国家的起源",得从"家庭与私有制"开始说起;按照熊十力的思路,要达致群龙无首的大同世界,也得从"家庭与私有制"的改善开始。

以上九端,就是熊十力列举的"治化九义",它的实质是"礼治九义",因为,熊十力理解的礼治其实就是仁治、德治,当然也是仁礼之治、德礼之治或礼乐之治。因而,"治化九义"就是礼治的九种构成要素。熊十力希望通过这样的礼治,为立国与治国提供一个基本的框架。他说:"今之所急,莫如立国立人精神。中华立国五千年,自有高深悠久之文化,中国人之作人与立国精神,自有其特殊处不待言。"那么,如何寻求中国立国的特殊精神?回答是:"求中国之特殊精神,莫若求之于哲学思想。中国哲学思想之正统派即儒家。"②求之于儒家,就是求之于孔子,求之于六经。

从历史上看,"唐虞三代之政教化理,深入于中国社会,使人人沦肌浃髓,转相传续,而成为中国人之特殊精神者,盖已久矣。至孔子本此精神而演为学术,其广大渊深微妙之蕴首在于《易》,次则《春秋》,又次则《诗》《书》《礼》《乐》诸经"③。由此看来,儒家六经成于孔子,凝聚着中国固有的特殊精神,蕴含着中国的立国精神与治国方案。包含了"九义"的礼治,就是这种立国精神与治国方案的法理表达。就治术而言,以这样的礼治为主,不亦宜乎?

---

① 熊十力:《读经示要》(1945年),载萧萐父主编:《熊十力全集》第三卷,湖北教育出版社2001年,第618—619页。
② 熊十力:《论六经》(1951年),载萧萐父主编:《熊十力全集》第五卷,湖北教育出版社2001年,第663—664页。
③ 熊十力:《论六经》(1951年),载萧萐父主编:《熊十力全集》第五卷,湖北教育出版社2001年,第664页。

二、法治为辅及其限度

熊十力虽然本着儒家、孔子、六经的精神,突出了礼治对于立国、治国的主导作用,但他也没有忽略法治的功能。根据他的"以法治辅礼治"命题,礼治在立国及国家治理体系中的主导作用,还有赖于法治的辅助,相对于"礼治为主"来说,这就是"法治为辅"。要理解"以法治辅礼治"命题中的"法治为辅",有必要注意以下三个方面。

(一)寓法治于礼治之中

自20世纪初期以来,法治已经成为中国的主流概念。譬如,梁启超在1904年《中国法理学发达史论》中就提出,"法治主义,为今日救时唯一之主义"①。在这样的背景下,纵然熊十力作为新儒家,崇尚儒家的德礼之治,他也不能完全避开法治。

为了捍卫儒家的立场,回应可能遭遇的质疑,熊十力以自问自答的方式写道:"或有难曰:'公之诟法治也甚矣。其扬礼治也已至矣。然礼治非可一蹴几也。且人群不能无组织。有组织,即度制立矣。岂一切无资于法治者乎?'"这就是说,你已经把礼治推崇到了极端,你对法治的批评已经足够严厉了,但是,礼治的那些目标,譬如"万物各得其所",以及"群龙无首"等等,不可能马上实现。而人的群体生活又必须有组织,要实现人的组织化就得有制度,这一切难道不需要法治吗?对于这个自设的问题,熊十力的回答是:"以礼治之精神,而参用法治之组织,《周官》与管仲、荀卿二子之书,皆此物此志也。"而且,"德礼为本,则政刑皆本德礼之义,以运用之。其精神与作用,自与专尚政刑者不同。故德礼中,自有政刑,非穷而后有之也。若夫德礼之治,底于极隆,万物各正。则刑

---

① 梁启超:《中国法理学发达史论》(1904年),载梁启超:《梁启超全集》,北京出版社1999年,第1255页。

措不用,行所无事。而政刑之名不立矣。此《春秋》之所谓太平世欤!"①

这就是说,首先还是要坚持礼治的精神,亦即遵循前文所述的"治化九义"。在这样的前提下,再参考运用法治,亦即政刑之治。熊十力相信,《周官》与管、荀之书,都持有这样的观点。进一步看,德礼之治是根本,但是,德礼已经蕴含了政刑的因素。如果德礼之治已经实现了,那么,政刑之治当然可以束之高阁;但是,在施行德礼之治的过程中,如果确实需要,政刑之治也可以发生作用,因为"政刑"一直就在"德礼"之中。不过,政刑之治的运用,绝不是对德礼之治的取代。绝不能说:在德礼之治已经无效的情况下,那就以政刑之治取代德礼之治。没有这种情况,也绝不会发生这种情况。德礼之治是永远适用、永远有效的。相比之下,政刑之治有时发挥作用,有时束之高阁,仅此而已。这就是德礼之治与政刑之治的关系,亦即礼治与法治的关系。在这里,熊十力是把法治作为政刑之治的代名词来理解的。

礼治与法治之间的这种关系,可以解释何谓"法治为辅"。这就正如熊十力所归纳的:"法者,用以辅礼乐之所不及也。以法辅礼(言礼即摄乐),以刑辅德,守常而通变,正本而不迁,此儒道所以衣被人天、功侔大造也。"概而言之,"寓法治于礼治之中"。② 根据礼治与法治之间的这种关系,法治还是需要的,因为礼治毕竟不是万能的,礼治也有不及之处。正是在礼治所不及之处,为法治提供了发挥作用的空间。礼治提供了基础平台,法治在这个基础平台上发挥一定的辅助作用。这就叫"寓法治于礼治之中",这就是"法治为辅"。

---

① 熊十力:《读经示要》(1945年),载萧萐父主编:《熊十力全集》第三卷,湖北教育出版社2001年,第599—600页。
② 熊十力:《论六经》(1951年),载萧萐父主编:《熊十力全集》第五卷,湖北教育出版社2001年,第723页。

熊十力还打了一个比方,用以论证法治为辅的含义。他说:"儒者之道,以德厚为主,以威势为辅。德厚,常道也,万物同由是而生,正如吾人不可一日离常食品,其珍异之味则偶御者也。"[①]这就是说,德礼之治作为"常道"的具体表达,相当于人的日常食品,这是人的日常生活不能缺少的。相比之下,政刑之治则相当于珍稀食品,可以对人的日常生活产生一定的调剂作用,但是,人的日常生活是不能依靠珍稀食品的,所以,追求威势的政刑之治或法治,只能居于辅助地位。从实践经验来看,熊十力的这个比方还是比较贴切的。譬如,在一个政治共同体内,如果每一个人的每一个行为都需要通过法律以及警察、法庭、监狱来强制,可想而知,这样的"法律"或"政刑"是无法实施的;绝大部分人的绝大部分行为,还是在循常道而行,并不需要"政刑"介入,更不需要"政刑"来强制。这就是熊十力为"法治为辅"提供的社会学解释。

(二)商韩之治非法家法治

在清末民初,无论是上文提到的梁启超的《中国法理学发达史论》,还是胡适的《中国古代哲学史》,都习惯于称颂韩非代表的法治,都习惯于把"法治主义"的标签贴在韩非等人的身上。在这样的思想背景下,熊十力愿意对法家给予正面评价,但他对商鞅、韩非,则另有评价。

关于法家,熊十力说:"法家成为独立之大学派,大概在春秋战国之际。盖自周室东迁,王道衰而霸业起。霸者之治,必以法整齐其臣民,使莫不肃守纪律而勤其职事。管仲相齐桓,匡正天下,为五霸首。由此道也,《管子》之书虽后人所造,然必齐、鲁间儒生感礼让为治,不可起衰救敝,于是变而崇法,创成学说,托为管子之所著书。自其书行,而后法家学派始张矣。"[②]依此论,法家源于齐鲁

---

① 熊十力:《韩非子评论 与友人论张江陵》,上海书店出版社2007年,第68页。
② 熊十力:《原儒》(1956年),载萧萐父主编:《熊十力全集》第六卷,湖北教育出版社2001年,第370页。

地区的一些儒生,他们总结管仲的经验,认为霸者之治必须用法律对臣民进行整齐划一的管理,才能最大限度地实现国家富强,因而有意推动礼让之治转向法律之治。这就是法家法治兴起的整体背景。

但是,法家学派的兴起是一回事,商鞅、韩非的理论及实践又是另一回事。其中,"商鞅之法,用今俗语表之,可谓侦探政治(亦云特务政治)。侦探政治必人君有雄武阴鸷非常之资者有术以运用之,而可操纵自如,以内修其政、外制其敌。如秦之孝公、商君以迄吕政是其选也。秦法偶语者弃市,其为侦探政治无疑"。这样的侦探政治,虽然可以"成一时之业","然秦之元气亦自此大伤,十五年而秦亡犹不足惜,其害之中于国家民族者,二三千年而未拔也"。① 可见商鞅所代表的侦探政治,总体上看是负面的。

再看韩非。"韩非承申氏子而崇术,其志未可非也,独惜其未知术耳。韩非盖慕苛察,而未闻君子之大道也。非之书中所采集用术者之故事,大都恃密探以苛察细务,而冀臣下惊其神明,莫予侮也。如此,则市井纤儿优为之。而恃此以为国,岂不愚哉?吕政喜其说而用之,卒以速亡。"② 看来,韩非也是密探政治的爱好者。韩非之道,非君子之正道,而是一些歪门邪道。

而且,韩非之治居于民主法治的对立面。"通观《韩非》书,对君主制度无半言攻难,对君权不唯无限制,且尊其权极于无上,而以法术两大物唯人主得操之(卷十六《难三》曰:'人主之大物,非法则术也。'此言法术二者皆人主之大物)。人主持无上之权,操法术以统御天下,将使天下之众如豕羊然,随其鞭笞之所及而为进止,人民皆无自由分,何自主之有?桓谭《新论》言秦之政如此,实韩非

---

① 熊十力:《韩非子评论 与友人论张江陵》,上海书店出版社2007年,第12—13页。
② 熊十力:《韩非子评论 与友人论张江陵》,上海书店出版社2007年,第126页。

之教也。夫民主之法治,必于个人自由与群体生活二者之间斟酌其平。"①韩非之治,距此是相当遥远的。

按照通行的观点,商鞅、韩非堪称法家的主要代表,但是,熊十力对他们所代表的治道与治术并不认同,因为,他们张扬密探政治、专制政治、霸王政治,毁弃民主政治、共和政治。本来,"《春秋公羊》有虚君共和之理想。如无商鞅、秦孝、吕政之霸王主义,则民主思想当早发达,惜乎毁于秦也"②。所谓"毁于秦",就是毁于商、韩。"余尝言,中国民治之基立于春秋,坏于战国中叶,至商鞅、秦孝以及吕政,遂扫地以尽也。""自兹以后两千数百年间,中国遂无学术思想可言。"③这就是说,商、韩不仅抽掉了中国的民主根基,而且毁坏了中国两千年多年的学术思想。

商、韩之治代表了一种消极的、负面的治术,并不意味着法家及其法治是消极负面的。因为,"商韩毕竟非法家正宗,余于《读经示要》已论之。正宗之学,鲜可考者。《淮南》所存'法原于众'一词,明法由民众公意制定,当是正宗遗意"④。正宗法家的核心旨趣是"法原于众",正宗法家秉承法是民众公意的体现。这就是说,正宗法家是坚持民主与法治的法家,正宗法家的法治是民主的法治。商、韩并不是正宗的法家,商、韩之治也不是真正的法治。

(三) 西方法治的限度

在写作《读经示要》的 1944 年,熊十力居于抗日战争即将结束的大后方,彼时彼地流行的官方法治理论、主流法治理论,是西方传来的法治理论。在熊十力看来,"西人言治者,大抵因人之欲,而为之法纪度制以调节之,将使人得各遂所欲而已。然欲,则向外追

---

① 熊十力:《韩非子评论 与友人论张江陵》,上海书店出版社 2007 年,第 7 页。
② 熊十力:《韩非子评论 与友人论张江陵》,上海书店出版社 2007 年,第 181 页。
③ 熊十力:《韩非子评论 与友人论张江陵》,上海书店出版社 2007 年,第 110 页。
④ 熊十力:《论六经》(1951 年),载萧萐父主编:《熊十力全集》第五卷,湖北教育出版社 2001 年,第 763 页。

逐无餍,非可自外调节者也。故其驰逞,卒成滔天之势。资本家之专利,帝国主义者之横暴,皆欲壑难填,而罔恤其他。甚至颠狂之独裁,束其国人如机械,而用之以狼奔虎逐于天下,恣其凶噬。遂使坤舆之内,鸟毙于空,鱼烂于泽,腥闻于天,帝阍难诉,则人道至此而穷矣"①。

这就是说,西人所言的法治在于满足人的各种欲望,同时也试图运用法律调节人的各种欲望。然而,人的欲望是无限的。人的欲望出于人的内心,很难用法律从外面加以调节。所以,尽管西人有他们的法治,但在西人的世界里,人的欲望还是得不到节制。譬如,资本家在一国之内没有节制地追求经济利益,帝国主义者在世界范围内没有节制地追求经济利益。还有一些独裁者,譬如纳粹德国的独裁者,把国人当作满足自己欲望的工具,最终造成了"人道穷"的严重后果,这就是西人法治之弊。

熊十力对西人法治的这些评论,在一定层面上,也是对近代中国遭受的外来侵略,尤其是对第二次世界大战所造成的世界灾难的一种描述。正如熊十力 1945 年 6 月在重庆北碚为《读经示要》所写的"自序"中所称:把关于"读经示要"的"三讲"内容结集成书,"肇始于六十揽揆之辰。毕事于寇迫桂、黔之日(甲申正初起草,迄秋冬之际而毕)。念罔极而哀凄,痛生人之迷乱。空山夜雨,悲来辄不可抑。斗室晨风,兴至恒有所悟。上天以斯文属余,遭时屯难,余忍无述?"②这段话揭示了熊十力评论西人法治的一个现实背景,那就是"寇迫桂、黔"。

因此,西人法治并不值得倾慕。已有的经验表明,"民国虚慕西洋法治,而实荡无法纪。论者或疑中国向为礼教之国。礼顺人

---

① 熊十力:《读经示要》(1945 年),载萧萐父主编:《熊十力全集》第三卷,湖北教育出版社 2001 年,第 585—586 页。
② 熊十力:《读经示要》(1945 年),载萧萐父主编:《熊十力全集》第三卷,湖北教育出版社 2001 年,第 557 页。

情而法以防奸。秉礼之国,其民重体面而恶防检,习声容而忌操切,故绳之以法则拂其情,宜法治而难行于吾国也。此论直视礼治与法治极端相反,不知吾古圣人言治,皆以礼为主,以法为辅,礼法固并行不悖也。若二者相反,何可并行乎?论者殆不究于公私之辨,未了顺情之义也"。那么,如何理解"顺情之义"?原来,"礼顺人情之公,法亦然也。有背礼而反人情之所公欲者,于是有法。故礼行而人敦于和,法行而人罔不服,以其顺群情之公故耳。若夫严束重创,不因乎人情之所同欲者,则其法离于礼而成乎毒。离于礼而成乎毒者,实非法也,但名之为法而已。商鞅、秦孝、吕政、李斯之法则毒而已矣"。① 由此看来,法正是为了遏制与"公欲"相冲突的现象,也就是"背礼"的现象,而产生的。反过来说,法必须符合群体的"公欲",某种"法"如果不符合这样的条件,或者说背离了礼,背离了"人情之所公欲",那就可以称为"毒法",就沦为了商、韩之法。

儒家的"礼主法辅"之治优于西人法治,根本的原因在于,"六经之言治,德治也"。因而,"礼主法辅"之治本质上是德治,"其异于西人言法治者,则不从欲上立基,而直从性上立基。此其判以天壤也。率性,则欲皆中节,而欲亦成性。则与绝欲之教,固根本不同。所以为贞常不易之道也。《春秋》言治,天下之大,人类之众,将使人人有士君子之行。士君子之行者,即能自得于性分之内,而其见之躬行,不至纵欲败度。所以为成德之人,而名为士君子之行也。苟非人人有此行,而徒进之以知能,则诈伪日多,乱将滋甚。纳之于法纪,齐之以度制,行之一国,犹可苟安,要非至计。而人类全体,决非法度可以维系之,此稍有识者所可知"。② 简而言之,西人法治立基于人的欲望,尤其是人的私欲;"礼主法辅"的德治立基

---

① 熊十力:《韩非子评论 与友人论张江陵》,上海书店出版社2007年,第134页。
② 熊十力:《读经示要》(1945年),载萧萐父主编:《熊十力全集》第三卷,湖北教育出版社2001年,第587页。

于人的本性、本心,作为一种有德性的治道与治术,远远超越了纵容诈伪的西人法治。

三、以法治辅礼治的实践形态

以法治辅礼治作为熊十力开创的法理命题,其基本旨趣是礼治为主、法治为辅。这样一个法理构想,在立国与治国的实践中,能否得到验证?熊十力的回答是肯定的。在熊十力看来,明代张居正(以下按照熊十力的习惯用语,称之为"江陵")推行的治术,就展示了"以法治辅礼治"的实践形态。我们把熊十力关于江陵的论述与他的其他相关论著结合起来,不难得出这样的推论:江陵就是"以法治辅礼治"这一立国之道、治国之术的身体力行者。

针对江陵在《答应天巡府周雅斋》中所说的"秉礼以持其势,循法以守其富",熊十力的评价是:"大哉斯言!夫持国之大柄者,负领导之责,挟极重之势,若不以礼自持,则心日肆而欲日纵,其将颠狂以骋而不知反,率一世以趋乎迷乱之凶无疑也。商鞅、秦孝皆弃礼而任法,不数传而至吕政,秦以是亡,非明鉴欤?故以法治导民者,必以礼为本。此乃儒学之不可颠仆处。而江陵深有得乎此也。若乃江陵之法治主义,在乎夷阶级、去豪强,将使天下之人人各安其业,各遂其生,无有贵贱亲疏,一切受治于法,一律平等,故暴乱不作,而人人皆有优裕之生活,所谓循法以守富者是也。礼治、法治,本非不可融通。江陵早已作到,惜乎后人莫之继也。"①

熊十力高度认同江陵对礼治与法治的融通,并把江陵与商鞅进行对比:商鞅提倡并实践的"弃礼而任法",代表了一种错误的立国之道与治国之术;正确的立国之道与治国之术,应当是在遵循"以礼为本"的前提和原则下,以真正的法治去引导民众,这才是儒家的立国之道与治国之术,这也正是江陵实践的立国之道与治国

---

① 熊十力:《韩非子评论 与友人论张江陵》,上海书店出版社2007年,第125页。

之术。在熊十力看来,江陵对礼治与法治的融合,是以儒家礼治为本的融合,亦即熊十力主张的"以法治辅礼治"。

(一)江陵之治以儒家礼治为本

根据熊十力的归纳,江陵之治有两个要点,它们分别是"尊主"与"庇民"。其中,"尊主即虚君共和制,庇民即援助大多数勤苦民众而严惩依托统治阶级之豪门巨猾,破除封建锢习,为民主先导"[①]。这两个要点,都体现了江陵之治的儒家本位与礼治本色。

先说"尊主"。江陵奉行的尊主,从字面上看,是对君主的尊崇;实际上,则是把君主当作供奉在神龛中的木偶。因此,尊主的本质是虚君,尊主的目标是要让君主失去权力。

如果君主失去了权力,那么,权力转移到何人的手上?"从江陵行法之平与严,而推其关于政体之主张,彼盖欲置皇帝于纯粹无为之地,而以宰相总揽全国政权。盖由彼之法治思想而推之,如皇帝亲揽政权,则欲其勿坏法而不可得也。帝位世及,贤明者少,不肖者多。不肖而有桀枭之才也,则大权在手,欲其一切循法而动,必不可几矣。不肖而为庸暗也,则左右群小与奸谄之臣皆得多方蛊惑,以夺其魁柄,卒至国本摇而夷狄盗贼起,社会元气损伤殆尽,民质日劣而国以式微。中国秦以后之局,长演此悲剧也。江陵以为,欲行法治,莫如使皇帝无为而宰相独裁。庶几天下之人人皆有法守,而祸乱可以不作。""盖江陵以为,法者本乎天下之公意而始立,皇帝与一切小民同受治于法,一味平等,无有差别。"[②]

江陵把法作为天下公意的体现,主张皇帝与小民一切平等,都受治于法,这就是江陵的法治观。在实践中,"江陵以祖宗家法约束皇上,而后可持法以齐一臣民,使不得逾于绳墨之外。此其法治主张所以能收实效也"[③]。江陵实践的这种法治,正是熊十力一直

[①] 熊十力:《韩非子评论 与友人论张江陵》,上海书店出版社2007年,第131页。
[②] 熊十力:《韩非子评论 与友人论张江陵》,上海书店出版社2007年,第118页。
[③] 熊十力:《韩非子评论 与友人论张江陵》,上海书店出版社2007年,第133页。

念念不忘的法家正宗观念。根据前文征引的《读经示要》,培植这种法治的法家"正宗之学,鲜可考者",没想到,它居然又重现于明代,重现于江陵的思想与实践中。只是,要实践这样的治术,必须要有一个掌握实权的宰相,实行君主虚位、宰相独裁。

　　根据熊十力的论述,"宰相独裁"堪称"虚君"的必要条件。那么,"宰相独裁"与"以法治辅礼治"的关系如何把握?"宰相独裁"是否是实施"正宗法家法治"的必要条件?诸如此类的问题,可能还有较大的讨论空间,这里暂且置而不论。这里需要关注的问题是,江陵试图凭借"宰相独裁",实现"虚君"意义上的尊主,这样的理路源于儒家。因为,"儒家虚君之制,置君于无为之地,而尊之同于天,则以天高而无为,象君德也"。世人习惯于把江陵称为法家,这是对江陵的误解。一方面,"江陵尊主之意,原本儒家,于商君、韩非无取焉。唯其严综核则采之商、韩耳"。这就是说,江陵对商、韩的汲取,主要是"严综核"这一点。另一方面,"江陵《杂著》中记太祖开国时用人有数条,彼虽直记其事,未发议论,而观其特笔之意,似主张中枢大臣当由地方亲民之小官卓著功绩为人民所戴者,方可擢升。如此,则宰相必出自与民间共疾苦之人,是真能代表天下贫苦民众者。以此等宰相操政权,大有民主意味。此亦与商、韩绝不同"。① 江陵期待的宰相是天下贫苦民众的代表,而这样的宰相又掌握了国家大权,这就相当于贫苦民众通过他们的代表掌握了国家大权,这样的民主政治与商、韩之治大相径庭,甚至是判然两端。

　　再看"庇民"。江陵奉行的"庇民",就是庇护民众,尤其是贫苦民众。江陵要求宰相由"真能代表天下贫苦民众者"来担任,其实已经蕴含了庇民的旨趣。熊十力认为:"江陵为政,特提出庇民二字为治道之大本。易言之,即与最大多数勤苦民众同忧患,而一反

---

① 熊十力:《韩非子评论 与友人论张江陵》,上海书店出版社2007年,第120页。

乎过去统治者之所为。此亦与商、韩之霸王主义极端相反。商、韩霸王之术,并主竭民力以事侵略,而江陵不如是也。王船山、顾亭林皆不免程朱锢习,并于江陵不乐道之,不悟江陵政事明与商、韩反。王、顾殆以褊衷而未之考也。"①江陵主庇民,商、韩主竭民,这再次说明江陵之治居于商、韩之治的对立面。遗憾的是,像王船山、顾亭林这样的大贤,居然也没有看到其间的显著对立。

从历史长河中看,江陵关于庇民的思想与实践,也许可以算是一个意外的收获。因为,"秦以后政治家鲜有注意劳苦小民之利害者,独江陵能同情劳苦阶层,而凡依托统治层以侵削小民之豪宗巨室或士大夫家,则皆其所极力锄治而不稍宽假(旧云士大夫为在官者之称,非谓草野之士)。此为儒家根本大义。盖古代所谓民者,即指天下劳苦众庶而言"。"江陵独得孔门之旨,同情天下劳苦众庶。"②这就是说,只有江陵才是儒家大义的传承人与实践者。

从事功来看,"明代自嘉靖时,政乱民穷,亡不终日。赖江陵当国,以庇民为本,而厉行法治,除贿政,去姑息,乃得延国命数十年,迄永明而后亡。功盛矣哉!"③江陵之治不仅有功于明朝政权,而且还可以泽被后世,因为,"吾国民众长处于被宰割之地位,一向无参政能力与习惯。清季人士,骤期民主,宜乎欲速不达也。必法江陵明法以庇民,锄豪强之巨凶,佑勤苦之大众。法所宜加,决定不挠。全国之内,无贵无贱,无亲无疏,一切皆受治于法。小民得所庇佑,强梁不得侵欺。如此行之久,则人民合群,参政力量养成之无难矣"④。只有遵循江陵的庇民原则,民主政治才有健康成长的希望。"愚意治积衰之中国,非取法江陵不可。所以者何?唯儒家

---

① 熊十力:《韩非子评论 与友人论张江陵》,上海书店出版社2007年,第121—122页。
② 熊十力:《韩非子评论 与友人论张江陵》,上海书店出版社2007年,第178—179页。
③ 熊十力:《韩非子评论 与友人论张江陵》,上海书店出版社2007年,第123页。
④ 熊十力:《韩非子评论 与友人论张江陵》,上海书店出版社2007年,第124页。

精神,以仁与礼涵育群生,可以扶殖衰微之族类而复其元气。唯法家作用,综核名实,可以荡除二千数百年政治上之贪污与姑息,而小民始免侵欺之患,可以养成其参政能力。"①

概而言之,江陵之治是儒家之治,是"以法治辅礼治"命题的生动实践。因而,法治也是江陵之治的一个组成部分。需要明确的是,江陵采取的法治是民主的法治,是正宗法家的法治,因为,"江陵之法治思想,以尊主、庇民为两大基本观念。庇民即与大多数勤苦细民同忧患,而凡依托统治阶层之豪门皆在锄治之列。尊主则欲行虚君共和制,而以国之大权归宰相。又以宰相必由亲民之官经考绩而升,及居相位久,犹须考绩以定去留"②。这就是江陵之治的要义:以儒家礼治为本,坚持以法治辅礼治。

(二) 江陵之治非商韩之治:对一个误解的再澄清

上文关于江陵之治的儒家本位与礼治本色的论述,已经涉及江陵之治与商韩之治的差异。但是,在熊十力看来,江陵之治与商韩之治的关系,绝不是一个可以浅尝辄止的问题,因为,其中的误解实在太深,所以必须予以反复的澄清。

熊十力说:"明代以来,议江陵者皆目以法家,其于江陵尊主庇民之旨,亦以为绍述法家云尔。此乃大误。余著《读经示要》,言晚周法家正统,盖原本《春秋》而发挥民主思想者,此派早亡绝矣。自汉人迄今,所称法家则商鞅、秦孝、韩非、吕政辈而已。实则此辈皆修霸业,反民主,不足为法家,可名之以霸王主义者(犹今云帝国主义)。汉人不辨,而称以法家。今沿袭既久,亦未便改称耳。商、韩诸法家所云尊主,则坚持人主得行极权耳。而江陵尊主,却是虚君制,尊之以天神,而处无为之地。行政大权操于宰相。其言法贵宜民,则法之不本于民众公意者,人主固不得以其私意制定也。江陵

---

① 熊十力:《韩非子评论 与友人论张江陵》,上海书店出版社2007年,第125—126页。

② 熊十力:《韩非子评论 与友人论张江陵》,上海书店出版社2007年,第124页。

言庇民,则承儒家民为邦本之大义","而商韩辈虽以庇民为号召,实则锐意霸王大业。秦孝首用商鞅焉相,吕政采韩非之说,皆为霸国之雄图。今考其政策,要不外剥夺人民之自由,而扩大皇帝之威权,直以为皇帝即是国家,使人民为国家牺牲其一切。此乃毒民、愚民政策,非庇民也。江陵虚君思想,正是推翻帝权而为人民解缚,是为真庇民耳"。①

这段论述,集中彰显了江陵之治与商韩之治在多个方面的差异:第一,从法家的角度来看,江陵之治是"法家正统"之治,是真法家之治,是源于《春秋》的法家之治;商、韩不足以称法家,商韩之治是伪法家之治。第二,从民主的角度来看,江陵之治是追求民主的儒家之治,商韩之治是反民主的霸主之治。第三,从君主的角度来看,"余著《读经示要》,明《公羊春秋》由据乱进升平之治即虚君共和制"②。江陵主张虚君,江陵之治是"虚君之治";商韩之治则是君主极权之治。第四,从人民的角度来看,江陵之治旨在"为人民解缚",是坚持民为邦本基础上的庇民之治;商韩之治旨在剥夺人民、绑缚人民,是以霸主为中心的毒民、愚民之治。

(三)江陵之治与江陵之学

熊十力高度评价江陵之治。他说:"汉以后二千余年人物,真有公诚之心、刚大之气,而其前识远见,灼然于国覆种奴之祸已深伏于举世昏偷、苟安无事之日,毅然以一身担当天下安危,任劳任怨,不疑不怖,卒能扶危定倾,克成本愿者,余考之前史,江陵一人而已。"再看江陵之治的背景:"明朝自嘉靖年间,君日习于昏骄,臣日习于无知无耻。商贾在朝,货财中饱。文臣泰侈,不知政事。武臣污贱,莫治兵备。社会上豪强兼并,小民困于苛征,难以存活。而海内知识之伦,所谓理学家者,则空疏负气,好以意见为天理,而

---

① 熊十力:《韩非子评论 与友人论张江陵》,上海书店出版社2007年,第180—181页。
② 熊十力:《韩非子评论 与友人论张江陵》,上海书店出版社2007年,第119页。

公私不辨。"①这就是说,江陵之治是在一个极其艰难的政治背景下展开的。环境如此恶劣,治绩如此突出,在反差如此强烈的对照下,可以看到,江陵之治,堪称汉代以来实践儒家治术的最高典范。

江陵之治为何占据了如此崇高的地位?原来,"世运之明晦、人才之盛衰,其表在政,其里在学"②。根据这个原理,治之优劣,其里依然在学。江陵之治就源于江陵之学。关于江陵之学,熊十力从不同的角度已有多方面的论述。他说:"江陵学术宗本在儒,而融摄佛老及法,以成其一家之学。"③更具体地说,"江陵以儒佛道法四家之学融而为一,其间抉择与会通恰到好处。如感受佛法影响,而不取其出世。于道家,则得其静以知几之妙,而不取其独善。如法家,只取其综核尚严,至其违反儒术根本处则一无所取。此其识解卓绝,非世儒所及悟也。妙在不为空理论,而实现之于其生活与事功。此一大哲人,五百年来无注意及之者,岂不惜哉?"④换言之,江陵之学的优长之处在于:以儒家为主,又兼收佛家、道家、法家的长处,从而成就了江陵一家之学。

江陵之学对佛、道、法各家都有吸取,对各家的流弊都有所拒绝,譬如拒绝佛家的出世、道家的独善、法家的反儒。江陵对异化后的儒家学说也有严厉的批判。据熊十力所见,"江陵忿嫉当时理学家不解事,遗物理,离民众,故欲匡正儒学末流而不惜为过激之言耳。夫秦以后二千数百年间,儒学名存而实亡久矣,诸子百家俱废绝矣。汉唐经师考据之业,于儒学精神不相涉也。宋儒振之以理学,严于治心而疏于格物,不悟心物非二片也。遗物而徒事于心,则心失其活泼流通之用,是死心者也。且养心之功,孟子言之

---

① 熊十力:《韩非子评论 与友人论张江陵》,上海书店出版社2007年,第127页。
② 张之洞:《劝学篇》,载苑书义、孙华峰、李秉新主编:《张之洞全集》第十二册,河北人民出版社1998年,第9704页。
③ 熊十力:《韩非子评论 与友人论张江陵》,上海书店出版社2007年,第100页。
④ 熊十力:《韩非子评论 与友人论张江陵》,上海书店出版社2007年,第177—178页。

尽矣。曰必有事焉,曰勿忘勿助,曰养浩然之气,曰明于庶物,察于人伦,曰以不忍人之心行不忍人之政,曰好色,与民同之,不使天下有怨女旷夫也,曰好货,与民同之,必禁垄断也,必使天下人皆有恒产以养恒心也,曰与民同好恶也。是岂遗事物、远民群而孤事于心者乎?"①对于宋明理学家"遗事物、远民群"之流弊,江陵是坚决反对的。

对于商、韩之学,江陵总体上是排斥的。因此,绝不能把江陵与商、韩混为一谈。然而,"自昔称江陵为法家,谓其学出于申、商、韩,此不深考之过也。江陵之学毕竟归本儒家,融会于佛者较深,资于老者少,取于商、韩者更少。申、商、韩之徒惨酷寡恩,其所执持者,与儒家根本不相容"②。尽管江陵之学与商、韩之学不相容,但是,江陵对商、韩之学依然有吸纳:"申氏明于术,商君详于法,韩非兼法术而为一家言。江陵则学韩非而善变通者也。"③除此之外,如前所述,江陵之学对商、韩的"严综核"也有所借鉴。

江陵之学本于儒、深于佛,与熊十力之学具有很大的相似性。此外,江陵之学还以披沙沥金的方式,借鉴了道家及商、韩之学的有益成果,这种广采博纳的方法成就了江陵之学,最终支撑了江陵之治。

四、以法治辅礼治的社会主义性质

熊十力关于"以法治辅礼治"的阐释,还有一个值得注意的视角,那就是近现代流行的社会主义。按照他的理解,"以法治辅礼治"作为一种立国之道、治国之术,不仅出于孔子与儒家,而且还具有社会主义性质。根据熊十力的相关论述,"以法治辅礼治"的社会主义性质,可以从四个不同的角度来理解。

---

① 熊十力:《韩非子评论 与友人论张江陵》,上海书店出版社2007年,第108—109页。
② 熊十力:《韩非子评论 与友人论张江陵》,上海书店出版社2007年,第104页。
③ 熊十力:《韩非子评论 与友人论张江陵》,上海书店出版社2007年,第116页。

（一）从儒家群经的角度看以法治辅礼治的社会主义性质

如前所述，以法治辅礼治作为一个法理命题，乃是儒家群经蕴含的治术。如果这个命题具有社会主义性质，那就意味着，儒家群经已经在提倡社会主义，以法治辅礼治的社会主义性质，只不过是儒家群经提倡社会主义的题中应有之义。那么，儒家群经是不是在提倡社会主义？儒家群经是不是社会主义性质的文献？熊十力的回答是肯定的。

首先，见于《论语》中的孔子言论，表明孔子已经形成了社会主义的观念。熊十力说："孔子明其所志曰'老者安之，少者怀之'（见《论语》），明是社会主义，以养老、育幼由公共团体负责，与《礼运》不独亲亲子子适合。"①这就是说，不仅仅是《论语》在明确提倡社会主义，《礼运》同样是具有社会主义性质的文献。

其次，在儒家群经中，《周官》《春秋》与《周易》为社会主义提供了更加坚实的思想基础。如果说，《周易》主要在于为社会主义的建立与完善提供了形而上的哲学依据，那么，正如前文所述，《周官》与《春秋》几乎是在直接规定社会主义的法理与法制。在《周官》与《春秋》之间，熊十力特别看重《周官》的作用。他说："《周官》一经，包络天地，经纬万端，堪与《大易》《春秋》并称员舆上三大宝物。实行社会主义，尤须参证此经。"②关于《周官》的由来，熊十力说："《周官》不必为孔子手撰，而其高远之识，深密之思，非大圣不克逮此。余以为，此经大旨必孔子口授之七十子，其成书至迟在战国初期，文辞朴重，与战国初期以后之文似不同气息。"③这就是

---

① 熊十力：《论六经》(1951 年)，载萧萐父主编：《熊十力全集》第五卷，湖北教育出版社 2001 年，第 678 页。
② 熊十力：《论六经》(1951 年)，载萧萐父主编：《熊十力全集》第五卷，湖北教育出版社 2001 年，第 669 页。
③ 熊十力：《论六经》(1951 年)，载萧萐父主编：《熊十力全集》第五卷，湖北教育出版社 2001 年，第 733 页。

说,《周官》出自孔子口说。

最后,《周官》的出现也许可以算是一个奇迹。"夫《周官》一经,创明社会主义与民主主义,是与据乱世之群俗群制无一毫沿袭处(群俗谓群之一切习尚,群制谓一切制度),此其创制易俗之奇,将使新旧群体递嬗之间有相续而无相似,其不谓之突化得欤?"①当然,《春秋》也很重要。因为,"《周官》之社会主义与民主思想本与《春秋》同一体系,而汉以来今古文家并是考据之技,不能究此经义蕴,或信为周公手订,或诋为刘歆伪造,而不悟此经与《春秋》同是孔子为万世开太平之书"②,同是孔子"创明社会主义"之书。

概而言之,在儒家群经中,至少《论语》《礼运》《春秋》《周官》等文献在直接倡导社会主义,尤其是《周官》一书,对社会主义的支撑作用尤为明显。由于儒家群经都在提倡社会主义,源出儒家群经、体现儒家群经治化精义的"以法治辅礼治"命题,自然也具有社会主义性质。

(二) 从政治制度的角度看以法治辅礼治的社会主义性质

从政治的角度来看,社会主义必然要求以工人、农民为主体。《中华人民共和国宪法》第一条对此已有明文规定。然而,据熊十力所见,关于工农主体地位的规定,在孔子口说的《周官》中就已经出现了。熊十力说:"《周官》建国之理想在成立社会主义之民主国,以农工为主体。此非附会之词,细考《地官》,乡遂之大多数农民与各种职工互相联系,或直接参预国营事业(如各职工),或选举代表(如乡遂三年大比,农民选举贤能),及国有大故(如国危及立君等),得出席全国会议之类(农民皆有此权,乡遂有明文。工商团

---

① 熊十力:《论六经》(1951年),载萧萐父主编:《熊十力全集》第五卷,湖北教育出版社2001年,第735页。

② 熊十力:《论六经》(1951年),载萧萐父主编:《熊十力全集》第五卷,湖北教育出版社2001年,第658页。

体亦应有此权,惜《冬官》亡,不可考),可为农工居主体地位之确证。"① 换言之,《周官》对于农民、工人主体地位的规定,是确切无疑的。

农民、工人在国家政治生活中居于主导地位,这种类型的政治,就是人民当家作主的社会主义民主政治。在熊十力看来,《周官》关于人民当家作主的社会主义制度已有具体的规定:"《周官》之为民主政治,不独于其朝野百官皆出自民选而可见也,即其拥有王号之虚君,必由王国全民公意共推之。盖秋官小司寇之职掌外朝之政,以致万民而询焉,一曰询国危,二曰询国迁,三曰询立君。据此则国王临殁、嗣王未定时,当由小司寇召集全国人民议立嗣王;或在位之王失道违法而去位时,亦当召集全国人民议立嗣王。秋官掌邦法,犹近世司法首长,故立君之事,由秋官小司寇召集全民会议,于此可见其法治精神强盛。儒家言治,德与礼为主,法与刑为辅。秦以后,礼崩而法败,德丧而刑乱,中夏式微,非无故也。"② 由此可见,源于《周官》的"以法治辅礼治"作为国家治理体系的神髓,早已描绘了人民当家作主的社会主义蓝图。只不过因为自秦以后,"礼崩而法坏",这个蓝图一直没有机会付诸实施而已。

(三) 从经济社会的角度看以法治辅礼治的社会主义性质

从经济制度与经济政策来看,社会主义要求以公有制为主体。熊十力认为,《周官》已经确立了社会主义的公有制。因为,在政治上,"《周官》为民主政体,其经济政策本其社会主义而定之。凡百生产事业,无小无大,皆有官领之,督其功而责其效,其事至纤而悉。中国为大陆之国,农业最重要。《周官》土地归国有,《地官小

---

① 熊十力:《论六经》(1951年),载萧萐父主编:《熊十力全集》第五卷,湖北教育出版社 2001年,第 729 页。
② 熊十力:《论六经》(1951年),载萧萐父主编:《熊十力全集》第五卷,湖北教育出版社 2001年,第 704 页。

司徒》曰'乃均土地以稽其人民,而周知其数'云云"①。此外,"《周官》之乡遂政制,其精神即在不许小己得孤立,必融合于大群之中。故其经济制度与政策完全化私为公(《礼运》主张天下为公),而小己在大群中,乃得各尽所能,各足所需,以成大均、至均之治,此《周官》全经宗趣也"②。这就是说,《周官》的核心旨趣,就是化私为公,以土地公有为基础,推行经济平等。在孔子时代,经济主要系于农业,土地是最为重要的生产资料与经济资源,土地公有制堪称社会主义在经济制度方面的集中体现。

从社会制度与社会政策来看,社会主义坚持社会平等、注重社会保障,这样的社会政策在《周官》中多有体现。譬如,"《地官》有保息六法,以养万民,可略窥其社会政策(郑注保息谓安之使蕃息也)。保息六者:一曰慈幼,二曰养老,三曰振穷(郑注拯救天民之穷者。穷者有四,曰矜、曰寡、曰孤、曰独。按此皆生而有缺憾者,故曰天民之穷),四曰恤贫,五曰宽疾(有疾苦者,宽其赋役),六曰安富(郑注:平其徭役,不苛取于富民)。愚按此六法甚切要,《周官》为社会主义,其振兴产业,既以国营为主,人民私营之业当受限制"③。熊十力刻意提出的"此六法",直接体现社会平等、社会保障,符合社会主义制度的基本立场。

以上两个方面表明,《周官》关于经济制度与社会制度的安排体现了社会主义的要求,为"以法治辅礼治"的社会主义性质奠定了经济基础与社会基础。

(四)从孔子外王学的角度看以法治辅礼治的社会主义性质

孔子之学有内圣之学,也有外王之学。其中,内圣之学主要解

---

① 熊十力:《论六经》(1951年),载萧萐父主编:《熊十力全集》第五卷,湖北教育出版社2001年,第685页。
② 熊十力:《论六经》(1951年),载萧萐父主编:《熊十力全集》第五卷,湖北教育出版社2001年,第708页。
③ 熊十力:《论六经》(1951年),载萧萐父主编:《熊十力全集》第五卷,湖北教育出版社2001年,第691页。

决诚心、正意的问题,外王之学主要解决治国、平天下的问题。关于孔子的内圣之学,这里暂且不论。且说孔子的外王之学。然而,"孔子外王学之真相究是如何,自吕秦、刘汉以来,将近三千年,从来无有提出此问题者。吕秦以焚坑毁学,汉人窜乱六经,假藉孔子以护帝制,孔子之外王学根本毁绝,谁复问其真相"①。这就是说,孔子外王学的真相,近三千年来,一直都是一个晦暗不明的问题。然而,孔子外王学的真相,乃是华夏文明秩序的根本,尤其是儒家治道、群经治化的根本,当然也是"以法治辅礼治"这一法理命题的根本,岂可不问?尽管自秦汉以来,无人提出此问题,但是,这个问题是不容忽略的。

如果对"外王"进行类型化处理,那么,"孔子外王学之真相究为何种类型,其为拥护君主统治阶级与私有制,而取法三代之英,弥缝之以礼义,使下安其分以事上,而上亦务抑其狂逞之欲以有绥下,将以保小康之治欤?抑为同情天下劳苦小民,独持天下为公之大道,荡平阶级实行民主以臻天下一家,中国一人之盛欤?"熊十力的回答是,"可判定六经外王之学,确属于后一类型"。② 六经外王之学就是孔子外王之学。一言之蔽之,"孔子之外王学主张废除统治阶级与私有制,而实行天下为公之大道"③,因而,"天下为公之大道是六经外王学一贯旨趣"④。总之,孔子之外王学,就是要以劳苦大众为本位、废除阶级统治、废除私有制、实行天下为公之大道。这样的大道,其实就是熊十力所期待的社会主义大道。从这

---

① 熊十力:《原儒》(1956年),载萧萐父主编:《熊十力全集》第六卷,湖北教育出版社2001年,第449—450页。
② 熊十力:《原儒》(1956年),载萧萐父主编:《熊十力全集》第六卷,湖北教育出版社2001年,第450—451页。
③ 熊十力:《原儒》(1956年),载萧萐父主编:《熊十力全集》第六卷,湖北教育出版社2001年,第475页。
④ 熊十力:《原儒》(1956年),载萧萐父主编:《熊十力全集》第六卷,湖北教育出版社2001年,第758页。

个角度来看,源出于孔子外王学的"以法治辅礼治",其社会主义性质同样是无可置疑的。

概括地说,以上四个角度其实是彼此关联的,它们以相互交错的方式共同表明:"以法治辅礼治"作为一个法理命题,乃是一个社会主义的法理命题。这虽然是一个让人略感意外的结论,但确乎体现了熊十力法理学的一个维度,符合熊十力对"以法治辅礼治"的政治定性。

小结

"以法治辅礼治"作为熊十力开创的法理命题,已经从四个方面得以分述。在此基础上,还可以从两个不同的侧面,对熊十力开创这个法理命题的特质予以描述。

一方面,从中、印、西三大文明并立的格局来看,熊十力开创的这个法理命题既恪守了儒家本位,同时也有融会华梵、平章中西的旨趣,在中、印、西三大文明的融合上做出了贡献。有观点认为:"熊十力先生是自从我国海禁开放、中西思想文化交流以后,第一个能融合中、印、西哲学而独自创造严密而又有完整体系的哲学家。"[1]其一,作为现代新儒家的"开山大师",熊十力对孔子与儒家有高度的思想认同、情感认同。他说:"六经为中国文化与学术思想之根源,晚周诸子百家皆出于是,中国人作人与立国之特殊精神实在六经。"[2]熊十力反复致意的六经,既是中国文化的主要载体,也是中国立国精神的主要载体。其二,熊十力对印度文明的汲取,从他的青年时代就开始了。他的"新唯识论"体现了唯识学的中国化,堪称融会华梵的硕果。他说:"慈悲

---

[1] 周辅成:《人格与学术不二》,载萧萐父主编:《熊十力全集》附卷下,湖北教育出版社2001年,第1470页。
[2] 熊十力:《论六经》(1951年),载萧萐父主编:《熊十力全集》第五卷,湖北教育出版社2001年,第757页。

犹儒之仁,证空即儒之智。观其会通,何儒何佛?孟轲故云:'道一而已。'"①进一步看,"印度传来之佛学,虽不本于吾之六经,而实吾经学之所可含摄。其短长得失,亦当本经义以为折衷。如明乎《大易》变易与不易二义,则说真如只是无为,却不悟无为而无不为"②。这种"以儒摄佛"的立场表明,熊十力以儒家为本位,在接纳印度文明的同时,也超越了印度文明。其三,熊十力对西方文明的借鉴,见于他对儒家礼治与西洋法治的比较。概而言之,熊十力关于"以法治辅礼治"的法理构想,在一定意义上,乃是中、印、西三大文明融合的产物。与此同时,他也希望通过这样的构想,反哺整个人类文明,正如他所表达的愿望:"吾胸之所主与其所趋向,要在明先圣之道,救族类之亡,亦即以此道拯全人类。"③

另一方面,从内圣与外王的关系来看,熊十力既发展了儒家内圣之学,尤其是陆王之学,同时对外王之学也有全新的开创。关于他的内圣之学,主要见于他的"新唯识论",正如贺麟所见:"他冥心独造地,直探宇宙万有的本体。本体,他提出,是无形相的,是无质碍的,是绝对的,是永恒的,是全的,是清净的,是刚健的。(见《转变章》)最后他启示我们,人的本心即是具备这些条件的本体。"④熊十力对人的本心的揭示,对"体用不二"的论证,使他成为了融会儒佛的心性形而上学大师。如前所述,他不仅仅是把儒与佛两家简单地结合起来,而是更进了一步:"对着儒学的传统及佛教的传统而言,熊先生确能跳出这两个传统而超越之。因此无疑的,亦只

---

① 熊十力:《韩非子评论 与友人论张江陵》,上海书店出版社2007年,第103页。
② 熊十力:《读经示要》(1945年),载萧萐父主编:《熊十力全集》第三卷,湖北教育出版社2001年,第560—561页。
③ 熊十力:《十力语要初续·答某生》,载萧萐父主编:《熊十力全集》第五卷,湖北教育出版社2001年,第35页。
④ 贺麟:《论熊十力哲学》,载萧萐父主编:《熊十力全集》附卷上,湖北教育出版社2001年,第667—668页。

于此超越点上始能显出其为真正的哲学家。"①以内圣之学作为基础,熊十力对儒家外王之学,也做出了创造性的贡献。他以儒为本,兼摄印度文明与西洋文明,以孤往的精神,探究了孔子外王学的真相,进而搭建了儒家外王学与社会主义之间的内在联系。熊十力关于"以法治辅礼治"命题的阐述,就是他从内圣之学延伸至外王之学的产物。

按照熊十力设定的标准,"真正哲学家当有空诸倚傍、危岩独立精神,始得有远识明见,堪为闇室孤灯"②。他就是这样的哲学家。他阐述的"以法治辅礼治",作为一个法理命题,就是这种哲学家精神的产物,堪称中国法理学史上的"闇室孤灯",在他离世数十年后的今天,依然闪耀着温热的法理之光。

---

① 牟离中:《最近年来之中国哲学界》,载萧萐父主编:《熊十力全集》附卷上,湖北教育出版社2001年,第593页。
② 熊十力:《论六经》(1951年),载萧萐父主编:《熊十力全集》第五卷,湖北教育出版社2001年,第764页。

第三卷参考文献

(仅限本卷直接征引的文献,依汉语拼音排序)

艾尔曼:《经学、政治和宗族:中华帝国晚期常州今文学派研究》,赵刚译,江苏人民出版社2005年。
奥斯丁:《法理学的范围》,刘星译,中国法制出版社2001年。
班固撰:《汉书》,中华书局2007年。
班固撰:《汉书》,颜师古注,中华书局2000年。
保罗·阿扎尔:《欧洲思想的危机:1680—1715》,方颂华译,商务印书馆2019年。
伯尔曼:《法律与革命——西方法律传统的形成》,贺卫方、高鸿钧、张志铭、夏勇译,中国大百科全书出版社1993年。
布洛诺夫斯基:《人之上升》,任远、王笛、邝惠译,四川人民出版社1988年。
陈立撰:《白虎通疏证》,吴则虞点校,中华书局1994年。
陈亮:《陈亮集》(增订本),邓广铭点校,中华书局1987年。
陈其泰:《清代公羊学》,上海人民出版社2011年。
陈少明:《汉宋学术与现代思想》,广东人民出版社1995年。
陈晓芬、徐儒宗译注:《论语·大学·中庸》,中华书局2015年。
成中英:《综论现代中国新儒家哲学的界定与评价问题》,载萧萧父主编:《熊十力全集》附卷下,湖北教育出版社2001年。

程颢、程颐:《二程集》,王孝鱼点校,中华书局1981年。

程燎原:《重新发现法家》,商务印书馆2018年。

岛田虔次:《章太炎的事业及其与鲁迅的关系》,载章念驰编:《章太炎生平与思想研究文选》,浙江人民出版社1986年。

邓小平:《邓小平文选》第三卷,人民出版社1993年。

丁伟志:《〈校邠庐抗议〉与中国文化近代化》,《历史研究》1993年第5期。

《法理学》编写组编:《法理学》,人民出版社2020年。

樊克政编:《中国近代思想家文库·龚自珍卷》,中国人民大学出版社2015年。

方克立:《论中国哲学中的体用范畴》,《中国社会科学》1984年第5期。

方勇、李波译注:《荀子》,中华书局2015年。

方勇译注:《墨子》,中华书局2011年。

方勇译注:《庄子》,中华书局2015年。

房玄龄等撰:《晋书》,中华书局2000年。

房玄龄注,刘绩补注:《管子》,刘晓艺校点,上海古籍出版社2015年。

冯桂芬:《校邠庐抗议》,上海书店出版社2002年。

冯天瑜、姜海龙译注:《劝学篇》,中华书局2016年。

冯友兰:《中国哲学史》下册,华东师范大学出版社2010年。

富勒:《法律的道德性》,郑戈译,商务印书馆2011年。

高华平、王齐洲、张三夕译注:《韩非子》,中华书局2015年。

葛兆光:《想象异域:读李朝朝鲜汉文燕行文献札记》,中华书局2014年。

宫崎市定:《东洋的近世》,砺波护编,张学锋、陆帅、张子毫译,中信出版社2018年。

龚自珍:《龚自珍全集》,王佩诤校,上海古籍出版社 1975 年。

顾廷龙、戴逸主编:《李鸿章全集》第 37 册,安徽教育出版社 2007 年。

顾炎武:《日知录校注》,陈垣校注,安徽大学出版社 2007 年。

何休解诂,徐彦疏:《春秋公羊传注疏》,刁小龙整理,上海古籍出版社 2014 年。

贺麟:《论熊十力哲学》,载萧萐父主编:《熊十力全集》附卷上,湖北教育出版社 2001 年。

黑格尔:《历史哲学》,王造时译,上海书店出版社 2006 年。

侯欣一:《李大钊"马克思主义法学观"的形成及在中国的传播》,《荆楚法学》2021 年第 1 期。

胡昭曦:《振兴近代蜀学的尊经书院》,载《蜀学》第三辑,巴蜀书社 2008 年。

黄保万:《〈校邠庐抗议〉剖析——兼论冯桂芬思想体系》,《学术月刊》1962 年第 11 期。

黄铭、曾亦译注:《春秋公羊传》,中华书局 2016 年。

黄士毅编:《朱子语类汇校》第一册,徐时仪、杨艳汇校,上海古籍出版社 2014 年。

黄士毅编:《朱子语类汇校》第四册,徐时仪、杨艳汇校,上海古籍出版社 2014 年。

霍姆斯:《普通法》,冉昊、姚中秋译,中国政法大学出版社 2006 年。

江标等编:《湘学报》第二册,湖南师范大学出版社 2010 年。

姜义华:《章炳麟评传》,上海人民出版社 2019 年。

金观涛、刘青峰:《中国现代思想的起源:超稳定结构与中国政治文化的演变》,法律出版社 2011 年。

康有为:《康有为全集》第一至第十集,姜义华、张荣华编校,中国人民大学出版社 2007 年。

柯文:《在中国发现历史:中国中心观在美国的兴起》,林同奇译,中华书局2002年。

孔飞力:《中国现代国家的起源》,陈兼、陈之宏译,生活·读书·新知三联书店2013年。

雷定基:《我见到的廖平先生》,《文史杂志》2009年第6期。

李大钊:《史学要论》,上海古籍出版社2013年。

李帆编:《中国近代思想家文库·刘师培卷》,中国人民大学出版社2015年。

李侃、龚书铎:《戊戌变法时期对〈校邠庐抗议〉的一次评论——介绍故宫博物院明清档案部所藏〈校邠庐抗议〉签注本》,《史物》1978年第7期。

李学勤主编:《十三经注疏·礼记正义》,北京大学出版社1999年。

李泽厚:《历史本体论·己卯五说》,生活·读书·新知三联书店2008年。

李泽厚:《实用理性与乐感文化》,生活·读书·新知三联书店2008年。

李泽厚:《说西体中用》,上海译文出版社2012年。

李泽厚:《中国近代思想史论》,生活·读书·新知三联书店2008年。

梁启超:《论中国学术思想变迁之大势》,上海古籍出版社2001年。

梁启超:《清代学术概论》,上海古籍出版社2005年。

梁启超:《中国近三百年学术史》,岳麓书院2009年。

廖幼平编:《廖季平年谱》,巴蜀书社1985年。

刘逢禄撰:《春秋公羊经何氏释例 春秋公羊释例后录》,曾亦点校,上海古籍出版社2013年。

刘广京:《一八六七年同文馆的争议——洋务运动专题研究之

一》,《复旦学报》(社会科学版)1982年第5期。

刘建国:《李大钊评传》,载李大钊:《平民主义》,刘建国评注,华夏出版社2002年。

刘师培:《国学发微(外五种)》,万仕国点校,广陵书社2015年。

刘述先:《当代新儒家的探索》,载萧萐父主编:《熊十力全集》附卷上,湖北教育出版社2001年。

刘向撰:《说苑校证》,向宗鲁校证,中华书局1987年。

刘孝良:《试论陈独秀和李大钊都是五四运动的总司令》,《淮北煤师院学报》(社会科学版)1991年第2期。

卢卡奇:《历史与阶级意识——关于马克思主义辩证法的研究》,杜章智、任立、燕宏远译,商务印书馆1992年。

鲁迅:《鲁迅全集》第六卷,人民文学出版社2005年。

罗炳良译注:《文史通义》,中华书局2012年。

罗伯斯比尔:《革命法制与审判》,赵涵舆译,商务印书馆2011年。

罗尔斯:《正义论》,何怀宏、何包钢、廖申白译,中国社会科学出版社1988年。

吕实强:《冯桂芬的政治思想》,《中华文化复兴月刊》1971年第4卷第2期。

吕思勉:《从章太炎说到康长素、梁任公》,载章念驰编:《章太炎生平与思想研究文选》,浙江人民出版社1986年。

马基雅维里:《君主论》,潘汉典译,商务印书馆2011年。

《马克思恩格斯全集》第三卷,人民出版社1960年。

《马克思恩格斯全集》第十三卷,人民出版社1962年。

《马克思恩格斯全集》第四十六卷上册,人民出版社1979年。

《马克思恩格斯文集》第二卷,人民出版社2009年。

《马克思恩格斯文集》第三卷,人民出版社2009年。

《马克思恩格斯文集》第四卷,人民出版社2009年。

《马克思恩格斯文集》第十卷,人民出版社2009年。

毛泽东:《毛泽东选集》第一卷,人民出版社1991年。

蒙文通:《蒙文通全集》第一册,蒙默编,巴蜀书社2015年。

蒙文通:《蒙文通全集》第二册,蒙默编,巴蜀书社2015年。

孟德斯鸠:《论法的精神》上卷,许明龙译,商务印书馆2011年。

莫里斯:《法理学:从古希腊到后现代》,李桂林、李清伟、侯健、郑云瑞译,武汉大学出版社2003年。

莫里斯·迈斯纳:《李大钊与中国马克思主义的起源》,中共北京市委党史研究室编译组译,中共党史资料出版社1989年。

牟离中:《最近年来之中国哲学界》,载萧萐父主编:《熊十力全集》附卷上,湖北教育出版社2001年。

欧阳哲生编:《胡适文集》第一册,北京大学出版社2013年。

欧阳哲生编:《胡适文集》第五册,北京大学出版社2013年。

欧阳哲生编:《胡适文集》第六册,北京大学出版社2013年。

欧阳哲生编:《胡适文集》第十二册,北京大学出版社2013年。

庞德:《通过法律的社会控制》,沈宗灵译,商务印书馆2008年。

彭林编:《中国近代思想家文库·王国维卷》,中国人民大学出版社2014年。

齐思和:《中国史探研》,河北教育出版社2000年。

钱谷融:《〈论"文学是人学"〉一文的自我批判提纲》,《文艺理论》1980年第3期。

钱穆:《先秦诸子系年》,九州出版社2011年。

钱穆:《中国近三百年学术史》,九州出版社2011年。

饶宗颐:《中国史学上之正统论》,中华书局2015年。

萨维尼:《论立法与法学的当代使命》,许章润译,中国法制出版社 2001 年。

邵雍:《邵雍集》,郭彧整理,中华书局 2010 年。

石磊译注:《商君书》,中华书局 2011 年。

苏轼:《苏东坡全集》第五册,北京燕山出版社 2009 年。

舒大刚、杨世文主编:《廖平全集》第 1 册,上海古籍出版社 2015 年。

舒大刚、杨世文主编:《廖平全集》第 2 册,上海古籍出版社 2015 年。

舒大刚、杨世文主编:《廖平全集》第 7 册,上海古籍出版社 2015 年。

舒大刚、杨世文主编:《廖平全集》第 10 册,上海古籍出版社 2015 年。

舒大刚、杨世文主编:《廖平全集》第 11 册,上海古籍出版社 2015 年。

舒大刚、杨世文主编:《廖平全集》第 16 册,上海古籍出版社 2015 年。

司马迁:《史记》,裴骃集解,司马贞索隐,张守节正义,中华书局 2000 年。

孙星衍:《尚书今古文注疏》,陈抗、盛冬铃点校,中华书局 1986 年。

汤志钧编:《章太炎政论选集》,中华书局 1977 年。

汤志钧:《康有为传》,南开大学出版社 2021 年。

汤志钧:《章太炎著作系年》,载章念驰编:《章太炎生平与思想研究文选》,浙江人民出版社 1986 年。

唐德刚:《胡适杂忆》,吉林文史出版社 1994 年。

特普利:《法律谈判简论》,陈曦译,中国政法大学出版社 2017 年。

汪荣祖:《康章合论》,中华书局 2008 年。

王夫之:《船山遗书》第十二册,中国书店2016年。

王国维:《王国维手定观堂集林》,黄爱梅点校,浙江教育出版社2014年。

王晶晶:《胡适英文著作〈中国传统中的自然法〉中译》,《盐城师范学院学报》(人文社会科学版)2018年第6期。

王闿运:《湘绮楼诗文集》,马积高主编,岳麓书社1996年。

王世舜、王翠叶译注:《尚书》,中华书局2012年。

王维江、李骛哲、黄田编:《中国近代思想家文库·王先谦叶德辉卷》,中国人民大学出版社2015年。

王文锦译解:《礼记译解》,中华书局2016年。

王元化:《清园夜读》,台北书林出版有限公司1996年。

王元化:《王元化文论选》,上海文艺出版社2009年。

王仲荦:《太炎先生二三事》,载章念驰编:《章太炎生平与思想研究文选》,浙江人民出版社1986年。

魏源:《魏源集》,中华书局2009年。

魏源:《魏源全集》第六册,岳麓书社2004年。

魏源:《魏源全集》第十二册,岳麓书社2010年。

魏徵撰:《隋书》,中华书局2000年。

吴经熊:《禅学的黄金时代》,吴怡译,海南出版社2009年。

吴经熊:《超越东西方》,周伟驰译,社会科学文献出版社2002年。

夏剑钦、熊焰:《魏源研究著作述要》,湖南大学出版社2009年。

夏剑钦编:《中国近代思想家文库·魏源卷》,中国人民大学出版社2013年。

萧公权:《康有为思想研究》,汪荣祖译,中国人民大学出版社2014年。

萧公权:《翁同龢与戊戌维新》,杨肃献译,中国人民大学出版社 2014 年。

萧公权:《中国政治思想史》,新星出版社 2005 年。

幸德秋水:《社会主义神髓》,马采译,商务印书馆 2011 年。

熊十力:《韩非子评论 与友人论张江陵》,上海书店出版社 2007 年。

萧萐父主编:《熊十力全集》第三卷,湖北教育出版社 2001 年。

萧萐父主编:《熊十力全集》第五卷,湖北教育出版社 2001 年。

萧萐父主编:《熊十力全集》第六卷,湖北教育出版社 2001 年。

萧萐父主编:《熊十力全集》第七卷,湖北教育出版社 2001 年。

熊月之编:《中国近代思想家文库·冯桂芬卷》,中国人民大学出版社 2014 年。

许寿裳:《国父中山先生和章太炎先生——两位成功的开国元勋》,载章念驰编:《章太炎生平与思想研究文选》,浙江人民出版社 1986 年。

许寿裳:《章太炎传》,江西教育出版社 2019 年。

许维遹撰:《吕氏春秋集释》,梁运华整理,中华书局 2016 年。

阎步克:《士大夫政治演生史稿》,北京大学出版社 2015 年。

杨伯峻译注:《论语译注》,中华书局 2012 年。

余英时:《朱熹的历史世界:宋代士大夫政治文化的研究》,生活·读书·新知三联书店 2004 年。

余英时:《钱穆与现代中国学术》,广西师范大学出版社 2006 年。

喻中:《法理四篇》,中国法制出版社 2020 年。

喻中:《国家元首更替制度的比较透视》,《文史哲》2014 年第 2 期。

喻中:《民赖以生:戴震法理学的民生取向》,《国际儒学》2022 年第 2 期。

喻中:《祛苛法而求典宪:陆九渊的法理憧憬》,《学术界》2021

年第 10 期。

喻中:《仁与礼:孔子的二元规范论》,《法律科学》2019 年第 5 期。

喻中:《三代之法与两汉之制:王通的二元规范论》,《学术界》2021 年第 2 期。

苑书义、孙华峰、李秉新主编:《张之洞全集》第十二册,河北人民出版社 1998 年。

曾运乾注:《尚书》,黄曙辉校点,上海古籍出版社 2015 年。

张广生:《返本开新:近世今文经与儒家政教》,中国政法大学出版社 2016 年。

张居正撰:《张居正奏疏集》,华东师范大学出版社 2014 年。

张鸣:《辛亥:摇晃的中国》,广西师范大学出版社 2015 年。

张沛撰:《中说校注》,中华书局 2013 年。

梁启超:《梁启超全集》,北京出版社 1999 年。

张世亮、钟肇鹏、周桂钿译注:《春秋繁露》,中华书局 2012 年。

章炳麟:《清故龙安府学教授廖君墓志铭》,载廖幼平编:《廖季平年谱》,巴蜀书社 1985 年。

章太炎:《国故论衡》,上海古籍出版社 2006 年。

章太炎:《章太炎全集·太炎文录初编》,徐复点校,上海人民出版社 2014 年。

章太炎:《章太炎全集·〈訄书〉初刻本、〈訄书〉重订本、检论》,朱维铮点校,上海人民出版社 2014 年。

赵德馨主编:《张之洞全集》第九册,武汉出版社 2008 年。

赵树贵、曾丽雅编:《陈炽集》,中华书局 1997 年。

中共中央党史研究室著:《中国共产党的九十年》,中共党史出版社、党建读物出版社 2016 年。

中国李大钊研究会编注:《李大钊全集》第一至第五卷,人民出版社 2006 年。

周辅成:《人格与学术不二》,载萧萐父主编:《熊十力全集》附卷下,湖北教育出版社2001年。

朱熹撰:《四书章句集注》,中华书局2011年。

第三卷后记

从2021年初夏至2023年深秋，历经两载，日积月累，写完了计划中的《中国法理学史》第三卷。在此期间，我一直都在琢磨一个问题：从19世纪中叶至20世纪中叶，从鸦片战争到抗美援朝战争，一百年间，哪些人创造的法理学最适合写进《中国法理学史》第三卷？显然，这是一个需要反复斟酌与仔细把握的问题，也是一个永远都存在讨论空间的问题，甚至是一个永远也找不到标准答案的问题。

我在写《中国法理学史》第一卷及第二卷的过程中，也曾遭遇类似的问题，但是，取与去之间的选择似乎没有这么困难。数年前，我还写过一部题为《法理四篇》的书，试图以此寻找当代中国赖以立国、据以立政的文本，试图以此为"一个从经学向法理的转变"①，留下一份证言。那几年，为了更加审慎地划定这些文本的范围，我曾多次正式或非正式地请教过哲学界、史学界、法学界的数位名德硕望，希望听取各个方面的指教，以校正、弥补我在视野、眼界等方面的偏差与不足。

最近两年，在写作本卷的过程中，同样性质的问题再次出现。

---

① 喻中：《法理四篇》，中国法制出版社2020年，第234页。

但是,考虑到问题的专业性,这一回,我没有过多地打扰各方贤达。我找到的一个替代性方法是,尽可能广泛地查阅各类哲学史、思想史以及其他领域的相关论著,从中寻找各种各样的参照与坐标,由此选定此一百年间各个历史时期最具代表性、最具洞察力的法理学的创造者。这些人的名字,已经完整地呈现在本卷的目录中,既成为了各章标题下分列的节名,同时也充当了贯穿本卷全部内容的一条基本线索。

这条基本线索以龚自珍作为起点,以熊十力作为终点。因而,本卷的内容亦即从龚自珍到熊十力的中国法理学史。熊十力的法理学既是本卷最末一节的主题,熊十力自然也就成为《中国法理学史》三卷本依次描绘的最后之人。至此,始于传说时代的皋陶、终于当代的熊十力、绵延四千多年的中国法理学史,总算是"止于所不可不止"[①]。

为什么到了熊十力,中国法理学史就"不可不止"?为什么要把熊十力作为中国法理学史上的"最后之人"? 莫非在中国法理学史上,在熊十力之后,再无他人?"唯唯,否否,不然。"[②]不用说,在熊十力身后,江山代有人才出。在已经超过半个世纪的时间段落里,中国法理学的历史一直都在往前延伸,且留下了更富时代气息、更加丰富多彩的新篇章。既然如此,熊十力身后的中国法理学史,为何不再叙述?回答是:熊十力于20世纪60年代辞世,本书著者于20世纪60年代出生,熊十力身后直至今日的中国法理学,正是著者这个年龄段的人所亲身经历的中国法理学,亦即本书著者"所见世"的中国法理学。如果要把此"所见世"的中国法理学写进中国法理学史,对于本书著者来说,已是有心无力,只好知难而退。这部三卷本的《中国法理学史》,亦不

---

① [宋]苏轼:《与谢民师推官书》,载苏轼:《苏东坡全集》第五册,北京燕山出版社2009年,第2476页。

② [汉]司马迁:《史记》,中华书局2006年,第761页。

得不在此宣告终结。

嘻嘻。三卷述古贤,四篇纪贞元;著之欲遗谁,廓尔已忘言。问余何所适,饮啄柴扉间;天心圆月下,华枝春意满。

2023 年 10 月

图书在版编目(CIP)数据

中国法理学史/喻中著.--上海:华东师范大学出版社,2024
ISBN 978-7-5760-5032-5

Ⅰ.①中… Ⅱ.①喻… Ⅲ.①法理学—法学史—中国 Ⅳ.①D909.2

中国国家版本馆 CIP 数据核字(2024)第 101454 号

华东师范大学出版社六点分社
企划人　倪为国

本书著作权、版式和装帧设计受世界版权公约和中华人民共和国著作权法保护

中国法理学史

著　　者　喻　中
责任编辑　高建红　卢　荻
责任校对　古　冈
封面设计　吴元瑛

出版发行　华东师范大学出版社
社　　址　上海市中山北路3663号　邮编　200062
网　　址　www.ecnupress.com.cn
电　　话　021-60821666　行政传真　021-62572105
客服电话　021-62865537
门市(邮购)电话　021-62869887
地　　址　上海市中山北路3663号华东师范大学校内先锋路口
网　　店　http://hdsdcbs.tmall.com

印 刷 者　上海景条印刷有限公司
开　　本　787×1092　1/32
印　　张　39.25
字　　数　1100千字
版　　次　2024年11月第1版
印　　次　2024年11月第1次
书　　号　ISBN 978-7-5760-5032-5
定　　价　269.00元

出 版 人　王　焰

(如发现本版图书有印订质量问题,请寄回本社客服中心调换或电话021-62865537联系)